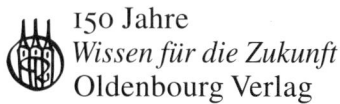

150 Jahre
*Wissen für die Zukunft*
Oldenbourg Verlag

# Lexikon Tourismus

Destinationen, Gastronomie, Hotellerie,
Reisemittler, Reiseveranstalter, Verkehrsträger

herausgegeben von
Prof. Dr. Wolfgang Fuchs,
Prof. Dr. Jörn W. Mundt,
und
Dipl.-Soz. Hans-Dieter Zollondz

Oldenbourg Verlag München

Bibliografische Information der Deutschen Nationalbibliothek

Die Deutsche Nationalbibliothek verzeichnet diese Publikation in der Deutschen Nationalbibliografie; detaillierte bibliografische Daten sind im Internet über <http://dnb.d-nb.de> abrufbar.

© 2008  Oldenbourg Wissenschaftsverlag GmbH
Rosenheimer Straße 145, D-81671 München
Telefon: (089) 4 50 51-0
oldenbourg.de

Lektorat: Wirtschafts- und Sozialwissenschaften, wiso@oldenbourg.de
Herstellung: Anna Grosser
Coverentwurf: Kochan & Partner, München
Cover-Illustration: Hyde & Hyde, München
Gedruckt auf säure- und chlorfreiem Papier
Druck: Grafik + Druck, München
Bindung: Thomas Buchbinderei GmbH, Augsburg

ISBN 978-3-486-25069-5

# Vorwort

Lexika für Tourismus und das Gastgewerbe gibt es einige. Sie beschränken sich aber meist darauf, lediglich Fachbegriffe durchgängig und ohne weitere Erläuterungen zu erklären. Zudem beziehen sie sich entweder schwerpunktmäßig auf den Tourismus oder den Beherbergungsbereich, wobei der Tourismus dann eher eng gesehen wird und sich weitgehend auf die Touristik (Reiseveranstalter, Reisebüros) und Destinationen (Länder, Regionen und Orte und ihr Management) beschränkt. Die für den Tourismus zentralen Bereiche Luft-, Bus- und Bahnverkehr werden ebenso nur am Rande behandelt wie die Komplexe Beherbergung und Gastronomie. Die sozialwissenschaftlich orientierten Nachschlagewerke schließlich begrenzen ihre Begriffe weitgehend auf soziologische und psychologische Aspekte des Tourismus.

Mit dem vorliegenden Lexikon haben wir versucht, einerseits umfassend alle für den Tourismus zentralen Bereiche und Begriffe vom Luftverkehr über die Touristik bis hin zur Gastronomie zu berücksichtigen, andererseits wichtige Begriffe mit umfangreicheren Artikeln tiefergehend zu erläutern. Darüber hinaus werden nicht nur touristische, sondern auch solche wirtschafts- und sozialwissenschaftlichen Fachbegriffe berücksichtigt, die für den Tourismus bzw. für Unternehmungen und Organisationen mit Tourismusbezug von Bedeutung sind.

Das ist ein Programm, das von den drei Herausgebern alleine nicht zu bewältigen war. Zudem war es notwendig, wegen der Internationalität des Gegenstandes auch Beiträge von Kollegen aus anderen Ländern aufzunehmen. Deshalb haben siebzig Autoren aus verschiedenen Ländern an diesem Lexikon mitgewirkt. Ihnen danken wir für ihre Geduld, die bei einem Projekt dieser Größenordnung wegen der vielen damit verbundenen Schwierigkeiten und Verzögerungen verbunden waren.

Die Übersetzungen aus dem Englischen wurden von Jörn W. Mundt besorgt.

Ravensburg und München

*Wolfgang Fuchs*  ·  *Jörn W. Mundt*  ·  *Hans-Dieter Zollondz*

# Inhalt

# A

**ABB**

→ Allgemeine Beförderungsbedingungen

**ABC**

→ Advanced Booking Charter

**ABC-Analyse**

*ABC analysis*

Das Verfahren der ABC-Analyse deckt in der Unternehmung strukturelle Muster zwischen Mengen- und Wertegrößen auf, die es ermöglichen, die Ressourcen der Unternehmung effizient zu steuern und auf die als bedeutsam erkannten Handlungsfelder zu konzentrieren. Die ABC-Analyse basiert dabei auf der Erkenntnis, dass ein relativ kleiner Mengenanteil eines Gesamtvolumens häufiger den Hauptteil des gesamten Wertes dieses Volumens repräsentiert. Sie kann mit besonderem Nutzen im Rahmen des Beschaffungs-, Produktions- und Vertriebscontrollings eingesetzt werden. Es lassen sich auf diese Weise Analysen von Waren- und Lieferantenstrukturen, von Leistungs- und Kapazitätsstrukturen wie auch von Produkt-, Markt-, Kunden- oder Vertriebswegestrukturen einer ersten, groben Untersuchung zuführen.

Im Ergebnis wird eine Einteilung des relevanten Untersuchungsgegenstandes nach seinem relativen Anteil am Gesamtwert vorgenommen und der A-, B- oder C-Klasse zugeordnet. Dabei bilden bspw. A-Produkte oder A-Kunden etwa 75-80 % des Gesamtumsatzwertes, Deckungsbeitrages oder Gewinns der Unternehmung ab. Ihr Anteil an der Gesamtzahl der Produkte oder Kunden der Unternehmung ist hingegen relativ gering. Der Anteil der B-Gruppe beträgt ungefähr 15% der betrachteten Wertegröße und ca. 30-40% des entsprechenden Volumens. Die C-Klasse repräsentiert schließlich nur mehr etwa 5-10% des betrachteten Wertes, ist jedoch an der Menge mit 40-55% beteiligt.

Der methodische Ablauf einer ABC-Analyse kann anhand des Vertriebscontrollings wie folgt in fünf Schritten beschrieben werden:

❖ Ermittlung des jährlichen Absatzvolumens je Produktart,

❖ Umrechnung in den Umsatzwert je Produktart,

❖ Sortieren der Produktarten nach ihrem Umsatzrang in absteigender Folge,

❖ Errechnen der kumulierten Prozentsätze der Produkte am Gesamtumsatz,

❖ Identifizierung markanter Entwicklungsbrüche in der Umsatzentwicklung und Zuordnung der jeweiligen Produktarten entsprechend ihres kumulierten Umsatzanteils zu den Klassen A, B und C.

Bei der Absatz- und Vertriebsplanung sowie aus Sicht der Marketingaktivitäten stehen in der Konsequenz der Ergebnisse zunächst die Produktarten der Klasse A im Vordergrund. Hier werden z.B. die Mengen- und Preisentwicklungen besonders exakt geplant und überwacht sowie

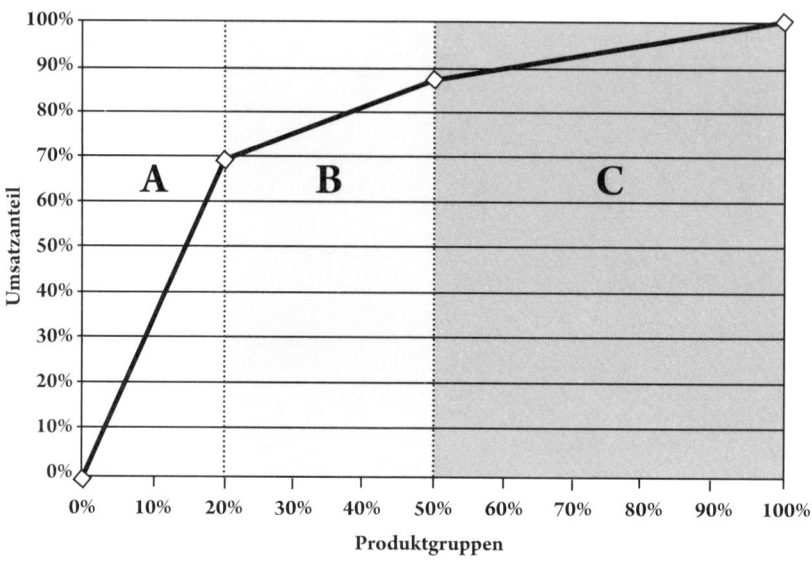

**Abbildung:** Ergebnis einer ABC-Analyse

die erforderlichen Marketingaktivitäten fokussiert, da bereits geringfügige Veränderungen erhebliche Konsequenzen für die Ergebniserwirtschaftung zur Folge haben. Hingegen wird das Vertriebscontrolling der C-Klasse möglichst stark vereinfacht und standardisiert. Ähnlich lässt sich auch bspw. bei der ABC-Analyse der Warenbestände argumentieren. Bei Waren der A-Klasse werden Bestellmenge, Meldemenge, Richtbestände und Bestellperiode besonders exakt geplant und überwacht, da sie bspw. von besonderer Bedeutung für den Leistungsprozeß sind oder eine hohe Kapitalbindung durch die Vorratshaltung resultiert. Hingegen wird das Warencontrolling der C-Waren zumeist dahingehend vereinfacht, dass die Bestellabwicklung standardisiert wird, der gesamte Bedarf einer Planperiode auf einmal beschafft wird und die Warenkontrolle nur noch stichprobenhaft erfolgt. Die ABC-Analyse ermöglicht somit dem Entscheidungsträger, bei

der Planung, dem Instrumenteneinsatz sowie der Kontrolle Schwerpunkte zu setzen und seine Aktivitäten auf wenige, für den Erfolg der Unternehmung besonders bedeutsame Waren, Produkte, Kunden, Märkte usw. zu konzentrieren. Allerdings dürfen die Elemente der B- und C-Klasse nicht derart in den Hintergrund treten, daß durch nicht erkannte Fehlentwicklungen (z.B. Fehlmengen, Qualitätsmängel u.a.) die angestrebte Ergebnissteuerung in Frage gestellt wird. *(vs)*

**Abdeckservice**
*turndown service*
In der Hotellerie der Begriff für eine Dienstleistung, die abends von der Hausdamenabteilung in den Gästezimmern vollzogen wird. Zu dem Abdeckservice im engeren Sinn gehören das Aufdecken des Betts und ein nochmaliges, oberflächliches Aufräumen des Zimmers. In manchen Hotels wird der Abdeckservice

um zusätzliche Dienstleistungen erweitert: Bereitstellung von Wasser, Tee, Kaffee und Süßigkeiten wie Pralinen, Schokolade oder Kekse („Betthupferl"), Herrichten einer Wärmflasche, Zuziehen der Vorhänge, Auswechseln der Handtücher, Vorlage des Wetterberichtes. Die personalintensive Dienstleistung ist vor allem in der Luxushotellerie anzutreffen. *(wf)*

## Abendzimmermädchen
→ Zimmermädchen

## Abenteuerurlaub
*adventure holiday, adventure vacation*
Bezeichnung für eine Urlaubsreise, die durch die Suche nach Abenteuern motiviert ist. Allerdings gibt es keine trennungsscharfe Definition für diese Reiseart. Dies hängt schon damit zusammen, daß das, was als ‚Abenteuer' angesehen wird, durchaus individuell verschieden ist. Für den einen ist eine Kanufahrt auf einem gemäßigten Wildwasser bereits abenteuerlich, für andere wäre dies erst dann so, wenn sie weitab von der Zivilisation in Kanada oder Alaska stattfände. In dem einen Fall kann man davon ausgehen, daß hiermit kein wesentlich höheres als das allgemeine Lebensrisiko eingegangen wird, im anderen ist der Ausgang in erheblicherem Maße ungewiß. Auf diese unterschiedlichen Konzepte von Abenteuer wird schon in der Erläuterung des Begriffes im Grimm'schen Wörterbuch abgehoben: „Mit diesem abenteuer nun verknüpft sich stets die vorstellung eines ungewöhnlichen, seltsamen, unsichern ereignisses oder wagnisses, nicht nur eines schweren, ungeheuern, unglücklichen, sondern auch artigen und erwünschten" (Grimm & Grimm 1854, S. 27; Hervorh. u. Kleinschreibung i. Orig.). Oft

geht es beim Abenteuerurlaub um das Erleben neuer, ungewöhnlicher und allenfalls leidlich planbarer Situationen, die während einer Reise aktiv aufgesucht werden. Dabei geht es um das Bestehen sowohl physischer wie auch psychischer Herausforderungen. Die Reisezufriedenheit speist sich dann aus ihrer Meisterung. Auch wenn manche darin den Antityp einer → Pauschalreise sehen, handelt es sich dabei oft nicht um → Individual-, sondern von Veranstaltern organisierte Reisen. Viele kleinere Reiseveranstalter haben sich auf diese Urlaubsform spezialisiert und bieten zum Beispiel → Trekkingtouren und Reisen in Wüstengebiete an. Gemein ist den meisten dieser Reisen ein enger Bezug zur Natur. *(jwm)*

*Literatur*
Grimm, Jacob; Wilhelm Grimm 1854: Deutsches Wörterbuch. Bd. 1: A – Biermolke. Leipzig: Verlag von S. Hirzel (cit. n. d. Faksimileausgabe, München: Deutscher Taschenbuch Verlag 1991)

## Abfertigung
→ Bahnschalter
→ Check-in (Flug)

## Abfertigungsgebühren (Flughafen)
*airport handling fees*
Vereinfachter Sammelbegriff für Gebühren, Steuern oder Entgelte, die die Fluggesellschaften selbst oder ihre Passagiere im Zusammenhang mit der Flugzeug- oder Passagierabfertigung zahlen müssen. Die Erhebung dieser Entgelte und Gebühren ist international üblich, wobei in den einzelnen Staaten eine Vielfalt unterschiedlicher Steuern und Gebühren erhoben wird. Je nach Abgrenzung des Begriffes können dazu beispielsweise gehören: Marktzugangsge- bühren, Konzessionsgebühren, An- und Ab-

flugentgelte, Luftsicherheitsgebühren, Landegebühren, Nutzungsgebühren für Infrastruktureinrichtung und Geräte oder Steuern. Start-/Landeentgelte werden von den deutschen Flughafenbetreibern erhoben und sind direkt von den Fluggesellschaften zu zahlen. Sie bestehen aus fixen und variablen Entgelten. Variable Entgelte hängen von der Zahl der beförderten Passagiere, fixe vom zulässigen Abfluggewicht und den Lärmemissionen des Flugzeugs, zum Teil auch von der Tageszeit des Fluges und dem Flugziel ab (Inlands-/Europa-/Interkontinentalflug). In Deutschland dient die variable Landegebühr der Deckung der mit der Abfertigung der Passagiere verbundenen Aufwendungen, die bei der Flughafengesellschaft anfallen. Luftsicherheitsgebühren werden von den Bundesländern erhoben, um die Kosten für die nach § 29 Luftverkehrsgesetz (LuftVG) erforderliche Durchsuchung der Passagiere und des Gepäcks zu decken. Weitere Entgelte werden für das Abstellen der Luftfahrzeuge und die Nutzung der zentralen Infrastruktureinrichtungen (wie zum Beispiel Gepäckfördersysteme, Abfertigungsvorfeld, Entsorgungssysteme für und Abfall, Fluggastbrücken (→ Finger), stationäre Bodenstromversorgung, Versorgungssysteme für die Frischwasserzentrale, Enteisungseinrichtungen) erhoben. *(pjm)*

**Abfertigungsgesellschaften**
*ground handling agents*
Die Abfertigung von Flugzeugen, also die Vorbereitung auf den Flug, wird in der Regel von besonders hierauf spezialisierten Dienstleistern durchgeführt, die als Abfertigungsgesellschaften bezeichnet werden und im Auftrag der Fluggesellschaft tätig sind. Die erbrachte Abfertigungsleistung ist Bestandteil der

→ Abfertigungsgebühren an Flughäfen, die die Abfertigungsgesellschaften den Fluggesellschaften in Rechnung stellen. *(hdz)*

**Abhebegeschwindigkeit**
*take-off speed, rotation speed*
Geschwindigkeit, bei welcher der am Tragflügel erzeugte Auftrieb eines → Flächenflugzeuges höher ist als sein Gewicht. Sie kann durch Auftriebshilfen wie → Landeklappen und → Vorflügel reduziert werden. Sie wird vor dem Start ebenso wie die notwendige → Startstrecke errechnet. *(jwm)*

**Abholer**
*empty leg*
Bezeichnet die Leerflüge in eine Destination am Ende einer → Charterkette. Da am Ende der Saison keine neuen Gäste mehr in das Urlaubsgebiet geflogen werden, sind die Hinflüge leer, während auf den Rückflügen die letzten Gäste nach Hause geflogen werden. *(jwm)*

**Abkommen von Chikago**
→ Chikagoer Abkommen

**Abreise**
→ Zimmerstatus

**Abreise, vorzeitige**
→ Understay

**Abschluß des Reisevertrags**
*conclusion of a travel agreement*
Der Reisevertrag zwischen dem Reiseveranstalter und dem Reisenden kommt wie jeder Vertrag durch Angebot und Annahme nach §§ 145 ff. BGB zustande. Ein Prospekt ist nur eine Aufforderung zur Abgabe eines Vertragsangebots durch den Reisenden *(invitatio ad offerendum)*. Die Buchungserklärung ist grundsätzlich formfrei, sie kann also mündlich, mit Telefax, online, schriftlich oder tele-

fonisch erfolgen. Wird die Reise mit Fax oder im Internet gebucht, kann der Reisende grundsätzlich in vier Tagen eine Antwort vom Reiseveranstalter erwarten (§ 147 II BGB, AG Frankfurt/ M NJW-RR 1989, 47). Bei normaler, schriftlicher Buchung kann der Reisende eine Annahme binnen zwei Wochen erwarten.

Bei einer Online-Buchung ist die Website wie der Katalog eine Aufforderung an den Reisenden seinerseits, ein verbindliches Vertragsangebot durch das Ausfüllen der Buchungsmaske abzugeben. E-Mail und Mausklick sind verbindliche Willenserklärungen. Wird dem Reisenden sofort online mitgeteilt, daß seine Buchung angenommen wurde, ist dies der Vertragsschluß, auch wenn die → Allgemeinen Geschäftsbedingungen noch eine spätere schriftliche Reisebestätigung vorsehen.

Die Vorschriften der §§ 312 b-d BGB über Fernabsatzverträge finden auf Reiseverträge und auf Verträge über die Unterbringung, Beförderung keine Anwendung, da der Gesetzgeber insoweit für touristische Dienstleistungen das 14-tägige Widerrufsrecht in § 312 b III Nr. 6 BGB ausgenommen hat. Darunter fällt auch der Reisevertrag. Wenn dann Reisen oder Gutscheine für Reisen bei Ebay versteigert werden, gibt es kein Widerrufsrecht.

Unabhängig davon hat jeder Anbieter von technischen Leistungen im elektronischen Geschäftsverkehr des Internet besondere Informationspflichten über den Vorgang der Buchung, die Korrektur von Eingabefehlern, die Vertragsbestätigung und einbezogene AGB (§ 312e BGB). Verstößt der Veranstalter fahrlässig oder vorsätzlich dagegen, hat der betroffene Reisende ein Rücktrittsrecht bzw. ein Recht auf Vertragsanpassung (§§ 311 II, 280 BGB; LG Berlin RRa 2005, 220; Führich, ReiseR, Rn 114).

Nach § 651 a III BGB und § 6 BGB-InfoV muß dem Reisenden immer bei oder unverzüglich nach Vertragsschluss eine schriftliche Reisebestätigung als Beweisurkunde ausgehändigt werden, die alle Informationen und Reisedaten enthält. Bestätigt der Veranstalter die Reise gegenüber dem Reisenden, kommt der Vertrag häufig erst mit Zugang der Reisebestätigung zustande, insbesondere wenn dies in den AGB vereinbart ist. Zugegangen ist die Vertragsannahme, wenn sie in den Machtbereich des Reisenden gelangt (§ 130 BGB), wozu das vermittelnde Reisebüro nicht gehört.

Soweit die Reisebestätigung von der Reiseanmeldung abweicht, ist dies eine Ablehnung, verbunden mit einem neuen Antrag des Veranstalters (§ 150 II BGB), das der Reisende ausdrücklich oder schlüssig durch Bezahlung der Anzahlung annehmen kann. Sein bloßes Schweigen ist keine Vertragsannahme. Wenn damit der Reisende das Hotel Miramar bucht, jedoch das vergleichbare Hotel Paradiso bestätigt und die Anzahlung geleistet wird, ist die Änderung akzeptiert.

Übersieht der Reisende eine wesentliche Abweichung der Bestätigung von seiner Reiseanmeldung, kann er seine schlüssige Annahmeerklärung nach §§ 119 I, 120 BGB wegen Inhaltsirrtums unverzüglich anfechten, wenn er sich über die Abweichung geirrt hat. Wird bei der Buchung versehentlich ein falscher Preis durch den Veranstalter bestätigt, kann auch er den Reisevertrag wegen seines Erklärungsirrtums nach § 119 I BGB anfechten (OLG München NJW 2003, 367; AG Bad Homburg NJW-RR 2002, 1282). Irrtümer bei der Preisberechnung berechtigen damit nicht zur einseitigen Preisanpassung durch den Veranstalter, sondern er muß den Weg über eine Anfechtungserklärung wählen.

Enthält die Reiseanmeldung einen Sonderwunsch, so kommt der Reisevertrag mit diesem Inhalt zustande, auch wenn die Reisebestätigung insoweit schweigt. Will der Reiseveranstalter dem Wunsch nicht entsprechen, so muß die Reisebestätigung einen Vermerk enthalten, das dem Kundenwunsch nicht nachgekommen werden könne (LG Frankfurt/M. RRa 2007, 25).

Das vermittelnde Reisebüro ist nur zu solchen Zusagen berechtigt, die nicht im offenen Widerspruch zum Prospekt des Veranstalters stehen. Widersprechende Zusagen werden damit nicht dem Veranstalter zugerechnet. Daher haftet der Veranstalter nicht, wenn das Reisebüro entgegen dem Prospekt des Veranstalters erklärt, der Veranstalter besorge das Einreisevisum (OLG Düsseldorf NJW-RR 2005, 664). Allerdings muß dann das Reisebüro damit rechnen, daß der Kunde von ihm wegen fachlich falscher Beratung Schadensersatz aus Verletzung des Vermittlervertrages nach §§ 675, 280 BGB verlangt.

Bei der Buchung von Reisen für mehrere Personen ist zwischen Familienreisen (Ehegatte, Kinder, nichteheliche Lebensgemeinschaften) und anderen Gruppenreisen zu unterscheiden. Erfolgt der Vertragsschluß durch ein Familienmitglied für die Familie, ist der Anmeldende alleiniger Vertragspartner für alle Familienmitglieder und Schuldner des Reisepreises, da der Anmelder in eigenem Namen und nicht als Vertreter seiner Familie auftritt. Der Anmelder kann dann auch für alle Mängelansprüche nach Reiseende geltend machen. Für die anderen Familienmitglieder ist der Reisevertrag ein Vertrag zugunsten Dritter, aus dem diese auch selbständige Ansprüche geltend machen können (§ 328 BGB; BGH NJW 1989, 2750; LG Hannover RRa 2003, 218). Diese

Grundsätze gelten auch für nichteheliche Lebensgemeinschaften, wenn das besondere Näheverhältnis dem Veranstalter bei der Buchung erkennbar ist. Die Buchung eines Doppelzimmers durch einen Partner auch für den anderen, läßt den Schluß auf eine solche familienähnliche Vertrautheit zu (LG Frankfurt/M RRa 2007, 25). Reiseverträge fallen nach allgemeiner Meinung nicht unter die Schlüsselgewalt des § 1357 BGB, so daß ein Ehepartner den anderen nicht als Schuldner des Reisepreises verpflichten kann (LG Hamburg NJW 2002, 1055).

Bei anderen → Gruppenreisen ist in der Regel davon auszugehen, daß der Anmelder als Stellvertreter der namensfremden Gruppenmitglieder auftritt (§ 164 BGB) und Reiseverträge zwischen dem Veranstalter und jedem Reiseteilnehmer vorliegen (BGH NJW 2002, 2239: → Incentive-Reise). Das gilt auch für die Buchung einer → Klassenfahrt durch einen Lehrer (OLG Frankfurt/M NJW 1986, 1941). Etwaige Mängelansprüche müssen dann von jedem Einzelnen geltend gemacht werden, können aber auch an ein Gruppenmitglied abgetreten werden, so dieses sie dann für die Anderen durchsetzen kann. Teilt der Buchende allerdings die Namen der Mitreisenden nicht mit, kommt es nur zu einem Vertrag mit dem Anmeldenden, da er die Stellvertretung nicht nach § 164 II BGB offen gelegt hat (AG Köln RRa 2004, 18).

Der Veranstalter sollte bei allen Gruppen- und Familienreisen in seine → Allgemeinen Geschäftsbedingungen (AGB) und sein Anmeldeformular eine Haftungserklärung des Anmelders für den Gesamtpreis aufnehmen. Diese Erklärung ist jedoch nur rechtswirksam, wenn sie ausdrücklich hervorgehoben und gesondert unterschrieben ist (§ 309 Nr. 11a BGB).

Schließt ein Minderjähriger den Reisevertrag, wird er Vertragspartner, auch wenn der Vertrag noch vom gesetzlichen Vertreter genehmigt werden muß (§ 107 BGB). Verweigert er diese, ist der Reisevertrag unwirksam (AG Pinneberg RRa 2003, 126). Dann können keine Stornokosten verlangt werden. Nimmt der Reisende an der Reise teil, sind die Kosten nach den Grundsätzen der ungerechtfertigten Bereicherung gem. §§ 812 ff. BGB zu zahlen. *(ef)*

*Literatur*
Führich, Ernst 2005: Reiserecht. Heidelberg: C.F. Müller (5. Aufl.; § 5, Rn 109 ff.)
Führich, Ernst 2007: Basiswissen Reiserecht. München: Beck (§ 2)

**Abschlußfrist Reiseversicherungen**
*deadline for take out (an insurance)*
Reiseversicherungen können noch unmittelbar vor Reisebeginn abgeschlossen werden, sofern die Buchungsmöglichkeiten gegeben sind. Dies ist besonders an Bahnhöfen und Flughäfen der Fall.
Ausgenommen von dieser Regelung ist die → Reise-Rücktrittskosten-Versicherung (RRV), deren Gegenstandsbereich ein abgeschlossener Reisevertrag ist. In der RRV ist also nicht die Reise schlechthin, sondern das Vertragsverhältnis dieser Reise, der Reisevertrag, versichert. Der versicherte Zeitraum ist das Zeitintervall zwischen → Reisebuchung und Reisebeginn. Die → Reiseversicherer legen zwar zunächst fest, daß die RRV unmittelbar bei Festbuchung abzuschließen ist, gewähren dann aber eine Abschlußfrist von in der Regel 21 Tagen. Bei Last-Minute-Buchungen muß die RRV direkt am Buchungstag abgeschlossen werden. Beim individuellen Zusammenstellen von Reisebausteinen bis zur vollständig geplanten Reise können diese Fristen oft nicht eingehalten werden. Die Abschlußfristregelung paßt sich dieser Entwicklung an, indem Baustein für Baustein in den Versicherungsabschluß einbezogen wird bis die gesamte Reise zusammengestellt ist. Hilfe bei komplexen Abschlußfällen leisten die Servicecenter der Spezialversicherer. *(hdz)*

**Abteil**
*compartment*
Ein abgeteilter Bereich in Personwagen von Eisenbahnen wird Abteil genannt. Das Abteilkonzept geht heute über die frühere Differenzierung nach Raucher-/Nichtraucher und Abteil erster und zweiter Klasse hinaus, indem auch Abteile für Behinderte, Kinder und Manager geschaffen werden. Im → ICE der → Deutschen Bahn ist diese Differenzierung inzwischen Standard. Die Nichtraucherzüge haben sich im Laufe des Jahres 2007 durchgesetzt (ab 1. 9. 2007). *(hdz)*

**Abtretungserklärung**
*deed of assignment, letter of subrogation*
Nach § 398 BGB kann eine Forderung von dem Gläubiger durch Vertrag mit einem anderen auf diesen übertragen werden. In den touristischen Geschäftsbereichen sind Forderungsabtretungen üblich. So ist eine Erklärung des Versicherungsnehmers in der → Reiserücktrittskosten-Versicherung gegenüber dem Versicherer üblich, in der die Forderung des Reiseveranstalters nach Zahlung der Reisesumme noch zu erfüllen ist, wenn Schadenzahlungen (Stornokosten) vertragsgemäß an den Versicherungsnehmer geleistet werden. Die Rechte aus dem Versicherungsvertrag zur RRV werden an den Reiseveranstalter in Höhe der zu zahlenden Stornokosten abgetreten. *(hdz)*

**ACAS**
→ Kollisionswarngerät

**ACI**
→ Airport Council International

**AD**
→ Agentenrabatt

**ADA**
→ Americans with Disabilities Act

**ADAC**
→ Allgemeiner Deutscher Automobilclub
e.V.

**Add-on-fare**
→ Anstoßtarif

**ADF**
→ Funkfeuer

**Ad hoc-Charter**
→ Ad hoc-Verkehr

**Ad hoc-Schedule**
Kurzfristige Flugplanänderung durch
Streichung eines Fluges, Durchführung
eines Zusatzfluges oder Routenänderung.
*(wp)*

**Ad hoc-Verkehr**
*Ad-hoc traffic*
Einzelflüge auf Anforderung durch einen
Charterer, zum Beispiel zur Nutzung für
Pauschalreisen (Event-, Incentivereisen,
Kreuzfahreraustausch) oder zur Nutzung
im eigenen Unternehmen (Fußballclub
für Mannschaft und Funktionäre). *(wp)*

**ADL**
→ Bundesverband der Deutschen Fluggesellschaften (BDF)

**ADS**
→ Hotel-Reservierungssystem

**ADV**
→ Arbeitsgemeinschaft Deutscher Verkehrsflughäfen

**Advanced Booking Charter (ABC)**
Flugpreis im Gelegenheitsverkehr, dessen Anwendungsbestimmungen die Buchung und Bezahlung eine bestimmte
Zahl von Tagen vor Abreise sowie eine
Mindestaufenthaltsdauer vorschreiben.
*(wp)*

**Advanced Purchase Excursion (APEX)**
Verbilligte Linienflugscheine, die mit
Restriktionen verbunden sind. Dazu
gehört ein definierter Mindestzeitraum
vor Abflug, zu dem fest gebucht und
bezahlt werden muß. Darüber hinaus
können minimale und maximale Auf-
enthaltsdauern damit verbunden sein.
*(jwm)*

**Advanced Seat Reservation (ASR)**
Möglichkeit, mit der Buchung eines
Fluges und damit vor dem Einchecken
(→ Check-in) bereits einen Sitzplatz
auszuwählen und zu buchen. Für die
→ Beförderungsklassen First und Business
wird in der Regel der vorgebuchte Platz
garantiert. Bei Economy Tickets dagegen kann es Veränderungen geben. Dies
trifft vor allem dann zu, wenn – wie auf
innereuropäischen Flügen üblich – die
Business- und die Economy Class nur
durch einen flexiblen → Kabinenteiler
voneinander getrennt sind. Wenn die
Nachfrage nach Business Class Tickets
größer ist als erwartet, wird der Teiler
weiter nach hinten verschoben und die
vorderen Reihen des ursprünglich für
die Economy Class reservierten hinteren
Kabinenteils werden für die Business
Class genutzt, die sich im Wesentlichen
durch einen erweiterten Service und
die Nichtbesetzung von Mittelplätzen
auszeichnet. Entsprechend müssen vor-

gebuchte Plätze in diesen Reihen der Economy Class gestrichen und andere Plätze beim Einchecken vergeben werden. Mittlerweile ist es bei einer Reihe von → Fluggesellschaften möglich, sich den Sitzplatz schon selbst bei der Buchung im Internet zu reservieren. *(jwm)*

**AE**
→ American Express

**Aeronautical Information Publication (AIP)**
Luftfahrthandbuch eines Staates, das nach den Richtlinien der ICAO – Anhang 15 und gemäß dem ICAO-Dokument 8126 (Karten: ICAO Doc 8697) veröffentlicht wird. Darüber hinaus werden Berichtigungen zum AIP und AIP-Ergänzungen herausgegeben. Das AIP enthält alle für die Luftfahrt wichtigen Informationen und Bestimmungen des betreffenden Staates.

Für den Bereich der Bundesrepublik Deutschland gibt das „Büro Nachrichten für Luftfahrer" der Deutschen Flugsicherung GmbH das AIP heraus. Es ist in deutscher und englischer Sprache abgefaßt und entspricht den vereinheitlichten Vorgaben der ICAO. Zeitlich befristete Änderungen und Informationen mit Bedeutung für den Luftverkehr werden als NOTAM (Notice to Airmen) oder im VFR-Bulletin (→ Visual Flight Rules) veröffentlicht. Das AIP der Bundesrepublik Deutschland besteht aus mehreren Bänden und enthält u. a. Informationen über: nationale Regelungen und Anforderungen an den Flugverkehr, Tabellen und Abkürzungen, Gebühren für Flugplätze und Flugsicherungsdienste, allgemeine flugbetriebliche Regeln und Verfahren, Luftraumgliederung, Funknavigationsanlagen/-systeme, Navigationswarnungen, Streckenkarten, Flugplatzin-formationen und -einrichtungen, Flugplatzkarten, Karten mit An- und Abflugverfahren für jeden Flugplatz. *(pjm)*

**Afternoon tea**
Mit *afternoon tea* (Nachmittagstee) wird eine Zwischenmahlzeit bezeichnet, deren Ursprünge auf die britische Teekultur des 17. Jahrhunderts zurückgehen und die in ihrer formalisierten Form seit dem 19. Jahrhundert Bestand hat. Der *afternoon tea* wird am späten Nachmittag (etwa 16 bis 17 Uhr) eingenommen und besteht aus losem in einem speziellen *teapot* bereiteten schwarzen Tee sowie feinen, dünn mit Gurke, Lachs, Thunfisch oder Schinken belegten Sandwichs. Oft werden auch Gebäck, kandierte Früchte oder Pralinen gereicht. Die Teesorte richtet sich dabei nach der Garnitur: Zum Sandwich passen *bread and butter tea*, zum Gebäck hingegen *cream tea*. Bei dem Gebäck handelt es sich um *scones* (Teebrötchen), die mit ungesüßter Schlagsahne und Erdbeermarmelade gereicht werden.

Bestandteil des *afternoon teas* sind stark formalisierter Service und Verzehr mit rituellem Charakter. Idealerweise wird der *afternoon tea* im → Salon von der Gastgeberin mit Zucker, Milch oder Zitrone an einem niedrigen Tisch serviert. Ob die spezielle Rolle der Gastgeberin dem Vorbild der japanischen Teezeremonie folgt oder ihren Ursprung darin hat, daß nur die Hausherrin Zugang zum kostbaren Kolonialgut Tee haben durfte, ist unklar. Beim *afternoon tea* hält der Gast Tasse und Untertasse in Kinnhöhe und trinkt in kleinen Schlucken. Vom Gebäck werden Stücke abgebrochen, bestrichen und gegessen.

War der *afternoon tea* einst im britischen Adel und später auch im Bürgertum weit verbreitet, wird er heute eher an Wochenenden zelebriert und vor allem touristisch inszeniert. Auch in der britischen Geschäftswelt spielt der *afternoon tea* heute eine wachsende Rolle. In Nordamerika kam er dagegen nie über ein Nischendasein hinaus. *(ghf)*

*Literatur*
Schempp, Tilmann 2006: Tee. Geschichte, Kultur, Genuß. Ostfildern: Thorbecke

## AGB
→ Allgemeine Geschäftsbedingungen

## Agency discount
→ Agentenrabatt

## Agent
→ Principal agent

## Agentenrabatt
*agency discount, AD*
Flugpreisermäßigung, die von Linienfluggesellschaften für → IATA-Agenten gewährt wird. In den Buchungen wird dies mit dem Kürzel AD und einer Zahl ausgewiesen. ‚AD75' bedeutet zum Beispiel, daß für diesen Flugschein ein Rabatt von 75 Prozent auf den Normaltarif gewährt wurde. Fluggesellschaften wollen damit erreichen, daß Reisebüromitarbeiter eigene, positive Erfahrungen mit ihnen machen und damit ihre Bereitschaft wächst, sie ihren Kunden zu empfehlen und sie zu buchen. *(jwm)*

## Agenturprovision
*commission*
Eine Agenturprovision ist das Entgelt für die Leistungen einer erfolgreichen Vermittlung. Sie bezeichnet die prozentuale oder absolute Vermittlungsgebühr einer Fremdleistung. Agenturen treten als Mittler auf, handeln auf fremde Rechnung und ohne eigene Haftung. Vermittlungsprovisionen von Agenturen sind umsatzsteuerpflichtig und – je nach Vertragsart – meist erst nach der erfolgreichen Erbringung der vermittelten Leistung fällig.
Touristische Beispiele:
❖ Reisebüros erhalten für die Vermittlung von → Pauschalreisen an Endverbraucher im Durchschnitt 10 Prozent Provision auf den Verkaufspreis der Reise vom Reiseveranstalter.
❖ Hotels zahlen an Veranstaltungsagenturen und Zimmervermittler eine Provision zwischen acht Prozent auf den → F&B-Umsatz und 10 Prozent auf den Logisumsatz, wenn in das Hotel eine Veranstaltung oder Übernachtungsgäste durch die Agentur vermittelt wurden.
Agenturprovisionen sind in ihrer Höhe nach Größe und Art der vermittelten Leistung staffelbar. So erhält eine Agentur in der Regel bei einer Hotelzimmervermittlung eine geringere Provision auf Mengenumsätze (Gruppenbuchungen) und höhere Provisionen auf Einzelumsätze (Individualbuchungen). Einige Reiseveranstalter bieten sogenannte → Staffelprovisionen, die sich nach dem vermittelten Gesamtumsatz richten.
Provisionsfähig sind alle Angebotspreise, sofern dies nicht durch einen Zusatz ausgeschlossen wird. Dafür wird der Begriff „netto" oder *net of commission* verwendet, wobei die Umsatzsteuer hier bereits inbegriffen ist. *(stg/bvf)*

## Agenturtheorie
*agency theory*
Die Agenturtheorie stellt die Beziehung zwischen den beiden Akteuren Prinzipal und Agent in den Mittelpunkt ihrer Betrachtungen. Charakteristisch für die Beziehung zwischen Prinzipal und Agent ist, daß der Prinzipal den Agenten engagiert und ihm ein Bündel von

Kompetenzen überträgt, um durch ihn eine Aufgabe erledigen zu lassen.

Die Problematik, die einer Agenturbeziehung innewohnt, erklärt sich aus den zugrundeliegenden Verhaltensannahmen. Den Akteuren werden eine unterschiedliche Präferenzstruktur und die Verfolgung der jeweils eigenen Interessen unterstellt. Hinsichtlich des Verhaltens wird den Akteuren zugleich eine beschränkte Rationalität zugeschrieben. Gleichzeitig wird von unterschiedlichen Risikoeinstellungen ausgegangen. Bezeichnend für das Verhältnis zwischen Prinzipal und Agent ist ein Informationsungleichgewicht, wobei die Informationsverteilung gewöhnlich zugunsten des Agenten ausfällt. Die Informationsasymmetrie kann dazu führen, daß sich die Aktivitäten des Agenten nachteilig auf den Prinzipal auswirken.

Die Agenturtheorie geht vor allem der Frage nach, wie über eine vertragliche Konstellation die Aktivitäten des Agenten in Einklang gebracht werden können mit der Aufgabenvorgabe des Prinzipals. Gesucht wird nach einer effizienten Vertragsgestaltung, die es erlaubt, daß der Agent trotz anderer Interessenschwerpunkte und einem Informationsungleichgewicht entsprechend den Zielvorstellungen des Prinzipals handelt. Ergebnisorientierte Verträge (Miteinbeziehung von Erfolgsgrößen) und verhaltensorientierte Verträge (Installation von Kontrollorganen, Aufbau von Berichtssystemen) stellen Lösungsansätze zur Gestaltung von Vertragswerken dar (vgl. hierzu Christensen 1981; Jensen & Meckling 1976; Ross 1973; Shavell 1979).

Agenturen spielen im Tourismus in unterschiedlichen Formen eine wichtige Rolle. An erster Stelle sind die Reiseagenturen (auch → Reisemittler oder Reisebüro genannt) zu nen-

nen, die Reisen für → Leistungsträger und → Reiseveranstalter vermitteln. Im Gastgewerbe agieren Betreibergesellschaften für die Eigner von Hotels in dieser Rolle, indem sie das operative Geschäft auf der Basis eines → Managementvertrages übernehmen. Aber auch öffentliche Tourismusstellen wie lokale Touristinformationen oder Fremdenverkehrsämter handeln z. T. als Agenten der Unternehmen der regionalen oder örtlichen Tourismuswirtschaft.

Am deutlichsten werden die unterschiedlichen Interessen beim Reisebüro. Nach der deutschen Rechtslage (§ 84 ff. HGB) handelt es sich ihm in der Regel um einen → Handelsvertreter, der im Auftrag und auf Rechnung des → Handelsherrn (Prinzipal) Verträge mit Kunden abschließt. Dafür steht dem Agenten nach § 87 HGB ein Anspruch auf Provision für erfolgreiche Vermittlungen zu. Reisebüros haben also ein Interesse an möglichst hohen Provisionssätzen, Reiseveranstalter dagegen wollen ihre Vertriebskosten so niedrig wie möglich halten. Durch die mit dieser Rechtsbeziehung mögliche Preisbindung der zweiten Hand hat das Reisebüro keinen Einfluß auf den Preis und wird nur indirekt von seinen Kunden durch die Provisionszahlung über den Reiseveranstalter entlohnt. Deshalb ist es aus Sicht des Reisebüros rational, den Reiseveranstalter mit der höchsten Provision zu vermitteln, auch wenn dies nicht im Kundeninteresse liegt. Da Reisebüros, anders als klassische Handelsvertreter, die nur eine oder vielleicht zwei Firmen vertreten, meist eine ganze Palette von Reiseveranstaltern vermitteln, gibt es einen Wettbewerb der Reiseveranstalter um die Buchungen in jedem einzelnen Reisebüro. Er wird ausgetragen über Systeme von → Staffelprovisionen und weitere Bindungsmodelle, mit denen die Buchungspräferenzen der Reisebüros beeinflußt werden sollen. Dazu gehören zum Beispiel Prämien für die Außendarstellung eines Reisebüros mit dem Logo eines Veranstalters, eine entsprechende Schaufenstergestaltung oder die bevorzugte Plazierung der Reisekataloge in den Regalwänden. Über veranstaltereigene Franchisesysteme (→ Franchise) läßt sich zudem ein Teil des Informationsdefizits des Handelsherrn kompensieren, indem zum Beispiel alle Buchungsdaten (also auch die konkurrierender Veranstalter) jedes Mitgliedsreisebüros bei der Zentrale auflaufen.

Im Gastgewerbe läßt sich das Prinzipal-Agenten-Problem etwa bei der Konzernhotellerie aufzeigen. Bau, Finanzierung und Betreiben der Hotelimmobilie werden in der Regel getrennt (→ funktionelle Entkoppelung), unterschiedliche Akteure wie Grundstücksentwickler (z. B. Baukonzerne, Architekturbüros), Investoren (z.B. Banken, Immobilienfonds, private Pensionsfonds, → Reits, Versicherungen) und Betreiber (Hotelmanagementgesellschaften) treffen mit ihren unterschiedlichen Interessen und unterschiedlichem Informationsstand aufeinander. In Vertragsverhandlungen, etwa zwischen Hoteleigentümern und Hotelbetreibergesellschaften, wird versucht, sensible Eckpunkte, in denen die Interessen zuwiderlaufen, zu klären. Die Investoren beziehen in den Verhandlungsprozeß meist Unternehmensberatungen ein, um das Informationsdefizit gegenüber den Hotelbetreibergesellschaften auszugleichen. Ausstiegsklauseln, eingegangene Garantien (z.B. → Stand aside), → FF&E-Regelungen, Gebührenstrukturen, Kapitaleinlagen, Mitspracherechte des Eigentümers, Vertragslaufzeiten und die

Möglichkeit, diese zu verlängern, sind ergebnis- und verhaltensorientierte Ansätze zur Lösung des Prinzipal-Agenten-Problems. Welche Vertragspartei sich bei der konkreten Ausgestaltung dieser Punkte durchsetzt, ist vor allem eine Frage der Verhandlungsmacht.

Bei den öffentlichen Tourismusstellen ist die Lage insofern noch komplexer, als es sich bei ihnen um staatliche bzw. staatlich kontrollierte Agenturen unterschiedlicher politischer Ebenen handelt, deren Oberziel die generelle Förderung des Tourismus eines Ortes oder einer Region ist. Zwar hat auch die örtliche Wirtschaft in der Regel Interesse an einer übergreifenden Förderung des Tourismus, die einzelnen gastgewerblichen Anbieter wollen aber in erster Linie, daß die Tourismusstelle als Agentur ihre Angebote vermittelt. Anders als Reiseveranstalter bei den Reisebüros, haben die Leistungsträger keine Möglichkeit, die Tourismusstelle über Provisionsanreize oder andere Maßnahmen in dieser Vermittlungtätigkeit zu beeinflussen. Umgekehrt hat die Tourismusstelle, auch wenn sie in einer weiteren Rolle als Marketingorganisation für einen Ort oder eine Region tätig ist, keine direkten Einwirkungsmöglichkeiten auf die Anbieter und die Art und Qualität der von ihnen für Touristen hergestellten Güter und Dienstleistungen. Ob und inwieweit Leistungsträger und weitere Anbieter (zum Beispiel Betriebe des Einzelhandels) überhaupt mit öffentlichen Tourismusstellen zusammenarbeiten wollen, können sie selbst entscheiden. Insofern hat die öffentliche Tourismusstelle als Destinationsagentur ein Informationsdefizit hinsichtlich der Aktivitäten der einzelnen Akteure in dem von ihr vermarkteten Gebiet. *(jwm/wf)*

*Literatur*

Christensen, John 1981: Communication in agencies. In: The Bell Journal of Economics, 12 (2), S. 661-674

Jensen, Michael; Meckling, William 1976: Theory of the firm: Managerial behavior, agency costs and ownership structure. In: Journal of Financial Economics, 3 (4), S. 305-360

Ross, Stephen 1973: The economic theory of agency: The principal`s problem. In: The American Economic Review, 63 (2), S. 134-149

Shavell, Stephen 1979: Risk sharing and incentives in the principal and agent relationship. In: The Bell Journal of Economics, 10 (1), S. 55-73

## Agenturvertrag

*agency agreement, agency contract*

In der Regel schließt das Reisebüro mit einer Vielzahl von Reiseveranstaltern Agenturverträge ab. Dabei tritt der jeweilige Reiseveranstalter als → Handelsherr auf, während das Reisebüro als → Reisemittler seine Aufgaben wahrnimmt. Die gesetzliche Grundlage bildet § 84 HGB, in dem der Handelsvertreterstatus (→ Handelsvertreter) verankert ist. Agenturverträge werden in der Regel schriftlich geschlossen, können aber auch mündlich vereinbart werden. Zu beachten ist, daß ein faktisches Agenturverhältnis entsteht, wenn der Reiseveranstalter eine Buchung akzeptiert, obwohl vorher kein Agenturvertrag geschlossen wurde. *(hdz)*

*Literatur*

Nies, Irmtraud 2005: Reisebüro. Rechts- und Versicherungsfragen. München: Beck, S. 59-61 (2. Aufl.)

## Aggression

*aggression*

Aggression ist jedes körperliche oder verbale Verhalten, das mit der Absicht ausgeführt wird zu verletzen oder zu zerstören. Eine Aggression kann offen oder verdeckt, körperlich oder verbal, kulturell gebilligt (z.B. Notwehr) oder kulturell mißbilligt (z.b. Vergewaltigung) sein. Im → Tourismus sind Aggressionen gegen Personen und gegen Sachen relevant. Zu Aggressionen mit speziell kriminellem Charakter → Kriminalität und Tourismus.

Eine Theorie der Aggression, neben anderen, ist die Frustrations-Aggressions-Theorie, nach der Frustration zu Aggression führt. Eine Frustration ist eine unerwartete Blockierung einer erwarteten Zielerreichung, beispielsweise ein Gast freut sich nach einer langen Anreise auf ein ruhiges aufgeräumtes Zimmer und ist frustriert und infolgedessen ärgerlich, wenn er fehlende Handtücher oder eine laute, nicht abstellbare Entlüftungsanlage im Badezimmer bemerkt. Der Gast hat nun mehrere Möglichkeiten. Er kann sachlich beim Hotelpersonal um Handtücher oder um das Abstellen der Entlüftungsanlage bitten oder er kann aggressiv reagieren, indem er das Personal unsachlich und verletzend verbal attackiert. In manchen Fällen wird er sich gegenüber Unbeteiligten, beispielsweise gegenüber dem Partner oder einem Souvenirverkäufer, aggressiv verhalten. In solchen Fällen spricht man von Aggressionsverschiebung oder von fehlgeleiteter Aggression. Eine fehlgeleitete Aggression liegt auch vor, wenn ein Kellner durch einen Gast frustriert wurde, der Kellner sich noch ärgert und deshalb den nächsten Gast weniger zuvorkommend behandelt. Für Mitarbeiter mit Kundenkontakt ist es daher wichtig, die eigenen → Emotionen kontrollieren zu können. Eine hohe Erregbarkeit, d.h., die Tendenz bereits bei minimaler Verärgerung oder Provokation impulsiv zu reagieren, ist bei Mitarbeitern mit Kundenkontakt nicht hilfreich.

Frustrationen können auch durch allgemeine aversive Reize ausgelöst werden, beispielsweise durch körperliche Schmerzen, faulige Gerüche, hohe Temperaturen oder durch zu viele Menschen auf engem Raum *(crowding)*. Liegen solche Reize vor, ist damit zu rechnen, daß sich Menschen aggressiv verhalten. An heißen Sommertagen, in denen ein Großereignis in der Stadt geplant ist, kann man in den Hotels und Restaurants mit mehr aggressiven Verhaltensweisen von Gästen rechnen als an Tagen mit durchschnittlichen Temperaturen und an Tagen, in denen weniger Menschen in der Stadt sind. Ebenso sind Gäste nach einem mehrstündigen Flug mit Zeitverschiebung eher gereizt als nach einer entspannten kurzen Anreise. Neben solchen situativen Einflüssen spielen auch individuelle Unterschiede in der Persönlichkeit eine wichtige Rolle. *(sml/gcm)*

*Literatur*

Bierhoff, Hans-Werner 2006: Sozialpsychologie Stuttgart: Kohlhammer (6. Aufl.)

Häcker, Hartmut O.; Kurt-H. Stapf 2004: Dorsch Psychologisches Wörterbuch. Bern: Huber (14. Aufl.)

Krahé, Barbara 2005: Aggressivität. In: Weber & Rammsayer (Hrsg.), S. 476-485

Myers, David G. 2005. Psychologie. Heidelberg: Springer

Schorr, Angela (Hrsg.) 1993: Handwörterbuch der angewandten Psychologie. Bonn: DPV

Selg, Herbert 1993: Stichwort Frustration. In: Schorr (Hrsg.)

Weber, Hannelore; Thomas Rammsayer (Hrsg.) 2006: Handbuch der Persönlichkeitspsychologie und Differentiellen Psychologie. Göttingen: Hogrefe

**Agraffe**
*agraffe*
*Agrafe* (franz.) = Haken, Spange, Klammer. In der Gastronomie der Begriff für die Drahtkonstruktion bzw. den Drahtkorb,

der bei Schaumweinen über dem Korken fixiert wird. Die Agraffe sichert den Korken gegen den hohen Innendruck, der in der Schaumweinflasche vorherrscht. Auch Vierdrahtverschluß genannt. *(wf)*

**AIDS**
*Acquired Immune Deficiency Syndrome*
Immunschwächekrankheit, die meist beim Geschlechtsverkehr oder durch mangelnde Hygiene von Drogensüchtigen bei der Benutzung von Spritzbesteck durch HIV (Human Immuno-Deficiency Virus) übertragen wird. Deshalb stellen auch → Sextouristen eine Gefahr für die weitere Verbreitung der Krankheit dar. *(jwm)*

**AIP**
→ Aeronautical Information Publication

**AIRail**
Kooperation von → Lufthansa, Fraport (Betreibergesellschaft des Flughafens Frankfurt Rhein/Main) und der → Deutschen Bahn, die es ermöglicht, → ICE-Züge der Deutschen Bahn auch unter Lufthansa → Flugnummer zu fahren und mit Tickets der Lufthansa als Zubringer von Köln und Stuttgart zum Frankfurter Flughafen zu nutzen. Dafür wurden auf beiden Hauptbahnhöfen und am ICE-Bahnhof Siegburg-Bonn eigene → Check-ins (AIRail-Terminals) eingerichtet, bei denen wie auf dem Flughafen die → Bordkarten für Anschlußflüge ausgedruckt werden und auch das Gepäck eingecheckt und – bei der Rückkehr – auch wieder abgeholt werden kann. Im Zug gibt es dann ein eigenes Abteil für die Lufthansa-Gäste, in denen auch Servicepersonal mitfährt und wie auf einem Flug auch Snacks und Getränke serviert. Das Gepäck auf den Fahrten ab Frankfurt wird in einem vom Zoll versiegelten Abteil mitgeführt und den

Reisenden am Zielbahnhof ausgehändigt, auf dem auch die Zollkontrolle erfolgt.

Damit verfolgen die Kooperationspartner das Ziel, die umweltschädlichen Kurzstreckenflüge auf die Schiene zu verlagern. Zwischen Stuttgart Hauptbahnhof und Frankfurt am Main Flughafen/Fernbahnhof verkehrt der ICE bereits als offizieller Lufthansa-Zubringer. *(jwm)*

**Air Berlin**
1973 vom US-Amerikaner Kim Lundgren in den USA gegründetes Charterflugunternehmen. Da bis 1990 nur Flugzeuge der alliierten Siegermächte des Zweiten Weltkriegs (USA, Großbritannien, Frankreich) das damalige West-Berlin anfliegen durften, hatte das Unternehmen auch ein us-amerikanisches → Luftverkehrsbetreiberzeugnis. Mit dem Beitritt der DDR zur Bundesrepublik Deutschland 1990 ging auch die Lufthoheit für West-Berlin an Deutschland zurück. Daher mußten deutsche Anteilseigner für das kleine Unternehmen gefunden werden, das damals nur zwei Flugzeuge betrieb. 1992 ging Air Berlin mehrheitlich in deutsche Hände über und wurde vom → Luftfahrtbundesamt (LBA) zugelassen.

Zunächst im reinen → Charterflug baute die → Fluggesellschaft nach der → Liberalisierung des Luftverkehrs in Europa das Geschäft mit den → Einzelplatzbuchungen parallel zur Einrichtung des Mallorca Shuttles aus. 2002 wurde dies durch den City Shuttle ergänzt, mit dem das Unternehmen europäische Städte im Linienverkehr nach dem Modell einer → Billigfluggesellschaft miteinander verbindet. 2005 wurden beide Dienste unter dem Namen Euro Shuttle zusammengelegt. Damit verfolgt Air Berlin ein Hybridmodell zwischen Charter- und Linienfluggesellschaft (→ Linienflugverkehr), dem Ende 2006 auch

TUIfly in ähnlicher Weise folgte (→ TUI). Durch eine Minderheitsbeteiligung an der österreichischen → Ferienfluggesellschaft Niki und den 2006 erfolgten Kauf der auf innerdeutsche Flüge spezialisierten dba wurde das Geschäft erheblich ausgeweitet. Die 2007 erfolgte Übernahme der Düsseldorfer LTU ergänzt die zunächst auf Europa begrenzten Streckennetze auch durch Interkontinentalflüge, so daß der → Lufthansa damit zum ersten Mal in ihrer Geschichte ein ernstzunehmender Konkurrent auf dem deutschen Luftverkehrsmarkt erwächst. 2006 wurde das Unternehmen in eine Aktiengesellschaft britischen Rechts *(plc – public limited company)* transformiert und an die Börse gebracht. Insgesamt verfügt Air Berlin derzeit über 54 Flugzeuge, die LTU über 27, darunter 12 Langstreckenmaschinen (Stand 2007; www.airberlin.com; www.ltu.de). *(jwm)*

**Airbrake**
→ Störklappen

**Air carrier**
→ Fluggesellschaft

**Air conditioning**
→ Klimaanlage

**Airline**
→ Fluggesellschaft

**Airline Catering**
→ Flight Catering

**Airline-Code**
→ Airline-Prefix-Number

**Airline Deregulation Act**
1978 erfolgte Neuorientierung der us-amerikanischen Luftverkehrspolitik mit stufenweiser Freigabe der Tarife, freiem Marktein- und -austritt, Freigabe der Pro-

visionen. Agenturzulassung, Absprachen und Zusammenschlüsse unterliegen weiterhin den Anti-Trust-Gesetzen. *(wp)*

*Literatur*
Originalquelle: Pub. L. No. 95-504, 92 Stat 1705

**Airline designator**
→ Airline-Prefix-Number

**Airline Prefix-Number**
Dreistellige Nummer zur Identifikation einer Airline, die von der IATA in den AIRIMP und im Airline Coding Directory veröffentlicht wird. Die Prefix-Number wird in erster Linie zu Buchhaltungs- und Abrechnungszwecken benutzt, sie stellt die ersten drei Ziffern der Dokumentennummer dar, mit der Luftfrachtbriefe und Passagierdokumente (zum Beispiel Flugticket, MCO) gekenn- zeichnet sind. Sie lautet beispielsweise 001 für American Airlines oder 220 für Lufthansa. Neben der Airline Prefix-Number werden von der IATA (→ International Air Transport Association) die Two-Character Airline Designators (zum Beispiel LH für → Lufthansa) und Three-Letter-Airline Designators (zum Beispiel DLH für Lufthansa) veröffentlicht, die oft als Zwei- und Drei-Letter-Codes bezeichnet werden. *(pjm)*

**Airlines Clearing House (ACH)**
→ IATA-Clearing House

**Air Operators Certificate (AOC)**
→ Luftverkehrsbetreiberzeugnis

**Air pass**
Stark preisreduzierte Flugscheine von Linienfluggesellschaften für in der Regel inländische Flugreisen in flächenmäßig großen Ländern (USA, Kanada, Australien usw.), die nur von auswärtigen Besuchern erworben werden können und die innerhalb eines bestimmten Zeitraumes abgeflogen werden müssen. Sie können für eine bestimmte Anzahl von frei auswählbaren Flügen gelten, zu einem deutlichen Preisabschlag bei normalen Flügen führen und/oder generell nur auf → Warteliste gebucht werden. *(jwm)*

**Airport**
→ Flughafen

**Airport-Expreß**
Zug in der Bemalung der Deutschen Lufthansa, der von 1982 bis 1993 als Ersatz für innerdeutsche Flüge zum Frankfurter Flughafen von Düsseldorf, Köln und Stuttgart eingesetzt wurde und nur mit Lufthansa-Flugscheinen genutzt werden konnte. Er wurde von → AIRail abgelöst.

**Airport Lounge**
Besonders komfortabel ausgestattete, separate Aufenthaltsräume einzelner → Fluggesellschaften oder → Allianzen im Luftverkehr, die für bestimmte Passagiergruppen zugänglich sind (in der Regel für First-/Business-Class-Passagiere oder Statuskunden/Vielflieger) und individuellen Service bieten.

Lounges dienen zur Überbrückung der → Wartezeit vor dem Abflug, zum Ausruhen, Entspannen oder aber auch zum Arbeiten. Sie bieten besondere Einrichtungen und Services wie zum Beispiel Zeitungen, Fernsehen, Büroservice wie Telefon, Fax, PC- und Internet-Nutzung, Laptop-Anschlüsse, Kopierer, Wireless-LAN-Technologie, Platz für Geschäftsbesprechungen, Fluginformationen, Duschkabinen, Getränke und Verpflegung. Zum Teil haben die Fluggesellschaften bzw. Allianzen verschiedene Typen von Lounges für einzelne Zielgruppen mit unterschiedlichen Zugangsberechtigungen eingerichtet.

So bietet beispielsweise die Deutsche → Lufthansa Senator Lounges, Frequent Traveller Lounges und Business Lounges an. In Verbindung mit den Allianz-Partnern betreiben die → Netzfluggesellschaften ein weltweites Loungenetz. Während die meisten → Billigfluggesellschaften auf die Einrichtung von Lounges verzichten, bieten einige → Charterfluggesellschaften, die mit zwei Beförderungsklassen fliegen, Loungebenutzung für die gehobene Beförderungsklasse an. Manche Loungebetreiber bieten Loungebenutzung auch gegen Zahlung einer Tagesgebühr für Nicht-Statuskunden an. Lounges werden sowohl von Fluggesellschaften als auch von Flughafengesellschaften betrieben. *(pjm)*

### Airports Council International (ACI)

1991 gegründete Weltorganisation der Flughäfen. Ihr gehören mehr als 550 Flughafenbehörden und -gesellschaften an, die zusammen mehr als 1.500 Flughäfen in mehr als 165 Ländern betreiben. Sitz der Organisation ist Genf. Sie ist in sechs geographische Regionen unterteilt: Afrika, Asien, Europa, Latein-, Zentralamerika und Karibik, Nordamerika und Pazifik.

Ihr Hauptanliegen ist die Förderung der Zusammenarbeit unter den Mitgliedsflughäfen und die zwischen ihnen und anderen Partnern wie Regierungen, → Fluggesellschaften und Flugzeugherstellern. ACI veranstaltet regelmäßige Sitzungen und Konferenzen für ihre Mitglieder und gibt eine Reihe von Informationen heraus, darunter Verkehrsstatistiken und eine Reihe weiterer Veröffentlichungen für Flughafenunternehmen. Sie vertritt die Interessen der Flughäfen auf internationalem Parkett in Gesetzgebungs- und Regulierungsverfahren und bei internationalen Abkommen (www.airports.org). *(ag)*

### Air-Sea

Die kombinierte Reise Flug/Schiff (ein Weg Flug, ein Weg Schiff) wird als Air-Sea bezeichnet.*(hdz)*

### Air Shuttle

Bei diesem „Flugpendeldienst" (auch als „Pingpongverkehr" bezeichnet) zwischen Flughäfen mit hohem Verkehrsaufkommen finden die Abflüge mit hohen Flugfrequenzen in kurzfristigen, festen Zeittakten statt. Die von den Fluggesellschaften angebotenen Shuttle Services können sich in der Servicekette bzw. Produktgestaltung stark unterscheiden. Buchung, Ticketverkauf, Sitzplatzreservierung, Abfertigung und Bordservice sind hierbei oft eingeschränkt oder vereinfacht. So kann der Ticketverkauf an Bord stattfinden oder der Bordservice ganz entfallen. Die Check-in-Deadlines können so verlängert sein, daß der Fluggast bis kurz vor Abflug in das Flugzeug einsteigen kann, sein Gepäck bis zum Flugzeug selbst mitnimmt und den Flugpreis an Bord zahlt, bei Verzicht auf Bordservice und einem entsprechend niedrigen Ticketpreis. *(pjm)*

### Air Traffic Control (ATC)

Die Flugverkehrskontrolle oder Air Traffic Control ist Teil der Flugsicherungsdienste und hat die Verkehrslenkung zur Aufgabe. Zu den Flugsicherungsdiensten gehören neben der Flugverkehrskontrolle zum Beispiel die Verkehrsflußregelung (Steuerung der Luftraumnutzung), der Fluginformationsdienst (FIS: Flight Information Service) oder der Flugberatungsdienst (AIS: Aeronautical Information Service).

Aufgabe der Flugverkehrskontrolle (ATC) ist die Verkehrslenkung, d. h. die Überwachung und Lenkung der Bewegungen im kontrollierten Luftraum sowie auf den Rollfeldern und Start-/Landebahnen von kontrollierten Flugplätzen. Ziele der Flugverkehrskontrolle sind die sichere, geordnete und flüssige Abwicklung des Luftverkehrs, die Verhinderung von Kollisionen zwischen Luftfahrzeugen in der Luft und auf den Rollflächen sowie zwischen Luftfahrzeugen und anderen Fahrzeugen oder Hindernissen auf den Rollflächen der kontrollierten Flughäfen. Für die Durchführung der Flugverkehrskontrolle sind verschiedene Kontrollstellen (Air Traffic Control Units) zuständig: die Flugplatzkontrollstellen (Aerodrome Control Towers), die Anflugkontrollstellen (Approach Control Offices) und die Bezirkskontrollstellen (Area Control Centers). Diese Flugverkehrskontrollstellen führen die Flugverkehrskontrolle in den ihnen zugewiesenen Zuständigkeitsbereichen durch. So werden z. B. Mindestabstände zwischen Luftfahrzeugen durch die Zuweisung bestimmter Flughöhen (Höhenstaffelung), durch seitlich getrennte Flugwege (Seitenstaffelung) oder durch die zeitlich gestaffelte Zuweisung gleicher Flugwege (Längenstaffelung) eingehalten.

Die Flugverkehrskontrolle wird in den einzelnen Staaten von privatwirtschaftlich organisierten Unternehmen oder von staatlichen Organisationen durchgeführt. In Europa sind eine Reihe von ATC-Organisationen privatisiert wie zum Beispiel Skyguide in der Schweiz, National Air Traffic Services Ltd (NATS) in Großbritannien oder Aena in Spanien. In der Bundesrepublik Deutschland wird der Flugverkehr im unteren Luftraum (bis 24.500 Fuß, etwa 8.000 m Höhe) von der → Deutschen Flugsicherung

GmbH (DFS) kontrolliert, einem bundeseigenen, privatrechtlich organisierten Unternehmen. Im oberen Luftraum wird die Flugverkehrskontrolle in Europa von → Eurocontrol gemeinsam mit der jeweils nationalen Flugverkehrskontrolle durchgeführt. *(pjm)*

**Air Travel Organiser's License (ATOL)**
→ Reiseveranstalter in Großbritannien, die → Flugpauschalreisen oder → Einzelplatzbuchungen anbieten, müssen dafür von der britischen Zivilluftfahrtbehörde (Civil Aviation Authority, CAA) lizenziert werden. Damit ist eine Insolvenzabsicherung *(bonding)* verbunden, die bei Zahlungsunfähigkeit des Reiseveranstalters eintritt. Voraussetzung für die Erteilung der Lizenz ist der Nachweis der finanziellen Bonität, die laufend von der CAA überprüft wird. Dieses System wird schon seit 1973, also lange vor der Reiserechtsrichtlinie der Europäischen Gemeinschaft vom Juni 1990, die eine Insolvenzabsicherung für alle → Pauschalreisen vorschreibt, praktiziert (www.caa.co.uk). *(jwm)*

**Akklimatisierung**
*acclimation*
Anpassung des menschlichen Organismus an gegenüber dem vorherigen Aufenthaltsort veränderte Umweltbedingungen in einer Destination. In erster Linie ist damit die physiologische Anpassung an ein anderes Klima gemeint. *(jwm)*

**Akkulturation**
*acculturation*
Akkulturation ist ein komplexer Prozeß der Auseinandersetzung mit den Anforderungen, die beim länger anhaltenden direkten Kontakt mit einer fremden Kultur auftreten. Zu unterscheiden ist dabei zwischen emotionalen (→ Streß,

Depression, Zufriedenheit), kognitiven (Einstellungen, Vorurteile) und verhaltensbezogenen (Bewältigen konkreter Probleme im Alltag) Komponenten.

Die Qualität der Akkulturationsleistung einer Person wird hinsichtlich dreier Ziele beurteilt:

* subjektive Zufriedenheit bzw. Fehlen von depressiven/streßbezogenen Symptomen
* Güte der sozialen Beziehungen zu Vertretern des Gastlandes
* Grad der Aufgabenerfüllung.

Der Akkulturationsprozeß läuft im interkulturellen Kontext nicht für alle Menschen gleich ab, da er durch eine Vielzahl an Moderationsvariablen beeinflußt wird. Hierbei werden in der Forschung vor allem zwei Themenkomplexe diskutiert: Erstens soziale, politische, wirtschaftliche und kulturelle Faktoren der Herkunfts- und der Gastgesellschaft, die den Kontext für die sich abspielenden Akkulturationsprozesse bilden, und zweitens spezifische personale und situative Variablen, die den individuellen Akkulturationsprozeß moderieren. *(ath)*

*Literatur*
Layes, Gabriel 2003: Interkulturelles Lernen und Akkulturation. In: Alexander Thomas, Eva-Ulrike Kinast & Sylvia Schroll-Machl: Handbuch Interkulturelle Kommunikation und Kooperation. Band 1: Grundlagen und Praxisfelder. Göttingen: Hogrefe, S. 126-137
Schönpflug, Ute 2003: Migration aus kulturvergleichender psychologischer Perspektive. In: Alexander Thomas (Hrsg.): Kulturvergleichende Psychologie. Göttingen: Hogrefe, S. 515-541 (2. Aufl.)

**Aktivurlaub**
*activity holiday*
Urlaub, bei dem der Urlauber bestimmten körperlichen oder geistigen Interessen nachgeht. Heute

bieten viele Reiseveranstalter → Pauschalreisen an, die speziell auf die mit den betreffenden Aktivitäten verbundenen Bedürfnisse zugeschnitten sind. *(hdz)*

**à la carte**
*à la carte; to order*
*à la carte* (franz.) = nach der (Speise-) Karte. → à-la-carte-Service. *(wf)*

**à la carte-Service**
*à la carte-Service*
Beim à la carte-Service stellt der Gast sein Essen mit Hilfe der → Speisekarte und → Getränkekarte zusammen, unter Umständen durch Beratung des Servicepersonals. Bei der Auswahl kann es sich um eine Speise als auch um eine Speisenfolge (→ Menü) handeln.

Der à la carte-Service kann als Weiterentwicklung der Servicekultur gesehen werden. Gastronomische Betriebe wie → Cafés oder → Restaurants boten aus historischer Sicht erstmalig die Möglichkeit, an individuellen Tischen individuelle Bestellungen (nach der Karte) aufzugeben. Gastronomische Vorläufer wie die Inns in Großbritannien boten eine Tagesmahlzeit *(ordinary)* zu einer festgelegten Uhrzeit an, Wahlmöglichkeiten gab es kaum (Kiefer 2002, Spang 2001). Siehe auch → à part-Service und → Table d'hôte-Service. *(wf)*

*Literatur*
Kiefer, Nicholas M. 2002: Economics and the Origin of the Restaurant. In: Cornell Hotel and Restaurant Administration Quarterly, 43 (4), S. 58-64
Spang, Rebecca 2001: The Invention of the Restaurant: Paris and Modern Gastronomic Culture. Cambridge: Harvard University Press

## À la minute

*à la minute* (franz.) = auf die Minute. In der Gastronomie der Begriff für den Umstand, daß Speisen erst bei einer konkreten Bestellung zubereitet werden. Die Gerichte werden nicht auf Vorrat produziert, weil sie relativ schnell („nach Minuten" bzw. minutengenau) hergestellt werden können. Gleichzeitig kann eine entsprechende Qualität nur durch eine kurzfristige Zubereitung gewährleistet werden. *(wf)*

## Alleinreisende

*single traveller, ~tourist*
Offenbar werden Alleinreisende zukünftig eine relevante touristische Kategorie darstellen. Was die soziodemographischen und ökonomischen Merkmale betrifft, ist diese Kategorie jedoch heterogen. Offenbar hängt die Zunahme der Alleinreisenden mit der steigenden Zahl der Alleinlebenden zusammen. Die übliche Kurzdefinition ist einfach und zirkulär und erklärt nichts: Alleinreise sind diejenigen Reisenden, die eine Urlaubsreise alleine unternehmen. Alleinreisende können partnerlose Alleinlebende sein oder auch in festen Partnerschaften leben. Ihre Entscheidung, alleine zu reisen, kann in jedem Fall unterschiedlichen Motivlagen folgen und hängt wohl auch mit der jeweiligen Lebensphase zusammen, in der sich der Alleinreisende befindet.

Es tun sich viele Fragen auf, die bisher keineswegs schlüssig beantwortet wurden. Haben Alleinreisende ein stärkeres Interesse an Kultur, Bildung und Erholung? Suchen Alleinreisende eher einen Partner auf Reisen als anders Reisende? Wie ist der Alleinreisende als Pauschaltourist zu sehen? Kann Alleinreisen eine Herausforderung sein, der sich jeder stellen sollte? etc. Die Forschung ist defizitär und hat bisher nur

zu Einzelaspekten Ergebnisse vorgelegt. Die touristische Praxis ist weiter (www.singlereisen-angebot.de), und die Szene hat das Thema auch besetzt (www.single-generation.de). *(hdz)*

*Literatur*
Grözinger, Gerd (Hrsg.) 1994: Das Single. Gesellschaftliche Folgen eines Trends. Opladen: Leske und Budrich
Steinecke, Albrecht; Kristiane Klemm 1985: Allein im Urlaub. Soziodemographische Struktur, touristische Verhaltensweisen und Wahrnehmnungen von Alleinreisenden. Starnberg: Studienkreis für Tourismus e.V.

## Allgemeine Beförderungsbedingungen (ABB)

*general conditions of carriage*
Jedem Beförderungsvertrag liegen die Beförderungsbedingungen zugrunde. Sie sind in der Regel Teil der → Allgemeinen Geschäftsbedingungen (AGB) von Verkehrsunternehmen. So gilt in Deutschland die Verordnung über die Allgemeinen Beförderungsbedingungen, die von der Genehmigungsbehörde (Bundesverkehrsministerium) festgelegt wurde. Weitere Genehmigungsbehörden sind diejenigen, die den Nah- und Fernverkehr regeln, z.B. die Verkehrsverbünde und Verkehrsträger. Zusammen mit den Beförderungsbedingungen gelten Tarifbestimmungen (Regelungen zu den Fahrausweisen und Benutzungsbedingungen). Insofern ergänzen sie die Beförderungsbedingungen um den Entgeltteil. Abgeleitet aus den Allgemeinen Beförderungsbedingungen können besondere Beförderungsbedingungen eingeführt werden.

In den Beförderungsbedingungen wird u. a. folgendes geregelt:

❖ Geltungsbereich
❖ Anspruch auf Beförderung
❖ Rechte und Pflichten des Verkehrsunternehmens und Fahrgastes

❖ Beförderungsentgelte, Fahrausweise
❖ Beförderung von Sachen und Tieren
❖ Fundsachen
❖ Haftung.

Im → Tourismus sind die Allgemeinen Beförderungsbedingungen der wichtigsten Verkehrsträger Bahn, Bus und Flugzeug relevant. Sie sind als typische Allgemeine Geschäftsbedingungen zu werten (AGB-Gesetz), die behördlicher Genehmigung bedürfen und in den Beförderungsvertrag einbezogen werden. So werden in einen Luftbeförderungsvertrag wichtige Vertragspflichten festgelegt, die grundlegend sind und u. a. nicht gegen die entsprechenden Abkommen, EU-Verordnungen, dem Luftfahrtgesetz und dem AGB-Gesetz verstoßen dürfen. In der Praxis wird im Falle des Luftbeförderungsvertrags der Luftfrachtführer die einzelvertragliche Gestaltung in seinen Allgemeinen Beförderungsbedingungen seinen Vertragspartnern vorgeben. *(hdz)*

## Allgemeine Bestimmungen

*general provisions*
Die Allgemeinen Bestimmungen sind – wie die → Allgemeinen Versicherungsbedingungen (AVB) – Bestandteil von Versicherungsverträgen bei den → Reiseversicherungen. AVB und Allgemeine Bestimmungen sind komplementär zu sehen. Sie geben Antwort auf die allgemeinen Fragen zum Versicherungsvertrag, zum Beispiel:
❖ Wer ist versichert?
❖ Für welche Reise gilt die Versicherung?
❖ Wann beginnt und wann endet die Versicherung?
❖ In welchen Fällen besteht grundsätzlich kein Versicherungsschutz?
❖ Welche Pflichten haben die versicherten Personen im Schadenfall und was gilt, wenn die versicherte Person

auch Ansprüche gegen Dritte zu stellen hat?
*(hdz)*

## Allgemeine Geschäftsbedingungen (AGB)

*general terms and conditions*

### 1 Allgemeines

Allgemeine Geschäftsbedingungen (AGB) sind alle für eine Vielzahl von Verträgen vorformulierten Vertragsbedingungen, die eine Vertragspartei der anderen Vertragspartei bei Abschluß eines Vertrages stellt (§ 305 Abs. 1 BGB). Die Bezeichnung der vorformulierten Erklärung ist unerheblich. Die Vertragsbedingungen müssen gestellt, das heißt einseitig dem Vertragspartner auferlegt sein. Als AGB werden im Reiserecht die Allgemeinen Reisebedingungen der Reiseveranstalter, die Allgemeinen Versicherungsbedingungen (AVB) der Reiseversicherungsarten und Allgemeine Vermittlungsbedingungen der → Reisevermittler (Reisebüros) verwendet.

### 2 Wirksamkeit

Die AGB werden bei einem Vertrag mit einem Verbraucher, der private Geschäfte tätigt (§ 13 BGB) nur dann berücksichtigt, wenn sie Bestandteil des Reisevertrages durch eine wirksame Einbeziehung nach §§ 305 II, 310 I BGB mit Hinweis, Möglichkeit der zumutbaren Kenntnisnahme und Einverständnis des Kunden werden. Überraschende Klauseln werden nie Vertragsbestandteil (§ 305c I BGB). Unklarheiten bei der Auslegung gehen zu Lasten des Verwenders (§ 305c II BGB). Die einzelnen Klauseln sind nur rechtswirksam, wenn sie nicht gegen die speziellen Klauselverbote der §§ 308, 309 BGB und nicht gegen die Generalklausel des § 307 BGB verstoßen. Sind AGB ganz oder teilweise nicht Vertragsbestandteil

**21**

geworden oder unwirksam, so bleibt der Vertrag im Übrigen wirksam, und es gelten die gesetzlichen Vorschriften §§ 306 I, II BGB.

## 3   Allgemeine Reisebedingungen (ARB)

Der → Deutsche Reise Verband e.V. (DRV) empfiehlt als Muster für AGB Allgemeine Geschäftsbedingungen für Pauschalreisen als unverbindliche Rahmenbedingungen nach § 2 II GWB (Konditionenempfehlung). Inhalt der ARB sind insbesondere der Vertragsschluß des Reisevertrages, die Bezahlung, die Leistungen, Leistungs- und Preisänderungen, der Rücktritt durch den Kunden beziehungsweise durch den Reiseveranstalter (Absage der Reise), die Haftung und ihre Beschränkung auf Höchstbeträge, die Gewährleistung für Reisemängel, die Informationspflichten und Verfahrensregeln. Inhaltlich müssen die Klauseln der ARB den §§ 651a bis l BGB, von denen nicht zum Nachteil des Reisenden abgewichen werden darf (§ 651m BGB), und den Vorschriften zur Kontrolle von AGB in §§ 305 bis 310 BGB entsprechen. Im Rahmen einer Verbandsklage nach §§ 1ff. UKlaG wurden viele Klauseln vom Bundesgerichtshof allgemeinverbindlich für alle AGB-Verwender und Gerichte für unwirksam erklärt. *(ef)*

*Literatur*
Führich, Ernst 2005: Reiserecht. Heidelberg: C.F. Müller (5. Aufl.)
Führich, Ernst 2006: Wirtschaftsprivatrecht. Privatrecht, Handelsrecht, Gesellschaftsrecht. München: Vahlen (8. Aufl.)
Führich, Ernst 2007: Basiswissen Reiserecht. Grundriß des Reisevertrags- und Individual-reiserechts. München: Vahlen
Kappus, Andreas 2007: Reise- und Hotelauf-nahmebedingungen. In: Vertragsrecht und AGB-Klauselwerke. München: Beck (Lose-blattsammlung)

Tempel, Otto 2001: Allgemeine Reisebe-dingungen. In: Ingo Koller (Hrsg.): Trans-portrecht (TranspR) – Kommentar zu Spe-dition, Gütertransport und Lagergeschäft. München: Beck (5. Aufl.)

## Allgemeine Luftfahrt
*general aviation*

Bezeichnet den Teil der zivilen Luft-fahrt, der nicht dem Linien- und Ur-laubscharterverkehr zuzuordnen ist. Neben der in der Regel als Steckenpferd betriebenen Privatfliegerei gehören dazu auch Firmenflugzeuge und die Ange-bote von Charterunternehmen, die Ge-schäftsreiseflugzeuge mit Besatzungen insbesondere für den Reisebedarf von Unternehmen anbieten. Vor allem auf Vorstandsebene ist bei vielen Groß-unternehmen die Benutzung von Ge-schäftsreiseflugzeugen inkl. solchen mit trans- und interkontinentaler Reichweite üblich. Die Zahl der Flugplätze, die mit diesem Fluggerät direkt angeflogen werden kann, übersteigt die Zahl der von Linienfluggesellschaften bedienten um ein Mehrfaches. Dadurch können erhebliche Zeitgewinne realisiert werden. Auch durch Angebote von Teileigentum an solchen Flugzeugen *(fractional owner-ship)* ist in den letzten Jahren ihre Bedeutung gestiegen und hat neben den Sparmaßnahmen vieler Unternehmen bei den Reisekosten mit dazu geführt, daß die Erste Klasse der Linienfluggesellschaften an Marktbedeutung verloren hat. (→ auch General Aviation Terminal [GAT]). *(jwm)*

## Allgemeine Versicherungsbedingungen (AVB)
*general provisions for insurances*

In den AVB legt der Versicherer den Inhalt des konkreten Versicherungsvertrages fest. Neben den → Allgemeinen Bestim-mungen (AB) sind sie Bestandteil des Versicherungsvertrags genauso wie Klauseln oder Zusatzbedingungen. Die

AVB beschreiben für die einzelnen Versicherungssparten das versicherte Risiko, die Einschränkung und die besonderen Pflichten des Versicherten. In ihnen ist z.b. das Verhalten des Versicherten im Schadenfall festgelegt. Die AVB sind keine gesetzlichen Vorschriften, sondern die von den Versicherern vorgegebenen Vertragsbedingungen. Sie ergänzen die Bestimmungen des → Versicherungsvertragsgesetzes (VVG) und müssen unmißverständlich formuliert sein, da sie als Basis der Versicherungsbedingungen der Sparten gelten. Zweifel bei der Auslegung gehen zu Lasten des Versicherers. Die AVB sind seit Mitte 1994 aufgrund einer EU-Richtlinie nicht mehr vom Bundesaufsichtsamt zu genehmigen (→ Deregulierung der Versicherungswirtschaft). Das bedeutet, daß ein jeder Vergleich von zu zahlenden Prämien bei Versicherungsprodukten zu kurz greift, der nicht die zum Teil erheblichen Unterschiede schon in den Allgemeinen Versicherungsbedingungen mit in die Betrachtung aufnimmt. *(hdz)*

## Allgemeiner Deutscher Automobilclub e.V. (ADAC)

Unter der Abkürzung ADAC firmiert Deutschlands größter Automobilclub mit Sitz in München. Er folgt der Zwecksetzung, die Interessen des Kraftfahrzeugwesens und des Motorsports wahrzunehmen und zu fördern. Mit seinen ca. 15 Mio. Mitgliedern ist er zudem Europas größter Automobilclub. Gemessen an den Mitgliederzahlen folgt er weltweit nach der US-amerikanischen AAA (American Automobile Association) und der japanischen JAF (Japan Automobile Federation) auf Platz drei. In Deutschland sind zwei weitere Autoclubs mit vergleichbarer Zielsetzung zu erwähnen, der AvD (Automobilclub von Deutschland) und der ACE (Autoclub

Europa), die aber deutlich geringere Mitgliederzahlen aufweisen.

Der ADAC bestand im Jahre 2003 100 Jahre, er wurde am 24. Mai 1903 in Stuttgart als Deutsche Motorradfahrer-Vereinigung gegründet. Seine heutige Bezeichnung ADAC erhielt er 1911. Der ADAC wird nicht von einem Vereinsvorsitzenden geführt, sondern von einem Präsidenten. Die Art der Mitgliedschaft leitet sich aus den Leistungen ab. So hat das klassische Mitglied weniger Leistungen zu erwarten als das ADAC-Plus-Mitglied. Die Organisation folgt dem Regional-Club-Prinzip, nach dem Delegierte gewählt werden, die den Verwaltungsrat bestimmen. Das achtköpfige Präsidium ist ehrenamtlich tätig. Die Leitung des ADAC übernehmen fünf Geschäftsführer. Das Eigenkapital des ADAC beläuft sich auf deutlich über 700 Mio Euro. Der Verein beschäftigt gegenwärtig ca. 3.300 Mitarbeiter, die zur Zeit ein Beitragsvolumen von 326 Mio. Euro verwalten. Hinzu kommen die Mitarbeiter der Regionalclubs und deren Einnahmen.

Zum ADAC gehören mehrere Tochtergesellschaften, die er gegründet hat und an denen er beteiligt ist. Die wirtschaftlichen Aktivitäten wurden immer mehr ausgeweitet, so auch die touristisch relevanten Bereiche ADAC-Reisen (heute eine Marke, die unter der Dachmarke DER TOUR zur REWE Group gehört) und ADAC-Luftrettung sind in diesem Zusammenhang zu erwähnen. Im Zentrum der Leistungen für die Mitglieder stehen Hilfe bei Panne und Unfall, Hilfe bei Kfz-Diebstahl, Hilfe bei Krankheit, Unfall und Notsituationen. Es handelt sich um → Dienstleistungen, die sowohl dem Versicherungs- wie auch dem Assistanceprinzip zuzuordnen sind. Die Erbringung setzt nicht in jedem Fall voraus, dass das Mitglied als Autofahrer Reisen unternimmt. Operativ greift der ADAC auf ein Netz von Notrufstationen im In- und Ausland zurück.

Entsprechend seiner Zwecksetzung engagiert sich der ADAC in vielen Bereichen. In seiner Öffentlichkeitsarbeit geht es um Umweltpolitik, Themen der Verkehrserziehung, des Verkehrsrechts, der Verkehrssicherheit, Mobilitätsfragen u.v.a.m., sogar als Verbraucherschützer tritt er auf, wenn es um Mobilitätsfragen geht. Weiterhin gilt der Verein als einer der einflußreichsten Lobbyisten. Einflußreich ist in diesem Zusammenhang das Magazin ADAC-Motorwelt, das mit einer Auflagenhöhe von ca. 15 Mio. Exemplaren als Printausgabe erscheint und auch als Online-Ausgabe seine Zielgruppen erreicht. Zusammen mit anderen Verbänden hat er sich seit 1992 für den Automobil-Tourismus praktisch eingesetzt, indem er das Projekt Deutsche Alleenstraße (www.alleenstrasse. com; → Tourismusstraßen) unterstützt, mit dem auf der ideellen Ebene eine Verbindung zwischen den neuen und alten Bundesländern geschaffen wurde (www.adac.de). *(hdz)*

## Allgemeines Lebensrisiko
→ Reisemangel

## Allianzen im Luftverkehr
*airline alliances*

Mit dem Begriff Allianzen im Luftverkehr bezeichnet man grundlegende Kooperationsverbindungen zwischen Fluggesellschaften. Sie sind in der Regel auf Dauer angelegt und erstrecken sich auf eine Reihe von Tätigkeitsfeldern. Meist handelt es sich bei Allianzen im Luftverkehr um → strategische Allianzen.

Das Zeitalter der Allianzen im Luftverkehr begann im Jahr 1997 mit der Gründung der Star Alliance. Mit 16 Airlines hat dieser Verbund ebenso viele Mitglieder wie die zwei Konkurrenzbündnisse OneWorld und SkyTeam zusammen. Als einflußreichste strategische Verbindung von Fluggesellschaften kontrolliert Star heute etwa ein Viertel des gesamten Personenluftverkehrs der Erde. Zwei weitere Allianzen, Qualiflyer und Wings, sind mittlerweile nach den Konkursen von Swissair und Sabena sowie nach der Fusion von Air France und KLM de facto aufgelöst.

Allianzen werden vor allem deshalb gegründet, weil aufgrund des rechtlichen Rahmens Fusionen oft nicht zulässig sind. Diese Eigenschaft von Allianzen wird mit dem Ausdruck Ersatzkonsolidierung treffend beschrieben. Manche Experten sehen Allianzen sogar als einen notwendigen Zwischenschritt auf dem Weg zu fusionierten globalen Luftverkehrsgesellschaften.

Ziel von Allianzen ist, ohne nennenswerte Kapitalverflechtung ein Verbundnetz von ausreichender Größe zu betreiben. Die sich hieraus ergebenden Größenvorteile *(economies of scale)* wirken gegenüber ungebundenen Wettbewerbern oft wie Marktschranken (Joppien 2006, S. 467 ff.). Somit können Allianzen auch dazu dienen, eine beherrschende Marktstellung abzusichern und so einen ordnenden Einfluß auf die Gestalt der Luftverkehrsbranche auszuüben.

### 1 Erscheinungsformen

Der Begriff ‚Allianz im Luftverkehr' bezeichnet meist die → strategische Allianz. Sie ist zu unterscheiden von anderen Erscheinungsformen der Zusammenarbeit unter Fluggesellschaften:

❖ technische oder operative Zusammenarbeit – Hierbei handelt es sich um Kooperationen auf dem Gebiet der Flugzeugabfertigung, Flugzeugwartung, Pilotenschulung usw.

- Zusammenarbeit zur gemeinsamen Umsetzung von Reziprozitätsforderungen aus bilateralen Luftverkehrsabkommen (Joppien 2006, S. 270).
- Marketingallianz – Hier wickeln kooperierende Airlines ihre Flüge unter gemeinsamen Doppelflugnummern ab (Gemeinschaftsflüge bzw. → code sharing). Dadurch stellen sie sich ihre Flugnetze oder Teile davon gegenseitig zur Verfügung.
- strategische Allianz – Ziel der → strategischen Allianz ist die grundlegende und dauerhafte Einflußnahme auf das gemeinsame Wettbewerbsumfeld. Die Zusammenarbeit kann viele der vorgenannten Kooperationselemente umfassen und sich auf zusätzliche Tätigkeitsfelder erstrecken: gemeinsamer Flugzeug- und Treibstoffeinkauf, Zusammenlegung der → Vielfliegerprogramme, Gemeinschaftsunternehmen *(joint ventures)*, Überkreuzbeteiligungen, Hilfe bei drohender feindlicher Übernahme usw.
- Franchising – Bei dieser Sonderform der strategischen Allianz im Luftverkehr übertragen große Airlines Teile ihres Verkehrsnetzes auf kleine Zubringer-Partner. Äußerlich sind die Partnerflüge kaum vom Angebot der Muttergesellschaft zu unterscheiden. Da die kleinen Partner aber in der Regel über niedrigere Kostenstrukturen verfügen, wird dadurch ein Hub-Verteidigungsgürtel zur Abwehr von Low-cost-Angreifern errichtet (Joppien 2006, S. 526 ff.). Im Extremfall geht das Franchising sogar soweit, daß Netzfluggesellschaften nur noch wenige oder überhaupt keine Flugzeuge mehr in eigener Regie betreiben. Sie beschränken sich auf Marketing und Vertrieb der

Franchise-Flüge, überwachen die Produktqualität und koordinieren das Gesamtflugnetz. Man spricht in diesem Fall von einer virtuellen Fluggesellschaft.

## 2 Praxisbeispiel: Star Alliance

Die Star Alliance ist die größte Luftverkehrsallianz der Welt. Sie wurde im Mai 1997 gegründet und betreibt heute ein annähernd überschneidungsfreies Allianznetz, das den gesamten Globus umspannt. Neben Gemeinschaftsflügen (→ Code share) umfaßt die Zusammenarbeit der Partner vor allem die gegenseitige Anerkennung von Bonusmeilen, den gemeinsamen Einkauf *(alliance procurement)* sowie die kollektive Nutzung der Infrastruktur an den Flughäfen.

Ursprünglich entstanden aus dem *code-share agreement* zwischen der Deutschen → Lufthansa und United Airlines, ist die Star Alliance heute formal gesehen immer noch lediglich ein Netz aus bilateralen Kooperationsabkommen (→ Kooperation). Überkreuzbeteiligungen unter den Mitgliedern werden nur in Ausnahmefällen eingegangen. Auch existiert bisher keine zentrale Organisationsstruktur mit nennenswerter Entscheidungskompetenz oder Weisungsbefugnis. Die Allianz wird in der Hauptsache durch gemeinsame Konsultationen von Fachabteilungen und regelmäßige Treffen der Chefs der Fluggesellschaften geführt.

Der Erfolg der Star Alliance beruht auf einer Reihe von strategischen Prinzipien:
- geringe Netzüberschneidung
- kaum Kapitalverflechtungen
- Einstimmigkeitsprinzip (Vetorechte)
- Austrittsmöglichkeiten
- hohe Synergien für alle bei ...
- ... niedrigem Risiko für den Einzelnen.

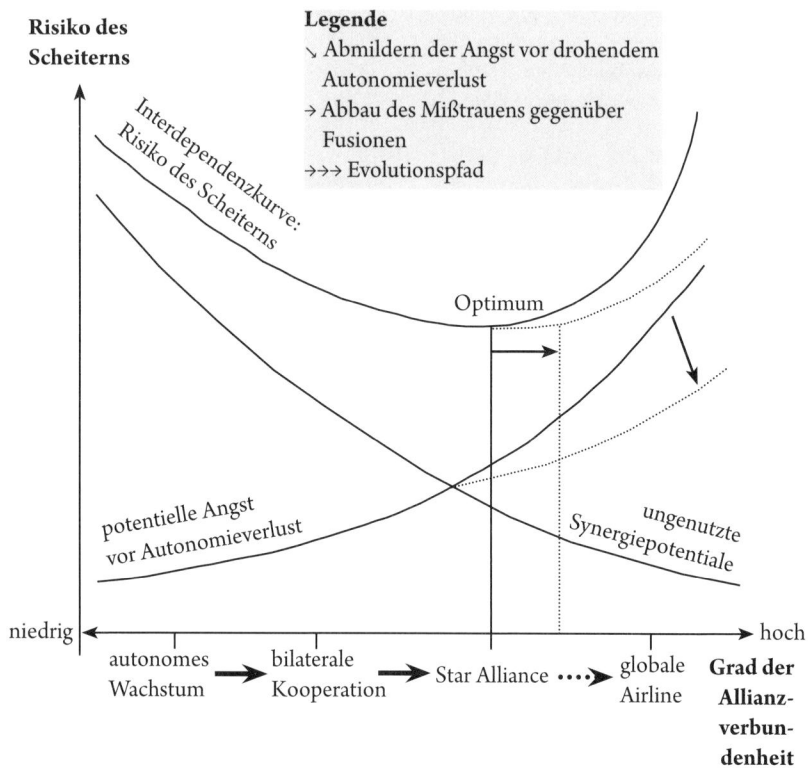

**Abbildung:** Die Evolution der Star Alliance (Quelle: Joppien 2006, S. 572)

Die ursprünglichen Stärken der Star Alliance, ihre informelle Organisation und die weitgehende Autonomie ihrer Mitglieder, werden allerdings langsam zu einer Belastung. Denn für die Lösung komplexer Aufgaben (zum Beispiel Aufbau eines Allianz-Buchungssystems) werden gemeinschaftlichen Investitionen benötigt. Finanzielles Engagement aber führt zu wachsender Verflechtung der Allianz-Mitglieder, was nicht nur Synergieeffekte mit sich bringt, sondern auch potentielle Ängste vor Autonomieverlust erzeugt.

Die Abbildung verdeutlicht diesen Zusammenhang. Mit der evolutionären Entwicklung der Star Alliance hin zu einer globalen Fluggesellschaft (Be-

wegung entlang des Evolutionspfades nach rechts) erzielt der Airline-Verbund immer mehr positive Ergebnisbeiträge, die Kurve der ungenutzten Synergiepotentiale sinkt. Gleichzeitig aber steigt die potentielle Angst der Mitglieder vor Autonomieverlust, denn Gemeinschaftsinvestitionen erfordern eine Abkehr vom Einstimmigkeitsprinzip und verlangen nach geregelten Herrschaftsverhältnissen. Weniger Mitsprache aber bedeutet mehr Zwang, und Zwang erzeugt Angst.

Aus der Addition beider Effekte ergibt sich eine Interdependenzkurve (siehe Abbildung), die das Risiko des Scheiterns der Allianz bemißt. Der optimale Allianzintegrationsgrad der Star Alliance befindet sich dort, wo diese Kurve ihr Minimum hat. Wollen die Partner durch weitere Integrationsschritte zusätzliche Synergien erzielen, dann müssen sie nach Wegen suchen, wie sie enger zusammenrücken können, ohne daß das Risiko des Scheiterns zu stark anwächst. Der Schlüssel hierfür liegt im konsequenten Abbau von Angst, also im Abflachen der Interdependenzkurve (gestrichelte Linie), womit sich der optimale Grad der Allianzverbundenheit nach rechts verschiebt.

Eine Reihe von Maßnahmen trägt dazu bei, den Allianzpartnern die Furcht vor weiteren Integrationsschritten zu nehmen:

- ❖ Kapitalverflechtung zunächst nur auf freiwilliger Basis (Kernteam)
- ❖ unterschiedliche Grade der Allianz-Verbundenheit (‚Partners of Star‘)
- ❖ Allianz der zwei Geschwindigkeiten
- ❖ Kompromißbereitschaft bei der Vergabe von Routen (Doppelvergabe)
- ❖ Duldung der Kooperation zwischen Mitgliedern und Konkurrenten
- ❖ Systemvernetzungen statt Systemvereinheitlichung (zum Beispiel mit intelligenter *middleware*).

**3   Ausblick**

Bei den Allianzen von Fluggesellschaften läßt sich ein Trend zur Konsolidierung beobachten, der nachhaltig zu sein scheint. Heute verteilt sich der gesamte Weltluftverkehr nach dem Ausscheiden von Qualiflyer und Wings auf nur noch drei große Airline-Blöcke: Star Alliance, OneWorld und SkyTeam. Eine der wichtigsten Weichenstellungen für die Zukunft dieser Allianzen dürfte die Aufteilung der letzten ‚weißen Flecke‘ auf dem Globus sein: China, Indien, Rußland und die Golfregion.

Die Luftverkehrsverbünde stehen außerdem vor der Herausforderung, schritt-

weise ihren Integrationsprozeß voranzutreiben. Erfolgreiche Integration steht und fällt mit dem Vertrauen der Partner. Und Vertrauen, das wurde am Beispiel der Star Alliance deutlich, muß ständig gepflegt werden und kann sich nur langsam verfestigen. Die Star Alliance hat das Prinzip der kleinen Schritte und des kontinuierlichen Aufbaus von Vertrauen zu ihrem Leitmotiv erhoben. Nur kleine Schritte, bei denen die Partner jedes Mal eine gute Erfahrung machen, beugen Mißtrauen vor und mindern das Risiko des großen Scheiterns.

Das Erfolgsrezept der größten Luftverkehrsallianz der Welt, der Star Alliance, ist das behutsame Zusammenwachsen ihrer Mitglieder. Schleichend entwickelt sich so aus der ‚Allianz der Freien‘ allmählich ein weltumspannender Luftverkehrskonzern, die notwendigen Reformen des rechtlichen Rahmens einmal vorausgesetzt. Allianzen im Luftverkehr werden damit zu Kondensationskeimen für eine neue, globale Luftverkehrsarchitektur. *(jop)*

*Literatur*

Doz, Yves L.; Gary Hamel 1998: Alliance Advantage. The Art of Creating Value through Partnering. Boston: Harvard Business School Press

Joppien, Martin Günter 2006: Strategisches Airline-Management. Bern, Stuttgart, Wien: Haupt (2. Aufl.)

**Allianz Selbständiger Reiseunternehmen (asr)**

Gegründet 1976 als ‚Arbeitsgemeinschaft Selbständiger Reisebüroinhaber‘, in dem sich Mitglieder des damaligen Deutschen Reisebüroverbands (DRV; → Deutscher Reiseverband) zusätzlich engagierten, um ihre spezifischen Interessen besser vertreten zu können. Die Umbenennung 1983 zunächst zum ‚Berufsverband Mittelständischer Reiseunternehmer‘ und dann zum ‚Bundesverband Mittel-

ständischer Reiseunternehmen' erfolgte (unter Beibehaltung des Kürzels)
1986 und der asr wurde damit zu einem
Konkurrenzverband des DRV. Das
bereits zwischen den Verbandsspitzen
ausgehandelte Konzept für eine Wiedervereinigung wurde 1998 auf der
Mitgliederversammlung des DRV in
Hannover akzeptiert, überraschenderweise dann aber kurz danach von den
Mitgliedern des asr auf ihrer Jahresversammlung in Mallorca abgelehnt. Ende 2007 wurde der Name
des Verbandes wiederum geändert in
‚Allianz Selbständiger Reiseunternehmen
– Bundesverband e.V.‘ und entspricht
damit wieder der Abkürzung. Organisiert
sind im asr nach eigenen Angaben
meist inhabergeführte Reisebüros und
Reiseveranstalter. Fördernde Mitglieder
sind Hotels, Fluggesellschaften, öffentliche Tourismusstellen, Autovermieter usw.
(www.asr-berlin.de). *(jwm)*

**All inclusive**
Aufenthalt in einer → Club- oder Hotel-
anlage, bei dem neben allen Mahlzeiten
(→ Vollpension) auch alle Getränke und
u.U. auch Rauchwaren im Preis inbegriffen sind. In Clubanlagen umfaßt das kos-
tenfreie Angebot zudem auch alle sport-
lichen Aktivitäten wie Tennisspielen,
Segeln, Bogenschießen usw. Gäste haben
in solchen Anlagen neben der größeren Bequemlichkeit den Vorteil, daß sie
die Gesamtkosten ihres Aufenthaltes
damit von vorneherein kennen. Für die
Beherbergungsbetriebe liegt der Vorteil
neben einem höheren Umsatz auch in
(Transaktions-)Kosteneinsparungen, weil
Zusatzleistungen nicht mehr einzeln
abgerechnet werden müssen.
    Entwickelt wurde dieses Konzept 1978
vom jamaikanischen Hotelunternehmen
Superclubs vor dem Hintergrund andau-
ernder Belästigungen von Touristen durch
Drogenhändler, Schlepper, Prostituierte,

Zuhälter und andere zudringliche Verkäufer (Chambers & Airey 2001). Die
abgeschirmten Hotel- und Clubanlagen
mit ihren eigenen Stränden wurden
so im ursprünglichen Sinne zu *resorts*
(= Zuflucht) für die Urlauber, die ihre
Unterkünfte außer vielleicht noch für
vom → Reiseveranstalter oder vom → Hotel organisierte Ausflüge nicht mehr verlassen mußten. In der Karibik hat sich
dieses Modell in den 1980er Jahren sehr
stark verbreitet und wird seit den 1990er
Jahren auch verstärkt in europäischen
Ferienanlagen am Mittelmeer angeboten.
    Allerdings wird gerade diese Abge-
schlossenheit von vielen Kritikern als
wesentlicher Nachteil dieses Konzepts
gesehen. Damit ist nicht nur die zu
nur sehr eingeschränkter Reiseerfahrung
führende Isolation der Touristen von der
lokalen Kultur gemeint (die ja durchaus
beabsichtigt sein kann), sondern auch der
Ausschluß von örtlichen Lokalen und
Händlern, denen damit jeder Zugang zu
den Touristen fehlt. Damit haben kleine und mittelständische Betriebe kaum
noch eine Chance, vom Tourismus in
ihrer Region zu profitieren (Vorlaufer
1996). Vor diesem Hintergrund hatte
zum Beispiel das westafrikanische Gambia 1999 solche Angebote untersagt,
mußte dieses Verbot aber auf Druck
von Reiseveranstaltern Ende 2000 wieder aufheben, weil diese argumentierten,
daß sich das Angebot sonst in den
→ Quellmärkten nicht mehr verkaufen
ließe. *(jwm)*

*Literatur*
Chambers, Donna; David Airey 2001:
Tourism Policy in Jamaica: A Tale of Two
Governments. In: John Jenkins (Ed.):
Tourism Policy Making: Theory and Practice.
Clevedon: Channel View Publications (=
Current Issues in Tourism, Special Issue, 4
[2-4], S. 94-120)

Vorlaufer, Karl 1996: Tourismus in Entwicklungsländern. Möglichkeiten und Grenzen einer nachhaltigen Entwicklung durch Fremdenverkehr. Darmstadt: Wissenschaftliche Buchgesellschaft

## Allotmentvertrag

*allotment contract*

Vertragsart (auch Reservierungs- oder Kontingentvertrag genannt), die genutzt wird, um Kontingente der Kapazitäten touristischer → Leistungsträger (→ Hotel, Flug-, Kreuzfahrtschiff) als Option für → Reiseveranstalter zu reservieren. Die vertragliche Vereinbarung legt fest, für welchen Zeitraum und zu welchen Konditionen ein zugeteiltes Kontingent (*allotment* = Zuteilung) zum Zwecke des Weiterverkaufs (zum Beispiel im Rahmen einer → Pauschalreise) zur Verfügung gestellt wird. Nutzt der Vertragspartner (Reiseveranstalter) des touristischen Leistungsträgers die zeitlich befristete Option zum Verkauf der vorreservierten Kontingente nicht, fallen diese Kontingente zu festgelegten Fristen oder Zeitpunkten (→ Rückfallfrist) an den Leistungsträger zurück. *(hb)*

## Alpiner Tourismus

*alpine tourism*

Der alpine Tourismus bezieht sich grundsätzlich auf den europäischen Alpenraum, welcher insgesamt gemäß Anwendungsbereich der Alpenkonvention auf einem Gebiet von 190.879 km$^2$ (Geographische Rundschau 2007) die Berggebiete der Länder Österreich, Frankreich, Deutschland, Italien, Liechtenstein, Monaco, Slowenien und Schweiz umfaßt. Die alpine Region ist von einer speziellen topographischen Situation gekennzeichnet, die sich durch eine – wie für Hochgebirge charakteristisch – starke Reliefenergie auszeichnet. Aus dieser Situation heraus erklärt sich auch die Sensibilität der Naturressourcen

im Hinblick auf die Nutzung durch die Bewohner sowie die Besucher des Alpenraums.

Seit Generationen leben Mensch und Natur im Rahmen eines sensiblen ökologischen Gleichgewichts zusammen, das im Zuge der touristischen Entwicklung in der Nachkriegszeit immer mehr in den Mittelpunkt der Diskussion einer nachhaltigen Sicherung und Aufrechterhaltung des Siedlungsraumes der Bevölkerung in den unterschiedlichen alpinen Regionen gerückt wurde. Ein besonderes Merkmal des Alpenraums besteht denn auch darin, daß dieser seit Generationen Siedlungsraum ist. Vor allem die Landwirtschaft garantierte bis in die Nachkriegszeit ganzjährige Besiedlungsformen zum Teil in abgelegenen Berg- und Talgebieten. Die Industrialisierung und die zunehmende Dienstleistungsausrichtung moderner Volkswirtschaften hat dazu geführt, daß breite Bevölkerungsteile zunehmend in andere Wirtschaftsbereiche abgewandert sind, begünstigt durch eine Nachfrage nach touristischen → Dienstleistungen, vor allem aus den urbanen Ballungsgebieten im Nahbereich des Alpenraums (z. B. Mailand, München).

Die Nachfrage nach alpinen Tourismusformen konzentriert sich tatsächlich auf einen Erholungstourismus (→ Erholung), verbunden mit den Spezifika eines Berggebietes. Der Natur- und Kulturtourismus, welcher sich beispielsweise durch spezifische Produktprofile im Bereich Wandern, Radfahren *(mountain-biking)*, Erlebnisse beispielsweise rund um das Angebot von Burgen, Schlössern oder Museen, sowie regionalspezifischen Angeboten der → Gastronomie auszeichnet, aber vor allem auch saisonale Differenzierungen des Sommer- und Wintertourismus mit den Hauptmotiven → Erholung, Entspannung,

Sport und attraktive Freizeitgestaltung spielen im Alpenraum eine wesentliche Rolle. Zunehmend spielen auch spezielle Angebote des alpinen Tourismus im Rahmen von regionalspezifischen Kernprodukten eine bedeutende Rolle. Alpine → Wellness zum Beispiel bedeutet die Integration von spezifischen Ressourcen des Alpenraumes (z. B. Kräuter, Gräser, Wasser) in die touristischen Angebote. Die Besonderheiten des alpinen Tourismus sind demnach im Wesentlichen angebotsseitig die klein strukturierten Betriebe des Tourismus, die sich in weiten Teilen aus Landwirtschaftsbetrieben entwickelt haben, die vornehmlich familiengeführten Betriebe, die (begrenzte) Verfügbarkeit von natürlichen Ressourcen zur nachhaltigen touristischen Nutzung (→ nachhaltiger Tourismus), die im Wesentlichen eine von Land- und Forstwirtschaft gepflegte Kulturlandschaft darstellt, sowie die → Tourismusintensität unter besonderer Berücksichtigung des Verhältnisses von Einwohnern und Gästen.

Nachfrageseitig kann der Alpenraum im weitesten Sinne als Naherholungsraum der Ballungsgebiete rund um den Alpenraum bezeichnet werden. Dies impliziert die Nachfrage nach klassischen Tourismusformen im Bereich Familie, Natur und Kultur. Auch zeichnet sich der alpine Tourismus durch eine spezifische Nachfrage nach regionalen Ressourcen im Rahmen des touristischen Dienstleistungsbündels aus. Angebotsseitig bedeutet dieser Trend eine verstärkte Vernetzung zwischen Landwirtschaft und Tourismus und insgesamt eine durch die kleinbetriebliche Struktur bedingte Kooperation und Bildung von Plattformen der Produktentwicklung und Vermarktung. *(hpl)*

*Literatur*
Fuchs, Matthias; Mike Peters; Birgit Pikkemaat & Elke Reiger (Hrsg.) 1999: Tourismus in den Alpen: Internationale Beiträge aus Forschung und Praxis. Innsbruck: Studia Universitäts-Verlag
Geographische Rundschau 2007: International Edition. Supplement to Vol. 3 (4) (www. geographischerundschau.de/international)
Oppermann, Martin: Mountaineering. In: Jafar Jafari (Ed.) 2000: Encyclopedia of Tourism. London und New York: Routledge, S. 396-397

**Alternative Distribution System (ADS)**
→ Hotel-Reservierungssystem

**Alternativtourismus**
*alternative tourism*
Unspezifischer Sammelbegriff für Formen des Tourismus, die als Gegenentwurf zum → Massentourismus verstanden werden. Es kann sich dabei sowohl um Reisen handeln, die weniger Energie verbrauchen und Emissionen verursachen (zum Beispiel keine Flugreisen) als auch um solche, die eine authentischere Erfahrung (→ Authentizität) in den Destinationen versprechen. Hinter dem letzten Aspekt verbirgt sich häufig die altbekannte elitäre Tourismuskritik, die seit den Anfangstagen der ,Demokratisierung' des Reisens an den, in ihrer Diktion, ,ungebildeten' und ,unkultivierten' Touristen geübt wird. Teilweise ist er aber auch Ausdruck der Fortführung der antikapitalistischen Tradition des Aussteigertourismus aus den Jahren nach dem Ersten Weltkrieg (,Wandervogel'). Hier geht es um den an anderen, ursprünglicheren Orten gelebten Gegenentwurf zur industriellen Wohlstandsgesellschaft (,Wohlstandsnomaden'), die als „Zuvielisation" (Frieda & Willy Ackermann 1975) wahrgenommen wurde. Damit wurden diese ,Alternativtouristen' nach dem Zweiten Weltkrieg unfreiwillig zu

Pionieren für die Entwicklung massentouristischer Ziele wie zum Beispiel Ibiza, einige der griechischen Inseln, die Türkei, Goa (Indien), die Insel Lamu im Norden Kenias (Cohen 1973) und Mexiko (MacCannell 1976).

Mit dem Fortschreiten der Umweltdebatte wurde unter Alternativtourismus auch ‚sozialverträglicher' Tourismus verstanden, der die bestehenden sozialen und ökonomischen Verhältnisse vor Ort in den Destinationen nicht zuungunsten der Bewohner verändert und sie an den wirtschaftlichen Erfolgen teilhaben läßt. Assoziiert damit sind auch Begriffe wie ‚umweltverträglicher', ‚sanfter' oder ‚verantwortlicher' Tourismus. Sie wurden in den letzten Jahren weitgehend abgelöst durch den Begriff → nachhaltiger Tourismus. *(jwm)*

*Literatur*
Ackermann, Frieda; Willy Ackermann 1975: Die Alten vom weißen Berg. Brief an die Öko-Zeitschrift Kompost v. 6. Dezember 1975. In: Künstlerhaus Bethanien (Hrsg.): Wohnsitz: Nirgendwo. Vom Leben und Überleben auf der Straße. Berlin: Frölich & Kaufmann 1982, S. 245-249
Cohen, Erik 1973: Nomads from Affluence: Notes on the Phenomenon of Drifter-Tourism. In: International Journal of Comparative Sociology, Vol. 14, S. 89-103
MacCannell, Dean 1976: The Tourist. A New Theory of the Leisure Class. New York: Schocken Books (revised edition 1989)

## Amadeus

→ Globales Distributionssystem (→ Computerreservierungssystem), das 1987 von Air France, Iberia, → Lufthansa und SAS gegründet und 1992 am Markt eingeführt wurde. Die skandinavische SAS verkaufte ihre Anteile jedoch bald wieder. Es gibt ca. 70 nationale Marketing Unternehmen (National Marketing Companies, NMC), die wie zum Beispiel Amadeus Germany (früher → START) in Deutschland, nationale Angebote von Reiseveranstaltern und Leistungsträgern um den Kern des internationalen Reservierungssystems herum vermarkten und als direkte Geschäftspartner der Reisebüros agieren. Sie wurden entweder, wie START in Deutschland, von Amadeus erworben oder, wie zum Beispiel in Finnland, von Amadeus selbst gegründet. 1997 wurde mit www.amadeus.net ein Internetangebot für die Darstellung von Fluginformationen und die Buchung von Flügen eingerichtet. Ab 1999 wurden die Aktien des Unternehmens an den Börsen von Madrid, Barcelona, Paris und Frankfurt gehandelt, und die → Fluggesellschaften besaßen zusammen nur noch eine Minderheit der Aktien. 2004 erwarb Amadeus die Mehrheit beim Internetportal → Opodo. 2005 wurde die Mehrheit des Unternehmens von privaten Finanzinvestoren erworben und von der Börse genommen. (www.amadeus.com) *(jwm)*

## Ambiguitätstoleranz
*ambiguity tolerance*

Ambiguitätstoleranz umfasst die Fähigkeit, widerstreitende bis hin zu widersprüchlichen Einzelelementen nebeneinander stehen zu lassen. Menschen mit hoher Ambiguitätstoleranz nehmen Vieldeutigkeit und Unsicherheit zur Kenntnis und ertragen diese. Menschen mit niedriger Ambiguitätstoleranz lösen die Unsicherheit auf, indem sie Einzelaspekte nur teilweise wahrnehmen und zwar so, daß widersprüchliche Elemente ausgeblendet werden. Ambiguitätstoleranz ist eine Persönlichkeitseigenschaft, d.h. sie kann nicht ohne weiteres durch ein einfaches Training geändert werden. Die Berücksichtigung dieser Persönlichkeitseigenschaft in der Personalauswahl für Tourismusmitarbeiter ist sinnvoll. Ambiguitätstoleranz ist auch ein Schlüsselfaktor für interkulturelle Kompetenz (→ interkulturelle Kompetenz). *(sml)*

**Amenities**
*amenities* (engl.) = Annehmlichkeiten, Aufmerksamkeiten. In Hotels der Begriff für dem Gast kostenlos zur Verfügung gestellte Artikel, die den Aufenthalt angenehm und unkompliziert machen sollen. Dazu gehören etwa Obstkörbe, Duschgel, Lotion, Rasiercreme, Bademantel oder Schuhreinigungsmittel. *(wf)*

**American Express (Amex, AE)**
Weltweit tätiges Unternehmen, das 1850 in New York als Speditionsunternehmen für die Expreßzustellung von Briefen und Paketen (daher der Name) gegründet wurde. Da vor allem Banken den Dienst in Anspruch nahmen, ist das Unternehmen in den 1880er Jahren selbst in das Geschäft mit Zahlungsanweisungen eingetreten und hat 1890 den Traveller Cheque (→ Reisescheck) eingeführt. Damit entwickelte sich das Unternehmen auch zu einer Bank, die seit Ende des 19. Jahrhunderts auch Dependancen in Europa unterhält. 1915 stieg das Unternehmen, das ohnedies schon die Tickets für Reisen zustellte und das Gepäck vieler Touristen transportierte, zudem noch in das Reisegeschäft ein, indem es – unterbrochen durch den Ersten Weltkrieg, in den die USA erst 1917 eintraten – Luxusreisen in nahezu die ganze Welt organisierte. Das Aufkommen von Kreditkarten nach dem Zweiten Weltkrieg schien das Geschäft mit den Reisechecks zu bedrohen. 1958 entschied sich AE daher, selbst ein Kreditkartensystem aufzubauen. Heute sieht sich das Unternehmen neben seinen Bankaktivitäten als der weltweit größte Anbieter von Beratungs- und Vermittlungsleistungen auf dem Geschäftsreisemarkt (www.americanexpress. com). *(jwm)*

**American Plan**
→ Vollpension

**Americans with Disabilities Act (ADA)**
Im sog. Amerikanischen Behindertengesetz sind die Standards festgelegt, die in den USA Hotels erfüllen müssen, damit sie dem Attribut ‚behindertengerecht ausgestattet' genügen. Einer solchen gesetzlichen Vorgabe von Qualitätsmerkmalen für behindertengerechte Hotels sind europäische Staaten nicht gefolgt (www.ada.gov). *(hdz)*

**Amerikanischer Service**
→ Servierarten

**Amerikanisches Frühstück**
→ Frühstücksarten

**AMEX**
→ American Express

**Amphibienflugzeug**
*amphibian*
Flugboot oder Flugzeug mit Schwimmern, das sowohl im Wasser wie auch auf Landflugplätzen landen kann. Es handelt sich dabei in der Regel um kleinere Maschinen, die im Lufttaxibetrieb (→ Lufttaxi) oder zur Aufrechterhaltung der Verbindung zu kleineren Inseln ohne Landeplätze eingesetzt werden. *(jwm)*

**Amuse-bouche**
→ amuse-gueule

**Amuse-gueule**
*amuse-gueule*
Mundbissen, Appetithäppchen. In der gehobenen Gastronomie wird mitunter vor Vorspeise (→ Hors d'oeuvre) ein kleines, delikates Häppchen gereicht. Es soll die Wartezeit bis zum eigentlichen Essen überbrücken und auf das Essen einstimmen (*amuser la gueule* [franz.] = den

Mund/Gaumen unterhalten/erfreuen). In Frage kommen kalte und warme Speisen, etwa kleine Pizzen, Terrinen, Pasteten, gefüllte Oliven oder Fisch. Das Amuse-gueule wird dem Gast nicht berechnet. Andere Begriffe: „Amuse-bouche" oder „Gruß aus der Küche". *(wf)*

**Anemometer**
→ Windmesser

**Angehörige**
*relatives*
In der → Reiserücktrittskosten-Versicherung und auch in der komplementär darauf bezogenen → Reiseabbruchversicherung sind als → Risikopersonen, die den Versicherungsfall auslösen können, u.a. die Angehörigen genannt. Hierzu zählen vor allem:

* ❖ Eltern, Kinder
* ❖ Ehegatten
* ❖ Geschwister
* ❖ Großeltern
* ❖ Onkel, Tante
* ❖ Cousin(en), Verschwägerte.

Den modernen Lebensverhältnissen wird außerdem entsprochen, indem als → Lebensgefährte definierte Personen ebenso wie die Angehörigen zu den Risikopersonen gezählt werden. *(hdz)*

**Animateur**
*animator, entertainments director, guest relations manager*
→ Animation ist das Arbeitsfeld des Animateurs. Der Animateur, die Animateurin sind die Träger der Animation. Das Grundverständnis von Animation setzt eine Person voraus, die freundlich, liebenswürdig und herzlich die Gäste einlädt, auffordert, ermutigt. Der entscheidende Impuls der Animation wird immer und grundsätzlich personell verstanden, er muß von einer Person ausgehen.
Wenn Animation als in sich geschlos-

senes, eigenständiges Arbeitsgebiet definiert wird, hat dies konsequenterweise entsprechende Auswirkungen auf die personellen Anforderungen. Die Arbeit als Animateur ist als Dienstleistungsjob derzeit zwar überaus weit verbreitet, aber noch immer ohne geschlossenes Berufsbild.

**1 Definition**
Deutsche Lexika liefern folgende Definition: „Animateur – Berufsbezeichnung für eine Person, die anderen bei ihrer Freizeitgestaltung behilflich ist und sie zu vielfältigen Aktivitäten anregt. Animateure werden zum Beispiel von Reiseunternehmen und Sportstätten oder Heimen zur Betreuung von deren Kunden angestellt." (Goldmann Lexikon 1998, S. 431). „Freizeit-Pädagoge, Freizeitberater, hält im modernen Massentourismus Angebote für die Gestaltung der Freizeit (Animation) und des Urlaubs (Unterhaltung, Pflege von Hobbies, Wandern, Sport, kulturelle Darbietungen u.a.) bereit." (dtv-Lexikon 1999).

Bei der Charakterisierung des Animateurs/der Animateurin handelt es sich immer um eine Person, die mit einer besonderen Einstellung zum Gast eine bestimmte anregende Funktion im umfassenden Sinne einnimmt und sich durch eine bestimmte (animative) Arbeitsweise auszeichnet.

Der Begriff „Animateur" beschreibt zwar immer eine Service-Person, nicht immer oder nicht grundsätzlich einen zusätzlichen Mitarbeiter. Ein „Animateur" in diesem Sinne kann jederzeit auch ein bereits vorhandener, geeigneter, motivierter und gastorientierter Mitarbeiter (haupt-, nebenberuflich, ehrenamtlich o.ä.) sein, ein Hoteldirektor genauso wie eine Rezeptionistin, eine Sekretärin des Verkehrsbüros oder ein pensionierter Förster, eine Hobbygärtnerin oder ein

Kneipenwirt – Beispiele gibt es beliebig viele.

Animation stellt eine grundlegende Verhaltensweise dar, die nur freiwillig oder überhaupt nicht gegeben werden kann, und nicht für Geld zu haben ist: Freundlichkeit, Zuwendung, kurz gesagt: Menschlichkeit als Ausdruck eines sozialen Service, einer persönlichen Dienstleistung. Damit wird die Animation zum Berufsfeld für Personen, die im Freizeitbereich eine spezielle und in ihrer umfassenden Funktion anspruchsvolle Aufgabe wahrnehmen. Animation als (inzwischen) selbstverständliches Dienstleistungsangebot von Freizeitunternehmen bietet daher auch für die Zukunft durchaus attraktive und langfristige berufliche Perspektiven für den Animateur; in vermehrtem Maße auch in Leitungspositionen bei größeren Touristikunternehmen.

## 2  Anforderungsprofil

Das Anforderungsprofil des Animateurs unterscheidet die folgenden Kategorien:

**Soll**

- ❖ Disziplin
- ❖ Auftreten
- ❖ Belastbarkeit
- ❖ Flexibilität
- ❖ Führungsfähigkeit
- ❖ Umgangsformen
- ❖ Erscheinungsbild
- ❖ Menschenkenntnis
- ❖ Einfühlungsvermögen
- ❖ Kooperationsfähigkeit
- ❖ Landes-/Ortskenntnisse

**Muß**

- ❖ Kontakt- und Kommunikationsfähigkeit
- ❖ qualifizierte Ausbildung
- ❖ Motivations- und Begeisterungsfähigkeit

- ❖ Planung und Organisation
- ❖ Allgemeinbildung
- ❖ „Common Sense"

**Kann**

- ❖ Repertoire
- ❖ Fremdsprachen
- ❖ Musik-Instrumente
- ❖ Lebenserfahrung
- ❖ motorische Begabung
- ❖ Spontaneität
- ❖ Persönlichkeit
- ❖ handwerkliche Geschicklichkeit
- ❖ praktische Erfahrungen.

## 3  Arbeitsverhalten

Für das grundlegende Arbeitsverhalten (als Basis von Leistung, Disziplin und Erfolg) wurden „Zehn Gebote des Animateurs" formuliert:

- ❖ Freundlichkeit, Herzlichkeit
- ❖ Geduld, Zuwendung: kein Zwang oder Leistungsdruck gegenüber den Gästen
- ❖ Präsenz, Verfügbarkeit
- ❖ Pünktlichkeit
- ❖ Sauberkeit: ordentliche, der Situation angemessene Kleidung
- ❖ Sprachniveau: kein unverständlicher Dialekt, keine Schimpfworte, keine Politik
- ❖ Verschwiegenheit, Neutralität: keine Cliquenbildung, keine Präferenzen, keine Privataffären mit Gästen oder Kollegen, keine persönlichen Probleme vor den Gästen; keine internen Angelegenheiten
- ❖ Integrität: kein Alkohol (bzw. so wenig wie möglich), keine anderen Drogen
- ❖ adäquate Situationseinschätzung: moralische Verantwortung für den Gast, gesunder Menschenverstand, aber vor allem: kein Leichtsinn, Übermut oder Vorsatz (Haftung); rechtzeitiges „Ausblenden"

❖ adäquate Selbsteinschätzung: persönlicher Stil im Verhalten und Auftreten; „keep a low profile" (keine Profilierung auf Kosten anderer, zum Beispiel Gäste, Kollegen, Vorgesetzte).

## 4 Ausbildung

Es existieren eine Reihe von Ausbildungsangeboten für Animateure (zum Teil von der deutschen Bundesagentur für Arbeit finanziert), die eine fundierte Vorbereitung auf den Berufsweg bilden (Finger & Gayler 2003). Einige Beispiele:

❖ agb-Seminare, Salzburg/Österreich; www.agb-seminare.at
❖ BSA-Akademie, Berufsakademie für Freizeit & Fitneß, Mandelbachtal/ Berlin; www.bsa-akademie.de, www.bsa-touristik.de
❖ EPS Bonn; www.epsbonn.de
❖ PTM München/Gera; (www.ptm.de).

## 5 Besondere Belastungen

Der Animateur unterliegt besonderen beruflichen und sozialen Belastungen. Beschäftigte im Tourismus arbeiten in der Freizeit anderer. Was für die Urlauber Service, Unterhaltung oder Vergnügen ist, bedeutet für sie Arbeit. Als erschwerend kommt vor allem eine besondere problematische soziale und arbeitsrechtliche Situation vieler Animateure hinzu, gekoppelt mit den offensichtlichen Gefahren und Gefährdungen, denen besonders die Animateure/innen durch ihre spezifische Aufgabenstellung ausgesetzt sind. Drei daraus entstehende typische Berufsrisiken (kein Privatleben, Oberflächlichkeit und Programmdruck) führen zum Teil zu innerer Abkapselung und Vereinsamung, die sich bei labilen Charakteren bis zu einer massiven psychischen Gefährdung entwickeln kann. Im heutigen Tourismus werden

die psychohygienischen Probleme der Animateure von den Verantwortlichen noch weitestgehend unterschätzt. (Finger & Gayler 2003, S. 191 ff). *(cfb)*

*Literatur*
dtv-Lexikon in 20 Bänden 1999. München: dtv
Finger, Claus; Brigitte Gayler 2003: Animation im Urlaub. München, Wien: Oldenbourg
Goldmann Lexikon in 24 Bänden 1998. München, Gütersloh: Goldmann, Bertelsmann

## Animation

*entertainment programme, (active) guest relations*

### 1 Grundlagen

Animation und ihre aktiven Gästeprogramme in Freizeit und Urlaub ist heute fester und unverzichtbarer Bestandteil des Gäste-Service innerhalb der gesamten Angebotspalette touristischer Urlaubsanlagen und Ziele: Dabei ist zu unterscheiden zwischen passivem Entertainment und der eigentlichen Animation als Urlaubsangebot mit der Aktivierung und Partizipation der Urlaubsgäste.

### 1.1 Etymologie und Semantik

Animation als Begriff wird im weitestgehenden Umfang als „Anregung" und „Belebung" verstanden, der Begriff in diesem Sinne auch in Publikumspresse und Alltagssprache benutzt. Voraus liegt das lateinische *animare* = Leben einhauchen, beseelen, das zu lat. *animus, anima* = Lebenshauch, Seele gehört; es besteht Urverwandtschaft mit dem griechischen *anemos* = Wind (Hauch).

Der Begriff Animation und die davon inzwischen abgeleiteten Formen finden sich auch im gesamten europäischen Sprachraum wieder und in fast allen Ländern rund um das Mittelmeer (zum Beispiel „Animasyion" und „Animatörler" in der Türkei) und zum Teil in der

Karibik; in allen jenen Regionen also, in denen der europäische Tourismus zu einem wichtigen Wirtschaftsfaktor geworden ist. Ausnahme: Animation ist im englischsprachigen Raum überwiegend die Bewegung von Figuren und Bildern der Film- und der Computer-Industrie. Es wird meist ein alternativer Begriff benutzt, der den gleichen Sinn und Inhalt besitzt: (Active) Guest Relations (als Pendant der Public Relations).

### 1.2 Soziokulturelle Animation

Animation steht innerhalb eines größeren gesellschaftlichen Zusammenhanges, der mit dem vom Europarat geprägten Begriff der „soziokulturellen Animation" (Nahrstedt 1975, S. 105 ff.) bezeichnet wird: „Animation – ein Schlüsselbegriff im Freizeitkultur- und Bildungsbereich – bezeichnet eine neue Handlungskompetenz der nichtdirektiven Motivierung, Anregung und Förderung in offenen Situationsfeldern. Animation ermöglicht Kommunikation, setzt Kreativität frei, fördert die Gruppenbildung und erleichtert die Teilnahme am kulturellen Leben. Wesentlich an der neuen Handlungskompetenz ist, daß sie sich anderer als nur verbaler Mittel bedient, daß sie außer dem intellektuellen auch den emotionalen und sozial-kommunikativen Bereich anspricht und selbst (...) dort noch wirksam ist, wo menschliche Sprache versagt (zum Beispiel im Freizeit-, Beschäftigungs- und sozialtherapeutischen Bereich)" (Opaschowski 1979, S. 47).

### 2 Definition

Animation ist Anregung zu gemeinsamem Tun in Freizeit und Urlaub. Animation ...

❖ ist Anregung
❖ bezieht sich auf Freizeit und Urlaub
❖ richtet sich vorrangig an Gruppen von Menschen

❖ erzeugt und verbessert Kontakt und Kommunikation
❖ baut allseitige Beziehungen auf
❖ ist die Antwort auf die Bedürfnisse der Urlaubsgäste
❖ ist eine → Dienstleistung, ein Service
❖ ist Beziehungs-Management in → Freizeit und Urlaub
❖ ist das Arbeitsfeld des → Animateurs/ der Animateurin.

Animation ist die

❖ durch eine Person ausgesprochene
❖ freundliche, fröhliche, liebevolle, herzliche, attraktive
❖ Aufforderung, Anregung, Einladung, Ermutigung
❖ zum gemeinsamen Tun
❖ zu jeder beliebigen Aktivität
❖ solange sie nur gemeinsam mit anderen Menschen und mit Freude am Neuen, am Erlebnis, an der gemeinsamen Aktivität, an Menschen, Umgebung, Ort, Kultur und Land geschieht.

Diese Definition umfaßt den gesamten Bereich dessen, was als Animation beschrieben wird. Das schließt nicht aus, daß Begriffe wie „Animation" oder „animativ" auch in anderen Bereichen genutzt werden. Bestes Beispiel: animative Didaktik für eine methodisch spielerisch aufgelockerte Form der Wissensvermittlung. (Opaschowski 1981).

### 2.1 Animation als Prozeß

Bereits im Jahre 1973 wurden im Zusammenhang mit dem Begriff Animation breitere inhaltliche Bereiche genannt:

❖ Anregung, Initiative, Vorschlag
❖ Aktivität, Bewegung, Sport
❖ Geselligkeit, Unterhaltung
❖ Kontakt
❖ Spaß, Genuß, Abwechslung

Daraus leiten sich drei Stufen der Animation ab, die den Prozeß umfassend beschreiben:

❖ der Vorgang der Animation (Anregung, Initiative, Aufforderung)

❖ der Inhalt der Animation (Geselligkeit, Bewegung, Aktivität)

❖ die Wirkung der Animation (Spaß, Genuß, Kontakt, Beziehung, Erlebnis).

Diese Vorstellung der Animation als Prozeß erweitert das Verständnis der Animation in erheblichem Maße. Nicht nur die vordergründige Aktivität steht im Mittelpunkt, sondern die möglichst breite, prozeßorientierte Intention.

## 3 Geschichte der Animation

Die Geschichte der Animation ist geprägt durch die Entwicklung der sozialen Gruppenarbeit in der Sowjetunion (heute größtenteils Rußland), in Frankreich (später auch in Belgien und Italien) in den 1920er und 1930er Jahren (Opaschowski 1979, S. 66-86). Das heutige Wort Animation stammt aus Frankreich, wo es ursprünglich vor allem sozial motivierte Aktivitäten für junge Menschen beschrieb. Damals entstand eine Vorstellung von der Bedeutung der Partizipation der Jugendlichen im sozialen und Freizeit-Bereich. Eng damit verbunden ist die Entstehung der „Maisons des Jeunes et de la Culture" (MJC) in den 1940er Jahren. Daraus entwickelte sich auch bereits sehr früh nach dem zweiten Weltkrieg eine staatlich anerkannte, qualifizierte Ausbildung zum „Animateur".

Dieses Konzept der partizipativen, soziokulturellen Animation wurde frühzeitig auf den Freizeit- und Urlaubsbereich übertragen: in den 1950er Jahren in den französischen Familien-Feriendörfern, die von Beginn an Animationsprogramme der vielfältigsten Art in ihre Angebote zu integrieren begonnen hatten. Als Pionier begann Club Méditerranée seit Juni 1950 mit Animation als spezifischem Teil eines unverwechselbaren Produktes die Kette seiner Clubs (Finger & Gayler 2003, S. 304 ff). Parallel dazu hatte sich in Großbritannien bereits seit 1936 die nach ihrem Gründer Sir William Butlin genannte Kette von Familiendörfern, die „Butlins Resorts", entwickelt. Animateure heißen dort nach ihrer Bekleidung „Redcoats". Damit ist Animation zu einem Dienstleistungsbegriff und einem Tätigkeitsfeld geworden, das sich vor allem auf Freizeit bezieht. Das gilt seit den frühen 1970er Jahren auch für Deutschland. Club Aldiana und Robinson Clubs traten in dieser Zeit als deutsche Alternativen an; ihr Konzept war konsequent auf Bedürfnisse und Mentalität deutscher Urlauber übertragen worden. Anfang der 1980er Jahre tauchten die ersten Club-Derivate auf, die in ihrer Erscheinungsform die klassischen Club-Anlagen in fast allen Bereichen kopierten: „Club Calimera" (heute „Calimera Aktiv Hotels") von ITS-Reisen (1983) gehörte zu den ersten Anbietern; es folgten dann in den 1990er Jahren die auch heute noch bekannten Marken wie „Magic Life", „Club Papillon", „Club Alltoura" – um nur einige zu nennen.

Erst zu Beginn der 1980er Jahre begannen animationsorientierte Ferienprogramme außerhalb von Clubs, in Ferienanlagen (Bungalowdörfern, Hotels, Ferienzentren) in großer Zahl auf dem Markt zu erscheinen: Iberotel, Grecotel, die „Kärntner Bauerndörfer" der damaligen Rogner-Gruppe in Österreich und in den großen Ferienzentren zum Beispiel an der deutschen Ostsee in Damp.

Die brillante Idee des „→ All Inclusive"-Urlaubs, mit der Gründung der „SuperClubs" 1976 bzw. „Couples" 1978 und von „Sandals"-Gründer Gordon „Butch" Steward im Jahre 1981 auf den Markt gebracht, erzeugte Anfang der 1990er Jahre dann eine vierte Welle der animationsbetonten Urlaubsformen: In

Zielgebieten mit niedrigen Personal- und Wareneinsatzkosten (bes. Kuba, Dominikanische Republik, aber auch in der Türkei oder Tunesien) entstand eine große Zahl von clubähnlichen Hotel-Anlagen, deren Inklusiv-Offerten eine breite Palette von Sport-, Spiel- und Unterhaltungsangeboten enthält. Führend sind bezeichnenderweise in Kuba und in der Dominikanischen Republik spanische und deutsche Hotelgruppen, wie zum Beispiel Riu, Iberotel, Barcelo, LTI u.a., die ihr Animations-Derivat in einer weiteren Kopie in die All-Inclusive-Resorts exportieren, zum größten Teil mit einheimischen, im Schnellverfahren eher oberflächlich angelernten Animateuren.

Ein weiterer entscheidender Schritt zur Verbreitung der Idee der Urlaubsanimation wurde Mitte der 1980er Jahre getan, als die Verantwortlichen vieler Hotels und kleinerer Betriebe (zum Beispiel im Rahmen von Urlaub auf dem Bauernhof, → Urlaub am Bauernhof) zu begreifen begannen, daß in einer guten Gäste-Animation (→ Hotelanimation) eine wirtschaftliche Chance liegt. Das erkannte vor allem die mittelständische Ferienhotellerie, insbesondere im Alpenraum und in den Mittelgebirgen, für die ein Gästeprogramm mittlerweile zum selbstverständlichen Serviceangebot gehört. In vielen Fällen sind diese Hotels die wirtschaftlich erfolgreichsten ihrer Region.

Diese Einsicht in die Notwendigkeit einer qualitativ hochwertigen Animation gilt ganz besonders für spezielle Angebotsgruppen wie die „50plus Hotels", die in Zukunft verstärkt aktive Gästeprogramme und Urlaubsanimation für ältere Urlauber anbieten. Es gibt eine übergreifende lebensstilistische Orientierung, welche die meisten Menschen über fünfzig gemeinsam auszeichnet:

❖ Gemütlichkeit
❖ Geselligkeit
❖ Gepflegtheit
❖ Gesundheit
❖ Genußvoll
❖ „Anders".

In vielen Bereichen ist allerdings generell eine stärkere Qualitätsorientierung dringend nötig, um das negative Image der „Ballermann"-Animation zu vermeiden und den Begriff (und damit die Idee) nicht zu desavouieren.

Trotz unterschiedlicher Ziele ist allen Animationsbemühungen gemeinsam, daß sie als Ansatz und Ausgangspunkt offene Situationsfelder (insbesondere im Freizeit- und Urlaubsbereich) wählen, daß sie den Menschen die Anonymität der Umwelt nehmen, ihnen Mut machen, Kommunikationsbarrieren, Kontaktschwellen und Hemmungen zu überwinden und ihnen – im Idealfall – ein Gefühl emotionaler Geborgenheit und sozialer Sicherheit geben.

### 4 Animation: eine selbstverständliche Dienstleistung

„Der Gast, der Freizeitmensch unserer Gesellschaft, erwartet in Zukunft den persönlichen Service in stärkerem Maße als bisher. Der High-Touch wird ein wesentlicher Bestandteil der Ferienhotellerie der Zukunft sein müssen." (touristik report 9/1987). Genauso, wie man in einem Ferienhotel einen Rezeptionisten für selbstverständlich hält oder einen Barkellner, genauso erwartet der Gast heute in einem guten Haus entweder einen Animateur oder aber einen animativ orientierten Mitarbeiter, der

❖ die entsprechenden Wünsche seiner Gäste annimmt,
❖ mit seiner spezifischen Arbeitsweise den Gast auffordert, einlädt, ermutigt,
❖ Impulse gibt, anstößt und

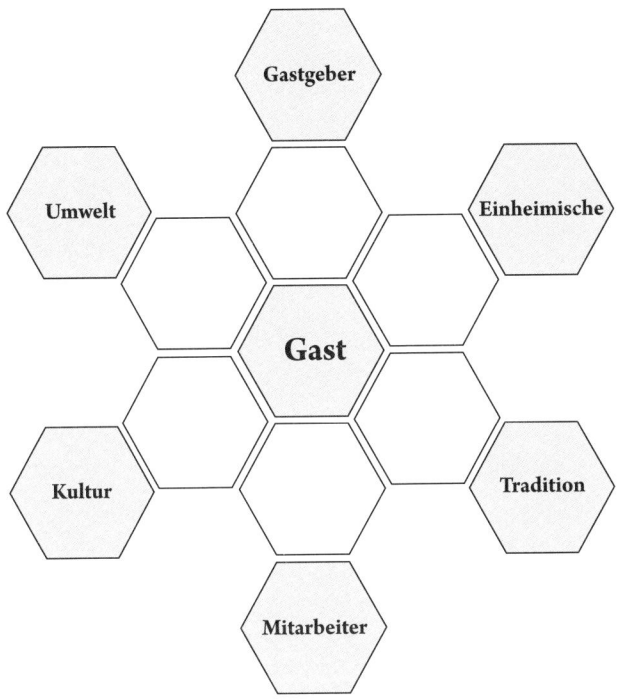

**Abbildung:** Beziehungsnetzwerk des Urlaubsgastes

❖ – das ist entscheidend – präsent ist, erreichbar ist, und nicht nur Programme abspult und dann verschwindet.

Die Rolle des Gastgebers wird wiederentdeckt und ausgeübt. Die Animation kann heute Teile dieser Funktion übernehmen, sei es direkt in den Beherbergungsbetrieben oder indirekt in Urlaubsorten. Den „guten Gastgeber" zeichnen folgende Funktionen und Verhaltensweisen aus:

❖ empfangen, begrüßen
❖ informieren
❖ mit anderen bekannt machen
❖ präsent sein, ansprechbar, erreichbar sein
❖ bewirten, bedienen
❖ sich kümmern, fürsorglich sein

❖ Interesse haben und zeigen
❖ etwas mit den Gästen gemeinsam unternehmen
❖ etwas „Besonderes" organisieren
❖ seine Gäste verabschieden.

Diese Funktionen müssen nicht unbedingt nur von einer einzelnen Person ausgeübt werden. Das kann in einem kleineren Hotel oder in einer Pension durchaus auch der Wirt, die Wirtin oder der Hotelier selbst sein oder einer seiner Mitarbeiter.

## 5  Ziele und Wirkungen der Animation

Die Zielsetzung, aber vor allen Dingen auch die Wirkungen der Animation sind Bestandteil ihrer Definition (s. Punkt 2). Animation ist auf die Bedürfnisse und Wünsche der Gäste und deren Befriedigung im Sinne einer Intensivierung des Urlaubserlebnisses hin ausgerichtet. Durch Animation ausgelöste Lernprozesse, die unter Umständen auch das Freizeitverhalten im Alltagsbereich beeinflussen, werden hier als positive Ergänzung der Animation gesehen. Im einzelnen hat die Animation folgende Wirkungen und Ziele:

❖ Realisierung von Bedürfnissen
❖ Steigerung der Eigenaktivität
❖ Vermehrung von Kontakten
❖ Intensivierung der Kommunikation
❖ abwechslungsreichere Urlaubsgestaltung
❖ intensiveres Urlaubserlebnis
❖ Erhöhung von Spaß, Freude, Vergnügen
❖ Chance der Weiterwirkung der gemachten Erfahrungen.

Animation ist folglich ein sozial-kommunikativer Prozeß. Animation ermöglicht eine qualitative Veränderung des Erlebniswertes, eine lustvolle Gestaltung der Freizeitaktivität: Es macht einfach mehr Spaß. Das bezieht sich sowohl auf Einzelaktivitäten als auch auf den Gesamtrahmen des Urlaubs, der dann mit Begriffen wie „freundliche, tolerante Atmosphäre", „gute Stimmung" und „Ambiente" umschrieben wird. Dieser Effekt der Animation kann sich auf alle oben erwähnten inhaltlichen Bereiche beziehen. Animation ist also nicht nur Beratung und Anregung, auch nicht nur die Durchführung von Urlaubsaktivitäten, sondern führt zu höherer Lebensqualität im Urlaub und darüber hinaus.

Animation ist eine integrierte Dienstleistung, die in den Betrieb eingebunden sein muß. Das verlangt auf der anderen Seite, daß auch alle Betriebsangehörigen in gleicher Weise, im gleichen Stil, mit gleicher Freundlichkeit, in gleicher animativer Weise auf den Gast zugehen. Die gewandelten Ansprüche des Gastes

fordern den Gastgeber auch in seiner inneren Einstellung.

## 6 Animation ist Beziehungsarbeit und „Emotional Branding"

Durch gemeinsames Tun entstehen Beziehungen zwischen den Gästen. Das ist das grundsätzliche Anliegen der Animation. Darüber hinaus aber erzeugen alle Animationsprogramme durch ihre Aktivitätsbereiche weitere Kontakt- und Erlebnis-Chancen: zur Umwelt des Gastes, zur Kultur und den Menschen in der Urlaubsregion durch „Land & Leute"-Programme, zu Traditionen durch kulturelle Elemente wie Tanz, Musik, Bild und kreatives Tun.

→ Dienstleistung wird in Zukunft eine zum Beispiel durch Erlebnisse und Atmosphäre viel stärkere emotionale Komponente besitzen müssen, um erfolgreich zu sein und nachhaltig vom Gast wahrgenommen zu werden. Es geht darum, ein emotionales Beziehungsnetzwerk zwischen Anbieter und Gast herzustellen. Es gibt genügend Beispiele dafür, daß Hotels und Regionen, die dieser Konzeption folgen, auch wirtschaftlich besonders erfolgreich sind.

Damit erhält Animation in Zukunft eine ergänzende Funktion als Bestandteil eines *emotional branding. Branding* (*to brand* [engl.] = Rindern den Stempel des Eigentümers einbrennen) ist der Prozeß, bei dem eine für beide Seiten förderliche und nützliche bzw. gewinnbringende Beziehung zwischen der gastronomischen bzw. Dienstleistungsmarke und dem Gast hergestellt, verstärkt und aufrecht erhalten wird. *Emotional branding* bietet ein hohes Maß an Qualität, ist so anziehend und vertrauenswürdig, daß sie Gefühle der Zuneigung und Loyalität hervorruft und Gäste bereit sind, einen höheren Preis dafür zu zahlen. Ziel ist es,

jede Dienstleistung und jedes Produkt
* mit Personen zu assoziieren (nicht so sehr mit Gebäuden, mit Orten, mit technischen Vorkehrungen), und
* zwischen der Person und dem Konsumenten bzw. dem Gastgeber und dem Gast, eine emotionale Beziehung herzustellen, die man sich wie ein Markenzeichen *(brand)* vorstellen muß.

Das heißt, der Gast fährt nicht nur in einen bestimmten Ort, sondern er fährt zu einer bestimmten Person, weil er sich bei dieser und mit dieser Person – im Rahmen von Animationserlebnissen – besonders wohl gefühlt hat, weil er durch diese Person im letzten Urlaub Dinge erlebt hat, die er allein nicht hätte finden oder erreichen können. Der gute Gastgeber, der sich um seine Gäste bemüht, der Animateur wird zum Markenzeichen seines touristischen Angebotes; er hat damit eine Chance, der Beliebigkeit und Austauschbarkeit von Tourismus-Produkten zu entgehen (→ Commodity).

Emotional Branding ist der zeitgemäße Fachausdruck für Beziehungsarbeit, für ernst genommene Animation als Teil der touristischen Dienstleistung der Zukunft. Diese Form des Service ist nicht nur menschlich wichtig für unsere Gesellschaft, sondern sie ist auch wirtschaftlich erfolgreich. Das ist die für die Unternehmer wohl beste und stärkste Begründung und Motivation, diesem Weg zu folgen. *(cfb)*

*Literatur*
Brockhaus Enzyklopädie in 24 Bänden 1996. Leipzig, Mannheim: Brockhaus
dtv-Lexikon in 20 Bänden 1999. München: dtv
Encyclopaedia Britannica, 15. Auflage 1986
Finger, Claus; Brigitte Gayler 2003: Animation im Urlaub. München: Oldenbourg
Goldmann Lexikon in 24 Bänden 1998. München, Gütersloh: Goldmann, Bertelsmann

Nahrstedt, Wolfgang 1975: Emanzipation oder Manipulation der Ferienmacher? In: Animation im Urlaub. Starnberg: Studienkreis für Tourismus
Opaschowski, Horst W. (Hrsg.) 1979: Einführung in die freizeitkulturelle Breitenarbeit. Methoden und Modelle der Animation. Bad Heilbrunn: Klinkhardt
Opaschowski, Horst W. (Hrsg.) 1981: Methoden der Animation. Praxisbeispiele. Bad Heilbrunn: Klinkhardt

## Ankunftsdichte (AD)
*arrivals density*
Maß der → Tourismusdichte, in dem die Anzahl der Ankünfte (A) in kommerziellen Beherbergungsbetrieben in einer Gebietseinheit auf 1.000 Einwohner (alle Einwohner = N) bezogen wird. Berechnung:

$$\text{Ankunfts-dichte (AD)} = \frac{A \times 1.000}{N}$$

Alternativ kann die Zahl der Ankünfte statt auf die Einwohnerzahl auch auf die Fläche einer Gebietseinheit bezogen werden. *(jwm)*

## Anlageintensität (Hotel)
*intensity of investments*
Widerspiegelt das Verhältnis von Anlagevermögen zum Gesamtvermögen und ist durch einen hohen Anteil an Anlagevermögen gekennzeichnet.

$$\text{Anlage-intensität} = \frac{\text{Anlagevermögen}}{\text{Gesamtvermögen}}$$

Hotels verfügen, auch im Vergleich zu Unternehmen anderer Wirtschaftsbereiche, über ein hohes (Sach-) Anlagevermögen. Dabei weisen → Eigentümerbetriebe eine höhere Anlageintensität aus (bis über 90 Prozent der Bilanzsumme) als Pachtbetriebe, da in deren Bilanz Grund und Boden nicht erscheinen und Gebäude und Einrichtungen einen niedrigeren Anteil aufweisen. Anlageintensität verursacht hohe fixe Kosten und beeinträchtigt die Flexibilität von Hotelbetrieben. Deshalb ist eine hohe Kapazitätsnutzung und deren laufende Kontrolle eine wichtige Aufgabe im Hotelmanagement.

Die Anlageintensität hat Auswirkungen auf die Investition und Finanzierung im Hotel. Investitionen in das Anlagevermögen müssen langfristig finanziert werden (goldene Finanzierungsregel), so daß Hotels relativ viel langfristiges Kapital (Eigenkapital oder langfristiges Fremdkapital) benötigen. Insofern spielt die Fristenkongruenz von Finanzierungsmitteln (Übereinstimmung von Kapitalbindungsdauer und Kapitalüberlassungsdauer) auch eine besondere Rolle. Da mit den Investitionen langfristig Entscheidungen getroffen werden, sind mehrfunktionale Lösungen bei der räumlichen Konzeption im Hotel günstig, um auf sich verändernde Marktbedingungen reagieren zu können. Deshalb müssen Investitionen sorgfältig geplant werden, wobei relativ lange Planungszeiträume bei Hotelprojekten oft ein Problem darstellen. → Kapitalintensität *(ukh)*

**Annonceur**
*annoncer* (franz.) = bekannt geben, mitteilen, ankündigen. Mitarbeiter in der Küche, der die von Servicemitarbeitern bestellten Speisen in der Küche bekannt gibt bzw. ausruft. Oft wird die Aufgabe vom → Chef de cuisine oder vom → Sous-Chef wahrgenommen. → Bonleiste *(wf)*

**Anschlußflug**
*connecting flight*
Flug einer Umsteigeverbindung, der einen zur nächsten bzw. endgültigen Destination bringt. Hierbei sind auf den verschiedenen Flughäfen unterschiedliche → Mindestumsteigezeiten zu beachten.

**Anstellwinkel**
*angle of attack (AoA)*
Winkel zwischen der anströmenden Luft und der von ihr angeblasenen Tragfläche. Je größer der Anstellwinkel (Alpha), desto stärker steigt ein Flugzeug bis zum Erreichen eines kritischen Punktes, der zum → Strömungsabriß *(stall)* am Flügel eines Flugzeuges und damit zum Verlust des Auftriebs führt. In Flugzeugen von Airbus ist ein automatisches, computergesteuertes Führungssystem installiert, das, wenn es eingeschaltet ist, bei entsprechendem Steuerungsinput des Piloten den Anstellwinkel zum Erreichen eines optimalen Steigfluges in Kombination mit der Steuerung der Triebwerksleistung automatisch bis kurz unter die Abreißgeschwindigkeit *(stall speed)* ausreizt *(alpha-floor mode)*. Von Hand wäre ein Flugprofil mit so hohen Anstellwinkeln kaum sicher zu fliegen. Dies ist auch ein Beitrag zur Flugsicherheit, denn in diesem Modus kann ein Airbus praktisch nicht bis zum Strömungsabriß geflogen werden. *(jwm)*

**Anstoßflugpreis**
*add on-amounts*
Tarife für eine inländische Teilstrecke einer internationalen Verbindung zur Konstruktion von Flugpreisen für Strecken ohne veröffentlichten Flugpreis. Sie sind niedriger als der lokale Flugpreis, da die entfernungsabhängige Preisdegression berücksichtigt wird und dürfen daher nicht für eine nur lokale Beförderung verwendet werden. *(wp)*

**Antarktistourismus**
*antarctic tourism*
Im Gegensatz zur Arktis ist die Antarktis ein Kontinent. Sie erstreckt sich über 14 Million qkm und ist zu 98 Prozent von Eis und Schnee bedeckt. Die Antarktis ist eines der am wenigsten besuchten

und am schwierigsten zu erreichenden Gebiete der Welt. Umgeben von den kalten Wassermassen des Südlichen Ozeans wird sie von maximal 20.000 Touristen per Saison (November bis März) besucht. Während dieser Zeit ist es fast 24 Stunden lang hell. Das Eis, das sich während des Winters auf dem Meer gebildet hat, weicht zwar zurück, erlaubt aber trotzdem nur eisverstärkten Schiffen den Zugang. Die Hauptattraktionen der Antarktis sind die Brutplätze der Pinguine, die historischen Hütten der Südpolforscher Scott und Shackleton sowie Gletscher, Eisberge und die faszinierende Landschaft. Die meisten Touristen besuchen die Antarktische Halbinsel, die von Ushuaia (Argentinien), der südlichsten Stadt der Welt, in ca. zwei bis drei Tagen Seefahrt zu erreichen ist. Das Ross-Meer wird dagegen nur wenig angefahren, und der Rest der Antarktis wird praktisch nie von Touristen besucht.

Sieben Länder (Australien, Argentinien, Chile, Frankreich, Neuseeland, Norwegen und Großbritannien) haben Besitzansprüche über Teile der Antarktis geltend gemacht. Da diese Ansprüche jedoch nicht von allen anderen Staaten akzeptiert werden und da sich in der Antarktischen Halbinsel einige dieser Ansprüche überschneiden, bestand die Gefahr eines Konflikts. Dank des Antarktisvertrages (1961 in Kraft getreten) wird die Antarktis nun schon seit über 40 Jahren von den nun mehr 43 Mitgliedsstaaten des Vertrags gemeinsam verwaltet. Da der ursprüngliche Text des Antarktisvertrags den Tourismus nicht in Betracht zog, wurde es notwendig, zusätzliche Protokolle zu schaffen. Das wichtigste ist das Protocol on Environmental Protection to the Antarctic Treaty (auch Madrider Protokoll genannt), welches am 14. Januar 1998 in Kraft trat. Unter dem Protokoll müssen → Reiseveranstalter, die in einem der Mitgliedsländer des Antarktisvertrags beheimatet sind, nachweisen, daß ihre Aktivitäten in der Antarktis nicht mehr als eine vorrübergehende Auswirkung *(transitory impact)* auf die antarktische Umwelt haben. Das heißt, daß jede Fahrt in die Antarktis sehr gut geplant werden muß, um Umweltschäden zu vermeiden.

Die Reiseveranstalter selber waren dem Madrider Protokoll allerdings Jahre voraus, als sie sich schon 1991 in der → International Association of Antarctica Tour Operators (IAATO) zusammenschlossen und ihre eigenen umweltfreundlichen Regeln zum Besuch der Antarktis aufstellten. Diese schreiben u.a. vor, daß nie mehr als 100 Passagiere an Land sein dürfen und daß diese von einer ausreichenden Anzahl von qualifizierten Führern *(guides)* begleitet werden müssen. Dank der guten Zusammenarbeit von Reiseveranstaltern, Touristen, Führern und Regierungen ist die Antarktis heute ein Modell für das Betreiben umweltfreundlichen Tourismus, von dem andere Reiseziele lernen können. *(thb)*

*Literatur*
Bauer, Thomas G. 2001: Tourism in the Antarctic: Opportunities, Constraints and Future Prospects. New York etc.: Haworth Hospitality Press

## Antipoden
*antipodes*
Regionen auf der Erde, die auf der Erdkugel gegenüber liegen, zum Beispiel Australien, Neuseeland auf der einen und Zentraleuropa auf der anderen Seite.

## Antitrust Immunity
→ Gruppenfreistellung

## Anzahlung

*prepayment, down payment, partial payment*
Teilzahlung, die bei einer Festbuchung vorgenommen wird; beträgt meistens 10 % oder 20 % gem. den Zahlungsbedingungen des Reiseveranstalters. Bei Erhalt der Anzahlung muß der Reiseveranstalter den → Sicherungsschein aushändigen. *(hdz)*

## AÖV
→ Arbeitsgemeinschaft Österreichischer Verkehrsflughäfen

## AP
*American Plan*
→ Vollpension

## à part
*à part* (franz.) = für sich. Gastronomischer Fachbegriff für eine Zubereitung oder einen Service, die bzw. der gesondert, getrennt bzw. separat erfolgt. → à part-Service *(wf)*

## Apart-Hotel
→ Apartment-Hotel

## Apartment-Hotel
*apartment hotel*
*Appartement* (franz.) = Wohnung. Ein Apartment-Hotel ist ein gastgewerblicher Betrieb, bei dem die Beherbergung in Apartments, also in abgeteilten Wohneinheiten stattfindet. Diese wiederum zeichnen sich durch einen getrennten Wohn- und Schlafbereich und eine Kochgelegenheit aus (s. a. CEN 2003, S. 6 ff.). Das hotelübliche Dienstleistungsangebot ist – etwa im Bereich der Verpflegung – eingeschränkt. Die Betriebsart wird aus diesem Grund sehr oft nicht der klassischen Hotellerie zugeordnet. Apartment-Hotels schneiden in Betriebsvergleichen überdurchschnittlich gut ab. Grund hierfür ist der verhältnis-

mäßig niedrige Personalaufwand. Der aus dem französischen stammende Begriff wurde auch in den angelsächsischen Sprachbereich aufgenommen und entsprechend adaptiert. Dies erklärt die zahlreichen unterschiedlichen Schreibvarianten in der Praxis (beispielsweise Apart-Hotel). *(wf)*

*Literatur*
CEN Europäisches Komitee für Normung 2003: Tourismus-Dienstleistungen – Hotels und andere Arten touristischer Unterkünfte – Terminologie (ISO 18513: 2003), Brüssel

## à part-Service
Service-Ablauf, der sich dadurch auszeichnet, dass Gäste unabhängig voneinander und zu unterschiedlichen Zeiten das gleiche Menü erhalten. Zu denken ist etwa an ein Restaurant, das ein → Menü anbietet. → à la carte-Service und → Table d'hôte-Service *(wf)*

*Literatur*
Meyer, Sylvia; Edy Schmid & Christel Spühler 1990: Service-Lehrbuch. Bern: Schweizer Wirteverband

## Aperitif
*aperitif*
Appetitanregendes Getränk, das vor dem Essen getrunken wird. Der Aperitif soll die Magentätigkeit anregen, den Magen quasi „öffnen" (lat. *aperire* = öffnen) für das folgende Essen. Bereits im Römischen Reich waren appetitanregende Getränke, etwa Wein aus Honig, im Gebrauch.
Zu den Aperitifs zählen Südweine wie Sherry, Portwein oder Madeira, Anisées (Pastis), Schaumweine, → Cocktails, Spirituosen (z.B. Whisky) und alkoholfreie Getränke (Gemüse- oder Fruchtsäfte). Gängige Abkürzung in der betrieblichen Alltagssprache: *apéro* (franz.). Im medizinischen Bereich ist ein Aperitivum ein Abführmittel. *(wf)*

## APEX
→ Advanced Purchase Excursion

## APK
→ Available Passenger Kilometres

## À point
→ Garstufen

## Apollo
Name des 1971 unternehmensintern und für die eigenen Buchungsstellen eingeführten → Computer-Reservierungssystems (CRS) der us-amerikanischen Fluggesellschaft United Airlines. 1976 wurden mit Gründung der Apollo Travel Services (ATS) auch in den Reisebüros Terminals eingerichtet. 1986 wurde ATS unter dem Namen Covia zu einer eigenständigen Tochtergesellschaft von United. Diese wurde im gleichen Jahr eingebracht in das Gemeinschaftsunternehmen → Galileo. Es gehört heute zusammen mit → Worldspan zu Travelport. *(jwm)*

## Appartement
→ Zimmertypen

## Appartementresidenzen
→ Boarding House

## Après Ski
Meist abendliche Vergnügungen (zum Beispiel in Bars oder Diskotheken) nach dem Skifahren während eines → Ski-urlaubs.

## APU
→ Auxiliary Power Unit

## Arbeitsgemeinschaft Deutscher Luftfahrtunternehmen (ADL)
→ Bundesverband der Deutschen Fluggesellschaften (BDF)

## Arbeitsgemeinschaft Deutscher Verkehrsflughäfen (ADV)
Im Jahre 1947 in Stuttgart gegründet, vertritt der ADV alle 19 internationalen Verkehrsflughäfen und die meisten → Regionalflughäfen und einige Verkehrslandeplätze (insgesamt 38; Stand 2007) in Deutschland. Als außerordentliche Mitglieder gehören ihm alle Bundesländer, der Deutsche Städtetag und Industrie- und Handelskammern an. Die → Arbeitsgemeinschaft Österreichischer Verkehrsflughäfen (AÖV) und die Schweizer Flughäfen Zürich, Basel und Genf sind als korrespondierende Mitglieder in die Arbeit eingebunden. Seit 2003 hat der ADV seinen Sitz in Berlin und gehört wie der → Bundesverband der Deutschen Tourismuswirtschaft (BTW) dem Bundesverband der Deutschen Industrie (BDI) an. Die Monatsstatistiken des ADV zeigen zeitnah die Entwicklung des Luftverkehrs in Deutschland (www.adv-net.org). *(jwm)*

## Arbeitsgemeinschaft Österreichischer Verkehrsflughäfen (AÖV)
Gegründet 1956 in Wien vertritt der AÖV die Interessen der sechs österreichischen Verkehrsflughäfen (www.aoev.at).

## Arktistourismus
*arctic tourism*
Die Arktis erstreckt sich nördlich des Nördlichen Polarkreises (66 Grad 33 Minuten N) bis hin zum Geographischen Nordpol in 90 Grad Nord. Im Gegensatz zu der Antarktis, die ein Kontinent ist, ist das ‚Herz' der Arktis das Nordmeer (Arktischer Ozean), der im hohen Norden ganzjährig von einer dicken Schicht Meereis bedeckt ist. Durch den Einfluß der Erhöhung der Lufttemperatur (globale Erwärmung) kann sich diese Situation allerdings in naher Zukunft

ändern. Kanada, Finnland, Grönland (zu Dänemark), Island, Norwegen, Rußland, Schweden und der US Bundesstaat Alaska grenzen an das Nördliche Eismeer an.

Der Süden der Arktis ist per Luft- und Landfahrzeug zu erreichen (zum Beispiel Alaska, Lappland oder das Nordkap). In der hohen Arktis gibt es kleine Flughäfen (zum Beispiel auf Spitzbergen und in Grönland), aber das hauptsächliche Verkehrsmittel für den Tourismus ist das Schiff. Die Arktis wird hauptsächlich während der kurzen Sommermonate besucht, wenn die Eiskonditionen das Vordringen der Kreuzfahrtschiffe bis in die hohen Breiten erlauben. Die faszinierende Landschaft, Besuche in den Siedlungen der Inuit und die Tierwelt (vor allem Wale, Eisbären und Walrosse) sind die Hauptattraktionen dieser Region. Reisen zum geographischen Nordpol sind auf russischen Eisbrechern möglich. → Antarktistourismus *(thb)*

**ARR**
→ Average room rate

**ASR**
a) → Advanced Seat Reservation
b)→ Allianz Selbständiger Reiseunternehmen (asr)

**Assistance-Versicherungen**
*assistance insurances*
Während die klassischen → Auslandsreise-Krankenversicherungen Leistungen gegen Vorlage von verauslagten Liquidationen erbringen, folgt das Prinzip des aus dem Französischen kommenden Assistance-Gedankens dem Modell des Versprechens zu praktischer Hilfe im Krankheitsfall und bei weiteren Notfällen. So bewahrt die Kostenübernahmeerklärung der Assistance-Zentrale des Versicherten den versicherten Reisekunden bei stationärer Behandlung davor, sich um die Zahlung der Kosten der stationären Behandlung Sorgen zu müssen. Inzwischen werden solche Assistanceleistungen auch kombiniert in Auslandsreise-Krankenversicherungen angeboten. Typische Assistance-Leistungen sind vor allem – oftmals komplementär zur Allgemeinen Krankenversicherung (AKV) – Kostenübernahmegarantie gegenüber dem Krankenhaus, Durchführung von → Krankenrücktransporten und Überführung von Toten (ersatzweise Bestattung im Ausland), Betreuung bei Krankenhausaufenthalt, Krankenbesuch einer nahestehenden Person, Beschaffung und Versand ärztlich verordneter Arzneimittel. Such-, Rettungs- und Bergungsmaßnahmen und andere Dienstleistungen, wie Sperrung von Kreditkarten und Ersatzbeschaffung von Reisedokumenten, gehören ebenfalls in den Bereich dieser Versicherungssparte.

Neben der hier beschriebenen Medical Assistance hat sich die sog. → Technische Assistance durchgesetzt. Sie bietet dem Autofahrer Schutz und Hilfe (→ Autoschutzbrief-Versicherung). *(hdz)*

**ATA**
→ tatsächliche Ankunftszeit

**ATC**
→ Air Traffic Control

**ATD**
→ tatsächliche Abflugzeit

**Athener Übereinkommen**
*Athens Convention*
Das Athener Übereinkommen regelt die Haftung bei der Beförderung von Passagieren und ihres Gepäcks auf Seereisen. Es wurde am 13. Dezember 1974 auf der Athener Konferenz der Internationalen Schiffahrtsorganisation (International Maritime Organisation, IMO) beschlos-

sen und trat nach der erforderlichen Zahl der Ratifikationen (= offizielle Annahme eines Vertrags durch die entsprechenden Gremien eines Vertragsstaates, in der Regel des Parlaments) am 28. April 1987 in Kraft. Die 1990 und 2002 beschlossenen Änderungen sind wegen Nichterreichens der notwendigen Zahl von Ratifikationen (10) noch nicht in Kraft. (www.imo.org) *(jwm)*

**ATOL**

→ Air Travel Organiser's Licence

**Atoll**

*atoll*

Im Pazifik und im Indischen Ozean häufig vorkommende Inselform, die aus einem ringförmigen Korallenriff bestehend, in deren Mitte sich eine → Lagune befindet. Der Begriff stammt aus dem Maledivischen.

**Attraktion**

→ Sehenswürdigkeit

**Attraktivität**

*physical attractiveness*

Attraktivität zeigt sich in der Bereitschaft, jemanden positiv zu bewerten, sich anzunähern und sich positiv zu verhalten. Das Aussehen von Menschen wirkt sich auf die Beurteilung von sozialer Kompetenz aus, weniger stark auf die Bewertung intellektueller Fähigkeiten und gering bzw. gar nicht auf die Bewertung von Integrität. Das → Stereotyp attraktiver Menschen ist im Wesentlichen positiv, man nimmt schöne Menschen als gesünder, glücklicher, sensibler und geselliger wahr. Diese Zuschreibung hängt auch von der Attraktivität der Beurteiler ab. Unattraktive Beurteiler schreiben neutralen Personen eine höhere soziale Kompetenz zu als besonders attraktiven oder besonders unattraktiven.

Damit beeinflußt die physische Attraktivität von Menschen, die Kundenkontakt haben, die Erwartungshaltung der Kunden. Ebenso kann die Attraktivität von Kunden das Verhalten der Servicemitarbeiter beeinflussen. *(sml)*

*Literatur*

Bierhoff, Hans-Werner 2006: Sozialpsychologie. Stuttgart: Kohlhammer (6. Aufl.)
Bierhoff, Hans-Werner; Dieter Frey (Hrsg.) 2006: Handbuch der Sozialpsychologie und Kommunikationspsychologie. Göttingen: Hogrefe
Häcker, Hartmut O.; Kurt-H. Stapf 2004: Dorsch Psychologisches Wörterbuch. Bern: Huber (14. Aufl.)
Hassebrauck, Manfred 2006: Physische Attraktivität. In: Bierhoff & Frey (Hrsg.), S. 219-225
Herkner, Werner 2001: Sozialpsychologie. Göttingen: Hogrefe (2. Aufl.)
Myers, David G. 2005: Psychologie. Heidelberg: Springer

**aufgegebenes Gepäck**

*checked baggage*

a) allgemein: In der Versicherungssparte → Reisegepäck-Versicherung wird als aufgegebenes Reisegepäck dasjenige Gepäck bezeichnet, das einem Beförderungsunternehmen, einem Beherbergungsbetrieb oder einer Gepäckaufbewahrung zum Transport oder zur Aufbewahrung übergeben wird. Im Rahmen dieser Versicherungssparte besteht für aufgegebenes Reisegepäck Versicherungsschutz, wenn es beschädigt wird, abhanden kommt oder verspätet ausgeliefert wird. *(hdz)*
b) Flug: Im → Passenger Name Record (PNR) registriertes Gepäck, das beim → Check-in aufgegeben und mit einem Anhänger *(baggage tag)* mit Zielort- und ggfs. Umsteigeortinformationen versehen und dann gesondert im Laderaum bis zum Zielflughafen befördert wird. *(jwm)*

**Aufpreis für Übergepäck**
*rates for excess luggage*
→ Sondergepäck

**Aufschlagskalkulation**
*cost-plus pricing*
Kalkulationsverfahren für Bewirtungsleistungen im Gastgewerbe auf der Basis von Rohaufschlägen. Stellt eine Variante der → Zuschlagskalkulation dar. Der Rohaufschlag ist eine Kennzahl, die einen Zusammenhang zwischen Umsatz und Wareneinsatz herstellt. Er dient zur Deckung der Kosten ohne Wareneinsatzkosten und des Gewinns. Meist wird er als prozentualer Aufschlag berechnet:

> Rohaufschlag in % =
> $$\frac{\text{(Nettoumsatz − Wareneinsatzkosten)} \times 100}{\text{Wareneinsatzkosten}}$$

Der Rohaufschlag kann auf der Grundlage von Ist- oder Planwerten entsprechend betrieblicher Erfordernisse für den Gesamtbetrieb, für Speisen und Getränke oder für Waren- bzw. Artikelgruppen ermittelt werden, was eine dementsprechende Umsatz- und Kostendifferenzierung voraussetzt. Der Rohaufschlag wird bei der Ermittlung eines kostenorientierten Netto-Verkaufspreises als Prozentsatz auf die Warenkosten, die lt. Rezeptur anfallen, aufgeschlagen:

> Verkaufspreis = Warenkosten
> lt. Rezeptur x Rohaufschlag in %

Vereinfacht kann mit einem durchschnittlichem Kalkulationsfaktor gerechnet werden, der als Quotient aus Umsatz und Wareneinsatzkosten ermittelt wird:

> Kalkulations-
> faktor   =   $\frac{\text{Nettoumsatz}}{\text{Wareneinsatzkosten}}$

Der kostenorientierte Netto-Verkaufspreis errechnet sich dann

> Verkaufspreis (Netto) = Warenkosten
> lt. Rezeptur x Kalkulationsfaktor

Der Vorteil der Aufschlagskalkulation besteht in der relativ einfachen Anwendung. Nachteilig ist, daß Bewirtungsleistungen, die einen hohen Wareneinsatz haben, auch mit hohen Aufschlägen belastet werden. Außerdem wird der unterschiedliche Arbeitsaufwand bei der Erstellung der Bewirtungsleistungen nicht berücksichtigt. *(ukh)*

**Aufwertung**
*revaluation*
Aufwertung bezeichnet die Verbesserung der Austauschrelation einer → Währung. Bei den heute verwendeten Mengenkursen steigt der Wechselkurs. Die Aufwertung des Euro gegenüber dem US-Dollar bedeutet, dass man für einen Euro mehr US-Dollar erhält. *(hp)*

**Ausbooten**
*to unship, to disembark*
Verlassen von Schiffen (→ Ausschiffung), die auf → Reede liegen, weil sie nicht in einen Hafen einlaufen können. Die Passagiere werden dabei in der Regel über tiefliegende Ausgänge nahe der Wasserlinie oder über Strickleitern (Fallreeps) in kleine Barkassen (Börteboote) gebracht, die sie dann an Land bringen. Dies ist zum Beispiel auf Helgoland üblich. Bei → Kreuzfahrten in Arktis und Antarktis (→ Arktis-/→ Antarktistourismus) werden die Passagiere in Schlauchbooten *(zodiacs)* aufs Eis bzw. an Land gebracht. *(jwm)*

**Ausflaggen**
*to change flag, to flag out a ship*
Registrierung eines Schiffes in einem Staat, der nicht der Heimatstaat der Reederei ist (→ Billigflagge).

48

## Ausflügler

*excursionist, same-day-visitor, day visitor*
Personen, die ihren regelmäßigen Aufenthaltsort (Wohnort) für weniger als 24 Stunden verlassen bzw. an ihrem Zielort nicht übernachten. Sie sind eine Untermenge von → Besuchern eines Ortes. Zu den Ausflüglern gehören nach der Definition der Vereinten Nationen und ihrer → Welttourismusorganisation (UNWTO) zum Beispiel auch Kreuzfahrtpassagiere, die sich mehrere Tage in einem Hafen aufhalten und von dort aus die Gegend erkunden, wenn sie dabei jeweils auf dem Schiff übernachten. *(jwm)*

*Literatur*
United Nations Department for Economic and Social Information and Policy Analysis – Statistical Division 1994: Recommendations on Tourism Statistics. New York: United Nations

## Auslandsnotruf

*emergency call from abroad*
Reiseversicherer und andere Hilfsorganisationen stellen ihren Kunden eine Telefonnummer zur Verfügung, unter der sie das ganze Jahr rund um die Uhr erreichbar sind (→ Assistance-Versicherung). *(hdz)*

## Auslandsreise-Krankenversicherung

*travel health insurance*
Die Auslandsreise-Krankenversicherung – auch Reisekranken-Versicherung genannt – versichert die Kosten der Heilbehandlung (ambulant, stationär), des Krankenrücktransports und der Überführung bei Tod bei auf der Reise im Ausland akut eintretenden Krankheiten und Unfällen. Ausland meint dabei nicht das Land, in dem die versicherte Person ihren Wohnsitz hat. Die Auslandsreise-Krankenversicherung tritt demnach nicht eins zu eins in die Leistungen der Gesetzlichen Krankenversicherung (GKV) ein, sondern komplettiert diese in akuten Fallsituationen auf Reisen. Wegen der hohen Kosten in diesem Bereich sollten die → Reisemittler über die Möglichkeit des Abschlusses einer Auslandsreise-Krankenversicherung informieren. Im Reiserecht (§ 651 i BGB) ist diese Verpflichtung seit dem 8. Nov. 1994 verankert (→ Rücktransport).

Aus der Sicht des Touristen setzen reisepraktische Überlegungen bei der Frage an, ob denn nicht die eigene Krankenversicherung die angesprochenen Kosten übernimmt. Folgendes gilt (Nies 2005, S. 70): „Die privaten Krankenversicherungen (PKV) erstatten grundsätzlich auch die Krankenbehandlungskosten im Ausland. Jedoch bietet nicht jeder Vertrag mit einer PKV weltweit Deckungsschutz." So begrenzen in der Regel die PKV den Schutz auf vier Wochen. Für privat Versicherte kann der Abschluß einer Auslandsreise-Krankenversicherung auch sinnvoll sein, wenn die private Krankenversicherung bei Nichtinanspruchnahme Beitragsrückerstattung zahlt.

Die Eingrenzung des Versicherungsschutzes bestimmt sich bei der GKV nach dem → Sozialversicherungsabkommen, das zwischen Deutschland und europäischen und einigen nichteuropäischen Staaten abgeschlossen wurde. Danach erstattet die GKV zwar in der Regel im Nachhinein die Kosten der ärztlichen Hilfe zu Sätzen, wie sie in Deutschland üblich sind, aber nicht die Kosten für einen medizinischen → Rücktransport und auch nicht Kosten, die private Krankenhäuser dem Patienten in Rechnung stellen. Auf seiner Internetseite weist deshalb das Auswärtige Amt ausdrücklich auf die Notwendigkeit zum Abschluß einer Auslands-Reisekrankenversicherung hin (http://www.auswaertiges-amt.de/diplo/de/Laender/Gesundheitsdienst/Prophylaxc.html) (20.11.2007).

Zusätzlich zur späteren Kostenerstattung durch eine Auslandsreise-Krankenversicherung geht es für den Urlaubsreisenden um die Frage der direkten Hilfe, also der Kostenzusage und -übernahme sowie der Regelung von Modalitäten bis zur Durchführung eines medizinisch begleiteten Rücktransports. Diese Leistungen sind im Rahmen von → Assistance-Versicherungen gedeckt. Gerade bei der Krankenversicherung für das Ausland ist es für den Reisenden angezeigt, sich über die Leistungen zu informieren. Günstigere Prämien kommen schließlich durch Leistungsbegrenzungen und Ausschlüsse zustande (→ Deregulierung der Versicherungswirtschaft). *(hdz)*

*Literatur*
Nies, Irmtraud 2005: Reisebüro. Rechts- und Versicherungsfragen. München: Beck (2. Aufl.)

**Auslastung**
*capacity utilisation*
Sie gehört zu den wichtigsten Kennziffern in der Hotellerie. Da es sich um eine Verhältniskennzahl handelt, kann zu sie Vergleichszwecken mit den Wettbewerbern verwendet werden. Hierbei kann zwischen Betten- und Zimmerauslastung unterschieden werden. Bis 2005 Jahren wurden beide Kennziffern in Deutschland vom Statistischen Bundesamt und den Statistischen Landesämtern für die unterschiedlichen Betriebe des Beherbergungsgewerbes erhoben, anschließend wurde die Zimmerauslastung aus der amtlichen Statistik gestrichen.

Die Auslastung ist der Quotient aus belegten Zimmern bzw. Betten in Relation zur Anzahl der angebotenen Zimmer oder Betten multipliziert mit den Tagen der Rechnungsperiode, d.h. die Auslastung kann auf Tages-, wöchentlicher, monatlicher oder jährlicher Basis berechnet werden. *(cf)*

**Auslaufen**
*to leave port, to set sail, to take to sea*
Der Begriff aus der Schiffahrt bezeichnet die Abfahrt des Schiffes aus dem Hafen.

**Ausreisesteuer**
*departure tax, exit tax*
Steuer, die von manchen Ländern für das Verlassen des Landes erhoben wird. In manchen Fällen wird sie nur auf Flughäfen fällig (→ Flughafensteuer) oder gilt nur für ausländische Besucher oder nur für Einheimische. *(jwm)*

**Ausschiffung**
*debarkation, disembarkment, disembarkation*
Verlassen eines Schiffes durch die Passagiere. Dies kann direkt über eine → Gangway an Land führen oder aber durch Boote (→ ausbooten), wenn das Schiff auf → Reede liegt, weil es entweder zu groß für den Hafen ist, einen zu hohen → Tiefgang aufweist oder die Hafenanlagen besetzt sind. *(jwm)*

**Außenposition**
*remote position*
Parkposition eines Flugzeuges auf dem Vorfeld, d.h. ohne Verbindung zum → Terminal über einen → Finger. Hier findet das Ein- und Aussteigen der Passagiere über eine → Gangway statt. *(jwm)*

**Aussichtswagen**
*observation car*
Aussichtswagen oder auch Panoramawagen sind spezielle offene oder verglaste Wagen im Bahnbereich, die auf landschaftlich besonders reizvollen Strecken eingesetzt werden. *(hdz)*

**Auswärtiges Amt**
→ Reisewarnungen

## Ausweichflughafen
*alternate [airport]*
Flughafen, der angesteuert wird, wenn der Zielflughafen nicht angeflogen werden kann. Dies kann zum Beispiel durch Unterschreiten der Wetterminima (→ Instrumentenlandesystem) oder bei Verspätungen durch Schließung des Zielflughafens wegen eines → Nachtflugverbotes bzw. von → Nachtflugbeschränkungen sein. Der Ausweichflughafen muß im → Flugplan (b) aufgeführt werden, und der Flug dorthin muß bei der Berechnung der notwendigen Treibstoffmenge zuzüglich der vorgeschriebenen Reserven berücksichtigt werden. *(jwm)*

## Authentizität
*authenticity*

### 1   Definition
Der aus dem Griechischen stammende Begriff bedeutet Echtheit, Glaubwürdigkeit und Zuverlässigkeit. In Zusammenhang mit dem Freizeittourismus wird darin ein Moment der → Reisemotivation gesehen: Die Fremdbestimmtheit des Menschen, „die kalte Rationalität der Fabriken, Büros, Wohnhäuser und Verkehrsanlagen, die Verarmung der zwischenmenschlichen Beziehungen" (Krippendorf 1984, S. 16) usw. in den modernen Industrie- und Dienstleistungsgesellschaften führen nach diesem Argumentationsgang dazu, daß die Menschen wegfahren, „weil es ihnen da nicht mehr wohl ist, wo sie sind; da, wo sie arbeiten und da, wo sie wohnen" (a.a.O.). Sie suchen statt dessen auf ihren Urlaubsreisen nach Authentizität, nach unentfremdetem und selbstbestimmtem Leben, nach unverfälschter Natur und echten sozialen Beziehungen. Empirisch hat Dann (1977) einen solchen Zusammenhang am Beispiel von Touristen, die Barbados als Reiseziel

gewählt hatten, zeigen können.

Eine weitere Variante des Authentizitätsbegriffes steht in der bildungsbürgerlichen Tradition von → Studienreisen, auf denen es um das Aufsuchen und Erleben einer möglichst von fremden Einflüssen unverfälschten kulturellen und historischen Wirklichkeit gehen sollte. MacCannell (1973) sieht Touristen dabei in der Tradition von Pilgern, die über den *genius loci* oder die „Aura" (Benjamin 1936/1963) eines Ortes die Authentizität wichtiger religiöser Ereignisse nachempfinden wollen.

### 2   Inszenierte und konstruierte Wirklichkeit
Geht es in diesen Fällen in erster Linie um eine authentische Erfahrung durch touristische Aktivitäten, kann man auf der anderen Seite auch Objekte (Gebäude, Möbel, Kunstwerke, Landschaften usw.) unter der Perspektive von Authentizität sehen (Wang 2000, S. 48). Die für den Zugang durch den wachsenden und immer weiteren Kreisen der Bevölkerung zugänglichen Tourismus notwendigen Veränderungen an historisch und kulturell bedeutsamen Reisezielen wurden vielfach aus einer elitär-kulturkritischen Position als Verlust an Wirklichkeit und Echtheit beklagt (vgl. u.a. Boorstin 1961).

Unter sozialwissenschaftlicher Perspektive wird seit den 1970er Jahren über die Authentizität inszenierter Wirklichkeit (*staged authenticity;* MacCannell 1973) für Touristen diskutiert, wie sie etwa in Folklore Shows oder in den künstlichen Ferien- und → Erlebniswelten von Clubanlagen über Center Parcs bis hin zu Disney World und ähnlichen Einrichtungen ihren Ausdruck finden. Hierbei wurde mit der Anwendung des begrifflichen Inventars von Erving Goffman (1959) die Perspektive jedoch erweitert, indem in Analogie zu

Theaterinszenierungen zwischen der Bühne für das touristische Publikum und den dem touristischen Blick (Urry 1990) entzogenen Rückräumen für das Personal der Inszenierungen unterschieden wird (Vester 1993). Mit dem übergreifenden Ansatz Goffmans ist es fraglich, ob es überhaupt Bereiche gibt, in denen solche Inszenierungen nicht stattfinden.

Dem Tourismus jedenfalls sind sie integral, denn „jede Reise ist eine Inszenierung, bei der, wie bei jeder anderen Inszenierung am Theater, im Radio oder im Film, die aus einem Skript entwickelten Vorstellungen über Orte, Personen und Stimmen in einer bestimmten Weise mit der Wirklichkeit der bestehenden Möglichkeiten konfrontiert werden. Die Skripte der Reisenden setzen sich zusammen aus Katalogen, Zeitungsberichten, Fernsehbildern, den Erzählungen von anderen, Reiseliteratur. (…) Touristische Erfahrung ist – wie alle Erfahrung – also per se konstruiert und synthetisch" (Mundt 1999, S. 13). Das, was als ‚authentisch' empfunden wird, ist letztlich also das „Ergebnis der Projektion gewisser stereotyper Bilder, die in den Gesellschaften, aus denen die Touristen stammen, für richtig gehalten und vor allem über die Massenmedien und touristisches Werbematerial kommuniziert werden" (Wang 2000, S. 54; Übers. *jwm*). Man kann andererseits aber auch davon ausgehen, daß dies wiederum nicht allein tourismusspezifisch ist, sondern daß die „gesellschaftliche Konstruktion der Wirklichkeit" (Berger & Luckmann 1966) auch in den eigenen Gesellschaften an den ständigen Lebensorten der Menschen stattfindet. So gesehen wäre die Realisierung der Suche nach Authentizität als Reisemotiv schon deshalb zum Scheitern verurteilt, weil fremde Gesellschaften hinsichtlich dieses Aspekts ja nicht anders funkti-

onieren (können) als die eigene. Man könnte daher weiter argumentieren, daß gerade diese Konstruktion generell ein authentisches Merkmal menschlicher Gesellschaften ist. Kurz: Der Begriff der Authentizität ist selbst eine gesellschaftliche Konstruktion (Cohen 1988) und damit im obigen Sinne zwar authentisch, aber nicht im ursprünglich gemeinten Sinne. Vor diesem Hintergrund ginge es bei der → Reisemotivation also nur vordergründig um das Aufsuchen authentischer Orte oder das Machen authentischer Erfahrungen, hintergründig jedoch um den Kontrast zwischen den Alltagsorten und -erfahrungen und anderen Orten und Erfahrungen.

Mit diesen Überlegungen relativiert sich auch die oben angesprochene Kritik an den Veränderungen ursprünglich als authentisch angesehener historischer Orte, denn die Geschichtsschreibung selbst ist Ergebnis gesellschaftlicher Prozesse und damit selbst auch Objekt der Geschichte. Das zeigt sich am deutlichsten daran, daß gleiche historische Ereignisse zu unterschiedlichen Zeiten anders dargestellt und interpretiert werden, was allenfalls zum Teil der weiteren Erschließung historischer Quellen geschuldet ist. Nicht nur von daher kann man fragen, inwieweit die Erfahrung historischer Orte und Objekte überhaupt authentisch im Sinne des Nachempfindens sein kann, denn man kann darüber hinaus auch durchaus der Meinung sein, daß vollständige moderne Rekonstruktionen eher den zeitgenössischen historischen Wahrnehmungen entsprechen als die Betrachtung zwar originaler, aber unvollständiger und zudem patinierter Bruchstücke.

**3   Reisen als Realisierung des Imaginären**

Mit Blick auf komplett und offen für Touristen inszenierte Destinationen und Ereignisse wie zum Beispiel Disney-

land, spricht Boorstin (1961) von ‚Pseu-
do-Ereignissen' *(pseudo events)*, die
den Blick auf die wirkliche Welt ver-
stellen. Allerdings kann man solche Inszenierungen von → Erlebniswelten mit
Cohen (1988) längst auch als authen-
tischen Bestandteil us-amerikanischer
und mittlerweile vielleicht auch der westlichen Kultur generell deuten. *(jwm)*

*Literatur*

Benjamin, Walter 1963: Das Kunstwerk im
Zeitalter seiner technischen Reproduzier-
barkeit. Frankfurt am Main: Suhrkamp
(Nachdruck 1977; erstmals erschienen in
einer franz. Übers. in der Zeitschrift für
Sozialforschung, 5. Jg., 1936)
Berger, Peter L.; Thomas Luckmann 1966: The
Social Construction of Reality. A Treatise
in the Sociology of Knowledge. New York:
Doubleday (Dtsch.: Die gesellschaftliche
Konstruktion der Wirklichkeit. Eine Theorie
der Wissenssoziologie. Frankfurt am Main:
S. Fischer 1970)
Boorstin, Daniel J. 1961: The Image or what
happened to the American Dream? New
York: Atheneum (Dtsch.: Das Image oder
was wurde aus dem amerikanischen Traum?
Reinbek bei Hamburg: Rowohlt 1964)
Cohen, Erik 1988: Authenticity and Commo-
ditization in Tourism. In: Annals of Tourism
Research, Vol. 15, S. 371-386
Dann, Graham M. S. 1977: Anomie, Ego-
Enhancement and Tourism. In: Annals of
Tourism Research, Vol. 4, S. 184-194
Goffman, Erving 1959: The Presentation of
Self in Everyday Life. Garden City, NY:
Doubleday (Dtsch.: Wir alle spielen Theater.
Die Selbstdarstellung im Alltag. München:
Piper 1969)
Krippendorf, Jost 1984: Die Ferienmenschen.
Für ein neues Verständnis von Freizeit und
Reisen. Zürich und Schwäbisch Hall: Orell
Füssli
MacCannell, Dean 1973: Staged Authenticity:
Arrangements of Social Space in Tourist
Settings. In: American Journal of Sociology,
Vol. 79, S. 589-603
Mundt, Jörn W. 1999: Die Authentizität des
Geldes. Zur ökonomischen Entwicklung
künstlicher Destinationen. In: Voyage. Jahr-
buch für Reise- und Tourismusforschung, 3.
Jg., S. 13-32
Sharpley, Richard 1994: Tourism, Tourists &
Society. Huntingdon: ELM Publications
Urry, John 1990: The Tourist Gaze. Leisure
and Travel in Contemporary Societies.
London: Sage Publications
Vester, Heinz-Günter 1993: Authentizität.
In: Heinz Hahn, H. Jürgen Kagelmann
(Hrsg.): Tourismuspsychologie und Tou-
rismussoziologie. Ein Handbuch zur Tou-
rismuswissenschaft. München: Quintessenz,
S. 122-124
Wang, Ning 2000: Tourism and Modernity.
A Sociological Analysis. Amsterdam etc.:
Pergamon Press

**Automatenaufstellvertrag**

*contract on setting up slot machines*

Beim Automatenaufstellvertrag handelt
es sich um einen sog. Gestattungsvertrag,
wonach der Gastwirt dem Geräteaufsteller
das Recht einräumt, eine bestimmte Anzahl von Automaten in seiner Gaststätte
aufzustellen. Hierbei kann es sich um
Geld-, Spiel-, Musik- oder sonstige Un-
terhaltungsautomaten handeln. Der Auf-
steller beteiligt den Gastwirt an den
Spieleinnahmen. Der Betreiber von Automaten hat die Bestimmungen nach
dem Jugendschutzgesetz zu beachten.
*(bd)*

**Automatenguide**

*ticket machine guide*

Man könnte meinen, daß es sich um ein
Buch oder eine Broschüre handelt, wo
sich Informationen zu Automaten befinden. Diese Annahme ist falsch. Beim
Automatenguide handelt es sich um ein
dienstleistungsbezogenes Konzept der
→ Deutschen Bahn, das darauf abzielt,
Bahnkunden die Hemmschwelle zu
nehmen, ihr Ticket am Automaten
im Bahnhofsbereich selbst zu buchen.
Speziell eingesetztes Personal an größeren Bahnhöfen mit der Aufschrift ‚Au-

tomatenguide' am Rücken unterstützen diejenigen, die Rat zum Bedienen des Automaten benötigen. *(hdz)*

**Automobilclub**
→ Allgemeiner Deutscher Automobilclub e.V.

**Autopilot**
*autopilot*
System, das automatisch und sensoren-gestützt die Fluglage eines Flugzeuges regelt. In modernen Flugzeugen ist es Ausführungsorgan des Flugmanagement-systems (FMS), über das die Navigation gesteuert wird. Der → Flugplan (b) wird bei den Startvorbereitungen in das FMS eingegeben und wird dann nach dem manuell ausgeführten Start über den Autopiloten abgeflogen. Änderungen können jederzeit während des Fluges entweder direkt oder über das FMS eingegeben werden. Zum Autopiloten gehören heute auch *auto throttle* (automati-sche Regelung der Triebwerksleistung) und *auto brake* (automatisches Brems-system zum Abbremsen nach dem Aufsetzen). Landungen unter schlechten Sichtbedingungen (→ Landekategorien) werden meist durch den Autopiloten ausgeführt. *(jwm)*

**Autoput**
Der serbische Begriff Autoput bezeichnet eine Autobahn. Noch heute wird darun-ter die erste jugoslawische Autobahn ver-standen. Sie hatte für den aufkommenden Tourismus in der zweiten Hälfte des 20. Jahrhunderts für diejenigen Touristen, die mit dem Auto den Balkan bereis-ten, eine wichtige Bedeutung, vor allem für die türkischen Gastarbeiter, die den Autoput für die Reise in die Türkei und zurück nutzten. Der Autoput ist heu-te in das System der Paneuropäischen Verkehrskorridore als Korridor 10 mit den Autobahnbezeichnungen A2 (Slowenien),

A3 (Kroatien), A1 (Serbien), M1 (Maze-donien) eingeordnet. Umgangssprachlich lebt die Bezeichnung Autoput noch fort. *(hdz)*

**Autoreisezug**
*motorail train, car train*
Wer sein Automobil mit an sein Reiseziel mitnehmen möchte, kann hierfür den Autoreisezug buchen. Beim Autoreisezug handelt es sich um einen speziellen Zug für längere Reisestrecken, bei dem auf speziellen Autotransportwagen Autos und/oder Motorräder mittransportiert werden. Mitgeführt werden Reise-, → Speise- und Schlafwagen. Die Reisen-den selbst verbleiben nicht bei ihrem Fahrzeug. Beteiligt sind oft verschiedene Bahngesellschaften.
Zur kurzen Geschichte des Autorei-sezugs in Deutschland: Am 1. April 1930 wurde erstmals in Deutschland von der damaligen Reichsbahn das „Auto als Reisegepäck" eingeführt. Die Reichsbahn benutzte hierfür Flachwagen. Damals war die Zielgruppe relativ klein. Wer Unternehmer, Adeliger oder Geschäftsmann war, konnte sich den Autoreisezug leisten. In der Zeit des Nationalsozialismus und des Zweiten Weltkrieges war es dann nicht mehr möglich, den Autoreisezug zu buchen. Erst nach dem Zweiten Weltkrieg wur-den doppelstöckige Transportwagen für Kraftfahrzeuge eingeführt. Die Buchung von Autoreisezugpassagen obliegt in Deutschland seit der Umstrukturierung der Deutschen Bahn AG der DB AutoZug GmbH in Dortmund. Diese zur Deutschen Bahn AG gehörende Gesellschaft nennt den Autoreisezug kurz Autozug oder produktbezogen DB-Autozug (www.dbautozug.de). *(hdz)*

## Autoreisezug- und Fährversicherung (ARZ)

*motorail train and ferry trips insurance*

Die Autoreisezug- und Fährversicherung leistet der versicherten Person gegenüber Entschädigung, wenn deren Kraftfahrzeug, Anhänger oder Boot auf Autoreisezügen und Fähren sowie beim Be- und Entladen beschädigt wird oder verloren geht. Einschränkend ist zu sagen, dass diese Versicherungssparte keinen Versicherungsschutz für Sachen erbringt, die im Fahrzeug zurückgelassen werden. Im Rahmen seiner Vermittlertätigkeit muss der Reisemittler zu dieser speziellen Versicherung nicht informieren. Es versteht sich aber im Zuge einer vollständigen Beratung bei der Buchung von Autoreisezug- und Fährleistungen, daß auf die Gelegenheit zur Absicherung o.g. Risiken hingewiesen wird. *(hdz)*

## Autoschutzbrief-Versicherung (ASB)

*motoring assistance insurance*

Die Autoschutzbrief-Versicherung, oft auch kurz Autoschutzbrief genannt, bietet dem Autofahrer praktische Hilfe und Beistand, wenn das Reisefahrzeug der versicherten Person auf der Reise durch eine Panne oder einen Unfall nicht mehr fahrtüchtig ist oder gestohlen wurde. Der Versicherungsschutz beginnt gemäß den → Allgemeinen Versicherungsbedingungen (AVB) in der Regel ab einer Entfernung von mehr als 50 km vom Wohnort der versi-

cherten Person. Neben der organisatorische Hilfe werden weitere Leistungen erbracht wie Rücktransport des Autos oder Verschrottung des Fahrzeugs. Sonstige Leistungen (Erledigung von Zollformalitäten, Übernachtungskosten für Insassen etc.) sind – je nach Versicherer – unterschiedlich geregelt. → Assistance-Versicherungen *(hdz)*

## Autozug

→ Autoreisezug

## Auxiliary Power Unit (APU)

Bordseitig meist im Heck installierte Turbine für die Energieversorgung des Flugzeuges am Boden. Sie liefert auch die Energie für das Anlassen der Triebwerke und ist während des Fluges in der Regel ausgeschaltet. *(jwm)*

## Available Passenger Kilometres (APK)

Angebotene Anzahl von Flugpassagen mal der damit jeweils verbundenen Entfernung in Kilometern.

## AVB

→ Allgemeine Versicherungsbedingungen

## Average Room Rate (ARR)

Durchschnittlich erzielter Nettozimmerpreis. Umsatz, der durch den Verkauf von Hotelzimmern innerhalb einer Zeitperiode generiert wurde, dividiert durch die Anzahl der belegten und bezahlten Hotelzimmer. *(wf)*

# B

**Back-Office**

Aus dem Englischen stammender Begriff, der den Teil eines Reisebüros (→ Reisemittler) bezeichnet, in dem die notwendigen Abrechnungs- und Verwaltungsarbeiten erledigt werden. Unter Back-Office-Systemen versteht man die dafür verwendeten EDV-Programme, die zum Beispiel die Buchhaltung, Auswertungen aus den → Computer-Reservierungssystemen, die Verwaltung von Kundendaten usw. ermöglichen. Das Back-Office steht im Gegensatz zum → Front-Office, in dem die Kunden am → Counter bedient werden.

**Back-Office-Systeme**

→ Back-Office

**Back-of-the-house, Back of the house**

*back* (engl.) = Rückgrat, Rückseite, Hintergrund; *house* (engl.) = Haus, Firma. Umschreibung für die Bereiche eines Hotels oder gastronomischen Betriebs, die für Kunden nicht zugänglich bzw. nicht einsehbar sind. Hierzu gehören etwa Küche, Verwaltung, Lager oder Wäscherei. Die Mitarbeiter, die im Hintergrund bzw. „hinter den Kulissen" arbeiten, haben in der Regel keinen Kundenkontakt. → Front-of-the-house *(wf)*

**Backpacker**

→ Rucksacktourist

**Bad**

*spa*

Zusatz zum Ortsnamen, der → Kurorten verliehen werden kann. Zum Beispiel Bad Oeynhausen, wenn er bestimmte Erholungs- und Kureinrichtungen nachweisen kann; Voraussetzung ist eine Heilquelle, außer bei Kneippheilbädern.

**Badewasserqualität**

→ Richtlinie über die Qualität des Badewassers

**Baedeker**

Nach Karl Baedeker (*3.11.1801-†4.10. 1859) wird heute der wohl bekannteste Reiseführer – kurz *Der Baedeker* – benannt. Der Autor von Reiseführern und Verleger stammt aus Koblenz. Dort eröffnete er 1827 eine Verlagsbuchhandlung. Mit dem Zukauf des Verlags von Friedrich Röhling (1828) erwarb er den von einem Historiker geschriebenen ersten Rheinreiseführer „Rheinreise von Mainz bis Cöln", den er fast vollständig neu verfaßt hat. Die „Rheinreise" wurde wiederholt neu aufgelegt und übersetzt. Sie begründet fortan den Ruhm von Baedeker als Reiseführer-Verleger und -Autor. Um 1900 deckten die Baedeker-Reiseführer ganz Europa ab (Simon 2005, S. 120).

In seinem handlichen Format mit rotem Einband wurde besonderer Wert auf Übersichtlichkeit, Genauigkeit, Faktentreue und Aktualität gelegt. Noch heute sind das die zentralen Qualitätsmerkmale, mit denen Baedeker die Reiseliteratur revolutionierte, um die Benutzer unabhängig von Fremdenführern zu machen. Der Name Baedeker wurde zum Synonym für → Reiseführer (a) schlechthin. Seine Reiserouten und Deskriptionen von Sehenswürdigkeiten können heute noch als gültiger Kanon der Reisebeschreibung angesehen werden. Dabei hat er selbst vor Ort genau recherchiert und trat inkognito seine Erkundungsreisen an. Die unbestechliche und nüchterne Genauigkeit von Baedekers Vermächtnis wird heute fortgesetzt: Im Karl Baedeker Verlag (inzwischen zur Verlagsgruppe MAIRDUMONT GmbH & Co. KG in Ostfildern bei Stuttgart gehörend) wird die verlegerische Arbeit von seinen Söhnen gepflegt, indem der Baedeker mit der Marke Allianz zum *Baedeker Allianz Reiseführer* neu vermarktet wurde. Der Baedeker Allianz Reiseführer existiert derzeit mit ca. 150 Titeln auf dem Markt der Reiseführer (www.baedeker.com). → Reiseführer (a) *(hdz)*

*Literatur*
Simon, Marie 2005: Nimm mich mit … Eine kleine Geschichte der Reisebegleiter. München: Frederking & Thaler

**Baggage allowance**
→ Freigepäckgrenze

**Bahn**
*train, railway*
Zunächst einmal bezeichnet man als Bahn heute das schienengebundene Verkehrsmittel zum Transport von Personen und Gütern. Bahn ist in diesem Zusammenhang oft als Verkürzung von → Eisenbahn in den Sprachgebrauch des Deutschen eingegangen. Bahn ist im Begriffsspektrum der folgenden Begriffe zu sehen: Fahrbahn, Flugbahn, Autobahn, Landebahn u.a. zu sehen,

mit denen immer der Fahrweg, die Linie gemeint sind, worauf sich ein Objekt bewegt. Die Eisenbahn präzisiert dann eben das Schienenfahrzeug der besonderen Art, von dem die früher benutzten Holzbahnen abgegrenzt wurden. Schlußendlich steht Bahn auch für das Unternehmen → Deutsche Bahn AG (DB), die selbst wiederum die Benennung Bahn für sich in vielerlei Zusammenhängen bemüht. *(hdz)*

**Bahnbeförderung**
*carriage by rail*
Der Bahnbeförderungsvertrag zwischen der Bahn und dem Fahrgast richtet sich als Werkvertrag nach §§ 631 ff. BGB und dem vorrangigen Spezialgesetz der Eisenbahnverkehrsordnung (EVO). Die Bahnhaftung für Unfälle mit Tod, Körperverletzung und Sachschaden ergibt sich vorrangig aus dem Haftpflichtgesetz und dem Recht der unerlaubten Handlung der §§ 823 ff. BGB. Bei einer Beförderung auf einer internationalen Strecke gilt die COTIF (Übereinkommen über den internationalen Eisenbahnverkehr). *(ef)*

*Literatur*
Filthaut, Werner 2006: Haftpflichtgesetz. Kommentar zum Haftpflichtgesetz und zu den konkurrierenden Vorschriften des Delikts- und vertraglichen Haftungsrechts. München: Beck (7. Aufl.)
Führich, Ernst 2005: Reiserecht. Heidelberg: C.F. Müller (§ 47 Bahnbeförderungsrecht) (5. Aufl.)
Führich, Ernst 2007: Basiswissen Reiserecht. Grundriß des Reisevertrags- und Individualreiserechts. München: Vahlen (§ 15)

**Bahnbetrieb**
*railway operations*
Früher nannte man ihn Betriebsdienst oder ganz früher Eisenbahnbetriebsdienst. Bahnbetrieb ist ein zentraler Begriff der Organisationsform von Eisenbahnor-

ganisationen. Er bezieht sich auf alle Prozesse und Tätigkeiten, die den Fahrbetrieb betreffen (Zugfahrten durchführen, Rangieren, Stellwerke bedienen, Bereitstellen von Zügen und Wagen, Begleiten von Zügen etc.). Auch die Terminologie der Deutschen Bahn AG greift auf diesen *terminus technicus* seit 1994 (Zusammenführung Bundesbahn mit Reichsbahn) zurück. Zu den Personen, die die leitenden Aufgaben im Bahnbetrieb wahrnehmen, zählen der Fahrdienstleiter, der Weichenwärter, der Triebfahrzeugführer oder Zugführer. Schnittstellen zu anderen Bereichen sind definiert, wie Sicherheitstechnik oder Instandhaltung.

Der Bahnbetrieb befindet sich im sog. Regelbetrieb, wenn alle technischen Einrichtungen funktionieren und die Schienenfahrzeuge der Regel nach bewegt werden. Treten Ereignisse ein (z.B. ein Unfall oder eine Störung) muß vom Regelbetrieb abgewichen werden. Auch für solche Unregelmäßigkeiten existieren vorbereitete Handlungsabläufe. Für den betroffenen Bahntouristen kommt es aufgrund solcher Unregelmäßigkeiten dann zu Verspätungen, die manchmal mit dem Zusatz: „Verzögerungen im Betriebsablauf" erläutert werden. Es können aber auch aussagekräftigere Gründe vorliegen, wie Warten auf Anschlußfahrgäste, hohes Fahrgastaufkommen, Bauarbeiten an der Strecke, verspätete Übergabe aus dem Ausland, Störung am Triebfahrzeug, technische Störung an einem Wagen, Einstellen/Aussetzen von Zusatzwagen, unbefugtes Betätigen der Notbremse durch Reisende, Beeinträchtigung durch Vandalismus, ärztliche Versorgung eines Fahrgastes, Personen im Gleis, Tiere im Gleis, Notarzteinsatz am Gleis, Feuerwehreinsatz an der Strecke, polizeiliche Ermittlung, Weichenstörung, Signalstörung, Stellwerkstörung/-aus-

fall, Oberleitungsstörung, Störung am Bahnübergang, Streikauswirkungen, witterungsbedingte Störung, Unwetter, Streckensperrung (www.bus-und-bahn-im-griff.de) *(hdz)*

**Bahnbus**
*railway bus*
Als Bahnbus bezeichnete man den Omnibus-Linienverkehr der Deutschen Bahn und auch der früheren Reichsbahn. Der eigentliche Ursprung der sog. Bahnbusse lässt sich auf das Postkutschenwesen zurückführen. Aus den Postkutschen sind die Postbusse (Kraftpost) hervorgegangen. Erst als die Reichsbahn Verträge mit den Länderbahnen abschloß, wurden in diesem Zug die Postbusse abgeschafft bzw. die Organisation in Deutschland in den Überlandlinienverkehr integriert. Diese Integration lief nicht geradlinig ab. Erst Ende des 20. Jahrhunderts hat sich die Postdienst-Beteiligungs-GmbH (PDB) aus dem Regionalbus-Geschäft endgültig zurückgezogen.

In Österreich und der Schweiz existiert nach wie vor der gelbe Postbus. In Deutschland gehören die regionalen Busgesellschaften heute zu einem gewinnbringenden Geschäftsfeld der → Deutschen Bahn AG. Von Bahnbussen ist offiziell jedoch nicht mehr die Rede. Es gibt keine einheitliche Farbgebung und auch kein deutschlandweites *Corporate Design*. Die im Eigentum der Deutschen Bahn befindlichen Busunternehmen firmieren unter regionalen Bezeichnungen wie Busverkehr XY oder Nahverkehr xy. *(hdz)*

**BahnCard**
Seit Anfang der 1990er Jahre bemüht sich die Deutsche Bahn darum, in ihr Tarifsystem eine Kundenkarte einzubinden. Eine doppelte Zielsetzung wird

dabei verfolgt: einerseits die langfristige Kundenbindung und andererseits mehr als die Hälfte des Umsatzes im DB-Fernverkehr mit einer solchen kostenpflichtigen Kundenkarte zu erwirtschaften. Diese doppelte Zielsetzung scheint nach mehreren Anläufen und Fehlschlägen inzwischen erreicht worden zu sein. Fast 1,7 Millionen BahnCard 50 befinden sich im Umlauf. Das jetzige – im August 2003 eingeführte – BahnCard-System zeichnet sich als Rückgrat des Tarifsystems ab. Die BahnCard verfügt über keine Zahlungsfunktion mehr. Im Folgenden seien die wesentlichen Merkmale des BahnCard-Systems aufgeführt (Stand: 9/2007):

❖ Es gibt drei verschiedene BahnCard-Typen: BahnCard 25, BahnCard 50 und Mobility BahnCard 100, jeweils mit Versionen für die 2. und 1. Klasse. Die BahnCard 25/50 ist ein Jahr gültig und kann nur im Abonnement erworben werden, welches bis spätestens sechs Wochen vor dem Ablauf der gültigen BahnCard gekündigt werden kann. Die Mobility BahnCard 100 kann entweder für ein Jahr (Vorauszahlung) oder im monatlichen Abonnement (12 Monate Mindestlaufzeit) erworben werden. – Neben der Funktion als Rabattkarte kann die BahnCard unter anderem auch als Identifikationskarte für Online-Tickets und Handytickets sowie zur Bezahlung per Lastschrift am Automaten verwendet werden. Darüber hinaus können BahnCard-Inhaber Fahrkarten auch über die auf der Karte aufgedruckte BahnCard-Hotline buchen, die deutlich günstiger als der reguläre telefonische ReiseService ist.

❖ Mit der BahnCard 25 werden 25 % Rabatt auf die Normalpreise und die SparPreise 25/50 gewährt. Sie kann

mit dem Mitfahrerrabatt kombiniert werden, soweit ein SparPreis-Ticket erworben wird. Die BahnCard 25 kostet für die 2. Klasse 53 Euro pro Jahr (1. Klasse: 106 Euro). Partner und Kinder (unter 18 Jahre) von Inhabern der Mobility BahnCard 100 sowie Inhaber der JahresCard erhalten die BahnCard 25 gratis.

❖ Mit der BahnCard 50 werden 50 % Rabatt auf den Normalpreis gewährt, eine Kombination mit den Sparpreisen ist jedoch ausgeschlossen. Die BahnCard 50 kostet für die 2. Klasse 212 Euro pro Jahr (1. Klasse: 424 Euro). Der ermäßigte Preis beträgt 106 Euro (1. Klasse: 212 Euro) und gilt unter anderem für Schüler und Studenten bis einschließlich 26 Jahre, Senioren ab 60 Jahre sowie Ehepartner.

❖ Mit der Mobility BahnCard 100 kann man ohne weitere Kosten beliebig viele Fahrten mit der Deutschen Bahn unternehmen. Die Karte selbst gilt dabei als Fahrschein – ein separates Ticket ist nicht nötig. Ausgenommen sind die Züge von DB AutoZug; ICE-Sprinter, Nachtzüge u. a. sind aufpreispflichtig. Die Karte berechtigt auch zur Nutzung des Öffentlichen Nahverkehrs in 102 größeren Städten (City-Ticket). Die Mobility BahnCard 100 kostet für die 2. Klasse bei Sofortzahlung 3.400 Euro für ein Jahr (1. Klasse: 5.700 Euro). Die Mobility BahnCard 100 gibt es auch im Abonnement für 310 Euro monatlich (1. Klasse: 520 Euro) (Stand: Januar 2007). *(hdz)*

**Bahn.comfort**

Bahn.comfort ist das seit Dezember 2002 eingeführte Vielfahrerprogramm der → Deutschen Bahn AG. Zielsetzung ist die Verbesserung des individuellen

Reisekomforts. Jeder → BahnCard-Inhaber ist automatisch Mitglied des Programms. Um die Leistungen in Anspruch nehmen zu können, muß er aber mindestens 2.000 Punkte innerhalb von 12 Monaten erreicht haben (www.bahn.de, → preise&Angebote, → bahncomfort). *(hdz)*

## Bahnhof (Bhf, Bf)

*railway station*

Die grobe Kurzdefinition der Deutschen Bahn charakterisiert den Bahnhof als Verkehrs- und Betriebsanlage einer Eisenbahnorganisation. Gemäß der deutschen Eisenbahn-Bau- und Betriebsordnung (EBO) gilt die folgende Definition (§ 4):

„Bahnhöfe sind Bahnanlagen mit mindestens einer Weiche, wo Züge beginnen, enden, ausweichen oder wenden dürfen. Als Grenze zwischen den Bahnhöfen und der freien Strecke gelten im allgemeinen die Einfahrsignale oder Trapeztafeln, sonst die Einfahrweichen."

Aus der Vogelperspektive sind unter den Bahnanlagen die Bahnhöfe die Knoten im Netz der Schienen, denen je nach Verkehrsaufkommen und jeweiliger Funktion unterschiedliche Bedeutung zukommt. Haltepunkte oder Haltestellen sind auch Bahnanlagen, aber eben keine Bahnhöfe, weil sie über keine Weiche verfügen.

Bahnhöfe dienen der Zugbildung. Bei Kopfbahnhöfen ist das sehr gut erkennbar, wenn es heißt, daß ein Zug bereitgestellt wird. Der Zug wird gewissermaßen „fertiggemacht", also in Position gebracht, was sich direkt beobachten läßt. So werden am Stuttgarter Hauptbahnhof derzeit pro Werktag ca. 1.200 Züge mit 280.000 Fahrgästen einschließlich der S-Bahnen in Position gebracht (Nuhn & Hesse 2006, S. 74).

Als Hauptbahnhof wird bei mehreren Bahnhöfen am Ort in der Regel der übergeordnete Bahnhof bestimmt. Diese Überordnung hat oftmals historische Gründe. Zudem ist oft ein Hauptbahnhof wegen seiner zentralen Lage und guten Erreichbarkeit ein Hauptbahnhof. Doch im Zuge des Ausbaus von Hochgeschwindigkeitsstrecken werden die klassischen Hauptbahnhöfe gemieden. So muß der ICE-Fahrgast von Bonn-Siegburg zum Bonner Hauptbahnhof eine Stunde mit einer Straßenbahn fahren, um in die City zu gelangen. Weitere Beispiele sind Kassel und Frankfurt am Main. Die neuen Durchgangsbahnhöfe (Kassel-Wilhelmshöhe und Frankfurt am Main-Flughafen) sind errichtet worden, um die Zugabfertigung zu vereinfachen und dadurch Zeit einzusparen. Die Zukunft gehört also dem Durchgangsbahnhof, was sich in Berlin wieder bestätigte. Wenn Kopfbahnhöfe nicht mehr profitabel genutzt werden können, werden sie umfunktioniert. Ein klassisches Beispiel ist der zur Weltausstellung 1900 erbaute Pariser Bahnhof Quai d'Orsay, der Mitte der 1980er Jahre als Kunstmuseum umfunktioniert wurde (Nuhn & Hesse 2006, S. 74).

Doch nicht alles, was glänzt, ist Gold: Licht und Schattenseiten zeigen auch heute noch viele Bahnhöfe in großen und mittleren Städten. Auf der einen Seite entwickelt sich zur Vorderseite die Einkaufsmeile, oft ist es die traditionelle Bahnhofstraße, die in die Stadt führt mit allen Möglichkeiten des Einkaufs und den Hotels. Ein augenscheinliches Beispiel zeigt Hannover: Auf der anderen, der Rückseite zeigt das Bahnhofsviertel sein anderes Gesicht mit einfachen Unterbringungsmöglichkeiten und den gar nicht so seltenen Rotlichtvierteln.

Im Zuge der Bahnreform sind auch die Verantwortlichkeiten neu geregelt worden. Das Bahnhofsmanagement ist zuständig für das Bahnhofsgebäude und die Bahnsteige, außerdem für die Vermarktung, während der tägliche Zugverkehr nicht in seinen Verantwortungsbereich fällt. „Das Marketingkonzept der Bahn AG sieht in Großstädten (...) den Ausbau der Bahnhöfe zu Erlebnis-, Einkaufs- und Dienstleistungszentren vor." (Nuhn & Hesse 2006, S. 76). Besonders Leipzig, aber auch Köln sind jüngste Beispiele für diesen Trend, Stuttgart wird nach Berlin wohl als zukünftiges Projekt diese Richtung einer neuen Bahnhofskultur als Dienstleistungszentrum bestätigen. Der klassische Bahnhof mit seiner Umgebung, wo eher der Kommerz um den naheliegenden Bedarf des einzelnen Reisenden abgedeckt wurde, wird demzufolge nicht mehr im Zentrum der Bahnhofsinfrastruktur stehen. Kritisch fordernd heißt es dann bei Nuhn & Hesse 2006: „Damit besteht die Gefahr, daß andere Bereiche geschwächt und Funktionen umverteilt werden. Der Bahnhof muß Ort des Reisenden, des Kommens und Gehens und der modernen Zug- und Betriebstechnik bleiben. Im Mittelpunkt sollte die Systemverknüpfung des Fern- und Regionalverkehrs mit dem Stadtverkehr stehen." (S. 78) *(hdz)*

*Literatur und Internet*
DB-Internet-Portal: www.bahnhof.de
Eisenbahn-Bau- und Betriebsordnung (EBO), 8. 5. 1967, BGBL II, S. 1563ff.
Nuhn, Helmut; Markus Hesse 2006: Verkehrsgeographie. Paderborn u.a.: Schöningh

**Bahnhofshotel**
*station hotel*
Hoteltyp, dessen zentrales Charakteristikum der Standort am → Bahnhof oder in der Nähe eines Bahnhofs ist. Wie das → Flughafenhotel oder das → Motel richtet sich der Hoteltyp vor allem an der bestehenden Verkehrsinfrastruktur bzw. den Knotenpunkten eines Landes aus. Der Aufbau des Schienennetzes Ende des 19., Anfang des 20. Jahrhunderts war die Grundlage für den Hoteltyp (Hoffmann 1961, S. 208 ff.; Rutes, Penner & Adams 2001, S. 14). Da Großstadtbahnhöfe historisch gesehen in die Stadt- und damit Geschäftszentren gebaut wurden, handelt es sich mehrheitlich um attraktive Standorte, die unter Hotelinvestoren begehrt waren und auch heute noch sind. Allerdings ist der Hoteltyp stark von der bestehenden Bahninfrastruktur abhängig. Neue Verkehrsentwicklungen (z.B. Verlegung von Haltestellen, Einrichtung neuer Trassen) können den Standort entwerten. Bahnhöfe, die seitens der Betreiber keine hohe Priorität mehr genießen und deswegen weniger angefahren werden, führen bei den Bahnhofhotels in kleineren und mittleren Städten nahezu automatisch zu Auslastungsproblemen, insbesondere dann, wenn sich um den Bahnhof kein ausreichendes Geschäftszentrum gebildet hat.

Bekanntester Vertreter in Deutschland sind gegenwärtig die InterCityHotels, eine 100%ige Tochter der Steigenberger Hotels AG. Die Hotelgesellschaft verfügt über 28 Hotels an ICE-Bahnhöfen, IC-Bahnhöfen und Flughäfen (Stand 12/2007). Die Mittelklasse-Hotels zielen mit ihrer zentralen Lage und ihrem Angebot (u.a. Konferenzräume, Business Corners in den Foyers, schallisolierte Komfortzimmer, → Frühstücksbüfett ab 6 Uhr, kostenlose Nutzung des öffentlichen Nahverkehrs) auf bahnreisende kostenbewußte Geschäftsleute und Städtetouristen. Viele Häuser der Gruppe sind mit dem Gütesiegel der → Certified Conference Hotels ausgezeichnet. Zum Teil handelt es sich um Eigenbetriebe der Steigenberger-Gruppe, zum Teil um Betriebe, die auf Pachtbasis oder über → Franchise geführt werden (www.steigenbergerhotelgroup.com). Die Hotelgesellschaft kooperiert mit der → Deutschen Bahn AG, etwa im Rahmen von Prämienprogrammen. *(wf)*

*Literatur*
Hoffmann, Moritz 1961: Geschichte des deutschen Hotels: Vom Mittelalter bis zur Gegenwart. Heidelberg: Hüthig
Rutes, Walter A.; Richard H. Penner & Lawrence Adams 2001: Hotel Design, Planning and Development. New York, London: W.W. Norton & Company

## Bahnhofsschalter
*railway counter*
Der Begriff scheint zunächst selbsterklärend zu sein. Jeder weiß ja, was ein Bahnhofsschalter ist. Beim Schalter handelt es sich um den „Schieber", auch den „Riegel" (spätmittelhochdeutsch), der etwas abgrenzt. Die am Schalter fungierende Person (z.B. der Schalterbeamte) ist abgegrenzt zu derjenigen, die abgefertigt werden soll. Sie benötigt die nötige Sicherheit, weil sie Dokumente und evtl. nicht unerhebliche Mengen an Geld und auch Daten in ihrer Obhut hat. Das trifft für → Check-in-Schalter im Flugbereich genauso zu wie für Bahnhofs-, Post- oder Bankschalter. Für das moderne Prozeßmanagement (→ Prozeßorganisation) reicht diese Begriffsbestimmung jedoch nicht. Hier wird der Schalter im Prozeßablauf eines → Service Blueprints als Kontaktpunkt gesehen und codiert.

Mittlerweile allerdings sind viele Bahnhofsschalter ganz oder teilweise abgeschafft worden, um die Personalkosten zu senken. Im regionalen Bahnverkehr trifft man immer seltener auf Bahnhofsschalter. Reale Bahnschalter sind zudem dann, wenn man sie braucht, weil man zum Beispiel nachts irgendwo den Zug verpaßt hat, geschlossen. Die Zukunft des Bahnschalters scheint denn wohl auch beschlossene Sache zu sein. Sie wird mit Sicherheit in den neuen Kommunikationskanälen der → Call Center und im Online-Bahnschalter als virtueller Bahnhofsschalter zu sehen sein. Die Deutsche Bahn AG tut ihr übriges mit dem → Automatenguide. Doch Kritik wird laut: Nachdem die Deutsche Bahn seit 2006 begonnen hat, die Umsatzprovisionen der vermittelnden Reiseagenturen (→ Reisemittler) drastisch zu kürzen, sind zahlreiche Reisebüros aus dem Fahrkartenverkauf ausgestiegen, weil sie die Investition in Hardware und Mitarbeitertraining nicht mehr tragen können. Wo soll der Bahnkunde direkt sein Bahnticket buchen? Ungeübte, alte Menschen und Gelegenheitsfahrer im ländlichen Bereich haben kaum noch Chancen, ihr Ticket am Schalter zu buchen, es sei denn, sie fahren in die nächste Stadt. *(hdz)*

## Bahnkennzahlen
*railway traffic indicators*
Mit den Kennzahlen zur Beurteilung der Bahn, im speziellen hier der Deutschen Bahn AG, werden bestimmte Bereiche bewertet. Eine der oft genannten Kennzahlen im Bahnbereich ist die Frage nach der Anzahl der Zugfahrten pro Tag. Heute soll diese Zahl an die 40.000 sein. Kennzahlen können unterschiedlich gegliedert werden, zum Beispiel nach der Netzstruktur (verknüpfte spurgebundene Verkehrswege). So ist die Netzdichte das Verhältnis der Länge aller schienengebundenen Verbindungen eines Bereiches (z. B. Staatswesens) zu dessen Fläche. Gemessen wird die Netzdichte in $m/km^2$. In Europa steht Deutschland an dritter Stelle, nach den

Niederlanden und der Schweiz, die mit 122 m/km$^2$ folglich die höchste Netzdichte aufweist.

Aktuell spielen Bahnkennzahlen eine Rolle, wenn es um die Bewertung des Standes der Teilprivatisierung bei der Deutschen Bahn AG geht. Die selbstentwickelten Kennzahlen der Bahn AG sind u.a. Betriebsumsatz, Mitarbeiterzahl, Zahl der Betriebsstellen, dann die Beförderungsleistung des DB-Schienennetzes. Im Zwischenbericht „Kennzahlen 2007" wird die Entwicklung zum Gelingen der Teilprivatisierung positiv gesehen und an verschiedenen Kennzahlen aufgezeigt (http://www. db.de/site/bahn/de/unternehmen/ investor__relations/kennzahlen/ kennzahlen__2007__1__halbjahr.html – 18.10.2007). *(hdz)*

**Bahnpolizei**
*railway police, station ~*
Die Bahnpolizei war bis zum 31. März 1992 eine Behörde der Deutschen Bundesbahn. Ab dem 1. April 1992 wurde sie in den damaligen Bundesgrenzschutz integriert, wobei die Beamten der Bahnpolizei zum großen Teil zum Bundesgrenzschutz wechselten. Am 1. Juni 2005 wurde der Bundesgrenzschutz in Bundespolizei umbenannt. Mit dieser Umbenennung und Umorganisation änderte sich auch die Gesetzeslage. § 3 des Bundespolizeigesetzes legt die Aufgaben der Bahnpolizei fest.

Übergeordnete Aufgabe ist es, Gefahren für die öffentliche Sicherheit und Ordnung auf dem Gebiet der Eisenbahnen des Bundes abzuwehren, welche den Benutzern, den Anlagen oder dem Betrieb der Bahn drohen (1) oder beim Betrieb der Bahn entstehen (2) oder von den Bahnanlagen ausgehen (3). Der Zuständigkeitsbereich erstreckt sich insgesamt auf ca. 7.500 → Bahnhöfe

und Haltestellen und ein ca. 36.000 Kilometer umfassendes Streckennetz. Hausrechtsfunktionen werden von der Deutschen Bahn AG dagegen an lokale Sicherheitsdienste übergeben, die in Abgrenzung zu den Funktionen der Bahnpolizei zu sehen sind. *(hdz)*

**Bahnreform**
*German railroad reform*
Unter Bahnreform versteht man in Deutschland die gesetzliche und organisatorische Neuordnung der bundeseigenen Eisenbahnen. Die Reform basiert auf dem 1994 in Kraft getretenen Eisenbahnneuordnungsgesetz (ENeuOG).

Die ökonomische Basis fußt auf der vorgefundenen Rechtslage der beiden Sondervermögen der Deutschen Bundesbahn und Deutschen Reichsbahn, wie sie sich aufgrund des Einigungsvertrages und des Gesetzes über die vermögensrechtlichen Verhältnisse der Deutschen Bundesbahn ergeben hat. Gleichzeitig sollten mit der Bahnreform auch die Forderungen der EG-Richtlinie 91/440/EWG (diskriminierungsfreier Zugang zum Schienennetz) in Deutschland umgesetzt werden. Wirtschaftspolitisch ging es darum, der damaligen Organisationsform der beiden Bahnsysteme als Behörden in eine flexibel agierende Organisation zu transformieren, der es möglich sein sollte, der Konkurrenz des Flug- und Straßenverkehrs entgegenzuwirken. Denn angesichts der Schwerfälligkeit des komplexen Behördenapparates Eisenbahn, der zudem einen Milliardenschuldenberg vor sich herschob, gab es keine Alternative zur Reform, die in den Jahrzehnten davor von der Politik nie angepackt wurde. So kam es Anfang der 1990er Jahre zu einer unumkehrbaren Situation und der Zielsetzung, Marktprinzipien einzuführen und die unternehmerische

Eigenständigkeit der Bahn herbeizuführen. Diese Zielsetzung war verbunden mit der Maßgabe, die Bahn finanziell aus eigener Kraft lebensfähig zu machen und so die Belastungen der öffentlichen Hand in diesem Bereich zu reduzieren (www.bmvbs.de).

Mit der Bahnreform sollten drei übergeordnete Grundprinzipien verfolgt werden:

* Umwandlung von Bundesbahn und Reichsbahn in eine neue, privatrechtlich organisierte Eisenbahngesellschaft des Bundes, der Deutschen Bahn AG und Entschuldung des neuen Unternehmens
* Schaffung eines diskriminierungsfreien Zugangs zum Eisenbahnnetz für private Eisenbahnunternehmen
* Übertragung der Zuständigkeit für den Schienen-Personennahverkehr an die Bundesländer einschließlich der finanziellen Verantwortung (Regionalisierung).

Im Rahmen des o. g. Eisenbahnneuordnungsgesetzes wurden die Verfahrensschritte festgelegt. Eine Schlüsselrolle nimmt dabei das neue Eisenbahn-Bundesamt (EBA) ein, das seinen Sitz in Bonn hat und als Aufsichts- und Genehmigungsbehörde fungiert. Sehr modern wirkt der selbst zugeschriebene Grundsatz „Soviel Aufsicht wie erforderlich – soviel Service wie möglich." (www.eisenbahn-bundesamt.de).

Die Zielsetzungen der Bahnreform werden in der Folge in mehren Verfahrensschritten umgesetzt. Aus heutiger Sicht ist die zweite Stufe der Bahnreform (1999) wichtig, weil in dieser Phase eine weitere Entflechtung der Organisation durchgeführt wurde. Die → Deutsche Bahn AG hat sich zu einer Holding mit fünf eigenständigen Tochterunternehmen gewandelt (www.db.de):

* DB Reise & Touristik AG (heute DB Fernverkehr AG), zuständig für den Personenfernverkehr
* DB Regio AG, zuständig für den Personennahverkehr
* DB Cargo AG (mit dem Zusatz Logistics), zuständig für den Güterverkehr
* DB Netz AG, zuständig für Strecken und Streckenausrüstung (Gleise, Signalanlagen, Oberleitungen, usw.)
* DB Station & Service AG, zuständig für die Bahnhöfe (heute DB Dienstleistungen).

Die Konzernstruktur befindet sich jedoch weiter im Wandel. Das zeigt der heutige Blick auf das Unternehmen Deutsche Bahn AG. Im Sinn des betriebswirtschaftlichen Sprachgebrauchs der Managementlehre wird von Geschäftsfeldern, im Internetsprachgebrauch wird von Geschäftsportalen gesprochen (www.db.de). Diese neuen Strukturen lassen erwarten, daß die Kundenorientierung im Zentrum stehen wird und die Kommunikation nach außen sich nicht an der internen Organisationsstruktur festmacht. Der Blick zurück zeigt beim Personennahverkehr denn auch einige Annäherungen an die Forderungen des Kunden. Der schienengebundene Personennahverkehr hat sich seit der Bahnreform doch etwas gewandelt, indem sich das Angebot an die Forderungen des Kunden angepaßt hat: So kam es durch das Engagement der Bundesländer und die private Konkurrenz inzwischen zu Angebotsverbesserungen durch die Einführung integraler Taktfahrpläne (z.B. Allgäu-Schwaben-Takt, Rheinland-Pfalz-Takt) und Erneuerung des Fahrzeugparks.

Vereinzelt wurde der Personennahverkehr auf Strecken wieder aufgenommen, auf denen zuvor jahrelang kein

Personenverkehr mehr stattgefunden hatte (z.b. Grünstadt-Eisenberg, Winden-Wissembourg, Mayen-Kaisersesch, Dissen-Bad Rothenfelde-Osnabrück). Insgesamt wurde von 1996 bis 2006 auf 31 Streckenabschnitten mit 441 km Länge der Personennahverkehr wieder aufgenommen, hinzu kommen einige Strecken, auf denen nur im Touristenverkehr am Wochenende Züge verkehren. Allerdings kam es auch nach 1994 noch zur Einstellung des Personenverkehrs auf einigen Strecken, vor allem in den ländlichen Gebieten der neuen Bundesländer. *(hdz)*

*Literatur*
Nuhn, Helmut; Markus Hesse 2006: Verkehrsgeographie. Paderborn u.a.: Schöningh

**Bahnreise**
*railway journey*
Bahnreisen erfordern in der Regel einen größeren planerischen Aufwand als zum Beispiel Reisen mit dem Auto. Allein das Heraussuchen der passenden Züge mit den Zugverbindungen und Alternativen erfodert auch heute noch – trotz Internetsuche – einen relativ hohen Aufwand. Wer diesen Aufwand scheut, greift auf die Bahnpauschalreise (→ Pauschalreise) zurück (→ Bahntourismus). *(hdz)*

**Bahnschalter**
→ Bahnhofsschalter

**Bahnsteig**
*platform*
Bahnsteige sollen das Aus- und Einsteigen an Bahnhöfen und Haltestellen erleichtern. Sie werden deshalb parallel zum Gleis angelegt. Früher waren Bahnsteige eher einfache Aufschüttungen aus Schotter oder auch asphaltierte Streifen. Heutige Hochbahnsteige sind massive Kon-

struktionen, die auch Linien enthalten, die den Sicherheitsabstand zu den Zügen markieren. Bahnsteige enthalten weitere Elemente, wie Sitzgelegenheiten, Bahnhofsuhren, Lautsprecher und auch Bahnhofsnamensschilder.
Lange gehalten hat sich die Bahnsteigkarte, mit der noch bis in die zweite Hälfte des 20. Jahrhunderts der Zugang für Nichtreisende reglementiert wurde. *(hdz)*

**Bahnsteigkarte**
→ Bahnsteig

**Bahn-Tix**
Elektronisches Ticketing der Deutschen Bahn AG. In vielen DB-Bahnhöfen Deutschlands befinden sich Fernverkehrsautomaten, an denen man das vorbestellte Ticket entweder abholen (Ausdrucken) oder sein Ticket durch Eingabe auch direkt buchen und Ausdrucken kann (www.bahn.de/automat). *(hdz)*

**Bahntourismus**
*railway tourism*
Für Urlaubsreisen war die Eisenbahn bis zum Zweiten Weltkrieg das am häufigsten genutzte Verkehrsmittel. Mit der Zunahme der Motorisierung durch das privat genutzte Auto und den einsetzenden Trend der Flugreise ab der zweiten Hälfte der 1950er Jahre hat sich der Bahntourismus rückläufig entwickelt. Während er lange Zeit gewissermaßen das Rückgrat der deutschen Touristik bildete, hält er in Deutschland heute einen Anteil von etwa 10 Prozent am touristischen Gesamtreisemarkt.
Die im Zuge der → Bahnreform entwickelten Konzepte, die besonders den Fernverkehr (ab 100 km Distanz) betreffen, lassen inzwischen erwarten, daß die Bahn sich mit ihren besonders auf den ICE (→ InterCity, → Hoch-

geschwindigkeitszüge) konzentrierenden touristischen Angeboten, längerfristig am Markt etablieren wird. Die auf Partnerschaft aufbauenden Konzepte der neuen Tarif- und Angebotspolitik (Erschließen touristischer Potentiale außerhalb des Regelverkehrs in Richtung Kurz- und Erlebnisreisen) scheinen Zukunftspotentiale zu enthalten, auf die sich die touristische Nachfrage richtet. So verfügt die Deutsche Bahn AG über eine Vielzahl an fahrbereiten historischen Zügen, die sie noch gezielter einsetzen könnte. Ein Blick auf das Internetportal der Deutschen Bahn AG (www.db.de) in der Rubrik „Preise & Angebote" läßt heute eine sehr differenzierte Angebotsstruktur erkennen, die bei intensiver Nutzung den Erfolg der eingeschlagenen Strategie bestätigen könnte. *(hdz)*

**Bahn TV**
Seit dem 1. Mai 2005 ist der zunächst für die Mitarbeiter der Bahn konzipierte Spartenkanal als öffentlicher TV-Sender präsent. Berichtet wird zu Bahnthemen, also Themen zur Mobilität und Logistik mit Schwerpunkt auf den deutschen Markt. Neben Unternehmensinformationen, Dokumentationen, Servicethemen und Reisereportagen werden aus der Sicht des DB-Konzerns Hintergrundinformationen über seine weltweiten Aktivitäten gesendet. Der Sender ist insofern von touristischer Relevanz, als auch Sendungen über die eine oder andere → Eisenbahnstrecke mit kulturellen, historischen und landschaftlich interessanten Hintergründen gebracht werden und auch von Touristen selbst produzierte Sendungen entsprechend aufbereitet gesendet werden. Die Sendungen werden von dem auf Fernsehproduktionen spezialisierten Unternehmen Atkon, Berlin produziert. Der Empfang von

Bahn TV ist über Satellit, im Kabel und im Internet empfangbar. Die technische Reichweite von Bahn TV liegt bei rund elf Millionen Zuschauern. *(hdz)*

**Bain-marie**
*bain-marie, steam table*
*Bain* (franz.) = Bad; Marie = Maria. Der Begriff für ein Becken in der Küche, das mit heißem Wasser gefüllt wird. Das Bain-marie dient zum Warmhalten von Speisen (z.B. von Saucen) und zum schonenden Kochen. Teilweise bezieht sich der Begriff auch auf das Geschirr, das in das Becken eingesetzt wird. Die Herkunft des Wortes ist unklar, als mögliche Namensgeberin wird eine Alchemistin aus dem Mittelalter (Maria di Cleofa) angeführt (vgl. etwa Pini 2004, S. 63). *(wf)*

*Literatur*
Pini, Udo 2004: Das Gourmet Handbuch. Königswinter: Könemann (4. Aufl.)

**Balanced Scorecard (BSC)**
Die kurzfristige Orientierung an Ergebnis- und Finanzkennzahlen, wie sie in verschiedenen theoretischen Konzepten und in der Praxis der Unternehmensführung häufiger zu finden ist, birgt die Gefahr in sich, daß der Aufbau langfristig profitabler Erfolgspotentiale zu Gunsten kurzfristiger Ergebnisverbesserungen vernachlässigt wird. Nicht zuletzt ist diese Tendenz durch eine ausschließlich an Potentialabschöpfung denn an Potentialaufbau und -pflege interessierte Shareholder Value-Orientierung (→ Shareholder Management) deutlich verstärkt worden. Gleichermaßen scheitern immer wieder Prozesse der Strategieimplementierung am Widerstand der Betroffenen, was anstatt der angestrebten nachhaltigen Wertsteigerung eine massive Wertvernichtung nach sich

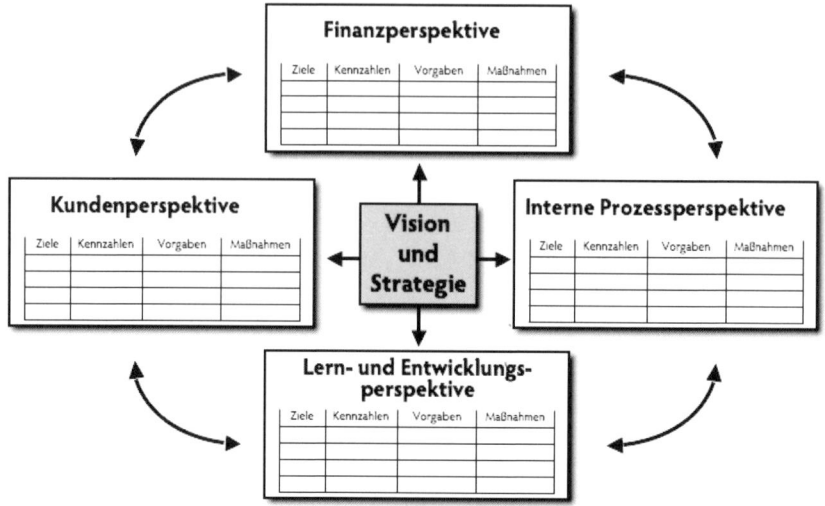

**Abbildung:** Grundstruktur einer Balanced Scorecard
(nach Kaplan & Norton 1997, S. 9)

zieht.

Eine Balanced Scorecard (BSC) stellt ein „ausgewogenes" Kennzahlensystem und Führungsinstrument dar, mit dessen Hilfe sowohl die Gestaltung wie auch die Implementation einer Unternehmensstrategie unterstützt werden kann. Die „Ausgewogenheit" soll dabei durch die Berücksichtigung verschiedener strategierelevanter Dimensionen bei der Herleitung der Kennzahlen erreicht werden. Die von Kaplan & Norton (1997, S. 7 ff.) postulierte Integrationsleistung einer BSC ist insbesondere darin zu sehen, daß:

❖ die strategische Steuerung auf eine breite, unterschiedliche Perspektiven einbindende Informationsbasis gestellt wird,

❖ kurz- und langfristige Orientierung gleichzeitig möglich wird,

❖ monetäre und nicht-monetäre Kennzahlen berücksichtigt und miteinander verknüpft werden,

❖ für den Strategieerfolg zentrale Er-

gebniskennzahlen und Leistungstreiber herausgearbeitet und damit kommunizierbar werden sowie

❖ die interne und externe Leistungsperspektive zu einem ganzheitlichen Ansatz verbunden werden.

Erklärtes Ziel einer Balanced Scorecard-Entwicklung ist es daher, ein auch langfristige Erfolgspotentiale mit einbeziehendes Kennzahlensystem und Führungsinstrument bereitzustellen (vgl. Abbildung). Zu diesen Erfolgspotenzialen zählen in der Regel (Kaplan & Norton 1997, S. 20 ff.; Weber & Schäffer 2000, S. 7 ff.):

❖ die Leistungen für Kunden auf den Märkten der Unternehmung, darstellbar z.B. anhand von Marktanteilen, Kundenrentabilität, Kundenzufriedenheit, Kundentreue, Markenimage u.a.

❖ die Gestaltung interner (Geschäfts-) Prozesse, abbildbar z.B. über Prozeßqualität, Prozeß-Timing, Auslastungsquote u.a. sowie

❖ die Formierung einer fähigkeits- und wissensbasierten Lern- und Entwicklungsperspektive, beschreibbar über das intellektuelle Potenzial der Mitarbeiter (z.B. Innovationsquote), die „Intelligenz" der Strukturen und Systeme einer Unternehmung (z.B. Informationsverfügbarkeit) wie auch das Betriebsklima oder die Motivation der Beteiligten (z.B. Zufriedenheit, Produktivität und Loyalität).

Hierzu ist es erforderlich, diejenigen zentralen Wertetreiber zu verdeutlichen, die hinter diesen Potentialen und ihrer Entwicklung stehen. Diese Wertetreiber sind in ihren Vernetzungen zu analysieren und in integrierte Werteketten zu überführen: „Jedes Kriterium, das für eine Balanced Scorecard gewählt wird, sollte ein Element einer (…) Kette von Ursache-Wirkungsbeziehungen sein, das dem Unternehmen die Bedeutung der Unternehmensstrategie vermittelt" (Kaplan & Norton 1997, 144). Es gilt also die Ursache-Wirkungsbeziehungen zu beachten und die dabei wesentlichen Leistungstreiber herauszuarbeiten. Leistungstreiber übernehmen dabei die Funktion sogenannter „Frühindikatoren". Sie ermöglichen Messungen (bspw. Fehlerhäufigkeit, Verspätungen, Wartezeiten u.ä.) und entsprechend resultierende Steuerungseingriffe, bevor – nicht mehr beeinflußbar – die Zielabweichung als „Spätindikator" feststeht (bspw. Anzahl Gästereklamationen, Kundenunzufriedenheit, Kostenanstieg u.ä.). Neben monetären finden hierbei auch nicht-monetäre Meßgrößen Verwendung (Weber & Schäffer 2000, S. 5 f.).

Die Potentiale dieser drei Dimensionen werden schließlich in ihren wertewirksamen Konsequenzen mit grundlegenden wertorientierten Finanzkennzahlen wie dem → Economic Value Added (EVA)

oder dem Return on Capital Employed (ROCE) verbunden. Ein auf diese Art und Weise in seinen Strukturen wie Wirkungsmustern transparenteres strategisches Netz ermöglicht dem Management nunmehr gezieltere Lenkungseingriffe. Noch während der Umsetzung des strategischen Prozesses können dann Steuerungsimpulse in Richtung des gewünschten Wertsteigerungsbeitrages gesetzt werden, die von den Betroffenen verstanden werden. Die Voraussetzung hierzu ist jedoch unabdingbar die Meßbarkeit und damit Erfahrbarkeit und Kommunikation der Leistungstreiber.

Mittlerweile liegen verschiedene inhaltliche Ausgestaltungsformen des BSC-Konzeptes vor, da die Dimensionen der BSC wie auch die zur Anwendung gelangenden Kennzahlen jenseits der generischen, in jeder Unternehmung mehr oder minder identisch vorzufindenden Größen in der Regel branchenspezifisch variiert werden. Allerdings hat die Idee der BSC in der Tourismusbranche eine noch eher zögerliche Verbreitung erfahren. Anwendungen der BSC sind bspw. von der → Lufthansa und der → Deutschen Bahn AG bekannt (vgl. die Erfahrungsberichte bei Weber & Schäffer 2000, S. 86 ff. und 93 ff., für eine Umsetzung auf die Hotellerie und → Gastronomie vgl. z.B. Bundschu 2002).

Bewertet man das Leistungspotential der BSC, so läßt sich hervorheben, daß:

❖ die zumeist unbekannten oder kaum berücksichtigten Interdependenzen von Managementsystemen und Strategiegestaltung aufgedeckt werden,

❖ alle Aktivitäten durch eine starke Zielfokussierung auf die Unternehmensvision geprägt werden,

❖ den Gefahren einer substantiellen Aushöhlung einer Unternehmung, etwa durch den Verkauf von Vermögen, unterlassene Mitarbeiterfortbildung

**69**

oder mangelnde Weiterentwicklung von Produkten vorgebeugt wird und schließlich

❖ eine Plattform für einen integrativen strategischen Denkansatz geschaffen wird.

Kritisch muß allerdings angemerkt werden, daß

❖ trotz aller Bemühungen um „Ausgewogenheit" dennoch eine starke Fokussierung auf die letztlich dominierende finanzwirtschaftlichen Perspektive erfolgt und damit der Eindruck eines in seinem Kern überwiegend „technokratisch" ausgerichteten strategischen Controlling-Instrumentes alter Prägung verbleibt,

❖ die Darlegung der Wirkungsbeziehungen (Inhalt, Zeit, Intensität) innerhalb der Wertketten zumeist deutlich komplexer ist, als dies durch das eingängige Konzept der BSC suggeriert wird, und daher die Analyse häufig nur an der Oberfläche des betrieblichen Geschehens ohne tieferes Verständnis der tatsächlichen Zusammenhänge stattfindet und

❖ die Meßbarkeit strategischer „weicher" Elemente, insbesondere in der Lern- und Entwicklungsperspektive, häufig an ihre Grenzen stößt und bisweilen zu recht trivialen Meßgrößen (z.B. Schulungstage von Mitarbeitern als Maß für Lernerfolg) führt. *(vs)*

*Literatur*
Bundschu, Frank 2002: Die Balanced Scorecard in der Hotellerie am Beispiel eines F&B Controllingkonzepts. In: Tourismus Jahrbuch, 4 (1), S. 133-160

Kaplan, Robert S.; David P. Norton 1997: Balanced Scorecard. Strategien erfolgreich umsetzen. Stuttgart: Schaeffer-Poeschel.

Kaplan, Robert S.; David P. Norton 2001: Die strategiefokussierte Organisation. Führen mit der Balanced Scorecard. Stuttgart: Schäffer-Poeschel

Weber, Jürgen; Utz Schäffer 2000: Balanced Scorecard & Controlling. Implementierung – Nutzen für Manager und Controller – Erfahrungen in deutschen Unternehmen. Wiesbaden: Gabler (2. Aufl.)

**Balkon**
*balcony*
Da Hotelzimmer mit Balkon und oft auch mit Meerblick – bei sonst gleicher Ausstattung – einen Mehrwert darstellen, werden sie gewöhnlich anders kalkuliert. Ähnlich verhält es sich auch bei Zimmern im Gebirge. *(hdz)*

**Ballermann 6**
Die Bezeichnung Ballermann geht zurück auf eine Karlsruher Imbißbude in den 1970er Jahren, deren Pächter – bedingt durch Sanierungen in der Altstadt von Karlsruhe – nach mehrmaligem Ortswechsel in der Stadt schließlich sein Lokal nach Mallorca auf die damals erschlossene Strandpromenade verlegte und dort am Badeort 6 (*Baleario Nº 6* [span.] = Badeort 6) das Imbißlokal neu unter identischer Benennung eröffnete, das er dann bei Rückkehr nach Deutschland an einen Spanier verkaufte. Seit den 1990er Jahren entwickelte sich durch diverse kommerzielle Aktivitäten dort die besonders auf deutsche Biergastronomie und Diskokultur ausgerichtete Vergnügungsmeile, die nicht mehr auf das einzelne Strandlokal begrenzt ist.

Insgesamt existieren auf Mallorca an der Platja de Palma von Balneario Nº 1 bis Balneario Nº 15 fünfzehn Strandlokale, von denen das als „Ballermann 6" bezeichnete unter Alkoholtouristen das bekannteste ist. Lange Zeit waren die Lokale Tag und Nacht durchgehend geöffnet. Die spanischen Behörden haben inzwischen die Öffnungszeiten begrenzt (Schließung von 2 bis 10 Uhr). *(hdz)*

## Ballonfahrt
*balloon ride*
Infolge der physikalischen Eigenschaften eines Ballons, der als Luftfahrzeug genutzt, leichter als Luft, allerdings nicht direkt steuerbar ist, ergeben sich Möglichkeiten für touristische Zwecke. So werden heute Ballons oft für Rundflüge (z. B. in Wildparks) verwendet, da sie leise sind und sich langsam bewegen, so daß die Tiere und die Fauna nicht gestört werden. Der erste Passagierflug der Geschichte war ein Ballonflug im Jahr 1783 über Paris mit dem von den Gebrüdern Mongolfier im selben Jahr erfundenen Heißluftballon. Heute spielt der Ballon als Sportgerät eine Rolle. Insbesondere wird er bei Events genutzt. Schließlich hat eine Ballonfahrt für jeden Erlebnischarakter. (www.ballonflug.org) *(hdz)*

## Balneologie
*balneology*
Abgeleitet aus dem lateinischen *balneae* = Badeanstalt, Bad, und dem griechischen logos = das Wort, bezeichnet der Begriff die Lehre von der Wirksamkeit der Bäder oder auch Bäderheilkunde. Gegenstand sind die verschiedenen Kuranwendungen, die hinsichtlich ihrer Wirkungen auf Patienten mit unterschiedlichen Leiden wissenschaftlich untersucht und vor dem Hintergrund der Ergebnisse weiterentwickelt werden sollen. *(jwm)*

## B & B
→ Bed and Breakfast

## Bankett
*banquet*
Generell der Begriff für ein Essen in einem festlichen Rahmen. Im Gastgewerbe versteht man unter einem Bankett eine Extraveranstaltung. Der Anlaß kann politischer (z.B. Staatsbankett), gesell-schaftlicher (z.B. Bälle, Firmenjubiläen, Konzerte) oder privater Art (z.B. Geburtstagsfeiern, Hochzeiten) sein. Im Mittelpunkt der Extraveranstaltung steht das festliche Essen, das die Gäste in der Regel zur selben Zeit gemeinsam einnehmen (Meyer, Schmid & Spühler 1990, S. 131).

Betriebe mit einer hohen Anzahl von Extraveranstaltungen haben Bankettabteilungen eingerichtet, die die Akquisition, Vorbereitung, Durchführung und Nachbereitung der Veranstaltungen zur Aufgabe haben. Insbesondere große Bankettsstellen für die Betriebe eine komplexe Herausforderung dar. Umlaufzettel *(banquet event orders, function sheets)*, die von den Bankettabteilungen aufgesetzt werden, sind das gängige innerbetriebliche Kommunikationsmedium, um die relevanten Informationen den beteiligten Abteilungen (Direktion, Empfang, Etage, Küche, Service, Technik, Verwaltung) im Vorfeld zur Verfügung zu stellen (Goerke 2002, S. 198 ff.).

Das Wort leitet sich aus dem italienischen *banchetto* = kleine Bank ab. Diese wurden früher bei Festmählern um die Tafel aufgestellt, um den geladenen Gästen Sitzmöglichkeiten zu bieten. Politische Herrscher jeglicher Couleur nutzten im Laufe der Geschichte Banketts, die mitunter tagelang dauerten und bei denen Tausende von Gästen geladen waren, als Zeichen der Macht und stellten das Kulinarische in den Dienst der Diplomatie (Larousse 1996, S. 83 f.). *(wf)*

*Literatur*
Goerke, Thomas E. 2002: Das Bankett: Handbuch für Profis. Stuttgart: Matthaes
Larousse (éd.) 1996: LAROUSSE gastronomique. Paris: Larousse-Bordas
Meyer, Sylvia; Edy Schmid & Christel Spühler 1990: Service-Lehrbuch. Bern: Schweizer Wirteverband

**Bankettabteilung**
→ Bankett

**Bar**
*bar*
Gastronomischer Betrieb mit getränkebezogenem Schwerpunkt. Ebenfalls die Bezeichnung für den Thekenbereich. Der Begriff Bar leitet sich aus „Barriere" ab. Die Barriere (Absperrung) – ein Holzbrett bzw. Balken – diente in der amerikanischen Pionierzeit als Abgrenzung des Thekenbereichs von den übrigen Räumlichkeiten und übernahm eine Schutzfunktion für den Gastwirt. *(wf)*

**Barbecue**
Grillparty im Freien; ursprünglich über offenem Feuer zubereitetes Fleisch in ganzen Stücken. Abgeleitet aus dem französischen *de la barbe à la queue* (das Grillen des Tieres „vom Kopf bis zum Schwanz"). In der Gastronomiebranche oft reduziert auf das Kürzel: BBQ. *(wf)*

**Bareboat charter**
→ Trockencharter

**BARIG**
→ Board of Airline Representatives in Germany

**Barista**
*barista*
Barista (ital.) = Barmixer, Barbesitzer. Berufsbezeichnung für eine Person, die in → Coffee-Shops vorwiegend Kaffeegetränke zubereitet und serviert. Die Ausbildung basiert gegenwärtig auf unternehmensinternen Trainingsprogrammen, Verbände wie die „Speciality Coffee Association of Europe" (SCAE) verfolgen über die Vergabe von Zertifikaten eine Professionalisierung des Berufsbildes (www.scae.com). Teilweise wird das Ziel angestrebt, den Barista als anerkannten

Lehrberuf zu verankern. Auch Kaffee-Sommelier genannt (www.kaffeeverband. de). *(wf)*

**Barrierefreies Reisen**
*barrier-free travelling*
Gestaltung von Bauten, Wegen und Verkehrsmitteln, die ihre Nutzung auch durch physisch beeinträchtigte und behinderte Personen, zum Beispiel solche im Rollstuhl, ohne fremde Hilfe ermöglicht (→ Behindertentourismus). Durch das deutsche Gesetz zur Gleichstellung behinderter Menschen (BGG) v. 27. April 2002 wird festgelegt, daß „öffentliche Wege, Plätze und Straßen, sowie öffentlich zugängliche Verkehrsanlagen und Beförderungsmittel im öffentlichen Personenverkehr (…) barrierefrei zu gestalten (sind)" (§ 8 [2]). Schon vorher gab es eine Reihe von Maßnahmen, um das Reisen vor allem körperlich behinderter Personen zu erleichtern. Dazu gehören entsprechend ausgestattete Abteile und Toiletten in Zügen, der Einbau von Fahrstühlen auf Bahnhöfen, mit denen jeder Bahnsteig erreicht werden kann, Dienstleistungen von Fluggesellschaften und Flughäfen und der Einsatz von absenkbaren Bussen, die ein praktisch stufenloses Ein- und Aussteigen ermöglichen. Diese Infrastruktur kommt nicht nur dauerhaft eingeschränkt mobilen Personen zugute, sondern auch solchen, die etwa durch vorübergehende Unfall- oder Krankheitsfolgen, Kinderwagen oder schweres Gepäck nur zeitweise über eine verringerte Bewegungsfreiheit verfügen und zum Beispiel keine Treppen oder enge Türen nutzen können.
Mit der Verordnung über die Rechte von behinderten Flugreisenden und Flugreisenden mit eingeschränkter Mobilität v. 5. Juli 2006 (VO [EG] Nr. 1107/2006) hat die Europäische Union eine Beförderungspflicht von mobili-

tätseingeschränkten oder behinderten Fluggästen für → Fluggesellschaften eingeführt (Art. 3), sofern dies nicht geltenden Sicherheitsanforderungen widerspricht oder die Größe des Luftfahrtgerätes (zum Beispiel bei kleinen Regionalflugzeugen) eine Beförderung physisch unmöglich macht (Art. 4). Um Kompetenzgerangel zwischen Fluggesellschaften und → Flughäfen zu vermeiden, legt die Verordnung in Art. 7 und 8 zudem fest, daß grundsätzlich die Flughafengesellschaft verantwortlich für die notwendigen Hilfeleistungen ist, die kostenfrei zu gewähren sind. Die daraus entstehenden zusätzlichen Kosten können durch eine diskriminierungsfreie Umlage bei den Flughafennutzern finanziert werden. Die Artikel 3 und 4 sind im Juli 2007 in Kraft getreten, die übrigen ein Jahr später.

Zur Barrierefreiheit gehört generell nach § 4 des deutschen Gesetzes zur Gleichstellung behinderter Menschen (BGG) auch eine solche Gestaltung von „Systemen der Informationsverarbeitung" (zum Beispiel Internet), die es auch farbenblinden und anderweitig sehgeschädigten Menschen (zum Beispiel über Audiosysteme) ermöglicht, Reisen über das Internet zu buchen. Als Mittel zur Umsetzung sieht das BGG in § 5 Zielvereinbarungen zwischen Unternehmen bzw. Unternehmensverbänden und anerkannten Behindertenverbänden vor. Die → Nationale Koordinationsstelle Tourismus für Alle (NatKo) sammelt barrierefreie Angebote von Leistungsträgern und → Reiseveranstaltern und stellt sie auf ihre Internetseiten. *(jwm)*

**Base Fee**
→ Base Management Fee

**Base Management Fee**
Zentraler Bestandteil der Management-Gebühr (→ Managementvertrag), teilweise auch nur Base Fee oder Basic Fee genannt. Die Betreibergesellschaften von Hotels erhalten im Rahmen von Managementverträgen für ihre Arbeit die Gebühr, die eine Art Grundvergütung darstellt. Neben die Basisgebühr treten bei der Management-Gebühr als weitere Vergütungskomponenten oft auch die → Incentive Management Fee und die → Marketing Fee. Die Basisgebühr orientiert sich oft an den Bruttoerlösen. *(wf)*

**Basic Fee**
→ Base Management Fee

**Basisprovision**
→ Grundprovision

**Bauernhofurlaub**
→ Urlaub am Bauernhof

**BBQ**
→ Barbecue

**BDO**
→ Bundesverband Deutscher Omnibusunternehmer

**Bed and Breakfast (B&B)**
In Großbritannien und Irland häufig anzutreffende Unterkunftsart, in der Übernachtungen und Englisches Frühstück (→ Frühstücksarten) meist durch Privathaushalte angeboten werden.

**Bedarfsluftverkehr**
*air charter*
Überbegriff für alle Arten des gewerblichen Luftverkehrs, der nicht Linienverkehr ist. Im Luftverkehrsgesetz (§ 22 LuftVG) der Bundesrepublik Deutschland auch „Gelegenheitsverkehr" genannt. Dazu gehören Charterfluggesellschaften (→ Flug-

gesellschaft, → Ferienfluggesellschaft), ebenso wie Unternehmen, die Lufttaxen (→ Lufttaxi) betreiben. *(jwm)*

**Bedienungsgeld**
*service charge*
In der Gastronomie in vielen Ländern ein Entgelt, das Servicemitarbeiter für ihre Dienstleistung erhalten. Der prozentuale Aufschlag von ca. 10-15 % wird entweder in die Preise einbezogen oder auf der Rechnung gesondert ausgewiesen. In der Regel fließt das Bedienungsgeld zuerst dem Gastronomen zu, der aus diesen Einnahmen das Bedienungspersonal entlohnt. Denkbar ist auch – zum Beispiel auf Volksfesten –, daß das Bedienungsgeld von den Gästen direkt an das Bedienungspersonal bezahlt wird. Das Bedienungsgeld kann ausschließlicher Lohnbestandteil sein oder neben andere Entlohnungskomponenten (etwa Garantiemindestlohn, Naturalleistungen in Form von freier Kost und Logis) treten. Das obligatorisch zu entrichtende Bedienungsgeld ist nicht zu verwechseln mit → Trinkgeld, das auf freiwilliger Basis beruht. Allerdings sind beide geschichtlich gesehen eng miteinander verbunden.

Über Jahrhunderte hinweg war das Bedienungspersonal auf die freiwillige Gabe von Trinkgeld als einzige Einkommensquelle angewiesen (hierzu und zum folgenden Weigert, 1955, S. 1 ff.; Zenses 1952, S. 329 ff.). Zusätzlichen Lohn erhielten die Bediensteten von den Gaststätten- oder Gasthofinhabern in vielen Betrieben nicht, unter Umständen mußten sie Teile der Trinkgeldeinnahmen an die Arbeitgeber abführen. Seit Mitte des 19. Jahrhunderts entstanden Initiativen mit dem Ziel, den Mitarbeitern einen gewissen sozialen Schutz zu geben. Das Trinkgeld sollte abgeschafft und statt dessen ein garantierter Lohn eingeführt werden. 1921 beschloß ein Schiedsgericht in Berlin anläßlich eines ausgerufenen Generalstreiks, einen obligatorischen Bedienungszuschlag von 10% für das Bedienungspersonal zu schaffen; die Annahme von Trinkgeld wurde gleichzeitig vertraglich verboten.

Da sich die freiwillige Gabe von Trinkgeld aber nicht unterbinden ließ, bewirkte die Einführung des Bedienungsgeldes zu dem damaligen Zeitpunkt die Entstehung von zwei Einkommensquellen. Zu der rechtlichen Abgrenzung von Bedienungs- und Trinkgeld siehe auch Bolten 1978. *(wf)*

*Literatur*
Bolten, Hans-Dieter 1978: Die Entlohnung des Kellners. Diss., Bielefeld
Weigert, Herbert 1955: Bedienungsgeld und Trinkgeld. Diss., Mainz
Zenzes, Maria 1952: Die Lohnformen im deutschen Hotel- und Gaststättengewerbe. In: Walter Thoms (Hrsg.): Handbuch für Fremdenverkehrsbetriebe. Gießen: Dr. Pfanneberg & Co., S. 325-341

**Beförderungsbedingungen**
→ Allgemeine Beförderungsbedingungen

**Beförderungsklasse**
*class of carriage*

a) Bahn
Im Bahnbereich werden zwei Beförderungsklassen unterschieden: Erste und Zweite Klasse. Die beiden Klassen unterscheiden sich im Komfort und den zusätzlichen Leistungen. So kann der Fahrgast in der Ersten Klasse beim ICE das DB-eigene Fernsehen nutzen und wird am Platz bedient. *(hdz)*

b) Flug
Abgegrenzter Kabinenteil in Verkehrsflugzeugen, der sich durch Einrichtung und/oder bestimmte Serviceleistungen von anderen unterscheidet. Es wird in der Regel unterschieden zwischen Erster Klasse *(first class)*, *business-* und

*economy class*. Passagiere höherer Beförderungsklassen können in der Regel mehr Freigepäck mitnehmen und werden zudem auch am Boden speziell betreut, indem sie zum Beispiel die → Airport Lounges der gebuchten Fluggesellschaft benutzen können. Beförderungsklassen unterscheiden sich an Bord eines Flugzeuges sichtbar voneinander: Es gibt eine Erste, Business- und eine Economyklasse, die sich in erster Linie durch Sitzabstände, die Breite der Sitze und durch Qualität und Umfang der Serviceleistungen unterscheiden. *(jwm)*

**Beförderungspflicht**
→ Betriebspflicht

**Beförderungsqualität (Bahn)**
*quality of carriage*
Die Beförderungsqualität läßt sich messen. Qualitätsmerkmale können im Bahnbereich sein: Verfügbarkeit der Leistung, Sicherheit, Pünktlichkeit und Komfort(einschränkungen). *(hdz)*

**Beförderungsvertrag**
*contract for carriage*
Jedem Beförderungsvertrag liegen die Beförderungsbedingungen zugrunde (→ Allgemeine Beförderungsbedingungen [ABB]). Realisiert wird der Beförderungsvertrag über das Ticket. In der touristischen Praxis werden die folgenden Vertragsformen unterschieden, die sich auf die Personenbeförderung beziehen:
❖ Luftbeförderung
❖ Busbeförderung
❖ Bahnbeförderung
❖ Schiffsbeförderung.
Die Inhalte von Beförderungsverträgen werden durch nationale Gesetze und internationale Verträge geregelt. *(hdz)*

**Beherbergungsgewerbe**
*lodging industry*

**1    Definition und Herkunft**
Zum Beherbergungsgewerbe gehören Betriebe, in denen gegen Entgelt Personen vorübergehend Unterkunft gewährt wird (Lambertz & Fischer 2004, S. 59). Gemeinsam mit dem → Gaststättengewerbe sowie den Kantinen und Caterern gehört das Beherbergungsgewerbe zum → Gastgewerbe.
Der Ausdruck ‚beherbergen' kommt von „Herberge" (frz. *auberge*, ital. *albergo*) bzw. von dem althochdeutschen Begriff *heriberga*, der sich aus ‚her' und ‚bergen' zusammensetzt und ursprünglich „einen das Heer bergenden Ort", später generell Unterkünfte, die auch größere Gruppen aufnehmen konnten, beschrieb (Kachel 1924, S. 1). Die Bezeichnung ist erheblich älter als die Ausdrücke ‚Gasthaus' bzw. ‚Gastwirtschaft' und wurde nach deren Aufkommen im späten Mittelalter eine Zeitlang synonym mit diesen verwendet. Später wurden nur noch einfache Unterkünfte als Herbergen bezeichnet, zum Beispiel die Herbergen der wandernden Handwerksgesellen oder die → Jugendherbergen.

**2    Betriebsarten**
In der Klassifikation der Wirtschaftszweige werden folgende Betriebsarten des Beherbergungsgewerbes unterschieden (Statistisches Bundesamt 2002, S. 39): → Hotels, → Hotels garni, Gasthöfe, → Pensionen, → Jugendherbergen und Hütten, → Campingplätze, Erholungs- und Ferienheime, Ferienzentren, → Ferienhäuser, → Ferienwohnungen, Privatquartiere, → Boarding Houses. Die Zahl der Betriebe sowie die angebotenen Betten in der Bundesrepublik Deutschland zeigt die folgende Tabelle der Betriebe mit neun und mehr Betten.

| Betriebsart | Zahl der Betriebe | Zahl der Betten/Schlafgelegenheiten |
|---|---|---|
| Hotels | 13.441 | 991.535 |
| Gasthöfe | 9.973 | 232.003 |
| Pensionen | 5.361 | 132.167 |
| Hotels garni | 8.675 | 316.469 |
| **Zusammen** | **37.450** | **1.672.174** |
| Erholungs-, Ferien- und Schulungsheime | 2.727 | 217.181 |
| Boardinghouses | 57 | 3.560 |
| Ferienzentren | 86 | 58.967 |
| Ferienhäuser/ -wohnungen | 10.929 | 341.527 |
| Hütten, Jugend- herbergen, | 1.689 | 137.199 |
| **Beherbergungs- gewerbe zusammen** | **90.388** | **4.102.782** |
| Vorsorge- u. Reha- bilitationskliniken | 1.041 | 171.385 |
| **Gesamt** | **181.817** | **8.376.949** |

**Tabelle:** Beherbergungsstätten und Gästebetten
(Quelle: Statistisches Bundesamt 2005a , Juli 2005, o. S.)
Nicht aufgeführt sind die Campingplätze (2.566 mit 205.467 Stellplätzen, Statistisches Bundesamt 2005, o. S.), nicht erfaßt werden die Privatquartiere unter neun Betten.

Aufgrund ihrer wirtschaftlichen Bedeutung für Kurorte werden Vorsorge- und Rehabilitationskrankenhäuser (Rehakliniken) zusätzlich ausgewiesen.

Die Betriebsarten Hotel, Gasthof, Pension und Hotel garni zählen zur Hotellerie; Erholungs-, Ferien-, Schulungsheime, Boarding Houses, Ferienzentren, -häuser, -wohnungen, Hütten/Jugendherbergen und Campingplätze zur → Parahotellerie. Im Unterschied zu Betrieben der Hotellerie werden in der Parahotellerie hotelübliche Dienstleistungen wie das Reinigen und Aufräumen der Zimmer nicht oder nur eingeschränkt erbracht.

Die Betriebsarten der Hotellerie werden beim Statistischen Bundesamt wie folgt definiert (Statistisches Bundesamt 2005a, o. S.):

❖ Hotels sind „Beherbergungsstätten, die jedermann zugänglich sind und in denen ein Restaurant – auch für Passanten – vorhanden ist, sowie in der Regel weitere Einrichtungen oder Räume für unterschiedliche Zwecke (Konferenzen, Seminare, Sport, Freizeit, Erholung) zur Verfügung stehen."

❖ Gasthöfe unterscheiden sich von Hotels dadurch, daß außer dem Gastraum keine weiteren Aufenthaltsräume für die Hausgäste zur

Verfügung stehen. Der Umsatz aus Bewirtung übersteigt deutlich den Beherbergungsumsatz.

❖ Pensionen sind Beherbergungsstätten, in denen Speisen und Getränke nur an Hausgäste abgegeben werden.

❖ In Hotels garni wird höchstens Frühstück abgegeben.

Diese Definitionen werden allerdings nicht einheitlich verwendet. Sie werden teilweise weiter konkretisiert bzw. ergänzt. So fordert der DEHOGA für Hotels mindestens zwanzig Gästezimmer sowie eine bestimmte Ausstattung (DEHOGA 1995/96, S. 91, → Hotel). Aus der Sicht der Nachfrage sollte sich ein Hotel durch einen gehobenen Standard auszeichnen.

Gasthöfe finden sich im wesentlichen in kleineren und mittleren Städten und ländlichen Bezirken. Der Begriff wurde in früheren Jahren mit Gasthaus gleichgesetzt und ist erheblich älter als der Ausdruck ‚Hotel‘. Mit dem Aufkommen von Hotels im 19. Jahrhundert wurden unter Gasthöfen eher einfachere Betriebe mit eingeschränkten (Hotel-)Dienstleistungen verstanden. Gleiches gilt für Pensionen, die früher allerdings in differenzierten Qualitätsniveaus angesiedelt waren. In Urlaubsorten wird für Pensionen häufig der Begriff ‚Gästehäuser‘ verwendet.

Als Betriebsart der Parahotellerie sind Erholungs-, Ferien- und Schulungsheime bestimmten Personenkreisen wie Mitgliedern eines Vereins, Kindern, Müttern zugänglich, Speisen und Getränke werden nur an Hausgäste ausgegeben. Boarding Houses sind insbesondere für längere Aufenthalte im urbanen Umfeld konzipiert. Neben einer an privaten Wohnungen orientierten Ausstattung werden hotelähnliche Serviceleistungen wie Reinigung angeboten. Ferienzentren bieten Wohnmöglichkeiten zum vorübergehenden Aufenthalt, zumindest eine

Gaststätte sowie gleichzeitig Freizeiteinrichtungen und Einkaufsgelegenheiten (Statistisches Bundesamt 2005a, o. S.).

### 3   Branchenstruktur

Insgesamt umfaßt das Beherbergungsgewerbe in Deutschland 52.938 Betriebe mit 2,43 Mio. Betten, fast zwei Drittel davon in der Hotellerie. Bei der Beurteilung des Angebotes ist zu berücksichtigen, daß Betriebe unter neun Betten in der Statistik nicht enthalten sind. Insofern wird insbesondere das Angebot an Ferienwohnungen zu niedrig ausgewiesen. Privatzimmer werden gar nicht erfaßt, so daß in traditionellen Urlaubsorten noch ein zusätzliches Bettenangebot von teilweise 50 Prozent hinzugerechnet werden kann. Die Auslastung der in der amtlichen Statistik erfaßten Betriebe hat im Jahresdurchschnitt 2004 33,7 Prozent betragen, in der Hotellerie 34,2 Prozent (Statistisches Bundesamt 2005 b, o. S.).

Seit Jahren vollzieht sich ein Strukturwandel innerhalb der Hotellerie. Die Zahl der Hotels hat zugenommen, die Zahl der Gasthöfe, Hotels garni und Pensionen ist rückläufig. Deutlich zugenommen hat bei den Betriebsarten Hotels und Hotels garni die Zahl der Betten pro Betrieb, so daß insgesamt die Bettenzahl von 1996 bis 2005 von 873.000 auf 991.000 (Hotels) bzw. von 287.000 auf 316.000 gestiegen ist. (Statistisches Bundesamt 1996, S. 36 und 2005 a, o. S.). Diese Veränderungen sind teilweise auch auf Umgruppierungen von Betrieben in der Statistik zurückzuführen, sie zeigen jedoch die Tendenz.

Die dargestellte Untergliederung der Klassifikation der Wirtschaftszweige in Betriebsarten kann als eine erste hilfreiche Strukturierung des Beherbergungsgewerbes gesehen werden. Allerdings umfassen die jeweiligen Definitionen ein großes Spektrum an

Betrieben, die sich sowohl nach diesen als auch nach weiteren Merkmalen stark unterscheiden. In der Betriebsart Hotel finden sich Betriebe mit 20 und mit 500 Zimmern oder Betriebe mit Standard- bzw. mit Luxusausstattung. Insofern ist zur differenzierten Beschreibung des Angebotes eine weitere Untergliederung der Betriebsarten in Betriebstypen (→ Hotel, Betriebstypen) notwendig. Dies kann nach dem Leistungsangebot, der Betriebsgröße, dem Konzeptionsgrad, dem Grad der wirtschaftlichen Selbständigkeit und den Eigentumsverhältnissen erfolgen. *(khh)*

*Literatur*
DEHOGA (Hrsg.) 1995/96: Deutscher Hotel- und Gaststättenverband: Jahrbuch 1995/1996. Bonn: DEHOGA
Kachel, Johanna 1924: Herberge und Gastwirtschaft in Deutschland bis zum 17. Jahrhundert. Stuttgart: W. Kohlhammer (= Vierteljahrsschrift für Sozial- und Wirtschaftsgeschichte, Beihefte; H. 3)
Lambertz, J.E.; I. Fischer 2004: Kompendium der Handels- und Gastgewerbestatistik in Deutschland, http://www.destatis.de, Wiesbaden: Statistisches Bundesamt
Statistisches Bundesamt 1996: Beherbergung im Reiseverkehr, Juli 1996 (Fachserie 6; Reihe 7.1). Wiesbaden
Statistisches Bundesamt 2002: Klassifikation der Wirtschaftszweige, Ausgabe 2003, http://www.destatis.de/allg/d/klassif/klassif_download.htm, Wiesbaden. (22.12.05)
Statistisches Bundesamt 2005 a: Ergebnisse der monatlichen Beherbergungsstatistik (Beherbergung im Reiseverkehr), Juli 2005 (Fachserie 6; Reihe 7.1), Wiesbaden
Statistisches Bundesamt 2005 b: Ergebnisse der monatlichen Beherbergungsstatistik (Beherbergung im Reiseverkehr), Dezember und das Jahr 2004 (Fachserie 6; Reihe 7.1) Wiesbaden

**Beherbergungsvertrag**
*lodging agreement*
Bei gewerblicher oder privater Übernachtung mit und ohne Verpflegung in Hotels und Ferienunterkünften liegt eine Gastaufnahme zwischen einem gewerblichen Gastwirt oder einem privaten Gastgeber und einem Gast vor. Der Gastwirt überläßt dem Gast eine Unterkunft mit einem vereinbarten Service gegen ein Entgelt. Vertragliche Rechtsgrundlage dieses Beherbergungsverhältnisses ist der Beherbergungsvertrag, welcher als gemischter Vertrag Elemente des Miet-, Kauf-, Dienst- und Verwahrungsvertrages enthält, jedoch nicht ausdrücklich im BGB geregelt ist (BGH NJW 2000, 1629: Center-Parcs). Durch die weiteren Nebenleistungen der Bewirtung, Zimmerreinigung und Aufbewahrung des Gepäcks wird kein Reisevertrag nach § 651 a I BGB geschaffen. Wegen des überwiegenden Anteils der Zimmervermietung ist der vorrangig nach dem Mietrecht der §§ 535 ff. BGB, ohne die Vorschriften der Wohnraummiete, zu behandeln. Als Mietverträge werden folgende Gastaufnahmen betrachtet: möblierte Zimmer mit Frühstück und Bedienung, private Zimmervermietung, → Campingplatz, → Ferienhaus und → Ferienwohnung vom Eigentümer, Kurheime, nicht: Ferienhäuser, -wohnungen und Hotelzimmer aus dem eigenen Angebot des Reiseveranstalters oder einer Agentur, welche im eigenen Namen angeboten werden, für sie gilt das Reisevertragsrecht analog.

Der Beherbergungsvertrag wird durch eine rechtsverbindliche Reservierung geschlossen, die sowohl schriftlich als auch mündlich vorgenommen werden kann. Der Gast muß für die gebuchte Übernachtungszeit den vereinbarten Preis bezahlen. Im Falle der Nichtinanspruchnahme der reservierten Zimmer bzw. bei vorzeitiger Abreise bleibt der Zahlungsanspruch dennoch bestehen (§ 537 BGB).

Neben dem Beherbergungsvertrag tritt die gesetzliche verschuldensunabhängige Gastwirtshaftung aus §§ 701 bis 704 BGB für eingebrachte Sachen des Gastes und die Schadensersatzpflicht aus §§ 823 ff. BGB wegen unerlaubter Handlung bei schuldhafter Verletzung der Verkehrssicherungspflichten bei Personenschäden, wie durch die Benutzung der Räume. *(ef/bd)*

*Literatur*
Führich, Ernst 2005: Reiserecht. Heidelberg: C.F. Müller (§§ 49, 50 Beherbergungsrecht) (5. Aufl.)
Führich, Ernst 2006: Reiserecht von A-Z. München: dtv (Stichworte: Beherbergungsvertrag, Hotelbuchung, Hotelreservierung, Hotelkündigung, Hotelpflichten, Hotelzimmermängel) (3. Aufl.)
Führich, Ernst 2007: Basiswissen Reiserecht. Grundriß des Reisevertrags- und Individualreiserechts. München: Vahlen (§ 16)
Joachim, Willy 2003: Allgemeine Geschäftsbedingungen für den Hotelaufnahmevertrag. In: Neue Zeitschrift für Miet- und Wohnungsrecht (NZM), 6, S. 746 ff.

## Behindertentourismus
*tourism for the handicapped*
Möglichkeiten von Personen, die aufgrund einer nicht ausgebildeten oder geschädigten körperlichen, seelischen oder geistigen Funktion in bezug auf ihre Lebensverrichtungen oder auf ihre Teilhabe am sozialen Leben beeinträchtigt oder behindert sind, zu verreisen und weitere touristische Aktivitäten auszuüben. Vor allem mobilitätsbehinderte Personen haben Probleme bei der Nutzung von Verkehrsmitteln und Gebäuden, bei der Fortbewegung in Städten, im ländlichen Raum, an Stränden und in Beherbergungsbetrieben usw. (→ barrierefreies Reisen). Daher kann meist nur in Begleitung anderer Personen gereist werden. Bei anderen Beeinträchtigungen oder Behinderungen ist die Mitnahme geschulter Begleiter die Regel (→ betreutes Reisen). *(jwm)*

## Beinahezusammenstoß
*near miss, airprox*
Situation, in der aus Sicht eines Piloten oder Fluglotsen (→ Air Traffic Control) der horizontale oder vertikale Abstand zwischen zwei oder mehr Luftfahrzeugen unter Berücksichtigung von Kursen und Geschwindigkeiten so gering war, daß die Sicherheit der beteiligten Flugzeuge nicht mehr gewährleistet war oder schien. Solche Vorfälle können entsprechend auch nur von Piloten oder Fluglotsen an die jeweils zuständige nationale Luftfahrtbehörde gemeldet werden, die ggfs. eine Untersuchung dazu einleitet. Durch die Verwendung von → Kollisionswarngeräten wird diese Gefahr erheblich reduziert. *(jwm)*

## Beisel
Heutige bayrisch umgangssprachliche und österreichische Bezeichnung für „Kneipe", die in ähnlicher Form schon seit dem 15. Jahrhundert geläufig ist, meint eine kleine einfache Gaststätte. Eng an den Raum gebunden und in der Regel für lokales Publikum bestimmt, diente das Beisel neben Kirchen und Rathaus als wichtiges Kommunikationszentrum. Der Ausschank von alkoholischen Getränken stand hier im Vordergrund.

In Österreich zunächst negativ konnotiert, umschrieb der Begriff ein Lokal niederer Güte mit schlechtem Ruf. Als eine Erklärung dieser Stereotypbelegung kann die etymologische Verbindung zwischen der Verkleinerungsform Beisel und dem Hauptwort *hampejz* dienen: Der Ausdruck *Hampeiz* wurde mit den Bedeutungen „Hundehäuschen" und später auch „Bordell" assoziiert. Im Spätmittelalter und in der Frühen Neuzeit verkehrten in den Schenken sozial herabgestufte Schichten, die sich dem gruppeninternen Rauscherlebnis hingaben.

Heute hat sich diese dem Begriff innewohnende Kategorisierung jedoch gelöst: Lokale verfeinerter bodenständiger Küche und Szenebars werden als Nobelbeiseln bezeichnet. → Beiz, → Gaststätte; Gasthaus *(ghf)*

*Literatur*
Fränkisches Freilandmuseum Bad Windsheim (Hrsg.) 2004: Gasthäuser – Geschichte und Kultur. Bad Windsheim: Imhof

**Beiz**
Der ebenso dem Rotwelschen oder Westjiddischen entlehnte Begriff ist etymologisch mit → Beisel verwandt und etwa seit dem 19. Jahrhundert geläufig. Beiz(e) umschreibt im Schweizerischen eine kleine Gastwirtschaft oder Kneipe.

Meist verschreibt sich diese → Gastronomie einer traditionellen und regionalspezifischen Küche, die neben touristischen Bedürfnissen auch heimatliche Sicherheitsbedürfnisse befriedigen soll. Regionale Spezialitäten stehen im Gastronomiekonzept der Beize im Vordergrund, werden aber auch unter ökonomischen Gesichtspunkten verändert, so daß sich „Traditionelles" dem Trend zur → Erlebnisgastronomie eingliedert. Vielfach werben heute Gastronomiebetriebe unter dem Begriff Beiz mit exklusiven und extravaganten Marketingstrategien, aber auch mit häuslichem Service und bäuerlich-alpinem Ambiente. → Gaststätte; Gasthaus *(ghf)*

*Literatur*
Gyr, Ueli 2002: Währschafte Kost. Zur Kulinarisierung von Schweizer Spezialitäten im Gastrotrend. In: Österreichische Zeitschrift für Volkskunde LVI (105), S. 105-123

**Belegt**
→ Zimmerstatus

**Belegung**
→ Auslastung

**Bellboy**
→ Page

**Bellcaptain**
→ Portier

**Bellhop**
→ Concierge

**Bellman**
→ Concierge

**Benchmarking**

**1    Gegenstand und Zielsetzungen des Benchmarking**
Benchmarking kann allgemein als ein kontinuierliches Verfahren verstanden werden, in dem Produkte, Strukturen, Methoden oder Prozesse der betrieblichen Leistungserstellung und Leistungsverwertung über mehrere Unternehmungen hinweg verglichen werden. Durch diesen, in der Regel die Grenzen der eigenen Unternehmung überschreitenden Blick nach außen sollen Leistungsunterschiede, insbesondere markante Schwachstellen der eigenen Unternehmung aufgedeckt und Möglichkeiten zur Lösung und Verbesserung gewonnen werden (Horváth & Herter 1992, S. 5). „Benchmarking hilft dabei, konsequent und zielorientiert nach neuen Ideen für Methoden, Verfahren und Prozesse außerhalb der eigenen Unternehmens-/Organisationswelt beziehungsweise außerhalb der eigenen Branche zu suchen. Aus den resultierenden Erkenntnissen werden Praktiken oder deren vorteilhafte Eigenschaften adaptiert und implementiert, um die eigene Wettbewerbsfähigkeit sprunghaft zu steigern und die Marktsituation objektiv im Auge zu behalten" (Fraunhofer Institut für Produktionsanlagen und Konstruktionstechnik 2005a). Ansatzpunkt für ein Benchmarking-Projekt ist in der Regel ein einzelner Funktionsbereich

und nicht die Unternehmung als Ganzes (Weber & Wertz 1999, S. 17). Die Zielgröße des Benchmarking lautet dabei einfach definiert: „Lerne vom Besten und werde zum Besten der Besten!" Die Idee wie das Instrumentarium des Benchmarking entwickelte sich Ende der 1970er/Anfang der 1980er Jahre über vereinzelte Projektstudien usamerikanischer Unternehmungen und fand danach zunehmend weltweite Akzeptanz. Bekannt wurden insbesondere die Benchmarking-Untersuchungen der Firma Xerox zur Wiedergewinnung ihrer Wettbewerbskraft gegenüber der japanischen Konkurrenz durch branchenübergreifende Prozeßanalysen (Lagerhaltungs- und Vertriebsprozeßvergleich mit dem Sportartikelversandunternehmen L.L. Bean; hierzu ausführlich Camp 1994, S. 8 ff.).

Allgemein verspricht man sich von Benchmarking-Prozessen deutliche Verbesserungen z.B. der Produktfunktionalität, Qualität, Produktivität oder Kostenwirtschaftlichkeit. Ansatzpunkt hierfür ist die systematische Konfrontation der eigenen Unternehmung mit den exzellenten Leistungen (Benchmarks, Referenzpunkte) anderer Organisationen. Den eigenen Mitarbeitern kann so verdeutlicht werden, daß derartige Leistungen möglich sind und Wege dorthin auch von ihnen beschritten werden können. Ineffiziente und verkrustete Strukturen können aufgebrochen (Camp 1994, S. 12; Weber & Wertz 1999, S. 11) und umfassende Lernprozesse in der eigenen Unternehmung in Gang gesetzt werden, die nicht nur leichte Korrekturen an bisherigen Verfahrensweisen darstellen, sondern diese Leistungen und Prozeduren nachhaltig in ihrer Sinnhaftigkeit hinterfragen (*double-loop-learning, higherlevel-learning* oder „Veränderungslernen"; Pawlowsky 1992, S. 207 ff.; Probst &

Büchel 1994, S. 36 f.; Senge 1996, S. 12 ff.). Derartige Prozesse in Gang zu setzen, heißt jedoch zumeist, einen tiefgreifenden, fundamentalen Wandelprozeß zu initiieren, der in letzter Konsequenz alle bisher in der Unternehmung üblichen Formen der Problemerkennung und Problemlösung in Frage stellt (Simon 2000, S. 326 ff.) und alle Bereiche der Unternehmung und Ebenen des Managements tangiert. Damit reicht Benchmarking, insbesondere in seiner prozeßorientierten Variante (funktionales und generisches Benchmarking, vgl. Abschnitt 2), deutlich über die üblichen traditionellen Verfahren kennzahlenbasierter Betriebsvergleiche auf der Basis des Rechnungs- und Finanzwesens hinaus (Siebert & Kempf 2002, S. 29 f.; Zdrowomyslaw & Kasch 2002, S. 66; vgl. auch Abbildung 1).

Der Benchmarking-Prozeß zeichnet sich somit durch folgende Eigenschaften aus (Camp 1994, S. 13 ff.):

❖ Zielorientierung – „Benchmarking ist im Grunde ein Zielsetzungsprozeß" (Camp 1994, S. 19). Benchmarking definiert eine erstrebenswerte Sollsituation und beschreibt gleichzeitig den Unternehmensmitgliedern auch den Weg in diese Zukunft – „the best in class!" Für alle in die Studie einbezogenen Führungsebenen, Bereiche und Funktionen sind daher die maßgeblichen Benchmarks, an denen sich zukünftiges Handeln orientieren wird, festzulegen und adressatengerecht zu operationalisieren. Nur über eine nachvollziehbare Zielformulierung und ihre eingängige Kommunikation ist eine Mobilisierung und nachhaltige Motivation der involvierten Mitarbeiter für den steinigen Weg hin zu Spitzenleistungen zu erreichen. Fortschritte können überprüft werden, Abweichungen von den

| Merkmale | Art des Vergleichs | |
| --- | --- | --- |
| | **Klassischer Betriebsvergleich** | **Benchmarking** |
| Ergebnisziel | Steigerung der Effizienz | Überlegenheit, „the best in class" |
| Informationsziel | Ermittlung von Zielabweichungen und Leistungslücken | Entdeckung von Innovationen, Ableiten von Zielsetzungen |
| Planungshorizont | überwiegend operativ, kurzfristig | bisweilen operativ, in der Regel aber strategischer Natur, langfristig |
| Informationsobjekte | Betriebe oder Teilbetriebe wie Werke, Filialen, Tochtergesellschaften, Funktionsbereiche, Sparten, | Produkte, Strukturen, Methoden, Prozesse, teilweise auch Strategien und „weiche" Potenziale |
| Vergleichsebenen | intern, Wettbewerber, Branchendurchschnitte | intern, Wettbewerber, funktional, generisch |
| Instrumente | Kennzahlen des Rechnungs- und Finanzwesens, insbesondere BWA und Bilanzanalyse | Kennzahlen des Rechnungs- und Finanzwesens, insbesondere Betriebswirtschaftliche Analyse und Bilanzanalyse, Betriebsbesichtigung, qualitative Analysen |
| Analyseprozeß | fallweise | kontinuierlich |

**Abbildung 1:** Betriebsvergleich versus Benchmarking

Zielvorstellungen werden deutlich.

❖ Vergleichende Messung – „Benchmarking is an analytical process for rigorously measuring a company's operations against the best-in-class companies inside and outside its markets" (Furey 1987, S. 30). Ein Großteil der Benchmarking-Arbeit ist daher auf das Sammeln, Aufbereiten und Auswerten von Daten aller Art ausgerichtet. Es gilt eine tragfähige Datenbasis zu erarbeiten, welche die benötigten Meßreferenzen für den Leistungstest liefert. Hierzu sind entsprechende Meßprozeduren und Richtgrößen (*benchmark* = Prüfmarke, Maßstab, Bezugswert, Eckwert) festzulegen, die als Vergleichmaßstäbe dienen sollen. Diese können z.B. quantitative Größen des Rechnungs-

und Finanzwesens sein, aber auch qualitative Informationen liefern vergleichsrelevante Inhalte.

❖ Kontinuität – „Obwohl Benchmarking ein fortschreitender, kontinuierlicher Prozeß sein sollte, wird es häufig nur in Gang gesetzt, wenn ein Unternehmen Marktanteile verliert, Gewinnmargen sinken oder Kunden spürbar unzufrieden werden" (Camp 1994, S. 11). Kontinuierlich betriebenes Benchmarking ermöglicht der Unternehmung, im dynamischen Wettbewerbsprozeß durch kritische Fingerzeige auf Leistungslücken anschlußfähig zu bleiben und damit eine Antwort auf sich ständig ändernde Herausforderungen finden zu können. Wenn auch eine Unternehmenskrise den Anstoß für Benchmarking-

Überlegungen geben mag, so ist Benchmarking dennoch nicht als ein solitäres Sanierungskonzept, sondern als strukturierter, informationsdurchdrungener, analytischer Prozeß zu verstehen, der den Weg hin zu einer strategisch orientierten Unternehmensentwicklung weisen kann.

## 2 Arten des Benchmarking

Es lassen sich eine Reihe unterschiedlicher Ausgestaltungsformen des Benchmarking unterscheiden, die sich mit Blick auf die Datenverfügbarkeit, die erforderlichen Personalressourcen sowie den erforderlichen zeitlichen Umfang deutlich unterscheiden (Camp 1994, S. 77 ff.; Puschmann 2000, S. 34 ff.; Watson, 1993, S. 106 ff.; Weber & Wertz 1999, S. 12 ff.; Zdrowomyslaw & Kasch 2002, S. 147 f.):

❖ Intern realisiertes Benchmarking weist überwiegend noch die Merkmale klassischer interner Betriebsvergleiche auf. Gegenstand der Untersuchung können bspw.

- ein Vergleich des Leistungsprozesses von der Kundenanfrage über die Beratung bis zur Reisebuchung und Ticketausstellung zweier Betriebe innerhalb einer → Reisebürokette mit Blick auf die Verfahrensweise oder die Prozeßzeiten oder
- der Vergleich unterschiedlich reaslisierter Warensysteme, der Qualität der Gästebetreuung oder der Kostenstruktur zwischen zwei Häusern einer → Hotelkette o.ä. sein.

Gesucht wird das interne „center of excellence", das mit seinen Spitzenleistungen innerhalb der Gesamtunternehmung eine Vorbildfunktion für andere Bereiche an anderen Standorten oder in anderen Geschäftsbereichen oder Toch-

terunternehmungen übernehmen soll. Die zumeist einfache Verfügbarkeit der Daten und die genaue Kenntnis der internen Prozeßabläufe wird jedoch durch die in der Regel vorherrschende „Betriebsblindheit" konterkariert.

❖ Wettbewerbsbezogenes Benchmarking konzentriert sich auf eine Vergleichsanalyse mit der branchenbesten Unternehmung. Gegenstände der Untersuchung können dabei Produkteigenschaften (z.B. Technologie, Leistungsumfang, Design), Gestaltungsoptionen in der originären Wertschöpfungskette von der Beschaffung bis zum Vertrieb oder auch die Realisation von Verwaltungsprozessen sein. Zentrales Problem stellt dabei die Informationsbeschaffung dar, die zumeist nur mittelbar oder verdeckt möglich ist, handelt es sich bei dem „Benchmark" doch in der Regel um einen direkten Wettbewerber. Für das Benchmarking zwischen Wettbewerbern in der Hotellerie würden sich als Informationsquellen bspw. anbieten:

- „Hotelprospekte, Preislisten, Speisekarten, Werbeaktivitäten, Geschäftsberichte, Imagebroschüren, Mitarbeiterzeitschriften,
- Vor-Ort-Besichtigungen der Konkurrenzunternehmen,
- Informationen von Branchenkollegen, Geschäftspartnern, Kunden, eigenen Mitarbeitern" (Schrand & Schlieper 2004, S. 215 f.) usw.

Teilweise setzen derartige Vergleichsprozesse auch an sogenannten „weichen" Faktoren wie bspw. dem Führungsstil, der Unternehmensphilosophie oder der Unternehmenskultur an, was in der Regel jedoch mangels tieferer Einsicht in die grundlegenden Muster wie auch Übertragbarkeit der vermeintlichen Exzellenzfaktoren auf die untersuchende

Unternehmung zu wenig erfolgversprechenden Ergebnissen führt.

Des weiteren stellt sich die Frage nach der gegebenen Strukturäquivalenz (z.B. Größe, räumliche Reichweite der wirtschaftlichen Aktivitäten, Historie u.ä.) zwischen den Benchmarking-Partnern. Schließlich darf auch nicht übersehen werden, daß einem Vergleich mit dem Branchenbesten in einer „sterbenden" Branche wenig Aussagekraft für die zukünftige Entwicklung der eigenen Unternehmung beizumessen ist.

Eine weitere Möglichkeit des eher wettbewerbsorientierten Benchmarkings stellen Vergleiche mit Branchendurchschnitten dar. Wie Weber & Wertz feststellen, „(...) gewinnt sogenanntes metrisches Benchmarking an Bedeutung". Das Informationsziel besteht darin, auf relativ einfache Weise einen „(...) reinen Kennzahlenvergleich mit anonymen, meistens aus der gleichen Branche stammenden Vergleichsunternehmen" durchzuführen (Weber & Wertz 1999, S. 38). So bietet bspw. das Informationszentrum Benchmarking (IPZ) am Fraunhofer Institut für Produktionsanlagen und Konstruktionstechnik, Berlin, ein datenbankgestütztes Kennzahlen-Benchmarking für klein- und mittelständische Unternehmen an (Fraunhofer Institut für Produktionsanlagen und Konstruktionstechnik 2005 b).

❖ Funktionales Benchmarking hingegen setzt an einem Vergleich funktionsähnlicher Prozesse an. Vergleichsobjekte werden dabei aus unterschiedlichen Branchen herangezogen. Im Rahmen einer derartigen Benchmark-Studie könnte bspw. „(...) der Check-in-Prozeß eines Hotelbetriebs mit dem einer Fluggesellschaft verglichen" (Gewald 1999, S. 141; → Check-in) werden. Damit erhöht sich die Chance für

die lernende Unternehmung, tatsächlich die Idee des Lernens vom „Besten der Besten" zu realisieren. Der Nutzen der Benchmarking-Studie steht und fällt auch hier mit der Auswahl der Partnerorganisation. Allerdings sollte der Zugang zu den relevanten Informationen hier vergleichsweise einfacher gelingen, bestehen doch hier keine unmittelbaren wettbewerblichen Rivalitäten. Hinzu kommt, „(...) daß Methoden aus anderen Branchen bereitwilliger akzeptiert werden als solche aus derselben Branche. (...) Die Untersuchung führender Industrieunternehmen überwindet das „not-invented-here-Syndrom", das häufig auftritt, wenn innerhalb derselben Branche Benchmarking-Untersuchungen durchgeführt werden" (Camp 1994, S. 80).

❖ Generisches Benchmarking trägt den funktionalen Vergleichsprozeß auf eine nochmals abstraktere Ebene der Analyse. Gesucht werden mittels umfassender Datensammlungen über Branchengrenzen hinweg Prozesse, die via Analogieschlüsse auf die lernende Unternehmung übertragen werden und dort zumeist die bestehende Rationalität der bisherigen Prozesse von Grunde auf verändern. Als extremes Beispiel wird in der Benchmarking-Literatur die Untersuchung der → Billigfluggesellschaft South-West Airlines angeführt, die „die Bodenzeiten ihrer Flugzeuge (Ausstieg der Passagiere, Auftanken etc.) mit den Prozessen während eines Boxenstopps bei einem Autorennen (verglich), um daraus Verbesserungspotentiale zu identifizieren" (Weber & Wertz 1999, S. 13). Der Nutzen solcher analogen Konzeptionen muß dabei

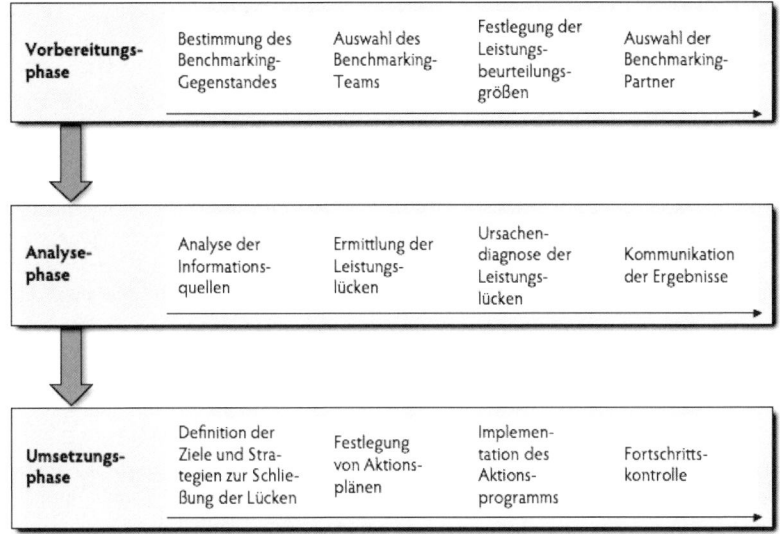

**Abbildung 2:** Benchmarking als Informationsprozeß (Horváth & Herter 1992, S. 8 ff.; Weber & Schäffer 2006, S. 340; Zdrowomyslaw & Kasch 2002, S. 149)

jedoch genau bedacht werden, um eine Übertragbarkeit sinnvoll zu gewährleisten.

### 3 Der Benchmarking-Prozeß

Von zentraler Bedeutung für den Erfolg von Benchmarking-Projekten ist die Ausgestaltung des Benchmarking-Prozesses selbst. Es finden sich daher eine Fülle von Vorschlägen zur Ablaufgestaltung derartiger Studien (Camp 1994, S. 22 ff.; Horváth 2003, S. 415 ff.; Regler 2002, Sp. 128 ff.; Siebert & Kempf 2002, S. 70 ff.; Watson 1992, S. 82 ff.; Weber & Wertz 1999, S. 14 ff.; Zdrowomyslaw & Kasch 2002, S. 149 ff.), die sich allerdings weitestgehend auf eine gemeinsame Grundstruktur zurückführen lassen (siehe Abbildung 2).

### 3.1 Vorbereitungsphase

Ausgangspunkt jedes Benchmarking-Prozesses stellt die Bestimmung des Untersuchungsgegenstandes der Studie, des

Benchmarking-Objektes, dar. Wie Weber & Wertz als Ergebnis einer empirischen Studie berichten, werden bereits hier die zentralen Weichen für ein erfolgreiches Benchmarking-Projekt gestellt (Weber & Wertz 1999, S. 20). In der Regel ist diesem Startpunkt des Benchmarking-Prozesses eine Stärken-Schwächen-Analyse (→ Controlling) vorausgegangen, die den unerwünschten aktuellen Zustand dokumentiert und die Suche nach einer umfassenden Problembewältigung anregt. Da es sich somit in der Regel um eine Fragestellung von zentraler Bedeutung für die strategische Entwicklungsrichtung der Unternehmung handelt, ist bei der Zusammensetzung des Benchmarking-Teams (ca. 5-10 Personen, je nach Projektumfang) darauf zu achten, daß ein möglichst weiter, mental offener crossfunktionaler Kreis an Mitgliedern ausgewählt wird (Weber & Wertz 1999, S. 22), um auch ungewöhnliche Vergleichsansätze anzuregen und in ihrer

Tragweite für die Unternehmung bewerten zu können. Zur späteren Feststellung relevanter Leistungslücken sind die dabei heranzuziehenden Beurteilungsgrößen zu bestimmen. Hierzu eignen sich je nach Problemstellung sowohl quantitative wie auch qualitative Zielgrößen. Es ist daher erforderlich, in der Unternehmung vorhandene Kennzahlensysteme auf ihre Eignung für den anstehenden Benchmarking-Prozeß – in Abhängigkeit vom Benchmarking-Objekt – zu überprüfen. Die Vorbereitungsphase findet ihren Abschluß mit der Bestimmung der „Lernarena" durch die Auswahl der Benchmarking-Partner. Ausgehend von einem „Ideal-Profil" einer Vergleichsunternehmung wird eine konkrete Vergleichsunternehmung auszusuchen sein, in der die als kritisch erkannten Erfolgsfaktoren „best practice" darstellen und so Spitzenleistung sichergestellt werden kann. Um dem sich aus der Studie ergebenden Gedankenaustausch den für ein fruchtbares Benchmarking längerfristigen Charakter zu verleihen, ist ein partnerschaftliches Verhältnis anzustreben. Die Partner im Benchmarking-Prozeß sollten eine „win-win"-Situation realisieren können (Weber & Wertz 1999, S. 25).

### 3.2 Analysephase

Im Zentrum der Analysephase steht die Informationsgewinnung und Informationsverarbeitung zur Durchführung des Leistungsvergleichs. Den ersten Schritt hierzu stellt, abhängig von der Benchmarking-Art, das Sammeln von Informationen interner wie externer Art dar. Dabei kann das Benchmarking-Team entweder auf bereits vorhandene, sekundäre Datenbestände des unternehmenseigenen Informationssystems, wie z. B. eigene Produktions- und Kostenstatistiken, Leistungskennzahlen des Personalsystems oder quantitative wie qualitative Datenbestände der unterschiedlichen Planungsebenen zurückgreifen. Ebenso bilden bei Bedarf externe Branchen- und Verbandsmittlungen oder Fachpublikationen sowie das Datenmaterial der Benchmarking-Partner Ansatzpunkte zur eingehenderen Analyse. Die Besonderheit der Benchmarking-Idee verdeutlicht die Erhebung primärer, auf das Benchmarking-Problem hin ausgerichteter Informationen. Hier kommt neben schriftlichen oder mündlichen Befragungen insbesondere Vor-Ort-Besuchen bei den Benchmarking-Partnern eine große Rolle zu. Denkbar ist auch eine zeitlich begrenzte Teilhabe an den relevanten Prozessen der Partner. Bei allem gebotenen Informationsbedarf muß jedoch eine uferlose, zumeist aus Orientierungsschwächen und Unsicherheit resultierende Datensammlung vermieden werden (Weber & Wertz 1999, S. 21).

Im weiteren Verlauf des Benchmarking-Prozesses sind diese Informationen zu interpretieren. Der Blick richtet sich dabei auf das Aufdecken von Lücken anhand der in der Vorbereitungsphase festgelegten Zielkriterien. Die Gründe für die sich zeigenden Abweichungen müssen diagnostiziert und ihre Bedeutung für den Zustand und die Entwicklung der Unternehmung beurteilt werden. Hierzu können alternative Prognoseverläufe der Weiterentwicklung der Leistungslücken – ohne und mit Intervention – durchdacht werden, um Hinweise für den Entwurf von Lösungsstrategien zur erhalten.

### 3.3 Umsetzungsphase

Die Konsequenzen des Benchmarking-Projektes werden sich auf vielfältige Weise in der Unternehmung niederschlagen. So ist zunächst eine Korrektur bisheriger Ziele und Strategien vorzunehmen, um den gewonnenen Benchmarking-Erkenntnissen grundsätzlich Rechnung zu tragen und die Orientierungsmarken für das neuartige, erwünschte Verhalten zu setzen. Aus den Einblicken in die Welt der „best practice" müssen im weiteren Maßnahmenpläne entwickelt werden, welche die Übernahme der als exzellent erkannten Praktiken in den betrieblichen Alltag der betroffenen Bereiche sicherstellen. Dabei sind eventuelle direkte oder mittelbare Auswirkungen der Benchmarking-Ergebnisse auch auf andere Bereiche der Unternehmung, die ursprünglich nicht Gegenstand der Benchmarking-Studie waren, zu beachten und in ihren Konsequenzen zu untersuchen. Zur weiteren sachlich-inhaltlichen Sicherstellung des Umsetzungsprozesses ist die Festlegung von Meilensteinen zur Fortschrittskontrolle vorzunehmen sowie eine regelmäßige Prozeßüberwachung sicherzustellen, um gegebenenfalls Korrekturmaßnahmen einleiten zu können.

Wie bei jeder Neuerung, so ist auch in der Umsetzung der Benchmarking-Studie mit Widerständen der Betroffenen zu rechnen. Um diese Friktionen möglichst abzumildern, bieten sich folgende Maßnahmen im Implementationsprozeß an:

❖ Die gewünschte Akzeptanz durch die Fachabteilungen macht eine umfassende Kommunikation der Ergebnisse im Zuge eines Benchmarking-Berichts erforderlich (Camp 1994, S. 24; Weber & Wertz 1999, S. 17).

❖ Eine wesentliche Rolle spielt dabei die Qualität der im Bericht dokumentierten Daten. Sind sie für die Betroffenen in ihrer Aussagekraft und den sich ergebenden Konsequenzen glaubwürdig, lassen sich die Schlußfolgerungen aus dem Interpretationsprozeß des Benchmarking-Teams nachvollziehen, und wird der initiierte Änderungsprozeß sowie der sich daraus

für den einzelnen Mitarbeiter ergebende Handlungsbedarf transparent, so werden sich die Chancen, daß die Veränderungen durch die Betroffenen akzeptiert werden, deutlich verbessern.

❖ Eine weitere Möglichkeit zur Senkung der Implementationsschwelle bietet die Einbindung von Mitarbeitern aus dem Benchmarking-Team in die betroffenen Bereiche. In der geforderten Crossfunktionalität des Teams liegt hier die Chance, Teammitgliedern die Rolle eines Bindegliedes zu übertragen und so die Anschlußfähigkeit zwischen Veränderungswunsch und Umsetzung in die Unternehmensrealität sicherzustellen.

❖ Schließlich ist die Umsetzung der Benchmarking-Ziele durch eine geeignete Ausgestaltung der Anreiz- und Belohnungssysteme zu unterstützen (Riegler 2002, Sp. 131).

Benchmarking muß in einem dynamischen Wettbewerbsumfeld als kontinuierlicher, fortlaufender Prozeß in der Unternehmung verstanden werden (Weber & Wertz 1999, S. 17). Nur eine ständige Überprüfung der gewonnenen Benchmarking-Ergebnisse kann sicherstellen, daß in einer Welt des permanenten Wandels und damit sich ebenfalls ständig verändernder Vergleichspraktiken die eigene Unternehmung den Anschluß an die „best practice"-Realität halten kann. Die Relevanz der Benchmarking-Partners als Leistungsreferenz für Anschlußstudien gilt es daher ebenso ständig zu hinterfragen (Horváth 2003, S. 418; Riegler 2002, Sp. 131).

## 4 Nutzen und Grenzen des Benchmarking

Der Nutzen eines Benchmarking-Prozesses wird maßgeblich von dem zu erwartenden Lernpotential bestimmt sowie von der Bereitschaft der betroffenen Unternehmensmitglieder, sich diesem Lernprozeß aktiv und unvoreingenommen zu stellen. Eine kommunikativ gute Vorbereitung ist damit ebenso wichtig, wie eine perfekte Ablauforganisation und Ergebnisdokumentation. Allerdings: Eine gute Dokumentation ist für den Prozeßerfolg hilfreich, die Lektionen aus dem Benchmarking-Projekt verstanden zu haben, ist essentiell. Gelingt es, aus dem Benchmarking-Projekt Anstöße für die Etablierung eines permanenten Lernprozesses in der eigenen Unternehmung zu gewinnen (Watson 1993, S. 99 ff.), bildet Benchmarking ein wertvolles Element zur Anreicherung und Flexibilisierung der betrieblichen Wissensbasis und damit einen Baustein hin auf dem Weg zu einer „intelligenten" Unternehmung (Simon 2002, S. 239 ff.): „We understand that the only competitive advantage the company of the future will have is its managers' ability to learn faster than their competitors" (de Geus 1988, S. 74). Unter diesen Bedingungen reut die unbestritten hohe Zeit- und Ressourcenintensität eines Benchmarking-Prozesses wohl kaum.

Bleibt es im Benchmarking-Prozeß jedoch lediglich beim Abhaken von Checklisten, wird unreflektiert eine Verfahrensweise des Wettbewerbs imitiert, ohne daß die Unternehmensmitglieder die dahinter stehende Philosophie verstanden haben, überfordert der Transfer eines analogen Musters vom Benchmarking-Partner auf die eigene Unternehmung die Vorstellungs- und Interpretationskraft der Beteiligten, so wird Benchmarking zur Fingerübung ohne Nutzwert. Daher verwundern auch nicht die Erfahrungsberichte mancher Unternehmungen, deren Benchmarking-Prozesse wirkungslos gescheitert sind (Weber & Wertz 1999, S. 17 f.). *(vs)*

*Literatur*

Camp, Robert C. 1994: Benchmarking. München, Wien: Hanser

De Geus, Arie P. 1988: Planning as Learning. In: Harvard Business Review, 66 (2), S. 70-74

Fraunhofer Institut für Produktionsanlagen und Konstruktionstechnik 2005 a: Informationszentrum Benchmarking: Benchmarkingmethode. Zugang: http://www bench-markt.fhg.de/Benchmarking (08.02.2006)

Fraunhofer Institut für Produktionsanlagen und Konstruktionstechnik 2005 b: Kennzahlenbenchmarking für KMU: Zugang: http://www.benchmarking.fhg.de/Benchmarking/ kmu (08.02.2006)

Furey, Timothy R. 1987: Benchmarking. The Key to Developing Competitive Advantage in Mature Markets. In: Planning Review, 15 (5), S. 30-32

Gewald, Stefan 1999: Hotel-Controlling. München, Wien: Oldenbourg

Horváth, Peter; Roland N. Herter 1992: Benchmarking – Vergleich mit den Besten der Besten. In: Controlling, H. 1, S. 4-11

Horváth, Peter 2003: Controlling. München: Vahlen (9. Aufl.)

Pawlowsky, Peter 1992: Betriebliche Qualifikationsstrategien und organisationales Lernen. In: Wolfgang H. Staehle; Peter Conrad (Hrsg.): Managementforschung 2. Berlin, New York: de Gruyter, S. 177-237

Probst, Gilbert J.B.; Bettina S. T. Büchel 1994: Organisationales Lernen. Wettbewerbsvorteil der Zukunft. Wiesbaden: Gabler

Puschmann, Norbert 2000: Benchmarking. Organisation, Prinzipien und Methoden. Unna : Externbrink-Puschmann

Regler, Christian 2002: Benchmarking. In: Hans-Ulrich Küpper; Alfred Wagenhofer (Hrsg.): Handwörterbuch Unternehmensrechnung und Controlling. Stuttgart: Schaeffer-Poeschel (4. Aufl.)

Schrand, Axel; Thomas Schlieper 2004: Informationsgrundlagen und Entscheidungsrahmen. In: K. H. Hänssler (Hrsg.): Management in der Hotellerie und Gastronomie. Betriebswirtschaftliche Grundlagen. München, Wien: Oldenbourg, S. 211-223 (6. Aufl.)

Senge, Peter M. 1996: Die fünfte Disziplin. Kunst und Praxis der lernenden Organisation. Stuttgart: Klett-Cotta

Siebert, Gunnar; Stefan Kempf 2002: Benchmarking. Leitfaden für die Praxis. München, Wien: Hanser (2. Aufl.)

Simon, Volker 2000: Management, Unternehmungskultur und Problemverhalten. Wiesbaden: DVU, Gabler

Simon, Volker 2002: Intelligente Unternehmen als Idealtyp der Wissensgesellschaft. In: Auf dem Weg in die Wissensgesellschaft. Veränderte Strukturen, Kulturen und Strategien. Frankfurt: FAZ

Watson, Gregory H. 1993: Benchmarking – Vom Besten lernen. Landsberg/Lech: moderne industrie

Weber, Jürgen; Utz Schäffer 2004: Einführung in das Controlling. Stuttgart: Schäffer-Poeschel (11. Aufl.)

Weber, Jürgen; Boris Wertz 1999: Benchmarking Excellence. Vallendar: WHU Koblenz, Otto-Beisheim-Hochschule

Zdrowomyslaw, Norbert; Robert Kasch 2002: Betriebsvergleiche und Benchmarking für die Managementpraxis. Unternehmensanalyse, Unternehmenstransparenz und Motivation durch Kenn- und Vergleichsgrößen. München, Wien: Oldenbourg

## Bergstation

*mountain station*

Im Seilbahnverkehr oder bei Schleppliften wird die obere Ausstiegsstelle Bergstation, die untere Einstiegsstelle Talstation genannt.

## Berlitz Complete Guide to Cruising & Cruise Ships

→ Klassifizierung (Kreuzfahrt)

## Bermuda Abkommen

*Bermuda Agreement*

Bilaterales Luftverkehrsabkommen, das 1946 zwischen Großbritannien und den Vereinigten Staaten von Amerika geschlossen wurde und als Modell für weitere solcher bilateralen Abkommen zwischen einzelnen Staaten diente.

Nachdem 1977 das Abkommen zwischen den Großbritannien und den USA neu verhandelt wurde, wird das erste Abkommen als ‚Bermuda I' und das folgende als ‚Bermuda II' bezeichnet. *(jwm)*

## Besatzung

→ Crew

## Beschaffung (Hotel)

→ Supply Management (Hotel)

## Besenwirtschaft

→ Straußwirtschaft

## Besitz

*possession*

In der Umgangssprache fälschlicherweise oft mit → Eigentum gleichbedeutend verwendet, bezeichnet aber juristisch nur die „tatsächliche Gewalt über die Sache" (§ 854 BGB). Der Besitzer ist zwar in der Regel, nicht aber notwendigerweise auch der Eigentümer. Das Besitzrecht, also die Möglichkeit, die Sache zu beherrschen, kann aufgrund von Pacht (→ Pachtvertrag) oder → Miete übertragen werden und hängt bezüglich Umfang, Dauer, Entgelt etc. von der vertraglichen Ausgestaltung zwischen Besitzer (Pächter, Mieter) und Eigentümer (Verpächter, Vermieter) ab, dem die Sache trotz des übertragenen Besitzrechtes weiterhin gehört. Wird der Besitz durch verbotene Eigenmacht dem Besitzer entzogen oder dieser im Besitz gestört, so hat er einen Wiedereinräumungsanspruch bzw. einen Beseitigungs- und Unterlassungsanspruch gegen den unrechtmäßigen Besitzer. *(gd)*

## Best ager

Anglizismus, der im Zusammenhang mit dem Seniorentourismus als Fachbegriff entstanden ist. Gemeint sind diejenigen Personen, die im ‚besten Alter' stehen. Es handelt sich also um eine demographische Kategorie für eine Konsumentengruppe. Im Tourismus werden Altersgruppierungen ab 50, 55 oder auch 60 Jahren darunter verstanden.

Reiseversicherer sehen in den Best agern eine besondere Risikogruppe, von denen in der → Auslandsreisekrankenversicherung sehr oft ein sog. Alterszuschlag verlangt wird. Eher indirekt ist die Berücksichtung dieses Risikozuschlags in der Prämiengestaltung im Bereich des Kreuzfahrttourismus (→ Kreuzfahrt) zu beobachten, wo etwa im Vergleich zur normalen → Pauschalreise höhere Prämien verlangt werden. *(hdz)*

## Besucher
*visitor*
Reisende, die sich zeitweilig an einem anderen Ort als dem ihres ständigen Wohnsitzes aufhalten. Davon zu unterscheiden sind → Touristen und → Ausflügler. *(jwm)*

*Literatur*
Mundt, Jörn W. 2006: Tourismus München, Wien 2006 (3. Aufl.)

## Betreutes Reisen
*assisted travelling*
Reiseform für in ihrer räumlichen Mobilität behinderte oder beeinträchtige Personen (→ Behindertentourismus). Es handelt sich dabei in der Regel um Gruppenreisen, die von entsprechend qualifiziertem Personal begleitet werden. Je nach der Art der Beeinträchtigungen und Behinderungen der Mitglieder der Reisegruppe (körperlich, seelisch, geistig) sind dabei andere Anforderungen zu erfüllen. Die Betreuung bezieht sich auf den gesamten Ablauf der Reise. Durch die zunehmende Lebenserwartung und den steigenden Anteil alter Menschen an der Bevölkerung gewinnt betreutes Reisen eine immer größere Bedeutung. Die wachsende Nachfrage wird vor allem durch gemeinnützige Organisationen

wie zum Beispiel das Rote Kreuz, die Arbeiterwohlfahrt, den Malteser Hilfsdienst usw. abgedeckt. *(jwm)*

## Betriebsergebnis I
*gross operating profit, ~result*
Bezeichnet gemäß → SKR 70 (Sonderkontenrahmen des Gastgewerbes) die Differenz aus Betriebsertrag und betriebsbedingtem Aufwand. Für einen Hotelbetrieb stellt der Betriebsertrag die Summe der Erträge aller operativen Abteilungen dar (Beherbergungsertrag, Gastronomieertrag, sonstige Erträge zum Beispiel aus Vermietung von Tagungsräumen, aus Telefonnutzung, Nutzung der → Wellness- und Sporteinrichtungen etc.). Vom Betriebsertrag werden die sog. betriebsbedingten Aufwendungen (Waren-, Personal-, Energieaufwand, ertragsunabhängige Steuern und Versicherungsbeiträge sowie der Betriebs- und Verwaltungsaufwand) in Abzug gebracht. Aufwendungen, die zwar den gesamten Betrieb betreffen, aber den operativen Abteilungen nur schwer zuzuordnen sind, bleiben als nicht zugewiesene Gemeinkosten (Fixkosten) unberücksichtigt. Das Betriebsergebnis I entspricht somit dem betrieblichen Überschuß vor Mieten/Pachten, Leasing, Steuern, AfA & GWG und Zinsen.

Oftmals wird das Betriebsergebnis I mit dem im → Uniform System of Accounts for the Lodging Industry (USALI) verwendeten *gross operating profit* gleichgesetzt. Dieser beinhaltet rein formal allerdings nicht die ertragsunabhängigen Steuern und Versicherungsbeiträge, jedoch die Aufwendungen für Instandhaltung. *(stg/bvf)*

## Betriebergebnis II
*net operating profit, ~result*
Bezeichnet gemäß → SKR 70 (Sonderkontenrahmen des Gastgewerbes) die

Differenz aus → Betriebsergebnis I und anlagebedingtem Aufwand bzw. der nicht einzeln zuzuordnenden Gemeinkosten. In einem Hotelbetrieb zählen zum anlagebedingten Aufwand Mieten und Pachten, Management- und Franchisegebühren *(overheads)*, Aufwendungen für Leasing und Miete, Instandhaltung, → FF&E Reserve, AfA & GWG (= Absetzung für Abnutzung und geringfügige Wirtschaftsgüter) sowie Zinsaufwendungen. Bei Betrachtung des Betriebsergebnisses II ist im Gegensatz zur Betrachtung von Betriebsergebnis I ein Vergleich zwischen Eigentums- und Pachtbetrieben nur noch sehr eingeschränkt möglich. Betriebsfremder (sonstiger) Aufwand und Ertrag werden im Betriebsergebnis II nicht berücksichtigt.

Oftmals wird das Betriebsergebnis II mit dem im → Uniform System of Accounts for the Lodging Industry (USALI) verwendeten *net operating profit* gleichgesetzt. Dieser beinhaltet rein formal allerdings noch die sonstigen/außerordentlichen Erträge und Aufwendungen, häufig dafür aber keine Pachtzahlungen. *(stg/bvf)*

## Betriebsergebnis III

Das Betriebsergebnis III bezeichnet gemäß → SKR 70 (Sonderkontenrahmen des Gastgewerbes) das Ergebnis aus → Betriebsergebnis II abzüglich des sonstigen Aufwands zuzüglich des sonstigen Ertrags. Im Hotelbetrieb zählen zum sonstigen Aufwand alle Aufwendungen, die nicht direkt dem betrieblichen Vorgang zuzuordnen sind und unregelmäßig vorkommen (z. B. Wertberichtigungen, Verluste aus Anlagenabgängen). Im sonstigen Ertrag sind alle Erträge enthalten, die ebenfalls nicht direkt den betrieblichen Vorgängen zuzuordnen sind (z.B. Versicherungsentschädigungen, Erträge aus dem Abgang von Gegenständen des

Anlagevermögens, Zinsen und ähnliche Erträge, Auflösung von Rückstellungen). Mit dem Betriebsergebnis III ist der betriebswirtschaftliche Erfolg des Unternehmens darstellbar. *(cf)*

## Betriebsordnung Kraft (BO-Kraft)

*work rules for passenger transport with motor vehicles*

Korrekter Name: Verordnung über den Betrieb von Kraftfahrtunternehmen im Personenverkehr. – Sie gilt für alle Unternehmen, die den kommerziellen Transport von Personen mit Kraftfahrzeugen betreiben. Das sind zum einen Taxibetriebe und zum anderen Busunternehmen sowohl im Linien- wie im Bedarfsverkehr. Hierin werden die Rechte und Pflichten der Unternehmer festgelegt. *(jwm)*

## Betriebspflicht

*transport obligation*

Pflicht von → Fluggesellschaften, die im Liniendienst tätig sind, ihre Flüge unabhängig von der Buchungslage gemäß den veröffentlichten Flugplänen durchzuführen. Streichungen *(cancellations)* von Flügen sind nur aufgrund technischer, wetterbedingter (→ Landekategorien) oder Faktoren höherer Gewalt zulässig.

## Betriebsstufen

→ Landekategorien

## Bettenauslastung

→ Auslastung

## Bewirtungsvertrag

*service agreement*

Unterart des Gastaufnahmevertrages. Er ist ein sog. Mischvertrag und setzt sich je nach Art der → Dienstleistung aus einem Kaufvertrag (Getränke), einem Werkvertrag (→ Menü) und dem

Mietvertrag (Reservierung von bestimmten Räumen) zusammen. Sollte einer der Leistungen einen Fehler (Mangel) aufweisen, kann der Gast von seinen gesetzlichen Gewährleistungsrechten (zum Beispiel §§ 434 ff. BGB) Gebrauch machen. Nimmt der Gast hingegen die bestellten Leistungen nicht ab, bleibt er dennoch zur Zahlung verpflichtet (u.a. nach § 647 BGB). *(bd)*

## BFU
→ Bundesstelle für Flugunfalluntersuchungen

## Bien cuit
→ Garstufen

## Bierlieferungsvertrag
*beer supply agreement*
Bierlieferungsverträge (auch Getränkebezugsverträge genannt) sind in der gewerblichen Gastronomie sehr häufig, schon deshalb, weil Brauereien/ Getränkegroßhändler in Deutschland häufig als Verpächter von Gaststätten auftreten. Durch entsprechende Vereinbarungen (Bierlieferungsvertrag) wird bestimmt, daß der Pächter/Gastwirt nur ausschließlich Getränke seines Verpächters verkaufen darf. Jedoch auch außerhalb eines Pachtvertrages gibt es eine solche vertragliche Bindung, wenn z.B. ein Gastwirt Leistungen der Brauerei/Getränkehändler wie Inventar, Darlehen usw. annimmt.

Der Bierlieferungsvertrag ist gesetzlich nicht geregelt und kann deshalb nach dem Grundsatz der Vertragsfreiheit relativ frei gestaltet werden. Die Rechtsprechung hat lediglich Schranken bzgl. der Bezugsdauer gesetzt. In der Regel darf ein Bierlieferungsvertrag nicht länger als 15 Jahre laufen. Häufig beinhalten diese Verträge auch sog. Mindestbezugsverpflichtungen, wonach der

Gastwirt sich verpflichtet, eine bestimmte Anzahl von Hektolitern abzunehmen. Soweit Bierlieferungsverträge mit einem Existenzgründer abgeschlossen werden, unterliegt der Vertrag einem 14-tägigen Widerrufsrecht. Hierüber muß der Schuldner (Wirt) ordnungsgemäß nach den §§ 505 ff. BGB belehrt werden. *(bd)*

## Big five
→ Safari

## Bilanzierung
*financial accounting*

**1    Der Jahresabschluß:
      Aufgabe und Informationszweck**
Der Jahresabschluß einer Unternehmung stellt das zentrale Informationsinstrument des externen Rechnungswesens dar. Er stellt durch einen Rechnungsabschluß für das abgelaufene Geschäftsjahr gemäß den jeweils gültigen rechtlichen Vorschriften (Handelsrecht, Steuerrecht, Internationale Rechnungslegungsvorschriften) Informationen über die Vermögens-, Finanz- und Ertragslage der Unternehmung zur Verfügung (§ 264, Abs. 2 HGB) und besteht in seiner Mindestkonfiguration aus Bilanz und Erfolgsrechnung (§ 242 HGB). Darüber hinaus können je nach Rechtsform noch weitere ergänzende Informationselemente hinzukommen (z.B. der Anhang als erläuternder Teil des Jahresabschlusses sowie der Lagebericht als zusätzliches Informationsinstrument, jeweils bei Kapitalgesellschaften [§ 264, Abs. 1 HGB]) oder – je nach Anlaß (bspw. Rechtsformwechsel, Sanierung o.ä.) – weitere Sonderrechnungen durchgeführt werden. Grundsätzliches Ziel des Jahresabschlusses ist die Bereitstellung quantitativer Informationen für Dritte, an der Unternehmung interessierte Personen oder Institutionen – Eigen

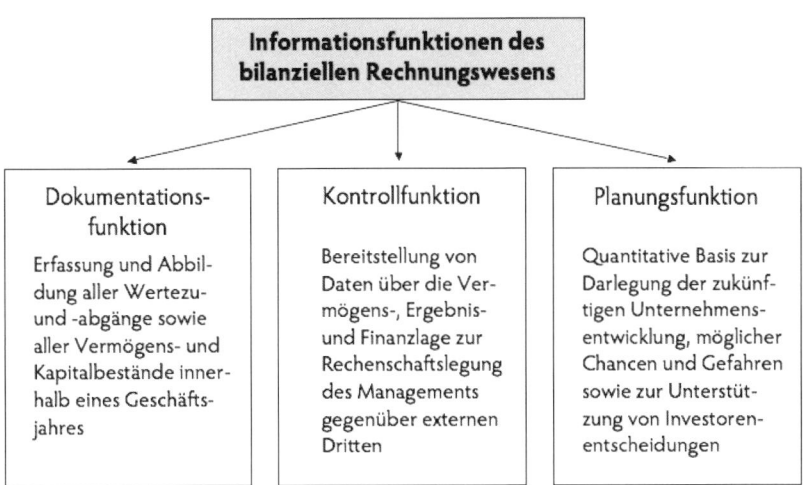

**Abbildung 1:** Funktionen des bilanziellen Rechnungswesens

tümer, potentielle Investoren, Banken, Fiskus, Kunden, Lieferanten usw., kurz die *stakeholder* (Coenenberg 2005, S. 9). Daher orientiert sich seine Erscheinungsform an dem jeweils an ihn gestellten Informationszweck im Rahmen seiner grundsätzlichen Dokumentations-, Kontroll- und Planungsfunktionen.

Aufgrund der heterogenen Zusammensetzung der *stakeholder* (→ Stakeholder Management) und der dadurch erforderlichen gleichzeitigen Berücksichtigung diverser Informationsinteressen bewegt sich der Ausweis des Jahresabschlusses in einer informationellen „Spagatsituation" (Coenenberg 2005, S. 13 ff.):

❖ Der langfristig gewinnorientierten Eigenkapitaleigner erwartet Informationen über die Stabilität seines Investments, eine angemessene Renditeerwirtschaftung und eine nachhaltige Entwicklung der Unternehmung.

❖ Der kurzfristorientierte, spekulative Investor ist an einer aktuell positiv dargestellten Ertragsaussicht (Spekulationen über Kurssteigerungen oder Dividendenerwartungen zur Gewinnmitnahme) oder an dem Erkennen aktuell sich andeutender besonderer Geschäftsrisiken (Abstoßen von Portfolio-Bestandteilen rechtzeitig vor Kurseinbruch zur Verlustminimierung) interessiert.

❖ Der potentielle Investor ist vor allem am Entwicklungspotenial einer Unternehmung interessiert.

❖ Die sicherheitsorientierten Gläubiger – Banken wie auch bspw. Lieferanten – erwarten Informationen hinsichtlich der Fähigkeit der Unternehmung, jetzt und in Zukunft anstehende Kapitalrückzahlungen leisten zu können, da ihnen ansonsten ein Forderungsausfall droht (insbesondere bei beschränktem Haftungskapital).

❖ Der Fiskus ist vornehmlich an unmittelbaren Steuereinnahmen bei Gewinnerzielung und Steuergerechtigkeit interessiert und erwartet daher normalerweise eine besonders realistische Darstellung des Unternehmensgewinns.

❖ Die interessierte allgemeine Öffentlichkeit wie z.B. Tarifpartner, Verbände, Medien u.a., die z.B. ein volkswirtschaftlich oder allgemein gesellschaftlich motiviertes Interesse an der Unternehmung entfaltet (Arbeitsplatzsicherung, ökologische Interessen, soziale Verantwortung) erwartet ebenfalls – insbesondere bei großen Publikumsgesellschaften – eine möglichst ihren diversen Informationsinteressen entgegenkommende „gläserne" Rechenschaftslegung.

Aus diesen widerstreitenden Interessenlagen ist die Vorgabe eines gesetzlichen kodifizierten, verbindlichen Mindestrahmens für die Sicherung eines sinnvollen, möglichst transparenten, nachvollziehbaren Einblicks in die Vermögens-, Finanz- und Ertragslage einer Unternehmung zu verstehen. Dies zeigt sich insbesondere auch in den speziellen Regelungen für Kapitalgesellschaften (Mindestgliederungsschema für Bilanz und GuV, Definition von Mindestbestandteilen eines Lageberichts usw.), die – je nach Größe (§ 267 HGB) – zu einer besonders weitgehenden Offenlegung ihrer wirtschaftlichen Situation verpflichtet sind. Zumindest ist damit allen beteiligten Interessegruppen bekannt, nach welchen „Spielregeln" die Informationen der Bilanz gewonnen werden und zu interpretieren sind. Zur formalen Absicherung dieses Ausweises haben sich in Theorie und Praxis der Bilanzierung sogenannte „Grundsätze ordnungsmäßiger Bilanzierung" herausgebildet (Wahrheit, Klarheit, Kontinuität, Identität, Vorsicht). Sie betreffen im wesentlichen den formalen Bilanzaufbau wie die anzuwendenden materiellen Wertansätze in der Bilanz und liegen zur weiteren Konkretisierung der allgemeinen Regeln in zahlreichen differenzierten Teilgrundsätzen vor (Baetge, Kirsch &

Thiele 2003, S. 94; Coenenberg 2005, S. 39 ff.).

## 2 Bilanzbegriff und Bilanzzweck

Die Bilanz umfaßt eine systematisch gegliederte Gegenüberstellung von Vermögen und Kapital einer Unternehmung zum Bilanzstichtag. Unter dem Vermögen einer Unternehmung versteht man die Gesamtheit aller im Betrieb verfügbaren und/oder eingesetzten bzw. genutzten Geldmittel und Wirtschaftsgüter. Nur mit ihnen kann die Unternehmung wirtschaftlich tätig werden (lat. *agere* = agieren, handeln). Wirtschaftsgüter und Geldmittel werden auch als Aktiva *(assets)* bezeichnet und zeigen die Verwendungsarten der Mittel (Kapital), die der Unternehmung von Eigen- und Fremdkapitalgebern zur Verfügung gestellt wurden. Geldmittel setzen sich aus Bar- und Buchgeld sowie zu Spekulationszwecken kurzfristig gehaltenen Wertpapieren zusammen. Diese Geldmittel sind somit noch nicht in Wirtschaftsgüter investiert worden. Wirtschaftsgüter stellen Vermögenswerte der Unternehmung dar, die sie für ihre Zwecke einsetzt, also einen Nutzen abgeben, die in der Regel selbständig bewertungsfähig und veräußerbar sind und die ihr gehören (Weber & Weißenberger 2006, S. 59 ff.). Das Kapital einer Unternehmung repräsentiert die Summe aller Schulden gegenüber den Eigentümern (*equity*, definiert aus Sicht der Unternehmung bzw. eines professionellen Managements, für das die Eigentümer eine externe Bezugsgruppe darstellen) und den Gläubigern *(liabilities)*. Diese Schulden werden auch als Passiva bezeichnet (lat. *pati* = leiden; unter der Anspruchslast der Passiva leidet das Vermögen). Das Kapital einer Unternehmung ist in den Vermögensteilen der Aktivseite gebun-

| AKTIVA | PASSIVA |
|---|---|
| Investition | Finanzierung |
| Was? Wofür? Wie? Wie lange? | Womit? Wer? |
| Wie wurden die vorhandenen Mittel angelegt, verwendet? | Wer hat Anspruch auf die Mittel? |

**Bilanz zum 31.12.20XX**

| AKTIVA | *in TEUR* | PASSIVA | |
|---|---|---|---|
| **Anlagevermögen** | 48.415 | **Eigenkapital** | 18.274 |
| Immaterielle Vermögenswerte | 9.385 | Geschäftseinlage | 9.500 |
| Immobilien | 10.796 | Gewinnrücklagen | 8.774 |
| Geschäftsausstattung | 19.875 | | |
| Beteiligungen | 8.359 | **Fremdkapital** | 58.333 |
| | | Rückstellungen | 3.641 |
| **Umlaufvermögen** | 28.192 | | |
| Vorräte | 953 | **Verbindlichkeiten** | |
| Forderungen | 15.657 | langfristig | 22.220 |
| Zahlungsmittel | 11.582 | kurzfristig | 32.472 |
| **Bilanzsumme** | 76.607 | **Bilanzsumme** | 76.607 |

**Abbildung 2:** Beispiel einer Strukturbilanz nach HGB

den und kann somit auch als Ausdruck der Ansprüche an das Vermögen auf Rückgabe der zur Verfügung gestellten Mittel bzw. als Herkunftsausweis der im Vermögen der Unternehmung gebundenen Mittel verstanden werden. Die Bilanz kann somit als ein Wertespeicher aufgefasst werden (Weber & Weißenberger 2006, S. 62 ff. und 71 ff.):

❖ In der Bilanz werden auf der Aktivseite alle noch verfügbaren und damit noch nicht im Unternehmensprozeß verbrauchten, nach den jeweils gültigen Regeln der Rechnungslegung bilanzierten, also aktivierten Unternehmensressourcen abgebildet, die in den Folgeperioden im Unternehmensprozeß eingesetzt werden können. Sie werden nach ihrer zeit-

lichen Bindung in der Unternehmung in Anlagevermögenswerte (sie stehen längerfristig zur Nutzung zur Verfügung) und Umlaufvermögenswerte gegliedert.

❖ Auf der Passivseite sind dementsprechend alle noch nicht getilgten Ansprüche an die Unternehmung nach den jeweils gültigen Regeln der Rechnungslegung, gegliedert nach den Anspruchsgruppen in Eigen- und Fremdkapital, verzeichnet.

Grundsätzlich ist somit eine Bilanz in der Summe der Aktiva und Passiva immer ausgeglichen (vulg. lat. *bilancia* bzw. lat. *bi-lanx* = zwei Waagschalen habend), da beide Seiten der Bilanz identische Positionen – lediglich unter unterschiedlichen Gesichtspunkten – ausweisen.

Der tatsächliche Unternehmenswert – gemessen bspw. in der Summe der diskontierten zukünftigen → Cash Flows – weicht jedoch in der Regel von dem bilanzierten Vermögenswert (der Bilanzsumme) deutlich ab, was sich durch die weitgehende Nicht-Bilanzierungsfähigkeit immaterieller Vermögenswerte wie Image, Goodwill, Kundenstamm, Patente, Know how oder auch stille (Bewertungs-)Reserven erklärt.

### 3 Die Erfolgsrechnung: Begriff und Zwecksetzung

In der Erfolgsrechnung (Gewinn- und Verlustrechnung, GuV) einer Unternehmung wird die gesamte periodenbezogene Werteentstehung (in erster Linie die Umsatzerlöse) als Ertrag dem gesamten periodenbezogenen Werteverzehr (Material, Abnutzung der Anlagen, Gehälter, Zins, Spenden u.a.m.) als Aufwand gegenübergestellt (Weber & Weißenberger 2006, S. 201 ff.). Die Differenz zwischen Ertrag und Aufwand einer Periode stellt den wirtschaftlichen Erfolg, das Ergebnis des Wirtschaftens der Unternehmung dar. Ist der Erfolg positiv, heißt er Gewinn, ist er negativ, Verlust. Aus der Erfolgsrechnung ergibt sich ein Einblick in die - periodenbezogene – Ergebnislage und damit in die Kraft der Unternehmung zur Gewinnerzielung und Substanzsicherung. Unternehmensaktivitäten, die dabei der Haupttätigkeit – dem Betriebszweck der Unternehmung zuzurechnen sind (Sachziel, Leistungsprogramm), haben das Betriebsergebnis als Resultat. Von diesen Aktivitäten sind Tätigkeiten zu unterscheiden, die lediglich einen Nebenzweck darstellen (z.B. Finanzerträge durch Realisierung von Kursschwankungen, Spendenaufwand u.a.). Sie werden in ihrem Resultat im neutralen Erfolg gezeigt. Die Erfolgsrechnung wird in der Regel in Staffelform (von den Erträgen werden nach und nach alle Aufwandspositionen subtrahiert) erstellt.

Grundsätzlich stehen zur Realisierung der Gewinn- und Verlustrechnung zwei alternative Verfahren zur Verfügung (Baetge, Kirsch & Thiele 2003, S. 577 ff.; Weber & Weißenberger 2006, S. 205 ff.):

❖ Im Zuge des Gesamtkostenverfahrens werden die gesamten Aufwendungen eines Geschäftsjahres, gegliedert nach Aufwandsarten, den Erträgen dieses Geschäftsjahres gegenübergestellt. Da alle Aufwendungen erfasst werden, schlägt sich auch der Aufwand für halbfertige und fertige Leistungen in der Rechnung nieder. Es liegt somit eine Lagerbestandserhöhung vor, die frühestens in den Folgeperioden zu Umsätzen führen wird. Um den gesamten Wertezuwachs innerhalb des Geschäftsjahres abzubilden, müssen somit auf der Ertragsseite die Bestandserhöhungen wertmehrend erfasst werden. Der hierbei relevante Bewertungssatz sind die Herstellungskosten. Übersteigt hingegen die Verkaufsmenge die Produktionsmenge, so mußte von Lager – soweit vorhanden – verkauft werden. In diesem Falle sind die Aufwendungen der Produktion um die Lagerentnahme zu Herstellungskosten zu ergänzen.

❖ Das Umsatzkostenverfahren stellt grundsätzlich eine Absatzerfolgsrechnung dar. Im Jahresergebnis werden nach diesem Verfahren nur die Erträge und die Aufwendungen der im Geschäftsjahr veräußerten Leistungsmengen berücksichtigt. Somit werden Bestandsveränderungen nicht in die Rechnung mit einbezogen. Aufgrund der stärkeren Marktorientierung wird zunehmend das Umsatzkostenverfahren bevorzugt angewendet.

Gleich welches Verfahren zur Anwendung gelangt, es wird grundsätzlich das Gesamtergebnis der Unternehmung für das abgelaufene Geschäftsjahr abgebildet. Neben dem betrieblichen Erfolg gehen somit auch das Finanzergebnis und das außerordentliche Ergebnis in die Berechnung mit ein (vgl. Abbildung 3).

**Abbildung 3:** Die Struktur des bilanziellen Ergebnisses

### 4 Grundzüge der Ansatz- und Bewertungsregeln des Handelsgesetzbuches

Wie gesehen, wird die Informationsaufgabe eines Jahresabschlusses durch vielfältige, teilweise widerstrebende Interessenlagen geprägt. Die HGB-orientierte Bilanz des Einzelabschlusses einer Unternehmung folgt dabei der Bilanzierungsphilosophie des Gläubigerschutzes und damit dem Vorsichtsprinzip. Es kommt dadurch zu einem betont konservativen Ausweis der vorhandenen Werte, um ein zu optimistisches Bild der Vermögens-, Finanz- und Ertragslage zu vermeiden. Daraus ergeben sich für die Erstellung einer Bilanz einige grundsätzlich zu beachtenden

Rahmenbedingungen (vgl. Baetge, Kirsch & Thiele 2003, S. 167 ff.; Coenenberg 2005, S. 75 ff.; Weber & Weißenberger 2006, S. 87 ff. und 151 ff.):

❖ Ein Vermögensgegenstand ist von einer Unternehmung zu bilanzieren, wenn er einen Nutzen abgibt und einzeln bewertbar und veräußerbar ist. Er muß weiterhin in den wirtschaftlichen Einflußbereich der betrachteten Unternehmung fallen, und es mu? ein Gefahrenübergang stattgefunden haben. Des weiteren darf kein Bilanzierungsverbot bestehen (wie z.B. für selbstgeschaffene immaterielle Vermögenswerte).

❖ Eine Verbindlichkeit ist bilanzierungsfähig, wenn sie sicher feststeht. Aber auch Verpflichtungen, die zwar ihrem Grunde nach, nicht jedoch ihrer Höhe und ihrer Fälligkeit nach festliegen, müssen oder dürfen berücksichtigt werden (Rückstellungen). Schließlich müssen die Kapitalpositionen wiederum selbständig bewertbar sein. Auch hier sind Bilanzierungsverbote zu beachten.

❖ Der Gesetzgeber läßt darüber hinaus einige wenige Ansatzwahlrechte zu. Dies betrifft auf der Aktivseite bspw. den sogenannten derivativen Firmenwert (Differenz von höherem Kaufpreis und niedrigerer Bilanzsumme abzüglich der Verbindlichkeiten) und auf der Passivseite teilweise die Bildung von Rückstellungen (z.B. für erwartete Gewährleistungen).

❖ Dem Vorsichtsprinzip entsprechend legt der Gesetzgeber Bilanzierungshöchstwerte für bilanzierungsfähige Vermögens- und Kapitalpositionen fest. Grundsätzlich gilt dabei für Vermögenswerte der Ansatz der historischen Anschaffungs- und Herstellungskosten. Diese sind – soweit es sich um Anlage-vermögenswerte handelt, die einer Abnutzung unterliegen – durch regelmäßige Abschreibungen zur wertmäßigen Abbildung des Werteverzehrs zu mindern. Außer-ordentliche Wertminderungen des Umlaufvermögens (z.B. sinkende Marktpreise) müssen unmittelbar im Jahresabschluss Berücksichtigung fin-den (strenges Niederstwertprinzip), beim Anlagevermögen dürfen sie ausgewiesen werden, soweit sie nur von vorübergehender Dauer sind (gemildertes Niederstwertprinzip). Ansonsten gilt auch hier die strenge Auslegung des Wertansatzes.

❖ Für die Verrechnung von Erträgen und Aufwendungen gilt schließlich noch das Imparitätsprinzip (Un-gleichbehandlung von Ertrag und Aufwand): Drohende Aufwendungen müssen oder dürfen bereits in der Erfolgsrechnung berücksichtigt wer-den, wenn sie nur dem Grunde nach bekannt sind, auch wenn ihre Höhe und der Zeitpunkt ihres Eintritts noch unbestimmt sind. Die hierfür typische Konsequenz ist die Bildung von Rückstellungen. Für Erträge hin-gegen gilt das Realisationsprinzip.

## 5   Die Bilanzanalyse

Als Bilanzanalyse werden Verfahren zur Gewinnung und Auswertung von Informationen durch externe Dritte (z.B. aktuelle oder potentielle Investoren, Analysten, Wettbewerber) bezeich-net, mit deren Hilfe aus den Angaben des Jahresabschlusses (Bilanz, GuV, Anhang) und des Lageberichts zusätz-liche Erkenntnisse über die Vermögens-und Kapitalstruktur sowie Ertrags- und Finanzkraft der Unternehmung gewon-nen werden sollen. Hierzu werden die vor-liegenden veröffentlichten Informationen

der Unternehmung (standardmäßig Bilanz, GuV, Anhang und Lagebericht) durch weitere Informationsmittel ergänzt (Küting & Weber 2006, S. 6 ff.):

❖ Public Relations-Mitteilungen der analysierten Unternehmung,
❖ Tages- und Wirtschaftspresse,
❖ Verbandsmitteilungen oder auch
❖ Informationen von Kreditinstituten.

Darüber hinaus ist ein Zeitreihenvergleich zwingend erforderlich, um Aussagen über die Entwicklung einer Unternehmung treffen zu können. Jahresabschlüsse wie auch die übrigen Informationsquellen stellen lediglich zeitpunktbezogene Informationen zur Verfügung, die erst im Rahmen eines Zeitvergleichs wie auch eines Branchen- oder Kon-kurrenzvergleichs eingeordnet werden können. Der Jahresabschluß wird in der Regel über folgende drei Teilanalysen untersucht (Coenenberg 2005, S. 985 ff.; Küting & Weber 2006, S. 111 ff.):

❖ Die Vermögens- und Kapitalstruk-turanalyse – Die Bilanz zeigt den Aufbau der Vermögens- und Ka-pitalstruktur und ist damit Gegenstand der Untersuchung. Auf der Aktivseite interessieren vor allem bestimm-te Relationen zwischen den unter-schiedlichen Vermögenspositionen oder -komponenten (Intensitäts- und Umschlagskennzahlen). Der Analyst erwartet sich von diesem Einblick eine Beurteilung der Kapitalverwendung und des sich daraus ergebenden leistungswirtschaftlichen Potentials wie auch eine Einschätzung der Flexibilität der untersuchten Unter-nehmung hinsichtlich möglicher Absatzschwankungen. Industrie-unternehmen sind in der Regel wesentlich anlagenintensiver als Dienstleistungsunternehmen. Mit Blick auf die Passivseite der Bilanz zielt die Analyse in besonderem Maße auf die finanziellen Abhängigkeiten der Unternehmung. Die Analyse der Kapitalstruktur dient daher zur Beurteilung der Solidität der Unternehmensfinanzierung und der Kreditwürdigkeit (Ratingkriterien). Aus Risikosicht interessiert hier neben den Kapitalquoten insbesondere die Gestaltung des Verschuldungsgrades, also des Verhältnisses von Eigen- zu Fremdkapital.

Darüber hinaus werden auch horizontale Strukturanalysen (Vermögens-Kapital-Struktur) durchgeführt. So läßt bspw. die Analyse der Anlagendeckung eine erste Beurteilung der finanziellen Stabilität der Unternehmung zu.

❖ Die Erfolgsanalyse – Der bilanzielle Erfolg wird im Rahmen des Jahresabschlusses in der Bilanz nur seiner Höhe, nicht seiner Entstehung und Zusammensetzung nach ersichtlich. Die Aufgabe, die Erfolgsstruktur sichtbar zu machen, kommt daher der Erfolgsrechnung (GuV-Rechnung) zu. Ziel der Erfolgsanalyse ist somit die Analyse der Ertrags- und Aufwandspositionen des abgelaufenen Geschäftsjahres sowie der Vergleich mit der Ertrags- und Aufwandsentwicklung vergangener Geschäftsjahre, um das zukünftige Erfolgspotential der Unternehmung abzuschätzen. Hierzu werden insbesondere Erfolgsstruktur- und Rentabilitätsanalysen durchgeführt (Umsatzrentabilität, Aufwandstrukturkennzahlen u.a.).

❖ Die Liquiditätsanalyse – Hiermit ist die schwierigste Aufgabe der Bilanz angesprochen, da es sich bei der Bilanz nicht um eine Einzahlungs-/Auszahlungsrechnung handelt. Zu sehen ist somit zunächst lediglich

der Bestand an liquiden Mitteln zum Bilanzstichtag. Allerdings folgt die Bilanzgliederung in groben Zügen einem Aufbau nach der Liquiditätsnähe der Vermögenswerte sowie der erwarteten Fälligkeit der Verbindlichkeiten. Jedoch zeigen die bilanzierten Wertausweise nicht den zu erwartenden Liquidationserlös. Ziel einer Liquiditätsanalyse ist es allerdings, eine Prognose über die zukünftige Zahlungsfähigkeit einer Unternehmung zu geben. Hierzu können Vermögens- und Kapitalkennzahlen gebildet (Liquiditäts- und Deckungsgrade) sowie eine Kapitalflussrechnung und Cash Flow-Analyse durchgeführt werden.

Es wird somit deutlich, daß im Zentrum einer Jahresabschlußanalyse die Gewinnung möglichst aussagekräftiger Kennzahlen steht. Dabei handelt es sich sowohl um:

❖ absolute Kennzahlen (Einzelwerte, Summen, Differenzen, Produkte oder auch Mittelwerte), die entweder direkt aus der Bilanz und Ergebnisrechnung zu entnehmen sind (z.B. Gewinn, Umsatz) oder aus dem vorhandenen Zahlenmaterial hergeleitet werden können (z.B. → Cash Flow),

❖ relative Kennzahlen (Verhältniszahlen), die entweder als Gliederungszahlen (z.B. Eigenkapitalquote, Abschreibungen in Relation zum Gesamtaufwand), als Beziehungszahlen (z.B. Verschuldungsgrad, Anlagendeckungsgrad) oder als Indexzahlen zur Abbildung zeitlicher Entwicklungslinien gebildet werden können.

Zwingend ist jedoch – gleich welche Kennzahlen gebildet werden –, daß ein Referenzmaßstab (Basisjahr, Referenzbetrieb, Branchenmittel, Rechtsrahmen, Tradition) festgelegt wird, um die Di-

| Unterscheidungsmerkmal | HGB | IFRS |
|---|---|---|
| Oberstes Rechenziel | Rechenschaftslegung, Gläubigerschutz | Gesellschafterinteressen (Investor- und Kapital-marktorientierung) |
| Gewinnermittlung | Ausschüttungsfähiger Gewinn | Gegenwärtige und zukünftige wirtschaftliche Leistungsfähigkeit |
| Grundprinzip | Betonung des Vorsichtsprinzips (Imparitätsprinzip, Realitätsprinzip, Niederstwertprinzip u.a.) | Betonung des *True Fair View* (Darstellung der tatsächlichen Verhältnisse) |

**Abbildung 4:** HGB- und IFRS-Philosophie im Vergleich: Grundzüge

mensionen der berechneten Analyse-Kennzahlen einordnen zu können (Küting & Weber 2006, S. 21 ff.).

Grundsätzlich muß bei jeder Jahresabschlussanalyse – gleich auf welchem bilanziellen Grundverfahren aufgebaut – jedoch beachtet werden, daß ihre Aussagekraft immer limitiert bleibt. Hierbei spielt insbesondere die Vielzahl der interpretativen Regelungen – vor allem die in allen Bilanzierungskonzepten bestehenden Ansatz- und Bewertungswahlrechte – eine zentrale Rolle. Darüber hinaus müssen die gebildeten Kennzahlen auch sachgemäß interpretiert werden.

## 6 Entwicklungslinien der Rechnungslegung

Die gegenwärtige bilanzielle Wirklichkeit eines international agierenden Konzerns ist durch die Existenz mehrerer nebeneinander bestehender Regelwerke zur Rechnungslegung gekennzeichnet:

❖ Der handelsrechtliche Einzelabschluß jedes bilanzierungspflichtigen Unternehmens folgt – wie gesehen – der vorsichtsgeleiteten Bilanzierungsphilosophie des HGB-

Abschlusses. Unter dem Aspekt der Gewinnermittlung und Gewinnausschüttung ist dieser Abschluß für jede in Deutschland bilanzierungspflichtige Unternehmung zu erstellen.

❖ Der steuerrechtliche Einzelabschluß folgt – wie ebenfalls angesprochen – dem Realisations- bzw. Gerechtigkeitsprinzip. Auch er ist für jede in Deutschland steuerpflichtige Unternehmung zu erstellen und orientiert sich dabei an der Handelsbilanz (Maßgeblichkeitsprinzip) unter Berücksichtigung erforderlicher steuerrechtlicher Korrekturen.

❖ Der Konzernabschluß folgt seit dem 01.01.2005 gemäß der Verordnung (EG) Nr. 1606/2002 der Europäischen Union dem zukunfts- und potentialgeleiteten Verständnis der IFRS-Standards (= International Financial Reporting Standards) des IAS-Boards (International Accounting Standards Board), einer privatrechtlichen Vereinigung wirtschaftsprüfender Berufe mit Arbeitssitz in London. „Ziel der

Arbeit des IASB ist es, im öffentlichen Interesse ein kapitalmarktorientiertes Rechnungslegungssystem zu entwickeln, das aus Rechnungslegungsstandards besteht, die qualitativ hochwertig, verständlich und durchsetzbar sind" (Baetge, Kirsch & Thiele 2003, S. 46 f.). Hierbei soll aktuellen wie potentiellen Anteilseignern ein realistischer Eindruck vom zukünftigen Leistungsvermögen und Wert der Unternehmung vermittelt werden, was bspw. durch Regelungen zur Neubewertung von Anlagevermögenswerten zu einem auch über den fortgeführten historischen Anschaffungskosten liegenden Tageswert oder den Ansatz selbst geschaffener immaterieller Vermögenswerte bei Nachweis einer künftigen ökonomischen Nutzens möglich werden soll (Baetge, Kirsch & Thiele 2003, S. 302 ff.; Kirsch 2007, S. 53 ff.; Küting & Weber 2006, S. 102 f.; Weber & Weißenberger 2006, S. 49 ff.). Damit folgen die Regelungen der International Financial Reporting Standards (IFRS) einem stärker wertorientierten Denkansatz. So ist es nicht verwunderlich, daß derzeit auch eine Konvergenz zwischen externer Rechnungslegung und interner Steuerungslogik des → Controllings zu bemerken ist (Wagenhofer 2006, S. 1 ff.). Als Informationsadressaten werden im IAS-Framework (F.9) genannt: potentielle und aktuelle Investoren, Arbeitnehmer, Kreditgeber, Lieferanten, Kunden, der Staat sowie die Öffentlichkeit. Die IFRS sind auf eine *fair presentation* der Unternehmenssituation ausgelegt. Vermittelt werden sollen hierzu entscheidungsrelevante Informationen über die Vermögens-, Finanz- und Ertragslage sowie deren Veränderung.

Adressaten sind die *stakeholder* der Unternehmen mit einem deutlichen Übergewicht der *shareholder*-Interesse (potentielle wie aktuelle Investoren). Fortführung der Unternehmung sowie Periodenabgrenzung stellen die Grundannahmen dar und sollen qualitativ durch Verständlichkeit, Relevanz, Verläßlichkeit und Vergleichbarkeit der Informationen (Baetge, Kirsch & Thiele 2003, S. 131 ff.) abgesichert werden. *(vs)*

*Literatur*
Baetge, Jörg; Hans-Jürgen Kirsch & Stefan Thiele 2003: Bilanzen. Düsseldorf: IDW (7. Aufl.)

Coenenberg, Adolf G. 2005: Jahresabschluß und Jahresabschlußanalyse: Betriebswirtschaftliche, handelsrechtliche, steuerrechtliche und internationale Grundsätze – HGB, IFRS und US-GAAP. Stuttgart: Schäffer-Poeschel (20. Aufl.)

Kirsch, Hanno 2007: Einführung in die internationale Rechnungslegung nach IFRS. Herne: nbw (4. Aufl.)

Küting, Karlheinz; Claus-Peter Weber 2006: Die Bilanzanalyse: Beurteilung von Abschlüssen nach HGB und IFRS. Stuttgart: Schäffer-Poeschel (8. Aufl.)

Wagenhofer, Alfred 2006: Zusammenwirken von Controlling und Rechnungslegung nach IFRS. In: Alfred Wagenhofer (Hrsg.): Controlling und Rechnungslegung. Konzepte, Schnittstellen, Umsetzung. Berlin: Erich Schmidt, S. 1-20

Weber, Jürgen; Barbara E. Weißenberger 2006: Einführung in das Rechnungswesen. Bilanzierung und Kostenrechnung. Stuttgart: Schäffer-Poeschel (7. Aufl.)

## Bildungsreise

→ Kulturtourismus

## Billigflagge

*flag of convenience*
Nationalfahne eines Landes, das nur minimale Anforderungen an die Registrierung von Schiffen knüpft. Sie werden von vielen

Reedern aus den reichen Industrieländern genutzt, die ihre Schiffe → ausflaggen, um damit günstigere Rahmenbedingungen ihres Betriebes zu erreichen. Auch die meisten Kreuzfahrtschiffe (→ Kreuzfahrt) sind nicht in den Ländern registriert, in denen sich der Sitz der Reederei befindet. Dabei geht es vor allem darum, Steuern zu sparen, Tarifverträge in den Heimatländern und gesetzliche Vorschriften wie zum Beispiel die minimale Zahl der Besatzungsmitglieder und ihre Ausbildung zu umgehen. Gleichzeitig hat man wegen der oft fragwürdigen Staatlichkeit dieser Länder (vgl. Mundt 2004, S. 257-265, 357 f.) die Möglichkeit, bestehende Regeln zu ändern, wenn sie einem nicht passen.

So wurden zum Beispiel die Arbeitsgesetze in Panama auf Druck us-amerikanischer Kreuzfahrtreedereien dahingehend geändert, daß den Beschäftigten nicht mehr ein Ruhetag pro Woche gewährt werden muß (Wood 2000). Da die meisten Besatzungsmitglieder von Kreuzfahrtschiffen (auch auf eigenen Wunsch) in der Regel nur auf mehrere Monate befristete Arbeitsverträge haben und aus einer Vielzahl von Ländern mit jeweils ganz unterschiedlichen sozialen und wirtschaftlichen Verhältnissen stammen, ist dies nicht in jedem Fall als Nachteil anzusehen. Wie Douglas & Douglas (2004, S. 34-44) detailliert aufzeigen, geht eine pauschale Bewertung der Ausflaggung vor diesem Hintergrund an der komplexen Wirklichkeit vorbei. Nicht zuletzt führen die hier gezahlten Gehälter und die Möglichkeit, sie über → Trinkgelder zu verbessern, zu Einkommen, die in den meisten Herkunftsländern praktisch nie zu erzielen wären. Oft dienen sie zudem der sonst nicht zu finanzierenden Ausbildung der Kinder und/oder dem Aufbau einer selbständigen Existenz im Heimatland.

Durchweg problematisch bleiben aber die mit den Billigflaggen verbundenen geringeren Sicherheitsstandards, die auch durch die meist viel zu seltenen und kurzen Inspektionen in den Häfen, wie sie zum Beispiel in den USA und in der EU möglich sind, nicht vollständig kompensiert werden können. *(jwm)*

*Literatur*

Douglas, Norman; Ngaire Douglas 2004: The Cruise Experience. Global and Regional Issues in Cruising. Frenchs Forest: Pearson Hospitality Press (= Australian Studies in Tourism Series, Vol. 3)

Mundt, Jörn W. 2004: Tourismuspolitik. München, Wien: Oldenbourg

Wood, R.E. 2000: Caribbean Cruise Tourism: Globalisation at Sea. In: Annals of Tourism Research, 27 (2), S. 345-370

## Billigfluggesellschaft

*Low Cost Carrier (LCC), no frills airline, low budget airline*

Fluggesellschaften, die ihre Flüge bei meist sehr eingeschränktem oder gar keinem → Bordservice (*no frills* – kein Schnickschnack) sehr deutlich unter den Preisen von normalen bzw. → Netzfluggesellschaften anbieten.

### 1 Geschichte

Die erste Billigfluggesellschaft war die 1967 in Dallas gegründete Southwest Airlines, die ab 1971 im zu dieser Zeit noch regulierten Luftverkehrsmarkt der USA zunächst nur innerhalb des Bundesstaates Texas fliegen konnte. Nach der Liberalisierung des US-Luftverkehrsmarktes (*open skies policy*, → Liberalisierung des Luftverkehrs) durch die Carter-Administration 1978 konnte deshalb erst 1979 die erste bundesstaatenübergreifende Verbindung (von Dallas nach New Orleans) aufgenommen werden. Während sich Southwest Airlines zu einer der fünf größten → Fluggesellschaften der USA

Billigfluggesellschaft

| | 0% | 75% | 50% | 25% | 100% |
|---|---|---|---|---|---|
| geringe Sitzabstände | 16 | 84 | | | |
| stärkere tägliche Nutzung des Fluggerätes | 3 | 81 | | | |
| geringe Kosten für die Besatzungen | 3 | 79 | | | |
| billigere Flughäfen/geringere Landegebühren | 6 | 72 | | | |
| Outsourcing der Wartung, homogene Flotte | 2 | 70 | | | |
| geringe Stationskosten durch Outsourcing | 10 | | 60 | | |
| kein Catering | 6 | | 54 | | |
| keine Reisebüroprovisionen | 6 | | 48 | | |
| geringere Verkaufs- und Reservierungskosten | 3 | | 45 | | |
| niedrigere Verwaltungs- und Gemeinkosten | 2 | | 43 | | |

*Legende*    Kostenvorteil: ☐    Kumulativer Kostenvorteil: ▨    LCC-Kosten: ■

**Abbildung:** Kostenvorteile von Billigfluggesellschaften (Quelle: ECA 2002)

entwickelte, mußte der ab 1977 auf der Langstrecke zwischen London und New York fliegende Skytrain von Laker Airways 1982 u.a. aufgrund unfairer Wettbewerbspraktiken vor allem von Seiten der damals noch staatlichen British Airways und der (mittlerweile von American Airlines übernommenen) TWA den Betrieb wieder einstellen, und Laker Airways ging in Konkurs. Erst nach der weitgehenden Liberalisierung des europäischen Luftverkehrsmarktes begann 1995 die zehn Jahre zuvor gegründete private irische → Charterflugg esellschaft Ryanair mit zehn Flugzeugen sieben Routen nach dem Modell von Southwest Airlines zu befliegen. Im gleichen Jahr gründete der griechische Reedersohn Stelios Haji-Ioannou in London die Fluggesellschaft EasyJet nach dem gleichen Vorbild. Nachdem beide Fluggesellschaften einen unerwarteten Erfolg hatten und mit einem rasanten Wachstum den europäischen Luft-verkehrsmarkt in Bewegung brachten, gab es um die Jahrhundertwende Dutzende von Neugründungen, teilweise auch von traditionellen → Netzfluggesellschaften, in Europa, Nordamerika, Australien und Südostasien.

## 2 Konzept

Primär sollten mit zum Teil extrem niedrigen Flugpreisen Personenkreise angesprochen werden, für die bislang aus Kostengründen das Fliegen bei ihren Reisen nicht in Frage kam. Herb Callaher, einer der Gründer und langjähriger Vorstandsvorsitzender von Southwest Airlines, hat dies so ausgedrückt: „Wir konkurrieren nicht mit anderen Fluggesellschaften, sondern mit landgebundenen Verkehrsmitteln". Die niedrigen Flugtarife werden durch die Kumulation von einzelnen Kosteneinsparungen möglich, die zu Kosteneinsparungen von 35 bis 60 Prozent gegenüber → Netzfluggesellschaften (Binggeli & Pompeo 2002) führen. Eine Übersicht der wichtigsten Kostenvorteile zeigt die Abbildung, die auf einer Studie der European Cockpit Association (ECA), des europäischen Dachverbandes der nationalen Pilotengewerkschaften, beruht.

Die Verwendung einheitlichen Flug-gerätes senkt die Wartungs- und La-gerhaltungskosten für Ersatzteile. Gleichzeitig werden die Trainingskosten reduziert und die Flexibilität des Pilo-teneinsatzes dadurch erhöht, weil alle über die gleiche → Musterberechtigung verfügen. Anfangs flogen die meisten dieser Fluggesellschaften, wie zum Beispiel Southwest Airlines oder EasyJet, ausschließlich verschiedene Versionen der Boeing 737, mittlerweile hat jedoch auch Airbus mit seinen → Schmalrumpfflugzeugen der Typenfamilie A 320 in diesem Segment einen beachtlichen Marktanteil errungen. JetBlue Airways startete im Jahre 2000 in New York mit einer komplett neuen A 320-Flotte und für die Ablösung der Boeing 737-Flotte hat Airbus eine spezielle Version der A 319 für EasyJet mit vier statt der ursprünglich zwei Notausgänge über den Flügeln entwickelt, um der durch dichtere Bestuhlung erhöhten Passagierzahl in den Maschinen entsprechen zu können.

Die meisten Billigfluggesellschaften meiden die großen Flughäfen und konzentrieren sich auf eher in der Peripherie der großen europäischen Siedlungsagglomerationen gelegene Flughäfen oder auf Regionalflughäfen (zum Beispiel Stansted, Luton, Frankfurt Hahn, Skavsta bei Stockholm, Lübeck, Friedrichshafen). Dadurch werden nicht nur → Landegebühren gespart, auch die → Umkehrzeiten sind auf diesen, meist weit unter der Kapazität genutzten Flughäfen kürzer, so daß mehr Flüge pro Tag und Flugzeug als bei ‚normalen‘ Fluggesellschaften durchgeführt werden können. Weitere Produktivitätsgewinne entstehen durch den Verzicht auf einen Bordservice, der die Reduktion der → Flugbegleiter auf das gesetzlich vorgeschriebene Minimum ermöglicht. Durch den Bordverkauf von Mahlzeiten, Getränken und ggf. auch Fahrkarten für den Flughafentransfer, werden weitere Einnahmen erzielt. Indem die → Flugbegleiter auch die durch den Verzicht auf Bordservice in der Regel weniger verschmutzte Kabine säubern,

können Zeit und Kosten gespart werden. Einige Anbieter fliegen zum Teil auch Metropolenflughäfen wie Zürich, Genf, München, Amsterdam usw. an. Allerdings verzichten auch sie konsequent auf → Interlining und die meisten sogar auf Umsteigeverbindungen und reduzieren damit nicht nur ihre Kosten, sondern auch die Zahl der Verspätungen.

Die → Flugzeugumläufe werden so geplant, daß die Flugzeuge abends wieder am Heimatflughafen sind. Dadurch entfallen Hotel-, Transfer- und Aufenthaltskosten für die Besatzungen.

Wurden Billigflüge in den Anfangsjahren in den USA noch ganz normal über Reisebüros mit entsprechender Zahlung von → Provisionen verkauft, werden sie nach einem Zwischenstadium des Telephonverkaufs zu über 90 Prozent über das Internet abgesetzt. Dadurch machten die Vertriebskosten hier nur einen Bruchteil der von ‚normalen‘ Fluggesellschaften aus. Dieser Kostenvorteil ist mittlerweile aber durch den Provisionswegfall bei den meisten IATA-Fluggesellschaften (→ International Air Transport Association) deutlich geringer geworden. Durch den Verzicht auf Sitzplatzreservierungen sparen viele Billigfluggesellschaften weitere Kosten. Andere (wie die australische JetStar) bieten die Möglichkeit, sich bei der Buchung im Internet gleich einen Sitzplatz zu reservieren. Pioniere waren Billigfluggesellschaften auch bei der Einführung von Internet → Check-in. So kann man bei der australischen VirginBlue ab 24 Stunden vor Abflug seinen Sitzplatz reservieren und das Gepäck einchecken, so daß man es bei Ankunft am Flughafen nur noch abzugeben braucht. Darüber hinaus werden Abfertigungskosten auch durch die Bereitstellung von Eincheckautomaten auf allen großen Flughäfen reduziert.

Ein weiterer nicht zu unterschätzender Kostenvorteil der Billigfluggesellschaften liegt in ihrem Wachstum. Dadurch kann immer wieder neues, junges Personal eingestellt werden, das am Anfang seiner Karriere weniger verdient und damit die durchschnittlichen Kosten pro Mitarbeiter niedrig hält. Dieses Wachstum und die vergleichsweise hohe Zahl von Flugstunden macht sie auch für Piloten attraktiv, denn je schneller eine Fluggesellschaft wächst, desto schneller können sie mit entsprechender Flugstundenzahl zum Flugkapitän aufsteigen.

Auch Billigfluggesellschaften verwenden flexible Preissysteme zur Ertragsoptimierung (→ Ertragsmananagement). Wie bei den Netzfluggesellschaften steigen auch hier die durchschnittlichen Flugpreise mit zunehmender zeitlicher Nähe zum Abflugtermin an. Um die Flugzeuge voll zu bekommen, haben sie jedoch flexiblere Preise. „An die Stelle von Nachfrageschwankungen tritt praktisch eine größere Palette an Preisen" (Civil Aviation Authority 2006, Executive Summary, S. 4; Übers. J.W.M.).

3    Differenzierung von
     Geschäftsmodellen

Neben den ursprünglichen Geschäftsmodellen, wie sie zum Beispiel auch heute noch erfolgreich von Southwest Airlines und Ryanair umgesetzt werden, haben sich auch weniger puristische Ansätze auf dem Markt etablieren können. Sie übernehmen einzelne Produktelemente traditioneller (Linienflug-)Gesellschaften und integrieren sie in das *low cost*-Modell. So hat JetBlue in den USA nicht nur den New Yorker Flughafen John F. Kennedy als Basis, sondern auch eine gemischte Flotte von Regionalflugzeugen und Mittelstreckenmaschinen jeweils eines Typs. Entsprechend werden auch

Umsteigeflüge angeboten, und es gab von Anfang an auch Sitzplatzreservierungen. Air Berlin, entstanden aus einer Bedarfsfluggesellschaft, hat die beiden Modelle Charterflug und Billigflug im Liniendienst auf vielen Strecken miteinander kombiniert (deshalb wird sie häufig auch als ‚Hybrid' bezeichnet) und bietet sowohl Umsteigeverbindungen über Drehkreuze als auch einen im Flugpreis inbegriffenen Bordservice an. VirginBlue – Mehrheitsbeteiligung des Logistikunternehmens Toll Holdings – befördert auf ihren Flügen in und zwischen Australien und Neuseeland auch Fracht und bietet in Kooperation mit der Regionalfluggesellschaft Rex (Regional Express) Umsteigeverbindungen an. Regionalfluggesellschaften wie die britische flybe haben sich vor dem Hintergrund der starken Konkurrenz der Billigfluggesellschaften auf den Regionalflughäfen zwischenzeitlich selbst nach einem *low cost*-Modell aufgestellt.

Nicht zuletzt durch die 2007 erfolgte Übernahme der LTU durch → Air Berlin wird ein angepaßtes Geschäftsmodell für den Billigflug auch im Langstreckenbereich Einzug halten. 2006 hat bereits die in Hongkong beheimatete Billigfluggesellschaft Oasis mit Langstreckenflügen nach Großbritannien und Kanada begonnen, auf denen sie auch eine Business Class anbietet. JetStar in Australien bietet ebenfalls Langstreckenflüge in den asiatischen und den pazifischen Raum an. Allerdings lassen sich hier die typischen Kostenvorteile des reinen Billigflugmodells wie tägliche Rückkehr der Besatzungen an ihren Heimatort, kürzere Boden- und längere Nutzungszeiten des Fluggerätes nicht mehr realisieren, sondern gleichen sich stärker denen der traditionellen Linienfluggesellschaften an.

## 4 Wirkung

Ursprünglich ging man davon aus, daß Billigfluggesellschaften neuen, weniger einkommensstarken gesellschaftlichen Gruppen das Fliegen ermöglicht und damit einen Beitrag zur weiteren ‚Demokratisierung' des Reisens geleistet haben. Zumindest für Großbritannien, den am weitesten entwickelten Billigflugmarkt in Europa, stimmt diese Annahme jedoch nicht. Wie die britische Zivilluftfahrtbehörde in einer aufwendigen Studie nachgewiesen hat (Civil Aviation Authority 2006), unterscheiden sich die durchschnittlichen Steigerungsraten des Luftverkehrs im Zeitraum 1998-2005 mit 5,6 Prozent nicht von denen des Zeitraums von 1975-1998, als es praktisch noch keine solchen Angebote auf dem Markt gab. Das Wachstum des Luftverkehrs in Großbritannien ist demnach auch nach dem Markteintritt von Billigfluggesellschaften nahezu ausschließlich auf wirtschaftliche Rahmenbedingungen zurückzuführen.

Belegt wird dies nicht zuletzt auch dadurch, daß sich die privat reisenden Passagiere von Billigfluggesellschaften hinsichtlich ihres Haushaltseinkommens nicht von denen traditioneller Linienfluggesellschaften unterscheiden. Wiederum entgegen den landläufigen Annahmen ist aber ein Effekt bei den Geschäftsreisenden festzustellen: Billigfluggesellschaften erlauben es nunmehr auch Mitarbeitern in weniger privilegierten Stellungen im Unternehmen (gemessen über ihre Arbeitseinkommen) ihre dienstlichen Reisen mit dem Flugzeug zu unternehmen. In der Summe kann man als Ergebnis dieser Studie also festhalten, daß es weniger die Entwicklung der Preise als die der Einkommen ist, die das Wachstum des Luftverkehrsmarktes bestimmt.

Auch wenn es ursprünglich nicht unbedingt ihre Intention war, sind Billigfluggesellschaften auf den innereuropäischen Strecken somit längst zu einer Konkurrenz für Netzfluggesellschaften geworden. Dies zeigt sich im steigenden Anteil → Geschäftsreisender, die (auch) Billigfluggesellschaften nutzen, weil die meisten Firmen ein starkes Interesse an der Senkung ihrer Reisekosten haben. Mit dem Anfliegen von Ferienzielen (wie zum Beispiel Mallorca) kommen auch → Reiseveranstalter und traditionelle Charterfluggesellschaften (→ Charterflug) unter Druck (vgl. Mercer 2002), denn in Kombination mit den auf den Internetseiten der Billigfluggesellschaften direkt buchbaren Hotels sind diese Reisen oft preisgünstiger als die angebotenen → Pauschalreisen. Im innerdeutschen Verkehr sieht sich die → Deutsche Bahn AG gegenüber Billigfluggesellschaften steuerlich benachteiligt, weil sie im Gegensatz zu ihnen Mineralöl- und Ökosteuer zu entrichten hat und deshalb die gleichen Strecken meist teurer anbietet.

## 5 Probleme

Die in der EU-Verordnung 295/91 von 1991 erstmals vorgeschriebenen Ausgleichszahlungen für Passagiere, die aufgrund von → Überbuchung eines Fluges oder aus anderen Gründen nicht mitgenommen werden (→ Denied Boarding Compensation), übersteigt in vielen Fällen den entrichteten Flugpreis. Bei der Diskussion in der EU über die Verschärfung dieser Regelungen haben die Billigfluggesellschaften es versäumt, ihre Interessen einzubringen. Deshalb wurde Ende 2003 mit der → European Low Fares Airlines Association (ELFAA) ein eigener Interessenverband auf europäischer Ebene gegründet.

Aufgrund der vielen Neugründungen wird es in den nächsten Jahren zu einer weiteren Marktbereinigung im Billigflugsektor kommen. Die Übernahmen der von der niederländischen KLM gegründeten Buzz durch Ryanair und der ursprünglich von British Airways gegründeten Go! durch EasyJet waren ebenso erste Anzeichen dafür wie die Übernahme der DBA durch Air Berlin im Jahre 2006. Gleichzeitig haben sich auch die → Netzfluggesellschaften an die neuen Mitbewerber angepaßt und ihre Kosten- und Preisstruktur so geändert, daß sie zumindest in Teilen die Konkurrenz mit den Billigfluggesellschaften bestehen können. Gleichzeitig liegt in der zu erwartenden Konsolidierung eine Gefahr für das Geschäftsmodell, denn ohne deutliches Wachstum werden die Personalkosten mit der Zeit automatisch wachsen und die Konkurrenzfähigkeit der Billigfluggesellschaften einschränken. *(jwm)*

*Literatur*
Bingelli, Urs; Lucio Pompeo 2002: Hyped Hopes for Europe's Low Cost Airlines. In: The McKinsey Quarterly, No. 4

Civil Aviation Authority (CAA) 2006: No-frills Carriers: Evolution or Revolution? London: November 2006 (= CAP 770)

ECA – European Cockpit Association, Industrial Subgroup 2002: The Low Cost Airlines. Präsentation auf der IFALPA-Konferenz in Stavanger (Norwegen; http://www.eca-cockpit.com/media/lc-lr.pps; 2. Juli 2004)

Mercer Management Consulting 2002: Impact of Low Cost Carriers. Summary of Mercer Study. München, Paris (Power Point Präsentation)

Sterzenbach, Rüdiger; Roland Conrady 2003: Luftverkehr. Betriebswirtschaftliches Lehr- und Handbuch. München, Wien: Oldenbourg (3. Aufl.)

**Billing and Settlement Plan (BSP)**
→ International Air Transport Association (IATA)

**Bistro(t)**
Gastronomischer Betrieb mit in der Regel kleinerem, einfachem Speiseangebot, teilweise auch Weinstube. Den Überlieferungen nach abgeleitet aus dem Begriff b'stroje (Ruf nach zügiger Bedienung von Anfang des 19. Jahrhunderts in Frankreich stationierten kosakischen Besatzungskräften; *bystro* [russ.] = schnell). *(wf)*

**Black box**
→ Flugschreiber

**Blaue Flagge**
*Blue Flag*
1985 von der Foundation for Environmental Education in Europe (F.E.E.E.) in Frankreich ins Leben gerufen, wird die seit 1987 von der Deutschen Gesellschaft für Umwelterziehung in Zusammenarbeit mit anderen Verbänden für hohe Umweltstandards sowie gute Sanitär- und Sicherheitseinrichtungen vergebene Auszeichnung für Badestrände, Badestellen an Binnenseen und Yachthäfen vergeben. Im ersten Jahr wurden mit Unterstützung der damaligen Europäischen Gemeinschaft bereits 244 Strände und 208 Marinas in zehn Ländern damit ausgezeichnet. 2001 wurde das Konzept über Europa hinaus verfolgt und daher der Zusatz „in Europe" aus dem Namen der Stiftung entfernt. 2007 gab es Blaue Flaggen an mehr als 3.200 Stränden in knapp 40 Ländern in- und außerhalb Europas. Für Strände orientieren sich die Vergabekriterien an Maßnahmen zur Umweltinformation, der vorhandenen Wasserqualität entsprechend den Vorgaben der EU, des Umweltmanagements und von Sicher-

heitseinrichtungen (Lebensrettungsper-
sonal, entsprechende Ausrüstung usw.).
Die Wasserqualität wird alle 14 Tage
untersucht und darf zu keinem Zeitpunkt
die EU-Richtwerte übersteigen. (www.
blueflag.org; www.blaue-flagge.de) *(jwm)*

**Bleibe**
→ Zimmerstatus

**Bleu**
→ Garstufen

**Blindflug**
→ Instrumentenflugregeln

**Blockcharter**
→ Teilcharter

**Block space agreement**
Form der → Kooperation zwischen Linienfluggesellschaften, nach der einer der
Partner feste Plätze auf Flügen des anderen Unternehmens übernimmt und diese
unter eigenem Namen und auf eigenes
Risiko vermarktet. In der Regel werden solche Flüge als Gemeinschaftsflüge
(→ Code share) mit jeweils eigenen
Flugnummern der Partner durchgeführt.
*(jwm)*

**Blockzeit**
→ Flugzeit

**Blue Flag**
→ Blaue Flagge

**Blueprinting**
→ Service Blueprint

**Boarding House**
*boarding house* (engl.) = Pension,
Wohngebäude eines Internats. In der
Hotelbranche der Begriff für ein Gästehaus, das vor allem Langzeitnutzer ansprechen soll. Der Standort liegt meist in

Großstädten. Eine klassische Zielgruppe
sind Geschäftsleute, die aus beruflichen
Gründen für eine längere Zeit den
Arbeits- und Wohnort wechseln.

Die Gästeräumlichkeiten bestehen aus
Wohn- und Schlafbereich, Bad und (kleiner) Küche. Das Spektrum an angebotenen Dienstleistungen variiert.

Im Vergleich zu Vollhotels zeichnen
sich die Betriebe durch eine niedrigere
Personalintensität aus. Teilweise treten Boarding Häuser als eigenständige
Einheit auf dem Markt auf, teilweise sind sie in herkömmliche Hotels
(als separater Flügel) integriert. Der
Betriebstyp ist in den 1980er Jahren
in den USA entstanden. (Jones Lang
Lasalle Hotels 2002, S. 1 ff.). Synonyme:
Appartementresidenzen, *extended-stay
hotels, serviced apartments. (wf)*

*Literatur*
Jones Lang Lasalle Hotels (ed.) 2002: Serviced
  Apartments. Hotel Topics, Issue No. 12,
  New York

**Boarding Paß**
→ Bordkarte

**Board of Airline  Representatives in Ger-
many (BARIG)**
Das BARIG ist die repräsentative Einrichtung aller Fluggesellschaften, die im
deutschen Markt tätig sind. Analog zu
den Boards of Airline Representatives
anderer Länder existiert BARIG seit
1951 und wurde 1993 als eingetragener
Verein neu gegründet. Ziel des BARIG
ist die Vertretung, Förderung und
Sicherung der gemeinsamen Interessen
seiner Mitglieder. Mitglied können alle
internationalen und nationalen Airlines
werden, die in Deutschland geschäftlich tätig sind. Es setzt sich gezielt für
die Verbesserung der wirtschaftlichen
und operationellen Bedingungen für

die Airlines in Deutschland ein. Hierzu beteiligt sich BARIG an allen wichtigen luftfahrtpolitischen Diskussionen zu Themen wie Gesetzgebung, Gebühren- und Entgeltentwicklung, Nachtflugregelungen und anderen Vorhaben dieser Art. Die Flughäfen, die Luftfahrtbehörden des Bundes und der Länder, die Europäische Kommission und die → Deutsche Flugsicherung (DFS) erkennen die Rolle des BARIG an und pflegen den regelmäßigen Austausch mit dem Board.

BARIG hat verschiedene Organe: die Mitgliederversammlung, das Executive Committee, das Cargo Committee, die Charges Working Group, die CRS Working Group, die Taxes Task Force, und den Generalsekretär. Die Mitgliederversammlung tagt regelmäßig. Die Mitgliedschaftsrechte werden durch die Delegierten der Airlines ausgeübt. Die 12 Mitglieder des Executive Committee werden von der Mitgliederversammlung gewählt und repräsentieren alle Regionen des Weltluftverkehrs. Der Generalsekretär vertritt BARIG gerichtlich und außergerichtlich und führt die Geschäfte. (www.barig.org)

## Bodden
→ Lagune

## Bodega
Spanische Weinstube, gleichzeitig der Begriff für ein Weinlager.

## Bodenabfertigung, ~sdienste
*ground handling*
Sie umfassen eine Reihe von wichtigen → Dienstleistungen, die auf einem Flughafen erbracht werden. Dazu gehören der → Check-in der Passagiere, die Gepäckannahme- und -ausgabe, die Beförderung von Fracht und Post, die Vorfelddienste mit der Flugzeugbetankung und weitere Dienstleistungen wie die Be- und Entladung sowie die Reinigung von Flugzeugen. Gewöhnlich wird hierbei zwischen der ‚Luft-' und der ‚Landseite' des Flughafen unterschieden. Die ‚Luftseite' umfaßt die Vorfelddienste *(ramp services)*, die Landseite alle Dienste, die, wie das Einchecken, im Terminal erbracht werden. Bodendienste können durch die Flughafenbetreiber, Fluggesellschaften oder darauf spezialisierte Unternehmen *(handling agents)* erbracht werden. Bis 1998 wurden die luftseitigen Dienste ausschließlich von den Flughafengesellschaften betrieben, die damit über ein Abfertigungsmonopol verfügten. Die anderen Dienste dagegen waren frei. Mit der Richtlinie 96/97 EG des Europäischen Rates vom Oktober 1996 wurde eine Liberalisierung auch der luftseitigen Dienste verfügt, die seit 1998 in Deutschland nationales Recht ist. Damit sollen der Wettbewerb gefördert und monopolistische Praktiken auf den Flughäfen verhindert werden. *(ag)*

## Bodenabfertigungsgesellschaften
*ground handling agents*
Unternehmen, die sich auf Dienstleistungen rund um die → Bodenabfertigung von Flugzeugen spezialisiert haben. Dazu gehören zum Beispiel die Be- und Entladung von Flugzeugen, die Kabinenreinigung und Entsorgung der Abwässer, Betankung und Catering (→ Caterer). *(jwm)*

## Bodenzeit
→ Umkehrzeit

## BO-Kraft
→ Betriebsordnung Kraft

## Bon

*sales slip*

bon (franz.) = Gutschein, Schein, Kassenzettel. In der Hotellerie und Gastronomie ein Beleg/Kassenzettel, mit dem Speisen oder Getränke betriebsintern etwa von der Küche oder vom → Büfett angefordert werden. Bons können handschriftlich oder über Kassensysteme ausgestellt werden. Sie dienen vor allem zur Kontrolle des internen Warenflusses. *(wf)*

## Bonbrett

→ Bonleiste

## Bonleiste

Ein Brett oder eine Leiste am → Pass einer (Hotel-)küche, an dem die → Bons fixiert werden. Servicekräfte geben die Bons an Küchenverantwortliche weiter, diese rufen die auf dem Bon genannten Speisen in der Küche als Bestellung aus (→ Annonceur) und befestigen den Bon auf der Leiste. Die Bonleiste ist ein organisatorisches Hilfs- und Kontrollinstrument im Rahmen der Speisenherstellung. In Großbetrieben ersetzen mitunter elektronische Displays, die von den verschiedenen Arbeitsbereichen der Küche eingesehen werden können, das herkömmliche System der Bonleiste. *(wf)*

## Bordbuch

→ Logbuch

## Bordkarte

*boarding pass*

Beim → Check-in ausgestelltes Dokument, das zum Einsteigen in das für den gebuchten Flug bereitgestellte Flugzeug berechtigt. In der Regel sind auf der Bordkarte zudem neben der → Beförderungsklasse (b) auch Reihen- und Sitznummer vermerkt.

## Bordküche

*galley*

Die Bordküche ist der Bereich einer Flugzeugkabine, in dem die angelieferten Mahlzeiten und Getränke (ggfs. auch andere Artikel des Reisebedarfs, z. B. Zeitschriften oder Duty-Free-Verkaufsware) in speziellen Behältnissen (z. B. Trolleys) gestaut sind. Eine Zubereitung von Mahlzeiten findet heutzutage meist nur noch in Form von Erhitzung bereits fertiger Gerichte statt, in den Premium-Klassen auch noch das individuelle Anrichten auf Porzellan. Alle verwendeten Geräte (z. B. Öfen, Kaffeemaschinen, etc.) unterliegen den Regeln für Luftsicherheit und müssen entsprechend zugelassen, gewartet und geprüft werden.

Die Lage und Anzahl sowie das Design der Bordküchen hängt von dem Flugzeugtyp und der → Fluggesellschaft ab und soll einen effizienten und reibungslosen Service an Bord ermöglichen. *(sr)*

## Bordservice

*in-flight service, ~catering*

Versorgung der Passagiere während des Fluges mit Speisen und Getränken. Bei traditionellen → Linienflug- und → Ferienfluggesellschaften ist er in der Regel im Flugpreis inbegriffen. Bei den meisten → Billigfluggesellschaften dagegen können Speisen und Getränke nur an Bord gekauft werden (→ Flight catering).

Zum Bordservice gehören auch Audio- und Videoprogramme, die vor allem auf Langstreckenflügen angeboten werden. In modernen Langstreckenflugzeugen gibt es komplexe In-flight Entertainment-Systeme (IFE) (→ Bordunterhaltung), bei denen jeder Sitz über einen Bildschirm verfügt, über den verschiedene Unterhaltungsmöglichkeiten (Kinofilme, Hörspiele, Musik, Videospiele usw.)

ausgewählt werden können. Die dazugehörigen Kopfhörer werden entweder umsonst für die Dauer des Fluges ausgegeben oder an die Passagiere verkauft. *(jwm)*

## Boutiquehotel
*boutique hotel*
*Boutique* (franz.) = kleiner Laden, kleines Geschäft. Der Begriff Boutiquehotel umreißt einen Hoteltyp, der sich – angelehnt an die Charakteristika einer Boutique – durch geringe Größe (weniger als 100 Zimmer), Individualität, Unabhängigkeit (kein Konzernhotel), außergewöhnliche Architektur und außergewöhnliches Design auszeichnet. Die Merkmale sind zwischenzeitlich aufgeweicht, so daß heute Boutiquehotels existieren, die weit mehr als 100 Zimmer haben oder auch der Konzernhotellerie angehören (siehe Rutes, Penner & Adams 2001, S. 29).

Der Hoteltyp kann als Gegenentwurf zu traditionellen, standardisierten Hoteltypen gesehen werden. Die bewußt erzeugte Individualität soll dem Kunden neben dem eigentlichen Grundnutzen (Beherbergungsleistung) einen Zusatznutzen (Intimität, personalisierte → Dienstleistung, Erlebnis) stiften. Beispielhafte Vertreter: die Hotelgruppe Kimpton (www.kimptonhotels.com) oder die W Hotels der Starwood Gruppe (www.starwoodhotels.com). *(wf)*

*Literatur*
Rutes, Walter A.; Richard H. Penner & Lawrence Adams 2001: Hotel Design, Planning and Development. New York, London: W.W. Norton & Company

## Brand Park
→ Markenwelten
→ Freizeitpark

## Brasserie
Ursprünglich der französische Begriff für eine Bierbrauerei bzw. ein Brauhaus. Heutzutage wird unter einer Brasserie ein gastronomischer Betrieb verstanden, der neben Bier, das aus historischer Sicht das zentrale Produkt darstellt, und anderen Getränken eine eher deftige, volkstümliche Küche anbietet. *(wf)*

## Bratstufen
→ Garstufen

## Break-Even-Analyse
*break-even analysis*
Für die operative, ergebnisorientierte Steuerung einer Unternehmung ist es von besonderer Bedeutung zu wissen, welche geplanten bzw. realisierten Umsatzerlöse aus dem Verkauf von Unternehmensleistungen erforderlich sind, um zumindest die Gesamtkosten der Unternehmung – inkl. der Vorlaufkosten wie bspw. Kosten der Produkt-Entwicklung oder der Marktanalyse – zu erreichen oder einen geforderten Mindestgewinn gerade zu realisieren. Die Untersuchungen hierüber werden als Break-Even-Analyse bezeichnet; diejenige Verkaufsmenge bzw. derjenige Umsatzerlös, die diese Bedingungen erfüllen, nennt man Break-Even-Punkt, Gewinnschwelle, Deckungspunkt, kritische Menge oder Nutzschwelle (vgl. Abbildung 1). Eine Ausdehnung der Verkaufsmenge über diesen Break-Even-Punkt hinaus – bei ansonsten konstanten Parametern – ermöglicht der Unternehmung eine entsprechende Gewinnerzielung über diese Mindestforderungen hinaus in Höhe des Stück- → Deckungsbeitrags (vgl. Abbildung 2). Die Break-Even-Analyse lotet somit die Leistungsfähigkeit eines Produktes in seinem Markt aus.

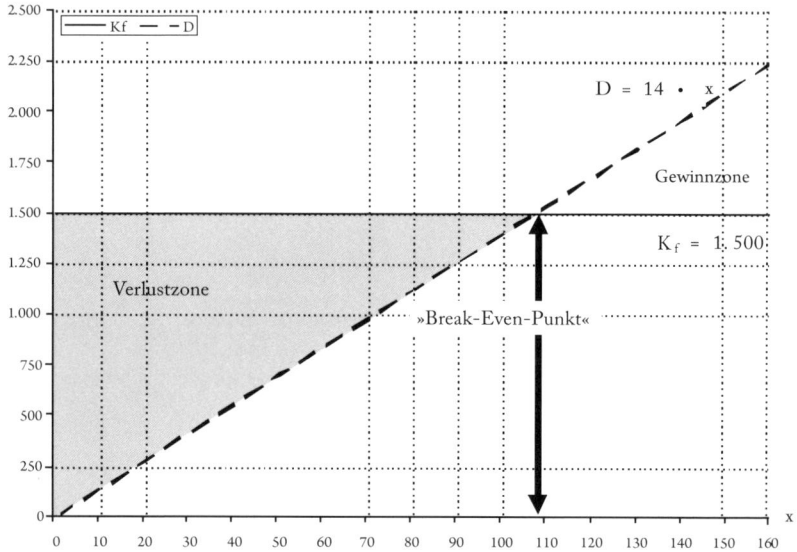

**Abbildung 1:** Das Grundmodell der Break-Even-Analyse

Generell ist die Break-Even-Analyse in ihrer Grundform nur auf eine Einproduktunternehmung anwendbar. Der Break-Even-Punkt (BEP) xo lässt sich durch die Gegenüberstellung der Gesamtkosten (K) der Unternehmung – bestehend aus den fixen, mengenunabhängigen Kosten (Kf) und den mengenabhängigen, variablen Kosten (kv) je Leistungseinheit (x) – und der Gesamtumsatzerlöse (U) – ermittelt aus Stückpreis (p) und zugehöriger Absatzmenge (x) – der Unternehmung bestimmen.

Danach ermittelt man den mengenspezifischen Break-Even-Punkt, indem man die fixen Kosten der Unternehmung durch den Stückdeckungsbeitrag (d) dividiert. Somit läßt sich Abbildung 1 wie in Abbildung 2 dargestellt modifizieren.

$$U(x_0) = K(x_0)$$

$$p \cdot x_0 = K_f + (k_v \cdot x_0)$$

$$(p - k_v) \cdot x_0 = K_f$$

$$x_0 = \frac{K_f}{p - k_v} = \frac{K_f}{d}$$

Diese erforderliche Break-Even-Menge - z.B. die erforderliche Zimmerauslastung im Hotel, der erforderliche Sitzladefaktor im Linien- und Charterflugverkehr, die Mindestbelegung im Wellness-Bereich, die Mindestbesucherzahl in einem → Freizeitpark o.ä. – ist stets eindeutig an das zugehörige Umsatzvolumen gebunden, eine alleinige Orientierung an der erforderlichen Leistungsmenge genügt also als Steuerungsgröße nicht (z.B. Gefährdung

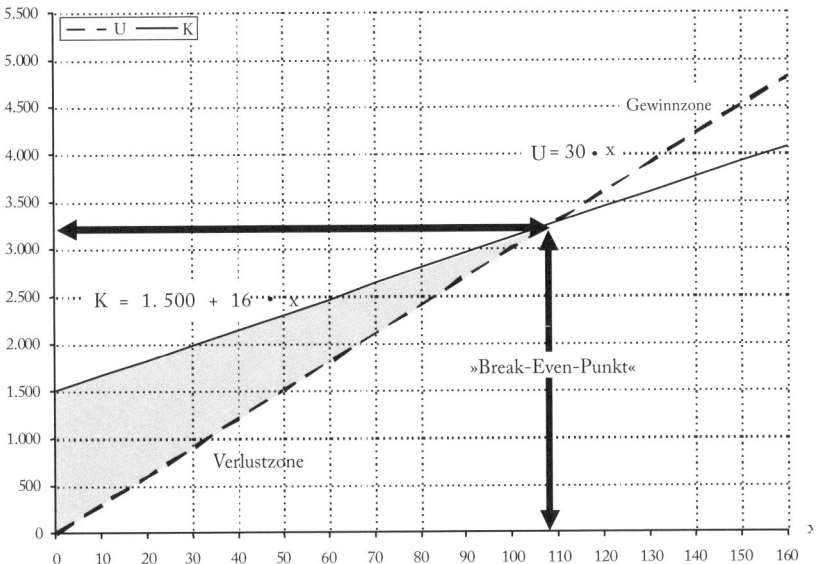

**Abbildung 2:** Das Grundmodell der Break-Even-Analyse: Variante

des erforderlichen, kostendeckenden Umsatzvolumens durch Preisreduktionen zur Förderung des Absatzvolumens hin zur Break-Even-Menge).

Die Break-Even-Analyse ermöglicht über die einfache Darstellung dieses Grundzusammenhangs hinaus eine Reihe von Simulations-Rechnungen zur Untersuchung von zu erwartenden:

❖ Ergebniskonsequenzen bei exogen induzierten Absatz- oder Preisschwankungen auf den Märkten (Konjunktur- oder Wettbewerbseinflüsse) wie auch

❖ Ergebniskonsequenzen (und eventuelle finanzielle Konsequenzen) durch Entscheidungen seitens der Unternehmens- bzw. Bereichsleitung hinsichtlich Mengen-, Preis- und/oder Kostenveränderungen.

Dabei gilt der grundsätzliche Wirkungszusammenhang, daß der Break-Even-Punkt sich in Richtung einer höheren abzusetzenden Mindestmenge $x_0$ verschiebt, wenn:

❖ die Absatzpreise sinken,

❖ die variablen Kosten steigen (z.B. Warenkosten, Anteile der Personalkosten, Anteile der Energiekosten u.ä.) oder

❖ die fixen Kosten steigen (z.B. Gehälter, Kosten für Versicherungen, Anteile der Energiekosten, Abschreibungen, Kapitalkosten u.ä.).

Ein analoger Zusammenhang gilt in Richtung einer abnehmenden Mindestmenge $x_0$. Die Stabilität des ermittelten Ergebnisses läßt sich für weiterreichende operative Planungszwecke u.a. durch folgende Sensitivitätstests prüfen:

❖ die Sicherheitsspanne (die Menge an Leistungen, die am Markt innerhalb der Planungsperiode eingebüßt werden kann, ohne den Break-Even-Punkt zu unterschreiten),

❖ den Cash-Point (die erforderliche Verkaufsmenge, bei der der → Cash Flow der Unternehmung gerade den Wert 0 erreicht),

❖ den minimalen kostendeckenden Angebotspreis (Analyse des Spielraums für Rabatte oder Preissenkungen im Wettbewerb bei gegebener Absatzmenge),

❖ die maximalen variablen oder fixen Kosten (Analyse des Spielraums bspw. bei Verteuerung der Löhne bzw. Gehälter, der Warenkosten, der Energiepreise usw.) sowie

❖ die erforderliche Kapazitätsauslastung zur Realisierung der Break-Even-Menge.

Bei Mehrproduktunternehmungen ergibt sich die zusätzliche Schwierigkeit, die allgemeinen Unternehmenskosten (Fixkosten) auf die einzelnen Produkte zuordnen zu müssen, da für jedes Produkt ein eigenständiger Break-Even-Punkt ermittelt werden muß. Dies wird umso schwieriger, je intensiver die einzelnen Leistungsprozesse Verbundwirkungen aufweisen (z.B. gemeinsame Nutzung von Beschaffungs-, Leistungs- oder Vertriebskapazitäten). Ein häufiger gewählter Lösungsweg besteht darin, die produktbezogenen → Deckungsbeiträge (= Produkt-Erlöse – variable Produkt-Kosten – Produktfixkosten) zu ermitteln und zu diesem produktspezifischen Deckungsbeiträgen weitere anteilige Fixkosten nach dem Durchschnitts- oder Tragfähigkeitsprinzip bzw. nach dem Absatz- oder Umsatzvolumen durch die Bildung von Verrechnungssätzen hinzu zu addieren. Diesen ermittelten spezifischen Produktkosten (variable Kosten

sowie anteilige Fixkosten) können dann die zugehörigen Produktumsatzerlöse zur Ermittlung des jeweiligen Break-Even-Punktes gegenübergestellt werden. *(vs)*

## Breitspur
*broad gauge*
Als Breitspur wird die Spurweite von Schienenwegen bezeichnet, die größer ist als die Normalspur (1.435 mm Spurweite). In Finnland, Rußland, den jetzigen GUS-Staaten, der Mongolei sind Breitspurnetze (1.524 mm Spurweite) installiert, ebenfalls in Irland, Australien und Brasilien (1.665 mm Spurweite) und in Spanien (1.674 mm Spurweite), in Argeninien, Chile und Indien (1.676 mm Spurweite). Die Gründe für die Ausgestaltung als Breitspurnetz sind vor allem militärstrategisch. Interessant zu beobachten, ist besonders die zukünftige Entwicklung in Spanien. Das neue Schnellbahnnetz, das Frankreich mit Spanien verbindet, wird als Normalspurnetz ausgebaut. *(hdz)*

## Bring Your Own (BYO)
Nicht voll lizensierte Restaurants in Australien und in den USA, in die man seine eigenen alkoholischen Getränke gegen ein geringes Entgelt (für Gläser und Bedienung) mitbringen kann. → Korkengeld *(corkage, cork charge) (jwm)*

## Broker
Innerhalb des Tourismus spielen Makler im Mietwagengeschäft eine wichtige Rolle. Als reine Vermieter von Ferienmietwagen sind sie in der Lage, den Interessenten für die meisten Urlaubsorte in den Zielgebieten Angebote zu machen. Sie greifen dabei auf die Angebote ihrer Kooperationspartner, die Anbieter von → Mietwagen zurück und ergänzen diese Angebote mit weiteren Leistungen, vor allem im Versicherungsbereich. *(hdz)*

## Bruch
In der Hotellerie und Gastronomie
a) *pressed in wrinkle*
   der Begriff für Tischwäschefalten, die beim Bügeln oder Mangeln entstehen.
b) *breakage*
   der Begriff für zerstörtes Glas oder Porzellan. *(wf)*

## Brücke
*bridge*
In der Schiffahrt wird hierunter die Steuerzentrale eines Schiffes bezeichnet.

## Brunch
Bezeichnet eine Kombination aus Frühstück und Mittagessen und setzt sich aus den beiden englischen Termini *breakfast* (→ Frühstück) und *lunch* (Mittagessen) zusammen. Historisch gesichert gilt, daß man sich zum Brunch bereits im 17. Jahrhundert am späten Vormittag zu einer kompletten Hauptmahlzeit traf, die ein reichhaltiges Angebot an verschiedenen kalten und warmen Speisen umfaßte. Der Brunch hat vor allem im angloamerikanischen Sprachraum eine lange Tradition und weist ein fest umrissenes Speiseangebot auf. In der Regel wird mit einem Brunch ein geselliges Beisammensein mit Freunden assoziiert, das entweder in einem → Restaurant oder aber im privaten Umfeld stattfindet und vom späteren Vormittag (10 bis 11 Uhr) bis zum frühen Nachmittag (14 bis 15 Uhr) andauert.

In Abhängigkeit vom Zeitpunkt und der Dauer des Brunches wird den Gästen ein reichhaltiges Angebot an Lebens- und Genußmitteln sowie an alkoholischen und nichtalkoholischen Getränken offeriert: Brötchen, Eierspeisen, Wurst, Käse, Marmelade, Honig, Quark und Joghurt, Obst, Cerealien, Räucherfisch, kalter und warmer Braten, Suppe, Salat und Gemüse, Kuchen und Dessertbuffet mit dazugehörigen Getränken wie Säfte, Mineralwasser, Kaffee, Tee, Milch, heiße Schokolade, Schaumwein, Bier und Wein. Umgangssprachlich wird das deutsche „Gabelfrühstück" als eine spezifische Form des „Brunches" angesehen. *(wf)*

## Bruttonationaleinkommen
→ Nationaleinkommen

## Bruttoreiseintensität
*gross departure rate*
Statistische Kennzahl für die touristischen Aktivitäten der Einwohner einer Gebietseinheit: Anzahl der von der Bevölkerung in einer Periode (in der Regel ein Jahr) gemachten Reisen (n), bezogen auf 100 Einwohner (N) dieser Gebietseinheit. Berechnung: → Nettoreiseintensität x Reisehäufigkeit. *(jwm)*

*Literatur*
Vellas, François; Lionel Bécherel 1995: International Tourism. An Economic Perspective. Basingstoke, London: Macmillan Business

## Bruttosozialprodukt (BSP)
*gross national product, GNP*
Das Bruttosozialprodukt ist die Summe aller Produkte und Dienstleistungen, die in einer Volkswirtschaft in einer Periode (in einem Jahr) erstellt und in der jeweiligen Landeswährung bewertet wurden. Beim nominalen BSP werden die Güter und Dienstleistungen mit den laufenden Preisen bewertet, während sie beim realen BSP zu Preisen eines bestimmten Basisjahres bewertet werden. *(hp)*

## Bruttowertschöpfung (BWS)
*gross value added, GVA*
Die Bruttowertschöpfung entspricht der Differenz von Produktionswert abzüglich der Vorleistungen. Der Produktionswert

wiederum entspricht dem Wert aller in einer Rechnungsperiode erstellten Güter und industriellen Dienstleistungen ohne Mehrwertsteuer. Die Vorleistungen wiederum sind die Güter, Rohstoffe und Fertigteile, die die Unternehmen nicht selbst erstellt, sondern von anderen Unternehmen bezogen und zur Produktion verbraucht haben. Siehe hierzu auch → Nationaleinkommen. *(hp)*

**BSP**
→ Billing and Settlement Plan

**BSP**
→ Bruttosozialprodukt

**BTM-System**
→ Business Travel Management System

**BTW**
→ Bundesverband der Deutschen Tourismuswirtschaft

**Buchungsklasse**
*booking class*
Gruppe von Preisen und Konditionen (zum Beispiel Vorausbuchungsfristen, Mindestaufenthalte u.a.m.). Für jede → Beförderungsklasse (b) gibt es in der Regel eine Reihe von Buchungsklassen. Sie dienen insbesondere zur Auslastungssteuerung und zur Optimierung der Erlöse (→ Ertragsmanagement) aus den einzelnen Flügen. *(jwm)*

**Buchungskode**
*file code*
Für jede Buchung bei einer → Fluggesellschaft wird automatisch eine Vorgangsnummer erzeugt (zum Beispiel X8GJU6), mit der diese Buchung jederzeit identifiziert werden kann. Zu dieser Nummer wird ein → Passenger Name Record (PNR) angelegt.

**Buchungssteuerung**
→ Yield Management

**Budget-Hotel**
*budget hotel*
Hotel, das sich vor allem über den (niedrigen) Preis auf dem Markt positioniert. Die Angebotsleistungen werden von den Budget-Hotels reduziert, im Extremfall auf die Kernleistung Übernachtung. Synonyme Bezeichnungen sind Billighotel, *Low Budget Hotel* oder *Economy Hotel*; eine trennscharfe Abgrenzung fällt schwer (siehe auch IHA 2005, S. 37). Budget-Hotels sind vor allem im 1*-Segment (z.B. Formule 1), 2*-Segment (z.B. acom, Ibis, Motel One) und 3*-Segment (z.B. Novotel, Sleep Inn) angesiedelt.

Um zu einem niedrigen Preis anbieten zu können, setzen die unterschiedlichen Konzepte auf Kostenoptimierungen in allen Bereichen (niedrige Grundstückspreise durch Standorte an der Peripherie von Städten, Fertigbauweise, geringe Zimmergröße, hohe Standardisierung des Produktes, Reduktion von personalintensiven → Dienstleistungen durch Automatisierung, z.B. Buchbarkeit über Internet, Check-in-Automaten, elektronische Schließsysteme, Getränkeautomaten, sich selbst reinigende Sanitäranlagen). Da die durchschnittliche Aufenthaltsdauer relativ niedrig ist, unterliegen die Immobilien einer höheren Abnutzung (Münster & Quandt 2005, S. 20).

Aus historischer Sicht können die Budget-Hotels als Nachfolger der → Motels gesehen werden (Rutes, Penner & Adams 2001, S. 44 ff.). Wie diese etablierten sie sich – zumindest in der Aufbauphase – entlang der Verkehrsadern *(roadside hotels)*. In Deutschland üben die standardisierten und rationalisierten Hotelkonzepte einen starken Wettbewerbsdruck auf Pensionen, Gasthöfe und privat geführte Hotels im 1* - 3*-Segment aus. *(wf)*

*Literatur*
Hotelverband Deutschland (IHA) (Hrsg.) 2005: Hotelmarkt Deutschland. Berlin: IHA-Service
Münster, Marco; Birgit Quandt 2005: Raus aus der Schmuddelecke: Budget-Hotels entwickeln innovative Konzepte. In: fvw international, Spezial: Hotel, 39 (12), 2005, S. 12-20
Rutes, Walter A.; Richard H. Penner & Lawrence Adams 2001: Hotel Design, Planning and Development. New York, London: W.W. Norton & Company

## Budgetierung
*budgeting*

### 1 Der Gegenstand der Budgetierung

Der Budgetierungsbegriff stammt ursprünglich aus der Haushaltsrechnung des Staates und bezeichnet dort normalerweise die Gegenüberstellung der voraussichtlichen Einzahlungen und Auszahlungen. Auch heute noch werden häufiger – insbesondere im Bereich öffentlicher Betriebe, aber auch in kleineren Unternehmungen – Finanzbudgets erstellt. Aus Sicht einer → Controlling-basierten operativen Unternehmenssteuerung bezeichnet die Budgetierung hingegen in der Regel die kurzfristige, funktionsbereichs- wie gesamtunternehmensbezogene Kosten- und Erlösplanung (Graumann 2003, S. 277 ff.; Horváth 2006, S. 212 ff.; Weber & Schäffer 2006, S. 265 ff.). Das Ergebnis dieser Berechnungen stellen Budgets oder Planungsrechnungen dar. Sie beinhalten im Abgleich mit den Prämissen der strategischen Rahmenplanung (→ Strategie/Strategisches Management) sowie den operativen Zielvorstellungen der Unternehmensleitung Berechnungen über die erwartete wirtschaftliche Ent-

wicklung der Unternehmung.

Im Rahmen der Planerstellung wird der Gesamtplan einer Unternehmung zumeist in diverse Teilplanungselemente (Schröder 2003, S. 158 ff.; Weber & Schäffer 2006, S. 267 ff.) gegliedert, wie:

- ❖ funktionale Teilpläne (z.B. Absatz-, Marketing-, Einkaufs-, Leistungs-, Personalpläne),
- ❖ objektorientierte Teilpläne (z.B. für Geschäftsbereiche, Kundengruppen oder Regionen) oder
- ❖ wertmäßige Teilpläne (z.B. Kostenpläne, detailliert nach Kostenarten, Erlöspläne, detailliert nach Erlösquellen).

Das Gesamtbudget einer Unternehmung wird somit in eine Vielzahl materieller und wertmäßiger Teilbudgets differenziert. Hierdurch werden die der Unternehmung zur Verfügung stehenden Ressourcen auf die einzelnen Bereiche zielorientiert zugeordnet. Diese einzelnen Teilpläne müssen wiederum materiell wie wertmäßig stimmig miteinander verbunden und in ihrer Ergebniswirksamkeit untersucht werden, soll das Gesamtsystem seine Richtung gebende Wirkung entfalten (vgl. Abbildung 1).

### 2 Der Budgetierungsprozeß

Die Festlegung der Budgetinhalte ist Aufgabe der jeweiligen Budgetverantwortlichen. Aufgabe des Controllings hingegen ist es, den folgenden Ablauf des Budgetierungsprozesses zu steuern und für seine sachgerechte Durchführung zu sorgen (z.B. durch prozeßbegleitende Hochrechnungen, Tests, Abweichungsanalysen, aber auch durch die Übernahme von Moderationsaufgaben und „Pflege" des Budgetierungssystems). Bei sukzessivem Vorgehen wird – ausgehend von einem Primärplan – der Budgetentwurf Planungsrunde für Planungsrunde weiter konkretisiert

**Abbildung 1:** Grundzüge der betrieblichen Budgetierung

und detailliert. Der Primärplan stellt dabei entweder einen Grobplan dar, der die grundsätzlichen Umrisse der Planungs„stoßrichtung" vorgibt, oder häufiger einen - kritischen – Engpaßplan, der die übrigen Pläne in ihrem Inhalt und Umfang determiniert. Als solcher fungiert in der Regel der Absatz- bzw. Umsatzplan. Reine Fortschreibungen realisierter Vergangenheitswerte sind dabei als Budgetvorgaben unbedingt zu vermeiden, um nicht mittelmäßige oder gar schlechte Ergebnisse auf diesem Weg zur Leitlinie zukünftigen Verhaltens aufzuwerten.

Die nun folgenden Abstimmungszyklen führen schließlich zu einem als sinnvoll interpretierten Planergebnis. Damit ergibt sich der in Abbildung 2 dargestellte formale Ablauf eines Budgetierungsprozesses, für dessen Durchführung in der Regel eine Zeitraum von drei bis vier Monaten zu veranschlagen ist.

### 3 Nutzen, Gefahren und Erweiterungen der Budgetierung

Das Budget fungiert für die budgetverantwortlichen Mitarbeiter als Zielvorgabe, für deren Erreichung sie dann die Verant-

wortung zu tragen haben und die u.a. die Grundlage ihrer Leistungsbeurteilung darstellen. Daher muß sichergestellt sein, daß das Zielsystem einer Unternehmung, ihre Organisationsstruktur sowie das Planungssystem im logischen Aufbau weitgehend strukturell kongruent sind, um dysfunktionale Überschneidungen in Kompetenzen und Verantwortungsbereichen zu vermeiden. Zu diesem Zweck werden Budgets – wenn möglich – an organisatorisch oder abrechnungstechnisch verantwortliche Einheiten geknüpft (Kostenstellenbudget, Abteilungsbudget, Funktionsbereichsbudget, Kundenbudgets als Cost-Center, Geschäftsbereichs- und Regionenbudgets als Profit- oder Investment-Center).

Das Budget kann seine Funktion als Richtgröße des täglichen Handelns nur solange erfüllen, wie die tatsächliche Entwicklung der Unternehmung oder ihrer Teilbereiche nicht wesentlich vom erwarteten Soll des Budgets abweicht. Hier wird die koordinative Bedeutung der Plan- und Budgetsteuerung und -kontrolle deutlich: Sie soll einerseits die unverzügliche Korrektur von Teilplänen

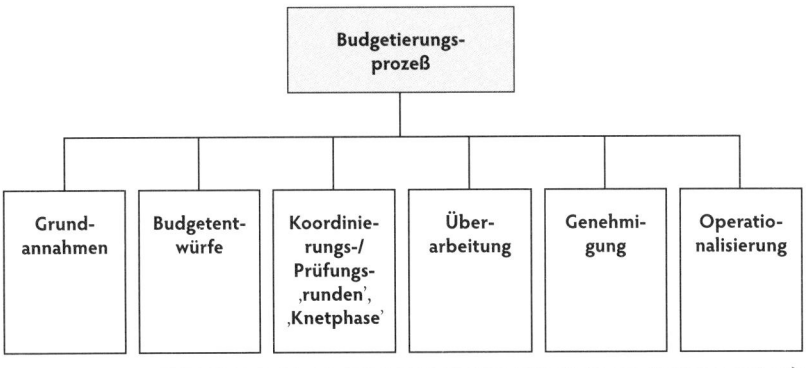

**Abbildung 2:** Der Prozeßablauf der Budgetierung
(Darstellung in Anlehnung an Horváth u.a. 1986, S. 31)

und damit Dispositionen ermöglichen, wenn sich die Notwendigkeit dazu zeigt, und andererseits aufdecken, warum Planziele nicht erreicht wurden und was in Zukunft dagegen unternommen werden muß. Neben Plan- und Ist-Zahlen werden hierzu im Zuge der Budgetrealisierung auch so genannte voraussichtliche Ist-Zahlen („Wird-Zahlen") über Hochrechnungen als Indikatoren des Budgetzustandes ermittelt. Die Unternehmensführung wird dadurch so früh wie möglich von abweichenden Entwicklungen unterrichtet und kann rechtzeitig durch Lenkungseingriffe reagieren (permanente oder begleitende Budgetkontrolle und -anpassung). Hierzu werden in der Regel zumindest Monats- oder Quartalsberichte erstellt (Horváth 2003, S. 226 ff.; Steinmann & Schreyögg 2005, S. 392 ff.).

Erfreut sich die Budgetierung im praktischen Einsatz in vielfältigen Ausbauvarianten gerade auch in der Touristikbranche in der Regel großer Beliebtheit (für die Hotellerie z.B. Widmann 2004), so werden an der realen Erscheinungsform „klassischer" Budgetierungssysteme immer wieder doch Pro-

blembereiche (Dysfunktionalitäten) lokalisiert, die am Nutzen derartiger Systeme durchaus Zweifel aufkommen lassen (Steinmann & Schreyögg, 2005, S. 358 ff.; Weber & Schaeffer 2006, S. 272):

❖ Häufiger Kritikpunkt sind die Starrheit und Inflexibilität der definierten Budgetvorgaben, die – mit hohem Zeit- und Ressourceneinsatz „optimiert" – nicht mehr hinterfragbar erscheinen. Eigeninitiativen werden beschränkt, die individuelle Leistungsbemessung wird schwierig. In der Konsequenz kann sich eine deutlich verringerte Reaktionsfähigkeit auf dynamische Veränderungen im Handlungsumfeld einstellen.

❖ Die Budgetierung wird häufig als Entlastungsstrategie vom Denken für den Budgetierungszeitraum aufgefaßt. Begleitende Budgetüberwachung wird damit ausgesetzt.

❖ Ein zu rigides Etatdenken der Budgetverantwortlichen bewirkt allzu häufig, daß gegen Ende des Budgetierungszeitraumes überschüssige Mittel „sinnlos" verbraucht werden, da die Neubewilligung von Mitteln

119

sich am Verbrauch des vorangegangenen Budgets orientiert. In die gleiche Richtung zielt auch der sogenannte *budgetary slack*, durch den „stille Plan-Reserven" über eine Überbudgetierung aufgebaut werden, um eventuelle Planungsrisiken im Vorfeld bereits abzufedern.

❖ Ein nur kurzfristig ausgelegtes, nicht hinreichend an den strategischen Rahmenplan angekoppeltes Budgetdenken verstellt den Blick auf strategisch notwendige Aktivitäten. Insbesondere bei Profit-Center-Konzepten kann dies zu einer Aushöhlung der wirtschaftlichen Leistungskraft führen.

❖ Budgetierung fördert die Verengung des Blickwinkels auf lediglich die eigenen Ressortinteressen. Rationalisierungs- und Synergieeffekte gehen so verloren. Zudem fehlt durch die starke Binnenorientierung die dringend erforderliche Markt- bzw. Kundenorientierung einzelner Unternehmensbereiche.

❖ Eine zu starke Fixierung auf quantitative Kenngrößen *(number crunching)* verringert die Komplexität von Entscheidungssituationen unzulässig. Das Budgetierungsergebnis ist quantifiziert und damit „richtig".

❖ Budget-„Spiele" führen zu einem enormen Ressourcen- und Zeitverbrauch zur Erstellung und Abstimmung der Budgets. Budgetierung „verkommt" zu einem bloßen Ritual, wie es Russell L. Ackoff (1981, S. 359) drastisch formuliert: „Most corporate planning is like a ritual rain dance: it has no effect on the weather that follows, but it makes those who engage in it feel that they are in control. Most discussions of the role of models in planning are directed at improving the dancing, not the weather."

Als Lösungen dieser Probleme wurden verschiedene konzeptionelle Korrekturen bis hin zu einer völligen Loslösung von überkommen Budgetierungsverfahren vorgeschlagen. Am weitesten gehen dabei die Vorschläge zum „Beyond Budgeting" (Fraser & Hope 2001; Horváth 2006, S. 232 f.; Weber & Schaeffer 2006, S. 272 ff.). Im Kern sollen hierbei durch eine starke Betonung der Eigeninitiative und des unternehmerisches Denkens, der Wettbewerbsorientierung sowie der Eigenverantwortung der einzelnen Mitarbeiter, unterstützt durch eine Führung durch Ziele, Prinzipien und Werte anstelle von zentralen Regeln und Verfahren eine nachhaltige, markt- und kundenorientierte Ausrichtung aller Unternehmensaktivitäten ermöglichen. Ressourcen werden bei Bedarf zugeteilt, Kontrolle erfolgt zeitnahe größtenteils in Eigenverantwortung, Anreizsysteme orientieren sich ausschließlich an der erbrachten Leistung auf der jeweiligen Ebene und nicht mehr an vorher vereinbarten Standards. Letztlich gelingt auch eine deutliche, integrative Koppelung der operativen Ebene an die strategischen Rahmenkonzepte. Allerdings machen derartige Überlegungen einen fundamentalen strategischen Wandel zur Bedingung, der mit seinen hohen Anforderungen an die Eigengestaltungskraft der Betroffenen vielfach die Unternehmensmitglieder überfordert.

Weniger weitreichend und damit eher anschlußfähig an die bisherige Erfahrungswelt der Unternehmensmitglieder erscheinen daher Vorschläge zu einem „Better Budgeting" (Horvath 2006, S. 232; Weber & Schaeffer 2006, S. 272 ff.). Gefordert wird hier eine Entschlackung der bestehenden Budgetierungssysteme sowie eine Fokussierung des gesamten Budgetierungsprozesses auf erfolgskritische Größen, sowohl in der Planung wie in der Kontrolle. Über eine Vermeidung häufig anzutreffender (Trend-)Fortschreibungen, eine stärkere Marktorientierung, flexible, schnelle Hochrechnungen, eine *top-down*-Straffung des Budgetierungsprozesses, die einen deutlich geringeren Abstimmungsbedarf und damit eine erheblichen Zeitgewinn mit sich bringt sowie eine zeitflexible, von der Sache her bestimmte Festlegung der Fristigkeit des Budgets soll eine nachhaltige Verbesserung bestehender Budgetierungssysteme erreicht werden. Allerdings besteht die Gefahr, daß durch die eher inkrementalen Verbesserungen sich unter der Last des Alltagsgeschäftes vertraute, alte Routinen im Zeitablauf wieder einschleifen werden. *(vs)*

*Literatur*

Ackoff, Russell L. 1981: On the Use of Models in Corporate Planning. In: Strategic Management Journal, 2 (4), S. 353-359

Fraser, Robert; Jeremy Hope 2001: Beyond Budgeting. In: Controlling, Heft 8/9, S. 437-442

Graumann, Mathias 2003: Controlling. Begriffe, Elemente, Methoden und Schnittstellen. Düsseldorf: IDW

Horváth, Peter 2006: Controlling. München: Vahlen (10. Aufl.)

Schäffer, Utz; M. Zyder 2003: Beyond Budgeting – ein neuer Management-Hype? In: Controlling & Management, Sonderheft 1, S. 101-110

Schröder, Ernst F. 2003: Modernes Unternehmens-Controlling. Ludwigshafen: Kiehl (8. Aufl.)

Steinmann, Horst; Georg Schreyögg 2005: Management. Grundlagen der Unternehmensführung. Konzepte – Funktionen – Fallstudien. Wiesbaden: Gabler (6. Aufl.)

Weber, Jürgen; Utz Schäffer 2006: Einführung in das Controlling. Stuttgart: Schaeffer-Poeschel (11. Aufl.)

Widmann, Doris 2004: Budgetierung in der Hotellerie. In: Karl Heinz Hänssler (Hrsg.): Management in der Hotellerie und Gastronomie. Betriebswirtschaftliche Grundlagen. München, Wien: Oldenbourg, S. 377-394 (6. Aufl.)

## Büfett

*buffet*

Anrichte, auf der Speisen (und Getränke) bereitgestellt werden. Abhängig vom Speisenangebot wird von einem kalten oder/ und warmen Büfett (cold/warm buffet) gesprochen. Im Gegensatz zu dem Service am Tisch bedienen sich die Gäste grundsätzlich selbst. Die Gründe für die Einrichtung eines Büfetts sind vielfältig (etwa Erlebniswert, Wartezeitenoptimierung, freie Auswahl von Gerichten), wobei das zentrale Motiv aus betrieblicher Sicht die Reduktion des Personalaufwands ist.

In der Hotellerie und Gastronomie steht der Begriff des weiteren auch für einen Schanktisch bzw. -tresen. *(wf)*

## Büfettschürze

*skirting*

Tischvorhang, der zur Verkleidung von (Büfett)Tischen und zum Sichtschutz dient. Die Büfettschürze wird etwa mit Druckknöpfen oder Klettverschlüssen befestigt und läuft von der Tischoberkante bis zum Boden um den Tisch herum (*to skirt* [engl.] = sich am Rand hinziehen, am Rand entlanggehen, herumgehen). *(wf)*

## Bürgschaft

*bond guarantee, suretyship*

Als einseitiges Vertragsverhältnis tritt der Bürge gegenüber einem Gläubiger eines Dritten auf. Der Bürge steht für die Erfüllung von Verbindlichkeiten gegenüber dem Dritten ein. Geregelt wird dieses Beziehungsdreieck in verschiedenen Bürgschaftsformen. Im Tourismus spielen

Bürgschaften, also Rückzahlungsgarantien im Verhältnis zwischen Reiseveranstalter und Reisemittler eine Rolle. Viele Reiseveranstalter verlangen Bürgschaften, um sich vor finanziellen Verlusten zu schützen. *(hdz)*

**Buffeting**
→ Strömungsabriß

**Bugstrahlruder**
*bow thruster*
Einrichtung im Bug eines Schiffes zum besseren Manövrieren beim An- und Ablegen im Hafen. Es handelt sich um ein unter der Wasserlinie liegendes Rohr mit einem in der Mitte angebrachten Verstellpropeller, das den in der Regel schmalen Schiffsbug quert. Mit der Blattverstellung des Propellers kann Wasser sowohl von Backbord nach Steuerbord als auch umgekehrt geleitet werden. Durch den dadurch entstehenden Schub wird der Schiffsbug nach Back- oder nach Steuerbord bewegt. Damit wird die Manövrierbarkeit vor allem von großen Schiffen wie zum Beispiel Kreuzfahrtschiffen (→ Kreuzfahrt) im Hafen deutlich erhöht. *(jwm)*

**Bundesstelle für**
**Flugunfalluntersuchungen (BFU)**
Die BFU wurde in Deutschland mit dem Flugunfall-Untersuchungs-Gesetz (FlUUG) v. 26. August 1998 am 1. September 1998 mit Sitz in Braunschweig gegründet. Mit diesem Gesetz wurde die EG-Richtlinie 94/56/EG, die aufgrund einer Empfehlung der → International Civil Aviation Organisation (ICAO) erlassen wurde, in deutsches Recht umgesetzt. Die BFU übernahm damit als nichtweisungsgebundene und direkt dem Bundesverkehrsministerium unterstehende Bundesbehörde einen Teil der früheren Aufgaben des → Luftfahrtbundesamtes

(LBA). Sie untersucht Störungen und Unfälle im Luftverkehr, fertigt darüber einen Bericht an und gibt Sicherheitsempfehlungen (www.bfu-web. de). *(jwm)*

**Bundesverband der Deutschen**
**Fluggesellschaften (BDF)**
Im Jahre 1976 gegründet als ‚Arbeitsgemeinschaft Deutscher Luftfahrtunternehmen‘ (ADL) zur Vertretung der Interessen von → Charterfluggesellschaften mit Sitz in Bonn. Die mit der Liberalisierung des Luftverkehrs in der EU erfolgte Auflösung der strikten Trennung von → Charter- und → Linienflugverkehr und das Aufkommen von → Billigfluggesellschaften führte auch zu einer Änderung der Aufgaben der Arbeitsgemeinschaft. Mit dem Eintritt der → Lufthansa und dem Umzug zum neuen Sitz der Bundesregierung in Berlin wurde auch der Name in ‚Bundesverband der Deutschen Fluggesellschaften‘ vorgenommen. Er vertritt heute gemeinsam die deutschen Linien-, Charter- und Billigfluggesellschaften gegenüber Wirtschaft und Politik (www.bdfaero. de). *(jwm)*

**Bundesverband der Deutschen**
**Tourismuswirtschaft (BTW)**
1995 gegründeter Spitzenverband der deutschen Tourismuswirtschaft mit Sitz in Berlin. In ihm sind neben großen Firmen wie → Lufthansa, → Deutsche Bahn, → TUI, → Thomas Cook, → Rewe Touristik und Flughäfen die Verbände der im Tourismus tätigen Unternehmen und Destinationen vertreten. Zu diesen Verbänden gehören der → Bundesverband der deutschen Fluggesellschaften (BDF), der → Deutsche Reiseverband DRV), der → Deutsche Hotel- und Gaststättenverband (DEHOGA) und der Hauptverband des deutschen Einzel-

handels (HDE). Der → Deutsche Tourismusverband (DTV) war erst 2002 dem BTW beigetreten, hat ihn aber bereits im April 2006 nach einigen Querelen wieder verlassen. Neben der → Deutschen Zentrale für Tourismus (DZT) als → nationaler Tourismusorganisation (NTO) gehören auch einzelne Tourismusmarketingorganisationen auf Landesebene wie die Bayern Tourismus Marketing, der Tourismusverband Baden-Württemberg (die vorher aus dem DTV ausgetreten waren), die Hamburg Marketing und die Thüringer Tourismus Gesellschaft zu den Mitgliedern des BTW. Selbstgestellte Aufgabe des BTW ist es, als Sprecher der gesamten Tourismuswirtschaft in Deutschland aufzutreten und ihre Interessen auf politischer und gesellschaftlicher Ebene wahrzunehmen. Der BTW ist auch Mitglied des Bundesverbandes der Deutschen Industrie (BDI), des Spitzenverbandes der deutschen Wirtschaft (www.btw.de). *(jwm)*

## Bundesverband Deutscher Omnibusunternehmer (BDO)

Spitzenverband des deutschen Omnibusgewerbes, in dem die achtzehn Landesverbände, die zusammen die Interessen von etwa dreitausend Unternehmen vertreten, die in der Bustouristik bzw. im öffentlichen Personennahverkehr tätig sind, organisiert sind. Neben diesem die föderale Struktur widerspiegelnden Busverband besteht der → RDA Internationale Bustouristik Verband e.V. als zweiter Verband im Busbereich. In Bremen gibt es keinen eigenen Landesverband des BDO, Schleswig-Holstein und Hamburg sind in einem Verband zusammengefaßt, dafür gibt es in Rheinland-Pfalz drei, in Hessen und Sachsen jeweils zwei Landesverbände. Um auch bei der Europäischen Union

Gehör zu finden, ist er Mitlied der → International Road Transport Union (IRU). Es gibt neun ständige Ausschüsse, darunter die für Bustouristik und Schulbus/→ Klassenfahrt (www.bdo-online.de). *(jwm)*

## Bundesverband Mittelständischer Reiseunternehmen (asr)

Gegründet 1976 als ‚Arbeitsgemeinschaft Selbständiger Reisebüroinhaber‘, in dem sich Mitglieder des damaligen Deutschen Reisebüroverbandes (DRV; → Deutscher Reiseverband) zusätzlich engagierten, um ihre spezifischen Interessen besser vertreten zu können. Die Umbenennung erfolgte (unter Beibehaltung des Kürzels) 1986 und der asr wurde zu einem Konkurrenzverband des DRV. Das bereits zwischen den Verbandsspitzen ausgehandelte Konzept für eine Wiedervereinigung wurde 1998 auf der Mitgliederversammlung des DRV in Hannover akzeptiert, überraschenderweise dann aber von den Mitgliedern des asr auf ihrer Jahresversammlung in Mallorca abgelehnt. Organisiert sind im asr nach eigenen Angaben meist inhabergeführte Reisebüros und Reiseveranstalter. Fördernde Mitglieder sind Hotels, Fluggesellschaften, öffentliche Tourismusstellen, Autovermieter usw. (www.asr-berlin.de). *(jwm)*

## Business Center

Dabei handelt es sich um Büros oder Konferenzräume, die für den zeitweisen Gebrauch bestimmt sind und im → Hotel Geschäftsreisenden dienen. In der gehobenen Business-Hotellerie bieten diese Zentren alle Funktionalitäten eines modernen Büros mit Internetzugang, Software- und Multimedia-Anwendungen sowie Möglichkeiten zum Druck von Dokumenten. Daneben bieten sie Konferenz- und Tagungsmöglichkeiten mit unterschiedlicher Ausstattung. Neben Hotels haben auch die meisten Flughäfen Business Center für ihre Kunden eingerichtet. *(cf)*

**Business Class**
→ Beförderungsklasse (b)

**Business Travel Management System (BTM-System)**
Ein Business Travel Management System/BTM-System unterstützt und integriert die Prozesse des Geschäftsreise-Managements international tätiger Unternehmen.

Die Kommunikationen, die Abläufe und der Workflow eines BTM-Systems basieren auf der Internet-Technologie. Die automatisierten Prozeßabläufe und die Durchführung der Prozeßstufen werden über eine zentrale Datenbank gesteuert, und über elektronische Schnittstellen werden Daten mit kooperierenden Systemen kommuniziert. Das Web-Portal des BTM-Systems bietet dem Geschäftsreisenden, seinem Sekretariat, der Geschäftsreise-Abteilung des Unternehmens oder einem beauftragten Reisemittler den Zugriff zu den Diensten des Systems.

Die Teilprozesse einer Geschäftsreise werden auf dieser Grundlage wie folgt informationstechnologisch unterstützt oder automatisiert:

❖ Reiseplanung – In der Phase der Reiseplanung sind Informationen über die Preise und Verfügbarkeiten der erforderlichen Reiseleistungen zu beschaffen. Die BTM-Datenbank verwaltet die Reiserichtlinien des Unternehmens und die Informationen über die Positionen, Rechte und Ansprüche der reisenden Mitarbeiter (Mitarbeiterprofile). Mit diesen Daten werden über elektronische Schnittstellen zu den kooperierenden

→ Reservierungssystemen (z. B. → Globale Distributions Systeme, → Hotel-Reservierungssysteme bzw. Alternative Reservation Systems) geeignete Reiseleistungen recherchiert. Dabei werden Best-Price-Suchfunktionen und ggf. die im BTM-System oder in den Reservierungssystemen hinterlegten → Corporate Rates (s. u.) berücksichtigt. Ausgewählte Reiseleistungen können bereits im Geschäftsreiseantrag berücksichtigt werden und im jeweiligen Reservierungssystem auf Option gebucht werden (→ Optionsbuchung).

Das BTM-System übermittelt den generierten Reiseantrag automatisch an die in der Datenbank gespeicherte vorgesetzte Stelle zur Genehmigung. Die Genehmigung kann automatisiert erfolgen, wenn beispielsweise die vorgesetzte Stelle nicht innerhalb einer in der Datenbank gespeicherten Frist widerspricht.

❖ Reiseorganisation und Reisedurchführung – Mit der Genehmigung der Dienstreise werden ggf. die Optionsbuchungen zu Festbuchungen umgewandelt. Die Beantragung und Zahlung von Reisekostenvorschüssen an die Reisenden können entfallen, wenn das Unternehmen auf Basis des BTM-Systems und in Zusammenarbeit mit einem Kreditkartenunternehmen Corporate Cards zur Verfügung stellt. Der Reisende kann alle geschäftsreise-bedingten Kosten mit dieser Kreditkarte, die direkt mit dem Unternehmen abgerechnet wird, bezahlen. Das Kreditkartenunternehmen übermittelt die Daten direkt in das BTM-System. Durch den web-basierten Zugang zum BTM-Portal hat der Reisende weltweit Zugriff zu den Daten seiner Reise, er kann z. B. über Flugzeitenänderungen informiert werden oder selbst kurzfristig Umbuchungen o. ä. vornehmen.

❖ Reisekostenabrechnung – Durch die Corparate Cards sind nach Abschluß einer Reise dem BTM-System bereits alle so bezahlten Reiseleistungen bekannt. Sie werden automatisch in die Reiseabrechnung übernommen. Sonstige Reiseleistungen können durch den Mitarbeiter im Online-Dialog ergänzt werden. Das Business Travel Management System kann auf Basis der gespeicherten Reisekostenrichtlinien eine Vorprüfung der Abrechnung vornehmen und sie mit einem elektronischen Formular der vorgesetzten Stelle zur Prüfung vorlegen. Wird die Abrechnung als genehmigt gekennzeichnet, können ggf. noch zu erstattende Zahlungen automatisch angewiesen werden.

❖ Steuerung/→ Controlling – Mit den dargestellten Prozessen integriert das Business Travel Management System alle Daten der getätigten Geschäftsreisen eines Unternehmens. Diese Daten können ausgewertet werden, z. B. um die Reiserichtlinien weiter zu entwickeln. Diese Auswertungen sind auch die Basis für unternehmenszentrale Verhandlungen des Business Travel Managements mit den → Leistungsträgern (z. B. → Hotelketten, → Flug- und Mietwagengesellschaften), um als ihr Großkunde unternehmensspezifische → Corporate Rates für zukünftige Reisen zu vereinbaren.

Business Travel Management Systeme können in den Unternehmen, z. B. konzern-zentral, implementiert werden. Sie werden teilweise als Module

umfangreicher Rechnungswesen- und Controlling-Systeme (→ Controlling) angeboten. Ein Unternehmen kann aber auch als Lizenznehmer an einem zentralen BTM-System teilnehmen, das von einem IT-Dienstleister (Application Service Provider) technisch betrieben wird. Auch die → Globalen Distributions Systeme bieten technische BTM-Lösungen an.

Reisebüros können ebenfalls Lizenznehmer eines solchen Systems werden, um damit für ihre Firmenkunden die Dienste des Business Travel Managements zu übernehmen. *(uw)*

## Bustourismus
*coach tourism*

**1  Marktentwicklung und Marktsituation**
Der Bustourismus wird in seiner ökonomischen Bedeutung oft unterschätzt. Seit Jahren bewegt sich der Bus-Anteil bei der Reiseverkehrsmittelnutzung zwischen acht und zehn Prozent für die Haupt-Urlaubsreise ab fünf Tagen (vgl. Reiseanalyse 2000 ff.), bei der Kurzreise (zwei bis vier Tage) ist der Nutzungsanteil fast doppelt so hoch. Insgesamt nutzen damit ca. 120 Millionen Fahrgäste jährlich den Reisebus für Urlaubsreisen.

Das deutsche Bustouristik-Gewerbe besteht weitgehend aus mittelständisch geprägten Familienbetrieben. Ein Vordringen der Groß- und Universalveranstalter (TUI, Neckermann, ITS) in den Bustouristikmarkt in den 1970er Jahren blieb erfolglos. Markt- und Kundennähe, Flexibilität und Markterfahrung der etablierten Busreiseveranstalter können hier als Gründe des Marktausstieges der Touristikkonzerne angeführt werden.

Die 1950er Jahre waren die große Zeit des Bustourismus, der hier einen Marktanteil von ca. 20 Prozent erreichte. In den 1960er Jahren bis heute fiel der Marktanteil des Busses als

Reiseverkehrsmittel auf ca. 10 Prozent, und zwar aus folgenden Gründen:

❖ die Automobilisierung der Deutschen in den 1960er Jahren, die jetzt erstmals ihren Kleinwagen (VW, DKW, Lloyd, Gogomobil, BMW) für ihre (→ Camping-) Urlaubsreise nutzten,

❖ die Komfortverbesserung der → Bahn mit Direktverbindungen und Liegewagenzügen von deutschen Städten in deutsche und europäische Gebiete (Touropa- und Alpen-See-Expreß),

❖ der Einstieg der Kauf- und Versandhäuser (Neckermann, Quelle, Kaufhof) in die Flugtouristik mit preisattraktiven Angeboten im sog. „Warmwasserbereich" (Mittelmeer).

Nach der Wiedervereinigung im Jahre 1990 erlebte der Bustourismus eine zweite Aufschwungphase: Nach 40 Jahren strikter Reiseeinschränkung zu DDR-Zeiten und einen daraus entstandenen „Reisestau" entwickelte sich in Ostdeutschland ein expansiver Bustourismusmarkt, der auch noch heute vergleichsweise volumenstärker ist als in Westdeutschland.

Heute gestaltet sich das Marktumfeld für den Bustourismus zunehmend schwieriger. Folgende Entwicklungen können hierfür genannt werden:

❖ die Low Cost Carrier (→ Billigfluggesellschaften) ziehen den Bus-Reiseveranstaltern im dem für sie sehr wichtigen Marktsegment Städte- und Eventtourismus zunehmend (potentielle) Kunden ab,

❖ das gleiche gilt für die → Bahn, die mit ihren Hochgeschwindigkeitszügen (ICE, TGV) schnelle und preisattraktive Städtereisen anbietet (Paris, Wien, Amsterdam, Berlin, München etc.),

❖ die erste bustouristische Kern-Zielgruppe „Jugendliche" nimmt quantitativ ab, vor allem in Ostdeutschland und zeigt ein anderes, nicht unbedingt busfokusiertes Reiseverhalten,

❖ die zweite bustouristische Kern-Zielgruppe „Senioren", nimmt zwar quantitativ zu, benutzt aufgrund ihres verbesserten Allgemeinzustandes den eigenen Pkw als Reiseverkehrsmittel viel länger, und wird wahrscheinlich erst mit einer zeitlichen Verzögerung zum Busreisenden.

## 2 Angebotsstruktur: Typologie des Bustourismus

Die Angebotsstruktur im Bustourismus ist durch eine starke Verrechtlichung, insbesondere durch das → Personenbeförderungsgesetz (PBefG), gekennzeichnet. Danach können folgende Arten des Busverkehrs unterschieden werden:

❖ Öffentlicher Linienverkehr (§42 PBefG) – Hier handelt es sich um Fernbuslinien im sog. Punktzu-Punkt-Verkehr *(point-to-point-transport)*, also klassischerweise um Städteverbindungen nach einem verbindlichem Fahrplan. Fahrpläne und Fahrpreise müssen von der Genehmigungsbehörde bestätigt werden. – Touristisch bedeutsame Intercity-Busverkehre sind z.B. Berlin-Linien-Bus (BLB) von und nach Berlin von vielen deutschen Städten und Tourismus-Destinationen, Eurolines und Europabus-Linien (EB) und die zahlreichen Gastarbeiterverkehre nach Osteuropa *(ethnic travel,* → visiting friends and relatives [VFR]);

❖ Sonderformen des Linienverkehrs (§45 PBefG) – Bei diesen Busverkehren dürfen nur bestimmte Fahrgastgruppen, die eine bestimmte Affinität aufweisen, unter Ausschluß non-affiner Fahrgäste befördert werden. Zu diesen Affinitätsgruppen gehören z.B. Theaterbesucher (Theaterfahrten) und Fluggäste (Flughafen-Transfer);

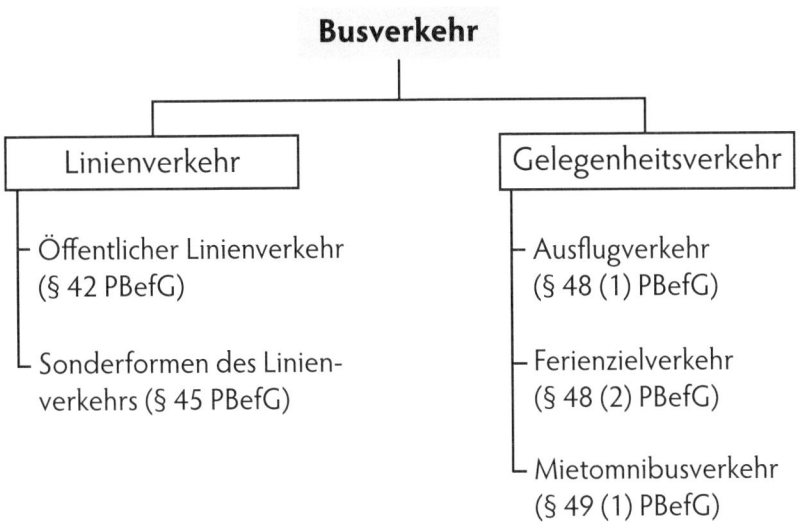

**Abbildung 1:** Typologie des Busverkehrs nach dem Personenbeförderungsgesetz (PBefG)

❖ Ausflugsverkehr (§48 (1) PBefG) – Hierunter versteht man öffentlich ausgeschriebene Tages- und Mehrtagesfahrten, also den Kernbereich des Bustourismus, wie Kurz-, Städte-, Event-, Rund- und Studienreisen. Der Reisezweck (Erholung, Besichtigung, Veranstaltungsbesuch) muß in der Ausschreibung (Katalog) klar definiert sein und die Reise muß zum Ausgangspunkt zurückführen;

❖ Ferienzielverkehr (§48 (2) PBefG) – Ferienzielfahrten, auch als Turnus- oder Pendelverkehr bezeichnet, sind Fahrten im Zielverkehr (Punkt-zu-Punkt-Verkehr) zu Erholungszwecken mit Arrangement (Unterkunft, Verpflegung, etc.). Im Vordergrund steht bei dieser Reiseform der Aufenthalt in der Tourismus-Destination, z.B. Lloret de Mar/Costa Brava;

❖ Mietomnibusverkehr (§ 49 (1) PBefG) – Bei dieser Reiseform wird nur der Bus plus Fahrer von einer Person oder Organisation angemietet. Die Reiseorganisation (Reiseverlauf, Beherbergung, Verpflegung, Gästeprogramm) erfolgt also nicht durch das Busunternehmen, sondern durch den Busmieter. – Der Mietomnibusverkehr „Rent a Bus" ist neben dem Ausflugsverkehr der Hauptumsatzträger im Bustourismus und konstituiert sich aus einer Vielzahl von nicht-öffentlichen, geschlossenen Gruppenreisen, wie z.B. Vereins-, Schul- und Betriebsausflüge und ist somit auch ein wesentlicher Teil der sog. → Schwarztouristik.

**3   Nachfragestruktur: Typologie der Busreisenden**

Die Kernzielgruppen des Bustourismus sind Jugendliche und Senioren, d.h. die Busreise ist ein alterspolares Produkt, das durch eine sog. *mid ager-gap* (25 bis 50-jährige) charakterisiert ist. Die Kenntnisse über Motive, Präferenzen,

Erwartungen und Aktivitäten der Bus-reisenden, die dann in diverse Busreise-Typen verdichtet werden, sind eine basale Voraussetzung zu einer nachfra-gegerechten und damit erfolgreichen Angebotsgestaltung. Im folgenden sollen zwei Busreisende-Typologien vorge-stellt werden, die der → Bundesverband Deutscher Omnibusunternehmer e.V. (BDO) in zwei Auftragsstudien entwi-ckeln ließ.

Bei der ersten Studie geht es um die Nutzungsfrequenz und Aktivierbarkeit von Busreisenden. Man ermittelte hier fünf Typen von Busreisenden (BDO 2006, S. 29 ff.):

- ❖ Reise-Affine, jedoch Bus-Averse – Diese Gruppe ist zwischen 30 und 49 Jahre alt, hat ein überdurch-schnittliches Einkommen, ist quali-tätsbewußt und freizeit- und reise-aktiv; Paare und Singles mit Kindern sind überdurchschnittlich vertreten. Die Bus-Aversen haben erhebliche Vorbehalte gegen eine Busreise und dürften nur schwer für diese Reiseform zu gewinnen sein.
- ❖ Test-/Einmal-Busreisende – Diese relativ junge Zielgruppe (60 Prozent sind unter 40 Jahre alt) hat auf ihrer ersten Busreise gute Erfahrung gemacht, ist dann aber dem Bus-Reiseveranstalter ferngeblieben. – Diese wichtige Gruppe kann durch-aus zu weiteren Busreisen aktiviert werden.
- ❖ Gelegenheits-Busreisende – Diese ältere Zielgruppe (43 Prozent sind über 60 Jahre alte) gehört zu den *empty nester* (ältere Paare, deren Kinder bereits aus dem Haus sind) und hat eine durchweg positive Einstellung zur Busreise. Durch entsprechende Angebote (Service, Komfort, gutes Preis-Leistungs-Verhältnis) kann

diese Gruppe durchaus vom *light user* zum *heavy user* der Busreise werden.

- ❖ Reise-Affine/Bus-Fans – Bus-Fans sind überwiegend weiblich und gehö-ren der Altersklasse 60+ an. Sie sind erfahrene und begeisterte Busreisende und die treuen Stammkunden des Bus-Reiseveranstalters. Bei dieser wichtigen Zielgruppe sollte Customer Relationship Management (CRM) und Virales Marketing (VM) zur An-wendung kommen.
- ❖ Reisemuffel – Reisemuffel sind vor-wiegend unter 40 Jahre alt, weib-lich und verfügen über ein geringes Einkommen. Reisen empfindet der Reisemuffel generell als zu teuer; er schreibt dem Bus jedoch ein gutes Preis-Leistungs-Verhältnis zu. Durch preisattraktive Angebote kann auch diese Gruppe u.U. zum Buchen einer Busreise bewegt werden.

Während die o.g. Busreisenden-Typologie eher quantitative Aspekte betont, kom-men bei der folgenden Typologie die qualitativen Aspekte zum Ausdruck (BDO 1998, S. 11):

- ❖ Individualreisende wollen mit einem bequemen Bus sicher reisen und einen entspannten Urlaub genießen, persönliche Freizeit haben und vieles selbst organisieren.
- ❖ Bequeme Genießer wollen mit einem Komplettangebot verwöhnt werden, komfortabel untergebracht sein und sehr gut essen.
- ❖ Bildungsreisende wollen unter fach-kundiger Reiseleitung neue Kennt-nisse gewinnen, Deutschland bes-ser kennenlernen und auch fremde Länder und Kulturen erleben.
- ❖ Vergnügungsreisende wollen gemein-sam mit anderen etwas unternehmen, Spaß haben und Ideen verwirkli-chen.

| Negativ-Image Contra-Argumente einer Busreise | Positiv-Image Pro-Argumente einer Busreise |
|---|---|
| 1  Langsamkeit | 1  Preiswürdigkeit |
| 2  Unbequemlichkeit | 2  Geselligkeit, Gruppenvorteil |
| 3  Unsicherheit | 3  Umweltfreundlichkeit |
| 4  Abhängigkeit, Gruppenzwang | 4  Sicherheit |
| 5  Stauanfälligkeit | 5  Bequemlichkeit |
| 6  Witterungsabhängigkeit | 6  Flexibilität |
| 7  keine Prestigeträchtigkeit | 7  Omnilokalität |
| 8  keine Langestreckentauglichkeit | 8  lanschaftsnahes Reisen |
| 9  keine Familientauglichkeit | 9  Reiseleitung |
| 10  keine Durchführungsgarantie | 10  Rund-um-Organisation |

**Abbildung 2:** Negativ- und Positiv-Image der Busreise (Eigene und erweiterte Darstellung in Anlehnung an Gutjahr 1978, S. 19)

❖ Sicherheitsbedürftige wollen die Geborgenheit der Gruppe genießen, in einem sicheren Fahrzeug und mit einem routinierten Fahrer reisen, von einem Programm unterhalten werden, sich um nichts kümmern müssen.

❖ Erlebnishungrige wollen auf einer exklusiven Reise andere Menschen treffen, viel Neues und auch ungeahnte Abenteuer erleben.

## 4  Das Image: Pro- und Contra-Argumente einer Busreise

Der Bus hat im Vergleich zu den Reiseverkehrsträgern Flugzeug, Bahn, Auto und Schiff ein geringeres Sozialprestige. Das liegt u.a. daran, dass sich zwei Negativ-Stereotype – die sog. „fünf A der Bustouristik" – hartnäckig halten:

❖ Das „Arme Leute-Syndrom" der Busreise: „Arme", „Auszubildende", „Asoziale", „Ausländer"

❖ Das „Alte Leute-Syndrom" der Busreise: „Rollendes Altersheim", „Rentner-Jet", „Gruftimobil", „Mumien-Expreß".

Betrachtet man die einzelnen Kriterien einer Busreise detaillierter, kommt man zu einem differenzierten Bild (Abbildung 2). Erkennbar sind Bestrebungen, dem dargestellte Negativimage, das Busreisen teilweise anhaftet, mit PR-Maßnahmen entgegenzuwirken. So hat die „Allianz pro Bus", eine Interessengemeinschaft führender Bushersteller, des Verbands der Automobilindustrie und von BDO, RDA und der GBK, die Broschüre „Busse verbinden" publiziert, in der die Vorteile von Busreisen einem breiteren Publikum gegenüber kommuniziert werden.

## 5  Bus und Sicherheit

Der Bus ist, trotz massenmedial aufbereiteter spektakulärer Unfälle in den letzten Jahren, im Vergleich zu den anderen Reiseverkehrsträgern das sicherste Verkehrsmittel, wie auch die Zahlen der Abbildung 3 zeigen. Allerdings ist – anders als es die Abbildung suggeriert – seit vielen Jahren im regulären Flugverkehr in Deutschland niemand umgekommen.

Hauptursache von Busunglücken ist menschliches Versagen, d.h. konkretes Fehlverhalten von Busfahrern und LKW-Fahrern, die Busse in Unfälle schuldhaft involvieren. Übermüdung und Sekundenschlaf von Busfahrern führen zu Auffahrunfällen und Verlassen der Fahrbahn mit Abstürzen und Überschlagen in Böschungen. Videokamaras solllen in Zukunft durch Pupillenbeobachtung Mikroschlafphasen des Busfahreres erkennen und dann ein Alarmsignal senden. Auch elektronische Abstandsregler und Fahrbahnbegrenzer sollen Busunfälle verhindern helfen. Verstärkte polizeiliche Sicherheitskontrollen an Autobahn-Parkplätzen sollen Einhaltung der Lenk- und Ruhezeiten der Busfahrer sowie die technische Sicherheit des Busses überprüfen. Vermehrt nehmen auch Busfahrer an Sicherheitstrainings teil, die von TÜV und DEKRA durchgeführt werden. Hier lernen Busfahrer in Realsituationen und am Fahrsimulator ihr Fahrzeug in

kritischen Situationen (Schlechtwetter, unerwartete Gefahrenpunkte) besser zu beherrschen. In der Diskussion sind Gütesiegel für Bussicherheit, z.B. vom ADAC, die aber von den Busverbänden aus Kostengründen weitgehend abgelehnt werden.

## 6 Bus und Umwelt

Auch unter Umweltaspekten schneidet der Bus im Verkehrssystemvergleich am besten ab. So braucht ein Bus im Vergleich zum Flugzeug z.B. nur ca. ein Neuntel an Treibstoff, um einen Passagier 100 km zu befördern (ca. 0,5 l Diesel vs. 4,5 l Kerosin). Auch die anderen Reiseverkehrsträger wie Bahn (ca. 1 l) und Auto (ca. 3 l) schneiden hier wesentlich schlechter ab. Das Gleiche gilt auch für den Schadstoffausstoß von

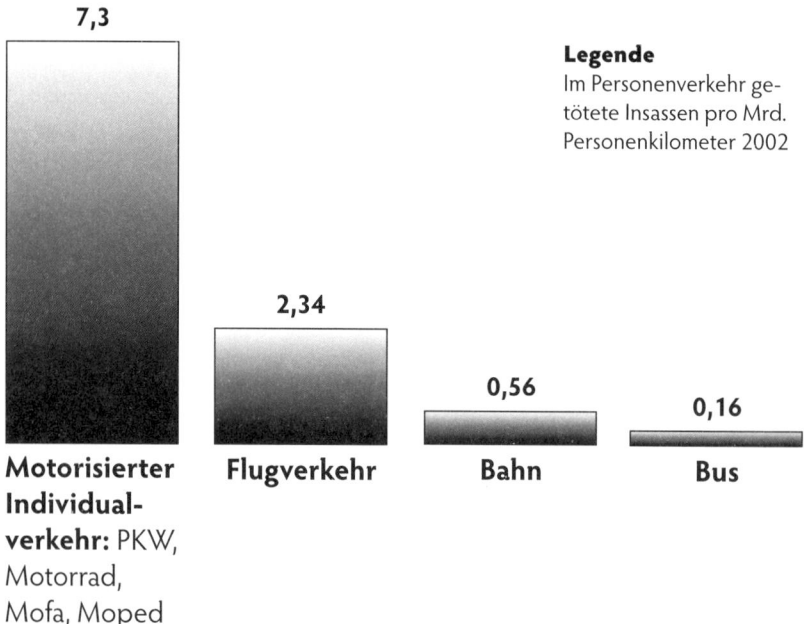

**Legende**
Im Personenverkehr getötete Insassen pro Mrd. Personenkilometer 2002

**Abbildung 3:** Bussicherheit im Verkehrssystemvergleich (VSV) (Quelle: Statistisches Bundesamt 2002, Bundesstelle für Flugunfalluntersuchungen, BMVBW)

$CO_2$, wo wir bei den Verkehrsmitteln ähnliche Relationen vorfinden (Bundesumweltamt 2002: Statistiken zum Schadstoffausstoß).

In Zukunft wird es verstärkt Reisebusse mit alternativen, regenerativen Energieträgern geben, die die Umweltbilanz des Busses weiter verbessern werden. In Entwicklung befindet sich der „auspufflose Bus" *(zero emission)* d.h. ein Bus mit einer wasserstoffbasierten Brenstoffzelle. Heute sind schon Busse mit *green energy* im Einsatz, wie Bio-Diesel (Raps), Erdgas, Solarenergie und Hybrid-Antrieb (Diesel und Elektrobatterie).

## 7 Aspekte des Bustouristik-Marketings: Kooperation und Paket-Reiseveranstalter

Bei zunehmender Wettbewerbsintensität mit anderen Reiseverkehrsträgen können viele kleine mittelständische Bus-Reiseveranstalter ihre Existenz nur durch Kooperation mit anderen Busunternehmen sichern (Schrand 2003, S. 220 ff.). Eine Bus-Kooperation besteht typischerweise aus zwei bis fünf selbstständigen Bus-Reiseveranstaltern, die dann i.d.R folgende Synergie-Effekte erzielt:

❖ bessere Auslastung der Busse durch konkurrenzreduzierende Programmabstimmung und daraus resultierende Durchführungsgarantie der ausgeschriebenen Reisen
❖ Kosteneinsparungen durch gemeinsame Wartung, Reperatur und Neukauf von Bussen
❖ Einkaufsvorteile durch größere Nachfrage nach Bettenkapazitäten in den Hotels der Destinationen
❖ Risikostreuung bei der Neuaufnahme von Produkten und Destinationen
❖ Kostenreduktionen in der gemeinsamen Distributions- und Kommunikationspolitik wie Reisebüro-,

Online-, Call Center-Vertrieb, Katalogerstellung, Public Relations, etc.

Bei der Planung und Durchführung von Busreisen spielen die Paket-Reiseveranstalter, die sog. „Paketer", eine große Rolle, die als „touristische Großhändler" i.d.R. mehrere Reisedienstleistungen (Unterkunft, Verpflegung, Local Guide, Gästeprogramm, Eintrittskarten für Events) zu einem Leistungsbündel (Paket) schnüren und zu einem Gesamtpreis an den Bus-Reiseveranstalter verkaufen. Der Bus-Reiseveranstalter kombiniert dieses fremdproduzierte Paket mit seinen eigenen Reisedienstleistungen (Busfahrt, Reiseleitung) und bietet die so gestaltete Gruppen-Pauschalreise den Reisenden in seinem eigenen Namen an. Dabei haftet bei mangelhaften Leistungen im Außenverhältnis der Bus-Reiseveranstalter gegenüber dem Reisegast, im Innenverhältnis haftet der Paket-Reiseveranstalter gegenüber dem Bus-Reiseveranstalter. Paket-Reiseveranstalter sind meistens Destinationsspezialisten mit profunden Insider-Kenntnissen und Kontakten in einem Reiseland und erleichtern die Organisation und Durchführung der Reise für den Bus-Reiseveranstalter erheblich. *(axs)*

*Literatur*
Allianz pro Bus (Hrsg.) o.J.: Busse verbinden. pdf-file – Download über www.bdo.de (28. 9. 2007)
Bundesverband Deutscher Omnibusunternehmer e.V. (BDO) 1998: Vorfahrt für den Spaß. Eine Erlebnistudie für das Reisen mit dem Omnibus, Bonn
Bundesverband Deutscher Omnibusunternehmer e.V. (BDO) 2006: Bestandsaufnahme und Perspektiven im Bustourismus, Berlin
Gutjahr, Gerhard 1978: Das Image des Omnibusses als Reiseverkehrsmittel. Starnberg: Studienkreis für Tourismus

Schrand, Axel 2003: Bustouristik-Marketing. In: Peter Roth & Axel Schrand (Hrsg.): Touristik-Marketing. München: Vahlen, S. 211-230 (4. Aufl.)

**BYO**
→ Bring Your Own

**Bypass-Triebwerk**
→ Turbofan

# C

## Café

*café, coffee bar, coffee-shop*

Gastronomischer Betrieb, in dessen Mittelpunkt ursprünglich die Heißgetränke Kaffee, Tee oder Schokolade standen. Heute kaum noch in Gebrauch ist der Begriff → Kaffeehaus.

Während Kaffee im arabischen, persischen und afrikanischen Raum schon sehr früh konsumiert wurde – manche Quellen sprechen vom 9. bzw. 10. Jahrhundert –, findet die Verbreitung nach Europa erst Jahrhunderte später statt. Anfang des 17. Jahrhunderts brachten wahrscheinlich venezianische Handelsleute den Kaffee nach Europa. In der Folge entstanden die ersten Kaffeehäuser in Handelszentren wie Venedig, Marseille, Paris, Amsterdam, Wien oder London. *(wf)*

## Cafeteria

*cafeteria*

Gastronomischer Betrieb, der sich vor allem durch Selbstbedienung auszeichnet. Die Konsumenten stellen sich an einer Theke ihre Auswahl zusammen. Das Konzept wird aufgrund seiner relativ geringen Personalintensität oft auch in Unternehmen, Universitäten oder Krankenhäusern zur Verpflegung eingesetzt. *(wf)*

## Call Center

*call centre*

Im Tourismus hat es seit den 1990er Jahren einen regelrechten Call Center-Boom gegeben. Beim Call Center handelt es sich um einen Organisationstyp, der sich vor allem im Dienstleistungsbereich durchgesetzt hat. Call Center können als Prototypen einer speziellen Outsourcingorganisation bezeichnet werden, wie arvato systems, einer der bedeutendsten Anbieter im Tourismus aufzeigt (www.arvato-systems.de). Sowohl für Führungskräfte wie auch Mitarbeiter in Call Centern sind Berufsbilder in Ausbildungsgängen umgesetzt worden (www.bibb.de).

Technisch gesehen, wachsen bisher getrennt voneinander entwickelte, von der Informationstechnik entwickelte Lösungen immer mehr zusammen, Telefon und Internet verschmelzen gewissermaßen miteinander. Folglich wird sich ein breites Spektrum hoch entwickelter Telefonielösungen, die sämtliche Forderungen an ein technisches Kommunikationssystem abdecken und sich nahtlos in die IT-Landschaft einer jeden Organisation integrieren lassen, die Zukunft bestimmen. Dabei sind die → Dienstleistungen wie Planung, Aufbau und Betrieb von Call Centern und Telekommunikationsanlagen nur ein Teil des Geschäftsmodells. Unter Einsatz neuester Technologien wie *Voice over IP* oder Breitband sollen sämtliche gegenwärtigen und zukünftigen Herausforderungen in puncto Mobilität, Erreichbarkeit, Flexibilität, Effizienz und Servicefreundlichkeit in Call Center Systeme integriert werden. Call Center sind im Gesamtzusammenhang des → eTourism zu sehen.

Die Call Center-Technik ermöglicht es, Mitarbeiter organisatorisch in folgenden beiden Fällen in reale und/oder virtuelle Gruppen zusammenzufassen:

❖ bei hohem Anrufaufkommen
❖ bei Vorhersehbarkeit von Anrufzwecken.

Anrufer bei einem Call Center kennen nur die eine entscheidende Nummer und werden automatisch über den ACD (*automated call distributor* = automatische Anrufverteilung) zu einem freien Agenten geschaltet. Auf diesem zentralen Merkmal eines jeden Call Centers beruht die folgende Begriffsbestimmung:

Beim Call Center handelt es sich um eine interne oder externe Organisationseinheit, in der ein- und ausgehende Transaktionen (Calls) mit dem Ziel geführt werden, einen dienstleistungsorientierten und effizienten Dialog mit Kunden, Interesssenten und Lieferanten zu gewährleisten. Ziel des Call Center Dialogs ist die schnelle Lösung von Kundenproblemen.

In der Call Center-Branche hat sich inzwischen eine eigene Fachsprache herausgebildet. So wird der Mitarbeiter *agent* genannt, die als *call* bezeichnete Transaktion, das Telefonat, ist mehr als nur der Telefonanruf. Auch Faxe, E-Mails, jegliche Kontakte aus dem Internet werden unter dem Oberbegriff *call* zusammengefaßt. Die Organisationsform unterscheidet nach Einsatzgebieten in „Inbound" und „Outbound":

❖ Als Inbound (ankommende Anrufe) bezeichnet man im Tourismus vor allem Auftragsannahme, Hotline-Kundenservice, Beschwerdemanagement.
❖ Anrufe, die aus dem Call Center nach außen vorgenommen werden, bezeichnet man als Outbound-Aktivitäten (ausgehende Anrufe). Anwendungsgebiete sind u.a. Neukundengewinnung, After-Sales-Betreuung, oder das Direktmarketing.

Der Begriff Call Center Management hat sich auch im deutschen Sprachraum durchgesetzt. Die folgenden Aufgabenfelder beschreiben kurz das Call Center Management: Planung und Steuerung des Call Center Managements; konzeptionelle Ausgestaltung des Call Center-Geschäfts; Führen und Steuern von Call Centern; Weiterentwicklung des Leistungsstandards und Mitarbeiterentwicklung.

Das Planungsmodell, der Managementkreis für Call Center, erinnert an den im → Qualitätsmanagement bekannten Demingkreis (PDCA-Zyklus). Wer ihn konsequent anwendet, unterwirft sein Handeln nicht nur einem systematischen Planungsprozeß, sondern auch den Prinzipien der Qualitätsverbesserung. In neun Schritten lassen sich die Gestaltungsphasen des Call Center Managements wie folgt beschreiben (nach Cleveland et al. 1998, S. 18):

(1) Wahl eines Ziel-Servicelevels – Der Servicelevel, ausgedrückt als ‚x Prozent der Anrufe entgegengenommen innerhalb von y Sekunden', sollte verstanden und erstgenommen werden, und es sollten die entsprechenden Mittel zur Verfügung gestellt werden. Er muß auf den jeweils angebotenen Telefonservice und die Erwartungen der Anrufer, die diesen Service nutzen, abgestimmt sein. Der Servicelevel ist das entscheidende Verbindungselement zwischen bereitgestellten Kapazitäten und Ergebnissen.

(2) Daten erfassen – Die ACD-Telefonanlage und die Datenverarbeitung sind wichtige Datenquellen für die

Planung. Man erfährt hier, wie viele Anrufe hereinkommen, wie lange sie dauern, welchen Mustern sie folgen und wie sich der Anrufmix entwickelt. Man benötigt aber auch Informationen darüber, was im Marketing und in anderen Abteilungen geschieht, über neue gesetzliche Forderungen, Aktivitäten der Konkurrenz, Veränderungen der Kundenbedürfnisse und -einstellungen.

(3) Prognose der Arbeitsbelastung durch Anrufe – Die anrufbedingte Arbeitsbelastung errechnet sich aus drei Bestandteilen: durchschnittliche Gesprächsdauer, durchschnittliche Nachbearbeitungszeit und Anrufaufkommen. In einer guten Prognose werden sämtliche drei Komponenten präzise für Zeiteinheiten in der Zukunft, gewöhnlich auf halbe Stunden genau, vorhergesagt. Die Prognose im heutigen Call Center muß allerdings über ankommende Gespräche hinausgehen. Es müssen auch andere Möglichkeiten, die dem Kunden zum Kontakt mit dem Unternehmen zur Verfügung stehen, wie E-Mail, Fax, Bildtelefongespräche und aus dem Internet initiierte Vorgänge, mit einbezogen werden.

(4) Berechnung der Basisbesetzung – Die meisten Call Center Manager verwenden → Erlang C zur Berechnung des Personalbedarfs (www.erlangc.de). In praktisch allen Workforce Management Programmen wird Erlang C als Formel verwendet. Neue Fähigkeiten, wie *skilled based routing* und komplexe vernetzte Umgebungen, bieten hier noch neue Herausforderungen. Computersimulationsprogramme versprechen neuartige Lösungen. Zu den Grenzen der Erlang C-Formel enthält die Website www.erlangc.de wichtige Informationen.

(5) Berechnung des Leitungsbedarfs (und der dazugehörenden Systemkapazitäten) – Personal- und Leitungsbedarf hängen miteinander zusammen und müssen zusammen berechnet werden.

(6) Berechnung des *rostered staff factor* (RSF) – Der *rostered staff factor* (RSF), auch als Schwundfaktor oder Schwund bezeichnet, führt zu einer realistischen Bestimmung des Personalbedarfs, in dem Pausen, Fehlzeiten, Schulung und andere nicht am Telefon stattfindende Arbeiten mit berücksichtigt sind.

(7) Dienstpläne erstellen – Dienstpläne stellen im Prinzip eine Prognose dar, wer wann wo sein muß. Sie sollten dazu führen, daß die richtigen Leute zur rechten Zeit am rechten Ort sind. Das gilt auch für die Dienstpläne bei Call Centern.

(8) Kosten berechnen – In diesem Schritt werden die Kosten für die zur Erreichung der Service- und Qualitätsziele benötigten Kapazitäten berechnet.

(9) Wiederholung mit höherem und niedrigerem Servicelevel – Die Erstellung von drei Planungen, ausgehend von drei unterschiedlichen Servicelevels, führt zu einem für Planungsentscheidungen unschätzbaren Verständnis von Kostenvor- und Kostennachteilen.

Dieser Planungsablauf in neun Schritten demonstriert, daß ein Call Center-Projekt sehr gut geplant sein will. Ungenaue oder oberflächliche Planung führt immer dazu, daß die gesteckten Erwartungen letztendlich nicht erfüllt werden. Was dem Zyklusschema vorausgeht, ist die Planung derjenigen Geschäftsprozesse, die in das Call Center miteinbezogen werden sollen (→ Prozeßorganisation). Auch empfiehlt es sich, Planungsstufen festzulegen, damit sukzessive Erfahrungen gesammelt werden können und ein kontinuierlicher Verbesserungsprozeß implementiert ist. *(hdz)*

*Literatur*
Bergevin, Réal 2007: Call Center für Dummies. Weinheim: Wiley
Cleveland, Brad; Julia Mayben & Günter Greff 1998: Call Center Management. Leitfaden für Aufbau, Organisation und Führung von Teleservicecentern. Wiesbaden: Gabler

## Camping
*camping*
Übernachtung in mobilen Unterkünften wie Zelten, Wohnwagen (→ Caravan) oder Wohnmobilen. In den meisten Ländern kann nur auf dafür ausgewiesenen → Campingplätzen übernachtet werden.

## Campingplatz
*camping site, campsite*
Der Begriff ist eigentlich ein Pleonasmus, denn er ist abgeleitet aus dem lateinischen *campus* = Feld, bezeichnet also per se bereits einen Platz. Mit ihm wird ein meist umzäuntes Gelände bezeichnet, auf dem Zelte aufgebaut und/oder Wohnwagen und Wohnmobile zum Zwecke von Übernachtung bzw. eines längeren Aufenthaltes abgestellt werden können. Zur Grundausstattung gehören sanitäre Anlagen, die je nach Platz mehr oder weniger luxuriös ausfallen können. Besser ausgestattete Plätze haben Stromanschlüsse an den Standplätzen. Je nach der Kategorie können Campingplätze auch Einkaufsmöglichkeiten, Schwimmbäder, Fitneßeinrichtungen, Restaurants, Kinderspielplätze, Sporteinrichtungen usw. umfassen. Manche Plätze sind nur für Zelte zugelassen. Der → Deutsche Tourismusverband (DTV) hat eine Campingplatzklassifizierung nach dem Sternesystem (→ Hotelklassifizierung) entwickelt.

Es gibt Plätze, die Dauercamper zulassen, die ihren Wohnwagen wie ein → Ferienhaus benutzen, bei anderen ist dies nicht möglich. Oft findet man auch Mischformen, auf denen ein Anteil der Stellplätze für Dauercamper zur Verfügung steht. Manche Campingplätze bieten zudem Wohnwagen, Zelte oder auch Holzhütten zur Miete an. Für Gäste hat das den Vorteil, daß man diese viel Platz einnehmende Ausrüstung nicht selber kaufen bzw. mitbringen muß. Der → Reiseveranstalter Eurocamps bietet Mietunterkünfte auf Campingplätzen in ganz Europa an. *(jwm)*

## Campingtourismus
→ Wirtschaftsfaktor Campingtourismus

## Canapé
*canapé*
Häppchen, Appetitschnitte. Kleine Brotstückchen, in der Regel mit Butter bestrichen und ansprechend belegt und garniert. Canapés werden warm oder kalt gereicht, etwa bei Empfängen. Im Gegensatz zu Sandwiches werden sie mit nur einer Brotscheibe angerichtet. *(wf)*

## Caravan
*automobile caravan*
Mit Betten, Tisch und Kochstelle eingerichteter Wohnwagen, der als Anhänger von einem Pkw gezogen wird. Dient als Unterkunft für Urlaub auf einem → Campingplatz. Sie werden dort häufig auch von Dauercampern benutzt, die sie dann praktisch als → Ferien- oder Wochenendhaus benutzen.

## Caribbean Carousel
Englische Bezeichnung für das weltweit populärste Kreuzfahrtgebiet (→ Kreuzfahrt) in der Karibik (das Gebiet zwi-

schen Florida (USA), Zentralamerika und der Nordküste Südamerikas). Von den Kreuzfahrthäfen in Miami, Fort Lauderdale usw. starten das ganze Jahr über Kurzkreuzfahrten auf vielen → Vergnügungsdampfern *(fun ships)* mit einer Dauer ab drei Tagen, die wieder an ihren Ausgangspunkt zurückkehren.

## Carrier
→ Fluggesellschaft

## Cash Flow
Im Zusammenhang mit der Finanzplanung und -kontrolle wird neben der → Liquidität häufig auch auf die Kennzahl Cash Flow (Mittelzufluß) zurückgegriffen. Der Cash Flow gilt als Maß für das Selbstfinanzierungspotential einer Unternehmung. Er trifft als finanzieller Überschuß aus den laufenden Geschäftstätigkeiten eine Aussage darüber, welche finanziellen Mittel eine Unternehmung aus eigener Kraft zu erwirtschaften in der Lage ist, um:

* Investitionen (Ersatz- und Erweiterungsinvestitionen) vornehmen zu können,
* Kreditschulden zu tilgen und
* Dividenden- und Steuerzahlungen leisten zu können.

Die Berechnung des Cash Flow kann auf verschiedene Art und Weise erfolgen, wodurch die Genauigkeit wie auch die Beurteilung dieser Kennzahl z.B. im Rahmen von Unternehmens- oder Branchenvergleichen erschwert wird. Grundsätzlich lassen sich ein direkter und ein indirekter Berechnungsweg unterscheiden:

* Im Zuge der direkten Berechnung werden allen erfolgswirksamen Einzahlungen, die einer Unternehmung aus ihrer laufenden Geschäftstätigkeit zufließen (in erster Linie Umsatzerlöse aus ih-

ren Marktaktivitäten, aber auch Finanzmittelzuflüsse aus Zins- oder Mieterträgen u.a.), alle erfolgswirksamen Auszahlungen des entsprechenden Zeitraumes gegenübergestellt. Dazu ist es erforderlich, aus den einzelnen Unternehmensbereichen (z.B. Vertrieb, Marketing, Wareneinkauf, Leistungserstellung, Technik, EDV, Personal usw.) detaillierte Informationen über die realisierten oder zu erwartenden Finanzströme zu ermitteln. Dieses Verfahren eignet sich insbesondere zur internen finanziellen Planung, Steuerung und Kontrolle (Finanz-Controlling; → Controlling).

* Weite Verbreitung - insbesondere bei extern an der Unternehmung interessierten Personen oder Institutionen – hat die indirekte Ermittlung des Cash Flow aus Wertgrößen des externen, bilanziellen Rechnungswesens erlangt. Ausgangspunkt ist bei diesem Vorgehen die Erfolgsrechnung (GuV) der Unternehmung und der darin ermittelte oder geplante pagatorische Gewinn (auch bilanzieller Gewinn, Reingewinn, Jahresüberschuß) vor Steuern. Der Cash Flow läßt sich dann näherungsweise ermitteln als Saldo der zahlungswirksamen Erträge und zahlungswirksamen Aufwendungen. Dementsprechend ist der pagatorische Gewinn um in ihn einberechnete, nicht-zahlungswirksame Aufwendungen zu mehren und um nicht-zahlungswirksame Erträge zu mindern:

**pagatorischer Gewinn vor Steuern**
+/– Abschreibungen/Zuschreibungen auf
   das Anlagevermögen
+/– Erhöhung/Auflösung langfristiger
   Rückstellungen
+/– sonstige Berichtigungsgrößen
-----------------------------------------
=   **Cash Flow vor Steuern**
    **(aus laufender Geschäftstätigkeit)**

In den letzten Jahren hat sich das Interesse an der Finanzkennzahl Cash
Flow zunehmend verstärkt, da sie insbesondere von externen Analysten als
eine von bilanzpolitischen Einflüssen
(→ Bilanzierung) weitgehend unabhängige und damit realistischere Größe zur
Bewertung des Unternehmenserfolgs
angesehen wird, als der normalerweise hierzu bilanziell ermittelte Gewinn.
Dies hat in der Folge zu einer Fülle
verschiedenster Cash Flow-Definitionen
geführt, was die Interpretation der jeweiligen Cash Flow-Begriffe zunehmend
erschwert. Mit Blick auf die Cash Flow-
Verwendung wird bspw. der Cash Flow
aus laufender Geschäftstätigkeit weiter
untergliedert (vgl. auch die Berechnung
nach den Deutschen Rechnungslegungsstandards [DRS]) in einen:

**Cash Flow vor Steuern**
**(aus laufender Geschäftstätigkeit)**
+/– Desinvestitionseinzahlungen/
   Investitionsauszahlungen
-----------------------------------------
=   Cash Flow vor Steuern
    nach Investitionstätigkeit
+/– Außenfinanzierungseinzahlungen/
   Außenfinanzierungsauszahlungen
   (inkl. Gewinnausschüttungen und
   Zinszahlungen)
-----------------------------------------
=   **Cash Flow vor Steuern**
    **(nach Finanzierungstätigkeit)**

Nach Abzug der Ergebnissteuern und
Ergänzung des Finanzmittelbestandes
errechnet sich auf diesem Wege die
→ Liquidität der Unternehmung.

Weitere Differenzierungen stellen auf
die Quellen des Cash Flow aus laufender
Geschäftstätigkeit ab und unterscheiden
in einen:

❖ operativen Cash Flow, der den finanziellen Überschuß aus den betriebs-
   zweckbezogenen Aktivitäten einer
   Unternehmung abbildet und einen
❖ nicht-operativen Cash Flow, der
   Einzahlungsüberschüsse abbildet,
   die sich aus betriebszweckneutralen
   Aktivitäten der Unternehmung ergeben (finanzwirtschaftliche und
   außerordentliche Prozesse).

Im Rahmen von Wertsteigerungsüber-
legungen spielt hingegen der

❖ Free Cash Flow (FCF) eine wichtige
   Rolle, der sich als Cash Flow vor
   Kapitalkosten (Eigen- und Fremdkapitalzinsen) abzüglich der erforderlichen Ersatzinvestitionen sowie
   der strategisch notwendigen Erweiterungsinvestitionen ergibt. Wird
   auf diesen FCF die erwartete Min-
   destverzinsung (Kapitalkosten) angewendet, so zeigt
❖ der Discounted Free Cash Flow
   (DFCF) die erzielte Wertsteigerung
   der Unternehmung, während der Discounted Free Operating Cash Flow
   (DFOCF) den mit den durchschnittlichen, gewichteten Kapitalkosten
   diskontierten Gegenwartswert der
   ausschließlich betriebszweckverur-
   sachten Wertsteigerung zum Ausdruck bringt. *(vs)*

## Casino
*casino*
(a) Räumlichkeit, die Kunden aufsuchen,
um im Rahmen unterschiedlicher Spiele
(z.B. Baccarat, Blackjack, Roulette) Geld

gewinnbringend einzusetzen. Synonym: Spielbank.

Geldspiele und Wetten sind keine Erfindung der Neuzeit. Sie haben die Geschichte der Menschheit begleitet, historische Beispiele lassen sich etwa in der Antike oder bei den Römern finden (Vogel 2001, S. 121 f.). Das „Spiel mit dem Geld" enthält konsumtive und investive Elemente. Je nach Perspektive ist es anregende Unterhaltung, potentielle Gewinnchance, bedeutender Wirtschaftsfaktor, lukrative Steuerquelle oder zu bekämpfende Suchtkrankheit (Vogel 2001, S. 146 ff.).

Für die Casinos besonders interessant sind Stammkunden bzw. die sogenannten *high rollers* (*to roll in money* [engl.] = in Geld schwimmen), die sich durch regelmäßigen Casinobesuch und hohe Spieleinsätze auszeichnen. Ihr durchschnittlicher Einsatz liegt – z.B. in der US-amerikanischen Spielerstadt Atlantic City – bei über 100 US-$ pro Wette. Die Definition des Personenkreises wird von den jeweiligen Casinos festgelegt. Touristen sind eine weitere wichtige Zielgruppe. Diese zeichnen sich im Gegensatz zu den *high rollers* durch einmaligen bzw. seltenen Casinobesuch aus, ihr Spieleinsatz ist begrenzt und eher niedrig (Powers & Barrows 2006, S. 464).

Casinos sind eine weltweite Erscheinung. In den Ländern, in denen das Glücksspiel von staatlicher Seite verboten wird, entstehen erfahrungsgemäß illegale Spielszenen. Um die räumlichen Distanzen zu überbrücken, die Attraktivität zu steigern und die durchschnittliche Verweildauer zu erhöhen, werden Casinos oft um Beherbergungskapazitäten ergänzt (→ Casino-Hotel).

(b) Der Begriff Casino (*casa* [ital.] = Haus) fällt auch als Bezeichnung für ein

Klubhaus oder einen Speiseraum für militärische Führungskräfte (Offizierskasino) oder Führungskräfte aus der Wirtschaft. *(wf)*

*Literatur*

Powers, Tom; Clayton W. Barrows 2006: Introduction to Management in the Hospitality Industry. Hoboken: John Wiley & Sons (8th ed.)

Vogel, Harold L. 2001: Travel industry economics: A guide for financial analysis. Cambridge University Press

## Casino-Hotel

*casino hotel*

Hoteltyp, in dessen Mittelpunkt das Betreiben von Spielcasinos (→ Casino) steht. Der Hoteltyp ist weltweit vertreten, die USA bildet den Schwerpunktmarkt und dort wiederum die Stadt Las Vegas/Nevada. Diese konzentriert die größten Casino-Hotels der Welt auf sich (Anzahl der Zimmer bzw. Suiten: z.B. MGM Grand Hotel and Casino ca. 5.000, Luxor Hotel and Casino ca. 4.400, Venetian Resort Hotel and Casino ca. 4.000, Wynn ca. 2.700); bei einer Bevölkerung von rund 1,5 Millionen Menschen bietet die Stadt fast 130.000 (!) Hotelzimmer an (www.visitlasvegas.com; Powers & Barrows 2006, S. 455).

Casinos lassen sich als Händler von Gewinnchancen verstehen, die darüber hinaus Unterhaltung in ihr Angebot einbeziehen. Die Wachstumsraten der Casinobranche waren über die letzten Jahrzehnte hoch. Da die Spieler auf lange Sicht immer gegenüber den Casinos verlieren, fahren diese – wenn auch in einer breiten Streuung – hohe Gewinne ein (Vogel 2001, S. 136 ff.). Die relativ stabile Ertragsseite erlaubt den Casinobetreibern eine Quersubventionierung der Beherbergungskomponente.

Der Hotelbereich weist gegenüber anderen Hoteltypen oft einen höheren

Anteil von unproduktiven Flächen auf, die Hotelzimmer sind großzügiger konzipiert und luxuriöser ausgestattet (Rutes, Penner & Adams 2001, S. 225 ff.). Kunden, die sich durch hohe Spieleinsätze auszeichnen *(high rollers)*, erhalten mitunter Übernachtungen in Hotelzimmern/ Suiten oder Essen als kostenlose Dienstleistung. Die Zimmerpreise sind auf niedrigem Niveau kalkuliert. In der Folge werden die Hotels nicht nur von der ursprünglichen Zielgruppe (Spieler) nachgefragt, sondern auch von anderen Kundensegmenten wie Familien. Um die hohen Bettenkapazitäten auszulasten, reichern die Hotel-Casinos ihr originäres Angebot mit zusätzlichen Komponenten an. Entertainment durch Live-Konzerte, Shows, Sportveranstaltungen oder Theater, Einkaufsmöglichkeiten in hoteleigenen Shopping Malls, → Wellness-Abteilungen, gehobene → Gastronomie oder der Aufbau von Kongreßbereichen sind Beispiele hierfür.

Die Branche geht weiterhin – trotz zwischenzeitlichen konjunkturellen Einbrüchen – von einem Wachstum aus, neue Märkte wie Osteuropa werden erschlossen. Der Hauptmarkt USA ist hart umkämpft, die traditionellen Hotel-Casinos verspüren zusätzlichen Wettbewerbsdruck durch Casinos, die in den letzten Jahren auf Booten („Riverboat Casinos") und in Indianerreservaten („Indian Gaming") entstanden sind (Powers & Barrows 2006, S. 453 f.). Ein zentraler Treiber für den Anstieg der Casinoanzahl ist nicht zuletzt der nach zusätzlichen Einkommensquellen suchende Staat. Durch die Vergabe von Casinolizenzen sollen die Steuereinnahmen aus dem Glücksspiel erhöht werden. *(wf)*

*Literatur*
Powers, Tom; Clayton W. Barrows 2006: Introduction to Management in the Hospitality Industry, Hoboken: John Wiley & Sons (8th ed.)
Rutes, Walter A.; Richard H. Penner & Lawrence Adams 2001: Hotel Design, Planning and Development. New York, London: W.W. Norton & Company
Vogel, Harold L. 2001: Travel industry economics: A guide for financial analysis. Cambridge: University Press

## CAT
→ Clear Air Turbulence
→ Landekategorien

## Caterer
*to cater* (engl.) = u.a. beliefern mit Speisen und Getränken. Als Caterer werden Unternehmen bezeichnet, die sich darauf spezialisiert haben, Institutionen oder Personen mit Speisen und Getränken an Orten zu versorgen, an denen normalerweise keine gastronomische Leistung möglich oder üblich ist. Beispiele sind: Airline Catering, Filmcatering, Baustellencatering, Partyservice, Formel 1 Catering. In der Regel erzielt das Cateringunternehmen seinen Gewinn mittels der durch Massenproduktion erzielten Kostendegression. → Flight Catering *(agr)*

## CCH
→ Certified Conference Hotel

## Cendant
Der von Henry R. Silverman gegründete Konzern mit Sitz in New York war einer der weltgrößten Anbieter touristischer Leistungen. Das zweite Geschäftsfeld waren Immobilien, die 2003 ein gutes Drittel des Umsatzes von insgesamt 18,2 Mrd. US-$ ausmachten. Im touristischen Bereich standen die Mietwagenunternehmen Avis und Budget

an erster Stelle. Darüber hinaus gehörten u.a. die vor allem im → Franchise betriebenen Hotels der Marken Ramada Inn, Travelodge, Howard Johnson und Days Inn zum Konzern. Im Ferienhaussegment (→ Ferienhaus) war Cendant in Europa u.a. mit den Unternehmen Novasol, Landal Green Parks und Cuendet vertreten. Eines der größten globalen → Computerreservierungssysteme (CRS), Galileo, befand sich ebenso im Besitz von Cendant wie das Internetreiseportal → Orbitz, das ursprünglich von den großen nordamerikanischen → Netzfluggesellschaften gegründet worden war.

2006 wurde Cendant nach den ursprünglichen Geschäftsfeldern in vier Unternehmen aufgeteilt. Die Computerreservierungssysteme wurden in einer neuen Firma mit dem Namen Travelport zusammengefaßt und verkauft. Die Immobiliengeschäfte wurden zur Realogy Corporation und die Hotelaktivitäten wurden in der Wyndham Worldwide Corporation gebündelt, deren Anteile zu 100 Prozent an die früheren Cendant Aktionäre gingen. Das verbleibende Mietwagengeschäft mit Avis und Budget verblieb bei Cendant, dessen Name im gleichen Jahr in Avis Budget Group geändert wurde. *(jwm)*

**Central Reservation System (CRS)**
→ Globales Distributionssystem (GDS)
→ Reservierungssystem

**Certified Conference Hotel**
Hotelzertifizierung, die durch den → Verband Deutsches Reisemanagement e.V. (VDR), die Deutsche Gesellschaft für Verbandsmanagement e.V. (DGVM) und das German Convention Bureau e.V. (GCB) im Jahr 2005 eingeführt wurde. Die Zertifizierung soll die Zusammenarbeit von Industrie und Hotellerie verbessern: Die Unternehmen

erhalten durch die Zertifizierung eine Orientierungshilfe bei der Suche und Auswahl von Tagungshotels, die Hotels können ihr Produkt auf dem Tagungsmarkt deutlicher positionieren. Der Begriff Tagungen wird in dem Zusammenhang als Sammelbegriff verstanden, der Veranstaltungen wie Ausstellungen, Besprechungen, Fortbildungen, Klausuren, Konferenzen, Kongresse, Seminare oder Symposien umfaßt (VDR-Hotelzertifizierung 2007, o. S.).

In Abstimmung mit dem → Hotelverband Deutschland (IHA) wurden sieben Kategorien im Sinne eines Anforderungskatalogs für Tagungshotels entwickelt:

1. eigener, professioneller Tagungsbereich
2. standardisiertes Informationsmaterial
3. standardisierte Angebotsabwicklung
4. professionelle, tagungsspezifische F&B-Leistungen
5. professionelle Veranstaltungsbetreuung
6. standardisierter Abrechnungsprozeß
7. Ausstattung und Dienstleistung für Geschäftsreisende.

In den genannten Kategorien wiederum werden detaillierte Kriterienanforderungen formuliert, die von den zu zertifizierenden Hotels zu erfüllen sind. So wird beispielsweise die Kategorie „eigener, professioneller Tagungsbereich" über Kriterien wie Deckenmindesthöhe, Verschließbarkeit des Tagungsraums, mobile Trennmöglichkeiten der Räumlichkeiten, Tageslicht, Möglichkeiten der Verdunkelung, Beleuchtungskörper, Stromanschlüsse, Internetverbindungen, Lagerflächen, hotelinterne Leitsysteme und Garderobenmöglichkeiten konkretisiert.

Die Zertifizierung wird durch Prüfungsanfrage eines interessierten Hotels eingeleitet. Unabhängige Experten überprüfen das Hotel vor Ort. Sind gewisse Kriterien nicht erfüllt, haben die Hotels die Möglichkeit, die Beanstandungen innerhalb von drei Monaten zu beheben. Die zertifizierten Hotels werden in verschiedenen Hotelführern und Buchungsplattformen über ein Logo gesondert gekennzeichnet, darüber hinaus werden sie von den beteiligten Verbänden auf dem Veranstaltungsmarkt positioniert. Ein → Hotel Garni ist von der Zertifizierung ausgeschlossen, da es die Kriterien in der Kategorie „professionelle, tagungsspezifische F&B-Leistungen" nicht erfüllen kann. Die Zertifizierung hat eine Gültigkeitsdauer von drei Jahren. Die Kosten betragen pro Jahr 670 Euro netto; darüber hinaus fallen Kosten für die sich wiederholende Prüfung von 500 Euro netto an (3-Jahres-Rhythmus). Bis Ende Juli 2007 haben sich 128 Hotels zertifizieren lassen (VDR-Hotelzertifizierung 2007, o.S.; www.vdr-hotel.de).

Das Zertifikat wird zwiespältig gesehen. Befürworter erkennen in ihm ein Siegel, das ein Mehr an Orientierung, Sicherheit und Qualität bringt, Gegner befürchten aufgrund der bereits bestehenden Klassifizierungen und Zertifizierungen bei den Entscheidungsträgern einen *information overload,* Intransparenz und Bürokratisierungstendenzen (o.V. 2005, S. 2). *(wf)*

*Literatur*
o.V. 2005: HDV Deutschland: Skepsis gegenüber weiterem Gütesiegel. In: HDV Depesche, o.J., Nr. 54, S. 1-5
VDR-Hotelzertifizierung (Hrsg.) 2007: Informationen zu Certified Conference Hotel. Bendorf-Sayn

**Chafing dish**
*to chafe* (engl.) = sich reiben; *dish* (engl.) = flache Schüssel, Schale. Vorrichtung

zum Warmhalten, teilweise auch zum Kochen von Speisen. Die in der Regel aus Edelstahl gefertigten Geräte werden mit Wasser gefüllt, das auf unterschiedliche Art (Strom, Gas, Brennpaste) erwärmt werden kann. In die mit Wasser gefüllte Vorrichtung werden Geschirreinsätze mit den warm zu haltenden Speisen gestellt. Chafing dishes werden vor allem zur Speisenbereitstellung auf → Büfetts genutzt. Teilweise auch → Bain-marie pour buffet genannt. *(wf)*

**Charterflug**
→ Fluggesellschaft

**Charterkette**
*back to back (aircraft charter)*
Charterketten werden für Saisonziele (zum Beispiel März bis Oktober) aufgebaut. Beispiel: Hamburg – Santorin mit wöchentlichem Abflug. Geht man von einer durchschnittlichen Aufenthaltsdauer der Urlauber von 14 Tagen im Zielgebiet aus, dann gibt es sogar zwei Leerflüge als Rückflüge zu Anfang der Charterkette und zwei weitere Hinflüge ohne Passagiere zum Ende (Abholer), weil die Rückflüge durch die im Zielgebiet befindlichen Gäste bereits ausgebucht sind. Es müssen also insgesamt vier Leerflüge bei der Kalkulation berücksichtigt werden. Flughäfen mit geringerem Verkehrsaufkommen können mit einem sogenannten → Zwischenstück *(W-pattern)* in eine Charterkette eingebaut werden, so daß man dort nicht eigens ein Flugzeug stationieren muß. In unserem Beispiel würde die Maschine also nicht wieder nach Hamburg zurückfliegen, sondern flöge von Santorin weiter nach Paderborn und von dort wieder zurück nach Santorin, bevor sie dann nach Hamburg zurückkehrte. *(jwm)*

**Chauffe-assiette**
→ Rechaud

**Chauffe-plat**
→ Rechaud

**Checked baggage**
→ aufgegebenes Gepäck

**Check-in**
(a) Flug: Auf Flughäfen international übliche Bezeichnung für die Fluggastabfertigung am Boden. Zur Passagierabfertigung gehört u. a. das Überprüfen der Beförderungsdokumente, des Gepäckgewichts, der Reisepässe, die Kontrolle der Einhaltung der Ausfuhrbestimmungen, die Vergabe des Sitzplatzes und die Aushändigung der → Bordkarte. Gleichzeitig werden alle für die Betreuung des Fluggastes (Sitzplatz, Gepäck) sowie zur operativen Vorbereitung des Fluges erforderlichen Daten (tatsächliche Anzahl und Verteilung der Passagiere, Gewicht der Gepäckstücke) erfaßt. Die Abfertigung erfolgt im sogenannten Abfertigungsbereich des Flughafens. Die Abfertigungsanlagen sind die Gesamtheit aller Gerätschaften zur Be- und Entladung, zum Transport und zur Datenverarbeitung (Abfertigungslogistik). Wurden die Fluggäste ursprünglich am Check-in-Schalter *(Counter Check-in)* abgefertigt, bieten die Fluggesellschaften daneben heute unterschiedliche Check-in-Arten an, die zum Teil nach gebuchter Beförderungsklasse des Passagiers differenziert sind und eine schnellere, bequemere und kostengünstigere Fluggastabfertigung erlauben.

Beim *Common Check-in* werden an den Check-in-Schaltern alle Flüge abgefertigt, der Passagier kann sich an irgendeinen geöffneten Schalter wenden, während beim *Flight-Check-in* jeder Check-in-Schalter nur einen bestimmten Flug abfertigt. Beim *Self Check-in* (je nach Fluggesellschaft auch als *Quick Check-in* bezeichnet) können Passagiere an einem Check-in Automaten einchecken. Diese Art des Check-in erfordert ein → elektronisches Flugticket oder ein ATB Ticket (ATB = Automated Ticketing and Boarding Pass). Diese Tickets besitzen einen Magnetstreifen, auf dem alle flugrelevanten Informationen gespeichert sind. Je nach verfügbarer Technik ist auch ein Einchecken mit Gepäck, eine Sitzplatzwahl bzw. Änderung des Sitzplatzes, ein Einchecken mit mehreren Personen oder über Umsteigeorte durch den Passagier möglich.

Beim *Vorabend Check-in* gibt der Passagier am Abend vor dem Abflugtag sein Gepäck auf, erhält Sitzplatz und Bordkarte und begibt sich am Flugtag direkt zum Abfluggate. Verläuft die gebuchte Flugreise über einen oder mehrere Umsteigeflughäfen, so kann der Passagier bei einem *Through-Check-in* (Durchabfertigung, Durchchecken) sein Gepäck über mehrere Umsteigeorte bis zum Zielflughafen aufgeben und erhält die Bordkarten für die einzelnen Streckenabschnitte. Bietet eine Fluggesellschaft einen *Return Check-in* an, so kann der Fluggast beim Einchecken für den Hinflug auch schon Sitzplatz und Bordkarte für den Rückflug am selben Tag erhalten. Meist nur für First-/Business-Class-Passagiere und Statuskunden (Vielflieger) werden besonders von den Netzfluggesellschaften eine Reihe zusätzlicher Check-in-Verfahren angeboten.

Oft werden von den Fluggesellschaften zum Beispiel in Form des *Priority Check-in* bestimmte Check-in-Schalter oder getrennte Check-in-Bereiche für diese Passagiersegmente eingerichtet. Auch der *Curb-Side Check-in* ist meist nur für diese Passagiergruppen verfügbar. Der Curb-Side Check-in Schalter befindet sich auf der Zufahrtsstrasse vor dem

Flughafenterminal, so daß der Passagier direkt vom Auto oder Taxi aus einchecken kann. Nach dem Einchecken begibt sich der Passagier ohne Gepäck direkt zum Abfluggate. Der *Gate Check-in* ist wie der *Lounge Check-in* meist ebenfalls bestimmten Passagiergruppen vorbehalten, die Passagiere können hierbei direkt am Abfluggate bzw. in der Lounge der Fluggesellschaft einchecken.

Beim *Telefon-, Fax-, Web- (Internet), WAP- (Mobiltelefon) oder SMS-Check-in* kann der Passagier über das entsprechende Kommunikationsmedium/-netz einchecken, allerdings sind diese Check-in-Möglichkeiten je nach Produktgestaltung der Fluggesellschaft meist wieder bestimmten Passagiersegmenten (First-, Business-Class, Statuskunden, → Vielfliegern) vorbehalten. Bei der Nutzung dieser orts- und zeitunabhängigen Verfahren ist oft ein → elektronisches Flugticket erforderlich. Der Passagier muß nach dem Check-in-Vorgang am Flughafen noch die Bordkarte an einem Automaten, Schalter oder am Gate abholen. Reist der Passagier mit der Bahn zum Flughafen, um dort seinen Flug anzutreten, so kann er beim *AiRail Check-in* (→ AiRail) bereits am Bahnhof für die gesamte Reise einchecken und erhält die → Bordkarten, während das Gepäck bis zum Zielort abgefertigt wird. Dadurch wird ein nahtloser Wechsel zwischen verschiedenen Verkehrsträgern möglich.

Mit Annahmeschlußzeit *(check-in-deadline)* wird der Zeitpunkt bezeichnet, bis zu dem Passagiere für einen Flug abgefertigt werden. Die Annahmeschlußzeiten hängen von der gebuchten Beförderungsklasse und vom Verkehrsgebiet (zum Beispiel Inlandsflug, Interkontinentalflug) ab. *(pjm)*

(b) Hotel: Der Begriff für die Anmeldung des Gastes am Empfang im Rahmen

der Anreise. Für den Gast wird eine Rechnung angelegt, er wird im System erfaßt. *(wf)*

**Check-in-time (Annahmeschlußzeit)**
→ Check-in (Flug)

**Check-out**
In der Hotellerie der Begriff für die Abmeldung des Gastes am Empfang im Rahmen der Abreise. Die Prozedur umfasst Rechnungsausstellung, -begleichung, Zimmerschlüsselabgabe und Ausbuchung des Gastes. Technische Lösungen (Check-out im Hotelzimmer über TV-Nutzung) und zeitliche Umschichtungen (Verlagerung des Check-out in den Vorabend) erlauben eine Beschleunigung des Abmeldeprozesses. Gleichzeitig eine Kennung zur Beschreibung des → Zimmerstatus.

Der Begriff findet darüber hinaus in der → Kreuzfahrt Anwendung und bezeichnet dort ebenfalls den Abmeldeprozeß. *(wf)*

**Check-out hour**
→ check-out time

**Check-out time**
*to check out* (engl.) = die Rechnung bezahlen und abreisen; weggehen. Zeitpunkt, zu dem ein Hotelgast das Zimmer räumen bzw. sich am Empfang im Rahmen der Abreise abmelden muß. Gängige Check-out-Zeiten liegen zwischen 10 Uhr morgens und 12 Uhr mittags. Ein Überziehen der Check-out-Zeit ohne Rücksprache mit dem Empfang kann dem Gast in Rechnung gestellt werden. (→ Zimmerstatus) *(wf)*

**Chef de cuisine**
*chef, chief cook*
Küchenchef. Die Aufgaben des Chef de cuisine variieren mit der Größe des Betriebs bzw. der Küchenabteilung. In

kleineren gastgewerblichen Küchen beteiligt sich der chef de cuisine am Kochen, in größeren Küchenabteilungen können sich die Aufgaben auf den organisatorischen Bereich reduzieren (etwa Einkauf, Speisekartenerstellung, Personaleinsatzplanung, Kalkulation). → Küchenbrigade *(wf)*

**Chef de partie**
*chef de partie*
Leiter einer Abteilung (*partie* [franz.] = Teil) bzw. eines Postens innerhalb einer gastgewerblichen Küche. So leitet bspw. der Chef → Gardemanger die kalte Küche. Vorgesetzter des Chef de partie ist der → Chef de cuisine bzw. dessen Stellvertreter (→ Sous-Chef). Die Position des Chef de partie ist vor allem in größeren → Küchenbrigaden anzutreffen. *(wf)*

**Chef de rang**
*station waiter*
Stationsleiter im Servicebereich. Der Chef de rang (*rang* [franz.] = Platz, Position, Revier) verantwortet eine Station im → Restaurant, die etwa fünf bis zehn Tische bzw. 20 bis 30 Gäste umfaßt. Die Chefs de rang sind direkt dem → Restaurantleiter unterstellt. Die Position des Chef de rang ist vor allem in größeren → Servicebrigaden anzutreffen. *(wf)*

**Chef de service**
*head waiter, maître d'hôtel*
→ Restaurantleiter

**Chef de vin**
*sommelier, wine butler*
→ Sommelier

**Chefpilot**
*chief pilot*
Position eines leitenden Flugkapitäns bei → Fluggesellschaften, der in der Regel

für den Flugbetrieb und die Aus- und Weiterbildung des fliegenden Personals verantwortlich zeichnet. Bei großen Fluggesellschaften mit mehreren Flotten (Flugzeugmustern) gibt es zudem die Position des Flottenchefs, der diese Aufgaben für die Flugzeugführer, die mit entsprechender → Musterberechtigung auf dem jeweiligen Typ eingesetzt werden, übernimmt. *(jwm)*

**Chief Steward**
→ Stewarding

**Chikagoer Abkommen (Convention on International Civil Aviation)**
Verabschiedet am 7. Dezember 1944 in Chicago, in Kraft seit 4. April 1947. Internationales staatliches Abkommen, von bisher mehr als 190 Staaten unterzeichnet, legte den grundsätzlichen gesetzlichen Handlungsrahmen für die Entwicklung des internationalen zivilen Luftverkehrs nach dem Zweiten Weltkrieg fest und führte zur Gründung der → International Civil Aviation Authority (ICAO). Als Ziele sind in der Präambel genannt,

> „that international civil aviation may be developed in a safe and orderly manner and that international air transport services may be established on the basis of equality of opportunity and operated soundly and economically".

Die 96 Artikel des Abkommens beziehen sich auf Verkehrsrechte, Staatszugehörigkeit der Luftfahrzeuge, technische Bedingungen in bezug auf Luftfahrzeuge, Zollregelungen für Luftfahrzeuge, Verkehrsregelung, einheitliche Luftfahrteinrichtungen und Verfahren für Funk- und Wetterdienst, Betriebsvorschriften für Flughäfen. Seither durch 18 ergänzende Artikel (Annexes) an veränderte Bedingungen angepaßt

(zum Beispiel Umweltschutz, Unfallunter-
suchungen, Sicherheit vor terroristischen
Anschlägen).

Das Chikagoer Abkommen enthält
keine kommerziellen Regelungen wie
Tarife. *(wp)*

*Literatur*
Rhoades, Dawna 2003: Evolution of International Aviation, Aldershot: Ashgate
Schwenk, Walter 1995: Handbuch des Luftver-
kehrsrechts. Köln: Heymans (2. Aufl.)

## Circle trip

Flugreise mit gleichem Ausgangs- und
Endflughafen, aber mit unterschiedlichen Ankunfts- und Weiterflughäfen
(→ Gabelflug), wobei der Flugpreis
geringer ist als bei einem normalen Rückflugticket. Beispiel: Zürich
– Bangkok, Kuala Lumpur – Perth, Melbourne – Bangkok, Bangkok – Zürich.

## City Air Terminal

Möglichkeit des → Check-in in der Stadt,
so daß man schon bei der Fahrt zum
Flughafen seine → Bordkarte hat und
kein Gepäck mehr tragen muß. Beispiel:
City Air Terminal in Wien.

## City Codes

Aus drei Buchstaben bestehende
Abkürzung der → International Air
Transport Association (IATA) für Städte
mit mehreren Flughäfen. Beispiel: NYC
für New York, das mit La Guardia, John
F. Kennedy International (Idlewild)
und Newark International (auch wenn
dieser schon im Staate New Jersey
liegt) über drei Flughäfen verfügt
(→ Flughafencode). *(jwm)*

## Clear Air Turbulence (CAT)

Hierbei handelt es sich um → Turbulenzen,
die meist in großen Höhen in wolken-
freier Luft und deshalb in der Regel im

Reiseflug auftreten. CAT wird ausgelöst
durch das Aufeinandertreffen von starken
Luftströmungen mit unterschiedlichen
Temperaturen, Bewegungsrichtungen
und/oder Geschwindigkeiten. Von
besonderer Stärke ist CAT am Rande
des → Jetstream. Diese Turbulenzen
sind schwer vorhersagbar und können
extrem stark sein, so daß unangeschnallte
Passagieren stark gefährdet sein können.
Dies ist auch der Grund dafür, daß man
Passagieren generell empfiehlt, während
des gesamten Fluges (wie es für die
Cockpitbesatzung vorgeschrieben ist)
angeschnallt zu bleiben. *(jwm)*

## Clearing House
→ IATA-Clearing House

## Cloche

*cloche* (franz.) = Glocke. In der Gastronomie der Fachbegriff für eine Haube,
die zum Abdecken von Gerichten auf
Tellern oder Platten dient.

Die versilberten oder aus rostfreiem
Stahl hergestellten Tellerhauben werden
vor allem eingesetzt, um Speisen warm
zu halten. Gleichzeitig sind sie Ausdruck
eines gehobenen Service. Plattenhauben,
die auch aus Kunststoff oder Glas bestehen können, übernehmen zudem eine
hygienische Funktion, beispielsweise
das Fernhalten von Fliegen durch den
Einsatz einer Käsehaube. *(wf)*

## Clubchef
→ Clubdirektor

## Clubdirektor

*club manager*
Verantwortlicher Leiter für die Club-
anlage/Clubdorf und die Umsetzung
des definierten Urlaubskonzeptes. Dazu
gehören einerseits die Organisation der
klassischen Bereiche der Hotellerie (Front
Office, Housekeeping, → Hausdame,

Food & Beverage = → Food and Beverage Management) als auch die eher clubtypischen Elemente Unterhaltung, Sport und Kinderbetreuung. Kennzeichnend für einen Chef de Village (Club Med) oder Clubdirektor (ROBINSON) ist im Vergleich zum klassischen → Hoteldirektor seine ausgeprägte „Präsenz am Gast". Als „erster Gastgeber" in der Anlage fördert er gemeinsam mit seinen Mitarbeitern die ungezwungene und freundschaftliche Atmosphäre unter den Gästen. Zusätzlich ist er verantwortlich für die Führung von – abhängig von Land und Clubgröße – 80 bis 300 Mitarbeitern unterschiedlicher Berufsgruppen und Nationalitäten. Des weiteren gehört die Planung und Einhaltung des Budgets genauso zu den Aufgaben wie die Beziehungspflege zu Gesellschaftern, Eigentümern und zu lokalen Institutionen. Auch wenn bei den großen deutschen Clubgesellschaften der Vertrieb zum großen Teil zentral (über Veranstalter) gesteuert wird, gewinnen auch hier Lokal- und Direktvertrieb und damit eigenständige Vertriebsaktivitäten des Clubdirektors an Bedeutung.

Waren in den Anfangszeiten der Clubidee viele Direktoren Quereinsteiger, ist heute vielfach eine fundierte Ausbildung in der Hotellerie, ergänzt durch mehrjährige Erfahrung in den speziellen Ausprägungen dieses Urlaubskonzeptes, unabdingbar (Niclaus & Gengenbach 2007, S. 355). *(mf)*

*Literatur*
Niclaus, Kurt; Gengenbach, Klaus 2007: Cluburlaub. In: J. W. Mundt (Hrsg.): Reiseveranstaltung. Lehr- und Handbuch. München, Wien: Oldenbourg, S. 349-367 (6. Aufl.)

## Clubhotel
→ Cluburlaub

## Clubschiff
*club cruise ship*
Kreuzfahrtschiff mit Einrichtungen und Aktivitätsangeboten, die weitgehend dem eines Ferienclubs (→ Cluburlaub) entsprechen. Das erste Clubschiff war 1996 die CS AIDA, die nach anfänglichen Schwierigkeiten den Kreuzfahrtenmarkt in Deutschland revolutioniert hat. Mit ihr ist es gelungen, ein weitaus jüngeres Publikum für die → Kreuzfahrt zu gewinnen. Mittlerweile gibt es eine ganze Flotte von AIDA-Kreuzfahrtschiffen. *(jwm)*

## Cluburlaub
*club holiday*
Gesamthaftes Urlaubskonzept, das unabhängig vom jeweiligen Standort eine vielfältige Ferienwelt inszeniert, in der die Förderung von Gemeinschaft und Kommunikation zwischen den Gästen eine zentrale Rolle spielen. Anfang der 1950er Jahre des letzten Jahrhunderts setzte der Belgier Gerard Blitz auf Mallorca die Idee eines naturnahen und zivilisationsfernen Urlaubs in ungezwungener Atmosphäre mit Zelten aus US-Armee-Beständen als erster um. Gemeinsam mit Gilbert Trigano entwickelte er daraus das Unternehmen Club Méditerranée.

Auch wenn mit den wachsenden Komfortansprüchen der Gäste die ehemals einfachen Unterkünfte Bungalows und Hotelbauten in landestypischer Architektur wichen, zeichnet sich der Cluburlaub auch heute noch aus durch ein umfassendes touristisches Angebot in landschaftlich attraktiver Umgebung: Neben Unterbringung und Verpflegung gehören ein umfangreiches Sport- und Unterhaltungsprogramm und vielfach auch eine professionelle Kinderbetreuung dazu.

Im Zentrum aller baulichen und programmlichen Aktivitäten steht das Ziel, die Kommunikationsbereitschaft und das Gemeinschaftsgefühl zwischen den Gästen zu fördern: beim gemeinsamen Essen an Achtertischen, bei Sportturnieren, Spielen, gemeinsamen Ausflügen in die Umgebung und Besuchen im clubeigenen Theater. Die Abgegrenztheit der Anlage sowie die Gruppierung von Gemeinschaftseinrichtungen (wie Theater, Restaurant, Bar, Disko, Atelier, kleine Läden) um einen zentralen Kern, schaffen für die Zeit des Urlaubs eine „kleine Welt für sich" (Küblböck 2005, S. 129).

Zentrale Rolle bei der Gestaltung des Clublebens spielen die → Animateure. Als Gastgeber erleichtern sie das gegenseitige Kennenlernen, helfen bei der Entdeckung neuer Talente, sind Ansprechpartner bei Problemen, Gesprächspartner beim Essen und an der Bar, Trainer, Organisatoren von Wettkämpfen, Ausflügen und vielfach auch noch Teil der abendlichen Shows. In der Regel sind sie ausgebildete Fachkräfte in ihrem Tätigkeitsbereich (z.B. Erzieher, Fitneß-Trainer, Tennislehrer, Dekorateure, Choreographen), die über spezielle Trainings vor dem Einsatz auf ihre Gastgeberrolle vorbereitet werden. Im Gegensatz zu den eher lokalen Mitarbeitern in den traditionellen Hotelbereichen (Housekeeping, Küche, Restaurant), stammen die Animateure aufgrund der Spracherfordernisse meist aus den Herkunftsländern der Gäste.

Abhängig vom jeweiligen Anbieter ist die Animation unterschiedlich stark ausgeprägt. Insgesamt läßt sich aber ein Trend feststellen, der den Gedanken „jeder kann, keiner muß" stärker berücksichtigt. Der Wunsch vieler Gäste nach Ruhe und Aktivitäten ohne Zwang steht damit nicht (mehr) im Widerspruch zum Cluburlaub. Dies gilt auch für den gesellschaftlichen Trend nach zunehmender Individualisierung: Aus dem vielseitig angelegte Programmangebot kann sich

sogar innerhalb einer Familie jeder einen maßgeschneiderten Urlaub zusammenstellen.

Charakteristik des Cluburlaubs war lange Zeit die Integration der vielfältigen Leistungen in den Reisepreis. Mit der weiteren Ausdifferenzierung des Angebots (v.a. im Sport-, Wellnessbereich und in der Gastronomie) können besondere Zusatzleistungen (wie z.B. qualifizierte Einzeltrainings, Wellness-Anwendungen oder Essen im Spezialitätenrestaurant) teilweise nur gegen einen entsprechenden Aufpreis in Anspruch genommen werden. In der Restauration ist allerdings aufgrund des Marktdrucks auch eine gegenläufige Entwicklung zu beobachten: Immer mehr Clubanlagen – auch im Premiumsegment – stellen auf → All-Inclusive um. Damit sind neben Vollpension und Tischgetränken auch Getränke an der Bar im Preis inbegriffen.

Auch wenn in den letzten Jahren in Deutschland eine Vielzahl von kleineren Hotels und Veranstaltern Cluburlaub in unterschiedlicher Ausprägung anbieten, haben in Deutschland nur wenige Unternehmen den ursprünglichen Gedanken konsequent umgesetzt und laufend weiterentwickelt: Dazu gehören ROBINSON, als Marktführer im Premiumsegment (21 Betriebe in acht Ländern), Aldiana (11 Clubs in acht Ländern), Club Méditerranée (83 Dörfer in 27 Ländern) und Club Valtur (20 Clubs in acht Ländern) (Niclaus & Gengenbach 2007, S. 362).

Das Potential für das mittlere bis gehobene Clubsegment in Deutschland wird auf ca. 3 Mio. Gäste geschätzt (Küblböck, 2005, S. 126). 50 – 60 % der Cluburlauber sind Familien, 25 – 40 % Paare und 10 – 20 % Singles. Ein hoher Anteil arbeitet in leitenden Funktionen oder als Selbständiger und verfügt über ein gehobenes monatliches Haushaltsnettoeinkommen. Cluburlaub erfüllt einerseits den Wunsch nach Sicherheit und Bequemlichkeit und bietet andererseits die Freiheit und Unabhängigkeit der Individualreisenden. Aus einem vielfältigen Angebot kann sich jeder sein ganz persönliches Urlaubserlebnis zusammenstellen. Dieser Trend nach Individualisierung einerseits und der Kostendruck andererseits führen heute schon dazu, daß neben den Clubangeboten „für die ganze Familie" immer stärker auch auf einzelne Zielgruppen spezialisierte Angebote entstehen. *(mf)*

*Literatur*
Küblböck, Stefan 2005: Urlaub im Club – zum Verständnis künstlicher Urlaubswelten. München: Profilverlag
Niclaus, Kurt; Klaus Gengenbach 2007: Cluburlaub. In: Jörn W. Mundt (Hrsg.): Reiseveranstaltung. Lehr- und Handbuch. München, Wien: Oldenbourg, S. 349-367 (6. Aufl.)

## Cockpit
*cockpit, flight deck*
Führungskanzel eines Flugzeuges. Gab es früher noch einen Flugingenieur und bis in die 1960er Jahre hinein auch noch einen Navigator, werden moderne Flugzeuge nur noch von zwei Piloten geflogen. Bei extremen Langstreckenflügen (zum Beispiel *non stop* Singapur – New York mit rd. 18 Stunden Dauer) müssen zwei Cockpitbesatzungen und ein Ruheraum an Bord sein. *(jwm)*

## Cocktail
(a) Misch- bzw. Mixgetränk, in der Regel auf alkoholischer Basis. Eine gängige Einteilung unterscheidet in trockene *before dinner drinks* und eher halbtrockene oder bitter-süße *after dinner drinks* (VSR 1996, S. 93). Der Begriff (*cock* [engl.] = Hahn;

*tail* [engl.] = Schwanz, Schweif) spielt auf die Buntheit des Hahnenschwanzes an und überträgt das Bild der Farben auf die Getränkekompositionen. Zu der umstrittenen Entstehungsgeschichte des Getränks siehe auch Bolsmann 1999, S. 17 ff.; Larousse 1996, S. 294.
(b) kalte Vorspeise, sehr oft auf der Basis von Meerestieren oder Geflügel. Der Begriff deutet wiederum die Verwendung von unterschiedlich farbigen Rohstoffen an. *(wf)*

*Literatur*
Bolsmann, Eric H. 1999: Lexikon der Bar. Stuttgart: Matthaes (7. Aufl.)
Larousse (éd.) 1996: LAROUSSE gastronomique. Paris: Larousse-Bordas
VSR 1996: Service-Richtlinien - Arbeiten am Tisch des Gastes: Ein Leitfaden für die Tagespraxis. Alfeld: Gildebuchverlag

## Code share
*Gemeinschaftsflug*
Vereinbarung zwischen zwei oder mehreren Fluggesellschaften, aufgrund derer bestimmte Flüge zwar von jedem teilnehmenden Unternehmen mit eigenem Airlinecode (→ Airline-Prefix Number) und eigener → Flugnummer angeboten werden, die Durchführung aber nur mit dem Fluggerät eines der Partner („Operating Carrier") erfolgt (→ Point to Point Code Share, → Connection Code Share, → Third Country Connection Code Share, → Feeder Code Share).
Das Codesharing war bis 1992 auf den inneramerikanischen Markt beschränkt und wurde im Zuge der → Liberalisierung des Luftverkehrs danach auch in der EU angewandt. Codesharing gilt dabei als Basis für Kooperationen, insbesondere → Allianzen im Luftverkehrsbereich, wird aber zunehmend auch in Kooperation unterschiedlicher Verkehrsträger angewandt (→ Lufthansa – → Deutsche Bahn). Durch Codesharing kann eine

Airline ihr Streckennetz ausweiten, den → Sitzladefaktor auf bestehenden Strecken erhöhen, Slot- (→ Slots) und Verkehrsrechtsbeschränkungen umgehen und die Darstellung in den → Computerreservierungssystemen durch mehrmaliges Anzeigen des gleichen Fluges mit anderen Flugnummern optimieren. *(sz)*

**Coffee Bar**
→ Coffee-shop

**Coffee-Shop**
(a) Gastronomischer Betrieb, in dessen Mittelpunkt das Produkt Kaffee steht, teilweise auch Kaffeebar oder Coffee-House genannt. Auf dem Markt der Coffee-Shops treten vor allem Anbieter italienischer Prägung (Segafredo, Lavazza), us-amerikanischer Prägung (Starbucks) oder österreichischer Prägung (Wiener`s) auf. Einzelhandelsunternehmen wie Tchibo lassen sich dem Markt ebenfalls zuordnen. Coffee-Shops können als gastronomisches Trendprodukt bezeichnet werden, das vor allem in Großstädten die traditionellen → Cafés ökonomisch unter Druck setzt. In der Regel handelt es sich um standardisierte Konzepte, die über unterschiedliche Betreiberformen auf dem Markt multipliziert werden.

Die Betriebe befinden sich in einem starken ökonomischen Spannungsfeld: Die Wareneinsatzquote (Warenaufwand/ F&B-Umsatz x 100 [in %]) und der relativ niedrige Personalaufwand verheißen attraktive Gewinnspannen, gleichzeitig kann die erforderliche Passantenfrequenz nur durch teuere – in der Konsequenz relativ kleine – 1a- und 1b-Lagen erreicht werden, die Gestaltung des Ambiente erfordert hohe Investitionen, der durchschnittliche Verzehr pro Gast ist niedrig. Weniger kapitalintensive „Coffee Corners" (geringere Grundfläche, ausschließliches Angebot von Mitnahmeprodukten [„To

Go"-; „take away-Produkte"]) verheißen einen Ausweg aus dem ökonomischen Dilemma. Während das Marktsegment vor einigen Jahren noch sehr optimistisch eingeschätzt wurde, tritt inzwischen ein verschärfter Wettbewerb auf, der zu Marktbereinigungen führt.
(b) In den Niederlanden ist der Begriff doppelt besetzt. Neben den „normalen" gastronomischen Betrieben sind auch solche zu finden, die ihre Angebotspalette durch den Verkauf von Drogen erweitern. *(wf)*

**Commis débarrasseur**
*Commis* (franz.) = Handlungsgehilfe. Begriff für eine Servicekraft, die sich vor allem auf das Abräumen (débarrasser [franz.] = abräumen, abdecken) der Gästetische konzentriert. *(wf)*

**Commis de cuisine**
*Commis* (franz.) = Handlungsgehilfe. In der gastgewerblichen Küche ist der Commis de cuisine die Bezeichnung für einen Koch, der soeben seine Ausbildung abgeschlossen hat (Jungkoch). Direkter Vorgesetzter des Commis de cuisine ist der → Chef de partie (Leiter einer Abteilung bzw. eines Postens innerhalb einer gastgewerblichen Küche) bzw. dessen Stellvertreter, der → Demi-Chef de partie. Die Position des Commis de cuisine ist vor allem in größeren → Küchenbrigaden anzutreffen. *(wf)*

**Commis de rang**
*Commis* (franz.) = Handlungsgehilfe. Im Servicebereich ist der Commis de rang die Bezeichnung für eine Servicefachkraft, die soeben die Ausbildung abgeschlossen hat (Jungkellner). Direkter Vorgesetzter des Commis de rang ist der → Chef de rang (Stationsleiter im Servicebereich) bzw. dessen Stellvertreter, der → Demi-Chef de rang. Die Position des Commis

de rang ist vor allem in größeren → Servicebrigaden anzutreffen. *(wf)*

## Commodity

*commodity* (engl.) = Gebrauchsartikel, Ware. Ein *commodity* ist ein Handelsgut. Normalerweise bezieht sich der Begriff auf Produkte aus dem Rohstoffbereich, dem Bergbau und der Landwirtschaft, die nicht oder kaum weiterverarbeitet sind. Beispiele hierfür sind Erdöl, Erdgas, Metalle wie Kupfer oder Gold und Lebensmittel wie Getreide oder Rinderhälften. Das zentrale Merkmal einer *commodity* ist, daß es sich um ein relativ homogenes Gut handelt. Die Qualität variiert zwar, kann aber in standardisierten Beschreibungen klar umrissen werden. In der Folge ist es möglich, daß solche Güter auf Warenbörsen (*Commodity Exchanges*) weltweit gehandelt werden.

Der Begriff wird seit längerem auf andere Bereiche ausgedehnt. Nicht nur standardisierbare (Roh)handelsware, sondern auch Konsum- und Investitionsgüter, Dienstleistungen, Technologien, Unternehmensstandorte oder organisatorisches Wissen werden mitunter als *commodity* bezeichnet. Damit soll zum Ausdruck gebracht werden, daß sich viele Konsum- und Investitionsgüter, Dienstleistungen, Technologien, Unternehmensstandorte oder auch organisatorisches Wissen immer mehr angleichen und drohen, austauschbar zu werden.

Das Phänomen kann auch im Tourismus beobachtet werden. Für → Fluggesellschaften, → Reiseveranstalter und → Reisemittler, Hotelgesellschaften oder Restaurantketten ist es extrem schwierig, einen Wettbewerbsvorsprung aufzubauen und auf Dauer zu halten. Das relevante Wissen ist vielen Marktteilnehmern bekannt. Die Markteintrittsbarrieren, die vor Wettbewerb schützen könnten, werden von den Wettbewerbern oft sehr schnell überwunden, und so verflüchtigt sich der Wettbewerbsvorsprung. In der Konsequenz nähern sich die touristischen Wettbewerber in ihrem Angebotsprofil an. Viele Unternehmen suchen dadurch einen Ausweg, daß sie – da die Kerndienstleistungen ähnlich sind – Randdienstleistungen (z.B. Reduktion der → Wartezeiten) oder weiche Faktoren stärker betonen (z. B. Verbesserung der *touch quality*).

Der im Rahmen des Marketing geforderte Aufbau eines einzigartigen Verkaufsarguments (USP bzw. *unique selling proposition*) ist wichtig und anzustreben, gestaltet sich in der betrieblichen Umsetzung aber als außerordentlich schwierig. *(wf)*

## Common Check-in

→ Check-in

## Company rate

→ corporate rate

## Complaint ownership

*complaint* (engl.) = Beschwerde, Reklamation; *ownership* (engl.) = Besitz. Hinter dem Konstrukt *complaint ownership* steht der Gedanke, daß ein Mitarbeiter, der eine Beschwerde von einem Kunden annimmt, die Beschwerde „besitzt" und selbst lösen soll. Die us-amerikanische Hotelgruppe Ritz-Carlton formuliert in ihrem Leitbild „The Gold Standards" das Prinzip wie folgt: „Instant guest pacification is the responsibility of each employee. Whoever receives a complaint will own it, resolve it to the guest's satisfaction and record it" (www.ritz-carlton.com).

Um eine Beschwerde „vor Ort" direkt regulieren zu können, wird Mitarbeitern am Hotelempfang oder im Restaurant ein Budget zur Verfügung gestellt, auf das sie zugreifen können. Innerbetriebliche

Abstimmungsprozesse finden im Rahmen der konkreten Beschwerdebearbeitung kaum oder nicht mehr statt. Aus Kundensicht wird der Bearbeitungsprozeß beschleunigt, aus Unternehmenssicht wird die Kundenorientierung verdeutlicht. Bei der Gestaltung der internen Beschwerdebearbeitungsprozesse ist darauf zu achten, daß die Verantwortungsbereiche klar festgelegt und den Mitarbeitern entsprechende Entscheidungskompetenzen übertragen werden. *(wf)*

## Computerreservierungssystem
*Computer Reservation System, CRS*

### 1 Begriff
Zunächst werden darunter allgemein EDV-gestützte Buchungs- und Reservierungssysteme verstanden. Sie können auf unterschiedlichen Ebenen der → touristischen Wertschöpfungskette verwendet werden, so zum Beispiel in Hotels (→ Hotelreservierungssystem), in Tourismusorten und -regionen. Speziell wird dieser Begriff jedoch meist für die ursprünglich von Fluggesellschaften gegründeten Computersysteme verwendet, die sich im Verlaufe der Zeit zu weltweiten Reservierungssystemen (→ Globale Distributionssysteme, GDS) entwickelt haben.

### 2 Geschichte
Die ersten CRS wurden bereits in den 1960er Jahren von Fluggesellschaften in den Vereinigten Staaten als Informations- und Buchungssysteme entwickelt. Neben den Flugplänen brauchten sie in den damals noch regulierten Märkten nur wenige Flugtarife zu dokumentieren, die zudem nur selten geändert wurden (Collier 1991). Nach der Liberalisierung des us-amerikanischen Luftverkehrsmarktes durch den → Airline Deregulation Act änderte sich diese Situation nach 1978 schlagartig. Mit der Freigabe von Strecken

und Tarifen waren die Fluggesellschaften gezwungen, die → Flugzeugumläufe und die Flugpreise laufend den sich verändernden Marktbedingungen anzupassen. Dies erforderte eine Markt- und Nachfragebeobachtung in Echtzeit, d.h., man mußte jederzeit in der Lage sein, die gerade aktuelle Buchungssituation für jeden einzelnen Flug abfragen zu können. Diese Funktion wird bereits im Namen des auf eine gemeinsame Initiative von American Airlines und IBM aus dem Jahre 1959 zurückgehende → Reservierungssystems → Sabre (engl. das Schwert) deutlich, eine Abkürzung, die für ‚semi-automated business research environment‘ steht (Smith, Leimkuhler, & Darrow 1992). Ohne ein solches System wäre die Entwicklung von Verfahren des Yield Management (→ Ertragsmanagement) nicht möglich gewesen, mit dem Fluggesellschaften gezielt auf Nachfrageänderungen reagieren und durch entsprechende Gestaltung von Preisen und Konditionen ihre Erträge optimieren können.

Vor der Deregulierung (→ Liberalisierung des Luftverkehrsmarktes) hatten die → Fluggesellschaften in den USA ca. 400.000 verschiedene Tarife, im Jahre 1987 waren es bereits mehr als sieben Millionen mit mehr als 10.000 täglichen Änderungen (Echtermeyer 1993). Die Installation von Terminals, von denen bereits 1976 die ersten in ausgewählten Reisebüros aufgestellt worden waren, wurde damit zur absoluten Notwendigkeit. In zweiter Linie konnte durch die Einführung solcher Systeme bei den Vertriebsstellen (zum Beispiel in Reisebüros) die Buchung von Flügen vereinfacht, beschleunigt und damit auch verbilligt werden. Nach einer Untersuchung des US-Justizministeriums aus dem Jahre 1983 konnten die Fluggesellschaften ihre Kosten pro Reservierung von 7,50

US-$ auf 50 Cent senken; weitere Untersuchungen in dieser Zeit ergaben einen Produktivitätszuwachs von 42 Prozent für die Reisebüros (Weinhold 1995, S. 94). Finanziert werden die CRS durch Abonnementsentgelte der Reisebüros und Eintrags- und Abwicklungsentgelte von Fluggesellschaften und anderen Leistungsträgern sowie weiteren Anbietern. Darüber hinaus werden anonymisierte Datensätze der Buchungen zu Marktforschungszwecken an interessierte Unternehmen verkauft.

Um zu verhindern, daß jedes Reisebüro mehrere Computerterminals aufstellen muß, um Flüge im jeweils eigenen CRS der Fluggesellschaften buchen zu können, gab es in den USA eine Reihe von Versuchen, übergreifende Systeme zu entwickeln, die jedoch alle aus verschiedenen Gründen scheiterten (vgl. Weinhold 1995, S. 39 f.). Nicht zuletzt bemühte sich auch der us-amerikanische Reisebüroverband (American Society of Travel Agents, ASTA) 1979 in Kooperation mit einigen Fluggesellschaften und → American Express, ein solches System zu entwickeln. Dies wurde jedoch von den US-Kartellbehörden untersagt (a.a.O.). In der Folge setzten sich die auf die Bedürfnisse von Reisebüros zugeschnittenen CRS von American Airlines und United immer mehr durch, so daß auch andere Fluggesellschaften gezwungen waren, ihre Daten in diese Systeme einzustellen, um weiterhin in den Reisebüros buchbar zu bleiben. Da es auch für die Reisebüros, vor allem kleinere, kaum möglich war, mehrere Terminals zu installieren, um die Angebote aller Fluggesellschaften buchen zu können, gab es auch von dieser Seite her Druck, die Systeme zu öffnen.

### 2.1 Wettbewerbsverzerrungen

Allerdings hatten die Fluggesellschaften, die im Besitz eines CRS waren, zunächst eine Reihe von Möglichkeiten, Konkurrenten bei der Nutzung des eigenen Systems zu benachteiligen und die von Kunden gewünschte Markttransparenz im Reisebüro zu verhindern. Da etwa zwei Drittel der Flugbuchungen von der ersten Seite der nach der Anfrage angezeigten Bildschirmseite erfolgen, hatten natürlich alle teilnehmenden Fluggesellschaft ein Interesse daran, daß ihre Verbindungen weit vorne gelistet werden (Hanlon 1996, S. 55). Systemanbietende Fluggesellschaften wußten ihre Flüge an die erste Stelle zu setzen *(display bias)*. Man konnte dabei, wie Sabre, argumentieren, die Angebote ganz neutral in alphabetischer Reihenfolge der → Flugnummern (IATA-Kürzel von American Airlines: AA) zu sortieren. Gleichzeitig verlangten die CRS oft von konkurrierenden Fluggesellschaften höhere Preise als den jeweiligen Muttergesellschaften in Rechnung gestellt wurde. Nicht zuletzt hatten die Fluggesellschaften mit eigenem CRS auch Zugriff auf die Datenbanken, in denen Informationen über Reisebüros, Kunden, Buchungen usw. auch der konkurrierenden Fluggesellschaften gespeichert waren (Weinhold 1995, S. 107 ff.). Dies alles führte zu einer erheblichen Ausweitung des Marktanteils CRS-besitzender Fluggesellschaften.

Vor diesem Hintergrund wurden 1984 in den USA die ersten Vorschriften zur Unterbindung wettbewerbsverzerrender Praktiken bei den CRS in Kraft gesetzt und mußten in den Folgejahren ergänzt und verschärft werden (Echtermeyer 1998, S. 71). In der damaligen Europäischen Gemeinschaft (EG) wurde 1989 ebenfalls ein → Verhaltenskodex *(code of conduct)* mit Gesetzeskraft erlassen und in der Folge den sich wandelnden Gegebenheiten angepaßt. Auch die ICAO (→ International Civil Aviation

Organisation) hat 1992 einen entsprechenden Kodex in Kraft gesetzt, der allerdings nur empfehlenden Charakter für die Mitgliedsländer hat (op. cit., S. 72).

Heute allerdings ist es auch nach diesen Regelungen immer noch möglich, daß bei Gemeinschaftsflügen (→ Code Share) der gleiche Flug mehrere Male auf dem Bildschirm angezeigt wird (*screen clutter* oder *screen padding*): einmal unter der Flugnummer der durchführenden und zum anderen unter der der Partnerfluggesellschaft(en). Dadurch werden andere Flüge auf der ersten Seite weiter nach unten bzw. auf die Folgeseiten verdrängt, von denen die Buchungswahrscheinlichkeit nur noch gering ist.

### 2.2 Angebotserweiterung

In Deutschland wurde 1971 die Studiengesellschaft zur Automatisierung für Reise und Touristik, kurz START, gegründet. Initiatoren waren die → TUI, die Deutsche Bundesbahn (→ Deutsche Bahn AG) und die → Lufthansa. Ihnen ging es um die Entwicklung eines übergreifenden Reservierungssystems für Reisebüros, über das nicht nur Flüge, sondern auch Veranstalterreisen und Bahnwerte gebucht werden konnten. Dieses System wurde ab 1979 in den Reisebüros installiert. Gleichzeitig wurden auch die Inhalte der CRS der Fluggesellschaften immer mehr ausgebaut, so daß man Ende der 1980er Jahre bei Sabre zum Beispiel auch Aufenthalte beim Club Méditerranée, Limousinen mit Fahrern und Hochzeiten auf Hawaii buchen konnte (vgl. Holloway 1989, S. 74). Auf europäischer Ebene wurden mit → Galileo International (1986) und → Amadeus (1987) zwei Unternehmen gegründet, hinter denen jeweils eine Gruppe von Fluggesellschaften stand. Auf der Grundlage us-amerikanischer CRS (,System One' von Continental

bei Amadeus und → ,Apollo' der United Airlines-Tochtergesellschaft COVIA bei Galileo) wurden benutzerfreundlichere und auf europäische Bedürfnisse zugeschnittene Systeme entwickelt. In Deutschland führte man das in den Reisebüros führende START-System mit Amadeus zusammen. Vereinfacht ausgedrückt lieferte Amadeus den Kern mit seinem weltweiten Computerreservierungssystem, START umkränzte dieses internationale Herzstück mit nationalen Anbietern, vor allem mit deutschen Reiseveranstaltern, die über eine eigene Maske (TOMA = Tourismusmaske) gebucht werden können. In Frankreich übernahm das Reservierungssystem Estérel die gleiche Funktion für Amadeus wie START in Deutschland. Auch in anderen Ländern wurden solche Verknüpfungen vorgenommen bzw. dafür nationale Marketingunternehmen gegründet. Die Angebote, die man über CRS buchen kann, wurden in diesem Zusammenhang immer mehr ausgeweitet. So können neben Flügen und Pauschalarrangements der Reiseveranstalter u.a. auch → Hotels, → Restaurants, Eintrittskarten, Reiseversicherungen, → Mietwagen, Fähren und Zugfahrkarten gebucht werden. Entsprechend verringerte sich der Anteil der reinen Flugbuchungen an den gesamten Buchungsumsätzen.

### 3 CRS als eigenständige Unternehmen

Weit über die ursprünglichen Intentionen ihrer Gründer hinaus wuchsen die CRS damit von strategischen Töchtern bzw. Beteiligungen der Fluggesellschaften zu eigenständigen, marktfähigen Unternehmen, die der → touristischen Wertschöpfungskette eine neue Stufe hinzufügten. Diese Entwicklung wurde nicht zuletzt auch durch die oben erwähnten gesetzlichen Regelungen (Verhaltenskodices) vorangetrieben, die eine Bevorzugung der Anteilseigner in ihren Reservierungssystemen verhindern. Damit verloren die Fluggesellschaften das strategische Interesse an ihnen und sahen ihre Beteiligungen nur noch unter kommerziellem Blickwinkel. Zudem lagen die Beteiligungsverflechtungen der Fluggesellschaften mit CRS quer zu den ab 1997 entstandenen → Strategischen Allianzen. So waren zum Beispiel die beiden Gründungsmitglieder der → Star Alliance, Lufthansa und United Airlines, Anteileigner bei den konkurrierenden Systemen → Amadeus (LH) und → Galileo International (UA). In der Folge verkaufte man die CRS bzw. die Beteiligungen an ihnen. So wurde Galileo 1997 zunächst an die Börse gebracht bis das Unternehmen 2001 komplett von → Cendant erworben wurde. Das 1990 von drei US-Fluggesellschaften (Delta, Northwest, TWA) gegründete CRS → Worldspan wurde Mitte 2003 an die Travel Transaction Processing Group verkauft, die dafür extra von us-amerikanischen Banken (u.a. Citibank) als Gemeinschaftsunternehmen gegründet wurde. Sabre war von 2000 bis 2007 ein eigenständiges Unternehmen, dessen Aktien an der New Yorker Börse gehandelt werden. 2007 wurde das Unternehmen von zwei *Private Equity Funds* übernommen. Auch Amadeus hielt eine an der Börse in Madrid gelistete Aktiengesellschaft, wenngleich drei der ursprünglich vier Gründer (Air France, Iberia und Lufthansa – die SAS hat ihre Anteile relativ bald wieder veräußert) zusammen noch Minderheitsanteile an ihr hielten. Auch Amadeus ist seit 2005 mehrheitlich in der Hand von *Private Equity Funds*; die Minderheitsanteile der Fluggesellschaften bestehen jedoch nach wie vor.

Damit gewannen die früheren Besitzer bzw. Anteilseigner auch größere Hand-

lungsfreiheit. So beauftragte zum Beispiel British Airways nach dem Verkauf ihrer Anteile an Galileo den Konkurrenten Amadeus mit der Neueinrichtung ihres Passagier-Management Systems. Auch im Vertrieb wurden die Handlungsspielräume dadurch größer, indem Fluggesellschaften zum Beispiel im Firmenreisegeschäft internetbasierte Buchungslösungen unter Umgehung von CRS anbieten können. Die entsprechende Kosteneinsparung kann zusammen mit anderen (etwa Verzicht auf Vielfliegerprogramme und die Benutzung von Kreditkarten) direkt an die Kunden weitergegeben werden. Vor dem Hintergrund ihrer globalen Netze im Rahmen der Mitgliedschaft in → strategischen Allianzen können Fluggesellschaften so auch → Reisemittlern Konkurrenz machen und eröffnen sich damit die Chance, sie tendenziell aus ihrer Vertriebskette auszuschließen.

Auch bei START gab es entsprechende Veränderungen, als sich 1996 zunächst die TUI als eines der Gründungsunternehmen aus dem Gesellschafterkreis zurückzog. Auch hier ging es nicht zuletzt darum, Handlungsspielräume im Vertrieb zu öffnen. 2003 schließlich kaufte Amadeus das gesamte Unternehmen von den verbliebenen Gesellschaftern und änderte den Namen entsprechend in ‚Amadeus Germany‘.

## 4 Internet

Die CRS haben früh erkannt, welche Chancen und Gefahren die Verbreitung des Internets für sie bereithält. Sie verfügen daher zum Teil über eigene Internetauftritte, mit denen jedermann buchen kann (zum Beispiel amadeus. net oder travelocity.com von Sabre), zum Teil liefern sie die Buchungssysteme und Informationsdatenbanken, die hinter den großen Reiseportalen stehen. So wird das Internetreisebüro → Expedia

und das von US-Fluggesellschaften gegründete Flugreiseportal → Orbitz (das
mittlerweile zu → Travelport gehört)
mit Buchungswerkzeugen (→ Internet
Booking Engines) von Worldspan betrieben. Damit entgehen sie der Gefahr, die
erreichte Etablierung in der touristischen
Wertschöpfungskette wieder zu verlieren.
*(jwm)*

*Literatur*
Collier, David 1991: Expansion and De-
velopment of Central Reservation Systems.
In: Medlik (Ed.), S. 252-256
Echtermeyer, Monika 1993: Globale Compu-
terreservierungssysteme im internatio-
nalen Luftverkehr. Trier: Forschungskreis
Tourismusmanagement (= Trends, For-
schung, Konzepte im strategischen
Tourismusmanagement, Bd. 2)
Echtermeyer, Monika 1998: Elektronisches
Tourismusmarketing. Globale CRS-Netze
und neue Informationstechnologien. Berlin:
de Gruyter
Hanlon, Pat 1996: Global Airlines. Com-
petition in a Transnational Industry. Oxford:
Butterworth-Heinemann
Holloway, J. Christopher 1989: The Business
of Tourism. London: Pitman (3. Aufl.)
Medlik, Slavoj (Ed.) 1991: Managing Tourism.
Oxford: Butterworth-Heinemann
Smith, Barry C.; John F. Leimkuhler & Ross
M. Darrow 1992: Yield Management at
American Airlines. In: Interfaces, Vol. 22,
S. 8-31
Webseiten der CRS
Weinhold, Marisa Diana 1995: Computerre-
servierungssysteme im Luftverkehr. Erfah-
rungen in den USA und Empfehlungen
für Europa. Baden-Baden: Nomos (= Ver-
öffentlichungen des HWWA-Institut für
Wirtschaftsforschung Hamburg, Bd. 13)

## Concierge

*concierge, hall porter, head porter, bellman,
bell hop, doorman*
*Concierge* (franz.) = Hausmeister, Pförtner.
In der Hotellerie ein synonymer Begriff
für den → Portier. *(wf)*

## Concorde

Gemeinsam von Frankreich und Großbritannien entwickeltes Überschallflugzeug
(Mach 2,2) für ca. 100 Passagiere mit
Erstflug des Prototyps 1969, das von
1976 bis 2003 im Liniendienst von Air
France und British Airways stand. Andere
Fluggesellschaften hatten nach der Energiekrise von 1973 ihre Bestellungen und
Lieferoptionen storniert, so daß insgesamt nur 20 Maschinen gebaut wurden
(je 10 in Frankreich und Großbritannien).
Nach dem Absturz einer Concorde
der Air France bei Paris im Juli 2000
wurde ein Flugverbot erlassen, das nach
Modifikationen von Treibstofftanks und
Fahrwerksreifen Ende 2001 wieder aufgehoben wurde.

Der nicht zuletzt durch die veraltete
Technologie der 1960er Jahre bedingte
extrem hohe Treibstoffverbrauch hat einen
profitablen Betrieb der Maschine verhindert. Die beiden damals in Staatsbesitz
befindlichen Fluggesellschaften konnten
die Maschinen nur betreiben, weil sie
ihnen aus nationalen Prestigegründen
von den beteiligten Regierungen praktisch geschenkt wurden. Andere
Überschallprojekte von Boeing und
Douglas in den USA kamen über das
Planungsstadium nie hinaus, die rus-
sische Tupolev TU 144 (wegen ihrer
Ähnlichkeit mit dem britisch-franzö-
sischen Projekt im Westen „Concordski"
genannt) wurde u.a. nach einem spek-
takulären Absturz des Prototyps auf der
Luftfahrtschau 1973 in Paris aufgegeben.
Neue Projekte sind aus wirtschaftlichen
und Umweltgründen auf absehbare Zeit
nicht zu erwarten. *(jwm)*

## Condominium Hotel

*condominium, condo* (engl.) = Eigen-
tumswohnung. Ein Condominium Hotel ist ein Hoteltyp, bei dem private
Investoren die Möglichkeit haben, ein-

zelne Zimmereinheiten zu kaufen. Nach außen tritt das Hotel als Einheit auf, die von einer Hotelgesellschaft unter einem Markennamen betrieben wird.

Vorstellbar ist eine Konstellation, bei der Projektentwickler die Hotelimmobilie konzipieren, bauen und einzelne Zimmereinheiten an private Anleger veräußern. Diese nutzen die Zimmereinheiten über das gesamte Jahr oder über eine vertraglich bestimmte Anzahl von Tagen pro Jahr. Die eingebundene Hotelgesellschaft vermarktet die Zimmer dann für die restliche Zeit des Jahres. Der Erlös aus der Zimmervermietung wird zwischen Hotelbetreiber und Eigentümer auf der Basis eines Pachtvertrages (→ Hotelpacht) oder eines → Managementvertrages aufgeteilt. Neben der Vermarktung übernimmt die Hotelbetreibergesellschaft die laufende Unterhaltung und administrative Aufgaben. Die privaten Investoren profitieren von Mieterlösen, möglichen Wertsteigerungen und Steuervorteilen. (Jones Lang Lasalle Hotels 2006, S. 6 ff.)

Condominium Hotels liegen in ausgewählten Ferienregionen und Zentren von Metropolen. Von ihrem Standard her sind sie häufig dem Mittelpreis-, First Class- und Luxussegment zuzuordnen. (a.a.O., S. 3 ff.) Im Rahmen von *mixed-use*-Konzepten werden Condominium Hotels in „normale" Hotels integriert und um Einzelhandelsflächen, Büroflächen und Fitnessclubs ergänzt. Durch die Einbindung von renommierten Hotelgesellschaften als Betreiber lassen sich bei dem Verkauf der Zimmereinheiten an private Investoren erfahrungsgemäß überdurchschnittliche Preise erzielen (Rutes, Penner & Adams 2001, S. 155).

In Europa spielen Condominium Hotels gegenwärtig eine untergeordnete Rolle, die Märkte in Asien und USA gelten als weiterentwickelt. Zu einer Abgrenzung von artverwandten Hoteltypen siehe Jones Lang Lasalle Hotels 2006. *(wf)*

*Literatur*
Jones Lang Lasalle Hotels (ed.) 2006: Focus@n: Condominium Hotels - Europe`s Latest Hotel Phenomenon, New York
Rutes, Walter A.; Richard H. Penner & Lawrence Adams 2001: Hotel Design, Planning and Development. New York, London: W.W. Norton & Company

**Connecting rooms**
→ Zimmertypen

**Connection Code Share**
Umsteigeverbindungen zwischen zwei Orten, die als Gemeinschaftsflüge von → Code Share-Partnern durchgeführt werden. Beispiel: Stuttgart – Chiang Mai (Thailand). Im Rahmen der → Star Alliance wird der Zubringerflug von Stuttgart nach Frankfurt Rhein/Main von der → Lufthansa durchgeführt, gleichzeitig aber auch unter einer Thai Airways → Flugnummer angeboten. Zwischen Frankfurt Rhein/Main und Bangkok fliegen Thai oder Lufthansa als → Point to Point Code Share. Der → Anschlußflug von Bangkok nach Chiang Mai wird von der Thai wieder als Gemeinschaftsflug unter eigener und unter einer Lufthansa-Flugnummer durchgeführt. *(jwm)*

**Consolidator**
*consolidator*
Früher war es → Fluggesellschaften in den regulierten Flugmärkten nicht erlaubt, Flugtickets unter den offiziellen und von den Regierungsbehörden genehmigten Tarifen zu verkaufen. Da wir es beim Linienflug jedoch wie in anderen Bereichen des Tourismus (zum Beispiel Hotellerie und Gastronomie) mit strukturellen Überkapazitäten zu tun haben, die an den nachfragestärks-

ten → Saisonzeiten orientiert sind, bleiben dadurch fast immer Plätze in den Flugzeugen frei. Weil diese Kosten verursachen, denen keinerlei Einnahmen gegenüberstehen, war es das Bestreben der Fluggesellschaften, sie dennoch abzusetzen. Allerdings war dies nur mit geringeren Preisen möglich. Da man die preisreduzierten Flüge nicht direkt an Passagiere verkaufen konnte, wurden sie an Luftfracht-Sammellader *(consolidator)* abgegeben, die diese Tickets von verschiedenen Fluggesellschaften dann mit einem Aufschlag an Reisebüros zu Nettopreisen verkauften. Den → Fluggesellschaften geht es dabei um einen Beitrag zur Deckung der ohnedies entstehenden Kosten (→ Deckungsbeitrag). Für sie ist daher der Verkauf dieser Flugsitze auch unterhalb der Gestehungskosten (Vollkosten) sinnvoll, weil die Alternative dazu hieße, überhaupt keine Einnahmen damit zu erzielen. Da dieses von praktisch allen Linienfluggesellschaften praktizierte Verfahren zumindest am Rande der Legalität lag, sprach man in diesem Zusammenhang auch von ,Graumarkttickets'. Mit diesem partiellen Unterlaufen der Marktregulierungen waren jedoch erhebliche Wohlfahrtsgewinne verbunden, weil sich dadurch auch Käuferschichten Flugreisen leisten konnten, die durch das starre offizielle Hochpreissystem ausgeschlossen blieben. Auch deshalb waren die Aktionen von Regierungen dagegen allenfalls halbherzig.

Auch wenn die Luftverkehrsmärkte mittlerweile in weiten Teilen dereguliert sind (→ Liberalisierung des Luftverkehrs), spielen Consolidator auch weiterhin eine Rolle, weil sie das Auslastungsrisiko der Fluggesellschaften verringern. Sie stellen darüber hinaus den Vertrieb auf eine breitere Basis, denn die offiziellen Tickets dürfen nur über eine relativ kleine Zahl

von → IATA-Agenturen verkauft werden. Consolidator-Tickets können dagegen über alle → Reisemittler, unabhängig von ihrer Lizenzierung, abgesetzt werden. *(jwm)*

## Continental plan
→ Übernachtung mit Frühstück

## Controlling

1 Controlling:
Informationsdienstleistung
im Führungsregelkreis

Eine Unternehmung zu führen, bedeutet das Treffen, Realisieren und Überprüfen von Entscheidungen genereller, strategischer und operativer Art. Die realisierbare inhaltliche Qualität dieser Führungsaufgaben hängt dabei im wesentlichen von einer leistungsfähigen Informationsversorgung ab. Daher muß die Unternehmensführung bestrebt sein, ein adäquates Management-Informationssystem aufzubauen, das diesen komplexen Führungsprozeß auf allen Ebenen mit einem umfassenden Informationsgewinnungs-, -verarbeitungs- und -abgabeprozeß begleitet. Der Aufbau wie die problemadäquate Konfiguration derartiger Informationssysteme werden damit zu einem wesentlichen Wettbewerbsfaktor, versetzten sie doch die Führung in die Lage,

❖ frühzeitig sich andeutende Probleme zu erkennen,
❖ die Unternehmensmitglieder entsprechend einzustimmen,
❖ aktiv durch die erforderliche Bündelung von sachlichen, finanziellen und personellen Ressourcen auf Herausforderungen gestaltend und lenkend einzuwirken und somit
❖ die Lebens- und Entwicklungsfähigkeit der Unternehmung im Wettbewerb zu verbessern.

Controlling als Hauptbestandteil eines solchen Management-Informationssystems übernimmt hierbei die Aufgabe, die Planung, Steuerung und Kontrolle des Unternehmensgeschehens informationell, vorrangig mit Hilfe der Zahlen des Rechnungs- und Finanzwesens, aber auch mit nicht-quantitativen Informationen, zu unterstützen und damit das Streben nach einer optimalen Ergebniserwirtschaftung mit zu ermöglichen (Hahn & Hungenberg 2001, S. 272). Erreicht werden soll auf diesem Wege eine Verbesserung der Entscheidungsqualität für alle am Entscheidungsprozeß Beteiligten (Reichmann 2006, S. 13).

Controlling als Aufgabe des Controllers umfaßt grundsätzlich die informationelle Mitwirkung bei der zielorientierten Lenkung *(to control)* der Unternehmung als Ganzes, ihrer einzelnen Teilbereiche wie auch der erforderlichen Projekte. Lenkung bedeutet dabei nach systemischem Verständnis die einem problembehafteten Ereignis zeitlich vorlaufende Steuerung zur Vermeidung oder Abmilderung möglicher Risiken wie auch die situative Regelung unter dem Druck eines eingetretenen (Stör-)Ereignisses (Ulrich & Probst 1988, S. 78 ff.). Hierzu muß das Controlling eine angemessene Informationsinfrastruktur aufbauen und sicherstellen, daß die einzelnen entscheidungsrelevanten Aktivitäten der Unternehmensteilbereiche sinnvoll aufeinander abgestimmt werden. In diesem Sinne wirkt Controlling systembildend – z.B. durch den Aufbau einer leistungsfähigen Kosten- und Leistungsrechnung oder die Gestaltung eines zweckgerechten Planungsablaufs – wie auch systemkoppelnd – z.B. im Zuge der integrativen Moderation des inhaltlichen Budgetierungsprozesses (Horváth 2006, S. 134).

Durch ein geeignetes System der Informationsbeschaffung, -verarbeitung und -bereitstellung wird ein ergebnisorientiertes Denken bei allen Entscheidungen und Handlungen in der Unternehmung gefördert und in seinen Konsequenzen analysiert und überwacht. Controlling trägt damit dazu bei, die grundsätzlich unsichere Unternehmensentwicklung gedanklich transparenter zu machen und auf die gesteckten Unternehmensziele hin auszurichten. Damit bewegt sich ein Controller in seinem formalen Aufgabenspektrum in folgendem konkreten Aktivitäten-Viereck, das er integrativ zu bewältigen hat (Huber 2000, S. 45 ff.; Schröder 2003, S. 27 ff.; Schroeter 2002, S. 77 ff.; Weber & Schäffer 2006, S. 247 ff.; zum Gesamtprozeß vgl. auch Abbildung 1).

### 1.1 Informationsaufgabe

Informationen bilden den Kerninhalt eines Controllingsystems. Das Controllingsystem hat sicherzustellen, dass die erforderlichen Informationen (Soll-, Wird- und Ist-Informationen) problembezogen, adressatengerecht verdichtet (z.B. in Form von Kennzahlen, → Return on Investment) sowie rechtzeitig verfügbar sind. Für diese Informationsaufgabe bietet ein adäquat ausgebautes Rechnungs- und Finanzwesen die Grundlage, gestützt auf eine leistungsfähige Informations- und Kommunikationstechnologie. Der Controller unterstützt auf dieser Grundlage die Führungskräfte bei ihrer Planungstätigkeit, informiert in regelmäßigen Abständen über den jeweiligen Geschäftsverlauf und damit den Zustand der Planrealisierung und schafft die informationellen Grundlagen zur Ermittlung von Abweichungen sowie ihrer Interpretation. Controlling erhöht damit die Chance, eine Sensibilisierung der Entscheidungsträger für ihre operativen

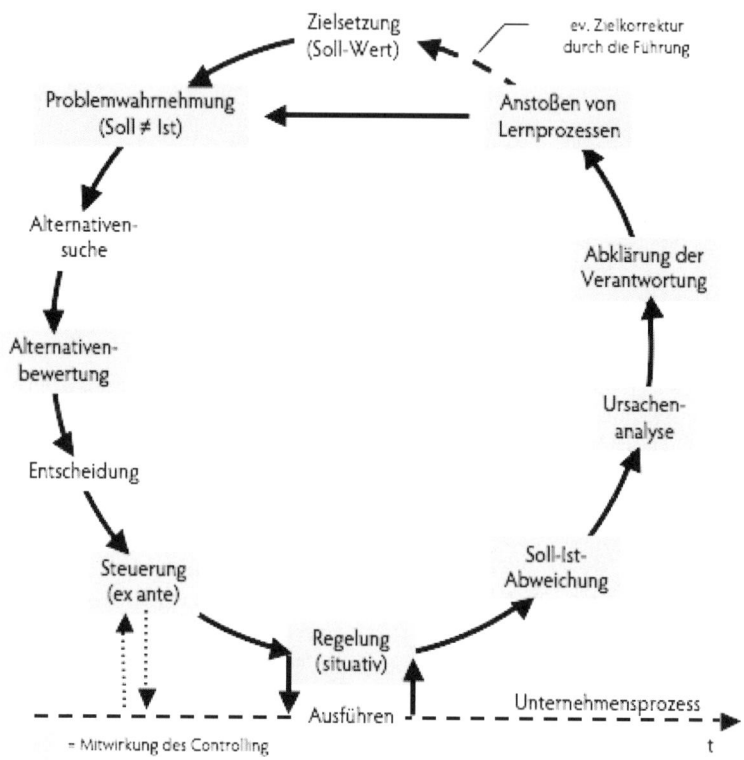

**Abbildung 1:** Controlling im Führungsregelkreis

wie strategischen Aufgaben zu erreichen. Diese generelle Informationsaufgabe lässt sich auf den einzelnen Stufen des Führungsprozesses (siehe Abschnitt 1.2 bis 1.4) weiter konkretisieren.

### 1.2 Planungsaufgabe

Im Rahmen der Planungsaufgabe unterstützt das Controlling den Prozeß der Aufstellung, Abstimmung und Verabschiedung von Teilplanungen im Zuge des unternehmensweiten Entscheidungsprozesses. Der Controller übernimmt hierbei insbesondere Initiativ-, Informations- und Beratungsfunktionen, aber keine Entscheidungsaufgaben (vgl. auch Ab-

schnitt 4 ,Controlling-Organisation'). Der Controller hat auf die Formulierung operationaler Ziele zu achten, sorgt für eine Kongruenz von Kompetenz und Verantwortung im Planungssystem und nimmt so Einfluß auf eine realistische und inhaltlich konsistente Formulierung der Zielvorgaben bzw. -vereinbarungen auf den unterschiedlichen Führungsebenen. Inhaltlich liegt der Schwerpunkt der Controllingaufgaben auf der Bewertung erarbeiteter Entscheidungsalternativen, wobei als zentrales Instrument die Planungsrechnung in unterschiedlichen Varianten und zeitlicher Reichweite

(Plankostenrechnungssysteme, Investitionsrechnungsverfahren, projektbezogene Sonderrechnungen, Sensitivitätstests, Simulationen usw.) auch unter Einbezug qualitativer Informationen zur Verfügung steht.

### 1.3 Steuerungsaufgabe

Mit der Steuerungsfunktion soll die zukunftsorientierte Ausrichtung der Unternehmung ermöglicht werden. Das Controlling übernimmt hierbei die Integrationsaufgabe, die einzelnen suboptimalen Lösungen von Unternehmensteilbereichen (Funktions-, Geschäfts- oder Regionalbereiche) bzw. auf unterschiedlichen Planungsebenen (strategisch wie operativ) auf die übergeordneten Unternehmensziele hin zusammenzuführen und zu vernetzen. Hierzu ist es erforderlich, das Controllinginstrumentarium ständig weiterzuentwickeln und auszubauen. Für die Akzeptanz der Controllerarbeit in der Unternehmung und damit die erfolgreiche Umsetzung dieser Teilaufgabe sind das fachliche und methodische Wissen, aber auch die persönlichen Eigenschaften und sozialen Fähigkeiten des Controllers im Kommunikationsprozeß mit den einzelnen Fachabteilungen und der Geschäftsleitung von ausschlaggebender Bedeutung. Gleichzeitig unterstützt das Controlling die Führung in ihrer inhaltlichen Steuerungsaufgabe durch die Verfolgung und Überprüfung von definierten Meilensteinen sowie die Hochrechnung von möglichen Entwicklungspfaden (Wird-Ist-Analyse) während der Entscheidungsrealisierung, um rechtzeitige zielorientierte inhaltliche Korrekturen durch die Unternehmensführung zu ermöglichen. Hierin deutet sich bereits die vierte Controllingaufgabe an, die Analyse und Kontrolle.

### 1.4 Kontroll- und Analyseaufgabe

Die Durchführung von ergebnisorientierten Kontrollen (laufend oder fallweise) wird zumeist – und damit wie gesehen inhaltlich unzureichend – direkt mit dem Begriff ‚Controlling' assoziiert. Diese Kontrollprozesse können ergebnis- oder verfahrensorientiert durchgeführt werden. Dabei geht es allerdings bei der Ermittlung von Soll-/Ist-Differenzen weniger um Schuldzuweisungen, sondern um einen zentralen inhaltlichen Baustein im kybernetischen Regelkreis. Der Schwerpunkt controllingrelevanter Analysen ist in der Ursachenerkennung von Planabweichungen zu sehen. Auf diesem Wege regt Controlling in seiner diagnostischen Leistung die Wahrnehmung neuer, wiederum entscheidungsrelevanter Problemstellungen an und eröffnet gleichzeitig auch die Chance zur Entstehung von Lernprozessen und damit zur Bildung, Anreicherung, Modifikation und Entwicklung einer wettbewerbsorientierten Wissensbasis der Unternehmung.

Zusammenfassend läßt sich damit folgendes Bild von der Controlling-Aufgabe in Unternehmungen zeichnen (controllerverein 2002):

❖ Controlling ist Lotsen- bzw. Navigatoraufgabe, wirkt in Richtung Ergebnissteuerung und -sicherung und damit in Richtung Unternehmenserfolg.

❖ Controlling ist stets zukunftsorientiert ausgerichtet.

❖ Controlling zeigt Engpässe auf und weist Wege zu ihrer Bewältigung.

❖ Controlling deckt Abweichungen auf und stößt (kybernetische) Regelkreise an.

❖ Controlling macht die bestehenden Wechselwirkungen durch ein ganzheitlich vernetztes Denken transparent und regt Lernprozesse an.

❖ Controlling leistet damit betriebswirtschaftliche (Anwendungs-)Beratung für die Entscheidungsträger in der Unternehmung und ist grundsätzlich als eine Dienstleistungsfunktion zu verstehen und umzusetzen.

## 2 Controlling-Ebenen

### 2.1 Operatives Controlling

Gegenstand des operativen Controllings ist die ergebnisorientierte Kursfixierung und Kurseinhaltung innerhalb eines Berichtsjahres (es sind in Abhängigkeit von der Branchendynamik auch kürzere oder bei jahresübergreifenden Projekt-Controllingaufgaben auch entsprechend längere Berichtszeiträume denkbar). Diese für die Controllingfunktion in der Unternehmung zumeist als typisch angesehene Aufgabe hilft, „(…) von der Rückschaurechnung der Finanzbuchhaltung den Blick nach vorne zu lenken und – auch innerhalb des begrenzten Zeitraums der Einjahresperiode – rechtzeitig Maßnahmen einzuleiten, sofern sichtbar wird, daß das Unternehmen von dem durch die Planung gesetzten Kurs abweicht. Das operative Controlling liefert den Werkzeugkasten, der sich mit in Zahlen verdichteten Informationen (…) beschäftigt und Basis der kurzfristigen Gewinnsteuerung im Unternehmen ist" (Schröder 2003, S. 107). Hierzu benutzt das operative Controlling das betriebliche Rechnungswesen (Kosten- und Leistungsrechnung), das zu einer ergebnisorientierten Planungs- und Kontrollrechnung ausgebaut wird. Damit bestimmt insbesondere die realisierte Qualität dieser betrieblichen Informationsbasis (Vollständigkeit, Genauigkeit, Aktualität wie auch Flexibilität) sowie die jeweilige Ausbausituation des vorhandenen Kostenrechnungssystems (Voll- und/

oder Teilkostenrechnung, Ist- und/oder Plankostenrechnung) im Kern die Informationssituation zur Realisation operativer Controllingaufgaben. Eine zentrale Funktion zur Planung, Steuerung und Kontrolle der Ergebniswirtschaftlichkeit nimmt dabei im Zuge des operativen Controllings die → Budgetierung von Kosten und Erlösen ein.

Als zentrale Orientierungsgrößen zur Wahrung dieser Steuerungs- und Regelungsfunktion werden im Zuge eines operativen Controllings Kennzahlen wie Umsatz, variable und fixe Kosten, kalkulatorischen Gewinn, Deckungsbeitrag, Gewinnschwelle, Rentabilität oder → Cash Flow als Ganzes wie auch in ihrer strukturellen Zusammensetzung erarbeitet und ausgewertet. Zur Planung wie Ermittlung dieser Kennzahlen hat sich im Verlaufe der Zeit ein überaus umfangreicher Methodenbaukasten des operativen Controllings herausgebildet. Er reicht von der Plankosten- und Grenzplankostenrechnung und ihren Abweichungsanalysen über Varianten der kurzfristigen Erfolgsrechnung, ein- und mehrstufige Deckungsbeitragsanalysen mit Blick auf Produkte, Kunden oder Gebiete, Break-Even-Simulationen für Ein- und Mehrproduktunternehmungen oder auch → ABC- und Wertanalysen bis hin zu umfangreichen Prozeßkostenrechnungssystemen (Vollmuth 2003, S. 15 ff.).

### 2.2 Strategisches Controlling

Der Schwerpunkt des operativen Controllings liegt – wie gesehen – auf der Steigerung der Effizienz des Managementprozesses durch eine fundierte Informationsbeschaffung, -aufbereitung und -weitergabe („Die Dinge richtig tun!") sowie der Entwicklung der dazu geeigneten Instrumente vornehmlich aus dem Umfeld der Kosten- und

Leistungsrechnung. In den letzten Jahren hat sich zunächst noch recht zögerlich, mittlerweile jedoch zunehmend auch in der betrieblichen Realität die strategische Controllingarbeit sowohl in der Wahrnehmung seitens der Unternehmensführung wie auch im Selbstverständnis der Controller durchgesetzt und instrumentell verfestigt (Weber 2005, S. 9 f.). Diese Entwicklung ist nicht zuletzt auch auf die zunehmende Bedeutung einer wertorientierten Unternehmensführung (Shareholder Value-Management) zurückzuführen (Coenenberg & Salfeld 2003, 10 ff.; Kaplan & Norton 1997, S. 7 ff.). Seinem Wesen nach ist ein strategisches Controllingkonzept auf die Überprüfung der Sinnhaftigkeit des Führungshandelns wie des dazu erforderlichen Ressourceneinsatzes ausgerichtet („Die richtigen Dinge tun!") und folgt als Orientierungslinie der Wahrung der ,Effektivität'. Aufgabe des strategischen Controlling ist es daher, „(…) dafür zu sorgen, daß heute Maßnahmen ergriffen werden, die zur zukünftigen Existenzsicherung beitragen. Das heißt, es sind heute systematisch zukünftige Chancen und Gefahren zu erkennen und zu beachten und damit Erfolgspotentiale für die Zukunft aufzubauen" (Schröder 2003, S. 233). Zur Wahrnehmung dieser Aufgaben richtet die strategische Controllingarbeit

❖ ihren Zeithorizont längerfristig aus (je nach Branchendynamik zwischen etwa zwei und fünf Jahren, selten auch länger),

❖ bezieht neben der typischen quantitativen Orientierung des Operativen in besonderem Maße auch qualitative, eher ,weiche' Informationen in ihre Aktivitäten ein,

❖ wendet den Blick von der eher internen, unternehmensprozeßorientier-

ten und -optimierenden Sicht des operativen Controlling nunmehr verstärkt auch nach außen auf den Zustand wie die Entwicklung des Unternehmensumfeldes und

❖ befaßt sich somit mit den Einflußfaktoren wie auch Optionen einer nachhaltigen Unternehmensentwicklung.

Die Analyse von aktuellen wie zukünftigen Erfolgsquellen sowie die Entwicklung langfristig angelegter Konzepte zur Zukunftssicherung einer Unternehmung stehen somit im Mittelpunkt strategisch angelegter Planungs-, Steuerungs- und Kontrollsysteme (Baum; Coenenberg & Günther 2004, S. 6), die es informationell zu unterstützen gilt. Damit rücken nunmehr das Potential von Leistungsprogrammen, Märkten, Wertschöpfungsprozessen und Ressourcen (→ Strategie/Strategisches Management) in das Blickfeld der Controllingaufgaben.

Verfolgt man den strategischen Planungsprozeß und seine Objekte anhand der oben skizzierten Problemstellungen, so wird deutlich, daß die Informationsarbeit des strategischen Controllers durch eine stark subjektivierte, von erheblicher Prognoseunsicherheit durchdrungene und mehrdeutige, also schlecht-strukturierte Datenbasis gekennzeichnet ist. Für die Ausgestaltung der strategischen Controllerarbeit ergeben sich dadurch eine Reihe von Aufgaben und Konsequenzen:

❖ die Mitwirkung bei der Analyse der relevanten Umwelt und des relativen Leistungspotentials der Unternehmung im Zuge der SWOT-Analyse *(strengths, weaknesses, opportunities, threats)* sowie die Interpretation der Ergebnisse und die Prognose des daraus abzuleitenden Handlungsbedarfs für die Zukunft,

❖ die Mitwirkung beim Aufspüren
und Beobachten neuartiger, eventuell strategierelevanter ‚schwacher'
Signale durch den Aufbau eine strategischen Frühaufklärungssystems,

❖ die Moderation des Entwurfs alternativer Szenarien (*best case, worst case,*
*realistisch*),

❖ Hochrechnungen und Interpretationen strategischer Konsequenzen
von möglichen Trendbrüchen und
Diskontinuitäten für das bisherige
strategische Programm mittels Gap-
Analysen. Aufzudecken sind marktliche, technologische, personelle und
finanzielle strategische Lücken,

❖ die Verdeutlichung der aktuellen strategischen Positionierung
(Portfolio-Analyse) anhand von
Kennzahlen wie Umsatzentwicklung,
Rentabilität, → Cash Flow, Marktanteil (absolut und relativ) oder
Wertsteigerungsbeitrag der einzelnen Geschäftsfelder sowie die Hochrechnung dieser Werte für den strategischen Prognosezeitraum,

❖ die Bewertung strategischer In-
vestitionsprojekte (Produkt, Märkte, Kunden, Technologien, Standorte) anhand von Investitionsrechnungsverfahren (statisch, dynamisch,
Nutzwertanalyse, Sensitivitätstests),

❖ die Mitwirkung bei der Steuerung
strategischer Projekte wie auch

❖ die permanente Begleitung aller strategischer Prozeßschritte durch eine
leistungsfähige strategische Kontrolle
und Analyse zur Sicherstellung des
strategischen Entwicklungsprozesses
(Steinmann & Schreyögg 2005, S.
274 ff.).

Um der Gefahr einer kurzfristigen
Steuerung von Strategien über die herkömmlichen ausschließlich quantitativen Kennzahlen des Ergebnis- und
Finanzwesens zu begegnen (→ Return on

Investment) und den Aufbau langfristiger Erfolgspotentiale zu unterstützen,
greift das strategische Controlling zunehmend auf das Instrument der → Balanced
Scorecard zur Unterstützung des Entwurfs wie auch der Implementation strategischer Konzepte zurück.

### 3　Controlling-Objekte touristischer Unternehmungen

Über die vergangenen Jahre hinweg haben
sich unter dem Eindruck ständig zunehmender marktlicher, technologischer,
politischer wie auch gesellschaftlicher
Turbulenzen auch in Unternehmungen
der Tourismusbranche professionelle
Controllingsysteme verbreitet. Dies trifft
insbesondere auf große, weltweit agierende Konzernunternehmungen im Veran-
stalterbereich und in der Hotellerie zu
(Kaspar 1995, S. 181; Holleis 1992, S. 9
f.; Gewald 1999, S. 1), deren ausgereifte
Management-Informationssysteme als
selbstverständlicher Kernbestandteil eines
zukunftsfähigen Führungskonzeptes
angesehen werden und denen anderer
Branchen in nichts nachstehen. In gleichem Maße zeigen sich allerdings in
mittelständischen und insbesondere in
kleineren lokalen oder regional tätigen
Unternehmungen (lokale Reisebüros
[→ Reisemittler], Familienhotels, regionale → Reiseveranstalter oder öffentliche
Tourismusstellen [→ Touristinformation])
häufiger noch deutliche Defizite im
Umgang mit Controllinginstrumenten.
Mangelnde einschlägige Kenntnisse und
fehlende Erfahrungswerte sowie das
Vertrauen auf ein bisher tragendes intui-
tives „Gespür" für das Geschäft lassen eine
entsprechende Controllingphilosophie
nur langsam und meist nur unter dem
Druck wirtschaftlichen Mißerfolgs
entstehen. Allzu oft wird der Aufbau
eines führungsunterstützenden
Controllingsystems eher als überflüssige

Investition angesehen (vgl. die Berichte bei Huber 2000, S. 21 und Swillims 2002, S. 21). Diese Einschätzung muß mit Nachdruck korrigiert werden:

❖ Das Handlungsumfeld auch kleiner und mittelständischer touristischer Unternehmungen hat sich in den letzten Jahren in selten dagewesenem Maße verändert. Marktliche und insbesondere auch technologische Veränderungen stellen bspw. die Reisebürobranche vor existentielle Herausforderungen, politische Krisen oder Naturkatastrophen schlagen durch die Globalisierung der Produktpaletten unmittelbar in den geschäftlichen Erfolg auch klein- und mittelständischer Anbieter durch. Überkommene Führungsrezepte sind daher nur noch sehr bedingt tauglich.

❖ Ein robustes Kern-Controlling lässt sich in jeder Unternehmensgröße und jeder Branche realisieren. Einige wenige Grundkennzahlen aus der Buchführung sind grundsätzlich verfügbar, einige wenige grundlegende strategische Überlegungen zur Verdeutlichung der zu erwartenden Unternehmensentwicklung sind generell möglich, wenn sich die Führung mit der wirtschaftlichen Entwicklung ihrer Unternehmung systematisch befassen will. Diese Grundinformationen sind auch dringend nötig, um Unternehmungen im rauhen und dynamischen Wettbewerb touristischer Leistungen auf Kurs zu halten. Bei kleineren Betriebsgrößen, die über eine nur geringe funktionale Differenzierung ihrer Verwaltungsaufgaben verfügen, wird dabei auch die Sicherung der Liquidität als ‚Sauerstoff‘ der Unternehmung in die Controllingsicht zu integrieren sein. Die Wahrung

des finanziellen Gleichgewichts als unabdingbare Voraussetzung der Unternehmensexistenz, eine grundsätzliche Verzinsung eingesetzten Eigenkapitals sowie die dauerhafte Sicherung der Unternehmenssubstanz sind essentielle Fragen jeder Unternehmensführung und müssen durch entsprechende Informationen unterstützt werden.

❖ Auch wenn Controlling nicht als eigenständige Funktion im Organigramm der Unternehmung ausgewiesen ist, heißt dies nicht, daß die Geschäftsleitung Controlling als verzichtbar ansehen kann. Vielmehr betreiben viele Unternehmer intuitiv Controlling, ohne dies zu institutionalisieren. Wichtig ist, dass der Controllinggedanke gelebt, in Controllingkategorien gedacht wird und der Unternehmer sich verdeutlicht, dass ein ‚Sich treiben lassen‘ oder Führen mit ‚Bauchgefühl‘ oder ‚Daumenpeilverfahren‘ (Huber 2000, S. 21) nur zufällig zum Erfolg führen kann, er die Kontrolle über sein eigenes Handeln somit dem ‚Schicksal‘ überträgt.

Bei aller Heterogenität touristischer Betriebe und touristischer Produkte ist allen Unternehmungen dieses Branchenfeldes jedoch gemeinsam, daß ihre Controllingobjekte in besonderem Maße durch die Eigenheiten touristischer Leistungen, ihren Dienstleistungscharakter (→ Dienstleistung) und den sich daraus ergebenden typischen Prozeß der Leistungserstellung und -verwertung geprägt sind. Die anstehenden Steuerungsaufgaben müssen sich daher insbesondere mit folgenden Problemen auseinandersetzen (Fischer 2000, S. 2 f.):

❖ die Immaterialität und damit fehlende Speicherbarkeit touristischer Leistungen erfordert eine besonders intensive Untersuchung der Beziehungen von Leistungserstellungskapazitäten und Nachfrage im Zuge eines Fixkosten- bzw. Leerkosten-Controllings. Der Fixkostencharakter einer Vielzahl von Kostenarten (teilweise bis zu 90% des Kostenvolumens) führt aufgrund erheblicher Kostenremanenzen (anlagebedingte Kosten, Personalkosten) häufig zu Problemen bei einem erforderlichen raschen Marktaustritt bzw. einer strategischen Umorientierung,

❖ die Kosten der Dienstleistungsunternehmung enthalten somit überproportional hohe Kostenanteile der Betriebsbereitschaft, so daß den Leistungen über proportionale Schlüsselungen entsprechend hohe Gemeinkostenanteile zugerechnet werden müssen, was je nach Ausbaustufe und Qualität des Kostenrechnungssystems zu deutlichen Verzerrungen der Informationen und daraus resultierenden Fehlentscheidungen bei der Beurteilung von Produkten, Märkten und Personen führen kann,

❖ die Qualität der Dienstleistungen schwankt und ist nicht eindeutig definiert, was zu nachhaltigen Meßproblemen führt.

Dennoch haben sich im Controlling von Tourismusunternehmungen eine ganze Reihe von insbesondere operativen Controllinginstrumenten, -methoden und -systemen herausgebildet, die entweder aus allgemeinen Konzepten anlog übertragen und angepaßt wurden oder eigenständige Entwicklungen der Branche darstellen. Hierzu zählen bspw.:

❖ integrierte → Back-office-Systeme, die neben klassisch buchhalterischen Aufgaben insbesondere auch über ihre Auswertungsinstrumente die Realisierung umfangreicher opera-

tiver Controllingaufgaben ermöglichen. In Reisebüros dienen sie z.b. zur datenbankgestützten Dokumentation und Interpretation des gesamten Leistungserstellungs- und -verwertungsprozesses. Ermöglicht werden u.a. die Anbindung an gängige → Reservierungssysteme, die Erfassung kundenspezifischer Profil-Daten oder auch die Verbuchung der laufenden Geschäftsvorfälle im branchenspezifischen Kontenrahmen. Diese Datenbasis ermöglicht dann u.a.:

- Erlös- und Provisionskontrollen,
- die ergebnisorientierte Steuerung von Produkten und Kunden,
- eine umfassende betriebswirtschaftliche Analyse zur Beurteilung des Geschäftsganges oder auch
- die Überwachung der Ergebnis- und Liquiditätsentwicklung.

Im Verbund mit entsprechenden Kennzahlenübersichten und graphischen Auswertungen steht damit ein Informations-Cockpit zur Sicherung der Prozeßtransparenz zur Verfügung, das bspw. auch unter Bereitstellung der geeigneten IT-Infrastruktur die datenbasierte Steuerung von regional verteilt agierenden Filialen z.B. in der → Reisebürokette ermöglicht.

❖ Budgetierungssysteme in der Hotellerie, die den Beherbergungs- und Gastronomiebereich durchleuchten und planerisch zugänglich machen (Gewald 1999, S. 100 ff.; Swillims 2002, 105 ff.; Widmann 2004, S. 377 ff.). In der langen Tradition des → Uniform Systems of Accounts for the Lodging Industry steht ein amerikanisches, aber international anerkanntes Betriebsabrechnungssystem als Orientierungsrahmen zur Ermittlung und Analyse des betrieblichen Ergebnisses aus Teilkostenrechnungsperspektive zur Verfügung, das sich auch für kleinere und mittelgroße Hotels in Deutschland eignet (Scheefer 2004, S. 320 ff.).

❖ Prozeßkosten-Analysen zur Durchleuchtung des Fixkostenblocks z.B. bei Reisebüros, Hotelbetrieben oder → Fluggesellschaften. Ziel ist es, auf diesem Wege zum einen die Klärung der Kostenbelastung einzelner Prozeßaktivitäten (→ Prozeßorganisation) herbeizuführen und zum anderen die Steuerung der Fixkosten zu den sie verursachenden Leistungen durch die Identifizierung der relevanten Kostentreiber zu realisieren, um so Fehlsteuerungen in der Kostenstruktur von Leistungen, wie sie durch die pauschale Schlüsselungen von Gemeinkosten in traditionellen Vollkostensystemen immer wieder zu beobachten sind, zu vermeiden.

❖ Revenue- bzw. Yield-Management-Systeme (→ Ertragsmanagement) zur dynamischen ergebnisorientierten Auslastungssteuerung fixer Kapazitäten bei Fluggesellschaften und Hotels (Hilz 2007, S. 517 ff.; Lutz 1990, S. 245). So ist es bspw. in der Hotellerie das Ziel des Yield Managements, „(...) die richtige quantitative und qualitative Anzahl von Hotelzimmern der richtigen Anzahl und der richtigen Art von Gästen zum richtigen Aufenthalts- und Buchungszeitpunkt zum richtigen Preis anzubieten" (Schrand & Schlieper 2004, S. 252 f.). Mittels Marktsegmentierung, preislicher Differenzierung des Angebotes in Abhängigkeit von Leistungsinhalt und Terminierung der Nachfrage, Kontingentierung des Angebotes und Überbuchung wird unter Einsatz computergestützter Optimie-

rungsmodelle das Ziel der Ergebnisoptimierung angestrebt.

Mit zunehmender → vertikaler Integration von touristischen Aktivitäten und den sich daraus entwickelnden integrativen Strukturen global agierender Tourismuskonzerne rücken generellere, weniger branchenaffine Controllingaktivitäten wie die ergebnisorientierte Steuerung von Geschäftsfeldern (Controlling von Produkten, Marken, Zielgebieten), die Gestaltung interner Verrechnungspreissysteme oder das Controlling von Beteiligungen zunehmend in den Mittelpunkt des Interesses. Wie häufig in Konzernstrukturen wird dabei Synergien nachgespürt, werden Risiken zu streuen versucht und durch eine weitgehende Steuerung der Wertschöpfungskette auf den unterschiedlichen Leistungsstufen eine Bündelung der Renditechancen und damit eine ganzheitliche Wertsteigerungsstrategie verfolgt. Diese Beispiele zeigen bereits deutliche Verbindungen zu strategischen Überlegungen der Positionierung im Wettbewerb bzw. der Gestaltung und Steuerung der Wertschöpfungskette auf. So verwundert es auch nicht, daß – wenn auch noch vorwiegend in größeren touristischen Organisationen – mittlerweile weitere strategische Analyseinstrumente wie bspw. Frühaufklärungssysteme, Portfolio-Analysen, → Balanced Scorecard-Anwendungen oder auch dynamisierte Investitions- oder Customer Lifetime Value-Rechnungen mit Erfolg eingesetzt werden.

### 4 Controlling-Organisation

Die effiziente Realisierung der Controllingarbeit in einer Unternehmung macht eine Reihe von Rahmenentscheidungen erforderlich. Neben der Sicherstellung der informations- und abrechnungstechnischen, der personellen und führungsstrukturellen Voraussetzungen zur Umsetzung des Controllingauftrages kommt insbesondere der strukturellen Einbindung der Controllingfunktion in das organisatorische Gefüge einer Unternehmung eine zentrale Bedeutung für das realisierbare Leistungsprofil zu (als Beispiel einer empirischen Studie der Controlling-Infrastruktur siehe Exner-Merkelt & Keinz 2005). Zur Einordnung der Controllingfunktion stehen dabei eine begrenzte Anzahl von alternativen Strukturierungsformen zur Verfügung. Als wesentliche Einflußfaktoren für die Wahl der zu realisierenden Alternative lassen sich insbesondere die Größe der Unternehmung sowie der realisierte Führungsstil herausheben:

❖ In kleinen Unternehmensgrößen wird die Controllingaufgabe bewußt oder unbewußt in der Regel vom Eigentümer oder der Eigentümergruppe mit ausgefüllt. Je nach fachlichem und methodischem Kenntnisstand über den Nutzen und den Einsatz unterschiedlicher Controllinginstrumente sollten zumindest einige grundlegende, ‚robuste' Tools aus dem Methodenbaukasten der kosten- und leistungsrechnungsgestützten betriebswirtschaftlichen Analyse sowie der finanziellen Sicherung

der Unternehmung zum Einsatz kommen. Nicht selten wird die Controllingaufgabe extern an einen Steuerberater delegiert, was nicht selten zu konkurrierenden Informationsinteressen einer unternehmerischen, entwicklungsorientierten vs. einer Steuern vermeidenden Interpretation des Unternehmensgeschehens führt.

❖ Die organisatorische Umsetzung der Controllingaufgabe mittels einer Stabsstelle oder -abteilung kommt dem Charakter des Controlling als Dienstleistungsfunktion bereits recht nahe. Stabsstellen sind Hilfsstellen ohne Leitungsfunktion, die einer Instanz beigeordnet wird (vgl. Abbildung 2). Die organisatorische Zwecksetzung einer Stabsstelle besteht darin, ihre jeweilige Leitungsstelle quantitativ oder qualitativ zu entlasten. Das Hauptgewicht liegt dabei in der entscheidungsvorbereitenden Beratung und Information der Linienstelle. In dieser Interpretation kann dann eine als Stab organisierte Controllingabteilung als ein Spezialisten-Stab mit fachlichen Beratungsaufgaben interpretiert werden. Diese Lösung findet sich typischerweise bei kleineren Unternehmen, in denen sich das Controlling zum ersten Mal als

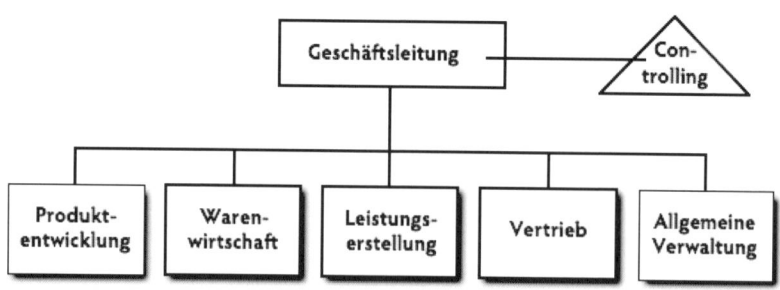

**Abbildung 2:** Controlling als Stabsstelle

eigenständige Aufgabe aus der allgemeinen Unternehmensführungsaufg abe organisatorisch emanzipiert. Die weiterhin gegebene starke Anbindung

an die Unternehmensleitung sichert dieser die Kontrolle über Aufgaben und Verfahrensweisen der Controllingarbeit und betont

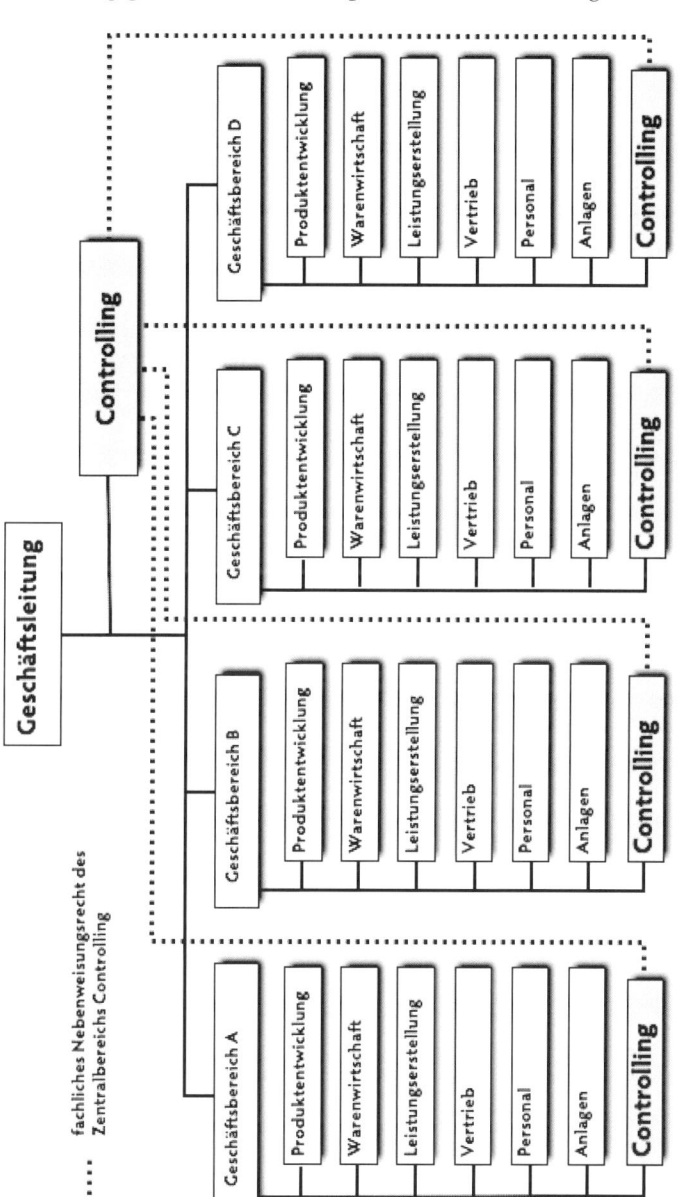

Abbildung 3: Controlling als Zentralbereich mit funktionalem Nebenweisungsrecht und dezentralen Bereichscontrollern

die vorherrschende Zentralisierung der Informationshoheit an der Unternehmensspitze. Darüber hinaus stellt eine derartige Lösung eine noch recht kostengünstige Realisierung eines Controllerdienstes dar.

❖ Die Einordnung des Controlling-Bereichs als Linienfunktion stellt die Controllingabteilung auf eine Ebene gleichberechtigt zu den übrigen Linienfunktionen. Sie ist daher mit den gleichen Rechten und Pflichten ausgestattet. Aufgrund des erheblichen Informationsvorsprungs dürfte sich allerdings zunehmend ein ‚Übergewicht der quantitativen Argumente' bei der Controllingabteilung bilden. Damit besteht die Gefahr, daß die Controllingabteilung ihren Dienstleistungscharakter zunehmend verliert und aktiv in das inhaltliche Management der Unternehmung eingreift. Dennoch läßt sich diese Variante bei allen Unternehmensgrößen mit zunehmender Bedeutung der Controllingarbeit immer wieder finden.

❖ Zentralstellen bzw. -abteilungen oder -bereiche dienen in Unternehmungen hingegen zur Erfüllung stellenübergreifender, querschnitthafter Aufgaben. Dabei können sich die Zentralabteilungen entweder bestimmter, grundsätzlich im organisatorischen Aufbau vernachlässigter Aufgabeninhalten annehmen oder andere Stellen im organisatorischen Gefüge koordinieren, beraten oder anderweitig unterstützen. Dies verdeutlicht den grundsätzlichen Dienstleistungs-/Servicecharakter von Zentralabteilungen gegenüber anderen organisatorischen Einheiten und damit auch den typischen Dienstleistungscharakter eines derart strukturierten Controllings für die übrigen organisatorischen Einheiten (und nicht nur für die Geschäftsleitung, wie bei der Stabslösung). Controllingleistung kann nun über interne Verrechnungspreise anderer Abteilungen angeboten werden. Mit zunehmender Unternehmensgröße bietet sich eine weitergehende Dezentralisierung der Controllingarbeit in der Unternehmung an. Hierzu erhalten Funktions- oder Geschäftsbereiche dezentrale ‚Haus-Controller', die durch ein zentrales Controlling fachlich gesteuert werden (vgl. Abbildung 3). Je nach Delegationsgrad sind dabei unterschiedlich realisierbare Varianten denkbar (Küpper 2001, S. 497 ff.). *(vs)*

*Literatur*

Baum, Heinz-Georg; Adolf G. Coenenberg & Thomas Günther 2004: Strategisches Controlling. Stuttgart: Schaeffer-Poeschel (3. Aufl.)

Coenenberg, Adolf G.; Rainer Salfeld 2003: Wertorientierte Unternehmensführung. Vom Strategieentwurf zur Implementierung. Stuttgart: Schaeffer-Poeschel

controllerverein (14.09.2002): Controller-Leitbild. Zugang: http://www.controllerverein.de/_cmsdata/_cache/cms_34.html (17.01.2006)

Exner-Merkelt, K.; Peter Keinz 2005: Wie effektiv ist Controlling in der Praxis? In: Controlling, Heft 1, S. 15-21

Fischer, Regina 2000: Dienstleistungs-Controlling. Wiesbaden: Gabler

Gewald, Stefan 1999: Hotel-Controlling. München, Wien: Oldenbourg

Hänssler, Karl Heinz (Hrsg.) 2004: Management in der Hotellerie und Gastronomie. München, Wien: Oldenbourg (6. Aufl.)

Hahn, Dietger; Harald Hungenberg 2001: PuK: Planung und Kontrolle, Planungs- und Kontrollsysteme, Planungs- und Kontrollrechnung: Wertorientierte Controllingkonzepte. Wiesbaden: Gabler (6. Aufl.)

Hilz, Andreas 2007: Revenue-Management für Reiseveranstalter. In: Jörn W. Mundt (Hrsg.): Reiseveranstaltung. Lehr- und Handbuch. München, Wien: Oldenbourg, S. 517-548 (6. Aufl.)

Horváth, Peter 2006: Controlling. München: Vahlen (10. Aufl.)

Huber, Heinz 2002: Controlling im Hotel- und Restaurantbetrieb. Ein Leitfaden für kleine und mittelständische Unternehmen. Wien: Ueberreuter

Kaplan, Robert S.; David P. Norton 1997: Balanced Scorecard. Strategien erfolgreich umsetzen. Stuttgart: Schaeffer-Poeschel

Kaspar, Claude 1995: Management im Tourismus. Eine Grundlage für das Management von Tourismusunternehmungen und -organisationen. Bern, Stuttgart. Wien: Haupt (2. Aufl.)

Krüger, Lutz 1990: Yield Management. Dynamische Gewinnsteuerung im Rahmen integrierter Informationstechnologie. In: Controlling, Heft 5, S. 240-251

Küpper, Hans-Ulrich 2001: Controlling. Konzeption, Aufgaben und Instrumente. Stuttgart: Schaeffer-Poeschel (3. Aufl.)

Reichmann, Thomas 2006. Controlling mit Kennzahlen und Management-Tools. Die systemgestützte Controlling-Konzeption. München: Vahlen (7. Aufl.)

Scheefer, Ulrike 2004: Die Kostenrechnung. In: Karl Heinz Hänssler (Hrsg.): Management in der Hotellerie und Gastronomie. Betriebswirtschaftliche Grundlagen. München, Wien: Oldenbourg, S. 319-329 (6. Aufl.)

Schrand, Axel; Thomas Schlieper 2004: Preis- und Konditionenpolitik. In: Karl Heinz Hänssler (Hrsg.): Management in der Hotellerie und Gastronomie. Betriebswirtschaftliche Grundlagen. München-Wien: Oldenbourg, S. 249-254 (6. Aufl.)

Schröder, Ernst F. 2003: Modernes Unternehmens-Controlling. Ludwigshafen: Kiehl (8. Aufl.)

Schroeter, Bernhard 2002: Operatives Controlling. Aufgaben, Objekte, Instrumente. Wiesbaden: Gabler

Steinmann, Horst; Georg Schreyögg 2005: Management. Grundlagen der Unternehmensführung. Konzepte – Funktionen – Fallstudien. Wiesbaden: Gabler (6. Aufl.)

Swillims, Wolfgang 2002: Controlling im

Gastgewerbe. Brennpunkte – Praxisbeispiele. Haan-Gruiten: Pfanneberg (2. Aufl.)

Ulrich, Hans; Gilbert J.B. Probst 1988: Anleitung zum ganzheitlichen Denken und Handeln. Ein Brevier für Führungskräfte. Bern, Stuttgart: Haupt

Vollmuth, Hilmar J. 2003: Controlling-Instrumente von A – Z. Freiburg u.a.: Haufe (6. Aufl.)

Weber, Jürgen 2005: Strategisches Controlling. Wie Controller auf diesem Spielfeld wettbewerbsfähig werden. Weinheim: Wiley (= Advanced Controlling, Band 44)

Weber, Jürgen; Utz Schäffer 2006: Einführung in das Controlling. Stuttgart: Schaeffer-Poeschel (11. Aufl.)

## Convenience Food

*Convenience* bedeutet im englischen Bequemlichkeit, Annehmlichkeit, Komfort. Convenience Food steht für Lebensmittel, die in der Verarbeitung Annehmlichkeiten und Komfort mit sich bringen. Die Lebensmittel zeichnen sich gegenüber der Rohware durch einen höheren Be- bzw. Verarbeitungsgrad und durch eine längere Haltbarkeit aus.

Es lassen sich verschiedene Verarbeitungsgrade (→ Convenience-Grade) bei den zu kaufenden Lebensmittel unterscheiden (Nestlé o.J., S. 14 f.). Die Grundstufe (Convenience-Grad 0) beinhaltet Produkte, die noch bearbeitet werden müssen. Darüber hinaus gibt es teilbearbeitete (Convenience-Grad 1), küchenfertige (Convenience-Grad 2), aufbereitete (Convenience-Grad 3), regenerierfertige und verzehrfertige Produkte (Convenience-Grad 4). Die unterschiedlichen Convenience-Grade können ineinander fließen. Mit steigendem Convenience-Grad sinkt der noch einzubringende Arbeitsaufwand für die Fertigstellung.

Die Diskussion um den Einsatz von Convenience-Produkten ist – vor allem in der gehobenen Gastronomie – wertbeladen. Realistisch gesehen kommt heute keine Hotelküche an Convenience-Gütern vorbei, sind doch nach der Begriffsabgrenzung und den genannten Convenience-Graden auch Produkte wie Mehl, Sauerkraut, Senf oder Olivenöl Convenience-Güter.

Die Befürworter eines Einsatzes in der Gastronomie bringen folgende Argumente vor (Nestlé o.J., S. 16 ff.): Minimierung von falschen Arbeitsschritten, längere Haltbarkeit der Produkte, höhere Qualität durch optimalen Erntezeitpunkt, kurzfristige Verarbeitung und durch den Einsatz moderner Produktionsverfahren, Transparenz bei den Zutaten, geringerer Kaloriengehalt, gleichbleibende Qualität hinsichtlich der enthaltenen Nährwerte, keine Überproduktion, transparentes Warenwirtschaftssystem und gezielte Einkaufsplanung mit gut kalkulierbaren Wareneinstandspreisen. Zentrales Argument sind Kosteneinsparungspotentiale in den Bereichen Wareneinsatz, Personal, Energie, Entsorgung, Lagerhaltung und Verwaltung (a.a.O., S. 27).

Die Argumente, die gegen Convenience Food angeführt werden, sind: mangelnde Frische, mangelnde Individualität der Speisen, schwammige Begriffsdefinition, Beschneidung der professionellen Kreativität, Abwertung der Kochausbildung und Infragestellung des Berufsstandes (Dohrmann 1999, S. 24 f.)

Objektiv betrachtet haben die Hersteller von Convenience-Gütern in den letzten Jahren – trotz der in der Öffentlichkeit diskutierten Probleme (Beispiel: genmanipulierte Lebensmittel) – Qualitätsverbesserungen erreicht. Die früher bestehende Kluft zwischen Convenience-Gütern und konventionell hergestellten Produkten ist kleiner geworden, in manchen Bereichen ist sie nicht mehr festzustellen. *(wf)*

*Literatur*
Bergmann, Karin 1999: Industriell gefertigte Lebensmittel – Hoher Wert und schlechtes Image? Berlin u.a.: Springer
Dohrmann, Annette 1999: Convenience: Die große Angst vor dem Outing. In: First Class, Heft 12, S. 24-26
Nestlé, o.J.: Convenienceprodukte: eine Informationsschrift für Lehrberufe im Gastgewerbe. Gräfelfing: E. Albrecht

## Convenience-Grad

Grad der Verarbeitung von → Convenience Food

## Cook & Chill

*to cook and to chill* (engl.) = kochen und abkühlen. Verfahren der Speisenproduktion, bei dem es zu einer zeitlichen Entkoppelung von Herstellung und Verzehr kommt. Die Speisen werden gegart, unmittelbar danach in noch heißem Zustand mit Hilfe von Schnellkühlern (Chiller) abgekühlt und im Kühlraum gelagert. Der Abkühlungsprozeß geschieht schnell (max. bis zu 90 Minuten). Die zu erreichende Temperatur liegt bei $0°$ bis $+3°C$, da in dem Bereich das bakterielle Wachstum gering ist. Die Speisen können mehrere Tage gelagert werden, bevor sie dann für den Verzehr hergerichtet bzw. wiederum erhitzt werden. Cook & Chill findet vor allem in der Großverpflegung Anwendung (z. B. bei Kantinen, Krankenhäusern, Mensen, Bankettveranstaltungen [→ Bankett]).

Die ökonomische Einschätzung der Produktionsmethode muß fallweise geschehen: Vorteilen in den Bereichen der Hygiene und Küchenorganisation (etwa Überbrückung von langen Transportwegen, Einsparung von Personalkosten, Verteilung der Arbeitsbelastung) stehen Nachteile (hoher Investitionsaufwand in den Produktionsprozess, Umstellung der Küchenorganisation, erhöhter Energieaufwand, potentielle Qualitätsverluste durch die Lagerung, Eignung nur für gewisse Produkte) gegenüber. *(wf)*

*Literatur*
Fröschl, Cornelia 2003: Architektur für die schnelle Küche: Eßkultur im Wandel. Leinfelden-Echterdingen: Verlagsanstalt Alexander Koch
Rohatsch, Manfred u.a. 2002: Großküchen: Planung Entwurf Einrichtung. Berlin: Verlag Bauwesen

## Cook & Serve
*to cook and to serve* (engl.) = kochen und servieren/auftragen. Begriff für eine Speisenproduktion, bei der Herstellung und Verzehr zeitnah beieinander liegen. Cook & Serve kann als Gegenpol zu → Cook & Chill gesehen werden. *(wf)*

## Cook, Thomas
→ Thomas Cook (Biographie)
→ Thomas Cook (Reiseveranstalter)

## Corporate Rate
Die Corporate Rate (COR) ist ein Instrument der umsatzbezogenen Preisdifferenzierung in der Hotellerie und dient den Hotelbetrieben als Preisabstufung im Revenue Management. Hierbei schließen Hotels mit Unternehmen oder Organisationen sog. Rahmenverträge ab, bei denen ab einem vorab definierten Umsatzvolumen Vorzugspreise gewährt werden. Man unterscheidet dabei zwischen Published (veröffentlichter) und Preferred (bevorzugter) Corporate (Firmen) Rate. Die veröffentlichte Corporate Rate ist bundesweit jedem Unternehmen zugänglich und bedarf keiner weiteren Abkommen. Die Ermäßigung liegt meist zwischen 5 % und 10 % der → Rack Rate. Die Preferred Corporate Rate ist nicht öffentlich. Sie wird Konsortien und → Reisebüroketten zur Verfügung gestellt, welche die

Distribution an deren Kunden übernehmen. Sie wird sehr streng gehandhabt und mit 15 % der Rack Rate bzw. 10 % der Published Corporate Rate rabattiert. Die Begriffe Preferred Corporate Rate und Consortia Rate werden in Literatur und Praxis synonym verwendet. Die Berechnungsgrundlage für alle Preisdifferenzierungsmaßnahmen ist die Rack Rate. *(sk)*

## Couchette
*couchette*
Französische Bezeichnung für Liegeplatz, in denen den Reisenden in Liegewagen kein Bettzeug zur Verfügung gestellt wird. Die → Deutsche Bahn AG stellt neuerdings verschiedene Liegewagentypen bereit: Rollstuhlgerechte Liegewagen (→ behindertengerechtes Reisen), Kajüten nachempfundene Liegewagen und den klassischen Liegewagen als 6er- und 4er-Abteil. *(hdz)*

## Counter
Aus dem Englischen stammender Begriff für den Schalter oder Ladentisch, an dem die Kunden eines Reisebüros (→ Reisemittler) von → Expedienten beraten werden und an dem in der Regel über die Terminals von → Computer-Reservierungssystemen Buchungen von Reiseleistungen vorgenommen werden.

## Counter Check-in
→ Check-in

## Couvert
→ Gedeck

## Coverversionen
Veranstalterreisen, die von einem Reisebüro oder einer Reisebürokette oder -kooperation mit Zusatzleistungen (wie zum Beispiel Mietwagen oder Ausflügen) versehen und unter einem eigenen

Namen verkauft werden. Das Reisebüro bleibt in diesem Fall Vermittler. Solche Versionen werden zur Schärfung des eigenen Leistungsprofils gegenüber den Reisebürokunden aufgelegt und sollen auch die Kundenbindung stärken. *(jwm)*

**Covia**
→ Apollo
→ Computerreservierungssystem

**CP**
→ Continental Plan

**Crew**
Englische Bezeichnung für Besatzung. Dabei kann es sich um eine Schiffs- oder um eine Flugzeugbesatzung handeln. Bei der Flugzeugbesatzung wird unterschieden zwischen der Besatzung im → Cockpit und der aus → Flugbegleitern bestehenden Kabinenbesatzung *(cabin crew)*.

**Cross Crew Qualification**
Aufgrund einer einheitlichen Gestaltung der → Cockpits möglicher Einsatz von Piloten mit einer einzigen → Musterberechtigung auf verschiedenen Flugzeugmustern des gleichen Herstellers. Dadurch werden einerseits Trainingskosten reduziert, andererseits steigt die Flexibilität des Piloteneinsatzes, so daß insgesamt weniger Piloten beschäftigt werden müssen.

Bei Airbus können zum Beispiel im Prinzip alle Typen von der kleinsten A 318 bis zur vierstrahligen A 340 mit der gleichen Musterberechtigung und entsprechenden Zusatzeinweisungen geflogen werden. So gibt es Fluggesellschaften, deren Cockpitbesatzungen auf den Schmalrumpfmustern (→ Schmalrumpfflugzeug) der Baureihe A 319 bis A 321 Kurz- und Mittelstrecke und auf dem Großraumflugzeug A 330-200/300 Langstrecke fliegen. Bei Boeing ist dies nur mit der B 757 und B 767 möglich. *(jwm)*

**CRS**
→ Computerreservierungssystem
→ Globales Distributionssystem
→ Reservierungssystem

**Curb-Side Check-in**
→ Check-in

# D

**Dach und Fach**
*wall and roof*
→ Reparaturverpflichtung an „Dach und Fach" *(obligation to repair „wall and roof")* meint die konstruktive Instandsetzung und Instandhaltung der Mieträume und des Mietobjektes, insbesondere auch der Zentralheizungsanlage und der Versorgungsleitungen.

Nach der gesetzlichen Regelung obliegt dem Vermieter grundsätzlich die Verpflichtung, die Mietsache in einem vertragsgemäßen Zustand zu überlassen und zu halten (§ 536 BGB). Eine vollständige Überbürdung der Pflicht zur Instandsetzung und -haltung der Mietsache durch → Allgemeine Geschäftsbedingungen ist rechtlich unzulässig. Zwar ist es grundsätzlich möglich, dem Mieter gewerblicher Räume – anders als dem Mieter von Wohnräumen, dem formularmäßig nur Schönheitsreparaturen der Mietsache auferlegt werden können – weitergehende Pflichten zur Instandsetzung und -haltung im Inneren der Räume durch Formularvertrag zu übertragen. Allerdings sind Klauseln, nach denen der gewerbliche Mieter auch Instandsetzungs- und Reparaturverpflichtungen an „Dach und Fach" übernimmt, unwirksam (OLG Naumburg, NJW-RR 2000, 823). So bleibt es bspw. Sache des Vermieters, dafür zu sorgen, daß das Dach dicht ist und die Räume beheizbar sind.

Von dieser Rechtsprechung bleiben einzelvertraglich getroffene Vereinbarungen unberührt, die den Mieter zum großen Teil verpflichten, Arbeiten an „Dach und Fach" durchzuführen, wenn die Übernahme dieser Instandsetzungsverpflichtung anderweitig kompensiert wird, z.B. durch einen entsprechenden Nachlaß des Mietpreises, dessen Höhe sich an den zu erwartenden Kosten für die Instandsetzung orientiert. *(gd)*

**Dampfer**
→ Dampfschiff

**Dampfschiff**
*steam ship*
Schiff mit Dampfantrieb. In der klassischen Version waren es Dampfkolbenmotoren, die durch Kohlefeuer beheizt wurden, später Dampfturbinen, die mit Öl betrieben wurden. Dampfer mit Kolbenantrieb wurden zunächst mit Schaufelrädern (Schaufelraddampfer, engl. *paddle wheel steamer*), später auch mit Schiffschrauben ausgerüstet. Historische Schaufelraddampfer fahren heute vorwiegend als Touristenattraktionen zum Beispiel auf der Elbe (Dresden), auf dem Vierwaldstätter- und auf dem Bodensee. Dampfschiffe spielen heute praktisch keine Rolle mehr, nachdem auch Dampfturbinenschiffe durch moderne und verbrauchsärmere Schiffsdiesel abgelöst wurden. *(jwm)*

**Datumsgrenze**
*(international) date line*
Durch die Erdrotation ergeben sich an verschiedenen Orten unterschiedliche Tageszeiten. Da die Erde in 360 Län-

gengerade eingeteilt ist und jeder Tag 24 Stunden dauert, errechnet sich daraus eine Zeitdifferenz von einer Stunde pro 15 Längengrade. Entsprechend wurde die Welt in unterschiedliche Zeitzonen eingeteilt, die allerdings nicht strikt den Längengraden, sondern auch geographischen bzw. nationalen Einheiten folgen. Der 180. Längengrad, der östlich von Neuseeland den Pazifik vom Nord- zum Südpol durchläuft, wurde zur Grenze zwischen den Zeitzonen, die ein Datum zuerst und denen, die es zuletzt durchlaufen, bestimmt. Ein Datum beginnt also als erstes auf dem 180. Längengrad und setzt sich dann zeitversetzt in den Zeitzonen nach Westen weiter fort. In der letzten Zeitzone östlich des 180. Längengrades beginnt es zum gleichen Zeitpunkt, zu dem bereits ein neues Kalenderblatt in der ersten Zeitzone westlich des 180. Längengrades aufgeschlagen wird. Beim Überqueren der Zeitzone nach Osten ‚gewinnt' man also einen Tag, beim Überqueren nach Westen verliert man ihn. Um die daraus entstehenden Probleme so gering wie möglich zu halten, wurde die Datumsgrenze in ein weitgehend unbesiedeltes Gebiet gelegt. Dennoch gibt es, wie bei den Zeitzonen, hier auch Abweichungen, indem zum Beispiel zusammengehörende Inselgruppen wie Kiribati, die zum Teil östlich des 180. Längengrades liegen, durch die Verschiebung der Datumsgrenze die Zeit der ersten Zeitzone westlich des 180. Längengrades übernommen haben. *(jwm)*

## DB
→ Deutsche Bahn AG

## DB-Autozug
→ Autoreisezug

## DBC
→ Denied Boarding Compensation

## DB Carsharing
Beim Angebot der Deutschen Bahn (DB Rent GmbH) handelt es sich um das spezielle Mietwagenangebot (www.dbrent.de), das voraussetzt, daß man in der Lage ist, das Angebot im Internet zu buchen. Ausgehend von den ICE-Bahnhöfen (aber nicht nur von diesen) kann derzeit das Angebot an ca. 80 Servicestellen in Anspruch genommen werden. DB Carsharing ist Teil des allgemeinen Anschlußprogramms der DB Dienstleistungen des DB Fuhrparks, zu dem auch das Call a Bike-Programm zählt. *(hdz)*

## Deckungsbeitrag
*contribution margin*
Der Deckungsbeitrag (DB) entspricht dem Restbetrag, der nach Abzug der variablen Kosten des Leistungsprozesses von den Umsatzerlösen verbleibt. Dieser Umsatzrest (= Deckungsbeitrag) muß hinreichend groß sein, um zumindest die Fixkosten des Betriebes ‚abdecken' zu können. Darüber hinaus soll – wenn möglich – auch ein Betriebsgewinn erzielt werden. Von einem realisierten oder geplanten positiven Deckungsbeitrag kann somit noch nicht unmittelbar auf eine Gewinnerzielung geschlossen werden. Daher spricht man bisweilen auch von einem „auskömmlichen", also gewinnträchtigen Deckungsbeitrag als Zielgröße. Der Deckungsbeitrag kann dabei als Gesamtbetrag der Unternehmung oder als mengenrelative Größe ermittelt werden (z.B. DB/Übernachtung, DB/Zimmer, DB/verkaufte Speise, DB/Bar, DB/Reise, DB/Flugsitz usw.). Wird der Deckungsbeitrag zum Umsatz (U) (bzw. der Stück-Deckungsbeitrag [db] zum Preis [p]) in Beziehung gesetzt, spricht

man vom Deckungsgrad (= DB/U oder db/p) als Maß für die DB-Ergiebigkeit des Umsatzes.

Zur Verfeinerung dieser einstufigen Deckungsbeitragsermittlung kann eine detailliertere Analyse des zunächst als homogen definierten Fixkostenblocks im Zuge einer mehrstufigen DB-Rechnung bzw. Fixkostendeckungsrechnung vorgenommen werden. Die entscheidungsrelevanten ‚Einzelfixkosten' sind jeweils nur stufenspezifisch definiert und stellen für andere Stufen nicht verursachungsgerecht zurechenbare fixe Gemeinkosten dar (vgl. bspw. für die Hotellerie das sogenannte → Uniform System of Accounts). Der jeweilige Stufen-Deckungsbeitrag gibt dann an, ob die jeweilige Stufe ihre Fixkosten abdecken konnte und welcher Umsatz-Restbetrag für die weitere Deckung der noch nicht verrechneten Fixkosten und darüber hinaus zur Gewinnerzielung zur Verfügung steht. Besonderes informativ sind hierbei mehrdimensionale Auswertungen des Fixkostenblocks nach unterschiedlichen Planungsobjekten (= Stufen) wie bspw. nach Produktgruppen, Kostenstellen, Projekten, Kunden, Filialen, regionalen Märkten u.a.

Die Kennzahl ‚Deckungsbeitrag' erlaubt somit – je nach Informationslage und Ausbaustufe – eine entscheidungssituationsabhängige, beliebig tiefe Schichtung und Detaillierung der Ergebnisplanung und -kontrolle und verleiht damit dem operativen → Controlling von Unternehmungen einen erheblichen Grad an Informationsflexibilität. *(vs)*

## Degustation

*dégustation* (franz.) = Kostprobe, Probe. Verkostung von Lebensmitteln, etwa von Wein, Wasser, Tee oder Speiseöl. *(wf)*

## DEHOGA

→ Deutscher Hotel- und Gaststättenverband

## Dekanter

*decanter*
*décanteur* (franz.) = Abklärgefäß. Karaffe, die beim → Dekantieren von Wein eingesetzt wird. Auch Dekantierkaraffe genannt. *(wf)*

## Dekantieren

*to decant*
*décanter* (franz.) = klären, abgießen. Unter Dekantieren versteht man das Abgießen einer Flüssigkeit, um sie von einem Bodensatz zu trennen. Der Prozeß kann sich in der Gastronomie auf viele Flüssigkeiten beziehen wie etwa Suppen oder Saucen; in der Praxis wird der Begriff vor allem mit Wein in Verbindung gebracht.

Das Umfüllen des Rot- oder Weißweines von der Weinflasche in eine Karaffe (→ Dekanter) verfolgt zwei Ziele: Der Wein soll zum einen von Rückständen bzw. Ablagerungen (Gerbstoffe, Farbpigmente, kristalline Ausscheidungen) getrennt werden, die im Rahmen des Reifeprozesses entstehen. Zum anderen soll der Wein mit Sauerstoff in Kontakt kommen, damit er an Bouquet gewinnt. Insbesondere ältere Weine können durch den Umfüllprozeß allerdings Qualitätseinbußen erleiden (Siegel u.a. 1999, S. 190 f.; VSR 1996, S. 39 f.). *(wf)*

*Literatur*
Siegel, Simon *et al.* 1999: Service – Die Grundlagen. Linz: Trauner
VSR 1996: Service-Richtlinien – Arbeiten am Tisch des Gastes: Ein Leitfaden für die Tagespraxis. Alfeld: Gildebuchverlag

## Dekantierkaraffe
→ Dekanter

**Demi-Chef de partie**

*demi* (franz.) = halb; Stellvertreter des → Chef de partie (Leiter einer Abteilung bzw. eines Postens innerhalb einer gastgewerblichen Küche). Die Position des Demi-Chef de partie ist vor allem in größeren → Küchenbrigaden anzutreffen. *(wf)*

**Demi-Chef de rang**

*demi* (franz.) = halb; Stellvertreter des → Chef de rang (Stationsleiter im Servicebereich). Die Position des Demi-Chef de rang ist vor allem in größeren → Servicebrigaden anzutreffen. *(wf)*

**Denied Boarding**

Durch → Überbuchung hervorgerufene Abweisungen der Zustiege zum Fluggerät; da aus Sicherheitsgründen maximal nur soviel Fluggäste Zutritt zu einem Flugzeug haben, wie Sitzplätze vorhanden sind. Die betroffenen Fluggäste werden zumeist in Form von → Upgrades, Übernachtungen, Fluggutscheinen oder ähnlichem dafür entschädigt (→ Denied Boarding Compensation). *(sz)*

**Denied Boarding Compensation (DBC)**

Beschreibt die Entschädigung für einen gebuchten, aufgrund Überbuchung aber nicht transportierten Kunden einer → Fluggesellschaft (→ Denied Boarding). Als Entschädigung werden zumeist Fluggutscheine, → Upgrades, Übernachtungen, etc. ausgegeben. Die Höhe der Entschädigung ist von der Entfernung zur Destination als auch von der jeweiligen Fluggesellschaft abhängig.

Im Februar 2005 trat eine verschärfte Regelung der seit 1992 gültigen EU-Verordnung in Kraft, die eine generelle Entschädigung bei Überbuchung oder Flugausfall vorschreibt. Danach bekommt der betroffene Fluggast für einen Flug bis 1.500 km – 250.- €, bis zu 3.500 km – 400.- €, bei mehr als 3.500 km – 600.- €. Diese Regelung betrifft alle Fluggesellschaften, die Flüge von Flughäfen der EU anbieten. *(sz)*

**Deregulierung der Versicherungs-wirtschaft**

*deregulation of the insurance industry*

Deregulierung meint den kontrollierten Abbau staatlicher Eingriffe in wirtschaftliche Prozesse auf heimischen Märkten. Damit sollen die durch staatliche Ordnungspolitik eintretende marktwirtschaftliche Verzerrungen beseitigt werden. In der Versicherungsbranche existiert die regulierende staatliche Behörde Bundesaufsichtsamt nicht mehr. Stattdessen prüft seit 1994 die Bundesanstalt für Finanzdienstleistungs-Aufsicht (Bafin) die Geschäftspläne der Versicherungsgesellschaften. Kontrolliert werden die Prämienkalkulation und Rückstellungen. Der Versicherungsmarkt versucht sich seitdem – auch unter dem Druck ausländischer Versicherer auf dem deutschen Markt – zu konsolidieren, für die Kunden ergeben sich größtenteils massive Transparenzprobleme, die einen erheblichen Informations- und Beratungsprozess verlangen. Von den → Reiseversicherungen ist besonders die → Auslandsreise-Krankenversicherung betroffen, wo inzwischen eine Vielzahl an unterschiedlichen Produkten auch zur Billig-Prämie angeboten werden und der Reisekunde kaum in der Lage ist, das sog. Kleingedruckte zu bewerten und vergleichen. *(hdz)*

**Deregulierung des Luftverkehrsmarktes**

→ Liberalisierung des Luftverkehrsmarktes

**Designer Food**

→ Functional Food

## Destination

*destination*

Die touristische Nachfrage richtet sich immer nach einem Zielgebiet. Je nach Tourismusform können dies jedoch ein integrierter Hotelkomplex mit Freizeitanlagen, Kongreßanlagen im Sinne eines „resort" (zum Beispiel im Kongreßtourismus) oder aber ein ganzer Kontinent (zum Beispiel im interkontinentalen Rundreisetourismus) sein. Mit dem Begriff Destination wird das jeweilige, für eine bestimmte Zielgruppe relevante Zielgebiet umschrieben.

Grundsätzlich können folgende Typen von Destinationen unterschieden werden:

❖ traditionelle Destinationen (zum Beispiel Zermatt, Kärnten oder Rügen),

❖ neue Destinationen (zum Beispiel Ferienresorts, zentral gesteuerte und durch ein Unternehmen dominierte Ferienorte wie nordamerikanische Skidestinationen),

❖ destinationsähnliche Produkte (zum Beispiel Kreuzfahrten, Themenparks).

### 1 Begriff Destination

Im Folgenden stellt sich die Frage nach den Definitionen für diese von einem Gast als Reiseziel und Produkt wahrgenommenen Räume. Im weiteren ist zu klären, welche Raumdimension von welchem Marktsegment als Reiseziel und Produkt wahrgenommen wird:

Freyer (1993, S. 197) erwähnt Fremdenverkehrsorte, Reiseziele und Resorts als übergreifenden Begriff für die verschiedenen Anbieter, ob Gemeinde, Land, Gebiet, Region, Resort, Stadt oder Landschaft. Er bringt damit zum Ausdruck, daß der Gast verschiedene Größen von Räumen als sein Reiseziel bestimmen kann.

Kaspar (1996, S. 70) bezeichnet den Fremdenverkehrsort als „Kristallisations-punkt der Nachfrage". Er betont damit, daß die touristische Nachfrage auf einen Ort und nicht auf Unternehmen ausgerichtet ist. Dieser Ort muß aus der Sicht des Konsumenten, des Touristen, bestimmt werden.

Inskeep (1991, S. 199) und die WTO (1993, S. 52) definieren ein Resort als Tourismusdestination, die relativ abgeschlossen ist und die eine große Spanne von Einrichtungen und Dienstleistungen, speziell diejenigen für Erholung und Entspannung, Lernen und Gesundheit, bietet. Aus dieser Definition geht hervor, daß ein Resort eine Destination ist, die alle notwendigen Einrichtungen für einen Aufenthalt besitzt, um als selbständiges Reiseziel zu gelten.

Die WTO (1993, S. 22) definiert Destination als Ort mit einem Muster von Attraktionen und damit verbundenen Tourismuseinrichtungen und Dienstleistungen, den ein Tourist oder eine Gruppe für einen Besuch auswählt und den die Leistungsersteller vermarkten. Aus diesen Definitionen geht hervor, daß die Destination als Reiseziel und Tourismusprodukt zu verstehen ist.

Eine Destination kann folglich nachfrageorientiert definiert werden als geographischer Raum (Ort, Region, Weiler), den der jeweilige Gast (oder ein Gästesegment) als Reiseziel auswählt. Sie enthält sämtliche für einen Aufenthalt notwendigen Einrichtungen für Beherbergung, Verpflegung, Unterhaltung und Beschäftigung. Sie ist damit die Wettbewerbseinheit im Incoming-Tourismus, die als strategische Geschäftseinheit geführt werden muß (Bieger 2005, S. 56).

Mit dem Begriff Destination scheint ein Überbegriff gefunden zu sein, der sämtliche Arten und Größen von Reisezielen bzw. Reiseprodukten abdeckt. Dabei sind zwei Punkte hervorzuheben:

❖ Mit dem Hinweis in der Definition, daß eine Destination das ist, was „ein Tourist für den Besuch auswählt und die Leistungsersteller vermarktet", wird festgehalten, daß eine Destination aus der Sicht des Abnehmers zu definieren ist. Dabei ist entscheidend, daß dieser vom Gast ausgewählte geographische Raum einen ganzheitlichen Gästenutzen erbringt. Solche Räume sprengen meist die historisch gewachsenen politischen Grenzen.

❖ Die Destination als Ort mit einem Muster von Attraktionen und damit verbundenen Tourismuseinrichtungen und Dienstleistungen stellt als Leistungsbündel für einen bestimmten Gast ein Produkt dar. Sie ist in diesem Sinne ein Angebotsnetz. Die Destination kann für verschiedene Gästegruppen unterschiedliche Kernprodukte und Nutzen generieren.

Eine Destination muß entsprechend ihrem Konzept und der Definition aus der Perspektive einer Kundengruppe abgegrenzt werden. Die Destination kann dabei als Raum charakterisiert werden, der

❖ für den spezifischen Aufenthaltszweck alle relevanten Angebotsegmente (zum Beispiel für einen Golfurlaub die entsprechende Anzahl Golfplätze) enthält und damit

❖ den eigentlichen Bewegungsraum des Touristen darstellt.

Entsprechend ist die Destination auch abhängig vom Reisezweck. Je fokussierter dieser ist, desto kleiner ist der Bewegungsraum. So ist zum Beispiel für einen Kunstreisenden der Bewegungsraum nur das für ihn relevante Museum. Auch dürfte der Raum um so größer sein, je weiter der jeweilige Kunde anreist. Fernreisende werden sich tenden-

tiell auf Spitzenattraktionen konzentrieren, was einen größeren Bewegungsraum zur Folge hat. Beispielsweise werden die Hauptsehenswürdigkeiten eines ganzen Kontinents in wenigen Tagen frequentiert.

## 2  Destinationsabgrenzung

Rein theoretisch wären in einem Land zielgruppenspezifische, sich überschneidende Destinationsräume denkbar, bspw. ein Destinationsraum für den Kulturtourismus, welcher das ganze Land umfaßt und ein Destinationsraum für den Wandertourismus, welcher ein Tal umgreift. Aus Managementperspektive müssen jedoch Destinationsräume klar abgegrenzt werden. In der praktischen Arbeit des Destinationsmanagements hat es sich bewährt, einen für den größten Teil der Kunden sinnvollen Destinationsraum zu bestimmen, für diesen die erforderlichen Managementstrukturen (Tourismusorganisation oder Verkehrsverein) bereitzustellen und durch diese verschiedene Produkte für unterschiedliche Zielgruppen vermarkten zu lassen. Die Größe dieser Destinationsräume bemißt sich dabei nach den Kriterien:

❖ Produktmäßiger Zusammenhang – Allzu große Destinationsräume weisen ein zu heterogenes Angebot auf.

❖ Verfügbarkeit von Marketingmittel – Zu kleine Destinationsräume sind nicht in der Lage, ausreichende Marketingmittel aufzubringen (zum Beispiel über Logiernächteabgaben).

In der Schweiz wurde in einer Arbeitsgruppe des Verbandes Schweizer Tourismusdirektoren ein Kriterienraster für die Abgrenzung von Destinationen entwickelt. Dieser unterscheidet je nach Größe und damit verfügbarer Marketingmittel nach Destinationen unterschiedlicher Reichweite.

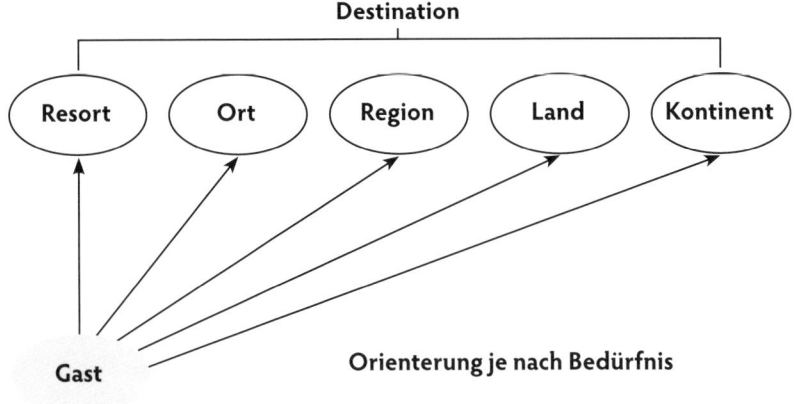

**Abbildung 1:** Wahl der Destination nach Bedürfnis des Gastes
(Quelle: Bieger 2005, S. 57)

Aufgrund von Überlegungen zu einer notwendigen strategischen Stoßrichtung, sowie zu strategischen Geschäftsfeldern und aufgrund von Praxiserfahrungen (zum Beispiel über die Schaffung von Marken) ergeben sich folgende Abgrenzungskriterien für funktionsfähige Destinationen (ergänzt nach Bieger & Laesser [Hrsg.] 1998):

❖ Unabhängigkeit von politischen Grenzen und primäre Ausrichtung auf eine Destination (Angebotsraum aus der Sicht des Gastes, zum Beispiel Region oder Stadt),

❖ das Angebot für den Gast umfaßt innerhalb der Destination alle notwendigen Einrichtungen, wie Unterhaltung, Beherbergung, Transport, etc.,

❖ die Destination führt mindestens eine selbständige Marke mit qualifiziertem Personal,

❖ es besteht mindestens ein Attraktionspunkt (überregional bekannte Sehenswürdigkeiten, spezielle landwirtschaftliche und kulturelle Sehenswürdigkeiten etc.),

❖ minimales touristisches Aufkommen zur Finanzierung des touristischen Marketing für internationale Destinationen, beispielsweise eine Mio. Logiernächte,

❖ minimale Homogenität, inkl. beispielsweise Marke, Ähnlichkeit des Produktes.

3   Attraktionspunkte

Die Nachfrage nach Freizeitmöglichkeiten außer Haus konzentriert sich immer auf einzelne Attraktivitätspunkte (vgl. Bieger & Laesser 2003). Während der Transport zu diesen oft mit öffentlichen und privaten Verkehrsmitteln relativ isoliert erfolgt, bewegen sich Menschen an diesen weitgehend zu Fuß und haben mehr oder weniger intensive persönliche Interaktionen. Diese Punkte zeichnen sich oft aus durch

❖ ein Netzwerk von Erlebnismöglichkeiten wie Sport, Kultur, persönliche Erfahrungen, Einkaufen;

❖ ein Netzwerk von ergänzenden Dienstleistungen wie Gastronomie, Gerätevermietung etc.;

**181**

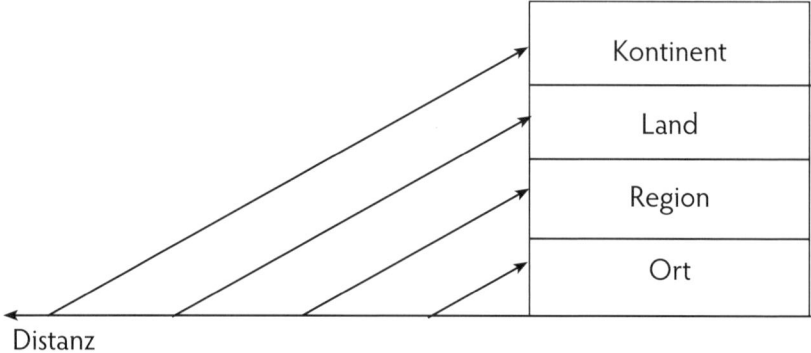

| Kontinent |
| Land |
| Region |
| Ort |

Distanz

**Abbildung 2:** Wahl der Destination nach Reisedistanz
(Quelle: Bieger 2005, S. 58)

❖ eine bestimmte Stimmung, die sich aus den Angeboten, Artefakten wie Architekturen und den übrigen Besuchern als Mitproduzenten ergibt.

Unter Attraktionspunkten sind auf einen engen Raum definierte multioptionale Erlebnismöglichkeiten zu verstehen, die verbunden sind mit Dienstleistungen wie Einkaufen und Gastronomie (Bieger 2004, S. 143 ff.).

Aus weiterführenden Definitionen (Middleton 1989; MacCannell 1976; Leiper 1990) kann zusammengefaßt werden, daß es sich bei Attraktionspunkten um einzelne geographische Einheiten, Punkte und/oder geographisch klar begrenzte Räume handelt, welche Menschen (aus der Region in der Freizeit oder als Touristen) motivieren, eine freiwillig bestimmte Zeitspanne für ihren Besuch zu verwenden. Sie bestehen aus einer Kombination von Betätigungsmöglichkeiten und Services, die in diesen Räumen konzentriert angeboten werden. Zudem sind sie minimal gesteuert und verfügen über entsprechende (öffentliche/private; implizite/explizite) Strukturen. Attraktionspunkte schaffen Kundenwert über die angebotenen multioptionalen Aktivitäts- und Erlebnismöglichkeiten, die spezifische Stimmung und Kontaktmöglichkeiten zu Mitkunden.

Die Formen von Attraktionspunkten können in Anlehnung an die Gliederung touristischer Angebote (Kaspar 1996, S. 69) differenziert werden. Sehr viele Attraktionspunkte bauen auf einem ursprünglichen Angebot wie einer natürlichen oder kulturellen Sehenswürdigkeit auf. Andere Attraktionspunkte wiederum sind quasi Koppelprodukte von abgeleiteten Angeboten. Dazu gehören bspw. Attraktionspunkte um Sportzentren, um Einkaufszentren oder auch Verkehrsknotenpunkte. Diesen beiden ersten Kategorien von Attraktionspunkten ist gemeinsam, daß zu „Produkten" wie einer natürlichen Sehenswürdigkeit oder einem Verkehrsknotenpunkt ein Mehrwert geschaffen wird, indem sie zu Attraktionspunkten ausgestaltet werden.

Immer häufiger werden eigenständige Attraktionspunkte bewußt als Instrumente der Förderung und Belebung von Standorten gestaltet. Beispiel dafür sind Attraktionspunkte in bisher wenig entwickelten Stadtteilen wie bspw. Piers in alten Hafenarealen, die Einkaufsmöglichkeiten anbieten und

Gaukler auftreten lassen etc. und so zu einem Hauptanziehungspunkt für Touristen werden. In diese Kategorie fallen auch → Freizeit- und Themenparks, bei denen bei der Standortwahl weniger die ursprünglichen Voraussetzungen als vielmehr die Verfügbarkeit von Land, die Verkehrslage und zonenrechtliche bzw. arbeitsrechtliche Regulierungen den Ausschlag geben.

Eine spezielle Kategorie bilden zeitlich begrenzte Attraktionspunkte auf der Basis von Events. Dazu gehören Events wie Volksfeste, Sportveranstaltungen oder auch zeitlich begrenzte Theaterveranstaltungen, Festspielwochen und Open Air-Veranstaltungen.

### 4 Destinationen als touristische Wettbewerbseinheit und virtuelles Dienstleistungsunternehmen

Auch bei der Definition von Produkten von touristischen Destinationen muß eine konsequente kundenorientierte Denkweise zum Tragen kommen. Der Produktionsapparat der ganzen Destination erbringt erst das vom Kunden nachgefragte Leistungsbündel. Dieses Leistungsbündel kann als Dienstleistungskette dargestellt werden. Dienstleistungsketten sind analytische Instrumente, die aus der Sicht des Verbrauchers die Gesamtleistung in einzelne Teilelemente und Teilprozesse gliedern. Der Kunde differenziert beim Konsum der verschiedenen Leistungselemente (zum Beispiel einen Transport oder ein Essen) oft nicht nach den verschiedenen Unternehmen, sondern schreibt die Leistung und deren Qualität der Destination als Ganzes zu. Destinationen müssen somit über sämtliche Elemente der Dienstleistungskette eine prozeßorientierte Perspektive entwickeln und auch ein Qualitätssystem betreiben.

Als Angebotsnetzwerke, in denen unabhängige Unternehmen gemeinsame Dienstleistungsprodukte erbringen, können Destinationen als virtuelle Dienstleistungsunternehmen verstanden werden. Virtuelle Dienstleistungsunternehmen weisen im Management folgende Besonderheiten auf (Bieger 2004, S. 577 ff.):

❖ Die Steuerung eines Dienstleistungsnetzes gestaltet sich häufig problematisch, da ein natürliches fokales Unternehmen fehlt. Auf den Ebenen von Logistik, Information, Kultur und Verrechnung muß die Zusammenarbeit zwischen den Unternehmen koordiniert werden. Mittels *business plugs* in Form standardisierter Austauschplattformen werden diese Schnittstellen koordiniert. Sogenannte ‚Servicelücken', bei denen der Kunde selbständig die Anschlüsse von verschiedenen Leistungselementen sicherstellen muß, gilt es dabei zu minimieren.

❖ Bei virtuellen Dienstleistungsunternehmen muß entlang der unternehmensübergreifenden Dienstleistungskette die Kultur abgestimmt werden. Brüche in der Servicekultur sind von entscheidender Bedeutung für die Wahrnehmung der Gesamtqualität, da sie praktisch immer die persönliche Interaktion betreffen.

❖ Es entstehen dezentrale Kundenkontakte, die oft ihre Leistungen am Kunden beziehungsweise seinem Objekt direkt erbringen, weshalb dieser mit jedem einzelnen leistungserbringenden Unternehmen individuell in Kontakt tritt. Dies führt dazu, daß sowohl die Datenerfassung wie auch die Verrechnung etc. dezentral erfolgen, was die Führung des Unternehmens und die Koordination der Leistung zusätzlich erschwert.

❖ Das Markenmanagement wird konfrontiert mit den Ansprüchen verschiedener Markensysteme, da das unternehmensinterne Markensystem mit den vertikalen Markensystemen der Zulieferer sowie mit den unterschiedlichen Marken innerhalb der Dienstleistungskette koordiniert werden muß.

Das Zusammenspiel von Branchen (zum Beispiel Hotellerie, Bergbahnen, Einzelhandel) bzw. ihrer Wettbewerbsfähigkeit, ihrer Märkte, ihrer Bevölkerung und ihrer Umwelt beeinflussen die Wettbewerbsfähigkeit der Destination. Verschiedene selbständige Verstärkungseffekte lassen sich nachvollziehen. Märkte beispielsweise stellen hohe Anforderungen und motivieren dadurch die Branchen. Umgekehrt sorgen wettbewerbsfähige Branchen (zum Beispiel ein attraktives Hotel) für anspruchsvolle Kunden am Ort. Gut motivierte, wertschöpfungsstarke Unternehmen motivieren die Bevölkerung. Eine zum Tourismus positiv eingestellte Bevölkerung ist Garant für Gastfreundschaft und über positives Abstimmungsverhalten bei touristischen Projekten auch eine Erleichterung für die Realisation von Innovationen. Das Wechselspiel zwischen Umwelt und Destination, speziell der Umgang mit positiven und negativen externen Effekten, bzw. die Reaktion auf positive und negative Trends, haben ebenfalls einen Einfluß auf die Entwicklung der Wettbewerbsfähigkeit.

Es ist leicht ersichtlich, daß im Gegensatz zu einem privaten Unternehmen in einer Destination keine klaren Weisungsbefugnisse und Leistungswege sowie unklare, schwer meßbare Erfolgsindikatoren bestehen. Ebenfalls ist das System Destination offener als das System Unternehmen. Wesentliche strategische Ressourcen sind kollektiv resp. in ihrer Nutzung einem kollektiven Ent-

scheidungsprozeß auch nichttouristischer Anspruchsgruppen unterworfen. Der Einfluß der verschiedenen Umfelder ist damit wesentlich ausgeprägter.

Zusammengefaßt kann das Destinationskonzept als neues Konzept im Incoming Tourismus beschrieben werden, das

❖ im Gegensatz zur veralteten Branchenorientierung prozeßorientiert ist – nicht mehr → Hotels, Bergbahnen oder → Restaurants stehen im Vordergrund, sondern die Leistungsprozesse und Dienstleistungsketten für die jeweiligen Gästesegmente;

❖ kundenorientiert ist – nicht mehr geographisch, institutionell oder traditionell gewachsene Abgrenzung stehen im Vordergrund, sondern die vom Konsumenten im jeweiligen Marktsegment definierten Abgrenzungen. *(tb/fw)*

*Literatur*

Belz, Christian; Thomas Bieger 2004: Customer Value. Kundenvorteile schaffen Unternehmensvorteile. St. Gallen: Thexis

Bieger, Thomas 2005: Management von Destinationen. München, Wien: Oldenbourg (6. Aufl.)

Bieger, Thomas; Christian Laesser (Hrsg.) 1998: Reisemarkt Schweiz. Universität St. Gallen, St.Gallen: IDT

Bieger, Thomas; Christian Laesser 2003: Attraktionspunkte: Multioptionale Erlebniswelten für wettbewerbsfähige Standorte. Bern: Haupt

Freyer, Walter 1993: Tourismus. Einführung in die Fremdenverkehrsökonomie. München, Wien: Oldenbourg

Inskeep, Edward 1991: Tourism-Planing – An integrated and sustainable development approach. New York: Van Nostrand Reinhold

Kaspar, Claude 1996: Die Tourismuslehre im Grundriß. Bern: Haupt (= St. Galler Beiträge zum Tourismus und zur Verkehrswirtschaft: Reihe Verkehrswirtschaft, Bd. 7) (5. Aufl.)

Leiper, Neil 1990: Tourist Attraction Systems. In: Annals of Tourism Research, 17 (3), S. 367-384

MacCannell, Dean 1976: The Tourist: A new Theory of the Leisure Class. New York: Schocken Books

Middleton, V.T.C. 1989: Marketing Implications for Attractions. In: Tourism Management, 10 (3), S. 229-232

WTO 1993: Sustainable Tourism Development, Guide for local Planers. Madrid

## Destination-Card-Systeme (DCS)

Destination-Card-Systeme verstehen sich als Umsetzung virtueller Netzwerke von Attraktionspunkten und sonstigen → Dienstleistungen sowie deren Bündelung im Hinblick auf die Steigerung der Attraktivität eines bestimmten Raumes. Grundsätzlich werden im Rahmen eines Destination-Card-Systems jene Leistungen gebündelt, welche der Gast im Rahmen seines Bewegungs- und Aktionsraumes während seines Aufenthaltes auf der Grundlage eines vom Gast wahrgenommenen Nutzens konsumieren kann. Diese Card-Systeme werden zum Zwecke der Kundenbindung inhaltlich, räumlich und funktionsmäßig so gebündelt, daß die Bedürfnisse und Ansprüche von spezifischen Zielgruppen abgedeckt werden. Ziel einer Destination-Card ist es, dem Gast ein möglichst komplettes, gebündeltes, multifunktionales Produkt der → touristischen Wertschöpfungskette anzubieten. Die Entwicklung von Destination-Card-Systemen geht mit der Entwicklung von touristischen → Destinationen im Sinne von strategischen bzw. virtuellen Netzen einher, um den steigenden Ansprüchen der Gäste gerecht werden zu können. Wettbewerbsfähige Destinationsnetze versuchen bewußt, von einer funktionsorientierten zu einer prozeßorientierten Sichtweise aus der Sicht des Gastes im Sinne einer optimierten Dienstleistungskette zu gehen. Card-Systeme können dabei als Element eines Destinationskonzepts eine verstärkende Integrationsplattform zur Produktbündelung und -gestaltung darstellen.

Das Leistungsspektrum von Card-Systemen ist aufgrund der Rahmenbedingungen der Wettbewerbseinheit Destination sehr breit: Unterschiedliche Grundfunktionalitäten finden sich in Pauschalpaketsystemen, Kundenbindungskarten, Kurbeitrags- und Ticketingsystemen sowie Geldkarten mit Zahlungsfunktion. Die möglichen Funktionen von Kundenkarten lassen sich in Zugangsfunktion, Bonusfunktion, Zahlungsfunktion sowie eine Schlüsselfunktion für Zusatzleistungen unterteilen. Durch eine Personalisierung der Karte wird der Inhaber meist mit Namen und/oder einer Kundennummer identifiziert und legitimiert. Erfahrungsgemäß beinhalten Kundenkarten im Tourismus zumeist eine Kernleistung und mehrere verschiedene Nebenleistungen. Die Verknüpfung von Kern- und Nebenleistungen spielt bei der Ausgestaltung eines Destination-Card-Systems eine wichtige Rolle. Entscheidend ist der konkrete Nutzen, der unterschiedlichen Gästesegmenten geboten werden kann. Destination-Card-Systeme sind Plattformen der Besuchersteuerung: Die Integration von touristisch relevanten Transportleistungen einer Region stellt vielfach einen wesentlichen Grundnutzen im Sinne der Zugangsfunktion dar (z.B. Bahn und Bus, Aufstiegsanlagen).

Die Technologie eines Destination-Card-Systems muß in Verbindung mit der grundlegenden Zielsetzung sowie Funktionalität gesehen werden. Grundlage für die technologische Ausgestaltung eines Card-Systems ist die Iso-Plastikkarte als verbreiteter und kostengünstiger Standard. Das Card-System besteht insofern im Wesentlichen aus der Chip-Karte, den Akzeptanz- und Buchungsterminals in der Fläche und dem sogenannten Hintergrundsystem. Bei Online-Systemen befinden sich auf der Card lediglich die Angaben zur Identifikation, während sich alle Leistungsinformationen im Hintergrundsystem befinden. Bei Offline-Systemen befinden sich alle relevanten Daten der Destination-Card in einem Chip; das Hintergrundsystem speichert bei dieser Systemarchitektur die Transaktionsdaten für interne Zwecke (z. B. Kundenbindung, Datenanalysen). Die Ausgestaltung von Card-Systemen im Spannungsfeld von Funktion, Raum und Aktivitäten bestimmt die Wettbewerbsfähigkeit von Destination-Card-Systemen. Die Dauer der Nutzung sowie die technische Ausgestaltung sind weitere Grundelemente im Hinblick auf die Entwicklung und das Management von Destination-Card-Systemen. *(hpl)*

*Literatur*

Frerichs, Antje 2002: Kurabgabe und Gäste-Card: Anreize zur Erhöhung der Akzeptanz der Kurzbeitragsleistung sowie Maßnahmen zur lückenlosen Erfassung der Kurbeitragspflichtigen. Meßkirch: Armin Gmeiner

Pechlaner, Harald; Anita Zehrer 2005: Destination-Card-Systeme: Entwicklung-Management-Kundenbindung. Wien: Linde (= Schriftenreihe Management und Unternehmenskultur der Europäischen Akademie Bozen, Bd. 11)

Wittbrodt, Eckhard J. 1995: Kunden binden mit Kundenkarten: Kundenbindungssysteme steuern, einführen, entwickeln. Neuwied: Luchterhand

## Destinationsmanagement

*destination management*

Destinationsmanagement befaßt sich mit dem Management, d.h. der Planung, Angebotsgestaltung, dem Marketing und der Interessenvertretung von Destinationen. Die Hauptherausforderung besteht darin, daß die Destination eigentlich ein virtuelles Dienstleistungsunternehmen ist, das heißt,

❖ es bestehen keine direkten Weisungsbefugnisse gegenüber einzelnen Teilen, da diese unabhängige Unternehmen sind;

❖ es müssen die gemeinsamen Ressourcen wie die Marke koordiniert und kooperativ entwickelt werden;

❖ es gibt damit Aufgaben, die innerhalb des Netzwerkes den Charakter öffentlicher Güter haben und auch kooperativ gesteuert und finanziert werden müssen.

**1  Kooperative Aufgaben innerhalb einer Destination**

Im folgenden Abschnitt soll aufgezeigt werden, welche Funktionen aufgrund der Besonderheiten des Unternehmens Destination und der besonderen Bedingungen des touristischen Produktes kooperativ, zum Beispiel durch eine Tourismusorganisation, wahrgenommen werden müssen.

Freyer betont in seiner Auflistung der kooperativen Aufgaben für eine Tourismusorganisation die Angebots-/Ortsgestaltungs- und Marketingfunktion (1993, S. 201). Seine Gliederung richtet sich nach den Zielgruppen, resp. Ansatzpunkten für die Funktionen (Ortsbild, Gäste, Betriebe am Ort).

Kaspar (1991, S. 96) stellt mit seinen Funktionen von Tourismusorganisationen neben der Angebotsgestaltung die Aufgaben der Interessenvertretung und Destinationswerbung heraus.

Die Aufgabenlistung des Destinationsmanagements enthält laut Heath & Wall (1992, S. 166) die Strategie/Planungsfunktion, Interessenvertretungsfunktion, Angebotsfunktion (in Form der subsidiären Ermunterung von Privatinitiativen) und Marketingfunktion.

Das hervorstechendste, schon früh beschriebene Merkmal des touristischen Produktes ist, daß es sich aus einem Leistungsbündel ergibt. Transport, Beherbergung, Verpflegung, Freizeitbeschäftigung etc. bilden zusammen das, was der Tourist als Produkt konsumiert. „Die einzelnen Fremdenverkehrsbetriebe stellen die Atome eines Moleküls dar, als welches der Fremdenverkehrsort zu gelten hat" (Hunziker 1959, S. 16). „Ein Reiseziel oder Fremdenverkehrsort kann mit einem großen ‚Multi-Produkte-Unternehmen' verglichen werden, das in kollektiver Produktion weitgehend unkoordiniert und unabhängig das Fremdenverkehrsangebot herstellt" (Krippendorf 1971, S. 21).

Ausgangspunkt für die Ableitung der von Tourismusorganisationen zu erfüllenden Funktionen können die Besonderheiten des touristischen Angebotes/Produktes sein.

In einem solchen System einzelner Teilleistungen gibt es immer auch Leistungen, die öffentlichen Charakter haben wie Auskunftsdienste oder Infrastrukturen wie Wanderwege, die übergreifend geführt werden müssen.

Ein weiteres Merkmal des Tourismus sind die externen Effekte des Tourismus wie wirtschaftlicher Nutzen oder Verkehrsbelastungen. Die Öffentlichkeit und damit auch die Politik haben deshalb ein großes Interesse an der Einflußnahme auf den Tourismus. Umgekehrt ist der Tourismus auf politische Entscheide angewiesen, beispielsweise in bezug auf Raumplanung. Es braucht damit eine Interessenvertretungsfunktion.

Wie viele Dienstleistungsprodukte ist auch der Tourismus ein abstraktes, erklärungsbedürftiges Produkt, das einheitlich vermarktet werden muß. Das kooperative Marketing muß für die Destination nicht nur werben, sondern eine Marke prägen, die eine klare Positionierung enthält und damit für den Gast ein wesentlicher Orientierungspunkt bei seiner Entscheidung und zu einem Qualitätsgarant werden kann. Übergreifend braucht es eine Planungs- und Koordinationsfunktion.

Alle vier Aufgaben (siehe Abbildung) müssen in jedem Fall aufgrund der Besonderheiten des touristischen Produktes kooperativ erfüllt werden. Die Organisation dieser Funktionen kann territorial oder produktorientiert erfolgen. Gewisse Aufgaben wie die Information müssen für alle Angebote einer Region homogen erfolgen und sichergestellt sein. Andere Aufgaben wie die Vermarktung können auch ortsunabhängig durch die Zusammenfassung ähnlicher Produkte erfolgen. Ein Beispiel wäre die gemeinsame Vermarktung von Golfangeboten durch eine Golfvereinigung.

Als Pflichtenheft für eine integrierte kooperative Tourismusorganisation einer mittleren Destination lassen sich aus den vier Funktionen folgende konkrete Aufgaben ableiten (Bieger *et al.* 1998, S. 32 f.):

(a) Planung
 ❖ Erarbeiten eines touristischen Entwicklungsleitbildes
 ❖ Erarbeiten einer Destinationsstrategie (koordiniert oder als Teil einer allgemeinen Standortstrategie)

(b) Angebotsgestaltung
 ❖ Betrieb eines Informationssystems (Erfassung, Aufbereitung und Distribution von Daten)

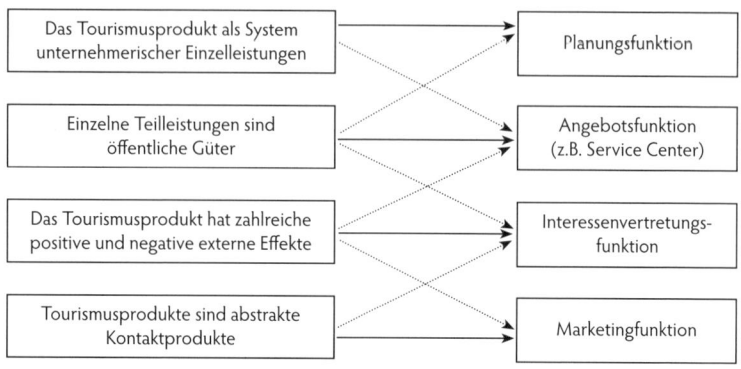

**Abbildung:** Aufgaben einer Tourismusorganisation (Quelle: Bieger 2005, S. 67)

- Betrieb eines Kundenkontaktzentrums (Internet, Telefax, Telephon)
- Gestaltung vermarktbarer Produkte
- Sicherstellung von Gästebetreuungs- und Animationsleistungen
- Betrieb eines Qualitätsentwicklungs- und -sicherungssystems über die Dienstleistungsketten
- Sicherung eines Beschwerdedienstes (Ombudsmann)
- Organisation großer Veranstaltungen und Events
- Sicherstellung von Angebotselementen mit positiven externen Effekten
- allenfalls Innovationsförderung
(c) Marketing
- Erarbeiten eines Marketingkonzeptes (koordiniert oder als Teil eines integrierten Standortmarketing)
- Sicherstellung von Marktforschung resp. Auswertung von Marktforschungsdaten auf die Destination bezogen
- Sicherstellung eines Markenmanagements (Positionierung, Pflege, Kooperationsstrategien) je nach

Reichweite der Marke/des Zielmarkts
- Sicherstellung der Imagewerbung, der Verkaufsförderung und der Öffentlichkeitsarbeit
- Festlegung der Preisstrategie für die Angebote im Verkaufssystem der Destination
- Aktiver Verkauf inkl. Key Account Management und Betrieb einer Reservationszentrale/Incoming-Funktion mit Sicherstellung eines Distributionssystems und Gestaltung vermarktbarer Leistungen
(d) Interessenvertretung
- Information der Branche und der Bevölkerung
- Marketing nach Innen (in der Destination)
- Politische Interessenvertretung für konkrete Projekte.

## 2 Besonderheiten des Managements einer Destination

### 2.1 Doppelfunktion der Tourismusorganisation

Das Management einer Tourismusorganisation ist, wie das Management jeder Organisation, für das eigene Unternehmen verantwortlich. Auf Grund der Funk

| Aufgabenkategorien | Teritoriale Aufgaben | Produktaufgaben |
|---|---|---|
| **Planung/ Konzeption** | 1  Territoriales Tourismus- bzw. Marketingkonzept/Markctingstratcgic | 1  Antizipative Angebotsgestaltung und -koordination (Ideen entwickeln und mit Partnern konzipieren) und damit Gestaltung neuer vermarktbarer Produkte<br>2  Schaffung von Plattformen für Kooperationen (Unterstützung für die kooperationswilligen Leistungsträger) |
| **Angebotsgestaltung/ Marketing nach außen** | 2  Sicherstellung Markenmanagement hinsichtlich Pflege, Positionierung, Kooperationen usw.<br>3  Aufarbeitung/Kompilierung relevanter touristischer Informationen, elektronisch (Basis) und in Printform<br>4  Betrieb einer territorial abgegrenzten Info-Stelle/CallCenter/Portal; Sicherung von Marktzugängen; Technologisierung der Kundenkommunikation<br>5  Promotion (insbesondere Werbung und Öffentlichkeitsarbeit) des Destinationsraums; damit verbunden intensive Betreuung von Schlüsselmedien<br>6  Konzeption eines Standards zur Bildung und zum Management von Produkt- und Leistungsplattformen, inkl. Aufbau und Management von produktspezifischen *business-plugs*/Austauschplattformen<br>7  Koordination der Beziehungen, insbesondere gegenüber Medien *(key media)* und Absatzmittlern und -helfern *(key accounts)*<br>8  Organisations- und Vermarktungssupport bei überregionalen Events im Territorium mit einer mindestens minimalen Reichweite<br>9  passiver Verkauf (außen) | 3  Erweitertes Produkt-Management für Produkte der Destination (inkl. Kooperationslabelling)<br>4  Aufbau und Management von produktspezifischen *business-plugs*/Austauschplattformen<br>5  Kommunikation von segmentspezifischen Angeboten (Plattformen); vgl. territoriale Aufgabe<br>6  Promotion segmentspezifischer Angebote (Schwergewicht: Verkaufsförderung und Verkauf)<br>7  Intensive Betreuung produktspezifischer Schlüsselmedien<br>8  Intensive Betreuung produktspezifischer *key accounts* |
| **Marketing nach innen/ Interessenvertretung** | 10  Vermittlung von touristischem Know-how, insbesondere Marktforschung<br>11  Vertretung der eigenen Interessen<br>12  Förderung Tourismusbewußtsein (bspw. attraktiven GVs, Tag der offenen Türen)<br>13  Pflege von Kontakten zur öffentlichen Hand<br>14  Koordination touristischer Interessen der Partner | |

**Übersicht:** Generische Aufgaben einer Tourismusorganisation nach Standort und Produktbezug (Quelle: Bieger, Laesser & Weinert 2005, S. 32 f.)

tionen einer Tourismusorganisation als übergreifendem koordinierenden Organ innerhalb der Destination kommt der Tourismusorganisation aber zudem die Verantwortung für die ganze Destination zu. Damit das Management dieser doppelten Verantwortung gerecht werden kann, muß es u.a. das Umfeld der Tourismusorganisation und das Umfeld der Destination als Produkt und Unternehmen laufend analysieren. Es muß eine Destinations- und Tourismusorganisationsstrategie entwickeln, und es muß die Tourismusorganisation und die kooperativen Funktionen der Destination operationell führen.

Aufgrund der öffentlichen Interessen und öffentlichen Funktionen sowie der sich daraus ergebenden gemischtwirtschaftlichen Finanzierung werden Tourismusorganisationen oft als *public private partnership* geführt. Es gibt konkrete Ausgestaltungsformen mit starker Integration in die Verwaltung wie als Ableitung einer Kommunalverwaltung, als Tourismusverein oder als Aktiengesellschaft (in der Schweiz) bzw. GmbH (in Deutschland).

### 2.2 Unklare und schwer meßbare Ziele

Im Management privater, gewinnorientierter Unternehmen bestehen in Form von Wertschöpfung, Mittelzufluß (→ cash flow), Rendite oder Gewinn klare und meßbare Ziele. Für das Management einer Tourismusorganisation bestehen diese Ziele weder auf der Ebene Tourismusorganisation als Unternehmen noch auf der Ebene Destination.

Als *public private partnership* wird sich die Tourismusorganisation nicht alleine an Rendite oder Gewinnzielen orientieren können. Im Gegenteil, erwirtschaftet sie über lange Zeit einen unternehmerischen Gewinn, so kommt sie ihrer Funktion für die Destination zu wenig nach, indem

sie Mittel, die für die Destination zur Verfügung stehen würden, nicht einsetzt. Wie bei jeder Nonprofit-Organisation muß sich die Unternehmensleitung daran messen, wie weit es ihr gelingt, für ihre Mitglieder und die Destination notwendige Leistungen bedarfsgerecht, effektiv und effizient zu erbringen. Damit bestimmt sich, wie weit es ihr gelingt, die Mitglieder zusammenzuhalten und zu einer weiteren Teilnahme an der Organisation zu bewegen. Die einzelnen Leistungen einer Tourismusorganisation für die Mitglieder, beispielsweise die Interessenvertretungsfunktion, das Marketing für die Organisation etc., lassen sich objektiv oft nicht messen. Es können jedoch für jede Anspruchsgruppe Hilfsgrößen in Form von Indikatoren bestimmt werden, beispielsweise für Kunden die Zahl behandelter Anfragen oder für lokale Unternehmen die Resultate einer Qualitäts-Untersuchung.

Auch für die Destination als Ganzes lassen sich kaum Erfolgsindikatoren definieren. Häufig werden die Logiernächte als Größe zur Messung der Entwicklung des Tourismus in einer Destination herangezogen. Logiernächtedaten sagen nichts aus über die Wertschöpfung. Die Erfassung der Wertschöpfung würde umfangreiche Primärerhebungen erfordern, die aus zeitlichen und finanziellen Gründen auf regelmäßiger Basis nicht möglich sind. Zudem unterliegt die Logiernächtezahl vielen externen Einflüssen und kann nicht allein durch die Tourismusorganisation beeinflußt werden. Ersatzweise kann auf der Basis beispielsweise von Verkehrsfrequenzen, Einzelhandelsumsätzen, etc. wiederum ein Indikatorensystem entwickelt werden.

Dadurch, daß keine meßbaren, breit akzeptierten Resultat-Zielgrößen für eine Tourismusorganisation bestehen, können Leistung und Erfolg nicht objektiv beurteilt werden. Dies führt dazu, daß sich die Tourismusorganisation, da sie keine eigentlichen (nicht direkt meßbare) Erfolge nachweisen kann, gegenüber der Öffentlichkeit oft nur sehr schwer legitimieren kann.

### 2.3 Beschränkte Einflußmöglichkeit auf das Unternehmen Destination und auf die Tourismusorganisation

Eine Unternehmensleitung in einem privatwirtschaftlichen Unternehmen hat klar festgelegte Entscheidungsrechte und Weisungsbefugnisse für alle Fragen im Unternehmen. Das Management einer Tourismusorganisation dagegen ist in seinen Einflußmöglichkeiten sowohl auf der Ebene der Tourismusorganisation wie auf der Ebene Destination eingeschränkt.

Da die Tourismusorganisation öffentliche Funktionen, meist auch mit öffentlichen Geldern, erbringt, ist der Einfluß der Politik sehr groß. Durch die starke Verpolitisierung ist die unternehmerische Handlungsfreiheit eingeschränkt. Das Management muß Rücksicht nehmen auf politische Kräfte. Dies führt dazu, daß die Vorstände von Tourismusorganisationen von der Personenzahl her meist sehr großzügig dotiert sind.

Auf der Ebene Destination hat das Management bei dezentralen Eigentumsverhältnissen nur beschränkte Einflußmöglichkeiten, weil die einzelnen Leistungserbringer, gewissermaßen die Abteilungen des Unternehmens Destination, selbständige und unabhängige Unternehmen sind. Nur durch gute Kommunikation und Motivation auf einer vertieften Vertrauensbasis kann die Tourismusorganisation indirekt auf diese einzelnen Unternehmen einwirken (Tschiderer 1980, S. 28). Führen mit guten Beispielen, Offenlegung von *benchmarks* (→ Benchmarking), Schaffung von finanziellen Anreizen sind weitere

Instrumente.

### 2.4 Großes Gewicht der Anspruchsgruppen

Jedes Unternehmen operiert im Umfeld verschiedener Interessen- und Anspruchsgruppen. Tourismusorganisationen sind mit einer Vielzahl von verschiedenen Interessengruppen konfrontiert, die zudem aufgrund des öffentlichen Charakters einer Tourismusorganisation beziehungsweise deren öffentlichen Finanzierung noch ein viel größeres Gewicht haben. Zudem bestehen innerhalb der einzelnen Interessengruppen selbst Zielkonflikte. Die Tourismus-Organisation kann beispielsweise nicht davon ausgehen, daß alle Mitglieder am gleichen Strick ziehen, sondern es bestehen teilweise Interessengegensätze zwischen Hotellerie und → Parahotellerie, zwischen einheimischen Mitgliedern und Feriengästen. So kann die Gruppe der Mitglieder allein in drei bis vier verschiedene Interessengruppen unterteilt werden. Während die Hotellerie möglicherweise für eine Beschränkung des Tagesausflugverkehrs eintritt, haben die Bergbahnen meist ein existentielles Interesse an diesem Segment.

Neben all diesen am Tourismus des Ortes und damit auch an der Tourismusorganisation interessierten Gruppen ist die Tourismusorganisation wie jedes Unternehmen auch mit den „normalen" Interessengruppen konfrontiert, beispielsweise mit den eigenen Mitarbeitern, mit Kapitalgebern, mit der politischen Gemeinde, mit Bürgern, mit den Feriengästen als Kunden am Schalter oder als Kunden bei Gästeprogrammen sowie mit Lieferanten.

Die Unternehmensleitung muß damit nicht nur einen Ausgleich zwischen unternehmerischen, sondern auch zwischen kurörtlichen Interessen finden. *(tb/fw)*

*Literatur*

Bieger, Thomas 1992: Der Verkehrsverein als Markenagentur. In: C. Kaspar (Hrsg.): Jahrbuch der Schweizerischen Tourismuswirtschaft 1991/1992. St. Gallen, S. 11-23

Bieger, Thomas 2004: Tourismuslehre – ein Grundriß. Bern: Haupt

Bieger, Thomas 2005: Management von Destinationen. München, Wien: Oldenbourg (6. Aufl.)

Bieger, Thomas; Christian Laesser & Hansruedi Müller 1998: Neue Strukturen im Tourismus – Der Weg der Schweiz. Bern: Haupt

Bieger, Thomas; Christian Laesser & Robert Weinert 2005: Wettbewerbsfähige Tourismusstrukturen – Überprüfung der Ziele und Aufgabenteilung im Bündner Tourismus. Unveröffentlichter Bericht. St. Gallen

Freyer, Walter 1993: Tourismus. Einführung in die Fremdenverkehrsökonomie. München, Wien: Oldenbourg

Heath, Ernie; Geoffrey Wall 1992: Marketing Tourism Destinations. New York: Wiley

Hunziker, Walter 1959: Betriebswirtschaftslehre des Fremdenverkehrs, Bern

Kaspar, Claude 1991: Tourismuslehre im Grundriß. Bern: Haupt

Krippendorf, Jost 1971: Marketing im Fremdenverkehr. Bern: Haupt

Tschiderer, Franz 1980: Ferienortplanung – Eine Anwendung unternehmensorientierter Planungsmethodik auf den Ferienort. Bern: Haupt

## Deutsche Alleenstraße

→ Touristenstraße

## Deutsche Bahn AG (DB AG)

Die Deutsche Bahn AG wurde am 1. Januar 1994 gegründet. Die Gründung erfolgte im Zuge der sog. → Bahnreform. Das Unternehmen betreibt auf privatrechtlicher Basis die Eisenbahninfrastruktur und den Schienenverkehr. Alleiniger Aktionär ist der Bund. Als Zielsetzung wird verfolgt, an privates Kapital über die Börse zu gelangen. Dieses Ziel wurde bislang nicht erreicht. Der Sitz der Konzernleitung ist Berlin. Seit 1999 wird das Unternehmen als mehrstufiger Konzern von einer Holding geführt.

Der Konzern gliederte sich in die Konzernleitung (DB AG), der auch Dienstleistungs- und Kompetenzzentren sowie Konzernunternehmen zugeordnet waren, und in fünf als eigenständige Aktiengesellschaften geführte Unternehmensbereiche mit folgenden Geschäftsfeldern:

❖ DB Cargo (Güterverkehr)
❖ DB Netz (Infrastruktur)
❖ DB Regio (Nahverkehr)
❖ DB Reise&Touristik (Fernverkehr)
❖ DB Station&Service (Personenbahnhöfe).

Zu dieser inzwischen revidierten Neugliederung sei folgendes angemerkt:

❖ Traktion und Werke gingen in den Transportbereichen auf.
❖ Am 1. April 2000 wurden Fern- und Nahverkehr im gemeinsamen Unternehmensbereich Personenverkehr wieder enger verbunden, blieben jedoch eigene Aktiengesellschaften.
❖ Seit dem 1. Januar 2004 bestanden unter der DB Personenverkehr GmbH die selbstständigen Geschäftsfelder Fernverkehr, Regionalverkehr und Stadtverkehr.
❖ Als neuer Unternehmensbereich kam ab 1. Juli 2003 die DB Dienstleistungen GmbH hinzu, in der die Beteiligungsunternehmen mit Servicefunktionen für den Konzern wie z.B. Energieversorgung, Kommunikationstechnik, Telematik, Projektbau und Fahrzeuginstandhaltung zusammengefaßt wurden.

Mit einer erneuten Strukturänderung sind 2005 die Unternehmensbereiche als Organisationsstufe entfallen. Die Geschäftsfelder wurden zunächst drei, dann vier Vorstandsbereichen zugeordnet und direkt dem Konzernvorstand unterstellt:

❖ Personenverkehr
❖ Transport und Logistik (Güterverkehr)
❖ Infrastruktur und → Dienstleistungen (Netz, Personenbahnhöfe und Dienstleistungen)
❖ „Systemverbund Bahn" (Technik, Beschaffung, Umweltschutz, Qualitätsmanagement und die Vertretung in internationalen Gremien).

Mit weiteren organisatorischen Veränderungen ist zu rechnen. Der Konzern Deutsche Bahn AG beschäftigt etwa 225.000 Mitarbeiter. *(hdz)*

**Deutsche Bundesbahn (BRD)**
→ Deutsche Bahn AG (DB AG)
→ Bahnreform

**Deutsche Fachwerkstraße**
→ Touristenstraße

**Deutsche Flugsicherung (DFS)**
Bundeseigene GmbH, die für die Flugverkehrskontrolle und die Entgegennahme, Bearbeitung und Weiterleitung von → Flugplänen (b) zuständig ist. Die DFS ist außerdem für die Planung, Errichtung und Instandhaltung aller für diese Zwecke notwendigen technischen Einrichtungen und der Funknavigationsanlagen verantwortlich. Darüber hinaus veröffentlicht sie Luftfahrtkarten, das deutsche Luftfahrthandbuch (→ Air Information Publication, AIP) und die Nachrichten für Luftfahrer (NfL). Sie wurde 1993 als privatwirtschaftlich organisierte Nachfolgerin der damit aufgelösten Bundesanstalt für Flugsicherung (BFS) gegründet (www.dfs.de). *(jwm)*

**Deutsche Gesellschaft für Ernährung e.V. (DGE)**
1953 gegründeter, gemeinnütziger Verein, Hauptgeschäftsstelle in Bonn. Die DGE

sieht ihre zentralen Aufgaben in der Ernährungsaufklärung, -beratung und -erziehung der Bevölkerung. Der Verein unterstützt die ernährungswissenschaftliche Forschung und sammelt und wertet wissenschaftliches Ernährungswissen aus. Durch Publikationen und Veranstaltungen werden die neuen Erkenntnisse der Allgemeinheit zugänglich gemacht (www.dge.de). *(wf)*

**Deutsche Gesellschaft für Tourismuswissenschaft e.V. (DGT)**
Die DGT wurde 1996 von Wissenschaftlern aus dem deutschsprachigen touristischen Bereich gegründet. In der Erklärung heißt es: „Als wissenschaftliche Vereinigung von Vertretern der Universitäten und Fachhochschulen mit touristischen Schwerpunktbildungen sowie weiterer tourismuswissenschaftlicher Institutionen und Organisationen wird damit eine Lücke in der interdisziplinären Zusammenarbeit verschiedener tourismuswissenschaftlicher Ansätze geschlossen und eine Plattform für eine aktive gemeinschaftliche und wissenschaftliche Tätigkeit geschaffen." (www.dgt.de/index.php?id=106 [16.07.2007]).

Die DGT hat zur Zeit 126 Mitglieder (Stand: Oktober 2007). Die Kernkompetenz der Vereinigung bezieht sich auf drei Bereiche:
❖ Informieren (Informationsplattform mit einem Wissenspool eines Netzes von Tourismus-Experten; eigene Buchreihe, Seminare und Tagungen, Kontakte auf nationaler und internationaler Ebene in der Tourismuswissenschaft und -wirtschaft herstellen)
❖ Beratung (kompetente Beratung durch Tourismus-Experten, Unterstützung von Projekten von der Planung bis zur Realisierung)

Deutsche Hotelklassifizierung

Deutsche Hotelklassifizierung

❖ Förderung (Ausschreiben des Wissenschaftspreises der → ITB. Prämieren von wissenschaftlichen Arbeiten von Hochschulabsolventen aus den Bereichen Freizeit und Tourismus, wissenschaftliche Nachwuchsförderung, Lobby für Tourismuswissenschaft).

Zur Bündelung der Forschung im Tourismus pflegt die DGT eine Doktorandendatenbank, die auf ihrer Website eingesehen werden kann (www.dgt.de). *(hdz)*

## Deutsche Hotelklassifizierung
*German Hotel Classification*
Die auf freiwilliger Basis beruhende Deutsche Hotelklassifizierung wurde 1996 vom → DEHOGA auf bundesweitem Niveau eingeführt. Bis Sommer 2007 haben sich ca. 7.950 Hotels klassifizieren lassen. Anhand objektiver Kriterien werden die Beherbergungsbetriebe mit Hilfe von Sternen in fünf Komfortkategorien eingeteilt: Tourist (*) – Standard (**) – Komfort (***) – First Class (****) – Luxus (*****). Über das Zusatzmerkmal „Superior" kann eine Differenzierung innerhalb der einzelnen Kategorien erfolgen. Durch die bundesweit einheitliche Klassifizierung werden für die beteiligten Akteure verschiedene Ziele erreicht: Aus Kundensicht wird eine höhere Angebotstransparenz und damit eine bessere Orientierung geschaffen, aus Unternehmenssicht erfolgt eine deutlichere Produktpositionierung, aus Absatzmittlersicht ist ein aussagefähiges Beratungs- und Orientierungskriterium entstanden.

Das Klassifizierungssystem unterscheidet 19 Mindestkriterien, anhand derer die Hotels eingestuft werden. Es existieren obligatorische Kriterien (z. B. Zimmergröße, Zimmerausstattung, sanitäre Ausstattung) und fakultative Kriterien (z. B. Fitnesseinrichtungen, Banketteinrichtungen). Je höher die Komfortkategorie, desto höher die Anforderungen in den jeweiligen Kriterien. Um den Marktentwicklungen gerecht zu werden, werden die Kriterien auf der Basis von Meinungsumfragen fortgeschrieben. Die Klassifizierung erfolgt auf der Basis von Fragebögen, die durch die Hotels ausgefüllt werden. Vor allem Stichproben und Plausibilitätskontrollen liefern einen Kontrollmechanismus.

Die Klassifizierung gilt für drei Jahre. Die Entgelte variieren von Bundesland zu Bundesland. Für die Erstklassifizierung zahlen Mitglieder des → Deutschen Hotel- und Gaststättenverbands (DEHOGA) bspw. in Baden-Württemberg 375 Euro netto, für die Folgeklassifizierung 285 Euro netto. Nichtmitglieder zahlen das Doppelte. Hinzu kommen Kosten für das Schild bzw. Siegel von 60 Euro netto und eine Marketingumlage von neun Euro pro Zimmer (Stand: Juli 2007). Die „Deutsche Hotelklassifizierung" ist ein markenrechtlich geschützter Begriff, die Eigenvergabe von Sternen durch Hoteliers ist aus wettbewerbsrechtlicher Sicht nicht möglich (www.dehogabw.de; www.hotelsterne.de).

Vereinzelt wird Kritik gegenüber der Klassifizierung (etwa Bürokratisierungstendenzen, Einengung des unternehmerischen Wirkens, Bewertung einer objektiven anstatt einer subjektiven Dienstleistungsqualität) vorgetragen. Alternative ernstzunehmende Lösungsansätze gibt es allerdings nicht. *(wf)*

*Literatur*
DEHOGA 2003: Die Deutsche Hotelklassifizierung. Infobroschüre. Berlin
Maihöfer, Gregor 2000: Das Projekt Deutsche Hotelklassifizierung. In: Tourismus Jahrbuch, 4 (2), 2000, S. 154-170

## Deutsche Klassifizierung für Gästehäuser, Gasthöfe und Pensionen

Die auf freiwilliger Basis beruhende Deutsche Klassifizierung für Gästehäuser, Gasthöfe und Pensionen (G-Klassifizierung) wurde vom Deutschen Hotel- und Gaststättenverband (DEHOGA) in Zusammenarbeit mit dem → Deutschen Tourismusverband (DTV) zum 1. Juli 2005 auf bundesweitem Niveau eingeführt. Die Klassifizierung richtet sich an „nach dem Gaststättengesetz konzessionierte Beherbergungsbetriebe mit mehr als acht Gästebetten und nicht mehr als 20 Gästezimmern, die keinen Hotelcharakter aufweisen". Der Begriff Hotel darf nicht im Betriebsnamen auftauchen.

Die G-Klassifizierung soll die Lücke zwischen den durch den DTV klassifizierten Privatzimmern, Ferienwohnungen und Ferienhäusern auf der einen Seite und den durch den DEHOGA klassifizierten Hotels auf der anderen Seite schließen. Anhand objektiver Kriterien werden die Betriebe mit Hilfe von Sternen in vier Komfortkategorien eingeteilt: G* (Unterkünfte für einfache Ansprüche) – G** (Unterkünfte für mittlere Ansprüche) – G*** (Unterkünfte für gehobene Ansprüche) – G**** (Unterkünfte für hohe Ansprüche). Das System orientiert sich in seinem grundsätzlichen Aufbau an der vom DEHOGA entwickelten → Deutschen Hotelklassifizierung. Die anfallenden Kosten variieren von Bundesland zu Bundesland (www.klassifizierung.de; IHA 2005).

Durch die bundesweit einheitliche Klassifizierung werden für die beteiligten Akteure verschiedene Ziele erreicht: Aus Kundensicht wird eine höhere Angebotstransparenz und damit eine bessere Orientierung geschaffen, aus Unternehmenssicht erfolgt eine deutlichere Produktpositionierung, aus Absatzmittlersicht ist ein aussagefähiges Beratungs- und Orientierungskriterium entstanden. *(wf)*

*Literatur*
Hotelverband Deutschland (IHA) (Hrsg.) 2005: Hotelmarkt Deutschland. Berlin: IHA-Service

## Deutsche Lufthansa AG
→ Lufthansa

## Deutsche Zentrale für Tourismus (DZT)

*German National Tourist Organisation*
1948 in Frankfurt am Main gegründet, wo sie auch heute noch ihren Sitz hat, ist die DZT die deutsche → nationale Tourismusorganisation (NTO). Dementsprechend wird sie zu etwa drei Vierteln aus Mitteln des Bundesministeriums für Wirtschaft finanziert. Zur Förderung des Ausländertourismus nach Deutschland unterhält sie derzeit weltweit 11 Auslandsvertretungen und 16 Vertriebsagenturen. Sei 1999 ist sie zudem für die überregionale Werbung des Reiseziels Deutschland auch im Inland zuständig. Organisiert ist die DZT in der Form eines eingetragenen Vereins, der derzeit ca. 60 Mitglieder umfaßt. Dazu gehören Tourismusverbände wie zum Beispiel der → Bundesverband der Deutschen Tourismuswirtschaft (BTW, der → Deutsche Tourismusverband (DTV), die → Arbeitsgemeinschaft Deutscher Verkehrsflughäfen (ADV), der → Deutsche Hotel- und Gaststättenverband (DEHOGA) und der → Deutsche Reiseverband (DRV). Daneben sind auch Tourismusunternehmen wie die → Lufthansa, → Air Berlin, die → Deutsche Bahn AG (DB), Flughafengesellschaften, Hotelketten und Reiseveranstalter wie die → TUI und → Thomas Cook vertreten. In Verwaltungsrat, Beirat und in

den Marketingausschüssen Inland und Ausland sind praktisch alle Bereiche der deutschen Tourismuswirtschaft bis hin zur regionalen Ebene vertreten und haben Mitsprache bei der Formulierung der Ziele und der Maßnahmen zur Förderung des Tourismus in und nach Deutschland. Zu den Aufgaben der DZT gehört auch Marktforschung in den Quellmärkten und die Dissemination der Ergebnisse an die Tourismuswirtschaft. (www.dzt.de)

**Deutscher Heilbäderverband (DHV)**
1892 gegründet als ‚Allgemeiner Deutscher Bäderverband', vertritt der Deutsche Heilbäderverband als Spitzenverband mit Sitz in Bonn die 14 Heilbäderverbände der Bundesländer, den Verband Deutscher Badeärzte e.V. und die Vereinigung für Bäder- und Klimakunde e.V. (www.deutscher-heilbaederverband.de).

**Deutscher Hotel- und Gaststättenverband e. V. (DEHOGA)**
Als Unternehmer- und Berufsorganisation nimmt der DEHOGA Bundesverband die Interessen von Hotellerie und Gastronomie in der Bundesrepublik wahr. Er setzt sich ein für die Verbesserung der politischen Rahmenbedingungen und eine Wirtschaftspolitik, deren Ziel der unternehmerische Erfolg und die Sicherung von Arbeitsplätzen ist. Hierzu gehören die Felder Arbeitsmarkt- und Tarifpolitik, Aus- und Weiterbildung, Recht und Steuern, Umweltschutz und Urheberrecht, aber auch Marketingaktionen wie z.B. die → Deutsche Hotelklassifizierung.

Der DEHOGA gliedert sich in 17 rechtlich selbständige Landesverbände und in die drei Fachverbände → Hotelverband Deutschland (IHA), UNIPAS (Union der Pächter von Autobahn-Service-Betrieben) und V.I.C. (Verband der Internationalen Caterer in Deutschland). Darüber hinaus vertreten die

vier Fachabteilungen im DEHOGA – → Systemgastronomie, Gemeinschaftsgastronomie, Bahnhofsgastronomie und Discotheken – die speziellen Belange ihrer Mitglieder. In Berlin, Brüssel sowie in den Landeshauptstädten ist der DEHOGA Gesprächspartner für Politik, Verwaltung und Presse. *(bd)*

**Deutscher Reisemonitor**
→ World Travel Monitor

**Deutscher Reiseverband (DRV)**
*German Travel Association*
In Frankfurt am Main von ca. 20 Reisebürovertretern als Deutscher Reisebüroverband 1950 und damit zu einer Zeit gegründet, als es noch kaum reine → Reiseveranstalter gab und Reisebüros nicht nur als → Reisevermittler agierten, sondern selbst auch ‚Gesellschaftsreisen' zusammenstellten und an ihre noch vergleichsweise wenigen Kunden verkauften. Nach einem mehrjährigen Intermezzo als Deutscher Reisebüro und Reiseveranstalter Verband seit den 1990er Jahren wurde der jetzige Name angenommen. Damit soll unterstrichen werden, daß der DRV heute nicht nur die Interessen von Reisebüros und Reiseveranstaltern vertritt, sondern sich zudem auch als Sprachrohr der → Leistungsträger und der ausländischen Tourismusvertretungen in Deutschland gegenüber der Politik und der Wirtschaft im In- und Ausland versteht.

Anders als im Handel, in dem (von einigen Geschäftskonzepten wie zum Beispiel Benetton und *factory outlets* abgesehen) eine strikte Trennung zwischen Produzenten und Handel besteht, ist es aufgrund der historischen Entwicklung trotz entgegengesetzter Interessen nie gelungen, einen jeweils eigenen Reisevermittler- und Reiseveranstalterverband zu etablieren.

Die ersten eigenständigen Reiseveranstalter waren zunächst eng an Reisebüros gebunden, bevor mit dem Markteintritt der branchenfremden Versa ndhandelsunternehmen wie Neckermann und Quelle 1962 Reiseveranstalter zu einer eigenen Größe im Geschäft mit den → Pauschalreisen wurden (Schneider 2001, S. 173 f.). Mit dem Einstieg der Versandhandelshäuser in den stationären Vertrieb wurden auch eigene Reisebüros in die Kaufhäuser integriert. Damit begann sich die Dominanz der Reiseveranstalter im Vertrieb zu entwickeln, die heute die Reisebürolandschaft prägt.

Für die Reiseveranstalter war es sinnvoller, dem DRV beizutreten, als einen eigenen Verband zu gründen, der die Positionen zwischen den beiden Gruppen verhärtet und zudem die mögliche Gefahr in sich geborgen hätte, daß es wie im Handel zur einer Vertriebsdominanz gekommen wäre. Den unterschiedlichen Interessenlagen der Reisevermittler und der Reiseveranstalter wurde vielmehr seit 1970 in jeweils eigenen Fachausschüssen versucht, Rechnung zu tragen. 1976 wurde durch zehn Mitglieder die ‚Arbeitsgemeinschaft selbständiger Reisebüros‘ (asr) im DRV gegründet, die sich dann nach zunehmenden Konflikten aus dem Verband löste und zu einem Konkurrenzverband wurde, der sich 1983 bei Beibehaltung des Kürzels zunächst in „Berufsverband mittelständischer Reiseunternehmen" und drei Jahre später in → ‚Allianz Selbständiger Reiseunternehmen (asr)‘ umbenannte. Interessanterweise war es – wie der Name schon sagt – nicht die branchenspezifische Konfliktlinie zwischen Reiseveranstaltern und Reisemittlern, die zu dieser Neugründung führte, sondern die allgemeinere zwischen klein- und mittelständischen Unternehmen auf der einen und großen Unternehmen

auf der anderen Seite. Damit bleibt der Interessensgegensatz von Mittlern und Veranstaltern auch im asr auf einer innerverbandlichen Ebene präsent.

Ende der 1990er Jahre kam es zu einer Wiederannäherung der beiden Konkurrenzverbände, und es wurde ein Vorgehen zwischen den beiden Kontrahenten ausgehandelt, das eine Wiederaufnahme der asr-Mitglieder in einen weitgehend den Forderungen des asr entsprechend strukturell veränderten DRV vorsah. Während die Jahresversammlung des DRV dem 1998 in Hannover zustimmte, lehnte die einige Wochen später auf Mallorca tagende Mitgliederversammlung des asr überraschenderweise den Vorschlag gegen die Empfehlung des eigenen Vorstandes ab. Trotzdem übernahm der DRV die neue Organisationsstruktur, die nicht nur eigene Arbeitsgruppen (‚Säulen‘ genannt) für mittelständische und konzerneigene Unternehmen vorsah, sondern jeweils auch nach Reiseveranstaltung und Reisevermittlung differenzierte (siehe Abbildung). Damit sollten auch Mitglieder des weiter bestehenden asr geworben werden. Pikanterweise wurde dann auch der frühere Vorsitzende des asr später zum Präsidenten des DRV – „ein in der deutschen Verbandsgeschichte ziemlich einmaliger Vorgang" (Mundt 2004, S. 83).

Da die Mehrheit der Mitglieder des DRV keine kollektiven Tarifverträge akzeptieren möchte, wurde für den Part der Arbeitgeberorganisation die DRV-Tarifgemeinschaft gegründet, die mit der Gewerkschaft den Tarifvertrag für die Beschäftigten im Reisebüro- und Reiseveranstaltergewerbe aushandelt.

Durch die Mitbegründung des → Bundesverbandes der Deutschen Tourismuswirtschaft (BTW), dessen zweiter Präsident das Amt in Personalunion

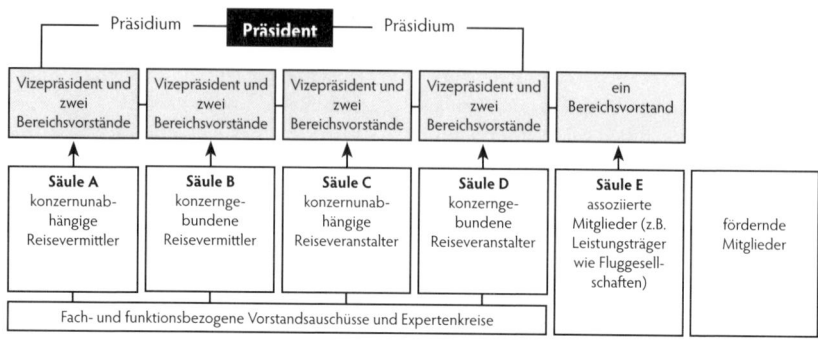

**Abbildung:** Fünf-Säulen-Organisation des DRV
(Darstellung nach Angaben des DRV)

mit dem des DRV ausübt, konnten die Vertretung der Interessen der Tourismuswirtschaft und ihr Profil in der Öffentlichkeit verbessert werden. (www.drv.de) *(jwm)*

*Literatur*
Mundt, Jörn W. 2004: Tourismuspolitik. München, Wien: Oldenbourg
Schneider, Otto 2001: Die Ferien-Macher. Eine gründliche und grundsätzliche Betrachtung über das Jahrhundert des Tourismus. Hamburg: TourCon Verlag

**Deutscher Tourismusverband (DTV)**
Seine Geschichte geht zurück auf die Gründung des ‚Bundes Deutscher Verkehrsvereine (BDV)‘ im Jahre 1902 in Frankfurt am Main. Bis zum Ende des 19. Jahrhunderts gab es im Deutschen Reich bereits mehr als 200 ‚Verkehrs-, und ‚Verschönerungsvereine‘, von denen sich 24 auf Einladung des Frankfurter Verkehrsvereins zum BDV zusammenschlossen. Noch im gleichen Jahr fand in Düsseldorf die erste Mitgliederversammlung statt, auf der die Statuten des ersten deutschen Landesfremdenverkehrsverbandes, des Verbandes Sächsischer Verkehrsvereine, auch für den BDV übernommen wurden (Berktold-Fackler 1997, S. 70 f.).

„Als zentrale Aufgabe bestimmte man für den Bund die Werbung im In- und Ausland sowie die Aufklärung der Behörden über die Bedeutung des Fremdenverkehrs. Ferner kam man in dieser ersten Gründungsbesprechung überein, daß sich der neue Bund für eine Verbesserung der Verkehrsmittel und der Verkehrsverbindungen hinsichtlich ihrer Qualität und Geschwindigkeit einsetzen und – um die Beherbergungseinrichtungen im Lande besser auslasten zu können – eine Dezentralisierung der Sommerferien in den Lehranstalten durchsetzen solle" (Deutscher Tourismusverband 2002, S. 5). Entsprechend wurden schon in den Jahren vor dem Ersten Weltkrieg erste Maßnahmen für die Werbung im Ausland entwickelt (Keitz 1997, S. 59). Nach dem Krieg wurde die Arbeit des BDV gleich wieder aufgenommen, und es wurde zum Beispiel in Zugabteilen mit Bildern von Landschaften für einen Urlaub in Deutschland geworben. Unter dem Vorsitz des damaligen Kölner Oberbürgermeisters und späteren ersten Bundeskanzlers der Bundesrepublik Deutschland (1949-1963), Konrad Adenauer, beschloß die Mitgliederversammlung 1930 eine neue Satzung, mit welcher der BDV zum ‚Bund Deutscher Verkehrsverbände' und damit zum Dachverband der Fremdenverkehrswirtschaft wurde. Mitglieder des BDV waren nunmehr die regionalen Verbände, in denen die örtlichen Verkehrsvereine organisiert waren.

Nach dem Zweiten Weltkrieg wurde der BDV 1947 wiedergegründet. 1963 wurde er umbenannt in ‚Deutscher Fremdenverkehrsverband (DFV)'. Vor dem Hintergrund steigender Auslandsreisen der deutschen Urlauber sah er in dieser Zeit seine wichtigste Aufgabe in der Förderung deutscher → Destinationen als Reiseziel, die mit Werbekampagnen und breit angelegter Öffentlichkeitsarbeit durchgeführt wurde. 1984 zog der DFV, der in Frankfurt/Main zeitweilig im gleichen Haus wie die → Deutsche Zentrale für Tourismus (DZT) untergebracht war, in seinen heutigen Standort Bonn. Nach dem Beitritt der früheren ‚kommunistischen' Deutschen Demokratischen Republik (DDR) zur Bundesrepublik Deutschland (BRD) 1990 traten auch die ersten Landesfremdenverkehrsvereine der neuen Bundesländer dem DFV bei, der sich zum 1. Januar 1999 in Deutscher Tourismusverband (DTV) umbenannte.

Mitglieder des DTV sind (Stand: Januar 2008) 11 der 16 Landesfremdenverkehrsverbände (Baden-Württemberg zum Beispiel ist nicht im DTV), eine Reihe regionaler Tourismusvereinigungen wie zum Beispiel der Touristikverband Emsland, der Verbund Oldenburger Münsterland und der Verkehrsverein Region Augsburg, die kommunalen Spitzenverbände und eine Reihe fördernder Mitglieder wie zum Beispiel der → Bundesverband Mittelständischer Reiseunternehmen, die → Deutsche Bahn AG und die Hanse Merkur Reiseversicherungs AG.

Zu den Aufgaben des DTV gehört neben der Interessenvertretung im Rahmen der → Tourismuspolitik auch die Konzeption und Überwachung der → Deutschen Klassifizierung für Gästehäuser, Gasthöfe und Pensionen, die in Analogie zur → Deutschen Hotelklassifizierung des → Deutschen Hotel- und Gaststättenverbandes (DEHOGA) durchgeführt wird (www.deutschertourismusverband.de). *(jwm)*

*Literatur*
Berktold-Fackler, Franz; Hans Krumbholz 1997: Reisen in Deutschland. Eine kleine Tourismusgeschichte. München, Wien: Oldenbourg
Deutscher Tourismusverband (DTV) 2002: 100 Jahre DTV. Die Entwicklung des Tourismus 1902-2002. Bonn: Deutscher Tourismusverband
Keitz, Christine 1997: Reisen als Leitbild. Die Entstehung des modernen Massentourismus in Deutschland. München: dtv

## Deutsches Jugendherbergswerk (DJH)
*German Youth Hostel Association*

Der Verband mit dem Namen „Deutsches Jugendherbergswerk, Hauptverband für Jugendwandern und Jugendherbergen e.V." ist ein rechtsfähiger, gemeinnütziger, eingetragener Verein, Sitz ist Detmold. Der Vereinszweck besteht laut Satzung in der „Förderung der Jugendhilfe, der Völkerverständigung sowie des Umwelt- und Landschaftsschutzes". Hierzu unterstützt der Verband insbesondere die Einrichtung und Führung von → Jugendherbergen. Träger des DJH sind neben dem Hauptverband 14 Landesverbände, die selbständig agieren und ebenfalls eingetragene, gemeinnützige Vereine sind.

Die Jugendherbergen befinden sich oft im Eigentum der Landesverbände und werden von diesen betrieben. Darüber hinaus werden bspw. auch Immobilien, die kirchlichen Trägern oder der öffentlichen Hand gehören, gepachtet und von den Landesverbänden geführt. Das DJH finanziert sich über Mitgliedsbeiträge, Zuschüsse Dritter (insbesondere Zuwendungen der öffentlichen Hand) und sonstige Einnahmen (z.B. zweckgebundene Spenden) (DJH 2003, S. 1ff.).

1909 gilt als das Geburtsjahr des DJH. Während einer → Klassenfahrt entwarf der Lehrer Richard Schirrmann die Idee einer günstigen Unterkunftsmöglichkeit für Jugendliche, insbesondere für Volksschüler. 1912 wurde die erste Jugendherberge der Welt auf der Burg Altena/Sauerland eingerichtet, 1932 der internationale Jugendherbergsverband (→ International Youth Hostel Federation) gegründet, Schirrmann zu seinem Präsidenten gewählt. Die Jugendherbergen wurden 1933 in die Jugendorganisationen der Nationalsozialisten eingebunden, 1949 gründete sich der Dachverband neu, 1990 traten die Landesverbände der Neuen Bundesländer bei (www.jugendherberge.de).

Das Deutsche Jugendherbergswerk ist die größte nationale Jugendherbergsorganisation der Welt. Der gewichtige, oft unterschätzte touristische Akteur verantwortet – Stand 2006 – 544 Jugendherbergen, rund 74.500 Betten und knapp zehn Millionen Übernachtungen. Auf der Basis der Übernachtungszahlen ist der Landesverband Bayern mit ca. 1,3 Millionen Übernachtungen der größte. Das wichtigste Gästesegment (in Prozent der Übernachtungen) sind Schulklassen (ca. 42%), gefolgt von Freizeitgruppen (ca. 18%), Familien (ca. 15%) und Seminargruppen (ca. 13%). Die Mitgliederzahl beläuft sich auf über 1,9 Millionen (DJH 2007, S. 24 ff.). *(wf)*

*Literatur*
DJH (Hrsg.) 2003: Satzung des Deutschen Jugendherbergswerkes, Hauptverband für Jugendwandern und Jugendherbergen e.V. Neufassung 2002. Detmold: Bösmann
DJH (Hrsg.) 2007: Die Jugendherbergen. Jahresbericht 2006. Detmold: Bösmann

**Deutsches Seminar für Tourismus (DSFT)**
1980 unter dem Namen Deutsches Seminar für Fremdenverkehr (DSF) von verschiedenen Verbänden der deutschen Tourismuswirtschaft ins Leben gerufenes Institut für touristische Weiterbildung. Zu den Gründerverbänden gehören der → Deutsche Tourismusverband (DTV), der → Deutsche Reiseverband (DRV), der → Deutsche Hotel- und Gaststättenverband (DEHOGA), der → Deutsche Heilbäderverband (DHV) und die → Deutsche Zentrale für Tourismus (DZT). Das DSFT veranstaltet mehr als hundert Seminare im Jahr an verschiedenen Orten der Bundesrepublik und am Sitz in Berlin. Es wird vom Bundesministerium für Wirtschaft sowie vom Senat von Berlin gefördert und von fast allen Spitzenorganisationen des deutschen Tourismus getragen (www.dsft-berlin.de).

**DFS**
→ Deutsche Flugsicherung

**DGT**
→ Deutsche Gesellschaft für Tourismuswissenschaft e.V.

**DHV**
→ Deutscher Heilbäderverband

**Dienstleistung**
*service*
Die Heterogenität des Dienstleistungssektors und damit verbunden der Dienstleistungen machen eine Begriffsdefinition

schwierig. In der Literatur wird versucht, über spezifische Merkmale, die Dienstleistungen ausmachen, den Begriff zu fixieren und ihn von der Sachleistung bzw. von Sachgütern abzugrenzen. Als konstitutive Merkmale werden genannt (etwa Bieger 2000, S. 8 f.; Bruhn 2006, S. 20 ff.; Klose 1999, S. 6 ff.; Mudie & Pirrie 2006, S. 3 ff.):

❖ Immaterialität bzw. Intangibilität (*intangibility* [engl.] = Nichtgreifbarkeit, Unstofflichkeit),
❖ Simultaneität von Produktion und Konsum im Falle persönlicher Dienstleistung,
❖ Integration des externen Faktors,
❖ Variabilität,
❖ Nicht-Lagerfähigkeit und
❖ Standortgebundenheit.

Die persönlichen Dienstleistungsbeispiele „Beratungsgespräch im Reisebüro" oder „Empfehlung des Weinkellners (→ Sommelier) im → Restaurant" verdeutlichen dies. Der Prozeß der Dienstleistungserstellung (nicht das Ergebnis!) hat immateriellen Charakter, im Gegensatz zu einem Sachgut ist die Dienstleistung nicht stofflich bzw. nicht greifbar. Produktion (Wissensvermittlung des Mitarbeiters) und Konsum (Wissensaufnahme durch den Bedienten) erfolgen simultan (sogenanntes *uno-actu*-Prinzip), der Kunde ist bei der Erstellung physisch präsent (Integration des externen Faktors). Da die Mitarbeiter natürlichen Leistungsschwankungen unterliegen, kann die Dienstleistung über die Zeit hinweg nicht konstant auf dem gleichen Qualitätsniveau erfolgen (Variabilität). Das Gespräch bzw. die Empfehlung ist nicht lager- und auch nicht transportfähig (Standortgebundenheit).

Die genannten Merkmale sind nicht eindeutig, teilweise in der wissenschaftlichen Diskussion umstritten (etwa Klose 1999, S. 6 ff.). Viele Dienstleistungen lassen sich nicht trennscharf von Sachleistungen abgrenzen. Oft umfassen Sachleistungen Anteile von Dienstleistungen und Dienstleistungen Anteile von Sachleistungen (z. B. Getränke und Essen im Restaurant). Die → Erholung aus einem Urlaub wirkt nach, geht mit dem Konsum nicht verloren und ist insofern begrenzt lagerfähig. Die Variabilität bei der Dienstleistungserstellung ist reduzierbar (bspw. durch standardisierte Begrüßungsformeln von Hotel- oder → Call Center-Mitarbeitern bei Telefongesprächen oder durch Standardisierungen mittels Klassifizierungen und Zertifizierungen), und im bestimmten Umfang sind Dienstleistungen – etwa Flug- oder Hotelbuchungen über Internetportale – auch transportierbar.

Um die Vielfalt von Dienstleistungen erfassen zu können, werden Definitionen gezwungenermaßen breit und abstrakt gefasst. Die Definition von Bruhn als ein Beispiel hierfür versucht, gleichzeitig den Potential-, Prozeß- und Ergebnischarakter von Dienstleistungen zu erschließen: „Dienstleistungen sind selbständige, marktfähige Leistungen, die mit der Bereitstellung und/oder dem Einsatz von Leistungsfähigkeiten verbunden sind. Interne und externe Faktoren werden im Rahmen des Leistungserstellungsprozesses kombiniert. Die Faktorkombination des Dienstleistungsanbieters wird mit dem Ziel eingesetzt, an den externen Faktoren – Menschen oder deren Objekten – nutzenstiftende Wirkungen zu erzielen." (2006, S. 24). Taxonomien sind ebenfalls ein Versuch, den komplexen Begriff zu systematisieren. Über ein- oder mehrdimensionale Ansätze soll Ordnung geschaffen werden (etwa a.a.O., S. 24 ff.; Nerdinger 1994, S. 54 ff.).

Aus etymologischer und historischer Sicht hat der Begriff Dienstleistung einen ambivalenten Charakter. Einerseits beinhaltet er einen feudalen Kern und verweist so auf ein Abhängigkeits- bzw. Unterstellungsverhältnis (*servus* [lat.] = Diener, Knecht), andererseits wurde in der Geschichte mit dem „Dienst leisten" an anderen oder für andere sehr wohl auch ehrenhafte und wertvolle Arbeit assoziiert (Nerdinger 1994, S. 18 ff.). Die Grundbedeutung des Dienens wandelt sich mit der gesellschaftlichen Einstellung zu Dienstleistungen. In der gegenwärtigen Dienstleistungsgesellscha ft hat der Begriff eine wichtige, positive Aufwertung erfahren. *(wf)*

*Literatur*
Bieger, Thomas 2000: Dienstleistungsmanagement: Einführung in Strategien und Prozesse bei persönlichen Dienstleistungen. Bern; Stuttgart; Wien: Haupt (2. Aufl.)
Bruhn, Manfred 2006: Qualitätsmanagement für Dienstleistungen: Grundlagen, Konzepte, Methoden. Berlin; Heidelberg: Springer (6. Aufl.)
Klose, Martin 1999: Dienstleistungsprodukt ion – ein theoretischer Rahmen. In: Hans Corsten; Herfried Schneider (Hrsg.): Wettbewerbsfaktor Dienstleistung: Produktion von Dienstleistungen – Produktion als Dienstleistung. München: Vahlen, S. 3-22
Mudie, Peter; Angela Pirrie 2006: Services Marketing Management. Oxford: Butterworth-Heinemann (3rd ed.)
Nerdinger, Friedemann W. 1994: Zur Psychologie der Dienstleistung: theoretische und empirische Studien zu einem wirtschaftspsychologischen Forschungsgebiet. Stuttgart: Schäffer-Poeschel

**Dienstreisen**
→ Geschäftsreisen

**Digestif**
*digestif, after dinner drink*
Alkoholisches Getränk, das nach dem Essen zur Verdauungsförderung bzw. zum Abschluß eingenommen wird. In Frage kommen z.B. Dessertweine,

Destillate, Liköre und Kaffeegetränke mit Alkohol. Unter *digestion* (lat.) wird im medizinischen Sinne die Verdauung verstanden. *(wf)*

**Direktflug**
*direct flight*
Flug zwischen zwei Orten, der entweder als → Non Stop Flug betrieben werden kann oder eine oder mehrere Zwischenlandungen beinhaltet, die nicht mit einem Flugzeugwechsel bzw. Wechsel der → Flugnummer verbunden ist bzw. sind.

**Direktionsassistent**
*executive assistant manager*
Der Direktionsassistent plant und optimiert die Betriebsabläufe im Hotel und steht der Geschäftsleitung unterstützend zur Seite. Zum Aufgabenfeld des Direktionsassistenten gehören in der Regel die Kundenakquisition, die Gästebetreuung und die Durchführung von Marketingmaßnahmen. Meist wird ein Studium der Betriebswirtschaftslehre oder eine Ausbildung im Hotel- und Gaststättengewerbe erwartet. *(cf)*

**DJH**
→ Deutsches Jugendherbergswerk

**DLH**
→ Lufthansa

**DME**
→ Funkfeuer

**Doorman**
Generell eine Person, die den Eingang eines Gebäudes kontrolliert, auch *gate keeper* oder *hall porter* genannt. In der Hotellerie ein Mitarbeiter, der im Eingangsbereich des Hotels tätig ist. Zu seinen Aufgaben gehört das Begrüßen der Gäste, das Öffnen der Eingangstüren

und Servicedienste bei der An- und Abreise, etwa Mithilfe beim Ein- und Aussteigen in Fahrzeuge. Teilweise übernimmt der Doorman auch Aufgaben des → Wagenmeisters. Die Position existiert nur in Hotels der gehobenen Kategorie. *(wf)*

## Doppelumlauf
→ Flugzeugumlauf, bei dem eine Verbindung zwischen zwei Zielorten zweimal hintereinander beflogen wird.

## Doppelzimmer
→ Zimmertypen

## Downgrading
Beförderung eines Fluggastes in einer niedrigeren als in der gebuchten Beförderungsklasse, zum Beispiel wegen → Überbuchung der Kabine in diesem Bereich.

## Drehflügler
*helicopter, rotary wings*
Flugzeuge, deren Auftrieb durch rotierende Flügel erzeugt wird. Diese auch Hubschrauber genannten Flugzeuge bleiben auf der Stelle stehen, bis die Tragflügel die entsprechende Rotationsgeschwindigkeit erreicht haben, die bei entsprechender Einstellung der Rotorblätter einen Auftrieb erzeugen, der höher ist als das Gewicht des Fluggerätes. *(jwm)*

## Drehkreuzsystem
*hub and spokes*
Grundtyp eines Steckennetzes im Luftverkehr, auch Hub and Spoke-System genannt. Auf einem zentralen Flughafen (Drehkreuz bzw. *hub*) wird eine größere Zahl von Zu- und Abbringerflügen *(spokes)* von Luftverkehrsgesellschaften so miteinander verknüpft, daß kurze Umsteigezeiten entstehen. Leistungs-

fähige Drehkreuze weisen eine kurze → Mindestumsteigezeit auf. Zumeist erfolgt in Drehkreuzsystemen die Durchabfertigung von Passagieren und Gepäck. Drehkreuzsysteme stammen aus den USA, finden sich mittlerweile jedoch in allen Regionen der Welt. Wichtige Drehkreuze im europäischen Luftverkehr sind Frankfurt, München, Paris und London. Im Gegensatz zum Drehkreuzsystem werden im → Punkt-zu-Punkt-Verkehr Urspungs- und Zielorte durch → Nonstop-Flüge miteinander verbunden. *(rc)*

## Dreibettzimmer
→ Zimmertypen

## Drei-S-Konzept
Im Januar 1996 hat die → Deutsche Bahn AG ein sog. Drei-S-Konzept eingeführt. Hinter den drei S verbergen sich die Wörter
❖ Service,
❖ Sicherheit,
❖ Sauberkeit.
Nach Angaben der Deutschen Bahn AG handelt es sich um die entscheidenden Kriterien für einen angenehmen Bahnhofsaufenthalt. Beachtenswert ist, daß die Bezeichnung dem japanischen Qualitätsmanagement entstammen dürfte. So hat bereits seit den 1950er Jahren der Japaner Taiichi Ohno bei Toyota derartige S-Konzepte auf Langfristigkeit zielend und mit nachhaltiger Wirkung auf das tägliche Handeln der Toyota-Mitarbeiter eingeführt. Beim Drei-S-Konzept der Deutschen Bahn handelt es sich ebenfalls um eine langfristige Maßnahme, die ihren operativen Niederschlag in der Infrastruktur von Drei-S-Zentralen gefunden hat. Etwa 60 Drei-S-Zentralen koordinieren die Einsätze zur Gewährleistung der Drei-S-Dienstleistungen. Damit folgt das

Bahnhofsmanagement innerhalb und außerhalb der Verkehrsstationen auch organisatorisch einem umfassenden Konzept, in das von der Videoüberwachung bis zum rauchfreien → Bahnhof alle materiellen und immateriellen Leistungsaspekte der Haltepunkte und Bahnhöfe einbezogen sind. Besonders ausgestaltete technische Drei-S-Zentralen stehen dabei für die digitale Kommunikation und Videoüberwachung zur Verfügung, wie in Frankfurt am Main. Drei-S-Zentralen sind aufbauorganisatorisch ein Element in der DB Station & Service AG. *(hdz)*

*Literatur / Internetquelle*
Ohno, Taiichi 1993: Das Toyota-Produktionssytem. Frankfurt am Main: Campus
http://www.db.de/site/umweltbericht/de/verantwortung__umwelt/unternehmensentwicklung/infrastruktur/bahnhoefe/bahnhoefe.html (28. 03.2007)

**Drive-in Restaurant**
Vor allem in den USA verbreitete Form von → Restaurants, in denen man seine Mahlzeiten im Automobil auf dem dazugehörigen Parkplatz bestellt und verzehrt. Um die Bedienung auf den oft weiträumigen Parkplätzen zu beschleunigen, fahren die Servicekräfte in manchen dieser Restaurants auf Rollschuhen. *(jwm)*

**Drive-through Restaurant**
Aus den USA stammende Form eines → Restaurants, das neben der normalen Bedienung im Gastraum auch den Verkauf von Speisen und Getränken an einem Schalter für Autofahrer bietet, die ihre Mahlzeiten dann mitnehmen und an einem anderen Ort verzehren. In Europa wird dieses Konzept durch einzelne Filialen der amerikanischen Schnellimbißkette McDonalds umgesetzt. *(jwm)*

**Drop-Stop**
*Drop* (engl.) = Tropfen; *to stop* (engl.) = aufhören, stoppen, hindern. Dünne, runde Scheibe aus Kunststofffolie. Die Scheibe, die eingerollt und in den Flaschenhals gesteckt wird, verhindert das Nachtropfen beim Ausgießen von Wein oder anderen Getränken. Nach einer Reinigung ist die Folie wieder verwendbar. *(wf)*

**Druckabfall**
*decompression*
In sehr seltenen Fällen technischen Versagens kann es bei Flugzeugen mit → Druckkabinen zu einem plötzlichen Verlust des Kabinendrucks kommen. Dann fällt für jeden Sitz in den Passagierkabinen automatisch eine Sauerstoffmaske aus der Kabinendecke, die sofort angelegt werden muß. Sie ist über einen Schlauch mit der Sauerstoffnotversorgung des Flugzeuges verbunden. Im → Cockpit wird ein entsprechendes Warnsignal ausgelöst, nach dem die Piloten ca. 20-25 Sekunden Zeit haben, sich die neben den Sitzen befindlichen Sauerstoffmasken aufzusetzen. Dann wird ein Notabstieg *(emergency descent)* mit maximalem Sinken eingeleitet, um möglichst schnell eine Flughöhe zu erreichen, in der keine Sauerstoffmasken mehr benötigt werden (→ Druckkabine) und um auf dem nächsten geeigneten Flughafen zu landen. *(jwm)*

**Druckkabine**
*pressurised cabin*
Da mit steigender Höhe der Druck und damit auch der Sauerstoffgehalt der Luft geringer wird, muß auf Flügen über einer Höhe von ca. 3.000 m über Seehöhe (NN) entweder für die Flugzeit ausreichender Sauerstoff für Besatzung und Passagiere mitgeführt werden, oder die Flugzeugzelle muß als Druckkabine gebaut sein. In einer solchen Druckkabine wird über Kompressoren bzw. Zapfluft

*(bleed air)* aus den Triebwerken ein konstanter Druck erzeugt, der auch in Reiseflughöhen von über 10.000 m einer Höhe von maximal ca. 2.400 m entspricht (Kabinenhöhe; engl. *cabin altitude*). In modernen Flugzeugmustern wird die Kompression während des Steig- und Reiseflugs ebenso wie die Dekompression während des Sink- und des Landeanflugs automatisch über den Flight Management Computer (FMC) geregelt.

Früher war dies Aufgabe des Flugingenieurs oder mußte von den Piloten manuell geregelt werden. Durch das Druckdifferential zwischen Innen- und Außendruck bläht sich die Kabine während des Fluges in großen Höhen auf und zieht sich während des Sinkfluges wieder zusammen. Bei der → Concorde konnte man während des Reisefluges seine Hand zwischen die Instrumententafel *(dash board)* des Bordingenieurs und die Bordwand schieben, die am Boden fest miteinander verbunden schienen. Eine Druckkabine muß also nicht nur so stabil ausgeführt werden, daß sie den enormen Druckunterschied aushält, sondern hat auch die entsprechende Dehnung und Kontraktion des Flugzyklus zu verkraften. Das trifft für die Zelle selbst und vor allem für Fenster und Türen zu. *(jwm)*

## DRV
→ Deutscher Reiseverband (DRV)

## Dry Lease
Leasing eines Flugzeuges oder eines Schiffes (hier in der Regel → Bareboat Charter genannt) ohne Betriebsmittel (→ Wet Lease).

## DSFT
→ Deutsches Seminar für Tourismus

## Düsenverkehrsflugzeug
→ Jet

## Durchchecken
→ Check-in (Flug)

## Durchgangstarif
*through rate*
Tarif, der für eine bestimmte Umsteigeverbindung aufgestellt wird und günstiger ist als die Summe der Tarife für die Einzelstrecken. Wird im Fähr- und Flugverkehr angewendet.

## Duty Free
Zollfreier Verkauf von Gütern (vor allem Alkoholika, Zigaretten und Parfums) für international Reisende. Dies kann in speziellen Geschäften auf → Flughäfen *(duty free shops)*, in Flugzeugen oder auf Schiffen geschehen. Für jedes Ankunftsland gelten spezifische Regeln über die maximal möglichen Mengen der Einfuhr solcher zollfreien Güter durch Reisende. Da es sich bei der EU um einen gemeinsamen Wirtschaftsraum der Mitgliedsländer handelt, sind solche Verkäufe generell auch bei grenzüberschreitenden Reisen innerhalb dieses Gebietes nicht erlaubt. *(jwm)*

## Dynamic Bundling
→ Internet Booking Engine
→ Virtueller Reisemittler

## Dynamic packaging
Der Begriff dynamic packaging wird seit ca. 1996 in der Fachliteratur erwähnt. Tödter (1996, S. 284) beschrieb das dynamic packaging als Funktion, die Reisen erst auf Kundenwunsch oder auf Anforderung der Vertriebswege zusammenzustellen. Inzwischen sind vielfältige Definitionen und Erklärungen entstanden, wie „dynamische Bausteinreise" oder „dynamisches Schnüren von Pau-

schalreisen". Die am meisten verbreitete Definition ist aus der CRS-Welt (→ Computerreservierungssystem) entlehnt und wurde erstmals von Amadeus geprägt. Von Rogl (2003) stammt die für den Tourismus modifizierte und als treffendste Begriffsbestimmung geltende Definition:

Dynamic packaging ist die in Echtzeit erfolgende kundengerechte Auswahl, Bündelung und Buchung von Reisekomponenten aus unterschiedlichen Quellen nach den Regeln des Veranstalter-Geschäfts zu einem Gesamtpreis.

Ausgehend von dieser Definition ergeben sich fünf grundlegende Kriterien.

❖ Die Zusammenstellung der verschiedenen Reiseleistungen findet während des Verkaufsprozesse in Echtzeit, also auf Basis von Datenbanken statt. Das bedeutet, daß erst in dem Augenblick, in dem die Konsumenten ihre Reisewünsche angeben und die Leistungen auswählen, diese zu einem Angebot zusammengefügt werden. Diese Tagesaktualität bedingt, daß durch dynamisches Hinzukommen und Wegfallen von einzelnen Leistungen, permanent neue Angebote entstehen.

❖ Egal in welcher Form und durch wen, der Impuls des Bündelns geht immer vom Kunden aus. Da die Wünsche und Bedürfnisse bei jedem Reisenden unterschiedlich sind, erfolgt die Selektion und Erstellung von kundengerechten Paketen passend zu diesen Ansprüchen.

❖ Mit Hilfe eines Warenkorbsystems werden die einzelnen Reisekomponenten aus unterschiedlichen Quellen gebündelt. Das separate Vermitteln von Einzelleistungen ist demnach kein dynamic packaging. Beim Bündeln sind beliebig viele Bausteine und Kombinationen denkbar, es müs-

sen deshalb möglichst viele Angebotsdatenbanken zur Verfügung stehen. Wenn Leistungen unterschiedlicher Leistungsträger gebündelt werden sollen, muß gewährleistet sein, daß diese ihre Leistungen mit internen Systemen und Datenbanken verwalten bzw. an internationale CRS angeschlossen sind. Demzufolge ist die Verknüpfung der verschiedenen Datenbanken sehr aufwendig. Die Verbesserungen der notwendigen Schnittstellen bestimmen den künftigen Umfang und Qualität der zur Verfügung stehenden Komponenten.

❖ Beim dynamic packaging werden die Leistungen Dritter nach den gesetzlichen Regeln des Veranstaltergeschäfts (→ Reiserecht) zu einem eigenständigen Angebot gebündelt. Deshalb muß jeder dynamisch Packende auch als Reiseveranstalter gesehen werden, unabhängig ob das dynamic packaging *online* oder *offline* stattfindet.

❖ Daraus ergibt sich zwingend, daß für dieses Reisepaket ein Gesamtpreis angegeben werden muß, der alle vertraglich geregelten Leistungen einschließt. *(kbo)*

*Literatur*

Herzog, Anja 2005: Dynamic Packaging – Darstellung eines neuen Instrumentariums und dessen Auswirkungen auf die Touristik, Diplom-Arbeit an der Hochschule Harz, Wernigerode

Rogl, Dieter 2003: Schwieriges Spiel mit den Bausteinen. In: FVW, H. 24, S. 59 ff.

Tödter, Norbert 1996: Multimedia und Online-Systeme im Tourismus – Einsatz neuer Technologien als Wettbewerbsvorteil in vernetzten Unternehmen. In: Walter Freyer (Hrsg.): Zukunft des Tourismus. Dresden: FIT, S. 281 ff.

## Dynamische multisektorale Modelle

*computable general equilibrium models, CGE*

Diese ökonomischen Modelle können verwendet werden, um die Auswirkungen von Veränderungen in Tourismusnachfrage und -angebot im Rahmen einer Reihe von alternativen makroökonomischen Szenarien abzuschätzen, die detaillierte Analysen der Zusammenhänge zwischen Branchen mit angebotsseitigen Einschränkungen und aktiven Preismechanismen berücksichtigen (Adams & Parmenter 1999; Dwyer *et al.* 2000). Zum Beispiel kann die Steigerung der Tourismusnachfrage zu zusätzlichem Ausstoß in tourismusverwandten Wirtschaftsbereichen führen, aber tendentiell auch mit Einbußen in anderen einheimischen Branchen verbunden sein.

Das Ausmaß dieser Verdrängungseffekte hängt ab vom Umfang der Einschränkungen beim Angebot von Land, Arbeitskräften und Kapital, welche über steigende Preise zu höheren Aufwendungen und damit verringerter Konkurrenzfähigkeit in den traditionellen Export- und Importbranchen führen. Die reale Währungsaufwertung durch den wachsenden → Tourismus kann den Druck auf die Kosten sogar noch zusätzlich erhöhen, die preisliche Wettbewerbsfähigkeit der → Destination weiter beeinträchtigen und die positiven Beschäftigungseffekte verringern. Jede Steigerung der Investitionen durch den wachsenden Tourismus erhöht den Druck auf den → Wechselkurs und erhöht die Rückkoppelungseffekte für die Periode des Kapitalzuflusses. Und dort, wo Steuererhöhungen oder Schulden zur Finanzierung erhöhter Staatsausgaben für die durch das Tourismuswachstum notwendige neue Infrastruktur verwendet werden, wirkt dies wie ein Bremse für den privaten Konsum, was die positiven Einkommens- und Beschäftigungseffekte begrenzt.

Dynamische multisektorale Modelle sind ein Weg, alle oben genannten Aspekte in präziser numerischer Weise zu berücksichtigen. Durch die Verwendung von detaillierten Angaben über Warenströme, Arbeitsmarktdaten und Daten aus der volkswirtschaftlichen Gesamtrechnung haben sie einen hohen empirischen Gehalt. Sie berücksichtigen genauere Beschreibungen des Konsumentenverhaltens, von Produzenten und Investoren als in Input-Output Modellen, deshalb erlauben sie die Eichung spezifischer Modelle an den aktuellen Bedingungen einer bestimmten Volkswirtschaft (McDougall 1995).

Im Besonderen machen sie genaue Annahmen über die Verfügbarkeit von Produktionsfaktoren – in welchem Maße ihr Angebot erhöht werden kann und in welchem Umfang ein Überangebot von einigen Faktoren besteht (zum Beispiel von Arbeitskräften). Substitutionsmöglichkeiten sind im Modell berücksichtigt und widerspiegeln den Umstand, daß die Akteure sowohl empfindlich für Veränderungen relativer Preise als auch für Veränderungen quantitativer Variablen sind. Dynamische multisektorale Modelle behandeln die Volkswirtschaft als Ganzes und berücksichtigen Rückkoppelungseffekte zwischen den Branchen. Sie erlauben detaillierte Annahmen über politische Maßnahmen und können realistischere gesamtwirtschaftliche Randbedingungen auf der Angebotsseite berücksichtigen. Die Vorausschätzungen der Modelle sind als Abweichungen von ceteris paribus-Vorhersagen *(base-case projections)* zu sehen.

Dynamische multisektorale Modelle bestehen aus einem Satz von Gleichungen, welche die Produktion, den Verbrauch, den Handel und das Regierungshandeln in einer Volkswirtschaft beschreiben und die gleichzeitig gelöst werden. Es gibt vier Typen von Gleichungen (Blake, Durbarry, Sinclair & Sugiyarto 2001):

(a) Gleichgewichtsbedingungen für jeden Markt stellen sicher, daß das Angebot für jeden Markt gleich der Nachfrage für jedes Produkt, jede → Dienstleistung, jeden Produktionsfaktor und für Devisen ist;

(b) die Gleichheit von Einkommen und Ausgaben stellt sicher, daß das Wirtschaftsmodell ein geschlossenes System ist;

(c) Verhaltensbeziehungen erfassen die Reaktionen der Akteure auf Preis- und Einkommensveränderungen und bestimmen die Konsumentennachfrage für jedes Produkt und jede Dienstleistung;

(d) Produktionsfunktionen bestimmen, wieviel bei beliebigen Auslastungen der Produktionsfaktoren produziert wird.

Die Zahl der Gleichungen und die Detailliertheit, mit der die wirtschaftlichen Aktivitäten betrachtet werden - wie etwa die Zahl der Wirtschaftsbereiche, der Faktortypen und der Konsumnachfrage - hängen von der Verfügbarkeit der Daten für die jeweilige Volkswirtschaft ab.

Dynamische multisektorale Modelle werden mittlerweile in vielen Ländern zur Beurteilung der wirtschaftlichen Auswirkungen von politischen Entscheidungen, etwa Steuerreformen, oder externe Schocks, zum Beispiel Exportbooms, benutzt (Yao & Liu 2000; Harrison, Jensen, Pedersen & Rutherford 2000). In manchen Ländern, wie in Australien, haben sie die Input-Output Analyse für die meisten Arten der Wirkungsforschung vollständig ersetzt (Dwyer, Forsyth & Spurr 2004). In Großbritannien, den USA

und in Australien werden sie verstärkt zur Analyse von Fragen des Tourismus verwendet (Zhou, Yanagida, Chakravorty & Leung 1997; Adams & Parmenter 1999; Blake & Sinclair 2003; Blake, Sinclair & Sugiyarto 2003; Sugiyarto, Blake & Sinclair 2003; Woollett, Townsend & Watts 2001; Dwyer, Forsyth, Spurr & Ho 2003, 2005).

Ein Vorteil dynamischer multisektoraler Modelle gegenüber Input-Output Modellen liegt darin, daß sie spezifische Annahmen über die Verfügbarkeit von Produktionsfaktoren machen, so zum Beispiel darüber, bis zu welchem Grad ihr Angebot erhöht werden kann und in welchem Ausmaß ein Überangebot von Faktoren vorliegt (wie zum Beispiel vom Faktor Arbeit bei Arbeitslosigkeit). In dynamischen multisektoralen Modellen wird angenommen, daß die Akteure sowohl für Veränderungen relativer Preise als auch quantitativer Variablen empfindlich sind. Sie können detaillierte Annahmen über Maßnahmenbündel der Regierung *(government policy settings)* machen und realistischere Einschränkungen auf der Angebotsseite berücksichtigen (zum Beispiel Einschränkungen der Ausweitung des Beherbergungswesens und der Steigerung der Zahl gelernter Arbeitskräfte, um der durch ein Event ausgelösten zusätzlichen Nachfrage gerecht zu werden).

Die Entwicklung dynamischer multisektoraler Modelle bietet Tourismusforschern einen alternativen Ansatz der Analyse der Wirkung von Tourismus, der einerseits dieselben Möglichkeiten der Beleuchtung der Beziehungen zwischen einzelnen Wirtschaftsbereichen bietet wie die Input-Output Analyse, andererseits aber nicht auf fixe Preise und Einkommen beschränkt ist. Darüber hinaus haben diese Modelle den Vorteil, daß man mit ihnen die Auswirkungen verschiedener

Maßnahmen auf den Tourismus simulieren kann. Wegen ihrer multisektoralen Grundlagen und ihrer Möglichkeiten, ein breites Spektrum an aktuellen und möglichen Szenarios zu überprüfen, sind sie besonders nützlich für die Analyse des Tourismus und für die → Tourismuspolitik. Im Gegensatz zum Input-Output Ansatz können dynamische multisektorale Modelle die Interdependenzen zwischen dem Tourismus, anderen inländischen Wirtschaftsbereichen, ausländischen Produzenten und Konsumenten mit einberechnen. Die Modellierung kann alternativen Bedingungen angepaßt werden, wie flexiblen oder festen Preisen, verschiedenen Wechselkurssystemen, Unterschieden im Ausmaß der Mobilität von Produktionsfaktoren und verschiedenen Arten von Wettbewerb. Dynamische multisektorale Tourismusmodelle sind vor allem für Tourismuspolitiker hilfreich, die sie für die Beantwortung einer Vielzahl von „Was wäre wenn?"-Fragen verwenden können, die sich aus einer großen Bandbreite von nationalen oder internationalen Schocks bzw. Politikszenarios ergeben, die in Erwägung gezogen werden. Zusätzlich zu ihrer größeren Schätzgenauigkeit können dynamische multisektorale Modelle zum besseren Verständnis des Wesens der Wirkungen externer Schocks und Politikwechseln beitragen, um einen besseren Einblick in die branchenspezifischen Verbindungen innerhalb des Tourismus und die Verbindungen des Tourismus mit anderen Branchen zu bekommen. *(ld)*

*Literatur*

Adams B.; B. Parmenter 1999: General Equilibrium Models. In: K. Corcoran; A. Allcock; T. Frost & L. Johnson (Eds.): Valuing Tourism: Methods and Techniques, Bureau of Tourism Research, Canberra, Australia (= Occasional Paper, Number 28)

Blake, A.; M. T. Sinclair 2003: Quantifying the Effects of Foot and Mouth Disease on Tourism and UK Economy. In: Tourism Economics, 9 (4), S. 449-465

Blake A.; M. T. Sinclair & G. Sugiyarto 2003: Tourism and Globalisation: Economic Impact in Indonesia. In: Annals of Tourism Research, 30 (3), S. 683-701

Blake, A. T.; R. Durbarry; M. T. Sinclair & G. Sugiyarto 2001: Modelling Tourism and Travel Using Tourism Satellite Accounts and Tourism Policy and Forecasting Models. Christel DeHaan Tourism and Travel Research Institute, Discussion Paper 2001/4 (www.nottingham.ac.uk/ttri)

Dixon P.; B. Parmenter 1996: Computable General Equilibrium Modelling for Policy Analysis and Forecasting. In: H. Aman, D. Kendrick & J. Rust (Eds.): Handbook of Computational Economics, Volume 1, Elsevier Science B.V., S. 4-85

Dwyer L.; P. Forsyth; J. Madden & R. Spurr 2000: Economic Impacts of Inbound Tourism under Different Assumptions about the Macroeconomy. In: Current Issues in Tourism, 3 (4), S. 325-363

Dwyer, L.; P. Forsyth; R. Spurr & T. Ho 2003: The Contribution of Tourism to a State and National Economy: A multi-regional general equilibrium analysis. In: Tourism Economics, 9 (4), S. 431-448

Dwyer L.; P. Forsyth & R. Spurr 2004: Evaluating Tourism's Economic Effects: New and Old Approaches. In: Tourism Management Vol. 25, S. 307-317

Dwyer, L.; P. Forsyth; R. Spurr & T. Ho 2005: Economic Impacts and Benefits of Tourism in Australia: a general equilibrium approach. STCRC Sustainable Tourism Monograph Series

Ennew C. 2003: Understanding the Economic Impact of Tourism. Discussion Paper 2003/5, Tourism and Travel Research Institute (www.nottingham.ac.uk/ttri)

Harrison G.; S. Jensen; L. Pedersen & T. Rutherford 2000: Using Dynamic General Equilibrium Models for Policy Analysis. In: G. Harrison; S. Jensen; L. Pedersen & T. Rutherford (Eds): Contributions to Economic Analysis, Vol. 248. Oxford and New York: Elsevier

McDougall, R. 1995: Computable General Equilibrium Modelling: Introduction and Overview. In: Asia-Pacific Economic Review, 1 (1), S. 88-91

Sugiyarto, G.; A. Blake & M. T. Sinclair 2003: Tourism and Globalization in Indonesia: Economic Impact. In: Annals of Tourism Research, 30 (3), S. 383-701

Woollett G.; J. Townsend & G. Watts 2001: Development of QGEM-T A Computable General Equilibrium Model of Tourism. Brisbane: Office of Economic and Statistical Research, Queensland Government Treasury

Yao S.; A. Liu 2000: Policy Analysis in a General Equilibrium Framework. In: Journal of Policy Modelling, 22 (5), S. 589-610

Zhou D.; J. Yanagida; V. Chakravorty & P. Leung 1997: Estimating Economic Impacts from Tourism. In: Annals of Tourism Research, 24 (1), S. 76-89

**DZT**
→ Deutsche Zentrale für Tourismus

# E

**Earnings before Interests and Taxes (Ebit)**

Ist eine Kennzahl der Unternehmensbewertung. Sie bezeichnet das operative Ergebnis oder auch das Betriebsergebnis und entspricht dem Jahresüberschuß vor den Nettozinszahlungen *(interests)* und Steuern *(taxes)*. Durch das Herausrechnen dieser Bilanzpositionen gestattet Ebit einen objektiveren Vergleich der operativen Ertragskraft zwischen Unternehmungen und erlaubt im Gegensatz zu Umsatz und Ertrag eine genauere Aussage über den wirtschaftlichen Wert eines Unternehmens. Ebit stellt neben dem reinen Ergebnis vor Zinsen und Steuern auch das operative Ergebnis vor dem Finanzergebnis dar. Der Gewinn kann von diesem Ergebnis noch in erheblichem Maße abweichen, wenn zum Beispiel hohe Einkünfte aus Finanzierungstätigkeiten generiert werden. Erstmalig wurde der Begriff Ebit im so genannten PIMS-Programm (Profit Impact of Market Strategies) genannt, einem Strategieforschungsprogramm, das in den 1960er Jahren bei General Electric entwickelt wurde, um die Leistung unterschiedlicher Geschäftsfelder beurteilen bzw. vergleichbar machen zu können. Eine weitere Form des Ebit ist → Ebitda. *(stg/bvf)*

**Earnings before Interests, Taxes, Depreciation and Amortisation (Ebitda)**

Ist eine Kennzahl der Unternehmensbewertung, die insbesondere im Rahmen der Jahresabschlußanalyse Anwendung findet. Sie wurde in den USA entwickelt und bezeichnet das Betriebsergebnis vor Zinsen, Steuern, Abschreibungen auf Sachanlagen und Abschreibungen auf immaterielle Vermögenswerte. Dabei wird das Ergebnis der gewöhnlichen Geschäftstätigkeit (Betriebsergebnis) um bestimmte Faktoren bereinigt. In vereinfachter Form stellt das Ebitda das Ergebnis der gewöhnlichen Geschäftstätigkeit zuzüglich der Nettozinszahlungen, Steuern sowie Abschreibungen dar.

Mit Hilfe des Ebitda wird ermittelt, inwieweit das Unternehmen aus seiner gewöhnlichen Geschäftstätigkeit (Betriebsergebnis) einen Überschuß erzielt. Die Kennzahl ermöglicht Vergleiche der operativen Ertragskraft von Unternehmen, die international aufgestellt sind und daher unter verschiedenen Gesetzgebungen bilanzieren (FAZ.NET Börsenlexikon).

Die englischen Begriffe *depreciation* und *amortisation* werden im Deutschen mit Abschreibung gleichgesetzt. *Depreciation* bedeutet allerdings den Werteverzehr an materiellen Gütern, *amortisation* wird im Zusammenhang mit immateriellen Gütern verwendet. Das Verhältnis von Abschreibungen zum operativen Gewinn ist die Ebitda-Marge. Subtrahiert man vom Ebitda die Abschreibungen, so erhält man den Ebit (→ Earnings before Interests and Taxes). *(stg/bvf)*

**EASA**
→ European Aviation Safety Authority

**Ebit**
→ Earnings before interests and taxes

**Ebitda**
→ Earnings before interests, taxes, depreciation and amortisation

**ECAC**
→ Europäische Zivilluftfahrt-Konferenz (European Civil Aviation Conference)

**Economic Value Added (EVA)**
Der Economic Value Added (EVA) zeigt den Wertbeitrag, den das Management einer Unternehmung über die durchschnittlichen gewichteten Kapitalkosten der Unternehmung hinaus erwirtschaftet hat (Hahn & Hungenberg 2001, S. 203; Weber *et al.* 2004, S. 55). Hierzu wird zumeist die Differenz zwischen dem bilanziellen Betriebsergebnis vor Zinsen und nach Steuern (NOPAT) und den Kosten für das zur Gewinnerzielung eingesetzte Eigen- und Fremdkapital (NOA) errechnet. EVA ermittelt somit einen betrieblichen ,Übergewinn' bzw. ,Residualgewinn'. Seinem Wesen nach ist der Economic Value Added eine absolute Kennzahl, die auf der Basis des bilanziellen Rechnungswesens einer Unternehmung ermittelt wird und als eine zentrale Kennzahl eines wertorientierten Managements bzw. → Controllings gilt. Durch die enge Anlehnung an das bilanzielle Zahlenwerk ist der EVA allerdings kurzfristig ausgelegt (Monats-, Quartals- oder Jahreszahl), was bei der Kennzahleninterpretation mit Blick auf eine langfristige Wertsteigerungsstrategie zu berücksichtigen ist.

Zur näheren Analyse und Interpretation lässt sich Economic Value Added in ein System von Kennzahlen (→ Return on Investment) einfügen, die als Grundlage wertorientierten Managements gelten. Als Wertbausteine werden hierbei benötigt (Beck 2003, S. 109 ff.; Groll 2003, S. 55 ff.; Weber *et al.* 2004, S. 55 ff.):

❖ NOPAT = Net Operating Profit After Taxes als betrieblicher Gewinn

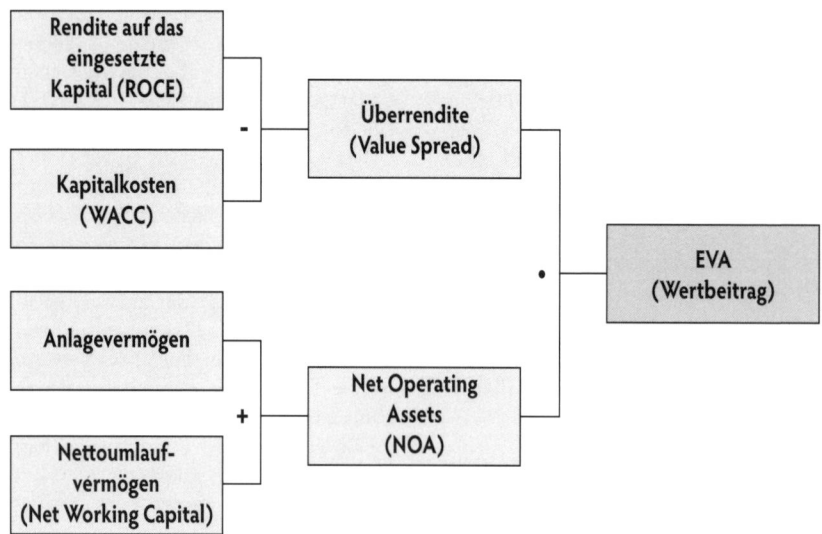

**Abbildung:** Das Konzept des Economic Value Added (EVA)

vor Kapitalkosten nach Steuern (denkbar ist auch die Verwendung des EBIT = → Earnings before Interests and Taxes);

❖ NOA = Net Operating Assets als betriebsnotwendiges Vermögen, bestehend aus Anlagevermögen zu Buchwert und Nettoumlaufvermögen (= Umlaufvermögen – kurzfristige Verbindlichkeiten);

❖ WACC = Weighted Average Cost of Capital = gewichtete durchschnittliche Kapitalkosten als der Kapitalstruktur entsprechender anteiliger Satz an kapitalmarktorientierten Fremdkapital- und Eigenkapitalzinsen sowie

❖ ROCE = Return on Capital Employed = NOPAT/NOA · 100 als Rendite des betriebsnotwendigen Kapitals.

Der Economic Value Added berechnet sich dann bspw. als:

$$NOPAT - WACC \cdot NOA.$$

Alternativ lässt sich EVA auch berechnen als:

$$(ROCE - WACC) \cdot NOA.$$

Die Differenz von ROCE und WACC wird auch als ‚Value Spread' (VS) oder Überrendite bezeichnet und zeigt den positiven Wertbeitrag der Unternehmensaktivitäten über die Mindesterwartungen der Kapitalinvestoren an (vgl. auch Abbildung). Der EVA errechnet sich dann auch als:

$$VS \cdot NOA.$$

Der Economic Value Added läßt sich damit positiv beeinflussen, wenn (Hahn & Hungenberg 2001, S. 204):

❖ eine Erhöhung des operativen Ergebnisses (NOPAT) bei gleich bleibendem Kapitaleinsatz (NOA) gelingt;

❖ Kapital, das in Aktivitäten oder Vermögen gebunden ist, deren Rendite die Kapitalkosten nicht deckt, abgezogen bzw. investiv umgeschichtet wird und/oder

❖ die Investitionstätigkeiten zusätzlichen Kapitals in Projekte erfolgt, deren erwartete Rendite über dem Kapitalkostensatz liegt.

Das Konzept des Economic Value Added (EVA) wurde im Zuge der Diskussion um die Ermittlung des Shareholder Values von der auf Finanzfragen spezialisierten Beratungsgesellschaft Stern Stewart & Co vorgeschlagen und ist als Warenzeichen geschützt (Stewart 1991). Stern Stewart sehen den großen Vorteil ihres Konzeptes darin, daß mit Größen des externen Rechnungswesens gearbeitet werden kann, welche sich ihrer Meinung nach in der Außenkommunikation mit Investoren und Analysten wesentlich besser einsetzen lassen als die in der Shareholder Value-Diskussion eher üblichen → Cash Flow-Größen. Für die konkrete Anwendung und Interpretation der Kennzahl werden allerdings in der Regel eine Reihe von grundlegenden und branchenspezifischen Anpassungen des verwendeten Zahlenwerks empfohlen - Stern Steward zählen bis zu 164 prinzipiell mögliche Korrekturen auf (Weber *et al.* 2004, S. 57 ff.).

Auch wenn in der praktischen Anwendung nur einige wenige Korrekturrechnungen vorgenommen werden (insbesondere bei der Ergebnisermittlung, der Abgrenzung des als betriebsnotwendig anzusehenden Kapitals sowie bei den Wertansätzen einzelner Bilanzpositionen), liegt der EVA mittlerweile in verschiedenen Be-

rechnungsversionen vor, was einen überbetrieblichen Vergleich der Wertsteigeru
ngsperfomance erschwert.

Die ebenfalls von Stern Steward entwickelte wertorientierte Kennzahl
Market Value Added (MVA) überwindet
die lediglich auf eine Periode fixierte
Betrachtung des EVA und kommt
damit zumindest der Kritik an der
Kurzfristoptik des EVA nach. Ein intern
ermittelter MVA entspricht dann dem
Gegenwartswert aller zukünftig erziel-
baren EVA's und errechnet sich somit
als:

$$\sum_{t=1}^{n} EVA^t \cdot \frac{1}{(1+WACC)^t}$$

*(vs)*

*Literatur*

Beck, Ralf 2003: Erfolg durch wertorientiertes
  Controlling. Berlin: Erich Schmidt
Groll, Karl-Heinz 2003: Kennzahlen für das
  wertorientierte Management. ROI, EVA und
  CFROI im Vergleich – Ein neues Konzept
  zur Steigerung des Unternehmenswertes.
  München-Wien: Hanser
Hahn, Dietger; Harald Hungenberg 2001:
  PuK – Wertorientierte Controllingkonzepte.
  Wiesbaden: Gabler (6. Aufl.)
Stewart, G. Bennett 1991:The Quest for Value
  – The EVA Management Guide. New York:
  HarperBusiness
Weber, Jürgen, Urs Bramsemann, Carsten
  Heineke & Bernhard Hirsch 2004: Wert-
  orientierte Unternehmenssteuerung. Kon-
  zepte – Implementierung – Praxisstatements.
  Wiesbaden: Gabler

**Economy Class**
→ Beförderungsklasse

**Economy Hotel**
→ Budget-Hotel

**ECPAT (End Child Prostitution,
Pornography and Trafficking of
Children for Sexual Purposes)**
1991 unter dem ursprünglichen Namen
End Child Prostitution in Asian Tourism
ins Leben gerufene Kampagne, die sich
zu einer dauerhaften Organisation mit
Sitz in Bangkok (Thailand) entwickelte. Nachdem auch der zunächst regionale Bezug zugunsten eines weltweiten Engagements aufgegeben und der
Tätigkeitsbereich erweitert wurde, kam
es 1996 zur Umbenennung. Mittlerweile
ist ECPAT in 67 Ländern vertreten
und ist als Nichtregierungsorganisation
(NRO) beim Wirtschafts- und Sozialrat
der Vereinten Nationen akkreditiert. Die
Organisation arbeitet mit allen wichtigen Verbänden und Regierungsstellen
zusammen, so u.a. auch mit der → W
elttourismusorganisation (UNWTO).
Ihren Aktivitäten ist es zu verdanken,
daß es mittlerweile in einigen Ländern
ein extraterritoriales Recht gibt, nach
dem Kinderschänder auch dann in ihren
Wohnortländern strafrechtlich belangt
werden können, wenn die Tat in einem
Land begangen wurde, in der sie nicht
strafbar ist (www.ecpat.net; Deutschland:
www.ecpat.de; Österreich: www.ecpat.at;
Schweiz: www.kinderschutz.ch). *(jwm)*

**EG-Pauschalreise-Richtlinie**
*EC package tour directive*
(1) Am 13. 6. 1990 hat der Rat der
EG die Richtlinie über Pauschalreisen
(90/314/EWG) beschlossen (ABlEG
vom 23. 6. 1990, Nr. L 158, 59ff.). Die
Richtlinie setzte das Ziel, bis spätestens 31. 12. 1992 gemeinsame Mindest-
standardvorschriften auf dem Gebiet der
Pauschalreise in der EG zu schaffen.
Die Richtlinie fordert insbesondere,
daß der Reiseveranstalter nachzuweisen
hat, daß im Falle seiner Insolvenz, die
von dem Reisenden gezahlten Beträge

und die Rückreise des Verbrauchers sichergestellt sind. Ferner bestimmt die Richtlinie, welche Informationen der Reiseveranstalter dem Reisenden im Reiseprospekt, vor Vertragsschluß, im Vertrag und vor Beginn der Reise zu geben hat. Zudem legt die Richtlinie fest, unter welchen Voraussetzungen und mit welchen Rechtsfolgen der Vertragsinhalt, insbesondere der Reisepreis, nachträglich geändert werden kann. Ferner werden Mindestanforderungen hinsichtlich der Rechte des Reisenden aufgestellt für den Fall des Ausfalls der Reise, des Nichterbringens einzelner Reiseleistungen oder wenn erbrachte Leistungen mangelhaft sind.

(2) Zeitlich verfehlte der deutsche Gesetzgeber die Umsetzungsfrist um fast zwei Jahre, da das Umsetzungsgesetz vom 24. 4. 1994 (BGBl. I S. 1322) erst am 1. 11. 1994 in Kraft trat. Wegen dieser verzögerten Umsetzung der Richtlinie und der aufsehenerregenden Zusammenbrüche von Reiseveranstaltern im Sommer 1993 verurteilte der EuGH in der Rechtssache Dillenkofer (Rs. C-178/94, 8. 10. 1996, NJW 1996, 3141) die Bundesrepublik Deutschland in einem Fall der Staatshaftung zum Schadensersatz der betroffenen Reisenden für ihre Zahlungen. Die fehlende Insolvenzsicherung hätte den Ausfallschaden der insolvenzgeschädigten Reisenden übernommen, wenn die Richtlinie rechtzeitig in deutsches Recht umgesetzt worden wäre. Mit dem Grünbuch zur Überprüfung des gemeinschaftlichen Besitzstandes im Verbraucherschutz vom 8. 2. 2007 leitete die Kommission eine Überprüfung der Pauschalreise-Richtlinie ein. *(ef)*

## Eigenanreise

*self arranged journey*
Unter Eigenanreise bzw. Selbstanreise wird die eigene Anreise zum Reiseziel verstanden. Unabhängig von der Art der Unterkunft (Hotel, Ferienhaus etc.) kann die Anreise mit Bahn, Auto, Flugzeug, Fähre etc. erfolgen. Die Buchung enthält folglich nur die Unterkunft als Vertragsgegenstand. Für den Reisenden liegt der Vorteil dieser Reiseart in der Individualität, was sich auch auf den oft günstigeren Reisepreis auswirkt. Allerdings ist der organisatorische Aufwand bei der eigenen Anreise höher einzuschätzen. Zu beachten ist, daß sich im Falle der Eigenanreise auch der Versicherungsschutz in der → Reiserücktrittskosten- und Reiseabbruch-Versicherung nur auf gebuchte Leistungen beziehen kann. *(hdz)*

## Eigentouristik
→ Eigenveranstaltung

## Eigentümerbetrieb

*proprietor operation*
In der Hotel- und Gastronomiebranche der Begriff für einen Betrieb, bei dem Eigentümer und Betreiber identisch sind, eine → funktionelle Entkoppelung findet nicht statt. Der Begriff zielt demnach auf die Betreiber- bzw. Eigentümerstruktur und wird Pacht- (→ Hotelpacht), Franchise- (→ Franchise) oder Managementbetrieben (→ Managementvertrag) gegenübergestellt. Eigentümerbetriebe und mittelständische Familienbetriebe werden oft sprachlich gleichgesetzt. Da aber auch große Hotel- und Gastronomiekonzerne in ihrem Eigentum befindliche Einheiten betreiben, ist die synonyme Verwendung nicht korrekt. *(wf)*

## Eigentum

*property*
Bezeichnet das absolute Herrschaftsrecht an einer beweglichen (Gegenstand) oder unbeweglichen Sache (Immobilie), das bei Beeinträchtigungen durch Unbefugte

sowohl zivilrechtlichen Schutz in Form von Beseitigungs-, Unterlassungs- und Schadensersatzansprüche als auch strafrechtlichen Schutz durch Verfolgung als Sachbeschädigung, Diebstahl, Unterschlagung etc. genießt.

Eigentum und → Besitz sind rechtlich streng voneinander abzugrenzen. Eigentümer einer Sache ist derjenige, dem sie gehört, nicht notwendigerweise derjenige, der sie auch besitzt. Eigentümer eines Grundstückes ist nur, wer als solcher im Grundbuch eingetragen ist, unabhängig davon ob er es selbst nutzt, vermietet oder verpachtet hat. Eigentum kann auch an Rechten (z.B. Patent-, Urheber-, Lizenz- oder Warenzeichenrechte) bestehen, die ebenfalls gegen unzulässige Beeinträchtigungen rechtlich geschützt sind. *(gd)*

### Eigenveranstaltung

*tour operating by travel agencies*

In diesen Fällen tritt ein Reisebüro nicht als → Reisevermittler von → Pauschalreisen auf, sondern wird selbst zum → Reiseveranstalter, indem es verschiedene Leistungen zu einem Reisepaket bündelt und zu einem pauschalierten Preis verkauft. Dies kann zum einen ein lukratives Zusatzgeschäft sein, zum anderen läßt sich damit auch Kundenbindung betreiben, wenn zum Beispiel der Reisebüroinhaber als kompetenter → Reiseleiter auftritt, dem seine Kunden auch bei der Vermittlung von Reisen vertrauen. *(jwm)*

### Eingehungsbetrug

*fraud when the contract is concluded*

Ist eine Erscheinungsform des Betruges, bei der der Betrüger bei Abschluß des → Vertrages über seine Zahlungsfähigkeit bzw. Zahlungsabsicht im Zeitpunkt der Fälligkeit täuscht, bspw. → Zechprellerei, → Einmietbetrug. Neben der strafrecht-

lichen Verfolgung (§ 263 StGB) kann der Betrüger mit einem → Hausverbot durch den Betreiber der Einrichtung belegt werden. *(gd)*

### Einkaufsgesellschaften und -genossenschaften (Hotel)

Eine Möglichkeit, den Einkauf, die Kosten und die Prozesse spürbar zu optimieren, ist der Anschluß an eine Einkaufsgesellschaft oder -genossenschaft sowie die Unterstützung durch Beratungsunternehmen. In Deutschland gibt es rund eine Handvoll Einkaufsgesellschaften und -genossenschaften und nochmals etwa so viele Beratungsunternehmen, die → Dienstleistungen im Bereich des Einkaufs anbieten. Etwa 350 Übernachtungsbetriebe (Hochrechnung) schließen sich jährlich neu diesen Gesellschaften an oder nutzen deren Beratungshilfen.

Grundsätzlich gilt es zwei Varianten am Markt zu unterscheiden: Zum einen die sogenannten reinen Einkaufsverbünde oder auch *Pools*, zum anderen reine Einkaufsberater. Selten gibt es auch Anbieter, die sowohl Poollösungen als auch Beratung aus einer Hand anbieten. Allerdings sind Einkaufsverbünde, Einkaufsgesellschaften und Einkaufsberater nicht für jedes Hotel gleichermaßen geeignet, was man bei der Auswahl berücksichtigen muß. Jeder Hotelier muß für sich entscheiden, wie viel „Einkaufsqualität und -tiefe" er haben möchte. Zu den Auswahlkriterien zählen unter anderen:

- ❖ Wie ist die Einkaufskompetenz generell?
- ❖ Wie ist Lieferantenstrategie gestaltet?
- ❖ Welche Qualitätskriterien gibt es bei der Lieferantenauswahl?
- ❖ Wie sieht die Preisstrategie aus?

❖ Wie umfangreich ist die Sortimentsbreite und -tiefe?

❖ Welche Art von Lieferanten sind gelistet und wie viele?

❖ Wie stark sind die Leistungsfelder ausgebaut?

❖ Wie sieht die Transparenz in Bezug auf Kosten-Nutzen aus?

❖ Welche Einkaufsservices und -beratungen gibt es?

❖ Wie ist die Kommunikation gestaltet?

❖ Welche Einkaufsunterlagen werden geboten?

❖ Gibt es ein Regulierungsmanagement oder Zentralregulierungssystem *(Online/Offline)*?

❖ Wie sind Rückvergütungssysteme aufgebaut?

❖ Wie ist die Mitarbeiterzahl und -qualifikation des Anbieters?

❖ Wie sieht die Betreuung vor Ort aus?

❖ Gibt es eine Einarbeitung, Integration oder Schulung auf das System, und wie umfangreich ist sie?

❖ Gibt es bei Bedarf Einkaufsberatungen über den Standard hinaus?

❖ Welche Referenzen liefert der Anbieter?

Bei den Einkaufsverbünden oder -pools handelt es sich um standardisierte Systeme. Für die Zusammenarbeit mit Einkaufsgesellschaften und auf Einkauf spezialisierte Beratungsunternehmen sprechen im optimalen Fall:

❖ Kostenoptimierung durch den Zugang zu allen zentral verhandelten Preisen und Konditionen

❖ laufende Optimierung und zentrale Kontrolle der Konditionsentwicklung

❖ Vorbeugung oder Abfederung von Preissteigerungen

❖ laufender Ausbau der Lieferantenabkommen

❖ relative Kostensicherheit durch Volumenwachstum

❖ schneller Zugriff auf Lieferantenportfolio

❖ Vorbeugung von Fehlkäufen durch gezielte Vorauswahl und Beratung

❖ Einkaufsverzeichnisse *(Online/Offline)*

❖ Arbeitserleichterung durch Angebots-Services

❖ Erleichterung der Abrechnungen/ Sammelrechnungen

❖ Erhöhung der Transparenz

❖ Verbesserung der Kontrolle.

Im Gegenzug dazu kann der Einkauf im Hotel durch den Anschluß an eine Einkaufsgesellschaft oder Nutzung eines Beraters nur dann Erfolg haben, wenn das Hotel das System und die Lösungen auch konsequent nutzt und die empfohlenen Maßnahmen umsetzt. Um sich einem Einkaufspool oder Einkaufsverbund anzuschließen, werden entweder Dienstleistungsverträge unterschrieben oder es müssen Genossenschaftsanteile erworben werden. In einigen Fällen gibt es Mindesteinkaufsvolumen, die erbracht werden müssen. Was alle Einkaufsverbünde eint ist, daß die angeschlossenen Hotels keinem Kaufzwang unterliegen. Sie können wählen, bei welchen Lieferanten des Pools eingekauft wird. Ausnahmen gibt es dann, wenn es gezielte Bündelungsmaßnahmen gibt, bei denen sich der Hotelier aus freien Stücken verpflichtet, über einen gewissen Zeitraum ein bestimmtes Sortiment bei einem ausgesuchten Lieferanten beschafft.

Wer anstrebt, daß im eigenen Haus mit Hilfe Dritter auch die individuellen Einkaufsprozesse und -regeln überprüft und erneuert werden oder sogar das gesamte Vertragsmanagement (→ Supply Management) oder der Zentral-Einkauf outgesourced werden soll, dem reicht in der Regel der Anschluß an einen

Einkaufspool oder einen Verbund nicht. Hierzu muß man sich weiterführend an Komplettanbieter im Einkauf oder Berater wenden. Bei der Zusammenarbeit mit Beratungsunternehmen im Einkauf liegt in der Regel ein Beratungsvertrag zugrunde. Dieser regelt die Leistungen. Die Leistungen sind individuell abgestimmt und zugeschnitten auf das jeweilige Hotel. Dazu können unter anderen zählen:

* Bestandsaufnahmen durch Istanalysen und Audits
* Erstellung von Dokumentationen und Handlungsempfehlungen
* Coaching und Training
* Entwicklung von Einkaufspolicies (Einkaufsregeln) für das jeweilige Hotel
* Erstellung von Ordersätzen, Transferbelegen, Bestellvorlagen
* Einführung eines E-Procurement-Systems und/oder einer Warenwirtschaft
* Durchführung von Ausschreibungen
* Verhandlungsführung und Kostenoptimierung
* Vertragsverwaltung und -kontrolle
* Komplettübernahme Zentraleinkauf (→ Outsourcing).

Die Honorierung erfolgt aufwandsbezogen oder nach Erfolg. Nach Erfolg bedeutet, daß der Berater zum Beispiel 50% der erzielten Kosteneinsparungen für sich einstreicht. Bei der erfolgsorientierten Variante ist jedoch sehr sorgfältig auf die Formulierungen zu achten. Allein an den *cost savings* (Kosteneinsparungen) den Vertrag fest zu machen, kann riskant sein, weil der Berater versucht sein wird, das Maximale an Kosteneinsparungen zu erzielen, um somit ein Maximum an Honorar zu bekommen. Daher sollte zum einen das Honorar auf jeden Fall nach oben hin „gedeckelt", also fixiert sein. Zum

anderen muß bereits im Vorfeld durch ein Pflichtenheft festgelegt werden, welchen Bedarf das Hotel hat und welche Qualitätsforderungen *(quality requirements)* prinzipiell nicht zu unterschreiten sind. *(joe)*

**Einkreistriebwerk**
→ Turbojet

**Einmietbetrug**
*fraud when booking a hotel accommodation*
Unterfall des → Eingehungsbetruges, für dessen Strafbarkeit die Absicht, die Miete bzw. den Übernachtungspreis nicht zu bezahlen, bereits bei Bezug des Wohnraumes vorliegen muß. Die Täuschungshandlung des Betrügers liegt darin, daß er durch die Inanspruchnahme der Leistung (Beziehen des Hotelzimmers/Mietwohnung) schlüssig erklärt, bei Fälligkeit zahlungswillig bzw. -fähig zu sein. *(gd)*

**Einschiffen**
*embarkation*
Betreten eines Schiffes durch Passagiere.

**Einwegmiete**
*one-way car rental*
Mieten eines Wagens, der an einem anderen als dem Mietort wieder zurückgegeben wird. Zum Beispiel wird ein Wagen am Flughafen Frankfurt am Main gemietet und in Hamburg wieder zurückgegeben. Wegen der dadurch teilweise notwendig werdenden Positionierungsfahrten ist dieser Tarif meist höher als beim Zurückgeben am gleichen Ort. *(fmh)*

**Einzelbelegungspreis**
→ Einzelzimmerzuschlag

**Einzelplatzbuchung**
*seat only (booking)*
Die durch die → Liberalisierung des Luft-

verkehrs in der EU ermöglichte direkte Buchung von → Charterflügen außerhalb einer → Pauschalreise. Die meisten → Ferienfluggesellschaften setzen seitdem einen hohen Anteil ihrer Kapazitäten durch Einzelplatzbuchungen neben den von → Reiseveranstaltern im Rahmen von Reisearrangements belegten Kontingenten ab. Allerdings war dies etwas jenseits der Legalität auch schon vor der Liberalisierung möglich, indem Reiseveranstalter ihren Flugscheinen fiktive → Voucher für die Unterkunft hinzufügten (‚Campingflug'). *(jwm)*

**Einzelzimmer**
→ Zimmertypen

**Einzelzimmerzuschlag**
*single supplement*
Zuschlag, der von Hotelbetreibern bei der Bereitstellung eines Doppelzimmers zur Einzelnutzung mitunter in Rechnung gestellt wird. Im Vergleich zu der Doppelbelegung ist der Zimmerpreis für Einzelreisende höher. Die Hotels rechtfertigen den Zuschlag mit einem relativen Mehraufwand, etwa bei der Zimmerreinigung. Die → Rücktrittskosten-Versicherung deckt im Falle der Stornierung eines Doppelzimmers nicht den Einzelzimmerzuschlag. *(wf)*

**Eisdiele**
*ice-cream parlour*
Gastronomischer Betrieb, in dessen Mittelpunkt das Produkt Eis steht, auch Eiscafé genannt. Italienische Familien dominieren diesen Markt in vielen Ländern. *(wf)*

**Eisenbahn**
*train, rail*
Der Name Eisenbahn leitet sich aus der Verwendung von eisernen Schienen anstelle von Materialien wie Holz für die Räder und Stein für die Fahrbahn ab, weshalb sie auch die ‚eiserne Bahn' genannt wurd. Synonym wird sie auch kurz → Bahn genannt, das schienengebundene Transportmittel, zu dem aus technischer Sicht auch S-Bahn, U-Bahn und Straßenbahn zählen. *(hdz)*

**Eisenbahnstrecke**
*railway line (brit.), railroad (US)*
Strecke, genauer Eisenbahnstrecke, ist ein bahntechnischer Begriff, der den von Ort zu Ort verbundenen Schienenweg meint. Auf diesen Schienenwegen findet regelmäßig Eisenbahnverkehr statt. Auf Eisenbahnstrecken werden Trassen errichtet. So kann eine Trasse aus mehreren Gleisen, Hochbauten, Weichen, Signalanlagen bestehen. Ebenfalls kann eine Trasse mit → Bahnhöfen ausgestattet sein.

Für die Organisation des Streckennetzes werden in Deutschland Kursbuchstrecken verkodet (KBS CXZ), die dann auf Fahrplanebene abgebildet werden. Außerdem besteht ein Kode-System, das sich an der Bundesländereinteilung orientiert. So hat das Bundesland Baden-Württemberg den Gruppenkode 4.000, Bayern 5.000 etc. Ein weiterer Gesichtspunkt der Ordnung von Eisenbahnstrecken ist die Unterscheidung nach Haupt- und Nebenbahnstrecken. Fernzüge verkehren in der Regel auf Hauptbahnstrecken. Sehr oft handelt es sich um → Schnellfahrstrecken für den Hochgeschwindigkeitsverkehr *(high speed transport)*. *(hdz)*

**Elastizität**
*elasticity*
Elastizität ist das Verhältnis zweier relativer Veränderungen. Die Elastizität ist ein wichtiges Hilfsmittel der ökonomischen Analyse. Beispielsweise beschreibt die Preiselastizität der Nachfrage wie stark

die Nachfrage, z. B. nach Inlandsflügen, auf eine Preisänderung (z. B. des Flugpreises) reagiert. Nach den betrachteten Zusammenhängen unterscheidet man zumeist noch Einkommens- und Angebotselastizitäten. Nach der Art ihrer Berechnung differenziert man in Punkt- und Bogenelastizität. Bei der Bogenelastizität werden die absoluten Veränderungen der betrachteten Variablen auf den jeweiligen Mittelwert des Intervalls bezogen. Bei der Punktelastizität läßt man die absoluten Veränderungen gegen Null gehen. *(hp)*

**Electronic Tourism**
→ eTourism

**Elektronisches Stellwerk (ESTW)**
→ Stellwerk

**Elektronisches Ticket**
*electronic ticket*
Elektronische Tickets können bei Flugbuchungen in Reisebüros, im Internet oder in → Call Centern erstellt werden. Bei elektronischen Tickets wird auf den Ausdruck von Papiertickets verzichtet. Es wird lediglich ein elektronischer Datensatz, der als Identifikationsmerkmal Kreditkartennummer oder Vielfliegernummer des Reisenden enthält, generiert. Nach Identifikation durch Kreditkarte oder Vielfliegerkarte erhält der Reisende am Flughafen die Bordkarte. Da elektronische Tickets eine Reihe von Vorteilen für Fluggesellschaften und Reisende aufweisen, ersetzen sie zunehmend herkömmliche Papiertickets. Ab 2008 stellen die IATA-Fluggesellschaften nur noch diese Tickets aus. Künftig werden elektronische Tickets auch im Bahnverkehr Verbreitung finden. *(rc)*

**ELFAA**
→ European Low Fares Airline Association

**Emotion**
*emotion*
Der Begriff Emotion (lat. *emovere* = herausbewegen, erschüttern) entspricht umgangssprachlich dem Begriff „Gefühl". Emotionen umfassen jedoch mehr als nur einen subjektiven Aspekt (= Gefühl):

❖ Emotionen sind psychische Zustände von Personen: Angst, Ärger, Trauer etc.

❖ Emotionen sind kurzfristige Zustände. Damit grenzt man Emotionen von längerdauernden Stimmungen und zeitstabilen Persönlichkeitseigenschaften ab.

❖ Emotionen sind ausgerichtet, d.h. man hat Angst vor etwas, ärgert sich über etwas Bestimmtes etc.

❖ Emotionen beinhalten einen physiologischen Aspekt, beispielsweise ändert sich die Atmung, man errötet etc.

❖ Emotionen zeigen sich im Verhalten, beispielsweise im Ausdruck oder im Verhalten wie im Weglaufen bei Angst.

Emotionen entstehen aus dem Zusammenspiel von physiologischer Aktivierung, Ausdrucksverhalten und bewußter Erfahrung. Emotionen kann man erkennen am Ausdrucksverhalten, beispielsweise an einem wutverzerrten Gesicht, aber auch, bei schwach ausgeprägten Emotionen, an subtilen Körperreaktionen. Aus diesem Grund kann man aus nonverbalem Verhalten auf Emotionen rückschließen. Im Allgemeinen erkennen Frauen Emotionen etwas besser als Männer. Das Erkennen schwacher Emotionen ist wichtig, um Bedürfnisse und Wünsche anderer Menschen zu erkennen. So ist es für Servicemitarbeiter, gerade in Hotels und in der Gastronomie, hilfreich, bereits leichte Anzeichen von Ärger beim Gast zu erkennen. Wenn man erkennt, daß eine Person Ärgeranzeichen sendet, kann man auf die Suche nach der Ursache gehen und diese beseitigen, bevor der Ärger stärker wird.

Emotionen sind in verschiedenen Kulturen gleich, nicht aber deren Ausdruck. In individualistischen Kulturen (→ Interkulturelle Kompetenz) wie Westeuropa, Australien und Nordamerika zeigt man Emotionen häufig und in starker Intensität. Hingegen zeigen beispielsweise Japaner vor allem negative Emotionen nicht bzw. kaum, wenn andere Personen anwesend sind. Sympathie, Respekt und Scham, die wechselseitige Abhängigkeit und soziale Bezogenheit verdeutlichen, werden hingegen deutlicher und häufiger gezeigt als in individualistischen Kulturen.

Die Kontrolle negativer Emotionen ist in Kontaktsituationen zu Gästen von besonderer Bedeutung. Zeigt ein Servicemitarbeiter negative Emotionen gegenüber einem Gast/Kunden, wird regelmäßig die Kundenbeziehung beeinträchtigt, nicht nur zu dem Mitarbeiter, der beispielsweise Ärger zeigt, sondern zu dem Unternehmen insgesamt, für das dieser Mitarbeiter steht. Da eine Emotion beim Gegenüber häufig dieselbe Emotion auslöst, sind Servicemitarbeiter in besonderer Weise gefordert, wenn sie beispielsweise mit einem wütenden Gast konfrontiert sind. Die natürliche Reaktion wäre, ebenfalls mit Wut zu reagieren. Damit wäre jedoch eine Eskalation mit dem Gast vorprogrammiert. Besser ist es, wenn sich ein Mitarbeiter in den Gast einfühlt, dessen Emotion, beispielsweise Ärger, respektiert und einen geeigneten Ausgleich anbietet (siehe z. B. → Complaint ownership). Negative Emotionen von Gästen/Kunden sind regelmäßig dann zu erwarten, wenn die Erwartungen (→ Erwartung) der Gäste/Kunden enttäuscht werden, wenn beispielsweise die Zubereitung einer Speise überlang dauert

oder das Hotelzimmer zur vereinbarten Zeit noch nicht gereinigt ist. *(sml)*

*Literatur*

Häcker, Hartmut O.; Kurt-H. Stapf 2004: Dorsch Psychologisches Wörterbuch. Bern: Huber (14. Aufl.)

Meyer, Wulf-Uwe; Gernot Horstmann 2006: Emotion. In: Pawlik (Hrsg.), S. 231-238

Myers, David G. 2005: Psychologie. Heidelberg: Springer

Nerdinger, Friedemann W. 2003: Kundenorientierung. Göttingen: Hogrefe

Pawlik, Kurt (Hrsg.) 2006: Handbuch der Psychologie. Heidelberg: Springer

## Empfang
→ Rezeption

## Endemie
*endemic disease*
Eine bestimmte Erkrankung, die ständig oder in regelmäßigen Intervallen auftritt.
→ Epidemie

## Endküche
→ Satellitenküche

## Englischer Service
→ Servierarten

## Englisches Frühstück
→ Frühstücksarten

## En suite
Im Angelsächsischen üblicher Begriff für ein Zimmer mit Bad. Der Begriff stammt aus dem Französischen.

## Entrée
→ Hors d'œuvre

## Entremetier
*vegetable cook*
Französische Bezeichnung für den Gemüsekoch, teilweise wird dieser auch Légumier genannt. Er ist zuständig für die Zubereitung der Beilagen wie Reis, Kartoffeln oder Gemüse sowie gegebe-

nenfalls für Suppen oder Eierspeisen. Der Bereich des Entremetier stellt einen klassischen Posten bzw. eine Abteilung in größeren → Küchenbrigaden dar. *(wf)*

**EP**
→ European Plan

**Epidemie**
*epidemic*
Eine plötzlich entstehende und sich rasch ausbreitende ansteckende Erkrankung in einer Region, wo sie endemisch (→ Endemie) ist, oder wo sie sich in einer vorher verschonten Gemeinschaft ausbreitet. → Vogelgrippe.

*Literatur*
Kretschmer, Harald, Gottfried Kusch & Helmut Scherbaum (Hrsg.) 2005: Reisemedizin. Beratung in der ärztlichen Praxis. München: Elsevier (5. Aufl.)

**Epidemiologie**
*epidemiology*
Die wissenschaftliche Disziplin der Erforschung von Entwicklung und Verbreitung der bestimmenden Faktoren verschiedener Gesundheitszustände und Erkrankungen in menschlichen Gruppen und Populationen mit Hauptaugenmerk auf Präventivmedizin und öffentliches Gesundheitswesen wird als Epidemiologie bezeichnet. Dabei bezieht sich die deskriptive Epidemiologie auf die geographische, zeitliche und soziale Verbreitung, wogegen die erklärende Epidemiologie die Ursachen der Gesundheitsprobleme untersucht, welche die deskriptive Epidemiologie vorher festgestellt hat. *(hdz)*

*Literatur*
Kretschmer, Harald, Gottfried Kusch & Helmut Scherbaum (Hrsg.) 2005: Reisemedizin. Beratung in der ärztlichen Praxis. München: Elsevier (5. Aufl.)

**E-Procurement**
→ Supply Management (Hotel)

**ERA**
→ European Regions Airlines Association

**Erholung**
*recreation*

**1    Bedeutung von Erholung**
Erholung ist einer der zentralen Begriffe im Themenfeld des → Urlaubs:

❖  In Deutschland gibt es für Arbeitnehmer einen gesetzlichen Anspruch auf Erholungsurlaub (§ 1 des Bundesurlaubsgesetzes in der Fassung von 1998).

❖  Die am häufigsten genannten Urlaubsmotive (Lohmann, Aderhold & Zahl 2004, S. 34 ff.) lassen sich unter dem Begriff der Erholung zusammenfassen.

Die Verbindung von Erholung und Urlaub erscheint so offensichtlich, daß sie bisher kaum kritisch hinterfragt worden ist. Ob, wann und wie welche Urlaubsaufenthalte unter der Erholungsperspektive zweckmäßig sind, ist also noch weitgehend offen.

In der Wissenschaft wurde Erholung früher meist unter physiologischen Aspekten in relativ kurzer Zeit (zum Beispiel in Arbeitspausen) untersucht. Das Konzept der „Erholungszeitberechnung" etwa sollte sicherstellen, daß jedem Menschen, der in Folge einer vorhergehenden körperlichen Arbeit ermüdet, die nötige Zeit zur Erholung seines Körpers zur Verfügung gestellt werden kann (Schmidtke 1981). Es wurde auch versucht, für negative psychische Beanspruchungsreaktionen (siehe unten: psychische Ermüdung, Monotonie, psychische Sättigung, Streß) Erholungszeiten zu bestimmen, was jedoch so nicht gelang. Insbesondere der

Wandel zur Dienstleistungsgesellschaft (→ Dienstleistung) ist verantwortlich für eine Verschiebung der arbeitsbedingten Anforderungen vom eher physischen in den eher psychischen Bereich. Diese nun überwiegend psychische Arbeitsbelastung versetzt den Organismus in einen erhöhten Spannungszustand, für den sich aus der beruflichen Tätigkeit kein angemessener Ausgleich ergibt.

Deswegen wird Erholung heute zunehmend aus psychologischer Perspektive betrachtet und in ihrer Zeitperspektive ausgedehnt (Wieland-Eckelmann 1994). Mittlerweile wird die Bedeutung von Erholung für die Gesundheit des arbeitenden Individuums soweit anerkannt, daß sie zum Beispiel im Rahmen des betrieblichen Gesundheitsmanagements Beachtung findet oder auf ihre präventive Funktion hingewiesen wird (Fritz & Sonnentag 2004; Klumb, Quaas, Pfister & Riedel 2003). Daher ist es aber insgesamt verwunderlich, wie wenig Aufmerksamkeit der langfristigen Erholung bislang in der Forschung geschenkt wurde (Lohmann 1993; Allmer 1996).

## 2  Definition

Bislang existiert keine interdisziplinär anerkannte Definition von Erholung. Auch fehlt eine Theorie der Erholung (Mundt & Lohmann 1988). Bei aller Unklarheit kann auf den Begriff der Erholung aber nicht verzichtet werden.

Wir verstehen unter Erholung einen Prozeß, der von einem Zustand der Belastung zu einem unbelasteten führt. Erholung muß als hypothetisches Konstrukt aufgefaßt werden, das in allen seinen Komponenten einer Operationalisierung bedarf (Lohmann 1993). Konsens besteht darüber, daß zwischen Ausgangszustand der Person, Belastung und Erholung eine Wechselbeziehung

besteht (Kallus & Erdmann 1994, Wieland-Eckelmann & Baggen 1994; Ulig 2000). Menschliche Erholung ist als dynamisches psychophysisches Geschehen, das sowohl elementare biologische Regulationsprozesse auf unterschiedlichen physiologischen Ebenen als auch psychische Regulations- und Steuerungsvorgänge umfaßt bis hin zu komplexen → Emotionen, Kognitionen, Handlungen und sozialen Interaktionen (Allmer 1994). Beginn und Verlauf des Erholungsprozesses können von der Person gesteuert werden, sie muß nicht passiv darauf warten, daß die Erholung von alleine einsetzt. Erlebte Erholungsbedürftigkeit ist damit überaus wichtig: Sie sorgt quasi als ‚Warnlampe‘ dafür, daß die Person auf ihre negative Beanspruchungs-Erholungs-Bilanz aufmerksam wird und diese ausgleichen kann, bevor Schlimmeres passiert (Gesundheitsprobleme wie zum Beispiel Schlafstörungen, Herzerkrankungen, Bluthochdruck). Die Anforderungen des Alltags können dann wieder energiegeladen und ausgeruht angenommen werden.

## 3  Belastung und Beanspruchung

Belastung stellt eine Einwirkungsgröße externer Faktoren dar (Hacker & Richter 1980), die eine subjektiv wahrgenommene Beanspruchung hervorruft. Diese beeinträchtigt die individuellen Handlungsvoraussetzungen (Handlungsfähigkeit, Handlungsbereitschaft und subjektives Wohlbefinden) und äußert sich in Leistungsmerkmalen, subjektiv erlebten (emotionalen und kognitiven) sowie körperlichen Zuständen. Beanspruchung kann durch Erholungsvorgänge kompensiert werden, die zur Wiederherstellung der individuellen Handlungsvoraussetzungen führen. Allgemein werden in der Psychologie vier negative Beanspruchungszustände unterschieden (Hacker & Richter 1980):

❖ Psychische Ermüdung: Sie tritt als Folge einer kognitiv überfordernden Tätigkeit auf. Die Leistungsfähigkeit eines Organs (lokale Ermüdung) oder des Gesamtorganismus (zentrale Ermüdung) wird gemindert.

❖ Monotonie: Sie entsteht als Folge kognitiver Unterforderung. Die psychische Aktiviertheit sinkt, was eine Bewußtseinsbeeinträchtigung und Leistungsminderung mit sich bringt.

❖ Psychische Sättigung: Sie ist der ausführungsbedingte Verlust an Motivation für eine bestimmte Handlung. Unlustgefühle gegen die aktuell ausgeübte Handlung und erlebtes „Nicht-Weiter-Kommen" kennzeichnen sie.

❖ Streß: → Streß bezeichnet einen Zustand angstbedingt erregter Gespanntheit, der durch erlebte Bedrohung durch Arbeitsbeanspruchungen entsteht. Ob Streß entsteht, hängt davon ab, ob eine Person glaubt – zu Recht oder vermeintlich – einen potentiellen Stressor bewältigen zu können. Der Bewältigung dienen Coping-Strategien, die auf die Vermeidung oder Verminderung von Streß abzielen.

Wie eine bestimmte Person mit ihren spezifischen Kompetenzen ihre Tätigkeit erlebt und bewertet und welche Regulationsmechanismen ihr dabei (während und nach der Arbeit) zur Verfügung stehen, ist entscheidend dafür, ob und wie schnell die Tätigkeit zu Erholungsbedürftigkeit führt. Führen verschiedene Personen ein und dieselbe Tätigkeit durch, so sind hinterher nicht alle in gleicher Weise ‚erholungsbedürftig'.

## 4  Erholungsmodelle

Verschiedene Modelle zeigen ein unterschiedliches Verständnis der Erholungsprozesse.

❖ Erholung als automatisch regulierter Prozeß: Autonome Vorgänge des vegetativen und zentralen Nervensystems werden auf der Grundlage biologischer Bedürfnisse eingeleitet.

❖ Erholung als Ruhephase: Erholung wird als Rückschwingen eines Systems in die Ausgangslage nach belastungs- und beanspruchungsbedingter Auslenkung angesehen und oft als passiv erlebte ‚Ruhepause' definiert (Wieland-Eckelmann & Baggen 1994).

❖ Erholung als Zeit aktiven Ausgleichs: Erholung wird auf Basis von Tätigkeiten analysiert und als Zeitabschnitt definiert, in dem das Individuum versucht, den Beanspruchungsfolgen der Arbeit ausgleichende Aktivitäten gegenüberzustellen (zum Beispiel Entspannungsverfahren, Allmer 1994).

❖ Erholung als zielgerichtete Tätigkeit zur Befindensregulation: Erholung wird als zur Beanspruchung komplementärer Prozeß aufgefaßt und ist auf die Herstellung kognitiver, emotionaler und körperlicher Zustände gerichtet, die als angenehm und erholsam erlebt werden (zum Beispiel Wieland-Eckelmann & Baggen 1994). Erholungsbezogenes Verhalten ist diesem Ansatz zufolge nicht unmittelbar die Folge vorhergehender Belastung, sondern der individuellen Wahrnehmung: Nur wer sich erholungsbedürftig fühlt, tut – absichtlich und geplant – etwas dagegen.

## 5  Erholungsmaßnahmen

Erholungsmaßnahmen meinen die aktive Herbeiführung von Erholung.

Prinzipielle Voraussetzung dafür ist die Beeinflußbarkeit des Erholungsprozesses. Dagegen wurde lange (irrtümlich) vermutet, daß Erholung sich als homöostatisches Prinzip von allein einstellt und in Ruhe abläuft, nur durch die Abwesenheit von Belastung.

Das Konzept der ‚aktiven Erholung‘ und die sportwissenschaftliche Forschung dazu machen deutlich, daß das so nicht stimmt. Unter „aktiver Erholung" werden Maßnahmen verstanden, die der Bewegung Erholungsfunktion zuschreiben. Dabei zeigte sich, daß sich der Organismus nach hohen Belastungen schneller durch aktive Erholung regeneriert als durch Ruhe (Allmer 1994). Allerdings hat Erholung hierbei nicht nur eine regenerative, sondern auch eine gesundheitsbezogene präventive Funktion.

Allgemein müssen aktivitätssteigernde (zum Beispiel Bewegung) und aktivitätsreduzierende (zum Beispiel Entspannungsverfahren) Maßnahmen unterschieden werden (Allmer 1994; Wieland-Eckelmann & Baggen 1994). Die optimale Erholungsmaßnahme ist dabei von der Art der Beanspruchung abhängig (Lohmann 1993). Bei Zuständen der Ermüdung sind eher ruhige, nach Monotonie anregende und nach Sättigung abwechslungsreiche Erholungstätigkeiten indiziert. Bei Streß sind körperliche Aktivitäten geeignet, dessen negative Folgen zu reduzieren.

Große Bedeutung für die Erholung hat dabei die Einbettung in einen sozialen Kontext, denn familiäre und freundschaftliche Beziehungen können ebenso erholsam wirken.

Für einzelne Entspannungsmethoden wie autogenes Training, progressive Muskelentspannung, Meditation, kognitives oder körperliches Training sind positive Effekte belegt (Allmer 1994).

Optimale Erholung ist nicht nur eine Frage der Erholungszeit, sondern auch der Erholungssituation. Außerdem sind die interindividuell unterschiedlichen Erholungsmöglichkeiten zu berücksichtigen (Wieland-Eckelmann & Baggen 1994; Franke 1998). Darunter fallen die Erholungsfähigkeit und die Erholungsbereitschaft.

❖ Die Erholungsfähigkeit bezeichnet die Fähigkeit, die erforderlichen Voraussetzungen für den Wiederherstellungsprozeß zu schaffen und den angestrebten Erholungszustand tatsächlich zu erreichen.

❖ Die Erholungsbereitschaft ist das ‚Sich-erholen-wollen‘, das gemeinsam mit der Erholungsfähigkeit (‚Sich-erholen-können‘) den dynamischen Beanspruchungs-Erholungszyklus steuert.

Erholung kann durch zusätzliche Anforderungen (zum Beispiel Hausarbeit, Kindererziehung) verhindert oder durch Stressoren (zum Beispiel familiäre Konflikte) gestört bzw. unmöglich gemacht werden.

### 6   Erholung und Urlaub

Der Zusammenhang von (langfristiger) Erholung und Urlaub ist bisher kaum untersucht (Lohmann 1993). Erste Studien deuten darauf hin (Meinken & Heinrich 1993), daß Urlaub deutliche psychologische Erholungseffekte hat, die aber nach Wiederaufnahme der Arbeitstätigkeit nur kurz anhalten. Lohmann (1999) berichtet zusammenfassend über Felduntersuchungen, bei denen bei Urlaubern mit Hilfe psychologischer Verfahren allgemeine Befindlichkeit, Aktivation, Arbeitsleistung und psychischer Sättigung als Indikatoren für Erholungsbedürftigkeit vor, während und nach dem Urlaub gemessen wurden. Die Studien zeigten, daß verschiedene Formen von Belastungen und Beanspruchung im Alltag zu erlebter Erholungsbedürftigkeit führen. Dabei hat das Urlaubmachen, egal ob man verreist oder nicht, eine positive Wirkung auf die Befindlichkeit. Das psychische Erholtheitssyndrom läßt sich so charakterisieren: Man fühlt sich gesünder und weniger müde, die Stimmung ist besser, man ist weniger gereizt, Belastungen im Alltag fühlt man sich besser gewachsen. Relativ betrachtet profitieren Personen, die sich vor dem Urlaub stark beansprucht fühlen, sogar mehr von einem Urlaub. Absolut gesehen erreichen sie aber ‚nur' vergleichbare Erholungswerte wie vor dem Urlaub gering beanspruchte Personen.

Allerdings müssen die Urlaubswirkungen in kurz- und langfristig differenziert werden. Drei Wochen nach Urlaubsende sind Effekte in der Stimmung noch nachweisbar, aber geringer als im Urlaub oder direkt nach Urlaubsende. Das Gefühl, weniger müde und gesünder zu sein, ist dann im Alltag schon wieder verloren.

Vergleicht man Reisende und Nicht-Reisende, findet man das Phänomen des Urlaubsreisekicks: Urlaubsreisende zeigen bei verschiedenen Befindlichkeitsaspekten in der Mitte der Urlaubsreise eine deutliche positive Veränderung, die sich allerdings schon am Ende der Ferien zurückgebildet hat. Bei den Nicht-Reisenden setzt diese Befindlichkeitsverbesserung zwar langsamer ein, verläuft dafür aber um so stetiger und hält länger an. Reisende und Nicht-Reisende haben allerdings deutlich unterschiedliche Urlaubsmotive, so daß man nicht den Schluß ziehen kann, alle Urlauber sollten zu Hause bleiben, da sich so der gleiche Effekt erreichen ließe.

Die Erholungswirkungen der Urlaubsreisen erscheinen auch abhängig von der Beurteilung des Urlaubsumfeldes (zum Beispiel touristisches Angebot, Wetter) durch die Urlauber. Wer urlaubszufrieden ist, hat mehr vom Urlaub.

Aus Kundensicht ist die erreichte Erholung einer der zentralen Effekte, die man durch eine Urlaubsreise zu erreichen sucht. Inwieweit die Produkte der Tourismusbranche geeignet sind, diesen erwünschten Produktnutzen auch zu erzielen, wie man die Urlaubsreiseangebote im Hinblick darauf weiter optimieren kann, und welche Urlaubsreiseerholungsstrategien unter welchen individuellen Voraussetzungen zu bevorzugen sind, sind immer noch weitgehend ungelöste Forschungsfragen. *(ml/im)*

*Literatur*

Allmer, Henning 1994: Psychophysische Erholungseffekte von Bewegung und Entspannung. In: Rainer Wieland-Eckelmann, Henning Allmer, Konrad-Wolfgang Kallus & Jürgen H. Otto (Hrsg.): Erholungsforschung. Beiträge der Emotionspsychologie, Sportpsychologie und Arbeitspsychologie. Weinheim: Beltz, S. 68-101

Allmer, Henning 1996: Erholung und Gesundheit. Göttingen: Hogrefe (= Gesundheitspsychologie, Band 7)

Franke, Joachim 1998: Optimierung von Arbeit und Erholung. Ein kompakter Überblick für die Praxis. Stuttgart: Enke

Fritz, Charlotte; Sabine Sonnentag 2004: Urlaubsmanagement – Die Rolle von Erholung im betrieblichen Gesundheitsmanagement. In: Matthias T. Meifert & Mathias Kesting (Hrsg.): Gesundheitsmanagement im Unternehmen. Konzepte, Praxis, Perspektiven. Berlin: Springer, S. 121-133

Hacker, Winfried & Peter Richter 1980: Psychische Fehlbeanspruchung: Psychische Ermüdung, Monotonie, Sättigung und Streß. In: W. Hacker (Hrsg.): Spezielle Arbeits- und Ingenieurspsychologie in Einzeldarstellungen, Lehrtext 2. Berlin: VEB Deutscher Verlag der Wissenschaften

Kallus, Konrad Wolfgang; Gisela Erdmann 1994: Zur Wechselbeziehung zwischen Ausgangszustand, Belastung und Erholung. In: Rainer Wieland-Eckelmann, Henning Allmer, Konrad Wolfgang Kallus & Jürgen H. Otto (Hrsg.): Erholungsforschung. Beiträge der Emotionspsychologie, Sportpsychologie und Arbeitspsychologie. Weinheim: Beltz, S. 46-67

Klumb, Petra; Wolfgang Quaas; Eberhard-A. Pfister & Stefan Riedel 2003: Themenschwerpunkt: Belastung und Erholung: Ein Paradigmenwechsel? In: Hans-Gerhard Giesa, Klaus-Peter Timpe & Ulrich Winterfeld (Hrsg.): Psychologie der Arbeitssicherheit und Gesundheit, 12. Workshop 2003. Asanger: Kröning, S. 427-436

Lohmann, Martin 1993: Langfristige Erholung. In: H. Jürgen Kagelmann, Heinz Hahn (Hrsg.): Tourismuspsychologie und -soziologie. Ein Handbuch zur Tourismuswissenschaft. München: Quintessenz, S. 253-258

Lohmann, Martin 1999: Macht uns der Urlaub krank? – Zur Erholungswirkung von Reisen. In: Bundesministerium für Ernährung, Landwirtschaft und Forsten (Hrsg.): Europäisches Forum für den Landtourismus. Tagungsdokumentation. Bonn: BMELF

Lohmann, Martin; Peter Aderhold & Bente Zahl 2004: Urlaubsreisetrends 2015 – Die RA Trendstudie. Kiel: Forschungsgemeinschaft Urlaub und Reisen (F.U.R)

Meinken, Imke; Frank Heinrich 1993: Effektivität von Urlaub als Mittel zur langfristigen Erholung: Veränderung der Befindlichkeitswerte. Unveröff. Diplomarbeit, Universität Kiel

Mundt, Jörn W.; Martin Lohmann 1988: Erholung und Urlaub. Zum Stand der Erholungsforschung im Hinblick auf Urlaubsreisen. Starnberg: Studienkreis für Tourismus (StfT)

Schmidtke, Heinz 1981: Lehrbuch der Ergonomie. München: Hanser

Ulig, Thomas 2000: Erholung als biopsychologisches Konstrukt. Empirische Untersuchungen zur Konzeptualisierung der subjektiven Erholungs-Beanspruchungs-Bilanz als biopsychologisches Konstrukt im Kontext experimenteller und quasi-experimenteller

Reaktivitätsstichproben. Dissertation, Philosophische Fakultät III der Universität Würzburg

Wieland-Eckelmann, Rainer; Robert Baggen 1994: Beanspruchung und Erholung im Arbeit-Erholungs-Zyklus. In: Rainer Wieland-Eckelmann, Henning Allmer, Konrad Wolfgang Kallus & Jürgen H. Otto (Hrsg.): Erholungsforschung. Beiträge der Emotionspsychologie, Sportpsychologie und Arbeitspsychologie. Weinheim: Beltz, S. 102-155

## Erholungsort

*certified resort town, certified recreation place*

Orte entsprechenden Bioklimas und hoher Luftqualität mit mindestens 100 Betten in Deutschland, von denen die meisten mindestens der mittleren bis gehobenen Hotelkategorie angehören (→ Deutsche Hotelklassifizierung). Die Aufenthaltsdauer pro Gast in der Hauptsaison sollte bei mindestens vier Nächten liegen (sofern nicht ortstypische Tourismusformen zu niedrigeren Zahlen führen). Zusätzlich müssen noch Freizeit-, Erholungs-, Sport- und Unterhaltungseinrichtungen und ein „gepflegtes und ausgeschildertes Wander- und Fahrradwegenetz" (Deutscher Tourismusverband & Deutscher Heilbäderverband 2005, S. 42) vorhanden sein. *(jwm)*

*Literatur*

Deutscher Tourismusverband (DTV); Deutscher Heilbäderverband 2005: Begriffsbestimmungen – Qualitätsstandards für die Prädikatisierung von Kurorten, Erholungsorten und Heilbrunnen. Bonn: DTV & Deutscher Heilbäderverband (12. Aufl.)

## Erlang C

Der dänische Mathematiker Agner Krarup Erlang entwickelte Anfang 2000 eine Methode, um die besondere Verteilungsproblematik bei Anrufen im → Call Center zu berechnen. Mit der von ihm entwickelten Formel (= Erlang C-Formel) läßt sich die Wahrscheinlichkeit und die durchschnittliche Dauer von Wartezeiten im Telefonvermittlungsbereich ermitteln, was in Call Centern zur Kapazitätsplanung erforderlich ist. Voraussetzung ist die in der Praxis in der Regel vorkommende Situation, daß in Spitzenzeiten alle Anrufer bis zur Entgegennahme ihres Anrufes endlos in der Warteschleife warten. Das bedeutet, daß weder das Besetztzeichen noch das Auflegen in der Formel berücksichtigt werden. Nach Erlang C läßt sich das Arbeitsvolumen wie folgt grob planen:

$$\text{Arbeitsvolumen } \alpha = \frac{\text{Anzahl der Anrufe x Bearbeitungszeit}}{3.600 \text{ Sekunden}}$$

Kritisch ist anzumerken, daß zur Detailplanung weitere Parameter gegeben sein müssen, die in der Erlang C-Formel nicht berücksichtigt werden, wie Ungeduld der Anrufer, heterogene Anrufergruppen (www.erlang.com). *(hdz)*

## Erlebnis
→ Erlebniswelten
→ Freizeitpark

## Erlebnisgastronomie
*atmosphere dining, entertained dining and variety*
→ Gastronomie, bei der das eigentliche Angebot (Speisen, Getränke, Service, Ambiente) um eine Erlebniskomponente erweitert wird. Die Versorgungsfunktion der Gastronomie tritt in den Hintergrund, die Unterhaltungsfunktion in den Vordergrund *(eatertainment; dinnertainment)*. Die Betriebe schaffen mit dem Erlebnis einen emotionalen Mehrwert, der für den Gast/Kunden einen Zusatznutzen darstellt (Flad 2002, S. 31 ff.; Wittersheim 2004, S. 10). Die inszenierten, multisensitiven und außergewöhnlichen Ereignisse sollen einen bewussten Kontrast zur Alltagswelt bieten (Opaschowski 2000, S. 47 ff.).

Beispiele für erlebnisgastronomische Konzepte sind Rittermahle, Restaurant-Theater (z. B. Eckart Witzigmann Palazzo; Pomp, Duck and Circumstance) oder Themenrestaurants (z. B. Planet Hollywood). Darüber hinaus kann die Erlebnisgastronomie als ergänzende Komponente in andere Erlebniswelten einfließen (z. B. in → Casino-Hotels, → Freizeitparks oder → Urban Entertainment Center).

Durch die zunehmende Zahl von Erlebnisgastronomien steigt der Wettbewerbsdruck ("Wettlauf der Erlebniswelten"), die Innovationszyklen verkürzen sich. Marktbereinigungen sind seit längerer Zeit zu beobachten. *(wf)*

*Literatur*
Flad, Patrick Oliver 2002: Dienstleistungsmanagement in Gastronomie und Foodservice-Industrie. Frankfurt am Main: Deutscher Fachverlag
Opaschowski, Horst W. 2000: Kathedralen und Ikonen des 21. Jahrhunderts: Zur Faszination von Erlebniswelten. In: Albrecht Steinecke (Hrsg.): Erlebnis- und Konsumwelten. München, Wien: Oldenbourg, S. 44-54
Wittersheim, Nicole 2004: Erlebnisgastronomie in Deutschland, Materialien zur Fremdenverkehrsgeographie, Heft 61. Trier: Geographische Gesellschaft Trier

## Erlebnispark
→ Freizeitpark

## Erlebnisurlaub
→ Aktivurlaub

## Erlebniswelten
*worlds of experience*

### 1 Erlebnisweltkategorien

Erlebniswelt gilt als Oberbegriff für die unterschiedlichen Erscheinungsformen von Unterhaltungsangeboten und deren Dienstleistungsangeboten im organisierten Freizeitbereich, in deren Mittelpunkt Vergnügen, Genuß, Ablenkung, Spiel, Glückszustände, aber auch Spannung, *thrill* und *kick* stehen. Die Erlebniserfahrung – gemeint ist die Wahrnehmung des Ungewöhnlichen und Andersartigen – führt zu hoher Faszination des Einzelnen, wobei dies über künstlich geplante und gestaltete sowie kommerziell ausgerichtete Freizeiteinrichtungen geschieht. Im Einzelnen fallen in die Kategorie Erlebniswelt alle themenorientierten → Freizeit- bzw. Vergnügungsparks wie Filmstudioparks, Natur-Themenparks, Safari-Parks, Brand-Parks sowie alle weiteren künstlich angelegten Attraktionswelten, die nicht ein durchgängiges Thema aufweisen. Neben diesen vor allem durch Tagestourismus geprägten und im ländlichen Bereich angesiedelten Erlebniswelten existieren städtische und stadtnahe Erlebniswelten, die meist eine enge Anbindung zu Shopping-Zentren mit hohem Freizeitwert eingehen, sowie → Urban-Entertainment-Center im innerstädtischen Bereich.

### 2 Erlebnisbegriff

Der den Erlebniswelten zugrunde liegende Erlebnisbegriff ist nicht eindimensional, sondern umfaßt sowohl verschiedene inhaltliche Ebenen als auch personenspezifische Bezugsebenen, nämlich das innere Geschehen (Erleben) und auch das äußere Geschehen (Erlebnishandeln/-verhalten). Zu dem inhaltlichen Bezug differenziert Schober (1993) zwischen folgenden Aspekten: exploratives Erleben (= suchendes, spielerisches Informieren); soziales Erleben (= Suche für eher unverbindliche Kontakte mit anderen); biotisches Erleben (= körperbezogenes Erleben); optimierendes Erleben (= Erlebnisgewinn über soziale Anerkennung). Eine andere Differenzierung findet sich bei Vester (2004), der sich an die klassische dimensionale Einteilung von Einstellung hält: eine kognitive Erlebnisdimension (Wahrnehmung bzw. Unterscheiden), eine affektive Dimension (gefühlsbezogenes Erfassen bzw. hervorgerufene Gefühle durch das Wahrgenommene); behaviorale Erlebnisdimension (= verhaltensbezogenes Erleben bzw. Verhaltensimpuls gebendes Erleben). Daneben existierten weitere Klassifikationen von Erlebnissen, und zwar nach Art und Weise des Erlebens (aktives – passives Erleben), nach den Erlebnisbereichen (Handlungsfelder für Erlebnisse) sowie nach der Dauer des Erlebens (Zeitlichkeit des Erlebens).

### 3 Faszinationskraft von Erlebniswelten

Die Faszination von Erlebniswelten für den Konsumenten liegt vor allem in folgenden Aspekten:

❖ Erlebniswelten garantieren die Möglichkeit von Mehrfach-Abenteuern mit Null-Risiko und lösen dadurch Glücksgefühle aus wie etwa Gefühle vollkommener Harmonie und völliger Entspannung, es kommt zur Vermittlung unbeschwerter Stimmungen, die Illusion von Geborgenheit kann sich einstellen, die Erfahrung einer ästhetisch künstlichen Atmosphäre ist möglich (artifizielle Natur-Ästhetik), ungewöhnliche Eindrücke sowie die Erfahrung der perfekten Illusion etc. treten auf. Insgesamt kann es dadurch zu sogenannten *Flow-Effekten* kommen.

❖ Erlebniswelten bieten die Möglichkeit der Erlebniswiederholung, also eine Unendlichkeit der oben angeführten Gefühlserfahrungen.

❖ Erlebniswelten ermöglichen auch die Selbststeuerung von Erlebnissen sowie die Utopie des Selbsterlebens. Eigeninitiative und Eigenerleben werden suggeriert.

❖ Schließlich bieten Erlebniswelten dem Einzelnen die Illusion an, gegen die Erfahrung des Massendaseins agieren zu können, da sie individualistische Abgrenzung über nur selbst erfahrbare, selbst verarbeitbare Erlebnisse ermöglichen.

Neben diesen psychosozialen Faszinationsmomenten kommen auch rein pragmatische Aspekte für die Faszinationskraft von Erlebniswelten zum Tragen wie flexible Verweildauer, witterungsunabhängig und eher leicht buchbar, Angebot eines fertigen Produkts mit Gastronomie/Hotellerie-Entertainment, hohe Sicherheitsstandards sowie Prestigegewinn.

## 4  Auswirkungen von Erlebniswelten

Die Auswirkungen von Erlebniswelten werden heute im Wesentlichen auf drei Ebenen dargestellt und meist kontrovers diskutiert, es sind dies eine ökologische, soziokulturelle und ökonomische Ebene.

### 4.1 Ökologische Ebene

Ökologisch gelten zwei konträre Interpretationen: Eine, die von einer Ressourcen schonenden Variante für Naturräume und Landschaften ausgeht, da es zu einer räumlichen Zentrierung des freizeitbezogenen Flächenbedarfs und des Verkehrsaufkommens kommt; die andere Interpretationsvariante spricht von einem intensiven Flächen-, Energieverbrauch mit erheblichen punktuellen Verkehrsbelastungen und ästhetischen Beeinträchtigungen (Müller 1999).

### 4.2 Soziokulturelle Ebene

Die soziokulturellen Auswirkungen werden ebenfalls konträr beurteilt. Die Interpretationen auf dem negativen Pol lauten etwa: Störung gewachsener Sozialstrukturen, erhöhtes Konfliktpotential zwischen Ferienkultur und ortsansässiger Kultur, Entfremdung der Einheimischen mit der vertrauten Umgebung, Reduzierung der Vielfalt und Senkung der Attraktivität einer Region, Verlust regionaler und kultureller Identität (Baumgartner 2001, S. 48f.). Umgekehrt lassen sich zu allen genannten Vorwürfen positive Beurteilungen im Sinne von Ergänzung und Bereicherung des sozialen und kulturellen Umfelds, der Identität etc. anführen. Konkrete empirische Untersuchungen liegen dazu selten vor (Bachleitner & Penz 2000).

### 4.3 Ökonomische Ebene

Die ökonomischen Effekte von Erlebniswelten werden, sowohl was die direkten (Arbeitsplätze) als auch die indirekten Effekte (Kaufkrafterhöhung) für die Region betrifft, überwiegend positiv beurteilt, wenngleich auch hier kritische Stimmen von Überteuerung in der Region, verstärkten Kommerzialisierungsprozessen und finanziellen Abhängigkeiten von der Erlebniswelt sprechen. Auch geringe positive Arbeitsplatzeffekte und hohes Betriebsrisiko (Investitions- und Betriebskosten) werden im negativen Kontext angeführt.

## 5  Gesellschaftliche Gründe und Ursachen für die Entstehung von Erlebniswelten

Für die Entstehung von Erlebniswelten werden aus einer soziologischen Perspektive folgende Gründe angeführt: Vor allem der Wertewandel in postmodernen Gesellschaften – und zwar weg von den Pflicht- und Akzeptanzwerten hin zu den Selbstentfaltungswerten – trage zur

Entstehung bei, ebenso wie auch ein grundsätzlicher Individualisierungsschub in der Gesellschaft zu spezifischen freizeit- und konsumorientierten Lebensstilen führe. Kurz: Die emotionale Selbstthematisierung mit der Möglichkeit der Kommerzialisierung von → Emotion führe zwangsläufig zur Entstehung von Erlebniswelten. Neben diesen gesellschaftsbezogenen Einflußfaktoren kommt eine Reihe von pragmatischen Faktoren zur Erklärung des Erlebnisweltenbooms zum Tragen wie die veränderten Freizeitstrukturen (Blockfreizeiten), Präferenz von Kurzurlauben in wirtschaftlichen Krisenzeiten im Vergleich zu den früheren Langzeiturlauben sowie eine erhöhte Bereitschaft zur Mobilität und hohe Sozialtechnologie von Erlebniswelten (Sicherheit, geregelter Ablauf, Abgeschlossenheit) und für viele ein mit dem Besuch verbundener Prestigegewinn. → Freizeitpark *(rb)*

*Literatur*
Bachleitner, Reinhard 2004: Erlebnis kritisch betrachtet. In: H. Jürgen Kagelmann, Reinhard Bachleitner & Max Rieder (Hrsg.): Erlebniswelten. Zum Erlebnisboom in der Postmoderne. München, Wien: Profil, S. 16–20

Bachleitner, Reinhard; Otto Penz 2000: Massentourismus und sozialer Wandel. Tourismuseffekte und Tourismusfolgen in den Alpen. München, Wien: Profil

Baumgartner, Christian; Tobias Reeh 2001: Erlebniswelten im ländlichen Raum. Ökonomische und soziokulturelle Auswirkungen. München, Wien: Profil

Kagelmann, Jürgen 1998: Erlebniswelten. Grundlegende Bemerkungen zum organisierten Vergnügen. In: Max Rieder, Reinhard Bachleitner & H. Jürgen Kagelmann (Hrsg.): ErlebnisWelten. Zur Kommerzialisierung der Emotionen in touristischen Räumen und Landschaften. München, Wien: Profil, S. 58-94

Müller, Hansruedi; Martin Flügel 1999: Tourismus und Ökologie, Wechselwirkungen und Handlungsfelder. Bern: Gerber AG (= Berner Studien zu Freizeit und Tourismus Nr. 37)

Schober, Reinhard 1993: (Urlaubs)Erleben, (Urlaubs)Erlebnis. In: Heinz Hahn & H. Jürgen Kagelmann (Hrsg.): Tourismuspsychologie, Tourismussoziologie. München: Quintessenz, S. 137-140

Vester, Heinz-Günther 2004: Das Erlebnis begreifen. Überlegungen zum Erlebnisbegriff. In: H. Jürgen Kagelmann; Reinhard Bachleitner & Max Rieder (Hrsg.): Erlebniswelten. Zum Erlebnisboom in der Postmoderne. München, Wien: Profil, S. 9-15

## Ertragsmanagement

*yield-, revenue management*

Ertragsmanagement ist die Steuerung saisonal stark schwankender Nachfrage nach weitgehend fixen Angeboten von Dienstleistungen durch prognosenbasierte Preise und Konditionen mit dem Ziel einer ertragsoptimalen Auslastung der angebotenen Kapazitäten.

Entwickelt wurden die dafür notwendigen Methoden bereits seit den 1960er Jahren von den großen us-amerikanischen → Netzfluggesellschaften. Voraussetzung für ihre Anwendung war die Darstellung der Buchungen für jeden einzelnen Flug in Echtzeit. Dies ist nur möglich über → Computerreservierungssysteme (CRS). Das erste davon war → Sabre (engl. für Schwert und gleichzeitig die Abkürzung von *Semi Automated Business Research Environment*), das von American Airlines initiiert und betrieben wurde. Mit dem Einsatz der ersten CRS-Terminals in Reisebüros wurde das Ertragsmanagement vor allem nach der Deregulierung des us-amerikanischen Luftverkehrsmarktes 1978 (→ Liberalisierung des Luftverkehrsmarktes) eingesetzt, als es zu dem gewünschten Preiswettbewerb vor allem zwischen etablierten und neu gegründeten Fluggesellschaften kam. Mittlerweile betreiben praktisch alle Fluggesellschaften Ertragsmanagement. Die unterschiedlichen Zielgruppen von traditionellen Linienfluggesellschaften (→ Fluggesellschaften) und → Billigfluggesellschaften haben dabei auch zu verschiedenen methodischen Ansätzen des Ertragsmanagements geführt, auf die weiter unten eingegangen wird. Auch Reiseveranstalter, Mietwagenunternehmen und Hotels wenden entsprechende Methoden mittlerweile zur Maximierung ihrer Erlöse an (vgl. Tscheulin & Lindenmeier 2003). Bei allen Differenzen im einzelnen ist allen diesen Ansätzen jedoch das Ziel der ertragsoptimalen Auslastung der vorgehaltenen Kapazitäten gemein.

## 1 Traditionelle Linienfluggesellschaften

Diese Fluggesellschaften hatten ursprünglich in erster Linie die Aufgabe, der Wirtschaft die für ihre Geschäfte notwendigen Flugverbindungen zur Verfügung zu stellen. Ihre Tickets wurden entsprechend zu sehr hohen Preisen primär an Geschäftsleute verkauft. Geschäftsreisen werden, anders als Urlaubsreisen, in der Regel nicht langfristig geplant, sondern kurzfristig notwendig und können auch ebenso kurzfristig wieder geändert werden. Es ging also nicht nur um den Beanspruchungsnutzen (= die Beförderung), sondern ebenso auch um den Bereitstellungsnutzen (= die jederzeitige Verfügbarkeit eines Fluges; vgl. Maleri 1991, S. 186). Um Passagieren die entsprechende Flexibilität zu ermöglichen, waren Flugtickets vollständig rückerstattungsfähig oder auf andere Flüge umbuchbar. Linienfluggesellschaften konnten daher nicht davon ausgehen, daß alle für einen Flug gebuchten Passagiere auch tatsächlich zum Abflug erschienen. Um zu vermeiden, daß ein Flug,

obwohl voll gebucht, aufgrund nicht erscheinender Passagiere (→ No Shows) mit einer größeren Anzahl leerer Sitze startet, hat man die Flüge aufgrund von Erfahrungswerten überbucht. D.h., es wurden mehr Passagiere auf einen Flug gebucht, als das eingesetzte Fluggerät an Sitzen hat. Orientierte man sich bei der Buchung nur an der Sitzplatzkapazität eines Flugzeuges, würde man in vielen Fällen auch Passagiere zurückweisen, die diesen Flug gerne genutzt hätten. Die daraus resultierenden fehlenden Einnahmen belasten als Kosten *(lost opportunity costs)* die Fluggesellschaft.

## 1.1 Überbuchung

Die erste Aufgabe des Ertragsmanagements besteht also darin, dafür zu sorgen, daß die angebotenen Flüge auch tatsächlich in Anspruch genommen werden. Nach den Erfahrungen einiger Fluglinien werden ca. 50 Prozent aller Buchungen für einen bestimmten Flug innerhalb des Buchungszeitraums entweder storniert bzw. umgebucht oder durch No Shows nicht in Anspruch genommen. Der Anteil der No shows liegt nach diesen Angaben bei ca. 15 Prozent der jeweils angebotenen Flugzeugsitze (Smith, Leimkuhler & Darrow 1992). Um die daraus entstehenden Kosten zu verringern, werden die Flüge also systematisch überbucht. Wichtig bei der Überbuchung ist die Trennung von Gruppen- und Einzelbuchungen. Gruppen wie zum Beispiel solche eines → Reiseveranstalters erscheinen in der Regel immer vollzählig zu einem Flug und bei den gebuchten Rückflügen kann davon ausgehen, daß alle, die den Hinflug angetreten haben, auch den gebuchten Rückflug nutzen werden.

Da Linienflüge in der Regel bis zu einem Jahr im voraus buchbar sind, liegen die Grenzen für das Überbuchen zu Beginn hoch und werden, je näher der Abflugtermin rückt, immer niedriger angesetzt, bis schließlich nur die am Flugtag aufgrund von Erfahrungswerten zugelassene Überbuchungsrate akzeptiert wird. Diese Überbuchungsgrenzen sind notwendig, weil aus der zunächst kosten-neutralen Überbuchung ein kostenintensiver Überverkauf werden kann, wenn mehr Fluggäste erscheinen, als aufgrund der Erfahrungswerte zu erwarten war. Daraus entstehen der Fluggesellschaft Fehlmengenkosten. Diese Kosten werden veranlaßt durch:

❖ *upgrading,* d.h., Passagiere einer überbuchten niedrigeren → Beförderungsklasse (Economy/Business) werden ohne Aufpreis auf noch freie Plätze der nächsthöheren (Business/First) transportiert;

❖ die Beschaffung alternativer Flugmöglichkeiten, zum Beispiel bei einer konkurrierenden Fluggesellschaft;

❖ die Übernahme von Kommunikationskosten für abgewiesene Passagiere, die zum Beispiel auf einen späteren Flug gebucht werden;

❖ die Übernahme von Hotelkosten, wenn keine alternativen Buchungsmöglichkeiten bestehen und

❖ die nach der EU-Verordnung 26/2004 in allen Ländern der Europäischen Union gesetzlich vorgeschriebenen Kompensationszahlungen für den Zeitverlust der Passagiere, die wegen Überbuchung nicht mitgenommen werden konnten (Denied Boarding Compensation);

❖ den Imageverlust, den die Fluggesellschaft bei den fest gebuchten und dann doch noch abgewiesenen Passagieren erleidet.

Rein betriebswirtschaftlich kann der optimale Überbuchungsgrad definiert werden als der Punkt, an dem die Summe

aus Leer- und Fehlmengenkosten ein Minimum erreicht (Krüger 1990). Der Imageverlust ist in dieser Definition nicht enthalten, weil seine Auswirkungen nicht direkt in Kosten auszudrücken sind. Da jedoch davon auszugehen ist, daß eine Fluggesellschaft von einmal zurückgewiesenen Passagieren bei alternativen Angeboten in Zukunft eher gemieden wird, wird der betriebswirtschaftlich optimale Überbuchungsgrad in der Regel unterschritten, um dieses Risiko zu verringern. Deshalb werden in der Regel nur die Kunden, die zu reduzierten Sondertarifen gebucht haben und damit der Fluggesellschaft einen geringeren Erlös bringen, abgewiesen (Lindenmeier & Tscheulin 2005, S. 119). Um zu vermeiden, daß Passagiere mit hohem Kundenwert zurückbleiben, bieten Fluggesellschaften andererseits ihren besten Kunden unabhängig von der gewählten Beförderungs- bzw. Buchungsklasse die Garantie der Mitnahme auch bei überbuchten Flügen. Dazu werden dann unter den bereits eingecheckten Passagieren (→ Check-in) Leute gesucht, die terminlich nicht eingeschränkt sind und gegen eine erhöhte Kompensationszahlung bzw. einen Fluggutschein bereit sind, auf ihren Platz auf dem gebuchten Flug zu verzichten und einen späteren Flug zu nehmen. Andererseits muß man sehen, daß der Überverkauf in manchen Fällen auch weitgehend kostenneutral sein kann, wenn Passagiere auf einen zeitnahen anderen Flug der gleichen Gesellschaft gebucht werden können *(recapture).* Dies geht jedoch nur auf Strecken mit einer entsprechend hohen Flugfrequenz.

Um die Fehlmengenkosten durch Überverkauf so minimal wie möglich zu halten, ist deshalb eine der Aufgaben der Ertragssteuerung die Bestimmung des optimalen Überbuchungsgrades für jeden

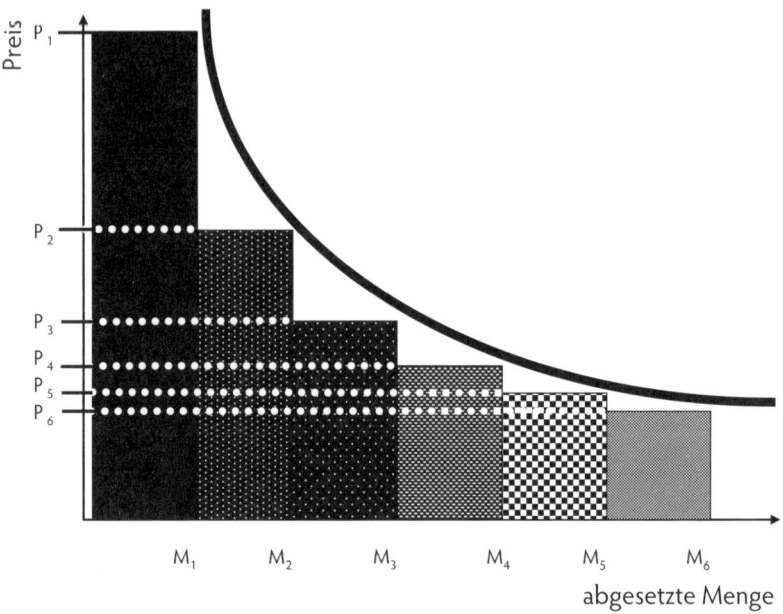

**Abbildung:** Ertragsmanagement
(Quelle: nach Daudel & Vialle 1992; Helbing 2001, 1992)

einzelnen Flug, um die Erträge zu optimieren und Fehlmengenkosten zu vermeiden.

### 1.2 Preise und Konditionen

Die Kapazität von Flugzeugen ist relativ starr und ihre Anschaffungskosten sind sehr hoch. Eine Boeing 747-400 kostet zum Beispiel – je nach Ausstattung – zwischen 228 und 260 Millionen US$ (Listenpreise 2007). Auch muß eine entsprechende Zahl von Besatzungen pro Flugzeug eingestellt und bezahlt werden. Der Anteil der Fixkosten an den Gesamtkosten einer Fluggesellschaft ist also sehr hoch. Gleichzeitig ist die Nachfrage jedoch starken Schwankungen ausgesetzt. Dies kann nur zum Teil durch den Einsatz von → Flugzeugen unterschiedlicher Kapazität ausgeglichen werden, weil (zum Beispiel wegen mangelnder Reichweite) nicht alle Flugzeuge auf

allen Strecken eingesetzt werden können. Zudem müssen die → Flugzeugumläufe so geplant werden, daß die → Flugzeuge zur richtigen Zeit an den Orten mit der stärksten Nachfrage sind. Dadurch sind auch Strecken zu bedienen, die man ohne diesen Positionierungszwang eher nicht fliegen würde. Dasselbe Flugzeug muß also auf verschiedenen Strecken mit unterschiedlicher Nachfragegröße und -struktur (zum Beispiel Verhältnis Geschäfts- zu Privatreisenden) eingesetzt werden, deren nachgefragte Kapazitäten zudem noch im Rhythmus täglicher, wöchentlicher und jährlicher Saisonzeiten schwanken.

Die Größe des verwendeten Fluggeräts richtet sich bei Linienfluggesellschaften meist nach dem Spitzenbedarf, weil man möglichst keine Kunden wegen eventueller Übernachfrage abweisen und an die Konkurrenz verlieren will. Auf vielen Flügen blieben deshalb ohne weitere Maßnahmen die vorgehaltenen Kapazitäten zum Teil ungenutzt. Da sowohl Flugzeuge, die am Boden stehen wie auch jeder leere Sitz auf einem Flug nur Kosten verursachen, bietet man die Überkapazitäten zu günstigeren Preisen an, um damit die Nachfrage zu stimulieren. Man verwendet also die Preis-Absatz-Funktion, wie sie in der Abbildung dargestellt ist. Zum Preis $P_1$ kann nur die Menge $M_1$ abgesetzt werden. Mit der Einführung des niedrigeren Tarifes $P_2$ kann jedoch zusätzlich auch die Menge $M_2$ verkauft werden usw. Allerdings besteht dabei die Gefahr, daß es nur zu einer allgemeinen Verbilligung der → Dienstleistung und damit zu einer Verminderung der Erträge (Umsatzverdrängung) kommt. Ziel bei der Gestaltung der Konditionen für die verschiedenen Preiskategorien ist aber die Ertragsmaximierung, das heißt, daß günstigere Tarife mit solchen Einschränkungen verknüpft werden, die möglichst keine Kunden vom Normaltarif zu einem niedrigeren Preisangebot wechseln lassen *(fencing)*.

Die Normaltarife sind vor allem auf die Bedürfnisse von Geschäftsreisenden zugeschnitten. Sie sind vor allem flexibilitätsempfindlich und wollen jederzeit in der Lage sein, ihre Passagen umzubuchen. Für sie ist der Bereitstellungsnutzen also nahezu ebenso wichtig wie der Beanspruchungsnutzen (s.o.). Er läßt sich nur durch eine strukturelle Überkapazität erreichen, die natürlich mit entsprechend höheren Kosten verbunden ist. Anders läßt sich die Nachfrage nach kurzfristigen Geschäftsreisen nicht befriedigen. Dabei spielt der Preis nur eine untergeordnete Rolle, denn geschäftliche Termine müssen in jedem Fall wahrgenommen werden. Niedrigere Preise führen i.d.R. nicht zu mehr Geschäftsreisen.

Das Umgekehrte gilt für Privatreisende. Sie sind in der Regel nicht flexibilitäts-, sondern preisempfindlich. Wer eine Urlaubsreise macht oder zu einer Familienfeier fliegt, will dies zu einem ganz bestimmten Zeitpunkt tun. Hier geht es also nahezu ausschließlich um den Beanspruchungsnutzen. Entsprechend werden solche Reisen länger im Voraus geplant. Je günstiger der dafür verlangte Preis ist, desto größer wird auch die Nachfrage dieser Gruppe nach Flügen. Unbesetzte Flugsitze verursachen nur Kosten, denen keinerlei Einnahmen gegenüberstehen. Deshalb ist es sinnvoll, Flugpassagen regelmäßig auch unter den eigenen Produktionskosten pro Flugsitz auf einer Strecke zu verkaufen, sofern sie nicht unterhalb der variablen Kosten (zum Beispiel Kosten für den Bordservice) liegen. Schließlich werden so immer noch Einnahmen erzielt, die zumindest einen Teil der Kosten decken (→ Deckungsbeitrag) und auf das Gesamtjahr gerechnet durchaus über Gewinn oder Verlust des Unternehmens entscheiden können.

Die auf die Gruppe der Privatreisenden zielenden günstigeren Sondertarife werden mit Flexibilitätsrestriktionen belegt, um sie für Geschäftsreisende unattraktiv zu machen und damit Umsatzverdrängungen durch das eigene Angebot zu vermeiden. Zu den Konditionen, mit denen man Geschäfts- von Privatreisenden gut voneinander trennen kann, gehören Vorausbuchungsfristen, hohe Umbuchungsgebühren bzw. gar keine Umbuchungsmöglichkeiten, Mindestaufenthaltsdauern oder die Forderung, daß mindestens die Nacht von Samstag auf Sonntag im Reisezeitraum liegen muß *(sunday rule)*.

Diese Sondertarife werden mit den dazugehörigen Konditionen in unterschiedlichen → Buchungsklassen zusammengefaßt und für jeden Flug mit maximalen Kontingenten versehen. Zwischen den verschiedenen Buchungsklassen mit Sondertarifen handelt es sich um eine Preisdifferenzierung, d.h., das gleiche Produkt wird zu unterschiedlichen Preisen abgesetzt. Vollzahlertickets sind dagegen ein anderes Produkt, weil sie als wesentliches Element die volle Flexibilität enthalten, die über die Bereitstellung kurzfristig nutzbarer Kapazitäten realisiert werden kann. Um die damit verbundenen stark differierenden Preise plausibler zu machen, versucht man, diese nicht sichtbaren Produktelemente durch sichtbare wie besondere Servicekonzepte in der Luft (Nichtbesetzen des Mittelsitzes, Getränke, Mahlzeiten, Zeitungen usw.) und am Boden (→ Lounges) zu ergänzen.

Ziel des Ertragsmanagements ist es, für jeden Flug nicht die höchste, sondern die ertragsoptimale Auslastung zu erreichen, ohne daß ein fest auf einen Flug gebuchter Passagier abgewiesen werden muß. Auf der Basis der Erfahrungen aus der Vergangenheit und von aktuellen, das Reiseverhalten beeinflussenden Faktoren (Schulferien, Messetermine, Sicherheitslage usw.) läßt sich dafür eine Bandbreite des Buchungsverlaufes in den verschiedenen Buchungsklassen festlegen. Zur Korrektur eines aus diesem Rahmen fallenden Buchungsverlaufes wird die Nachfrage über die Freigabe oder Schließung der vorab festgelegten Tarifkontingente (Buchungsklassen) gesteuert. Liegen die Ist-Zahlen zu einem bestimmten Zeitpunkt unter dem Soll, lassen sich weitere Kontingente mit billigeren Tarifen öffnen; liegen sie über dem Soll, kann man diese Kontingente schließen und akzeptiert nur noch Vollzahler, die auch Sitze belegen können, die ursprünglich für Sondertarife vorgesehen waren. Um die jeweils höherwertigen Buchungsklassen gegenüber den niedrigeren zu schützen, werden die Kontingente also derart ineinander geschachtelt *(nesting)*, daß bei entsprechend hoher Nachfrage theoretisch alle Flugscheine zum Normaltarif verkauft werden könnten. Wettbewerbsrechtliche Einschränkungen zwingen jedoch zu tatsächlich verfügbaren Mindestkontingenten für die beworbenen niedrigeren Buchungsklassen. Ist die niedrigste Buchungsklasse nicht mehr verfügbar, werden viele, die ursprünglich wegen des günstigsten Sondertarifs ihre Reise geplant hatten, trotzdem ihre Reise buchen. In diesem Fall haben die niedrigsten Sondertarife eine ‚Lockvogelfunktion‘, weil dann oft eine höhere Tarifklasse gebucht wird *(upsell)*.

Um auch eine ertragsoptimale Auslastung von Direktflügen mit Zwischenstopp bzw. von Kombinationen unterschiedlicher Flüge (zum Beispiel Zubringer- und Langstreckenflug) zu erreichen, muß dieses System im Prinzip auf das gesamte Netz einer Fluggesellschaft ausgedehnt werden. Um die Komplexität dieses Verfahrens zu verringern, werden die Tarife für Gesamt- und Teilstrecken nach ihrer Wertigkeit geordnet und in sogenannten virtuellen Kategorien *(buckets)* zusammengefaßt, die dann übergreifend als die entscheidungsrelevanten Buchungsklassen fungieren.

Die immer weitere Verfeinerung des hier nur in groben Zügen beschriebenen Ertragsmanagements bei den großen → Netzfluggesellschaften führte zu einer immer größeren Tarifvielfalt und teilweisen Unübersichtlichkeit mit der Folge, daß viele (potentielle) Kunden dadurch zum Teil mehr verwirrt als für ihre Buchungsentscheidungen motiviert wurden.

## 2 Vereinfachtes Modell der Billigfluggesellschaften

Die → Billigfluggesellschaften haben ihren Markterfolg deshalb auch wegen ihrer einfacheren und übersichtlicheren Tarifstruktur erreicht. Die meisten Fluggesellschaften in diesem Marktsegment verkaufen nur einfache Flüge *(one-way tickets)*, Rückflüge müssen extra gebucht werden. Damit gibt es hier auch nicht das Problem der nicht angetretenen Rückflüge von Tickets mit Sonderpreisen, das die Vorhersage der No Shows bei den traditionellen Netzfluggesellschaften erschwert (Kreuzflüge, → kreatives Ticketing). Zudem werden keine Umsteigeverbindungen angeboten. Auch wird auf Buchungsklassen verzichtet, und es werden lediglich zwei Preissteuerungsprinzipien kombiniert: der Wochentag bzw. die Tageszeit und die verbleibende Zeit bis zum Abflug. Mittlerweile haben einige Netzfluggesellschaften für ihre Sondertarife auf Kurz- und Mittelstrecken wesentliche Teile dieses Preismodells übernommen.

Auf Flugstrecken, die vor allem von Urlaubern genutzt werden, „ist dienstags und mittwochs mit weniger Fluggästen zu rechnen als montags und freitags (Wochenpendler) sowie samstags und sonntags (Wochenendtouristen bzw. Kurzurlauber)" (Spann *et al.* 2005, S. 58). Entsprechend können hier wie auch an und um Feiertage die Preise an den Wochenenden höher sein als in der Wochenmitte. Umgekehrt sind auf Strecken, die eher von Geschäftsreisenden genutzt werden, die Wochenendtermine günstiger und die Flüge von Montag bis Freitag teurer (a.a.O.). Darüber hinaus können die für Geschäftsleute attraktiven Tagesrandverbindungen in der Regel teurer angeboten werden als andere Flüge.

Je früher man bucht, desto niedriger ist der Tarif. Durch die sehr niedrigen Einstiegstarife werden vor allem diejenigen Gruppen unter den Privatreisenden angesprochen, die bislang noch keine oder kaum Flugreisen gemacht haben. Auch für Geschäftsreisende sind Angebote von Billigfluggesellschaften oft interessant, weil selbst die beim kurzfristigen Buchen in der Regel verlangten teuersten Tarife häufig noch billiger sind als die kurzfristig buchbaren Vollzahlertickets bei traditionellen Linienfluggesellschaften. Da die kurzfristige Bereitstellung von Kapazitäten nicht zum Nutzenkonzept einer Billigfluggesellschaft gehört, ist die Wahrscheinlichkeit jedoch deutlich höher als bei einer traditionellen Linienfluggesellschaft, daß Flüge kurzfristig nicht mehr buchbar sind. Bei sehr häufig am Tag bedienten Strecken läßt sich dieses Risiko durch die steigende Wahrscheinlichkeit eines leeren Platzes jedoch minimieren – so fliegt zum Beispiel → EasyJet bis zu zwölf Mal täglich zwischen Amsterdam und verschiedenen Londoner Flughäfen. Wenn sich eine höhere als die geplante Nachfrage von Flügen abzeichnet, kann man die Preise auch früher anheben, um wiederum eine ertragsoptimale Auslastung der Flugzeuge zu erreichen. Umgekehrt können die Preise niedriger gehalten oder gesenkt werden, wenn der Verkauf unter den Erwartungen verläuft.

## 3 Reiseveranstalter

Eine der ältesten Methoden der Ertragssteuerung ist die Einführung von Saisonpreisen, wie sie in vielen → Destinationen in → Hotels und → Hotelpensionen üblich sind. Wenn im Sommer und/oder in Ferienzeiten die Nachfrage hoch ist, werden hohe Preise verlangt (Hauptsaison), zu Zeiten geringerer Nachfrage (Nebensaison) werden sie heruntergesetzt, um die Nachfrage zu stimulieren und eine bessere Auslastung der Kapazitäten über den gesamten Öffnungszeitraum zu erreichen. Auch → Reiseveranstalter bedienen sich dieses Instrumentes. Darüber hinaus geht es bei ihnen aber auch um die ertragsoptimale Angebotsgestaltung für eine sich unterschiedlich entwickelnde Nachfrage nach Destinationen und einzelnen Hotels. Allerdings sind den Veranstaltern – anders als den → Fluggesellschaften – hier rechtliche Grenzen gesetzt, weil die Preise in den Katalogen, die jeweils für eine Saison (Sommer oder Winter) gültig sind, veröffentlicht werden müssen und daher nicht kurzfristig geändert werden können. Gegen niedrigere als die veröffentlichten Preise gibt es dabei allerdings keine Bedenken. Die klassische Variante des Ertragsmanagements für Reiseveranstalter ist daher der Verkauf von Last minute-Angeboten. → Pauschalreisen, die bis einige Wochen vor dem geplanten Abreisetermin nicht gebucht wurden und für die entsprechende nur noch eine sehr geringe Wahrscheinlichkeit besteht, zu den normalen Preisen und Konditionen noch abgesetzt zu werden, werden preislich so stark reduziert (zum Beispiel um 40-50 Prozent), daß sie kurzfristig noch schnell entschlossene Käufer finden. Wenn die kalkulierte Gewinnschwelle für solche Pakete mit den Normalpreisangeboten schon erreicht wurde, die Fixkosten also bereits gedeckt sind, entspricht der Verkaufspreis minus der variablen Kosten (= → Deckungsbeitrag) dem Gewinn für jede weitere verkaufte Reise. Vor diesem Hintergrund kann man zur Nachfragestimulierung die Preise sehr stark reduzieren und gleichzeitig viel Geld verdienen. Liegt man dagegen noch in der Verlustzone, können Verluste dadurch verringert und unter günstigen Umständen kann sogar noch die Gewinnschwelle erreicht werden. Es lohnt sich also in jedem Falle, stark verbilligte Kurzfristangebote zur Ertragssteigerung auf den Markt zu bringen. Ob man dies selber tut oder über einen Spezialisten wie L'Tur oder eine Kombination aus beidem, entscheidet jeder Reiseveranstalter vor dem Hintergrund seiner strategischen Ausrichtung und den Entwicklungen auf dem Markt. Eine Erhöhung der Preise durch den Reiseveranstalter bei höherer als der erwarteten Nachfrage, also die flexible Ausnutzung höherer Zahlungsbereitschaften, ist dagegen nach der derzeitigen Rechtslage (→ Reiserecht) für den Reiseveranstalter, der aus einem gedruckten Katalog verkauft, nicht möglich. Wird eine Reise dagegen nicht aus einem Katalog angeboten, sondern individuell für den Kunden aus Reisebausteinen zusammengesetzt (→ Dynamic packaging), kann man durchaus mit flexiblen Preisen arbeiten, die entsprechend der Nachfrageentwicklung angepaßt werden können. Dies ist zum Beispiel über die Internetseiten eines Reiseveranstalters oder Internetportale wie → Expedia möglich.

Es gibt für einen traditionell über den Katalog verkaufenden Reiseveranstalter aber andere Möglichkeiten der Ertragssteuerung. Die beiden wichtigsten Produktelemente einer Flugpauschalreise, Flug und Hotel, lassen sich ertragsoptimal miteinander kombinieren. Es geht dabei darum, den Mix aus Flugzeugsitz, Hotelbett und eventuellen Zusatzleistungen mit den höchsten Erträgen für jede Buchungsanfrage in ein Zielgebiet zu finden. Hierbei ist eine Gliederung nach unterschiedlichen Kriterien möglich. Die erste Möglichkeit besteht darin, die jeweiligen Deckungsbeiträge der Produktelemente zu addieren und die entsprechenden

Kombinationen nach ihrer Wertigkeit zu ordnen. Die mit den höchsten Gesamtdeckungsbeiträgen sind dann gegenüber denjenigen mit geringeren Werten zu präferieren (vgl. Helbing 2001). Bei unterschiedlich langen Reisen (zum Beispiel eine Woche gegen zwei Wochen) haben zwei Buchungen für aufeinanderfolgende Reisen für den Veranstalter einen höheren Wert als die Buchung einer zweiwöchigen Reise, weil dann statt zwei vier Flüge mit den jeweiligen Deckungsbeiträgen in Anspruch genommen werden. Eine weitere Alternative liegt in der Staffelung nach Risiken: Je verpflichtender Vereinbarungen gegenüber → Leistungsträgern sind, desto höher ist die Priorität für die Buchung eines entsprechenden Angebotes. Von den Hotels in den Zielgebieten wären also generell solche mit → Garantieverträgen denen mit reinen → Allotmentverträgen vorzuziehen. Auch bei den Garantieverträgen kann wieder differenziert werden nach solchen mit täglicher Garantie (die Differenz unterhalb der vereinbarten Auslastung wird auf Tagesbasis getragen) und solchen mit kumulativer Garantie (hier werden die Differenzen über den Saisonverlauf ausgeglichen – Perioden höherer Auslastungen können also mit solchen unterhalb der garantierten Auslastung gegengerechnet werden; vgl. Hofmann 2007, S. 251 f.). Es ist klar, daß hier die Buchung von Häusern mit täglicher Garantie Vorrang hat. Bei vertikal integrierten Reisekonzernen (→ vertikale Integration) werden die Buchungen bei den konzerneigenen Ferienfluggesellschaften und Hotels gegenüber solchen von Fremdanbietern vorgezogen.

Voraussetzung dafür ist aber, daß man wie eine Fluggesellschaft auch über ein funktionierendes Prognosemodell verfügt, das Auskunft darüber geben kann, wie hoch die Wahrscheinlichkeit für jede dieser Buchungen ist. Dies setzt voraus, daß man die in der Vergangenheit getätigten Buchungen genau analysiert, mit den aktuellen Buchungsentwicklungen vergleicht und über ein quantifizierbares Modell von externen Einflußfaktoren auf das Buchungsverhalten verfügt (Hilz 2007, S. 531 ff.).

## 4 Andere touristische Anbieter

Wie schon an dem oben genannten Beispiel der Saisonpreise für Beherbergungsbetriebe deutlich wurde, betreiben auch → Hotels ein mehr oder weniger differenziertes Ertragsmanagement. Für Ferienhotels, die viel über Reiseveranstalter vertreiben, ist auch die → Überbuchung ein wichtiges Instrument zur optimalen Auslastung ihrer Zimmer. Da Reiseveranstalter im Rahmen der marktüblichen → Allotmentverträge die reservierten Zimmer bis zu einem bestimmten Termin (→ Rückfallfrist) kostenlos wieder an die Hotels zurückgeben können (üblich sind 14 Tage vor Reiseantritt), wird in der Regel mehr Kapazität vertraglich zugesichert, als tatsächlich belegt werden kann. Damit es nicht zum Überverkauf mit all den daraus auch für den Reiseveranstalter unangenehmen Folgen (→ Reiserecht) kommt, müssen die zulässigen Überbuchungsraten hier aufgrund von Vergangenheitsdaten und Entwicklungen in den Quellmärkten abgeschätzt werden. Stadthotels, die in der Woche vor allem von Geschäftsreisenden genutzt werden, legen oft spezielle verbilligte Angebote für Privatreisende auf, um auch an den Wochenenden eine akzeptable Zimmerauslastung zu erreichen. Vor allem große Hotels und → Hotelketten versuchen, ähnlich wie Fluggesellschaften, über flexible Preise die Zahlungsbereitschaften der Gäste auszuschöpfen. Je höher die Nachfrage, desto höher werden auch die Preise.

Mietwagenunternehmen(→ Mietwagen) stehen einer ähnlichen Nachfragestruktur gegenüber wie Stadthotels: In der Woche werden ihre Fahrzeuge von Geschäftsreisenden an Flughäfen und Bahnhöfen nachgefragt, an den Wochenenden besteht nur wenig Bedarf für ihre Angebote. Entsprechend werden auch hier in der Regel deutlich geringere Preise für Anmietungen am Wochenende verlangt. Auch hier variieren die Preise bei vielen Anbietern entsprechend der Nachfrage, so daß je nach Datum das gleiche Fahrzeug zu unterschiedlichen Preisen angeboten wird. *(jwm)*

*Literatur*
Daudel, Sylvain; Georges Vialle 1992: Yield Management. Erträge optimieren durch nachfrageorientierte Angebotssteuerung. Frankfurt am Main: Campus (Orig.: Le Yield-Management. Paris: Inter-Éditions 1989)
Fandel, Günter; Hans Botho von Portatius (Hrsg.) 2005: Revenue Management. Wiesbaden: Gabler (= Zeitschrift für Betriebswirtschaft [ZfB], Special Issue 1/2005)
Helbing, Jan 2001: Revenue Management im Tourismus. In: Tourismus Jahrbuch, 5 (1), S. 5-44
Hilz, Andreas 2007: Revenue-Management für Reiseveranstalter. In: J.W. Mundt (Hrsg.), S. 517-548
Hofmann, Wolfgang 2007: Die Flugpauschalreise. In: J.W. Mundt (Hrsg.), S. 225-270
Krüger Lutz 1990: Yield Management. Dynamische Gewinnsteuerung im Rahmen integrierter Informationstechnologie. In: Controlling, 2 (5), S. 240-251
Lindenmeier, Jörg; Dieter K. Tscheulin 2005: Kundenzufriedenheitsrelevante Effekte der Überbuchung im Rahmen des Revenue-Managements. In: Fandel & v. Portatius (Hrsg.), S. 101-123
Maleri, Rudolf 1991: Grundlagen der Dienstleistungsproduktion. Berlin, Heidelberg: Springer (2. Aufl.)
Mundt, Jörn W. (Hrsg.) 2007: Reiseveranstaltung. Lehr- und Handbuch. München, Wien: Oldenbourg (6. Aufl.)
Smith, Barry C.; John F. Leimkuhler & Ross M. Darrow 1992: Yield Management at American Airlines. In: Interfaces, Vol. 22, S. 8 - 31
Spann, Martin; Joachim Klein; Karim Makhlouf & Martin Bernhardt 2005: Interaktive Preismaßnahmen bei Low-Cost-Fluglinien. In: Fandel & v. Portatius (Hrsg.), S. 53-77
Tscheulin, Dieter K.; Jörg Lindenmeier 2003: Yield-Management - Ein State-of-the-Art. In: Zeitschrift für Betriebswirtschaft (ZfB), 73 (6), S. 629-662

## Erwartung

*expectancy*

Eine Erwartung ist die gedankliche Vorwegnahme eines kommenden Ereignisses. Erwartungen basieren auf früheren Erfahrungen, auf vorhandenen Informationen sowie auf → Stereotypen. Erwartungen können diffus sein oder sehr präzise Formen annehmen. Beispielsweise bringen Reisegäste Erwartungen an eine touristische Leistung mit, die von ihren Erfahrungen mit dem Reiseveranstalter oder von dessen Marketing geprägt sein können. Weitere Erwartungen knüpfen sich an das Verhalten der Einheimischen und an das, was sie im Reiseland sehen und erleben werden. Diese sind häufig geprägt von stereotypem Wissen zur → Destination.

Eine Erwartung kann durch selektive Wahrnehmung bestätigt werden. In einem solchen Fall blendet man alle Wahrnehmungen aus, die den eigenen Erwartungen nicht entsprechen. So kann ein Tourist, der eine arme einheimische Bevölkerung erwartet, alle Anzeichen für Wohlstand ignorieren und umgekehrt.

Wenn Erwartung und Realität sehr weit voneinander abweichen, kann die Erwartung nicht aufrechterhalten werden. Zu hohe Erwartungen an eine touristische Leistung, die sich in der Realität nicht erfüllen, führen zu Unzufriedenheit und infolgedessen häufig zu Beschwerden oder Reklamationen, die objektiv nicht immer haltbar sind. *(sml/gcm)*

*Literatur*
Bierhoff, Hans-Werner 2006: Sozialpsychologie. Stuttgart: Kohlhammer (6. Aufl.)
Der Brockhaus Psychologie 2001: Fühlen, Denken und Verhalten verstehen. Mannheim: Brockhaus

## Eßkultur
*food culture*

### 1 Allgemein

Der Begriff Eßkultur bezeichnet zunächst die kulturspezifische Ernährung des Menschen, welche sich in die komplementären Handlungen Essen und Trinken gliedert. Nahrungsaufnahme ist in hohem Maße kulturell geprägt, unterliegt also temporalen, lokalen und sozialen Einflußfaktoren (z.B. Klima, Ökonomie, Religion, Medien, etc.). Gegessen und getrunken wird nicht, was physiologisch möglich oder sinnvoll ist, sondern was den Norm- und Wertigkeitsmustern konkreter kultureller Systeme entspricht. Die Eßkultur einer Gesellschaft ist dabei selten homogen, häufig läßt sie sich entlang sozialer Bezugsgruppen weiter differenzieren.

Menschliche Ernährung muß als soziales Totalphänomen bezeichnet werden. Sie wird täglich mehrfach realisiert, spiegelt gesellschaftliche Rahmenfaktoren sowie in diachroner Betrachtung auch sozio-kulturellen Wandel. Die organische Notwendigkeit bildet dabei nur eine Bedeutungsebene, die sich in konkreten Verzehrsituationen äußert. Die tradierte Methodik der Nahrungsaufnahme verweist stets auf einen sozialen Mehrwert, der neben hedonistischen auch z.B. Prestige- und Statusfunktionen impliziert. Essen und Trinken beeinflussen die sub-

jektive Lebensqualität, sind entsprechend Ausdruck des Lebensstils und ermöglichen überdies die Institutionalisierung von Kommunikation.

Im engeren Sinn und aus der Perspektive der Hochkultur wird mit Eßkultur daneben auch eine spezifische, von zivilisatorischem Fortschritt beeinflußte Nahrungsaufnahme bezeichnet, die vor allem von zunehmend differenzierten und normierten Eß-Sitten beeinflußt wurde. Viele Strömungen wie etwa der zunehmende Gebrauch von Tischtuch und Servietten oder komplexere Regeln für den Umgang mit vielteiligem Besteck gingen vor allem seit dem 16. Jahrhundert von Frankreich aus. Mit dem Aufkommen der Fast Food-Kultur (→ Fast Food) haben sich diese Trends seit dem letzten Drittel des 20. Jahrhunderts umgekehrt.

### 2 Historische Entwicklung

Fragen der Nahrungsgewinnung und -verteilung sowie spezifische Formen des Verzehrs sind bereits seit der Frühzeit bedeutsam. Der Mensch war von natürlichen Ressourcen abhängig, die seine Ernährung weitestgehend determinierten: Hinreichende Wasser- und Wildvorkommen bildeten die Basis lokalen Zusammenlebens. Die zeitgenössischen Konzepte des Jagens und Sammelns geben Auskunft über soziale Systeme, gesellschaftliche Rangordnungen und gruppenimmanente Aufgaben. Mit der Domestizierung des Feuers gewannen Aspekte der Zubereitung an Gewicht, die Bandbreite der konsumierten Lebensmittel weitete sich aus. Die Kultivierung von Pflanzen und Tieren im Neolithikum schuf die Grundlagen für eine differenziertere Eßkultur. Eine zunehmend seßhafte Lebensweise ermöglichte ferner neue Formen der Bevorratung und

Aufbereitung von Nahrung.

Genauere Kenntnisse über die historische Bedeutung des Essens und Trinkens liegen erstmals für die frühen Hochkulturen, so z. B. die extrem stark vom Wasser abhängigen so genannten *hydraulic civilisations* am Nil, Indus und im Zweistromland vor. Neben Wasser erweiterten Milch, Bier und Wein die lokale Trinkkultur; Vögel und Fische wurden gewürzt, gekocht sowie gebraten verzehrt. Rind, Schaf und Ziege waren wichtige Milch- und Fleischlieferanten, zudem war der Getreideanbau bedeutsam. Im alten Ägypten wurden Nahrungsmittel zudem erstmals in rituellen Zusammenhängen, insbesondere im Totenbrauch verwandt.

Die Bedeutung von Speisen und Getränken als Opfergaben war auch in der griechischen und römischen Antike groß. Ferner entwickelte sich die gemeinsame Mahlzeit zu einem wichtigen Instrument sozialer Interaktion; sie erfüllte kommunikative, repräsentative sowie häufig auch diplomatische Funktionen. Mit der breitflächigen Institutionalisierung der Mahlzeit differenzierten sich auch Tischrituale, Sitzordnungen und Eßgeschirr weiter aus.

Im Frühmittelalter verursachten die Völkerwanderungen eine Diffusion germanischer und griechisch-römischer Eßkultur, wobei neue Nahrungselemente tendentiell zögerlich integriert wurden und tradierte Ernährungsgewohnheiten dominant blieben. Mit der Urbanisierung des Hoch- und Spätmittelalters gewann die kommerzielle Gastlichkeit an Bedeutung und der Fleischverbrauch stieg, Breie blieben allerdings weiterhin wichtiges Grundnahrungsmittel der Bevölkerungsmehrheit.

In der Frühen Neuzeit wurde dann maßgeblich die mittelalterliche Eßkultur konserviert, Neuerungen betrafen primär die oberschichtliche Trinkkultur: Hier verbreiteten sich seit dem 17. Jahrhundert insbesondere die kolonialen Heißgetränke Kaffee, Tee und Kakao. Der transkontinentale Kulturtransfer popularisierte zwar ebenso die Kartoffel, doch blieb diese vorerst botanische Zierpflanze und nahm erst im Kontext der aufkommenden Industrialisierung ihren Platz in der mitteleuropäischen Eßkultur ein. Besonders prägend wirkte das Vorbild der französischen Oberschicht, was zu einem neuen Umgang mit Besteck, Serviette und Tischtuch führte.

Erst der Industriegesellschaft gelang es, den Hunger in der zweiten Hälfte des 19. Jahrhunderts zu besiegen. Entscheidende Faktoren waren u.a. der Ausbau des europäischen Eisenbahnnetzes und die Dampfschiffahrt sowie die Mechanisierung und Chemisierung der Landwirtschaft. Die Genese der Klasse der Fabrikarbeiter führte zu einer spezifisch proletarischen Eßkultur, deren Kennzeichen hohe Wertschätzung von Fleisch und Alkohol waren. In der ersten Hälfte des 20. Jahrhunderts stagnierte die Entwicklung durch Weltkriege und Wirtschaftskrisen. Neu waren vor allem die Durchsetzung der Konserve und eine Modernisierung der Sachkultur (Design von Besteck). Im Zweiten Weltkrieg und den frühen Nachkriegsjahren wirkte der Hunger für viele prägend. Die massive Mangelernährung wurde zwar überwunden, führte aber in den 1950er Jahren zu einer übersteigerten Wertschätzung des Essens und zu einem massiven Anstieg der Kalorienversorgung. Für die 1950er Jahre spricht man daher auch von der Zeit der „Freßwelle".

In Osteuropa und z.T. auch in der Deutschen Demokratische Republik führten der Einfluß der Sowjetunion und die Kollektivierung der Landwirtschaft zum plötzlichen Verschwinden der kleinbäuerlichen Strukturen und zur Genese einer neuen standardisierten Eßkultur.

In den westlichen Industrieländern erlebte die Eßkultur in den 1960er Jahren durch massiven Wirtschaftsaufschwung und extreme Fortschrittsgläubigkeit fundamentalen Wandel. Es kam zu einer raschen und fast flächendeckenden Technisierung des Haushalts (Küchenmaschine, Kühltechnik, Fertiggerichte) und zu einem starken Rückgang der traditionellen Konservierungsmethoden Trocknen, Einsalzen, Räuchern und Einkochen. Dadurch kam es auch zu einer Entkoppelung des Essens von den Jahreszeiten.

Wenig später erfuhr das System der Eßkultur weitere Modifikation: Auch im bürgerlichen Haushalt trat die Erlebnisküche als neue Form der Freizeitbeschäftigung neben die reine Versorgungsküche. Wesentliche Impulse erhielten die neuen Formen durch internationale, vor allem südeuropäische Einflüsse, die ihrerseits Konsequenz von Massenmotorisierung und neuem Urlaubsverhalten waren. Pizza, Spaghetti, Paella oder Gyros hielten auf diese Weise Einzug in die Mahlzeitensysteme. Kritische Sichtweisen auf die agroindustrielle Eßkultur traten infolge der Energiekrise des Jahres 1973 auf den Plan und führten langfristig zu alternativen ökologischen Lebensstilen und zum Aufkommen der heute wachstumsstarken Bio-Produkte. Eine Standardisierung der Eßkultur wurde nicht zuletzt durch das Aufkommen der Schnellrestaurants (erste deutsche McDonald's-Filiale 1971 in München) begünstigt. Parallel kam es seit den 1980er Jahren zu neuer Vielfalt bei asiatischen, türkischen und griechischen Schnellimbissen. Industriell gefertigte und veränderte Produkte (→ Functional Food, Light-Produkte) treten seit den 1990er Jahren erfolgreich auf den Markt.

Hinsichtlich der Eßkultur trägt die gegenwärtige Situation klar erkennbare Züge einer Wendezeit, deren Konsequenzen unabsehbar sind: Erstmals in der Geschichte der Eßkultur ist seit den 1990er Jahren ein stark individualisiertes und undogmatisches Eßverhalten zu beobachten. Fett- (Adipositas) und Magersucht (Anorexie) sind in kürzester Zeit zu Massenerscheinungen geworden. Besteck und Eßwerkzeuge wurden im Laufe der Zeit immer differenzierter, während inzwischen ein großer Teil des Essens als → Fast Food oder → Finger Food aus der Hand gegessen wird. Zudem haben sich gewachsene Mahlzeiten- und Tischordnungen zunehmend aufgelöst. Zu beobachten sind ferner steigender Konsum von Fertigprodukten (→ Convenience Food) und zunehmender außer-Haus-Verzehr. *(ghf)*

*Literatur*
Barlösius, Eva 1999: Soziologie des Essens. Eine sozial- und kulturwissenschaftliche Einführung in die Ernährungsforschung. Weinheim, München: Juventa
Hirschfelder, Gunther 2001: Europäische Eßkultur. Geschichte der Ernährung von der Steinzeit bis heute. Frankfurt am Main, New York: Campus
Neumann, Gerhard; Alois Wierlacher & Rainer Wild (Hrsg.) 2001: Essen und Lebensqualität. Natur- und kulturwissenschaftliche Perspektiven. Frankfurt am Main, New York: Campus
Rützler, Hanni 2005: Was essen wir morgen? 13 Food Trends der Zukunft, Wien: Springer
Schürmann, Thomas 1994: Tisch- und Grußsitten im Zivilisationsprozeß. Münster u.a.: Waxmann (= Beiträge zur Volkskultur in Nordwestdeutschland, Heft 82)
Wiegelmann, Günter 2006: Alltags- und Festspeisen in Mitteleuropa. Innovationen, Strukturen und Regionen vom späten Mittelalter bis zum 20. Jahrhundert. Münster u.a.: Waxmann

**Estimated Time of Arrival**
→ voraussichtliche Ankunftszeit

**Estimated Time of Departure**
→ voraussichtliche Abflugzeit

**ETA**
→ voraussichtliche Ankunftszeit

**Etage**
*floor*
Die einzelnen Stockwerke eines Beherbergungsbetriebes werden als Etage bezeichnet. Die oberen Hoteletagen werden aufgrund der Aussicht gerne für Suiten, Spa- und Fitneßeinrichtungen sowie Restaurants genutzt. *(agr)*

**Etagenhausdame**
*floor supervisor*
→ Hausdame, stellvertretende

**Etagenservice**
*room service*
Speise- und Getränkeservice für Gäste, die sich in ihrem Hotelzimmer aufhalten. Dieser Zimmerservice wird in Regel lediglich in der 4- und 5- Sterne-Hotellerie angeboten, in welcher ein internationales Klientel verkehrt. Insbesondere arabische und amerikanische Gäste erwarten die 24-stündige gastronomische Versorgung.

In großen Häusern sind die erzielten Etagenserviceumsätze mit denen eines Restaurants vergleichbar. Wichtig ist eine perfekt koordinierte Dienstleistungskette auf hohem Niveau (von der freundlichen telefonischen Bestellungsannahme bis zum zügigen Servieren auf dem Zimmer).

Meist wird diese → Dienstleistung separat in Rechnung gestellt. Die Kosten werden in Form von Fixbeträgen oder vom Bestellwert abhängigen, prozentualen Zuschlägen berechnet. *(agr)*

**ETC**
→ European Travel Commission

**ETD**
→ voraussichtliche Abflugzeit

**Ethnozentrismus**
*ethnocentrism, ethnocentricity*
Unter Ethnozentrismus versteht man die Tendenz, eine andere Kultur oder Gruppe allein aus Sicht der eigenen Kultur zu bewerten, d.h., die eigene Volksgruppe als den Nabel der Welt zu betrachten und aus ihr die allein gültigen Bewertungsmaßstäbe für die Beurteilung anderer ethnischer Gruppen abzuleiten. Hierbei kommt es zu einer eingeschränkten Wahrnehmungsfähigkeit gegenüber anderen Völkern und Kulturen durch das Befangensein in der eigenen Kultur. Diese Tendenz wird durch den unmerklichen und unreflektierten eigenen Kulturerwerb, die Enkulturation gefördert. Hinzu kommt häufig die fest verankerte Überzeugung von der Überlegenheit der eigenen Gruppe und Kultur, begleitet von einem Gefühl der Verachtung gegenüber anderen Gruppen.

Heute spricht man statt von Ethnozentrismus auch von Kulturzentrismus. Das Gegenteil von Ethnozentrismus ist Ethnorelativismus oder kultureller Relativismus, der die Einsicht bezeichnet, daß die Wahrnehmung und Bewertung von Personen und Sachverhalten der Realität nicht universell ist, sondern relativ zu den jeweiligen kulturellen Orientierungs- und Überzeugungssystemen zu betrachten ist. *(ath)*

*Literatur*
Brocker, Manfred; Heino H. Nau 1997: Ethnozentrismus. Darmstadt: Wissenschaftliche Buchgesellschaft

Herrmann, Andrea 2001: Ursachen des Ethnozentrismus in Deutschland. Zwischen Gesellschaft und Individuum. Opladen: Leske u. Budrich

Lippert, Ekkehard; Roland Wakenhut 1983: Ethnozentrismus. In: Ekkehard Lippert & Roland Wakenhut (Hrsg.): Handwörterbuch der Politischen Psychologie. Opladen: Westdeutscher Verlag

## Etix®

Geschützte Wortmarke der Deutschen → Lufthansa AG für → elektronische Tickets

## E-Tix (Elektronisches Ticketing)

→ Bahn-Tix

## ETOA

→ European Tour Operators Association

## ETOPS

→ Extended Range Twin Operations

## eTourism

*electronic Tourism*

eTourism ist die tourismus-spezifische Ausprägung des Electronic Business. eTourism ist ein Oberbegriff für die Automatisierung betriebswirtschaftlicher Prozesse von Tourismusunternehmen auf Basis der Internet-Technologie mit dem Ziel der betriebswirtschaftlichen Optimierung.

Die Prozesse und Kommunikationen werden durch die Internet-Technologie realisiert. In diese Abläufe werden datenbank-basierte Systeme, z. B. → Reservierungssysteme, durch Schnittstellen eingebunden. Diese Systeme automatisieren die Durchführung der jeweiligen Prozeß-Stufen (z. B. Reservierung, Inkasso und → Fulfilment) und integrieren in die internet-basierten Informations- und Kommunikationsprozesse. Angestrebt wird dabei eine weitgehende oder vollständige Inte-

gration und Automatisierung der Unternehmensprozesse im jeweiligen tourismuswirtschaftlichen Marktsegment (vgl. z. B. → Internet Booking Engine, → virtueller Reisemittler und → virtueller Reiseveranstalter, → Globales Distributionssystem sowie → Hotel Reservierungssystem). *(uw)*

*Literatur*

Egger, Roman 2006: Grundlagen des eTourism. Informations- und Kommunikationstechnologien im Tourismus. Aachen: Shaker

## EuroCity (EC)

Die EuroCity waren seit 1988 die Nachfolger der legendären → TEE-Züge. Wie der Name nahelegt, werden sie im europäischen Bahnnetz länderübergreifend zwischen den Städten eingesetzt. An den EuroCity werden definierte Qualitätsforderungen gestellt, die allerdings von den nationalen Bahnen unterschiedlich interpretiert werden. So besitzt jeder EuroCity einen Speisewagen. Es kommt allerdings auch vor, das dieses Merkmal praktisch das eine oder andere Mal nicht zutrifft. EuroCity-Züge hatten oft bekannte Namen, mit denen sie vielfach identifiziert wurden (z.B. ,Einstein' oder ,Rembrandt'). Seit 2003 hat die Deutsche Bahn diese Namen allerdings entfernt. Mit Einführung des → ICE werden EC-Strecken zunehmend durch ICE-Strecken ersetzt. *(hdz)*

## Eurocontrol

Europäische Flugsicherungsorganisation mit (2007) 38 Mitgliedstaaten. Sie geht auf eine 1960 von sechs europäischen Staaten in Brüssel unterzeichnete Konvention zurück, die 1963 in Kraft trat. Ihre Aufgabe ist es, den Verkehrsfluß im Luftraum über Europa sicherzustellen bzw. zu optimieren. In Deutschland zum Beispiel ist Eurocontrol mit eigenen

Kontrollstellen für den oberen Luftraum ab → Flugfläche 245 (ca. 8.000 m) zuständig (www.eurocontrol.int). *(jwm)*

## Europäische Zivilluftfahrt-Konferenz (ECAC)

Die Europäische Zivilluftfahrt-Konferenz (European Civil Aviation Conference, ECAC) wurde auf Initiative des Europarates im Jahr 1955 gegründet. Sie ist eine in ihrer Reichweite auf den europäischen Raum begrenzte zivile Luftfahrtorganisation und gleichzeitig eine unabhängige Regionalorganisation der → Internationalen Zivilluftfahrt-Organisation ICAO. Heute gehören der ECAC 41 Mitgliedstaaten an, ihr Sitz ist Neuilly-sur-Seine bei Paris. Ihre Aufgaben sind die multilaterale Koordinierung von Grundsatzfragen des innereuropäischen Luftverkehrs, die Förderung der Zusammenarbeit und die bessere Nutzung und geordnete Entwicklung der europäischen Zivilluftfahrt.

In Anlehnung an die ICAO verfolgt die ECAC das Ziel, einen sicheren und wirtschaftlichen Luftverkehr, der auch der Umwelt gerecht wird, zu fördern. Die gefaßten Beschlüsse haben empfehlenden Charakter und bedürfen zu ihrer Inkraftsetzung der Umsetzung in nationales Recht der einzelnen Mitgliedsstaaten. Die ECAC verabschiedet Empfehlungen zu Grundsatzfragen des europäischen gewerblichen Luftverkehrs, insbesondere in den Bereichen Umweltschutz, Abwehr äußerer Gefahren *(security)*, Erleichterungen bei der Abwicklung des Luftverkehrs *(facilitation)*, Wirtschaftsfragen und Luftverkehrsmanagement. Besondere Anliegen sind darüber hinaus die Integration der mittel- und osteuropäischen Mitglieder, deren Heranführung an westeuropäische Standards und Verfahren sowie die Koordinierung europäischer Positionen in ICAO-Angelegenheiten. Darüber hinaus arbeitet die ECAC eng mit der Europäischen Kommission zusammen (www.ecac-ceac.org). *(pjm)*

## Europa-Park
→ Freizeitpark

## European Aviation Safety Agency (EASA)

Die Europäische Luftsicherheitsbehörde wurde am 15. Juli 2002 durch einen Beschluß des Europäischen Parlaments und die Verordnung des Rates der Europäischen Union gegründet und nahm am 28. September 2003 ihre Arbeit auf. Sitz ist Köln. Eine ihrer wesentlichen Aufgaben ist die Musterzulassung von Fluggerät. Sie übernimmt damit für die EU weitgehend die Funktionen der → Joint Aviation Authorities (JAA), in der sich die nationalen Luftfahrtbehörden nahezu aller europäischen Staaten auch außerhalb der EU zusammengeschlossen haben, um ihre Arbeit nach gemeinsamen Standards zu koordinieren und eine übergreifende europäische Musterzulassung zu ermöglichen. Daher gibt es eine enge Zusammenarbeit zwischen EASA und JAA. In Zukunft wird die EASA daneben in Zusammenarbeit mit den jeweiligen nationalen Luftfahrtbehörden der EU-Mitgliedstaaten technische Inspektionen von Fluggerät durchführen und auch für die Lizenzierung von Luftfahrtpersonal *(crew licensing)* und die Überwachung des Luftfahrtbetriebes *(operations)* zuständig sein. Innerhalb der JAA wird sie eine führende Rolle und in Zukunft wahrscheinlich komplett die Aufgaben der JAA übernehmen (www.easa.eu.int). *(jwm)*

*Literatur*
Regulation (EC) No. 1592/2002 of the European Parliament and of the Council of 15 July 2002 on common rules in the field

of civil aviation and establishing a European Aviation Safety Agency

## European Civil Aviation Conference (ECAC)
→ Europäische Zivilluftfahrt-Konferenz

## European Low Fares Airline Association (ELFAA)
Verband der → Billigfluggesellschaften in Europa, der 2003 gegründet wurde, nachdem deutlich wurde, daß ihre Interessen von den etablierten Luftfahrtverbänden (→ International Air Transport Association [IATA], → Association of European Airline [AEA] und → European Regions Airlines Association [ERA]) nicht vertreten werden. In ihr sind derzeit zehn europäische Billigfluggesellschaften (Stand 2007) organisiert, darunter mit Ryanair und Easyjet die beiden mit Abstand größten. Sitz ist Brüssel (www.elfaa.com). *(jwm)*

## European Plan
→ Übernachtung ohne Frühstück

## European Quality Award (EQA)
Dem Gedanken des Total Quality Managements (TQM) verpflichtet, wird jährlich im Herbst der europäische Qualitätspreis, der EQA, verliehen. Grundlage für die Bewertung bildet das EFQM-Modell. EFQM ist die Abkürzung für European Foundation for Quality Management. Es handelt sich um eine Vereinigung, die von den führenden europäischen Unternehmen im Jahr 1988 ins Leben gerufen wurde. Die Initiative kann als Reaktion auf die Initiierung des amerikanischen Qualitätspreises gesehen werden, dem der → Malcolm Baldrige National Quality Award (MBNQA) zugrundeliegt.
Der EQA hat eine gewisse Bedeutung im Hotelbereich (→ Hotel): Dem Tagungshotel Schindlerhof in Boxdorf bei

Erlangen wurde im Jahr 1997 als erstem Hotelbetrieb in Deutschland der EQA verliehen. *(hdz)*

## European Regions Airlines Association (ERA)
Fünf → Regionalfluggesellschaften gründeten 1980 diesen in Brüssel ansässigen Verband, der ihre Interessen gegenüber den politischen Gremien und Entscheidungsträgern in Europa sowie der Öffentlichkeit vertritt. Mittlerweile hat die Organisation 60 Mitgliedsfluggesellschaften (Stand 2007), und mehr als 160 assoziierte Mitglieder wie Flugzeug- und Triebwerkshersteller sowie Dienstleister, darunter 40 Flughäfen (www.eraa.org). *(jwm)*

## European Tour Operators Association (ETOA)
1989 gegründete Organisation europäischer → Incoming-Reiseveranstalter mit mehr als 130 Mitgliedern. Assoziierte Mitglieder sind Leistungsträger wie Hotels, Busunternehmen und touristische Attraktionen, von denen mehr als 270 im Verband vertreten sind. Die Veranstaltungen und Seminare der ETOA zielen auf die Anbahnung und Vertiefung von Verbindungen und Geschäften von Voll- und assoziierten Mitgliedern. Darüber hinaus versteht sich die Organisation als Interessenvertretung ihrer Mitglieder auf europäischer Ebene. Sitz ist London (www.etoa.org). *(jwm)*

## European Travel Commission (ETC)
Spitzenorganisation von 38 → nationalen Tourismusorganisationen (NTO) Europas, der Türkei und Georgiens. 1948 gegründet, soll sie den Tourismus nach Europa fördern. Sie ist in allen den überseeischen Regionen tätig, in denen mindestens sechs der Mitgliedsorganisationen vertreten sind. Dies sind derzeit Kanada,

Japan, Südamerika und die USA. In diesen Ländern und Regionen bilden die Vertreter der NTO eine gemeinsame Organisation mit einem Vorsitzenden, die dann über gemeinsame Vorhaben zur Förderung des Tourismus aus den entsprechenden Quellmärkten entscheidet. Finanziert wird die ETC zunächst aus den Beiträgen der Mitgliedsorganisationen und darüber hinaus projektbezogen aus Zuwendungen von Partnern aus der Reiseindustrie in- und außerhalb Europas. Sitz der ETC ist Brüssel (www.etc-corporate.org; www.visiteurope.com). *(jwm)*

**European Travel Monitor**
→ World Travel Monitor

**Eurostar**
Eurostar wird der Hochgeschwindigkeitszug benannt, der seit 1994, also seit Fertigstellung des → Eurotunnel London und Brüssel und London und Paris miteinander verbindet. Die Eurostar-Züge wurden auf der Basis des französischen → TGV entwickelt. *(hdz)*

**Eurotunnel**
Syn.: Kanaltunnel. Seit 1994 existiert eine Tunnelverbindung zwischen dem europäischen Festland und Großbritannien, der Eurotunnel. Fahrplanmäßig verkehrt – neben dem Kombizug „Le Shuttle" – der → Eurostar auf dieser Strecke. *(hdz)*

**Eurozentrismus**
Variante des → Ethnozentrismus, die sich auf die europäische Kultur bezieht und im Kolonialismus ihren augenfälligsten Ausdruck fand, der auch heute noch nachwirkt. *(jwm)*

**Excess baggage**
→ Übergepäck

**Exchange rate**
→ Wechselkurs

**Executive Floor**
Der Executive Floor ist ein räumlich getrennter Hotelbereich, in dem die Zimmer meist besondere Ausstattungsmerkmale aufweisen, bzw. dem Gast ein spezielles Serviceangebot offeriert wird. Bestandteil des Excecutive Floors ist in vielen Fällen eine Executive Lounge, in der die Gäste alle technischen Angebote sowie ein spezielles Getränke- und Speisenangebot wahrnehmen können. Darüber hinaus ist in einigen Hotels ein eigener → Check-in (b) in den Räumlichkeiten des Executive Floor vorgesehen. Mit diesem Ausstattungsmerkmal ähnelt der Executive Floor einem „Hotel im Hotel". *(cf)*

**Expedia**
Internetreisebüro, das 1995 von Microsoft in den USA gegründet wurde und neben den USA in einer Reihe weiterer Länder, darunter auch Deutschland, mit eigenen Webseiten aktiv ist. 1999 wurde die Reisebürosparte von Microsoft zu einem eigenständigen Tochterunternehmen in Form einer Aktiengesellschaft, von der 30 Prozent der Aktien an der Börse gehandelt wurden. 2001 stieg das Medienunternehmen USA Networks (heute: USA Interactive, USAI) bei Expedia ein und übernahm 2002 zunächst die Mehrheit der Aktien und Stimmrechte, im Jahr darauf wurde Expedia vollständig von diesem Unternehmen übernommen (www.expedia.com; www.expedia.de). *(jwm)*

**Expedient**
*travel agent, travel agency clerk*
Ursprünglich ein kaufmännischer Angestellter, dem der Versand von Gütern obliegt, wurde der Begriff auch auf in Reisebüros (→ Reisemittler) tätige Kaufleute übertragen (→ Reiseverkehrskaufmann).

## Expedientenreisen

*familiarisation trips (fam trips)*

Expedientenreisen sind spezielle Reiseangebote der Reiseveranstalter, die den Reisemittlern offeriert werden. Sie werden in den beruflichen Zusammenhängen der Touristiker oft kurz PEP genannt. Diese Abkürzung leitet sich aus dem Begriff *personal education programme* ab. PEPs werden genutzt, um die Zielgebiets- und besonders die Hotelkenntnisse zu vertiefen. Sie sind folglich als von Expedienten freiwillig erbrachte, praktische Ausbildungsleistungen zu verstehen, die dem beruflichen Wissen im praktischen Verkauf dienen. PEP-Angebote können direkt über den speziellen Vertrieb des Reiseveranstalters in Anspruch genommen werden. Seit einigen Jahren haben sich zusätzlich besondere Internet-Portale etabliert, die von den berechtigten Anspruchsgruppen genutzt werden können (www.expedientenreisen. net, www.wingtips.de u.a.). Da die sog. PEP-Rabatte aus der Sicht des Bundesfinanziminsteriums einen geldwerten Vorteil bieten, sind diese zu versteuern. Diese Einschätzung ist umstritten. *(hdz)*

## Explant

→ Firmendienst

## Extended Range Twin Operations (ETOPS)

Langstreckenflüge durch besonders ausgerüstete zweistrahlige Flugzeugmuster, die verschärften Wartungsbestimmungen unterliegen. Da solche Flüge in der Regel über große Wasserflächen und/oder unbewohnte Landmassen führen, gibt es auch spezielle Regeln für die Streckenführung solcher Flüge. Je nach Flugzeugmuster und den Erfahrungen der jeweiligen Fluggesellschaften damit, dürfen die Maschinen nie weiter als 90, 120, 180 oder 207 Minuten Flugzeit mit Einmotorengeschwindigkeit vom nächstgelegenen offenen Ausweichflughafen entfernt sein. Deshalb können mit solchen Flugzeugen nicht immer die kürzesten Flugstrecken geflogen werden. *(jwm)*

## Extended-stay hotels

→ Boarding House

# F

**Fachkraft im Gastgewerbe**
*specialist in the hospitality services industry*
Berufsbezeichnung und gleichzeitig anerkannte Berufsausbildung im Gastgewerbe. Die Ausbildung dauert zwei Jahre, Ausbildungsorte sind der jeweilige Betrieb und die Berufsschule. Zu den Ausbildungsinhalten gehören etwa das Herstellen von einfachen Speisen, der Ausschank von Getränken, das Servieren von Speisen und Getränken oder der Empfang von Gästen. Die Ausbildung zielt auf eine spätere Beschäftigung in der Küche, am → Büfett oder im → Restaurant. Durch eine einjährige Zusatzausbildung besteht die Möglichkeit, den Abschluß zum/zur → Hotelfachmann/-frau oder zum/zur → Restaurantfachmann/-frau zu erlangen (DEHOGA o.J.). *(wf)*

*Literatur*
DEHOGA (Hrsg.) o.J.: Berufsausbildung und Karrierechancen in Gastronomie und Hotellerie, Berlin

**Fachmann/Fachfrau für Systemgastronomie**
*professional caterer*
Berufsbezeichnung und gleichzeitig anerkannte Berufsausbildung im Gastgewerbe. Die Ausbildung dauert drei Jahre, Ausbildungsorte sind der jeweilige Betrieb und die Berufsschule. Das Berufsbild ist für den an Bedeutung gewinnenden Bereich der → Systemgastronomie entwickelt worden. Zu den Ausbildungsinhalten gehören etwa die Präsentation und der Verkauf von Produkten, die Organisation von Arbeitsabläufen, die Auswertung betrieblicher Kennzahlen oder die Personaleinsatzplanung (DEHOGA o.J.). *(wf)*

*Literatur*
DEHOGA (Hrsg.) o.J.: Berufsausbildung und Karrierechancen in Gastronomie und Hotellerie, Berlin

**Fahrkarte**
→ Ticket

**fakultativ**
→ obligatorisch

**Familienhotel**
→ Hotel

**Familiarisation trips (fam trips)**
→ Expedientenreisen

**F&B**
→ Food and Beverage Management

**FAP**
→ Full American Plan

**Fast Food**
*fast* (engl.) = schnell; *food* (engl.) = Nahrung. Fast Food bezeichnet eine Art der Verpflegung, die sich durch Schnelligkeit auszeichnet. Schnellimbiß dürfte die passendste Übersetzung sein. Der Zeitaspekt ist die zentrale Variable. Die Kunden haben das Bedürfnis, in relativ kurzer Zeit Speisen und/oder Getränke einzunehmen. Die Unternehmen reagie-

251

ren auf der Produktebene (z. B. standardisiertes Angebot, begrenztes Produktspektrum, Mitnahmemöglichkeit), auf der Prozeßebene (z. B. vorproduzierte Speisen, Selbstbedienung, Optimierung von Warteschlangen) und auf der Strukturebene (z. B. Standardisierung der Produktion, hohe Arbeitsteilung). Fast Food-Unternehmen sind nicht notwendigerweise Unternehmen der → Systemgastronomie.

Fast Food erfährt in der Gesellschaft massive Kritik (etwa Schlosser 2002). Ernährungsphysiologisch fragwürdig, industrielle Massenproduktion, *junk food* („Abfallessen"), amerikanisierte → Eßkultur sind nur einige Schlagwörter, → Slow Food wird als (rettende) Gegenbewegung gesehen, wobei die Diskussion oft undifferenziert verläuft und eher Ausdruck eines Glaubenskampfs ist (Spiekermann 2003). Fast Food ist nicht automatisch ungesund, ebenso wenig ist es Ausdruck einer amerikanisierten Eßkultur, war das „schnelle Essen" doch schon über Jahrtausende eine weltweit verbreitete Alternative in der Verpflegung (von Paczensky & Dünnebier 1999, S. 125 ff.). *(wf)*

*Literatur*

Paczensky, Gert v.; Anne Dünnebier 1999: Kulturgeschichte des Essens und Trinkens. München: Orbis

Schlosser, Eric 2002: Fast Food Gesellschaft. Die dunkle Seite von McFood & Co. München: Riemann

Spiekermann, Uwe 2003: Verfehlter Gegensatz?! Fast Food contra Slow Food. In: Ernährungs-Umschau, 50 (9), S. 344-349

Wagner, Christoph 2001: Fast schon Food. Die Geschichte des schnellen Essens. Frankfurt a.M.: Lübbe

**Fax Check-in**

→ Check-in

**Feasibility Study**

Sie ist ein wichtiges Instrument zur Prüfung der Machbarkeit von Hotelprojekten. Die Beschreibung der Rahmenbedingungen dient zur Analyse der Realisierungsfähigkeit eines Projektes. Grundsätzlich erfolgen eine Darstellung der potentiellen Nachfrage und eine Positionierung des Angebots. Bezogen auf das einzelne Projekt sind folgende Analysen vorzunehmen: Im ersten Schritt erfolgt eine Markt- und Wettbewerbsanalyse, in der u.a. die allgemeinen wirtschaftlichen Rahmenbedingungen, die fremdenverkehrswirtschaftliche Entwicklung sowie der Makro-, Mikro- und Projektstandort erläutert werden. In einem weiteren Schritt erfolgt die Betrachtung der vorhandenen Wettbewerbsstrukturen. Anschließend erfolgt die Positionierung des Nutzungskonzeptes. Dabei wird insbesondere auf das zu erwartende Potential des Projektes und die Zielgruppen eingegangen sowie der mögliche Betriebstyp definiert. Zur Einschätzung der zu erwartenden Wirtschaftlichkeit erfolgen die projektbezogene Wirtschaftlichkeitsvorausschaurechnung und eine Sensitivitätsanalyse. Ein ermitteltes Betriebsergebnis wird in der Regel einem geschätzten Investitionsvolumen gegenübergestellt, um somit den ROI (→ Return on Investment) benennen zu können. *(cf)*

**Feeder Code Share**

Gemeinschaftsflug (→ Code Share), der von einer → Zubringerfluggesellschaft für eine → Netzfluggesellschaft von einem Regionalflughafen zu einem Drehkreuz (→ Drehkreuzsystem) durchgeführt wird. Beispiel: Eurowings fliegt unter eigener und unter einer → Flugnummer der Lufthansa von Friedrichshafen Löwental nach Frankfurt Rhein/Main.

# Ferien

*holiday, vacation*

Aus dem lateinischen *feriae* = Feier- bzw. Ruhetage, abgeleitetes Lehnwort. Auch das deutsche Wort ‚Fest‘ ist damit verwandt. Im britischen Englisch sind es die ‚heiligen Tage‘ *(holy days)*, im amerikanischen Englisch die vom lateinischen *vacatio* = Befreitsein, Entlastung abgeleitete *vacation*. Ferien sind heute ein Synonym für → Urlaub, das vor allem im schulischen Bereich üblich ist (Pfingstferien, Große Ferien usw.). *(jwm)*

# Ferienclub

→ Cluburlaub

# Feriendorf

*holiday village*

Anlage von Bungalows bzw. → Ferienhäusern, u. U. auch mit → Ferienwohnungen, die als Urlaubsunterkünfte gebaut wurden. In den Niederlanden entstanden aus solchen Bungalowdörfern die Center Parcs, die durch ein tropisches Badeparadies im Zentrum ergänzt werden.

# Ferienfluggesellschaft

*leisure carrier*

Fluggesellschaft, die sich auf Flüge in Feriengebiete spezialisiert hat und dafür in der Regel Flüge für einen oder mehrere Reiseveranstalter durchführt. Ursprünglich waren dies → Charterfluggesellschaften, die mit der → Liberalisierung des Luftverkehrs in der Europäischen Union seit den 1990er Jahren nicht nur Kontingente über Reiseveranstalter abgesetzt haben, sondern zunehmend auch Einzelplätze direkt an Endkunden verkauft haben. Zudem konnten sie einzelne Flüge auch als Linienflüge durchführen, so daß die Unterscheidung zwischen → Linien- und Charterflug weitgehend obsolet geworden ist. Dies zeigt sich auch in der amtlichen Verkehrsstatistik, in der seit 1996 nicht mehr zwischen diesen beiden Flugarten unterschieden wird. *(jwm)*

# Ferienhaus

*holiday cottage, vacation home*

Haus, das zu Ferienzwecken genutzt wird. Es besteht aus mehreren Zimmern (Aufenthalts-, Schlafzimmer), Nebenräumen, Küche, Bad, WC und Terrasse und Garten. Ferienhäuser können einzelne, isolierte Einheiten bilden oder in größeren Einheiten, z.B. in Bungalow-Feriendörfern oder Campingplätzen eingebettet sein. In der Regel werden Ferienhäuser gegen Entgelt – oft wochenweise – vermietet. Separat in Rechnung gestellt werden Bettwäsche, Handtücher, Wasser, Strom und Endreinigung.

Ferienhäuser können sich auch im Eigentum von Privatpersonen befinden, die sie zur Selbstnutzung (Zweitwohnsitz) gekauft haben. Ebenso denkbar sind Nutzungsmodelle, die auf Teilzeitwohnrechten basieren (→ Time Sharing). Ferienhäuser werden der → Parahotellerie zugeordnet. Zu dem Erfolg des Beherbergungstyps siehe → Ferienwohnung, zu unterschiedlichen Erscheinungsformen von Ferienhäusern und Abgrenzungsschwierigkeiten siehe Carstensen 2003, S. 8 f. und Tress 2000, S. 17 ff. *(wf)*

*Literatur*

Carstensen, Ines 2003: Der deutsche Ferienhaustourist - schwarzes Schaf oder Goldesel? Ergebnisse empirischer Feldforschung zu deutschen Ferienhausgästen in Dänemark. Potsdam: Universitätsverlag

Tress, Gunther 2000: Die Ferienhaus-Landschaft: Motivationen, Umweltauswirkungen und Leitbilder im Ferienhaustourismus in Dänemark, Roskilde (Forskningsrapport nr. 120)

## Ferienwohnung (FeWo)

*holiday dwelling, vacation apartment, self catering apartment*

Wohnung, die zu Ferienzwecken genutzt wird. Sie beinhaltet mehrere Räume (Aufenthalts-, Schlaf-, Nebenräume), Küche, Bad, WC und unter Umständen Balkon oder Terrasse und Garten. Ferienwohnungen bilden eine abgeschlossene Einheit innerhalb eines Wohnhauses oder sind Teil einer Ferienanlage. In der Regel werden Ferienwohnungen gegen Entgelt – oft wochenweise – vermietet. Oft separat in Rechnung gestellt werden Bettwäsche, Handtücher, Wasser, Strom und Endreinigung. Ferienwohnungen können sich auch im Eigentum von Privatpersonen befinden, die sie zur Selbstnutzung (Zweitwohnsitz) gekauft haben. Ebenso denkbar sind Nutzungsmodelle, die auf Teilzeitwohnrechten basieren (→ Time Sharing).

Gemietete und im Eigentum befindliche Ferienwohnungen bzw. -häuser gehören der F.U.R-Reiseanalyse zufolge (Aderhold 2006, S. 72 f.) seit Jahren zu den dominierenden Unterkunftsformen der Deutschen bei Urlaubsreisen (Marktanteile 2005: Hotels/Gasthöfe 50 %; Ferienwohnungen/-häuser 23 %; Verwandte/Bekannte 10 %; Pensionen/Privatzimmer 8 %; Camping 5 %; Sonstiges 4 %). Sie bieten insbesondere für Familien mit mitreisenden jungen Kindern eine attraktive Beherbergungsmöglichkeit. Selbstverpflegung, höhere Bewegungsfreiheit in den Räumlichkeiten und niedrigere Kosten im Vergleich zu Hotelzimmern erklären zum großen Teil den Erfolg des Beherbergungstyps (Mundt 2006, S. 69). Ferienwohnungen werden der → Parahotellerie zugeordnet. *(wf)*

*Literatur*

Aderhold, Peter 2006: Die Urlaubsreisen der Deutschen. Kurzfassung der Reiseanalyse 2006. Kiel

Mundt, Jörn W. 2006: Tourismus. München, Wien: Oldenbourg (3. Aufl.)

## Fernabsatzverträge

→ Abschluß des Reisevertrags

## Ferry flight

→ Überführungsflug

## Festpacht

→ Hotelpacht

## FeWo

Abkürzung für → Ferienwohnung

## FF&E

→ Furniture, Fittings & Equipment

## FHG

Kürzel für „Förderer der in Hotellerie und Gastronomie Auszubildenden und Angestellten e.V.". Der Förderverein wurde 1989 von baden-württembergischen Spitzenhoteliers unter der Federführung von Hermann Bareiss gegründet (o.V. 2006, S. 7). Zentrales Ziel des Vereins ist die Förderung des gastronomischen Nachwuchses, insbesondere in den Abteilungen Küche und Service. Bekannt wurde der FHG durch ein nach ihm benanntes Ausbildungsmodell → FHG-Modell (www.fhg-ev.de). *(wf)*

*Literatur*

FHG (Hrsg.) 2002: FHG-Brevier, Baiersbronn-Mitteltal

o.V. 2006: Hermann-Bareiss-Preis erstmals verliehen. In: Allgemeine Hotel- und Gaststättenzeitung vom 5. August, Nr. 31, S. 7

## FHG-Modell

Ausbildungsmodell für die Hotel- und Gastronomiebranche, das von dem Verein → FHG – Förderer der in Hotellerie und Gastronomie Auszubildenden und Angestellten e.V. - initiiert wurde. Das Modell sieht in einem ersten Schritt eine dreijährige duale Ausbildung an der Landesberufsschule in Bad Überkingen vor. Im Vergleich zu einer normalen Ausbildung sind die theoretischen Ausbildungsinhalte erweitert. Im Anschluß an die Ausbildung besteht die Möglichkeit, ein dreijähriges duales, betriebswirtschaftlich orientiertes Studium an der Berufsakademie Ravensburg zu absolvieren. Das auf sechs Jahre angelegte Modell zielt auf die Entwicklung von Führungskräften für die Bereiche Küche und Service. Zulassungsvoraussetzung für die Ausbildung ist die allgemeine oder fachgebundene Hochschulreife.

Das Modell wurde 1993 erstmalig angeboten (o.V. 2006, S. 7), 2004 erhielten der Förderverein und die beteiligten Partner für das Ausbildungsmodell den internationalen Eckart Witzigmann-Preis für Nachwuchsförderung (www.fhg-ev.de). *(wf)*

*Literatur*
FHG (Hrsg.) 2002: FHG-Brevier, Baiersbronn-Mitteltal
o.V. 2006: Hermann-Bareiss-Preis erstmals verliehen. In: Allgemeine Hotel- und Gaststättenzeitung vom 5. August, Nr. 31, S. 7

## Finger

*boarding bridge, passenger bridge*
Fluggastbrücke, über die Passagiere direkt vom → Terminal in ein Flugzeug gehen können. Es handelt sich um einen direkt mit dem Gebäude verbundenen fahrbaren Gang, der in der Höhe verstellt und teleskopartig ein- und ausgefahren und damit direkt an der Flugzeugtür unterschiedlich großer Flugzeuge angedockt werden kann. *(jwm)*

## Finger Food

*finger* (engl.) = Finger; *food* (engl.) = Nahrung. Finger Food ist der Begriff für Essen, das mit Fingern bzw. ohne Besteck zu sich genommen wird. Die mundgerecht zubereiteten Speisen bieten sich bspw. bei Stehempfängen an. Siehe hierzu auch → Canapés. *(wf)*

## Fingerschale

*finger bowl*
In der Gastronomie die Bezeichnung für eine mit Wasser gefüllte, kleine Schale, die zum Reinigen der Finger am Tisch nach dem Essen dient. Bei nicht fetten Speisen (wie Obst) wird kaltes Wasser bereitgestellt, bei fetten Speisen (wie Geflügel, Flußkrebse oder Spareribs) warmes Wasser mit einer Zitronenscheibe. Die Schale, die in der Regel aus versilbertem Material oder Edelstahl ist, wird in einer Serviettentasche am Tisch eingesetzt. Sie wird in der Regel nur in der gehobenen Gastronomie angeboten. *(wf)*

## Firmendienst

*corporate travel service department*
Abteilung eines Reisebüros, in dem die Reiseetats von Firmenkunden abgewickelt werden. Anders als für Privatkunden braucht man dafür kein Ladenlokal, da hier kaum Beratungsaufwand anfällt und die Reisen in der Regel telephonisch, per Fax oder E-Mail angefragt werden. Dadurch können normale Büroräume hinter oder über Reisebürolokalen bzw. Standorte außerhalb teurer Lauflagen in Industriegebieten usw. genutzt werden. In Fällen großer Reisetats werden Firmendienste von Reisebüros oft auch in den betreuten Unternehmen selbst eingerichtet (Implant-Reisebüro). Man unterscheidet zwischen geschlossenen

und offenen Implants. In geschlossenen werden nur Reisen für die Firma gebucht und abgerechnet, in denen das Reisebüro angesiedelt ist, in offenen werden zusätzlich auch Arbeiten für andere Firmenkunden erledigt. Unter einem Explant versteht man ein Team, das in einem Reisebüro ausschließlich für ein Unternehmen tätig ist. Die üblichste Entlohnungsform im Firmengeschäft ist die → Management Fee. *(jwm)*

**First Class**
→ Beförderungsklasse

**Fixkosten**
→ Controlling, → Deckungsbeitrag

**FKK**
→ Freikörperkultur

**FL**
→ Flugfläche

**Flag carrier**
Englische Bezeichnung für die nationale → Fluggesellschaft. Der Begriff stammt aus der Zeit vor der → Liberalisierung des Luftverkehrs, als in vielen Ländern meist eine staatliche Fluggesellschaft existierte, welche quasi die eigene Flagge am Leitwerk in die Welt trug. Auch wenn die meisten ehemals staatlichen Fluggesellschaften in den letzten Jahrzehnten privatisiert wurden (zum Beispiel British Airways 1987, → Lufthansa 1997), sind diese auf ihren Heimatmärkten immer noch so dominant, daß der Begriff nach wie vor Verwendung findet. *(jwm)*

**Flatterschwingung**
→ Strömungsabriß

**Flight Catering**
*acatour, acater* (mittel engl., normann. franz.) = Kaufen von Vorräten. Abgeleitete Bedeutungen:

1. Caterer oder Catering-Unternehmen/-Betrieb = Unternehmen, welches Cateringleistungen entwickelt, herstellt oder vertreibt.
2. Catern: umgangssprachliche deutsche Übersetzung der Verbform *to cater* (engl.).

❖ Innerhalb des übergeordneten Begriffes → Catering ist das Flight Catering dem Verkehrs-Catering zuzuordnen. In der Luftfahrtbranche häufig nur kurz „Catering" genannt, beschreibt „Flight Catering" die Versorgung eines speziellen Fluges mit Bordverpflegungsmitteln.

❖ Der umgangssprachliche Gebrauch des Begriffes „Airline Catering" (= Catering einer Fluggesellschaft) ist historisch gewachsen und macht das Kunden-Lieferanten-Verhältnis Fluggesellschaft-Catering-Unternehmen deutlich.

Das Catering beschreibt im Allgemeinen den gesamten Bordverpflegungsbereich auf einem Flug des Linien-, Charter- oder allgemeinen Luftverkehrs und beinhaltet die Versorgung der Passagiere und der Flugbesatzung mit Lebensmitteln und Getränken, Artikeln des Flugreisebedarfs (z. B. Kosmetik, Zeitungslektüre, Kinderspielzeug, Spielfilme etc.) und Artikeln des Bordverkaufs (z. B. Duty-Free: Zigaretten, Parfums, Accessoires, Pralinées, etc.). Ggf. schließt das Leistungspaket auch Elemente der Kabinenausstattung (z. B. Decken und Kissen, Kopfpolsterschoner) ein.

Die Leistungstiefe und -breite für das Catering verschiedener Flüge ist sehr unterschiedlich (z. B. Interkontinentalflug einer Linienfluggesellschaft, Boeing 747: 40.000 verschiedene Einzelteile, Gewicht 6 Tonnen im Vergleich zu einem No-Frills-Airline-Inlandsflug (→ Billigfluggesellschaft) mit Getränke- und Snackangebot zum Verkauf an Bord) und hängt weitgehend von folgenden Faktoren ab:

❖ Bordverpflegungskonzept (z. B. im Ticketpreis inklusiv oder *buy-on-board)*

❖ Budget des Kunden (hier: die Fluggesellschaft)

❖ Produkt-Design des Kunden (z. B. *Corporate Design* des Equipments, ethnische bzw. religiöse Vorgaben: → Koscher oder → Halal, etc.)

❖ Flugdauer (z. B. Interkontinental- oder Inlandsflug, daraus abgeleitetes Service-Stufen-Konzept)

❖ Flugzeitpunkt (z. B. morgens: Frühstück, nachts: Decken, etc.)

❖ Klassendiversifikation (z. B. Dreiklassen-Konzept: First-, Business- und Economy-Class oder Einklassenkonzept)

❖ Bedingungen und Begrenzungen durch das Flugzeug (z. B. Erhitzungsmöglichkeiten für Lebensmittel an Bord, Stauraum und Gewichtslimitierung an Bord).

Neben den genannten Einflußfaktoren stellen folgende Rahmenbedingungen eine Herausforderung für das Flight Catering dar:

❖ höchste Anforderungen an Qualität, Hygiene und Pünktlichkeit

❖ große Vielfalt unterschiedlicher Artikel und ein sich hieraus ergebender hoher Komplexitätsgrad

❖ beständige Änderung der Produktpalette (z. B. regelmäßiger Menüwechsel, Neuentwicklungen im Equipment-Bereich: neues Design oder Serviceerleichterung, etc.).

Das Flight Catering in seiner heutigen Form ist unter Berücksichtigung der o. g. Anforderungen und Rahmenbedingungen ein logistischer Prozeß, wobei dem gastronomischen Teilprozeß „Fertigung" ein hoher Stellenwert zukommt, insbesondere im Premium-Segment First Class. *(sr)*

**Flight Check-in**
→ Check-in

**Flight designator**
→ Flugnummer

**Flotillensegeln**
*flotilla cruising*
Segeln von Yachten in einem Flottenverband unter dem Kommando eines Führungsbootes, das von einem erfahrenen Skipper und meist einer kleinen Mannschaft angeführt wird.

**Flugangst**
*fear of flight, flight phobia*

**1   Definition**
Unter dem Begriff Flugangst werden sowohl leichte, subklinische Ängste vor dem Fliegen, als auch die spezifische Flugphobie (Aviophobie) verstanden. Menschen mit Flugangst haben u.a. Angst vor einem Flugzeugabsturz, vor der Höhe oder dem Eingeschlossensein, vor der Instabilität des Flugzeugs, vor einer wenig durchsichtigen Technik und Angst hinsichtlich der Zuverlässigkeit eines unbekannten Piloten. Die Diagnose der spezifischen Flugphobie ist dann erfüllt, wenn die Person unter ihrer Flugangst leidet (a), im privaten bzw. beruflichen Bereich Beeinträchtigungen erlebt (b), sie die Flugangst für übertrieben und unvernünftig hält (c) und sie das Fliegen vermeidet oder nur mit großer Angst durchsteht (d). Während der Flugangst erlebt die Person auch die typischen Symptome der Angst wie zum Beispiel Schwitzen, Zittern, Übelkeit etc. (DSM IV, American Psychiatric Association 1994). Da die Flugangst durch sehr unterschiedliche Faktoren ausgelöst wird, ist eine weitere Unterteilung in folgende drei Gruppen sinnvoll (nach van Gerwen, Spinhoven & Diekstra 1997):

❖ Eine Gruppe leidet zusätzlich noch unter einer anderen Angstproblematik wie zum Beispiel Höhenangst, Klaustrophobie (Angst vor engen Räumen), Panikstörung (unerwartet auftretende Angstattacken) oder Agoraphobie (Angst in Menschenmengen, auf öffentlichen Plätzen etc.).

❖ Eine Gruppe hat besondere Angst vor Flugzeugunglücken.

❖ Eine Gruppe befürchtet Kontrollverlust, da man sich während des Fluges z.B. einem fremden Piloten anvertrauen muß.

## 2 Auftretenshäufigkeit

Laut wissenschaftlicher Untersuchungen leiden ca. 10-15 Prozent der Gesamtbevölkerung industrieller Staaten unter Flugangst. Weitere 15-20 Prozent fliegen nur mit deutlichem Unbehagen, 10 Prozent der Personen mit Flugangst sind noch nie geflogen. Frauen und Männer sind gleich häufig betroffen (Institut für Demoskopie Allensbach 1995; van Gerwen & Diekstra 2000).

## 3 Behandlung

### 3.1 Bewältigungsstrategien der Betroffenen

Wenn Menschen unter Flugangst leiden und trotz großer Angst fliegen, entwickeln sie mehr oder weniger sinnvolle Strategien, um mit ihrer Angst umzugehen. Bei einer Befragung gaben Personen mit Flugangst an, sich zur Bewältigung der Angst abzulenken (85%), sich gut zuzureden (82%), sich zu entspannen (66%), Medikamente einzunehmen (51%) und Alkohol zu trinken (26%) (Wilhelm & Roth 1997). Allerdings hat die Einnahme von Medikamenten und Alkohol und die Vermeidung von Flugreisen langfristig eine angststeigernde Wirkung.

### 3.2 Professionelle Behandlung von Flugangst

Die Behandlung von Flugangst findet entweder im Rahmen einer Psychotherapie oder in speziellen Gruppenseminaren von fünf bis 20 Personen statt. Jedes Gruppenseminar besteht in der Regel aus mehreren Komponenten und wird meist an einem bzw. zwei Tagen durchgeführt. Inwieweit die einzelnen Komponenten ausgeführt bzw. betont werden, ist zwischen den Seminaren verschieden. Folgende Komponenten werden angeboten:

❖ Informationsvermittlung über den technischen Hintergrund des Fliegens, die Sicherheit des Fliegens, die Entstehung von Angst und deren Bewältigungsmöglichkeiten

❖ Erlernen einer Entspannungsmethode

❖ kognitive Bewältigungsstrategien erlernen (z.B. Umgang mit Angstgedanken)

❖ psychologisch begleitete Teilnahme an einem bzw. mehreren Flügen

Je nach Professionalität der Veranstalter können solche Seminare schon in kurzer Zeit zu einer deutlichen Reduktion der Flugangst beitragen. Gute Erfolgsergebnisse werden auch von dem Einsatz einer virtuellen Realität, d.h. von Flugsimulatoren, bei der Behandlung von Flugangst berichtet. Mit Hilfe der computergenerierten dreidimensionalen Welt kann die Flugsituation nachempfunden und wie im realen Flug geübt werden. Information über die Behandlung von Flugangst: www.flugangst-coaching.de; www.flugpsychologie.de; www.flugangst. de. *(ms)*

## Literatur

American Psychiatric Association 1994: Diagnostic and statistical manual of mental disorders: DSM-IV. Washington: American Psychiatric Association

Institut für Demoskopie Allensbach 1995: Allensbacher Berichte Nr. 5: Angst vorm Fliegen. Allensbach: Institut für Demoskopie Allensbach

van Gerwen, L. J.; P. Spinhoven & R. F. W. Diekstra 1997: People who seek help for fear of flying: Typology of flying phobics. In: Behavior Therapy, 28, S. 237-251

van Gerwen, L. J.; R. F. W. Diekstra 2000: Fear of flying treatment programs for passengers: An international review. In: Aviation, Space and Environmental Medicine, Vol. 71, S. 430-437

Wilhelm, F. H.; & W. T. Roth 1997: Clinical characteristics of flight phobia. In: Journal of Anxiety Disorders, 11, S. 241-261

## Flugbegleiter

*flight attendant, cabin attendant*

Aus Sicherheitsgründen müssen in Passagierflugzeugen in der Kabine ausgebildete Flugbegleiter mitfliegen. In der Regel muß pro angefangene 50 Passagierplätze ein Flugbegleiter an Bord sein. In Flugzeugen mit mehr als 100 Passagierplätzen ist zusätzlich noch pro Kabineneinheit (zum Beispiel in unterschiedlichen Beförderungsklassen) ein Flugbegleiter einzusetzen. Flugzeuge mit weniger als 20 Passagiersitzen sind von dieser Regel ausgenommen.

In einigen Ländern müssen Flugbegleiter ebenso wie das übrige Luftfahrtpersonal (Piloten, Mechaniker) lizenziert sein. Auf den meisten Flügen haben die Flugbegleiter Servicefunktionen im Servieren von Getränken und Mahlzeiten und im Bordverkauf (→ Bordservice). Noch stärker verkaufsbezogen arbeiten sie bei → Billigfluggesellschaften, bei denen der Bordservice in der Regel nicht im Flugpreis inbegriffen ist. *(jwm)*

*Literatur*

Joint Aviation Requirements – Operations 1 (JAR-OPS 1), Subpart O: Cabin Crew, JAR-OPS 1.990

## Flugbuch

*pilot logbook, flight logbook*

Buch, in dem jeder Pilot seine Flugstunden nachweisen und das er immer mit sich führen muß. Aufgeführt werden müssen das Datum des Fluges, der Name des Piloten bzw. Kopiloten, der Flugzeugtyp, die amtliche Kennung des Luftfahrzeuges (zum Beispiel D-ABTY), der Start- und der Landeflugplatz (im Vierbuchstabenkode [→ Flughafencode] der → International Civil Aviation Organisation, ICAO), die Start- und die Landezeit (in → Universal Time Coordinated, UTC), die Flugdauer, die → Blockzeiten sowie ggfs. weitere Angaben wie zum Beispiel Checkflug, Werkstattflug usw. Das Flugbuch ist praktisch eine Urkunde, auf dessen Grundlage das Einhalten gesetzlicher Vorgaben nachvollzogen werden kann und das zur Verlängerung der nur auf Zeit vergebenen Pilotenlizenzen und von Berechtigungen (zum Beispiel Instrumentenflug; s.a. Musterberechtigung) herangezogen wird. Die Angaben darin lassen sich ggfs. durch die ebenfalls vorgeschriebenen Aufzeichnungen der Flughäfen, die Einsatzpläne und anhand des Bordbuches (→ Logbuch) der geflogenen Flugzeuge überprüfen. *(jwm)*

## Flugdatenschreiber

→ Flugschreiber

## Flugdienstberater

*flight dispatcher*

Sie sind Berater bzw. Beauftragte von Piloten und bereiten als Angestellte von → Fluggesellschaften Flüge durch die Sammlung und Aufbereitung von Wetter- und Streckeninformationen bis hin zur Aufstellung von → Flugplänen (b) unter technischen und wirtschaftlichen Gesichtspunkten vor.

Sie werden in einem amtlich anerkannten Lehrgang in 13 Monaten, der mit einer Prüfung nach § 113 der Verordnung über Luftfahrtpersonal (LuftPersV) beim → Luftfahrtbundesamt (LBA) abschließt, auf diese Tätigkeit vorbereitet. Die Lizenz wird nach bestandener Prüfung je nach Lehrgangstyp vom LBA ohne zeitliche Einschränkung entsprechend § 112 LuftPersV entweder ohne oder mit einer Gebietsbeschränkung für das Verkehrsgebiet Europa erteilt.

Derzeit bildet in Deutschland nur die → Lufthansa in diesem Beruf aus. Die theoretische Ausbildung findet in Bremen, die praktische auf dem Frankfurter Flughafen statt. Voraussetzung für den Zugang zur Ausbildung als Flugdienstberater/in ist die erfolgreiche Teilnahme an einem Test, in dem die fachliche (Englisch, Mathematik und Physik) und persönliche Befähigung geprüft wird. Bewerber mit Hochschulreife werden bevorzugt aufgenommen, zudem das Mindestalter für die Erteilung der Lizenz bei 21 Jahren liegt. *(jwm)*

## Flugfläche
*flight level*
Reiseflughöhen, die durch einen konstanten Luftdruck von 1013,2 Hektopascal definiert sind. Da Flughöhen mit barometrischen Geräten, d.h. über den abnehmenden Luftdruck in zunehmender Höhe, gemessen werden, wird damit sichergestellt, daß sich alle Flugzeuge unabhängig vom örtlichen Luftdruck in demselben Druckflächensystem bewegen. Sie werden, wie generell Höhenangaben in der Luftfahrt, in Fuß gemessen (1 Fuß = 0,3048 m). Zur Vereinfachung werden die Hunderter dabei weggelassen: Flugfläche 330 entspricht also einer Druckfläche von 33.000 Fuß (ca. 10.800 m). Eine Ausnahme ist jedoch Rußland, wo alle Angaben metrisch erfolgen, d.h.,

Höhen in Metern und Luftdruck in Millimetern gemessen wird. Da viele Langstreckenflüge zwischen Europa und Asien und mit der Zunahme polarer Routen auch zwischen Asien und Amerika durch russischen Luftraum erfolgen, müssen die Flugzeuge auf diesen Routen entsprechend ausgerüstet sein. *(jwm)*

## Fluggastbrücke
→ Finger

## Fluggepäck
*air luggage*
Die → Fluggesellschaften haften bei Verlust oder Beschädigung von aufgegebenem Gepäck bis zu den im → Montrealer Abkommen festgesetzten Höchstgrenzen. Sofern der Passagier eine → Reisegepäck-Versicherung abgeschlossen hat, verfügt er in dieser Zeit (zwischen Ein- und Auschecken) über einen erhöhten Versicherungsschutz. Im Schadenfall übernimmt in der Regel der Reisegepäckversicherer die Regulierung und läßt sich im Regressverfahren den Anteil, den die jeweilige Fluggesellschaft zu tragen hat, nachträglich auszahlen.

Zu beachten ist, daß bei Flugreisen in die USA Gepäckstücke nicht mehr abgeschlossen werden dürfen. Da Foto-, Film- und Videoapparate in unverschlossenen Behältnissen nicht versichert sind, müssen diese folgerichtig im Handgepäck transportiert werden. *(hdz)*

## Fluggesellschaft
*airline, carrier*
Unternehmen, das gewerbsmäßig Flugverkehrsdienste für Passagiere und/oder Fracht anbietet. In der Europäischen Union ist die Voraussetzung für die Erteilung einer Betriebsgenehmigung nach § 9 (1) der Verordnung 2407/92 EWG vom 23. Juli 1992 ein → Luftverkehrsbetreiberzeugnis (Air Operator

Certificate, AOC), das von den nationalen Luftverkehrsbehörden entsprechend der Bestimmungen der → Joint Aviation Requirements (JAR) ausgestellt wird. Ein Mitgliedsstaat kann gemäß Artikel 4 (2) dieser Verordnung eine Fluggesellschaft zudem nur dann zulassen, wenn sich die Mehrheit der Anteile im Besitz von Mitgliedsstaaten oder Staatsbürgern von Mitgliedsstaaten befinden und auch tatsächlich von ihnen kontrolliert werden. Für die Erteilung einer Betriebsgenehmigung spielt auch die wirtschaftliche Bonität des Unternehmens eine wichtige Rolle: Gemäß Art. 5 (5) der Verordnung können die Genehmigungsbehörden bei berechtigten Zweifeln an der finanziellen Leistungsfähigkeit einer Fluggesellschaft die Genehmigung aussetzen oder widerrufen, wenn sie nicht davon überzeugt sind, daß das Unternehmen seinen „tatsächlichen und möglichen Verpflichtungen nachkommen kann."

Fluggesellschaften können prinzipiell im Linien- (→ Linienflug) oder im Gelegenheitsverkehr (→ Charterflug, → Taxiflug) tätig sein. Viele Unternehmen betreiben mittlerweile beide Verkehrsarten parallel, so daß seit 1996 in der amtlichen Statistik Linien- und Charterflüge nicht mehr getrennt ausgewiesen werden. Viele Fluggesellschaften betreiben darüber hinaus auch Wartungsbetriebe für die eingesetzten Luftfahrzeuge, große Unternehmen haben sie – wie zum Beispiel die Lufthansa mit der Lufthansa Technik GmbH – in Tochterunternehmen organisiert, die einen großen Teil ihres Umsatzes mit der Wartung und Instandhaltung von Luftfahrzeugen anderer Luftfahrtunternehmen machen. Das gilt auch für das Catering (→ Flight Catering), d.h. die Belieferung von Flügen mit Getränken und Mahlzeiten für den → Bordservice.

Zudem haben einige große Fluggesellschaften weitere Unternehmen für direkt oder indirekt luftverkehrsbezogene Dienstleistungen gegründet. Dazu gehören zum Beispiel die Entwicklung und Implementierung von EDV-Systemen und von Beratungsleistungen (Consulting). Vor diesem Hintergrund sieht sich zum Beispiel die Deutsche Lufthansa AG weniger als bloße Fluggesellschaft denn als Luftfahrtkonzern („Aviation Konzern"). Daneben haben sich aber auch → Billigfluggesellschaften etabliert, die sich fast ausschließlich auf das Kerngeschäft der reinen Beförderung zu niedrigen Preisen konzentrieren und nur einen sehr eingeschränkten oder gar keinen → Bordservice bieten. Weltweit gibt es derzeit (nach dem World Airline Directory von Flight International, Stand Januar 2004) ca. 1.600 Fluggesellschaften, von denen ca. 270 in der → International Air Transport Association (IATA) organisiert sind, die wiederum nach eigenen Angaben etwa 98 Prozent des grenzüberschreitenden Luftverkehrs abwickeln. *(jwm)*

*Literatur*

Joint Aviation Requirements – Operations 1 (JAR-OPS 1), Subpart C: Operation Certification and Supervision, JAR-OPS 1.175 ff.

Verordnung (EWG) Nr. 2407/92 des Rates vom 23. Juli 1992 über die Erteilung von Betriebsgenehmigungen an Luftfahrtunternehmen (Amtsblatt Nr. L 240 v. 24. August 1992, S. 1 in der Fassung der Berichtigung im Abl. Nr. 245 v. 23. Februar 1993, S. 30)

World Airline Directory 2004; Part I: A-B, in Flight International 16-22 March 2004, S. 43-103; Part II: C-L, in Flight International 23-29 March 2004, S. 46-102; Part III: M-Z, in Flight International 30 March-5 April 2004, S. 35-98

## Flughafen

*airport*

Sie sind ebenso wesentlicher Teil des Luftverkehrssystems wie → Fluggesellschaften und die → Flugsicherung. Flughäfen stellen die notwendige Infrastruktur für das Starten und Landen von Flugzeugen zur Verfügung und erlauben das Umsteigen (von Passagieren) und Umladen (von Gepäck, Post und Fracht) zwischen landgebundenen Verkehrmitteln und Luftfahrzeugen.

Flughäfen umfassen fünf Teilbereiche bzw. Subsysteme: (1) Start- und Landebahnen, Rollwege, (2) Vorfelder, (3) → Terminals und Ausgänge (*gates;* → Finger), (4) die landgebundene Verkehrsanbindung und (5) die Navigationseinrichtungen (→ Instrumentenlandesystem). Innerhalb dieser Subsysteme werden eine Reihe von Einrichtungen und Dienstleistungen für die Sicherheit *(safety and security)* des Flug- und Flughafenbetriebs, der Flugzeug-, Passagier- und Frachtabfertigung zur Verfügung gestellt.

Darüber hinaus gibt es auf Flughäfen zusätzliche Einrichtungen wie Läden, Restaurants, Mietwagenstationen und Parkhäuser (→ Flughafenerlöse). Einige haben ihre wirtschaftlichen Aktivitäten zum Beispiel noch durch Hotels und Tagungseinrichtungen weiterentwickelt. Viele dieser Einrichtungen werden nicht von den Flughafengesellschaften selbst, sondern von → Fluggesellschaften, Abfertigungsunternehmen, staatlichen Stellen, Konzessionären und anderen auf die jeweiligen Geschäftsbereiche spezialisierten Unternehmen betrieben.

Traditionellerweise wurden Flughäfen als öffentliche Einrichtungen mit entsprechenden Funktionen gesehen. Praktisch alle Flughäfen waren im Besitz der öffentlichen Hand. In den letzten drei Jahrzehnten hat sich ihre Struktur jedoch grundlegend gewandelt. Die → Flughafenkommerzialisierung führte dazu, daß die meisten Flughäfen jetzt viel mehr als Unternehmen gesehen werden. In einigen Fällen bedeutet dies, daß die Geschäftsführung und manchmal auch der Flughafen selbst teilweise oder vollständig in private Hände überführt wurde. Durch das Überschreiten der früher unüberwindlichen nationalen Grenzen durch eine Reihe von Flughafengesellschaften wurde das Betreiben von Flughäfen zu einem internationalen oder sogar globalen Geschäft.

Flughäfen spielen nicht nur eine Schlüsselrolle in der Luftfahrt, sondern haben auch eine erheblichen Einfluß auf Wirtschaft und Umwelt. Ein Flughafen führt zu Einkommen, Beschäftigung, Investitionen und Steuereinnahmen. Er kann durch seine bloße Existenz auch Auslöser für weitere positive wirtschaftliche Entwicklungen sein, wie Investitionen aus dem Ausland oder die Entwicklung von Tourismus. Die Auswirkungen von Flughäfen auf die Umwelt betrachtet man am besten auf zwei Ebenen: lokal und global. Auf globaler Ebene wird der Beitrag der Luftfahrt zu Treibhauseffekt und Ozonloch zunehmend kritischer überprüft. Auf lokaler Ebene sind vor allem Fluglärm und Fragen der Luftqualität bedeutsam, aber es stehen auch andere Themen *(issues)* wie Wassernutzung und -verschmutzung, Abfallbeseitigung, Energieverbrauch und die Erhaltung der natürlichen und bebauten Umwelt zur Debatte.

Nach Angaben des → Airports Council International (ACI) überschritt 2003 die Zahl der Passagiere weltweit 3,4 Milliarden. Atlanta ist der nach Passagieren größte Flughafen der Welt und Memphis hat das höchste Frachtaufkommen. London Heathrow ist der größte internationale Flughafen.

Weltweit hatten 2003 Nordamerika mit 39 Prozent und Europa mit 31 Prozent der Passagiere die größten Anteile am Weltluftverkehr. In Nordamerika handelt es sich meist um Inlandsluftverkehr, während in Europa die grenzüberschreitenden Flüge dominierten. Der 11. September 2001, der Irak-Krieg 2003, der Ausbruch von → SARS und die anhaltende Bedrohung durch den Terrorismus führten dazu, daß die Flughäfen jetzt unter unbeständigen Bedingungen arbeiten müssen. In verschiedenen Märkten hat sich die Nachfrage abgeschwächt und die Sicherheit von Flughäfen *(airport security)* ist zu einem herausragenden Thema geworden. Langfristig wird jedoch mit der Rückkehr zu einem gesunden Nachfragewachstum gerechnet, wobei die höchsten Raten für den asiatisch-pazifischen Raum und Südamerika vorhergesagt werden. *(ag)*

## Flughafencode

*airport code*
Zwei weltweit gültige Abkürzungen für Flughäfen, die einmal von der → International Civil Aviation Organisation (ICAO) und zum anderen von der → International Air Transport Association (IATA) eingeführt wurden.

(a) ICAO-Code: Ein aus vier Buchstaben bestehender Code, der einen Flughafen bezeichnet. Beispiele: EDDF für Frankfurt Rhein Main, LOWI für Wien Schwechat oder LSZH für Zürich Kloten. Bei der technischen Abwicklung von Flügen (Flugwetter-/Streckeninformationen, Eintragungen in Bord- und Flugbücher [→ Flugbuch] usw.) wird ausschließlich dieser Code verwendet.

(b) IATA-Code: Ein aus drei Buchstaben bestehender Code, der für → Flugpläne (a), das Ausstellen von → Flugscheinen (a), das Ein-

und Durchchecken von Gepäck und andere passagierbezogene Informationsübermittlungen verwendet wird. Beispiele: FRA für Frankfurt Rhein Main, VIE für Wien Schwechat und ZRH für Zürich Kloten. *(jwm)*

## Flughafenerlöse

*airport revenue*
Sie kommen aus flugbezogenen und nicht flugbezogenen Quellen. Die flugbezogenen Erlöse werden durch Flugzeugbewegungen, Passagier-, Fracht- und Postabfertigung erzielt. Die beiden wichtigsten davon sind die Landegebühren, die normalerweise nach dem höchstzulässigen Startgewicht *(maximum take-off weight, MTOW)* des Flugzeuges berechnet, und die Passagiergebühren, die pro Kopf erhoben werden. Nicht flugbezogene oder kommerzielle Erlöse werden durch nicht direkt auf den Betrieb von Luftfahrzeugen bezogene Aktivitäten erzielt wie Einnahmen aus Einzelhandelsgeschäften, → Restaurants und Mietwagenschaltern im → Terminal. Dazu gehören auch Parkgebühren und Mieten für Flächen im → Terminal und für Teile des Flughafengeländes. Traditionellerweise haben Flughäfen den größten Teil ihrer Erlöse mit flugbezogenen Aktivitäten erzielt. Seit den 1970er Jahren haben viele Flughäfen jedoch ihre nicht flugbezogenen Einnahmen erheblich gesteigert und in manchen Fällen sind sie mit mehr als der Hälfte der Erlöse die wichtigste Einnahmequelle. *(ag)*

## Flughafenglobalisierung

*airport globalisation*
Der Begriff bezeichnet einen seit den 1990er Jahren sichtbaren Trend, als sich eine Reihe von Flughafengesellschaften dafür entschied, ihre Geschäftstätigkeiten

auszuweiten und sich auch an der Führung anderer Flughäfen zu beteiligen. Diese Entwicklung wurde durch die damals einsetzende → Flughafenprivatisierung möglich. Zwei Arten von Organisationen haben die Flughafenglobalisierung vorangetrieben. Zunächst sind es die traditionellen Flughafenbetreiber wie BAA (British Airport Authority) in Großbritannien, die Frankfurter Flughafengesellschaft Fraport und die des Amsterdamer Flughafens Schiphol, zum zweiten Unternehmen mit primär anderen Geschäftsfeldern und nur geringen oder gar keinen Erfahrungen im Flughafengeschäft, die aber das Gefühl haben, daß sie über die notwendigen Fähigkeiten und Erfahrungen für den erfolgreichen Betrieb von Flughäfen verfügen. Dazu gehören Immobiliengesellschaften wie TBI in Großbritannien und Bauunternehmen wie Hochtief in Deutschland. Die erste Allianz (→ Strategische Allianz) zwischen Flughäfen wurde 1999 zwischen Fraport und Schiphol geschlossen. *(ag)*

## Flughafenhotel

*airport hotel*

Hotel, das in der Nähe von bzw. in direktem Zusammenhang mit einem Flughafen steht. Die Bedeutung von Flughafenhotels hat in den letzten Jahren ständig zugenommen. Dies steht in direktem Zusammenhang mit der Entwicklung des Luftverkehrs (steigende Passagierzahlen) und der Entwicklung der Flughäfen hin zu kleinen Mikro-Städten mit Konferenzzentren, Einkaufszentren, Restaurants, Kunst-Galerien, Museen etc. Entsprechend haben sich Flughafenhotels weg von vor allem einfachen, lauten und günstigen → Stop over-/→ Lay over-Unterkünften hin zu voll ausgestatteten Business- und Freizeit-Hotels mit Konferenzmöglichkeiten, Wellness-

Angeboten, Sporteinrichtungen, Restaurants etc. entwickelt. Gerade für internationale Geschäftsreisende steht die einfache logistische Anbindung an den Flughafen und die damit verbundene Zeitersparnis im Vordergrund.

Flughafenhotels sind aufgrund der im Vergleich extrem hohen Durchschnittsrate sowie der hohen Auslastung (kann aufgrund der Vermietung von Tageszimmern sogar über 100 Prozent liegen) für Investoren und Betreiber hoch attraktiv. Kennzeichnend für Flughafenhotels ist weiterhin die niedrige durchschnittliche Aufenthaltsdauer, auch wenn gegenwärtig mehr und mehr entsprechende Hotels durch Zusatzangebote zur Übernachtung daran arbeiten, die Aufenthaltsdauer zu erhöhen.

Architektonisch geht der Trend der Flughafenhotels in die Richtung, sich dem Erlebnis Flughafen anzupassen und durch entsprechende Bauten die Begeisterung für die Romantik und das Abenteuer des Reisens wiederzugeben. Neuerdings ist bei den Flughafenhotels auch eine Diversifizierung in Luxus- und Standardhotels, spezifische Betriebe für Mitarbeiter von → Fluggesellschaften sowie Betriebe für extrem kurze Aufenthalte (*refreshment-rooms*, Stundenzimmer) zu verzeichnen. *(amj)*

## Flughafenkommerzialisierung

*airport commercialisation*

Hiermit ist die Sicht eines Flughafens als normales Wirtschaftsunternehmen und nicht als öffentlicher Versorgungsbetrieb mit der Verpflichtung zum Dienst an der Allgemeinheit verbunden. Seit den 1970er Jahren sind, ausgehend von Europa, viele Flughäfen zu einer stärker wirtschaftlich ausgerichteten Unternehmensführung übergegangen. Die Verbindungen zu den öffentlichen Eigentümern wurden durch die Einrichtung von unabhängigen Flughafenbehörden oder die Gründung von privatrechtlich organisierten Flughafengesellschaften gelockert. Dies führte zu größerer unternehmerischer Freiheit der Flughäfen und hat damit den Zugang zu privaten Investoren und Partnerschaften eröffnet. Die Flughafenkommerzialisierung wird auch im Tagesgeschäft deutlich, in dem viel größerer Wert auf die betriebswirtschaftliche Führung von Flughäfen gelegt wird. Dazu gehören ein entsprechendes Finanzmanagement, die Erzielung nicht flugbezogener Erlöse (→ Flughafenerlöse) und Flughafenmarketing. *(ag)*

### Flughafenprivatisierung

*airport privatisation*
Bezeichnet eine Entwicklung, die 1987 in Großbritannien mit der Privatisierung der British Airports Authority (BAA) begann. Seitdem gab es weltweit eine Reihe von Privatisierungen. Die Flughafenprivatisierung wird als ein Weg gesehen, einmal die notwendigen Zukunftsinvestitionen in Zeiten knapper werdender öffentlicher Mittel zu sichern und zum anderen als eine Möglichkeit, die Leistungsfähigkeit zu fördern. Im weitesten Sinne bedeutet Flughafenprivatisierung üblicherweise die Übernahme des Flughafenmanagements durch ein privates Unternehmen, wobei in vielen Fällen damit auch eine Übernahme von Anteilen verbunden ist. Es gibt eine ganze Reihe von Flughafenprivatisierungsmodellen: den vollständigen oder teilweisen Gang an die Börse; den Unternehmensverkauf *(trade sale)*, bei dem wiederum der gesamte Flughafen oder ein Teil von ihm an ein anderes Unternehmen oder ein Konsortium von Investoren verkauft wird; die Konzessionsvergabe, bei der eine Flughafenmanagementgesellschaft die Konzession für den Betrieb des Flughafens für eine festgelegte Zeit erwirbt; das Projektfinanzierungsmodell, nach dem Privatunternehmen üblicherweise einen Flughafen neu- oder umbauen und ihn oder Teile von ihm dann für eine festgelegte Dauer betreiben; den Managementvertrag. *(ag)*

### Flughafensteuer

*airport tax, air passenger duty*
Steuer, die manche Länder von jedem Fluggast erheben. In manchen Fällen muß sie vom Fluggast vor Abflug an einem Schalter entrichtet werden, in den meisten Fällen ist sie im Flugpreis enthalten (auch → Ausreisesteuer).

### Flughafentransfer

*airport transfer*
Transport von Passagieren zum oder vom → Flughafen. In der Regel bezieht sich der Transfer auf den Weg zwischen Flughafen und Unterkunft.

### Flughafentypologie

*airport typology*
Es gibt eine Reihe von verschiedenen Flughafentypologien, die im Luftverkehr Verwendung finden. So können Flughäfen erstens nach ihrem Verkehrsaufkommen und der Größe ihres Einzugsgebietes, wie zum Beispiel in Hauptstadtflughäfen, Regionalflughäfen und lokale Flughäfen, klassifiziert werden. Auch kann die Art des Luftverkehrs berücksichtigt werden und Flughäfen können als Inlandsflughafen, internationaler Flughafen, Ferienflughafen, Geschäftsreiseflughafen, Low Cost-Flughafen (→ Billigfluggesellschaft), Frachtflughafen oder Flughafen der → Allgemeinen Luftfahrt bezeichnet werden.

Zweitens kann ein Flughafen nach seiner Besitz- und Managementstruktur von anderen unterschieden werden, also danach, ob er sich in öffentlicher oder privater Hand befindet oder ob er zu einer Gruppe von Flughäfen gehört oder als Einzelunternehmen geführt wird. Drittens können Flughäfen nach betrieblichen, technischen und Umweltmerkmalen typisiert werden. Dazu können Faktoren wie die Länge der Start- und Landebahn(en), die Navigationsausrüstung (→ Instrumentenlandesystem), Verfahren der → Slotvergabe und Umweltrestriktionen wie → Nachtflugbeschränkungen oder → Nachtflugverbote in Betracht gezogen werden. *(ag)*

## Flughafenvorfeld
*apron, ramp*
Bezeichnet den Teil eines Flughafens, auf dem Flugzeuge zum Be- und Entladen, zur Wartung bzw. bis zum nächsten Einsatz geparkt (→ Parkposition) werden. Die Kontrolle des Vorfeldes unterliegt bei großen Flughäfen, anders als die Start-/Landebahnen und die entsprechenden Rollwege, speziellen Lotsen auf einer eigenen Funkfrequenz. *(jwm)*

## Flugkapitän
*flight captain, pilot in command (PIC)*
Verantwortlicher Luftfahrzeugführer eines Flugzeuges. Im → Cockpit eines Flächenflugzeuges sitzt er immer auf dem linken Sitz; der rechte wird vom Kopiloten bzw. zweiten Flugzeugführer *(first officer)* eingenommen. Der Flugkapitän trägt die Gesamtverantwortung für einen Flug, auch in den Fällen, in denen er im Rahmen der Arbeitsteilung im Cockpit *(crew resource management, CRM)* das Flugzeug nicht selber fliegt, sondern der zweite Flugzeugführer der *pilot flying* (PF) ist. Daher hat er auch in praktisch allen Angelegenheiten die Entscheidungsgewalt an Bord. Er ist nicht zu verwechseln mit dem → Chefpiloten. *(jwm)*

## Flugnummer
*flight designator, flight number*
Bezeichnung eines regelmäßig durchgeführten Fluges. Die Flugnummer besteht aus der aus zwei Buchstaben zusammengesetzten Bezeichnung der → Fluggesellschaft (*airline designator*; → Airline Prefix Number) und einer Zahl. Beispiele: QF 6 für einen Qantas-, EK 428 für einen Emirates oder LH 544 für einen → Lufthansa-Flug. Diese Flugnummern werden in den Flugplänen (a und b) aufgeführt und dort ebenso wie auf den Tickets zusammen mit dem Abflugort, dem Abflugdatum, der Abflugzeit und dem Flugziel ausgedruckt und entsprechend auch auf den Anzeigetafeln der Flughäfen genannt. Im Rahmen von Gemeinschaftsflügen (→ Code share) können Fluggesellschaften, die einen Flug nicht selbst durchführen, ihre Flugnummer auch für den einer Partnerfluggesellschaft vergeben.

Im Funksprechverkehr wird von Fluggesellschaften, anders als in der → Allgemeinen Luftfahrt, nicht das Kennzeichen *(call sign)* des Flugzeuges (zum Beispiel D-CWHS für einen Learjet 60), sondern die Flugnummer verwendet. *(jwm)*

## Flugpauschalreise
*air package tour*
Mit dem Flugzeug als Hauptreiseverkehrsmittel durchgeführte → Pauschalreise.

## Flugplan
(a) *flight schedule, time table*
Durch Fluggesellschaften veröffentlichte Zeiten von Abflug und Ankunft der von ihnen bedienten Strecken.
(b) *flight plan*
Von Piloten (bzw. ihren Beauftragten) einzureichendes Formular, mit dem alle für einen Flug relevanten Daten

(Flugzeugtyp, Kennzeichen, Startzeit, Geschwindigkeit, Flugroute, geplante Flughöhe, errechnete Überflug- und Ankunftszeiten, Rettungsausrüstung usw.) an die für die beflogene Strecke zuständigen Flugkontrollstellen (→ Air Traffic Control) übermittelt und von ihnen genehmigt werden müssen. *(jwm)*

### Flugplankonferenz
→ International Air Transport Organisation (IATA)

### Flugplanperiode
*flight scheduling period*
Zeitraum der Gültigkeit eines → Flugplanes (a). Sie beträgt in der Regel ein halbes Jahr. Der Sommerflugplan gilt vom 1. 4. bis 31. 10. und der Winterflugplan vom 1. 11. bis 31. 3. des Folgejahres. Die Flugplanperiode wird international koordiniert durch die halbjährlich stattfindenden Flugplankonferenzen der → International Air Transport Association (IATA). *(jwm)*

### Flugschein
(a) *flight ticket*
Früher in Papierform ausgestelltes Beförderungsdokument für Passagiere eines Fluges. Wird heute in der Regel nur noch als → elektronisches Ticket ausgestellt.
(b) *pilot licence*
Berechtigung zum Führen eines Luftfahrzeuges (→ Luftfahrtbundesamt [LBA]).

### Flugschreiber
Unter diesem Begriff werden zwei Aufzeichnungsgeräte über den Flugverlauf in größeren zivilen Verkehrsflugzeugen zusammengefaßt:
a) Der Flugdatenschreiber (*flight data recorder*, FDR), der kontinuierlich über 25 Stunden in älteren Flugzeugmustern mindestens fünf, in neuen mindestens 20 Flugparameter

wie die Stellung der Steuerflächen, Triebwerksleistung, Kurs, Höhe und Geschwindigkeit erfaßt. Digitale FDR können sogar mehr als 300 Flugparameter aufzeichnen. Oft auch als *black box* bezeichnet, befindet sich der FDR in einem leuchtend orangenen, extrem wasser-, stoß- und feuergeschützten Behälter und kann mit speziellen Geräten ausgelesen werden.
(b) Aufzeichnungsgerät für sämtliche Geräusche und Gespräche im Cockpit (*cockpit voice recorder, CVR*) und den Funkverkehr, der noch einmal bodenseitig in allen Kontrollstellen aufgezeichnet wird. CVR zeichnen kontinuierlich die letzten 30 Minuten eines Fluges auf, neuere digitale Geräte speichern die letzten zwei Stunden.
Beide Geräte werden in der Regel im Heckkonus untergebracht und sind jeweils mit einem Ortungssender *(pinger)* ausgerüstet, der bei der Berührung mit Wasser aktiviert wird und in Wassertiefen bis zu 14.000 Fuß (4.270 m) mit speziellen Empfangsgeräten lokalisiert werden kann. Die Aufzeichnungen beider Geräte werden nach Unfällen zur Ermittlung der wahrscheinlichen Ursache(n) ausgewertet. *(jwm)*

### Flugsicherung
→ Air traffic control (ATC)

### Flugtaxi
*air taxi*
Kleineres Flugzeug (meist drei bis zwölf Passagiersitze) der → allgemeinen Luftfahrt, das für kurze Strecken gechartert werden kann. In der Karibik zum Beispiel auch als → Amphibienflugzeug gebräuchlich, um auf etwas abgelegenere Inseln zu kommen. *(jwm)*

**Flugticket**
→ Flugschein

**Flugunterbrechung**
→ Lay-over Gast

**Flugunterhaltung**
*in-flight entertainment (IFE)*
Was mit dem Bordkino des frühen Jet-
zeitalters auf Langstreckenflügen zum
Zeitvertreib der Passagiere begann, wurde
mittlerweile zu hochkomplexen, compu-
terisierten und individualisierten Unter-
haltungssystemen weiterentwickelt, die
einen Prozentsatz im hohen einstelligen
Bereich des Gesamtpreises für ein neues
Flugzeug ausmachen können (Listenpreis
einer Boeing 777-300 ER zum Beispiel
ca. 250 Mio. US-$). Weitere erhebliche
Kosten entstehen durch den Betrieb solcher Systeme, von denen der weitaus
größte Teil für die Inhalte *(content)*, also
Film- und Tonträgerrechte, aufgewendet
werden muß. Nicht zuletzt sind auch die
Wartungs- und Instandhaltungskosten
für die IFE-Systeme erheblich.

Wurde früher nur ein Film gezeigt,
der durch einen Kanal entlang der
Kabinendecke durch mehrere Projektoren
lief, die in jedem Kabinensegment zeitversetzt auf eine Leinwand projizierten, kann
man sich jetzt sein eigenes Programm
zusammenstellen, das man auf einem einfach zu bedienenden Bildschirm mit *touch
screen*-Technik vor seinem Sitz betrachtet.
So können beispielsweise Filme ange-
halten, zurück- und vorgespult werden.
Die seit längerem bereits über Kopfhörer
zugänglichen Musikprogramme, die
zunächst noch für alle gleich über endlos
laufende Kassetten abgespielt wurden,
sind in den modernen Systemen jetzt
ebenfalls elektronisch gespeichert und
individualisiert, so daß sich jeder sein
eigenes Programm in einer Reihe von
Sprachen zusammenstellen kann.

Eines der am weitesten entwickelten
Systeme ist ICE (Information, Communication, Entertainment), das Emirates
in seinen neueren Langstreckenflugzeugen
installiert hat. Neben einer Vielzahl von
Filmen, Audioprogrammen und elektronischen Spielen werden auch die
BBC World Nachrichten eingespielt.
Wie in anderen Systemen auch, können die Karten und Informationen von
‚Air Show' abgerufen werden, die einem
die derzeitige Position des Flugzeuges,
die zurückgelegte Flugstrecke sowie die
Flughöhe, -geschwindigkeit, die Zeit bis
zum Zielflughafen, Außentemperatur usw.
zeigen. Kameras im Bug des Flugzeugs
übertragen Bilder über das Geschehen
beim Rollen, beim Start und bei der
Landung des Flugzeuges. Über eine nach
unten gerichtete Kamera kann auch das
überflogene Gelände auf einem eigenen
Übertragungskanal betrachtet werden.

Auch wenn es Unternehmen gibt, die
sich auf die Herstellung solcher Systeme
spezialisiert haben (Thales, Panasonic,
Rockwell), machen sie heute einen erheblichen Teil des Entwicklungsaufwandes
(insbesondere für die Systemintegration
der gesamten Kabinenelektronik) für ein
neues Langstreckenflugzeug aus, wie nicht
zuletzt die erheblichen Verzögerungen
bei der Erstauslieferung des Airbus A 380
gezeigt haben. *(jwm)*

**Flugzeit**
*flight time*
Die Zeit vom Abflugort bis zum
Zielort. In den → Flugplänen (a) der
Fluggesellschaften wird nicht die reine
Flugzeit vom Abheben bis zum Aufsetzen
*(elapsed time)*, sondern die sogenannte
Blockzeit aufgeführt. Das ist die Zeit vom
Anlassen der Triebwerke, bei dem die
Bremsklötze von den Rädern weggezo-
gen werden *(blocks off)* bis zum Abstellen
der Triebwerke auf dem Zielflughafen,

bei dem die Bremsklötze wieder angelegt werden *(blocks on)*. Die in den Flugplänen veröffentlichte Zeit bezieht sich auf durchschnittliche Erfahrungswerte. Sie kann auf den gleichen Strecken nach Hin- oder Rückflug durch vorherrschende Windrichtungen (zum Beispiel bei Atlantiküberquerungen) und nach den Tageszeiten durch die jeweils zu erwartende Verkehrslage variieren. Die aktuelle Flugzeit kann wetter- und verkehrslagenbedingt von den im → Flugplan (a) angegebenen Zeiten abweichen. *(jwm)*

## Flugzeugabfertiger
*ground handler*
Sie sind zuständig für das Einweisen und Sichern von Flugzeugen in ihrer → Parkposition, das Be- und Entladen von Gepäck und/oder Fracht und Post. Zur Abfertigung und Versorgung von Flugzeugen gehört auch die Bedienung von verschiedenen Geräten wie Flugzeugschleppern (zum Beispiel für den → push-back),→ *Ground Power Units* (GPU), Geräten zum Enteisen von Flugzeugen vor dem Start, Schneeräumgeräten, Feuerlöschgeräten usw.

Der Abschluß ‚geprüfter Flugzeugabfertiger‘ wird in Deutschland durch eine Umschulungsprüfung nach § 47 Berufsbildungsgesetz (BBiG) vor der Industrie- und Handelskammer erlangt. Ihr voraus gehen Umschulungskurse von in der Regel vier Wochen Dauer (zwei Wochen Theorie und zwei Wochen Praxis). Zur Umschulungsprüfung wird zugelassen, wer mindestens vier Jahre einschlägige Berufspraxis im Anlernberuf Flugzeugabfertiger nachweisen kann. Eine erfolgreiche Abschlußprüfung in einem anerkannten Ausbildungsberuf verkürzt diese Zeit um ein Jahr. *(jwm)*

## Flugzeugumlauf
*aircraft rotation plan*
Tages- (bzw. bei Langstreckenflügen auch Mehrtages-) Planung für den Einsatz eines Flugzeuges. Ziel dabei ist es, eine möglichst hohe Zahl von täglichen Flugstunden zu erreichen, um den Anteil der Kapitalkosten an den Kosten pro Flugstunde möglichst niedrig zu halten. *(jwm)*

## Flugzeugzelle
*airframe*
Rumpf, Leitwerk und Flügel eines Flugzeuges. Die Hersteller von Flugzeugzellen, von Triebwerken, Flugführungselektronik (Avionik) und Fahrwerken sind nicht identisch. Die größten Zellenhersteller *(airframer)* sind Boeing (USA), Airbus (EU), Bombardier (Kanada) und Embraer (Brasilien). *(jwm)*

## Fluid pricing
Nachfrageabhängige Preisbestimmung von Reisen. Bei hoher Nachfrage steigen, bei geringerer Nachfrage sinken die Preise für diese Arrangements. Aufgrund der Bestimmungen des → Reiserechts sind solche flexiblen Preise bei → Pauschalreisen, die aus Katalogen verkauft werden, jedoch nicht zulässig.

## Flußkreuzfahrt
*river cruise*
Mehrtägige Schiffsreise auf einem Fluß mit Übernachtung an Bord. Gegenüber der Hochseekreuzfahrt (→ Kreuzfahrt) hat sie den Vorteil, daß es keine Seetage ohne Landsicht gibt und man kaum seekrank werden kann. Durchgeführt werden sie praktisch auf allen größeren Flüssen der Welt, in Deutschland zum Beispiel auf Rhein, Elbe, Mosel und Neckar. Eine lange Tradition haben die Nilkreuzfahrten in Ägypten, die noch auf Aktivitäten → Thomas Cooks zurückge-

hen. Mit → Expeditionsschiffen können Hochsee- mit Flußkreuzfahrten kombiniert werden, indem man zum Beispiel in Südamerika über die Mündung des Amazonas weit in das Inland hineinfährt. *(jwm)*

## Flutwelle

*tidal wave, tsunami*
Durch Erdrutsch, Vulkanausbruch, Erd- oder Seebeben ausgelöste Extremwelle, die mehrere Meter hoch sein kann und mit großer zerstörerischer Kraft ganze Küstenstreifen überrollen können. Den meisten Menschen in Europa ist dieses Phänomen erst durch die Flutwelle im Indischen Ozean an Weihnachten 2004 bewußt geworden, durch die auch viele europäische Touristen ums Leben gekommen sind. Auf hoher See ist eine solche Welle kaum spürbar, sie entwickelt sich erst an der Küste durch das Auflaufen in flachen Gewässern. Sie ist daher nicht zu verwechseln mit dem → Kaventsmann. *(jwm)*

## Fly & Rail

Kombination einer Flug- mit einer Bahnreise (→ AIRail). Meist ist die → Bahn der Zubringer zum Flughafen und bei vielen → Reiseveranstaltern und einigen → Fluggesellschaften ist der Preis für die Bahn im Preis für die Reise enthalten. Darüber hinaus geben manchen Bahngesellschaften gegen Vorlage des Flugtickets bzw. der Flugbestätigung Sondertarife für die An- und Abreise zum bzw. vom → Flughafen. *(jwm)*

## Fly-cruise

Kombination von Flug- und Schiffsreise. So werden zum Beispiel → Kreuzfahrten in der Karibik (→ Caribbean Carousel) von Europa aus in der Regel zusammen mit einem Flug zum bzw. vom dortigen Ausschiffungshafen angeboten.

## Fly-drive

Reisearrangement, in dem Flug und Mietwagen kombiniert werden.

## Föhn

*foehn*
Warmer Fallwind im Hochgebirge, häufig in Sturmstärke, der oft bis weit in das Flachland hinein wirksam wird (in den Rocky Mountains in den USA auch Chinook genannt). Er kann selbst im Winter zu frühlingshaften Temperaturen führen.

Im klassischen Fall liegen zwei Tiefdruckgebiete, eines vor (A) und eines hinter (B) einer Gebirgskette, wobei das hintere einen noch niedrigeren Luftdruck aufweist als das vordere. Durch den Druckausgleich entsteht ein Wind von A nach B, der die feuchte Luft gegen die Gebirgsmassen drückt (Luvseite) und sie nach oben zwingt. Da aufsteigende Luft abkühlt, kondensiert das in ihr enthaltene Wasser und die Verdampfungswärme wird wieder freigesetzt. Gleichzeitig entstehen ergiebige Niederschläge (Steigungsregen). Trockene Luft verändert ihre Temperatur um jeweils ca. ein Grad Celsius pro 100 m Höhendifferenz (trockenadiabatischer Temperaturgradient), in Wolken verringert sich diese Temperaturdifferenz durch die freigesetzte Kondensationswärme auf ca. 0,5 Grad Celsius (feuchtadiabatischer Temperaturgradient). Wenn die Luft den Hauptkamm des Gebirges erreicht, ist sie durch das Ausregnen schon relativ trocken. Durch den Fall in die dahinterliegenden Täler und in das Flachland jenseits des Gebirges (Leeseite) wärmt sie sich daher stärker auf, als sie vorher durch Steigung abgekühlt wurde.

Wenn zum Beispiel der Gebirgshauptkamm 3.000 m über NN (→ Normalnull), das Land am Fuße des Gebirges jeweils 600 m über NN hoch ist, die

Ausgangstemperatur an beiden Seiten des Gebirges bei jeweils +5$^0$ C liegt und der → Taupunkt bei +4$^0$ C, entsteht durch den Föhn zwischen Luv- und Leeseite eine Temperaturdifferenz von 11,5$^0$ C. Auf der Leeseite steigt die Temperatur also auf 16,5$^0$ C. Dies geschieht dadurch, daß auf der Luvseite das Wasser in ca. 700 m Höhe aus der Luft kondensiert, so daß sie bis auf 3.000 m NN feuchtadiabatisch um 11,5$^0$ C auf −7,5$^0$ C abkühlt. Bis sie den Fuß des Gebirges auf der Leeseite wieder erreicht, erwärmt sie sich trockenadiabatisch durch die Höhendifferenz um 24$^0$ C auf +16,5$^0$ C. Durch den Einfall des sehr warmen und trockenen Föhnwindes werden die Wolken auf der Leeseite aufgelöst. Dadurch entsteht ein Streifen wolkenlosen Himmels am Gebirgsrand, den man Föhnfenster nennt. Aufgrund der sehr niedrigen relativen Luftfeuchtigkeit auf der Leeseite sind die Sichtweiten extrem hoch und können deutlich über 100 km liegen. *(jwm)*

## Follow Me

In der Regel gelbschwarz-kariert lackiertes Fahrzeug auf großen Flughäfen, das auf dem Heck eine Leuchttafel mit der Aufschrift „Follow Me" trägt. Mit diesem Fahrzeug werden Flugzeuge nach der Landung zu ihrer → Parkposition geführt. *(jwm)*

## Food and Beverage Management

### 1   Einleitung

Das Food and Beverage Management (F&B Management) beschäftigt sich mit der Planung, Durchführung und Kontrolle aller gastronomischen Aktivitäten von größeren gastgewerblichen Betrieben. Die Leitung der Abteilung erfolgt durch den Food and Beverage Manager (Wirtschaftsdirektor), dem der Küchenchef, der Restaurantleiter, der Barchef, der Leiter des Zimmerservice und der Bankettleiter unterstellt sind.

Bedingt durch den im Vergleich zum Umsatz relativ hohen Waren- und Personaleinsatz erwirtschaftet der Food- und Beverage Bereich in der Regel einen geringeren Erlös als der Logisbereich. Allerdings kompensieren Synergieeffekte in gut geführten Unternehmen dieses Manko. Beispiele dafür sind:

- ❖ Bankettveranstaltungen führen zu zusätzlicher Bettenbelegung.
- ❖ Seminare und Schulungen werden häufig nur durchgeführt, wenn die gastronomische Verpflegung gewährleistet ist.
- ❖ Der gute Ruf eines Restaurants zieht insbesondere in der Ferien- und Geschäftshotellerie Gäste in das Hotel. Dafür sorgen u.a. überregionale Presseartikel, Fernsehauftritte des Küchenchefs und die Mund-zu-Mund-Propaganda.
- ❖ Internationale Gäste buchen häufig lediglich Häuser, die sämtliche gastgewerbliche Leistungen auf einem hohen Niveau anbieten.
- ❖ Bei der Zusammenarbeit mit Reiseveranstaltern ist das Anbieten von → Voll- und → Halbpension sowie All-inclusive-Angeboten häufig ein „Muß" und damit ein wesentlicher Vertragsbestandteil.

### 2   Aufbauorganisation der F&B-Abteilung

In großen Hotelbetrieben (> 300 Zimmer) mit Tagungs- und Veranstaltungsräumen entspricht die Aufbauorganisation einer Food und Beverage-Abteilung in der Regel der Abbildung 1.

### 3   Zielsetzung und Aufgaben

Neben der Sicherstellung der Wirtschaftlichkeit aller gastronomischen Einrichtungen des Hotelbetriebes (→ Bar, → Café, → Restaurant, Bankettbereich

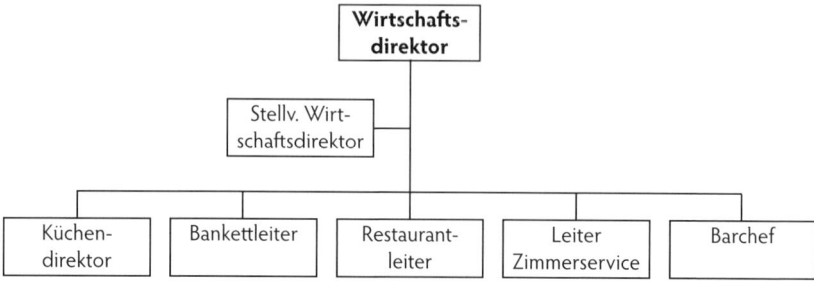

**Abbildung 1:** Aufbauorganisation der F&B-Abteilung

[→ Bankett] etc.) gehört insbesondere die Ernährungstrendanalyse und zielgruppengerechte Angebotsplanung zu den Aufgaben des F&B Managers. Zudem sind die Optimierung des Produktionsprozesses (von der Lagerhaltung über Produktionsverfahren bis zur Ausgabe der Speisen und Getränke), die ständige Serviceverbesserung für den Gast und die Suche nach Marktchancen Aufgaben der F&B-Abteilung.

### 4  Prognoseverfahren

Die Hauptproblematik für das wirtschaftliche Agieren im gastronomischen Bereich liegt in der Vergänglichkeit des Angebotes. Zuviel Personal, verdorbene Waren, leere Banketträumlichkeiten etc. wirken sich unmittelbar negativ auf die Gewinnsituation des Unternehmens aus.

EDV-gestützte Prognoseverfahren, die auf Erfahrungswerten der Vergangenheit, vorhandenen Buchungen, Veranstaltungen am Standort und Berücksichtigung der unterschiedlichen Wochentage basieren, helfen die zu erwartende Anzahl von Gästen pro Tag bereits für die kommenden Wochen vorherzubestimmen. Hotelkonzerne erstellen jährliche, halbjährliche, monatliche und wöchentliche Prognosen des zu erwartenden Geschäftsvolumens, die im Hotel entsprechend der örtlichen Gegebenheiten optimiert werden. Die möglichst genaue Vorhersage der täglich zu erwartenden Gäste sowie verkauften Speisen und Getränke dient als Grundlage für die Produktions- und Personalplanung (Schaetzing 2000, S. 247). Ein erprobtes Instrument hierfür zeigt die Abbildung. Mögliche Prognosefaktoren sind (Schaetzing 2000, S. 247 f.):

❖ vorhandene Reservierungen, Zimmerbelegung
❖ durchschnittliche Aufenthaltsdauer der Gäste
❖ Prozentsatz der kurzfristigen Stornierungen
❖ Prozentsatz der kurzfristigen Buchungen
❖ Anzahl der Gäste in dem vergangenen Jahr zur selben Zeit
❖ Messen, Veranstaltungen am Standort
❖ Berücksichtigung von Werktagen und Wochenenden
❖ Auswirkungen von kurzfristigen Verkaufs- und Werbeaktionen etc.

### 5  Produktionsverfahren

Moderne Produktionsverfahren im Verpflegungsbereich helfen, kaum zu verwendende Überproduktion zu verhindern, führen zu schnelleren und vitaminschonendem Garen, optimieren Auslastungsschwankungen beim Küchenpersonal und verringern Schwund. Bei optimalem Einsatz wird die Kü-

**Hotel XYZ**

| Bestimmung der Anzahl der Verpflegungsgäste<br>(Hausgäste und externe Gäste) | Gästeanzahl |
|---|---|
| Gesamtanzahl der Hausgäste | |
| ___ %  der Hausgäste frühstücken im Hotel | _____ |
| ___ % auf der Etage | _____ |
| ___ % im Restaurant A | _____ |
| | |
| ___ %  der Hausgäste nehmen eine Mahlzeit ein<br>(Mittag oder Abend) | _____ |
| ___ % im Restaurant A | _____ |
| ___ % im Restaurant B | _____ |
| ___ % auf der Etage | _____ |
| | |
| Externe Gäste (Passanten) | |
| ___ Gedecke pro Tag im Restaurant A | _____ |
| ___ Gedecke pro Tag im Restaurant B | _____ |
| | |
| Bankette/Veranstaltungen | |
| ___ Gedecke pro Tag bei Veranstaltung A | _____ |
| ___ Gedecke pro Tag bei Veranstaltung B | _____ |
| | |
| **Gesamtanzahl der Verpflegungsgäste** | |

**Abbildung 2:** Bestimmung der Anzahl der Verpflegungsgäste (monatlich, wöchentlich, täglich) (in Anlehnung an Schaetzing 2000, S. 247)

chenproduktivität und damit das Betriebsergebnis deutlich verbessert.

An dieser Stelle sollen ausgewählte Verfahren kurz vorgestellt werden:

❖ Sous-Vide: Speisen werden vorbereitet, in einem Plastikbeutel eingeschweißt, vakuumiert bei einer Temperatur zwischen 60 und 90 Grad Celsius gegart und anschließend schnell heruntergekühlt. Vor der Essensausgabe werden die Speisen noch im Plastikbeutel erhitzt (im Wasserbad oder Heißluftdämpfer), aus dem Beutel genommen, auf den Teller gelegt und garniert. Das System legt eine Trennung von Produktion und Regeneration nahe

(Herstellung in Fernküchen oder unternehmenseigenen Zentralküchen). Neben einer beständigen Qualität und einer verlängerten Haltbarkeit von mehr als 20 Tagen gegenüber herkömmlichen Verfahren (Speisen können nach dem Erhitzen nicht verunreinigt werden) liegen die Vorteile in der Personalkostenreduktion, dem Vermeiden von Über- oder Unterportionierung sowie einem verbesserten → Controlling hinsichtlich der sich im Lager befindlichen Sollmengen.

Nachteilig ist der große Bedarf an Kühl- und Tiefkühllagerraum. Ist geplant, Sous-Vide Produkte nicht von externen Anbietern zu erwerben, sondern selbst herzustellen, sind erhebliche Investitionen in Geräte erforderlich. Zudem müssen die Küchenmitarbeiter umlernen und Erfahrungen sammeln. Der Personalaufwand reduziert sich von etwa 1 Mitarbeiter für 30 Sitzplätze auf 1 Küchenmitarbeiter für 75 Sitzplätze im Vergleich zu → Cook & Serve (Gerichte werden erst auf Bestellung zubereitet).

❖ Hot Fill: Flüssige Produkte wie Suppen, Saucen, Eintopfgerichte oder Gulasch werden in dieser Variante des Sous-Vide-Verfahrens nach dem Garen heiß in Beutel abgefüllt.

❖ Green Vac: Als Alternative zum Vakuumieren in Beuteln wird in Gastro-Norm-Behältern vakuumiert. Da übliche Gastro-Norm-Behälter den hohen Druck nicht aushalten, verwendet man dazu patentierte Green-Vac-Behälter (Schoolmann 2005, S. 89f.).

## 6 Angebot

Die Angebotsgestaltung in den gastronomischen Geschäftsfeldern eines Beherbergungsbetriebes kann als eine der interessantesten, aber auch schwierigsten Aufgaben angesehen werden. Wichtig ist insbesondere, die generelle Ausrichtung des Unternehmens (Premiumstrategie, Mittelfeldstrategie,Preis-Mengen-Strategie) und die Mitbewerber zu berücksichtigen. Zudem sind die Wirtschaftlichkeit des Angebotes, die Begeisterungsfaktoren (mehr bieten als der meist international erfahrene Gast erwartet) und eine optimal umsetzbare Dienstleistungskette bei der Gestaltung von größter Bedeutung. Schließlich prägt das Angebot entscheidend das Image und damit die erfolgreiche Marktpositionierung des gesamten Betriebes (Schaetzing 2000, S. 242).

## 7 Managementkontrolle

Das F&B Controlling tangiert alle Bereiche des gastronomischen Leistungsprozesses: von der Warenannahme (Sorte, Quantität, Qualität etc.) über die Lagerung (Schwund, Verderb etc.), die Produktion (kalkulierte Portionsgröße, falsche Zubereitung etc.) bis zum Servieren (Qualität, zuviel Supplement etc.) und dem erwarteten Speisen- und Getränkeumsatz.

Geeignete Verfahren lassen sich aus dem allgemeinen Controlling ableiten (zum Beispiel Managementkontrolle nach dem → Uniform System of Accounts, Jahresplankontrolle, Aufwands- und Ertragskontrolle, Effizienzkontrolle, Strategiekontrolle). Zudem empfiehlt es sich, erfahrene und neutrale *mystery guests* einzusetzen, die periodisch die gastronomische Unternehmensleistung bewerten. *(agr)*

### Literatur

Dettmer, Harald (Hrsg.) 2000: Tourismus 2 – Hotellerie und Gastronomie. Stuttgart: Schäffer-Poeschel

Dettmer, Harald; Bernd Eisenstein; Axel Gruner; Thomas Hausmann; Claude Kaspar; Werner Oppitz; Anna Maria Pircher-Friedrich & Gerhard Schoolmann (Hrsg.) 2005: Managementformen im Tourismus. München, Wien: Oldenbourg

Schaetzing, Edgar, E. 2000: Food und Beverage Management. In: Dettmer (Hrsg.), S. 238-271

Schoolmann, Gerhard 2005: Management von gastronomischen Betrieben – Struktur, Entwicklung, Trends. In: Dettmer et al. (Hrsg.), S. 83-123

## Food Court

Restaurantkonzept, bei dem sich mehrere wirtschaftlich voneinander unabhängige gastronomische Unternehmen mit der üblichen Selbstbedienung den gleichen Verzehrbereich, meist mit Tischen und Stühlen, teilen. Solche Einrichtungen sind sinnvoll in Arealen mit hoher Fuß-gängerfrequenz, so zum Beispiel in → Ter-minals auf → Flughäfen, in → Bahnhöfen, in manchen Ferien- und in großen Ein-kaufszentren. *(jwm)*

## Food Tourism

Eine Variante des Tourismus, bei der Essen und Trinken das zentrale Reisemotiv sind. Das Motiv „Essen und Trinken" kann unterschiedlich stark ausgeprägt sein und eine Reise ausschließlich bzw. teilweise initiieren. Beispiele sind der Besuch eines Gourmetrestaurants (Gourmettourismus; siehe hierzu auch die Beschreibungen des → Guide Michelin), eine Reise in eine Weinregion (Weintourismus) oder der Besuch einer Großveranstaltung (Oktoberfest). *(wf)*

*Literatur*

Hall, Colin Michael *et al.* 2003: Food tourism around the world: development, manage-ment and markets. Oxford: Butterworth-Heinemann

## Forschungsgemeinschaft Urlaub und Reisen e.V. (F.U.R)

Im Jahr 1994 gegründete Organisation in Form eines eingetragenen Vereins, die in Nachfolge des Studienkreises für Tourismus Träger der Reiseanalyse (RA) ist und in dieser Funktion für die metho-dische, inhaltliche, organisatorische Pla-nung und Durchführung der jährlichen Reiseanalyse sowie der Auswertung der Daten zuständig und verantwort-lich ist. Haupt-Zielsetzung der F.U.R ist es, die RA als neutrale Untersuchung durchzuführen und deren langfristige Finanzierung sicherzustellen. Etwaige Überschüsse der Geschäftstätigkeit der F.U.R werden satzungsgemäß für die langfristige Sicherung des Projektes der RA verwendet.

Die Neutralität der F.U.R ergibt sich sowohl aus der Zusammensetzung der Mitglieder (Stand 20078: 30) als auch der Besetzung des Vorstandes, dem – wie in der Satzung gefordert – Vertreter aller im Tourismus tätigen Sparten angehören (deutsche und aus-ländische Tourismusorganisationen, tou-ristische Branchen-Organisationen, Ver-kehrsträger, → Reiseveranstalter, Verlage, Messegesellschaften, wissenschaftliche Organisationen etc.).

Neben ihrer Funktion als Träger der RA wirkt die F.U.R als Herausgeber einer Reihe von marktforschungsbezogenen Publikationen wie Trendstudien und ziel-gruppen- sowie themenbezogenen Son-derstudien (www.fur.de). *(pa)*

## Four-Letter-Code

→ Flughafencode (a)

## Frachtschiffreisen

*freighter cruises, travel by cargo ship*

Schiffsreisen an Bord von Frachtern, die eine begrenzte Anzahl von Kabinen für Passagiere an Bord haben (→ Pas-sagierfrachter). In der Regel handelt es sich dabei heute um Containerschiffe; Öltanker und Massengutfrachter *(bulk carriers)*, die oft als Tramper ohne fes-ten Fahrplan unterwegs sind, werden nicht als geeignet für die Mitnahme von Passagieren angesehen. Da Con-tainerschiffe sehr schnell be- und ent-laden werden können, haben sich die Hafenzeiten sehr stark auf manchmal nur noch Stunden reduziert. Die wirk-lich großen Schiffe können zudem nur eine beschränkte Anzahl von Häfen anlaufen. Wie auf Kreuzfahrtschiffen (→ Kreuzfahrt) sind die Mahlzeiten im Preis inbegriffen und werden meist in der Offiziersmesse eingenommen. *(jwm)*

## Franchise

Sonderform einer → Kooperation – In der Regel handelt es sich dabei um ein Vertriebs- oder Betreibersystem, in dem der Franchisegeber *(franchiser)* ein Unternehmenskonzept entwickelt und einem Franchisenehmer *(franchisee)* auf vertraglicher Grundlage gegen direktes oder indirektes Entgelt überläßt. Dazu gehört auch ein Warenzeichen, System- oder Markenname, unter dem der Franchisenehmer am Markt auftreten darf. Beide Partner bleiben dabei rechtlich und wirtschaftlich selbständige Unternehmen, auch wenn der Franchisenehmer einen Teil seiner unternehmerischen Freiheit aufgibt. Im Tourismus werden Franchisemodelle vor allem im Reisebürobereich (→ Reisemittler), im → Gastgewerbe und im Flugbereich angewendet.

### 1  Reisebüro-Franchise

Hier treten Reisebüros nach außen so einheitlich auf wie das Filialsystem einer → Reisebürokette. Franchisegeber sind meist die großen Reisekonzerne wie → TUI oder → Thomas Cook oder große Reiseveranstalter wie Alltours und FTI. Die Vorteile (hierzu und im folgenden Mundt 2006, S. 389-395) für den Reiseveranstalter als Franchisegeber liegen hier in erster Linie in der größeren Bindung der → Reisemittler an ihr Unternehmen und der Steuerungsmöglichkeiten in den Büros. Zudem ist der Aufbau eines Franchisesystems deutlich kostengünstiger als der Aufbau einer eigenen Kette: Es fallen keine Ausgaben für den Kauf oder die Gründung neuer Büros an, denn die meist inhabergeführten Reisebüros existieren in der Regel schon, es gibt entsprechend auch keine Personalbeschaffungsprobleme, keine Personalverantwortung und kein Auslastungsrisiko. Gleichzeitig kann ein Franchisesystem bei deutlich

geringerem Kapitalaufwand schneller wachsen als ein Filialsystem. Dafür sind Durchgriff und Kontrolle aber nicht in dem Maße möglich wie bei einer Kette. Für die Reisebüros als Franchisenehmer liegen die Vorteile in einem starken Markennamen, dem fertigen Agenturkonzept, einem provisionsoptimierten Sortiment mit durch die größere Einkaufsmacht des Franchisegebers möglichen höheren Provisionen, der Werbeunterstützung, dem Angebot von Lösungen im → Back Office, der Personalschulung und des Gebietsschutzes. Gleichzeitig bleibt die Selbständigkeit des Reisebüroinhabers, wenn auch eingeschränkt durch die von Franchisevertrag vorgeschriebenen Kooperationsbereiche, erhalten.

Darin liegt auch einer der wesentlichen Nachteile für das Reisebüro als Franchisenehmer, denn dies bedeutet meist die Aufgabe der unternehmerischen Unabhängigkeit in zentralen Punkten. Mit dem Lufthansa City Center (LCC) gibt es aber auch ein Franchisesystem, das den Franchisenehmern selbst gehört, denn jedes angeschlossene Reisebüro hält Anteile daran. Damit können die teilnehmenden Reisebüros direkten Einfluß auf die Geschäftspolitik des Franchisegebers nehmen. Dennoch bleiben, wie in anderen Systemen, die Abhängigkeit vom Erfolg des Konzeptes, die hohen Anfangsinvestitionen für die einheitliche Büroausstattung und den Außenauftritt und der höhere Kommunikationsaufwand. Darüber hinaus fallen bei fast allen Franchisesystemen Aufnahme- und/oder laufende Franchiseentgelte an. Unter dem Strich ist es für den Reisebürounternehmer aber in der Regel vorteilhafter, einem Franchisesystem anzugehören, als in unabhängiger Selbständigkeit zu verharren, denn ohne die Anlehnung an eine → Reisebürokooperation oder ein

Franchisesystem kann man kaum überleben. Dies zeigt sich auch darin, daß es nur noch vereinzelt solche solitären Reisebüros gibt, die auf dem Markt praktisch keine Bedeutung mehr haben.

## 2 Franchise im Gastgewerbe

Das weltweit größte und bekannteste Franchisesystem im Gaststättengewerbe ist das 1955 in den USA gegründete von McDonald's. Das Geschäftsmodell ist im Bereich der → Systemgastronomie dominant. Neben McDonald's sind u.a. auch Burger King, KFC, Nordsee, Pizza Hut und Subway teilweise Franchisesysteme. Hier werden den Franchisenehmern in der Regel neben Konzept, Standortanalysen, Pre-opening-Betreuung, laufenden Marktanalysen, Betriebsvergleichen oder werblicher Unterstützung die komplette Restaurant- und Küchenausstattung und das Kernsortiment an Lebensmitteln (oft → Convenience-Produkte) für die genormte Zubereitung der Speisen geliefert.

Eine Reihe von Hotelgesellschaften ist ebenfalls stark auf dem Franchiseprinzip aufgebaut. Dazu gehören zum Beispiel Accor, Best Western, Choice, Intercontinental oder Marriott. Der Vorteil für die Franchisenehmer liegt neben dem Zugang zu einem Markennamen und betriebswirtschaftlichen Größenvorteilen vor allem in den meist weltweiten Reservierungssystemen, über welche die angeschlossenen Häuser buchbar sind (→ Hotelkooperation). Den Franchisegebern erlaubt das Franchising ein hohes Expansionstempo auf den Weltmärkten bei einer Begrenzung des unternehmerischen Risikos. Empirisch läßt sich beobachten, daß die Hotelgesellschaften auf den einzelnen Märkten in einem ersten Schritt oft über → Eigentümerbetriebe eine kritische Masse im Sinne einer Markenbekanntheit

aufbauen. Ist diese erreicht, wird versucht, das Konzept über Franchise-Verträge zu multiplizieren. In der Regel ist Franchising eher bei Hotelmarken im 2*- bis 4*-Segment zu finden, im 5*-Segment wird aufgrund der dort erforderlichen geringeren betrieblichen Standardisierung auf andere Betreibermodelle zurückgegriffen.

Das Franchiseentgelt setzt sich in Gastronomie und Hotellerie gewöhnlich aus einem einmalig zu zahlenden Betrag *(initial fees)* und laufend zu zahlenden Beträgen *(continuing fees)* zusammen. Der einmalig zu zahlende Betrag wird für die Aufnahme in das Franchise-System fällig, die laufenden Entgelte werden für die Nutzung des Know-How, überregionale Marketing-Aktionen und das Reservierungssystem in Rechnung gestellt (Taylor 2000, S. 172 ff.).

## 3 Franchise bei Fluggesellschaften

Zubringerflüge, die mit kleinerem Fluggerät von Regionalflughäfen zu den Drehkreuzen (→ Drehkreuzsystem) aus durchgeführt werden, können aus Kostengründen nicht von den großen → Netzfluggesellschaften durchgeführt werden. Aber auch längere Strecken mit geringerer Nachfrage *(long thin routes)* oder mit Passagierpotentialen minderer Kaufkraft lassen sich von den großen Traditionsfluggesellschaften *(legacy carriers)* meist nicht gewinnbringend betreiben. Deshalb werden für solche Strecken vor allem → Regionalfluggesellschaften und kleinere, kostengünstiger produzierende Fluggesellschaften eingesetzt, die im Franchise unter dem (abgewandelten) Namen und mit der Flugnummer der großen Fluggesellschaften als Franchisegeber fliegen. Im Regionalflugbereich sind dies etwa United Express, Delta Connection, American Eagle und Northwest Airlink in den USA. Die Zusammenarbeit mit diesen Zubringerfluggesellschaften hat aber auch strategische Bedeutung für die großen Fluggesellschaften. Sie legen sich durch die damit besetzten → Slots einen Zubringerschutzgürtel (Joppien 2006) um ihre Drehkreuze an und erhöhen damit die Markteintrittsbarrieren für potentielle Mitbewerber.

Auf der Ebene der Hauptfluggesellschaft *(main line)* war British Airways das prominenteste Beispiel. Sie wickelte z. B. seit 1995 das gesamte Flugprogramm in den westlichen Mittelmeerraum und in das westliche Nordafrika über den Franchisepartner GB Airways ab. Die Airbusse vom Typ A 320 und A 321 von GB Airways waren dabei nicht von denen von British Airways zu unterscheiden. Für British Airways waren damit Kostenvorteile in Höhe von ca. 40 Prozent verbunden. Nach der Übernahme von GB Airways durch EasyJet 2007 wurde dieser Franchise aufgegeben. Auch für die Franchisenehmer ergeben sich dadurch weitere Kostenvorteile in Höhe von zusammen ca. 20 Prozent. Allein durch die Mitversicherung im British Airways Flugzeugpool wurden ca. zwei Drittel der Prämien gespart. Weitere Kostenersparnisse ergaben sich durch die Nutzung des Rechnungswesens und der Bodendienste von British Airways (Airline Business November 2002, S. 60 f.). Insgesamt hatte British Airways 2006 Franchiseverträge mit fünf Fluggesellschaften, die täglich ca. 400 Flüge zu ca. 100 Zielen anboten. Insgesamt nahm British Airways mehr als 200 Mio. £ an Franchiseentgelten ein (Pompl 2007, S. 148 f.).

Der größte Vorteil für die Franchisenehmer liegt in der Einbindung in das Reservierungssystem der franchisegebenden Fluggesellschaft. Damit fallen für die kleineren Fluggesellschaften praktisch keine Vermarktungskosten an. *(jwm/wf)*

*Literatur*
Joppien, Martin Günter 2006: Strategisches Airline-Management. Bern, Stuttgart, Wien: Haupt (2. Aufl.)

Mundt, Jörn W. 2006: Tourismus. München, Wien: Oldenbourg (3. Aufl.)

Parsa, H.G.; Francis A. Kwansa 2001: Quick Service Restaurants, Franchising and Multi-Unit Chain Management. New York, London, Oxford: The Haworth Hospitality Press

Pompl, Wilhelm (unter Mitarb. v. Markus Schuckert u. Claudia Möller) 2007: Luftverkehr. Eine ökonomische und politische Einführung. Berlin, Heidelberg: Springer (5. Aufl.)

Taylor, Stephen 2000: Hotels. In: Lashley, Conrad; Alison Morrison (eds.): Franchising Hospitality Services. Oxford, Auckland et al.: Butterworth-Heinemann, S. 170-191

**Frankfurter Tabelle**
→ Reisepreisminderung

**Französischer Service**
→ Servierarten

**Französisches Bett**
→ Grandlit

**Free-sale-Vertrag**
Bei dieser Vertragsart handelt es sich um einen → Allotmentvertrag mit der spezifischen Ausprägung, daß Leistungsträger ohne Berücksichtigung der → Rückfallfrist auf das den Reiseveranstaltern vertraglich zur Verfügung gestellte Kontingent durch Eigenbelegungen (Direktbuchungen) zugreifen können. Allerdings erfolgt keine Eigenbelegung auf die Kontingente, für die bereits Buchungen seitens des Reiseveranstalters vorgenommen wurden. *(hb)*

**frei**
→ Zimmerstatus

## Freigepäckgrenze

*baggage allowance, luggage allowance*
Obergrenze des Gewichts oder der Zahl der Gepäckstücke, zu dem Gepäck ohne zusätzliche Kosten bei einem Flug aufgegeben werden kann. In der Regel gilt, daß mit höherer → Beförderungsklasse auch mehr Freigepäck mitgenommen werden kann. Bei den einzelnen Fluggesellschaften gibt es hier zum Teil sehr unterschiedliche Regelungen, auch was die Kosten für → Übergepäck anbetrifft. Das gilt auch für → Handgepäck.

## Freiheit der Hohen See

*freedom of the seas*
Durch internationales Recht und die Charta der Vereinten Nationen verbrieftes Recht zum Durchfahren der Meere, daß durch keinen Staat eingeschränkt werden darf.

## Freiheiten der Luft

→ Freiheitsrechte

## Freiheitsrechte

*freedoms of the air*
Im → Chikagoer Abkommen von 1944 ursprünglich als ,fünf Freiheiten' abgestuft festgelegte Verkehrsrechte im internationalen Luftverkehr (Die Rechte 6-9 haben sich im Laufe der Zeit entwickelt):

(1) Recht zum Überflug des Gebietes eines Vertragsstaates;

(2) Recht zu technischen Zwischenlandungen (zum Beispiel Auftanken) in einem Vertragsstaat;

(3) Recht, in einem Vertragsstaat Passagiere, Post und Fracht aus dem eigenen Land abzusetzen;

(4) Recht, Passagiere, Post und Fracht für das eigene Land in einem Vertragsstaat an Bord zu nehmen und

(5) Recht, Post, Fracht und Passagiere zwischen zwei Vertragsstaaten zu

befördern, wenn der Flug im Ursprungsland der Fluggesellschaft zu beginnen oder zu enden hat. In der Praxis haben sich seitdem noch weitere vier Freiheiten aus diesem System entwickelt:

(6) Recht, Passagiere, Post und Fracht aus einem Vertragsstaat in weitere Vertragsstaaten mit einer Zwischenlandung im Heimatland zu befördern;

(7) Recht, Passagiere, Post und Fracht von einem Vertragsstaat ohne Zwischenlandung im Heimatland in einen anderen Vertragsstaat zu befördern;

(8) Recht der Beförderung von Passagieren, Post und Fracht innerhalb eines Vertragsstaates, wenn der Flug im Heimatland beginnt oder endet;

(9) Recht zur Beförderung von Passagieren, Post und Fracht innerhalb eines Vertragsstaates. *(jwm)*

## Freikörperkultur (FKK)

*nudism*
Das Bedürfnis, sich frei zu machen, Kleidung auszuziehen oder etwas abzulegen, was drückt, was nicht mehr paßt oder was bedrückt, ist jedem geläufig. „Mach dich frei" im Sinne von ,mach dich nackig' schränkt dieses Bedürfnis ein. Der passende Ort muß gefunden werden, wo das möglich ist, z.B. am FKK-Strand, oder manchmal auch notwendig ist, z.B. beim Arzt. Dieses sich frei zu fühlen an Orten, an denen das möglich ist, unterliegt dennoch Regeln. Fernando Pesoa hat das so formuliert:

„So sehr wir ablegen möchten, was wir an Kleidern tragen, nie gelangen wir zur Nacktheit, denn die Nacktheit ist ein Phänomen der Seele und nicht des Kleiderablegens" (zit. nach Junge ,Mach Dich frei', Frankfurter Rundschau vom 15. 10. 2005, S. 9).

Nacktheit als Synonym für Ursprünglichkeit, Natürlichkeit und Zwanglosigkeit und damit Freiheit ist dann allerdings etwas kaum Erreichbares. Der Weg dorthin wird von unseren Ängsten, unserem Mißtrauen und unserer Eitelkeit begleitet. Ein Scheitern ist naheliegend.

Was aber drängt den Menschen dennoch zur Nacktheit, zu freiem, befreitem Körper?

## 1　Begriff

Hervorgegangen aus der sog. ‚Körperkultur' (Sport, Wandern und sonstiger Freizeitgestaltung in Kleidung) entwickelte sich die Freikörperkultur als Protestbewegung gegen bürgerliche und proletarische Zwänge. Hinzu kam bei jungen Menschen der Wunsch nach Befreiung von (elterlicher) Bevormundung, so daß diese Bewegung anfänglich auch als eine Jugendprotestbewegung verstanden werden kann.

Freikörperkultur war eine Lebenseinstellung und sie war mit völliger körperlicher Nacktheit verbunden. Der nackte Körper galt als etwas Natürliches, ein Grund für Schamgefühle wurde nicht gesehen. Das Bedürfnis nach Sexualität war nicht intendiert.

Heute unterscheidet man im Rahmen von Freikörperkultur zwei Ausprägungen: Nudismus und Naturismus. Erstere beinhaltet eine Lebensgestaltung ohne Kleidung, wo dies möglich ist. Darüber hinausgehende gesellschaftliche oder ideelle Ansprüche werden nicht formuliert.

Anhänger des Naturismus verstehen unter Freikörperkultur eine umfassende ideelle Lebensgestaltung im Sinne einer Lebensform, bei der Nacktheit aber auch nur ein Aspekt ist. Körperliche, seelische und geistige Gesundheit stehen im Vordergrund.

## 2　Geschichte

Die Freikörperkulturbewegung (FKK) hatte ihren Ursprung im kaiserlichen Deutschland. Industrialisierung und Verstädterung im Verlaufe der wilhelminischen Epoche hatten enorme gesellschaftliche, soziale und ökonomische Veränderungen zur Folge. In dieser Umbruchsituation verstanden sich die sog. ‚Lebensreformer' als gesellschaftliche Gegenbewegung. Innerhalb dieser Bewegung waren die Anhänger der Nacktkultur (die sich selbst als ‚Lichtmenschen' bezeichneten) eine spezifische Sektion. In ihrem ‚Programm' spielte die Ertüchtigung und Ästhetisierung des Körpers durch Leibesübungen eine große Rolle. An die Gesellschaft stellten sie die Forderung nach einer Änderung der Einstellung zur Nacktheit. Die extreme Ausprägung dieser Lebensform führte zu dem Wunsch nach einer mystischen Vereinigung mit der Natur in totaler Nacktheit. Erreicht werden sollte dies durch Sonnenbaden (daher ‚Lichtmenschen') und Schwimmen.

1903 wurde der erste private Naturistenklub gegründet, 1926 schlossen sich die Anhänger der Freikörperkultur zu einem Reichsverband zusammen. Die Nationalsozialisten verboten zwar seit 1933 das Nacktbaden, merkten jedoch bald, daß sich die auch nach dem Verbot nicht nachlassende Beliebtheit des Nacktbadens in ihre rassistischen Vorstellungen gut einpassen ließe. Gleichgeschaltet im ‚Bund für Leibeszucht' konnten die Mitglieder ‚germanischer Selbstzucht' frönen und einen Anlaß zur ‚Rasseauslese' finden. Der Ausschluß jüdischer Mitglieder war die Folge. Sie paßten nicht in die Vorstellungen zur ‚Hebung der rassischen, gesundheitlichen und sittlichen Volkskraft'.

Nach dem Zweiten Weltkrieg wurde der ‚Bund für Leibeszucht' verboten, 1949 der ‚Verband für Freikörperkultur' gegründet. Das Moralverständnis der Adenauer-Ära machte es den Anhängern der FKK aber nicht leicht. Man begegnete ihnen mit Argwohn. Die sog. ‚Schmutz- und Schundgesetze' aus dieser Zeit verboten z.B. auch den öffentlichen Verkauf von FKK-Verbandszeitschriften.

In den 1960er Jahren gab es noch hin und wieder Polizeiaktionen gegen Nacktbadende (an nicht autorisierten Plätzen). Die Moralbegriffe wandelten sich in den 1970er Jahren jedoch deutlich. Eine freiere, lustbetonte Einstellung zum Körper wurde im öffentlichen Bewußtsein immer deutlicher. Allerdings betraf diese Änderung weniger die organisierten FKK'ler als vielmehr die sog. wilden Nacktbader, denen das Nacktbaden in Verbindung mit einer bestimmten Lebenshaltung fremd war. Die Losung, wie sie die FKK'ler vertreten ‚Wir sind nackt und nennen uns Du' wirkt auf diese Gruppe eher befremdlich.

Auch in der ehemaligen DDR gab es eine FKK-Bewegung, allerdings ohne Vereinsbildung. „Freikörperkultur wurde zur einzigen freiwilligen Massenbewegung der DDR, einer gänzlich unorganisierten Szene, die bis in den letzten Tümpel reichte," schrieb dazu die Süddeutsche Zeitung 1995.

### 3 Gegenwart

Im nördlichen Europa war das Klima einer angenehmen Nacktheit nicht sonderlich förderlich. So waren schon früh nach dem Ende des zweiten Weltkrieges die Mittelmeerländer und hier vor allem Jugoslawien und Korsika Ziele der FKK-Anhänger. Besonders Jugoslawien hat frühzeitig den touristischen Wert der Nacktbademöglichkeit erkannt. Die hohe Zustimmung der Deutschen zum Nackt-baden schlägt sich allerdings nicht in den Mitgliederzahlen im ‚Verband für Freikörperkultur' nieder. Lag die Anzahl der Mitglieder Anfang der 1970er Jahre noch bei ca. 150.000, so waren es Ende der 1990er Jahre nur noch ca. 60.000. Auch die Aufnahme des Verbandes 1963 in den Deutschen Sportbund konnte den Mitgliederschwund nicht stoppen. Eine Überalterung der Naturistenverbände ist absehbar.

Hält man die Zahl derjenigen dagegen, die sich jedes Jahr im Urlaub nahtlos bräunen lassen (sie wird auf ca. 12 Millionen geschätzt), wird deutlich, daß Nacktbaden heute keine Sensation mehr ist. Bestehende Einstellungsunterschiede zwischen den ‚echten Naturisten' und den ‚bloß Nackten' ändern nichts daran, dass Freikörperkultur Teil des gesellschaftlichen Lebens geworden ist, wenn auch nicht überall und auch noch lange nicht in allen Ländern. *(rp)*

*Literatur*

Andritzky, Michael; Thomas Rautenberg 1989: Wir sind nackt und nennen uns Du. Von Lichtfreunden und Sonnenkämpfern. Eine Geschichte der Freikörperkultur. Gießen

Grisko, Michael (Hrsg.) 1999: Freikörperkultur und Lebenswelt. Studien zur Vor- und Frühgeschichte der Freikörperkultur. Kassel: University Press

Junge, Ricarda 2005: Mach Dich frei. Vom Streben nach Vollkommenheit und Göttlichkeit. In: Frankfurter Rundschau vom 15.10.2005, S. 9

Kiefl, Walter 2004: FKK-Urlaub an der Costa del Sol. Eine Beobachtungsstudie. (Unveröff. Manuskript), München

Kiefl, Walter; Marina Marinescu 2003: „Oben ohne" oder das unsichtbare Kostüm. Versuch einer halbherzigen Befreiung. Taunusstein: Escritor (2. Aufl.)

## Freizeit
*leisure*

### 1 Entstehungsgenese

In dem Augenblick, wo die Zeit von der Naturzeit und der kirchlichen Zeit entkoppelt, also nicht mehr allein in deren Verfügungsgewalt und Einflußsphäre stand und damit für und durch den Menschen für verschiedene Zwecke genutzt werden konnte, entwickelten sich verschiedene „menschliche" Zeiten. So bildete sich beispielsweise eine Zeit der Handwerker, der Händler, eine staatlich-politische Zeit oder eine Zeit der Städte. Diese Säkularisierung der Zeit, der Loslösung von sakral-natürlichen Zeitrhythmen, ist ohne die Erfindung der mechanischen Uhr im späten Mittelalter undenkbar. Indem dadurch die Lebensbereiche ge- und bemessen und eingeteilt werden konnten, fließt die Zeit nicht mehr gottgegeben und natürlich hin, sondern sie wird Gegenstand der Lebens-, Herrschafts- und Arbeitspraxis. Vor diesem Hintergrund bildete sich die Freizeit als Lebens- und Handlungsform heraus, die sich von der Arbeitszeit abhebt. Dies bedeutet aber nicht, daß es in der Vormoderne (mithin im Mittelalter und der Frühen Neuzeit) keine arbeitsfreie Zeit gab.

Hier definierte der Jahres- und Tagesrhythmus den Arbeitsanfall und -umfang einerseits und die zahlreichen kirchlichen Feiertage und feudalherrschaftlichen Festtage andererseits die arbeitsfreie Zeit bzw. den freien Zeitvertreib. Arbeit und Freizeit waren hier keine Gegensätze; beide gehörten einer „organischen" Einheit, dem Arbeitsplatz, der Wohnung und den örtlichen Sozialgebilden an. Die Lebenssphären waren also nicht abgegrenzt, Arbeit und Freizeit waren keine Gegensätze. Erst mit der Zuweisung von Dauer und Zeitpunkten (sowie bestimmten Orten) zu Handlungen ließen sich Arbeit und Freizeit voneinander klar abgrenzen (differenzieren), und zugleich konnte Freizeit als Lebensmöglichkeit wahrgenommen und als separater Kulturraum gestaltet werden.

Dieser arbeitsfreie Raum ist indes kein gesellschaftsfreier Raum. Mit ihm ist zugleich eine moderne Idee durchgesetzt worden. Es ist die, daß dem Menschen ein Freiraum zur individuellen Selbstgestaltung zustehe. Die Wurzeln dieser naturrechtlichen Idee, die in der Freizeit ihre institutionalisierte Form fand, läßt sich auf den Humanismus zurückführen und in ihrer offenkundigen Verwirklichung seit der Frühen Neuzeit dokumentieren (freilich nur für Aristokraten und Geistliche). In der Aufklärung ist diese Idee auf einen Anspruch auf Selbstbestimmung, auch über seine Zeit, auf das Menschengeschlecht als solches erweitert worden. Seit dem 18. Jahrhundert ist diese Idee zunächst für das Bürgertum (Männer wie Frauen) zur sozialen Wirklichkeit, ja zu einer kulturellen Lebensform geworden. In Abgrenzung zu anderen Lebensbereichen und im Gegensatz zu Formen des Festes und des arbeitsfreien Zeitvertreibs verfügte das Bürgertum über eine verhaltensbeliebige Zeit. Wenngleich diese Zeit auch schon konsumorientiert gewesen ist, so steht sie für einen Wechsel des Menschen vom Objekt zum Subjekt seiner Lebensgestaltung. Insofern beschreibt die Freizeit mit der Idee/durch die Idee der Aufklärung ein kulturelles Muster einer neuen, anderen Zeit (Epoche).

Das kulturelle Freizeitmuster und die es tragende bzw. legitimierende Idee trat aus dem 18. Jahrhundert als große Welle heraus und erfaßte im 19. Jahrhundert zunächst vollends das

Bürgertum und dann in der zweiten Hälfte die Arbeiterschaft. Ergänzend zur Partizipation am politischen Geschehen treten Forderungen nach Reduzierung der Wochenarbeitszeit und nach Freizeit, zuerst für eine genügende Regeneration von der Arbeit und für eine autonome Lebensgestaltung. Wenn diese Forderungen nach Freizeit gerade im Industriezeitalter für die „breiten Massen" aufkam, dann kann also nicht die Rede davon sein, daß diese Epoche oder gar die Industriearbeit ursächlich Freizeit hervorgebracht hätte! Unstrittig ist zwar, daß seit dem Ende des Ersten Weltkrieges die Wochen- und Tagesarbeitszeit massive Kürzungen erfahren hat, doch dies ist nur ermöglicht worden, weil sich die (an sich antike) Idee eines Freiraumes zur individuellen Selbstgestaltung entfaltete und immer weitere Schichten erfaßte. Diese Penetration, deren Weg mit neuen Zeitinstitutionen wie dem Urlaub, freien Samstag, Mutterschaftsurlaub oder Gleitzeiten gepflastert ist, fand ihre Schubkraft erst, als sich der Arbeitsplatz von der Wohnung trennte bzw. abgrenzte, d.h., die Berufsarbeit räumlich und zeitlich vom Rest des Lebensalltags, von Familie, Bildung und Ausbildung und Sozialverbänden sowie von Nachbarschaft und Gemeinde getrennt wurde (gesellschaftliche Differenzierung).

## 2 Gegenwartssituation

Selbst wenn man von einer Vollarbeitszeit von 40 Wochenstunden ausgeht, dann überwiegt die Freizeit bei einer Jahresarbeitszeit von 1.446 Stunden (2003). Diese Dominanz der Freizeit gegenüber der Arbeitszeit hat dazu geführt, der heutigen Gesellschaft das Signum einer *Freizeitgesellschaft* anzuhängen. Dieser enorme Freizeitgewinn in den letzten 150 Jahren ist allerdings zu relativieren, ist doch das Zeitkonto mit neuen Verpflichtungen

(Obligationen) belastet worden. Zwar bedeutet die Differenzierung von Freizeit und Arbeit einen außerordentlichen Gewinn an Freiheit, doch gleichzeitig sind mehr oder weniger zeitintensive Abhängigkeiten gegenüber neuen Organisationen und Systemen wie beispielsweise dem Konsum-, Verkehrs-, Schul- und Verwaltungssystemen entstanden.

Selbst die Organisation der Freizeit (An- und Abfahrt zu Freizeiteinrichtungen, → Wartezeiten und *Rüstzeiten* wie Einkaufen für die Freizeitgestaltung) verschlingt Zeit. Der Gegenwartsmensch hat demzufolge sein Zeitbudget mit den Größen Arbeits-/Berufs-, Obligations- und verhaltensbeliebiger Zeit (= Freizeit) zu modellieren. Je nach Lebensphase, Geschlecht und Milieuzugehörigkeit eines Menschen differiert die Modellierung der täglichen, wöchentlichen und jährlichen Zeit.

Unstrittig ist, daß bei all diesen Relativierungen das Verhältnis von Arbeitszeit und Freizeit als zentraler Indikator der Wohlfahrt, des sich Wohlfühlens unter Eigenregie, angesehen wird – politisch wie auch individuell. Diese Sicht dokumentiert einen Wertewandel der (westlichen) Gesellschaften, wonach materialistische Werte wie Pflicht, Arbeitsamkeit, Sicherheit und Ordnung zugunsten postmaterialistischer Werte wie insbesondere Selbstverwirklichung verblassen. Danach wird Freizeit als ein Lebensbereich angesehen, der sich gegenüber der Arbeit nicht nur klar abgrenzt, sondern Freizeit und Arbeit stehen sich antagonistisch gegenüber: Während die Arbeitszeit für Zwang, Notwendigkeit und Fremdbestimmung steht – hier fühlt sich der Mensch als Objekt –, wird mit der Freizeit Verhaltensbeliebigkeit, freie Entfaltung, Selbstbestimmung und Subjektwerdung verbunden. Vor diesem

Hintergrund erscheint selbst der Alltag mit seinen Regeln, Pflichten und strukturellen Verbindlichkeiten als Gegenpart zur Subjektwerdung, so daß auch er nur durch Freizeit „vermenschlicht", sprich befreit und dadurch der (nahezu) bedingungslosen Selbstbestimmung zugeführt werden kann.

Diese Umorientierung vom Arbeits- und Alltagsethos hin zum Freizeitethos hat zur Folge, daß die psychosoziale Verortung nicht mehr bzw. nicht mehr signifikant über Arbeit und Alltagshandeln, sondern über die Freizeit vonstatten geht, also in einem Bereich oder einer Sphäre des Wohlfühlens, wo man sich beliebig allein und/oder zusammen mit anderen akzentuieren kann und wo es *Spaß* macht.

Empirische Studien belegen immer wieder, daß Menschen – quer über soziale Milieus und/oder Lebensstilgruppen hinweg – jenen Welten bzw. Bereichen das Lebensentwurfbestimmende abgewinnen, in denen sie ihre persönlichen Werte und Vorlieben realisieren können. Diese Welten stellen per se Freizeitwelten dar, sei es, daß es sich um die kulturelle Freizeit, der Medienfreizeit, der bezugsgruppenorientierten Freizeit (zum Beispiel Ausgehen, Besuche), der Heimwerkerfreizeit, der Körperfreizeit (wie etwa → Wellness, *walking*, Sport) und den Urlaub/ dem Verreisen handelt. Hierbei fühlt man sich wohl, hier lebt man richtig und hier kann man authentisch sein (→ Authentizität).

Der Anspruch auf ein gutes, schönes, selbstbestimmtes und eigentliches Leben und das Streben danach wird allerdings durch die ökonomische Organisation der Freizeit-Welten konterkariert: (Fast) nur gegen Entgelt werden bereitgestellte freizeitliche Waren und Dienstleistungen erworben, die nach mehr oder weniger festen Regeln konsumiert bzw. in Anspruch genommen werden. Mit dem

kulturellen Lebensmuster Freizeit ist zugleich eine Freizeitindustrie entstanden, die die Freizeit als Konsumgut vorhält. Diese Freizeitindustrie versteht es durch sublime Inszenierungen, daß sich der Freizeitkonsument nicht als Objekt, sondern als Subjekt, also als Herr seiner Freizeitaktivitäten wahrnimmt. Selbst der Alltagskonsum wird verfreizeitlicht und als Freizeit erlebt. Auf diese Weise wird Freizeit zum integralen Bestandteil der Lebenswelt.

## 3   Entwicklungen

Mit der Integration der Freizeit in die Lebenswelt haben sich die Grenzen zwischen Freizeit, Arbeits- und Obligationszeit vermischt. Da die Zeit ihren Ort und der Ort seine Zeit verloren hat, gibt es zwischen diesen Lebensbereichen keine klaren Grenzen mehr. Nicht nur die Freizeit hat keinen festen Ort und keine feste Zeit mehr, sondern mit der Flexibilisierung der Arbeit, zumal im Kontext der neuen Informations- und Kommunikationstechnologien, der Deregulierung und der Globalisierung, ist auch die Arbeit ort- und zeitlos geworden.

Man kann beispielsweise nicht mehr klar sagen, ob die Arbeit am Notebook während des Urlaubs Arbeit und/ oder Freizeit ist – oder gehören die 50 Minuten sogenanntes *Nordic Walking* der Mutter zwischen Einkaufen und Essen zubereiten für die Schulkinder zur Obligations- oder zur Freizeit? Unter diesen entgrenzten Bedingungen ist der Gegenwartsmensch gehalten, sich selbst zu organisieren und dies bedeutet, daß ihm strukturell der Status eines Subjekts seiner Lebensgestaltung mit der Folge zugeschrieben und zugebilligt wird, daß er neben der Partner-, Schul-, Berufs-, Altersvorsorgesystemwahl etc. auch selbstbestimmt und selbstverantwortlich

Arbeit und Freizeit subjektivieren kann, ja muß: Wann, wo, wie lange und mit welchen Inhalten Freizeit gelebt werden kann, heißt nun Prioritäten zu setzen, sich abzustimmen und Selektionen vorzunehmen.

Vor diesem Hintergrund der entgrenzten Lebensbereiche bedeutet Freizeit leben und sich Freizeit nehmen eine bewußte, eigenverantwortliche Trennung von Arbeit und Obligationen. Insofern ist die Moderne vormodern geworden, ist doch in der Vormoderne Freizeit rituell aus dem Alltagsrhythmus herausgelöst und durch einen überhöhenden Zweck wie beispielsweise im Namen Gottes oder der Buße legitimiert worden. Freizeitaktivitäten nachzugehen, bedeutet immer mehr, sie mit Gesundheit, Erfahrung der Ganzheit von Geist und Körper, Erleben von Grenzen oder Naturerleben zu transzendieren und dadurch eine Differenz zum Alltag zu begründen. Die herkömmlichen Freizeitaktivitäten wie Ausgehen, wochenendliches Ausspannen oder auch der → Urlaub sind mehr oder weniger habituelle und routinemäßige Alltagshandlungen und führen immer weniger dazu, daß sie andere Lebensmöglichkeiten bewußt machen. *(khw)*

## Literatur

Beck, Ulrich; Christoph Lau (Hrsg.) 2004: Entgrenzung und Entscheidung. Frankfurt am Main: Suhrkamp

Dinzelbacher, Peter (Hrsg.) 1993: Europäische Mentalitätsgeschichte. Stuttgart: Kroemer

North, Michael 2003: Genuß und Glück des Lebens. Köln, Weimar, Wien: Böhlau

Prinz, Michael (Hrsg.) 2003: Der lange Weg in den Überfluß. Paderborn u.a.: Schöningh

Schulze, Gerhard 1992: Die Erlebnisgesellschaft. Frankfurt am Main/New York: Campus

Wahl, Anke 2003: Die Veränderung von Lebensstilen. Generationenfolge, Lebenslauf und sozialer Wandel. Frankfurt am Main, New York: Campus

## Freizeitgeographie

→ Geographie der Freizeit und des Tourismus

## Freizeitpark
*leisure park*

### 1  Begriff

Der Begriff Freizeitpark wird in Literatur und Praxis unterschiedlich ausgelegt. Die Definitionen nutzen in der Regel Kriterien wie Ausstattung, Zweck, Flächenausdehnung, Besucheranzahl, Abgeschlossenheit (*parricus* [mlat.] = eingeschlossener Raum, Gehege), Gewinnerzielungsabsicht und Standort (hierzu etwa Brittner 2002, S. 28 ff.; Fichtner & Michna 1987, S. 7 ff.; Konrath 1999, S. 94 f.; Steinecke 2006, S. 270). Sehr oft werden die Begriffserklärungen an die Definition des Interessenverbands der Freizeitparks in Deutschland, den Verband Deutscher Freizeitparks und Freizeitunternehmen e.V. (VDFU), angelehnt.

Der VDFU nennt in seiner Satzung (§ 4 II) folgende Definition: „Als ordentliche Mitglieder können in den Verband Freizeitparks und Freizeitunternehmen, die mindestens 100.000 Besucher pro Jahr haben sollen, aufgenommen werden. Freizeitparks und Freizeitunternehmen in diesem Sinne sind alle Gewerbebetriebe, die an einem Ort auf freiem Gelände dauerhaft fest installierte Anlagen unterhalten, in denen gegen Entgelt Spiel- und Sporteinrichtungen, Großmodelle, Tiere, Grünanlagen, technische und kulturelle Einrichtungen entweder zusammen oder in Teilen zur Schau gestellt oder zur Benutzung überlassen werden, wobei Einrichtungen auch in festen Gebäuden untergebracht sein können. In derartigen Anlagen können außerdem Gastronomiebetriebe und Verkaufseinrichtungen sowie Hotels und Beherbergungsbetriebe eingegliedert sein." (VDFU 2006, S. 3).

Begriffe wie Ferienpark, Freizeitanlage, Freizeitwelt oder Themenpark werden in der Praxis nahezu synonym verwandt. Die trennscharfe Abgrenzung unter den Begriffen fällt schwer, weil die Betriebsformen sich immer mehr annähern und Grenzen verschwimmen. So gleichen sich etwa Freizeitparks durch den Aufbau von Beherbergungskapazitäten immer mehr den Ferienparks an, diese wiederum investieren in Freizeitanlagen und nähern sich so inhaltlich den Freizeitparks (auch Brittner 2002, S. 25).

## 2 Geschichte

Freizeitparks sind keine Erfindung der Neuzeit. Die Wurzeln des scheinbar modernen Geschäftsmodells bilden Gärten, die in Frankreich und England im 17. und 18. Jahrhundert gebaut wurden (hierzu und zum folgenden Mundt 2006, S. 335; Vogel 2001, S. 151 ff.). Den künstlich angelegten Gärten folgten schon bald Unterhaltungsangebote etwa in Form von Zirkusvorführungen. 1873 werden dem Publikum auf dem Vergnügungspark Prater in Wien mechanische Fahrgeschäfte vorgestellt. In den 1920er Jahren existierten in den USA bereits um die 1.500 Vergnügungsparks. Rezession, das Aufkommen von Fernsehen, Kino und Automobil und eine kommunale Politik, die die großflächigen Parkgelände in anderen Nutzungen umwidmete, führten zu dem Niedergang innerstädtischer Vergnügungsparks in den USA und in Europa. Die später entstehenden Freizeitparks weichen aufgrund ihres massiven Flächenbedarfs und der hohen innerstädtischen Bodenpreise auf Standorte aus, die außerhalb der Stadtzentren liegen.

1955 fällt mit der Eröffnung von Disneyland in Kalifornien der Startschuß für eine neue Generation von Freizeitparks. Die professionell inszenierten Themenparks von Disney treffen den Puls der Zeit und werden zum Inbegriff perfekter Freizeitunterhaltung („The Happiest Place on Earth"). 1971 eröffnet Disney World in Florida, 1983 Tokyo Disneyland in Japan, 1992 Disneyland bei Paris, 2005 Disneyland in Hong Kong. Bis zum heutigen Tag setzt das Unternehmen in der Branche Maßstäbe.

In Deutschland entstehen viele Freizeitparks außerhalb der Stadtzentren um die 1970er Jahre (bspw. 1967: Phantasialand/Brühl; 1971: Holiday Park/Hassloch; 1975: Europa-Park/Rust; 1978: Heide-Park/Soltau), Brand Parks (siehe hierzu auch Punkt 3) erweitern um die Jahrhundertwende das Spektrum (bspw. 1998: Ravensburger Spieleland/Meckenbeuren; 2000: Playmobil-FunPark/Zirndorf; 2002: LEGOLAND Park/Günzburg).

## 3 Betriebsformen

Freizeitparks lassen sich als künstlich angelegte, kommerziell ausgerichtete → Erlebniswelten verstehen (Steinecke 2006, S. 271). Da Freizeitparks multifunktional (Attraktionen, Fahrgeschäfte, Handel, Kultur, Gastronomie, Sport u.a.) ausgerichtet sind und die Betreiber bei ihrer erlebnisorientierten Inszenierung vor allem aus Wettbewerbsgründen auf eine trennscharfe Abgrenzung verzichten, fließen die unterschiedlichen Betriebsformen oft ineinander über. Sinnvoll erscheint eine von Konrath vorgenommene Kategorisierung (1999, S. 94 ff.; zu einer weiteren Segmentierung des Freizeitanlagenmarktes Wenzel u. a. 1998, S. 92 ff.). Konrath unterscheidet in:

- ❖ thematisierte Freizeit- und Erlebnisparks (z.B. Brand Parks, Filmparks, Sea Parks, Zukunftsparks);
- ❖ nicht thematisierte Freizeit- und Erlebnisparks;
- ❖ Tier- und Pflanzenparks (z.B. Aquarien, Freigehege, Safariparks, Zoos) und
- ❖ sonstige Parks (z.B. Abenteuerspielplätze, Miniaturmodellparks, Sportanlagen).

Diese „klassischen" Formen von Freizeitparks werden durch die Sonderformen der zeitlich begrenzten Vergnügungsparks (z.B. Jahrmärkte, Münchener Oktoberfest) und der stationären Vergnügungsparks (z.B. Wiener Prater) ergänzt.

Besondere Aufmerksamkeit unter den Freizeitparks finden seit geraumer Zeit die Brand Parks (*brand* [engl.] = Marke; → Markenwelten). Während bei vielen deutschen und europäischen Freizeitparks der ersten Generation (adelige) Grundbesitzer und Unternehmer aus der Freizeitbranche (Schausteller, Produzenten von Freizeiteinrichtungen, Zirkusbetreiber, Zoobetreiber) als Investoren auftraten (Fichtner & Michna 1987, S. 40 ff.), stehen hinter den Brand Parks Unternehmen, die ursprünglich keine Nähe zur Freizeitwirtschaft aufweisen. Ausgangspunkt für die Konzeption der Freizeitwelt ist die Marke des Unternehmens. Das Unternehmen bzw. die Marke sollen über das Vehikel Freizeitpark positiv aufgeladen, emotionalisiert und erlebbar gemacht werden. Darüber hinaus soll über derartige Brand Parks eine verkaufsfördernde Werbewirkung erzielt werden, die durch den Einsatz traditioneller Kommunikationsmedien nur noch schwer erreicht werden kann (Mundt 2006, S. 341 f.).

Beispiel für einen Brand Park in Deutschland ist das Ravensburger Spieleland in Meckenbeuren. Das Ravensburger Spieleland ist eine 100%ige Tochter der Ravensburger AG/Ravensburg. Der 1998 eröffnete Park fokussiert die Zielgruppe „Familie mit Kindern im Alter von zwei bis zwölf Jahren". Mit über 50 Attraktionen in sieben Themenwelten zog er 2006 etwa 400.000 Besucher an (Ravensburger Spieleland 2007, o.S.). Das Spieleland erweist sich als glänzender Imageträger und Plattform für Produkte, die das Mutterunternehmen herstellt (etwa Kinderbücher, Kinderspiele). Daß der Umsatzanteil des Freizeitparks innerhalb des Gesamtunternehmens Ravensburger AG eher klein ist, ist nachrangig.

## 4 Konzeptionelle Erfolgsfaktoren

Die Konzeptionierungsphase ist im Lebenszyklus eines Freizeitparks von zentraler Bedeutung. Zum einen deshalb, weil das zu konzeptionierende Gesamtprodukt als auch schon dessen Einzelkomponenten (Attraktionen, Verkehrswege, Transportsysteme, Gastronomie, thematisierter Einzelhandel in Form von Geschenk- und Souvenir-Shopping, Sicherheit, Reinigung u.a.) hohe Komplexität aufweisen („Operating a theme park is very much like operating a small city."; Vogel 2001, S. 154). Zum anderen ist die Konzeptionierungsphase so wichtig, weil Freizeitparks Spezialimmobilien mit hohen Ausgangsinvestitionen darstellen, bei der konzeptionelle Fehler kaum zu korrigieren sind. Im Gegensatz zu Standardimmobilien ist eine Drittverwendbarkeit, also eine Umwidmung in eine andere Verwendung, nahezu ausgeschlossen (Wenzel u.a. 1998, S. 103).

Bei der Anlagenkonzeption ist die Standortauswahl von hoher Wichtigkeit. (hierzu und zum folgenden

Wenzel u.a. 1998, S. 95 ff.). Höhere Witterungsunabhängigkeit, Anlagengröße, Angebotsvielfalt, persönliche Sicherheit, Funktionssicherheit, Angebotskonzepte, die zwischen Erholung und Spannung abwechseln, Handlungsfreiheit für den Besucher, technische und mediale Thematisierungen, Animation und Erlebnispositionierung sind weitere konzeptionelle Erfolgsfaktoren. Besonderes Augenmerk sollte der Erlebnispositionierung geschenkt werden.

Die Konzeptionierung muß das Freizeitpark-Angebot in ein schlüssiges Gesamtkonzept betten. Statt attraktiver Einzelangebote ist ein homogenes Gesamterlebnis anzustreben. Die auf den Freizeitmarkt spezialisierte Unternehmensberatung Wenzel & Partner plädiert für eine Umsetzung hierarchischer Erlebniskonzepte. Dies bedeutet die Konzeptionierung eines zentralen Oberthemas, das in verschiedene Unterthemen bzw. Themenbereiche aufgebrochen wird. Die Hierarchisierung erlaubt eine Ansprache mehrerer Zielgruppen, eine breite Angebotsdifferenzierung und ein erlebnisorientiertes Gesamtkonzept. Die einzelnen Themenbereiche können als eigenständige, in sich geschlossene Attraktionen auftreten, die in einem losen Verbund ihre Gesamtwirkung auf den Besucher entfalten.

## 5   Schlüsselgröße Besuchervolumen

Der ökonomische Erfolg eines Freizeitparks hängt stark von der durchschnittlichen täglichen Besucherzahl, der Zahl der Öffnungstage und den durchschnittlichen Pro-Kopf-Ausgaben ab (Vogel 2001, S. 157). Um den betrieblichen Erfolg sicherzustellen, setzen die Parkbetreiber vor allem an diesen Größen an. Konrath nennt folgende Maßnahmen zur Beeinflussung des Besuchervolumens (Konrath 1999, S. 111 f.):

* ❖ Ausdehnung des Einzugsbereichs,
* ❖ Ausschöpfung des Besucherpotentials,
* ❖ Erhöhung der Wiederholerrate,
* ❖ Abwerben von Besuchern anderer Parks,
* ❖ Erhöhung der Aufenthaltsdauer im Park,
* ❖ Forcierung des Zusatzgeschäfts und
* ❖ Saisonverlängerung.

Die Ausdehnung der Einzugsbereiche kann etwa durch das Schaffen günstiger Verkehrsanbindungen geschehen. Insbesondere der Ausbau von Regionalflughäfen hat für die Freizeitparks in Deutschland vollkommen neue Märkte erschlossen. Bei dem Ansatzpunkt „Ausschöpfung des Besucherpotentials" ist an die Gewinnung neuer Zielgruppen zu denken (z. B. Freizeitpark als → Incentivereise oder als Kurzurlaubsziel). Da Freizeitparks erfahrungsgemäß ihre Kunden aus einen Einzugsgebiet mit einer Anfahrtszeit von bis zu max. drei Stunden gewinnen können, ist die Erhöhung der Wiederholerrate von zentraler Bedeutung. Um die Wiederholerrate (→ Repeater) zu steigern, sind die Unternehmen faktisch gezwungen, jährlich neue Attraktionen anzubieten. Kleinere Wettbewerber tun sich schwer, weil die hierfür notwendigen regelmäßigen Investitionen ein hohes Besuchervolumen voraussetzen.

Der Ansatzpunkt „Abwerben von Besuchern anderer Parks" ist aufgrund der beschriebenen begrenzten Einzugsbereiche nicht einfach zu realisieren, zumal viele Wettbewerber mit hoher Professionalität auf dem Markt auftreten. Um Besucher von anderen Wettbewerbern zu gewinnen, läßt sich auf das klassische Marketing-Instrumentarium verweisen. Zu denken ist an Maßnahmen der Produktpolitik (z.B. Angebotsvielfalt, hohe Produktqualität), Preispolitik (z.B. stimmiges Preis-Leistungs-Verhältnis), Kommunikationspolitik (z.B. Newsletter, Magazine, Medienpartnerschaften) und der Distributionspolitik (z.B. Vernetzung von Ausflugszielen, Vertriebskooperationen). Die Erhöhung der Park-Aufenthaltsdauer geschieht durch die Bereitstellung von Übernachtungsmöglichkeiten. Kleinere Anbieter setzen in der Regel auf Kooperationen, die sie mit Beherbergungsbetrieben außerhalb des Parks eingehen. Größere Parks neigen zu dem Aufbau eigener Beherbergungskapazitäten (siehe hierzu auch die Ausführungen zum Europa-Park in 6).

Der Ansatzpunkt „Forcierung des Zusatzgeschäfts" umfaßt alle Leistungen, die nicht zu dem eigentlichen Kerngeschäft eines Freizeitparks gehören. Gedacht werden könnte etwa an neue Geschäftsfelder wie Tagungen und → Banketts. Die Anzahl der Öffnungstage ist für die Freizeitparkbetreiber eine wichtige Größe, beeinflußt sie doch unmittelbar den Umsatz. Parks weisen eine ausgeprägte saisonale Nachfrage auf, wobei das Wetter einen erheblichen Einfluß ausübt. Um eine Saisonverlängerung zu erreichen, versuchen die Betreiber durch das Angebot von „Indoor"-Aktivitäten den Saisonbeginn bzw. das Saisonende möglichst weit nach vorne bzw. hinten zu legen. Angebote wie Weihnachtsmärkte, die im Park stattfinden, sind ebenfalls Versuche, die Saison zu verlängern.

## 6  Fokus: Europa-Park

Der Europa-Park in der Gemeinde Rust in der Nähe von Freiburg ist der größte Freizeitpark in Deutschland. 1975 eröffnet, ist der Park, der sich im Eigentum der Familie Mack befindet, die ihn gleichzeitig betreibt, stetig gewachsen. Zwischenzeitlich hat er eine hohe Anzahl nationaler und internationaler Auszeichnungen erhalten (zum folgenden Doll-Lämmer 2007, o.S.). Um das für das Unternehmen extrem wichtige Segment der Wiederholungsbesucher (2006: 78%) zu befriedigen, werden kontinuierlich Investitionen getätigt und neue Freizeitattraktionen geschaffen. 90% der Fahrgeschäfte werden unternehmensintern entwickelt und hergestellt (Mack Rides).

Anfang der 1990er Jahre hatte sich der Park aufgrund seines Größenwachstums zu einer Mehrtagesdestination entwickelt. Obwohl zum damaligen Zeitpunkt das Konzept eigener Übernachtungsmöglichkeiten von vielen Branchenkennern als nicht erfolgversprechend eingeschätzt wurde, entschied sich der Europa-Park zum Bau des ersten Themenhotels in einem Freizeitpark in Deutschland (1995: Eröffnung El Andaluz). 1999 eröffnete er das zweite Hotel (Castillo Alcazar), 2004 wurde mit dem Colosseo das bis dahin größte Hotel (1.450 Betten) eingeweiht. 2007 folgte das vierte Hotel (Santa Isabel). Das gastronomische Hotelangebot wurde thematisiert, Showeinlagen in den Hotelablauf eingebettet. Für preissensible Gästesegmente wurden kostengünstigere Übernachtungsangebote (→ Camping, Gästehaus) entwickelt.

Durch den Aufbau der Beherbergungskapazitäten gelang den Betreibern neben der eigentlichen Intention (Übernachtungsmöglichkeit für Parkbesucher) das Erschließen neuer, ursprünglich Freizeitpark untypischer Marktsegmente: Die Hotels generieren aus ihrem Gästekreis Parkbesucher und bilden den Rahmen für Familienfeiern. Gleichzeitig hat der Europa-Park durch eine geschickte Kombination von Tagungsinfrastruktur und Unterhaltung („Confertainment") den Tagungsmarkt erschlossen (ca. 1.000

| Europa-Park Rust/Baden | |
|---|---|
| Eröffnung | 12. 07. 1975 |
| Fläche | 70 ha |
| Konzept | 12 europäische Themenbereiche |
| Inhaber | Familie Mack |
| Mitarbeiter (Saison 2007) | 2.900 |
| Freizeitangebot (2007) | über 100 Attraktionen, 5 Live-Shows, 65 Großveranstaltungen |
| | (z.B. Miss Germany-Wahl, Sommerfest ZDF, |
| | SWR 3 Halloween Party) |
| Gastronomie (2007) | 33 Snackbetriebe, 13 Restaurants, |
| | 8 zusätzliche Betriebe in Hauptsaison |
| **Beherbergung (2007)** | |
| ❖ Angebot | 4 Themenhotels, Gästehaus, Tipidorf, Caravan-Platz |
| ❖ Gesamtbettenanzahl | 4.454 |
| ❖ Auslastung Hotels (2006) | > 90 % |
| ❖ Übernachtungen (2006) | rd. 500.000 |
| **Besucher (2006)** | |
| ❖ Besucherzahl gesamt | knapp 4 Mio. |
| ❖ Erstbesucher | 22 % |
| ❖ Wiederholungsbesucher | 78 % |
| ❖ Mehrtagesgäste | 28 % |
| ❖ Mehrfachbesucher/ Jahr | 15 % |
| ❖ Nationalitäten | D 50 %; CH 22 %; F 18 %; sonstige 10 % |
| ❖ Altersdurchschnitt | 29,2 Jahre |
| ❖ Durchschnittliche Anreisedauer | 2,1 Std. |

**Abbildung:** Europa-Park Rust – facts and figures
(nach Doll-Lämmer 2007; www.europapark.de)

Tagungen/Jahr). Darüber hinaus nutzt er als inzwischen etablierter Medienstandort (ca. 200 TV-Produktionen/Jahr) die Hotelinfrastruktur. Auch wenn der Aufbau Freizeitpark eigener Hotels mit Problemen behaftet ist (monatelange Schließung einzelner Hotels außerhalb der Parksaison; hohe Betriebskosten – etwa Energiekosten – auch während der Schließung; operative Spannungsfelder zwischen Freizeitpark und Hotels, z.B. gleichzeitige Nachfrage in der Hochsaison nach Beherbergungskapazitäten), ist diese Entscheidung zu einem brancheninternen

Allgemeingut geworden. Zwischenzeitlich haben Wettbewerber in Deutschland den Branchenprimus nachgeahmt und ebenfalls eigene Beherbergungskapazitäten aufgebaut. Das Wachstum des Freizeitparks und der Hotelkapazitäten haben das Unternehmen dazu bewegt, das Kundenpotential über die Einbindung eines Regionalflughafens zu erhöhen. Der Freizeitpark soll verstärkt zu einem (inter-)nationalen Kurzurlaubsreiseziel ausgebaut werden. *(wf/vs)*

*Literatur*

Brittner, Anja 2002: Zur Natürlichkeit künstlicher Ferienwelten. Eine Untersuchung zur Bedeutung, Wahrnehmung und Bewertung von ausgewählten Ferienparks in Deutschland. (= Materialien zur Fremdenverkehrsgeographie), Heft 57, Trier: Geographische Gesellschaft Trier

Doll-Lämmer, Michaela 2007: Wir schaffen Emotionen – das Geschäftsmodell des Europa-Park Resort, Rust. (Vortrag am 23.11.2007 auf dem 10. Ravensburger Tourismustag in Ravensburg)

Fichtner, Uwe; Rudolf Michna 1987: Freizeitparks: Allgemeine Züge eines modernen Freizeitangebotes, vertieft am Beispiel des Europa-Park in Rust/Baden. Freiburg: Selbstverlag

Konrath, Andreas 1999: Freizeitparks in Deutschland – aktuelle Situation, Trends und Potentiale. In: dwif (Hrsg.): Jahrbuch für Fremdenverkehr. München: dwif, S. 91-128

Mundt, Jörn W. 2006: Tourismus. München; Wien: Oldenbourg (3. Aufl.)

Ravensburger Spieleland 2007: Auf der Suche nach dem Kunden – Familien gewinnen und binden! Internes Unternehmenspapier, Ravensburg

Steinecke, Albrecht 2006: Tourismus: Eine geographische Einführung. (= Reihe: Das Geographische Seminar). Braunschweig: Westermann

VDFU 2006: Satzung gemäß Beschluß der Mitgliederversammlung vom 22. Januar 2006. Berlin

Vogel, Harold L. 2001: Travel industry economics: A guide for financial analysis. Cambridge: University Press

Wenzel, Carl-Otto u.a. 1998: Freizeitimmobilien. In: Bernd Heuer; Andreas Schiller (Hrsg.): Spezialimmobilien: Flughäfen, Freizeitimmobilien, Hotels, Industriedenkmäler, Reha-Kliniken, Seniorenimmobilien, Tank- und Rastanlagen/Autohöfe. Köln: Müller, S. 85-159

**Fremdenverkehr**
→ Tourismus

**Fremdenverkehrsabgabe**
→ Fremdenverkehrsbeitrag

**Fremdenverkehrsamt**
→ Touristinformation

**Fremdenverkehrsbeitrag**
*local tourism dues for businesses*
Gemeinden in Deutschland, die ganz oder teilweise (zum Beispiel Ortsteile) als Erholungs- oder Kurort prädikatisiert sind, dürfen von Gästen → Kurbeiträge und von ortsansässigen wie von dort zeitweise beschäftigten, aber nicht ansässigen Unternehmen, die vom örtlichen Tourismus profitieren (zum Beispiel Bauunternehmen), zweckbezogene Abgaben verlangen. Voraussetzung dafür ist der Beschluß des Gemeinderates über eine entsprechende Satzung, in der genau geregelt ist, welche Kriterien für die Bestimmung der Bemessungsgrundlage zugrundegelegt wird, wie hoch die Abgabe ist und wann sie fällig ist.

Die gesetzliche Grundlage dafür liefern die Kommunalabgabegesetze der Bundesländer, die diese erlassen können, weil der Bund nach Artikel 70 (1) in Verbindungen mit den Artikeln 73 und 74 GG des Grundgesetzes (GG) in diesem Bereich keine Gesetzgebungskompetenz beansprucht. In ihnen ist festgelegt, daß Gemeinden zur Deckung ihres Aufwandes für touristische Werbung und Infrastruktur Abgaben erheben können. Abgabepflichtig sind jeweils nur solche Selbständigen und Unternehmen, die direkt oder indirekt besondere wirtschaftliche Vorteile aus dem örtlichen Tourismus ziehen. In der Regel werden sie nur in dem Maße zur Finanzierung dieser Aufwendungen herangezogen, zu dem sie auch vom Tourismus profitieren. Das heißt, daß nur der Teil des Umsatzes (= Vorteilssatz) abgabenpflichtig ist, der auf den Tourismus zurückzuführen ist (→ Wirtschaftsfaktor Tourismus). Die Vorteilssätze können natürlich von Gemeinde zu Gemeinde aufgrund der je spezifischen Gewerbestruktur unterschiedlich bestimmt werden.

So werden zum Beispiel in einer Tourismusgemeinde Beherbergungsbetriebe (→ Hotels, → Hotelpensionen, → Campingplätze, Vermieter von → Ferienwohnungen usw.) und Badeärzte zu 100 Prozent, gastronomische Betriebe (→ Restaurants, → Bars usw.), aber auch Parkplätze und -häuser mit 75 Prozent, Einzelhandelsunternehmen (Lebensmitteleinzel-, Buch- und Zeitschriftenhandel usw.) mit 50 Prozent, das Baugewerbe mit 25 Prozent und Ärzte (ohne Badeärzte), Zahnärzte, Rechtsanwälte, Fuhrbetriebe, Steuerberater usw. mit 10 Prozent veranlagt. Bemessungsgrundlage sind in der Regel nicht die tatsächlichen, sondern die gewerbespezifischen Gewinnsätze, die von der für die Gemeinde zuständigen Oberfinanzdirektion für das vorangegangene Jahr festgestellt werden. Damit ist gewährleistet, daß die Abgabe auch dann entrichtet wird, wenn in einem Jahr keine Gewinne gemacht werden. *(jwm)*

**Fremdenverkehrsorganisation**
→ Tourismusorganisation

**Fremdenverkehrsstatistik**
→ Tourismusstatistik

**Frequent flyer programmes**
→ Vielfliegerprogramme

**Front Cooking**
Verfahren der Speisenproduktion, bei dem vor den Augen der Gäste gekocht wird. Im Rahmen des Front Cooking löst sich die räumliche Trennung zwischen Küche und Gästebereich auf; die Gäste werden zu Zuschauern, der Zubereitungsprozeß des Essens wird als Ereignis inszeniert. *(wf)*

**Front office**
Auch im Deutschen gebräuchlicher englischer Begriff für das Ladenlokal eines Reisebüros (→ Reisemittler), in dem Kunden am → Counter beraten werden und die Buchung von Reiseleistungen vorgenommen wird. Er ist in der Regel räumlich abgegrenzt von dem der Kundschaft nicht zugänglichen → Back-Office.

In der Hotellerie bezeichnet das Front office den Empfang (→ Rezeption). *(wf)*

**Front-of-the-house, Front of the house**
*front* (engl.) = Vorderseite, Vorderfront, Fassade; *house* (engl.) = Haus, Firma. Umschreibung für die Bereiche eines Hotels oder gastronomischen Betriebs, die für Kunden zugänglich bzw. einsehbar sind. Hierzu gehören etwa Empfangshalle, Bar, Restaurant oder Wellness-Bereich (→ Wellness). Die Mitarbeiter, die „an der Front" arbeiten, haben direkten Kundenkontakt. Siehe im Gegensatz dazu → Back-of-the-house. *(wf)*

**Frühanreise**
→ Zimmerstatus

## Frühstück
*breakfast*

Erste Mahlzeit eines Tages. Ursprünglich das am Morgen eingenommene Stück Brot. Das Frühstück hat in den einzelnen Kulturen einen unterschiedlichen Stellenwert. In romanischen Ländern etwa spielt es eine eher untergeordnete Rolle, in angelsächsischen Ländern kommt das Frühstück einer Hauptmahlzeit gleich. Siehe hierzu → Frühstücksarten. *(wf)*

## Frühstücksarten
*kinds of breakfast*

In der nationalen und internationalen Hotellerie und Gastronomie haben sich verschiedene Frühstücksarten etabliert. Zu diesen gehören – aus europäischer Sicht – das kontinentale Frühstück, das englische und das amerikanische Frühstück. Das kontinentale Frühstück kann als Grundvariante gesehen werden (heißes Getränk, Brotsorten, Brötchen, Butter/Margarine, Konfitüre, Honig). Diese Grundvariante kann durch Fruchtsäfte, Aufschnittplatten, Eierspeisen oder Joghurts zum „erweiterten Frühstück" ausgebaut werden. Das kontinentale Frühstück – als das Frühstück auf dem europäischen Festland – erfährt in den einzelnen Ländern eine nationale Prägung (etwa Französisches Frühstück, Wiener Frühstück, Holländisches Frühstück; siehe hierzu Müller, Rachfahl 2004; Siegel u.a. 1999).

Im Gegensatz zu dem kontinentalen Frühstück ist das englische Frühstück umfangreicher. Es besteht aus einem heißen Getränk, Brotauswahl mit Toast, Butter, Orangen-Bitter-Marmelade, Honig und Konfitüre. Darüber hinaus werden Eierspeisen (z.B. Rührei mit Speck), Fischgerichte (z.B. geräucherter Schellfisch) und Getreidegerichte (z.B. Haferflockenbrei) angeboten. Das amerikanische Frühstück gleicht dem eng-

lischen. Es beinhaltet zusätzlich Eiswasser, Fruchtsäfte, Kompotte, Pfannkuchen mit Ahornsirup oder auch Steaks (Degen u.a. 1993; Siegel u.a. 1999). Die skizzierten Abgrenzungen lösen sich in der Praxis allerdings auf. *(wf)*

*Literatur*

Degen, Bernd; Joachim Jobst & Thomas Kessler 1993: Das Couvert – der perfekt gedeckte Tisch. München: Gerber (3. Aufl.)

Meyer, Sylvia; Edy Schmid & Christel Spühler 1990: Service-Lehrbuch. Bern: Schweizer Wirteverband

Müller, Marianne; Günter Rachfahl (Hrsg.) 2004: Das große Lexikon der Hotellerie und Gastronomie. Hamburg: Behr (4. Aufl.)

Siegel, Simon u.a. 1999: Service – Die Grundlagen. Linz: Trauner

## Frühstücksbüfett
*breakfast buffet*

Anrichte, auf der die Nahrung für das Frühstück bereitgestellt ist. Im Gegensatz zu dem Service am Tisch bedienen sich die Gäste selbst. Die heißen Getränke werden unter Umständen von betrieblichen Mitarbeitern serviert. Das Konzept der Selbstbedienung beim Frühstück stammt aus den USA und ist mittlerweile weltweit gastronomischer Standard. Die Gründe für die Einrichtung eines Büfetts sind vielfältig (etwa Erlebniswert, Wartezeitenoptimierung, freie Auswahl von Gerichten), wobei das zentrale Motiv aus betrieblicher Sicht die Reduktion des Personalaufwands ist. *(wf)*

## Frühstücksseminar
*breakfast seminar*

Im Tourismus übliche produkt- oder verkaufsbezogene Seminare, zu denen vom → Reiseveranstalter bspw. zum → Frühstück eingeladen wird. In diesem Rahmen eines gemeinsamen Frühstücks (zumeist in einem Tagungshotel) findet dann das vom Veranstalter – oftmals als → Event

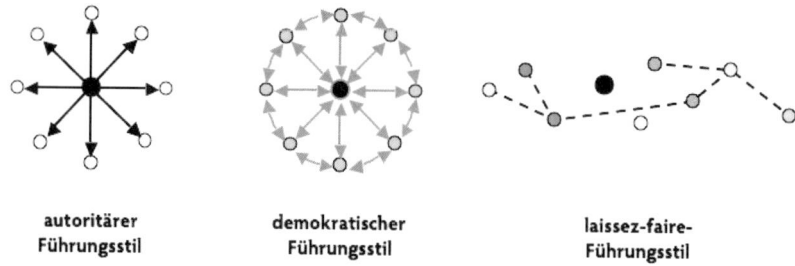

**autoritärer Führungsstil**  **demokratischer Führungsstil**  **laissez-faire-Führungsstil**

**Abbildung:** Archetypen der Führungsstile (nach Wunderer & Grunwald 1980, S. 223)

– inszenierte Seminar statt. Üblicher sind solche – auch abends stattfindenden – Seminare, wenn der neue Katalog in den saisonalen Verkauf eingeführt werden soll. *(hdz)*

**Führungsstil**
*leadership*
Führung wird als ein sozialer Interaktionsprozeß immer dann erforderlich, wenn mehrere Personen sich in einer Gruppe zusammenfinden und arbeitsteilig tätig werden, um ein gemeinsames Ziel zu verfolgen (Wunderer 2003, S. 4). Dieser soziale Interaktionsprozess ist seinem Wesen nach stets durch das Vorhandensein einer Macht-Asymmetrie zwischen den beteiligten Personen gekennzeichnet, die entweder durch die externe, institutionelle Bestimmung eines Vorgesetzten-Mitarbeiter-Verhältnisses begründet wird (= formale Führung) oder sich in der zunächst noch unstrukturierten Arena eines Gruppenprozesses als Rollenbild herausarbeitet (= informale Führung).
Der Führungsstil eines Führenden kann dann als ein grundlegendes Verhaltensmuster angesehen werden, das der Führende über einen längeren Zeitraum hinweg durchgängig im Führungsprozeß gegenüber den Gruppenmitgliedern zeigt (Hentze *et al.* 2005, S. 236; Wunderer 2006, S. 16 ff.). Dieses Verhalten äußert sich in

❖ einer spezifischen Ausprägung des eher aufgabenorientierten, sachlich-rationalen Führungshandelns (→ Managementfunktionen) sowie in
❖ einer spezifischen Wahrnehmung der eher mitarbeiterorientierten, sozioemotional geprägten *face-to-face-*Führung.

Die Führungsliteratur ist reich an Ansätzen zur Typisierungen des Führungsverhaltens von Vorgesetzten gegenüber ihren Mitarbeitern. Bei allen Unterschieden in der Blickrichtung, Begründung und Ableitung von Handlungsempfehlungen haben diese Ansätze eine Fragestellung gemeinsam: Welcher Führungsstil ist der richtige? Entsprechend münden auch alle Typisierungsversuche in dem Unterfangen, mehr oder minder ‚objektive' Kriterien zur Auswahl des geeigneten Führungsstils zu liefern. Ihren Ausgangspunkt hat die heutige Führungsstildiskussion in den als klassisch geltenden experimentellen Studien Kurt Lewins (hierzu näher Hentze *et al.* 2005, S. 237 ff.; Wunderer & Grunwald 1980, S. 222 ff.; Staehle 1999, S. 338 ff.). Lewin unterschied zwischen:

❖ einem autokratischen (autoritären) Führungsstil mit zentraler Dominanz des Führenden auf allen Ebenen des Führungsprozesses (inhaltlich, informationell usw.),
❖ einem – von ihm präferierten – demokratischen Führungsstil mit einer

deutlichen dezentralen Verteilung der Aufgaben und Informationen in der Gruppe sowie

❖ einem *laissez-faire* Führungsstil, der durch eine weitgehend funktionale Abwesenheit und Desinteresse des Führenden gekennzeichnet ist und so letztlich keinen wirklichen sinnvoll nutzbaren Führungsstil darstellt.

Aus den Studien Lewins wurden die beiden diametralen Ausprägungen eines autokratischen und demokratischen Führungsstils verallgemeinernd auf die Führung von Unternehmungen übertragen und in der Folge durch eine Reihe von Zwischenformen (z.B. patriarchalisch, beratend, kooperativ, partizipativ) ergänzt.

Zumeist wird heute in der Führungsstildiskussion auf die beiden Grundformen eines eher aufgabenorientierten und eines eher mitarbeiterorientierten Führungsstils abgehoben. Welcher dieser beiden Führungsstile in einer konkreten Führungssituation tendenziell stärker gewichtet zum Vorschein gelangt oder ob es möglich ist, beide Führungsstile idealtypisch gleichgewichtig zu realisieren, ist dann weitgehend durch eine Reihe von sogenannten ‚situativen' Einflußfaktoren bestimmt, die entweder in der Person des Führenden, den Eigenschaften und/ oder Fähigkeiten der Mitarbeiter, der Aufgabenstellung usw. zu finden sind. Besonders häufig werden hierbei als wesentliche Bestimmungsfaktoren genannt (z.B. Hentze *et al.* 2005, S. 242; Wunderer 2006, S. 211 ff.):

❖ die gesellschaftlich vorherrschende Werteprägung bzw. die feststellbare Schwerpunktverlagerung in den überkommenen Wertestrukturen als generelle externe Kontextfaktoren,

❖ das individuelle Menschenbild bzw. die Werthaltungen des Vorgesetzten, geprägt durch Sozialisation und Erfahrung,

❖ die charismatische Ausstrahlung der Führungskraft,

❖ die zu erfüllende Aufgabe (z.B. Bedeutung, Schwierigkeitsgrad, Termindruck),

❖ die Fähigkeiten der Mitarbeiter (z.B. ihr fachlicher und sozialer ‚Reifegrad'),

❖ die emotionale Beziehungsstruktur zwischen Führendem und Geführtem (z.B. gemeinsame Erfahrungen, die Prägung durch unternehmenskulturelle Werte, eine geteilte visionäre Stimmung) wie auch

❖ die gegebenen strukturellen Rahmenbedingungen (z.B. organisatorischer oder informationeller Art).

Pauschale Empfehlungen für einen grundsätzlich ‚richtigen' Führungsstil lassen sich somit kaum herleiten, wohl aber für ein situativ stimmiges Führungsverhalten. Aufgabe einer Führungskraft muß es daher sein, die Führungssituation zu diagnostizieren, die Wirkung vorhandener Führungsinstrumente (z.B. Anreiz- und Belohnungssysteme, inhaltliche Gestaltung des Arbeitsfeldes, Mitwirkungs- und Entscheidungsrechte) abzuschätzen und Führung in einer für den jeweiligen Mitarbeiter situativ stimmigen und nachvollziehbaren Art und Weise erfahrbar werden zu lassen. *(vs)*

*Literatur*

Hentze, Joachim *et al.* 2005: Personalführungslehre. Grundlagen, Funktionen und Modelle der Führung. Bern, Stuttgart, Wien: Paul Haupt (4. Aufl.)

Staehle, Wolfgang H. 1999: Management. Eine verhaltenswissenschaftliche Perspektive. München: Vahlen (8. Aufl.)

Wunderer, Rolf 2006: Führung und Zusammenarbeit. Eine unternehmerische Führungslehre. München: Luchterhand (6. Aufl.)

Wunderer, Rolf; Wolfgang Grunwald 1980: Führungslehre. Band 1: Grundlagen der Führung. Berlin, New York: Walter de Gruyter

## Fulfilment Center

*fulfilment centre*

Das Fulfilment Center ist eine Einheit innerhalb der Organisationen von → Fluggesellschaften, → Reiseveranstaltern und → Reisebüros, deren Kernaufgabe die Produktion und der Versand von Reisedokumenten (→ Flugscheine, → Fahrkarten, Hotel-, Mietwagen-, Transfer-, Versicherungs- und diverser weiterer → Voucher) ist. Das Fulfilment Centre ist meistens mit einem → Callcenter oder einem Online-Buchungsportal verbunden, bei welchem die verschiedenen Reiseleistungen durch den Endkunden eingebucht werden können.

Der Fokus des Fulfilment Center liegt auf einem möglichst kostengünstigen Produktionsprozeß. Dieser wird in der Regel durch den Einsatz moderner Automatisierungstechnologien im Bereich der Reservierungs- und Rechnungserstellungssysteme sichergestellt, so daß Prozeßdurchlaufzeiten und der damit verbundene Ressourceneinsatz minimiert werden. Auch die Zergliederung der einzelnen Aufgabenschritte führt zu einer weiteren Kostenersparnis, da somit auch auf den Einsatz teurer Fachkräfte verzichtet werden kann.

Zunächst fand der Einsatz der Fulfilment Center bei Reiseveranstaltern Einzug, welche ihre Produkte ausschließlich im Internet vertrieben (→ Expedia, Travelocity, etc.). Durch die zunehmende Bedeutung der Buchungen über das Internet – auch im Geschäftsreiseverkehr – finden die Fulfilment Center immer mehr Beachtung bei → Reisemittlern und → Fluggesellschaften, bzw. werden diese Aufgaben an mittlerweile eigenständig agierende Unternehmen fremdvergeben (→ Outsourcing). *(ce)*

## Full American Plan

→ Vollpension

## Full board

→ Vollpension

## Full house

→ Volles Haus

## Full pension

→ Vollpension

## Functional Food

*functional food* (engl.) = funktionelles Essen, funktionelle Lebensmittel. Lebensmittel, denen zusätzliche Substanzen wie Vitamine, Bakterienkulturen, Enzyme oder ungesättigte Fettsäuren beigefügt werden. Durch den Konsum soll ein – meist gesundheitlicher – Zusatznutzen erzielt werden. Die Nahrung wird in den Labors der Lebensmittelindustrie von Food-Ingenieuren/Food Designern entwickelt. Der gesundheitliche Nutzen, aber auch die Risiken von Functional Food sind bei vielen Produkten umstritten. Auch Designer Food oder Wellness Food genannt. *(wf)*

*Literatur*
Prahl, Hans-Werner; Monika Setzwein 1999: Soziologie der Ernährung. Opladen: Leske und Budrich

## Fundsachen im Hotel

*lost and found in hotels*

Nicht alles was der Gast im Hotel liegen lässt, wird automatisch zur Fundsache. Es ist zu unterscheiden zwischen:

❖ einer liegengelassenen Sache: Der Gegenstand kann eindeutig einem Gast zugeordnet werden.

❖ einer Fundsache: Eine Zuordnung ist eindeutig nicht mehr möglich.

Bei liegengelassenen Sachen ist der Gastgeber nach dem Grundsatz von Treu und Glauben (§ 242 BGB) verpflichtet, den Gast hierüber zu informieren, außerdem muß er die liegengelassene Sache sorgfältig aufbewahren. Für evtl. Beschädigungen oder Verlust haftet der Hotelier nach § 701 BGB ohne Verschulden. Für diese strenge Haftung gelten allerdings gesetzliche Höchstgrenzen. Der Gast ist grundsätzlich verpflichtet, die vergessene Sache beim Hotelier abzuholen bzw. anfallende Kosten für die Zusendung zu übernehmen. Zeigt der benachrichtigte Gast an der liegengelassenen Sache kein Interesse, endet die strenge Haftung nach § 701 BGB; statt dessen unterliegt der Hotelier dann einer weniger strengen Verwahrungspflicht, außerdem kommt der Gast in Annahmeverzug (§ 295 BGB), wobei sich die Haftung des Hoteliers bei Beschädigung bzw. Verlust der Sache nur noch auf Vorsatz und grobe Fahrlässigkeit beschränkt.

Soweit es sich bei der liegengelassenen Sache um ein Geldwertpapier, eine Urkunde oder sonstige Kostbarkeit handelt, kann sie beim örtlichen Amtsgericht hinterlegt werden. Andere Gegenstände können über einen Gerichtsvollzieher versteigert werden. Der Versteigerungserlös wird dann ebenfalls beim Amtsgericht hinterlegt. Der Gast/Gläubiger hat dann 30 Jahre Zeit, den hinterlegten Betrag abzüglich der Kosten abzuholen (§ 382 BGB). Nach Ablauf dieser Frist kann der Hotelier die Herausgabe der hinterlegten Sache/Geldbetrag verlangen. Läßt sich der gefundene Gegenstand keinem bestimmten Gast zuordnen, wird er wie eine Fundsache im Sinne von § 965 ff. BGB behandelt. Der Hotelier gibt den Gegenstand beim örtlichen Fundamt ab. Meldet sich der Verlierer dort, muß er den gesetzlichen Finderlohn von 3 % bzw. 5 % bezahlen. Meldet sich der Finder nach Ablauf von 6 Monaten nicht, erwirbt der Hotelier Eigentum an der Sache. Finder einer Sache ist nicht das Personal, sondern der Hotelier selbst.

Sein Personal ist lediglich sogenannter „Besitzdiener", der verpflichtet ist, dem „Besitzherrn", die gefundene Sache herauszugeben. Diese Verpflichtung ergibt sich auch aus arbeitsvertraglichen Bestimmungen. *(bd)*

**Funkfeuer**
*radio beacon*
Auf Radiobasis arbeitende Navigationshilfen für die Luftfahrt. Es gibt prinzipiell zwei Arten solcher Funkfeuer: die ungerichteten Mittelwellenfunkfeuer (*Non Directional Beacons*, NDB) und die gerichteten Drehfunkfeuer auf UKW-Basis (*Very High Frequency Omni-directional Radio Range*, VOR). Das Signal eines NDB wird bordseitig durch ein Gerät (*Automatic Direction Finder*, ADF) empfangen, dessen Nadel immer genau in die Richtung des Funkfeuers zeigt. Ungerichtet sind die NDB deshalb, weil sie keine Kurslinie definieren und damit bei Seitenwind im Extremfall zu einem um 90 Grad verdrifteten Kurs („Hundekurve") auf das Funkfeuer führen können.

VOR dagegen definieren genaue Kurslinien *(radials)*, die man exakt abfliegen kann. Zudem gibt es noch Entfernungsmeßgeräte (*Distance Measuring Equipment*, DME), die in Europa meist mit einem VOR gekoppelt sind und die Luftlinienentfernung des Flugzeuges zum Funkfeuer anzeigen (d.h., genau über dem Funkfeuer wird die Flughöhe über Grund angezeigt). Für den Flug nach → Instrumentenflugregeln sind mindestens zwei VOR-Empfänger (eines davon mit Gleitweganzeige für das → Instrumentenlandesystem) und ein DME vorgeschrieben. *(jwm)*

**Funktionelle Entkoppelung**
*property company: operating company split, PropCo: OpCo split*
In der Hotelbranche versteht man darunter die Trennung von Kapital- bzw. Ei-

gentümerfunktion und Management-funktion. Insbesondere in der Konzernhotellerie stehen hinter den Kernbereichen Entwicklung, Finanzierung, Bau und Betreiben unterschiedliche Akteure (Projektentwickler, Investoren, Bauträger und Betreiber).

Aus betriebswirtschaftlicher Sicht ist die Entkoppelung eine Arbeitsteilung, bei der sich die Beteiligten auf ihre → Kernkompetenzen konzentrieren. Gleichzeitig werden Risiko und Verantwortung geteilt. Auf der funktionellen Entkoppelung basieren unterschiedliche Vertragskonstellationen. Vielen Hotelgesellschaften wurde durch die Trennung der Aktivitäten eine nationale bzw. internationale Expansion überhaupt erst ermöglicht. Das englische Wortspiel *bricks:brains split* (Jones Lang Lasalle Hotels 2002, S. 2) macht die Konstellation in einem Bild deutlich. *(wf)*

*Literatur*

Jaeschke, Arndt Moritz: Zusammenarbeit in der Hotellerie – Funktionelle Entkoppelung, Betreiberformen und Kooperationen. In: Karl Heinz Hänssler (Hrsg.) 2004: Management in der Hotellerie und Gastronomie: Betriebswirtschaftliche Grundlagen. München, Wien: Oldenbourg, S. 75-90 (6. Aufl.)

Jones Lang Lasalle Hotels (ed.) 2002: Changing Ownership Structures. Hotel Topics: Issue No. 13, New York

## Fun ship

→ Vergnügungsdampfer

## F.U.R

→ Forschungsgemeinschaft Urlaub und Reisen e.V.

## Furniture, Fittings & Equipment (FF&E)

Dtsch.: Möbel, Ausstattung, Einrichtung. Begriff für das lose Inventar/Kleinteile in einem Hotel oder Restaurant (z.B. Einrichtungen in den Gästezimmern, Kücheneinrichtung, Dienstfahrzeuge, Ausstattung an Glas, Silber, Porzellan). Der Begriff ist nicht einheitlich definiert, insofern gibt es in der Anwendung unterschiedliche Interpretationen. Die FF&E-Reserve stellt eine Rücklage für Instandhaltungen/ Ersatzbeschaffungen dar. Sie ist ein relevanter Vertragsaspekt im Rahmen von → Managementverträgen.

Die Rücklage kann bei nicht vollständiger Inanspruchnahme zwischen Eigentümer/ Investor und Betreiber in einem vertraglich festgelegten Verhältnis aufgeteilt werden. Aus organisationstheoretischer Sicht übernimmt die Vertragskomponente FF&E eine Steuerungsfunktion; sie soll die unterschiedlichen Interessen zwischen den Beteiligten ausgleichen. Zum theoretischen Hintergrund siehe → Agenturtheorie. *(wf)*

# G

**Gabelflug**

*open jaw*

Rückflug mit verschiedenen Abflugs- und Ankunftsorten (zum Beispiel Frankfurt am Main – Chikago – London oder Paris – San Francisco und Rückflug nach Paris ab Los Angeles). *(jwm)*

**Gästebefragung**

*guest survey*

Instrument zur Erfassung von Gästeerwartungen, -einstellungen, -erfahrungen und -bewertungen, das in Form standardisierter Fragenbögen, persönlicher oder telephonischer Interviews oder auch von Gruppendiskussionen eingesetzt werden kann. Sinnvoll ist ihre Anwendung in der Regel jedoch nur bei aktiver Stichprobenrekrutierung, d.h., wenn vorderhand feste Kriterien für die Stichprobenauswahl festgelegt und eingehalten werden. Dies können Zufalls- oder Quotenstichproben sein. Bei Zufallsstichproben werden die Interviewpartner durch einen Zufallsalgorithmus (zum Beispiel je nach geplanter Stichprobengröße jeder zehnte oder jeder hundertste Gast) identifiziert. Bei der Quotenstichprobe weiß man im voraus, wie die Stichprobe zusammengesetzt sein soll (zum Beispiel 20 Prozent Hotel-, 40 Prozent Pensionsgäste und 40 Prozent Camper) und sucht sich durch entsprechende Vorfragen (Filterfragen) die passenden Befragungspersonen.

Passive Rekrutierung, wie sie zum Beispiel durch die Auslage von Fragebögen in Hotelzimmern oder in → Tou-ristinformationen immer wieder praktiziert wird, bei der eventuelle Befragte selbst entscheiden können, ob sie an einer Befragung teilnehmen wollen, sind letztlich sinnlos, weil hierdurch keine repräsentativen Befragungen zustande kommen können. Zudem sind die damit erzielten Rücklaufquoten – sofern man sie überhaupt bestimmen kann – so gering, daß sich schon von daher jede Interpretation der Daten verbietet.

Eine der größten regelmäßigen Gästebefragungen veranstaltet die Österreich Werbung (ÖW), die → Nationale Tourismusorganisation Österreichs. Mit T-Mona (Tourismus Monitor Austria), einer Weiterentwicklung der seit Jahrzehnten durchgeführten Gästebefragung Österreich (GBÖ), wird jährlich landesweit eine repräsentative Stichprobe (mit ca. 17.000 Befragten) aller Übernachtungsgäste in persönlichen Interviews u.a. zu Urlaubsmotiven, Reiseausgaben und zu ihrer Zufriedenheit mit dem Aufenthalt in Österreich befragt. *(jwm)*

**Gästeführer**

*local guide*

Der ehemalige „Fremdenführer", heute „Gästeführer" oder „local guide" genannt, ist für einen Ort oder ein Objekt zuständig. Er arbeitet meist freiberuflich. Während in anderen Ländern der EU, wie zum Beispiel in Griechenland, Italien oder Spanien, dieser Beruf geschützt und mit einer Lizenz verbunden ist, gibt es diese Professionalisierung in Deutschland bisher nicht.

Gästeführungen vermitteln einen Überblick über die Monumente und sonstigen Angebote und Einrichtungen des Fremdenverkehrsortes. Inhalte sind zumeist Geschichte und Kultur. Daneben gibt es auch regionaltypische Sonderführungen zum Beispiel zu Flora und Fauna, Literatur oder „alternative" Stadtrundgänge. Originelle Varianten sind Radführungen, Stadterkundungsspiele, Führungen für Kinder und Familien, Mundartführungen und erlebnisbetonte Führungen und Wanderungen. *(sst)*

*Literatur*
Bartl, Harald; Ulrich Schöpp & Andreas Wittpohl 1986: Gästeführung in der Fremdenverkehrspraxis. Leitfaden für die Ausbildung von Gästeführern in Fremdenverkehrsorten. München: Huss
Schmeer-Sturm, Marie-Louise 1996: Gästeführung. München, Wien: Oldenbourg

**Galileo International**
→ Globales Distributionssystem (→ Computerreservierungssystem), das 1986 von europäischen Fluggesellschaften und United Airlines (USA) gegründet wurde. 1992 wurde es mit dem us-amerikanischen CRS → Apollo zu Galileo International fusioniert. 1997 wurde das Unternehmen zunächst an die Börse gebracht und war ab 2001 vollständig im Besitz von → Cendant, dessen Aktivitäten im Reservierungs- und Onlinebereich seit 2006 als neues Unternehmen unter dem Namen Travelport agieren (→ Inflight catering). *(jwm)*

**Galley**
Ursprünglich der englische Name für eine Schiffsküche (Kombüse); heute bezeichnet dieser Begriff vor allem den Bereich in einem Flugzeug, in dem die am Boden vorbereiteten Mahlzeiten für die Passagiere zusammengestellt und ggf.

erwärmt werden (→ Flight Catering). *(jwm)*

**Gang**
*course*
Einzelnes Gericht innerhalb einer festgelegten Speisenfolge. → Menü

**Gangway**
a) aus dem Englischen stammender Begriff, der den Laufsteg zwischen Schiff und Land bezeichnet, mit dem man im Hafen Schiffe betreten oder verlassen kann.
b) Fahrgasttreppe, über die man in Flugzeuge ein- oder aussteigen kann. Sie können auf → Außenpositionen an ein Flugzeug herangefahren werden oder auch bordseitig von Flugzeugen mitgenommen und auf Flughäfen ausgefahren werden. Auch Fluggastbrücken (→ Finger) werden als Gangway bezeichnet.

**Ganzcharter**
→ Vollcharter

**Ganzzug**
*complete train*
Beim Ganzzug der Deutschen Bahn handelt es sich um einen Güterzug, der – ohne auszusetzen – vom Ausgangs- zum Zielbahnhof fährt. Der Ganzzug wird auch Blockzug genannt. Er wird üblicherweise im Massengutverkehr (Beispiele: Kohle, Erz, Stahl, manchmal auch Autos) eingesetzt. *(hdz)*

**Garagenmeister**
→ Wagenmeister

**Garantiepreis**
*guaranteed rate*
Mit dem Garantiepreis erhält der Gast ein Preisversprechen, daß er exklusiv den besten verfügbaren Zimmerpreis erhält. Eine Gewähr, daß das Zimmer

dann auch automatisch verfügbar ist, ist darin jedoch nicht enthalten. Da die Hoteliers Provisionszahlungen an Zimmervermittler einschränken möchten, wird versucht, die Buchungen der Gäste entsprechend zu kanalisieren. Von hoher Bedeutung ist dabei die unternehmenseigene Homepage, auf der die Preise in diesem Zusammenhang garantiert günstig an den Konsumenten abgegeben werden. Viele Hotelketten bieten zusätzlich Schadensersatz in Form einer Differenzzahlung an, wenn ein Kunde entgegen dieser Best-Preis-Garantie nachweislich doch einen günstigeren Preis über einen Mittler erhält. *(stk)*

**Garantievertrag**
*guarantee agreement*
Vertragsart zwischen → Reiseveranstalter und → Leistungsträgern (Hotels, → Fluggesellschaften etc.), bei der sich der Reiseveranstalter verpflichtet, eine vertraglich festgelegte Anzahl von Kontingenten (→ Allotment) aus der Kapazität des Leistungsträgers (garantiert) zu belegen und zu bezahlen. Werden diese Garantie-Kontingente nicht genutzt, muß der Reiseveranstalter eine vertraglich festgelegte Regreßzahlung leisten. Die Garantieverpflichtung durch den Reiseveranstalter (verbunden mit der Übernahme des Auslastungsrisikos) ist dann sinnvoll, wenn der Reiseveranstalter durch eine abgesicherte Nachfrage das Risiko minimieren kann und andererseits die Einkaufspreiskonditionen verbessert werden können. Der Leistungsträger hat den Nutzen, das Auslastungsrisiko an den Vertragspartner zu übertragen. *(hb)*

**Gardemanger**
*cold cook*
Französische Bezeichnung für den Koch der kalten Küche. Er bereitet Fleisch, Wild, Geflügel und Fisch vor und stellt kalte Vorspeisen, kalte Saucen, Terrinen, Pasteten, Sandwiches und Salate sowie kalte → Büfetts her. Der Bereich des Gardemanger stellt einen klassischen Posten bzw. eine Abteilung in größeren → Küchenbrigaden dar. *(wf)*

**Garnitur**
*garnish*
Die Begrifflichkeit entstammt aus dem Französischen des 17. Jahrhunderts und wird mit „Verzierung" übersetzt. Im eigentlichen Sinne meint es eine zusammengehörende Ausrüstung.

In der → Gastronomie hat Garnitur unterschiedliche Bedeutungen, die sowohl Zubereitungsarten von Speisen bezeichnet, aber auch die ästhetische Verfeinerung und Präsentation von Gerichten. Soßen und Brühen werden durch Zugabe von Kräutern und Wurzelwerk verfeinert und garniert. Ebenso bezeichnet Garnitur auch eine bestimmte Beilagen- oder Zubereitungsart, die teilweise auf regionalen spezifischen Vorlieben hinweist, sie aber ebenso auch konstruieren sollen. Beispielsweise eine bestimmte Kombination von Zutaten und Beilagen; z. B. wird der Rehrücken mit Birne und Preiselbeergelee garniert. Die Garnitur muß stets in Beziehung zur Hauptspeise stehen und ihr neben einer geschmacklichen Ergänzung auch ästhetisches Aussehen verleihen. *(ghf)*

**Garstufen**
*roasting levels*
In der → Gastronomie werden unterschiedliche Garstufen beim Braten von dunklem Fleisch (Rind, Schaf) unterschieden. Ist das Fleischstück innen grau und saftig, lautet die fachliche Bezeichnung „durch" (franz.: *bien cuit;* engl.: *well done*). Ist es innen durchgehend rosafarben, lautet die Bezeichnung „rosa" (franz.: *à point;* engl.:

*medium*). Ist es innen rosafarbig und im Fleischkern noch blutig rot, lautet die Bezeichnung „blutig" (franz.: *saignant;* engl.: *medium rare*). Ist das Fleischstück nur kurz angebraten, im Inneren aber roh und kalt, lautet die Bezeichnung „blau" (franz.: *bleu*; engl.: *raw* bzw. *rare*). Die gewünschte Garstufe wird bei der Bestellung von Servicekräften abgefragt. Helles Fleisch (etwa Kalb oder Schwein) wird grundsätzlich durchgebraten. *(wf)*

*Literatur*
Hering, Richard; F. Jürgen Herrmann 2001: Herings Lexikon der Küche. Gießen, Leipzig: Pfanneberg (23. Aufl.)

**Gastaufnahmevertrag**
→ Beherbungsvertrag

**Gastgewerbe**
*hospitality industry, hotel and restaurant industry*

**1   Definition**
Gastgewerbe bezeichnet eine Branche, die durch eine enorme Vielfalt unterschiedlicher Betriebsarten und Betriebstypen (→ Hotel, Betriebstypen) gekennzeichnet (Hänssler 2004, S. 53 ff.). Eine erste Untergliederung kann in das → Beherbergungsgewerbe und das → Gaststättengewerbe sowie als dritte Gruppierung in Kantinen und → Caterer erfolgen, wobei der Begriff „Gaststättengewerbe" lange Zeit als Oberbegriff für sämtliche gastgewerblichen Betriebe verwendet wurde – so auch im → Gaststättengesetz (s. u.). In der Klassifikation der Wirtschaftszweige werden unter diesen Rubriken folgende Betriebsarten unterschieden (Statistisches Bundesamt 2002, S. 39):

❖   → Beherbergungsgewerbe: → Hotels, → Hotels garni, → Gasthöfe, → Pensionen, → Jugendherbergen und Hütten, Campingplätze, Erholungs-

und Ferienheime, Ferienzentren, → Ferienhäuser, → Ferienwohnungen, Privatquartiere, → Boarding Houses, sonstiges Beherbergungsgewerbe.

❖   → Gaststättengewerbe: → Restaurants mit herkömmlicher Bedienung, Restaurants mit Selbstbedienung, → Cafés, Eisdielen, Imbißstuben, Schankwirtschaften, Diskotheken und Tanzlokale, → Bars, Vergnügungslokale, sonstige getränkegeprägte Gastronomie.

Die Betriebsarten sind weiter zu differenzieren: So umfassen Restaurants mit herkömmlicher Bedienung beispielsweise First Class-Betriebe, internationale Spezialitätenlokale oder gutbürgerliche Gaststätten (→ Gaststättengewerbe). Hotels reichen vom einfachen Touristhotel bis zum Luxusanbieter (→ Beherbergungsgewerbe, → Hotel, Betriebstypen, → Hotelklassifizierung).

**2   Funktion**
Die Betrachtung dieser betrieblichen Vielfalt macht die Bandbreite der gesellschaftlichen Funktionen der Branche deutlich. Grundfunktionen sind die Beherbergung und die Bewirtung (Verpflegung) von Gästen im Sinne der Befriedigung physiologischer Bedürfnisse, einschließlich der Gewährleistung von → Sicherheit. → Gastronomie und Hotellerie haben jedoch immer auch einen psychisch-soziokulturellen Aspekt, der als Motivation zum Besuch eines Betriebes häufig im Vordergrund steht. In Anlehnung an die Bedürfnispyramide von Abraham Maslow erfüllen gastgewerbliche Betriebe auch soziale Funktionen und dienen der Befriedigung von Prestige- sowie Bedürfnissen nach Selbstverwirklichung (Maslow 1954; cit. n. d. dtsch. Ausg. 1989, S. 62 ff.). Sie sind u.a. Orte der geplanten und ungeplanten Begegnung und Kommunikation, der Pflege der

Gastlichkeit und Tafelkultur, des Feierns, der Erholung und Gesundheit und vermitteln immer auch Erlebnisse.

Angesichts der zunehmenden Individualisierung im Sinne der Auflösung bzw. des Bedeutungsverlustes traditioneller Einbindungen des Einzelnen in Gruppen kann die Funktion als Ort unverbindlicher Begegnung und Kommunikation nicht hoch genug eingeschätzt werden. Um so bedauerlicher ist die aus wirtschaftlichen Gründen in den vergangen Jahrzehnten deutlich feststellbare Tendenz des Rückgangs bestimmter Betriebstypen wie Dorfgasthäusern, traditionellen Schankwirtschaften und gutbürgerlichen Gaststätten.

## 3 Gesetzliche Grundlagen

Voraussetzung zum Betrieb eines gastgewerblichen Betriebes ist die Erlaubnis (Konzession). Allerdings haben sich mit der am 1. Juli 2005 in Kraft getretenen Neufassung des Gaststättengesetzes (GastG) wesentliche Veränderungen ergeben. So fallen Beherbergungsbetriebe auch nach den Definitionen dieses Gesetzes nicht mehr unter das Gaststättengewerbe und sind, sofern Speisen und Getränke nur an Hausgäste ausgegeben werden, nicht mehr konzessionspflichtig (§§ 1 und 2 GastG). Ebenso bedürfen Betriebe, die nur Speisen und alkoholfreie Getränke verabreichen – beispielsweise Metzgereien, Bäckereien, Lebensmitteleinzelhändler – nicht mehr der Genehmigung. Danach sind überwiegend nur noch Gaststättenbetriebe wie Schank- und Speisewirtschaften, die jedermann oder bestimmten Personenkreisen zugänglich sind, sowie Hotelbetriebe und Gasthöfe, bei denen im Restaurant auch externe Gäste bewirtet werden, erlaubnispflichtig.

Die Erlaubnis muß beantragt werden und erfolgt in Form einer Urkunde. Gemäß § 4 GastG ist die Erteilung an die Erfüllung persönlicher und betrieblicher Voraussetzungen gebunden. Sie ist zu versagen, wenn „Tatsachen die Annahme rechtfertigen, daß der Antragsteller die für den Gewerbebetrieb erforderliche Zuverlässigkeit nicht besitzt (…), die zum Betrieb des Gewerbes (…) bestimmten Räume wegen ihrer Lage, Beschaffenheit und Ausstattung oder Einteilung für den Betrieb nicht geeignet sind", bestimmte Anforderungen an die Barrierefreiheit nicht erfüllt werden (Betriebe mit Baugenehmigung ab 1. 11. 2002 bzw. 1. 5. 2002), der Betrieb „im Hinblick auf seine örtliche Lage oder auf die Verwendung der Räume dem öffentlichen Interesse widerspricht", der Antragsteller nicht „durch eine Bescheinigung einer Industrie- und Handelskammer nachweist, daß er (…) über die Grundzüge der für den in Aussicht genommenen Betrieb notwendigen lebensmittelrechtlichen Kenntnisse unterrichtet worden ist und mit ihnen als vertraut gelten kann."

## 4 Wirtschaftliche Bedeutung und Struktur

Das Gastgewerbe zählt zu den großen Wirtschaftszweigen in der Bundesrepublik Deutschland. Nach der Umsatzsteuerstatistik (Statistisches Bundesamt, 2005 a) wurde im Jahre 2003 in 245.442 erfaßten Unternehmen ein Nettoumsatz von 52.188 Mrd. € erzielt. Die Zahl der Beschäftigten hat nach der Gastgewerbestatistik 2002 1.033.152 Personen betragen (Statistisches Bundesamt 2005 b). Die gastgewerblichen Aktivitäten und die daraus resultierenden Umsätze bzw. Beschäftigtenzahlen von Unternehmen, deren wirtschaftlicher Schwerpunkt außerhalb der Branche liegt, beispielsweise Handelsbetriebe mit angeschlossener Gastronomie, sind in diesen Zahlen nicht enthalten.

Trotz deutlich feststellbarer Konzentrationstendenzen ist die Branche nach wie vor überwiegend klein- und mittelbetrieblich strukturiert. So erwirtschaften nach der Gastgewerbestatistik in Deutschland 75 Prozent der Betriebe einen Nettoumsatz bis unter 200.000 €, 18 Prozent von 200.000-500.000 €, und nur 2,6 Prozent mehr als 1.000.000 € (Statistisches Bundesamt 2005 b, o. S.). Die Umsätze der Branche waren im vergangenen Jahrzehnt rückläufig und sind von 1995 bis 2004 brutto um ca. 14 Prozent zurückgegangen (Luthe 2005, S. 6).

Die nationale und internationale Interessenvertretung des Gastgewerbes in Deutschland ist der → Deutsche Hotel- und Gaststättenverband (DEHOGA) als Dachverband von 17 Landes- und über 600 Orts-, Kreis- und Bezirksverbänden. Ebenso sind der → Hotelverband Deutschland (IHA), die Union der Pächter von Autobahn-Service-Betrieben und der Verband der internationalen Caterer in Deutschland Mitglied. Die Tarifarbeit erfolgt über die Landesverbände. Neben der Beratung und Betreuung der Mitglieder ist die → Deutsche Hotelklassifizierung ein weiterer wesentlicher Aufgabenschwerpunkt. Die Interessen der Arbeitnehmer werden durch die → Gewerkschaft Nahrung-Genuß-Gaststätten (NGG) vertreten. *(khh)*

*Literatur*

Gaststättengesetz für die Bundesrepublik Deutschland (GastG) vom 5. Mai 1970, zuletzt geändert am 21. Juni 2005
Hänssler, Karl Heinz 2004: Betriebsarten und Betriebstypen des Gastgewerbes. In: Ders. (Hrsg.): Management in der Hotellerie und Gastronomie – Betriebswirtschaftliche Grundlagen. München, Wien: Oldenbourg, S. 53-74 (6. Aufl.)
Luthe, Markus 2005: Hotelmarkt Deutschland 2005. Berlin: Hotelverband Deutschland
Maslow, Abraham H. 1989: Motivation und Persönlichkeit. Hamburg: Rowohlt (urspr. Motivation and Personality, New York 1954)
Statistisches Bundesamt 2002: Klassifikation der Wirtschaftszweige, Ausgabe 2003. http://www.destatis.de/allg/d/klassif/klassif_download.htm. Wiesbaden. (22.12.05)
Statistisches Bundesamt 2005a: Finanzen und Steuern, Umsatzsteuer (Fachserie 14; Reihe 8), Wiesbaden
Statistisches Bundesamt 2005b: Ergebnisse der monatlichen Beherbergungsstatistik (Beherbergung im Reiseverkehr), Juli 2005 (Fachserie 6; Reihe 7.1), Wiesbaden

**Gasthaus**
→ Gaststätte, Gasthaus

**Gastronomie**
*gastronomy*
*gaster* (griech.) = Magen; *nomos* (griech.) = Brauch, Sitte, Gesetz. Der Begriff der Gastronomie wird unterschiedlich interpretiert. Gastronomie kann zum einen als Kochkunst verstanden werden. Hierbei geht es um die Kenntnis, die Auswahl, die Zubereitung und den Konsum von Nahrungsmitteln (Scarpato 2002, S. 52 ff.). Gastronomie kann auch als Ausprägung eines bestimmten Kochstils begriffen werden (z. B. die französische oder die deutsche Gastronomie). Darüber hinaus bezeichnet sie einen (Wirtschafts-)Zweig innerhalb des → Gastgewerbes. Zu der Vielschichtigkeit des Begriffes siehe auch Gillespie 2001 und Lanfant 2002. *(wf)*

*Literatur*

Gillespie, Cailein 2001: European gastronomy into the 21st century. Oxford: Butterworth-Heinemann
Lanfant, Marie-Françoise 2002: Die Gastronomie, das Kulturerbe und der Welttourismus, in: Voyage – Jahrbuch für

| Rang | Unternehmen | Vertriebslinien | Umsatz (in Mio. EUR) | Zahl der Betriebe |
|---|---|---|---|---|
| 1 | McDONALD`s Deutschland Inc. | McDonald`s, McCafé | 2.573,0 | 1.276 |
| 2 | LSG Sky Chefs Deutschland GmbH | LSG | 700,0 | 43 |
| 3 | BURGER KING GmbH | Burger King | 647,0 | 525 |
| 4 | Autobahn TANK & RAST Holding GmbH | T & R Raststätten | 550,0 | 389 |
| 5 | NORDSEE Fisch-Spezialitäten GmbH & Co. KG | Nordsee | 299,7 | 358 |
| 6 | METRO AG | Dinea, Axxe, Grillpfanne, Metro C&C, etc. | 257,3 | 276 |
| 7 | KARSTADT Warenhaus GmbH | Karstadt/ Le Buffet | 209,3 | 161 |
| 8 | ARAL AG | Petit Bistro | 163,0 | 1.240 |
| 9 | IKEA Deutschland GmbH & Co. KG | Ikea-Gastronomie | 153,0 | 40 |
| 10 | Mövenpick Gesellschaften Deutschland | Mövenpick, Marché, Mövenpick-Hotelrestaurant | 130,0 | 41 |
| 11 | SSP Deutschland GmbH | Bahnhof/Straße: Gastro & Handel | 129,6 | 250 |
| 12 | YUM! Restaurants International Ltd. | Pizza Hut, KFC | 126,6 | 117 |
| 13 | EDEKA Zentrale AG & Co. KG | Schäfer's; K&U, usw. | 125,0 | 2.400 |
| 14 | STOCKHEIM Unternehmensgruppe | Flughafen-, Bahnhof-, Messerestaurants | 108,0 | 27 |
| 15 | Subway International B.V. | Subway | 106,0 | 409 |

**Tabelle:** Die größten Gastronomieunternehmen in Deutschland 2006
(Quelle: food service, 4, 2007, S. 19)

Reise- & Tourismusforschung: Reisen & Essen, Band 5, Köln: DuMont, S. 30-48
Scarpato, Rosario 2002: Gastronomy as a tourist product: the perspective of gastronomy studies. In: Anne-Mette Hjalager; Greg Richards (eds.): Tourism and Gastronomy. London, New York: Routledge, S. 51-70

**Gastronomieführer**
→ Restaurantführer

**Gastronomiekritik**
→ Restaurantkritik

**Gastronomiekritiker**
→ Restaurantkritiker

**Gaststätte, Gasthaus**
*inn, pub, tavern, restaurant*

**1 Allgemein**
Im rechtlichen Sinne ist eine Gaststätte (→ Gaststättengesetz) ein prinzipiell jedem oder einem bestimmten Personenkreis zugänglicher Betrieb, in dem im stehenden Gewerbe Schank- (d.h., Getränke werden zum Verzehr an Ort und Stelle ausgeschenkt) oder Speisewirtschaften

(d.h., zubereitete Speisen werden zum Verzehr an Ort und Stelle angeboten) betrieben oder Gäste beherbergt werden (Beherbergungsbetrieb), ferner die Wirtschaften im Reisegewerbe mit ortsfester Einrichtung (z.B. Bierzelt). Die Neufassung des Gaststättenrechts ab 1. Juli 2005 erfolgte im Zuge der europäischen Homogenisierung. Europaweit gilt nun, daß eine Gaststätte nicht mehr erlaubnispflichtig ist, wenn kein Alkohol ausgeschenkt wird.

Als multifunktionale Einrichtungen kommt den Gaststätten entscheidende und im Zuge des wachsenden Binnentourismus künftig zunehmende Bedeutung zu: Obgleich sich viele Bereiche des gesellschaftlichen Lebens zunehmend im Privaten abspielen, ist insofern eine Gegenbewegung zu beobachten, als daß die Nachfrage nach gastronomischen Angeboten und Räumen kommerzieller Gastlichkeit für die Bereiche → Freizeit bzw. Geselligkeit wächst. Dies betrifft auch jenen Trend, der mit dem Begriff „Eventisierung" bezeichnet werden kann. Öffentliche Veranstaltungen und vor allem sportliche Großereignisse wie die Fußball-Weltmeisterschaft werden zunehmend in Gaststätten verfolgt. Zudem kommen Gaststätten wichtige Funktionen im Zuge der steigenden Mobilität zu.

## 2    Historische Entwicklung

Schon im Altertum, etwa in Ägypten, im Vorderen Orient oder in Griechenland, kannte man Gaststätten als Orte kommerzieller Gastlichkeit. Im Römischen Reich lagen Gasthöfe für Reisende mit Zug- und Reittieren *(stabulum)*, Speisegaststätten *(popina)*, Weinstuben *(taberna)* oder → Hotels *(hospitium)* nahe des Stadtzentrums und der Stadttore, bei Kasernen oder an den Fernstraßen.

Mit dem Niedergang des Imperiums verschwanden diese Einrichtungen nördlich der Alpen, während sie im Mittelmeerraum bestehen blieben. Ihre Funktion bestand in der Bereitstellung von Speisen und Getränken. Darüber hinaus boten sie Schutz vor Kälte und Dunkelheit. Bis in die Gegenwart hinein kommt ihnen darüber hinaus als Stätten der Kommunikation und des Soziallebens eine wichtige Scharnierfunktion zwischen privatem und öffentlichem Raum zu.

Den Germanen waren Gaststätten zunächst fremd. Im Rahmen der sogenannten archaischen nichtkommerziellen Gastfreundschaft war es Pflicht, einen Fremden aufzunehmen; strukturelle Parallelelen bestehen z.T. heute noch im arabischen Raum. Das spätere europäische und deutsche Gaststättenwesen ist in seinem Ursprung aber primär römisch beeinflußt. Im frühen Mittelalter gewährten Privathäuser, Klöster, Bischofsresidenzen, Spitäler, Hospize und Elendenherbergen − beeinflußt durch den Gedanken der christlichen Nächstenliebe − den Reisenden freie Unterkunft, im 12. und 13. Jahrhundert von besonderer Bedeutung für die Kreuzzüge und Massenpilgerfahrten, die gleichzeitig die Entwicklung der gewerblichen Gaststätten förderten.

Seit dem 12. Jahrhundert kam es mit dem Aufschwung des Städtewesens zu einer flächendeckenden Ausbildung kommerzieller Gastlichkeit und damit zu einem starken Bedeutungsanstieg der Gaststätten, die zu Kristallisationspunkten städtischen Soziallebens wurden. Die Gaststätten bedurften der Erlaubnis des Landesherrn oder der Stadtobrigkeit und unterlagen einer strengen behördlichen Kontrolle. Oft unterhielt der Rat der Stadt eine eigene Gaststätte. An diese

Tradition knüpfen viele jener Gaststätten an, die heute noch Ratskeller o.ä. heißen. Seit dem 15. Jahrhundert führte der regelmäßige Postverkehr an den Haltepunkten zur Entstehung größerer Gasthäuser.

Waren die Gaststätten zunächst meist Orte, an denen primär Bier und Wein ausgeschenkt wurden und die meist auch einfache Speisen sowie einen Schlafplatz anboten, erfolgte seit dem 17. Jahrhundert eine zunehmende Differenzierung: Vor allem in größeren und fortschrittlicheren Städten entstanden neue Varianten, die sich auf den Ausschank der neuen aus den überseeischen Kolonien stammenden alkoholfreien Heißgetränke (Kaffee, Tee, Schokolade) spezialisierten (erste → Kaffeehäuser 1666 in Paris, 1677 in Hamburg).

Seit dem Beginn des 19. Jahrhunderts weitete sich das Spektrum der Gaststätten erneut: Die Industrialisierung schuf eine spezifische Form der kommerziellen Gastlichkeit für die entstehende Arbeiterklasse, während der Aufschwung des Fremdenverkehrs die Gründung der Ausflugslokale zur Folge hatte. Sonderformen entstanden mit Clubs und Vereinshäusern. Mit der Hochindustrialisierung wurde der Besuch spezieller Gaststätten, der Kneipen, zur Hauptfreizeitbeschäftigung der Industriearbeiter. Überhaupt waren städtisches Leben und städtische Kultur proletarischer wie bürgerlicher Prägung vor allem von der Mitte des 19. Jahrhunderts bis in die 1970er Jahre hinein in hohem Maße von der Gaststätte bestimmt. Dies wurde dadurch begünstigt, daß der gußeiserne „Sparherd" seit der Mitte des 19. Jahrhunderts, der Gasherd seit etwa 1880 und der Elektroherd seit etwa 1900 die offenen Herdfeuer verdrängten und die Zubereitung der Speisen damit maßgeblich erleichterten. Nach dem Zweiten Weltkrieg wurden Sonderformen der Gasthäuser zu Treffpunkten der entstehenden Jugendszenen (z.B. Discotheken seit den 1970er Jahren). Seit den 1990er Jahren verwischen die Grenzen zwischen Gaststätten und → Restaurants zunehmend. Zudem ist seit den 1970er Jahren eine zunächst zögerliche, seit den 1990er Jahren eine starke Ausweitung des Imbiß- und → Fast-Food-Bereichs zu beobachten, der auf dem Weg ist, zur vorherrschenden Form der Gaststätte zu werden und mit einer zunehmenden Kettenbildung einhergeht. *(ghf)*

*Literatur*

Dröge, Franz; Thomas Krämer-Badoni 1987: Die Kneipe. Zur Soziologie einer Kulturform. Frankfurt: Suhrkamp

Hirschfelder, Gunther 2003/2004: Alkoholkonsum am Beginn des Industriezeitalters (1700-1850). Vergleichende Studien zum gesellschaftlichen und kulturellen Wandel (2 Bde.). Köln u.a.: Böhlau

Kift, Dagmar (Hrsg.) 1992: Kirmes – Kneipe – Kino. Arbeiterkultur im Ruhrgebiet zwischen Kommerz und Kontrolle (1850-1914). Paderborn: Schöningh

Kümin, Beat; Beverly Ann Tlusty (Hrsg.) 2002: The World of the Tavern: Public Houses in Early Modern Europe. Aldershot: Ashgate

Peyer, Hans Conrad 1987: Von der Gastfreundschaft zum Gasthaus. Studien zur Gastlichkeit im Mittelalter. Hannover: Hahnsche Buchhandlung (= Monumenta Germaniae Historica, Schriften 31)

## Gaststättengesetz (GastG)

*licencing act*

Das deutsche Gaststättengesetz in der aktuellen Fassung von 2005 regelt als gewerbliches *lex specialis* die Voraussetzungen zum Betrieb einer Gaststätte. Es findet nur noch Anwendung für Schank- und Speisewirtschaften, nicht aber für die reinen Beherbergungsbetriebe, die nicht nur keiner Erlaubnis (→ Konzession) nach § 2 GastG bedürfen, sondern diesem Gesetz gar nicht mehr unterliegen.

Für die Beherbergungsbetriebe gilt lediglich das allgemeine Gewerberecht. § 2 GastG regelt, welcher Betrieb überhaupt noch einer Konzession bedarf, in § 4 sind detailliert die Versagungsgründe für eine solche aufgeführt. Grundsätzlich bedürfen nur noch alkoholausschenkende Schank- und Speisewirtschaften einer Konzession. Das GastG ermächtigt die Länder, in eigenen Gaststättenverordnungen diverse Sachverhalte zu regeln, z.B. die Sperrzeit oder die Bedingungen für den Betrieb einer → Strauß- bzw. Besenwirtschaft. Im Zuge der Entbürokratisierung sind Bestrebungen im Gange, das GastG komplett abzuschaffen bzw. in die Gewerbeordnung mit nur noch wenigen Paragraphen aufzunehmen. *(bd)*

## Gaststättengewerbe
→ Gastgewerbe

## Gate
Auf → Flughäfen der Ausgang für die → Gangway zum Flugzeug bzw. für den Bus, um zu einem auf einer Außenposition geparkten Flugzeug zu gelangen. In der Regel ist dieser Ausgang mit einem davorliegenden Warteraum verbunden, in dem man sich bis zum Aufruf des Fluges aufhalten kann.

## Gate Check-in
→ Check-in

## Gate keeper
→ Doorman

## GaultMillau
→ Hotel- und → Restaurantführer. Gegründet von den französischen Feinschmecker-Journalisten Henri Gault und Christian Millau. 1969 erfolgte die Veröffentlichung einer Monatszeitschrift („Le Nouveau Guide"), 1971 die Veröffentlichung eines im Jahresrhythmus erscheinenden Reiseführers. Sprachrohr und Förderer der → „Nouvelle Cuisine" (Echikson 1998, S. 108 ff.). Die ausgewählten Hotels und Restaurants werden in journalistischen Beiträgen beurteilt. Hohes Ansehen in der Fachwelt, teilweise umstritten aufgrund seiner scharf formulierten, hier und da respektlosen Kommentare.

Unter den benutzten Zeichen und Symbolen ist das aus dem französischen Schulnotensystem entliehene 20-Punktesystem von zentraler Bedeutung. Mit ihm wird die Küchenleistung bewertet: 8 von 20 Punkten (nicht ausreichend); 9 von 20 Punkten (mangelhaft); 10 von 20 Punkten (herkömmliche Küche, einfallslos, viele Mängel); 11 von 20 Punkten (herkömmliche, durchschnittliche Küche); 12 von 20 Punkten (ambitionierte Küche); 13/14 von 20 Punkten (sehr gute Küche); 15/16 von 20 Punkten (hoher Grad an Kochkunst, Kreativität und Qualität); 17/18 von 20 Punkten (höchste Kreativität und Qualität, bestmögliche Zubereitung); 19/20 Punkten (Höchstnote für die weltbesten Restaurants); 20/20 Punkten (Idealnote) (Heyne & Dort 2005, S. 30). Der Restaurantführer verlieh 2003 erstmals die bis dahin kategorisch nicht vergebene Idealnote von 20 Punkten an den französischen Starkoch Marc Veyrat (o.V. 2003, S. 3).

GaultMillau ist mit seinen Bewertungen tendenziell weniger zurückhaltend als der → Guide Michelin. Durch gute Kritiken will der Führer gastronomische Talente bewußt fördern. Die Restaurantkritiken werden von freiberuflichen Mitarbeitern anonym vorgenommen. *(wf)*

*Literatur*

Echikson, William 1998: Die Sterne Burgunds, München: Knaur

Heyne, Johannes; Martin Dort (Hrsg.) 2004: GaultMillau Deutschland 2005: Der Reiseführer für Genießer. München: Christian

Lassueur, Yves 1983: Je mange pour vous. In: L'Hebdo, No. 13 vom 31. März, S. 26-31

o.V. 2003: Veyrat: Bestnote nach GaultMillau. In: Allgemeine Hotel- und Gaststättenzeitung (AHGZ), Nr. 11 vom 15. März, S. 3

## GBK

→ Gütegemeinschaft Buskomfort e.V.

## GDS

→ Globales Distributionssystem

## Gedeck

(a) *cover*

Begriff für die Tafelausstattung (Besteck, Geschirr, Gläser, Serviette u.a.) für einen Gast für eine Mahlzeit, in der gastronomischen Fachsprache auch *Couvert* genannt. Ein Gedeck kann einfach aufgebaut sein (für einen Speisegang) und bspw. nur aus Messer, Gabel und Serviette bestehen oder umfangreich (für eine Speisenfolge). In dem Fall wird das einfache Gedeck durch weitere Besteckteile, Brotteller, Platzteller und Gläser erweitert. Vereinzelt beinhaltet das Gedeck auch Brot und Butter. Die Anzahl der Gedecke ist eine wichtige Kennziffer in gastronomischen Betrieben. Sie zeigt die Anzahl der bedienten Gäste in einem definierten Zeitraum (etwa pro Tag oder Woche) auf.

(b) *combination of drinks*

Im Deutschen auch der Begriff für eine Getränkekombination, die gleichzeitig bestellt und konsumiert wird, etwa Bier und Schnaps. *(wf)*

## Gedeckpreis

*cover charge*

Fixbetrag, den Gäste in einzelnen gastronomischen Betrieben für das → Gedeck *(cover)* zahlen müssen. Die gesonderte Berechnung des Gedecks führt zu einer optischen Senkung der Verkaufspreise der Speisen und Getränke auf der Speise- und Getränkekarte, gleichzeitig kann die separate Berechnung bei Kunden zu Irritationen führen. In manchen Ländern bzw. Betrieben wird deshalb von dem Gedeckpreis bewußt Abstand genommen (Sachsenmaier 2005, S. 9). Vor allem verbreitet in Südeuropa. *(wf)*

*Literatur*

Sachsenmaier, Ingrid 2005: Das Gedeck wird abgedeckt: Abschied vom „coperto". In: Allgemeine Hotel- und Gaststättenzeitung (AHGZ), Nr. 39 vom 1. Oktober, S. 9

## Geisterstädte

*ghost towns*

Städte, die einst während eines Booms entstanden sind und nach seinem Ende entweder vollständig oder weitgehend von den Bewohnern wieder verlassen wurden. Dazu gehören zum Beispiel Goldgräberstädte in den USA und in Australien, von denen einige meist gut erhaltene bzw. restaurierte Orte heute zu wichtigen Touristenattraktionen gehören.

## Gelegenheitsverkehr

→ Bedarfsluftverkehr

## GEMA

Gesellschaft für musikalische Aufführungs- und mechanische Vervielfältigungsrechte – Die GEMA ist ein privatrechtlich organisierter, wirtschaftlicher Verein im Sinne von § 21 ff. BGB. Sitz der GEMA ist Berlin mit einer Generaldirektion in München. Sie vertritt in Deutschland die ihr übertragenen Urheberrechte (nach Urhebergesetz) von Komponisten, Textdichtern und Musikverlagen. Die daraus resultierenden Nutzungsrechte werden an Veranstalter gegen Bezahlung (befristet) abgetreten. Durch Rahmenverträge mit ausländischen Verwertungsgesellschaften nimmt sie auch deren Urheberrechte wahr.

Die GEMA genießt folglich eine Monopolstellung mit der Konsequenz, daß die sog. GEMA-Vermutung gilt. Das bedeutet, daß für sämtliche Musikstücke, die in Deutschland öffentlich aufgeführt werden, das Aufführungsrecht bei der GEMA liegt. Entsprechend muß jeder, der öffentlich Musik aufführt (z.B. Musik in einer → Gaststätte), bei der GEMA eine kostenpflichtige Lizenz beantragen. Je nach Art der Musik (Live, Tonträger, Radio, Fernsehen usw.) finden unterschiedliche Tarife Anwendung. Die Höhe der Lizenzgebühren richten sich überwiegend nach der Größe des Veranstaltungsraumes bzw. nach der Höhe des Eintrittsgeldes.

Für reine Hintergrundmusik mit einem CD-Player beträgt die jährliche Lizenzgebühr in einer ca. 90m² großen Gaststätte z.B. EUR 158,10 plus Steuer (Stand: 2006). Die GEMA nimmt außerdem als inkassoberechtige Gesellschaft die Urheberrechte von Sängern und Musikern bzw. Autorensprechern wahr. Der Umsatz der GEMA lag 2005 bei ca. EUR 852 Mio., der Verwaltungskostenanteil beträgt hierbei bei ca. 14 % (GEMA-Geschäftsbericht 2005). *(bd)*

## Gemeinschaftsflug
→ Code share

## General Aviation Terminal (GAT)
Einrichtung auf Flughäfen für die Ab-

fertigung von Flugzeugen der → Allgemeinen Luftfahrt.

## General Manager
Die Aufgabe von General Managern in der Hotellerie ist die Vertretung und das Überwachen der Geschäftspolitik und der Interessen des Hotelunternehmers. Dabei vertreten sie den Hotelunternehmer gegenüber den Hotelgästen und der Öffentlichkeit. Zudem übernehmen sie die Planung und Organisation der Marketing-, Personal- und Verkaufspolitik sowie verschiedener Führungsfunktionen. Voraussetzung für die Tätigkeit ist üblicherweise eine Ausbildung im Hotel- und Gaststättengewerbe mit einer für Leitungsfunktionen qualifizierenden Weiterbildung. *(cf)*

## Generalvertreter
*general sales agent, GSA*
Gebietsvertreter von einzelnen Fluggesellschaften, Hotels oder anderen Leistungsträgern, die im Auftrag ihrer → Handelsherren (*principals*; → Agenturtheorie) Buchungen und Ticketausstellungen vornehmen. Zudem können sie auch mit Werbung und Kontaktaufnahme zu wichtigen Unternehmen (zum Beispiel → Reiseveranstalter, → Reisemittler) beauftragt werden. *(jwm)*

## Geographie der Freizeit und des Tourismus
*leisure and tourism geography*
Im Vergleich zu anderen Wissenschaftsdisziplinen (Soziologie, Psychologie etc.) hat sich die Geographie bereits sehr frühzeitig mit dem → Tourismus auseinandergesetzt. Sie verfügt über einen fachspezifischen Bestand an Forschungsfragen, Begriffen und Methoden, die innerhalb der 100-jährigen Disziplingeschichte jeweils den Veränderungen angepaßt wur-

den, die sich in Freizeit und Tourismus vollzogen haben.

## 1 Grundlegende Forschungsfragen

Die Geographie ist eine Raumwissenschaft: Sie beschreibt und analysiert Naturräume (Physische Geographie) bzw. Kulturräume (Anthropogeographie). Ihr Forschungsinteresse gilt vorrangig der Erarbeitung von Grundlagenwissen mit dem Ziel, Einsicht in komplexe räumliche Wirkungszusammenhänge zu erhalten. Darüber hinaus erarbeitet sie anwendungsorientiertes Wissen für Wirtschaft, Planung und Politik.

Innerhalb der Anthropogeographie hat sich die Geographie der Freizeit und des Tourismus seit den 1960er Jahren in Deutschland als selbstständige Teildisziplin etabliert (u. a. mit spezialisierten Studiengängen bzw. -schwerpunkten an den Universitäten Aachen, Eichstätt, Greifswald, Paderborn und Trier). Ihr Erkenntnisinteresse gilt generell der Erfassung, Analyse und Erklärung der raumbezogenen Dimensionen des Tourismus:

### 1.1 Verhaltensdimension des Tourismus

Der Tourismus impliziert in jedem Fall eine Distanzüberwindung zwischen Wohnort und Zielort; damit stellt er eine Form der räumlichen (horizontalen) Mobilität dar. Das Reiseverhalten erfährt eine Differenzierung durch die Beteiligung verschiedener Alters-, Bildungs-, Sozial-, Lebenszyklusgruppen etc., die unterschiedliche räumliche und zeitliche Verhaltensweisen sowie spezifische Formen der Umweltwahrnehmung und Raumbewertung aufweisen.

### 1.2 Standortdimension des Tourismus

Die natur- bzw. kulturräumliche Ausstattung einer Region (Geofaktoren) stellt vor allem in der Initialphase eine wichtige Grundlage der touristischen Erschließung

dar. Im weiteren Verlauf führt die räumliche und zeitliche Ballung von Touristen zur Konzentration von Unternehmen und Infrastruktureinrichtungen, die sich in ihrer Angebotsgestaltung am spezifischen Nachfrageverhalten der Urlauber orientieren (Übernachtung, Verpflegung, Unterhaltung etc.). Dadurch kommt es zur Herausbildung von speziellen Standorten wie Tourismusorten/-regionen, Resortanlagen etc.

### 1.3 Wirkungsdimension des Tourismus

Durch die Entstehung touristischer Standorte, aber auch durch die aktive Nutzung der natürlichen Ressourcen löst der Tourismus in den Zielgebieten dauerhafte Wirkungen auf Umwelt und Landschaft, Wirtschaft und Bevölkerung sowie Siedlungen und Verkehr aus.

### 1.4 Planungsdimension des Tourismus

Aufgrund seiner vielfältigen Wirkungen ist der Tourismus zunehmend zum Gegenstand von Planungsmaßnahmen geworden, durch die speziell die positiven wirtschaftlichen Effekte optimiert und die ökologischen Belastungen minimiert werden sollen.

Das Erkenntnisinteresse der Geographie der Freizeit und des Tourismus besteht somit in der Analyse und Erklärung von Raumstrukturen, die durch Standortfaktoren/-bildung, durch Verhaltensweisen und Bewertungen soziodemographischer Gruppen, durch Wirkungen der touristischen Nutzung und der Standortbildung sowie durch Planungsmaßnahmen entstanden sind bzw. entstehen können (Prognose).

## 2 Disziplingeschichtliche Entwicklung

Der Tourismus ist bereits seit Anfang des 20. Jahrhunderts ein Forschungsgegenstand der Geographie. Dabei standen die frühen fremdenverkehrsgeographischen Arbeiten hinsichtlich ihrer Fragestellungen und Forschungsmethoden noch unter dem Einfluß der Nationalökonomie (Volkswirtschaftslehre). Der Begriff „Fremdenverkehrsgeographie" wurde erstmals von Stradner (1905) verwendet. Auf der Basis eines deterministischen Ansatzes sah er die Aufgaben dieser Disziplin vor allem darin, den Einfluß von natur- und kulturräumlichen Faktoren auf den Fremdenverkehr zu untersuchen und Fremdenverkehrsgebiete kartographisch darzustellen.

Wegener (1929) betonte hingegen bereits die Wechselbeziehungen und -wirkungen zwischen dem Fremdenverkehr und anderen Geofaktoren – zum Beispiel Wirtschaft, Verkehr und Siedlungen. Darüber hinaus untersuchte er die Merkmale von Fremdenverkehrsstandorten/-räumen, die Wirkungen des Tourismus auf das Landschaftsbild (vgl. auch Sputz 1919) sowie die Motive der Reisenden.

Einen wesentlichen Impuls empfing die deutsche Fremdenverkehrsgeographie durch die Arbeit von Poser (1939), der in seiner Studie über den Fremdenverkehr im Riesengebirge drei spezifisch geographischen Fragestellungen nachging:

❖ Wie gestaltet und verändert der Fremdenverkehr die Natur- und Kulturlandschaft (kulturlandschaftsgenetischer Ansatz)?

❖ Welche räumlichen und zeitlichen Strukturen bildet der Fremdenverkehr generell bzw. bilden speziell die einzelnen Fremdenverkehrsarten heraus (strukturräumlicher Ansatz)?

❖ Welche räumlich-funktionalen Beziehungen bestehen zwischen dem Zielgebiet des Fremdenverkehrs und den Quellgebieten der Gäste (funktionaler Ansatz)?

Nach einer Pause in den Kriegs- und ersten Nachkriegsjahren entwickelte Christaller (1955) einen neuen standorttheoretischen Ansatz. Auf der Suche nach Regelhaftigkeiten in der räumlichen Verteilung der touristischen Standorte bestimmte er den „Drang zur Peripherie" (Küsten, Hochgebirge etc.) als wesentliches Merkmal des Reiseverhaltens und der Standortstruktur. Neuere Untersuchungen konnten allerdings zeigen, daß die ehemals peripheren Orte innerhalb der touristischen Entwicklung neue Formen der Zentralität erlangen (Freizeitzentralität). Damit erfahren die traditionellen Zentrum-Peripherie-Beziehungen eine grundlegende Veränderung.

Eine entscheidende Weiterentwicklung vollzog sich zu Beginn der 1970er Jahre durch die Erweiterung der bisherigen „Fremdenverkehrsgeographie" zur „Geographie des Freizeitverhaltens", die von Ruppert & Maier (1970) als Teilbereich der Sozialgeographie verstanden wurde. Dieser Forschungsansatz basiert auf dem Axiom einer Funktionsgesellschaft, deren Mitglieder in mehreren Grunddaseinsfunktionen raumabhängig sind und raumwirksam werden (zum Beispiel „Wohnen", „Arbeiten", „Sich Versorgen", „Sich Erholen" etc.). Jede Grunddaseinsfunktion weist spezifische Flächenansprüche auf, die sich u. a. in der Herausbildung von verorteten Einrichtungen widerspiegeln (zum Beispiel Versorgungs-, Dienstleistungsbzw. Infrastruktureinrichtungen). Die Kulturlandschaft fungiert dabei als Prozeßfeld, das durch die Raumansprüche und Aktivitäten unterschiedlicher sozialer Gruppen bei der Realisierung der Grunddaseinsfunktionen geprägt wird. Jede Grunddaseinsfunktion ist Gegenstand einer Teildisziplin der Sozialgeographie.

Nach diesem Grundverständnis umfaßt die Grunddaseinsfunktion „Sich Erholen" nicht nur den Tourismus (als längerfristigen Reiseverkehr), sondern auch außerhäusliche Erholungsformen wie das Freizeitverhalten im Wohnumfeld und im Naherholungsraum sowie das Phänomen der Zweitwohnsitze. Mit dieser methodologischen Erweiterung reagierte das Fach auf die Entstehung neuer Freizeitaktivitäten und die Bedeutungszunahme kurzfristiger raumbezogener Erholungsformen; darüber hinaus wurde die verhaltenswissenschaftliche Orientierung gegenüber dem standorttheoretischen Ansatz betont.

Entsprechend untersuchte die „Geographie des Freizeitverhaltens" vor allem Raumstrukturen und -prozesse, die sich aus der Grunddaseinsfunktion „Sich Erholen" ergeben:

* das touristische Angebot (natur- und kulturräumliche Grundlagen),
* die touristische Nachfrage (Tourismusarten, Herkunft und Sozialstruktur der Touristen),
* die historische Entwicklung des Tourismus,
* die Tourismusorte und -regionen (qualitativ-deskriptive Analyse, Typisierung),
* den künftigen Bedarf an Erholungsfläche und Freizeitinfrastruktur (Prognose),
* die regionalwirtschaftliche Bedeutung des Tourismus,
* die Möglichkeiten der freizeit- und tourismusbezogenen Raumordnung und -planung.

Seit den 1970er Jahren ist die funktionalistische Sozialgeographie generell und speziell auch die „Geographie des Freizeitverhaltens" einer zunehmenden Kritik ausgesetzt gewesen. Sie bezog sich vor allem auf das einfache Gesellschaftsmodell, das diesem Forschungsansatz zugrunde liegt, sowie auf die Dominanz verhaltenswissenschaftlicher Fragestellungen.

Vor dem Hintergrund dieser Kritik setzte sich in den 1980er Jahren für diese Disziplin zunehmend die Bezeichnung „Geographie des Freizeit- und Fremdenverkehrs" durch. Gleichzeitig führte die fachinterne methodologische und methodische Diskussion zu einer Reihe von neuen, komplexeren Fragestellungen (Uthoff 1988):

* Analyse der gesellschaftlichen Ursachen, Steuerfaktoren und Rahmenbedingungen des Tourismus,
* Abgrenzung und innere Gliederung von Fremdenverkehrsregionen (speziell unter dem Aspekt des räumlichen Verhaltens unterschiedlicher Zielgruppen),
* Analyse der räumlichen und zeitlichen Verhaltensmuster unterschiedlicher soziodemographischer Gruppen,
* Analyse der wirtschaftlichen Effekte des Tourismus auf kommunaler, regionaler und nationaler Ebene,
* Analyse der ökologischen und sozialen Belastungen durch den Tourismus,
* Grundlagenuntersuchungen für lokale und regionale Fremdenverkehrsentwicklungspläne.

Aufgrund der rasch wachsenden Zahl von Grundlagenuntersuchungen und Fallstudien innerhalb der „Geographie des Freizeit- und Fremdenverkehrs" und der zunehmenden Bedeutung dieser Disziplin in der universitären Lehre entstanden in den 1980er Jahren die ersten Bibliographien (Steinecke 1981a, 1981b, 1984), Lehrbücher (Kulinat & Steinecke 1984; Wolff & Jurczek 1986) und Sammelbände zur Disziplingeschichte (Hofmeister & Steinecke 1984).

Geographie der Freizeit und des Tour.

## 3 Forschungsstand und Forschungsmethodik

Seit Ende der 1980er Jahren haben sich innerhalb dieser Disziplin ähnliche Entwicklungen vollzogen, wie sie auch in anderen Fächern zu beobachten sind – nämlich eine Diversifizierung der Untersuchungsansätze und eine Spezialisierung der Fragestellungen (Uthoff 1988). Darüber hinaus sind folgende Entwicklungen zu beobachten:

- ❖ globale Ausdehnung der Forschung,
- ❖ zunehmende regionale Spezialisierung,
- ❖ Analysen auf unterschiedlichen Maßstabsebenen,
- ❖ Verlagerung der Forschung in Grenzbereiche zu den Nachbarwissenschaften (zum Beispiel Soziologie, aber auch Ökologie),
- ❖ zunehmender Anwendungsbezug bis hin zu einer geographischen Fremdenverkehrsentwicklungsplanung,
- ❖ Modell- und Theoriebildung auf der Standort- und Verhaltensebene,
- ❖ Aufnahme ökologischer Fragestellungen (speziell nachhaltige Regionalentwicklung),
- ❖ Analysen von Umweltwahrnehmung und Raumbewertung.

Die Forschungsergebnisse der Geographie der Freizeit und des Tourismus basieren überwiegend auf empirischen Erhebungen; zu den Standardmethoden gehören dabei (Wolff & Jurczek 1986, S. 36 f.):

### Primärerhebungen:

- ❖ Beobachtungen (physiognomische Wahrnehmung freizeit- und tourismusrelevanter Erscheinungen),
- ❖ Primärkartierungen (kartographische Aufnahme und Darstellung von freizeit-/tourismusbezogenen Raumnutzungen),

- ❖ Zählungen (quantitative Erfassung freizeit- und tourismusbezogener Abläufe),
- ❖ Befragungen (schriftliche oder mündliche Bevölkerungs- bzw. Besucherbefragungen).

### Sekundärerhebungen:

- ❖ Sekundärkartierungen (kartographische Aufnahme und Darstellung von Freizeit- und Tourismuskapazitäten und -entwicklungen),
- ❖ Auswertungen von Daten der amtlichen und nichtamtlichen Statistik (Sichtung und Interpretation bereits erhobener Freizeit- und Tourismusdaten),
- ❖ Quellenstudien (Zusammenstellung und Interpretation sonstiger Freizeit- und Tourismusunterlagen).

Neben den klassischen quantitativen Erhebungsmethoden werden innerhalb der Geographie der Freizeit und des Tourismus zunehmend auch qualitative Forschungsmethoden verwendet (z. B. problemzentrierte Interviews, Tagebuchaufzeichnungen). Weitere empirische Methoden der geographischen Freizeit- und Tourismusforschung sind (Becker 1992):

- ❖ die Erstellung von Prognosen in Form von Trendanalysen, Szenarien und Delphi-Umfragen,
- ❖ die Dauerbeobachtung von Tourismusregionen mit Hilfe komplexer Monitoringsysteme,
- ❖ die Untersuchung des lebenslangen individuellen Reiseverhaltens in Form von Reisebiographien,
- ❖ die Segmentierung des touristischen Marktes und die Bestimmung von Zielgruppen.

Innerhalb ihrer 100-jährigen Forschungsgeschichte hat sich die wissenschaftliche Auseinandersetzung der Geographie mit dem Tourismus gewandelt – von der deskriptiv arbeitenden Strukturforschung der „Fremdenverkehrsgeographie" zur „Geographie der Freizeit und des Tourismus" als einer analytischen und anwendungsorientierten Regional- und Gesellschaftsforschung.

Einen guten Überblick über den gegenwärtigen Forschungsstand dieser geographischen Teildisziplin vermitteln

* der Themenband 10 „Freizeit und Tourismus" des Nationalatlas Bundesrepublik Deutschland (Institut für Länderkunde 2000) sowie
* der handbuchartige Sammelband „Geographie der Freizeit und des Tourismus: Bilanz und Ausblick", an dem zahlreiche Mitglieder des Arbeitskreises „Geographie der Freizeit und des Tourismus" mitgewirkt haben (Becker, Hopfinger & Steinecke 2004).

Für Literaturrecherchen steht die umfangreiche Literaturdokumentation „Tourismus und Freizeit" an der Universität Trier zur Verfügung, die mehr als 12.000 deutschsprachige Titel enthält (www.uni-trier.de/uni/fb6/fvgeo). *(as)*

*Literatur*

Becker, Christoph (Hrsg.) 1992: Erhebungsmethoden und ihre Umsetzung in Tourismus und Freizeit. Trier: Geographische Gesellschaft (= Materialien zur Fremdenverkehrsgeographie, Bd. 25)

Becker, Christoph; Hans Hopfinger & Albrecht Steinecke (Hrsg.) 2004: Geographie der Freizeit und des Tourismus: Bilanz und Ausblick. München, Wien: Oldenbourg (2. Aufl.)

Christaller, Walter 1955: Beiträge zu einer Geographie des Fremdenverkehrs. In: Erdkunde, 9 (1), S. 1-19

Hofmeister, Burkhard; Albrecht Steinecke (Hrsg.) 1984: Geographie des Freizeit- und Fremdenverkehrs. Darmstadt: Wissenschaftliche Buchgesellschaft

Institut für Länderkunde (Hrsg.) 2000: Nationalatlas Bundesrepublik Deutschland.

Bd. 10. Freizeit und Tourismus. Heidelberg, Berlin: Spektrum Akademischer Verlag

Kulinat, Klaus; Albrecht Steinecke 1984: Geographie des Freizeit- und Fremdenverkehrs, Darmstadt: Wissenschaftliche Buchgesellschaft

Poser, Hans 1939: Geographische Studien über den Fremdenverkehr im Riesengebirge, Göttingen: Vandenhoeck (= Abhandlungen der Gesellschaft der Wissenschaften zu Göttingen, 3. Folge, Heft 20)

Ruppert, Karl; Jörg Maier (Hrsg.) 1970: Zur Geographie des Freizeitverhaltens, Kallmünz, Regensburg: Laßleben (= Münchner Studien zur Sozial- und Wirtschaftsgeographie, Bd. 6)

Sputz, Karl 1919: Die geographischen Bedingungen und Wirkungen des Fremdenverkehrs in Tirol, Wien (maschinenschriftliche Dissertation)

Steinecke, Albrecht (Hrsg.) 1981a: Interdisziplinäre Bibliographie zur Fremdenverkehrs- und Naherholungsforschung. Beiträge zur allgemeinen Fremdenverkehrs- und Naherholungsforschung, Berlin: Institut für Geographie der Technischen Universität Berlin (= Berliner Geographische Studien, Bd. 8)

Steinecke, Albrecht (Hrsg.) 1981b: Interdisziplinäre Bibliographie zur Fremdenverkehrs- und Naherholungsforschung: Beiträge zur regionalen Fremdenverkehrs- und Naherholungsforschung, Berlin: Institut für Geographie der Technischen Universität Berlin (= Berliner Geographische Studien, Bd. 9)

Steinecke, Albrecht (Hrsg.) 1984: Interdisziplinäre Bibliographie zur Fremdenverkehrs- und Naherholungsforschung. Beiträge zur allgemeinen und regionalen Fremdenverkehrs- und Naherholungsforschung. Fortsetzungsband: Berichtszeitraum 1979-1984, Berlin: Institut für Geographie der Technischen Universität Berlin (= Berliner Geographische Studien, Bd. 15)

Stradner, Josef 1905: Der Fremdenverkehr, Graz: Leykam

Uthoff, Dieter 1988: Tourismus und Raum. Entwicklung, Stand und Aufgaben geographischer Tourismusforschung. In: Geographie und Schule, 53 (10), S. 2-12

Wegener, G. 1929: Der Fremdenverkehr in geographischer Betrachtung. In: Industrie- und Handelskammer Berlin (Hrsg.): Frem-

denverkehr, Berlin: Georg Stilke, S. 25-53
Wolff, Klaus; Peter Jurczek, 1986: Geographie
der Freizeit und des Tourismus, Stuttgart:
Eugen Ulmer (UTB 1381)

## Geopark
→ Geotourismus

## Geotourismus
*geotourism*
Themenzentrierter, geführter Tourismus,
der zu geologisch und landschaftlich
interessanten Orten führt, an denen sich
Stationen der erdgeschichtlichen Entwicklung anschaulich darstellen und durch
eigene Aktivitäten (klettern, riechen,
tasten) erfahren lassen. Mit Geoparks,
die in Regionen mit entsprechenden
geologischen Sehenswürdigkeiten angelegt werden, sollen diese Orte einerseits
geschützt, andererseits zum Nutzen der
geowissenschaftlichen Allgemeinbildung
und der lokalen Wirtschaft zugänglich
gemacht werden.

In Deutschland gibt es eine Reihe solcher Parks, wie zum Beispiel den „Geopark
Schwäbische Alb", das Nördlinger Ries
oder den „Geopark Ruhrgebiet". Die
GeoUnion in der Alfred-Wegener-
Stiftung, Berlin, verleiht in Kooperation
mit dem Bundesforschungsministerium
bei Erfüllen entsprechender Kriterien das
Prädikat „Nationaler GeoPark®". (www.
geounion.de) *(jwm)*

## Gepäckaufbewahrung
*luggage deposit*
Die Aufbewahrung von Gepäck ist bei
der Eisenbahn in Deutschland in der
Eisenbahnverkehrsordnung (EVO) geregelt. Die Bedingungen für die Aufbewahrung sind im Tarif geregelt. Ge-
päckaufbewahrungen befinden sich in
der Regel an größeren Bahnhöfen. Sofern
Reise- und Handgepäck in Schließfächern
(= geschützte Behälter) aufbewahrt

wird, gelten die entsprechenden
Bedingungen für die Vermietung von
Schließfächern . Schließfächer befinden
sich u.a. in → Bahnhofen, → Flughafen,
Freizeiteinrichtungen und anderen öffent-
lichen Stellen. (hdz)

*Literatur*
Finger, Hans-Jürgen; Rudolf Eiermann
1997: Eisenbahnverkehrsordnung mit den
Ausführungsbestimmungen der Eisenbahn.
München: Beck (6. Aufl.)

## Gepäckband
*carousel*
Transportband, an dem das eingecheck-
te Gepäck im Zielflughafen von den
Passagieren wieder entgegengenommen
wird.

## Gepäckermittlung
*baggage tracing*
Zur Ermittlung verlorengegangener
oder zur Reklamation beschädigter Gepäckstücke stehen den ankommenden
Fluggästen sog. Lost & Found-Schalter
oder -Büros zur Verfügung. Je nach
Flughafen sind diese zentral oder dezentral (nach Fluggesellschaften) organisiert.
Lost & Found-Schalter finden sich
auch im Bahnbereich. → Reisegepäck-
Versicherung; → Fluggepäck; → P.I.R.
*(hdz)*

## Geschäftsbesorgungsvertrag
(a) *agency agreement contract*
Vertrag, der nach § 675 BGB (entgeltliche Geschäftsbesorgung) zwischen
Kunden und → Reisemittler zustande kommt. Aus diesem Vertrag entsteht keine Zahlungsverpflichtung
für den Kunden, da das Reisebüro
rechtlich als Handelsvertreter des
Reiseveranstalters behandelt wird, dem
eine Provision vom Handelsherrn für
seine Vermittlungsleistung zusteht

(→ Agenturtheorie). In dieser Rolle handeln Reisebüros in der Regel jedoch nur bei der Vermittlung von → Pauschalreisen. Da fast alle → Fluggesellschaften seit dem 1. September 2004 keine Provisionen mehr zahlen, agieren Reisebüros im Falle der Buchung von Flügen und der Ausstellung von → Flugscheinen als Handelsmakler im Auftrage des Kunden, der sie dafür auch entlohnt.

(b) *management contract*
Vertragsform zwischen dem Eigentümer einer Hotelimmobilie und einer Hotel betreibergesellschaft (→ Managementvertrag). *(jwm)*

## Geschäftsherr
→ Handelsherr

## Geschäftsreisen
*business trips*
Reisen, die dienstlich oder geschäftlich veranlaßt sind und vom Arbeitgeber finanziert werden. Die Anlässe können vielfältig sein: Das Spektrum reicht von Geschäfts- oder Dienstbesprechungen, Vertragsverhandlungen über Messebesuche, Kongresse und Tagungen bin hin zu Montagereisen. Nach den jährlichen VDR-Geschäftsreiseanalysen des → Verbands Deutsches Reisemanagement (VDR) ist das Geschäftsreisevolumen in Deutschland, gemessen über den Umsatz, fast gleich groß wie das der Privatreisen.

*Literatur*
Deutsches Reisemanagement; Bearing Point 2007: VDR Geschäftsreiseanalyse 2007. Frankfurt am Main: VDR

## Geschäftsreisen und Versicherungsschutz
*business trips and insurance cover*
Bei den meisten Reiseversicherungen macht es keinen wesentlichen Unterschied, ob eine Reise zu geschäftlichen

oder dienstlichen Zwecken durchgeführt wird. Es empfiehlt sich jedoch wegen der besonderen Reisebedürfnisse auf die für Geschäftsreisende zugeschnittenen Reiseversicherungsprodukte zurückzugreifen. So bietet die Reisegepäckversicherung für das spezielle Reisegepäck im Businessbereich auch gezielt Schutz. Zu beobachten ist, daß Unternehmen für ihre sich oft auf Dienstreisen befindenden Mitarbeiter kollektiven Reiseversicherungsschutz abschließen. *(hdz)*

## Geschmack
*taste*
Für alle Sektoren des → Tourismus spielt der Geschmack eine überragende Rolle; letztendlich entscheidet er maßgeblich über die Wahl eines bestimmten Reiseziels, Hotels, Restaurants oder Produkts. Geschmackliche Präferenzen entstehen in einem komplexen Geflecht kulturell geprägter, historisch bedingter, individueller und ökonomischer Faktoren. Geschmack (von mittelhochdeutsch *gesmac* = das Vermögen zu schmecken) hat mehrere Bedeutungsebenen. So wird mit Geschmack etwa die Fähigkeit ästhetischer, modischer oder kulinarischer Urteilsbildung (erlesener Geschmack) bezeichnet. Unter kulturellem Geschmack wird ein dominanter beziehungsweise prägender ästhetischer Wertmaßstab einer bestimmten Epoche verstanden. Der subjektive Geschmack ist ein subjektives Werturteil über etwas, was jemandem gefällt oder wofür er eine Vorliebe entwickelt.

In der Sinnesphysiologie bezeichnet Geschmack den Geschmackssinn im engeren Sinn, also den Sinneseindruck, der sich aus gustatorischen (Geschmackssinn; unterschieden werden die vier reinen Geschmacksqualitäten sauer, süß, salzig, bitter), olfaktorischen (Geruchssinn), haptischen (Tastsinn) und auch optischen Eindrücken zusammensetzt. Die Summe der Faktoren bestimmen den kulinarischen Genuß. Dieser beginnt mit dem Aussehen der Speisen (bei Blindverkostungen oder in Dunkelheit können viele Konsumenten Fruchtaromen nicht identifizieren und selbst Rot- nicht von Weißwein unterscheiden) und ihrer Präsentation („Das Auge ißt mit"), der Umgebungsatmosphäre, dem Geruch sowie dem Vorwissen des Konsumenten: Austern oder Kaviar werden in den westlichen Kulturen spontan als hochwertig eingeschätzt, was den Genußfaktor verstärkt.

Dollase (2005) bezeichnet Geschmack als „kulinarisches Wahlverhalten". Er schreibt allen Gerichten ein geschmackliches Potential zu. Dieses Potential ergibt sich nicht nur aus dem Geschmack der einzelnen Elemente, sondern vor allem aus den unendlich vielen Möglichkeiten ihres Zusammenwirkens.

Speisefolgen und → Menüs der gehobenen → Gastronomie verstehen sich in der Regel als komplexe Geschmackskompositionen. So unterstützt der → Aperitif den Magen bei der Vorbereitung auf das Mahl. Die Aromen wirken dann bereits vom Teller auf den → Gourmet, der oft schon vor dem ersten Bissen versucht, Hauptbestandteile und Gewürze zu identifizieren. Zunge und Gaumen überprüfen die Konsistenz der Speise. Geschmacksintensivierende Funktion hat die Wahl des passenden Weins. Die klassische Menüfolge beruht auf der sensorisch bedingten Wahrnehmbarkeit vom wenig hin zum stark ausgeprägten Aroma. Sie besteht daher oft aus der Abfolge: Vorspeise, Fisch, Fleisch, Käse, Dessert. Ein meist süßes Dessert bildet den Kontrapunkt und damit das Finale der Mahlzeit, die mit → Digestif oder Kaffeevariationen ausklingt (→ Restaurantkritik).

Die Ausbildung eines differenzierten Geschmacksempfindens ist zunächst von der genetischen Prädisposition abhängig. Darüber hinaus ist sie in hohem Maße erlernbar. Wer konsequent auf seine Geschmackswahrnehmung hin trainiert wird, vermag differenziert zu schmecken und wird eine größere Bereitschaft mitbringen, hochwertige und hochpreisige Nahrungsmittel zu konsumieren. Überwiegender Verzehr von stark aromatisierten, übersüßten und geschmacksverstärkten sowie von → Convenience-Produkten niedriger Qualität ist in den westlichen Industrieländern zum Massenphänomen geworden. Dieser Trend vermindert bei vielen Konsumenten die Fähigkeit der differenzierten und damit genußorientierten Geschmackswahrnehmung. *(ghf)*

*Literatur*

Brandes, Uta (Red.) 1996: Geschmacksache. Von Nasen, Düften und Gestank. Göttingen: Steidl (= Kunst- und Ausstellungshalle der Bundesrepublik Deutschland, Band 6)
Brillat-Savarin, Anthelm 1982: Physiologie des guten Geschmacks. München: Heyne
Dollase, Jürgen 2005: Geschmacksschule. Wiesbaden: Tre Torri
Engelhardt, Dietrich von; Rainer Wild (Hrsg.) 2005: Geschmackskulturen. Vom Dialog der Sinne beim Essen und Trinken. Frankfurt, New York: Campus
Schivelbusch, Wolfgang 1980: Das Paradies, der Geschmack und die Vernunft. Eine Geschichte der Genußmittel. München: Hanser

**Gesellschaftsreise**
→ Gruppenreise

## Gesetzliche Krankenversicherung (GKV)

*national health insurance*
Gemäß Sozialgesetzbuch (§ 1, SGB V) ist es Aufgabe der Gesetzlichen Krankenversicherung die Gesundheit der Versicherten zu erhalten. Im Rahmen dieses Auftrags werden auch bei Krankheit, Unfall oder Tod im Ausland entsprechend dem → Sozialversicherungsabkommen Leistungen erbracht. Der Urlaubsreisende sollte vor Reisebeginn seine Krankenkasse kontaktieren. Nach wie vor wird in manchen Ländern der Auslandskrankenschein verlangt, obwohl die EU-Verordnung die Europäische Krankenversicherungskarte (European Health Insurance Card, EHIC) bestimmt. Etwa 85% der versicherungsfähigen Bevölkerung in Deutschland sind in den gesetzlichen Krankenkassen versichert (Stand: 2005).(www.aok.de/bawue/rd/155628.htm) → Sozialversicherungsabkommen. *(hdz)*

## Gesundheitsbestimmungen

*health regulations, sanitary regulations*
Gesundheitsbestimmungen spielen im beruflichen Kontext eine zentrale Rolle. Sie regeln bereits den Zugang zu vielen Berufen. Im Tourismus beziehen sich Gesundheitsbestimmungen vor allem auf Impfvorschriften und -empfehlungen, sowie auf mitzuführende Gesundheitsdokumente. Auf internationaler Ebene hat die Weltgesundheitsorganisation (World Health Organisation, WHO) Internationale Gesundheitsbestimmungen (International Health Regulations) als Leitlinie herausgegeben und ihre Mitgliedsstaaten aufgefordert, diese umzusetzen. So geht es neben dem persönlichen Schutz des Reisenden in der Leitlinie vor allem darum, eine Verschleppung von Erregern in andere Gebiete zu verhindern. Impfvorschriften (Pflichtimpfungen für die Einreise) werden vom jeweiligen Land vorgeschrieben. Die betreffenden Länder wollen eine Einschleppung der Erkrankung verhindern (Schutz des Landes).

Für → Reiseveranstalter und → Reisevermittler gehört es zu den Pflichten, auf die jeweils geltenden Gesundheitsbestimmungen hinzuweisen (Informationspflicht). Es ist jedoch Sache des jeweiligen Kunden, der ein bestimmtes Land bereisen will, sich nicht nur über die Bestimmungen von Paß-, Visa-, sondern auch über die Gesundheitsbestimmungen der → Destination zu informieren und diese zu beachten. Dem Kunden wird geraten, sich rechtzeitig über Infektions- und Impfschutzmöglichkeiten sowie sonstige Prophylaxemaßnahmen, insbesondere auch bei längeren Flügen bezüglich eines Thromboserisikos, fachkundig zu informieren und ggf. ärztlichen Rat einzuholen. Allgemeine Informationen geben insbesondere Gesundheitsämter, reisemedizinisch erfahrene Ärzte (Institute für Tropenmedizin), reisemedizinische Informationsdienste sowie die Bundeszentrale für gesundheitliche Aufklärung. Auskunft erhalten Reisende auch von Travelmed (www.travelmed.de). *(hdz)*

## Getränkekarte

*beverages*
Verzeichnis der Getränke, die in einem gastronomischen Betrieb angeboten werden. Der Aufbau lehnt sich an die Speisenfolge (→ Menü) an. Teilweise wird die Getränkekarte in die → Speisekarte integriert; ebenfalls gängig sind Spezialkarten, die auf einzelne Getränkegruppen abstellen (z. B. Aperitifkarte, Weinkarte, Teekarte). *(wf)*

*Literatur*
Meyer, Sylvia; Edy Schmid & Christel Spühler 1990: Service-Lehrbuch. Bern: Schweizer Wirteverband
Siegel, Simon *et al.* 1999: Service – Die Grundlagen. Linz: Trauner

## Gewährleistungsrecht der Pauschalreise
*package tour warranty rights*

### 1 Umfassende Haftung des Reiseveranstalters

Treten nach Vertragsabschluß bis zum Ende der Reise Störungen im vertraglich übernommenen Leistungsbereich des Veranstalters zu Lasten des Reisenden auf, welche nicht allein in der Person des Reisenden liegen, dann haftet der Veranstalter seinem Vertragspartner nach §§ 651c bis e BGB für diese Reisemängel, ohne daß es auf ein Verschulden – also ein vorwerfbares Handeln in Form von Vorsatz oder Fahrlässigkeit – des Veranstalters oder seiner Leistungsträger ankommt. Die allgemeinen Regeln des BGB für Leistungsstörungen wie Unmöglichkeit, Verzug oder positive Vertragsverletzung (§§ 280 ff., 323 ff. BGB) werden durch diese speziellen Gewährleistungsvorschriften verdrängt und nicht angewendet (Einheitslösung, Führich, Reiserecht, Rn. 203 ff.). Dies gilt selbst dann, wenn bereits die erste Reiseleistung wie ein Flug oder der Hotelaufenthalt ausfällt und damit die ganze Reise vereitelt wird. Auch Verletzungen der Fürsorge und der Obhut, der Informationspflichten oder der Organisation sind Reisemängel, wenn sich diese Pflichtverletzungen auf den Nutzen der Reise auswirken (OLG Celle NJW-RR 2003, 197: Unfall Transitbus).

Dieses System des Vorrangs der Gewährleistungshaftung ist durch die Schuldrechtsreform des Jahres 2002 nicht geändert worden (Führich NJW 2002, 1084; Führich, Reiserecht, Rn. 203

ff.). Wenn also der Reiseantritt sich verspätet, die Reise unberechtigt „platzt", der Veranstalter überbucht, das Gepäck fehlgeleitet wird, Baustellenlarm im Hotel den Aufenthalt beeinträchtigt oder der Reisende sich wegen Sicherheitsmängeln des Hotels verletzt, immer liegt ein sog. Reisemangel vor, der zu vertraglichen Gewährleistungsansprüchen führt.

### 2 Rechte des Reisenden

Bei Reisemängeln hat der Reisende gegen den Reiseveranstalter folgende reisevertragliche Rechte: (1) Abhilfe und Selbstabhilfe (§ 651 c II, III BGB) während der Reise, (2) Reisepreisminderung (§ 651 d BGB) für die Dauer eines Reisemangels nach Beendigung der Reise, (3) Kündigung wegen Reisemangels nach Fristablauf bei erheblicher Beeinträchtigung der Reise durch einen Mangel oder bei Unzumutbarkeit der Fortsetzung der Reise (651 e BGB), (4) Schadensersatz für Folgeschäden, es sei denn der Veranstalter kann nachweisen, daß er oder sein Erfüllungsgehilfe den Reisemangel nicht zu vertreten hat (§ 651 f I BGB), (5) Schadensersatz für nutzlos aufgewendete Urlaubszeit, wenn der zu vertretende Mangel, die Reise vereitelt oder erheblich beeinträchtigt hat (§ 651 f II BGB).

Diese Gewährleistungsrechte hat der Reisende nur, wenn er während der Reise den Mängel beim Veranstalter anzeigt (§ 651 d II BGB) und binnen einer Monatsfrist nach dem vertraglichen Reiseende gegenüber dem Reiseveranstalter geltend macht (§ 651 g I BGB). In § 651 g II BGB ist auch die Verjährung von zwei Jahren (Abkürzung auf ein Jahr in AGB) geregelt.

Neben diesen reisevertraglichen Ansprüchen kann der Reisende auf parallele oder weitergehende Schadensersatzansprüche aus gesetzlicher unerlaubter Handlung berufen (§ 823 I BGB). Insoweit hat der Reisende, wie jeder Geschädigte, eine Verletzung eigener Verkehrssicherungspflichten des Reiseveranstalters für sicherheitsgefährdende Anlagen nachzuweisen. Es muß also ein Verschulden des deutschen Managements bei der Kontrolle von Sicherheitsstandards vorliegen. Nachlässigkeiten und eine fehlende Kontrolle durch den Leistungsträger spielen bei der Deliktshaftung des Veranstalters keine Rolle, denn ein Hotel oder eine Fluggesellschaft sind keine Verrichtungsgehilfen nach § 831 BGB, für die der Veranstalter unter dem Gesichtspunkt dieser speziellen Deliktshaftung einstehen müßte (BGH NJW 1988, S. 1380: Balkonsturz; NJW 2000, 1188: Reitclub). *(ef)*

*Literatur*

Führich, Ernst 2005: Reiserecht. Heidelberg: C.F. Müller (§ 7 Reisemangel und Abhilfe) (5. Aufl.)

Führich, Ernst 2006: Reiserecht von A-Z. München: dtv (Stichworte: Reisemangel, Allgemeines Lebensrisiko, Unannehmlichkeiten, Abhilfe, Selbstabhilfe) (3. Aufl.)

Führich, Ernst 2007: Basiswissen Reiserecht. Grundriß des Reisevertrags- und Individualreiserechts. München: Vahlen (§ 7)

## Gewerkschaft Nahrung, Genuß, Gaststätten (NGG)

Eine von acht Einzelgewerkschaften unter dem Dach des DGB (Deutscher Gewerkschaftsbund). Innerhalb des Dachverbands gehört die NGG zu den kleinen Gewerkschaften. In ihr sind 3,2 Prozent der DGB-Mitglieder organisiert (zum Vergleich ver.di 34,5 Prozent und IG Metall 35,4 Prozent), in absoluten Zahlen vertritt sie ca. 212.000 der ca. 6,6 Millionen DGB-Mitglieder (Stand: 31.12.2006; www.dgb.de). Die NGG ist auf drei Ebenen (Ortsebene – Landesebene – Bundesebene) organisiert, die Hauptverwaltung ist in Hamburg.

Die zentralen Arbeitsbereiche der Gewerkschaft (vgl. Müller-Jentsch 2004, Sp. 874) sind die Tarif-, Mitbestimmungs-, Industrie- und Gesellschaftspolitik. Im Rahmen des Tarifvertragsgesetzes und der Tarifautonomie schließt die NGG mit dem → Deutschen Hotel- und Gaststättenverband (DEHOGA) Tarifverträge, welche die Arbeitsbedingungen (insbesondere Lohn, Gehalt, Arbeitszeit, Urlaubsdauer, Sonderleistungen) für die jeweils vertretenen Mitglieder festlegen. Die Mitbestimmungspolitik nimmt Einfluß auf die betriebliche und unternehmerische Mitbestimmung. Obwohl die Mitbestimmungsgremien formal unabhängig sind, bilden sie für die NGG faktisch einen wichtigen Zugang in die Unternehmen. Bei der Industriepolitik steht die Sicherung von Wirtschaftsstandorten im Vordergrund. Die Gesellschaftspolitik umfaßt – neben anderem – die Mitarbeit der Gewerkschaft in Fachbeiräten und Ausschüssen von Berufsgenossenschaften, Krankenkassen, Kammern, Arbeitsagenturen oder Berufsbildungs- und Prüfungsausschüssen. Die traditionellen gewerkschaftlichen Arbeitsfelder werden durch → Dienstleistungen gegenüber den Mitgliedern (zum Beispiel Versicherungsangebote, Bildungsangebote) ergänzt (www.ngg.net).

Die NGG steht – wie auch andere Einzelgewerkschaften – vor massiven Problemen. Der Mitgliederschwund (Mitglieder: 1990 ca. 275.000, 2000 ca. 261.000, 2004 ca. 225.000, 2006 ca. 212.000; Institut der deutschen Wirtschaft 2007, S. 111), die unausgewogene Mitgliederstruktur (hoher Anteil an Arbeitern: ca. 76 Prozent, niedriger Anteil an Angestellten: ca. 24 Prozent), die Zunahme atypischer Beschäftigungsverhältnisse und die gemeinsame Vertretung von heterogenen Bereichen und damit Interessen (Getränke, Getreide, Fleisch, Fisch, Milch und Fett, Zucker, Süßwaren und Dauerbackwaren, Obst und Gemüse, Tabak, Hotels, Restaurants und Cafés, Kantinen und Hauswirtschaft) gehören zu den Problemen, für welche die Gewerkschaft Lösungen finden muß. *(wf)*

*Literatur*
Institut der deutschen Wirtschaft (Hrsg.) 2007: Deutschland in Zahlen. Köln: Deutscher Instituts-Verlag
Müller-Jentsch, Walther 2004: Gewerkschaften. In: Eduard Gaugler; Walter Oechsler & Wolfgang Weber (Hrsg.): Handwörterbuch des Personalwesens. Stuttgart: Schäffer-Poeschel, Sp. 863 -874 (3. Aufl.)

## Geysir
*geyser*
Quellen in vulkanischen Gebieten, die in meist festen Zeitabständen hohe Fontänen heißen (Grund-)Wassers nach oben schleudern. Sie kommen vor allem in Teilen der USA (zum Beispiel Yellowstone National Park), auf Island und der Nordinsel Neuseelands (zum Beispiel Rotorua) vor, wo sie zu den wichtigsten Touristenattraktionen gehören. *(jwm)*

## GIT (Group Inclusive Tour)
→ Gruppenreise

## Gites de France
Gites de France gilt in Frankreich als zentrale Vermittlungsstelle für → Ferienobjekte. Es handelt sich um eine privatwirtschaftlich betriebene Organisation mit Sitz in Paris. Der Begriff Gîtes de France bezeichnet allgemein touristisch, aber auch das ländliche Ferienobjekt schlechthin und wird oft losgelöst von dieser Organisationsbezeichnung verwendet. Vermittelt werden fünf Kategorien:

→ Gîtes d'étape, → Gîtes ruraux und Chambres d'hôtes (Gästezimmer: *bed and breakfast*), Camping und Gîtes d'enfants. (www.gites-de-france.com) → Gîtes ruraux. *(hdz)*

## Gîtes d'étape
Wanderhütten werden in Frankreich Gîtes d'étape genannt. Sie werden oft über über → Gîtes de France vermittelt und sind im Guide Gîtes d'Étape et Réfuges aufgenommen (www.gites-refuges.com). *(hdz)*

## Gites ruraux
Es handelt sich um ländliche Unterkünfte, also → Ferienhäuser auf dem Lande, die besonders für Ferien mit Kindern oder zum Entspannen geeignet sind. Die Objekte (Zimmer, Wohnungen in Bauernhäusern, kleinere Landhäuser, auch Mühlen) werden in der Regel wochenweise vermietet. → Gîtes de France. *(hdz)*

## G-Klassifizierung
→ Deutsche Klassifizierung für Gästehäuser, Gasthöfe und Pensionen

## GKV
→ Gesetzliche Krankenversicherung

## Gletscher
*glacier*
Große Masse von Eis, die in Polarregionen oder im Hochgebirge entsteht, in der die Höhe der Niederschläge in Form von Schnee größer ist als der sommerliche Schmelzverlust. Durch den Druck der kumulierten Mengen wird der Schnee über Firn zu Eis, das dadurch langsam talwärts bzw. zum Meer und damit in wärmere Zonen wandert, in denen er abschmilzt. Große Gletscher gehören in den europäischen Alpen, Skandinavien, dem Süden Südamerikas, den nördlichen Rocky Mountains und auf der

Südinsel Neuseelands zu wichtigen Touristenattraktionen. *(jwm)*

**Gliedertaxe**

*schedule of compensation*

In der Gliedertaxe, die den → Allgemeinen Versicherungsbedingungen der Unfallversicherungen zugrundeliegt, wird die Höhe der Leistung nach dem Grad der → Invalidität errechnet. Wenn das Prinzip der Gliedertaxe – wie bei der Reiseunfall-Versicherung – angewandt wird, wird folglich eine einmalige Summe und keine Rente gezahlt, die sich beispielhaft wie folgt aus der abgeschlossenen Versicherungssumme berechnet: Bei Verlust der Funktionsfähigkeit

- ❖  eines Armes                70 v.H.,
- ❖  einer Hand                 55 v.H.,
- ❖  eines Daumens             20 v.H.,
- ❖  des Gehörs auf einem
     Ohr                         30 v.H.

Über die Regelung der festen Invaliditätsgrade hinaus bestimmt sich die vom Versicherer zu erbringende Leistung unter Berücksichtigung medizinischer Gesichtspunkte. So ist im unfallbedingten Falle des Gedächtnisverlust ein medizinisches Gutachten erforderlich, in dem die prozentuale Höhe der Erstattung ausgewiesen sein muß. *(hdz)*

**Globales Distributionssystem (GDS)**

*global distribution system, GDS*

**1    Informationstechnologische (IT-) Dienstleistungen der GDS im Überblick**

Globale Distributionssysteme werden von internationalen Technologieunternehmen betrieben, die den Tourismus- und Reiseunternehmen damit branchenspezifische IT-Dienstleistungen zur weltweiten Vermarktung ihrer Reiseprodukte anbieten.

**Anmerkung:** Vielfach werden die Begriffe Computer-Reservierungssystem oder Central Reservation System unter der Abkürzung CRS synonym mit dem GDS-Begriff verwendet. Der Begriff Global Distribution System ist aber der umfassendere Begriff für die Vielzahl angebotener IT-Dienstleistungen. Der Begriff Computer-Reservierungssystem wird oftmals auch unspezifisch als Oberbegriff für elektronische Systeme zur Buchung, Reservierung und Abwicklung touristischer Leistungen genutzt (→ Reservierungssystem, → Hotel-Reservierungssystem).

→ Amadeus IT Group S.A. in Madrid, → Sabre Travel Network mit Sitz in Texas (USA) sowie → Galileo International und → Worldspan in Atlanta (USA) sind die weltweit führenden GDS-Anbieter mit einer oligopolistischen Stellung am internationalen Markt. Am deutschen und europäischen Markt sind die beiden erstgenannten GDS mit ihren Tochtergesellschaften Amadeus Germany GmbH bzw. Sabre Deutschland Marketing GmbH marktführend.

Die GDS-Dienstleistungen können wie folgt in Leistungsbereiche unterschieden werden:

- ❖  Global Distribution Network (GDN): Internationale standardisierte Netzwerke und Kommunikationsverfahren zum Reisevertrieb über → Reisemittler (Abbildung 1).
- ❖  Global Reservation System (GRS): Internationales und zentrales Reservierungssystem zum Vertrieb von Einzel-Reiseleistungen, insbesondere (Linien-)Flüge, Hotelübernachtungen, Mietwagen (Abbildung 1).
- ❖  Ergänzende datenbankbasierte Beratungs- und Reservierungsdienstleistungen, Front-Office-Dienste, z.B. touristische Suchmaschinen mit umfangreichen Angebotsvergleichen, multimediale Produktdarstellungen und touristische Informationen (Abbildung 2).

❖ Weiterverarbeitende Mid- und Back-Office-Dienste (→ Back-office) insbesondere für Reisemittler, z.B. Kunden- und Vorgangsverwaltung, Management-Information, Finanzbuchhaltung oder Datentransfer der Buchungsvorgänge in die angeschlossenen Mid- und Back-Office-Systeme der Reisemittler (Abbildung 2).

❖ → Dienstleistungen zum web-basierten Reisevertrieb (→ Internet Booking Engines und virtuelle Reisemittler).

❖ Dienstleistungen zum Business Travel Management.

❖ Individuelle IT-Projektentwicklung.

## 2 Netzwerk- und Kommunikationsstrukturen (GDN)

Abbildung 1 gibt einen Überblick über die Netzwerk- und Kommunikationsstrukturen eines Global Distribution Systems am Beispiel von → Amadeus am deutschen Reisemarkt. Die teilnehmenden Tourismusunternehmen werden über standardisierte Schnittstellen *(interfaces)* eingebunden. Technisch basieren diese Schnittstellen zum Datenaustausch auf der Internet-Technologie, und sie spezifizieren die für eine bestimmte Leistungsart (z. B. → Pauschalreise bei einem → Reiseveranstalter) und Transaktionsart (z. B. Buchung oder Vakanzabfrage) zu erfassenden und zu transferierenden Daten.

Aus der anwendungsorientierten Sicht eines stationären Reisemittlers stellen sie sich als die nach Leistungsarten differenzierten Bildschirmmasken zur Datenerfassung und -anzeige dar bzw. als Anwendungs- oder Reservierungsverfahren. Ein GDS stellt den Reisemittlern diese Verfahren via Internet zur Verfügung. Abhängig von den getroffenen Lizenzvereinbarungen erhält ein Reisemittler über das Web-Portal des GDS Zugriff auf die für ihn freigegebenen

Verfahren (berechtigte Teilnehmerschaft auf Basis der Internet-Technologie – Extranet). Die Systemteilnahme ist für die Reisemittler kostenpflichtig und kann gemäß der genutzten und lizenzierten Anwendungsverfahren differenziert werden.

In Bezug auf Reiseveranstalter und die Buchung von Pauschalreisen arbeiten die GDS nur als Kommunikationssysteme (GDN). Sie stellen die Kommunikationsstrukturen zwischen Reisemittler und Reiseveranstalter zur Verfügung. Um als Reiseveranstalter angeschlossen zu werden, ist als Schnittstelle zu seinem betrieblichen → Reservierungssystem ein automatisiert arbeitendes Software-Modul erforderlich (z. B. beim Amadeus-GDS eine → TOMA-Schnittstelle). Diese Schnittstellen-Software interpretiert die von den Reisebüros übermittelten Daten, so daß das Reservierungssystem des Veranstalters sie automatisch gemäß der gewünschten Aktion (z. B. Vakanzanfrage, Buchung) verarbeiten und beantworten kann.

Anschließend versendet die Schnittstellen-Software die Antwortdaten zu der jeweiligen Aktion, so daß sie via GDN übertragen und mit der standardisierten Bildschirmmaske des Reservierungsverfahrens für Pauschalreisen sachgerecht im Reisebüro dargestellt werden. Die GDS-Teilnahme ist für Reiseveranstalter kostenpflichtig und wird i. d. R. über die Anzahl vermittelter Buchungen berechnet. Da im deutschen Reisemarkt ca. 2/3 der Reisebüros am Amadeus-GDS teilnehmen und ca. 1/3 am Sabre-GDS, ist es für viele Veranstalter erforderlich, an beiden Systemen teilzunehmen und für beide GDS Schnittstellen-Software zu implementieren. Diesen Investitionsaufwand hat der Reiseveranstalter zu tragen. Die GDS prüfen kostenpflich-

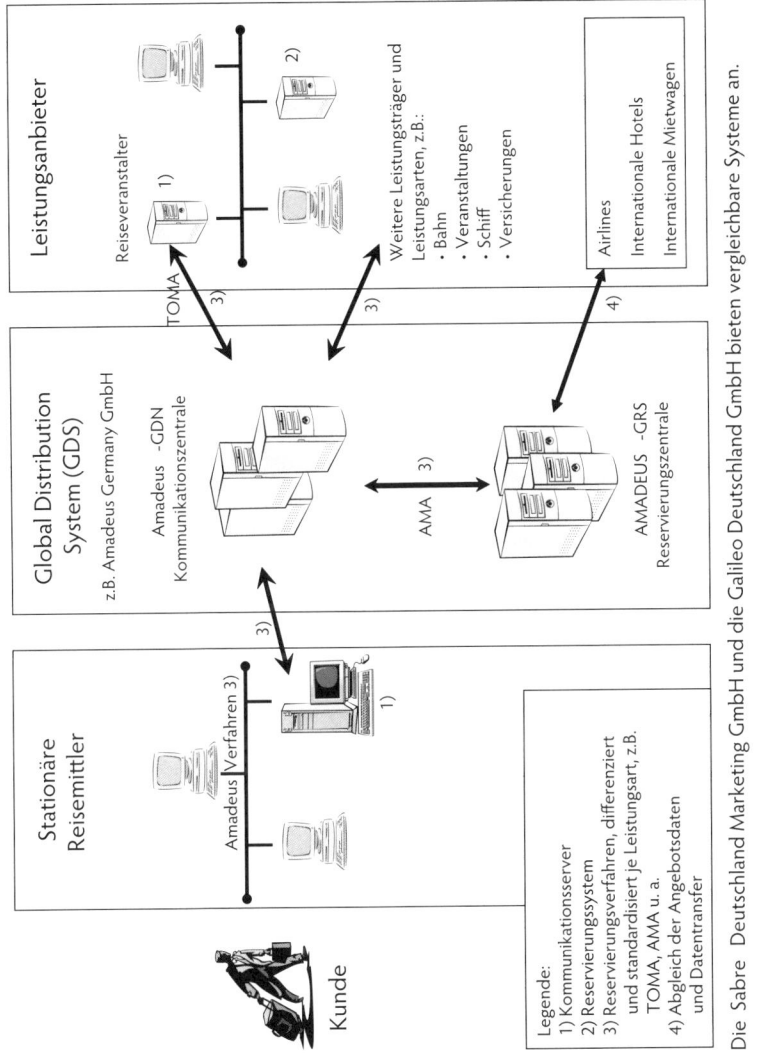

**Abbildung 1:** Globales Distributionssystem am Beispiel von Amadeus am deutschen Reisemarkt – Überblick über die Netz- und Kommunikationsstrukturen (GDN), inkl. Reservierungszentrale (GRS)

tig die Funktionalität und technische Sicherheit der Verfahrensschnittstelle im Zusammenwirken mit dem Reservierungssystem des Reiseveranstalters.

**3　Globale Reservierungssysteme (GRS)**
Die Global Distribution Systems sind ursprünglich mit dem Aufbau internationaler Reservierungszentralen (GRS) durch kooperierende Linienfluggesellschaften gegründet worden. Die globalen Reservierungssysteme der im Wettbewerb stehenden GDS-Anbieter → Amadeus, → Galileo, Worldspan und → Sabre verwalten die Flugangebote mit ihren Kontingent-, Preis- und Leistungsdaten in ihren zentralen Rechenzentren. Sie arbeiten als Reservierungszentralen, d.h., sie verarbeiten und verwalten die Buchungen zentral und steuern die Abwicklung der Reservierungen z. B. bzgl. Inkasso und Ticketing. Bedingt durch internationale Abkommen oder aus Gründen des Wettbewerbs kann davon ausgegangen werden, daß alle weltweit führenden → Fluggesellschaften mit ihren Angeboten in allen GRS vertreten und in Echtzeit buchbar sind. Das erfordert einen permanenten und automatisierten Abgleich der Angebotsdaten, insbesondere der Verfügbarkeiten und Preise.

Ergänzend zu den Flugleistungen sind auch Mietwagen und Hotelübernachtungen über die GRS buchbar. Es sind somit Reiseleistungen einzeln und kombiniert buchbar, die insbesondere für den Geschäftsreiseverkehr relevant sind. Die GDS sind damit auch wichtige Vertriebssysteme für die Groß- und Kettenhotellerie (→ Hotel-Reservierungssystem). Teilnehmende Hotelbetriebe und -ketten übermitteln ihre Angebote, die über GDS vermarktet werden sollen, an eine → Switch Company, die diese Daten in die Darstellungsweise und Formate des jeweiligen GDS konvertiert

und transferiert. Dabei können auch, wie bei den Flug- und Mietwagenangeboten, spezielle → Corporate Rates durch die Hotels hinterlegt werden, die nur für die Unternehmen buchbar sind, mit denen als ihre Großkunden spezielle Preiskonditionen vereinbart worden sind. Damit unterstützen die GDS das Business Travel Management der Anbieter und Nachfrager von geschäftlich genutzten Reiseleistungen. Auf weitere Dienstleistungen, die die GDS zum Business Travel Management anbieten, soll hier nicht näher eingegangen werden (→ Business Travel Management System).

**4　Erweitertes Dienstleistungsangebot der GDS**
Die Grundstrukturen der im Wettbewerb stehenden Global Distribution Systems sind sehr ähnlich. Ein Reiseunternehmen, dass an einem GDS teilnehmen will, wird zur Auswahl neben den Kosten insbesondere vergleichen, mit welchen Geschäftspartnern über die jeweiligen GDS kooperiert werden kann. Doch auch in dieser Hinsicht haben sich die GDS durch den Wettbewerb bedingt sehr angeglichen. Daher ist es zunehmend wichtig geworden, weitere → Dienstleistungen den teilnehmenden Reiseunternehmen anzubieten. Dazu sind die GDS insbesondere durch ihre zentrale Position im Rahmen der tourismuswirtschaftlichen Kommunikationen befähigt. Abbildung 2 ergänzt die Abbildung 1, indem zusätzliche Dienstleistungen, welche die GDS insbesondere den Reisemittlern anbieten, dargestellt werden (Beispiele auf Basis des Leistungsprozesses eines Reisemittlers, ohne Anspruch auf Vollständigkeit).

Die GDS bieten ihre Dienstleistungen heute nicht mehr nur in ihrem geschlossenen Netzwerk (Extranet) an, z.B. zum Vertrieb und zur Vermittlung von Reisen und Reiseleistungen über stationäre Reisemittler, wie in Abbildung 1 dargestellt. Sie bieten auch virtuellen Reisemittlern, die ihre Kunden über Web-Portale und → Internet Booking Engines bedienen, die auto-

matisierte Nutzung ihrer IT-Systeme und Dienstleistungen an. Diese virtuellen Reisemittler können offene Web-Portale sein, die sich als Business-to-Consumer-Systeme an den privaten Endkunden wenden, oder geschlossene Portale, die

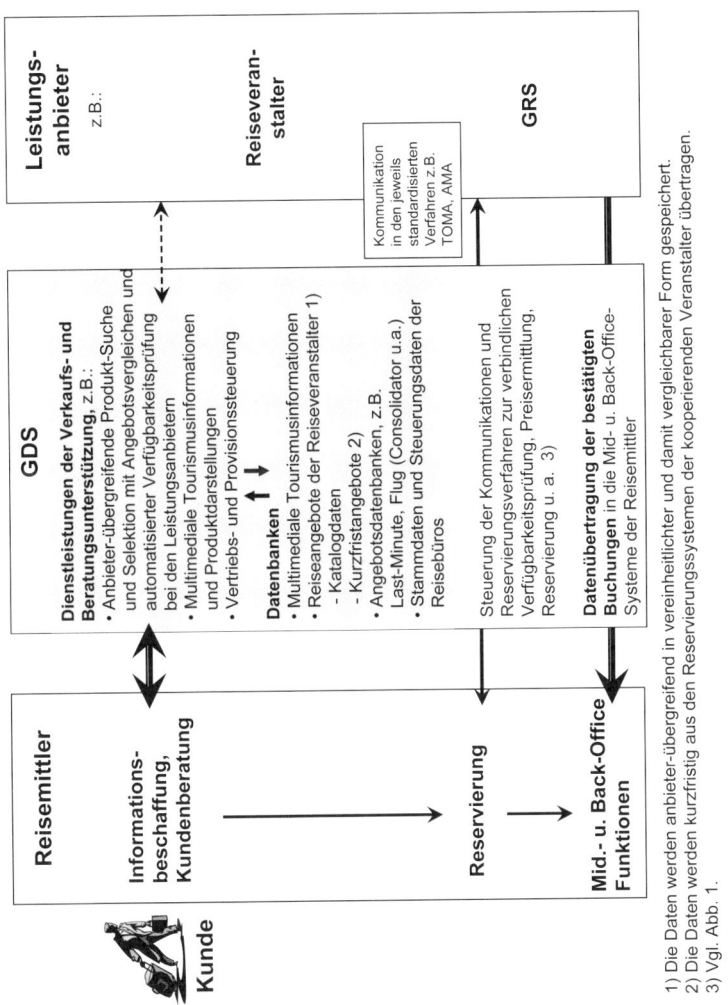

**Abbildung 2:** Erweitertes Dienstleistungsangebot eines Globalen Distributionssystems (GDS) an Reisemittler (Reisemittler)

327

als Business-to-Business-Systeme z.B. das Geschäftsreise-Management kostenpflichtig teilnehmender Unternehmen unterstützen.

Die GDS betreiben teilweise auch konzerneigene öffentliche Web-Portale, z.B. www.travelocity.com der Sabre Holding.

Jeweils aktuelle und detaillierte Informationen zu den Geschäftsdaten der GDS, zu ihren konkreten IT-Dienstleistungsangeboten sowie Informationen zur Unternehmensstruktur und Firmengeschichte können ihren internationalen und nationalen Web-Sites entnommen werden (Stand 2007: www.amadeus.com bzw. www.portevo.de, www.sabre.com bzw. www.sabre-merlin.de sowie www.galileo.com und www.worldspan.com). *(uw)*

## Global Positioning System (GPS)

Auf insgesamt 27 Satelliten gestütztes und – mit geringerer Genauigkeit als für die Militärs – frei verfügbares Navigationssystem des US-Militärs, mit dem seit den 1990er Jahren u.a. auch zivile Flugzeuge jederzeit und an (fast) jedem Ort der Erde ihre Position im dreidimensionalen Raum auf wenige Meter genau bestimmen können. In Verbindung mit Straßennavigationsgeräten kann es auch für die Positionsbestimmung und Streckenberechnung von Autoreisen verwendet werden. *(jwm)*

## GMT
→ Universal Time Coordinated

## Go show
In den USA Bezeichnung für einen → Standby-Passagier. In Europa eher gebräuchlich für jemanden, der ohne Vorabreservierung einen Flug oder eine Hotelübernachtung (→ Walk-in) nachfragt. *(jwm)*

## Gourmand
*Gourmand* (franz.) = Schlemmer, Naschkatze, Vielesser. Wird oft im Gegensatz zum → Gourmet gebraucht, um eine gewisse Unkultiviertheit zum Ausdruck zu bringen. Der Larousse gastronomique sieht im Gourmand jenen, der das gute und teure Essen liebt, im Gourmet jenen, der das gute Essen auszuwählen und zu beurteilen weiß. *(wf)*

## Gourmandise
*Gourmandise* (franz.) = Schlemmerei, Naschhaftigkeit. Auch die Bezeichnung für kleine Leckerbissen. *(wf)*

## Gourmet
*gourmet*
*Gourmet* (franz.) = Feinschmecker. Siehe zur Abgrenzung auch → Gourmand. *(wf)*

## Gouvernante
→ Hausdame

## GPS
→ Global Positioning System

## GPU
→ Ground Power Unit

## Grand Hôtel
*grand hôtel* (franz.) = großes Hotel. Als Reaktion auf die steigende Nachfrage nach Übernachtungsmöglichkeiten entstanden ab dem 18. Jahrhundert „große Hotels" (vgl. Rutes; Penner & Adams 2001, S. 8 f.). Gasthäuser und Herbergen als historische Vorläufer von Hotels waren in ihren Anfängen eher klein und handwerklich strukturiert (Fusshöller & Maser 1989, S. 64 ff.).

Schon die ersten „Grand Hôtels" zeichneten sich im Vergleich zu den Gasthäusern und Herbergen durch gehobenen Komfort aus. Der Begriff ist heutzutage ein Synonym für ein Hotel mit sehr hohem Dienstleistungsniveau, die Größe als Kriterium tritt dagegen zurück. *(wf)*

*Literatur*

Fusshöller, Horst; Werner Maser 1989: Sei willkommen, Fremder: Wirtschaften - Herbergen - Hotels - Restaurants - Caféhäuser - Tourismus. Notizen zur Geschichte und Kulturgeschichte, Stuttgart: Matthaes

Rutes, Walter A.; Richard H. Penner & Lawrence Adams 2001: Hotel Design, Planning and Development. New York, London: W.W. Norton & Company

## Grandlit

*grand* (franz.) = groß; *lit* (franz.) = Bett. Ein Grandlit ist in der Hotellerie die Bezeichnung für ein großes Bett mit durchgängiger Matratze. Der Begriff wird in der Praxis hinsichtlich der Ausmaße unterschiedlich ausgelegt. Die Breite kann zwischen 135-200 cm, die Länge zwischen 180-220 cm betragen (Hanisch 1996, S. 31; Pfleger 2003, S. 147). Grandlits werden für Einzel- und Doppelbelegung angeboten. Synonym: Französisches Bett. Siehe auch → King Size Bett und → Queen Size Bett. *(wf)*

*Literatur*

Hanisch, Horst 1996: Zimmer und Etage: Die Arbeiten von Hausdame und Zimmermädchen in den verschiedenen Bereichen eines Hotels, Stuttgart: Matthaes (3. Aufl.)

Pfleger, Andrea 2003: Housekeeping Management im Hotel. Linz: Trauner

## Grand Tour

Seit dem 16. Jahrhundert durchgeführte Reisen junger englischer Adeliger durch die anderen europäischen Länder, die der Vervollkommnung ihrer aristokratischen Bildung und Erziehung dienen sollten. Sie wurden dabei in der Regel von ihren Mentoren und nicht selten auch von Dienern begleitet. Sie war Vorläufer und Vorbild der Kultur- oder → Studienreisen,

die seit dem 17. und 18. Jahrhundert in gedrängter Form mehr Orte und Sehenswürdigkeiten zusammenfaßten.

Diese Veränderung spiegelt sich auch in den Reisezeiten wider: Zwischen der Mitte des 16. Jahrhunderts und 1830 verringerte sich die Dauer der Grand Tour von ca. 40 auf nurmehr vier Monate (Tower 1985, S. 316). Mit dem zunehmenden Bedeutungsverlust des Adels verschwand auch die Grand Tour, die jedoch zusammen mit den ebenfalls zunächst aristokratischen Bäderreisen einen der Anfänge des modernen Tourismus markiert. *(jwm)*

*Literatur*

Tower, John 1985: The Grand Tour. A Key Phase in the History of Tourism. In: Annals of Tourism Research, Vol. 12, S. 297-333

## Graumarkttickets
→ Consolidator

## Greenwich Mean Time (GMT)
→ Universal Time Coordinated (UTC)

## Grenzkosten
*marginal costs*
Hiermit werden diejenigen Kosten bezeichnet, die mit der Produktion der letzten noch zur Verfügung gestellten (produzierten) Teileinheit entstehen. Beispielsweise entsprechen bei einem Transport mit einer Passagiermaschine die Grenzkosten den Kosten, die mit dem Transport des letzten noch zu transportierenden Passagiers anfallen. *(hp)*

## Grenzmethode
→ Tourismus, Erfassung

## Grenznutzen
*marginal utility*
Grenznutzen ist der Nutzen, den die letzte konsumierte Teileinheit eines

Gutes dem Konsumenten stiftet. So ist der Grenznutzen des Bieres der Nutzen, den der letzte Schluck Bier dem Trinker stiftete.

Mit der Einführung des Grenznutzengedankens in die ökonomische Theorie endet die Klassik und beginnt die Neoklassik. Vorreiter war Hermann Heinrich Gossen, der zwei zentrale Gesetze formulierte: (1) das Gesetz des abnehmenden Grenznutzens und (2) das Gesetz vom Ausgleich des Grenznutzens beim Konsum mehrerer Güter. *(hp)*

*Literatur*
Gossen, H. H. 1854: Entwicklung der Gesetze des menschlichen Verkehrs, und der daraus fließenden Regeln für menschliches Handeln, Braunschweig (Nachdruck: Liberac N. V. publishers, Amsterdam 1967)

## Großraumflugzeug
*twin aisle, widebody aircraft*
Flugzeuge mit mehr als einem Kabinengang. Das erste Großraumflugzeug war die Boeing 747-100 (Jumbo Jet), die im Januar 1970 in Dienst gestellt wurde.

## Großvaterrechte
*grandfather rights*
Bezeichnet den Umstand, daß einmal zugeteilte Zeitfenster (→ Slots) für Starts und Landungen auf einem Flughafen einer Fluggesellschaft erhalten bleiben, wenn sie diese zu mindestens 80 Prozent in einer → Flugplanperiode nutzt. *(jwm)*

## Ground handling
→ Bodenabfertigung

## Ground Power Unit (GPU)
Fahrbare, meist mit einem starken Dieselaggregat ausgerüstete Generatoren für die Stromversorgung von Flugzeugen ohne bzw. mit defekter → Auxiliary Power

Unit. Mit einem Kompressor ausgerüstet, können sie auch Starthilfe für Triebwerke leisten. *(jwm)*

## Ground staff
→ Bodenpersonal

## Group Inclusive Tour (GIT)
→ Gruppenreise

## Grundprovision (Basisprovision)
*base commission*
Untergrenze von → Provisionen, die von → Leistungsträgern und → Reiseveranstaltern an → Reisebüros für die Vermittlung und Buchung von Reisen gezahlt werden. → Provisionsarten.

## Gruppenfreistellung
*antitrust immunity*
Nichtanwendung von rechtlichen Maßnahmen gegen wettbewerbsbeschränkende Vereinbarungen (zum Beispiel Preisabsprachen) bzw. abgestimmte Verhaltensweisen (zum Beispiel die Koordination von Flugplänen) zwischen Unternehmen einer bestimmten Branche. Dies ist dann sinnvoll, wenn dadurch keine marktbeherrschende Stellung entsteht und die Allgemeinheit davon profitiert.

Mit den → Allianzen im Luftverkehr werden durch die transnationale Kooperation von Fluggesellschaften weltweit aufeinander abgestimmte Flugnetze geschaffen. Die Konkurrenz zwischen den → Strategischen Allianzen führt auch dazu, daß diese Verbindungen preisgünstig angeboten werden. Die Gruppenfreistellung der im Rahmen von IATA-Konferenzen (→ International Air Transport Association) vorgenommenen Tarifabsprachen für das → Interlining wurde durch eine Verordnung der Europäischen Union 2006 aufgehoben. *(jwm)*

**Gruppenreise**
*group [inclusive] tour*

## 1 Definition, Besonderheiten und Varianten der Gruppenreise

Kurzdefinition: Reise, die mehrere Personen bewußt gemeinsam unternehmen. Synonym: Gesellschaftsreise („Gesellschaft" im Sinne von „Gruppe"; daher spricht die Bahn auch von „Gesellschaftswagen" für Eisenbahnwaggons mit speziellen Einrichtungen für gesellige Anlässe, zum Beispiel Tanzwagen). Dieser relativ alte Begriff wird jedoch heute kaum mehr gebraucht. Verwandte Reiseformen: Incentivereisen, Sondergruppenreisen, → Klassenfahrten, → Studienreisen, Rundreisen, Wandergruppenreisen, → Kreuzfahrten, Busrundreisen, Familienreisen; IT-Reisen (FIT [Flight Inclusive Tour]/ GIT [Group Inclusive Tour]) der Linienfluggesellschaften zu Gruppentarifen.

Eine touristische Reise umfaßt mindestens eine Übernachtung (ansonsten wäre es ein Gruppenausflug) sowie – im engeren Sinne einer Pauschalreise – mindestens zwei aufeinander abgestimmte Hauptleistungen. Gleichwohl können (Gruppen-)Reisen auch nur lediglich eine Leistung (zum Beispiel nur Bahnfahrt) umfassen. In der Regel handelt es sich um eine Urlaubsreise (inkl. Bildungs-, Kultur- oder Pilgerreise), doch können auch Geschäftsreisen von Gruppen hierunter fallen (zum Beispiel verschiedene Führungskräfte einer Unternehmung, die zu einer Verhandlung reisen; Vertreter unterschiedlicher Unternehmen bei einer von einer IHK organisierten Sondierungsreise in ein anderes Land). Die Reise wird entweder auf spezielle Anforderung einer Gruppe gestaltet, oder aber im Vorhinein konzipiert und ausgeschrieben – in der Hoffnung, daß sich dann genügend Teilnehmer für die Durchführung der Reise finden.

Um von einer Gruppenreise zu sprechen, müssen mindestens drei Personen als „Kleingruppe" gemeinsam verreisen, doch dürfte diese geringe Reisendenzahl noch keinen echten Gruppencharakter bewirken. Dieser stellt sich erfahrungsgemäß erst ab einer Teilnehmerzahl von mindestens sechs, besser acht oder zehn Reiseteilnehmern ein, wobei diese nicht ausschließlich zu einer Familie gehören (ansonsten würde man von einer Familienreise sprechen). Bestimmte touristische Anbieter zielen alleine auf die Personenzahl ab.

So bietet die → Deutsche Bahn AG einen Gruppenfahrschein ab sechs Personen an; Studien- und Wanderreiseveranstalter führen ihre Gruppenreisen ab einer gewissen Mindestteilnehmerzahl (zum Beispiel bei Wikinger Reisen meist 16, gelegentlich auch 10 oder 12 Personen) durch. Nach oben ist die Personenzahl einer Reisegruppe im Prinzip nicht begrenzt; Studienreiseveranstalter geben aber aus Qualitätsgründen schon in ihrer Programmausschreibung, also in der Regel im Reisekatalog, eine Obergrenze vor (zum Beispiel bei Wikinger Reisen meist 24 Teilnehmer). Die Reisegruppe führt die Reise in dieser Gruppenkonstellation bewußt durch. Hierbei gibt es zwei Varianten:

❖ Geschlossene Gruppe: Die Teilnehmer melden sich geschlossen zu einer Reise an; somit besteht die Gruppenreise aus Sicht des Veranstalters quasi aus einer einzelnen Buchung. Manche touristischen Anbieter beschränken ihre Definition von Gruppenreise, die dann ggfs. mit finanziellen Vorteilen für die Buchungen verbunden ist („Gruppenrabatt", „Mengenrabatt"), auf diese Variante (so zum Beispiel die Deutsche Bahn). Jeder Anbieter, der in dieser Art Gruppenreisen im Programm hat und für Gruppenbuchungen ggfs. mit Preisermäßigungen lockt, muß also klar definieren, was er unter „Gruppe" versteht. Hierbei spielen u.a. folgende Punkte eine Rolle:

‣ Teilnehmerzahl, ab der ein Gruppentarif gelten soll;
‣ Anforderungen an die Person und Festlegung der Verantwortlichkeit des Buchenden, der für die Gruppe den Vertrag zeichnet;
‣ Festlegung von eventuellen Kindertarifen;
‣ wenn Haustiere mitreisen können, Festlegung entsprechender Tarife und Bedingungen;
‣ Flexibilität des Gruppentarifs – Umbuchungsmöglichkeit, Austausch von Reiseteilnehmern, Änderung von Reisezeitraum und Reiseweg.

Bei vielen touristischen Anbietern werden solche Gruppen als Sondergruppen bezeichnet, für die sie ggfs. auch individuell Angebote zusammenstellen (so zum Beispiel bei DERTour, bei Wikinger Reisen oder bei der Österreich Werbung).

❖ Offene Gruppe: Die Teilnehmer melden sich einzeln, zu zweit oder in Teilgruppen an. Der Veranstalter faßt diese Einzelanmeldungen dann zu einer größeren Gruppe zusammen, die zumindest weitgehend – einzelne Teilnehmer können ggfs. vor- oder nachgelagert zur Gruppenreise abweichende Reiseelemente buchen – zur gleichen Zeit an denselben Ort reist. Aus Sicht des Veranstalters setzt sich die Reisegruppe somit also aus mehreren Buchungen zusammen. In diesem Fall melden die einzelnen Teilnehmer(gruppen) sich zwar nicht bewußt gemeinsam mit und zu den anderen Teilnehmern an, doch gehen sie davon aus, sich gemeinsam mit anderen Personen, die sie zum Zeitpunkt der Reisebuchung in der Regel noch nicht kennen, auf die Reise zu begeben, um so zusammen eine (größere) Reisegruppe zu bilden. Die typischsten Varianten solcher Gruppenreisen sind Rundreisen (mit Flugzeug, Schiff (→ Kreuzfahrt), Bus, Fahrrad, zu Fuß, …), bei denen die Reisegruppe unter der Führung eines → Reiseleiters im Verlauf der Reise gemeinsam verschiedene Orte bereist.

Aufgrund dieses definitorischen Kriteriums wird also aus einer Personenmehrheit, die sich zum Beispiel in einem Linienbus oder einem Bahnabteil zufällig zusammenfindet, keine Gruppenreise.

## 2 Motive für eine Gruppenreise

In einer Reisegruppe treffen ganz unterschiedliche Persönlichkeitstypen aufeinander. Positive wie negative Eigenheiten mischen oder verstärken sich, konkurrieren oder dominieren. Ebenso variieren die Motive, an einer (offenen) Gruppenreise teilzunehmen:

❖ Lust auf Urlaub;
❖ Wunsch, nicht alleine reisen zu müssen;
❖ Lust, neue und interessante Menschen kennenzulernen, Kontakte und auch Freundschaften (ggf. sogar Partnerschaften) zu finden;
❖ Motivation und Bereitschaft, abseits der üblichen Touristenpfade die Welt zu entdecken;
❖ Suche nach außergewöhnlichen Erlebnissen und Begegnungen, bei bestimmten Reiseformen (zum Beispiel Wandergruppenreise) verbunden mit der Bereitschaft zum Komfort-Verzicht;

❖ Bereitschaft zu umweltbewußtem, dem Reiseland angepaßten Handeln.

Ein Quentchen Ungewißheit, ein gewisses Maß an Herausforderung, ein „Hauch von Abenteuer" sind bei den Studien-, Wander- oder Radreise-Kunden durchaus erwünscht; sie setzen in der Urlauber-Phantasie und Vorfreude nicht unwesentliche Spannungsakzente.

Die Interessenten an solchen Gruppenreisen finden sich vor allem in den gut verdienenden Berufsschichten und dort in einer breiten Altersspanne. Die 20-jährige Angestellte als untere, der rüstige Pensionär um das 70. Lebensjahr als die obere Altersgrenze, ein breites Mittelfeld der Um-Vierzigjährigen, ein dominanter Anteil an Alleinreisenden: Mit solchem Profil präsentieren sich zahlreiche Reisegruppen. Je nach Schulferienzeiten werden die Gruppen von Akademikern majorisiert, von Lehrern insbesondere zur Oster- und Herbstferienzeit auf den Europareisen.

In aller Regel bedarf es, damit sich die oben genannten Motive und Ziele realisieren lassen, bei einer Gruppenreise eines offiziellen oder zumindest inoffiziellen Führers. Insbesondere bei offenen Gruppen stellt der touristische Anbieter einen → Reiseleiter für sein Programm, der die zusammengewürfelte Reisegruppe ab dem Tag des offiziellen (Rund-)Reisebeginns bis zum Ende der Reise begleitet.

### 3 Die besondere Rolle des Reiseleiters bei einer Gruppenreise

Zu Beginn einer Tour nimmt der Reiseleiter eine Gruppe ihm bis dahin völlig unbekannter Menschen in Empfang, die sich selbst erst noch aneinander gewöhnen müssen. → Reiseleitung stellt daher zweifellos hohe Anforderungen an das Persönlichkeitsprofil des Reiseleiters. Im Unterschied zu fast allen EU-Staaten

führt in Deutschland aber keine anerkannte, institutionalisierte Ausbildung zum Beruf „Reiseleiter".

### 4 Reiserechtliche Aspekte: Anmelderhaftung

Bei einer geschlossenen Gruppenreise organisiert in der Regel eine Person als Initiator, als Hauptverantwortlicher die Reise. Er präsentiert sich quasi als Reiseleiter, wenngleich er diese Aufgabe nicht unbedingt formal innehat oder gar dafür entlohnt wird, meldet die Reisegruppe beim Veranstalter oder einem anderen touristischen Anbieter an, sammelt das Geld der einzelnen Teilnehmer ein, überweist es an den Veranstalter etc. Bucht ein solcher Organisator eine Mehrheit von Personen bei einem Reiseveranstalter ein, so handelt er grundsätzlich als Vertreter der einzelnen Gruppenmitglieder. Somit werden also die einzelnen Reiseteilnehmer Vertragspartner des Veranstalters. Der Anmelder haftet daher nicht für die Zahlung des Reisepreises durch die einzelnen Gruppenmitglieder an den Veranstalter.

Diese Situation gefällt dem Veranstalter natürlich nicht, denn er hat ja lediglich Kontakt mit dem Anmelder, dem Organisator der Gruppe. Diesen könnte er ggfs. sogar auf seine Solvenz hin überprüfen, die einzelnen Mitglieder der Gruppe hingegen kennt er nicht. Auch wäre es für den Veranstalter viel zu viel Aufwand, müßte er nun mit allen Reiseteilnehmern der geschlossenen Gruppe in Kontakt treten, um von ihnen den Reisepreis einzufordern, ihnen dann die Reiseunterlagen zuzuschicken etc.

Daher nutzen die Veranstalter in der Regel die Möglichkeit, eine sog. Anmelderhaftung auf den Organisator der Reise zu übertragen. Der Anmelder erklärt in diesem Fall also gegenüber dem

Veranstalter, daß er nicht nur für seine eigene Zahlungsverpflichtung einsteht, sondern auch für diejenigen der von ihm angemeldeten Reiseteilnehmer.

Damit eine solche Anmelderhaftung als rechtlich wirksam vereinbart gilt, muß diese Haftungserklärung ausdrücklich hervorgehoben und gesondert unterschrieben werden (§ 309 [11] BGB, früher bis 2001 § 11 Nr. 14 AGBG). Ein alleiniger Hinweis in den Allgemeinen Reisebedingungen des Veranstalters genügt nicht.

Denkbar ist, daß einige, aber nicht alle Mitglieder der Gruppenreise mit den Reiseleistungen des Veranstalters unzufrieden sind. Im Falle späterer Reklamation gegenüber dem Veranstalter gilt, daß bei Familien ein Mitglied der Familie für alle Ansprüche geltend machen kann. Bei sonstigen Gruppen ist grundsätzlich jeder Reiseteilnehmer befugt, Ansprüche (zum Beispiel Minderung, Schadensersatz) gegenüber dem Veranstalter geltend zu machen, doch können die Teilnehmer auch hier dem Organisator (oder einer anderen Person) Vollmacht erteilen.

## 5 Beispiel für eine spezielle Form der Gruppenreise: Deutsche Bahn AG

Die → Deutsche Bahn AG bietet Gruppen ab sechs Personen spezielle Fahrkarten mit starker Fahrpreisermäßigung. Zwei Kinder (bis einschl. 14 Jahre) gelten dabei wie ein Erwachsener, d.h. sie werden zu je nur 50 Prozent berechnet. Der Gruppenfahrschein enthält u.a. den Namen der Reisegruppe bzw. ihres Leiters, den Reiseweg, Reisetag, ggfs. spezielle Zughinweise sowie die Teilnehmerzahl. Die sogenannten Gruppen & Spar-Preise gibt es sowohl für die 1. als auch für die 2. Klasse. Für Gruppenreisen ins Ausland (grenzüberschreitend) gelten spezielle Bedingungen.

Die Ermäßigung und damit der Reisepreis variieren mit dem Zeitraum, der zwischen Buchung und Reisebeginn liegt. Dementsprechend unterscheidet die Bahn drei Gruppentarife (Stand 9/2005):

❖ Gruppe&Spar 50: Ermäßigung = 50 Prozent auf den Normalpreis; Kauf bis zum Reisetag;

❖ Gruppe&Spar 60: Ermäßigung = 60 Prozent auf den Normalpreis; Kauf bis 7 Tage vor Reisebeginn;

❖ Gruppe&Spar 70: Ermäßigung = 70 Prozent auf den Normalpreis; Kauf bis 14 Tage vor Reisebeginn.

Zur Veranschaulichung nachfolgend drei Rechenbeispiele auf Basis eines angenommenen Normalpreises von 100,- EUR pro Person für Hin- und Rückfahrt. Angegeben ist jeweils der Gesamtpreis für die ganze Gruppe in den verschiedenen Gruppenreisetarifen:

**Gruppe&Spar 50:**

| | | | |
|---|---|---|---|
| 6 | Personen | 300 | EUR |
| 20 | Personen | 1.000 | EUR |
| 50 | Personen | 2.500 | EUR |

**Gruppe&Spar 60:**

| | | | |
|---|---|---|---|
| 6 | Personen | 240 | EUR |
| 20 | Personen | 800 | EUR |
| 50 | Personen | 2.000 | EUR |

**Gruppe&Spar 70:**

| | | | |
|---|---|---|---|
| 6 | Personen | 180 | EUR |
| 20 | Personen | 600 | EUR |
| 50 | Personen | 1.500 | EUR |

Auch das Schönes-Wochenend-Ticket der Bahn ist für (Klein-)gruppen konzipiert: Für 30.- EUR beim Kauf über das Internet oder einen Automaten bzw. 32.-EUR über ein DB-Reisezentrum (Stand 9/2005) können bis zu 5 Personen oder Eltern bzw. Großeltern mit beliebig vielen eigenen Kindern bzw. Enkeln unter 15 Jahren Bahn fahren. Das Schönes-Wochenende-Ticket gilt samstags oder sonntags von 0 Uhr bis 3 Uhr des Folgetages für beliebig viele Fahrten, allerdings nur in den Nahverkehrszügen der DB AG (S-Bahn, RB, IRE, RE) sowie in vielen Verkehrsverbünden und nichtbundeseigenen Eisenbahnen.

Daß die „eigentlichen" Gruppentarife oftmals überhaupt nicht interessant sind, die Preispolitik der Bahn gegenüber Gruppen also Schwächen hat, zeigt ein Preisvergleich zwischen verschiedenen Tickets: Für Strecken von wenigen hundert Kilometern, die Gruppen für eine Wochenendreise zurücklegen wollen (und mit den Nahverkehrszügen auch noch in erträglicher Reisezeit fahren können), ist in der Regel das Schönes-Wochenende-Ticket günstiger als die Gruppe&Spar-Angebote: Wenn zum Beispiel 15 Erwachsene von Samstag bis Sonntag eine Reise mit einer Übernachtung durchführen möchten, sind sechs Schönes-Wochenende-Tickets (drei Tickets à fünf Personen mal 2 Tage = 180 EUR Gruppenpreis) günstiger als der Gruppe&Spar-Tarif (welcher zum Beispiel von Wilhelmshaven nach Essen und zurück mit Gruppe&Spar 70 immerhin 330 EUR für diese Gruppe betragen würde; Stand 9/2005). Die auf Gruppen zielenden Reiseangebote der Bahn sind für solche Konstellationen also nicht attraktiv, garantieren sie dem Gruppenkunden doch keine günstige Buchung. Sie „beißen" sich mit anderen Tarifen, die eigentlich nicht für größere Gruppen konzipiert wurden.

Darüber hinaus bietet die Bahn noch eine Reihe weiterer gruppenbezogener Tarife an, so zum Beispiel für Klassenfahrten und Jugendgruppenreisen. Hier entsteht die Gruppenermäßigung oft durch sog. Freiplätze, deren Zahl sich nach der Gruppengröße staffelt. Ähnlich arbeiten auch viele Reiseveranstalter, die Gruppenarrangements anbieten. Eine

solche Freiplatzstaffel könnte wie folgt aussehen:
- ❖ 15-19 zahlende Teilnehmer = ein zusätzlicher Freiplatz,
- ❖ 20-35 zahlende Teilnehmer = zwei zusätzliche Freiplätze,
- ❖ 36-50 zahlende Teilnehmer = drei zusätzliche Freiplätze,
- ❖ für jeweils 15 weitere Teilnehmer ist ein darüber hinausgehender Teilnehmer frei. *(tk)*

*Literatur*

Kirstges, Torsten 2000: Management von Tourismusunternehmen: Organisation, Personal- und Finanzwesen bei Reiseveranstaltern und Reisemittlern. München, Wien: Oldenbourg

Kirstges, Torsten 2005: Expansionsstrategien im Tourismus. Wilhelmshaven: Eigenverlag (3. Aufl.)

Kirstges, Torsten; Christian Schröder & Volker Born 2001: Destination Reiseleitung. Leitfaden für Reiseleiter – aus der Praxis für die Praxis. München, Wien: Oldenbourg

Schmeer-Sturm, Marie-Luise 2001: Reiseleitung. München, Wien: Oldenbourg

### Gruppenreisetarife (Deutsche Bahn AG)
→ Gruppenreise

### GSA (General Sales Agent)
→ Generalvertreter

### Guéridon
*side table, service table*
Generell ein kleiner, runder, meist einbeiniger Tisch. In der Gastronomie ein Beistelltisch, der neben dem Gästetisch steht. Er wird von den Servicekräften als Ablage- und Arbeitsfläche genutzt, so etwa zum Anrichten von Speisen vor dem Gast. *(wf)*

### Guéridon-Service
→ Servierarten

## Guest Relations Manager

Sie sind zuständig für die Gästebetreuung während des Hotelaufenthaltes. Die Position ist meist nur in der Luxushotellerie zu finden. Die Qualifikation für die Position erfolgt vorwiegend über ein Studium der Betriebswirtschaftslehre mit Schwerpunkt Tourismus oder Hotellerie bzw. Public Relations. Ein Ausbildungsberuf im Hotel- und Gaststättengewerbe qualifiziert ebenfalls für den Beruf des Guest Relations Managers. Im Allgemeinen verstehen sich Guest Relations Manager als Problemlöser. Das Beschwerdemanagement gehört in vielen Hotels ebenfalls zu ihren Kompetenzen. *(cf)*

## Gütegemeinschaft Buskomfort e.V. (GBK)

Die Gütegemeinschaft Buskomfort e.V. (GBK), Böblingen, wurde 1975 gegründet, und ihre ca. 430 Mitglieder sind Busunternehmen, Bushersteller und Busverbände. Das Ziel der GBK ist die Förderung der Busklassifizierung auf freiwilliger Basis; durch Standardisierung von spezifischen Bustypen soll eine Verbesserung der Qualität und damit auch eine Imageverbesserung der Bustouristik erreicht werden.

Die Gütesiegel können gleich bei Neu-Auslieferung des Busses vergeben werden und sind ein Jahr gültig; eine Wiederholungsprüfung wird durch TÜV oder DEKRA vorgenommen. Die Komfortsymbole und die Sternezuteilung des Busses werden am Heck und/oder an der Seitenfront des Busses angebracht. Allerdings hat sich das Bus-Gütesiegel nicht durchgesetzt; man schätzt, daß nur ca. 10 % aller Reisebusse heute klassifiziert sind.

Als Gründe für die mangelnde Marktpenetration des Bus-Gütesiegels können genannt werden (Pompl 1996, S. 228 f.):

❖ zu hohe Kosten und zu hoher Zeitaufwand für die Erst- und Wiederholungsklassifizierung;

❖ eingeschränkte Dispositionsfreiheit: Wird bei der Reiseausschreibung eine bestimmte Sterne-Klasse des Busses garantiert, kann das Busunternehmen bei Über- oder Unterschreiten der geplanten Teilnehmerzahl aufgrund der heterogenen Busflotte evtl. nicht auf einen anderen kleineren oder größeren Bus in gleicher Sterne-Klasse zurückgreifen;

❖ mangelnde Kundenwirksamkeit: Aufgrund der nur wenigen klassifizierten Busse ist der Bekanntheitsgrad der Sterne-Klassifizierung bei den Busgästen gering und somit ein klarer Wettbewerbsvorteil nicht gegeben.

Prüfkriterien für die Sterne-Zuteilung sind u.a. maximale Fahrgastzahl, Sitzabstand, Verstellbarkeit der Rückenlehne, Fahrgasttisch, Leselampe, Rollos/Vorhänge am Seitenfenster, Frischluftzufuhr, Klimaanlage, Kühlbar, WC/Waschraum, etc. Folgende Bus-Klassifizierungen nach Sternen und o.g. Kriterien hat die GBK vorgenommen:

\* **Ausflugbus – Standard-Class**
*(transport class)*
Der Bus für den kurzen Trip: Dieser Bus verfügt über Mülleimer zur Abfallbeseitigung und ein Mikrofon für die Reiseleitung sowie über Tonträger und eine Musikanlage. Zudem gehören Heizung, Lüftung und Nachtbeleuchtung zur Grundausstattung und garantieren ein Minimum an Komfort.
Max. Fahrgäste: 57
Sitzabstand: 68 cm

\*\* **Reisebus – Tourist Class**
*(tourist class)*
Der Bus für kleinere Ausflüge: Die Grundausstattung der Standard-

Class wird vom Sonnenschutz an den Seitenfenstern ergänzt. Zudem steht jedem Reisegast ein Stauraum von mindestens 15 Litern zur Verfügung.

Max. Fahrgäste:        48
Sitzabstand:        mind. 77 cm

### *** Reisebus – Komfort-Class
*(comfort class)*

Der Bus für bequeme Touren: Zusätzlich zur Grundausstattung bietet dieser Bus verstellbare Rückenlehnen, eine Doppelverglasung, einen Fahrgasttisch, eine Leselampe sowie eine Toilette mit Waschbecken und eine Klimaanlage. Aus der Mini-Küche kommt frischer Kaffee, oder die Gäste können sich mit einem kleinen Imbiß stärken.

Max. Fahrgäste:        48
Sitzabstand:        mind. 77 cm
Rückenlehne:        mind. 3 cm

### **** Fernreisebus – First-Class
*(first class)*

Der Bus für lange Reisen: Zusätzlich zum Standard im Drei-Sterne-Bus sorgen Fußstützen für einen hohen Komfort. Im Heck des Fahrzeuges finden nur vier Passagiere Platz.

Max. Fahrgäste:        44
Sitzabstand:        mind. 81 cm
Rückenlehne:        mind. 4 cm

### ***** Fernreisebus – Luxus-Class
*(exclusive class)*

Der Bus für höchste Ansprüche: Zusätzlich zum hohen Komfort in der First-Class bietet dieser Bus seinen Gästen ein Maximum an Freiraum. Bordkomfort bis ins kleinste Detail wird geboten.

Max. Fahrgäste:        36
Sitzabstand:        mind. 90 cm
Rückenlehne:        mind. 5 cm

Seit Juli 2006 vergibt die Gütegemeinschaft Buskomfort e.V. zusätzlich ein neues Gütezeichen: RAL Bus-Chauffeur-Fahrschulung. Verliehen wird dieses Zeichen denjenigen Busunternehmern, die ihre Reisebusfahrer regelmäßig weiterbilden. Ziel ist es, die Reisesicherheit zu verbessern. Dem Busreisenden bietet das Gütezeichen eine Orientierungshilfe bei der Entscheidungsfindung im Rahmen seiner Reisebuchung. Für ihn ist erkennbar, welche Busunternehmen mit qualifizierten Chauffeuren ihre Dienstleistung erbringen. Die folgenden fünf Trainingseinheiten müssen absolviert werden: Fahrphysik, wirtschaftliches Fahren, Verhalten in besonderen Situationen, Lenk- und Ruhezeiten, fahrpraktisches Sicherheitstraining.

Diese Maßnahme ist wohl als wichtiger Schritt zu sehen, Zuverlässigkeit und Sicherheit im Busverkehr zu erhöhen. Zur Zeit (2007) wird das Busgewerbe auf die Umsetzung der neuen EU-Richtlinie für Berufskraftfahrer vorbereitet, in der auch die Weiterbildung der Reisebus-Chauffeure geregelt ist (www.gbkev.de). *(axs)*

*Literatur*

Pompl, Wilhelm 1996: Touristik-Management 1, Beschaffungsmanagement. Berlin: Springer

## Guide Michelin
*Michelin Guide*

→ Hotel- und → Restaurantführer. Der Führer, ein Produkt aus der Touristikabteilung des Reifenherstellers Michelin, erschien im Jahr 1900 das erste Mal. Hohes Ansehen in der Fachwelt, in Frankreich eine „nationale Institution". Das Reisehandbuch, ursprünglich vor allem als technische Unterstützung für Autofahrer gedacht durch die Angabe von Werkstätten, Benzindepots und Batterieladestationen, mutierte in den 1920er und 1930er Jahren zum touristischen Produkt (Michelin 2004 b).

Unter den benutzten Piktogrammen ist der Michelin-Stern das bekannteste Symbol. 1926 wird der Stern für die Küchenleistung eingeführt, in den 1930er Jahren das 3-Sternesystem etabliert (❋ = eine sehr gute Küche: verdient eine besondere Beachtung; ❋❋ = eine hervorragende Küche: verdient einen Umweg; ❋❋❋ = eine der besten Küchen: eine Reise wert) (Michelin 2004 b). Der Führer definiert gastronomische Spitzenleistungen über die Konstanz der Leistungen. Er gilt als relativ zurückhaltend bei der Vergabe von Sternen. Im Michelin-Führer Deutschland werden für 2008 208 Sterne-Restaurants aufgeführt (ein Stern: 184 Betriebe; zwei Sterne: 15 Betriebe; drei Sterne: 9 Betriebe) (Michelin 2007).

Auf ein gutes Preis-Leistungs-Verhältnis spielen der „Bib Gourmand" („sorgfältig zubereitete, preiswerte Mahlzeiten") und der „Bib Hotel" („gute und preiswerte Übernachtungen") an. Die Bewertungen werden von fest angestellten Mitarbeitern (Inspektoren), die über eine langjährige Erfahrung im Hotel- und Gaststättengewerbe verfügen, anonym vorgenommen (Michelin 2004 a) (www.via-michelin.de). *(wf)*

*Literatur*

Echikson, William 1998: Die Sterne Burgunds. München: Knaur

Michelin (Hrsg.) 2004 a : Michelin Deutschland 2005, Pressemappe. Karlsruhe

Michelin (Hrsg.) 2004 b: La Saga du Guide Michelin. Paris

Michelin (Hrsg.) 2007: Michelin Deutschland 2008. Karlsruhe: Michelin Reise-Verlag

# H

## HACCP (Hazard Analysis of Critical Control Points)

Hygienekonzept. Zentrale Aufgabe von HACCP-Konzepten ist die Feststellung von Gefahren im Rahmen der Lebensmittelproduktion und die Entwicklung eines innerbetrieblichen Überwachungs- und Kontrollsystems. *(wf)*

## Hafenabgaben

*port dues, port charges*

Entgelte, die für die Nutzung von Häfen anfallen. Sie setzen sich zusammen aus den Hafengebühren *(groundage)*, die mit jedem Ein- und Auslaufen, unabhängig von der Dauer des Aufenthaltes, zu entrichten ist, den Kaigebühren *(berthage)* und der zeitabhängigen Liegegebühr *(demurrage)*. Allerdings variieren die Begriffe zum Teil je nach Hafen. Bemessungseinheit ist die Größe des Schiffes, Passagierschiffe können auch mit Gebühren pro befördertem Passagier belastet werden. Bei Hochseefähren (→ Fähren) werden die Hafengebühren häufig getrennt ausgewiesen und sind zum Beispiel bei der Buchung von Kabinen von den Passagieren zusätzlich zu entrichten. *(jwm)*

## Halal

*halal*

Halal-Speisen. *halal* (arab.) = rein, erlaubt, rechtmäßig oder gestattet nach islamischem Recht; Gegenteil von *haram* (arab.) = verboten oder unrechtmäßig nach islamischem Recht. Universell gül-tig für alle Bereiche des Lebens (Sachen und Handlungen, z. B. Kleidung, Essen) und geregelt im Koran und der Sunna.

Im Bereich der Speisen enthalten die Vorschriften neben Verboten (z. B. grundsätzlich von Alkohol, Schweinefleisch und Blut, aber auch das Fleisch krepierter Tiere) Gebote zum Umgang mit Lebensmitteln (z. B. das Schächten von Rindern oder Ziegen) unter Angabe exakter Verfahrensanweisungen.

→ Fluggesellschaften der zivilen Luftfahrt bieten ihren Fluggästen im Rahmen des → Special Meal-Angebots Speisen an, die nach Halal-Grundsätzen bereitet wurden. Die meisten Fluggesellschaften islamisch geprägter Länder (z. B. Emirates, Etihad, Malaysian Airlines, etc.) bieten ausschließlich Halal-Speisen an. *(sr)*

## Halbpension

*half board, half pension, Modified American Plan*

In der Hotelbranche der Begriff für ein Leistungspaket, das die Übernachtung und zwei Mahlzeiten pro Person pro Tag beinhaltet (Frühstück und Mittagessen oder Frühstück und Abendessen). In der Regel wählen Hotelgäste die Kombination Frühstück und Abendessen. Brancheninterne Abkürzung: HP. Die internationale Abkürzung MAP (Modified American Plan) ist in betriebsinternen Prozessen in der deutschen Konzernhotellerie inzwischen gängig. *(wf)*

**Half board**
→ Halbpension

**Half pension**
→ Halbpension

**Hall porter**
→ Doorman

**Handelsgastronomie**
*department store gastronomy*
Gastronomische Angebotsformen, die in Betriebsstätten des stationären Einzelhandels dauerhaft räumlich integriert sind und dem Kunden die Möglichkeit zum sofortigen Verzehr von Speisen und Getränken am Verkaufsort *(Point of Sale)* anbieten. Handelsgastronomische Angebote können entweder vom Handelsunternehmen selbst, von Tochtergesellschaften des Handelsunternehmens oder von externen Dritten betrieben werden. *(sb)*

**Handelsherr**
*principal*
Ist ein Unternehmer, der sich für die Abwicklung seiner Geschäfte bzw. des Vertriebs seiner Produkte Handelsgehilfen oder → Handelsvertreter (zum Beispiel → Reisemittler) bedient (zur Beziehungsproblematik von Handelsherrn und Handelsvertretern → Agenturtheorie).

Als Begriff der juristischen Sprache charakterisiert der Begriff Handelsherr im Tourismus das Verhältnis des Reiseveranstalters und Reisemittlers. In der Regel entsteht zwischen dem jeweiligen → Reiseveranstalter als Handelsherr (Touristikunternehmer) und dem Reisebüro als Handelsvertreter ein Agenturvertrag, in dem sowohl die Pflichten des Reisemittlers wie auch des Reiseveranstalters geregelt sind. Sollte eine Buchung ohne vorherige Existenz eines Agenturvertrages zustandekommen, entsteht durch das Zustandekommen der Buchung ein Reisevertrag, der faktisch das Agenturhältnis begründet.

Zu den Pflichten des Reisemittlers gehört das Bemühen, Buchungen für den jeweiligen Reiseveranstalter zu vermitteln. Dabei hat der Mittler die Interessen des Reiseveranstalters wahrzunehmen. Zu diesem Handelsbrauch gehört es, daß der Reisemittler dem Handelsherrn alle erforderlichen Informationen zur Buchung zu geben hat. Dazu zählen nicht nur die Grunddaten einer Buchung (Name, Vorname, Reisezeitraum etc.), sondern auch zum Beispiel ihm bekannt gewordene Sachverhalte, die den Reisevertrag berühren, wie zum Beispiel die Kenntnis darüber, daß der Kunde nicht in der Lage sein dürfte, die Reise zu bezahlen.

Die Pflichten des Reiseveranstalters beziehen sich auf die Information zum vermittelnden Produkt und die Regelungen im geschlossenen Agenturvertrag. Im ersten Fall hat der Veranstalter Werbematerial zur Verfügung zu stellen, datentechnische Möglichkeiten der Reiseanmeldung bereitzustellen (Vordrucke, IT-Anbindung etc.).

Von besonderer Bedeutung ist die Verpflichtung, Informationen zu den gesundheitspolizeilichen Einreisevorschriften zu liefern (Impfvorschriften, → Gesundheitsbestimmungen). Aussagen zur Mindestteilnehmer sind ebenfalls zu treffen. Dem Reiseveranstalter obliegt es außerdem, die Sicherungsscheine gem. § 651 k BGB dem Vermittler zur Ausgabe an den Reisekunden bereitzustellen. Im Agenturvertrag wird in aller Regel auch klargestellt, wie das Inkasso betrieben werden soll und die Höhe der Provisionserlöse (→ Provisionsarten). Schließlich fordern → Fluggesellschaften, daß die IATA-Regeln und die Sicherheitsbestimmungen Bestandteil des Agenturvertrages sind. → Agenturtheorie *(jwm/hdz)*

## Handelsvertreter

*sales agent*

Natürliche oder juristische Person, die im Auftrag und auf Rechnung eines → Handelsherrn Geschäfte abschließt (in Deutschland im § 84 des Handelsgesetzbuchs [HGB] geregelt) und dafür von diesem eine → Provision (§ 87 HGB) erhält. Im Tourismus haben → Reisemittler diesen Status, wenn sie → Pauschalreisen vermitteln. In diesem Falle gilt der → Reiseveranstalter als Handelsherr. Werden Linienflüge (→ Linienflugverkehr) vermittelt, handelt das gleiche Reisebüro dagegen als Makler, der die → Flugscheine (a) zu Nettopreisen bezieht und ein Buchungsentgelt vom Kunden verlangt (zur Beziehungsproblematik von Handelsherrn und Handelsvertretern → Agenturtheorie). *(jwm)*

## Handgepäck

*hand luggage, carry-on baggage*

Kleinere Gepäckstücke mit geringerem Gewicht, die Passagiere mit an Bord eines Flugzeuges nehmen dürfen. Wie für aufgegebenes Gepäck gibt es hier auch → Freigepäckgrenzen, die sich von → Fluggesellschaft zu Fluggesellschaft unterscheiden. → Reisegepäckversicherung *(hdz)*

## Handheld

Auch Handheld Computer genannt. Computer im Miniformat; kann in der Hand gehalten *(held in the hand)* und bedient werden. Zu dem Einsatz in der Gastronomie siehe → Kassenhandgerät. *(wf)*

## Happy Hour

„glückliche Stunde". Festgesetzte Zeit, in der bestimmte, in der Regel alkoholische Getränke in Lokalen zu einem ermäßigten Preis angeboten werden. Da gesellschaftlichen Konventionen entsprechend der Konsum von Alkohol erst nach Arbeitsende angemessen erscheint, beginnt die Happy Hour in der Regel am späteren Nachmittag und endet am frühen Abend. Mögliche Anreizmodelle sind beispielsweise die Reduktion in Naturalrabatt („Zahlen Sie zwei, trinken Sie drei ..."), Halbpreise oder ein symbolischer Euro pro Getränk. Mit Hilfe der Happy Hour soll in frequenzschwachen Zeiten der Umsatz der → Gastronomie erhöht werden. *(jwm)*

## Hauptbahnhof

→ Bahnhof

## Hauptküche

→ Vollküche

## Hauptsaison

→ Saisonzeiten

## Haupturlaubsreise

*main holiday trip*

Subjektive Kategorie für die Unterscheidung von → Urlaubsreisen, wenn mehr als eine solche Reise in einer Periode (in der Regel ein Jahr) unternommen wurde. Sie wird bei Repräsentativuntersuchungen wie zum Beispiel der → Reiseanalyse verwendet, bei denen der Befragte entscheiden kann, welche der von ihm gemachten Reisen er als seine Haupturlaubsreise ansieht. In der Regel handelt es sich dabei um die längste, weiteste und teuerste Reise. Die zusätzlichen Urlaubsreisen werden dann als Zweit- und Drittreisen bezeichnet. *(jwm)*

## Hausboot

*houseboat*

Wie beim Landurlaub der Caravan, so wird auf den Binnengewässern das Hausboot in manchen Urlaubsgebieten genutzt, um von Ort zu Ort zu reisen, und so die Fahrt selbst und die Sehenswürdigkeiten zu genießen. In der Regel handelt es sich um Motorboote, die auch ohne größere seemännische Erfahrung gelenkt werden können. Das Hausboot dient gleichzeitig als Unterkunft und Transportmittel. Klassische Hausbootreisen werden in folgenden europäischen Ländern angeboten: Belgien, Deutschland, Frankreich, Großbritannien, Italien, Irland, Niederlande und Portugal. *(hdz)*

## Hausdame

*executive housekeeper*

Person, die in einem Hotel den Etagen- bzw. Hausdamenbereich verantwortet. Es handelt sich um eine Abteilungsleiterposition: Hierarchisch übergeordnet ist die Direktion, hierarchisch nachgeordnet sind → stellvertretende Hausdame, Mitarbeiter der Wäscherei, → Zimmermädchen und unter Umständen → Hausdiener.

Der Aufgabenbereich der Hausdame umfaßt Planung, Organisation und Kontrolle der Reinigung von Gästezimmern, administrativem Bereich (Büros, Direktionsräume), öffentlichem Bereich (Empfangshalle, Flure, Treppen), Mitarbeiterbereich (Kantine, Toiletten, Umkleideräume) und Freizeiteinrichtungen (Schwimmbad, Sauna). Die Position wird in der Praxis nahezu ausschließlich von weiblichen Führungskräften bekleidet. Auch Gouvernante genannt (Hanisch 1996, S. 9 ff.; Pfleger 2003, S. 16 ff.). *(wf)*

*Literatur*

Hanisch, Horst 1996: Zimmer und Etage: Die Arbeiten von Hausdame und Zimmermädchen in den verschiedenen Bereichen eines Hotels, Stuttgart: Matthaes (3. Aufl.)

Pfleger, Andrea 2003: Housekeeping Management im Hotel. Linz: Trauner

## Hausdame, stellvertretende

*assistant executive housekeeper*

Stellvertreterin der → Hausdame. Der Aufgabenbereich deckt sich grundsätzlich mit dem der Hausdame. In der täglichen Praxis übernimmt die Stellvertreterin oft Kontrollaufgaben (z. B. Minibarkontrolle, „Zimmer-Check").

In Abhängigkeit von der betrieblichen Größe sind organisatorische Lösungen denkbar, bei denen statt einer stellvertretenden Hausdame mehrere Hausdamenassistentinnen oder Etagenhausdamen die leitende Hausdame in ihrer Tätigkeit unterstützen. Die Positionen werden in der Praxis mehrheitlich von weiblichen Mitarbeitern ausgefüllt. *(wf)*

## Hausdamenassistentin

→ Hausdame, stellvertretende

## Hausdiener

*houseman*

Hotelmitarbeiter, teilweise auch Hausbursche genannt. Die Stelle des Hausdieners ist der Hausdamenabteilung (→ Hausdame) zugeordnet. Zu den zentralen Aufgaben des Hausdieners gehören: Reinigungsarbeiten, Wäschetransport, Gepäckbeförderung, Postfahrten. Die Aufgabenfelder sind fließend: In Abhängigkeit von der Aufbauorganisation können Teile der genannten Aufgaben auch von → Pagen ausgeführt werden. *(wf)*

## Hausrecht

*domestic authority*

Das Hausrecht besitzt, wer über die Benutzung der Räume verfügen darf, in der Regel also der Eigentümer bzw. der Besitzer. In einem Hotel oder einer Gaststätte hat der Betreiber das Hausrecht. Er allein entscheidet, welchen Gast er aufnehmen bzw. bewirten will. Die Zurückweisung bestimmter Gäste darf jedoch nicht diskriminierend (Religion, Hautfarbe usw.) sein. Das Hausrecht berechtigt auch zur Erteilung eines Haus-/Lokalverbots (→ Hausverbot). Bei Mißachtung begeht der Gast Hausfriedensbruch, was auf Antrag als Straftatbestand verfolgt wird.

Eine Verpflichtung zur Aufnahme des Gastes kann sich jedoch aus bestimmten Notsituationen (Gefahr für Leib, Leben, Gesundheit) ergeben. In solchen Fällen ist das Hausrecht des Gastwirtes eingeschränkt (Seitter 2000, S. 92). *(bd)*

*Literatur*
Seitter, Oswald 2000: Rechtshandbuch des Hoteliers und Gastwirts. Stuttgart: Matthaes

## Hausverbot
*prohibition of access*
Zeitlich begrenzter oder unbegrenzter Ausschluß einer Person vom Besuch einer Einrichtung, insbesondere einer Vergnügungsstätte. Es kann bei Geschäftsräumen, die dem allgemeinen Publikumsverkehr zugänglich sind, nur bei Verstößen gegen die Hausordnung (z. B. bei Belästigung von Gästen oder Personal, Drogenkonsum) und bei Straftaten (z.B. Betrug, Sachbeschädigung, Diebstahl, Schlägerei) verhängt werden.

Ausgenommen hiervon sind Einrichtungen mit individueller Zugangskontrolle durch Türsteher und Privaträume, bei denen der Einlaß beliebig entschieden werden kann. Zuwiderhandlungen gegen das Hausverbot können strafrechtlich als Hausfriedensbruch verfolgt werden. Da das Hausverbot nur vom jeweiligen Hausherrn ausgesprochen werden kann, erlischt es, wenn der Betreiber der Einrichtung wechselt. *(gd)*

## Heilbad
→ Kurort

## Heilklimatischer Kurort
→ Kurort

## Helikopter
→ Hubschrauber

## Heliport
Fluggelände, das nur für Flugbewegungen von Hubschraubern (Helikoptern) zugelassen ist.

## High noon
→ Gary Grant (britischer Erfinder des Grantelns)

## Hippie trail
In den 1960er und 1970er Jahren begaben sich vor allem jüngere Leute auf die Reise nach Ostasien. Diese Reisen folgten bestimmten Routen und führten auf dem Landweg über Istanbul, Teheran, Kabul und Peshawar nach Goa oder Kathmandu, wo es immer noch eine Straße mit der Bezeichnung *Freak Street* gibt. Die Reisen wurden mit den günstigsten Verkehrsmitteln und auch per Anhalter durchgeführt. Sie dienten vor allem der Selbstfindung. Infolge der geänderten politischen Verhältnisse war Reisen auf diesen Routen nur noch erschwert möglich. *(hdz)*

## Hochgeschwindigkeitszüge
*high speed trains*
Während sich in Deutschland der → InterCityExpress (ICE) als Hochgeschwindigkeitszug etabliert hat und als Produkt im Ausland angeboten wird,

haben auch andere Länder Hochgeschwindigkeitszüge entwickelt und in Betrieb genommen. Das zentrale Merkmal der Hochgeschwindigkeitszüge ist die Geschwindigkeit, die unscharf zwischen 200 und über 500 km/h definiert ist. Üblicherweise werden diese Züge elektrisch betrieben. Inzwischen erproben und realisieren viele Eisenbahngesellschaften Hochgeschwindigkeitszüge.

An einigen Beispielen soll der Zugtyp erläutert werden:

❖ Japan – Schon seit Ende der 1950er Jahre hat Japan den Hochgeschwindigkeitszug „Shinkansen" entwickelt. Damit kommt Japan in diesem Bereich eine Vorreiterrolle zu. Zu den Olympischen Sommerspielen in Tokyo 1964 fuhren auf neuen Strecken die ersten „Shinkansen", für die die JNR (Japanese National Railway) einen Streckenneubau von 515,4 km fertigstellte. Bis heute sind mehrere Typen entwickelt worden. Der Shinkansen fährt seit einiger Zeit auch in China. U.a. wird er seit 2005 auf der Insel Taiwan eingesetzt.

❖ Frankreich – 1967 begannen in Frankreich die Entwicklungen zum Hochgeschwindigkeitsverkehr. Im April 1967 starteten die französischen Eisenbahnen (SNCF) Hochgeschwindigkeitsfahrten über 200 km/h mit Testfahrzeugen, die eine Höchstgeschwindigkeit von 252 km/h erreichten. In der Zeit bis 1988 konnten Geschwindigkeiten bis zu 330 km/h erzielt werden. Schließlich entstand nach der Entwicklung von Prototypen der Train à Grande Vitesse, der mit der Abkürzung TGV in die Geschichte der Hochgeschwindigkeitszüge ein. Von ihm wurden bis 1988 107 Züge hergestellt und in Betrieb genommen. Die offizielle Bezeichnung lautet TGV-PSE (Paris-Sud-Est). Acht TGV dieser Bauserie wurden in der Schweiz eingesetzt. Der TGV ist damit schon lange kein nationales Projekt mehr.

Im Jahr 1990 wurde ein weiterer TGV in Betrieb genommen, der TGV-Atlantique (offizielle Bezeichnung TGV-A), der die Strecke Paris-Montparnasse-Tours-Le Mans fuhr. 1994 wurde die Verbindung durch den Ärmelkanal nach Großbritannien eröffnet (TGV-Transmanche „Eurostar"). Der TGV fährt nach Brüssel, Amsterdam, Köln/Düsseldorf seit 1997 (Typ Thalis) und seit 2007 auch nach Süddeutschland (Stuttgart, München). Er verbindet damit Paris mit Baden-Württemberg und Bayern.

❖ Italien – In Italien begann man 1962 mit der Planung von → Hochgeschwindigkeitsstrecken. Im Versuch konnten Geschwindigkeiten von über 200 km/h erreicht werden. Seit 1992 kommt der sog. Pendolino der Baureihe ETR 450 zum Einsatz. Eine Schnellfahrstrecke wurde zunächst von Rom nach Florenz gebaut. Das Netz wird seit einigen Jahren deutlich erweitert. Der Pendolino ist für eine Höchstgeschwindigkeit von 250 km/h ausgelegt. Die ersten 15 Züge, die gebaut wurden, waren für die 1. Klasse entwickelt. Der heutige Pendolino, der ETR 500, kommt seit 1995 zum Einsatz. Er erreicht eine Spitzengeschwindigkeit von 300 km/h und wird seit 1996 auf den Neubaustrecken nach Mailand, Venedig und Neapel eingesetzt.

*(hdz)*

*Literatur*

Eikhoff, Dieter 2006: Alles über den ICE. Stuttgart: Transpress

## Höhenmesser

*altimeter*

(a) Barometrisches Instrument, das in Flugzeugen die Höhe des Flugzeuges über den mit zunehmender Höhe abnehmenden Luftdruck mißt. Beim An- und Abflug wird der Höhenmesser nach dem örtlichen Luftdruck des angeflogenen Flughafens so eingestellt, daß er die Höhe des Flugzeuges über → Normalnull mißt (QNH-Wert). Im Reiseflug wird statt des QNH-Wertes die Standardeinstellung 1.013,2 Hektopascal gesetzt, die das Fliegen nach → Flugflächen ermöglicht. (b) Mit → RADAR arbeitendes Instrument (Radarhöhenmesser, *radar altimeter*), das die Höhe des Flugzeuges über Grund anzeigt und für Präzisionsanflüge verwendet wird (→ Landekategorie). *(jwm)*

## Höhenruder

*elevator*

Horizontale Steuerfläche im → Leitwerk eines Flugzeuges, mit dem das Flugzeug während des Fluges um die Querachse gedreht werden kann (Steig- und Sinkflug). *(jwm)*

## Höhere Gewalt

*force majeure, act of God*

Höhere Gewalt ist ein von außen kommendes, keinen betrieblichen Zusammenhang aufweisendes, auch durch äußerste, vernünftigerweise zu erwartende Sorgfalt nicht abwendbares Ereignis (BGH NJW 1987, 1938: Nilkreuzfahrt; BGH NJW 2002, 3700: Hurrikan). Das plötzliche Ereignis darf somit nicht in den Risikobereich des Reisenden (Allgemeines Lebensrisiko) oder des Reiseveranstalters (Betriebsrisiko) fallen. Als höhere Gewalt sind anzusehen: Krieg oder Kriegsgefahr mit flächendeckenden Bürgerkriegszuständen (OLG Düsseldorf NJW-RR 1990, 573: Sri Lanka; OLG Köln NJW-RR 1992, 1014:

Golfkrieg; LG Leipzig NJW-RR 2005, 995: Kreuzfahrt im östlichen Mittelmeer; Naturkatastrophen wie Erdrutsche, Lawinen, Wirbelstürme (BGH NJW 2002, 3700: Hurrikan), Tsunami (AG Dachau RRa 2006, 78), Epidemien wie Cholera, → SARS (AG Augsburg RRa 2005, 84); behördliche Anordnungen wie Badeverbote, Straßensperren wegen Lawinengefahr, plötzliche Visumpflicht (OLG Frankfurt/M RRa 2004, 258 mit Anm. Führich RRa 2005, 50); Streiks Dritter, für die der Veranstalter nicht vertraglich einzustehen hat, wie Fluglotsen, Flughafenpersonal.

Keine höhere Gewalt sind: Unwirtschaftlichkeit der Reise (Risiko des Veranstalters); Streiks bei Leistungsträgern wie Hotel, Flugpersonal, Busfahrer (Risiko des Veranstalters); Absage oder Insolvenz eines Leistungsträgers (BGH NJW 2002, 2238), Allgemeines Lebensrisiko des Reisenden wie Wetter, Schneelage, Meeresverschmutzung, Algenplage, politische Krisen und Unruhen, Bombenanschläge, vereinzelter Terroranschlag, Angst, allgemeine Überfallgefahr, Tod, Krankheit. *(ef)*

## Home Delivery Service

Dienstleistungsangebot der klassischen → Gastronomie oder spezieller Serviceanbieter, Speisen und Getränke auf Wunsch direkt nach Hause zu liefern. Beispiele sind Pizza- oder Sushi-Service. Zum Teil bieten auch Supermärkte die Lieferung von Waren nach Hause an.

## Home Meal Replacement

Bezeichnet eine Entwicklung im Konsum- und Verzehrverhalten der Verbraucher, Speisen und Mahlzeiten nicht mehr traditionell im Haushalt aus Basiszutaten selbst zuzubereiten oder Fertigprodukte (→ Convenience Food) zu konsumieren, sondern durch den Verzehr von Speisen und Getränken außer Haus oder unterwegs zu ersetzen. Neben der Möglichkeit, ein → Restaurant zu besuchen, stehen in zunehmendem Maße auch andere Alternativen zur Verfügung (Imbißgeschäft, Fast Food-Angebote [→ Fast Food], → Systemgastronomie etc.). Ursächlich für diese Veränderung der Verzehrgewohnheiten sind zum einen soziodemographische Entwicklungen, wie die Überalterung und „Singleisierung" der Gesellschaft, der höhere Frauenanteil an der erwerbstätigen Bevölkerung, die Zunahme von Doppelverdiener-Haushalten und das somit höhere verfügbare Haushaltseinkommen. Zum anderen läßt sich eine zunehmende Freizeit-, Erlebnis- und Genußorientierung als Ausdruck des gesellschaftlichen Wertewandels mit dem Wunsch nach Abwechslung, emotionalem Erleben und Spontankonsum beobachten. *(sb)*

*Literatur*
Flad, Patrick Oliver 2002: Dienstleistungs-Management in Gastronomie und Food-service-Industrie. Frankfurt am Main: Deutscher Fachverlag
Tenberg, Ingo 1999: Gastronomie im Handel – eine institutionenorientierte Analyse, Schriftenreihe: Arbeitspapiere des Lehrstuhls für Marketing und Handel der Universität GH Essen, Nummer 5

## Hors d'œuvre
*starter*
Ursprünglich aus dem Französischen („außerhalb des Werkes"), steht Hors d'œuvre als Sammelbegriff für kalte und warme Vorspeisen. Im für die französische Küche typischen Mehrgangmenü dienen sie der Anregung des Appetits und werden sowohl am Tisch als auch im Stehen serviert. Es handelt sich um Häppchen, die kalt vor der Suppe und in warmer Form nach der Suppe im Speiseablauf (→ Menü) gereicht werden.

In der Regel dienen Hors d'œuvres der Vorbereitung auf den Hauptgang, der vor allem in der französischen Küche geschmacklich den Höhepunkt des Menüs bilden soll. Alle sowohl vor als auch nach dem Hauptgang gereichten Speisen ordnen sich diesem geschmacklich unter, d.h. hervorstechende oder die Hauptspeise dominierende Nuancen werden vermieden. → Geschmack *(ghf)*

## Hospiz
*hospice*
Im gastronomischen Sinne eine Form der öffentlichen Gastlichkeit *(hospituum publicum)*, die sich im frühen Mittelalter entwickelte. Die Wurzeln liegen im kirchlichen Bereich. Die Barmherzigkeit *(caritas)* als sozial verbindlicher Grundgedanke des christlichen Glaubens liegt dieser Form der Herberge zugrunde. Fremde und Reisende waren außerhalb ihrer Heimatgemeinde rechtlos und auf die Unterbringung und Bewirtung angewiesen. Nach der Christianisierung wurden Klöster und Kirchen aufgefordert, gemäß einer Einquartierungs- und Beförderungspflicht umherziehende Landesherren und Boten, aber auch Pilger, Bettler und Kranke zu beherbergen. Meist in räumlicher Nähe der Kirchen befindlich, gewannen Hospize vor allem im Zuge des im 9. Jahrhunderts einsetzenden Reliquienkultes an Bedeutung. Die sich zunehmend auf regionale Wallfahrten konzentrierenden Pilgerströme bilden hier einen wichtigen wirtschaftlichen Faktor für die Kirchen. In diesem Zusammenhang wurden in Hospizen Pilger, aber auch Bedürftige und Fremde untergebracht und bewirtet.

Man kann sie zu den Vorläufern der heutigen → Gasthäuser zählen. Diese Form der klerikal verwalteten Unterkünfte wurde seit dem 16. Jahrhundert zunehmend von privatwirtschaftlichen Gastronomien abgelöst. Lediglich die Versorgung von Alten und Kranken blieb den Hospizen zur Aufgabe, so daß wir im heutigen Sprachgebrauch den Begriff Hospiz meist ausschließlich mit Einrichtungen zur Pflege und Betreuung Sterbender und Bedürftiger in Verbindung bringen. *(ghf)*

*Literatur*

Peyer, Hans Conrad 1987: Von der Gastfreundschaft zum Gasthaus. Studien zur Gastlichkeit im Mittelalter. Hannover: Hahnsche Buchhandlung (= Monumenta Germaniae Historica, Schriften 31)

## Hostel

*hostel* (engl.) = Gästehaus, Wohnheim; *hospitium* (lat.) = Bewirtung, Gastfreundschaft, Herberge.

Beherbergungstyp, der sich durch ein reduziertes Dienstleistungsangebot und einfachere Ausstattung auszeichnet. Hostels können der → Parahotellerie zugeordnet werden. Mehrbettzimmer bzw. Schlafsäle (oft Doppelstockbetten), Gemeinschaftsbäder auf dem Gang, Gemeinschaftsküchen zur Selbstversorgung, Waschküchen zur Reinigung der eigenen Wäsche und gemeinschaftliche Aufenthaltsräume sind typische Merkmale der ersten Generation von Hostels.

Die in der Regel in Großstädten liegenden Unterkünfte zeichnen sich neben einem niedrigen Preisniveau (in Deutschland ca. 10 bis 30 Euro je Bett in Abhängigkeit von Saison und Zimmertyp) durch eine ungezwungene Atmosphäre aus. Der Informationsaustausch mit anderen über Erlebtes und Reisetipps sind Teil des Unternehmenskonzepts. Waren Hostels in ihren Anfängen – vor allem in Australien, Neuseeland und Südostasien – eine günstige Übernachtungsmöglichkeit für individuell reisende → Rucksacktouristen (backpacker), gehören zu dem Kundenkreis inzwischen auch Gruppenreisende (z.B. Schulklassen [→ Klassenfahrten], Familien mit Kleinkindern) oder Geschäftsreisende; das Durchschnittsalter der Gäste ist relativ niedrig (Hotelverband Deutschland 2007, S. 63; Quandt 2007, S. 18).

Hostels expandieren in Deutschland derzeit stark. Verhältnismäßig niedrige Investitionskosten (oft durch die Konversion von bereits bestehenden Bürogebäuden), ein hoher Anteil an produktiven (Umsatz bringenden) Flächen, günstige Personalkostenstrukturen und Vertriebswege (Internet) haben Hostels zu einem ernst zu nehmenden Wettbewerber auf dem Beherbergungsmarkt gemacht, der inzwischen auch mit → Jugendherbergen und → Budget-Hotels konkurriert.

Dienstleistungsangebote von Hotels werden von Hostels übernommen, die Grenzen zwischen den unterschiedlichen Beherbergungstypen verwischen. Anbieter wie A&O oder Meininger integrieren Hostels und Hotels in einem Gebäude, um unterschiedliche Zielgruppen anzusprechen und gleichzeitig Synergieeffekte realisieren zu können (gemeinsame Nutzung von öffentlichen Flächen wie Empfang, Bar oder Garage). Inzwischen bieten einige der Hostel-Anbieter auch Einzelzimmer mit Bad/WC und Kabel-TV, Frühstücksbüfett, durchgehend geöffnete Rezeption, kostenlosen Gepäcktransport und individuelle Programmplanung (Quandt 2007, S. 18 f.; www.aohostels.com; www.meininger-hostels.com). Zur Abgrenzung zu Jugendherbergen → Jugendherberge. *(wf)*

*Literatur*

Hotelverband Deutschland (IHA) (Hrsg.) 2007: Hotelmarkt Deutschland. Berlin: IHA-Service

Quandt, Birgit 2007: Angriff auf die Budget-Hotellerie. In: fvw international, Spezial: Hotel, 41 (12), S. 18-19

**Hostelling International**
→ International Youth Hostel Federation

**Hotel**
*hotel*

**1  Definition**
Betriebsart des → Beherbergungsgewerbes und der Hotellerie. Beim Statistischen Bundesamt werden unter der Rubrik „Hotel" Beherbergungsstätten, „die jedermann zugänglich sind und in denen ein Restaurant – auch für Passanten – vorhanden ist, sowie in der Regel weitere Einrichtungen oder Räume für unterschiedliche Zwecke (Konferenzen, Seminare, Sport, → Freizeit, → Erholung) zur Verfügung stehen", erfaßt (Statistisches Bundesamt 2005, o. S.).

Nach einer von der Fachgruppe Hotel des → Deutschen Hotel- und Gaststättenverbandes (DEHOGA) festgelegten Definition sollte ein Hotel folgende Mindestvoraussetzungen erfüllen (DEHOGA 1995/96, S. 91):

❖  es werden 20 Gästezimmer angeboten,
❖  ein erheblicher Teil der Zimmer ist mit eigenem Bad/Dusche und WC ausgestattet,
❖  ein Hotelempfang steht zur Verfügung.

Zusätzlich sollte sich ein Hotel durch einen gehobenen Standard und entsprechende → Dienstleistungen auszeichnen. In Hotels wird ein höheres Qualitätsniveau als beispielsweise in Pensionen und Gasthöfen (→ Beherbergungsgewerbe) erwartet. Dieses, insbesondere in früheren Definitionen häufig genannte Kriterium, kann allerdings nur mit Einschränkungen als charakterisierendes Merkmal herangezogen werden. So wird unter dem Begriff, nicht zuletzt aufgrund der starken Zunahme von Kettenhotels einfachen Standards in den vergangenen Jahren, ein breites Spektrum von Betrieben verstanden, das von einfachen Tourist Hotels mit einem sehr eingeschränkten Dienstleistungsangebot bis zur Luxuskategorie reicht. Dieser Vielfalt wird die → Deutsche Hotelklassifizierung mit einer Klassifizierungsbreite von ein bis fünf Sternen (Tourist-, Standard-, Comfort-, First Class-, Luxushotels) gerecht (→ Hotel, Betriebstypen).

**2  Geschichtliches**
Die Verwendung des französischen Begriffes *hôtel* zur Bezeichnung von Beherbergungsbetrieben erfolgte gegenüber Bezeichnungen wie „Gasthof", „Gastwirtschaft" oder „Herberge" erheblich später. Ursprünglich wurden damit große, prächtige Gebäude mit Halle und Festräumen als adlige Wohnsitze in der Stadt benannt. Diese Bedeutung findet sich noch heute im Französischen, wenn zum Beispiel Rathäuser als *Hôtel de Ville* bezeichnet werden und der Sitz des französischen Premierministers in Paris das ‚Hôtel Matignon' ist. Erst seit dem Ende des 18. Jahrhunderts wurde der Begriff auch zur Bezeichnung größerer, moderner Gasthäuser gebraucht, im deutschsprachigen Raum überwiegend nach den napoleonischen Kriegen (Hoffmann 1961, S. 24).

Ab dieser Zeit, insbesondere von 1871 bis 1914, sind mit der Errichtung von Luxus- und Großhotels allerdings auch neue Typen von Beherbergungsbetrieben entstanden, die durch ein insgesamt höheres Qualitätsniveau und über die ursprüngliche Beherbergungs- und Bewirtungsfunktion hinausgehende Dienstleistungen charakterisiert werden können. Und die auch die Verwendung des Begriffes „Hotel" rechtfertigen.

Ein Beispiel für den Übergang zwi-

| Rang | Unternehmen | Sitz | Anzahl Zimmer | Anzahl Hotels | Marken (Auswahl) |
|---|---|---|---|---|---|
| 1 | Intercontinental | GB | 556.246 | 3.741 | InterContinental, Holiday Inn, Crowne Plaza, Staybridge Suites |
| 2 | Wyndham Worldwide | USA | 543.234 | 6.473 | Days Inn, Travelodge, Howard Johnson, Ramada, Super 8 |
| 3 | Marriott | USA | 513.832 | 2.832 | Marriott, Renaissance, Courtyard by Marriott, Ritz Carlton |
| 4 | Hilton Hotels | USA | 501.478 | 2.935 | Hilton, Doubletree, Hampton Hotels, Conrad |
| 5 | Accor | F | 486.512 | 4.121 | Sofitel, Novotel, Mercure, Formule 1, Etap, Ibis, Motel 6 |
| 6 | Choice Hotels | USA | 435.000 | 5.376 | Comfort Inn, Quality, Sleep Inn, Clarion, Econo Lodge |
| 7 | Best Western | USA | 315.401 | 4.164 | Best Western |
| 8 | Starwood | USA | 265.600 | 871 | Westin, St. Regis, Sheraton, W Hotels, Four Points by Sheraton, Aloft |
| 9 | Carlson | USA | 145.331 | 945 | Regent International, Radisson, Park Plaza, Park Inn |
| 10 | Global Hyatt | USA | 140.416 | 749 | Hyatt Place, Hyatt Resort, Park Hyatt, Grand Hyatt |
| 11 | TUI | D | 82.111 | 279 | Riu, Robinson, Grecotel, Iberotel |
| 49 | Steigenberger | D | 14.002 | 82 | Steigenberger, Intercity |
| 51 | Mövenpick | CH | 13.768 | 58 | Mövenpick |
| 57 | Kempinski | CH | 12.464 | 53 | Kempinski |

**Tabelle:** Die größten Hotelgesellschaften der Welt 2006
(Quelle: Fuchs nach Scheibel, Hotels [Stand: 31.12.2006])

schen den primär die Grundfunktionen Beherbergung und Verpflegung erfüllenden Gasthöfen des 18. und den Luxushotels des 19. Jahrhunderts stellt der 1807-1809 als Hotel ausgebaute Badische Hof in Baden-Baden dar. Mit 48 geräumigen, gut möblierten Fremden- und zusätzlichen Dienstbotenzimmern, einem großen orientalischen Speisesaal, einem im altrömischen Geschmack erbauten Badehaus, Conversations- und Gesellschaftsräumen, einem großen Garten mit schattigen Lauben und Bogengängen ging das Leistungsangebot über das der Betriebe früherer Jahren weit hinaus. Beispiele für Hotelgründungen ab 1871 sind das Adlon in Berlin, in Köln das Excelsior, in Frankfurt der Frankfurter Hof oder in Hamburg das Atlantic und das Vier Jahreszeiten (Hoffmann 1961, S. 208 f.; Rauers 1942, S. 667 ff.; Glücksmann 1927, S. 46).

### 3   Leistungen und Abteilungen

Das wesentliche Kriterium zur Charakterisierung von Hotels sind die angebotenen Leistungen (Hänssler 2004, S. 99 ff.). Diese lassen sich systematisch in die Beherbergungs- (Beherbergung von Gästen), die gastronomischen (Verpflegung von Gästen) und die sonstigen Leistungen (zum Beispiel → Wellness-, Seminarbereich) untergliedern.

Im Mittelpunkt der Beherbergungsleistung stehen die Hotelzimmer. Sie beanspruchen regelmäßig den überwiegenden Teil der Hotelfläche. Je nach Betriebstyp können unterschiedliche

Zimmerkategorien (Einzel-, Doppel-, Mehrbettzimmer, Suiten und Junior-Suiten, Appartements; → Zimmertypen) mit entsprechend gestalteten Nutzungsbereichen (neben dem Sanitär- und Schlafbereich auch ein zusätzlicher Wohn-, Arbeits- und/oder Verpflegungsbereich) und Ausstattungen (luxuriös, erstklassig, gediegen, zweckmäßig, einfach) angeboten werden. Die Mindest-Zimmergrößen für ein Doppelzimmer betragen in einem Ein-Sterne Hotel 12 qm (exklusive Bad/WC), in einem Fünf-Sterne Hotel 26 qm (DEHOGA 2005, S. 4). Ebenfalls umfaßt das Basisangebot eines Hotels einen Empfangsbereich und einen Frühstücks-/Speiseraum. Dieses Angebot wird je nach Kategorie teilweise erheblich erweitert. So gehören zu einem Luxushotel eine repräsentative Hotelhalle mit Empfangsabteilung, Sitzgelegenheiten, Bewirtung, Aufenthaltsräume sowie bei den sonstigen Leistungen Angebote aus den Bereichen Sport, Gesundheit/Wellness/Schönheit bzw. Kongreß/Konferenz/Schulung sowie Einkaufen (Ladengeschäfte).

Dazu kommen als „klassische Hotelleistungen" die Dienstleistungen der Hausdamen- und der Empfangsabteilung. Der Hausdamenabteilung obliegt die Aufgabe der Reinigung, Pflege und Vorbereitung der Zimmer und Flure, generell der öffentlichen Bereiche (Restaurant, Schwimmbad, Parkplätze). Ebenfalls zugeordnet ist die Wäscherei bzw. die Wäscheverwaltung einschließlich dem Wäscheservice für die Gäste. In First Class- und Luxushotels (→ Hotel, Betriebstypen) wird üblicherweise die Couverture oder der Turndown-Service, d.h. die Vorbereitung der Zimmer am Abend für die Nacht (zum Beispiel Aufdecken des Bettes, Einschalten des Lichts) vorgenommen.

Die Tätigkeit der Empfangsabteilung umfaßt die Betreuung vor und während des Aufenthaltes und endet erst nach der Abreise, beispielsweise bei der Zusendung von Fundsachen. Während in mittleren und kleineren Hotelbetrieben alle bzw. mehrere der Aufgaben von einem Mitarbeiter erledigt werden, findet sich in großen Hotels eine weitere Aufgliederung der Empfangsabteilung, „klassisch" in Reservierung, Rezeption, Telefonzentrale und Portierloge.

Die Reservierung übernimmt die bei der Zimmerreservierungen anfallenden Aufgaben. Die → Rezeption ist für die Arbeitsgänge bei Ankunft und Abreise der Gäste zuständig. Die Portierloge bzw. der → Concierge verwaltet die Zimmerschlüssel und erbringt eine Vielzahl weiterer Dienstleistungen, beispielsweise die Gepäckbeförderung, die Versorgung der Fahrzeuge, das Arrangieren von Ausflügen oder das Beschaffen von Flug- und Theatertickets, teilweise 24 Stunden am Tag. Allerdings ist die Aufgabenaufteilung von Hotel zu Hotel verschieden, wie auch die strikte Trennung der Abteilungen aufgehoben wird. Teile der Dienstleistungen sind angesichts technischer und anderer Veränderungen (zum Beispiel → Key Cards und entsprechende Schließanlagen statt Zimmerschlüsseln) nicht mehr notwendig.

Hinsichtlich der gastronomischen Leistungen (→ Gaststättengewerbe) ist nach den Klassifizierungsrichtlinien des → Deutschen Hotel- und Gaststättenverbandes (DEHOGA) zumindest ein Frühstücks- sowie im Restaurant ein (zeitlich begrenztes) Speiseangebot für Mittag- und Abendessen notwendig. Je nach Betriebstyp und Standort eines Hotels finden sich darüber hinaus unterschiedliche Gestaltungen der Hotelgastronomie. So verfügen Großhotels in zentralen Stadtlagen häufig über ein → Café, in dem auch kleine Speisen angeboten werden, ein oder mehrere → Hotelrestaurants mit einem Angebot vom Frühstücksbüfett über das Mittag- bis zum Abendessen, ein Feinschmecker-Restaurant, eine Hotelbar, Banketträume verschiedener Größenklassen für unterschiedliche gesellschaftliche Veranstaltungen bis hin zu Ballsälen.

Aufgrund der Änderung des → Gaststättengesetzes im Jahre 2005 ist zum Betrieb eines Hotels eine Konzession nur noch notwendig, falls Speisen und Getränke über die Hausgäste hinaus angeboten werden (→ Gastgewerbe). Dies dürfte allerdings bei der Mehrzahl der Hotels der Fall sein. Insgesamt wurden in der amtlichen Statistik in Deutschland im Jahre 2004 über 11.000 Hotelbetriebe erfaßt (→ Beherbergungsgewerbe). *(khh)*

*Literatur*

DEHOGA (Hrsg.) 1995/96: Jahrbuch 1995/1996. Bonn: DEHOGA

DEHOGA 2005: Kriterienkatalog 2005 – Deutsche Hotelklassifizierung. Berlin: DEHOGA

Glücksmann, Robert 1927: Das Gaststättenwesen. Stuttgart: Poeschel

Hänssler, Karl Heinz 2004: Die gastgewerbliche Leistung als Dienstleistung. In: Ders. (Hrsg.): Management in der Hotellerie und Gastronomie – Betriebswirtschaftliche Grundlagen. München, Wien: Oldenbourg, S. 99-109 (6. Aufl.)

Hoffmann, Moritz 1961: Geschichte des deutschen Hotels. Vom Mittelalter bis zur Gegenwart. Heidelberg: Hüthig

Rauers, Friedrich 1942: Kulturgeschichte der Gaststätte. Berlin: Metzner

Statistisches Bundesamt 2005: Ergebnisse der monatlichen Beherbergungsstatistik (Beherbergung im Reiseverkehr), Juli 2005 (Fachserie 6; Reihe 7.1), Wiesbaden

## Hotelanimation

*hotel entertainment programme*

Einführung der → Animation als zeitgemäßer Dienstleistung in Betrieben der (oft mittelständischen) Ferienhotellerie außerhalb des Bereiches → Cluburlaub. Auf die klassische Animationsinfrastruktur der Clubs (Amphitheater, Achter-Tisch etc.) wird verzichtet. Die gleichen Arbeitsprinzipien und Anregungsstrategien wie in der klassischen Animation werden dabei nicht durch ein eigenes großes Animationsteam, sondern durch animativ begabte Mitarbeiter aller Hotelabteilungen realisiert, nach Lust, Hobby und Freude am (über den eigentlichen Hotelservice hinausgehenden) Umgang mit dem Gast. *(cfb)*

## Hotelbetriebstypen

*hotel types*

Die Betriebsart → Hotel in der Bundesrepublik Deutschland umfaßt über 11.000 Betriebe, die sich teilweise deutlich voneinander unterscheiden. Um diese Vielzahl systematisch darstellen zu können, ist es sinnvoll, Betriebe, die in einem oder mehreren wesentlichen Merkmalen so weit übereinstimmen, daß sie der gleichen Kategorie zugeordnet werden können, zu Betriebstypen zusammenzufassen. Eine Typisierung kann nach dem Leistungsangebot, dem Standort, der Betriebsgröße, dem Konzeptionsgrad, dem Grad der wirtschaftlichen Selbständigkeit und den Eigentumsverhältnissen erfolgen (Hänssler 2004, S. 56 ff.).

Die Typisierung nach dem Leistungsangebot erfolgt nach der Art, dem Umfang, der Qualität der Leistungen (→ Hotel). In einem Standardhotel werden – ausgehend von den Grundfunktionen Beherbergung und Bewirtung der Gäste – einerseits die Zimmer und in geringem weiterem Umfang weitere bauliche Anlagen, andererseits die Grundleistungen der Haus-

damenabteilung und des Empfangsbe-
reichs sowie gastronomische Leistungen
zur Verfügung gestellt.

In der deutschen Hotelklassifizierung
werden Zwei Sterne-Hotels als Standardhotels bezeichnet. Die Mindest-
größen betragen 12 qm für Einzel-,
16 qm für Doppelzimmer (exklusive
Bad/WC). Hotelhalle und → Bar sowie
Aufenthaltsräume sind nicht vorgeschrieben. In der → Gastronomie gehören Frühstück und ein zeitlich eingeschränkter Speiseservice für das Mittag-
und Abendessen zu den Kriterien. Für
die Rezeption wird nur ein abgetrennter,
„funktional eigenständiger Bereich" benötigt. Der Empfangsdienst muß erreichbar
sein, die Zimmerreinigung erfolgt täglich
(DEHOGA 2005, S. 3).

In der Mehrzahl der Hotels werden teilweise erheblich darüber hinausgehende
Leistungen angeboten, diese können
aber auch verringert werden. Zusätzliche
hotelspezifische → Dienstleistungen sind
beispielsweise der Schuhputz-, Wäsche-
und Etagenservice, Öffnungszeiten der
Empfangsabteilung „rund um die Uhr",
Portiersleistungen wie das Arrangieren
von Ausflügen oder das Beschaffen
von Flug- und Theatertickets. In der
Gastronomie gehört dazu ein differenziertes Angebot mit Feinschmecker-
Restaurant, Hotelbar, → Café/→ Bistro
und Hallenbewirtung. Dazu kommen
die „sonstige(n) Leistungen", die wohl
nicht unmittelbar aus den ursprünglichen Hotelfunktionen Beherbergung
und Verpflegung hervorgehen, die jedoch
ab einem bestimmten Niveau von den
Gästen erwartet werden und nicht selten
den Hotelbetrieb sogar charakterisieren.
Solche sind Leistungen aus den Bereichen
Sport, Gesundheit/→ Wellness oder Geschäft, beispielsweise Seminarräume und
ein Sekretariatsservice.

Je nachdem, welche Leistungen angeboten und wie diese gestaltet und zu
einem einheitlichen Ganzen kombiniert
werden, ergeben sich unterschiedliche
Ausprägungen des Produktes ‚Hotel', die
in Betriebstypen zusammengefaßt werden können.

Sowohl die hotelspezifischen als auch
die sonstigen Leistungen werden erbracht, indem zusätzliche bauliche
Anlagen (zum Beispiel ein Schwimmbad)
bzw. zusätzliches Personal zur Verfügung
gestellt werden. Die Abbildung zeigt
die systematische Einordnung von Hotelbetriebstypen nach diesen Kriterien.

Im „Standardhotel" werden die oben
aufgeführten Leistungen angeboten.
Die Betriebe im Quadranten rechts
oben bieten sowohl im Personalbereich
als auch bei den Anlagen zusätzliche
Leistungen an: Ein höheres Maß hotel-
spezifischer Dienstleistungen und/oder
einen Kur- und Badebereich, einen
Sportbereich oder Tagungsmöglichkeiten.
Je nach Umfang ergeben sich eigene
Betriebstypen wie das Kurhotel oder das
Tagungshotel. Mit der Erweiterung der
Anlagen kann auch eine Veränderung der
Einrichtung und Funktion der Räume
verbunden sein, beispielsweise durch eine
kindgerechte Ausstattung oder durch
das zur Verfügungstellen von Personal-
computern.

Bei Betrieben im Quadranten rechts
unten werden zusätzliche Anlagen wie
Küchen im Appartement zur Verfügung
gestellt. Gleichzeitig werden jedoch personelle Dienstleistungen, beispielsweise
bei der Zimmereinigung, reduziert.

Große Bedeutung hat auch die Verringerung von Anlagen und Personal
(Quadrant links unten). Dies geschieht durch die Verringerung der
Zimmergröße und der Aufenthaltsräume
sowie durch Einschränkungen im

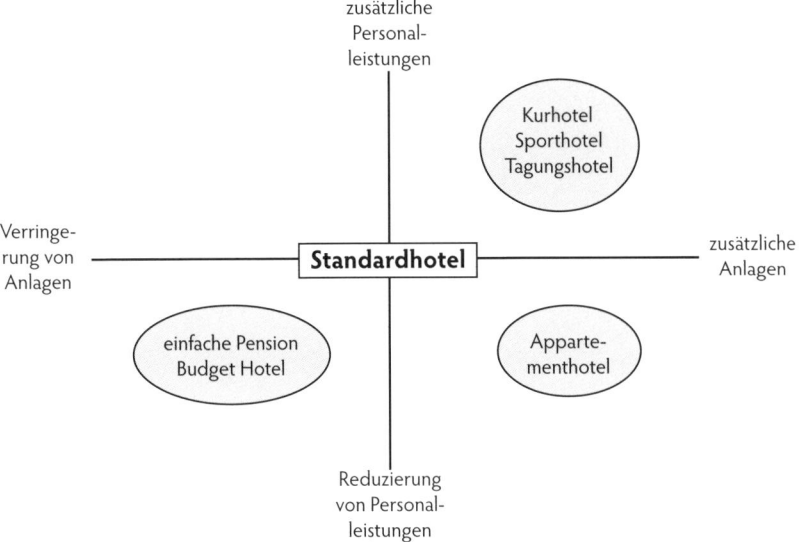

**Abbildung:** Hotelbetriebstypen nach Anlagen
und personellen Dienstleistungen
(Quelle: Hänssler 2004, S. 58)

Dienstleistungsbereich, im Restaurant oder an der Rezeption, mit der Zielsetzung, zu einem niedrigen Preis anbieten zu können.

Je nachdem, welche baulichen Anlagen den Gästen zur Verfügung gestellt und welche von Personen erbrachte Dienstleistungen angeboten werden, untergliedert die → Deutsche Hotelklassifizierung in die Betriebstypen Luxus- (5 Sterne), First Class- (4), Komfort- (3), Standard- (2) und Tourist-Hotels (1). Kriterien für die Einordnung in Kategorien sind beispielsweise die Zimmergröße und -ausstattung, Aufenthaltsräume oder die Besetzung der Rezeption (24 Sunden im Fünf Sterne Hotel) bzw. Serviceleistungen wie der Wäscheservice. Um eine höhere Transparenz innerhalb der fünf Kategorien zu erreichen, kann ergänzend der Zusatz ‚Superior‘ vergeben wer-

den. Diesen erhalten Hotels, die von der Punktzahl die nächsthöhere Kategorie erreicht hätten, dort aber nicht eingestuft werden können, da sie nicht alle Mindestkriterien erfüllen.

Der Schweizer Hotelierverein (SHV) unterscheidet nach den sonstigen Leistungen zusätzlich die Spezialisierungskategorien familienfreundliche, Ferien-, Golf-, Tennis-, Velo/Bike-, Gesundheits- und Wellness-Hotels sowie das Historische und das Öko-Hotel, im Bereich Geschäft neben dem Business-, das Seminar- und das Kongreßhotel (SHV 2001, S. 19).

Weitere Untergliederungen in Betriebstypen können nach folgenden Kriterien erfolgen:

- ❖ Standort: Berg-, See-, Land-, Stadt-, → Flughafen-, → Bahnhofshotel, u.a.
- ❖ Betriebsgröße: Groß-, Mittel- und Kleinbetriebe. Eine einheitliche De-

finition, ab welcher Betten- oder Zimmerzahl bzw. welchen Umsätzen Hotelbetriebe als Groß- oder Mittelbetriebe gelten, liegt nicht vor. Hinsichtlich der konzeptionellen Gestaltung wird häufig zwischen den Größenklassen bis 100 Betten, von 100-200 Betten und über 200 Betten unterschieden. Betriebe bis 100 Betten sind durch den familiären Charakter geprägt – in dieser Größenklasse befinden sich über 90 Prozent der Betriebe der Hotellerie (→ Beherbergungsgewerbe) in Deutschland. Nur 1,5 Prozent mit einem Anteil an den Beherbergungseinheiten von ca. 15 Prozent gehören zur Größenklasse ab 250 Betten.

❖ Konzeptionsgrad: Individual- und Systemhotellerie. Betriebe der Systemhotellerie sind Filial-, Management- oder Franchisebetriebe, deren Angebot und Arbeitsabläufe mehr oder weniger systematisch nach einem bestimmten Konzept ausgerichtet sind. Betriebe der Individualhotellerie werden häufig vom Unternehmer selbst geführt, das Konzept wird individuell durch diesen bestimmt.

❖ Grad der wirtschaftlichen Selbständigkeit: Einzelbetriebe, → Kooperations-, → Franchise-, Konzernbetriebe.

❖ Eigentumsverhältnisse: → Eigentümerbetrieb, Pachtbetrieb (→ Hotelpacht), Managementbetrieb (→ Managementvertrag).

❖ Nach den Kriterien Standard (= Angebot des Hotels) und Standardisierungsgrad unterscheidet die TREUGAST Unternehmensberatung (Treugast 2000) Allround/Basisanbieter, individuelle Luxusanbieter, Spezialisten, Koopera-

tionshotellerie, 1-3-Sterne- sowie 4-5-Sterne-Kettenhotellerie.

Zu den Allround-/Basisanbietern zählen insbesondere Klein- und Mittelbetriebe in Familienbesitz. Diese Gruppe zeichnet sich durch niedrigen Standard und geringe Möglichkeiten der Standardisierung aus. Individuelle Luxusanbieter haben einen hohen Standard und einen mittleren Standardisierungsgrad. Zu der strategischen Gruppe der Spezialisten gehören die Kur- und Wellnesshotels, Kinder- und Familienhotels, Tagungshotellerie sowie andere Spezialisten. Die Kooperationshotellerie ist durch einen höheren Standardisierungsgrad und einen Standard, der im Mittelfeld positioniert ist, gekennzeichnet. Häufig gibt es Überschneidungen mit der strategischen Gruppe der Spezialisten, da sich einzelne Spezialisten, gerade im Wellness-Bereich, häufig zu Kooperationen zusammenschließen.

Die 1-3-Sterne-Kettenhotellerie hat einen hohen Standardisierungsgrad, jedoch einen relativ niedrigem Standard, da fast ausschließlich das Kernprodukt verkauft wird, ohne zusätzliche Dienstleistungen anzubieten. Die 4-5-Sterne-Kettenhotellerie weist auf Grund ihres hohen Standards einen geringeren Standardisierungsgrad auf. Das Angebot ist auf eine gehobene Zielgruppe ausgerichtet und läßt sich nur schwierig standardisieren. *(khh)*

*Literatur*

DEHOGA 2005: Kriterienkatalog 2005 – Deutsche Hotelklassifizierung. Berlin

Hänssler, Karl Heinz 2004: Betriebsarten und Betriebstypen des Gastgewerbes. In: Ders. (Hrsg.): Management in der Hotellerie und Gastronomie - Betriebswirtschaftliche Grundlagen. München, Wien: Oldenbourg, S. 53-74 (6. Aufl.).

SHV Schweizer Hotelier-Verein 2001: Weg-leitung zur Hotelklassifikation (technische Erläuterungen). Bern

Treugast Unternehmungsberatungsgesellschaft 2002: Trendgutachten Hospitality 2002/2003. München

## Hotelbewertungsportale
→ Hotelführer

## Hotel-Controlling
→ Controlling

## Hoteldirektor
→ Hotelier/Hoteldirektor

## Hoteleinkauf
→ Supply Management (Hotel)

## Hotelfachmann/Hotelfachfrau
*specialist in the hotel business*
Berufsbezeichnung und gleichzeitig an-erkannte Berufsausbildung im → Gast-gewerbe. Die Ausbildung dauert drei Jahre, Ausbildungsorte sind der jewei-lige Betrieb und die Berufsschule. Während der Ausbildung durchlaufen die Auszubildenden die Abteilungen eines → Hotels, so etwa Empfang, Service, Bankett, Küche, Etage, Bar, Verwaltung oder Direktionssekretariat. Durch die breit angelegte Ausbildung entwickeln sich Generalisten, die nach Abschluß der Lehre in verschiedenen Stellen eines Hotel- oder Restaurantbetriebes einge-setzt werden können (DEHOGA o.J.). *(wf)*

*Literatur*
DEHOGA (Hrsg.) o.J.: Berufsausbildung und Karrierechancen in Gastronomie und Hotellerie, Berlin

## Hotelführer
*hotel guide*
Publikation, die Informationen über Ho-telunternehmen sammelt, aufbereitet und diese dann (potentiellen) Hotelgästen zur Verfügung stellt. Hotelführer bieten faktische und teilweise auch wertende Informationen.

Zu den faktischen Informationen ge-hören Aussagen zu Adresse, Anfahrts-möglichkeiten, Ausstattung, Betten- und Zimmeranzahl, Lage des Hau-ses, Öffnungszeiten, Preise und Zah-lungsmöglichkeiten. Um die Informa-tionsfülle zu bewältigen, werden Pikto-gramme eingesetzt. Mitunter besteht für die Hotels die Möglichkeit, individuelle Textkomponenten hinzuzufügen. In der Regel entscheiden sich Hotelführer für ein geographisches Ordnungsmuster wie der alphabetischen Sortierung nach Städten, Regionen, Ländern oder Kontinenten.

Eine Wertung der Hotels erfolgt durch den Rückgriff auf bestehen-de Klassifizierungen (z. B. Sterne der → Deutschen Hotelklassifizierung, Sterne der → Deutschen Klassifizierung für Gästehäuser, Gasthöfe und Pensionen) oder Zertifizierungen (z.B. → Certified Conference Hotel, → VDR-Certified Hotel). Hotelbewertungsportale im Inter-net wie www.cooleferien.com, www. holidaycheck.de, www.hotelcheck.de oder www.hotelkritiken.de, bei denen Reisende ihre Einschätzungen abge-ben können, stellen eine alternative Be-wertungsmöglichkeit dar. Die Portale erleben seit Jahren einen Aufschwung, geraten aber aufgrund bestehender Mani-pulationsmöglichkeiten, mangelnder Ak-tualität oder falscher Zuordnungen regel-mäßig in Kritik (etwa Stiftung Warentest 2007, S. 83 ff.).

Neben Hotelführern, die den Ge-samtmarkt abbilden (z.B. Deutscher Hotelführer), existieren solche, die be-stimmte Marktsegmente wie Seminare und Tagungen (z.B. Intergerma-Führer), oder → Wellness (z.B. Wellness Guide der Romantik-Hotelkooperation) erschließen. Hotelführer können kostenlos oder kostenpflichtig, als Druckausgabe und/oder im Internet präsent sein. Manche Publikationen beziehen zusätzlich gastronomische Betriebe mit ein (Hotel- und → Restaurantführer wie → GaultMillau, → Guide Michelin oder → Varta-Führer). Als Herausgeber treten Hotelkooperationen, Hotelkonzerne, Reisebüros, Reiseveranstalter, Reservierungsplattformen, Tourismusverbände und auf Hotel- und → Restaurantkritik spezialisierte Unternehmen auf. Das Angebot an Hotelführern ist durch die vielen Internetangebote inzwischen sehr groß geworden.

Als Beispiel für einen Hotelführer sei auf den „Deutscher Hotelführer" verwiesen, der vom → DEHOGA (Deutscher Hotel- und Gaststättenverband) herausgegeben wird und der zu den bedeutendsten Vertretern gehört. Die Ausgabe für das Jahr 2008 enthält faktische und wertende Informationen zu rund 10.000 Beherbergungsstätten. Der Führer nutzt verschiedene Vertriebskanäle wie Buchhandel, → Deutsche Bahn AG, → Deutsche Zentrale für Tourismus oder Reisebüros (→ Reisemittler). Das Werk ist als Buchversion (Auflage ca. 75.000 Stück pro Jahr) und CD-ROM (Auflage 200.000 pro Jahr) erhältlich und kostet 19,80 Euro. Im Internet ist der Führer unter www.hotelguide.de als Suchmaschine vertreten. Die Kosten für den Texteintrag sind wie folgt: Grundbetrag 25 €, pro Bett wird 1,99 € veranschlagt. Ab 200 Betten wird eine Pauschale von 420 €, ab 300 Betten eine Pauschale von 490 € berechnet. Der Eintrag eines Bildes ist kostenlos, Mehrfacheinträge werden zusätzlich in Rechnung gestellt (DEHOGA 2007).

Aus modelltheoretischer Sicht sind Hotelführer Intermediäre *(certifica-* *tion intermediaries)*, die auf dem Markt Informationen über die Verkäuferseite sammeln und der Käuferseite zur Verfügung stellen. Sie tragen zum Abbau eines Informationsdefizits bei (Biglaiser 1993, S. 222 f.; Lizzeri 1999, S. 214 f.). *(wf)*

*Literatur*

Biglaiser, Gary 1993: Middlemen as experts. In: Rand Journal of Economics, 24 (2), S. 212-223

DEHOGA (Hrsg.) 2007: Deutscher Hotelführer 2008. Stuttgart: Matthaes

Lizzeri, Alessandro 1999: Information revelation and certification intermediaries. In: Rand Journal of Economics, 30 (2), S. 214-231

Stiftung Warentest (Hrsg.) 2007: Hotelbewertung im Internet: Wem Sie trauen können. In: test, o. Jg., Nr. 2, S. 83-85

## Hotel Garni

*hotel with breakfast only*

Ein Hotel Garni ist ein Betrieb, der Beherbergung und Verpflegung anbietet. Die Verpflegungsleistung ist eingeschränkt (nur Frühstück, zusätzlich höchstens noch kleine Speisen) und wird nur Hotelgästen, nicht aber Passanten, angeboten.

Im Rahmen der → Deutschen Hotelklassifizierung kann ein Hotel Garni maximal mit vier Sternen ausgezeichnet werden im Gegensatz zu → Hotels, die bis zu fünf Sterne erreichen können. In der Schweiz wird synonym der Begriff „Hotel nur mit Frühstück" verwandt. *(wf)*

## Hotelier/Hoteldirektor

*hotelier, General Manager*

Der Hotelier ist der Eigentümer oder Pächter eines Hotelbetriebs. Der Hoteldirektor dagegen leitet das Hotel fachlich und kaufmännisch. Dabei verfügt er über weitreichende handelsübliche Vollmachten und Pflichten, wobei er die Verantwortung gegenüber dem Inhaber des Betriebs trägt. Zu seinen Pflichten gehört die Repräsentation des Betriebs gegenüber den Gästen und der Öffentlichkeit. Ihm obliegt die Planung, Organisation, Personalpolitik sowie die Leitung und Kontrolle des gesamten Betriebs. Die Qualifikation für die Position des Hoteldirektors erfolgt meist über eine Ausbildung im Hotel- und Gaststättenwesen mit einer für Leitungsfunktionen qualifizierenden Weiterbildung oder über ein Studium der Betriebswirtschaftslehre mit Schwerpunkt Hotellerie. *(cf)*

**Hotelkategorie**
→ Hotelklassifizierung,→ Deutsche Hotelklassifizierung

**Hotelkaufmann/Hotelkauffrau**
*hotel clerk*
Berufsbezeichnung und gleichzeitig anerkannte Berufsausbildung im Gastgewerbe. Die Ausbildung dauert drei Jahre, Ausbildungsorte sind der jeweilige Betrieb und die Berufsschule. Der Schwerpunkt der Ausbildung liegt im kaufmännischen Bereich; zentrales Arbeitsfeld ist die kaufmännische Steuerung des Hotelbetriebs (DEHOGA o.J.). *(wf)*

*Literatur*
DEHOGA (Hrsg.) o.J.: Berufsausbildung und Karrierechancen in Gastronomie und Hotellerie, Berlin

**Hotelkette**
*hotel chain*
Unklarer Begriff, für den in der wissenschaftlichen Literatur die unterschiedlichsten Definitionen existieren. Am häufigsten wird der Begriff der Hotelkette in Zusammenhang mit Hotelkonzernen bzw. Konzentrationsgebilden verwendet. Dem widerspricht allerdings die Verwendung des Begriffs im Zusammenhang mit

Franchise-Verbindungen oder auch → Hotelkooperationen, da die Hotels in diesen Fällen untereinander rechtlich und wirtschaftlich selbständig sind.

Die Schwierigkeit einer einheitlichen Definition hängt mit den unterschiedlichen Geschäftsmodellen in der Hotellerie zusammen. Neben den klassischen Eigentümerhotels werden → Hotels unter Pacht- (→ Hotelpacht) und → Managementverträgen betrieben, schließen sich Franchise-Verbindungen (→ Franchise) an und gehen → Hotelkooperationen im engeren Sinne ein. Bei all diesen Geschäftsmodellen sind die zu Grunde liegenden rechtlichen und wirtschaftlichen Abhängigkeiten jeweils verschiedenartig ausgeprägt. Die Veränderung der Struktur der Hotellerie und die Entstehung immer größerer Hotelgruppen, die sich der verschiedenen Geschäftsmodelle zur Expansion bedienen, macht eine saubere Definition der Hotelkette schwierig.

Allen Definitionen der Hotelkette gemein ist zumindest ein bis zu einem gewissen Grad gemeinsames Auftreten der beteiligten Hotels am Markt. Um einer unsauberen Definition des Begriffes Hotelkette entgegenzutreten und Klarheit bei der Verwendung des Begriffes zu schaffen, erscheint es daher sinnvoll, die Hotelkette über den gemeinsamen Namen und das gemeinsame Auftreten am Markt zu definieren. Solch eine Definition gewährleistet ebenfalls eine Transparenz dem Hotelgast gegenüber, für den es oftmals nicht unterscheidbar bzw. völlig indifferent ist, welches Geschäftsmodell beim Betrieb eines Hotels vorliegt. Für den Hotelgast entsteht durch die Verwendung eines einheitlichen Namens und das einheitliche Auftreten der Hotels am Markt ein einheitliches Image. Einer solchen Definition des Begriffes Hotelkette folgend, wären Konzerne genauso als Hotelketten anzusehen, wie Franchise-Gruppen oder Hotelkooperationen im engeren Sinne, solange diese nach außen hin in gewisser Art und Weise einheitlich auftreten.

Um diesbezüglich eine Transparenz bei der Begriffsverwendung zu schaffen, hat der → Deutsche Hotel- und Gaststättenverband (DEHOGA) den Begriff der → Markenhotellerie eingeführt. *(amj)*

## Hotelklassifizierung
*hotel classification*

Unter einer Klassifizierung wird generell eine Bildung von unterschiedlichen Klassen verstanden. Eine Klassifizierung soll Ordnung und Überblick schaffen. Hotelklassifizierungen verfolgen mithin das Ziel, durch die Bildung von unterschiedlichen Klassen eine höhere Transparenz, eine deutlichere Produktpositionierung und eine bessere Orientierung zu geben.

Die Klassifizierung von Hotels ist auf der Basis von unterschiedlichen Kriterien denkbar (z. B. Standort, Aufenthaltszweck, Betreiberform). Aufgrund der hohen praktischen Relevanz hat sich die Klassifizierung nach Qualitätskategorien durchgesetzt. Weltweit werden hierbei oft Sterne als aussagefähiges Symbol verwendet (1*-5*). In manchen Ländern, etwa im arabischen Raum, streben Anbieter durch die Einführung weiterer Sterne (bis zu 7*) die Korrektur der bisher weltweit üblichen Klassifizierung an.

Unterschiedlich beteiligte Akteure (etwa Staat, Verbände, Unternehmen), unterschiedliche Regulierungsebenen (nationale oder regionale Ebene), unterschiedliche Verbindlichkeitsgrade (Pflicht, Freiwilligkeit), unterschiedliche Kriterien und zusätzliche Klassifizierungen und Zertifizierungen für spezifische Markt-

segmente (Wellness-Hotels [→ Wellness Stars], Geschäftsreisehotels [→ VDR-Certified Hotel]) machen eine Vergleichbarkeit der Klassifizierungssysteme der einzelnen Länder nur bedingt möglich. Davon abgesehen gibt es Länder wie Finnland, die keine Hotelklassifizierung haben bzw. anstreben (HOTREC 2004, www.hotrec.org).

Während manche von einem internationalen Sternewirrwarr sprechen und eine weltweite Einigung über internationale Hotelstandards einfordern, warnen andere – etwa der → Deutsche Hotel- und Gaststättenverband (DEHOGA) oder → HOTREC – vor einer falsch verstandenen Harmonisierung auf internationalem Niveau. Aufgrund der nationalen Besonderheiten in den jeweiligen Märkten scheint eine internationale Standardisierung auch nicht sinnvoll: Statt Transparenz wäre Verwirrung die Folge. Zu Hotelklassifizierungen siehe auch → Deutsche Hotelklassifizierung. *(wf)*

*Literatur*

HOTREC 2004: Hotel Classification in the countries represented in HOTREC (October 2004), Brüssel

## Hotelkooperation
*hotel co-operation*

### 1 Einführung

Unter einer Hotelkooperation wird eine partielle oder auch umfassende Zusammenarbeit von mehreren Hotelbetrieben (→ Hotel) verstanden, welche primär auf den Bereichen Marketing und Vertrieb, Einkauf, Informations- und Erfahrungsaustausch sowie Fort- und Weiterbildung basiert (Gardini 2004, S. 265 ff.; Jaeschke 2004, S. 75 ff.).

Die Zielsetzung besteht in erster Linie darin, Synergien in diesen Bereich zu erzielen und Kräfte zu bündeln, um somit durch den Verbund Wettbewerbsnachteile gegenüber Hotelkonzernen (→ Hotelkette) ausgleichen zu können und schließlich eine verbesserte Marktstellung zu erreichen. Das Phänomen dieses Synergieeffekts kommt komprimiert in der Formel „2 + 2 = 5" zum Ausdruck, d.h., die durch die Hotelkooperation erzeugte Verbundstärke spendet dem Hotelbetrieb einen zusätzlichen Nutzen, der über die bloße Addition der Potentiale der einzelnen Hotelbetriebe hinausgeht. Die Entscheidung eines Hotelbetriebs, sich einer Hotelkooperation anzuschließen, ist vor dem Hintergrund eines hohen Wettbewerbsdruck zu betrachten, der gekennzeichnet ist durch Überkapazitäten am Markt, der Substituierbarkeit des Produktes Hotel, einer zunehmenden Reizüberflutung der Gäste, globalen Trends, wie zum Beispiel Markenbildung, sowie der rasanten Entwicklung des E-Commerce. Bei der Zusammenarbeit im Rahmen einer Hotelkooperation bleiben die Hotelbetriebe nicht nur rechtlich, sondern auch wirtschaftlich weitgehend selbständig. Eine Einschränkung der wirtschaftlichen Selbständigkeit in den von der Kooperation betroffenen Bereichen für die Dauer der Kooperation ist dabei jedoch möglich. Dies muß dann aber im Interesse des Unternehmers sein, zumal es sich dabei um die Bereiche handelt, in denen letztlich auch kooperiert wird. Auch die Namensgebung zeigt die wirtschaftliche Eigenständigkeit der Hotelbetriebe. Zumeist stellen diese ihrem individuellen, traditionellen und am Markt etablierten Betriebsnamen den Namen der ausgewählten Hotelkooperation voran (zum Beispiel Ringhotel Krone).

## 2 Zielsetzung

Bei der Zielsetzung von Hotelkooperationen ist einerseits nach den Zielen der angeschlossenen Hotelbetriebe zu unterscheiden und andererseits nach den Zielen des Kooperationsunternehmens selbst zu differenzieren. Das Hauptziel der angeschlossenen Hotelbetriebe wird darin bestehen, die langfristige Existenz des Hotelbetriebes zu sichern, d.h., durch Rationalisierungseffekte die Wirtschaftlichkeit in den einzelnen Leistungsbereichen des Hotelbetriebes zu erhöhen und die Marktstellung durch organisierte Interessensvertretungen zu verbessern und somit schließlich die Wettbewerbsfähigkeit zu steigern. Eine weitere Zielsetzung besteht darin, durch die gemeinsame Positionierung am Markt die Vorteile des gemeinsamen Markennamens *(brand)* zu nutzen, den Bekanntheitsgrad der Marke zu steigern, durch Instrumente der Kundenbindung die Markentreue der Kunden zu sensibilisieren, durch verläßliche Qualitätsstandards ein transparentes Qualitätsversprechen abgeben zu können sowie durch eine verbesserte Positionierung auf dem eigenen Markt positive Ausstrahlungseffekte der Marke auf den Hotelbetrieb zu nutzen (zum Beispiel um dadurch das Image des Hotelbetriebes auf dem lokalen Markt zu verbessern). Ein weiteres gesetztes Ziel ist in der Nutzung des gemeinsamen nationalen und internationalen Marktauftritts zu sehen. Insbesondere vertriebsseitig lassen sich durch Addition und Bündelung im Absatzbereich sowie in der Vertriebsorganisation die einzelnen kleinen Marketingbudgets, in der Summe betrachtet, im Rahmen der Kooperation effizient nutzen (zum Beispiel Listung und Buchbarkeit in → Globalen Reservierungssystemen, GDS).

Aber auch kommunikationspolitische Aspekte wie ein gemeinsamer Messeauftritt, Werbung, Direktmarketing und Öffentlichkeitsarbeit werden dadurch effizienter. Dies ist u. a. auch auf den durch das im Zuge eines *Corporate Design* erreichten höheren Wiedererkennungseffekt beim Konsumenten zurückzuführen. Aber auch in anderen Bereichen eines Hotelbetriebes gilt es, im Rahmen von Hotelkooperationen Synergien zu erreichen. So kann durch die Kooperation im Beschaffungsbereich, sowohl im → F&B- als auch im Non-Food-Bereich, durch Bündelung im Sinne der *economies of scale*, Einsparungspotential entdeckt werden und der Einkauf noch kostenorientierter und effizienter gestaltet werden. Eine weitere Zielsetzung beim Anschluß an eine Hotelkooperation besteht darin, durch Fortbildungs- und Qualifizierungsmaßnahmen das Leistungsniveau der Mitarbeiter anheben zu können sowie durch regelmäßigen Informations- und Erfahrungsaustausch den Unternehmer selbst zu neuen Sichtweisen von hotelspezifischen Sachverhalten zu sensibilisieren.

Die Ziele der Unternehmung Hotelkooperation selbst liegen in der Entwicklung eines starken und im Idealfall hoch emotionalisierten Markennamens sowie in einer umfänglichen Flächendeckung in Abhängigkeit davon, ob es sich um eine regional, national oder multinational agierende Hotelkooperation handelt. Unter dem Stichwort der Omnipräsenz spielt dabei die Verfügbarkeit des Produktes Hotel eine entscheidende Rolle. Demnach ist es notwendig, eine entsprechende Anzahl an Mitgliedern im Kooperations-Portfolio zu besitzen, um dieses flächendeckende Verfügbarkeit zu gewährleisten. Darüber hinaus spielt die Anzahl der Mitglieder (in Abhängigkeit des Mitgliedsbeitrages) die zentrale Rolle im Rahmen der Gestaltung des Kommunikationsbudgets der Kooperation, in welchem bspw. alle kommunikationspolitischen Maßnahmen in Zahlen verankert sind.

## 3 Formen

Kooperationen in der Hotellerie lassen sich generell in drei unterschiedliche Formen unterteilen, die Verbände, Franchising im Allgemeinen sowie Hotelkooperationen im engeren Sinne.

### 3.1 Verbände

Verbände stellen Organisationen dar, in denen Hotelbetriebe mehr oder weniger straff organisiert zusammenarbeiten, um gemeinsame Interessen wahrzunehmen und gemeinsame Aufgaben zu erfüllen. Das Hauptziel von Verbänden besteht darin, durch die Bündelung von Interessen eine stärkere Machtposition insbesondere gegenüber anderen Organisationen, Gemeinschaften und Verbänden zu erreichen. Da die Interessen der Hotelbetriebe jedoch meist sehr vielfältig sind, sind die Verbände entsprechend unterschiedlich organisiert und ausgerichtet. Die Mitgliedschaft in Verbänden ist freiwilliger Natur. Verbände sind daher auch meist keine Kooperationen, da sie die Selbständigkeit der darin organisierten Unternehmen nicht tangieren (→ Kooperation). Der für Hotelbetriebe wichtigste Verband mit den meisten Mitgliedern ist der → Deutsche Hotel- und Gaststättenverband DEHOGA mit Sitz in Berlin. Andere in der Hotellerie agierende Verbände sind zum Beispiel die Food & Beverage Management Association (FBMA) oder die Hoteldirektorenvereinigung (HDV).

### 3.2 Franchising

Unter → Franchising versteht man eine vertragliche Vereinbarung von Unternehmen auf verschiedenen Wertschöpfungsstufen, in der festgelegt wird, daß der Franchise-Nehmer gegen ein Entgelt bestimmte Produkte, Dienstleistungen, Rechte und Know-how des Franchise-Gebers in Anspruch nehmen kann. Es handelt sich dabei um eine langfristig angelegte, vertikale Form einer Kooperation in der Hotellerie, bei der Franchise-Geber den Absatz des Produktes Hotel (Hotelübernachtung) auf Vertragspartner (Franchise-Nehmer) übertragen. Franchise-Geber und Franchise-Nehmer treten am Markt unter einheitlichem Namen auf, obgleich sie rechtlich und wirtschaftlich selbständig sind. Das vertragliche Konstrukt eines Franchise-Verhältnisses besteht aus einer Vielfalt an Einzelverträgen und Vereinbarungen. Den wichtigsten Teil dieses Dauerschuldverhältnisses stellt die Lizenzvereinbarung dar, welche die Nutzung von Namens- und Markenrechten regelt. Ein zweiter wichtiger Bestandteil ist die Know-how-Vereinbarung in der die Übertragung von betrieblichem, fachspezifischem und technischem Wissen geregelt wird. Situationsbedingt können zusätzliche Verträge und Vereinbarungen Bestandteile eines Franchise-Vertrages sein, wie zum Beispiel Vertretungs-, Geschäftsordnungs-, Miet-, Kauf- oder auch Pachtverträge.

Bei den Vorteilen des Franchisings ist zwischen Franchise-Nehmer und Franchise-Geber zu unterscheiden. Für den Franchise-Geber stellt Franchising ein adäquates Mittel dar, schnell zu expandieren, da keine größeren Kapitalinvestitionen getätigt werden müssen. Ein weiterer Vorteil ist in der Marketing-Dynamik dieser Konstruktion zu sehen. Da Franchise-Nehmer wirtschaftlich völlig selbständig sind, man nach außen aber unter einem Markennamen auftritt, besteht die Möglichkeit für den Franchise-Geber, auf die Kundenkontakte der motivierten Franchise-Nehmer zurückzugreifen und somit dem Produkt bzw. dem Konzept am Markt schneller zu einem hohen

Bekanntheitsgrad zu verhelfen bzw. die Nachfrage entsprechend zu stimulieren.

Den wichtigsten Vorteil für den Franchise-Nehmer stellt der hohe Bekanntheitsgrad des Markennamens des Franchise-Gebers dar, von dem insbesondere Existenzgründer profitieren und sich mit vermindertem Risiko profilieren können. Ein weiterer wichtiger Vorteil besteht im Wissenstransfer, bei dem Know-how in allen Teilen der betrieblichen Wertschöpfungskette an den Franchise-Nehmer übergehen (Technik, Logistik, Marketing und Vertrieb, EDV, Rechtshilfe, Fort- und Weiterbildung und Einkauf). Auch die psychische Wirkung auf den Franchise-Nehmer und dessen Mitarbeiter ist vorteilhaft (zum Beispiel Mitarbeitermotivation, Zugehörigkeitsgefühl zur Systemfamilie).

Durch das Franchising ergeben sich allerdings auch Nachteile, sowohl für den Franchise-Nehmer als auch für den Franchise-Geber. Für den Franchise-Nehmer stellen systembedingte Einschränkungen neben der allgemeinen Abhängigkeit vom Franchise-Geber und dessen Geschäftspolitik den größten Nachteil dar. Ebenso kann durch andere, schwächere Franchise-Nehmer das Image bröckeln und so eine negative Ausstrahlung auf den Franchise-Nehmer projiziert werden. Aber auch für den Franchise-Geber wäre das von Nachteil, da sich dies negativ auf das gesamte Image des Systems auswirken kann. Ferner birgt Franchising die Gefahr von Spannungen zwischen den Vertragspartnern, welche aus den unterschiedlichsten Gründen hervorgehen kann.

### 3.3 Hotelkooperationen im engeren Sinne

Zu den Hotelkooperationen i.e.S. gehören sämtliche freiwilligen Zusammenschlüsse von Hotelbetrieben auf horizontaler Ebene, die neben den Verbänden und dem Franchising-Verhältnis noch existieren. Inhaltlich lassen sich diese nach folgenden Kriterien voneinander abgrenzen:

❖ Informations- und Erfahrungsaustausch;
❖ Gemeinsame Marktforschung und Datenanalyse;
❖ Ausgliederung und Zentralisierung von betrieblichen Prozessen (zum Beispiel Zentraleinkauf;
❖ Institutionalisierung einer Kooperationsführung sowie Implementierung eines Managements-, Verwaltungs- und Administrationsapparats;
❖ Schaffung eines rechtlichen Fundaments (zum Beispiel in Form einer Betreibergesellschaft).

In Abhängigkeit der Intensität kann es sich dabei in der Praxis um lose Erfa-Gruppen handeln, welche auf der Basis von hotelspezifischen Parametern und Kennzahlen Betriebsvergleiche in unregelmäßigen oder regelmäßigen Abständen initiieren oder darauf aufbauend mit einem gemeinsamen Markenauftritt und einer strategischen Positionierung (evtl. Nischenstrategie) agieren. Letztere haben dann sowohl die Zentralisierung von betrieblichen Prozessen als auch die Gründung einer eigenständigen Betreibergesellschaft inne.

Die Vorteile für die angeschlossenen Hotelbetriebe liegen, wie bereits oben ausführlich dargestellt, in der Bündelung von Aktivitäten sowie in Rationalisierungs- und Synergieeffekten, welche schließlich einer Erhöhung der Wirtschaftlichkeit dienen und eine langfristige Existenzsicherung gewährleisten. Insbesondere für mittelständische Hotelbetriebe ergibt sich dadurch die Möglichkeit, seinen eigenen Charakter und seine Individualität zu wahren und dennoch konkurrenzfähig zu bleiben.

Nachteilig kann sich beim Anschluß an eine Hotelkooperation ein etwaiger mangelnder Vertrauensaufbau zwischen den Partnern auswirken. Die Gefahr stark egoistischen Handelns der einzelnen Hotels birgt die Gefahr, daß aneinander vorbei und nicht zusammengearbeitet wird. Allgemein gilt es, im Vorfeld eines eventuellen Anschlusses an eine Hotelkooperation i. e. S., die Inhalte, Strukturen, Philosophie sowie marketingstrategische Gesichtspunkte zu berücksichtigen und zu würdigen.

Als Beispiele für Hotelkooperationen i. e. S. gelten als sog. Allrounder die Ringhotels oder die Romantikhotels. Das gegenteilige Pendant stellen die sog. Spezialisten dar, die sich auf einen Kernbereich der Leistungserstellung oder auf eine gewisse Thematik spezialisieren, wie zum Beispiel die Wellness-Hotels Deutschland. Auch auf lokaler bzw. regionaler Ebene erscheinen Kooperationen sinnvoll, wie sich am Beispiel der Freiburger Private City Hotels zeigt. *(ths/stk)*

*Literatur*
Gardini, Marco A. 2004: Marketing-Management in der Hotellerie. München, Wien: Oldenbourg
Jaeschke, Arndt Moritz 2004: Zusammenarbeit in der Hotellerie – Funktionelle Entkoppelung, Betreiberformen und Kooperationen. In: Karl Heinz Hänssler (Hrsg.): Management in der Hotellerie und Gastronomie. München, Wien: Oldenbourg, S. 75-90 (6. Aufl.)

## Hotel Operations

*to operate* (engl.) = in Betrieb sein, laufen, funktionieren. In der Hotellerie der international gängige Begriff für die Leistungserstellung (insbesondere Empfang, Etage, F&B, Service).

Die Abteilungen der Leistungserstellung *(operating departments; operating divisons)* sind direkt in die Dienstleistungserstellung für den Gast eingebunden. Im Gegensatz dazu stehen unterstützende Abteilungen *(support divisions)* wie → Controlling, Marketing, Personal, Rechnungswesen oder Vertrieb, die nur indirekt an der Erstellung der Dienstleistung beteiligt sind. *(wf)*

## Hotelpacht
*hotel lease*

Durch Vertrag begründetes Pachtverhältnis zwischen Verpächter (Hoteleigentümer) und Pächter (Hotelbetreiber) über gewerblich genutzte Räume gegen Entgelt. Der Pachtvertrag ist ein gegenseitiger Schuldvertrag. Er verpflichtet den Verpächter, die Nutzung des Pachtgegenstandes im vertraglich bestimmtem Umfang zu gewähren, während der Pächter verpflichtet ist, die vereinbarte Pacht zu bezahlen (§ 581 BGB). Anders als bei der Miete steht nicht der Gebrauch, sondern die „Fruchtziehung" durch den Pächter im Vordergrund, das sind insbesondere die Erträge aus dem Unternehmen.

Als Berechnungsgrundlage für die Höhe der Pacht kann grundsätzlich der Zinsanspruch des Verpächters aus dem investierten Kapital angesehen werden. Unterschiedliche Ausgestaltungsmöglichkeiten sind möglich. Die Entrichtung kann fix (z. B. als Festpacht: gleichbleibende Summe, die unabhängig vom Geschäftsverlauf ist) oder variabel (z. B. als Umsatzpacht: fest definierter Prozentsatz des Umsatzes) vereinbart sein. Kombinationen aus fixen und variablen Bestandteilen sind ebenfalls möglich (z.B. als Mischpacht: Festpacht kombiniert mit Umsatzpacht). Ebenso sind Begrenzungen der Pacht nach oben und unten denkbar (siehe auch Dahringer

2004, S. 441 f.; DEHOGA 2003, S. 11 ff.). Die Varianten spiegeln die unterschiedlichen Risikoeinstellungen der Beteiligten wider. Empirische Ergebnisse deuten auf eine Dominanz der Festpacht hin (Maschke 2004, S. 142). Die Pacht zählt bei vielen Beherbergungsbetrieben zu den wichtigsten Aufwandspositionen.

Neben diesen vertragstypischen Pflichten hat der Pächter Nebenpflichten zu beachten, bei deren Verletzung er zum Schadensersatz oder zur Unterlassung verpflichtet ist. Bei anhaltenden Pflichtverletzungen kann dadurch ein wichtiger Grund zur fristlosen Kündigung gegeben sein. Hierzu zählen Obhutspflichten bezüglich des Pachtgegenstandes und Anzeigepflichten bei auftretenden Mängeln der Pachtsache. Wird ein Betrieb mit → Inventar verpachtet, hat der Pächter diesbezüglich die Erhaltungs- und Ausbesserungspflicht (§ 582 BGB).

Der Verpächter hat dem Pächter die gepachtete Sache in einem zum vertragsgemäßen Gebrauch geeigneten Zustand zu überlassen und sie während der Pachtzeit in diesem Zustand zu erhalten (§§ 581 Abs. 2, 535 Abs. 1 BGB). Das Gesetz legt damit dem Verpächter als ergänzende und einklagbare Hauptpflicht die sog. Instandhaltungspflicht an → „Dach und Fach" auf. Damit verbunden ist die Duldungspflicht des Pächters. Ausnahmsweise kann der Pächter – bei entsprechender Kompensation – die Pflicht zu Instandsetzungen vertraglich übernehmen. Schönheits- und Kleinreparaturen im Inneren der Pachträume können dem Pächter auch formularmäßig auferlegt werden.

Das Pachtverhältnis endet bei einem befristeten Pachtvertrag mit Ablauf der vereinbarten Vertragsdauer. Eine vorzeitige Beendigung ist nur bei einvernehmlicher Vertragsaufhebung oder durch außerordentliche Kündigung aus wichtigem Grund möglich. Dieser liegt in der Regel dann vor, wenn die Fortsetzung des Vertragsverhältnisses unter Abwägung der beiderseitigen Interessen dem Kündigenden nicht zumutbar ist. Ist der Pachtvertrag auf unbestimmte Dauer geschlossen worden, ist eine ordentliche Kündigung zum Schluß eines Pachtjahres zulässig; sie hat spätestens am dritten Werktag des halben Jahres zu erfolgen, mit dessen Ablauf die Pacht enden soll (§ 584 BGB). Die Kündigungsfrist kann vertraglich verkürzt werden. Sofern keine abweichende Vereinbarung getroffen wurde, ist eine Kündigung des Verpächters wegen Tod des Pächters nicht möglich (§ 584 a Abs. 2 BGB). Das Kündigungsrecht der Erben des Pächters bleibt davon unberührt.

Nach Beendigung des Pachtverhältnisses hat der Pächter die Pachtsache im vertraglich vereinbarten Zustand zurückzugeben. Die Rückgabepflicht umfaßt das gesamte → Inventar. *(gd/wf)*

*Literatur*
Dahringer, Bernd 2004: Wirtschaftsrechtliche Regelungen im Hotel- und Gaststättengewerbe. In: Karl Heinz Hänssler (Hrsg.): Management in der Hotellerie und Gastronomie: Betriebswirtschaftliche Grundlagen. München, Wien: Oldenbourg, S. 419-459 (6. Aufl.)
DEHOGA (Hrsg.) 2003: Miet- und Pachtverträge im Gastgewerbe, Gastgewerbliche Schriftenreihe Nr. 57, Bonn: Interhoga
Maschke, Joachim 2004: Hotelbetriebsvergleich 2002. München: dwif

## Hotelpark
*hotel park*
Konzept, bei dem mehrere → Hotels unterschiedlicher Komfortkategorien an einem Standort „unter einem Dach" zusammengeführt werden. Vorreiter in Deutschland ist der französische Hotelkonzern ACCOR, der das Konzept in den 1990er Jahren eingeführt hat. In dessen Hotelparks befinden sich drei bzw. vier Hotels, die unterschiedliche Komfortniveaus abdecken, in direkter Nachbarschaft (o.V. 2002, S. 55).

Aus ökonomischer Sicht sprechen für ein derartiges Konzept vor allem Synergieeffekte (z. B. gemeinsame Nutzung einer Tiefgarage, Ausgleich von Nachfrageschwankungen, erhöhte Flexibilität im Personaleinsatz). Als problematisch kann sich die Abgrenzung der jeweiligen Hotelmarken erweisen. Es besteht die Gefahr der Kannibalisierung zwischen den einzelnen Hotels bzw. Hotelmarken. *(wf)*

*Literatur*
o. V. 2002: Geballte Preiswert-Hotellerie. In: Top Hotel, 19 (1-2), S. 54-55

## Hotelpension
*guesthouse*
Eine Hotelpension ist ein Betrieb, der Beherbergung und Verpflegung anbietet. Die Verpflegungsleistung wird allerdings nur Hotelgästen und nicht Passanten angeboten. Im Gegensatz zu einem → Hotel ist das sonstige Dienstleistungsangebot eingeschränkt. Siehe zu der Abgrenzung auch die Definitionen der Betriebsarten des → Deutschen Hotel- und Gaststättenverbandes (DEHOGA; www.dehoga.de). *(wf)*

## Hotelprojektentwickler
*hotel real estate developer*
Der Hotelprojektentwickler ist ein Initiator zur Schaffung eines neuen Hotels bzw. zum Umbau eines bestehenden Hotels. Hauptaufgabe ist die Tätigkeit der Koordination und Beschaffung aller Vertragspartner zur Erfüllung eines Werkes (das Hotel). Er besorgt i. d. R. den Hotelbetreiber mit einem entsprechenden Betreiber-, Pacht- oder Mietvertrag und

bietet damit das Hotelprodukt und den Nutzer einem Investor (Investor = zukünftiger Eigentümer der Hotelimmobilie) an. Die Entstehung eines Hotels ist ein in sich geschlossenes Projekt und hat i. d. R. eine eigene Finanzierung. Die Projektfinanzierung (= *project finance*) ist eine Form der Kreditgewährung, bei der die Verzinsung und Rückzahlung der Mittel weitgehend oder auch ausschließlich aus den Erträgen des betreffenden Investitionsprojekts erfolgen. Der Hotelprojektentwickler ist im Rahmen der Gestehung des Hotels verantwortlich für die funktionale Erstellung des Hotels und koordiniert in unterschiedlichem Grad die Baubeteiligten (Architekten, Ingenieure, Bauunternehmen, Inneneinrichter etc.). Zusätzlich wird der Projektentwickler mit dem Hotelbetreiber einen Beratervertrag zur Unterstützung (*technical assistance* = hotelfachliche Beratung zur Optimierung der Hotelbetriebsabläufe im Gebäude) abschließen. Die Arbeit des Hotelprojektentwicklers ist mit dem Verkauf an den Investor und der endgültigen Übergabe an den Betreiber abgeschlossen.

In der Regel übergibt der Entwickler im Rahmen der gesetzlich und vertraglich vereinbarten Fristen noch Gewährleistungen an den Bauten. Im Falle von Baumängeln wird der Eigentümer Nachbesserungen vom Gewährleistungsgeber fordern. Die Gewährleistung kann auch abgetreten werden. *(chb)*

*Literatur*

Bieger, Thomas 2004: Tourismus im Grundriß. Bern: Haupt

Buer, Christian 1997: Gestaltung von ganzheitlichen Managementsystemen im Hotel. Bern: Haupt

Buer, Christian; Thomas Höfels 1998: Die Hotelimmobilie. In: Bernd Heuer & Andreas Schiller (Hrsg.): Spezialimmobilien. Köln: Müller, S. 161-210

*Glossar:* www.deutsche-bank.de/lexikon/index.html

## Hotel-REIT
→ REIT

## Hotel-Reservierungssystem
*hotel reservation system*

Hotel-Reservierungssysteme sind → Reservierungssysteme, die zur Vermarktung und zur Prozeßunterstützung oder -automatisierung bezüglich hotelbetrieblicher Anforderungen spezialisiert sind. Mit dieser Definition können Hotel-Reservierungssysteme wie folgt unterschieden werden:

❖ Hotelbetriebliche Reservierungssysteme – Hotelbetriebliche Reservierungssysteme unterstützen nicht nur die Buchungs- und Reservierungsabläufe eines Hotelbetriebes, sondern sie können auch darüber hinausgehende standardisierbare hotelbetriebliche Prozesse abbilden und unterstützen. Sie werden daher mit dem in dieser Hinsicht umfassenderen Begriff als → Property Management Systeme (PMS) bezeichnet.

❖ Hotel-Reservierungssysteme als überbetriebliche Reservierungszentralen – Diese Systeme arbeiten als zentrale Vertriebssysteme für eine Vielzahl mit ihnen kooperierender Hotelunternehmen. Sie sind gemäß ihrer jeweiligen Zentralisierung zu differenzieren:

• Zentrales Reservierungssystem einer → Hotelkette oder einer → Hotelkooperation – Die Reservierungszentrale einer Hotelkette oder -kooperation faßt die Unterkunftsangebote der Mitgliederbetriebe zusammen und bietet sie über ihr zentrales Web-Portal und → Call Center oder über die Web Sites der Mitgliederhotels zur Buchung an.

Die Reservierungen und die damit verbundenen Abläufe werden zentral gesteuert, oder die Buchungen werden in die hotelbetrieblichen Systeme zur weiteren Abwicklung vermittelt.

- Informations- und Reservierungssystem (IRS) deutscher bzw. deutschsprachiger Tourismusregionen und -orte, inkl. Stadttourismus – Informations- und Reservierungssysteme fassen die Tourismusangebote ihrer → Destination, insbesondere Unterkunfts- und Pauschalangebote (→ Pauschalreise), zentral zusammen. Zur Kundeninformation, zur Vermittlung und ggf. zur Reservierung und ihrer Abwicklung nehmen Mitarbeiter in den Büros der lokalen Touristinformation oder des → Call Centers Zugriff auf das IRS. Die Web Site einer Tourismusdestination ermöglicht den IRS-Zugriff im Sinne einer → Internet Booking Engine. Informations- und Reservierungssysteme vermitteln Buchungsanfragen zur Bestätigung und ggf. zur Weiterbearbeitung an den jeweiligen Beherbergungsbetrieb, oder sie sind durch den kooperierenden Leistungsgeber autorisiert, selbst verbindlich zu reservieren und die damit verbundenen Abläufe (z. B. Inkasso, Avisierung) zentral durchzuführen. Diese Informations- und Reservierungssysteme berücksichtigen spezielle Anforderungen und Prozesse, die sich aus der öffentlich-rechtlichen Trägerschaft der Tourismusorganisationen und aus den Anforderungen einer gemeinwirtschaftlichen Tourismusförderung ergeben.

- Hotel Reservierungssysteme der → Globalen Distributionssysteme – Die Globalen Distributionssysteme (Global Distribution Systems; GDS) betreiben weltweit operierende Reservierungszentralen (GRS), die ursprünglich von → Fluggesellschaften gegründet worden sind. Neben den Flugleistungen sind auch Mietwagen und Hotelübernachtungen über die GRS buchbar. Es sind somit Reiseleistungen einzeln und kombiniert buchbar, die insbesondere für den Geschäftsreiseverkehr relevant sind. Die Globalen Distributionssysteme sind damit wichtige globale Vertriebssysteme für die Groß- und Kettenhotellerie (→ Hotelkette). Teilnehmende Hotelbetriebe und -ketten übermitteln ihre Angebote, die über GDS vermarktet werden sollen, aus ihren jeweiligen Reservierungssystemen an eine → Switch Company. Das Switch System konvertiert diese Daten in die Darstellungsweise und Formate des jeweiligen GDS und transferiert sie an seine Reservierungszentrale (GRS). Dabei können spezielle → Corporate Rates durch die Hotels hinterlegt werden, die nur für die Unternehmen buchbar sind, mit denen sie als ihre Großkunden spezielle Preiskonditionen vereinbart haben. Damit unterstützen die GDS das Business Travel Management der Hotelbetriebe und der Unternehmen mit hohem Hotelübernachtungsvolumen (→ Business Travel Management System).

- Alternative Distribution Systems (ADS) – International und zentral operierende Hotel-Reservierungssysteme, die nicht ketten- oder kooperationsgebunden sind und die nicht die Reservierungszentrale eines GDS darstellen, werden unter dem Oberbegriff Alternative Distribution Systems (ADS) zusammengefaßt. Diese Systeme vertreiben die Angebote der teilnehmenden Hotelgesellschaften in der Regel über alle Vertriebskanäle:

- Im Internet erhält der Reisekunde Zugriff über das Web Portal des ADS oder über kooperierende Partner-Portale. Kooperationspartner können z. B. Verkehrsträger sein, die ihren Kunden damit die Möglichkeit bzw. den Mehrwert einer Hotelbuchung bieten, oder regionale Tourismusorganisationen, die damit ihr regionales Unterkunftsangebot online buchbar machen und den Aufwand eines eigenen (Informations- und) Reservierungssystems vermeiden.

- ADS bieten ihre Leistungen über → Call Center und über mobile Endgeräte dem Reisekunden an.

- Registrierte Reisebüros können via Web-Portal qualifiziert Zugriff nehmen, um ihren Kunden Hotelleistungen über ein ADS und damit alternativ zum GDS zu vermitteln.

- Alternative Distribution Systems werden auch, ergänzend oder alternativ zum GDS, in → Business Travel Management Systeme eingebunden, die international agierende Unternehmen bei der Optimierung ihrer Geschäftsreisetätigkeiten unterstützen. Dazu können → Corporate Rates verwaltet werden, die individuell

zwischen Hotelgesellschaften und ihren Großkunden vereinbart worden sind, und die Hotelauswahl kann durch Best-Price-Suchfunktionen unterstützt werden.

- Alternative Distribution Systems wenden sich an privat und geschäftlich Reisende, und sie stehen allen Hotelgesellschaften, unabhängig von ihrer Größe, zur kostenpflichtigen Teilnahme zur Verfügung. Kleinere Hotelbetriebe erfassen und steuern ihre Angebotsdaten über das Web-Portal des ADS. Sie erhalten per Login und Paßwort Zugang zum internen Bereich und die Zugriffsrechte zu ihren Unternehmens- und Angebotsdaten. Großen Hotelgesellschaften wird die Möglichkeit geboten, ihre Angebotsdaten im hotelbetrieblichen System zu steuern und sie dann automatisiert an eine → Switch Company zu übertragen. Das Switch System kann nicht nur die für die GDS bestimmten Angebotsdaten konvertieren und transferieren, sondern hat auch entsprechende Schnittstellen *(interfaces)* zu den großen internationalen Alternative Distribution Systems.

❖ → Reiseveranstalter-Konzerne bauen zunehmend konzerngebundene Hotel-Reservierungssysteme auf, um Hotelübernachtungen als Einzelleistungen vermarkten zu können und um den im Aufbau befindlichen → Dynamic-Packaging-Systemen Hotelkapazitäten zur Verfügung zu stellen.

Ein Hotelbetrieb nutzt in der Regel mehrere Hotel-Reservierungssysteme. Abhängig von seinen Zielgruppen und vom Verbreitungsgrad der jeweiligen

Hotel-Reservierungssysteme und ihrer Partnersysteme sowie abhängig von den Kosten und seiner Kapazität zur Steuerung der Angebotsdaten hat er die geeigneten Systeme auszuwählen. Die Steuerung der Angebotsdaten in den genutzten Hotel-Reservierungssystemen ist eine permanente Aufgabe der Vertriebssteuerung (inkl. → Ertragsmanagement). *(uw)*

## Hotelrestaurant
*hotel restaurant*
Gastronomische Einheit, die Hotelgästen und Passanten ein Angebot an verzehrfertigen Speisen und Getränken bereitstellt.

Hotelrestaurants stellen häufig ein betriebswirtschaftliches Problemfeld dar. Hoher Personalaufwand, hoher Warenaufwand, lange Öffnungszeiten, keine Ruhetage führen fast zwangsläufig zu einer unbefriedigenden ökonomischen Konstellation. Auch bei niedriger Auslastung des → Hotels muß das → Restaurant seine → Dienstleistungen potentiellen Hotelgästen anbieten. Da es in das Gesamtbild des Hotels stimmig einzufügen ist, führt das in der First Class- und Luxushotellerie in der Konsequenz zu einem entsprechend hohen Preisniveau. In der öffentlichen Wahrnehmung werden Hotelrestaurants zumeist als teuer erachtet (Kotas & Jayawardena 2004, S. 314 ff.). Übernachtungsgäste weichen, auch weil sie als Durchreisende in einer Stadt Neues entdecken wollen, auf Verpflegungsmöglichkeiten außerhalb des Hotels aus (Riley 2000, S. 114). Unwissenheit der örtlichen Bevölkerung über das gastronomische Angebot, Schwellenangst oder schlichtweg ein fehlender direkter Zugang von der Straße in das Hotelrestaurant behindern die Anstrengungen der Hotelbetreiber, lokale Märkte zu erschließen.

Verstärkte Marketingaktivitäten zur Er-schließung lokaler Märkte, Etablierung von Spitzenküchen als Werbeträger, höherer Einsatz von → Convenience Food, zunehmende Automatisierung von Produktionsprozessen oder räumliche Verkleinerungen von Restaurantflächen stellen Versuche dar, Hotelrestaurants finanziell lukrativer zu machen. Das → Outsourcing des gastronomischen Bereichs ist zwischenzeitlich ebenfalls eine verbreitete Lösungsalternative. Gleichwohl scheuen viele Hotelmanager vor diesem Schritt zurück, da sie den Gastronomiebereich als zentralen Produktbestandteil sehen, dessen Profil sie direkt beeinflussen wollen. *(wf)*

*Literatur*
Kotas, Richard; Chandana Jayawardena 2004: Profitable Food & Beverage Management, London: Hodder & Stoughton
Riley, Michael J. 2000: Can hotel restaurants ever be profitable? Short- and long-run perspectives. In: Roy C. Wood (Ed.): Strategic Questions in Food and Beverage Management, Oxford: Butterworth-Heinemann, S. 112-118

## Hotelverband Deutschland (IHA)
Nationaler Branchenverband der Hotellerie in Deutschland mit Hauptsitz in Berlin. Zu den Mitgliedern zählen ca. 1.000 Hotels und Unternehmen der Zulieferindustrie (Stand: Juli 2007). Die zentralen Aufgaben des Verbandes sind: politische Interessenvertretung auf nationaler und europäischer Ebene, Förderung der Mitgliederkooperation, Zusammenarbeit mit verwandten Verbänden, Dienstleistungen gegenüber Mitgliedern (etwa → Hotelführer, Rahmenabkommen, Weiterbildung) (www.hotellerie.de; www.hotelverband. de).

Seit 2001 arbeitet der Hotelverband Deutschland (IHA) eng mit dem → Deutschen Hotel- und Gaststättenverband (DEHOGA) zusammen. Der DEHOGA hat die Tätigkeiten des Fachbereichs Hotellerie auf den Hotelverband übertragen, dieser ist nun Fachverband innerhalb des DEHOGA (o.V. 2001, S. 1). Durch die Zusammenlegung hat die Interessenvertretung an Effizienz gewonnen. *(wf)*

*Literatur*
o. V. 2001: Hotelverband jetzt im Verbändehaus. In: Allgemeine Hotel- und Gaststättenzeitung (AHGZ), Nr. 5 vom 3. Februar, S. 1

## Hotelvoucher
→ Voucher

## HOTREC
HOTREC = Confederation of National Associations of Hotels, Restaurants, Cafés and Similar Establishments in the European Union and European Economic Area. Die Organisation wurde 1979 unter dem Namen „Liaison Committee of the Hotel and Catering Industry of the European Economic Community" gegründet und war ursprünglich Teil der „International Hotel Association" mit Sitz in Paris.

HOTREC ist ein Zusammenschluß von nationalen Verbänden der Hotel- und Gastronomiebranche auf europäischer Ebene. Der Dachverband mit Sitz in Brüssel vertritt 39 nationale Verbände aus 24 europäischen Ländern (Stand: Juli 2007), deutsche Mitglieder sind der → Deutsche Hotel- und Gaststättenverband (DEHOGA) (Bundesverband) und der → Hotelverband Deutschland (IHA). Der Verband sieht seine zentralen Aufgaben in der Förderung der Mitgliederkooperation und in der Interessenvertretung auf europäischer Ebene gegenüber Institutionen der EU. Durch die EU-Gesetzgebung

und deren Einfluß auf das nationale Recht (etwa in den Bereichen Steuern, Verbraucherschutz, Wettbewerb oder Umwelt) gewinnt die Arbeit des Verbands an Bedeutung. Die heterogene Zusammensetzung und unterschiedliche Interessen der nationalen Verbände erschweren ein einheitliches Auftreten der Organisation (www.hotrec.org). *(wf)*

## HP
→ Halbpension

## Hub
→ Drehkreuz

## Hub and Spokes
→ Drehkreuz

## Hubbart Formel
Bezeichnet einen Ansatz der → Zimmerpreiskalkulation. Sie dient als Prognoseinstrument für die Berechnung zukünftiger durchschnittlicher Zimmerraten auf Basis der Kosten, eines gewünschten Gewinns und der erwarteten Zimmerbelegung. Im Gegensatz zur Berechnung der Zimmerrate eines bestehenden Objektes muß bei der Prognose auf Daten von Wettbewerbern oder Marktdaten zurückgegriffen werden. Die Berechnung erfolgt nach dem Schema des → Uniform Systems of Accounts for the Lodging Industry (USALI).

Die Hubbart Formel gehört zu den Prognosemethoden. Es handelt sich hierbei um eine *bottom-up* Methode, bei der davon ausgegangen wird, daß das prognostizierte Hotel die Höhe der Zimmerrate so festlegen muß, daß alle betrieblichen Kosten inklusive einem vorher festgelegten Nettogewinn, dem Kapitaldienst und den Entwicklungskosten gedeckt sind. Somit müssen zuerst sämtliche Entwicklungs- und Finanzierungskosten für das Projekt ermittelt werden. Anschließend werden alle Elemente der projektspezifischen Einnahmen- und Ausgabenrechnung *bottom-up* berücksichtigt, bis die benötigte Zimmerrate ermittelt ist. Damit beinhaltet diese Zimmerrate alle vorgegebenen Entwicklungs- und Betriebskosten für das Projekt oder Objekt. *(cf)*

**Hubschrauberlandeplatz**
→ Heliport

# I

**IAATO**
→ International Association of Antarctica Tour Operators

**IACA**
→ International Air Carrier Association

**IATA**
→ International Air Transport Association

**IATA-Agentur**
→ Reisemittler, der von der → International Air Transport Association (IATA) lizenziert ist für den Verkauf von Linienflugtickets. Mit dieser Lizenzierung werden verschiedene Zwecke verfolgt. Zum einen vereinfacht sie den Absatz und die Abrechnung der Tickets zwischen Reisebüro und Fluggesellschaften, was sonst nur auf der Grundlage einer Vielzahl von Einzelverträgen möglich wäre. Zum anderen kann dadurch die Qualität der Vermittlung von Flugleistungen sichergestellt werden.

Auf Antrag erfolgt die Lizenzierung nach Überprüfung des Vorliegens aller Zulassungskriterien. Dazu gehören eine gültige Gewerbeanmeldung als Reisemittler oder → Reiseveranstalter, der Nachweis qualifizierten Personals, der Anschluß an ein → Computerreservierungssystem (CRS), eine Bankbürgschaft oder dementsprechende Sicherheiten zum Schutz der eingenommenen Kundengelder. Wenn noch Papiertickets ausgestellt werden sollen, müssen zudem die Siche-

rung der Geschäftsräume gegen Einbruch und ein entsprechender Tresor für die Aufbewahrung der Standardverkehrsdokumente (Blankotickets) nachgewiesen werden. Bei ausschließlicher Ausstellung → elektronischer Tickets entfällt dieser Punkt. *(jwm)*

**IATA-Clearing House**
(gegr. 1947, Sitz in Genf): Verrechnungsstelle für Interlineflüge (→ Interlining), bei denen ein Passagier ein Ticket bei einer Fluggesellschaft kauft und in deren Währung bezahlt, aber die Beförderung bei einer anderen Fluggesellschaft nutzt. Die gegenseitigen Ansprüche der am Interlinesystem (gegenseitige Anerkennung von Beförderungsdokumenten und deren Verrechnung nach einheitlichen Verfahrens- und Abrechnungsmodalitäten) teilnehmenden Fluggesellschaften werden über das IATA-Clearing House saldiert und monatlich untereinander verrechnet.

Statt einer Vielzahl zweiseitiger Abrechnungen mit unterschiedlichen Währungen hat jede Fluggesellschaft nur eine Abrechnung mit dem Clearing House vorzunehmen. Neben dem Rationalisierungseffekt sind die Vermeidung von Zahlungsverzögerungen und der erleichterte Devisentransfer mit Ländern mit Devisenbewirtschaftung weitere Vorteile. Die Beteiligung am Abrechnungsverfahren über das Clearing House setzt keine IATA-Mitgliedschaft voraus. *(wp)*

**IATA-Code**
→ Flughafencode

**IATA-Rate**
Flugpreise, Gebühren, Beförderungsbedingungen und Begriffsbestimmungen
für die Beförderung von Passagieren und
Gepäck im Linienverkehr. Sie werden
auf den IATA-Verkehrskonferenzen
(→ International Air Transport Association) oder bilateral zwischen Fluggesellschaften ausgehandelt. Die verbindlichen Tarife sind auf liberalisierten Märkten (USA, Nordatlantik, EU)
wegen der kartellartigen Preisbildung
nicht mehr zugelassen und werden auch
in anderen Verkehrsgebieten zunehmend von unternehmens- oder alli-
anzspezifischen Tarifen abgelöst. Aber:
Die Struktur des Tarifsystems und
Restriktionen von Einzeltarifen sind vom
IATA-Tarifsystem abgeleitet. *(wp)*

**IATA-Reisebüro**
→ IATA-Agentur

**IATA-Verkehrskonferenzen**
→ International Air Transport Association

**IC**
→ InterCity

**ICAO**
→ International Civil Aviation Organisation

**ICAO-Code**
→ Flughafencode

**ICE**
→ InterCity Express

**ICE Sprinter**
Die Deutsche Bahn AG hat seit 1991
bestimmte InterCity Express-Züge ICE

Sprinter benannt. Im ICE Sprinter-Netz
sind die Zwischenhalte reduziert. So
hält der ICE Sprinter 1021 auf seiner
Fahrt von Köln nach München nur in
Frankfurt und Nürnberg. Hierfür benötigt er nur 3:56 Stunden. Es handelt sich
ausschließlich um Früh- und Spätzüge,
die nach besonderen Fahrplänen eingesetzt werden. Mit dem ICE Sprinter soll
die Zielgruppe der Geschäftsreisenden
angesprochen werden. In den Zügen
besteht Reservierungspflicht. → InterCity
Express *(hdz)*

**IFE**
→ Flugunterhaltung

**Impfungen**
→ Schutzimpfungen

**Implant-Reisebüro**
→ Firmendienst

**Incentive Fee**
→ Incentive Management Fee

**Incentive Management Fee**
Wichtiger Bestandteil der Management-
Gebühr (→ Managementvertrag), teilweise auch nur Incentive Fee genannt. Die
ergebnisabhängige Gebühr stellt für den
Hotelinvestor eine Größe zur Steuerung
der Betreibergesellschaft dar. In der
Regel erhält die Betreibergesellschaft als
ökonomischen Anreiz einen gewissen
Prozentsatz des Bruttobetriebsergebnis-
ses (→ Betriebsergebnis I). *(wf)*

**Incentivereise**
*incentive trip*
Das wichtigste daran ist nicht die
Reise, sondern der ihr vorangehende
Wettbewerb, mit dem der Verkauf
von Produkten oder, allgemeiner, die
Motivation von Mitarbeitern eines
Unternehmens gesteigert werden soll.

Der englische Begriff *incentive* ist abgeleitet aus dem lateinischen *incendere* = anzünden, entflammen (Eisenhut 2007). Es geht also darum, den Wettbewerbsgeist der Mitarbeiter anzufachen, um sie zu besonderen Leistungen zu führen. Die Reise ist lediglich der äußere Anreiz, über den entsprechende Prozesse in einem Unternehmen angestoßen und für die Dauer der Aktion aufrechterhalten werden sollen. Dies ist aber nur dann möglich, wenn es sich bei der Reise um etwas ganz Besonderes handelt, ein für den Zweck und die Gruppe maßgeschneidertes, großzügiges und unvergeßliches Unikat, das man nirgendwo anders buchen kann. *(jwm)*

*Literatur*

Eisenhut, Erich 2007: Incentive-Reisen. In: Jörn W. Mundt (Hrsg.): Reiseveranstaltung. Lehr- und Handbuch. München, Wien: Oldenbourg, S. 403-419 (6. Aufl.)

## Inclusive Tour (IT)

*inclusive tour*

Flugpauschalreise (→ Pauschalreise), bei welcher der Transport von einer Linienfluggesellschaft übernommen wird. Auf dem IATA-Ticket wird dann unter Zahlungsart *(form of payment)* IT vermerkt.

## Incoming-Reiseveranstalter

*incoming tour operator*

Ein Incoming-Reiseveranstalter (Zielgebietsveranstalter, veranstaltende Zielgebietsagentur) ist eine Unternehmung, die eigene Leistungen sowie Leistungen Dritter (= → Leistungsträger) in dem regional begrenzten Reisezielgebiet, in dem sie selbst ansässig ist, zu marktfähigen touristischen Angeboten (Pauschalreisen) kombiniert und – in der Regel mittels des Trägermediums Reisekatalog, aber auch via Internet und

anderer Medien – für deren Vermarktung sorgt, wobei diese Pauschalreisen in eigenem Namen, auf eigene Rechnung und – unter reiserechtlichen Aspekten – auf eigenes Risiko Gästen in Quellmärkten außerhalb der eigenen → Destination angeboten werden.

Ein Incoming-Veranstalter bringt somit Gäste von außerhalb einer – wie auch immer definierten – Destination, in der er selber seinen Firmensitz hat, in eben diese hinein („hereinkommender Tourismus"). Incoming-Veranstalter können für ganze Länder arbeiten oder aber sich auf die Vermarktung einer Region oder eines Ortes beschränken. Gleichzeitig können sie sich auf bestimmte Quellmärkte spezialisieren (zum Beispiel Incoming-Veranstalter in Neuseeland für Reisen nach Neuseeland aus dem deutschsprachigen europäischen Quellmarkt).

Die Grenze zu vermittelnden Zielgebietsagenturen, die ihre Leistungen vornehmlich nicht Endverbrauchern, sondern vor allem anderen Marktpartnern (insbes. auswärtigen Reiseveranstaltern) zur Verfügung stellen, ist fließend. Diese erfüllen dann u.a. zusätzlich folgende Aufgaben:

❖ Unterstützung von (auswärtigen) Reiseveranstaltern bei deren touristischem Einkauf, also Vermittlung zwischen ortsansässigen Leistungsträgern und auswärtigen Veranstaltern,

❖ Organisation von Transfers (zum Beispiel vom Flughafen zum Hotel) für diese,

❖ Gästebetreuung vor Ort, Ansprechpartner bei Problemen, Reiseleitung.

Darüber hinaus übernehmen Incoming-Reiseveranstalter zum Beispiel im Falle von Appartementanlagen für eine Reihe von Einzeleigentümern die Verwaltung und Vermietung der Appartements. Da diese sich nicht selbst um den organisatorischen Ablauf der Vermietung, die Überwachung, die Pflege, Reinigung etc. ihrer Unterkünfte kümmern können oder wollen, stellen sie ihr Appartement einer im Zielgebiet ansässigen Agentur zur Verfügung, die diese Aufgaben gegen Provision für sie übernimmt.

Vielfach werden solche Incoming-Veranstalter auch von den jeweiligen Gemeindeverwaltungen selbst gegründet, um für eine bessere Vermarktung der touristischen Leistungen des betreffenden Ortes zu sorgen. Zahlreiche frühere kommunale Fremdenverkehrsämter in deutschen Tourismusorten haben nach ihrer Privatisierung in diese Richtung diversifiziert. Sie bildet dann eine Reservierungszentrale für sämtliche im Ort befindlichen (und zur Vermietung freigegebenen) Unterkünfte, an die sich sowohl Individualreisende als auch Reiseveranstalter für eine Anmietung wenden können. *(tk)*

### Individualreise
*self organised trip, DIY (do it yourself) holiday*
Reise, die ohne die Inanspruchnahme eines Reiseveranstalters organisiert und durchgeführt wird. Sie ist das Gegenstück zur → Pauschalreise.

Ähnlich wie der Begriff ‚pauschal‘ von vielen als negativ besetzt wahrgenommen wird, wird das ‚Individuelle‘ umgekehrt oft als etwas besonders Positives gesehen. Deswegen gilt vielen eine Individualreise als etwas Besseres und Hochwertigeres als eine Pauschalreise. Dies steht im Gegensatz dazu, daß der Durchschnittspreis von Pauschalreisen (die meist in ausländische Destinationen gehen) deutlich höher liegt als der von Individualreisen. Nicht zuletzt handelt es sich zum Beispiel auch bei Luxuskreuzfahrten um Pauschal- und nicht um Individualreisen. *(jwm)*

### Individualtourismus
→ Individualreise

### Inflight catering
→ Flight Catering

### In-flight Entertainment (IFE)
→ Flugunterhaltung

### Informations- und Reservierungssystem (IRS)
→ Hotel-Reservierungssystem

### Inlandsprodukt
*domestic product*
Das Inlandsprodukt ist die Gesamtheit der innerhalb der Landesgrenzen erbrachten Wertschöpfung. Man unterscheidet in ein Brutto- und in ein Nettoinlandsprodukt. *(hp)*

### Inlandstourist
*domestic tourist*
Ein → Tourist, der auf seiner Reise keine nationale Grenze überschreitet.

### Input-Output Analyse
*input-output analysis*

**1   Definition**
Input-Output Tabellen sind Einnahme- und Ausgabereihen, welche die Komponenten des Endverbrauchs mit den verschiedenen Sektoren der Wirtschaft, mit ihren Interaktion und mit den primären Inputs in Beziehung setzt. Input-Output Tabellen liefern ein Bild der Wirtschaft zu einem Zeitpunkt und auf einer bestimmten Ebene der Nutzung von Technologien und von Kapazitäten. Die Zeilen einer Input-Output Tabelle zeigen die Verteilung des Outputs einer Branche zur Weiterverarbeitung

an andere Branchen (*intermediate usage;* Vorleistungsmatrix) oder zu den vielen Kategorien des Endverbrauchs (Endverbrauchermatrix). Die Spalten der Tabelle zeigen die Herkunft der Produktionsinputs unabhängig davon, ob es sich um Vorprodukte *(intermediate inputs)* oder primäre Inputs wie Arbeit oder Kapital handelt. Die Tabelle muß ausgeglichen sein, denn die Summe aller Inputs in jede Branche muß der Summe aller Outputs von jeder Branche entsprechen.

## 2  Anwendung

Eine wichtige Anwendung der Input-Output Tabellen liegt in der Berechnung des Inputs als Prozentsatz des Outputs einer Branche und in der Verwendung dieses Wertes für die Schätzung der notwendigen Inputs für einen beliebigen Output dieser Branche. Diese Prozentzahlen werden als Input-Koeffizienten *(direct requirements coefficients)* bezeichnet und machen den Kern der Input-Output Analyse aus. Die Veränderung der Input-Koeffizienten erlaubt die Ableitung von Maßzahlen, die auch als Input-Output Multiplikatoren bezeichnet werden.

Input-Output Multiplikatoren werden hauptsächlich zur Schätzung der Effekte von exogenen Veränderungen (zum Beispiel bestimmt von Faktoren, die außerhalb des Wirtschaftssystems liegen) im Endverbrauch auf eine Wirtschaft verwendet. Die drei geläufigsten sind die Output-, Einkommens- und Beschäftigungsmultiplikatoren. Sie liefern jeweils Maßzahlen für die Wirkungen von exogenen Veränderungen im Endverbrauch auf

❖  den Branchenoutput in einer Wirtschaft,

❖  das daraus resultierende zusätzliche Haushaltseinkommen und

❖  die mit den zusätzlichen Outputs erwartete Schaffung von Arbeitsplätzen.

Trotz der mit der Verwendung von Multiplikatoren auf der Basis der Beziehungen in einer Input-Output Tabelle verbundenen Probleme (→ Tourismus-Multiplikator) ist dies eine gängige Methode für die Messung der Wirkung eines (tatsächlichen oder potentiellen) ökonomischen Stimulus auf ein Wirtschaftssystem. Input-Output Modelle können die von einer Erhöhung der Endverbrauchernachfrage weitergehenden Effekte *(flow-on impacts)*, zum Beispiel die gestiegener Tourismuseinnahmen, auf eine Wirtschaft zeigen.

Direkte Wirkungen beziehen sich auf die unmittelbaren Ausgaben von Besuchern in verschiedenen Branchen. Bei den sekundären Effekten, die sich auf den Anpassungseffekt *(ripple effect)* der zusätzlichen Runden der wie eine Finanzspritze wirkenden ursprünglichen Ausgabe der Besucher beziehen, werden zwei Typen unterschieden: indirekte (ausgelöst durch Produktion) und induzierte (durch Konsum ausgelöste) Effekte.

Indirekte Wirkungen entstehen, wenn direkt an Besucher verkaufende Firmen Inputs von anderen Unternehmen erwerben. Diese anderen Unternehmen kaufen wieder Inputs von weiteren Unternehmen usw. Konsuminduzierte Effekte entstehen, wenn Beschäftigte, die innerhalb des betrachteten Gebietes wohnen, ihre gestiegenen (verfügbaren) Löhne und Gehälter für Waren und Dienstleistungen von Unternehmen innerhalb dieses Gebietes ausgeben und wenn die Besitzer der Firmen, die ihre Verkäufe erhöht haben, ihre Gewinne in der Region ausgeben. Dieser Prozeß setzt sich fort und das Geld zirkuliert in der Wirtschaft bis es schließlich durch

Sparen *(retained earnings)*, Steuern und Importe versickert (Fletcher 1994).

### 3 Einschränkende Annahmen

Die Attraktivität der Input-Output Modellierung liegt in ihrer relativ einfachen Anwendung und in der Tatsache, daß sie in bezug auf die Struktur einer Wirtschaft und die Interaktionen zwischen ihren Komponenten von beträchtlicher Detailliertheit sind. Jedoch müssen auch ihre Grenzen gesehen werden. Input-Output Modelle basieren auf den folgenden einschränkenden Annahmen (Briassoulis 1991; Fletcher 1994):

❖ Die Homogenitätsannahme. Hierbei wird davon ausgegangen, daß jeder Sektor in der Tabelle einen einzelnen Output (oder eine Reihe von perfekt substituierbaren Outputs) produziert und daß die Produkte unterschiedlicher Sektoren nicht gegenseitig ersetzbar sind.

❖ Die Annahme fixer Faktorverhältnisse. Sie geht davon aus, daß die Input-Anforderungen jedes Sektors in einem fixen Verhältnis zur Höhe des Outputs dieses Sektors stehen und daß sich der Produktionsprozeß symmetrisch verhält.

❖ Die Aggregationsannahme. Danach ist der Gesamteffekt der Produktion in mehreren Sektoren gleich der Summe der separaten Effekte.

Die Homogenitätsannahme wird benötigt, um zu vermeiden, daß Produkte oder ihre Substitute zu mehr als einem Sektor gerechnet werden, so daß eine eindeutige sektorale Aufschließung in der Tabelle erfolgen kann. Die anderen Annahmen ermöglichen eine genaue Quantifizierung der wirtschaftlichen Wirkungen. Wenn es jedoch Veränderungen bei den Kennziffern einer Wirtschaft gibt, dann führt die Verwendung veralteter Input-Output Tabellen notwendigerweise zu einer Verringerung des Nutzens jedweder Analysen.

### 4 Probleme

Das grundlegende Problem der Input-Output Analyse liegt in ihrer Unvollständigkeit; sie übersieht wesentliche Aspekte einer Wirtschaft. Die vereinfachenden Annahmen begrenzen die Fähigkeit der Input-Output Analyse, sich sowohl technischen als auch prozeßbezogenen (Faktorsubstitution) Änderungen innerhalb der Produktionsphase anzupassen. Das Input-Output Modell geht davon aus, daß alle Inputs und Ressourcen frei verfügbar sind und daß keine Ressourcenbeschränkungen existieren. Es wird daher praktisch angenommen, daß die Ressourcen nicht anderswo genutzt werden; sie kommen nicht aus anderen Branchen und führen andernorts nicht zur Verringerung des Outputs. Diese Annahmen implizieren außerdem, daß Preise und Kosten in einer wachsenden Wirtschaft fix bleiben. Dies blendet Veränderungen von Faktor- und Produktpreisen mit ihren Konsequenzen für Beschäftigung und Branchenoutput aus. Die Annahme, daß ein konstantes Verhältnis zwischen Input und Output, Arbeit und Output und zwischen Wertschöpfung und Output besteht, schließt ‚interaktive Effekte‘, die in bestimmten Wirtschaftssektoren zur Verringerung von Output und Beschäftigung führen könnten, aus. Daraus folgt, daß diese Technik die Rückkoppelungs-Effekte, die typischerweise in entgegengesetzter Richtung zur ursprünglichen Veränderung verlaufen, nicht erfaßt.

Die Verwendung dieses Verfahrens zur Schätzung der ökonomischen Wirkung von Tourismusschocks läßt Veränderungen unweigerlich in einem positiven (negativen) Licht erscheinen, das aus den wachsenden (schrumpfenden) Touristenströmen und den Ausgaben der Touristen gespeist wird. Zusätzliche Touristenausgaben führen zu zusätzlichen wirtschaftlichen Aktivitäten, vergleichbar mit der Steigerung der ursprünglichen Ausgaben oder noch darüber hinausgehend.

Folglich überschätzen aus dem Input-Output Modell abgeleitete Multiplikatoren regelmäßig die wirtschaftlichen Auswirkungen von Veränderungen im Ausgabeverhalten von Touristen sehr oft in erheblichem Ausmaß. Solche Schätzungen können sogar die Richtung des Wandels verfehlen. Eine Anpassung der Input-Output Modelle, um zu realistischeren Schätzungen zu gelangen, heilt nicht ihre wichtigste Begrenzung, die in der Annahme eines perfekt elastischen Angebots von Inputs besteht. Sie berücksichtigen nur die positiven und nicht die negativen Wirkungen des Nachfrageschocks.

Um wirtschaftliche Effekte zu ermitteln, bedarf es eines Modells der Wirtschaft, das sie so genau wie möglich nachbildet, dabei andere Sektoren und Märkte einbezieht und Rückkoppelungs-Effekte erfaßt. → Multisektorale dynamische Modelle (Computable General Equilibrium Models, CGE) tun dies, weshalb sie einen viel genaueren Ansatz zur Schätzung von Wirkungen darstellen. Sie gehen davon aus, daß die wichtigsten Rahmenbedingungen *(mechanisms)*, welche die Größe wirtschaftlicher Wirkungen von erhöhter Tourismusnachfrage bestimmen, im Schätzungsverfahren berücksichtigt werden müssen. Zu diesen Rahmenbedingungen gehören: Begrenzungen des Faktorangebotes, Wechselkursaufwertung und die gegenwärtige Wirtschaftspolitik der Regierung. Ein dynamisches multisektorales Modell basiert zwar auf dem Input-Output

Modell, aber es bildet auch andere Märkte und die Verbindungen zwischen ihnen explizit ab. Vor dem Hintergrund ihrer multi-sektoralen Grundlagen und ihrer Fähigkeit zur Untersuchung einer großen Bandbreite von aktuellen und möglichen Szenarios sind sie vor allem nützlich für die Analyse des Tourismus und darauf bezogener Politik. Daher lösen sie zunehmend die auf reinen Input-Output Modellen basierten Schätzungen der wirtschaftlichen Folgen von Veränderungen der Touristenausgaben ab (Dwyer, Forsyth, Madden & Spurr 2000; Dwyer, Forsyth & Spurr 2004).

Die Input-Output Analyse hat eingebaute Fehler *(biases)*, welche die Wirkungen auf Output und Beschäftigung überschätzen und dabei versagt, Informationen über Branchen zu liefern, die Nachteile aus wachsender Tourismusnachfrage erleiden. Die wirtschaftlichen Effekte des Tourismus sind bei strenger Veranlagung viel niedriger als die mit der Standardmethode der Input-Output Analyse zur Berechnung der relevanten Multiplikatoren. Es ist sehr wahrscheinlich, daß die Nutzung von Input-Output Modellen zugunsten von dynamischen multisektoralen Modellen bei der Schätzung der wirtschaftlichen Effekte des Tourismus in Zukunft zurückgewiesen wird. *(ld)*

*Literatur*

Briassoulis, Helen 1991: Methodological Issues: Tourism Input-Output Analysis. In: Annals of Tourism Research, Vol. 18, S. 485-495

Dwyer Larry; Peter Forsyth; J. Madden & Ray Spurr 2000: Economic Impacts of Inbound Tourism under Different Assumptions about the Macroeconomy. In: Current Issues in Tourism, 3 (4), S. 325-363

Dwyer, Larry; Peter Forsyth & Ray Spurr 2004: Evaluating Tourism's Economic Effects: New and Old Approaches. In: Tourism Management, Vol. 25, S. 307-317

Fletcher, John 1994: Input-output Analysis. In: Stephen Witt; Louis Moutinho (Eds.): Tourism Marketing and Management Handbook. London: Prentice Hall International, S. 480-484 (2nd ed.)

**In-seat catering**
→ Speisewagen

**Insolvenzabsicherung**
→ EG-Pauschalreise-Richtlinie

**Instrumentenflugregeln**
*instrument flight rules [IFR]*
Regeln, die für das Fliegen nach Instrumenten (Blindflug) gelten. Anders als bei den meisten Flügen nach Sichtflugregeln (→ visual flight rules) ist hier nicht der einzelne Pilot, sondern die zuständige Flugkontrollstelle für die Separierung des Luftverkehrs zuständig. *(jwm)*

**Instrumentenlandesystem (ILS)**
*instrument landing system [ILS]*
System aus Sendern, das einen Anflug auf eine Landebahn auch bei (sehr) schlechten Sichtverhältnissen ermöglicht. Es besteht im Wesentlichen aus einem Landekurssender *(localizer)*, der den horizontalen Kurs, und einem Gleitwegsender *(glide path transmitter)*, der den Gleitwinkel zur Landebahn (meist 3 bis 3,5 Grad) markiert. Sie werden in einem bordseitigen Instrument integriert dargestellt. Unterstützt werden sie durch zwei weitere, in bestimmtem Abstand vom Aufsetzpunkt installierte Sender, die als Vor- und als Haupteinflugzeichen *(outer* und *middle marker)* dem Piloten im Cockpit die Entfernung zur Landebahn über kurz aufleuchtende blaue bzw. orange Lampen und ggf. durch ergänzende akustische Erkennungszeichen signalisieren. Dazu haben viele Landebahnen neben einer extrem hellen Befeuerung noch optische Landehilfen in Form von neben der Landebahn angebrachten, exakt justierten Lampen, deren scharf gebündelter Lichtstrahl den Gleitwinkel nachzeichnet und damit den Piloten zeigt, ob die Maschine sich im Endanflug auf dem Gleitpfad oder ober- bzw. unterhalb davon befindet. ILS werden nach verschiedenen Sichtminima in → Landekategorien zugelassen. *(jwm)*

**Interaktive Wertschöpfung**
*interactive supply-chain*
Unter diesem Begriff wird die Wertschöpfungspartnerschaft zwischen Unternehmen und Kunden verstanden. Kunden werden nicht nur als passive Empfänger und Konsumenten einer vom Hersteller dominierten Wertschöpfungskette aufgefasst, sondern als Mitgestalter, die sogar teilweise in die Entwicklung und Herstellung aktiv einbezogen werden. Zur Umsetzung dieses Konzepts ist vor allem ein Wandel in der → Unternehmenskultur notwendig. Sämtliche Mitarbeiter müssen den Nutzen interaktiver Wertschöpfung verstehen. Vor allem darf die Produktentwicklung die Mitwirkung des Kunden nicht als Konkurrenz ansehen, sondern als Ideen-Lieferant. Auf diese Weise kann auf eine riesige Ressource an Ideen und Innovationen zurückgegriffen werden. Fallstudien zeigen die Relevanz dieses Ansatzes für den Tourismus (Reichwald & Piller 2006 b) (www.open-innovation.com) → Touristische Wertschöpfungskette. *(hdz)*

*Literatur*
Reichwald, Ralf; Frank T. Piller 2006 a: Interaktive Wertschöpfung. Open Innovation, Individualisierung und neue Formen der Arbeitsteilung. Wiesbaden: Gabler
Reichwald, Ralf; Frank T. Piller 2006 b: Mass Customization in der Reisebranche – kundenindividuelles Reisen mit Dynamic Packaging. In: Reichwald & Piller, S. 279-294

## InterCity (IC)

Seit 1968 in Deutschland eingeführtes Zugkonzept, das den Fernverkehrszug (F-Zug) ablöste. Die ersten Züge führten nur 1. Klasse-Wagen. Die Einführung der mit einer durchgehenden roten Streifenlackierung versehenen Wagen wurde mit dem Werbeslogan „Intelligenter Reisen" begleitet. Die Züge verkehrten im Zwei-Stunden-Takt. Eingebunden in diese Taktung waren die TEE-Züge (→ Trans Europa Expreß). Das Einklassen-Konzept wurde Mitte der 1970er Jahre aufgegeben, als die Bahn erkannte, daß Geschäftsreisende vermehrt das Flugzeug nutzten. 1976 fuhren die ersten IC-Züge auch mit der 2. Klasse. Schließlich wurde auch der Zwei-Stunden-Takt aufgegeben. Ab 1979 fuhr der InterCity im Ein-Stunden-Takt (Slogan „Jede Stunde, jede Klasse"). In Deutschland ist der IC nach wie vor zuschlagspflichtig.

Inzwischen hat die Zuggattung IC ihren Status eingebüßt. Es existieren fast ausschließlich Großraumwagen, und Bordrestaurants finden sich nicht in jedem Zug. Das Zugkonzept IC ist vom Qualitätsstandard her unterhalb des → InterCity Express angeordnet.

Das InterCity-Konzept war von Anfang an nicht auf Deutschland beschränkt. Erstmals tauchte der Name in den 1960er Jahren in Großbritannien auf. In Europa fährt diese Zuggattung in der Schweiz, in Österreich, Belgien, Finnland, Italien, den Niederlanden, Polen, Spanien, Tschechien und Ungarn. Die Züge haben in diesen Ländern oft eine komfortablere Ausstattung erfahren, als sie gegenwärtig in Deutschland festzustellen ist. Auch wird teilweise auf den IC-Zuschlag verzichtet. Das ursprüngliche Streckennetz beschränkte sich auf vier Linien (Hamburg-Altona – München, Hannover – München, Hamburg-Altona – Basel, Bremen – München). *(hdz)*

## InterCity Express (ICE)

Unter den → Hochgeschwindigkeitszügen nimmt der InterCity Express, kurz ICE, der → Deutschen Bahn AG eine besondere Stellung ein. Die Entwicklung des ICE geht auf die 1980er Jahre zurück. Als Vorläufer gilt der InterCity Experimental, der im Jahr 1985 als erster nicht trennbarer Ganzzug eingesetzt wurde. Der ICE wurde unter der Federführung von Siemens entwickelt und wird heute als ICE 3 von der Arbeitsgemeinschaft ICE Siemens/Bombardier produziert. Unter der Bezeichnung ‚Velaro' vermarktet Siemens den ICE 3 weltweit. Der ICE 3 wird als Hochgeschwindigkeits-Triebzug bezeichnet, der wegen seiner verteilten Antriebskomponenten eine hohe Anfahrtsbeschleunigung erreicht. Beim Triebwagenkonzept des ICE 3 wurde die Antriebstechnik der Triebköpfe auf die insgesamt 8 Wagen verteilt. Alle Wagen kommen doppelt vor, und die ersten bzw. letzten drei Wagen bilden je ein eigenständiges Antriebsmodul. Triebzüge dieser Art sind folglich mit zwei Triebköpfen ausgestattet. Diese technische Lösung bewirkt ein erhöhtes Beschleunigungspotential.

Der ICE 1 kam erstmals 1990 zum Einsatz. Er erreicht eine Geschwindigkeit von 280 km/h. Die Höchstgeschwindigkeit des ICE 3 beträgt offiziell 300 km/h. Auf manchen Strecken erreicht er eine Regelgeschwindigkeit von 320 km/h. Er wurde erstmals 1999/2000 der Deutschen Bahn für den Regeleinsatz übergeben. Der französische TGV (→ Hochgeschwindigkeitszüge) erreicht höhere Geschwindigkeiten. Er basiert auf einem anderen technischen Konzept. In Europa ist der ICE 3 zum Beispiel in Deutschland, Österreich, der Schweiz, in Belgien, Frankreich und in den Niederlanden im Einsatz. In Deutschland werden – mit steigender Tendenz – etwa die Hälfte der Fernreisenden mit dem ICE befördert. Je nach ICE-Typ und Klasse werden die folgenden → Dienstleistungen angeboten:

* ❖ Audioprogramm
* ❖ Videoprogramm
* ❖ Konferenzraum
* ❖ Kleinkindabteil
* ❖ Rollstuhl-Stellplatz
* ❖ Steckdosen
* ❖ Bordrestaurant
* ❖ Bordbistro
* ❖ Servicepoint
* ❖ Handy-Ruhezonen
* ❖ Abteile.

Die unverpackte Fahrradmitnahme ist im ICE nicht möglich. Diese Leistung bieten die → InterCity-Züge an. Gegenüber dem IC hat sich im ICE die Zahl der Sitzplätze in den Wagen der 2. Klasse von 88 auf 66 verringert. Die Wagenbreite wurde um 20 Zentimeter erhöht. Weitere Qualitätsmerkmale gegenüber dem IC sind: breiterer Einstieg, Klimaanlage mit indirekter Belüftung, Garderoben, Schließfächer. Der mobile Internetzugang über WLAN ist in einigen ICE 3 auf der Strecke Dortmund – Köln möglich. Ein sukzessiver Ausbau erfolgt, um auf allen Strecken den Internet-Zugang per WLAN zu ermöglichen. Der ICE ist zuschlagspflichtig.

Die erste Phase der Einführung des ICE wurde durch eines der schwersten Zugunglücke in der Geschichte der Hochgeschwindigkeitszüge und der deutschen Eisenbahn überschattet. Am 3. 6. 1998 entgleiste unweit der Ortschaft Eschede in Niedersachsen der ICE 884 (Wilhelm Conrad Röntgen) bei einer Geschwindigkeit von 200 km/h. Bei dem Unfall starben 101 Menschen, 88 Schwerverletzte waren zu bekla-

gen. Ursache für den Unfall war der Bruch eines abgenutzten und defekten Radreifens. Im vier Jahre später durchgeführten Strafprozeß konnte den drei angeklagten Ingenieuren eine eindeutige Schuld nicht nachgewiesen werden. Die Strafverfahren wurden eingestellt. Die Deutsche Bahn AG zahlte ca. 20 Millionen Euro an die Hinterbliebenen und Verletzten (Eickhoff 2006, S. 95).

Erklärte Absicht der EU ist es, daß Europas führende Hochgeschwindigkeitssysteme – der deutsche ICE und der französische TGV – wechselseitig die Netzstrukturen nutzen und gestalten. Ab 2007 bedient der TGV die südliche Linie Paris – Straßburg – Stuttgart. Inzwischen ist diese Linie bis München erweitert worden. In Planung ist außerdem eine internationale ICE-Linie im Zwei-Stunden-Takt von Frankfurt nach Wien. *(hdz)*

*Literatur*
Eikhoff, Dieter 2006: Alles über den ICE. Stuttgart: Transpress

**Interkont**
→ Interkontinentalflug

**Interkontinentalflug**
*intercontinental flight*
Im Prinzip handelt es sich dabei um einen Flug, der verschiedene Kontinente miteinander verbindet, zum Beispiel Europa und Amerika. Allerdings ist der Begriff etwas unscharf, da so gesehen auch ein Flug von Frankfurt/Main (Europa) in die Türkei (Kleinasien) als Interkontinentalflug gewertet werden müßte. Er wird deshalb in der Regel nur für entsprechende Langstreckenflüge verwendet. *(jwm)*

**Interkulturelle Kompetenz**
*cross-cultural competence*
Als interkulturelle Kompetenz wird die

Fähigkeit verstanden, fremde Verhaltensweisen richtig zu interpretieren und das eigene Verhalten gemäß der fremden Wahrnehmung und Wertung zielgerichtet zu gestalten.

## 1 Der Kulturbegriff

Kultur ist einerseits Ausdruck menschlicher Schöpfungskraft, die sich in den Bildenden Künsten, der Musik, Literatur und Architektur zeigt. Dieser Kulturbegriff liegt üblicherweise „Kulturreisen" zugrunde. Hofstede (2001) bezeichnet dieses Kulturverständnis als „Kultur 1".

Andererseits wird Kultur verstanden als „mentale Programmierung". Diese mentale Programmierung, die so genannte „Kultur 2" nach Hofstede, wird bereits ab der frühen Kindheit erworben und manifestiert sich in Einstellungen, Werten, Normen und Verhaltensweisen. Diese sind überwiegend unbewußt. Erst bei der Konfrontation mit einer fremden Kultur und somit fremden Einstellungen, Werten, Normen und Verhaltensweisen wird die eigene Programmierung bewußt. Dieser Kulturbegriff ist gemeint, wenn von interkultureller Kompetenz die Rede ist.

## 2 Kulturelle Schichten

Kultur besteht aus unterschiedlichen Schichten (Trompenaars 1993, S. 39). Die Außenschicht einer Kultur besteht in der wahrnehmbaren Realität wie Sprache, Kleidung, Kunst, Architektur, Landwirtschaft und Mode. Diese Kulturelemente sind Ausdruck einer tiefer liegenden kulturellen Schicht. Auf der nicht wahrnehmbaren Ebene besteht Kultur aus Werten (Definition von gut und böse) und Normen (Regeln, wie man sich verhalten soll).

Zu interkulturellen Mißverständnissen kommt es, wenn der sichtbare Teil der Kultur aufgrund der eigenen kulturellen Prägung fehlinterpretiert wird. So kann ein deutscher Tourist es als „unprofessionell" empfinden, wenn ein italienischer Hotelmanager auf eine Beschwerde emotional reagiert. In der italienischen Kultur hingegen drückt emotionales Verhalten Engagement aus.

## 3 Beschreibung kultureller Unterschiede

Zur Beschreibung kultureller Unterschiede gibt es zwei Instrumente: Kulturstandards und Kulturdimensionen.

### 3.1 Kulturstandards

Kulturstandards sind Beschreibungen von Unterschieden, die sich aus der Sicht einer Kultur auf die andere ergeben. Kulturstandards sind daher selbst kulturell geprägt. Ein Kulturstandard beschreibt nicht individuelles Verhalten, sondern durchschnittliches Verhalten einer kulturellen Gruppe im Vergleich zum durchschnittlichen Verhalten einer anderen kulturellen Gruppe. Für jede Kultur läßt sich eine Vielzahl von Kulturstandards formulieren. Sie können auf verschiedenen Ebenen definiert sein – von allgemeinen Werten bis hin zu sehr spezifischen, verbindlichen Verhaltensvorschriften (Thomas 1996, S. 112).

Kulturstandards sind geprägt von der eigenen „kulturellen Brille". So beschreiben Brasilianer US-Amerikaner als reserviert, vorsichtig und zurückhaltend, wohingegen US-Amerikaner von Japanern als spontan, impulsiv und emotional beschrieben werden.

### 3.2 Kulturdimensionen

Kulturdimensionen sind abstrakter als Kulturstandards. Sie sind kulturübergreifend, d.h., jede Kultur läßt sich auf einer begrenzten Anzahl von Kulturdimensionen abbilden. Es gibt mehrere Ansätze, Kulturdimensionen zu formulieren, die sich teilweise überschneiden. Besonders verbreitet ist der Ansatz von Hofstede (2001). Er hat aus umfangreichen empirischen Erhebungen vier Kulturdimensionen extrahiert:

❖ Geringe versus hohe Machtdistanz: Die Dimension Machtdistanz bringt die in einer Kultur allgemein akzeptierte Machtverteilung zum Ausdruck. In Kulturen mit hoher Machtdistanz werden höher stehenden Personen mehr Privilegien und Statussymbole zugestanden als in Kulturen mit geringerer Machtdistanz.

❖ Individualismus versus Kollektivismus: In individualistischen Kulturen sind die Bindungen zwischen Personen eher locker. Es wird vom Einzelnen erwartet, daß er für sich selbst und für seine unmittelbare Familie sorgt. In kollektivistischen Kulturen ist der Mensch von Geburt an in starke, geschlossene soziale Gruppen integriert, die ihn schützen und im Gegenzug Loyalität verlangen. Mitglieder individualistischer Kulturen reisen meist alleine oder mit der Kernfamilie; Mitglieder kollektivistischer Kulturen reisen überwiegend in organisierten Gruppen.

❖ Femininität versus Maskulinität: In sogenannten maskulinen Kulturen sind materieller Erfolg, Wohlstand und Karriere zentrale Werte; Konflikte werden direkt ausgetragen. Besonders von Männern wird erwartet, daß sie bestimmt, ehrgeizig und hart sind. In femininen Kulturen sind die Sorge um den Nächsten und das Bewahren der Werte zentral. Hier werden Konflikte durch Verhandlung und Kompromisse beigelegt. Es wird von Männern wie von Frauen erwartet, daß sie bescheiden sind.

❖ Geringe versus starke Unsicherheitsvermeidung: Die Dimension Unsicherheitsvermeidung beschreibt den Grad, in dem sich die Mitglieder einer Kultur durch ungewisse oder unbekannte Situationen bedroht fühlen. Kulturen mit hoher Unsicherheitsvermeidung haben ein Bedürfnis nach vielen und exakten Regeln, ihre Mitglieder legen großen Wert auf Pünktlichkeit. Da Fremdheit als bedrohlich empfunden wird, findet man hier eher Fremdenfeindlichkeit als in Kulturen mit niedriger Unsicherheitsvermeidung.

## 4 Erwerb interkultureller Kompetenz

### 4.1 Interkulturelles Lernen durch Aufenthalte in der Zielkultur

Interkulturelles Lernen kann stattfinden durch den direkten Kontakt mit einer fremden Kultur. Die sogenannte Kontakthypothese besagt, daß durch den Kontakt mit einer anderen Kultur automatisch interkulturelle Kompetenz erworben wird. Diese Aussage ist inzwischen widerlegt. Wenn fremdes Verhalten aufgrund der eigenen Werte und Normen interpretiert wird, kann es sogar zu einer Verfestigung von Stereotypen (→ Stereotyp) und (negativen) Vorurteilen kommen.

### 4.2 Interkulturelles Lernen durch Schulungsmaßnahmen

Zunehmend haben sich zur Vorbereitung auf Aufenthalte in fremden Kulturen interkulturelle Trainingsmaßnahmen etabliert. Die Vielzahl der Trainingskonzepte lassen sich in zwei große Kategorien unterteilen. Auf der einen Seite gibt es kulturspezifische Trainings, bei denen die Teilnehmer aus einem Kulturkreis auf einen anderen vorbereitet werden, z.B. „Leben und Arbeiten in den USA" für die Zielgruppe nicht-amerikanischer Mitarbeiter von Disney World. Hier werden schwerpunktmäßig Kulturstandards vermittelt. Häufig wird die Critical

Incident Technique (→ Kritische Ereignisse) verwendet, um konkrete kritische Situationen zu trainieren. Dieses Konzept bietet sich beispielsweise auch an, um das Personal eines Urlaubshotels auf deutsche Gäste und deren kulturellen Eigenarten vorzubereiten.

In kulturübergreifenden Trainings liegt der Schwerpunkt auf der Sensibilisierung für interkulturelle Phänomene. Interkulturelle Phänomene werden vor dem Hintergrund von Kulturdimensionen erläutert. Die Teilnehmer sollen in die Lage versetzt werden, ihre interkulturelle Kompetenz in Zukunft selbstständig immer weiter ausbauen zu können. Dieses Konzept bietet sich an, wenn die Teilnehmer aus unterschiedlichen Kulturkreisen kommen und/oder die Teilnehmer unterschiedliche Zielkulturen haben. *(gcm)*

*Literatur*
Hofstede, Geert 2001: Lokales Denken, globales Handeln. Interkulturelle Zusammenarbeit und globales Management. München: Deutscher Taschenbuch Verlag
Thomas, Alexander (Hrsg.) 1996: Psychologie interkulturellen Handelns. Göttingen: Hogrefe
Trompenaars, Fons 1993: Handbuch globales Managen. Düsseldorf: Econ

**Interlining**
Weltweite gegenseitige Anerkennung von Vollzahler-Linienflugtickets durch die daran teilnehmenden → Fluggesellschaften. Die Abrechnung erfolgt über das → IATA-Clearing House der → International Air Transport Association (IATA). Mit der Verordnung 1459/2006 EG wurden die hierfür erforderlichen Preisabsprachen zwischen den Fluggesellschaften für Flüge in und aus der Europäischen Union untersagt. Hintergrund ist die Entwicklung der → strategischen Allianzen, die einen immer größeren Weltmarktanteil (gemessen an → Revenue Passenger Kilometres [RPK]) auf sich vereinen und mit entsprechenden → Gruppenfreistellungen intern Interlining mit → Code share betreiben. Deshalb sollen allianzenübergreifende Verbindungen zwischen den Fluggesellschaften unterbunden und der Wettbewerb zwischen den Allianzen erhöht werden. *(jwm)*

**International Air Carrier Association (IACA)**
Ursprünglich ein Zusammenschluß von → Charterfluggesellschaften vertritt die IACA nach der → Liberalisierung des Luftverkehrsmarktes, welche die Trennung in Linien- und Charterfluggesellschaften weitgehend obsolet machte, jetzt übergreifend → Ferienfluggesellschaften. Da → Pauschalreisen und damit auch Charterfluggesellschaften vor allem im europäischen Reisemarkt eine Rolle spielen, stammen die meisten der 37 Mitglieder (Stand 2007) aus Europa. Darüber hinaus gibt es noch 17 assoziierte Mitglieder (Flugzeughersteller, Flughäfen und andere Dienstleister). Sie veröffentlicht jährliche Statistiken über die Flugleistungen ihrer Mitglieder (www.iaca.be). *(jwm)*

**International Air Transport Association (IATA)**
Die International Air Transport Association (IATA) wurde im April 1945 als Dachverband der Passage- und Fracht-Linienluftverkehrsgesellschaften in Havanna/Kuba gegründet. Sie ist die Nachfolgeorganisation der 1919 in Den Haag gegründeten International Air Traffic Association. Die alte IATA war bis 1939, als die US-amerikanische Pan American beitrat, ein rein europäischer Verband. Die heutigen Hauptsitze der IATA sind Montreal und Genf. Derzeit gehören der IATA mehr als 270 Luftv

erkehrsgesellschaften an, sie wickeln 98 % des internationalen Linienluftverkehrs ab. Eine aktive, stimmberechtigte Mitgliedschaft ist nur Luftverkehrsge sellschaften möglich, die internationalen Linienluftverkehr betreiben. Reine Inlandsfluggesellschaften sind nur assoziierte, stimmrechtslose Mitglieder. Eine IATA-Mitgliedschaft ist für Luftverke hrsgesellschaften aus Staaten möglich, die der → International Civil Aviation Organisation (ICAO) angehören.

Ziele der IATA sind die Förderung eines sicheren, zuverlässigen und wirtschaftlich effizienten Luftverkehrs zum Wohle der weltweiten Fluggäste. Zudem soll die IATA eine Plattform für die Zusammenarbeit zwischen den Luftve rkehrsgesellschaften schaffen. Des weiteren obliegt ihr die Zusammenarbeit mit der ICAO und anderen internationalen Organisationen.

Die IATA hat im Laufe ihrer Geschichte einen Bedeutungswandel erfahren. Ursprünglich war es Aufgabe der IATA, die technischen Voraussetzungen für einen sicheren und zuverlässigen weltweiten Luftverkehrsbetrieb zu schaffen. Dazu gehörten Tätigkeiten im Bereich der Luftverkehrsnavigation, der Flughäfen-Infrastruktur und der operationellen Flugdurchführung. Zudem leistete die IATA wichtigen Input für die Arbeit der ICAO, die bis 1949 ihre „Standards and Recommendations" in den ICAO-Annexes niederlegte. Des weiteren bemühte sich die IATA um die Standardisierung von Dokumenten und Verfahren und um die Herstellung der dafür erforderlichen rechtlichen Basis. Auch die Modernisierung des 1929 geschlossenen Warschauer Abkommens, das die Haftung von Luftverkehrsgesellschaften gegenüber ihren Kunden regelt, oblag der IATA.

Eine der wichtigsten Aufgaben der

IATA der frühen Jahre resultierte aus dem Anspruch der nationalen Regierungen, die Preishoheit über die Tarife im Luftverkehr zu erhalten. Da sich die Regierungen nicht in der Lage sahen, Preisfindung selbst zu betreiben, wurde diese Aufgabe an die sog. Verkehrskonferenzen *(traffic conferences)* der IATA delegiert. Die auf den Konferenzen ausgehandelten Tarife mußten anschließend durch die nationalen Regierungen genehmigt werden. Die Tarifhöhe sollte sich in einem Korridor bewegen: Zum einen sollte ruinöser Wettbewerb durch zu niedrige Tarife, zum anderen sollten zum Wohle der Kunden zu hohe Tarife vermieden werden.

Zum Wohle der Kunden wurde auch das → Interlining, das ohne Preisabsprachen nicht funktioniert, eingeführt. Die erste weltweite Verkehrskonferenz fand im Jahre 1947 in Rio de Janeiro statt. Hier wurden annähernd 400 IATA-Resolutionen, die auch heute noch weitgehend Gültigkeit besitzen, erarbeitet. Die Resolutionen betrafen alle Aspekte des Luftverkehrs: Regeln der Tarifkonstruktion, Prorating-Regeln, Gepäckbeförderungsbedingungen, Ticket- und Frachtbriefstandards, Agentenzulassungsbestimmungen u.v.a.m. Im Jahre 1947 wurde auch das → IATA-Clearing House gegründet. Dieses dient der Verrechnung von Forderungen und Verbindlichkeiten aus dem Interlining im Linienluftverkehr, so daß eine bilaterale Abrechnung zwischen den einzelnen Luftverkehrsgesellschaften entfallen kann. Im Jahre 1994 wurden über das IATA-Clearing House 22,8 Mrd. US $ verrechnet.

Mit der Zunahme des weltweiten Luftverkehrs in der frühen zweiten Hälfte des letzten Jahrhunderts wurden der IATA weitere Aufgaben übertragen. Es wurde der Billing and Settlement Plan (für die Passage) und der Cargo Accounts Settlement Plan (für die Fracht) entwickelt. Sie dienten der Abrechnung und Weiterleitung der von IATA-Agenten vereinnahmten Zahlungen aus dem Verkauf von Flugscheinen. Zudem wurde der Agenten-Akkreditierungsprozeß verfeinert und Agentenschulungen etabliert. 1952 wurde das Standard Agency Agreement eingeführt. Heute existieren annähernd 81.000 IATA-Agenturen weltweit. Die IATA befaßte sich auch mit den steuerlichen Problemen des internationalen Luftverkehrs und engagierte sich naturgemäß stark für eine steuerliche Entlastung des Luftverkehrs. Weitere Aufgaben waren die Entwicklung von Regularien für die Beförderung von Gefahrgütern und lebenden Tieren.

In der frühen zweiten Hälfte des letzten Jahrhunderts nahm der Wettbewerbsdruck zwischen den Luftverkehrsgesellschaften deutlich zu. Neue → Großraumflugzeuge *(wide bodies)* mußten gefüllt werden, zudem wurden zahlreiche Charter-Airlines gegründet. Die Gewinnung neuer Kunden, die zumeist Privatreisende waren, konnte nur durch attraktive Preise gelingen. So wurden die auf den IATA Verkehrskonferenzen festgelegten Tarife durch die Luftverkehrsgesellschaften in Form sog. Graumarkttarife selbst unterlaufen. Eine Modifikation der IATA Verkehrskonferenzen erschien zur Erreichung einer größeren Flexibilität in der Preisgestaltung unumgänglich. Die bisherigen Tarifabsprachen wurden auch im Zusammenhang mit der Deregulierung des US-amerikanischen Luftverkehrs Ende der 1970er Jahre zunehmend als Preiskartelle, die den Luftverkehrsgesellschaften überhöhte Tarife sicherten, interpretiert.

Im Oktober 1979 wurde die IATA als *two-tier*-Institution reorganisiert. Die beiden Ebenen sind erstens die Trade Association. Als klassischer Industrieverband nimmt die IATA Aufgaben in den Bereichen Technik, Recht, Finanzen und Dienstleistungen für die Mitglieder (z.B. Erstellung von Analysen und Veröffentlichungen zum Luftverkehr, Durchführung von Schulungen) wahr. Im Zuge des Wachstums des weltweiten Luftverkehrs kommt der Durchführung von Flugplankonferenzen heute eine große Bedeutung zu. Die IATA entwickelte in Anbetracht der zunehmenden Kapazitätsengpässe auf Flughäfen ein System zur möglichst gerechten Vergabe von Zeitfenstern für Start und Landung (Airport → Slots) auf überlasteten Flughäfen. Die zweite Ebene betrifft die Tariff Coordination. Hier fungiert die IATA als Regulierungsinstanz, indem sie Passage- und Cargo-Tarife, Gebühren und Beförderungsbedingungen prägt. Auch heute nehmen noch etwa 100 Luftverkehrsgesellschaften regelmäßig an der Tarifkoordination der IATA teil. Diese einst herausragende Aufgabe ist jedoch heute in ihrer Bedeutung hinter die vielfältigen anderen Aufgaben der IATA zurückgetreten, so daß die IATA heute weniger eine Regulierungsinstanz als ein klassischer Industrieverband ist. Zudem sind Tarifabsprachen seit 2007 in der EU verboten (→ Interlining).

Es ist jedoch festzustellen, daß viele der Aufgaben der heutigen IATA mit denen der frühen IATA vergleichbar sind. Heute versteht sich die IATA als Verband mit der Aufgabe „to represent, lead and serve the airline industry" (www.iata.org). *(rc)*

**International Association of Antarctica Tour Operators (IAATO)**
1991 von sieben Reiseveranstaltern gegründete Vereinigung, deren Ziel die umweltgerechte Durchführung und Entwicklung des → Antarktistourismus

ist. Mittlerweile ist die Mitgliederzahl auf 69 Veranstalter (2005) angewachsen. Deutsches Mitglied sind die Hapag Lloyd Kreuzfahrten.

Hintergrund für die Gründung war der seit dem Beginn 1969 stetig steigende → Antarktistourismus. Besuchten anfangs nur wenige hundert Touristen die Antarktis, so ist ihre Zahl auf mittlerweile mehr als 20.000 pro Jahr angestiegen. Daher wurden mit der Gründung besondere Regelungen vereinbart, um das besonders empfindliche ökologische System der Antarktis nicht zu schädigen. Dazu gehören u.a. Restriktionen der Zahl der Personen auf Landausflügen, Richtlinien für das Verhalten an bestimmten Orten und für einzelne Aktivitäten wie zum Beispiel die Beobachtung von Tieren, die Einweisung von Schiffsbesatzungen und Mitarbeitern und die Anfertigung von Berichten über die einzelnen Touren (www.iaato.org). *(jwm)*

## International Civil Aviation Organisation (ICAO)

Die internationale zivile Luftfahrtorganisation wurde mit dem → Chikagoer Abkommen vom 7. Dezember 1944 gegründet und nahm 1947 ihre Arbeit als Unterorganisation der Vereinten Nationen an ihrem Sitz in Montreal (Kanada) auf. Derzeit (2007) hat die Organisation 190 Mitgliedsländer und unterhält weltweit sieben Regionalstellen.

Aufgabe der ICAO ist die Förderung des zivilen Luftverkehrs, seiner Einrichtungen (zum Beispiel → Flughäfen, Navigationseinrichtungen usw.), seiner Sicherheit und seiner Umweltverträglichkeit. Zwar ist nach dem → Chikagoer Abkommen jedes Land selbst für seine Navigationseinrichtungen und die Regelung des Luftverkehrs zuständig, aber es gibt viele Gebiete, die bei → Interkontinentalflügen überquert

werden, die keiner Nation zugehören (extraterritoriale Seegebiete und die beiden Pole). Zudem gibt es viele Länder, die vielfach überflogen werden, aber kaum selbst am Luftverkehr teilnehmen (zum Beispiel Grönland, Island). Für solche Gebiete organisiert das ständige Komitee für die gemeinsame Unterhaltung von Luftverkehrseinrichtungen der ICAO eine angemessene Flugüberwachung. (www.icao.org) *(jwm)*

## Internationaler Verband der Paketer (VPR)

1982 in Gießen gegründeter Verband der → Paketreiseveranstalter mit (2007) insgesamt 97 Mitgliedern. Er vertritt die allgemeinen Interessen der Paketer in der Tourismusindustrie und in der Öffentlichkeit. Sitz ist ab Mitte 2008 Fürth. Bei der Mitgliedschaft im VPR wird unterschieden zwischen ordentlichen (Paketer) und außerordentlichen Mitgliedern. Ordentliche Mitglieder sind Paketer, die außerordentlichen Mitglieder sind unterteilt in „substituierende Unternehmen" („Säule A': → Hotels, → Hotelketten, → Incoming-Reiseveranstalter, → Fähren mit Paketgeschäft usw.), „fördernde Unternehmen" („Säule B': Ferienparks, Theater, Musicals, Weingüter, beratende → Touristinformationen, Schiffahrtslinien usw.), „nicht-touristische Unternehmen" („Säule C': Druckereien, Softwarehäuser, Versicherungen) und „assoziierte Unternehmen" („Säule D': Fachzeitschriften für Busunternehmen). (www.vpr.de) *(jwm)*

## Internationale Tourismus-Börse ITB Berlin

*International Tourism Exchange*

Die Internationale Tourismus-Börse ITB Berlin, kurz unter der Bezeichnung ITB bekannt, ist die weltweit führende Fachmesse der internationalen Tourismuswirtschaft. Sie findet außerdem als größte Reisemesse für Privatbesucher statt. Die ITB ist also zugleich Fach- und Publikumsmesse. Ort ist das Berliner Messegelände am Funkturm. Die Dauer der Messe ist inzwischen auf fünf Tage begrenzt und findet in der ersten Märzhälfte eines jeden Jahres statt. Veranstaltet wird die ITB von der Messe Berlin GmbH.

Ins Leben gerufen wurde die ITB von Prof. Dr. Manfred Busche, dem ehemaligen Vorsitzenden der Geschäftsführung der Messe Berlin (www.messe-berlin.de) und Honorarprofessor an der Freien Universität Berlin. Erstmals wurde die ITB 1966 mit neun Ausstellern aus folgenden fünf Ländern durchgeführt: Ägypten, Brasilien, Bundesrepublik Deutschland, Guinea und Irak. Auf einer Gesamtfläche von 580 qm präsentierten diese Aussteller ihre Angebote vor 250 Fachbesuchern. Die Messe hatte damals den Charakter einer Übersee-Importmesse. Die Kongreßhalle im Tiergarten diente als Seminarplatz dem Vortrag und der Diskussion. Daß sich auf dieser Basis später die weltgrößte Tourismusmesse mit einer Ausstellungsfläche von über 180.000 qm brutto Hallenfläche (2007) entwickeln sollte, war nicht voraussehbar. Es gab damals aus den betroffenen Wirtschaftskreisen und den Spitzenverbänden des Tourismus deutlich kritische Stimmen, die der Messe die „vollständige Zwecklosigkeit" attestierten. Die Originalität der Idee, gerade in Berlin, der damals geteilten Inselstadt, eine „Reisemesse" zu begründen, wurde von wenigen gewürdigt, hatten die Berliner damals doch sehr eingeschränkte Reisemöglichkeiten.

Aber die Entwicklung sollte anders verlaufen. Im Zuge des stetig ansteigenden touristischen Angebots und der gleichzeitig zunehmenden Zahlen an Organisationen in dieser Branche, wuchs der Tourismus in den Folgejahren trotz vielfältiger Krisenerscheinungen in den weltweiten Destinationen förmlich über sich hinaus. Die ITB bot so die Plattform, die zudem über alle politischen Grenzen hinweg schon in der Zeit des Kalten Krieges und auch des Sechstagekrieges (Juni 1967) übergreifende internationale Kontaktmöglichkeiten bot. Es gibt heute mehr als 10.000 Ausstellerstände aus über 180 Ländern.

Die Hallen folgten traditionell der Einteilung nach Erdteilen und Ländern, später wurden Marktsegmente als Gliederungsmerkmale geschaffen. Die ITB wird von einer Fülle an Fachkongressen, Seminaren, Tagungen und Pressekonferenzen begleitet. Dem touristischen Ausbildungsbereich wird im Hinblick auf die Beschäftigungsmöglichkeiten ein Schwerpunkt der Ausstellung gerecht *(training and employment)*. Gerade die neuen Themen der Informationstechnologien bestimmen zunehmend das Messegeschehen. Dauerereignisse wie Naturkatastrophen, Krankheiten, die neuen Risiken des Terrorismus (→ Terrorismus und Tourismus) fordern die ITB als Forum heraus. Das der Messe benachbarte Internationale Congress Centrum (ICC [1979 fertiggestellt]) wird für diese Zwecke genutzt. Business-to-Business nennt sich auch auf der ITB das internationale Geschäftsmanagement. Auch wenn die ITB als Informationsmesse weithin verstanden wird, wo auch die internationalen Tourismusverbände konferieren, sie ist zum großen Teil natürlich Ordermesse (www.itb-berlin.de). *(hdz)*

### Internationale Zivilluftfahrtsbehörde (ICAO)

→ International Civil Aviation Organisation

## International Road Transport Union (IRU)

1948 an ihrem Sitz in Genf gegründete Organisation, welche die Interessen der Straßenverkehrsunternehmen vertritt. Mitglieder sind 180 nationale Verbände aus 70 Ländern. Um die unterschiedlichen Anliegen der straßengebundenen Personen- und der Gütertransporteure angemessen zu vertreten, ist die IRU entsprechend in zwei Sektionen unterteilt. Deutsches Mitglied in der Sektion Personentransport ist u.a. der → Bundesverband Deutscher Omnibusunternehmer (bdo). Assoziierte Mitglieder sind zum Beispiel Fahrzeug- und Gerätehersteller. (www.iru.org) *(jwm)*

## International Youth Hostel Federation (IYHF)

Internationaler Jugendherbergsverband, 1932 in Amsterdam gegründet. Über die Bereitstellung von günstigen Unterkünften will die IYHF insbesondere jungen Menschen die Möglichkeit eröffnen, die Welt kennenzulernen und Wissen zu erwerben. Das Verständnis für andere Völker und Kulturen und das friedliche Miteinander sollen gefördert werden. Die Herbergen treten unter dem Markennamen „Hostelling International" auf; über international festgelegte Qualitätskriterien wird ein einheitliches Qualitätsniveau angestrebt.

Der Dachverband mit Sitz in Welwyn Garden City/Großbritannien vertritt im Jahr 2006 in mehr als 80 Ländern über 4.000 Herbergen, die jährlich rund 35 Millionen Übernachtungen zählen (www.hihostels.com). Das → Deutsche Jugendherbergswerk (DJH) als Mitglied der IYHF stellt den größten nationalen Verband (www.jugendherberge.de). *(wf)*

## Internet Booking Engine (IBE)

### 1 Allgemeine Definition

Internet Booking Engines stellen die elektronische Funktionalität zur Verfügung, um internetbasiert und via World Wide Web Reisen und Reiseleistungen automatisiert zu vermarkten. Die Web-Sites und -Portale der Reiseanbieter informieren über ihre Angebote vergleichbar einem Ladenlokal mit Schaufenster, und die Internet Booking Engines vollziehen die kunden- und auftragsbezogenen Dienstleistungen im Kundendialog. Sie automatisieren die Geschäftsprozesse in Echtzeit. Web-Sites bzw. Reise-Portale und die dahinter stehenden IBEs wirken zusammen als virtuelle Reisemittler (→ Reisemittler [virtuell]). Darüber hinaus können sie weitergehende Funktionen übernehmen und z. B. das → Dynamic Packaging eines virtuellen Reiseveranstalters (→ Reiseveranstalter [virtuell]) realisieren.

Das Web-Portal eines virtuellen Reisemittlers kann seinen Kunden Zugriff auf mehrere Internet Booking Engines bieten, die unterschiedlich spezialisiert sind, z. B. zu einer Flug-IBE für Linien- und Consolidator-Flugangebote, zu einer IBE, die standardisierte Pauschal- und Lastminute-Reisen (→ Ertragsmanagement) anbietet oder zu der IBE eines virtuellen Dynamic-Packaging-Veranstalters.

Internet Booking Engines werden von IT-Dienstleistungsunternehmen den virtuellen Reisemittlern zur Nutzung angeboten (z. B. auch von → Globalen Distributionssystemen).

Grundsätzlich gilt: Eine Internet Booking Engine kommuniziert über die Web-Site mit den Reiseinteressenten, sie informiert und berät mit ihrem datenbankbasierten Such- und Selektionssystem, und zur verbindlichen Buchung einer

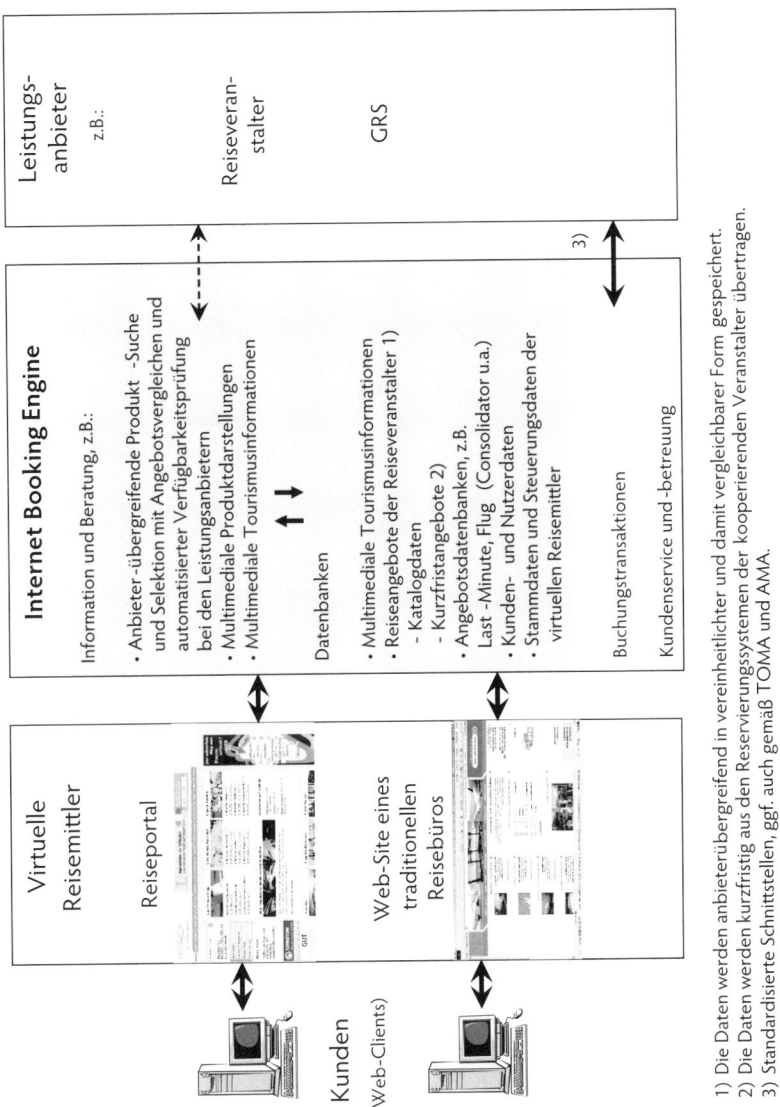

**Abbildung:** Funktionsweise einer Internet Booking Engine als virtueller Reisemittler

ausgesuchten Reise kommuniziert sie mit dem → Reservierungssystem des jeweiligen Reiseanbieters.

## 2 Internet Booking Engines und virtuelle Reisemittler

Internet Booking Engines übernehmen die Reisemittler-Funktionen (vgl. Abbildung): Touristische Beratung, multimedialer Produkt- und Preisvergleich sowie Kommunikation mit den Reservierungssystemen der Reiseanbieter zur Buchung und ggf. auch Funktionen der Buchungsabwicklung (z.B. Inkasso). Die IBE-Datenbank verwaltet allgemeine touristische Informationen über Länder, Zielgebiete u. a., die Produktinformationen der kooperierenden Reiseanbieter und ihre Kurzfrist-Angebote. Diese Daten werden einem Web-Client im Sinne einer Beratung zur Verfügung gestellt, indem er sie über Selektionsmasken abfragen und recherchieren kann. Die Benutzerführung, die Such- und Selektionsmöglichkeiten und Ergebnisdarstellungen bilden den kundenorientierten Beratungsprozeß ab. Mit Auswahl einer Reise(-leistung) ist ihre Verfügbarkeit zu prüfen, der verbindliche Gesamtpreis darzustellen und ggf. anschließend die Buchung durchzuführen. Hierzu kommuniziert die Internet Booking Engine im Hintergrund und in Echtzeit mit dem Reservierungssystem des jeweiligen Anbieters auf Basis standardisierter Schnittstellen *(interfaces)*.

Die Internet Booking Engines können darüber hinaus das Beziehungsmanagement zum Kunden (Customer Relationship Management [CRM]) unterstützen. Der Reisekunde erfaßt als Web Client durch Anreize motiviert oder im Rahmen der Reisebuchung seine Daten zur Registrierung und damit zur Speicherung in der IBE-Datenbank. Diese Daten können gemeinsam mit seinen erfaßten Reisewünschen, seinen

gebuchten Reisen u. a. verwaltet werden und sind die Basis für individualisierte (Stamm-)Kundenbeziehungen.

Die Abbildung zeigt auch, daß Booking-Engines durch traditionelle Reisebüros, die eine eigene Web-Site betreiben, genutzt werden können. Die Systemanbieter ermöglichen, ihre IBE in die Reisebüro-Web-Site kostenpflichtig zu integrieren. Reisebüro-Kunden nehmen dann Zugriff auf die Web-Site des Reisebüros und erhalten integriert die IBE-Funktionalität. Bei der Online-Buchung einer Reise erhält das Reisebüro als Web-Site-Betreiber die Vermittlungsprovision vom Reiseanbieter.

Zum Begriff Dynamic Bundling: Einige virtuelle Reisemittler bieten den Kunden an, mehrere Einzelleistungen aus unterschiedlichen Quellen auszuwählen und in einem Online-Warenkorb zu bündeln. Dabei werden die (Brutto-)Einzelpreise ausgewiesen und berechnet. Reservierung und Fulfilment erfolgen in separaten Schritten je Einzelleistung durch den jeweiligen Leistungsgeber. Der virtuelle Reisemittler wird dadurch nicht zum → Reiseveranstalter, im Unterschied zum → Dynamic Packaging.

## 3 Internet Booking Engines und virtuelle Reiseveranstalter

Bei einem virtuellen Reiseveranstalter wird der Veranstalter-Prozeß (Beschaffung von Reiseleistungen, Reise-Produktion, Reservierung und Abwicklung) online zum Zeitpunkt der Kundenbuchung und gemäß der individuellen Kundenwünsche vollzogen. Dieser automatisierte Prozess in Echtzeit wird als → Dynamic Packaging bezeichnet und kann wie folgt beschrieben werden:

❖ Der Kunde ruft via Web-Site die IBE des virtuellen Veranstalters auf und erfasst seine individuellen Reise- und Leistungswünsche.

❖ Die IBE hat Online-Schnittstellen zu den → Reservierungssystemen kooperierender Leistungsgeber. Mit den Kundenwünschen recherchiert die IBE in Echtzeit in diesen verbundenen Systemen.

❖ Die Daten der entsprechenden Leistungen werden an die IBE übermittelt. Die IBE bietet diese recherchierten Leistungen in vereinheitlichter Darstellung und differenziert je Leistungsart (z. B. Flug, Unterbringung, Mietwagen) dem Kunden zur Auswahl an. Ergänzend werden ggf. multimediale Informationen zur Entscheidungshilfe angeboten (z. B. Hotelbilder und -videos).

❖ Der Kunde wählt je gewünschter Leistungsart eine der angebotenen Alternativen. Die IBE kontrolliert dabei, ob seine ausgewählten Leistungen in ihrer Kombination plausibel sind.

❖ Anschließend und im Hintergrund faßt die IBE die gewünschten Leistungen zu einem Reisepaket zusammen und kalkuliert einen Gesamtpreis der Reise. Paketbildung und -kalkulation werden softwaretechnisch auf Basis eines Regelwerkes vollzogen, das die IBE-Datenbank speichert.

❖ Das dynamisch und kundenindividuell generierte und kalkulierte Reisepaket wird dem Kunden mit ergänzenden multimedialen Informationen angeboten. Wenn der Kunde sich für diese Pauschalreise entscheidet, bucht die IBE die entsprechenden Leistungen in den Reservierungssystemen der Leistungsgeber.

❖ Das elektronische → Fulfilment (z. B. Ticketing, → Voucher, Inkasso) führt die IBE automatisiert nach den Regeln des Veranstaltergeschäftes

durch (z.B. Sicherung der gebuchten Leistungen).

❖ Stornierungen, Umbuchungen u. ä. werden i. d. R. durch das Call- und Service Center des virtuellen Reiseveranstalters mit Zugriff auf die IBE-Datenbank durchgeführt. Es kann für den Kunden im Einzelfall schwierig zu unterscheiden sein, ob es sich bei Reiseangeboten eines Web-Portals ‚nur' um die Vermittlung von Reisen oder gebündelten Einzelleistungen (Dynamic Bundling s. o.) handelt oder ob es sich um ein Paketangebot eines virtuellen Reiseveranstalter handelt (Stichworte, z. B.: Vertragspartner, Sicherung der Reiseleistungen). Die → Allgemeinen Geschäftsbedingungen müssen für Klarheit sorgen. *(uw)*

**Internetreisebüro**
→ Reisemittler

**InterRegio (IR)**
In einigen Staaten Europas (in Deutschland erstmals 1988) wird der InterRegio als Zuggattungsmarke (typisch: blaue Farbgebung) geführt. Der InterRegio wurde unterhalb der zuschlagspflichtigen Netze (InterCity, EuroCity, später InterCity Express) in die Fernverkehrsnetze integriert. In der damaligen Bundesrepublik Deutschland wurde der InterRegio in Betrieb genommen, um auf Dauer den D-Zug abzulösen. Diese Umstellung war 1994 abgeschlossen. Bestandteil des InterRegios ist ein Bistrowagen. Schwerpunktmäßig erfolgte sein Einsatz in den Mittelzentren und Urlaubsregionen.

Die Deutsche Bahn AG hat den InterRegio zum Fahrplanwechsel im Mai 2006 eingestellt. Die Einstellung erfolgte in Einklang mit der → Bahnreform. InterRegio-Züge sind weiterhin in Belgien, Dänemark, Portugal und der Schweiz im Einsatz.

*Literatur*
Bodack, Karl-Dieter 2005. InterRegio. Die abenteuerliche Geschichte eines beliebten Zugsystems Freiburg: EK-Verlag

**Invalidität**
*disability*
Bei Reiseunfällen sind immer wieder deren Folgen zu beklagen. Reiseunfälle können zum Tod oder zur Invalidität führen. Von den speziellen Versicherungsgesellschaften werden entsprechende Entschädigungen gezahlt. Unter Invalidität versteht man die dauernde Beeinträchtigung der körperlichen oder geistigen Leistungsfähigkeit. Die Leistungen der → Reiseunfall-Versicherung basieren auf festen Invaliditätsgraden und medizinischen Gutachten, in denen der Grad der Invalidität festgestellt wird (→ Gliedertaxe). *(hdz)*

**Inventar**
*inventory, fittings*
Gesamtheit der beweglichen Sachen, die in einem entsprechend räumlichen Verhältnis zum Grundstück stehen und dazu bestimmt sind, das Grundstück entsprechend seinem wirtschaftlichen Zweck durch Betrieb zu nutzen. Für die Inventareigenschaft ist die Eigentumslage an der betreffenden Sache bedeutungslos. Unterschieden wird zwischen folgenden Arten des Inventars:

❖ Mitverpachtetes Inventar: Der Pächter hat für die Erhaltung zu sorgen. Er muß die Kosten für die Beseitigung der Abnutzung tragen (§ 582 BGB). Der Verpächter hat die Inventarstücke zu ersetzen, die ohne Verschulden des Pächters „in Abgang" gekommen sind (§ 582 Abs. 2 BGB).

❖ Eisernes Inventar: Der Pächter übernimmt dieses bei Vertragsabschluß

zum Schätzwert und hat es bei Beendigung des Pachtvertrages zum Schätzwert zurückzugewähren. Der Pachter kann über die einzelnen Inventarstücke innerhalb einer ordnungsgemäßen Bewirtschaftung verfügen und trägt die Gefahr der zufälligen Verschlechterung oder des Untergangs des Inventars (§ 582 a BGB).

❖ Dem Pächter gehörendes Inventar: Weiterhin besteht die Möglichkeit, daß das Inventar dem Pächter oder einem Dritten ganz oder teilweise gehört, über das er frei verfügen kann. Eine vertragliche Verfügungsbeschränkung hinsichtlich des Inventars ist nur zulässig, wenn sich der Verpächter verpflichtet, bei Beendigung des Pachtverhältnisses das Inventar zum Schätzwert zu erwerben (§ 583 a BGB).

❖ Überinventar: Es handelt sich um Inventar, das vom Pächter angeschafft wurde und das nach den Regeln einer ordnungsgemäßen Bewirtschaftung im Hinblick auf das übernommene und rückgabepflichtige Inventar überflüssig oder zu wertvoll ist. Der Verpächter kann die Übernahme dieses Inventars zum Schätzwert bei Beendigung des Pachtverhältnisses ablehnen (vgl. § 583 a BGB). *(gd)*

**IR**
→ Interregio

**IRS**
→ Informations- und Reservierungssystem

**IRU**
→ International Road Transport Union

**IT**
→ Pauschalreise

**ITB**                            **IYHF**
→ Internationale Tourismus-Börse ITB   → International Youth Hostel Federation
Berlin

# J

**JAA**
→ Joint Aviation Authorities

**Jagdtourismus**
*hunting tourism*
Spezialreisen, die durchgeführt werden, um Großwild auf Safaris und in alpinen Gebieten abzuschießen, werden Jagdreisen genannt und zählen zum Jagdtourismus, der oftmals individuell organisiert wird. Besonders in den tradionellen Jagdreisegebieten von Ostafrika und Osteuropa führten in den letzten Jahren gesetzliche Auflagen (Schonzeiten) und Reservate dazu, daß der Jagdreisetourimus abnahm. Erschwerend für die Jagdtouristen kommt hinzu, daß die Gebühren deutlich erhöht wurden.
Bemerkenswert ist außerdem, daß → Reiseversicherungen Waffen, die zum Zwecke der Jagd mitgeführt werden, im Rahmen der → Reisegepäckversicherung nicht in den Versicherungsschutz aufnehmen. *(hdz)*

**JAR**
→ Joint Aviation Requirements

**Jause**
Österreichische Bezeichnung für „Zwischenmahlzeit" oder „kleiner Imbiß", die aus dem Mittelhochdeutschen *jûs* und dem slowenischen *júžina* „Mittagessen" entlehnt und etwa mit der bayrischen „Brotzeit" vergleichbar ist. Der Begriff wird synonym sowohl für eine Vormittags- als auch eine Nachmittagszwischenmahl

zeit verwandt, lediglich setzte man zur Unterscheidung das Präfix Vormittags- oder Nachmittags- hinzu.
Die Zusammensetzung der Jause war in der Regel recht einfach und diente (bis in die Mitte des 20. Jahrhunderts) der Kalorienversorgung während der Arbeit auf dem Feld: Brotscheiben mit einem fetthaltigen Aufstrich (i. d. R. mit Butter, Margarine, Quark) bestrichen, teilweise auch mit Wurst belegt. Eine genauere begriffliche Eingrenzung wird heute immer schwieriger, so daß Jause jegliche Formen und Varianten der Zwischenmahlzeiten bezeichnet, etwa auf Reisen, Wanderungen und in der Schule oder auf der Arbeit. Im süddeutschen und österreichischen Sprachraum assoziiert man mit Jause heute gewöhnlich eine kräftige Brotmahlzeit mit würzigem Brot, Wurst oder Schinken, kaltem, gebratenem Schweinefleisch, Meerrettich, Käse, Gurken etc., die auf einem Holzteller serviert wird und im touristischen Bereich inzwischen wieder große Bedeutung hat. *(ghf)*

*Literatur*
Kesselgruber, Bernd 1998: Aspekte der Volksnahrung im Sudetendeutschen Sprachraum am Beispiel von Frühstück, Vormittags- und Nachmittagsmahlzeit. In: Otfrid Ehrismann 1998: 26. Bericht über das Sudetendeutsche Wörterbuch. München: Collegium Carolinum, S. 9-14

**Jet**
Flugzeug mit Düsenturbinenantrieb, → Turbofan, → Turbojet. Der Vortrieb

erfolgt hauptsächlich durch den Rückstoß der ausgeblasenen Gase.

**Jetlag**
Ermüdung durch Langstreckenflüge, die mehrere Zeitzonen durchqueren. Vor allem die Umstellung auf die neue Ortszeit macht dem Körper einige Tage zu schaffen, bis er sich an den verschobenen Tag/Nacht-Rhythmus gewöhnt hat. Vor allem die Verkürzung des Tages auf Flügen in West-Ost-Richtung macht dem Organismus Probleme, währenddessen Ost-West-Flüge mit der Verlängerung von Tag und Nacht erfahrungsgemäß weniger Probleme bereiten. Unterstützt wird der Jetlag durch den Bewegungsmangel an Bord von Flugzeugen und die extrem niedrige Luftfeuchtigkeit auf Langstreckenflügen. *(jwm)*

**Jetprop**
Kunstwort aus → Jet und Propeller. → Turboprop

**Jetstream**
Bei einem Jetstream (deutsch: Strahlstrom) handelt es sich um ein schmales, horizontales Starkwindband, das sich in 8 bis 12 Kilometern Höhe als Ausgleichsbewegung zwischen Hoch- und Tiefdruckgebieten um den Globus windet. Es ist ein schlauch- bzw. tunnelartiges Windfeld in Höhe der Tropopause (Grenzschicht zwischen Troposphäre und Stratosphäre) mit hohen Windgeschwindigkeiten. Jetstreams sind etwa 100-200 km breit und haben eine Mächtigkeit von 1 bis 5 km. In der Praxis werden in Einzelfällen Windgeschwindigkeitsmaxima von mehr als 550 km/h erreicht, Werte um 200 bis 300 km/h sind keine Seltenheit.
Auf jeder Erdhalbkugel treten zwei markante Strahlstromsysteme auf: der

Subtropenjet über dem subtropischen Hochdruckgürtel (verläuft in unserem Bereich etwa von den Kanarischen Inseln über Nordafrika zum Persischen Golf) und der Polarfrontjet in den gemäßigten Breiten. Der polare Strahlstrom verläuft je nach Großwetterlage zwischen 40° und 60° geographischer Breite und erreicht im „Kernstrom" Geschwindigkeiten von 200 bis 500 km/h. Position und Stärke des Jetstreams kann zum Beispiel aus den Höhenwetterkarten entnommen werden.
Jetstreams können als Rückenwind zu einer starken Erhöhung der Fluggeschwindigkeit über Grund und damit zur Verkürzung der Flugzeit und zu Kerosinersparnis führen. Deshalb versucht die Flugplanung *(dispatch)* Jetstreams als Rückenwind auszunutzen und als Gegenwind zu vermeiden.
Über dem Nordatlantik wehen Polarfrontjetstreams von West nach Ost. Deshalb wird bei Flügen von Europa in die USA regelmäßig berechnet, mit welcher Flugroute ein Jetstream als Gegenwind vermieden werden kann; in umgekehrter Richtung bei Flügen aus den USA nach Europa versucht man den Jetstream als Rückenwind auszunutzen, was zu erheblich kürzeren Flugzeiten führt. *(pjm)*

**Joint Aviation Authorities (JAA)**
Eine der → Europäischen Zivilluftfahrtkonferenz (ECAC) assoziierte Einrichtung, welche die Luftfahrtbehörden aller EU-Mitgliedsländer und weiterer europäischer Staaten repräsentiert, die sich mit Unterzeichnung des Gründungsdokumentes 1990 in Zypern entschieden haben, gemeinsame Standards, Regeln und Verfahren für die Sicherheit des Luftverkehrs zu entwickeln und anzuwenden. Sie sind als → Joint Aviation Requirements (JAR) mittlerweile die wichtigs-

te Grundlage für den Luftverkehr in Europa. Bei ihrer Schaffung ging es auch um die Herstellung einheitlicher und fairer Wettbewerbsbedingungen für Luftfahrtunternehmen in Europa und um eine Harmonisierung der europäischen Regeln mit denen der us-amerikanischen Zivilluftfahrtbehörde (Federal Aviation Authority, FAA) zu erreichen. Dadurch können zum Beispiel bei der Zulassung neuer Flugzeugmuster teure Doppelverfahren vermieden und die Kosten gesenkt werden. 37 der 41 europäischen Mitgliedsstaaten der → Europäischen Zivilluftfahrtkonferenz (ECAC) haben dieses Abkommen unterzeichnet, das den Weg für die Schaffung der → European Aviation Safety Agency (EASA) ebnete. *(jwm)*

**Joint Aviation Requirements (JAR)**
Regelwerk der → Joint Aviation Authorities (JAA), nach dem die Musterzulassung von Fluggerät, die Überprüfung zugelassenen Gerätes, die Durchführung des Luftverkehrs, die Lizenzierung von Luftfahrtpersonal *(crew licensing)* usw. in den Mitgliedsländern der JAA erfolgt. *(jwm)*

**Jugendherberge**
*youth hostel*
Beherbergungsbetrieb, der insbesondere auf jugendliche Gästegruppen zielt. In den Anfängen – 1912 wurde die erste Jugendherberge der Welt auf der Burg Altena/Sauerland gegründet – sehr einfach eingerichtet (Schlafsäle, Duschräume, Küche, Tagesraum).

Um in einer Jugendherberge übernachten zu können, ist die Mitgliedschaft in einem Jugendherbergsverband Voraussetzung. Die Mitgliedschaft kostet in Deutschland ab dem Beitragsjahr 2008 für Jugendliche bis 26 Jahren 12,50 Euro pro Jahr, für ältere Personen („27plus") und Familien 21 Euro (DJH 2007 a, o.S.).

Der Begriff „Jugendherberge" ist eine rechtlich geschützte Bezeichnung, die das → Deutsche Jugendherbergswerk (DJH) im Jahr 2000 beim Deutschen Patent- und Markenamt hat eintragen lassen. Klagen von Wettbewerbern, die argumentierten, daß es sich bei der Bezeichnung um einen abstrakten Gattungsbegriff handle, wurden von den Gerichten abgewiesen. Kommerzielle Anbieter dürfen den Begriff daher nicht nutzen. (DJH 2005, o.S.).

Die deutschen Jugendherbergen verspüren seit einigen Jahren Konkurrenzdruck von → Hostels, deren Produktkomponenten (z.B. Übernachtung in Mehrbettzimmern, Gemeinschaftsbäder, günstiges Preisniveau) in Teilen sehr ähnlich sind. Eine Abgrenzung gelingt am ehesten über Organisationszweck und Zugangsmöglichkeiten. Jugendherbergen sind gemeinnützige Einrichtungen des Deutschen Jugendherbergswerks, das mit diesen gesellschaftlich wertvolle Ziele wie Völkerverständigung, Fortbildung oder Umweltschutz verfolgt. Hostels hingegen sind nach Gewinn strebende Marktteilnehmer, gemeinnützige Ziele werden nicht angestrebt. Jugendherbergen in Deutschland fordern von ihren Gästen eine Mitgliedschaft, Hostels nicht.

Auch vor dem Hintergrund des zunehmenden Wettbewerbs erfahren Jugendherbergen in Deutschland eine Modernisierung. Unter Beibehaltung der ursprünglichen Ideale verfolgt das DJH das Ziel, den Begriff positiv aufzuladen und als das Original auf dem Markt zu positionieren. Jugendherbergen, die kulturelle Projekte anbieten (z.B. im Rahmen von Theaterwerkstätten), sich als sozialökologisches Modell verstehen (Nutzung umweltverträglicher Baumaterialien, pädagogisch geleitete Architektur) oder jugendgemäße Lebenskonzepte weiterentwickeln (z.B.

über gesunde und gleichzeitig attraktive Ernährung, Bewegungsangebote) sind Beispiele hierfür. Eine Qualitätsmanagementoffensive („Jugendherbergen 2009") soll Mindeststandards in allen Jugendherbergen einführen. Die Anforderungen zielen auf das Management vor Ort, Servicequalität, Ausstattung und Außenanlagen (DJH 2006, S. 1 ff.; DJH 2007b, S. 2 ff.). *(wf)*

*Literatur*

DJH (Hrsg.) 2005: Voller Erfolg für das Deutsche Jugendherbergswerk: Bezeichnung „Jugendherberge" bleibt weiterhin geschützt. Pressemitteilung. Detmold

DJH (Hrsg.) 2006: Jugendherbergen 2009. Qualitätskonzept des Deutschen Jugendherbergswerkes. Detmold

DJH (Hrsg.) 2007 a: Jugendherbergen für jede Gelegenheit. Selbstdarstellung des Deutschen Jugendherbergswerkes. Detmold

DJH (Hrsg.) 2007 b: Die Jugendherbergen. Jahresbericht 2006. Detmold: Bösmann

**Jumbo**
→ Großraumflugzeug

**Juniorsuite**
→ Zimmertypen

**Junk Food**
*junk* (engl.) = Abfall, Gerümpel, Schund. Junk Food ist eine Wortkomposition und heißt direkt übersetzt „Abfallessen". Der Begriff soll eine Nahrung umschreiben, die nährstoffarm, ballaststoffarm und kalorienreich ist. Oft gebraucht als Synonym und Wertung für → Fast Food. *(wf)*

# K

## Kabinenpersonal

*cabin crew*
→ Flugbegleiter

## Kabinenteiler

*multiple class divider (MCD)*
Kabinenvorhang, der in Verkehrsflugzeugen zum Beispiel die → Beförderungsklassen Economy Class von
der Business Class trennt. In den meist
auf Kurz- und Mittelstrecken eingesetzten Flugzeugen mit einheitlicher
Bestuhlung ist dieser Vorhang verschieb-
bar, so daß die Größe der Klassen der
jeweiligen Nachfrage für jeden Flug
angepaßt werden kann. Einzig sichtbares
Unterscheidungsmerkmal zwischen den
beiden Beförderungsklassen ist in diesem
Fall der Service. Aus Sicherheitsgründen
muß der Vorhang bei Start und Landung
geöffnet sein. *(jwm)*

## Kabotage

*cabotage*
Erbringung von Transportleistungen
durch ein Unternehmen innerhalb eines
Landes, in dem dieses Unternehmen
nicht ansässig ist. Innerhalb der
Europäischen Union gibt es einen gemeinsamen Luftverkehrsmarkt, in dem
jede Fluggesellschaft eines Mitglieds-
landes jede beliebige Verbindung fliegen
kann. Kabotage bedeutet also konkret,
daß zum Beispiel Air Berlin Passagiere
zwischen Palma de Mallorca und Madrid
befördern kann. *(jwm)*

## Kaffeehaus

*café, coffee house*
Gastronomischer Betrieb, dessen Ange-
botsschwerpunkt auf Kaffee liegt. Das
Produktspektrum wird insbesondere
durch Warmgetränke (Tee, Schokolade),
Kuchen und kleinere kalte und warme
Speisen abgerundet.

Im arabischen Raum entstanden Kaffeehäuser schon sehr früh, über den Handel
erreichte der gastronomische Betriebstyp
Europa. Mitte des 16. Jahrhunderts
(1554) wurde in Konstantinopel das
erste Kaffeehaus eröffnet, Mitte bis
Ende des 17. Jahrhunderts erfaßte
eine Gründungswelle die europäischen
Handelszentren: Venedig 1645, London
1652, Marseille 1653, Amsterdam 1663,
Paris 1666, Hamburg 1677, Wien 1685
(Potthoff & Kossenhaschen 1996, S. 466;
von Paczensky & Dünnebier 1999, S. 456;
zu den leicht variierenden Jahreszahlen
Scherzinger 2005, S. 23). Neben dem
eigentlichen Kaffeekonsum galten Kaffeehäuser als Ort der Information,
Kommunikation, Geselligkeit und mitunter als Zentrum des kulturellen Lebens.
Ihr Besuch war im frühen 18. Jahrhundert
in Europa Männern vorbehalten, Frauen
entwickelten mit dem gemeinsamen Kaf-
feetrinken im privaten Bereich („Kaffee-
kränzchen") eine geschlechtsspezifische
Alternative (Scherzinger 2005, S. 30 f.).

Bekanntester Vertreter unter den Kaffee-
häusern dürfte das Wiener Kaffeehaus
sein (z. B. Café Central, Café Demel,
Café Hawelka, Café Sacher). Oft assoziiert mit dem Typus eines gehobenen

Literaturcafés, existier(t)en gleichwohl auch einfachere Ausprägungen in Form von Kaffeeschenken oder Kaffeebeiseln (Potthoff & Kossenhaschen 1996, S. 467 f.). Der Typ des Wiener Kaffeehauses erlebt seit Jahren eine Renaissance weit über die Stadtgrenzen hinaus. Desweiteren existieren standardisierte Gastronomiekonzepte wie z.B. Wiener`s, die über → Franchise auf dem Markt antreten (www.wieners.de).

Die ursprünglichen Kaffeehäuser differenzierten sich über die Zeit hinweg vielfach aus. → Cafés, → Cafeterias, Café-Konditoreien, Stehcafés, Café-Bistros sind hierbei nur einige Ausprägungen, als jüngstes Trendprodukt können → Coffee-Shops gelten. Zu einer tabellarischen Gegenüberstellung der einzelnen Café-Typen siehe Scherzinger 2005, S. 54 ff. *(wf)*

*Literatur*

Paczensky, Gert v.; Anne Dünnebier 1999: Kulturgeschichte des Essens und Trinkens. München: Orbis

Potthoff, Ossip D.; Georg Kossenhaschen 1996: Kulturgeschichte der Deutschen Gaststätte: umfassend Deutschland, Österreich, Schweiz und Deutschböhmen. Nachdruck. Hildesheim, Zürich, New York: Olms

Scherzinger, Christine 2005: Zeitlos in – Zeitlos out. Das Café in der deutschen Gegenwartsgesellschaft. Eine kultursoziologische Studie. Marburg: Tectum

**Kaffee-Sommelier**
→ Barista

**Kanaltunnel**
→ Eurotunnel

**Kapitänsdinner**
*captain's dinner*
Wer an Schiffsreisen teilnimmt, kommt hin und wieder in den Genuß, am

Kapitänsdinner teilnehmen zu dürfen, ein Mahl zu dem der Kapitän des Schiffes eingeladen hat. Heute – nach „Traumschiff" – ist das Kapitänsdinner eine Position im Arrangement der P auschalkreuzfahrtveranstalter geworden. *(hdz)*

**Kapitalintensität**
*capital intensity*
Kennzeichnet die Bedeutung des Kapitals im → Hotel. Investitionen in der Hotellerie haben einen hohen Kapitalbedarf, sowohl bei Neubauten als auch bei Modernisierungen, die als Konsequenz des verschärften Wettbewerbs unerläßlich sind. Auch der Trend zum größeren Hotelbetrieb erhöht den Kapitalbedarf. Hohe Kapitalintensität führt zu einer Kostenstruktur, die durch einen hohen Anteil an (fixen) Kapitalkosten wie Abschreibungen oder Fremdkapitalzinsen gekennzeichnet ist. Die Höhe der Kapitalintensität ist auf unterschiedliche Kosten zurückzuführen.

Bei Neubauten sind das zum Beispiel Grundstückskosten, die durch den Hoteltyp, den Standort und die Verhältnisse auf dem Grundstücksmarkt beeinflußt werden; Baukosten, die u. a. von der räumlichen Konzeption des Hotels oder dem angestrebten Qualitätsstandard abhängen; Vorinvestitionskosten (zum Beispiel Beratungskosten, Notarkosten); Voreröffnungskosten (Kosten für die Leistungsbereitschaft des Hotels bei der Eröffnung, zum Beispiel Personal-, Energie-, Marketingkosten, Kosten für Erstausstattung der Warenlager). Kapitalintensive Investitionen stellen an die Verzinsung des eingesetzten Kapitals hohe Anforderungen. Deshalb sind Investitionen sorgfältig zu planen und zu kontrollieren, um keine Kostenüberschreitungen und Finanzierungslücken zuzulassen. *(ukh)*

## Kapitalumschlagshäufigkeit

*capital turnover, equity turnover*

Kennzahl für den Kapitalumschlag, der das Verhältnis von Ertrag (Umsatz) und Gesamtkapital ausdrückt. Die Kapitalumschlagshäufigkeit charakterisiert, wie das eingesetzte Kapital im betrieblichen Umsatzprozeß genutzt wird und gibt an, wie häufig es durch den Umsatz in einem bestimmten Zeitraum (Jahr) umgeschlagen wird. Eine hohe Kapitalumschlagshäufigkeit läßt vermuten, daß das Kapital effizient für die Erwirtschaftung von Erträgen eingesetzt wird.

Die Kapitalumschlagshäufigkeit steht in Beziehung zur Kapitalumschlagsdauer. Eigentümerhotels weisen – gemessen am Gesamtkapital – einen vergleichsweise niedrigen Umsatz und damit eine geringe Kapitalumschlagshäufigkeit auf. Dabei muß berücksichtigt werden, daß es Unterschiede zwischen Eigentümer- und Pachtbetrieben (→ Hotelpacht) gibt. Während in → Eigentümerbetrieben die Kapitalumschlagshäufigkeit in der Regel unter 1 liegt bzw. es mehr als ein Jahr dauert, bis das eingesetzte Kapital durch den Umsatz gedeckt ist, kann das Kapital in Pachtbetrieben auf Grund der niedrigeren Vermögenshöhe und des geringeren Anteils von Anlagevermögen durchaus mehrmals im Jahr umschlagen.

Bei geringer Kapitalumschlagshäufigkeit wirken sich Umsatzrückgänge dahingehend aus, daß Betriebe schnell in die Verlustzone geraten können. Damit ist die Verzinsung des eingesetzten Kapitals einem hohen Risiko ausgesetzt, was besonders ungünstig für die → Hotels ist, die einen hohen Anteil an Fremdkapital benötigen. *(ukh)*

## Kasino

→ Casino

## Kassenhandgerät

*handheld terminal*

Kassengerät, das in der Hand gehalten wird (→ Handheld). Die mobilen „Mini-Kassen" werden z. B. in der Gastronomie eingesetzt. Sie erlauben Bestellaufnahme, Datenübermittlung über Funk oder Infrarot, Abrechnungen und Zusatzfunktionen wie Lagerverwaltung oder Warenannahme.

Durch die mobile Erfassung entfällt für die Servicefachkräfte der Weg zur nächsten fest installierten Kasse, für den Gast werden Wartezeiten (→ Wartezeitenmanagement) reduziert. Das Kassensystem führt in der Praxis zu Umstellungen im organisatorischen Ablauf: Der Service wird personell getrennt in Bestellaufnahme und Servieren, weil sich dadurch Effizienzvorteile realisieren lassen. Der Einsatz ist tendenziell für Betriebe geeignet, die sich durch eine hohe Gästefrequenz, ein begrenztes Produktspektrum und eine kurze Verweilzeit (z. B. Straßencafés, Biergärten) auszeichnen. Einer Steigerung der Tischumschlagshäufigkeit und damit der Umsätze stehen hohe Investitionen in das Kassensystem gegenüber. *(wf)*

## Katalog

→ Reisekatalog

## Katamaran

*catamaran*

Ursprünglich aus Polynesien stammendes Konstruktionsprinzip, nach dem Schiffe mit zwei Rümpfen gebaut werden. Durch den geringeren Tiefgang können weitaus höhere Geschwindigkeiten als mit Einrumpfschiffen *(mono hulls)* erreicht werden. Durch die größere Breite wird gleichzeitig eine höhere Kentersicherheit erlangt. Zunächst nur bei kleineren Segelschiffen üblich, gibt es mittlerweile vor allem schnelle mittlere und größere → Fähren, die nach diesem Prinzip gebaut sind. *(jwm)*

## Kaufmann/-frau für Tourismus und Freizeit

*qualified tourism and leisure management assistant*

Seit 2005 bestehender dreijähriger Ausbildungsberuf in Deutschland, dessen Tätigkeitsbereich aus dem des → Reiseverkehrskaufmannes herausgelöst wurde. Aspiranten werden ausgebildet im Schalterdienst von Touristinformationen, Kureinrichtungen, sog. Wellnesshotels (→ Wellness), Ausflugs- und Kreuzfahrtunternehmen (→ Kreuzfahrt), Erlebnisbädern, → Freizeit- bzw. Erlebnisparks und in tourismusbezogenen → Call Centern. Neben den kaufmännischen Grundkenntnissen, die für unterstützende Tätigkeiten in der kaufmännischen Verwaltung entsprechender Unternehmen qualifizieren, gehören spezielle Kenntnisse in der Konzeption, Vorbereitung und Durchführung von Veranstaltungen ebenso zu diesem Berufsbild wie solche über die Sicherstellung der Funktion entsprechender technischer Anlagen und Einrichtungen. *(jwm)*

## Kaventsmann

*freak wave*

Bis zu zwanzig, dreißig Meter hohe Welle, die plötzlich auf hoher See auftauchen kann. Neben dem Kaventsmann werden „Weiße Wände" und „Drei Schwestern" unterschieden. Früher wurde ihr Auftreten als Seemannsgarn abgetan. Seit den 1990er Jahren befaßt sich die Forschung mit dem Phänomen des plötzlichen Auftretens von Max- oder Monsterwellen *(freak waves)*, die von → Tsunamis zu unterscheiden sind. Die Ursachen ihres Auftretens konnten nur ansatzweise durch Simulation erklärt werden. Festzustehen scheint, daß die Bildung von Monsterwellen begünstigt wird durch konfuse See, meist erzeugt von verschiedenen Wellensystemen, starken Strömungen und Nachwirkungen früherer Wetterlagen (www.naoe.tu-berlin.de).

Auch die → Kreuzfahrt war direkt betroffen. Nach der Queen Elizabeth 2 im Jahr 1995 wurde im Südatlantik im Februar 2001 das Kreuzfahrtschiff MS Bremen vom „Seeschlag" einer Maxwelle getroffen und konnte nach teilweiser Zerstörung der Brücke nur knapp einem Untergang entgehen (http://www.esys.org/rev_info/monsterwellen.html; Abruf: 24.12.2007). *(hdz/jwm)*

## KdF

→ Kraft durch Freude

## Kernkompetenzen

*core competences*

Im Fokus der strategischen Überlegungen zur Führung eines jeden Unternehmens stehen laut Hamel und Prahalad nicht die Wettbewerbskräfte, wie Michael Porter (Porter 1992; 1999) annimmt, sondern die Kernkompetenzen der Organisation. Dabei definieren sie Kernkompetenz als „ein Bündel an Fähigkeiten und Technologien, das es einem Unternehmen ermöglicht, seinen Kunden einen bestimmten Nutzen anzubieten" (Hamel, Prahalad & Fruehauf 1997, S. 9).

Es sind quasi die Wurzeln eines Unternehmens, aus denen Kernprodukte wachsen, die wiederum die strategischen Geschäftseinheiten (SGE) fundieren, die schließlich die Endprodukte hervorbringen. Die Nutzung der Kernkompetenzen setzt Kommunikation, Engagement und Entschlossenheit voraus. Vor allem gilt es laut Hamel und Prahalad, bestehende Organisationsbarrieren zu überwinden und möglichst viele Mitarbeiter in den

Prozeß der Strategieentwicklung einzubinden. Mit der Theorie der Kernkompetenzen, die 1994 im Buch „Der Wettlauf um die Zukunft" veröffentlicht wurde, verhalfen Hamel und Prahalad dem ressourcen-basierten Verständnis von Unternehmung zum Durchbruch. Für die Bestimmung der Kernkompetenzen eines Unternehmens sind drei Bestimmungsstücke von Bedeutung:

❖ Eine Kernkompetenz bietet potentiell Zugang zu einer Vielzahl von Märkten.

❖ Eine Kernkompetenz sollte wesentlich zum wahrgenommenen Nutzen des Endproduktes für den Kunden beitragen.

❖ Eine Kernkompetenz sollte für Wettbewerber schwer zu kopieren sein – wie z. B. ein komplexes Geflecht spezifischer Technologien und Herstellungstechniken.

Im Hinblick auf die zunehmende Outsourcing-Praxis (→ Outsourcing) lassen sich auf diese Weise zentrale Aktivitäten definieren, deren Übertragung an Dritte keinen Sinn hat.

Hamel und Prahalad betrachten ihre Überlegungen als Entwurf für eine neue Generation des strategischen Denkens (→ Strategie/Strategisches Management). Demzufolge müssen Manager zwei Dinge tun, um den erforderlichen Weitblick zu entwickeln:

❖ sich das Unternehmen nicht als ein Gefüge von Geschäftseinheiten vorstellen, sondern als Ansammlung von Kernkompetenzen;

❖ die zugrunde liegenden funktionalen Zusammenhänge analysieren und die Unternehmensleistung im Hinblick auf bestimmte Prozesse, Produkte und → Dienstleistungen betrachten, um auf logische Weise erschließen zu können, wo die besonderen Kompetenzen des Unternehmens liegen oder liegen sollten.

Beispielsweise sollte sich ein touristisches Unternehmen nicht lediglich als → Reiseveranstalter sehen, sondern als Unternehmen mit besonderen Kompetenzen in den Bereichen Beratung, Produkt und → Leistungsträger.

Einiges Hinweise zur Bestimmung von Kernkompetenzen seien gegeben:

❖ Alte Vorstellungen davon, was das jeweilige Unternehmen ist oder sein könnte, über Bord werfen.

❖ Erkunden und Überschreiten der Grenzen des Geschäfts (verändern des Geschäftsmodells).

❖ Keine Angst davor haben, über Dinge zu reden, die man nicht versteht.

❖ Sich in die Lage der Kunden versetzen.

❖ Nicht im Sinne von Forderungen denken, sondern von Bedürfnissen. *(hdz)*

*Literatur*

Hamel, Gary; C. K. Prahalad & Harvey C. Fruehauf 1997: Wettlauf um die Zukunft. Wien: Ueberreuter (2. Aufl.; 1. Aufl. 1994)

Hinterhuber, Hans H. 2004: Strategische Unternehmungsführung. Band I: Strategisches Denken. Vision – Unternehmenspolitik – Strategie. Berlin, New York: Walter de Gruyter (7. Aufl.)

Lombriser, Roman; Peter A. Abplanalp 2004: Strategisches Management. Visionen entwickeln – Strategien umsetzen – Erfolgspotentiale aufbauen. Zürich: Versus (3. Aufl.)

Müller-Stewens, Günter 2005: Strategisches Management. Wie strategische Initiativen zum Wandel führen. Stuttgart: Schäffer-Poeschel (3. Aufl.)

Porter, Michael E. 1992: Wettbewerbsvorteile. Spitzenleistungen erreichen und behaupten. Frankfurt/M., New York: Campus (3. Aufl.)

Porter, Michael E. 1999: Wettbewerbsstrategie. Methoden zur Analyse von Branchen und Konkurrenten. Frankfurt/M., New York: Campus (10. Aufl.)

Welge, Martin; Andreas Al-Laham 2003: Strategisches Management. Grundlagen-Prozeß-Implementierung. Wiesbaden: Gabler (4. Aufl.)

## Kerosinzuschlag
*fuel surcharge*
Seit Sommer 2004 erheben → Fluggesellschaften einen Kerosinzuschlag aufgrund gestiegener Ölpreise. Damit werden die erhöhten Kosten für Kerosin auf die Fluggäste abgewälzt. Da die Preise für Kerosin schwanken, ist mit der Weitergabe solcher Kosten temporär immer zu rechnen. Vor allem bei → Flugpauschalreisen kommt es in diesem Zusammenhang immer wieder zu rechtlichen Auseinandersetzungen mit → Reiseveranstaltern, weil nach dem → Reiserecht ein solcher Zuschlag nur unter bestimmten Bedingungen möglich ist. *(hdz)*

## Kette
*chain*
Verbund von Verkaufsstellen und/oder Produktionsstätten, der unter einem eigenen Namen am Markt auftritt und ggfs. unter einheitlicher Leitung steht. Im Tourismus gibt es solche Ketten im → Gastgewerbe (→ Hotelkette, → Systemgastronomie) und bei den Reisemittlern (→ Reisebürokette). Ist im Gastgewerbe der Begriff Kette zum Beispiel auch für → Hotelkooperationen, mit → Managementverträgen geführte Betriebe und solche im → Franchise üblich, ist er im Reisebüro auf den Verbund reiner Filialbetriebe beschränkt. *(jwm)*

## Key Card
*key* (engl.) = Schlüssel, *card* (engl.) = Karte. Programmierte Karte, in der Regel aus Plastik, die beispielsweise in Hotels als „elektronischer Schlüssel" verwendet wird.

Durch die vielfachen Vorteile (geringes Sicherheitsrisiko durch Überschreibbarkeit, Ereignisprotokollierung, programmierbare Gültigkeitsdauer, Zugangssteuerung für definierte Bereiche wie Garage oder Wellness-Abteilung [→ Wellness], Wiederverwendbarkeit, bequemer Schließmechanismus, unter Umständen Kreditkartenfunktion während des Aufenthalts) haben die elektronischen Schließsysteme die herkömmlichen Schlüssel in vielen großen Hotels abgelöst. Das skandinavische Unternehmen VingCard zählt in dem Segment zu den Pionieren und Marktführern (www.vingcard.com; www.locksystem.com). *(wf)*

## King Room
Ein Hotelzimmer mit einem → King Size Bett. *(wf)*

## King Size-Bett
*king size bed, king bed, king*
*king-size* (engl.) = besonders groß, überdurchschnittlich groß. Ein King Size-Bett ist ein Bett, das sich durch Übergröße auszeichnet. In den USA hat das „Standard King Size Bett" ein Format von 76-78 inches Breite und 80 inches Länge (1 inch [Zoll] = 2,54 cm). Das „California King Size-Bett" hat eine Breite von 72 inches, ist dafür aber länger (84 inches).

In Europa hat das King Size-Bett ein Format von 1,80-2,00 Meter Breite und 2,00 Meter Länge. Synonyme: französisches Bett, Grandlit (Pfleger 2003, S. 147; Vallen & Vallen 2005, S. 120; www.interiordec.about.com). *(wf)*

*Literatur*
Pfleger, Andrea 2003: Housekeeping Management im Hotel. Linz: Trauner
Vallen, Gary K.; Jerome J. Vallen 2005: Check-In, Check-Out: Managing Hotel Operations, New Jersey: Pearson Prentice Hall (7th ed.)

## Klassenfahrten
*school trips*
Für Schüler gehören Klassenfahrten oder auch Schulfahrten zweifellos zu den Höhepunkten im Schulleben, unterbrechen sie doch die tägliche Routine und den Schulalltag auf angenehme Weise. An Lehrer stellen sie jedoch besondere fachliche und pädagogische Anforderungen, bedeuten einen erhöhten Arbeitsaufwand und vor allem eine große Verantwortung.

### 1 Pädagogische Zielsetzung
In den Richtlinien der Kultusminister wird die Bedeutung von Schulwanderungen und -fahrten für das Schulleben ausdrücklich hervorgehoben, da sie den Unterricht ergänzen und bereichern. Die Schüler machen neue Erfahrungen, und das Sozialverhalten und gegenseitiges Verstehen in der Gruppe werden gefördert. Nicht nur die Klassengemeinschaft kann durch gemeinsames Planen und Unternehmen einer solchen Fahrt gefestigt werden, sondern auch das Verständnis zwischen Schülern und Lehrern. Klassenfahrten sollen keine freizeittouristischen Unternehmungen sein, sondern möglichst Bezug zum Unterricht haben und unter einer pädagogischen Zielsetzung stehen, aber den Schülern natürlich auch Spaß machen.

Die folgenden Arten von Klassenfahrten lassen sich unterscheiden:

- ❖ Bei Schulwanderungen kann zum Beispiel die nähere Umgebung zum Schulort unter dem Aspekt von Umwelterziehung und Naturschutz erkundet werden.
- ❖ Bei Schullandheimaufenthalten (→ Schullandheim) sind Unterricht und Erziehung zum Beispiel in Bezug auf das Sozialverhalten in besonders günstiger Weise miteinander zu verbinden; das Miteinander wird gestärkt.
- ❖ Studienfahrten dienen der Vertiefung von Unterrichtsinhalten und sollen möglichst einen fächerübergreifenden Bezug haben. Sie werden im Unterricht vorbereitet und anschließend ausgewertet.
- ❖ Internationale Begegnungen sollen persönliche Verbindungen zwischen deutschen und ausländischen Schülern herstellen und pflegen und so zur Völkerverständigung beitragen.

### 2 Planung
Nach den Vorgaben der Richtlinien des Kultusministers legt die jeweilige Schulkonferenz den Rahmen fest, innerhalb dessen Schulwanderungen und Schulfahrten an der betreffenden Schule durchgeführt werden. (z.B. an einer Realschule in Nordrhein-Westfalen max. drei eintägige Wandertage im Schuljahr, ein Schullandheimaufenthalt in der siebten Klasse und eine Abschlußfahrt in der zehnten Klasse).

### 2.1 Ziel
Die Schüler sind an der Auswahl des Ziels sowie an der Vor- und Nachbereitung zu beteiligen, so zum Beispiel an der Erstellung eines Programms.

Vorbereitung im Unterricht: Vor allem Studienfahrten und internationale Begegnungen bedürfen einer sorgfältigen Vorbereitung im Unterricht. Bei internationalen Begegnungen kann dies zum Beispiel in einer Arbeitsgemeinschaft geschehen, in der das fremde Land unter verschiedenen Aspekten (Sprache, Landeskunde, Geschichte, Politik, Religion, Kultur) beleuchtet wird. Bei Studienfahrten erfolgt die Vorbereitung in den unterschiedlichen Fächern evtl. durch Referate.

Beispiel: Abschlußfahrt einer zehnten Realschulklasse nach Prag:

❖ Deutsch: u.a. Franz Kafka, Egon Erwin Kisch, Jaroslav Hašek

❖ Geschichte: Prager Fenstersturz, die NS-Zeit, das Sudetenland, Theresienstadt und Lidice

❖ Politik: Prager Frühling, Teilung der Tschechoslowakei, heutige Politik

❖ Erdkunde: Landeskunde: Die Tschechische Republik, Prag

❖ Musik: Smetana: Die Moldau.

## 2.2 Finanzierung für Schüler und Lehrer

Die Kosten einer Klassenfahrt sind möglichst gering zu halten, damit alle Schüler der Klasse daran teilnehmen können. Bei entsprechender Berechtigung eines Schülers kann auch das Sozialamt die Kosten übernehmen. Auch Mittel aus dem Landesjugendplan, Zuschüsse vom Schulträger, Elternverein oder Sponsoren sind evtl. möglich. Über kostspieligere Fahrten muß frühzeitig in der Klassenpflegschaft beraten und den Erziehungsberechtigten die Gelegenheit zu geheimer Abstimmung gegeben werden. So kann auch rechtzeitig mit dem Ansparen der erforderlichen Summe begonnen werden. Die die Schulfahrt begleitenden Lehrer erhalten, soweit Mittel vorhanden sind, eine Reisekostenvergütung.

## 2.3 Rechtliche Absicherung

Abschluß von Beförderungs- und Beherbergungsverträgen: Vor allem bei mehrtägigen Klassenfahrten ist von allen Erziehungsberechtigten vor dem Abschluß von Verträgen eine schriftliche, rechtsverbindliche Erklärung einzuholen, in der sie der Teilnahme an der Veranstaltung zustimmen und sich verpflichten, die entstehenden Kosten zu übernehmen. Die Durchführung von Klassenfahrten gehört zu den dienstlichen Aufgaben eines Lehrers; er handelt jedoch nicht im eigenen Namen, sondern im Namen der Schule. Dazu ist die schriftliche

Genehmigung der Klassenfahrt durch den Schulleiter erforderlich.

Versicherungen: Für genehmigte Schulveranstaltungen besteht sowohl für Lehrer als auch für Schüler Unfallversicherungsschutz, wenn sie im Verantwortungs- und Organisationsbereich der Schule liegen. Bei nicht erlaubten Unternehmungen von Schülern besteht dieser Schutz nicht. Bei Auslandsfahrten sollte für die Klasse oder einzeln über die Eltern eine → Auslandsreisekranken-Versicherung mit Rücktransport im Notfall (→ Assistanceversicherung) abgeschlossen werden.

## 3 Durchführung

Ein klares Konzept, eine gute Vorbereitung und möglichst genaue Ortskenntnisse erleichtern dem Lehrer den effektiven und störungsfreien Ablauf einer Klassenfahrt.

### 3.1 Aufsicht

Bei mehrtägigen Klassenfahrten sind zwei Begleitpersonen erforderlich, bei der Teilnahme von Mädchen muß eine davon weiblich sein. Eine Klassenfahrt bedeutet für einen Lehrer Streß, ist er doch permanent im Dienst und aufsichtspflichtig. Art und Umfang der Aufsicht müssen sich nach Alter und Entwicklungsstand der Schüler richten. So können den Schülern nach Absprache mit den Erziehungsberechtigten zeitlich und räumlich begrenzte Unternehmungen in Gruppen ermöglicht werden, ohne daß dabei eine Aufsichtsperson anwesend ist. Das Thema Unfallverhütung und Sicherheit ist vorher mit den Schülern zu besprechen. Bei Aktivitäten wie zum Beispiel Kanutouren, Wanderungen im Watt oder im Gebirge, Baden in offenen Gewässern, Skifreizeiten etc. ist eine besondere Vorbereitung und Aufsicht, ggfs. die Hinzuziehung von örtlichen Fachkräften, erforderlich.

### 3.2 Haftung

Lehrer sind, soweit sie ihrer Aufsichtspflicht nachgekommen sind und nicht mit Vorsatz oder grob fahrlässig gehandelt haben, im Rahmen ihrer dienstlichen Tätigkeit bei Unfällen, die Schülern oder schulfremden Personen zustoßen, durch den Dienstherrn versichert. *(gh)*

*Literatur*

DJH – Deutsches Jugendherbergswerk Rheinland 2001: Countdown vor einer Klassen- oder Kursfahrt. Düsseldorf: DJH Servicecenter Rheinland (5. Aufl.)

Ministerium für Schule, Wissenschaft und Forschung des Landes NRW 1997: Richtlinien für Schulwanderungen und Schulfahrten. Runderlaß v. 19. März 1997. GABl. NW I, S. 101 (mit Aktualisierungen bis 2004)

Ministerium für Schule, Wissenschaft und Forschung des Landes NRW (erscheint jährlich): Bereinigte Amtliche Sammlung der Schulvorschriften (BASS). Frechen: Ritterbach Verlag

o.V. 1994: Pluspunkt Klassenfahrten. Lehrerinformationen zur Sicherheitserziehung und Unfallverhütung. GUV (Gesetzliche Unfallversicherung), Heft 2

### Klassifizierung

(a) Campingplätze
→ Campingplatz

(b) Gästehäuser, Gasthöfe, Pensionen
→ Deutsche Klassifizierung für Gästehäuser, Gasthöfe und Pensionen

(c) Hotel
→ Deutsche Hotelklassifizierung
→ Hotelklassifizierung

(d) Kreuzfahrt
Unter einer Klassifizierung wird generell eine Bildung von unterschiedlichen Klassen verstanden. Klassifizierungen sollen Ordnung und Überblick schaffen. Innerhalb der existierenden Kreuzfahrtschiff-Klassifizierungen ist die des Berlitz wohl die bekannteste und renommierteste.

Die Klassifizierung des 1985 zum ersten Mal erschienenen Kreuzfahrt-Führers (→ Kreuzfahrt) verbindet das weltweit gängige Sternesystem (1*-5*+) mit einer Punkteskala (minimale Punktzahl: 501, maximale Punktzahl: 2000). Die kombinierte Skala reicht von 1* (und 501-650 Punkten) bis 5*+ (und 1851-2000 Punkten). Für die Qualitätsbeurteilung von Kreuzfahrtschiffen ist der detaillierte Punktewert aussagefähiger. Bewertet werden ca. 400 Aspekte in den Bereichen

- Schiff (Punktegewichtung: 25%),
- Unterkunft (Punktegewichtung: 10%),
- Küche (Punktegewichtung: 20%),
- Service (Punktegewichtung: 20%),
- Unterhaltungsangebot (Punktegewichtung: 5%) und
- Erlebnisqualität (Punktegewichtung: 20%).

In das Bewertungssystem fließen objektive Kriterien (z.B. Ausstattungsmerkmale) und subjektive Kriterien (z.B. Speisequalität oder Ambiente) ein (Ward 2007, S. 156 ff.). Der Klassifizierungsprozeß basiert auf Einschätzungen, die von professionellen Testern vorgenommen werden, Gästekommentare fließen in die Beurteilung zusätzlich ein (Ward 2007, S. 3).

Die MS Europa der Hapag Lloyd Cruises wurde 2007 als einziges Kreuzfahrtschiff auf der Welt mit dem Spitzenwert von 1858 Punkten in die „5*+"-Klasse eingestuft. Im nachfolgenden 5*-Segment sammeln sich weltweit 17 Kreuzfahrtschiffe (darunter etwa die Sea Dream I und II [jeweils 1790 Punkte], Seabourn Legend [1786 Punkte], Hanseatic [1740 Punkte], Silver Cloud [1722 Punkte] und Queen Mary 2 [1712 Punkte]; Ward 2007, S. 155).

Erwähnenswert, wenn auch als Ausnahme zu sehen, ist die Klassifizierung der MS Deutschland über den → Deutschen Hotel- und Gaststättenverband (DEHOGA). Das Flaggschiff der Deilmann-Reederei wurde 2005 mittels der → Deutschen Hotelklassifizierung in die „5* Superior"-Klasse eingestuft (o.V. 2005, S. 1). *(wf)*

*Literatur*
o.V. 2005: Hotelsterne auf hoher See. In: Allgemeine Hotel- und Gaststättenzeitung (AHGZ), Nr. 19 vom 14.05., S. 1
Ward, Douglas 2007: Berlitz Complete Guide to Cruising & Cruise Ships 2007. London: Berlitz (16$^{th}$ ed.)

Reisebusse
→ Gütegemeinschaft Buscomfort e. V.

## Knoten (kn)
*knots*
In der Schiff- und in der Luftfahrt übliches Geschwindigkeitsmaß. Ein Knoten entspricht einer Geschwindigkeit von einer nautischen Meile (nm, Seemeile) pro Stunde. Eine Seemeile entspricht 1,852 km. Für die Umrechnung in km/h kann man als Faustformel die Knoten mit zwei multiplizieren und davon zehn Prozent abziehen. Beispiel: 200 kn = 360 km/h nach der Faustformel (371 km/h genau). *(jwm)*

## Koch/Köchin
*cook, female cook*
Berufsbezeichnung. Gleichzeitig anerkannte Berufsausbildung im Gastgewerbe. Die Ausbildung dauert drei Jahre, Ausbildungsorte sind der jeweilige Betrieb und die Berufsschule. Zentrale Arbeitsgebiete sind: Herstellung und Kalkulation von Speisen, Planung von → Menüs, Erstellung von → Speisekarten, Beratung von Gästen (DEHOGA o.J.). *(wf)*

*Literatur*
DEHOGA (Hrsg.) o.J.: Berufsausbildung und Karrierechancen in Gastronomie und Hotellerie. Berlin

## Kollisionswarngerät
*Traffic Alert and Collision Avoidance System (TCAS)*
Instrument im → Cockpit von Flugzeugen, das den Piloten auf der Basis von Signalen des → Transponders Ausweichanweisungen gibt. Im Falle eines Kollisionskurses treten die Systeme in den betroffenen Flugzeugen miteinander in Verbindung *(crosstalk)* und bestimmen, welche Maschine steigen und welche sinken soll, um einen Zusammenstoß zu verhindern. Diese Informationen bleiben bei älteren Transpondern jedoch auf die beiden → Cockpits beschränkt, die → Flugsicherung am Boden bleibt außerhalb des Geschehens, was zu falschen Anweisungen an die betroffenen Piloten führen kann. Bei neueren Geräten werden die Ausweichempfehlungen *(advisories)* automatisch über den Transponder auch an die Bodenstelle gesendet. *(jwm)*

## Kombinierter Verkehr (KV)
*bimodal transport*
Da im Tourismus die Ortsveränderung von Personen ein konstituierendes Merkmal darstellt, spielen insbesondere übergreifende Verkehrskonzepte, mit denen die Zielsetzung verfolgt wird, den Verkehr zu entlasten, eine Rolle. Eines der konsequentesten Konzepte ist das des Kombinierten Verkehrs, das in Fachkreisen unter verschiedenen Bezeichnungen diskutiert wird (multimodaler, intermodaler Verkehr, oder auch das Konzept der Rollenden Landstraße [RoLa]).

Kommer definiert den Kombinierten Verkehr wie folgt (Kommer 2006, S. 48): „Ein intermodaler Verkehr, bei dem der überwiegende Teil der zurückgelegten Strecke mit der Eisenbahn, mit dem Binnen- oder Seeschiff bewältigt wird und der Vor- und Nachlauf auf der Straße so kurz wie möglich gehalten wird, wird als kombinierter Verkehr (KV) (...) bezeichnet." Zentrales Definitionsmerkmal ist eine ungebrochene Transportkette, in der unterschiedliche Verkehrsträger integriert werden, und mit der die Zielsetzung verfolgt wird, den Vor- und Nachlauf auf der Straße zu verkürzen. Die Stärken der einzelnen Verkehrsträger (Bahn, Lkw, Schiff etc.) sollen optimal und umweltschonend genutzt werden. Bahn und Schifffahrt werden als umweltschonende Verkehrsträger angesehen, Lkws, die für den Vor- und Nachlauf eingesetzt werden, werden von der Kfz-Steuer befreit. Solche Konzepte sind in größeren Zusammenhängen der Transeuropäischen Netze (TEN) einzuordnen. Grundlage sind die Artikel 154 und 156 des EG-Vertrages, der u.a. eine gewisse Vereinheitlichung der Verkehrswege verfolgt (http:// ec.europa.eu/ten/index_en.html; Abruf: 254.12.2007). *(hdz)*

*Literatur*
Kommer, Sebastian 2006: Einführung in die Verkehrswirtschaft. Wien: Facultas, UTB

## Kondensstreifen
*condensation trails, contrails*
Bei der Verbrennung von fossilen Brennstoffen entsteht neben $CO_2$, NOx und weiteren Schadstoffen auch Wasserdampf, der, wenn er in großen Höhen aus Flugzeugtriebwerken ausgestoßen wird, mit dem in der Atmosphäre natürlicherweise vorhandenen Wasserdampf zu Wolkenstreifen auskondensiert. Der Wassergehalt der Luft wird durch den Emissionseintrag erhöht, so daß häufig der → Taupunkt erreicht wird. Dies

alleine wäre oft jedoch nicht ausreichend, da in reiner Luft Wasser auch unterhalb des Taupunktes nicht kondensiert (sog. unterkühltes Wasser). Die durch die Verbrennung ebenfalls ausgestoßenen Rußpartikel werden zu Kondensationskernen, an denen das Wasser, je nach Temperatur in Tröpfchen oder Eiskristallen auskondensieren kann. Diese Wolkenstreifen können sich unter ungünstigen Bedingungen zu permanenten Wolken ausdehnen und damit zur Klimaerwärmung beitragen. *(jwm)*

## Konsolidierung
*consolidation*
Zusammenlegung von → Charterflügen, wenn die tatsächliche Nachfrage niedriger ausfällt als die erwartete. Wenn zum Beispiel zwei Abflüge von München nach Malta an einem Vormittag geplant waren, werden die Passagiere des ersten auf den zweiten umgebucht. Allerdings sind die Möglichkeiten einer kurzfristigen Konsolidierung durch die EU-Verordnung 261/2004 eingeschränkt worden, da Flugausfälle und -verspätungen danach zu zusätzlichen Kosten für die Versorgung der Passagiere bis hin zu Kompensationszahlungen führen. *(jwm)*

## Kontinentales Frühstück
→ Frühstücksarten

## Kontingent
→ Allotmentvertrag

## Kontrollturm
*control tower (TWR)*
Auf der Spitze eines hohen Gebäudes oder eigenen Turmes auf dem Flughafengelände untergebrachte Flugkontrollstelle mit Rundumsicht, von dem aus die An- und Abflüge und die Rollbewegungen von Luftfahrzeugen auf dem

→ Flughafen über Funk kontrolliert werden. *(jwm)*

**Konzession**
*licence*
Ist die gaststättenrechtliche Erlaubnis nach § 2 Gaststättengesetz. Sie berechtigt zum Betreiben einer konzessionspflichtigen Schank- und Speisewirtschaft. Sie muß zusätzlich zur Gewerbeanmeldung beantragt werden. Sie darf dem angehenden Gastwirt nur in Ausnahmefällen versagt werden. *(bd)*

**Kooperation**
*co-operation, network*
Bei einer Kooperation handelt es sich um eine durch wirtschaftliche Ziele motivierte, vertraglich geregelte Zusammenarbeit rechtlich selbstständiger Unternehmen, bei der die Selbstständigkeit lediglich in den Bereichen eingeschränkt wird, in denen sie gemeinsam agieren (Picot, Reichwald & Wigand 2003, S. 304; Bea 2004, S. 402). Die Kooperation kann zum Beispiel im gemeinsamen Einkauf, in der gemeinsamen Nutzung zentraler → Dienstleistungen (Buchhaltung, EDV) und in einem gemeinsamen Marktauftritt realisiert werden. Im Vergleich zur Integration (Fusion oder → Konzern) ist bei der Kooperation der Unternehmenszusammenschluß neben dieser Beschränkung auch durch eine geringere Bindungsintensität gekennzeichnet, die schon dadurch gegeben ist, daß Kooperationsverträge in der Regel auf Zeit abgeschlossen werden.

Primäres Ziel von Kooperationen ist die Erhaltung und Steigerung der Wettbewerbsfähigkeit durch die Nutzung von Synergien. Synergien sind positive Wirkungen, die aus dem Zusammenschluß bisher getrennter Bereiche entstehen, gut zu veranschaulichen mit dem von Ansoff geprägten Ausdruck „2 + 2 = 5" (u.a.

Wildemann 2003, S. 596 f.). Sie basieren auf der Nutzung von → Kernkompetenzen, der Realisierung von *economies of scale* (Skalenerträge aufgrund von wachsenden Ausbringungsmengen pro Zeiteinheit), *economies of scope* (Verbundvorteile wie Kompetenz- und Wissenstransfer) sowie Markt- und Wettbewerbssynergien (Steigerung des Beschaffungsvolumens, der Angebots- oder Beschaffungsmacht; a.a.O., S. 597 ff.; Picot, Reichwald & Wigand 2003, S. 291).

Bei horizontalen Kooperationen arbeiten Unternehmen derselben Wertschöpfungsstufe zusammen. Bei vertikalen Kooperationen erfolgt die Zusammenarbeit von Unternehmen über mehrere Stufen der Wertschöpfungskette hinweg. In der Übersicht sind ausgewählte Kooperationsformen zusammengefaßt. Unternehmensverbände allgemein gehören jedoch – anders als dies in vielen betriebswirtschaftlichen Lehrbüchern unterstellt wird – nicht zu den Kooperationen, weil mit dem Eintritt in einen Verband in keinem Bereich die wirtschaftliche Selbständigkeit zugunsten eines gemeinsamen Handelns aufgegeben wird (Mundt 2006, S. 487). So ist zum Beispiel die → TUI zwar Mitglied im → Deutschen Reiseverband (DRV), vertritt ihre Interessen aber auch unabhängig von diesem Verband in Politik und Öffentlichkeit. Zudem gibt es in Verbänden, wie in jedem anderen Verein auch (Verbände sind in der Regel eingetragene Vereine) neben aktiven auch viele passive Mitglieder (‚Karteileichen'), die keinerlei Anteil an der Arbeit des Verbandes nehmen. Unternehmensverbände sind daher nur in dem Fall eine Kooperation, in dem sie als Tarifpartner auftreten und für ihre Mitglieder verbindliche Arbeiter-, Angestellten- und Ausbildungsvergütungen sowie Arbeitszeit- und Urlaubs-

| Kooperationsform | Kennzeichen und Beispiele |
|---|---|
| Unternehmens-Verband | Zusammenschluß von Unternehmen zur Wahrnehmung gemeinsamer Interessen und Aufgaben, aber nur insoweit er als Arbeitgeberverband bei Tarifverhandlungen auftritt. **Beispiel:** → Deutscher Hotel- und Gaststättenverband (DEHOGA) |
| Gemeinschafts-unternehmen *(joint venture)* | Zwei oder mehr Unternehmen gründen ein rechtlich selbständiges Unternehmen, an dem sie beteiligt sind. Sie übernehmen gemeinsam die Führungsverantwortung und das Risiko. **Beispiel:** Sun Express, eine im Oktober 1989 gemeinsam von Turkish Airlines und der → Lufthansa gegründete → Ferienfluggesellschaft mit Sitz in Antalya, an der beide Unternehmen zu gleichen Teilen beteiligt sind. |
| → Strategische Allianz | Horizontale, langfristig angelegte Kooperation zur Stärkung der Wettbewerbssituation durch Bündelung einzelner Potentiale auf strategisch relevanten Wettbewerbsfeldern. **Beispiel:** weltweite Verknüpfung der Streckennetze, der → Drehkreuze und der → Vielfliegerprogramme (Kundenbindungsprogramme) von Fluggesellschaften durch Zubringer- und Gemeinschaftsflüge (→ Code share), wie sie in den drei globalen → Allianzen im Luftverkehr Star, Skyteam und oneworld vorgenommen werden. |
| Franchising | Vertikale Kooperation, in der Unternehmen verschiedener Wertschöpfungsstufen vertraglich vereinbaren, daß der Franchisenehmer gegen ein Entgelt bestimmte Dienstleistungen und Rechte (zum Beispiel Firmenname, Sortiment) des Franchisegebers in Anspruch nehmen kann (Bea 2004, S. 404). **Beispiele:** Best Western, Choice Hotels im Hotelbereich; TUI Reisecenter, → Lufthansa City Center oder Flugbörse bei → Reisemittlern. |

**Übersicht:** Formen von Kooperationen

regelungen aushandeln. Dies wird zum Beispiel deutlich beim → Deutschen Reiseverband (DRV), bei dem die Mehrzahl der Mitglieder keinem Tarifverband angehören und insofern selbständig bleiben möchte. Deshalb wurde die DRV-Tarifgemeinschaft gegründet, in der nur diejenigen Mitgliedsunternehmen des DRV vertreten sind, die keine eigenen Lohnverhandlungen führen, sondern die von der Tarifgemeinschaft mit den Gewerkschaften ausgehandelten Tarife akzeptieren (a.a.O.).

→ Hotelkooperationen, wie z.B. Flair-, Ring-, Welcome- oder Romantikhotels, sind horizontale Zusammenschlüsse zur Kostensenkung und/oder Absatzsteigerung. Je nach vertraglicher Ausgestaltung können Hotelkooperationen von hoher Bindungsintensität gekennzeichnet sein und als → strategische Allianz gelten.

Zu beachten ist hierbei, daß der Begriff *strategic alliance* im internationalen Sprachgebrauch keine so intensive Zusammenarbeit wie im deutschen Sprachgebrauch erfordert, also weiter gefaßt ist (z.B. Cunill 2006, S. 99). Auch → Reisebürokooperationen kennen unterschiedliche Modelle der Zusammenarbeit. Sie verstehen sich zwar als Alternative zu veranstalterdominierten Franchisekonzepten, kommen diesen in manchen Fällen gleichwohl aber sehr nahe. *(hs/jwm)*

*Literatur*

Bea, Franz X. 2004: Entscheidungen des Unternehmens. In: Ders.: Birgit Friedl & Marcell Schweitzer (Hrsg.): Allgemeine Betriebswirtschaftslehre, Bd. 1: Grundfragen. Stuttgart: Lucius & Lucius/UTB, S. 311-420 (9. Aufl.)

Cunill, Onofre M. 2006: The Growth Strategies of Hotel Chains. New York: The Haworth Hospitality Press

Mundt, Jörn W. 2006: Tourismus. München, Wien: Oldenbourg (3. Aufl.)

Picot, Arnold; Ralf Reichwald & Rolf T. Wigand 2003: Die grenzenlose Unternehmung. Wiesbaden: Gabler (5. Aufl.)

Wildemann, Horst 2003: Programm zur Realisierung von Synergien nach Mergers & Acquisitions, Teil I. In: WiSt, 32. Jg., S. 596-602

## Kopfbahnhof

*terminus, terminal station*

Unter den Bahnhofstypen (→ Bahnhof) ist der geschichtlich älteste Bahnhof der Kopf- oder Sackbahnhof, den die ankommenden Züge rückwärts wieder verlassen (Fahrtrichtungswechsel). Große Kopfbahnhöfe sind in Deutschland Leipzig, München, Stuttgart und Frankfurt am Main. Bekannt ist als Kopfbahnhof auch der Zürcher Hauptbahnhof in der Schweiz. *(hdz)*

## Kork(en)geld

*corkage*

Entgelt, das Gäste in gastronomischen Betrieben für die Möglichkeit bezahlen, Wein selbst mitbringen und konsumieren zu dürfen. In Australien gibt es zum Beispiel viele → Restaurants, die selbst keinerlei Alkohol ausgeben dürfen (→ Bring Your Own [BYO]). In Europa ist dabei an geschlossene Veranstaltungen zu denken wie Hochzeiten, bei denen die Gäste durch das Bereitstellen des Weins Kosten sparen wollen. Das Korkengeld stellt für die Betriebe einen gewissen Ausgleich für erbrachte → Dienstleistungen (Lagerung, Kühlung, Weinservice, Gläserreinigung) dar.

Ursprünglich leitete sich das Korkengeld aus den gezogenen Korken bzw. geöffneten Flaschen ab. Heutzutage werden auch pauschale Summen, die zwischen Gast und Gastronom ausgehandelt werden, in Rechnung gestellt. Mitunter wird das Korkengeld von Gastronomiebetrieben bewußt hoch angesetzt, um eine abschreckende Wirkung zu erzielen. *(wf)*

## Korridorzüge

*international railway transit corridor trains*

Als Korridorzüge werden Züge bezeichnet, die auf Bahnstrecken fahren, die während ihrer Fahrt ausländisches Staatsgebiet durchqueren und dann aber wieder das eigene Staatsgebiet weiterbefahren. In der Regel halten diese Züge nicht im Korridor, auch gibt es keine Kontrollen durch Zollbehörden. Die offizielle Benennung für den Korridorverkehr ist „Privilegierter Eisenbahn-Durchgangsverkehr (PED)". Die Bedingungen werden bilateral zwischen den beteiligten Staaten ausgehandelt. Heute finden sich PED-Strecken zum Beispiel in Österreich (Burgenland, Osttirol). *(hdz)*

## Koscher
*kosher*
Koscher-Speisen – *koscher* (jidd.), *kascher* (hebr.) = sauber, tauglich oder geeignet, im Sinne einer spirituellen Reinheit, eingebunden in die Gesamtheit aller Gesetze des Judentums (Spiegel 2005). Das hieraus abgeleitete Regelwerk „Kaschrut" legt im Bereich der Speisen fest, welche Gebote und Verbote Juden beim Verzehr von Nahrungsmitteln zu befolgen haben. Ziel ist es, mit Einhaltung der Regeln „(…) jede Aktion, jede Tat zu heiligen, indem man sie im Sinne Gottes vollzieht." (Spiegel 2005).
Folgende Grundregeln sind bei der Nahrungsaufnahme zu beachten:

❖ Erlaubt ist Fleisch von Säugetieren, die sowohl Paarhufer als auch Wiederkäuer sind (z. B. Schaf, Rind, etc.). Das Tier muß nach jüdischen Vorschriften geschächtet (geschlachtet) worden sein: Detaillierte Erläuterungen sind im Talmud niedergeschrieben.

❖ Erlaubt ist Fleisch von Fischen, die Schuppen und Flossen besitzen (verboten sind z. B. Aale, Rochen sowie alle Sorten von Schalen- und Krustentieren; auch verboten ist z. B. Kaviar, da dieser von dem nichtkoscheren Stör abstammt).

❖ Erlaubt ist das Fleisch domestizierten Geflügels (z. B. Enten, Hühner, Tauben, etc.). Verboten ist das Fleisch von Raubvögeln (z. B. Adler, Eulen, etc.).

❖ Verboten sind alle Arten von Insekten und Amphibien und Reptilien. Eine ausdrücklich erlaubte Ausnahme stellt der Honig dar, der von den Bienen aus pflanzlichem Nektar gewonnen und produziert wird.

❖ Vorgeschrieben ist die absolute Trennung fleischiger und milchiger Speisen, sowohl bei der Zubereitung als auch

bei der Essensaufnahme (verboten ist z. B. „Rahmgeschnetzeltes").
Fluggesellschaften, die ihren Gästen im Rahmen des → Special Meal-Angebotes koschere Mahlzeiten an Bord servieren, müssen alle vorgeschriebenen Regeln des Kaschrut befolgen. Insbesondere die Einhaltung der Regeln bei der Zubereitung bedeutet für einen nichtjüdischen Catering-Betrieb einen erheblichen, wenn nicht unmöglichen Aufwand. Ersatz geschaffen wird durch den Zukauf versiegelter Koscher-Menüs: Diese wurden in jüdischen Catering-Betrieben unter Beachtung aller Gebote und Verbote und unter der Aufsicht eines Rabbiners zubereitet. *(sr)*

*Literatur*
Spiegel, Paul 2005: Was ist koscher? Jüdischer Glaube – jüdisches Leben. Berlin: Ullstein

## Krähennest
*crow's nest*
Ausguck auf dem höchsten Mast eines Schiffes. Findet sich in der Regel nur bei großen Segelschiffen.

## Kraft durch Freude (KdF)
*strength through joy*
Über die politische Organisation „Kraft durch Freude" sollte im Nationalsozialismus die freie Zeit der deutschen Bevölkerung zentral gestaltet und damit kontrolliert werden. KdF war eine Teilorganisation der Deutschen Arbeiterfront (DAF). Offiziell bestand KdF von 1933 bis 1945. Allerdings wurden mit Beginn des Zweiten Weltkriegs (1939) die meisten Ferienfahrten eingestellt. *(hdz)*

## Krankheit
*illness, disease*
Krankheit ist das dominierende Ereignis, von dem Reisende betroffen sein können.

Es wird hier aus eingegrenzter Perspektive der Reiseversicherungen behandelt.

Bei der → Reiserücktrittskosten-Versicherung ist sie das häufigste Ereignis, das den Versicherungsfall auslöst. Dort wird es als unerwartete schwere Erkrankung bezeichnet. Es kann bei der versicherten Person selbst oder einer → Risikoperson eintreten. Nachdem die unerwartete schwere Erkrankung eingetreten ist, muß unverzüglich ein Arzt aufgesucht werden, der die Reiseunfähigkeit dieser Person attestiert. Im Attest wird die Reiseunfähigkeit im Hinblick auf den anstehenden Reisetermin, das Reiseziel, die Reisedauer und die Art der Reise beurteilt. Hat der Arzt die Reiseunfähigkeit festgestellt, ist unverzüglich zu stornieren. Löst eine → Risikoperson wegen des Eintretens einer unerwarteten schweren Erkrankung den Versicherungsfall aus, attestiert der Arzt, daß angesichts des Krankheitsbildes und des gesundheitlichen Zustands die Unzumutbarkeit zur Durchführung der Reise durch die versicherte Person gegeben ist.

Selbstredend ist die Thematisierung von Krankheit in der → Auslandsreise-Krankenversicherung und den → Assistance-Versicherungen, sei es als akut eintretendes Ereignis, als Folge eines → Unfalles oder als auftretendes Ereignis mit nachfolgendem Tod (→ Reisemedizin). *(hdz)*

**Kreatives Ticketing**
*creative ticketing*
Stellt eine besondere Form der Tarifberechnung bei Flugreisen dar mit dem Ziel, eine möglichst hohe Kostenersparnis im Vergleich zu der den Anforderungen des Reisenden (Datum, Strecke, → Fluggesellschaft) logisch naheliegendsten Tarifmöglichkeit zu realisieren. Möglichkeiten hierzu bestehen in der Kombination verschiedener Sondertarife, dem Beginn des Reiseverlaufes im Ausland, Nutzung

von Währungsgefällen und vieles andere mehr.

Der gebräuchlichste Fall hierbei ist das sog. Kreuzticket, bei welchem für die Durchführung einer Reise statt einem Normaltarif zwei günstigere Tarife kombiniert werden, welche normalerweise aufgrund der geltenden Tarifrestriktionen (in der Regel Mindestaufenthalt über das Wochenende oder 2-3 Nächte, egal zu welchem Zeitpunkt, am Zielort) nicht angewendet werden könnten.

Beispiel: Reisebeginn Frankfurt-Rom 1.7. (Donnerstag), Übernachtung in Rom, Rückflug am 2.7. (Freitag) nach Frankfurt.

❖ Option 1:
Full-Fare Economy Class Ticket: Preis ca. 1.100,- €
❖ Option 2:
2 x Sondertarif Economy Class Ticket: Preis ca. 450,- € je → Flugschein. Gesamtpreis: ca. 900,- €. Ersparnis: ca. 200,- €
❖ Ticket 1:
Hinflug 1.7. Frankfurt-Rom, Rückflug 8.7. Rom-Frankfurt
❖ Ticket 2:
Hinflug 2.7. Rom-Frankfurt, Rückflug 4.7. Frankfurt-Rom.

Bei beiden Tickets wird jeweils nur eine Flugstrecke in Anspruch genommen, die beiden anderen Strecken verfallen oder können bei geschickter Reiseplanung ggf. für eine weitere Reise verwendet werden. Beachtet werden muß jedoch, daß bei solchen Tickets in der Regel eine Umbuchung nicht möglich ist. *(ce)*

**Kreislerei**
In vergangen Zeiten ein Gemischtwarenladen in ländlichen Gebieten Österreichs, wo man (fast) alles kaufen konnte. Diese Geschäfte wurden oft nebenbei familial betrieben. Heute wird ein Verkaufsshop in einem Wiener Kaffee so

benannt, in dem Spezialitäten und anderes mehr rund um den Kaffee angeboten werden. *(jjc)*

## Kreuzfahrt
*cruise*

### 1 Definition

Kreuzfahrten sind Vergnügungsreisen unterschiedlicher Länge mit Übernachtung auf einem Passagierschiff, in deren Vordergrund entsprechend nicht der Transport, sondern Erlebnis und Erholung stehen. Es handelt sich bei ihnen um → Pauschalreisen, deren Ein- und Ausschiffungshafen oft identisch sind, es aber nicht sein müssen. Dem Erlebnisaspekt wird durch das Anlaufen interessanter Häfen mit Ausflugsangeboten Rechnung getragen, während die vielfältigen Einrichtungen an Bord vor allem Erholung und Unterhaltung dienen. Neben diesen Hochseekreuzfahrten *(ocean cruising)* gibt es auch → Flußkreuzfahrten *(river cruising)*, die auf großen Flüssen in allen Weltregionen angeboten werden.

### 2 Geschichte

Die erste Kreuzfahrt wurde 1835 von Arthur Anderson in seiner kleinen Lokalzeitung für die britischen Shetland-Inseln annonciert und sollte über die Faeroer-Inseln bis nach Island und zurück zu den Shetlands gehen. Daß das dafür vorgesehene Schiff gar nicht existierte, war zwar ein kleiner Schönheitsfehler, konnte der Idee an sich langfristig aber wenig anhaben. Immerhin war Arthur Anderson damals schon zusammen mit Brodie McGhie Wilcox Besitzer eines kleinen Schiffahrtunternehmens, aus dem einige Jahre später die Peninsular and Oriental Steam Navigation Company, kurz P&O, hervorging. Zunächst konzentrierte man sich auf Linienschiffahrten nach Portugal und Spanien, der später auch Länder im östlichen Mittelmeer folgten. P&O war dabei die erste Reederei, deren Schiffe nicht nur nach einem festen Fahrplan unterwegs waren, sondern auch noch die Auslieferung der mitgenommenen Post garantierten – damals nicht unbedingt eine Selbstverständlichkeit. Mit diesen zuverlässigen Postschiffen konnten ab 1844 – wie heute in größerem Rahmen mit denen der norwegischen Hurtigrouten – auch der eine oder Passagier mitfahren, dem es um die Reise an sich und nicht um das Ankommen an einem bestimmten Ort ging (Douglas & Douglas 2004, S. 62 ff.).

Ein weiterer Vorläufer der heutigen Kreuzfahrt war die erste Weltreise, die → Thomas Cook 1872, sechs Jahre nachdem er die erste → Pauschalreise mit dem Schiff in die USA organisiert hatte, veranstaltete. Zum Preis von 200 £ – mehr als dem durchschnittlichen Jahreseinkommen der Briten zu jener Zeit – umrundeten 12 zahlende Gäste die Erde in 220 Tagen (Holloway 1998, S. 26 f.).

Der nächste → Meilenstein auf dem Wege zur modernen Kreuzfahrt war jene ‚Orient-Excursion‘ von 1891, die Albert Ballin, der damalige Direktor der ‚Hamburg-Amerikanischen Packetfahrt-Actien-Gesellschaft‘, kurz Hapag, mit der ‚Auguste Victoria‘ veranstaltete. Mit internationalem Publikum legte das Schiff am 22. Januar 1891 in Cuxhaven ab und fuhr über britische, portugiesische, italienische und griechische Häfen bis Konstantinopel (heute Istanbul), Jaffa und Beirut, in denen attraktive Landprogramme auf die 241 gut betuchten Teilnehmer warteten (Kludas 1985, S. 43). Als der Dampfer am 21. März 1891 wieder in Cuxhaven festmachte, stand für die Hapag fest, daß damit eine neue Form der Seereise ihren Praxistest bestanden hatte. In der

Folge wurden jedes Jahr zwei solcher ‚Expeditionen‘ angeboten, und drei Jahre später machte die ‚Auguste Victoria‘ ihre erste Nordlandfahrt, und das Schwesterschiff ‚Columbia‘ brach zur ersten Westindien-Kreuzfahrt auf (a.a.O.).

Daß die erste Kreuzfahrt im Winter stattfand, war alles andere als Zufall. Die Hapag verdiente ihr Geld vor allem auf dem Nordatlantik mit Passagen nach Amerika, die in den Sommermonaten gut ausgelastet waren. In den stürmischen und kalten Wintermonaten dagegen war die Nachfrage nur sehr gering. Daher suchte man nach alternativen Beschäftigungsmöglichkeiten für Schiffe und Besatzungen, die man schließlich in den Kreuzfahrten fand. Wie zukunftsweisend die Idee Albert Ballins war, zeigte sich auch darin, daß bereits 1900 das erste speziell für Kreuzfahrten gebaute Schiff vom Stapel lief und sechs Jahre später eine kleine Flotte mit drei reinen Kreuzfahrtschiffen im Dienst der Hapag stand, die im Winter durch Passagierdampfer der Hamburg-Amerika-Linie ergänzt wurde.

In den USA wurde die Tradition der heute noch bestehenden Kurzkreuzfahrten in die Karibik durch die seit 1920 bestehende Prohibition (das Verbot von Alkohol) begründet. Auf diesen *fun ships* (→ Vergnügungsdampfer) zählte schon damals nur das Bordprogramm, wenn außerhalb der US-Gewässer während dieser *booze-cruises* die Korken knallten (Douglas & Douglas 2004, S. 66).

Während der Zeit des Nationalsozialismus (1933-1945) in Deutschland wurde die Kreuzfahrt im Rahmen der Freizeitorganisation → Kraft durch Freude (KdF) propagandistisch genutzt, indem bis zu 150.000 ‚Volksgenossen‘ jährlich von 1934 bis zum Beginn des Zweiten Weltkriegs 1939 Gruppenreisen auf fünf

gecharterten Schiffen geboten wurden (Prahl & Steinecke 1979, S. 172).

Nach dem Zweiten Weltkrieg spielte die Linienschiffahrt bis 1956 noch die Hauptrolle für Reisen zwischen der alten und der neuen Welt, dann übernahm das Flugzeug die Führung bis der Linienschiffsverkehr ab den 1970er Jahren praktisch bedeutungslos wurde. Ging es Ende des 19. Jahrhunderts nur um die saisonale Beschäftigung von Passagierdampfern, standen die Reedereien jetzt vor der Alternative, die Passagierschiffahrt ganz aufzugeben oder den Kreuzfahrtenmarkt weiter zu entwickeln. Eine Reihe früherer Linienschiffe wurde zu Kreuzfahrern umgebaut und neue Fahrgebiete erschlossen. Bereits 1960 wurde mit der Verbindung von Flug- mit Schiffsreisen (→ Fly-cruise) zunächst für das Mittelmeer die Möglichkeit geschaffen, nahezu jede beliebige Strecke eines Kreuzfahrtschiffes buchbar zu machen (Douglas & Douglas 2004, S. 79). In den 1970er Jahren wurde dieses Konzept auf die ganze Welt ausgeweitet und ein großer Teil der Kreuzfahrten ist heute eine solche Kombination von Flug- und Schiffsreise.

### 3 Schiffsarten

Die früheren Linienschiffe mußten schon deshalb für den Kreuzfahrteneinsatz umgebaut werden, weil sie in räumlich streng abgetrennte Beförderungsklassen mit jeweils eigenen Einrichtungen (zum Beispiel → Restaurants) unterteilt waren. Kreuzfahrtschiffe werden dagegen mit Einklassenkonzepten betrieben, d.h., alle Bereiche und alle Einrichtungen an Bord stehen prinzipiell allen Passagieren offen. Es bleiben allerdings die erheblichen Unterschiede in Größe, Ausstattung und Lage der Kabinen. Je höher und größer die Kabine ist, desto teurer wird sie. Suiten mit eigenem Balkon und

Außenkabinen mit Fenstern sind teurer als die tiefer gelegenen Kabinen, die nur noch ein Bullauge aufweisen. Am günstigsten sind die unteren Innenkabinen des Schiffes. Auch für die Parallelwelt der Mannschaften an Bord gilt entsprechend, daß Kapitän und Offiziere auf den oberen Decks nahe zur Brücke logieren und die Unterkünfte der Mannschaft sowie die niedrigeren Ränge des Hotel- und Restaurantpersonals, die oft mit anderen geteilt werden müssen, tief unten im Bauch des Schiffes liegen. „Der Aufbau eines Kreuzfahrtschiffes widerspiegelt den hierarchischen Aufbau der Gesellschaft" (Douglas & Douglas 2004, S. 20; Übers. J.W.M.) – das gilt also für Passagiere wie Mannschaft.

Neben diesen allen Schiffen eigenen Charakteristika gibt es eine Reihe verschiedener Schiffstypen, die für unterschiedliche Kreuzfahrten eingesetzt werden. Äußerlich am auffälligsten sind die Windjammer, renovierte alte, nachgebaute oder völlig neu konzipierte Segelschiffe, von denen es aber nur wenige gibt. Von außen weniger auffällig sind die großen absoluten Luxusschiffe wie etwa die von Hapag-Lloyd betriebene ‚Europa'. Expeditionsschiffe sind kleiner und zeichnen sich durch geringeren Tiefgang und höhere Eisklassen aus, wodurch sie zum Beispiel auch weit in den Amazonas und in arktische Gewässer vordringen können. Der deutsche Begriff → Vergnügungsdampfer erhielt mit den *fun ships* der 1971 in Miami gegründeten Carnival Cruise Line eine neue Bedeutung. Es begann mit der stillgelegten ‚Empress of Canada', die unter dem ebenso programmatischen Namen ‚Mardi Gras' zu neuem Leben erweckt wurde. Eine legere Bordatmosphäre, Shows, Spielcasinos (→ Casino), ausgeprägte Animations- und Sportprogramme machten die kurzen Kreuzfahrten in der der

Karibik mit diesen Schiffen auch attraktiv für jüngere und weniger betuchte Kundengruppen. In Deutschland wurde 1996 mit der ‚Aida' das erste Clubschiff auf den Markt gebracht, dem mittlerweile eine Reihe weiterer gefolgt sind. Diese Idee verfolgte auch der Club Méditerranée mit dem ab 1990 erfolgten Einsatz neu konzipierter Segelschiffe. Auch hiermit ist es gelungen, neue, jüngere Kundengruppen zu gewinnen und die Zahl der Kreuzfahrtpassagiere deutlich zu erhöhen.

Generell gibt es einen Trend zu immer größeren Schiffen, die schwimmenden Kleinstädten gleichen. So kann die ‚Adventure of the Seas' der Royal Caribbean Cruises bis zu 3.840 Passagiere aufnehmen (Zahl der Besatzungsmitglieder: 1.180). Allerdings waren schon Anfang des letzten Jahrhunderts die ‚Imperator' und die zwei weiteren Schiffe der nach ihr benannten Imperator-Klasse (‚Vaterland' und ‚Bismarck'), die von 1912-1914 in Hamburg gebaut und von der Hapag betrieben wurden, für mehr als 4.000 Passagiere und mehr als 1.200 Besatzungsmitglieder ausgelegt.

### 4 Arten von Hochseekreuzfahrten

Im Verlaufe der Zeit wurde das touristische Produkt Kreuzfahrt ausdifferenziert und ausgeweitet und spricht heute viel größere Gruppen der Gesellschaft an als früher (Mundt & Baumann 2007). An erster Stelle steht die klassische Kreuzfahrt, eine Rundreise, die im gleichen Hafen beginnt und endet und nicht unterbrochen werden kann. Die meisten dieser Kreuzfahrten dauern zwischen sieben Tagen und drei Wochen und können zum Beispiel dadurch variiert werden, daß Ein- und Ausschiffungshafen nicht identisch sind. Zu ihnen gehört auch die Weltreise, wie sie Thomas Cook schon fast zwei Jahrzehnte vor der ‚Orient

Excursion' der ‚Auguste Victoria' organisiert hatte.

Die Turnusreise ist zwar gleichfalls darunter zu subsumieren, wird aber regelmäßig über eine längere Zeit oder, wie im ‚Caribbean Carousel', sogar ganzjährig angeboten. Dort werden die Rundstrecken meist ab Häfen in Florida wie Miami oder Fort Lauderdale in wöchentlichen oder noch kürzeren Rhythmen befahren. Damit die Passagiere die Möglichkeit haben, längere Zeit auf dem Schiff zu bleiben, werden häufig auch sogenannte Schmetterlingskurse angeboten, bei dem das Schiff beispielsweise erst eine östliche und dann eine westliche Route vom gleichen Ausgangshafen aus befährt. Die See-/Badereise ist eine Variante der Turnusreise, die in einem der unterwegs angelaufenen Häfen für einen Badeaufenthalt unterbrochen werden kann. Varianten dieser Kreuzfahrtarten sind die Studienkreuzfahrt, eine → Studienreise mit dem Schiff, und die Expeditionskreuzfahrt (→ Expeditionsschiff), deren Ziele in den nicht oder kaum bewohnten arktischen und antarktischen Gewässern liegen.

### 5 Unternehmen

Wie schon im Abschnitt über die Geschichte deutlich wurde, wurden Kreuzfahrten zunächst nur als zusätzliches Produkt der Schiffahrtsgesellschaften angeboten. Nach dem Niedergang der Passagierlinienschiffahrt mußten sich die Reedereien umorganisieren und auf das Kreuzfahrtgeschäft konzentrieren. P&O, Hapag-Lloyd und Cunard (die im Sommer noch den letzten Liniendienst auf dem Nordatlantik betreibt) sind Namen, die auch im Kreuzfahrtengeschäft Geltung haben. Es kam aber auch zu Neugründungen von reinen Kreuzfahrtreedereien, von denen die der oben erwähnten Carnival Cruise Line den nachhaltigsten Einfluß auf die Kreuzfahrtindustrie hatte.

Carnival war eine der ersten Kreuzfahrtreedereien, die ihre Schiffe unter → Billigflaggen mit Zulassungen in Panama und Liberia fahren ließen – vordem eine auf die Frachtschiffahrt beschränkte Praxis. Die Expansion des Unternehmens durch Zukäufe begann in den 1980er Jahren. 1988 wurde die Holland America Line mit ihrer Tochtergesellschaft Windstar übernommen, 1992 Seabourn, 1997 die italienische Costa Crociere, 1998 Cunard und 2003, nach einer längeren Übernahmeschlacht mit Royal Caribbean International, P&O Princess Cruises (Douglas & Douglas 2004, S. 82). Damit ist dieses 1971 gegründete Unternehmen der mit Abstand weltweit größte Anbieter von Kreuzfahrten.

Mit der Übernahme von P&O ging auch die 1999 erworbene Tochtergesellschaft Seetours, Marktführer für Kreuzfahrten in Deutschland, in das Eigentum von Carnival über. Sie betreibt unter dem neuen Namen Aida Cruises mittlerweile vier Aida-Clubschiffe. Damit gibt es mit Hapag-Lloyd Kreuzfahrten, (MS ‚Europa') die mittlerweile zum → TUI Konzern gehört, und der unabhängigen Peter Deilmann GmbH (MS ‚Deutschland') nur noch zwei deutsche Kreuzfahrtreedereien; → Klassifizierung Kreuzfahrt. (www.cruise-community.com, www.ocean-liners.com) *(jwm)*

*Literatur*
Douglas, Norman; Ngaire Douglas 2004: The Cruise Experience. Global and Regional Issues in Cruising. Frenchs Forest: Pearson Hospitality Press (= Australian Studies in Tourism Series, Vol. 3)

Holloway, J. Christopher 1998: The Business of Tourism. Harlow (Essex): Addison Wesley Longman (5th ed.)

Kludas, Anton 1985: Kreuzfahrtschiffe unter
deutscher Flagge – gestern, heute und mor-
gen? In: Seepassage-Komitee-Deutschland
(Hrsg.): Maritime Visionen. 25 Jahre
Seepassage-Komitee-Deutschland (SPKD).
Hamburg: SPKD, S. 43-49
Mundt, Jörn W.; Ewald J. Baumann
2007: Kreuzfahrten. In: Mundt (Hrsg.):
Reiseveranstaltung. Lehr- und Handbuch.
München, Wien: Oldenbourg, S. 369-401
(6. Aufl.)
Prahl, Hans-Werner; Albrecht Steinecke
1979: Der Millionen-Urlaub. Von der
Bildungsreise zur totalen Freizeit. Darmstadt
und Neuwied: Luchterhand

## Kreuzfahrtdirektor

*cruise director*

Leiter des Betreuungsteams für die Passagiere an Bord eines Kreuzfahrtschiffes.
Er ist auf dem Schiff zuständig für die
Gästebetreuung, die Planung und Abstimmung des Personaleinsatzes, für die Kontakte mit Behörden in den angelaufenen
Häfen (meist in Zusammenarbeit mit dem
→ Zahlmeister) und – in seiner Funktion
als Chefreiseleiter (→ Reiseleiter) – für
die Bearbeitung allfälliger Reklamationen
und Schadensfälle (Mundt & Baumann
2007, S. 399 ff.). Als Angestellter des
→ Reiseveranstalters ist er zudem Vertreter
der Geschäftsführung an Bord (der er in
der Regel direkt unterstellt ist), hat die
entsprechende Kostenverantwortung und
ist Ansprechpartner auch für Mitarbeiter
und Leistungsträger. Zudem ist er
nach Absprache mit der Schiffsleitung
und dem Hotelbereich auch zuständig für die Erstellung des täglichen
Bordprogramms. *(jwm)*

*Literatur*
Mundt, Jörn W.; Ewald J. Baumann 2007:
Kreuzfahrten. In: J.W. Mundt (Hrsg.):
Reiseveranstaltung. Lehr- und Handbuch.
München, Wien: Oldenburg, S. 369-401
(6. Aufl.)

## Kreuzticket

→ Kreatives Ticketing

## Kriminalität und Tourismus

*crime and tourism*

Die Wahrscheinlichkeit, Opfer krimineller Aktivitäten zu werden, ist erheblich
größer als die Wahrscheinlichkeit, Opfer
terroristischer Anschläge (→ Tourismus
und Terrorismus) zu werden. Kriminalität
kann auf Tourismus in einem Zielgebiet
folgen, aber auch von Touristen ausgehen.

Kriminalität in Zusammenhang mit
Tourismus kann man wie folgt klassifizieren:

❖ Touristen sind Täter. Die kriminellen
  Aktivitäten gehen direkt oder indirekt von Touristen aus. Beispiele
  sind kriminelle Spielarten des
  → Sextourismus, der Drogenkauf oder
  das Handeln damit durch Touristen,
  der illegale Kauf oder der Transport
  von Tieren und archäologisch wert-
  vollen Gegenständen.

❖ Touristen werden zufällig Opfer.
  Variante A: Es besteht kein Zu-
  sammenhang zwischen dem Tou-
  ristenziel und der Opferauswahl.
  Beispiel: Ein Überlandbus, in dem
  zufällig neben Einheimischen auch
  ein Tourist mitfährt, wird überfallen.
  Der Tourist war nicht Anlaß des
  Überfalls und mit ihm wird eben-
  so verfahren wie mit allen anderen
  Businsassen.
  Variante B: Touristen werden zufäl-
  lig Opfer, aber an touristischen
  Orten. In diesen Fällen besteht
  ein Zusammenhang zwischen dem
  Touristenziel und den kriminellen
  Handlungen. Viele Täter agieren an
  Touristenzielen, weil sich solche Orte
  durch eine hohe Menschendichte
  auszeichnen, d.h., es viele lohnende
  Ziele und gute Fluchtmöglichkeiten

gibt. Ausgewählt werden diejenigen Personen, die als vielversprechend wahrgenommen werden, Touristen ebenso wie Einheimische.

❖ Touristen werden gezielt ausgewählt. Die Täter selektieren Touristen, weil diese leichtere Opfer sind. Touristen tragen häufig Wertsachen mit sich und verhalten sich oft unvorsichtiger als Einheimische. Häufig kennen Touristen weder Gebräuche noch Sprache des Ziellandes und ihnen fehlen Ortskenntnisse, beispielsweise welche Stadtteile zu meiden sind. *(sml)*

## Kritisches Ereignis
*critical incident*
Die Methode der kritischen Ereignisse (= Critical Incident Technique = CIT) ist eine Methode zur Identifikation von Situationen, die entscheidend dafür sind, ob Personen für bestimmte Tätigkeiten geeignet sind oder nicht. Die CIT wird in verschiedenen Bereichen eingesetzt.

In der Personalauswahl kann mittels CIT geprüft werden, ob Bewerber in der Lage sind, ein definiertes erfolgskritisches Verhalten zu zeigen. Beispielsweise ist es für Servicemitarbeiter von Restaurants von zentraler Bedeutung, auch unter Druck höflich und zuvorkommend mit den Gästen umzugehen. Hingegen ist es weniger wichtig, eine gute schriftliche Ausdrucksfähigkeit zu haben. Eine CIT hilft somit, sich bei der Personalauswahl auf die wichtigen Bereiche zu konzentrieren. So kann in einem Fall die technische Intelligenz der Erfolgsfaktor sein, in einem anderen Fall das Einfühlungsvermögen und in einem dritten Fall die Durchsetzungsfähigkeit.

Beim interkulturellen Lernen (→ Interkulturelle Kompetenz) werden CIT eingesetzt, um Lernende in Simulationen mit fremdkulturellen Denk- und Verhaltensweisen zu konfrontieren und sie in die Lage zu versetzen, in der fremden Kultur angemessen zu handeln. Beispielsweise kann ein deutscher → Flugbegleiter in einem Rollenspiel die Aufgabe bekommen, einen japanischen Fluggast zu informieren, daß er nicht auf seinem Platz sitzt. Kritischer Punkt dieser Simulation ist, daß Kritik in Deutschland viel direkter geäußert wird als in Japan. Der Erfolg des Flugbegleiters hängt davon ab, ob es ihm gelingt, den richtigen Ton zu treffen, der den Japaner „das Gesicht wahren" läßt.

Die CIT wird auch in der Marktforschung, in der Analyse von Geschäftsprozessen und in der Organisationsentwicklung eingesetzt. *(sml, gcm)*

## Küche, regional
→ Regionale Küche

## Küchenbrigade
*kitchen team, kitchen staff*
Begriff für die Gesamtheit aller Köche in einer großen gastgewerblichen Küche. Küchenbrigaden arbeiten in der Regel mit einer hohen Arbeitsteilung und sind hierarchisch tief gegliedert. Der Begriff der Brigade und die hierarchische Struktur sind – historisch gesehen – eine Anleihe aus dem militärischen Bereich.

Da die französische Sprache immer noch die Fachsprache in der gastgewerblichen Küche darstellt, werden die einzelnen Stellen und Abteilungen weltweit – selbst in vielen us-amerikanischen (Hotel-)Konzernen – französisch benannt. Die Aufbauorganisation einer Küchenbrigade läßt sich idealtypisch wie folgt skizzieren: Geleitet wird eine Küchenbrigade *(Brigade de cuisine)* von einem Küchenchef (→ *Chef de cuisine)*, in sehr großen Betrieben von einem → Küchendirektor *(Directeur de cuisine)*. Stellvertreter des Küchenchefs ist der → *Sous-Chef.* Die einzelnen Küchenabteilungen bzw. -posten werden von einem Abteilungsleiter (→ *Chef de partie*) vertreten, der unter sich einen Stellvertreter (→ *Demi-Chef de partie*), einen bzw. mehrere ausgelernte Köche (→ *Commis de cuisine*) und einen bzw. mehrere Auszubildende *(Apprenti)* führt. Als Vertretung der einzelnen Posten (für Urlaub, Krankheit und Freizeit) wird in größeren Küchen ein Springer (→ *Tournant*) eingesetzt.

Die Differenzierung der einzelnen Küchenabteilungen orientiert sich traditionell an den Speisen. Positionen wie der Vorspeisenkoch *(Hors-d'œuvrier)*, Suppenkoch *(Potager)*, Diätkoch *(Régimier)*, Eisspeisenkoch *(Glacier)*, Koch am Grill *(Grillardin)* oder Küchenfleischer *(Boucher)* existieren in der idealtypischen Aufbauorganisation von gastgewerblichen Großküchen, der hohe Kostendruck im gastgewerblichen Küchenbereich unterbindet aber in der Realität schon seit langem eine derartige Spezialisierung. Die Tendenz in der Aufbauorganisation der gastgewerblichen Küche läßt sich stattdessen wie folgt umreißen: Hierarchieabbau, Zusammenlegen und Auslagern von Abteilungen (Posten). *(wf)*

### Küchendirektor

*executive chef*
Position des Abteilungsleiters in sehr großen gastronomischen Betrieben. Das Tätigkeitsprofil liegt vor allem im organisatorischen Bereich; ihm direkt unterstellt sind ein oder mehrere Küchenchefs (→ Küchenbrigade). *(wf)*

### Kündigung wegen Reisemängeln

*cancellation due to package tour deficiencies*
Nach § 651 e BGB kann der Reisende den Reisevertrag vorzeitig kündigen und vor der Reise diese entweder nicht antreten oder sie nach Reisebeginn abbrechen,

wenn erhebliche Mängel vorliegen. Zeigt sich also der Mangel schon vor Antritt der Reise, weil z. B. der Abflugtermin unzumutbar verlegt worden ist, kann bereits vor Reisebeginn nach § 651 e BGB gekündigt werden (Führich, Reiserecht, Rn. 355; LG Frankfurt/M NJW 1997, 820: Abflugverschiebung um 15 Stunden bei 6-Tage-Reise).

Gesetzliche Voraussetzungen sind (1) Reisevertrag und ein Reisemangel (§§ 651 a I, c I BGB), (2) zwei Kündigungsgründe: erhebliche objektive Beeinträchtigung der Gesamtreise oder subjektive Unzumutbarkeit der Reise aus wichtigem, dem Veranstalter erkennbaren Grund, (3) ein erfolgloses Abhilfeverlangen mit angemessener Frist und (4) eine Kündigungserklärung. *(ef)*

*Literatur*
Führich, Ernst 2005: Reiserecht. Heidelberg: C.F. Müller (5. Aufl.; § 15)
Führich, Ernst 2007: Basiswissen Reiserecht. Grundriß des Reisevertrags- und Individualreiserechts. München: Vahlen (§ 16)

### Kulinaristik

*culinary arts*
Die Kulinaristik (von lat. *culina* = Küche) versteht sich als Teil der Lebens- und Kulturwissenschaften. Ihr Gegenstand ist das Essen als Kulturphänomen. Die Kulinaristik betrachtet das Essen als individuellen und kollektiven, privaten und öffentlichen Verhaltens-, Kommunikations-, Wert-, Symbol- und Handlungsbereich. Damit verfolgt sie einen erweiterten kulinarischen Ansatz, der sowohl die alltäglichen als auch die besonderen Verzehrsituationen berücksichtigt. Im allgemeinen Sprachgebrauch bezieht sich kulinarisch primär auf die feine Küche und die Kochkunst, da das Adjektiv kulinarisch im 18. Jahrhundert aus dem gleichbedeutenden lateinischen *culinarius* abgeleitet wurde.

Bei der modernen Kulinaristik stehen fünf grundlegende, auf das Essen bezogene Themenfelder im Mittelpunkt:

❖ Basiswissen über die Entstehung, Herstellung und Beschaffenheit der Nahrungsmittel;

❖ ökonomische Rahmenbedingungen für Herstellung und Vertrieb von Nahrungsmitteln;

❖ Physiologie und Sensorik;

❖ kulturhistorische Hintergründe sowie kulturelle Wertigkeit und soziokulturelle Funktionsweisen der Nahrungsaufnahme;

❖ → Gastronomie und Gastlichkeit in theoretisch-kulturwissenschaftlicher und praktischer Perspektive.

Essen und Trinken sind primär kulturell geprägt und spielen im menschlichen Leben eine fundamentale Rolle. Sie dienen nicht nur der Ernährung, sondern sind Handlungs- und Beziehungssituationen unseres Alltags und Festtags. Die Fülle der Nahrungsmittel wird durch die Kultur selektiv geordnet und gestaltet, was man ißt oder nicht, wird im Wesentlichen kulturell vermittelt und ist nur untergeordnet von biologischen Faktoren oder der Persönlichkeit abhängig. Obwohl biologisch nötig, ist das tägliche Mahl primär ein psychosoziales und kulturelles Konstrukt. Essen und Trinken sind gesellschaftliche Operationsgefüge, die Orientierung und Kommunikation sicherstellen. Nahrungskultur vermittelt Gruppenzugehörigkeit, emotionale Bestätigung, gewährleistet Erziehung, und Sozialisation. Gemeinsames Essen schafft zwischenmenschliche Solidarität und verortet den Mensch in seiner Umwelt. Ernährung als wiederkehrende Handlung zu bestimmten Zeiten und in bestimmten sozialen Räumen begünstigt die Herausbildung eines relativ konstanten Nahrungsverhaltens. Essen und Trinken als soziale Totalphänomene spiegeln damit das gesamte gesellschaftliche Leben wider. Als Normensysteme prägen sie unsere Identität, unsere Lebensstile, unsere Standards und unsere Kommunikation.

Der Begriff Kulinaristik geht zurück auf die noch junge „Deutsche Akademie für Kulinaristik". Als Netzwerk verschiedener Fachbereiche deutscher Hochschulen und anderer Institutionen verfolgt diese einen multidisziplinären Ansatz im Kompetenzverbund zwischen Gastronomie, Hotellerie, Lebensmittelwirtschaft und verschiedensten wissenschaftlichen Ansätzen. Dabei stehen neben dem wissenschaftlichen Erkenntnisgewinn auch bildungspolitische Aspekte im Vordergrund, um sowohl berufsbezogenes Fachwissen als auch fachübergreifende Weiterbildung praktisch zu fördern.

Die Kulinaristik ist hinsichtlich ihrer Entwicklung und Akzeptanz im deutschsprachigen Raum im Aufbau begriffen und wird wachsende Bedeutung erlangen. Während sie in Italien und in Frankreich bereits stärker etabliert ist, hinken viele osteuropäische Länder noch deutlich hinterher. *(ghf)*

*Literatur*

Rose, Hans-Joachim 2006: Die Küchenbibel. Enzyklopädie der Kulinaristik. Wiesbaden: Tre Torri.

Wierlacher, Alois *et al.* (Hrsg.) 1993: Kulturthema Essen. Ansichten und Problemfelder. Berlin: Akademie

## Kulturschock
*culture shock*

Lange Zeit, besonders im us-amerikanischen Wissenschaftskontext, wurde unter dem Begriff Kulturschock eine Form der persönlichen Fehlanpassung als Reaktion auf den Kontakt mit Menschen aus einer fremden Kultur verstanden. Daher galt es, ihn möglichst zu vermeiden.

Inzwischen werden die im Kulturkontakt liegenden Chancen und Lernpotentiale stärker betont. Kulturschock wird als eine Lernerfahrung gesehen, die zu einer Erhöhung der Selbstaufmerksamkeit, Selbstreflexion und persönlicher Reifung führen kann. Das Erleben eines gewissen Ausmaßes an kulturell bedingtem Streß gilt als Voraussetzung für interkulturelles Lernen. Allerdings kann ein Übermaß an Kulturschock zu psychosomatischen Störungen, zu Erkrankungen, zu Feindseligkeiten gegenüber Menschen der Gastkultur sowie zu sozialer Isolation führen und somit äußerst lernhinderlich wirken. Um den phasenhaften Verlauf und die in diesem Prozeß liegenden Potentiale und Chancen deutlicher zu machen, wird heute eher der Begriff „Akkulturationsstreß" bevorzugt.

Das Phänomen des Kulturschocks tritt vor allem bei längeren Auslandsaufenthalten auf. Es kann aber auch bei einer Urlaubsreise auftreten, wenn sich der Urlauber mit sehr fremden Verhaltensweisen oder Ritualen konfrontiert sieht, die zu deuten er nicht in der Lage ist, z.B. von der eigenen Kultur abweichende ärztliche Behandlungsmethoden oder blutige Schlachtungszeremonien bei einem Begräbnis (→ Interkulturelle Kompetenz). *(ath/gcm)*

*Literatur*
Ward, Coleen; Stephen Bochner & Adrian Furnham 2001: The Psychology of cultural shock. Hove: Routledge (2nd ed.)

## Kulturtourismus
*culture based tourism*

### 1 Allgemeines

Der Begriff „Kulturtourismus" tauchte erst im Verlauf der 1980er Jahre auf und folgte damit dem gleichzeitigen allgemeinwissenschaftlichen Paradigmenwechsel von „Gesellschaft" zu „Kultur".

„Kulturtourismus" im engeren Sinne meint touristische Veranstaltungen, die auf kulturelle → Destinationen zielt und damit auf alles, was Menschen hervorbringen oder hervorgebracht haben und was im sinnstiftenden Horizont einer Gegenwart als bedeutsam erscheint. Letzteres bezieht sich nicht notwendig auf die sogenannte „Hochkultur" (also Kunst, Musik, Architektur usw.), sondern umfaßt gleichermaßen die „Alltags-" und die „Massenkultur", kann sich an bestimmten „Events" (zum Beispiel Ausstellungen, Festspiele, Festivals) orientieren oder an erlebnisorientierten Substituten der Realität (zum Beispiel → Freizeit- oder Themenparks). Ihr Gegensatz bildet der Naturtourismus. Insofern alles von Menschen Hervorbrachte Geschichte hat, bildet das „kulturelle Gedächtnis" (Jan Assmann) einer Generation zugleich den Maßstab für die jeweilige Relevanz kultureller Ziele.

In einem erweiterten Sinne versteht man unter „Kulturtourismus" auch die „Kultur des Tourismus" und zwar zum einen als Insgesamt der im Laufe der Geschichte entstandenen touristischen Erscheinungen und zum anderen als „Kultivierung" oder „Domestizierung" (Norbert Elias) dieser touristischen Erscheinungen (zum Beispiel unter dem Axiom des „sanften Reisens").

### 2 Touristische Bedeutung

Die → Tourismuswissenschaft versteht den Begriff „Kulturtourismus" bislang weitgehend als Addition verschiedener auf Kultur bezogener Veranstaltungsarten. Darunter fallen Studienreisen, Städtereisen, Themenreisen (zum Beispiel „Romantische Straße"; → Touristenstraße), Special-Event-Reisen unterschiedlicher Art.

### 2.1 Das Angebot

Auf der Angebotsseite stehen zunächst

die Veranstalter von Studien- und Städtereisen, die überwiegend Auslands- und Fernreisen anbieten (Dietsch 2000; Günter 2003 b).

Seit den 1980er Jahren haben zudem zahlreiche europäische Städte und Regionen begonnen, ihr kulturelles Potential für den Tourismus zu erschließen, entsprechende lokale oder regionale Leitbilder zu konzipieren und gegebenenfalls thematisch miteinander zu vernetzen (zum Beispiel zu Themenstraßen oder Themenparks). Diese touristische Inwertsetzung eröffnete vor allem strukturschwachen Regionen neuartige wirtschaftliche Chancen (Dreyer 2000 b). Parallel dazu entwickelte sich ein immer stärker florierender Event-Tourismus zu einmaligen oder regelmäßigen Festivals (zum Beispiel Schleswig-Holstein-Festival), Festspielen (zum Beispiel Oberammergau), Theater- oder Opernaufführungen (zum Beispiel Verona), en suite gespielte Musicals *(sit-down productions)*, Konzerten, Volksfeste, Ausstellungen, Kunst-Happenings (wie die Berliner Reichstagsverhüllung), Museen usw. Manche dieser Events können an ältere Traditionen anknüpfen. Die meisten sind jedoch Neuschöpfungen und wurden von Anfang an als touristische Attraktion konzipiert (Freyer 2000).

Immer beliebter wird ein Produktmix aus der Verbindung von „stationären" Kulturangeboten einer Region mit Special Events, (→ Event-Tourismus) die der Reise ihren krönenden Höhepunkt setzen.

## 2.2 Die Nachfrage

Diese divergierende Produktpalette zeigt, daß es auf der Käuferseite keinen geschlossenen Typus „Kulturtouristen" gibt, sondern Kundenpotentiale unterschiedlichen Zuschnitts. Das Potential der Studien- und Städtereisen, sein tou-

ristisches Verhalten und seine soziographischen Merkmalen sind gut erforscht (Günter 2003 b). Weniger deutlich lassen sich aus den vorhandenen demographischen Erhebungen die Potentiale lokaler oder regionaler Kulturattraktionen ablesen, zumal das Interesse an Kultur quer durch die Kundenpotentiale diffundiert. So gaben zwar annähernd 40 Prozent aller Urlauber an, während des Urlaubs „kulturelle und historische Sehenswürdigkeiten/Museen" besucht zu haben. Aber daraus läßt sich nicht entnehmen, wie bestimmend die jeweils auf Kultur zielende Motivation für die Urlaubsentscheidung gewesen ist (Lohmann 2000). Mit Sicherheit kann man aber daraus aber schließen, daß sich die Attraktivität einer Destination in dem Maße erhöht, wie diese über Kulturattraktionen verfügt.

Was den Special Event-Tourismus anbelangt, so bieten die regelmäßigen Erhebungen (zum Beispiel → Reiseanalyse) zumindest für den „Hochkultursektor"(Festspiele, Theater, Konzerte) unter dem Stichwort „Kulturreise" detailliertere Informationen: So haben im Durchschnitt der letzten zehn Jahre zwischen drei und vier Prozent aller Reisenden eine solche Reise unternommen. Zwischen neun und 12 Prozent der Befragten planten eine solche Reise für die nächsten drei Jahre „sicher" oder „wahrscheinlich". Die soziographischen Merkmale ihrer Teilnehmer ähneln denen der Studienreisenden (→ Studienreise): Sie gehören überdurchschnittlich häufig den Altersjahrgängen zwischen 14 und 29 Jahren und von 40 Jahren aufwärts an und erfreuen sich einer besseren Bildung und eines höheren Einkommens als der Durchschnitt der Bevölkerung (Lohmann 2000).

Events, die sich eher der Rock-Szene, dem volkstümlichen Unterhaltungsmilieu oder der „Neuen Kulturszene" zuordnen lassen, bedienen naturgemäß eine jeweils andersartige Klientel, für die bislang nur zum Teil soziographische Daten vorliegen (vgl. hierzu jedoch Rothärmel 2000, S. 248 ff.; Lieb 2000, S. 280 f.; Weishäupl 2000, S. 288-291).

## 3 Zukunftsperspektiven

Das mit der „Unterhaltungsgesellschaft" (Schulze 1995) wachsende Interesse an „Erlebnissen", an Authentischem (→ Authentizität), Sublimem und Einzigartigem, kam allen Veranstaltungsarten des Kulturtourismus zugute. Es veränderte Zielsetzung und Thematik der traditionellen Studienreise (Dietsch 2003), prägte die Inszenierung der lokalen und regionalen Kulturattraktionen und begünstigte den Aufschwung des → Event-Tourismus. Der Kulturtourismus wurde weiterhin begünstigt durch den zunehmenden Trend zu regional eng gekammerten Destinationen und immer kürzeren Reisen bei gleichzeitiger Zunahme der Reisehäufigkeit (Günter 2003 b).

In dem Maße, wie sich im Verlauf der 1990er Jahre das kulturelle Angebot vermehrte, entwickelte sich der Kulturtourismus zu einem Käufermarkt mit ausgeprägten Merkmalen von Sättigung. Dies zwingt das Marketing zu einer immer stärkeren Produktprofilierung, wodurch die quantitativen und qualitativen Merkmale einer erlebnisorientierten Inszenierung von Kultur zunehmen. Dazu gehören insbesondere ein spektakuläres Design, die Vermittlung starker Emotionen und Erlebnisse, gleichzeitig aber unterschiedliche Wahlmöglichkeiten für Individualität und Spontaneität, die nicht nur differenzierte Kundenbedürfnisse befriedigen, sondern zugleich Exklusivität vermitteln (DESIRE-Modell bei Steinecke 1999, S. 45 f.). *(wg)*

*Literatur*

Dietsch, Klaus A. 2000: Studienreisen. In: A. Dreyer (Hrsg.), S. 71-99

Dietsch, Klaus A. 2003: Die Studienreise im Wandel. Konzepte einer klassischen Reiseform. In: W. Günter (Hrsg.), S. 133-143

Dreyer, Axel (Hrsg.) 2000 a: Kulturtourismus. München, Wien: Oldenbourg (2. Aufl.)

Dreyer, Axel 2000 b: Der Markt für Kulturtourismus. In: Ders. (Hrsg.), S. 25-48

Freyer, Walter 2000: Event-Management im Tourismus. Kulturveranstaltungen und Festivals als touristische Leistungsangebote. In: A. Dreyer (Hrsg.), S. 211-242

Günter, Wolfgang (Hrsg.) 2003 a: Handbuch für Studienreiseleiter. Pädagogischer, psychologischer und organisatorischer Leitfaden für Exkursionen und Studienreisen. München, Wien: Oldenbourg (3. Aufl.)

Günter, Wolfgang 2003 b: Der moderne Bildungstourismus. Formen, Merkmale und Beteiligte. In: ders. (Hrsg.), S. 24-46

Heinze, Thomas (Hrsg.) 1999: Kulturtourismus. Grundlagen, Trends und Fallstudien. München, Wien: Oldenbourg

Lieb, Manfred 2000: Festivalmanagement – am Beispiel der Passionsspiele in Oberammergau. In: A. Dreyer (Hrsg.), S. 267-286

Lohmann, Martin 1999: Kulturtouristen oder die touristische Nachfrage nach Kulturangeboten. In: Th. Heinze (Hrsg.), S. 52-82

Rothärmel, Bettina 2000: Management von Musical-Unternehmen. In: A. Dreyer (Hrsg.), S. 243-266

Schulze, Gerhard 1995: Die Erlebnisgesellschaft. Kultursoziologie der Gegenwart. Frankfurt, New York: Campus (5. Aufl.)

Steinecke, Albrecht 1999: Perspektiven des Kulturtourismus: Wettbewerbsdruck – Profilierung - Inszenierung. In: Th. Heinze (Hrsg.), S. 17-51

Weishäupl, Gabriele 2000: Stadtfeste – am Beispiel des Münchener Oktoberfestes. In: A. Dreyer (Hrsg.), S. 287-297

## Kundengeldabsicherung

*insurance for the security of advance payment*

Die Absicherung der eingezahlten Kundengelder wie auch die Aufwendungen für zusätzliche Rückreisekosten bei außerplanmäßiger Beendigung der Reise wegen Insolvenz des Reiseveranstalters sind in § 651 k BGB geregelt worden. Die Regelung bezieht sich auf den → Reiseveranstalter. Wenn im Zusammenhang einer Pauschalreise ein Leistungsträger (zum Beispiel eine → Fluggesellschaft) seine Leistung nicht erbringen kann, hat der Reiseveranstalter, der das Flugzeug von der Fluggesellschaft gechartert hat, gegenüber seinen Kunden weiterhin die Verpflichtung, die gebuchte Reiseleistung zu erbringen (→ Sicherungsschein). *(hdz)*

## Kurbeitrag

*local tourism dues for guests*

Gemeinden in Deutschland, die ganz oder teilweise (zum Beispiel Ortsteile) als Erholungs- oder Kurort prädikatisiert sind, dürfen für die Förderung des → Tourismus zweckbezogene Abgaben verlangen. Diese können zum einen Abgaben von Selbständigen und Unternehmen (→ Fremdenverkehrsbeitrag), zum anderen Kurbeiträge von Gästen sein. Voraussetzung dafür ist der Beschluß des Gemeinderates über eine entsprechende Satzung, in der genau geregelt ist, welche Kriterien für die Bestimmung der Bemessungsgrundlage zugrundegelegt werden, wie hoch die Abgabe ist und wann sie fällig ist. In dieser Satzung kann auch bestimmt werden, daß die örtlichen Beherbergungsbetriebe für den Einzug und die Einzahlung der Kurbeiträge zuständig sind und haftbar gemacht werden können. Insoweit Kurbeiträge im Preis für → Pauschalreisen enthalten sind, können auch → Reiseveranstalter entsprechend herangezogen werden.

Rechtsgrundlage dafür sind die von den Landesparlamenten verabschiedeten Kommunalabgabengesetze, die diese erlassen können, weil der Bund hier auf seine Gesetzgebungskompetenz verzichtet (Artikel 70, 73, 74 Grundgesetz). Diese Gesetze qualifizieren Verstöße gegen die Melde- und Eintreibepflicht als Abgabenhinterziehung, die als Ordnungswidrigkeit mit Geldstrafen bis zu 10.000 € belegt werden können.

Die Beiträge sind nutzungsunabhängig, d.h., sie sind auch dann zu entrichten, wenn ein Gast die damit (mit)finanzierten Einrichtungen wie zum Beispiel ein Kurmittelhaus, eine Gästebibliothek oder einen gereinigten Strand nicht in Anspruch nimmt. In der Regel haben auch Tagesgäste diesen Beitrag zu entrichten. Dafür kann die Gemeinde einen Einzugs- und Kontrolldienst einrichten bzw. Automaten aufstellen, aus denen die Kurkarten bezogen werden können.

Um die Zahlungsbereitschaft der Gäste zu erhöhen, haben sich viele Gemeinden zu Verbünden zusammengeschlossen, in denen die Kurkarten gegenseitig anerkannt werden. Oft berechtigen die Kurkarten auch zu verbilligten Eintritten bzw. Fahrkarten des Öffentlichen Personennahverkehrs, manchmal ist dieser bei Vorzeigen der Karte auch frei. *(jwm)*

## Kurort

*spa*

Orte oder Teilorte, in denen nach den Regelungen in Deutschland natürliche Heilmittel vorkommen und für medizinisch indizierte Heilverfahren genutzt werden können. Solche Kurmittel können solche des Bodens (Heilschlämme [Peloide], Heilquellen), des Klimas oder – bei Seebädern – des Meeres sein. Darüber hinaus können bei Vorliegen der entsprechenden infrastrukturellen

Voraussetzungen auch Kneipp-Heilbäder anerkannt werden.

Übergreifende Anforderungen sind neben dem ‚Kurortcharakter', der durch Kureinrichtungen, touristische Infrastruktur und eine lockere Bebauung gekennzeichnet ist, die Ausweisung eines Kurgebietes mit einem Kurpark, in dem auch angemessene Veranstaltungen (zum Beispiel Kurkonzerte) stattfinden. Generell gelten auch höhere Anforderungen an den Umweltschutz.

Es werden folgende Typen unterschieden, für die jeweils unterschiedliche Kriterien gelten (Deutscher Tourismusverband & Deutscher Heilbäderverband 2005, S. 28-31, S. 36-42): Mineral-, Thermal- und Moorheilbad, Heilquellen-, Heilstollen- oder Peloid-Kurbetrieb, Seeheilbad, Seebad, Kneippheilbad, Kneippkurort, Heilklimatischer Kurort, Luftkurort. *(jwm)*

*Literatur*
Deutscher Tourismusverband (DTV); Deutscher Heilbäderverband 2005: Begriffsbestimmungen – Qualitätsstandards für die Prädikatisierung von Kurorten, Erholungsorten und Heilbrunnen. Bonn: DTV & Deutscher Heilbäderverband (12. Aufl.)

**Kurtaxe**
→ Kurbeitrag

**Kurzreise**
*short trip*
Reisen mit mindestens einer und maximal drei Übernachtung(en) bzw. zwischen zwei und vier Tagen. Dabei kann es sich, wie bei allen anderen Reisen auch, um privat oder geschäftlich veranlaßte Reisen handeln. Zu den privaten Kurzreisen gehören zum Beispiel Städte- und Wochenendreisen. Zudem gibt es auch spezielle Kurzreiseanbieter wie Center Parcs, die um ein ‚tropisches Badeparadies' gruppierte Bungalowsiedlungen betreiben. *(hdz)*

# L

**Lagune**
*lagoon*
Seichtes Gewässer, das durch Korallenriffe oder Sandbänke (auch Nehrung) vom offenen Meer abgetrennt ist. Der Begriff leitet sich ab vom Lateinischen *lacuna* = Lache. An der Ostsee nennt man solche Gewässer Bodden oder Haff.

**Landausflug**
*shore excursion*
Landgänge auf einer → Kreuzfahrt, auf denen die Sehenswürdigkeiten in der Nähe der jeweils angelaufenen Häfen besichtigt werden. In der Regel handelt es sich dabei um Tagesausflüge. Es können aber auch mehrtägige Reisen sein, so zum Beispiel bei Mittelmeerkreuzfahrten, wenn das Schiff in Alexandria anlegt und man mit Zug oder Bus nach Kairo und zu den Pyramiden von Giseh fährt.

In der Regel sind solche Landausflüge nicht im Preis für die Kreuzfahrt inbegriffen. Sie können im Voraus oder an Bord gebucht werden. Für → Reiseveranstalter von Kreuzfahrten ist dies ein lukratives Zusatzgeschäft, weil die Ausflüge von Anbietern vor Ort eingekauft und mit erheblichem Aufschlag an die Passagiere weitervermittelt werden. *(jwm)*

**Landegebühr**
*landing fee*
Geldbetrag, der bei einer Landung auf einem Flughafen an die Flughafenbetreibergesellschaft zu zahlen ist und mit der sich diese wesentlich finanziert. Die Landegebühr richtet sich in erster Linie

nach dem höchstzulässigen Startgewicht (*maximum take-off weight*, [MTOW]) des Luftfahrzeuges. Je höher das MTOW, desto größer der zu entrichtende Betrag. Darüber hinaus gibt es auf vielen Flughäfen nach den Lärmemissionen des jeweiligen Flugzeugmusters gestaffelte Aufschläge. Da viele Flughäfen nur über ein bestimmtes Lärmkontingent pro Jahr verfügen, dienen diese Aufschläge einerseits dem teilweisen finanziellen Ausgleich für die geringere Zahl an möglichen Flugbewegungen und sollen andererseits Fluggesellschaften dazu bewegen, moderneres und leiseres Fluggerät einzusetzen. *(jwm)*

**Landegeschwindigkeit**
*landing speed*
Geschwindigkeit, bei welcher der am Tragflügel erzeugte Auftrieb eines → Flächenflugzeuges etwas geringer ist als das Gewicht des Flugzeugs. Sie kann durch Auftriebshilfen wie → Landeklappen oder → Vorflügel reduziert werden. Sie wird vor der Landung ebenso wie die → Landestrecke errechnet. *(jwm)*

**Landekategorien**
*landing categories (CAT)*
Unter Landekategorien versteht man die Einteilung von → Instrumentenlandesystemen nach Sichtminima. Die einzelnen Betriebsstufen werden in der Tabelle systematisiert. Entscheidungshöhe *(decision height, DH)* heißt, daß der Pilot spätestens in dieser Höhe die Landebahn so sehen muß, daß eine

| CAT | Entscheidunghöhe | Landebahnsicht |
|-----|------------------|----------------|
| I | 200 Fuß (61 m) | 550 m |
| II | 100 Fuß (30,5 m) | 300 m |
| III a | 50 Fuß (15 m) | 200 m |
| III b | 0 Fuß | 100 m |
| III c | 0 Fuß | 0 m |

**Tabelle:** Betriebsstufen der Landekategorien

sichere Landung möglich ist. Ansonsten muß ein Durchstartmanöver *(go around)* eingeleitet werden. Ab CAT III b allerdings ist ein Durchstarten praktisch nicht mehr möglich.

Für die Nutzung der jeweiligen Kategorien müssen zum einen bordseitig die dafür vorgeschriebenen Anlagen installiert sein und zum anderen die Piloten über die entsprechende Lizensierung verfügen. CAT III-Landungen werden meist automatisch über den Autopiloten und ein automatisches Bremssystem *(auto brake)* durchgeführt, können aber auch von Hand geflogen werden, wenn das Flugzeug mit einem dafür zugelassenen *head-up-display* (HUD) ausgerüstet ist, das alle relevanten Instrumentenanzeigen sowie ein daraus generiertes Bild der Landebahn auf die Cockpitscheibe projiziert.

Darüber hinaus gibt es noch Nichtpräzionsanflüge *(non precision approaches, NPA)* unter Instrumentenbedingungen, wenn am angeflogenen Flughafen zwar kein → Instrumentenlandesystem installiert ist, es aber ein UKW-Drehfunkfeuer *(very high frequency omni directional radio range,* VOR; → Funkfeuer) gibt. Die Landebahnsicht muß dann mindestens 800 m betragen und die Entscheidungshöhe liegt ohne ein zusätzlich am Boden eingerichtetes Distanzmeßsystem *(distance measuring equipment,* [DME]) bei 300 Fuß über Grund, mit DME bei 250 Fuß. *(jwm)*

## Landeklappe
*flap*

Absenkbarer Teil der Hinterkante des Flügels, mit dem (in Startstellung) die Abhebe- und (in Landestellung) die Landegeschwindigkeit eines Flugzeuges verringert werden können, ohne daß es zu einem → Strömungsabriß kommt. Die meisten Klappen werden erst nach hinten ausgefahren *(Fowler flaps)*, vergrößern dadurch die Flügelfläche und damit den Auftrieb, ehe sie nach unten gesenkt werden, durch eine (oder mehrere) dabei entstehende Spalte(n) den Sog der Luft nach hinten und dadurch den Auftrieb erhöhen und gleichzeitig ihre Bremswirkung entfalten. Düsenverkehrsflugzeuge (→ Jets) müssen im Endanflug mit relativ hoher Leistung der Triebwerke anfliegen, weil Turbinen vom Leerlauf bis zum Vollschub ca. 6-8 Sekunden brauchen und eventuell notwendige Durchstartmanöver sonst nicht möglich wären (→ Landekategorien). Deshalb spielt die Bremswirkung der Landklappen eine wichtige Rolle, um trotz hohen Schubs die Anfluggeschwindigkeit für die Landung zu reduzieren (→ Vorflügel). *(jwm)*

## Landerichtung
*runway direction*

Gibt an, in welche Himmelsrichtung die → Start- und Landebahnen ausgerichtet sind. Dabei wird die Gradzahl auf die ersten zwei Ziffern reduziert. Zeigt eine Bahn in Richtung 252 Grad mißweisend, wird sie in Richtung Westen zur 25, in Richtung Osten zur 07 (Gegenrichtung, also 180° versetzt). Gibt es, wie in Frankfurt Rhein/Main, Parallelbahnen, dann werden sie mit R (rechts) und L (links) bezeichnet. Es gibt dort also neben der genau in Richtung Süden zeigenden Startbahn West (18) die 25R/07L und die 25L/07R. In den Fällen, in denen es noch eine dritte Bahn mit der gleichen Ausrichtung gibt, wird die mittlere Bahn zu C *(centre)*. *(jwm)*

**Landestrecke**
*landing distance*
Strecke, die ein → Flächenflugzeug auf einer → Start-/Landebahn zurücklegt, bis es zum Stillstand kommt. Sie wird vorher berechnet und ist abhängig vom Gewicht des Flugzeugs, dem aktuellen Luftdruck, der Höhe des Flughafens über → Normal Null, der Temperatur, der Windrichtung und -stärke sowie der Beschaffenheit der Start- und Landebahn (trocken, naß, Schnee oder Eis). *(jwm)*

**Landexkursion**
→ Landausflug

**Landmeile**
*statute mile*
Entspricht einer Entfernung von 1.609,344 m oder ungefähr 1,6 Kilometern. In manchen englischsprachigen Ländern heute noch als Entfernungs- und Geschwindigkeitsmaß (Meilen pro Stunde) gebräuchlich. Nicht zu verwechseln mit der → nautischen Meile. Faustformel zur Umrechnung in km: Wert mal zwei minus 20 Prozent.

**Landschaftserleben**
*experiencing landscapes*
Petrarcas Besteigung des Mont Ventoux im Jahre 1335 wird es zugeschrieben, daß hierbei erstmalig in der abendländischen Kulturgeschichte *Landschaft* aus der *Natur* herauskristallisiert wurde: Petrarca betrachtet die objektive Außenwelt *Natur* mit seiner Innenwelt, seinem Empfinden und seinen Gefühlen. Landschaft ist demnach bei einem derartigen subjektiven Anblick ästhetisch gegenwärtige Natur.

Ästhetische Kategorien wie etwa schön, frei, einladend, offen oder auch beengend und bedrohlich, also dem Raum zugeschriebene emotionale Stimmungsqualitäten, gingen mit der Neuzeit in die Landschaftsmalerei und die Literatur ein und erzeugten in dem Augenblick, wo die Natur technisch genutzt und ausgebeutet wurde, eine Gegenwelt, in der sich dem Menschen das vergegenwärtigt, was ihm verlustig ging und von dem er sich immer mehr entfremdete. Fortan paart bzw. parallelisiert sich sein Verlangen nach dem Erleben einer *ganzheitlichen* Natur und ihrer ästhetischen Vergegenwärtigung einerseits mit ihrer objektiven Nutzung andererseits (hierin liegt auch ein zentrales Reisemotiv (→ Reisemotivation) und der Ursprung des modernen Tourismus).

Bis zum heutigen Tag werden verschiedene Bereiche der Erde – nicht nur jene, wie sie die Natur, sondern wie sie auch die Kultur (vgl. städtische und dörfliche Räume) – ästhetisch sichtbar gemacht und in die Gesellschaft integriert sowie zu Stimmungs- und Eindruckseinheiten (= Landschaften) zusammengeschlossen. So lassen sich alle zur Welt gehörenden Landschaften ästhetisch *entdecken*, d.h., sie ziehen den Menschen gefühlsmäßig in eine Situation so hinein, daß die Stimmung der Landschaft auf den Menschen übergeht. Daß der Mensch dabei Bildern folgt, die medial vermittelt sind wie zum Beispiel durch touristische Image-Annoncen für Reise- und Erholungslandschaften, ist zunächst zweitrangig. Kennzeichnend ist vielmehr, daß derartige (konstruierte) Landschaften zweckfrei genossen, glücklich angeschaut und selbstbezogen erlebt werden. *(khw)*

## Landseite

*landside*
Der nicht zum Sicherheitsbereich (→ Luftseite) gehörende Teil eines → Flughafens. Dazu gehören der → Check-in-Bereich, dem allgemeinen Publikum zugängliche Restaurants und Geschäfte, die Schalter von Reisebüros, Fluggesellschaften, Mietwagenunternehmen usw. *(jwm)*

## Landungssteg
→ Gangway

## Last Minute Reise
→ Ertragsmanagement

## Late check-out
→ Zimmerstatus

## Lay-over Gast
*lay-over guest*
(Hotel-)Gast aufgrund einer ungeplanten Reiseunterbrechung. Der Begriff wird überwiegend im Zusammenhang mit verpaßten Anschlußflügen im Luftverkehr verwendet. Ursache einer solchen ungeplanten Reiseunterbrechung können technische Schwierigkeiten, schlechte Witterungsbedingungen, → Überbuchungen etc. sein. Die Kosten für die Reiseunterbrechung werden von der Fluggesellschaft getragen. In der angelsächsischen Literatur wird nicht zwischen geplanten und ungeplanten Reiseunterbrechungen unterschieden und die Begriffe Lay-over Gast und → Stop-over Gast werden synonym verwendet. *(amj)*

## LBA
→ Luftfahrtbundesamt

## LCC
(a) → Billigfluggesellschaft
(b) → Lufthansa City Center

## Lebensgefährte
*partner, significant other*
Lebensgefährten definieren sich als auf längere Zeit – aber ohne die rechtsverbindliche Form der Heirat – vollzogene Lebensgemeinschaft, die nicht zwingend einen gemeinsamen Wohnsitz und Haushalt einschließt. Gemeint ist nicht nur die sog. Ehe auf Probe, sondern auch die Gemeinschaft im höheren Alter, wo eine Heirat oft gar nicht beabsichtigt ist.

Lebensgefährten werden von großen → Reiseversicherern in Deutschland in der → Reiserücktrittskosten-Versicherung (RRV) und → Reiseabbruch-Versicherung (RAV) als → Risikopersonen akzeptiert. Wenn also einem Partner im Rahmen der versicherten Risiken etwas zustößt, kann es auch für den anderen Lebenspartner nicht zumutbar sein, die Reise anzutreten (RRV) oder fortzusetzen (RAV). *(hdz)*

## Lebensmittelhygiene
*food hygiene*
Seit Januar 2006 gilt in allen Mitgliedsstaaten der EU die neue EU-Lebensmittelhygieneverordnung. Ziel dieser Bestimmung ist, von der Produktion bis zum in Verkehr bringen des Lebensmittels *(farm to fork-*Prinzip) einen umfassenden Schutz von Leben und Gesundheit der Verbraucher zu erreichen. Dabei ist jeder Lebensmittelunternehmer, also auch der Gastwirt, dafür verantwortlich, daß innerhalb seines Verantwortungsbereichs keinerlei Gefährdung des Lebensmittels gegeben ist. Im Vordergrund steht die Eigenverantwortung des Gastronomen für die Sicherheit der von ihm produzierten Speisen. Hierfür muß er zahlreiche hygienische Anforderungen bei der Produktion, der Verarbeitung und der Ausgabe von Speisen beachten und hierfür ein Eigenkontrollkonzept entwickeln.

Die Hygieneanforderungen betreffen die sog. Basishygiene (Betriebsstätten, Personal, Getränkeschankanlagen, Schädlingsbekämpfung usw.) und die Eigenkontrolle nach → HACCP-Grundsätzen (z.B. Checklisten für Wareneingang, Kontrolle der Gartemperaturen, Reinigungspläne, jährliche Personalschulung über die Hygienebestimmungen usw.). Ergänzt wird die EU-Lebensmittelhygieneverordnung durch die jährlich wiederkehrende Belehrung der Mitarbeiter nach dem Infektionsschutzgesetz. Hierbei werden die Mitarbeiter darin geschult, typische Symptome von Infektionskrankheiten frühzeitig zu erkennen und entsprechende Maßnahmen zu ergreifen. Der → Deutsche Hotel- und Gaststättenverband (DEHOGA; www.dehoga.de) hat eine entsprechende „Leitlinie für eine gute Hygienepraxis in der Gastronomie" herausgegeben. *(bd)*

**Lebensrisiko**
→ Reisemangel

**Lebenszyklus-Analyse**
*life cycle analysis*
Kenntnisse über die Lebenszyklus-Struktur des Leistungsportfolios einer Unternehmung sind von grundlegend strategischer Bedeutung (→ Strategisches Management), ist doch jede Phase des Lebenszyklus eines Leistungsangebots durch spezielle Chancen und Gefahren in Bezug auf die einzuschlagende Marktstrategie gekennzeichnet. Zudem beschleunigen sich Produktlebenszyklen auch touristischer Angebote unter dem Einfluß von Kundenwünschen und Wettbewerbsdynamik zusehends, wodurch die Gefahr für die touristische Unternehmung, ein überaltertes Leistungsprogramm zu bedienen, deutlich zunimmt.

Die Lebenszykluskurve gibt den geschätzten Absatz, den Umsatz oder die erwartete Wertschöpfung von Produkten/Produktgruppen, Strategischen Geschäftseinheiten (SGE) oder Märkten über die prognostizierte Marktverweildauer wieder (Bieger 2005, S. 104; Freyer 2007, S. 316 ff.; Schrand & Schlieper 2004, S. 243). Sie läßt sich in die Phasen der Einführung, des Wachstums, der Reife, der Sättigung und der Degeneration gliedern (bisweilen werden die Reife- und Sättigungsphase auch zusammengefaßt; vgl. Abbildung). Jede dieser Phasen ist durch spezielle Chancen und Gefahren in Bezug auf das Umsatz-, → Cash Flow- und Gewinnpotential gekennzeichnet (vergleichbare Logiken lassen sich bspw. auch für die Entwicklungsphasen von Technologien [Foster 1986, S. 28 ff.], für Mitarbeiter-Know how oder für Makro-Lebenszyklen von Unternehmungen [Bleicher 2004, S. 529 ff.; Pümpin & Prange 1991, S. 83 ff.] oder auch Destinationen [u.a. Bieger 2005, S. 104 ff.] ableiten).

Die Idee des Lebenszyklus-Konzeptes beruht darauf, daß ein innovatives Leistungsangebot zu Beginn mit hohen Kosten in den Markt eingeführt, bekanntgemacht werden muß. Hat es die ersten Hürden des Markteintritts genommen (Markt- bzw. Kundenakzeptanz), ist in der Regel mit einer Wachstumsphase zu rechnen, in der das Produkt den Markt weiter durchdringt (Multiplikation der Geschäftsidee [Pümpin 1989, S. 102 ff.]), z.B. durch Filialgründung, Kettenbildung [→ Kette], → Franchise usw.). Durch steigende Umsätze und Deckung der Einführungskosten wird nach und nach ein positiver Projekt-→ Cash Flow erwirtschaftet. Mit maximal realisiertem Marktanteil erreicht das Leistungsangebot seine Sättigungsphase. In der Folge wird es zunehmend durch

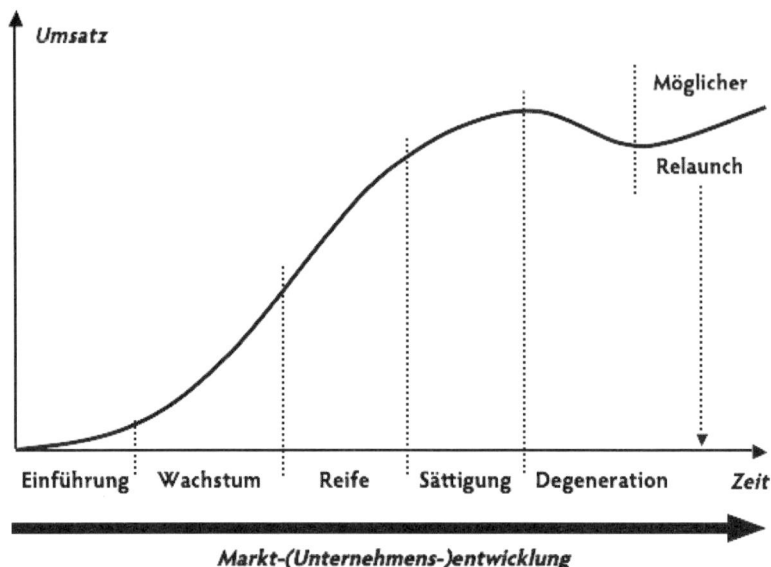

**Abbildung:** Idealtypischer Produktlebenszyklus

technische Substitution (z.B. klassischer Reisebüro-Vertrieb durch Internet-Buchungsplattformen), Druck der Konkurrenz (z.B. Markteintritt bisher branchenfremder Anbieter in den Reisevertrieb) oder Nachfrageveränderungen (z.B. von der klassischen Urlaubsreise zu Kurzreisen, von der klassischen → Pauschalreise zum → Dynamic Packaging) an Bedeutung verlieren und schließlich am Markt deutlich an Boden verlieren und im Portfolio der Unternehmung eliminiert werden. Daher ist es im Rahmen der Geschäftsfeldplanung von zentraler Bedeutung, den jeweiligen Stand eines Leistungsangebotes bzw. Strategischen Geschäftsfeldes in seinem Lebenszyklus zu bestimmen, um rechtzeitig für eine gezielte Ablösung durch ein Folgeprodukt oder eine Intensivierung der Marketingmaßnahmen und damit einen Produkt-Relaunch zu sorgen.

Diese Verläufe sind jedoch keine zwingende Gesetzmäßigkeit. Vielmehr erscheinen bspw. reale Lebenszyklus-Verläufe als eine Abfolge sich ergänzender Zyklen ähnlicher Leistungsarten (z.B. Rucksack-Reisen [→ Rucksacktourist], Trekking-Reisen, → Abenteuer-Reisen), wird der aktuelle Verlauf auf einem gehobenen Niveau quasi „eingefroren" (z.B. → Cluburlaub), setzen Lebenszyklen vorübergehend vollständig oder doch teilweise aus, um nach einer gewissen Zeit wieder als „Quasi-Innovation" zu starten (z.B. der derzeitige Boom bei [Club-] Kreuzfahrtreisen [→ Kreuzfahrt] nach Jahren geringerer Nachfrage [Meffert & Bruhn 2006, S. 187 f.]). Dennoch verdeutlicht der idealtypische Verlauf ein Grundprinzip der marktlichen Entwicklung eines Produktes oder eines Leistungsprogramms, dem jedes Produkt in der Gesamtschau seiner Marktpräsenz letztlich unterworfen ist. *(vs)*

*Literatur*

Bieger, Thomas 2005: Management von Destinationen. München, Wien: Oldenbourg (6. Aufl.)

Bleicher, Knut 2004: Das Konzept integriertes Management. Visionen – Missionen – Programme. Frankfurt/M., New York: Campus (7. Aufl.)

Foster, Richard N. 1986: Innovation – The Attacker's Advantage. New York

Freyer, Walter 2007: Tourismus-Marketing. Marktorientiertes Management im Mikro- und Makrobereich der Tourismuswirtschaft. München, Wien: Oldenbourg (5. Aufl.)

Meffert, Heribert; Manfred Bruhn 2006: Dienstleistungsmarketing. Grundlagen – Konzepte – Methoden. Wiesbaden: Gabler (5. Aufl.)

Pümpin, Cuno 1989: Das Dynamik-Prinzip. Zukunftsorientierungen für Unternehmer und Manager. Düsseldorf, Wien, New York: ECON

Pümpin, Cuno; Jürgen Prange 1991: Management der Unternehmensentwicklung. Phasengerechte Führung und der Umgang mit Krisen. Frankfurt/M., New York: Campus

Schrand, Axel; Thomas Schlieper 2004: Produkt- und Leistungspolitik. In: Karl Heinz Hänssler (Hrsg.): Management in der Hotellerie und Gastronomie. Betriebswirtschaftliche Grundlagen. München, Wien: Oldenbourg, S. 241-248 (6. Aufl.)

**Leerflug**

*empty leg*

Flug eines Verkehrsflugzeuges ohne Passagiere an Bord (→ Charterkette).

**Leerfluganteil**

*empty leg portion*

Anteil der → Leerflüge an den → Flugzeugumläufen einer → Charterkette.

**legacy airline, ~ carrier**

→ Netzfluggesellschaft

**Leistungsänderung**

*service alteration*

Nach dem Reiserecht hat der → Reiseveranstalter das Recht, Änderungen bei den Reiseleistungen vorzunehmen, da Pauschalreisen schon Monate vor der Buchung des Reisenden geplant und kalkuliert werden. So kann das gebuchte Hotel noch nicht fertig gestellt sein. Andererseits erwartet der Reisende die Bindung des Veranstalters an den geschlossenen Vertrag. Daher kann der Veranstalter nur in engen Grenzen des § 651 a V und § 307 Nr. 4 BGB nachträgliche Änderungen vornehmen. Zu beachten ist, daß geringfügige Änderungen als bloße Unannehmlichkeiten und Toleranzen stets hinzunehmen sind wie eine Verschiebung des Abflugs um zwei Stunden oder eine Änderung der Flugroute aus Sicherheitsgründen.

**1 Zulässige Leistungsänderung**

Eine Leistungsänderung ist zulässig, wenn ein Änderungsvorbehalt im Reisevertrag (AGB-Klausel) vorliegt und die Änderung für den Reisenden zumutbar ist. Zumutbar ist nach den Grundsätzen der Rechtsprechung nur die Leistungsänderung, welche eine wesentliche Reiseleistung betrifft, nach Vertragsschluß notwendig wurde, vom Veranstalter nicht wider Treu und Glauben herbeigeführt wurde, nicht erheblich ist und den Gesamtzuschnitt der Reise nicht beeinträchtigt.

Der Reiseveranstalter hat eine zulässige Leistungsänderung einer wesentlichen Reiseleistung unverzüglich nach Kenntnis des Änderungsgrundes dem Reisenden mitzuteilen (§ 651 a V 1 BGB). Der Reisende kann dann kostenfrei vom Vertrag zurücktreten und sich den gezahlte Reisepreis erstatten lassen (§ 651 a V 2 BGB) oder stattdessen, ebenso wie bei einer Absage der Reise durch den Reiseveranstalter, die Teilnahme an einer mindestens gleichwertigen Ersatzreise verlangen, wenn der Veranstalter in der Lage ist, eine solche

Reise ohne Aufpreis aus seinem Angebot anzubieten (§ 651 a V 3 BGB). Der Reisende hat sein Recht auf Rücktritt oder Ersatzreise unverzüglich nach der Änderungsmitteilung dem Veranstalter gegenüber geltend zu machen (§ 651 a IV 4 BGB).

Beispiel: Wird dem Reisenden ein mindestens gleichwertiges Ersatzhotel am gleichen Ort, in vergleichbarer Lage und mit dem gleichen Standard angeboten, ist dies keine erhebliche Änderung der Leistung und dem Reisenden grundsätzlich zumutbar. Da der Reisende die Frage der Gleichwertigkeit vor Reiseantritt noch nicht beurteilen kann, muß der Veranstalter damit rechnen, daß der Reisende nach § 651 a V BGB von seinem kostenlosen Rücktrittsrecht oder dem Recht auf eine andere, gleichwertige Ersatzreise dieses Veranstalters Gebrauch macht.

Als zulässige Leistungsänderungen sind angesehen worden: die Vertauschung der Reiseziele bei einer Rundreise (OLG Hamburg NJW-RR 1986, 1440), eine Nilreise flußabwärts statt flußaufwärts (LG Bonn NJW-RR 1994, 884), der Ausfall eines Hafens (Alexandria) bei einer Kreuzfahrt (AG Erkelenz RRa 2004, 120), Filmdreharbeiten auf einem Kreuzfahrtschiff (LG Lübeck RRa 2000, 133: ZDF-Traumschiff) oder eine Routenänderung bei einer Kreuzfahrt (LG Hannover RRa 2003, 27: 11.9.).

## 2 Unzulässige Leistungsänderung

Etwas anderes gilt, wenn die Leistungsänderung für den Reisenden unzumutbar und damit unzulässig ist. Unzumutbarkeit ist bei einer erheblichen Leistungsänderung anzunehmen. Rechtsfolge ist, daß der Reisende zwischen einem Rücktritt ohne Stornoentschädigung oder dem Recht auf eine gleichwertige Ersatzreise wählen kann (§ 651 V 2 analog BGB).

Bei einer solchen unzulässigen Änderung liegt auch ein Reisemangel vor, so daß der Reisende seine Gewährleistungsrechte aus §§ 651 c bis f BGB hat. Daher kann der Reisende den Preis mindern, ohne daß es auf ein Verschulden des Veranstalters ankommt (§ 651 d BGB). Bei schweren Abweichungen ab 50 Prozent Gesamtbeeinträchtigung hat der Reisende auch das Recht zur Kündigung wegen erheblicher Reisemängel (§ 651e BGB), aber auch Schadensersatz wegen nutzlos aufgewendeter Urlaubszeit (§ 651f II BGB), soweit bei Schadensersatz sich der Veranstalter nicht von seiner Verantwortung entlasten kann.

Als unzumutbar wurden angesehen der Wechsel des Reiseziellandes oder der Hotelwechsel am Zielort, wenn das Ersatzhotel nicht die gleichen oder bessere Eigenschaften aufweist (BGH NJW 2005, 1047: Malediven-Insel), Bahnreise statt Flug, erhebliche Änderung der Flugzeiten über 12 Stunden hinaus mit unzumutbarer Verkürzung der Nachtruhe oder eine andere als die ohne Einschränkung zugesagte Fluggesellschaft (LG Frankfurt/M NJW-RR 1998, 1590; LG Kleve NJW-RR 2002, 1058; AG Hamburg RRa 2004, 122). *(ef)*

*Literatur*
Führich, Ernst 2005: Reiserecht. Heidelberg: C.F. Müller (§ 5, Rn. 168 ff.) (5. Aufl.)
Führich, Ernst 2007: Basiswissen Reiserecht. Grundriß des Reisevertrags- und Individualreiserechts. München: Vahlen (§ 5)

## Leistungsträger

*service provider*

Der → Reiseveranstalter bedient sich zur Bündelung seines Reisepakets aus den verschiedenen Reiseleistungen zumindest teilweise fremder Leistungsträger wie → Fluggesellschaften oder → Hotels und schließt mit diesen

Beschaffungsverträge ab. Der Leistungsträger ist damit selbständiges Vertragsunternehmen des Veranstalters, der einzelnen Reiseleistungen für diesen ausführt. Die Verträge mit den Leistungsträgern unterliegen nicht den §§ 651 a ff., sondern den Vorschriften des jeweiligen Vertragstyps wie dem → Beförderungsvertrag (Chartervertrag mit Luftfahrtunternehmen) oder dem → Beherbergungsvertrag mit dem Hotel.

Die Leistungsträger und ihre Hilfspersonen sind – neben seinen eigenen Mitarbeitern – Erfüllungsgehilfen des Veranstalters, soweit sie reisevertraglich vereinbarte Leistungen für den Reiseveranstalter erbringen. Der Veranstalter haftet gem. § 278 BGB für das Verschulden seiner Erfüllungsgehilfen wie für sein eigenes Verschulden. Beispiele für Leistungsträger sind Luftfahrtunternehmen, → Hotel, Safariagentur, Autovermietung, Reiseleitung (→ Reiseleiter), nicht aber: Fluglotsen, Flughafenpersonal oder Konsulate, da diese nicht unmittelbar vertragliche Teilleistungen des Reiseveranstalters erbringen. *(ef)*

*Literatur*
Führich, Ernst 2005: Reiserecht. Heidelberg:
   C.F. Müller (§ 5, Rn. 100 ff.) (5. Aufl.)

## Leitbild

*mission*

Damit Erkenntnisse über die Grundorientierungen der Führungskräfte einer Unternehmung (→ Unternehmensphilosophie) oder allgemeiner einer Organisation kommunizierbar und der Prozeß einer zukunftsgerichteten Organisationsentwicklung möglich wird, werden diese Denkkonzepte häufig in der schriftlichen Form eines Leitbildes (auch Grundsätze, Charta) fixiert. Gleichgültig, ob es sich bei der Organisation um eine einzelne Unternehmung, eine → Kooperation, eine politische Körperschaft, einen Verband oder eine Destination o.ä. handelt: Das Leitbild formuliert in konzentrierter Form die grundsätzlichen und damit allgemeingültigen, allerdings auch abstrakten Vorstellungen über die angestrebten Ziele sowie die wesentlichen Verhaltensweisen, die in dieser Organisation von den Mitgliedern gelebt werden sollen und über die sich diese Organisation in ihrem Umfeld bzw. gegenüber ihren Stakeholdern (→ Stakeholder Management) positionieren will.

Gegenstand eines solches Leitbildes sind damit – bezogen auf eine Unternehmung, aber in analoger Form auch auf andere Institutionen übertragbar – zumeist Aussagen (Bleicher 2004, S. 503 ff.):

❖  zu der visionären Leitlinie (zumeist als Präambel vorangestellt);

❖  zu den grundlegenden Zielsetzungen (Sach-, Wert- und Sozialziele) der Unternehmenspolitik. Diese stellen in der Regel das zentrale Element eines Leitbildes dar. Hier werden die Aktivitätsbereiche der Unternehmung umrissen (Branche, Leistungsprogramm, Märkte, Qualitätsanspruch usw.), die Position zum Kunden zum Ausdruck gebracht, die grundlegenden wirtschaftlichen Wertziele für die Kapitalgeber umrissen sowie grundlegende Aussagen zur Gewichtung von Mitarbeiterzielen und gesellschaftlicher Verantwortung (→ Soziale Verantwortung) zum Ausdruck gebracht;

❖  zu den eventuellen Kernwerten der → Unternehmensphilosophie und → Unternehmenskultur sowie

❖  zu – falls nicht separat in Form von Führungsgrundsätzen ausgearbeitet – einigen zentralen Verhaltensgrundsätzen für die Führung und

Kooperation (z.B. Aussagen zum angestrebten → Führungsstil).

Diese Inhalte bieten den Mitgliedern einen Ankerpunkt zur Identifikation mit ihrer Organisation und eine einheitliche Orientierung für ihr Handeln, erleichtern – soweit sie akzeptiert werden – die interne Koordination, liefern neuen oder potentiellen Organisationsmitgliedern eine erste Informationsbasis über das noch unbekannte soziale Umfeld und die an sie gestellten Erwartungen und kommunizieren das Selbstverständnis der Organisation zum Aufbau einer unverwechselbaren ‚Persönlichkeit' *(corporate identity)* nach außen.

Soll ein Leitbild diesen erhofften Beitrag zur Sinnfindung leisten, ist eine regelmäßige ‚Leitbildarbeit' erforderlich, die:

❖ die Inhalte des Leitbildes den Organisationsmitgliedern erläutert und in ihr tägliches Erfahrungsfeld übersetzt,
❖ die Einlösung des Leitbildanspruches für die Organisationsmitglieder gewährleistet,
❖ überkommene Inhalte modernisiert bzw. revidiert und so
❖ das Leitbild jenseits von Schönfärbereien oder blutleeren Lippenbekenntnissen zu einer erlebbaren *unité de doctrine* werden lässt. *(vs)*

*Literatur*

Bieger, Thomas 2005: Management von Destinationen. München, Wien: Oldenbourg (6. Aufl.)

Bleicher, Knut 1994: Normatives Management. Politik, Verfassung und Philosophie des Unternehmens. Frankfurt/M., New York: Campus

**Leitwerk**
*empennage*

Im Flugzeugheck angebrachte Kombination von → Höhenruder und → Seitenruder.

## Liberalisierung des Luftverkehrs
*air traffic liberalisation*

### 1 Begriff

Liberalisierung bezeichnet allgemein den Abbau von staatlich regulierten Marktzutrittsbarrieren im internationalen Bereich, während Deregulierung auf den Abbau staatlicher Regulierungen auf heimischen Märkten zielt. Luftverkehr wird nicht mehr länger als schutzbedürftige *infant industry* oder öffentliche Daseinsvorsorge durch den Staat betrachtet, sondern als normale privatwirtschaftliche Aktivität, die möglichst wenigen staatlichen Interventionen unterworfen sein soll. Liberalisierung umfaßt lediglich die wirtschaftlichen Aspekte des Luftverkehrs und zielt nicht auf die Aufhebung/Minderung staatlicher Kontrollen der Bereiche Sicherheit, Zulassung von Luftfahrzeugen und Luftfahrtpersonal oder Luftverkehrskontrolle.

### 2 Entwicklung

#### 2.1 Bilaterale Abkommen

Die Liberalisierung erfolgte, ausgehend von der Open Sky-Politik *(open skies policy)* der USA seit 1979 zunächst bilateral durch den Abschluß von zweiseitigen Luftverkehrsabkommen mit zahlreichen Staaten in Europa, Asien, Mittel- und Südamerika, die eine Aufhebung von staatlichen Tarifgenehmigungen, den Abbau der Kapazitäts- und Frequenzenregulierung, die Erleichterung des Streckenzugangs durch mehr Flughäfen und erweiterte Verkehrsfreiheiten (→ Freiheitsrechte) vorsehen. Seit den 1990er

Jahren entwickeln sich plurilaterale Liberalisierungszonen, in denen mehrere Staaten liberale interregionale Luftverkehrsabkommen geschlossen haben, die sich auf den Nachbarschaftsverkehr dieser Staaten beziehen und den Verkehr mit Drittländern nicht berühren.

### 2.2 Liberalisierung in der EU

Im europäischen Luftverkehr brachte 1984 ein Urteil des Europäischen Gerichtshofs die Klärung, daß die Wettbewerbsartikel des EWG-Vertrages auch auf den Luftverkehr anzuwenden sind. Neben der Richtlinie über die Zulassung zum interregionalen Luftverkehr zwischen den Mitgliedstaaten 1983 führten drei sog. Liberalisierungspakete (1987, 1990, 1992) zu einem gemeinsamen europäischen Binnenmarkt mit Gültigkeit der Betriebsgenehmigung in allen Mitgliedstaaten, freiem Zugang zu innergemeinschaftlichen Strecken ohne Beschränkung von Kapazitäten (durch Flugzeugtypen) und Frequenzen, Verbot der Preisbildung durch IATA-Kartell (→ International Air Transport Association), Aufhebung der Genehmigungspflicht für Tarife (nur Mißbrauchsaufsicht) und → Gruppenfreistellungen bezüglich der Absprache von Flugzeiten, Tarifkonsultationen und dem Betrieb gemeinsamer → Computerreservierungssysteme (CRS). Flankierende Regelungen sind das Verbot staatlicher Beihilfen an Fluggesellschaften (Erlaubnis im Einzelfall durch Kommission), Verbot von Diskriminierung in CRS, Vergabe von Zeitnischen (→ Slots) für Starts und Landungen auf Flughäfen (→ Slotvergabe), Entschädigung von Passagieren bei Leistungsstörungen sowie der Zugang zu → Bodenabfertigungsdiensten auf Flughäfen und die Kooperations- und Fusionskontrolle. Eine Nebenwirkung

ist in der Privatisierung der staatlichen Fluggesellschaften (→ Flag carrier) zu sehen. Die Auswirkungen liegen in einer Angebotsverbesserung für Nachfrager durch mehr Strecken und Frequenzen, mehr und niedrigere Sondertarife sowie dem Markteintritt neuer Anbieter nach dem Low Cost-Geschäftsmodell (→ Billigfluggesellschaften).

### 2.3 Weitere Entwicklung

Als weiterer Liberalisierungsschritt können die 2003 begonnenen Verhandlungen über die Einrichtung eines Transatlantischen Gemeinsamen Luftverkehrsgebiets (TCAA) zwischen den Mitgliedstaaten der EU und den USA angesehen werden, bei denen die Europäische Kommission erstmals die luftverkehrspolitische Außenvertretung der Gemeinschaft wahrnimmt. Multilaterale Liberalisierungsbestrebungen im Rahmen der GATS-Verhandlungen der World Trade Organisation (WTO) blieben bisher ohne nennenswerten Erfolg. *(wp)*

*Literatur*

Giemulla, Elmar; Roland Schmid o.J.: Europäisches Luftverkehrsrecht (Loseblattsammlung), Neuwied, Frankfurt/M.: Luchterhand

Pompl, Wilhelm (unter Mitarb. v. Markus Schuckert & Claudia Möller) 2007: Luftverkehr. Eine ökonomische und politische Einführung. Berlin u.a.: Springer (5. Aufl.)

**Liegewagen**
→ Couchette

**Line of visibility**
→ Service Blueprint

**Linienflug**
→ Fluggesellschaft

**Linienfluggesellschaft**
→ Fluggesellschaft

**Linienflugverkehr**

*regular air transport, public air transport*

Nach § 21 (1) des deutschen Luftverkehrsgesetzes (LuftVG; i. d. Fass. v. 1. 6. 2007) handelt es sich dabei um gewerbsmäßigen Flugverkehr, der auf bestimmten Linien (Strecken) regelmäßig durchgeführt wird und öffentlich zugänglich ist. „Flugpläne, Beförderungsentgelte und Beförderungsbedingungen sind der Öffentlichkeit zugänglich zu machen" (LuftVG § 21 [2]). „Luftfahrtunternehmen, die Linienverkehr betreiben, sind außer im Falle der Unzumutbarkeit jedermann gegenüber verpflichtet, Beförderungsverträge abzuschließen und ihn im Rahmen des veröffentlichten Flugplanes zu befördern. Den Beförderungsverträgen sind die veröffentlichten Beförderungsentgelte und Beförderungsbedingungen zugrunde zu legen" (a.a.O.).

Zusammengefaßt ergeben sich daraus als Charakteristika des Linienflugverkehrs die Gewerbsmäßigkeit, die Öffentlichkeit, die Linienbindung, die Betriebs-, Beförderungs- und Tarifpflicht sowie die Regelmäßigkeit des Linienflugverkehrs (Pompl 2007, S. 31-34). Mit einer Verordnung der Europäischen Union (EG VO 1107/2006) wird die Beförderungspflicht explizit auch auf Personen mit eingeschränkter Mobilität (körperlich Behinderte), die immer wieder Probleme mit Fluggesellschaften hatten, ausgedehnt (→ barrierefreies Reisen). Für Flüge innerhalb des Europäischen Wirtschaftsraumes (EWR; die EU plus Island, Norwegen und – ohne regelmäßigen Luftverkehr – Liechtenstein) wurde 1993 die Unterscheidung zwischen Linien- und → Charterflug (→ Bedarfsluftverkehr) abgeschafft, so daß die Fluggesellschaften selbst entscheiden können, welche Art Verkehr sie betreiben wollen (Pompl 2007, S. 37); dazu gehört

natürlich auch die Entscheidung, welches Unternehmenskonzept verfolgt werden soll (zum Beispiel → Billigfluggesellschaft oder → Netzfluggesellschaft). *(jwm)*

*Literatur*

Pompl, Wilhelm (unter Mitarb. v. Markus Schuckert & Claudia Möller) 2007: Luftverkehr. Eine ökonomische und politische Einführung. Berlin u.a.: Springer (5. Aufl.)

**Liquidität**

*liquidity*

Liquidität bezieht sich auf die Zahlungsfähigkeit von Wirtschaftssubjekten. Liquidität (*liquidus* [lat.] = flüssig) wird in der Literatur unterschiedlich definiert. In der Bilanzanalyse wird eine statische Liquidität anhand der in der Bilanz ausgewiesenen liquiden oder leicht liquidierbaren Vermögenspositionen ermittelt. Hingegen ist aus finanzwirtschaftlicher Sicht Liquidität nur dann gewährleistet, wenn die Wirtschaftssubjekte zu jedem Zeitpunkt in der Lage sind, ihre fälligen Zahlungsverpflichtungen zu erfüllen.

Die bilanzorientierte, statische Liquiditätsanalyse basiert auf dem Versuch, aus den aktuellen Beständen an Aktiva und Passiva auf die zukünftigen Ein- und Auszahlungen zu schließen (im folgenden auch Coenenberg 2005, S. 1003). Dabei stehen die Aktiva für zukünftige Einzahlungen und die Passiva für zukünftige Auszahlungen, die jeweils mit zunehmender Bindungsdauer später anfallen.

Als Zustandsbild zeigt die bilanzorientierte, statische Liquiditätsanalyse die Ausgangsbasis für die kommende Periode und läßt gewisse Tendenzen im Zeitvergleich erkennen (Coenenberg 2005, S. 1004). Zur Beurteilung der Zahlungsfähigkeit ist sie aber nicht ausreichend, was anhand der drei möglichen bilanzorientierten

Definitionen näher betrachtet wird (im folgenden auch Perridon & Steiner 2007, S. 10-12).

❖ Liquidität wird als positiver Zahlungsmittelbestand definiert. Diese Definition ist nicht aussagekräftig, da zusätzlich schnell liquidierbares Vermögen zur Erfüllung der Zahlungsverpflichtungen herangezogen werden kann.

❖ Mit Liquidität wird auf die Geldnähe von Vermögenspositionen abgestellt. Aber auch diese Vermögensliquidität, die die Liquidierbarkeit weiterer Vermögenspositionen berücksichtigt, ist nicht ausreichend, denn die aktuellen und potentiellen liquiden Mittel müssen im Zusammenhang zu den fälligen Verbindlichkeiten betrachtet werden.

❖ Liquidität kommt mit den Liquiditätsgraden als Verhältnis liquider oder leicht liquidierbarer Vermögenspositionen zu kurzfristigen Verbindlichkeiten zum Ausdruck. Hierzu werden drei Liquiditätsgrade unterschieden, die je nach Literatur in ihrer Definition leicht variieren (im folgenden Walz & Gramlich 2004, S. 278; Perridon & Steiner 2007, S. 546 f.):

Liquidität 1. Grades (Barliquidität, *cash ratio*) – Li1:

$$Li1 = \frac{\text{liquide Mittel (Kasse + Bankguthaben + Schecks + Wechsel)}}{\text{kurzfristige Verbindlichkeiten}}$$

Liquidität 2. Grades (einzugsbedingte Liquidität, *quick ratio, acid ratio*) – Li2:

$$Li2 = \frac{\text{liquide Mittel + Wertpapiere + Forderungen}}{\text{kurzfristige Verbindlichkeiten}}$$

Liquidität 3. Grades (umsatzbedingte Liquidität, *current ratio*) – Li3:

$$Li3 = \frac{\text{kurzfristiges Umlaufvermögen}}{\text{kurzfristige Verbindlichkeiten}}$$

Im Vergleich zur Liquidität 2. Grades werden bei der Liquidität 3. Grades die Vorräte berücksichtigt. Im Detail berechnet sich das kurzfristige Umlaufvermögen wie folgt:

**Umlaufvermögen**
./. Teile, die nicht innerhalb eines Jahres liquidiert werden können
./. Vorräte, die durch Kundenanzahlungen gedeckt sind.

Für die Liquidität 2. Grades erwarten Kreditinstitute oft eine Relation von mindestens eins (auch Sprink 2000, S. 30). Bei der Liquidität 3. Grades gilt in der Regel eine angestrebte Relation von zwei (Perridon & Steiner 2007, S. 547). Zur Beurteilung der Zahlungsfähigkeit sind die Liquiditätsgrade aber aus folgenden Gründen problematisch (Walz & Gramlich 2004, S. 278 f.; Perridon & Steiner 2007, S. 11):

❖ Die Höhe der zukünftigen Einzahlungen entspricht nicht immer dem Wert der berücksichtigten Vermögenspositionen. Dies kann z.B. durch Forderungsausfälle, Kursverluste von Wertpapieren, Nichtliquidierbarkeit von Vorräten oder Bewertungsvorschriften bedingt sein.

❖ Die Höhe der zukünftigen Auszahlungen weicht von den kurzfristigen Verbindlichkeiten ab. Die kurzfristigen Verbindlichkeiten enthalten einerseits nicht alle zukünftigen Auszahlungsverpflichtungen, z.B. nicht gebuchte, aber zu zahlende Personal- oder Materialzahlungen, und andererseits können z.B.

durch Kreditverlängerungen beim Kontokorrentkredit kurzfristige Verbindlichkeiten nicht auszahlungsrelevant werden.

❖ Die Verwendung von bilanziellen Werten zur Beurteilung der zukünftigen Liquidität ist grundsätzlich kritisch, da der Jahresabschluß vergangenheitsorientiert, stichtagsbezogen und veraltet ist sowie bilanzpolitisch gestaltet sein kann.

❖ Innerhalb der Bilanzpositionen sind Positionen mit unterschiedlicher Fälligkeit zusammengefaßt. Damit kann höchstens die durchschnittliche Liquidität der Periode, nicht aber die Momentanliquidität erfaßt werden. Um Aussagen über die tatsächliche Zahlungsfähigkeit zu treffen, müssen die genauen Zahlungstermine berücksichtigt werden.

❖ Weitere Finanzierungsmöglichkeiten (z.B. freie Kreditlinien) oder Kreditsubstitute (z.B. Leasing) sind nicht berücksichtigt.

Um die Zahlungsfähigkeit eines Unternehmens sicherzustellen, reicht keine dieser bilanzorientierten Definitionen aus. Damit ist nur die finanzwirtschaftliche Definition der Liquidität aussagekräftig. Da Zahlungsunfähigkeit der häufigste Insolvenzgrund von Unternehmen ist, muß die finanzwirtschaftliche Definition im Sinne einer jederzeitigen Zahlungsfähigkeit besonders beachtet werden. Zur Sicherung der tatsächlichen Zahlungsfähigkeit bedarf es einer zukunftsorientierten Planung aller Ein- und Auszahlungen, einer sogenannten Finanzplanung. Da Liquiditätsreserven zu Lasten der Rentabilität gehen, ist keine maximale, sondern eine angemessene Liquiditätsreserve sicherzustellen.

Die Fähigkeit, jederzeit Zahlungsverpflichtungen erfüllen zu können, ist eine kontinuierlich zu bewältigen-de Aufgabenstellung. Gleichwohl gibt es für die Unternehmen zeitliche Phasen, in denen die Sicherstellung der Zahlungsfähigkeit besonders schwierig ist. Zu denken ist etwa an Eröffnungsphasen von → Hotels. Auszahlungsströme überwiegen Einzahlungsströme, bis Normalgeschäftsjahre erreicht sind, dauert es mitunter zwei bis drei Jahre. Hotel-Saisonbetriebe, die vier oder fünf Monate pro Jahr geschlossen haben und bei denen in der Folge die Ein- und Auszahlungsströme teilweise zeitlich auseinanderlaufen, machen ebenfalls die Notwendigkeit einer soliden Liquiditätsplanung deutlich. *(hs)*

*Literatur*

Coenenberg, Adolf G. 2005: Jahresabschluß und Jahresabschlußanalyse. Stuttgart: Schäffer-Poeschel (20. Aufl.)

Perridon, Louis; Manfred Steiner 2007: Finanzwirtschaft der Unternehmung. München: Vahlen (14. Aufl.)

Sprink, Joachim 2000: Finanzierung. Stuttgart: Kohlhammer

Walz, Hartmut; Dieter Gramlich 2004: Investitions- und Finanzplanung. Heidelberg: Recht und Wirtschaft (6. Aufl.)

## Lobby

*lobby* (engl.) = (Vor)halle, Foyer. In der Hotellerie die Bezeichnung für den Eingangsbereich, dessen Zentrum der Empfang (→ Rezeption) bildet. Gewöhnlich mit Sitzgruppen ausgestattet; in der Budget-Hotellerie (→ Budget-Hotel) wird die Lobby aus Kostengründen mitunter multifunktional konzipiert (Integration von Bar und Frühstücksbereich).

Der Begriff ist dem politischen entlehnt. Lobby bezeichnet in dem Bereich den Vorraum vor dem Parlament, in dem sich politische Abgeordnete und Angehörige von Interessengruppen („Lobbyisten") zum Gespräch treffen können (Schubert & Klein 2006). *(wf)*

*Literatur*
Schubert, Klaus; Martina Klein 2006: Das
Politiklexikon. Bonn: Dietz (4. Aufl.)

## Local Company Rate

Bei der *local company rate* (LCR), auch
*net rates* (Nettopreise) genannt, handelt es
sich um einen Sonderpreis für eine spezielle Kundengruppe in der Hotellerie, die
für eine garantierte Umsatz-Volumina
sorgt. Sie ist eine schriftlich vereinbarte Vertragsrate, welche ausschließlich ortsansässigen Unternehmen und
Organisationen vorbehalten bleibt. Die
LCR ist eine Direktbucherrate, die mit
bis zu 25 % rabattiert ist. In der Regel
wird die vereinbarte Rate an Umsatzziele
gekoppelt, welche in *room nights* gemessen wird. Wird am Jahresende die vorab
definierte Anzahl an *room nights* erreicht,
erhält das Unternehmen oder die
Organisation einen *kick-back*. Wird das
Umsatzziel seitens des Unternehmens
bzw. der Organisation nicht erreicht,
kann eine Nachzahlung erfolgen, z. B. in
Form einer Preiserhöhung für das nächste Jahr. *(stk)*

## Logbuch

*logbook*
Benannt nach dem englischen Namen
des Meßgerätes für die Geschwindigkeit
eines Schiffes, *log*, einem bleibeschwerten
Holzstück, das man an einer Leine
ins Wasser warf. Durch das Gewicht
blieb das Holzstück relativ konstant
an der gleichen Stelle, so daß man die
Geschwindigkeit über die Zeit messen
konnte, in der eine bestimmte Strecke
der Leine abgewickelt wurde. Diese in
regelmäßigen Zeitabständen ermittelten
Werte wurden zur Navigation benötigt
und in ein Schiffstagebuch eingetragen,
das *logbook*.
Heute muß in Deutschland gemäß § 6
des Schiffssicherheitsgesetzes (SchSG)

„unverzüglich über alle Vorkommnisse an
Bord" vom verantwortlichen Schiffsführer
im Logbuch berichtet werden, „die
für die Sicherheit in der Seefahrt einschließlich des Umweltschutzes auf See
und des Arbeitsschutzes von besonderer Bedeutung sind. Bei Schiffsunfällen
hat der Schiffsführer, soweit erforderlich
und möglich, für die Sicherstellung der
Eintragungsunterlagen zu sorgen."

Auch für Luftfahrzeuge in Deutschland
muß gemäß § 30 der Betriebsordnung für
Luftfahrtgerät (LuftBO) ein Bordbuch
*(aircraft logbook)* mitgeführt werden, in dem
alle wesentlichen Angaben zum Flugzeug
enthalten sein müssen und in das alle
durchgeführten Flüge mit Datum, Start-
und Landezeiten (nach → Universal Time
Coordinated, UTC) mit dem Namen
des verantwortlichen Flugzeugführers,
der Anzahl der Besatzungsmitglieder
und Fluggäste eingetragen werden müssen. Darüber hinaus sind die
Gesamtbetriebszeit und die Betriebszeit
nach der letzten Grundüberholung sowie
technische Störungen und besondere
Vorkommnisse aufzuführen. Im Falle von
Zwischenfällen und Unfällen werden die
Daten der für größere Passagierflugzeuge
vorgeschriebenen → Flugdatenschreiber
zur Aufklärung herangezogen.

Darüber hinaus ist jeder Pilot verpflichtet, sein eigenes → Flugbuch *(flight log)* zu
führen. *(jwm)*

## Lok

→ Lokomotive

## Lokomotive

*locomotive*
Schienen-Triebfahrzeug. Die Wortbil-
dung entstammt dem Neulateinischen
*loco motivus*, was soviel bedeutet wie
,von der Stelle bewegend'. Im täglichen Sprachgebrauch (nicht nur der
Eisenbahner) wurde daraus schnell

der synonyme Begriff Lok, das an eine Spur gebundene Triebfahrzeug für Schienenwagen des Güter- und Personenverkehrs. Nach dieser Begriffsbestimmung nimmt eine Lok in der Regel selbst keine Nutzlast auf. In dieser begrifflichen Festlegung ist die Benennung Lokomotive in den meisten Sprachen gebräuchlich.

Lokomotiven lassen sich nach Anwendungszwecken (zum Beispiel Güter- oder Personenlokomotiven) unterscheiden. Die Praxis des Eisenbahnverkehrs nutzt eine solche Unterscheidung nach der Betriebsart kaum noch. Unterschieden werden die Lokomotiven üblicherweise nach der Art des Antriebs. So lassen sich energetisch verschiedene Dampflokomotiven unterscheiden, die klassischen Lokomotiven *per se*. Sie sind in Europa und den USA weitestgehend aus dem Regelverkehr verschwunden. Weitere Unterscheidungen nach Art der Antriebsenergie sind Diesellokomotiven (Dieselloks), auch kombiniert als Dieselektrisch angetriebene Lokomotiven und die Elektrolokomotiven (E-Loks), die mit einem elektrischen Antrieb ausgestattet sind, der primär meistens aus den Oberleitungen während der Fahrt die Energie liefert.

Die Eisenbahnbetriebsordnung (EBO) faßt die Lokomotive als Unterbegriff des Triebfahrzeugs des Zuges auf und definiert regelhaft unter Beachtung des Oberbegriffs Triebfahrzeug weitere Unterbegriffe:

- ❖ Triebwagen (alleine als Motorwagen eingesetzt; fahren im Verbund mit Mittel- und Steuerwagen);
- ❖ Triebköpfe (befinden sich an beiden oder einem Zugende; bewegen die Mittelwagen, die selbst über keinen eigenen Antrieb verfügen, deutlich erkennbar im IC- und ICE-Bereich);

- ❖ Triebzüge (in der Regel nicht getrennte Zugeinheiten mit einem oder mehreren Triebköpfen);
- ❖ Nebenfahrzeuge (unterschieden nach ihrer Funktion, wie Baufahrzeug oder Gleisbaumaschinen).

Die Deutsche Bahn AG hat derzeit ca. 15.000 Triebfahrzeuge im Einsatz.

Neuere Analysen greifen bei der Betrachtung des Systems Lokomotive auf den Oberbegriff Rad-Schiene-System zurück und betrachten nicht nur die rein technischen und antriebsbezogenen Faktoren, sondern beziehen auch vor allem die volkswirtschaftlichen Effekte der „Eisenbahn" ein. Ein Rad-Schiene-System, wie die Eisenbahn, U-, S- oder Straßenbahn ist in dieser Gesamtbetrachtung ein Verkehrsmittel unter anderen. *(hdz)*

*Literatur*
Schach, Rainer; Peter Jehle & Rene Naumann 2006: Transrapid und Rad-Schiene-Hochgeschwindigkeitsbahn. Berlin, Heidelberg: Springer

**Lost and Found**
→ Gepäckermittlung

**Lounge**
→ Airport Lounge
→ DB Lounge

**Lounge Check-in**
→ Check-in

**Low Budget Hotel**
→ Budget-Hotel

**LTU**
→ Air Berlin

**Luftbeförderungsrecht**
*air transport legislation*
Bei der entgeltlichen Luftbeförderung von Personen und Reisegepäck im

Fluglinienverkehr und im gewerblichen Gelegenheitsverkehr (Charterflug) wird der Werkvertrag des Luftbeförderungsvertrags durch folgende Regelungen ergänzt:

(1) Deutsches Recht bei Luftfahrtunternehmen mit Hauptsitz im Inland (Art. 28 II EGBGB),

(2) → Allgemeine Beförderungsbedingungen wie ABB Flugpassage (u.a. www.lufthansa.com), welche den Empfehlungen der privaten International Air Transport Association (IATA) folgen und im Geltungsbereich des BGB der AGB-Kontrolle nach §§ 305 ff. BGB unterliegen,

(3) Montrealer Übereinkommen für Schadensersatz bei Personen- und Gepäckschäden bei nationalem und internationalem Flug eines Luftfahrtunternehmens der Gemeinschaft (EG-VO Nr. 2027/97, siehe Texte bei Führich, Reiserecht, Anhang II) und

(4) Fluggastrechte nach der EG-VO Nr. 261/2004 bei Nichtbeförderung, Annullierung, Verspätung.

Es wird nicht mehr wie früher zwischen nationalen und internationalen Flügen unterschieden, da die EU das Gemeinschaftsrecht und das internationalrechtliche Montrealer Übereinkommen für Luftfahrtunternehmen mit einer EU-Betriebsgenehmigung vereinheitlicht hat. Auch die alte Unterscheidung zwischen Linien- und Charterverkehr hat keine Bedeutung mehr. *(ef)*

*Literatur*
Führich, Ernst 2005: Reiserecht. Heidelberg: C.F. Müller (§ 45 Luftbeförderungsrecht) (5. Aufl.)
Führich, Ernst 2006: Reiserecht von A-Z. München: dtv (3. Aufl.)
Führich, Ernst 2007: Basiswissen Reiserecht. Grundriß des Reisevertrags- und Individualreiserechts. München: Vahlen (§ 14)

Ruhwedel, Walter 1998: Der Luftbeförderungsvertrag. Neuwied u.a.: Luchterhand (3. Aufl.)
Schmid, Ronald; Klaus Tonner 2003: Meine Rechte als Fluggast. München: dtv

**Luftbremse**
→ Störklappen

**Luftfahrtbundesamt (LBA)**
*Federal Aviation Authority*
Direkt dem Bundesverkehrsministerium unterstellte Behörde mit Sitz in Braunschweig, die für die Zulassung von Luftfahrzeugen, die technische und wirtschaftliche Überprüfung von Luftfahrtunternehmen und von luftfahrttechnischen Betrieben (Wartungsunternehmen) in Deutschland zuständig ist.

Zudem ist sie auch für die Erlaubniserteilung für Verkehrsflugzeugführer (Air Transport Pilot Licence [ATPL]), Berufsflugzeugführer (Commercial Pilot Licence [CPL]), die Prüfer von Luftfahrtgerät (in der Regel in Wartungsbetrieben) und von Flugdienstberatern (für die Streckenberatung) zuständig. Ebenfalls zuständig ist das LBA für die Überwachung der Umsetzung der Verordnung 261/2004 EG zum → Denied Boarding (DNB) in Deutschland (→ Überbuchung). Um interne Interessenkollisionen im LBA zu vermeiden, wurde 1998 die Abteilung für Flugunfalluntersuchung in eine eigene Bundesbehörde (→ Bundesstelle für Flugunfalluntersuchung) ausgegründet. (www.lba.de) *(jwm)*

**Luftfahrtgesellschaft**
→ Fluggesellschaft

**Luftfahrthandbuch**
→ Air Information Publication (AIP)

**Luftfahrtunternehmen**
→ Fluggesellschaft

**Luftfracht-Sammellader**
→ Consolidator

**Lufthansa (DLH, LH)**

**1 Geschichte**

Eine der größten Luftverkehrsgesellschaften der Welt, deren Geschichte bis ins Jahr 1926 zurückreicht. Damals schlossen sich die ‚Deutsche Aero Lloyd' (DAL) und die ‚Junkers Luftverkehr' (Tochtergesellschaft der Junkers Flugzeugwerke) zur ‚Deutsche Luft Hansa Aktiengesellschaft' zusammen. 1939, im Jahr des Ausbruchs des Zweiten Weltkriegs hatte die Lufthansa (seit 1933 zusammengeschrieben) bereits ein Streckennetz, das sich von Bangkok bis Santiago de Chile erstreckte. Während des Krieges konnte nur ein sehr kleines Streckennetz bedient werden, bis die Lufthansa 1945 ganz den Betrieb einstellen mußte und 1965 aus dem Berliner Handelsregister gestrichen wurde. Die im Januar 1953 in Köln gegründete ‚Aktiengesellschaft für Luftverkehrsbedarf' (Luftag) wurde dann 1954 in ‚Deutsche Lufthansa Aktiengesellschaft' umbenannt. Die heutige Lufthansa hat also mit der früheren Fluggesellschaft gleichen Namens unternehmensrechtlich nichts zu tun. Beim Personal gab es allerdings eine ganze Reihe früherer Lufthanseaten, die dann bei der Wiederaufnahme des Luftverkehrs am 1. April 1955 wieder mit dabei waren. Unter den Piloten waren anfangs noch keine Deutschen, weil die Bundesrepublik Deutschland erst einen Monat später, am 5. Mai 1955, die Lufthoheit nach dem verlorenen Krieg wieder erhielt.

1960 stellte die Lufthansa mit der Boeing 707 das erste Düsenverkehrsflugzeug in Dienst, die zunächst vor allem auf den Transatlantikstrecken eingesetzt wurde. 1971 wurde mit der Vickers Viscount (einer → Turboprop) das letzte Propellerflugzeug in der Lufthansa-Flotte außer Dienst gestellt. Das erste → Großraumflugzeug, eine Boeing 747-100, wurde 1970 in die Flotte eingegliedert. Dem folgten die dreistrahlige Douglas DC 10-30 (Langstreckenversion der DC 10) und das erste zweistrahlige Großraumflugzeug, Airbus A 300. Insgesamt verfügte die Lufthansa 2007 über ca. 330 Flugzeuge (ohne Beteiligungen).

Bei ihrer Neugründung waren die Aktien der Fluggesellschaft nahezu ausschließlich in staatlicher Hand. Neben dem Bund hielten das Land Nordrhein-Westfalen und die staatliche Bundesbahn nahezu alle Anteile – es gab nur 125 private Anleger. 1965 wurde die Lufthansa teilprivatisiert, als der Bund als größter Anteilseigner bei einer Kapitalerhöhung nicht mitmachte. Dies reduzierte den Staatsanteil auf gut 74 Prozent. Im Jahr darauf wurde die Lufthansa an der Börse notiert. Der Staat senkte kontinuierlich weiter seine Anteile, bis die Lufthansa 1997 schließlich komplett in privater Hand war. In diesem Jahr entstand auf Initiative der Lufthansa und der us-amerikanischen United Airlines auch die → Star Alliance als erste globale strategische Allianz (→ Allianzen im Luftverkehr).

**2 Konzern**

Im Laufe der Zeit hat sich die Lufthansa zu einem Konzern („Aviation Konzern") mit einer Reihe von Tochtergesellschaften entwickelt, darunter auch die in der Logistik tätige Lufthansa Cargo AG. Durch den Kauf der DLT und die Umbenennung in Lufthansa City Line entstand eine der größten europäischen → Regionalfluggesellschaften,

die durch weitere Tochtergesellschaften
wie Air Dolomiti und Eurowings in
Zusammenarbeit mit Partnern (Augsburg Airways, Contact Air) unter dem
Namen Lufthansa Regional ein dichtes
Netz an Regional- und Zubringerflügen
betreibt. Mit Germanwings, einer Tochtergesellschaft der Eurowings, verfügt
der Konzern auch über eine → Billigflugg
esellschaft. Die Nachfolgegesellschaft der
2001 zusammengebrochenen Swissair,
die schweizerische Swiss, ist seit 2007
ebenfalls eine hundertprozentige Tochter
der Lufthansa. An der Condor, lange
Jahre die Chartertochter der Lufthansa,
hält das Unternehmen nur noch eine
Sperrminorität der Anteile.

Der Wartungsbereich hat sich unter
dem Namen Lufthansa Technik in Hamburg zu einem der weltweit größten
Unternehmen im Bereich Wartung,
Reparatur und Flugzeugüberholung
(*maintenance, repair, and overhaul*, MRO)
entwickelt. Zudem ist Lufthansa Technik
einer der Marktführer in der Ausstattung
von großen Geschäftsreiseflugzeugen.
Die Tochter LSG Sky Chefs ist das
weltgrößte Catering-Unternehmen im
Luftfahrtbereich. Die Ausbildung und
Überprüfung von → Cockpit Besatzungen
bietet Lufthansa Flight Training mit
Simulatorzentren in Frankfurt und
Berlin-Schönefeld auch anderen Fluggesellschaften an. Lufthansa Systems
ist eines der größten Systemhäuser in
Deutschland und nicht nur in der luft-
fahrtbezogenen Programmentwicklung
und -implementierung tätig. Darüber
hinaus ist die Lufthansa an der Fraport
AG, dem Unternehmen, das u.a. den
Flughafen Frankfurt Rhein/Main betreibt, beteiligt. *(jwm)*

## Lufthansa City Center (LCC)

Das Reisebürofranchisesystem (→ Franchise) wurde 1991 von der → Lufthansa

als Ersatz für die zu teuer gewordenen
Stadtbüros gegründet. Solche meist groß-
en Stadtbüros wurden früher von allen
bedeutenden → Fluggesellschaften in den
besten Geschäftslagen der von ihnen
angeflogenen Städte unterhalten. In ihnen
konnte man in repräsentativem Rahmen
Flüge zum gleichen Preis wie im Reisebüro
(→ Reisemittler) direkt buchen. Sie trugen
zu den hohen Vertriebskosten der IATA-
Fluggesellschaften (→ International Air
Transport Association) bei. Der Anteil
der Vertriebskosten an den Gesamtkosten
der Lufthansa lag Anfang der 1990er
Jahre bei ca. 22 Prozent und noch 1996
lagen diese Kosten nach Angaben der
IATA bei den Mitgliedsfluggesellschafte
n im Durchschnitt bei 17,5 Prozent.

Neben der Reduktion der → Provisionen
ging es deshalb darum, auf allen Ebenen
des Vertriebs Kosten einzusparen. Mit
der Gründung der Lufthansa City Center
wurden die Stadtbüros, wie zum Beispiel
das am Lenbachplatz in München, an
Reisebürounternehmer abgegeben, die
dort nicht nur Lufthansa Flüge, sondern
das gesamte reisebürotypische Spektrum
an Reiseleistungen vermitteln und damit
die Räume wirtschaftlich nutzen können. Gleichzeitig konnte man über das
Franchisekonzept in die Fläche gehen
und auch in Städten und Gemeinden
Reisebüropartner finden, die für ein
Stadtbüro der Lufthansa nie in Frage
gekommen wären. Damit konnte die
Lufthansa nicht nur Kosten senken, sondern auch ihren Namen werbewirksam in
vielen Orten präsentieren.

Anders als bei den meisten anderen
Franchisesystemen im Reisebüro gibt es
aufgrund der Entstehungsgeschichte des
Systems auch viele Franchisenehmer im
Ausland. Fast die Hälfte der derzeit
ca. 540 Lufthansa City Center befinden sich außerhalb Deutschlands. Nach
dem Rückzug der Lufthansa aus der

Lufthansa City Center Reisebüropartner GmbH (LCR) als Franchisegeber befindet sich das System ausschließlich in den Händen der beteiligten Reisebüros. Mit ‚LCC24.com' verfügt die Gruppe auch über ein eigenes Online-Reisebüro und mit ‚mytour' über einen eigenen kleinen → Reiseveranstalter (www.lufthansa-city-center.de). *(jwm)*

**Luftkrankheit**
*air sickness, aviator's disease*
Form der Reisekrankheit (Kinetose, *motion sickness*), die während des Fluges auftritt. Es handelt sich dabei im Prinzip um die gleichen Symptome, wie sie auch bei der Nutzung anderer Verkehrsmittel wie Schiff, Bus und Automobil, aber auch in Eisenbahnzügen auftreten kann. Sie wird ausgelöst durch Beschleunigungen, die einerseits Reizungen des Gleichgewichtsorgans auslösen, andererseits nicht mit der Wahrnehmung im direkten Gesichtsfeld in Übereinstimmung zu bringen sind. Der letzte Punkt trifft insbesondere für das Fliegen zu, weil man in großen Flugzeugen in der Regel keine Referenzpunkte außerhalb der Kabine hat. Verstärkt werden das damit verbundene Übelsein und weitere Symptome wie Schweißausbrüche und Schwindel durch → Flugangst, die auch gefördert werden kann durch Turbulenzen und Schräglagen des Flugzeuges beim Start und beim Landeanflug. Zur Vorsorge befindet sich in jeder Sitztasche vor einem Passagiersitz eine Spucktüte *(air-sickness bag)*. → Seekrankheit *(jwm)*

**Luftkurort**
→ Kurort

**Luftschiff**
→ Zeppelinflüge

**Luftseite**
*airside*
Der im Gegensatz zur → Landseite zum Sicherheitsbereich gehörende Teil eines → Flughafens, der dementsprechend nur nach dem Passieren einer Sicherheitsschleuse (Bordkarten-, Handgepäck- und Körperkontrolle für Passagiere, Sicherheitsausweis- und weitere Kontrollen für Flughafenbeschäftigte und Flugbesatzungen) zugänglich ist. In diesem Bereich befinden sich in den → Terminals die Gepäckausgaben (→ Gepäckband) für ankommende Passagiere, die Einsteigepositionen *(gates)* für die Flüge, aber auch Geschäfte - im internationalen Bereich zollfreier Einkauf (→ Duty Free), → Restaurants, → Bars usw.
Auch die → Rollwege, die → Start- und Landebahnen, das → Flughafenvorfeld und alle Gebäude mit direktem Zugang zum Vorfeld (zum Beispiel Hangars, Gepäckverteilung, Frachtzentren) gehören zur Luftseite. *(jwm)*

**Luftsicherheitsgebühr**
*aviation security fee*
Gebühren, die in Deutschland je nach → Flughafen gemäß § 5 des Luftsicherheitsgesetzes (LuftSiG) von der Bundespolizei (→ Bahnpolizei) bzw. den Landespolizeibehörden zur Durchsuchung von Passagieren und deren Gepäck zum Schutz vor Angriffen (→ Terrorismus und Tourismus) auf den Luftverkehr erhoben werden, die wiederum meist Subunternehmen mit der Durchführung der Personenkontrollen beauftragen.
Die Gebühr liegt nach Angaben des Bundesverkehrsministeriums derzeit zwischen drei und zehn Euro je Passagier (bis 1. November 2008 zum Beispiel München: 4,85 €, Frankfurt: 6,67 €, Mönchengladbach 10 €). Bei den meisten → Fluggesellschaften ist diese Ge-

bühr im Preis für ein Ticket inbegriffen und wird nicht extra ausgewiesen. → Billigfluggesellschaften werben meist nur mit den reinen Nettopreisen, auf welche die Gebühren noch aufgerechnet werden müssen. *(jwm)*

## Lufttaxi
*air taxi*
Flugzeug, das im → Bedarfsluftverkehr eingesetzt wird. Die dabei eingesetzten Typen reichen von kleinen einmotorigen Viersitzern bis hin zu Business Jets mit Reichweiten bis zu 12.000 km, teilweise sind es sogar spezielle Versionen von Verkehrsmaschinen, wie der Airbus A 318 „Elite", der A 319 CJ *(corporate jet)* oder verschiedene Ausführungen des Boeing Business Jet (BBJ). Gemein ist allen jedoch, daß sie nur auf Anforderung fliegen und ganz gechartert werden müssen.

Mittlerweile gibt es allerdings auch Unternehmenskonzepte wie das von Day Jet in Florida, die sehr kleine und vergleichsweise billige Düsenflugzeuge *(very light jets*, VLJ), wie die für vier Passagiere ausgelegte Eclipse 500, in großer Zahl, als eine Art Sammeltaxi einsetzen. Für den Zugang zu meist exklusiven Ferienanlagen auf Inseln *(island resorts)*, zum Beispiel in der Karibik oder in Südostasien, und Exkursionen, zum Beispiel im Süden Afrikas, werden vielfach Lufttaxen (zum Beispiel Cessna Caravan, ein robuster einmotoriger → Turboprop mit bis zu 12 Passagiersitzen), zum Teil auch als Wasserflugzeug eingesetzt. Auch Hubschrauber werden in dieser Rolle verwendet. Auch große Fluggesellschaften wie die → Lufthansa bieten ihren Premium-Kunden Lufttaxi-Dienste als Zubringerflüge zu ihrem → Linienflugverkehr an. *(jwm)*

## Lufttransport Union (LTU)
→ Air Berlin

## Luftverkehrsbetreiberzeugnis
*air operator certificate [AOC]*
Voraussetzung für die Erteilung einer Betriebsgenehmigung durch die nationalen Luftfahrtbehörden. In Europa wird das Luftverkehrsbetreiberzeugnis auf Antrag eines Unternehmens bei Vorliegen der in → Joint Aviation Requirements (JAR) festgelegten Kriterien erteilt. Im Zeugnis aufgeführt werden die Art des Flugbetriebes (zum Beispiel → Linienflug- oder → Charterflug), die für den Betrieb genehmigten Flugzeugtypen, die → Landekategorien und eventuelle weitere spezielle Genehmigungen wie die Durchführung von → Extended Range Twin Operations (ETOPS) aufgeführt, die nach Vorliegen der entsprechenden Nachweise erteilt werden.

Zu den Kriterien für den Erhalt eines Luftverkehrsbetreiberzeugnisses gehören u.a. die Erstellung eines Betriebshandbuches *(operations manual)*, das alle anzuwendenden Verfahren in Übereinstimmung mit den gesetzlichen Anforderungen regelt und der Zulassungsbehörde vorgelegt werden muß, und die Nominierung von qualifizierten Verantwortlichen für den Flugbetrieb *(flight operations)*, die Wartung der Flugzeuge *(maintenance system)*, das Training der Besatzungen *(crew training)* und den Betrieb am Boden *(ground operations)*. Bei personellen Veränderungen muß die zuständige Luftfahrtbehörde 10 Tage im Voraus über den geplanten Personalwechsel informiert werden. *(jwm)*

*Literatur*
Joint Aviation Requirements – Operations 1 (JAR-OPS 1), Subpart C: Operation Certification and Supervision, JAR-OPS 1.175 ff. und Subpart P: Manuals, Logs and Records, JAR-OPS 1.1040 ff.

**Luftverkehrsgesellschaft**
→ Fluggesellschaft

**Luftverkehrskaufmann/-kauffrau**
*air transport specialist*
Ausbildungsberuf, der bei einer → Fluggesellschaft oder einem → Flughafen erlernt
werden kann. Da es sich um einen normalen kaufmännischen Ausbildungsberuf
handelt, ist keine bestimmte Vorbildung
für die Ausbildungsaufnahme vorgeschrieben; in der Regel werden allerdings
mindestens die Mittlere Reife und gute
bis sehr gute Englischkenntnisse verlangt.

Aufgrund ihrer generellen kaufmännischen Ausbildung werden Luftverkehrs-
kaufleute in nahezu allen Bereichen
von Luftverkehrsunternehmen eingesetzt. Dazu gehören zum Beispiel die

Kostenermittlung für den Einsatz von
Flugzeugen inklusive der Personal- und
Treibstoffkosten, die Erstellung von Ein-
satzplänen, die Ersatzteillogistik, aber
auch (in teilweiser Überschneidung mit
dem → Servicekaufmann im Luftverkehr)
der Dienst an Verkaufsschaltern und
beim → Check-in. In verantwortlicheren
Positionen gehören zum Aufgabenbereich
zum Beispiel auch Verhandlungen
mit Firmenkunden und Partnerflugge
sellschaften über Streckenführungen
und die Abstimmung von Start- und
Landezeiten.

Eine Zwischenprüfung findet vor dem
Ende des zweiten Ausbildungsjahres
statt. Abgeschlossen wird die Ausbildung
nach drei Jahren mit bestandener
Abschlußprüfung. *(jwm)*

# M

## Mach

Benannt nach dem Physiker und Psychologen Ernst Mach (1838-1916), bezeichnet die Machzahl die Geschwindigkeit eines Objektes in der Luft im Verhältnis zur Schallgeschwindigkeit. 1 Mach entspricht dabei genau der Schallgeschwindigkeit. Sie ist kein feststehender Wert, sondern ändert sich mit der Lufttemperatur: Je niedriger die Temperatur, desto niedriger wird auch die Schallgeschwindigkeit. Da mit steigender Flughöhe die Temperatur abnimmt, werden Flugzeuge ab → Flugfläche 260 in der Regel nicht mehr nach → Knoten, sondern nach Mach geflogen, um zu vermeiden, daß man der Schallgeschwindigkeit zu nahe kommt und das Flugzeug aufgrund der dadurch entstehenden Kompressionswellen zu schütteln beginnt (*buffeting*, → Strömungsabriß). Als einziges Passagierflugzeug war die → Concorde in der Lage, mit mehr als zweifacher Schallgeschwindigkeit (Mach 2,2) zu fliegen. Moderne Passagierflugzeuge wie die Boeing 777 fliegen mit ca. 0,84 Mach (→ Strömungsabriß). *(jwm)*

## Maître d'hôtel

*head waiter, maitre d'hôtel*
→ Restaurantleiter

## Malaria (Sumpffieber, Wechselfieber)

Malaria (ital. *mal'aria* = schlechte Luft) ist eine Infektionskrankheit, die in Gebieten vorkommt, in denen etwa ein Drittel der Menschheit lebt. Betroffen sein können damit vor allem Touristen, die tropische und subtropische Gegenden bereisen. Im tropischen Afrika ist das Malariarisiko besonders hoch. Bei den meisten importierten Fällen haben sich Menschen dort infiziert. Malaria gilt als wichtigste Reisekrankheit überhaupt. Nach dem Infektionsschutzgesetz ist sie meldepflichtig.

Malaria wird durch den Stich der Stechmücke (Moskito, Gattung Anopheles) hervorgerufen. Reisende, die aus den Tropen kommen, können Moskitos einschleppen, sodaß die Infektion auch in außertropischen Zielgebieten erfolgen kann („Flughafen-Malaria"). Eine weitere Möglichkeit der Ansteckung ist durch Bluttransfusion gegeben. In der Masse erfolgt die Ansteckung allerdings direkt durch den Stich der Stechmücke, die über die einzelligen Erreger, die Plasmodien, bei ihrer „Blutmahlzeit" den Menschen infiziert.

Für den Tourismus und die Reise- und Tropenmedizin hat die Malaria eine überragende Bedeutung (Burchard 2005, S. 605):

❖ Sie wird relativ häufig importiert (Inkubationszeit ca. zwei bis drei Wochen).

❖ Sie stellt eine lebensbedrohliche Erkrankung dar.

❖ Sie ist differentialdiagnostisch mit einer Vielzahl von Symptomen bedacht. Wegen ihrer Vielgestaltigkeit wird sie deshalb auch „a master of masquerade" genannt.

Nur eine schnellstens einsetzende Therapie vermag schwerwiegende Komplikationen zu begrenzen. Die Therapie sollte stationär erfolgen.

Zur Malaria-Prophylaxe existiert kein Impfstoff. Die Senkung des Malariarisikos ist durch Reiseverzicht in die Endemiegebiete (→ Endemie) gegeben. Wenn das nicht möglich ist, steht das Vermeiden von Insektenstichen im Vordergrund der Prophylaxe. Außerdem wird das Mitführen von Malaria-Medikamenten zur Notfallbehandlung (Stand-By-Therapie) empfohlen. Informationen und Empfehlungen zu Maßnahmen zur Malaria-Prophylaxe enthält die Website der Deutschen Gesellschaft für Tropenmedizin und Internationale Gesundheit (DTG): www.dtg.mwn.de. *(hdz)*

*Literatur*
Burchard, Gerd Dieter 2005: Malaria. In: Harald Kretschmer, Gottfried Kusch, Helmut Scherbaum (Hrsg.): Reisemedizin. Beratung in der ärztlichen Praxis. München-Jena (Elsevier), S. 605-614
Knobloch, Jürgen 2003: Malaria. Grundlagen und medizinische Praxis. Bremen: Uni-Med-Verlag

**Malcolm Baldrige National Quality Award (MBNQA)**
In den USA die höchste Auszeichnung im Qualitätsmanagement (→ Qualität und das Management von Qualitä). Der MBNQA hat in doppelter Hinsicht eine gewisse Leitbildfunktion: In Europa lehnen sich die Modelle (EFQM-Modell) für die Qualitätspreise (European Quality Award, EQA) an das Modell des MBNQA an.

Die Hotelgruppe Ritz-Carlton hat 1992 und 2000 den MBNQA gewonnen (http://corporate.ritzcarlton.com). *(hdz)*

**Mall**
*mall*
Als Mall wird heute eine Einkaufsstraße, ein Einkaufszentrum oder im ameri-

kanischen Englisch die *shopping mall* bezeichnet. Der Begriff läßt sich zurückverfolgen auf den Vorläufer des Holzballspiels Krocket, das *pall mall*. Das Wort stammt aus dem Italienischen: *pallamaglio* oder *palla di maglio* ist der Holzhammer. Diese Form hatte auch der Schläger, der so benannt wurde. Schließlich wurde das Spiel selbst so genannt, das entlang einer Bahn gespielt wurde. Das Spiel ist nicht mehr in Mode, aber aus den Straßen heraus, in denen das Spiel gespielt wurde, hat sich die Bezeichnung Pall Mall oder einfach The Mall entwickelt.

Heute wird ein Einkaufzentren schlicht als Mall bezeichnet, in dem eine Konzentration an Geschäften und Dienstleistern völlig unterschiedlicher Branchen ihre Leistungen anbieten. Diese sind häufig auch von touristischem Interesse und haben in vielerlei Hinsicht einen hohen Erlebniswert. Bezeichnungen wie *Shopping Mall* und *Shopping Center* haben sich durchgesetzt, bei denen die Malls die Hauptlaufwege des Publikums den ursprünglichen Wortsinn widerspiegeln. Die Bedeutung des Wortes ist auch heute noch anzutreffen: Der Hamburger weiß, daß es in Altona noch die Palmaille gibt. *(hdz)*

**Management Fee**
(a) Reisebüro. Die Management Fee stellt eine besondere Form (pauschale Vergütung) der Kalkulation und Abrechnung der Leistungsentlohnung für Reisebüros dar, welche für Unternehmen und Einrichtungen im öffentlichen Sektor die Abwicklung (Beratung, Buchung und Ausstellung von Reisedokumenten) von → Geschäftsreisen vornehmen.

Sie umfaßt folgende Positionen:
❖ Provisionserlöse (→ Grund- und → Superprovisionen) durch das vom Unternehmen umgesetzte Reisevolumen, sofern sie noch gezahlt werden

❖ Kostenerstattung für die Leistungserbringung des Reisebüros (Handling
des Reisevolumens)
❖ Handelsspanne als Gewinnzuschlag
für das Reisebüro.

Im Regelfall ist Gegenstand einer
Management Fee-Vereinbarung, daß
sämtliche Provisionserlöse an das Unternehmen abgeführt werden, im Gegenzug dazu werden die Kosten und
die Handelsspanne vom Unternehmen
an das Reisebüro erstattet. Der Begriff Management Fee wird hierbei
oftmals auch stellvertretend für die
Handelsspanne verwendet.

Die Kostenerstattung sowie die Handelsspanne werden in der Regel pro-
zentual vom tatsächlich generierten
Reisevolumen des Unternehmens berechnet, die Provisionen werden in der Höhe
der tatsächlichen Zahlungseingänge
beim Reisebüro weitergereicht.

Die Management Fee fand ihre
erste Anwendung Anfang-Mitte
der 1990er Jahre, um den vordergrün-
digen Interessenkonflikt zwischen
den Reisebüros (Erhöhung der Provisionseinnahmen durch Vermittlung
höherer Ticketpreise) und den Unternehmen (Reduzierung des Ge-
schäftsreisevolumens) zu entschärfen.
Mehr und mehr Beachtung fand die
Management Fee nach der ersten
Provisionskürzung der → Fluggesellschaften auf dem deutschen Markt zum
1. Juli 1997. Sie ist auch heute noch ein
gängiges Abrechnungsmodell, auch wenn
seit 2004 von den → Fluggesellschaften
praktisch keine Provisionen mehr gezahlt
werden.

(b) Zu der Begrifflichkeit in der Hotellerie → Managementvertrag. *(ce)*

## Managementfunktionen
*management functions*

Nach vielerlei, zum Teil kontrovers geführten begrifflichen Diskussionen der
Vergangenheit werden heute mit dem
Begriff ‚Management' in der Regel zwei
alternative inhaltliche Interpretationen
gleichberechtigt verbunden:

❖ In institutioneller Sicht werden
mit ‚Management' die Träger der
Managementfunktionen – die ‚Führungskräfte' – einer Unternehmung
verstanden. Das Management einer
Unternehmung wird dann von
denjenigen Personen ausgeübt, die
„(…) auf Grund rechtlicher oder
organisatorischer Regelungen die
Befugnis besitzen, einzeln oder als
Gruppe anderen Personen Weisungen
zu erteilen, denen diese Personen zu
folgen verpflichtet sind" (Hahn &
Hungenberg 2001, S. 28). Der Kreis
der Berechtigten wird damit durch
die jeweils gültigen rechtlichen Regelungen und Satzungen – die Unter-
nehmensverfassung (Bleicher 2004,
S. 289 ff.) – sowie die bestehenden
Machtverhältnisse innerhalb und
außerhalb der Unternehmung beein-
flusst (→ Stakeholder Management).
❖ Management als Tätigkeit bzw. Funk-
tionenbündel der Führungskräfte
in der Unternehmung kann hingegen allgemein als ein Informations-
verarbeitungsprozeß aufgefaßt werden und konkretisiert sich in den
Aufgaben der Willensbildung, Wil-
lensdurchsetzung und Willenssi-
cherung (Hahn & Hungenberg 2001,
S. 32 ff.). Zumeist wird Management
dann mit einer Summe von explizit aufgezählten Funktionen, wie
Planen, Entscheiden, Organisieren,
Anweisen, Kontrollieren, Beurteilen
usw. inhaltlich näher beschrieben.
Im Zentrum eines so verstandenen

Managementbegriffs steht der Entscheidungsprozeß mit seinen Teilphasen Planung, Steuerung und Kontrolle. Zur inhaltlichen Umsetzung dieses Entscheidungsprozesses sind eine Vielzahl von Management-Instrumenten (z.b. Planungs- und Kontrollsysteme, Entscheidungskalküle, Simulationstechniken u.a.), Managementmodellen (z.B. *management by objectives*) und Management-Konzepten entwickelt worden.

Im Verlaufe der Entwicklung der Managementlehre zeigten sich viele der tradierten Managementfunktionen und -techniken bei der Bewältigung der anstehenden Führungsaufgaben im komplex-dynamischen Umfeld von Unternehmungen als mehr oder minder leistungsfähig, da ihnen zumeist der zur Problemerkennung und Problemlösung erforderliche ganzheitliche Charakter fehlte (Bleicher 2004, 37 ff.). Hinzu trat die Einsicht, daß nicht nur Unternehmungen, sondern jegliche Art von Organisation bzw. Institution heute mit Managementaufgaben konfrontiert ist. Vor diesem Hintergrund formulierte Hans Ulrich (1984) den Gegenstand der Managementaufgabe als die Gestaltung, Lenkung und Entwicklung sozialer Systeme. Damit werden die Managementfunktionen von einer rein betriebswirtschaftlichen Betrachtung auf eine höhere Abstraktionsstufe eines ‚systemischen Meta-Managements' gestellt und generell auf alle Institutionen, in denen Menschen tätig werden, übertragen:

❖ „Gestalten bedeutet, eine Institution überhaupt zu schaffen und als zweckgerichtete handlungsfähige Ganzheit aufrechtzuerhalten (…)" (Ulrich 1984, S. 114). Die Aufgabe des Managements besteht somit darin, absichtsgeleitet einen institu-

tionellen Rahmen zu schaffen, innerhalb dessen der Zwecksetzung der Institution (= dem Sachziel) nachgegangen wird.

❖ „Unter Lenkung verstehen wir das Bestimmen von Zielen und das Festlegen, Auslösen und Kontrollieren zielgerichteter Aktivitäten des Systems bzw. seiner Komponenten und Elemente" (Ulrich 1984, S. 115). Auch dies eine absichtsgeleitete Funktion des Managements, richtet sich die Steuerung als Teilaspekt der Lenkung auf korrigierende Eingriffe in den Entwicklungspfad einer Institution vor dem Eintritt einer erkannten Störung, während die Regelung eine dispositive Lenkung unter dem Druck eines eingetretenen Ereignisses bedeutet.

❖ Die Gestaltungs- und Lenkungsaufgabe ist dabei in den „(…) Rahmen eines langfristigen und nie vollendeten Entwicklungsprozesses der Institution" (Ulrich 1984, S. 120) eingebunden. Die Bewältigung dieses Entwicklungsprozesses im Zeitablauf bestimmt schließlich maßgeblich die Überlebens- und Entwicklungschancen der Institution. Dabei bleibt jedoch immer zu berücksichtigen, daß dieser Entwicklungsprozess nur teilweise von den Führungskräften beherrschbar ist. Eigenkomplexität der Institution, spontane, ungeplante Prozesse der in der Institution tätigen Menschen sowie unvorhersehbare externe Einflüsse lassen sen Ergebnisse jenseits des beabsichtigten Gestaltungs- und Lenkungsentwurfes entstehen. *(vs)*

*Literatur*

Bleicher, Knut 1994: Normatives Management. Politik, Verfassung und Philosophie des

Unternehmens. Frankfurt/M., New York: Campus

Bleicher, Knut 2004: Das Konzept Integriertes Management. Visionen – Missionen – Programme. Berlin, New York: Campus (7. Aufl.)

Hahn, Dietger; Harald Hungenberg 2001: PuK : Planung und Kontrolle, Planungs- und Kontrollsysteme, Planungs- und Kontrollrechnung: Wertorientierte Controllingkonzepte. Wiesbaden: Gabler (6. Aufl.)

Ulrich, Hans 1984: Management. Bern: Haupt

## Managementvertrag

*management contract, management agreement*

Gesetzlich nicht ausdrücklich geregelter – vor allem in der internationalen Hotellerie verbreiteter – Vertragstyp zwischen Hoteleigentümer (Investor) und Hotelbetreiber (Betreibergesellschaft bzw. Managementgesellschaft), der die Geschäftsführung eines Hotels während eines vertraglich festgelegten Zeitraumes gegen eine Gebühr zum Inhalt hat. Der Managementvertrag wird rechtlich als Geschäftsbesorgungsvertrag mit Dienstvertragscharakter qualifiziert (§§ 675, 611 BGB). Darunter versteht man eine „selbständige Tätigkeit wirtschaftlichen Charakters im Vermögensinteresse eines anderen gegen Entgelt" (BGH DB 1959, 168). Der Eigentümer stellt die Immobilie, Einrichtung und Ausstattung und trägt den Personalaufwand. Die Betreibergesellschaft bringt ihr Know-how zur Führung eines Hotels ein. In Frage kommen unabhängige Betreibergesellschaften *(independent operating companies)* und → Hotelketten *(chain operating companies)* (Eyster 1988, S. 4). Das unternehmerische Risiko liegt vornehmlich auf Seiten des Eigentümers, er trägt den Gewinn und Verlust.

Die Betreibergesellschaft erhält für ihre Tätigkeit eine Gebühr (Management Fee), die sich aus mehreren Komponenten zusammensetzt. Oft ist in den Verträgen eine → Base Management Fee fixiert, die um eine → Incentive Management Fee und eine → Marketing Fee ergänzt wird. Empirische Ergebnisse weisen auf durchschnittliche Vertragsdauern von 10-20 Jahren hin, Abweichungen nach unten und oben sind möglich (Jones Lang Lasalle Hotels 2001, S. 1 ff.). Managementverträge finden seit den 1950er Jahren Anwendung. Sie ermöglichten US-Hotelgesellschaften durch die → funktionelle Entkoppelung eine internationale Expansion bei gleichzeitig begrenztem Risiko (Eyster 1988, S. 8).

Die konkrete Ausgestaltung der Verträge (etwa Laufzeit, Verlängerungsoptionen, Gebührenstruktur, Mitspracherechte des Eigentümers im operativen Bereich, Garantien, Kapitaleinlagen, Kündigungsfristen, Ausstiegsklauseln) ist eine Frage der Verhandlungsmacht. Aufgrund der hohen Anbieterzahl von internationalen Betreibergesellschaften befindet sich die Investorenseite seit längerem in einer starken Verhandlungsposition. Die Vertragskonstellation ist auch im gastronomischen Bereich anzutreffen. Zu den wichtigen Vertragskomponenten „FF&E-Reserve" und „stand aside-Regelung" siehe → FF&E und → Stand aside. Zum theoretischen Hintergrund siehe → Agenturtheorie. *(gd/wf)*

*Literatur*

Eyster, James J. 1988: The Negotiation and Administration of Hotel and Restaurant Management Contracts. Ithaca: School of Hotel Administration Cornell University (3rd ed.)

Jones Lang Lasalle Hotels (ed.) 2001: Management Agreement Trends Worldwide. Hotel Topics: Issue No. 7, New York

## Manager on Duty

*manager* (engl.) = Geschäftsführer, Abteilungsleiter; *duty* (engl.) = Aufgabe, Pflicht; *on duty* (engl.) = im Dienst.

In der Hotellerie der Begriff für die Person, die den → *General Manager* in dessen Abwesenheit ersetzt. Der *Manager on Duty* übernimmt im Rahmen der Vertretung bei kurzfristig auftretenden Fragen und Problemen, die in den einzelnen Abteilungen nicht gelöst werden können, die Verantwortung und fällt Entscheidungen im Sinne einer letzten Instanz. Er ist zentraler Ansprechpartner für Gäste und Mitarbeiter. Die Position des *Manager on Duty* garantiert, daß in einem Hotel jederzeit eine zentrale Anlaufstelle existiert. Sie wird in der Regel von Direktionsassistenten oder Abteilungsleiter (z.B. Empfangschef, *F&B Manager* [→ Food and Beverage Management], → Hausdame oder Reservierungsleiter) bekleidet. In der Praxis fällt oft auch der Begriffs „MoD", vereinzelt auch der Begriff „Chef vom Dienst". *(wf)*

## Manifest

*manifest*

Durchnummerierte Liste mit den Namen und persönlichen Angaben von Passagieren und der Besatzung eines Schiffes, die in Photokopie den Hafenbehörden jedes angelaufenen Hasfens vorgelegt werden muß. Im Flugbereich als → Passagierliste bezeichnet. *(jwm)*

## Mankohaftung

*liability for shortfall*

Gesetzlich nicht ausdrücklich geregelte Haftung des Arbeitnehmers für Waren- oder Kassenfehlbestand, sofern ihm die Ware oder das Geld anvertraut wurde. Die Haftung für Fehlbeträge, d.h. Abweichungen des Ist- vom Sollzustand, tritt nur ein, wenn der Arbeitnehmer seine Pflichten aus dem Arbeitsvertrag schuldhaft verletzt hat oder eine unerlaubte Handlung vorliegt. Der Umfang der Haftung richtet sich nach den Gesamtumständen. Bei leichter Fahrlässigkeit haftet der Arbeitnehmer nicht. Bei mittlerer Fahrlässigkeit ist der Schaden zwischen Arbeitnehmer und Arbeitgeber zu teilen. Bei grober Fahrlässigkeit oder gar Vorsatz haftet der Arbeitnehmer alleine. Dabei hat der Arbeitgeber zu beweisen, daß der Fehlbetrag während der Tätigkeit des Arbeitnehmers eingetreten ist, letzterer hat die Beweispflicht dafür, daß ihn kein Verschulden trifft.

Eine verschuldensunabhängige Haftung ist nur bei ausdrücklicher Vereinbarung unter der Voraussetzung möglich, daß der Arbeitnehmer für dieses erhöhte Risiko einen angemessenen wirtschaftlichen Ausgleich erhält (sog. Mankogeld) und der Arbeitnehmer alleinigen Zugriff auf den durch die Mankohaftung geschützten Bestand hat. *(gd)*

## Mantelstromtriebwerk

→ Turbofan

## MAP

→ Modified American Plan

## Marcellino's

→ Hotel- und Gastronomieführer, benannt nach dem Gründer und Herausgeber Marcellino M. Hudalla.

1988 erschien der erste „Restaurant Report" für Düsseldorf, in den Folgejahren wurde das Programm ausgebaut, wobei die Konzentration auf Großstädten liegt (Stand 2007: 18 lokale Ausgaben). Der → Restaurantführer sieht sich ausdrücklich nicht als Gourmetführer, Untersuchungsgegenstand sind bspw. auch Bars, Cafés, Kneipen oder Diskotheken.

Der „Hotel Report" wurde 2004 zum ersten Mal in Kooperation mit dem Verband Deutsches Reisemanagement (→ VDR-Certified Hotel) herausgegeben. Der Hotelführer soll vor allem Geschäftsreisende ansprechen. Zentrales Merkmal der Führer ist, daß die Beurteilung von „echten" Gästen vorgenommen wird, die ihre Einschätzung über Testbögen an die Redaktion weiterleiten. Über Prämien und Gewinnspiele schafft der Verlag einen Anreiz zur Teilnahme (www.marcellinos.de). *(wf)*

## Marge
*margin, spread*
Differenz zwischen den Kosten für Vorleistungen von Leistungsträgern (Beförderungs-, Transfer-, Hotel- und Betreuungsleistungen), die ein → Reiseveranstalter für seine Gäste in Anspruch nimmt, und dem Verkaufspreis für eine → Pauschalreise. Die Marge ist damit Ausdruck der Eigenleistung bzw. der Wertschöpfung des Reiseveranstalters. Sie unterliegt in Deutschland der sog. Margenbesteuerung, denn „bei Reiseveranstaltern wird anstelle des Vorsteuerabzuges für Reisevorleistungen ein Vorkostenabzug vorgenommen und die umsatzsteuerliche Bemessungsgrundlage aus der Differenz zwischen Reisepreis und Reisevorleistungen (Marge) ermittelt" (Hässel & Hagen 2007, S. 197). Es wird also nur die Eigenleistung und nicht der gesamte Reisepreis mit Mehrwertsteuer belegt. *(jwm)*

*Literatur*
Hässel, Günter; Herbert Hagen 2007: Besonderheiten der Besteuerung von Reiseveranstaltern. In: J.W. Mundt (Hrsg.): Reiseveranstaltung. Lehr- und Handbuch. München, Wien: Oldenbourg, S. 189-224 (6. Aufl.)

## Marina
*marina*
Ein auf die Bedürfnisse der Freizeitschiffahrt abgestimmter Hafen, also ein Yachthafen. Mit der → Blauen Flagge ausgezeichnete Marinas werden umweltfreundlich geführt. Der Begriff entstammt dem Englischen. *(hdz)*

## Markenhotellerie
*brand hotels*
Begriff, der vom → Deutschen Hotel- und Gaststättenverband (DEHOGA) und dem → Hotelverband Deutschland (IHA) eingeführt wurde. Hotelgesellschaften/-gruppen zählen nach der Definition der Verbände dann zur Markenhotellerie, wenn a) sie über mindestens vier Hotels verfügen und b) zumindest eines der Hotels seinen Standort in Deutschland hat und c) sie mit einer Dachmarkenstrategie am deutschen Hotelmarkt auftreten (IHA 2005, S. 54). Die Dachmarke ist ein Name, ein Zeichen oder ein Symbol. Sie soll dem Kunden Identifikation, Orientierung und Vertrauen geben.

Die Verbände führen über den Begriff die Konzernhotellerie und die → Hotelkooperationen in Statistiken zusammen. Sie argumentieren, daß aus Kundensicht eine Differenzierung zwischen Konzernhotellerie und Hotelkooperationen kaum möglich bzw. irrelevant sei. 2006 existierten in Deutschland 123 Hotelgesellschaften/-gruppen mit einem Bestand von über 3.740 Hotels (Hotelverband Deutschland 2006, S. 3). Da einzelne Hotels mehreren Hotelkooperationen angehören können und Konzernhotels auch Mitglieder von Hotelkooperationen sein können, enthalten die obigen Zahlen Doppelzählungen (Hotelverband Deutschland 2005, S. 54 f.). *(wf)*

## Markenpark

*Literatur*
Hotelverband Deutschland (IHA) (Hrsg.) 2005: Hotelmarkt Deutschland. Berlin: IHA-Service
Hotelverband Deutschland (IHA) (Hrsg.) 2006: Kompendium der Markenhotellerie 2006. Berlin: IHA-Service

**Markenpark**
→ Freizeitpark
→ Markenwelten

**Markenwelten**
*brand lands, brand parks*
Brand Lands sind markenbezogene Themenparks, in welchen Unternehmen (meist Großkonzerne) ihren Markennamen nutzen, um ihre Produkte und Kernkompetenzen erlebnisorientiert an den Kunden heranzutragen. Dadurch soll eine Verknüpfung von Informationen über die Marke und Unterhaltung mit dem Ziel erhöhter Identifikation mit der Marke gefördert werden. Die sonst eher unpersönliche Kommunikation soll über erfahrbare direkte Kontakte mit dem Produkt abgebaut und eine erlebnisorientierte Markeninszenierung aufgebaut werden. Zahlreiche Brand Lands, insbesondere die Automobilindustrie (VW, BMW), aber auch andere weltweit agierende Konzerne wie z. B. Swarowski (Swarowski Kristallwelten), zeigen die strategische Bedeutung von Markenwelten, die der Werbeflut und Werbeverdrossenheit entgegenwirken können. Diese markenspezifischen Präsentationen stellen mit den Brand Parks einen tourismusrelevanten Faktor dar mit jährlichen Besucherzahlen von über zwei Millionen (z. B. VW Autostadt Wolfsburg 2002). Brand Lands können jedoch nur mit anderen Kommunikationsmitteln ihre volle Wirkung entfalten und erweisen sich als eine innovative Strategie in der Unterneh-

menskommunikation → Erlebniswelten. *(rb)*

*Literatur*
Gross, Harald 2001: Brand Parks – ein neuer Weg der Unternehmenskommunikation. Diplomarbeit. Universität Salzburg
Gross, Harald 2004: Brand Lands: Erlebnis von Marken und neue Unternehmenskommunikation. In: H. Jürgen Kagelmann; Reinhard Bachleitner & Max Rieder (Hrsg.): Erlebniswelten. Zum Erlebnisboom in der Postmoderne. München, Wien: Profil, S. 181-192
Nickel, Oliver 1998: Zukünftige Professionalisierungspotentiale des Eventmarketing. In: Ders. (Hrsg.): Eventmarketing. Grundlagen und Erfolgsbeispiele. München: Vahlen, S. 281-302

**Marketing Fee**
Bestandteil der Management-Gebühr (→ Managementvertrag), die Betreibergesellschaften von Hotels im Rahmen von Managementverträgen für ihre Marketing-Aktivitäten erhalten. Neben die Marketing-Gebühr treten als weitere Vergütungskomponenten die → Base Management Fee (Basisgebühr) und die → Incentive Management Fee (ergebnisabhängige Gebühr). Die Marketing Fee orientiert sich oft am Bruttoerlös oder am Bruttobetriebsergebnis (→ Betriebsergebnis I). *(wf)*

**Marktforschung**
→ Reiseanalyse (RA)
→ World Travel Monitor (WTM)

**Massentourismus**
*mass tourism*
Eher abwertende Bezeichnung für das konzentrierte Auftreten von Touristen in einer → Destination als Folge der vor allem nach dem Zweiten Weltkrieg erfolgten ‚Demokratisierung' des Reisens. Er wird von Tourismuskritikern oft synonym mit

dem Begriff → Pauschaltourismus verwendet und gegen den → Individualtourismus gesetzt.

**Maximum permitted mileage (MPM)**
Grundlage zur Tarifberechnung bei Flugreisen, welche durch gegebene Umsteigeverbindungen nicht anhand des geographisch kürzesten Routenverlaufes durchgeführt werden können. Beispiel: Frankfurt – Los Angeles – Las Vegas mit Zielort Las Vegas liegt innerhalb der Maximum permitted mileage, wobei Frankfurt – Anchorage – Las Vegas diese überschreitet und zu einer Aufzahlung führt. *(ce)*

**Mayday**
Notruf im internationalen Flug- und Schiffsverkehr. Der Begriff entstammt dem Französischen: *Venez m'aider!* (Kommt mir zu Hilfe!), *Aidez-moi!* (Helft mir!).
Der Notruf wird in der Luftfahrt auf der internationalen Notruffrequenz 121,5 MHZ abgesetzt. *(hdz)*

**MCT (Minimum Connecting Time)**
→ Mindestumsteigezeit

**Medizinischer Rücktransport**
→ Rücktransport (medizinisch)

**Meet and Greet**
Abholung von Passagieren bei der Ankunft am Bahnhof, Flughafen oder Hafen des Zielortes.

**Mehrbettzimer**
→ Zimmertypen

**Mehrfachreisende**
*multiple tripper*
Personen, die mehr als eine Reise einer bestimmten → Reiseart in einer Periode (meist ein Jahr) unternehmen.

**Mehrkosten**
*additional costs*
Im Zusammenhang mit der nicht planmäßigen Beendigung einer Reise entstehen Mehrkosten, die von der → Reiseabbruch-Versicherung gedeckt sind. Hierzu zählen vor allem → zusätzliche Rückreisekosten und nicht mehr genutzte Reiseleistungen. *(hdz)*

**Mehrsektorenflug**
*multi sector flight*
Im Gegensatz zum Non-Stop-Flug handelt es sich um einen Flug mit einer oder mehreren Zwischenlandungen.

**Meile**
→ Landmeile
→ Seemeile

**Meilenstein**
*milestone*
Meilensteine sind Steine, die früher an Wegstrecken zur Orientierung und zum Aufzeigen von Entfernungen aufgestellt wurden. Als Grundmaß diente die alte Längeneinheit Meile (→ Landmeile).
Im übertragenen Sinn umschreibt der Begriff ein Ereignis von besonderer Bedeutung. Bezugsrahmen für die besonderen Ereignisse können Personen, Projekte (→ Projekte, Projektmanagement), Organisationen, Länder, Forschungsbereiche oder auch Branchen sein. Zu Meilensteinen der Hotellerie und Gastronomie siehe die beiden Abbildungen. *(wf)*

*Literatur*
American Hotel & Lodging Association (AH&LA): History of Lodging. http://www.ahma.com/products_lodging_history.asp (20.05.2003)
o.V. 1998: Die NGZ – Der Hotelier wird 50 oder: auf der Suche nach den Meilensteinen. In: NGZ – Der Hotelier, 51 (5), S. 28-67

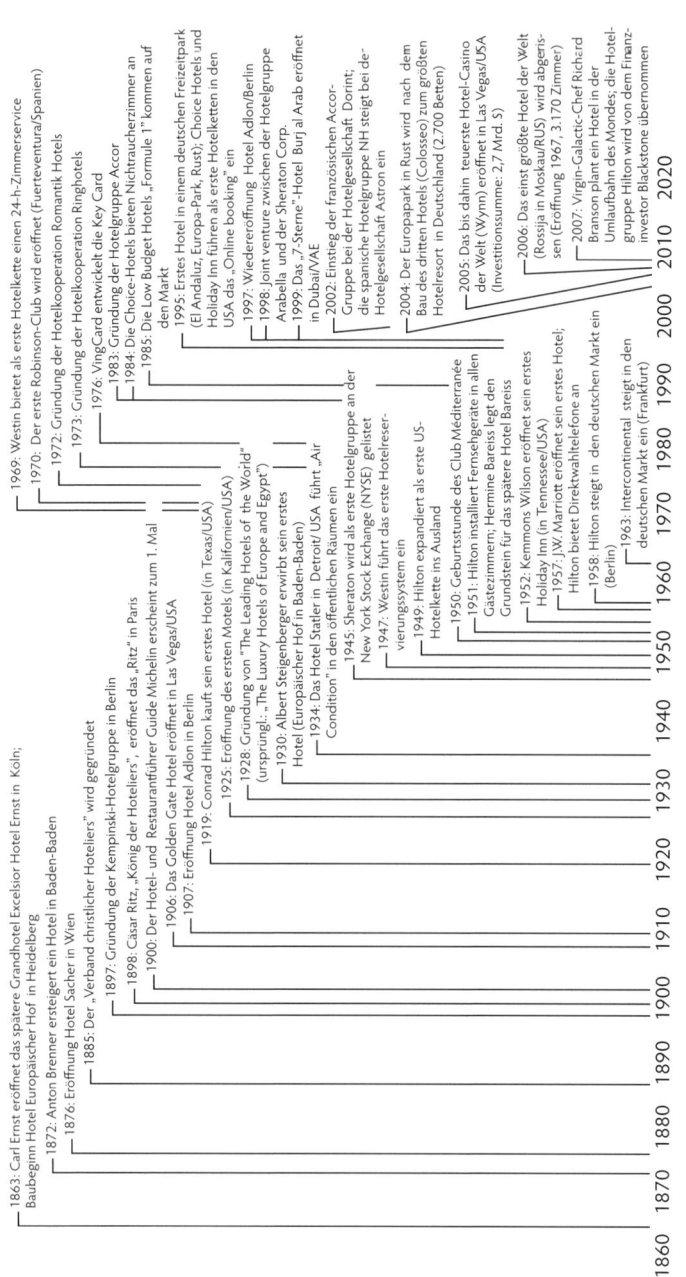

**Abbildung:** Meilensteine der (inter)nationalen Hotellerie 1860-2007
(Quelle: nach AH&LA, o.V., Vogel)

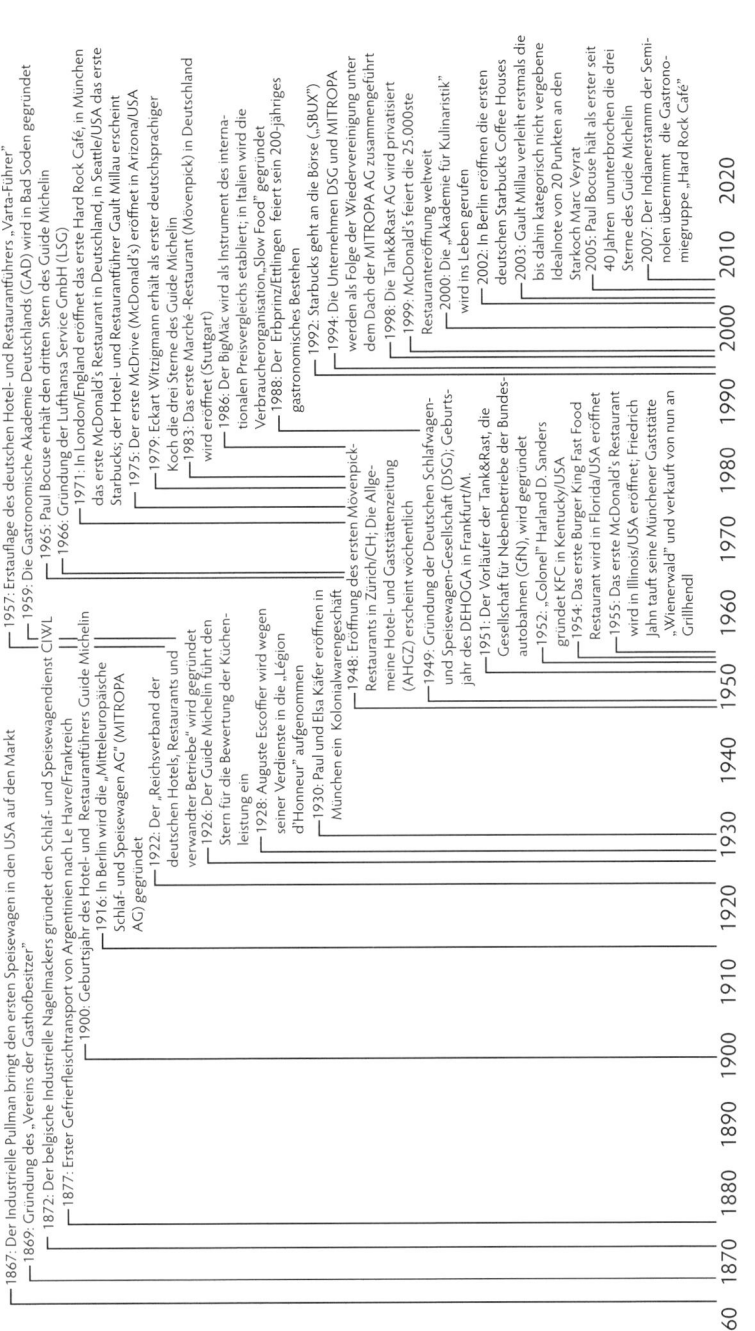

**Abbildung:** Meilensteine der (inter)nationalen Gastronomie 1860–2007

Vogel, Harold L. 2001: Travel industry economics: A guide for financial analysis. Cambridge: University Press

**Menage**
*condiments*
*ménage* (franz.) = Haushalt. In der Gastronomie der Begriff für einen Gewürzständer bzw. ein Tischset, bestehend aus Salz und Pfeffer oder/und Essig und Öl. Zuweilen beinhalten die Sets weitere würzige Zutaten (etwa Sojasauce, Tabasco). *(wf)*

**Menü**
*menu*
*menu* (franz.) = Speisekarte, Speiseplan, Menü. Bezeichnung für ein Essen, das aus einer festgelegten Speisenfolge besteht. Die Speisenfolge wird bei einem Menü vorgegeben, bei einem Essen → à la carte kann der Gast die Speisenfolge zusammenstellen.

In der → Gastronomie werden unterschiedliche Arten von Menüs bzw. Speisenfolgen unterschieden. Die „klassische" Speisenfolge besteht aus mehr als 10 Gängen: kalte Vorspeise • Suppe • warme Vorspeise • Fisch • Hauptplatte • warmes Zwischengericht • kaltes Zwischengericht • Sorbet • Braten, Salat, Gemüse • warme Süßspeise • kalte Süßspeise • Nachtisch • Würzbissen (Siegel *et al.* 1999, S. 197; VSR 1996, S. 28 f.). Die „moderne" Speisenfolge überschreitet selten fünf Gänge, wobei sich diese – angelehnt an die klassische Speisenfolge – unterschiedlich kombinieren lassen.

Das „Touristenmenü" (*tourist menu*) war in seinen Ursprüngen als ein zielgruppengerichtetes Angebot konzipiert. Der Begriff ist seit langem negativ besetzt und steht in vielen Urlaubsländern als Synonym für eine einfache und billige Speisenfolge. *(wf)*

*Literatur*
Siegel, Simon *et al.* 1999: Service – Die Grundlagen. Linz: Trauner
VSR 1996: Service-Richtlinien – Arbeiten am Tisch des Gastes: Ein Leitfaden für die Tagespraxis. Alfeld: Gildebuchverlag

**Messe**
→ Internationale Tourismusbörse (ITB)

**Meta-Suchmaschinen**
Touristische Meta-Suchmaschinen sind keine ‚normalen' Suchmaschinen des World Wide Web, die nach Suchbegriffen in ihren Datenbanken recherchieren und als Ergebnis auf relevante Web Sites verweisen. Touristische Meta-Suchmaschinen ermöglichen dem Reiseinteressenten durch Eingabe seiner konkreten Reisewünsche die übergreifende Produktsuche in angeschlossenen Reiseanbieter-Systemen. Als Ergebnis der Angebotsrecherche stellen sie eine Liste alternativer Angebote mit Verweis/Link auf die jeweiligen Anbietersysteme dar. Touristische Meta-Suchmaschinen übernehmen keine Reisemittlerfunktionen (→ virtueller Reisemittler, → Internet Booking Engine). Sie haben lediglich elektronische Schnittstellen *(interfaces)*, um gemäß Kundenwunsch automatisiert in den angeschlossenen Anbieter-Systemen zu recherchieren und den Interessenten an anbietende Systeme weiterleiten zu können.

Touristische Suchmaschinen erhalten keine Vermittlungsprovisionen, sondern berechnen den Reiseanbietern fixe oder variable Gebühren je genutztem Verweis/ Link. Sie stellen für die Reiseanbieter eine neue Form des Suchmaschinen-Marketings dar. *(uw)*

**Michelin-Führer**
→ Guide Michelin

## Miete (Hotel)

*rent*

Ein durch → Vertrag begründetes Mietverhältnis zwischen Vermieter und Mieter. Durch den Mietvertrag verpflichtet sich der Vermieter, dem Mieter für eine bestimmte Zeit den Gebrauch einer bestimmten Sache zu überlassen, der Mieter zur Zahlung des vereinbarten Mietpreises (§ 535 BGB). Im Gegensatz zur Pacht, bei der der Pächter berechtigt ist, aus der Verwertung der Pachtsache einen Ertrag zu ziehen, ist dem Mieter nur den Gebrauch der gemieteten Sache gewährt. Als Vertragsgegenstand kommen sowohl bewegliche (z.b. Fahrzeug) als auch unbewegliche Sachen (z.b. Hotelzimmer) oder Sachteile (z.b. Hauswand als Werbefläche) in Betracht. Räume können als Wohn- oder Gewerberäume vermietet werden und unterliegen dann zum Teil unterschiedlichen Vorschriften des Mietrechts (§§ 535 bis 580 a BGB).

Neben der Hauptleistungspflicht des Vermieters/Hoteliers, dem Mieter/Gast die Mietsache bzw. Hotelzimmer in einem zum vertragsmäßigen Gebrauch geeigneten Zustand zu überlassen (Gebrauchsüberlassungspflicht) und sie während der Mietzeit in einem mangelfreien Zustand zu erhalten (Instandhaltungspflicht), treffen ihn noch eine Reihe von Nebenpflichten, wie z.b. Schutz- und Obhutspflichten, Aufbewahrungs- Auskunft- oder Geheimhaltungspflichten, bei deren schuldhafter Verletzung er sich schadensersatzpflichtig macht. Die Haftung erstreckt sich nach der rechtlichen „Lehre von der Schutzwirkung für Dritte" auch auf Familienangehörige, die erkennbar der Schutzpflicht des Mieters unterliegen und mit der Leistung des Vermieters in Berührung kommen. Ist die Mietsache nicht im vertraglich geschuldeten Zustand und somit mangelhaft, kann der Mieter/Gast die Miete mindern.

Der Mieter/Gast hingegen hat neben seiner Hauptpflicht zur Bezahlung der vereinbarten Miete bzw. des Übernachtungspreises weiterhin die Pflicht, eventuelle Mängel der Mietsache zur Schadensbeseitigung dem Vermieter/Hotelier rechtzeitig anzuzeigen (§ 536 c BGB), da er sonst bei schuldhafter Verletzung dieser Pflicht zum Ersatz des daraus entstandenen Schadens verpflichtet ist. Weiterhin hat er die Pflicht, Rücksicht auf die Rechtsgüter (z.b. → Inventar) seines Vertragspartners zu nehmen (§ 242 Abs. 2 BGB).

Das Mietverhältnis kann durch Kündigung beendet werden (§ 542 BGB). Ist der Mietvertrag unbefristet, d.h., auf unbestimmte Zeit geschlossen worden, hängt die Kündigungsfrist davon ab, ob die Mietzeit nach Tagen, Wochen, Monaten oder Jahren geschlossen wurde (§ 580 a BGB). Ist bspw. der Übernachtungspreis nach Tagen bemessen, kann an jedem Tag zum Ablauf des folgenden Tages gekündigt werden. Liegt hingegen ein befristeter Vertrag vor, so ist eine ordentliche Kündigung nicht möglich, d.h., das Vertragsverhältnis endet mit Ablauf des vereinbarten Zeitraumes; es sei denn es kann aus wichtigem Grund (z.b. wegen nachhaltiger Störung des Hausfriedens oder erheblicher Gesundheitsgefährdung) gekündigt werden (§ 569 BGB). Darüber hinaus ist jederzeit eine einvernehmliche, d.h., eine von beiden Seiten gewollte und nicht nur einseitige Aufhebung des Vertrages zum beliebigen Zeitpunkt möglich. *(gd)*

## Mietwagen

*rental car, hire car*

### 1　Definition

Ein Mietwagen ist ein Personenkraftwagen, der zur Beförderung von Personen angemietet wird und mit dem Fahrten durchgeführt werden, deren Zweck und Ablauf der Mieter bestimmt, im Gegensatz zu dem Verkehr mit Taxen. Ein Mietvertrag regelt die entgeltliche Überlassung des Fahrzeuges zum Gebrauch (in Deutschland gelten die §§ 535 ff. BGB).

### 2　Mietwagenanbieter

Die weltweit größten Anbieter von Mietwagen, gemessen am Umsatz (2006), sind

- ❖ Enterprise Rent-A-Car (9,04 Mrd. US$; Sitz: St. Louis MO, USA)
- ❖ Hertz (6,27 Mrd. US$; Sitz: Park Ridge NJ, USA)
- ❖ Avis Budget Group (5,6 Mrd. US$; Sitz: Parsippany NJ, USA)
- ❖ Europcar (1,47 Mrd. Euro; Sitz: Paris, Frankreich).

Nach Flottengröße geordnet rangiert ebenfalls Enterprise (ca. 878.000 Mietwagen) vor Hertz (ca. 478.000 Mietwagen), Avis (ca. 350.000 Mietwagen) und Europcar (ca. 251.000 Mietwagen).

In Deutschland ist der Autovermieter Sixt (Sitz: Pullach) der größte Anbieter mit einem Umsatz von 1,4 Mrd. Euro im Jahr 2006 und einer Flotte von ca. 54.600 Fahrzeugen (Crowther 2007, ERAC 2007, Europcar 2007, Hoovers 2007, Marks 2007, Münck 2007, Sixt 2007 a, Sixt 2007 b).

Neben diesen international operierenden Anbietern von Mietwagen, die zusätzlich zum touristischen Geschäft sehr stark im B2B-Bereich (Firmendienst, Werkstattersatzgeschäft, Versicherungsgeschäft) tätig sind, gibt es eine Vielzahl von lokalen Anbietern, speziell in Ballungsräumen und in touristischen → Destinationen. Auf diese Anbieter greifen Urlaubsreisende ebenfalls direkt zu.

### 3　Geschäftsmodelle

Während die oben genannten Marktführer in der Regel ihre Mietwagen im Eigen- oder Franchisevertrieb (→ Franchise) über ihr Filialnetz vertreiben, so treten im touristischen Marktsegment vermehrt → Broker auf, die als Vermittler von Ferienmietwagen tätig sind. In Deutschland sind dies z.B. Holiday Autos und Sunny Cars. → Reisemittler erhalten für den Vertrieb von diesen Anbietern 13 % - 17 % Provision.

Eine neue Entwicklung ist der verstärkte touristische Absatz der oben genannten Autovermieter. Als Beispiel dient Sixt mit seinem Reisebüro-Außendienst. Zielsetzung ist die Bindung von → Reisebüroketten an den Mietwagenanbieter durch den persönlichen Kontakt und durch Provisionszahlungen von 10 % - 20 %, abhängig vom Umsatz (FVW 2007 a). Im touristischen Geschäft werden diese Eigenanbieter auch vermehrt als Broker tätig. Als weiteres Tool zur Bindung von Reisebüros und zum Verkaufsanreiz für → Expedienten bieten einzelne Mietwagenanbieter Bonusprogramme zum Einlösen von Prämien speziell für Reisebüroexpedienten an, wie z.B. ‚Sixperts' von Sixt und ‚Rabatte tanken' von Holiday Autos (FVW 2007 b). Eine ebenfalls neue Entwicklung im Markt ist das Engagement von → Reiseveranstaltern als Mietwagenbroker. TUI Cars dient hier als Beispiel. In den veranstaltereigenen und kooperierenden Reisebüros besitzen diese Anbieter in der Regel Verkaufspriorität. Ferner werden Mietwagen für Pauschaltouristen über Reiseveranstalter angeboten. Besonders hervorzuheben sind hier Veranstalter, die auf Länder spezialisiert sind, in denen Reisen einen hohen individuellen Wert für den Reisenden haben. Reisen nach Nordamerika, aber auch nach Australien und Neuseeland, sind Beispiele für traditionelle Märkte von dieser Art von Mietwagengeschäft. Reiseveranstalter bieten Mietwagenprodukte von Anbietern aus diesen Ländern (z.B. Alamo, Dollar Rent-A-Car, National CarRental) als Baustein einer → Pauschalreise in ihren Katalogen an.

## 4  Geschäftsfelder

Die Anbieter von Mietwagen haben neben dem eigentlichen Vermietgeschäft weitere Geschäftsfelder, die zu den Verkaufserlösen beitragen. Besonders erwähnenswert ist der → Cross-Selling-Bereich. Hier werden Zusatzprodukte, wie Haftungsreduzierungen im Falle eines Unfalls oder eines Fahrzeugdiebstahls, dem Kunden forciert verkauft. Bei Haftungsreduzierungen handelt es sich nicht, wie oftmals fälschlicherweise angenommen, um Vollkaskoversicherungen, die im Schadensfall eintreten. Vielmehr handelt es sich um eine versteckte, höhere Vermietrate. Die Einnahmen für die Haftungsreduzierung werden nicht an eine Versicherung weitergeleitet. Die vom Kunden geleistete Zusatzzahlung lässt andere Vermietkonditionen zu, welche seine Haftung reduzieren. Es handelt sich somit nicht um eine Versicherungsprämie, sondern um einen zusätzlichen Umsatz für den Autovermieter.

Neben dem gerade geschilderten Cross-Selling wird auch → Up-Selling betrieben. Der Kunde erhält die Option, ein Fahrzeug aus einer höheren Kategorie gegen Aufpreis zu erhalten. Weniger kundenfreundlich sind sogenannte *ghost-sell-ups*, bei denen dem Kunden eine höhere Fahrzeugkategorie zu einem Aufpreis angeboten wird, obwohl das vom Kunden reservierte Fahrzeug an der Vermietstation nicht vorhanden ist und somit nicht vermietfähig ist. Da der Kunde dies nicht ahnt und es ihm nicht mitgeteilt wird, wirkt dies auf ihn wie ein *sell-up*. Sell-ups sind nicht zu verwechseln mit → Upgrades, bei denen der Kunde kostenlos eine höhere Fahrzeugkategorie erhält.

Auch der Fahrzeugankauf und Fahrzeugverkauf ist grundlegend für den Geschäftserfolg der Autovermietungen. Große → Kontingente von Fahrzeugen werden mit Rabatten eingekauft und stehen in der Regel über einen Zeitraum von sechs Monaten zum Vermieten zur Verfügung. Manche Mietwagenanbieter kaufen jedoch ihre Fahrzeuge bei lokalen Händlern, um diese nach dem Ende der vereinbarten Laufzeit wieder an den Händler zu verkaufen *(buy-backs)*. Der Rückkaufwert errechnet sich aus einem im Vorfeld festgelegten monatlichen Abschreibungswert. Der Vorteil beim Kauf von lokalen Händlern ist die Möglichkeit, Gegengeschäfte in Form von Werkstatersatzmieten und Versicherungsvermietgeschäften von den Autohändlern und deren angegliederten Werkstätten vermittelt zu bekommen. Diese Form von Kundenakquise, sowie der direkte Weg über Versicherungsgesellschaften als bevorzugter Autovermieter für das Unfallgeschäft, haben einen hohen Stellenwert, da der Mietwagenmarkt sich vermehrt zu einem Verdrängungsmarkt entwickelt. Mietwagen werden auch zunehmend im Fuhrparkmanagement von Firmen eingesetzt und ersetzen Leasingverträge.

Die Teilnahme an → Vielfliegerprogrammen von Linienfluggesellschaften spielt eine wichtige Rolle für die Kundenbindung im Mietwagengeschäft.

Zum einen können Fluggesellschaften mit Mietwagenpartnern ihr Vielfliegerprogramm attraktiver gestalten, zum anderen erhalten Mietwagenanbieter somit neue Kunden, die ein hohes Stammkundenpotential aufweisen. In Europa haben zudem → Billigfluggesellschaften ihren Partnerautovermietern zu neuem Geschäft verholfen, da Vermietstationen an sekundären → Flughäfen entstanden sind, die mit dem öffentlichen Nahverkehr nur sehr schwer oder gar nicht erreichbar sind. *(fmh)*

*Literatur*
Crowther, David 2007: Avis Budget Group Q4 2006 Earnings Call Transcript. http://seekingalpha.com/article/27678 (21.02.2007)
ERAC 2007: Enterprise Rent-A-Car Hits New Billion-Dollar Revenue Mark for 3rd Consecutive Year. http://www.erac.com/recruit/canada/news_detail.asp?navID=frontpage&RID=203&strLang=eng (27.09.2006)
Europcar 2007: Europcar full year results for 2007. www.europcar.com (21.03.2007)
FVW 2007 a: Gerangel um die Urlaubsreisenden. In: FVW 13/2007, S. 82
FVW 2007 b: Viel Futter für Jäger und Sammler. In: FVW 10/2007, S. 35
Hoovers 2007: Hertz Global Holdings, Inc.: http://www.hoovers.com/hertz/--ID__43299--/free-co-factsheet.xhtml (26.07.2007)
Marks, Jerry 2007: Hertz's 2006 Results: Finding the Forest in the Trees: http://transport.seekingalpha.com/article/29777 (16.03.2007)
Münck, Rita 2007: Wettstreit um Pole Position. In: FVW 8/2007, S. 78
Sixt 2007a: Sixt-Konzern erreicht 2006 Rekordwerte bei Umsatz und Ertrag: http://ag.sixt.de/presse/news/mitteilung.php?sel_msg=20070315 (15.03.2007)
Sixt 2007b: Geschäftsbericht 2006: http://ag.sixt.de/finanzen/geschaeftsberichte/geschaeftsbericht_2006/024_SX_GB06_gb_av02.php (26.07.2007)

**Mietwagen-Zusatz-Haftpflicht-Versicherung (MZV)**
*excess liability insurance for rented cars*
Da die gesetzlichen Regelungen – wie in den USA und Kanada – nur den Abschluß geringer Versicherungssummen vorschreiben, empfiehlt sich der ergänzende Versicherungsschutz einer Mietwagen-Zusatz-Haftpflicht-Versicherung. Die MZV bietet nicht nur Deckungsschutz entsprechend der abgeschlossenen Versicherungssumme (zwei Millionen EURO empfehlen sich), sondern vor allem übernimmt der Versicherer die Abwehr und unberechtigte Schadenersatzansprüche der Geschädigten und Verletzten aus dem Land, in dem sich der Unfall ereignet. Voraussetzung für den Versicherungsschutz ist, daß für den Mietwagen im Ausland eine Autohaftpflicht-Versicherung besteht, die mindestens den gesetzlichen Erfordernissen des betreffenden Landes genügt (→ Mietwagen). *(hdz)*

**Mindestaufenthalt**
*minimum stay*
Die Mindestaufenthaltsdauer definiert die untere Grenze der Verweildauer am Zielort. Über diese Bindung an die Mindestverweildauer ergeben sich kalkulatorische Möglichkeiten der Preisberechnung.

**Mindestumsatz**
*minimum sales, minimum turn-over*
Mindestumsätze werden festgelegt, um die Kosten im Bereich von Distribution und Kommunikation zu reduzieren. Eine besondere Begründung kommt zudem aus verwaltungstechnischer Perspektive. Hier geht es darum, die IT-Kosten zu begrenzen. → Reiseveranstalter und → Leistungsträger im Tourismus schreiben im Rahmen ihrer Provisionsgestaltung in den Agenturverträgen Mindestumsätze vor. Hiervon ausgenommen sind klei-

nere und mittlere Veranstalter, die weitestgehend auf das Festlegen von Mindestumsätzen verzichten. Um wettbewerbsfähig zu sein, müssen sie zudem relativ hohe Grundprovisionen gewähren. Geringer Bekanntheitsgrad und geringe Sortimentsdichte verlangen solche Gestaltungsmaßnahmen. Gewissermaßen findet so durch den Verzicht auf die Steuerung durch den Mindestumsatz eine Verschiebung zur hohen Provision im positiven Sinne für den Kunden statt.

Erreichen Reisemittler nicht den verlangten Mindestumsatz, bleibt ihnen immerhin die Möglichkeit, Kooperationen beizutreten, die es auch den ‚Kleinen' durch ihre Verhandlungsmacht ermöglichen, die großen Veranstalter zu verkaufen. *(hdz)*

**Mindestumsteigezeit**
*minimum connecting time*
Die Zeit, die man auf einem Bahnhof oder Flughafen mindestens benötigt, um eine Anschlußverbindung zu erreichen. Auf verschiedenen → Flughäfen kann diese Zeit aufgrund baulicher, organisatorischer (zum Beispiel Wechsel des → Terminals) und sicherheitstechnischer Faktoren ganz unterschiedlich sein. Darüber hinaus variieren die Mindestumsteigezeiten zwischen Inlands-, kontinentalen und interkontinentalen Flügen. *(jwm)*

**Minimum Connecting Time**
→ Mindestumsteigezeit

**Minisuite**
→ Zimmertypen

**Mischpacht**
→ Hotelpacht

**Mise en place**
*prepreparation*
Wörtliche Übersetzung aus dem franzö-

sischen: an den Platz gestellt, gelegt. Im übertragenen Sinn der Fachbegriff für Vorbereitungsarbeiten im Küchen- und Servicebereich. *(wf)*

**MoD**
→ Manager on Duty

**Modified American Plan**
→ Halbpension

**Molton**
*undercloth*
In der Gastronomie der Begriff für eine Tischauflage, die aus beidseitig aufgerauhtem Baumwollgewebe oder synthetischen Fasern besteht. Die weiche (*mol* [franz.] = weich) Tischauflage bildet die Unterlage für Tischdecken.

Moltons übernehmen folgende Funktionen: Geräuschdämmung, Aufsaugen von verschütteten Flüssigkeiten, Schonung des Geschirrs, der Tischwäsche und der Tischplatte, Fixierung der Tischdecke. *(wf)*

**Monsterwelle**
→ Kaventsmann

**Montrealer Abkommen**
*Montreal Convention*
In Ablösung des Warschauer Abkommens aus dem Jahr 1929 schreibt das in Deutschland seit dem 29. Juni 2004 in Kraft getretene Montrealer Abkommen in der Luftfahrt u.a. die folgenden Haftungsregeln für Reisegepäck (→ Reisegepäck-Versicherung) vor:

❖ Inlandsflüge: € 1.636,- für das gesamte Gepäck einschließlich Garderobe
❖ Auslandsflüge: € 27,35 je Kilogramm Gepäck
❖ Für Handgepäck und Garderobe zusätzliche Haftung bis € 547,-

❖ Keine Haftung: Fluggesellschaften haften nicht für Geld, Schmuck und andere Wertsachen in Gepäckstücken. → P.I.R. *(hdz)*

**Morning Call**
→ Weckruf

**Motel**
Abkürzung für *motorist's hotel* bzw. Wortkomposition aus *Motor* und *Hotel*. Beherbergungsbetrieb, der auf die Bedürfnisse von motorisiert Reisenden ausgelegt ist.

Charakteristisch für die Betriebe ist die Lage an stark frequentierten Verkehrsadern (Highways, Autobahnen, Schnell- oder Ausfallstraßen). Motels bieten in der Regel kostenlose Parkplätze, die in unmittelbarer Nähe zu den Gästezimmern bzw. Wohneinheiten liegen. Der Zugang zu den Zimmern erfolgt nicht über öffentliche Räumlichkeiten (Empfangsbereich), sondern direkt. Da der Großteil der Gäste nur eine Nacht verweilt, ist das Verhältnis zwischen Hotelbetreiber und Gast eher anonym.

Die USA der 1920er Jahre gilt als Geburtsstätte dieses Beherbergungstyps. Die Beherbergungsbetriebe zeichneten sich ursprünglich durch geringe Zimmeranzahl, einfache Bauweise und Ausstattung und eingeschränkten Service aus, das Zimmerpreisniveau war niedrig. Mit dem Ausbau des Straßennetzes und der Zunahme des Automobilverkehrs in den USA nahm die Anzahl der Motels stark zu und übertraf schließlich die der Hotels. Mit der Zeit glich sich der Betriebstyp in Bauweise, Ausstattung und Service an den Betriebstyp Hotel an, so daß die Grenzen zwischen den beiden Betriebstypen heutzutage fließend sind (Rutes, Penner & Adams 2001, S. 44 ff.; Powers & Barrows 2005). Synonyme Begriffe: Motor Hotel, Motor Inn, Motor

Lodge, Roadside Hotel. *(wf)*
*Literatur*
Powers, Tom; Clayton W. Barrows 2005: Introduction to Management in the Hospitality Industry, New York: John Wiley & Sons (8th ed.)
Rutes, Walter A.; Richard H. Penner & Lawrence Adams 2001: Hotel Design, Planning and Development. New York, London: W.W. Norton & Company

**Motor Hotel**
→ Motel

**Motor Inn**
→ Motel

**Motor Lodge**
→ Motel

**Muße**
*leisure*
σχολη *(s'cholä,* griech.); *otium* (lat.); *loisir* (franz.). Muße ist eine Lebensweise, die innerhalb der Arbeitswelt den Zustand der inneren Besinnung auf das Wahre, Schöne und Gute im menschlichen Dasein bedeutet, auf Sinn und Wert der Arbeit, auf das Verhältnis von Mensch zu Gott, auf den Sinn des Lebens überhaupt. Muße ist die Zeit, die man haben sollte, um grundsätzliche Fragen und Antworten in sich entstehen zu lassen, die Zeit für das zweckfreie Erleben von Kunst und auch für die Suche nach Wissen, das über den Alltag hinaus trägt, Zeit für die Besinnung auf den eigenen Lebenslauf und auf die Beziehung zu nahen und fernen Menschen. Muße ist wirkliches, nicht-entfremdetes Mensch-Sein (→ Authentizität). Muße entsteht also nur in der Entgegensetzung zu den Zwängen der Arbeitswelt und ist allein durch diese Tatsache definiert. Muße gibt es nur in einem durch Arbeit bestimmten Dasein; sie ist (recht verstanden) die höchste Form des vernünftigen, selbst-

bestimmten, aktiven Lebens.

Obwohl Muße (Darstellung hier nach Martin 1984) einer der ältesten und für die menschliche Existenz wichtigsten Begriffe in Theologie und Philosophie unseres abendländisch-christlichen Kulturkreises ist, wird das Wort kaum noch umgangssprachlich gebraucht (vgl. zur quantitativen Frequenz die URL im Literatur/Quellen-Anhang). Das Wort ‚Muße' ist im aktiven deutschen Sprachgebrauch zwar immer noch vorhanden, kommt aber im Sinn-Zusammenhang, dort wo man es verwenden müßte, wenn die Sache ‚Muße' gemeint ist, meist nicht mehr vor. Wenn von der Lebensweise der Muße gesprochen wird, werden statt dessen Worte gebraucht, wie z. B. freie Zeit, Freizeit, Feierabend, Wochenende, → Urlaub, Ferien, Hobby. ‚Muße' als eigenständiges Wort hat dann nur noch die negative Bedeutung in der Wortzusammensetzung Müßiggang, bedeutet Zeit-vertreib, Zeit tot schlagen, wo sie doch gerade den Zeit-Erwerb beinhalten sollte (→ Freizeit).

Für → Tourismus und Freizeitindustrie kann und muß die recht verstandene ‚Muße' trotz alledem eine Geschäfts-Voraussetzung und eine qualitativ neue Entdeckung werden. Denn der stets hoch leistungs-motivierte und streß-geplagte Zivilisationsmensch des oberen Leistungs- und Einkommens-Segmentes benötigt die Muße als Fähigkeit zur Selbst-Besinnung, die vielen neu vermittelt werden muß. Ohne Muße würde der Zivilisations-Mensch als Konsument von Tourismus-Dienstleistungen früher oder später ausfallen, weil der → Streß ihn gefällt hat. Muße kann ein neuer Königsweg zum Tourismus sein, wenn man sie als Ziel und nicht als Mittel zum Zweck begreift.

## 1   Theologie der Muße – Am siebten Tage ruhte Gott

„Am siebenten Tag vollendete Gott das Werk, das er geschaffen hatte, und er ruhte am siebenten Tag. Und Gott segnete den siebenten Tag und erklärte ihn für heilig" (Genesis). Mit dieser Verkündigung aus dem Alten Testament wurde die Muße zum göttlichen Beispiel und Auftrag. Kein Tyrann, kein Arbeitgeber, kein *workaholic* Über-Ich, kann oder sollte dem Menschen diese Besinnung nehmen dürfen. Weil es aber im Wesen des Menschen liegt, seine göttlichen Eigenschaften zu verkennen und das Privileg der Gottähnlichkeit zu vertun, pervertiert er auch Muße zum Müßiggang, verkehrt Ruhe in Freizeitbeschäftigung und verliert sich somit selbst.

Das Paradies, in das der jüdisch-christliche Gott die Menschen gesetzt hat, war nicht von langer Dauer. Nach der Vertreibung daraus waren harte Arbeit und stetiges Bemühen angesagt (östliche Kulturen kennen offenbar diesen Dualismus von Umtriebigkeit und Muße nicht). Aber ist das Paradies wirklich das Ziel des wahren Müßig-Gängers oder doch eher das Ideal des Tätigen, oder ist es der Zustand, in dem Muße und Tätigkeit sich noch nicht widersprachen?

## 2   Sozialphilosophie der Muße – Freiheit zur Selbstverwirklichung 'Schule' gegen das Banausentum. Otium und Negotium (Muße und umtriebiges Verhalten)

Für die alten Griechen war Muße der Auftrag an die Reichen und Weisen und die Tugend derjenigen, die ‚Besitz und Bildung' hatten (Musil 1931). Ihr Auftrag war es, die ‚ewigen Werte' zu formulieren und zu bewahren. Sie mußten sich nicht um die Produktion wirtschaftlicher Güter bemühen; das taten die einfachen

Menschen und vor allem die Sklaven, die Banausen (βαναυσοι, *banausoi*). Allerdings gab nur die Polis, das wohl geordnete demokratische Gemeinwesen der berechtigten Bürger, die Möglichkeit zur Muße – die Unberechtigten waren ausgeschlossen. Und jeder Bürger dieses Ständestaates hatte seinen festen Platz in der arbeitsteiligen Gesellschaft. Etwas später in der Antike hieß es dann, daß man zunächst banausisch arbeiten müsse, um Zeit und Gelegenheit für die Muße zu erwerben. Das instrumentelle Verhältnis von umtriebiger Arbeit und erholsamer Muße war entstanden. Forthin mußte und durfte sich jedermann die Lizenz zum Denken mühevoll erwerben.

### 3   Ästhetik und Ethik der Muße
– Kunst-Betrachtung
Zeit für die Freien Künste; das Schöne beruhigt den Umtriebigen

Kunst öffnet den Blick auf das Wahre, Schöne und Gute, selbst wenn die Wahrheit unschön, das Schöne unwahr und das Gute bös verderbt ist. Dies alles zu erkennen und zu verstehen, kann nur gelingen, wenn der menschliche Geist sich frei macht von den Zwängen des Broterwerbs (der ‚Subsistenz') und der Machtkämpfe. Kunst kann nur in Muße entstehen und in ihr wirken. Eine Gesellschaft, die solcher Muße keinen Raum läßt, die Müßig-Gänger zur Hektik treibt, den Kulturbetrieb zum Maß des Schöpferischen erklärt und fördert, kurz: Die Normen der Leistungsgesellschaft schaffen keinen Nährboden für ein geistig produktives Leben und Wirken. Muße ist, genau so wie die antike Philosophie, Selbstzweck. Was ist dann ihr Wert im gesellschaftlichen Produktionsprozeß? Ganz einfach: Ihr Wert ist, überhaupt ‚Wertvolles' erkennen zu können, ‚Sinn' zu verstehen, damit ‚Sinnvolles' und somit Nützliches geschaffen werden kann. Denn

Schönheit, echte oder falsche, beruhigt und schafft die geistigen Ressourcen, die im gesellschaftlichen Produktionsprozeß gebraucht und verbraucht werden.

### 4   Pragmatik der Muße
– Tourismus, Entspannung, ‚Hobby', Muße und Qualität

Der moderne Zivilisationsmensch hat das Schema von entfremdender und fremdbestimmter Arbeit einerseits und angeblich frei machender Freizeit andererseits verinnerlicht. Es sind zwei Existenzweisen entstanden, die nebeneinander unser Leben bestimmen: Werktag und Wochenende, bezahlte Arbeit und gesetzlicher Urlaubsanspruch. Trotz dieser Tatsache und trotz aller theologischen und philosophischen Ideale – Muße muß erworben, gelebt und erhalten werden. Um wenigstens ein Stück von der verlorenen paradiesischen und frei-denkenden Muße wieder zu bekommen, bedarf es in der organisierten und verwalteten Welt fester Strukturen und erprobter Prozesse. Die Tourismus-Industrie kann diese Strukturen und Prozesse liefern, wenn sie sich bewußt ist, daß sie nicht nur Zerstreuung und Ablenkung verkauft, sondern auch Meditation, Verinnerlichung und Sinnhaftigkeit. Hier folgt eine kleine Auswahl von Tourismus-Produkten, die der recht verstandenen Muße dienen:

- ❖ sanfter Tourismus, der weder Mensch noch Umwelt vergewaltigt
- ❖ Hobby-Kurse in einem kreativen Ambiente, wo man seine verschütteten Fähigkeiten entdecken lernt
- ❖ alle Bildungsreisen, die dem Verständnis eines großen Kulturwerkes oder eines großen Naturschauspiels dienen und nicht dem Abspulen geistloser Besichtigungs-Marathons
- ❖ alle Gelegenheiten, die dem Bildungsurlaub im Sinne der beruf-

lichen Fort- und Weiterbildung und
dem lebenslangen Lernen dienen
– z. B. fremdsprachliche Fortbildung,
Schnupperkurse in ausgefallenen Berufen und in deren Ambiente – hier
wird der Gegensatz von entfremdender Arbeit und Muße teilweise
wieder aufgehoben

❖ Lese- und Erlebnisreisen zu
den Schauplätzen großer Werke
der Weltliteratur – zu sehen lernen, was die Autoren selbst gesehen oder zumindest phantasiert
haben – auf den Spuren Homers
nach Griechenland und Kleinasien,
oder mit Karl May in den Wilden
Westen

❖ Philosophieren, Meditieren, Selbst-
erfahrung in Gesprächen und Begegnungen – all dies für die, welche
dazu einen äußeren Anreiz und eine
geschickte Moderation brauchen.

Das Gegenteil dieser Muße-beton-
ten Tourismus-Produkte ist der
→ Massentourismus in komfortablen
MASSENquartieren mit dem Standardrepertoire an Spaß und Unterhaltung.

Eine ganz andere Pragmatik der Muße
findet sich direkt in der Arbeitswelt
und ist die Muße zur Qualitätsarbeit
(von Baeyer 2001). Muße ist auch die
Voraussetzung dafür, daß wertbestän-
dige, den Schöpfer wie auch den Nutzer
befriedigende Werke entstehen können.
„Gut Ding will Weile haben.“ Dies gilt
natürlich für Kunstwerke, Werke des
Kunsthandwerks, der Handwerkskunst
aller Art und nicht zuletzt für wertvolle Industrieprodukte der oberen Preis-
und Leistungsklasse. Muße wird hier
verstanden als Konzentration auf das
Wesentliche bei der Arbeit.

## 5 Perversion der Muße

– Müßiggang ist aller Laster Anfang
Man kann auch alles übertreiben.

In drei Richtungen pervertiert die
Muße:

❖ in den ordinären Müßiggang des individuellen Dandys oder seiner vielfältigen Kopien

❖ in die politisch gelenkte Freizeitgestaltung der faschistisch-sozialisti-
schen Massenbewegungen (→ KdF)

❖ und in die ästhetisierende Spekulation
weltfremder Gelehrsamkeit.

### 5.1 Der Müßiggang

Wahre Muße kann ganz schön mühsam
sein. Man will das jedoch meist vermeiden;
und daher sucht man den Lustgewinn zu
erhalten, der durch zwanglose Freiheit
entsteht, ohne die damit verbundene
Arbeit des Denkens und Verstehens zu
leisten. So wird aus Muße der Müßiggang:
Das Abschalten vom Alltag gelingt, aber
die Vernunft kann nicht geweckt werden.
Infolgedessen entstehen keine Werte,
wird kein Sinn gestiftet, und es bleiben
die geistigen Ressourcen unerneuert. Die
Last der Dummheit und das Laster der
unkreativen Denkfaulheit dürfen unge-
stört wachsen.

### 5.2 Gelenkte Freizeitgestaltung

Alle Massenbewegungen mit religiöser
oder politischer Absicht haben rasch
erkannt, daß man den Sinn fürs Höhere
und auch die Lust am Denken einfach
manipulieren und lenken kann. So wird
die Vernunft zwar aufgeweckt, aber dann
sogleich wieder in einen Dämmerschlaf
versenkt. Und dann ist es ein Leichtes,
Monster (Goya) des Denkens und der
Tat zu erzeugen. Diese Perversion der
Muße ist die gefährlichste. Ein verant-
wortungsbewußter Tourismus sollte ihr
nicht erliegen und ihr vielmehr entgegenwirken; Tourismus sollte von daher auch

frei von Ideologien sein. Recht verstandene Pilgerfahrten in großen Gruppen, fallen nicht unter den hier geäußerten Ideologie-Verdacht.

### 5.3 Weltfremde Gelehrsamkeit

Eigentlich ist sie harmlos, aber die blasse Gelehrsamkeit läßt sich so leicht mißbrauchen. Die Freude am guten Gedanken und am schönen Wort ist der erste Lohn des besinnlichen, vernünftigen Lebens, der *vita contemplativa*. Wer es jedoch hierbei bewenden lässt, verfehlt den Auftrag der Muße und verschenkt die Gestaltungsmöglichkeit, die durch Muße in der *vita activa* entstehen kann. Die schrecklichen Vereinfacher haben es leichter, zur Machtergreifung zu eilen, weil ihnen keine aktive Vernunft entgegengesetzt wird. – Alles in allem: Muße ist Glück, das Glück des Aktiven, dem Vernunft nicht lästig wird. (→ Erholung) *(avb)*

*Literatur*
Baeyer, Alexander v. 2001: Qualität als ethischer Begriff. In: Hans-Dieter Zollondz (Hrsg.): Lexikon Qualitätsmanagement. München, Wien: Oldenbourg, S. 810-813
Deissler, Alfons; Anton Vögtle (Hrsg.) 2005: Neue Jerusalemer Bibel. Deutsch Freiburg, Basel, Wien: Herder, Das Buch Genesis, 2, 2-3; S. 15 f. (11. Aufl.)
Leder, Susanne 2007: Neue Muße im Tourismus. Eine Untersuchung von Angeboten mit dem Schwerpunkt Selbstfindung und Entschleunigung, Paderborn: Universität GH Paderborn FB 1
Goya, Francisco: Radierung mit dem Titel „El sueno de la razon produce monstruos"
Martin, N. 1984: Muße. In: Ritter, J.; K. Gründer (Hrsg.): Historisches Wörterbuch der Philosophie, Basel: Schwabe, Band 6
Musil, Robert 1931/1999: Der Mann ohne

Eigenschaften, Erstes Buch, Erster Teil, Abschnitt 24, Reinbek: Rowohlt
URL-Nachweis: Häufigkeitsklasse 13 (d.h. das Wort „der" ist ca. $2^{13}$ mal häufiger als das Wort „Muße". Im Vergleich: Freizeit und Tourismus sind Häufigkeitsklasse 11. Quelle: http://wortschatz.uni-leipzig.de/

## Musterberechtigung

*type rating*
Die Pilotenlizenz für Verkehrsflugzeugführer (*Air Transport Pilot Licence*, ATPL) berechtigt nur zur Führung von in den Luftfahrerschein eingetragenen Flugzeugmustern. Diese Eintragung setzt nach § 67 der Verordnung über Luftfahrtpersonal (LuftPersV) eine theoretische und praktische Einweisung auf ein Flugzeugmuster voraus. Bei Verkehrsflugzeugen kann sie mehrere Wochen dauern. Aus Sicherheitsgründen erfolgt daher in der Regel (→ Cross Crew Qualification) nur eine Mustereintragung, die jeweils die gleiche Gültigkeitsdauer wie die Pilotenlizenz hat. *(jwm)*

## Musterzulassung

*certificate of airworthiness, (CoA)*
Dokument, mit dem ein Flugzeugmuster von den nationalen Luftfahrtbehörden (in Europa von den → Joint Aviation Authorities [JAA] bzw. ihrer Nachfolgeorganisation, der → European Aviation Safety Agency [EASA]) zugelassen wird. Ohne die Musterzulassung kann keine Einzelzulassung von Flugzeugen erfolgen. *(jwm)*

## Mystery shopping

→ Silent shopping

# N

**Nachhaftung**

*extended liability period*

Typischer Begriff der Auslandsreise-Krankenversicherung, in dem – je nach Versicherer – geregelt wird, bis zu welchem Tag ab Beginn der Heilbehandlung Leistungen erbracht werden. Da sich im Rahmen der Durchführung des medizinischen Rücktransports konkret die Frage stellt, wielange der Reisekrankenversicherer seine Leistungen erbringt, wenn die Zeit der versicherten Reise abgelaufen ist, muß eine Aussage in den → Allgemeinen Versicherungsbedingungen (AVB) hierzu getroffen werden. Versicherer sehen hier ein Nachhaftungszeit bis zu 45 Tagen ab Beginn der Behandlung vor. *(hdz)*

**Nachhaltiger Tourismus**

*sustainable tourism*

## 1 Ausgangspunkt

Tourismus hat sich weltweit zu einem wichtigen Eckpfeiler vieler Volkswirtschaften entwickelt. Unter dem Deckmantel wirtschaftlicher Erfolge wurde und wird vielerorts allerdings immer noch großzügig über die negativen Folgen dieses Tourismus-Booms hinweggesehen. Erst seitdem Anfang der 1980er Jahre die sozialen und ökologischen Auswirkungen dieser Massenbewegung immer stärker in Erscheinung traten, setzte eine intensive Debatte über Alternativen der Tourismusentwicklung ein. Aus diesen Anfängen der Tourismuskritik ist mittlerweile ein schier undurchdringlicher Dschungel von Begrifflichkeiten mehr oder weniger alternativer Konzeptionen geworden. Seit dem Beginn der ‚Rio-Debatte‘ über nachhaltige Entwicklung scheint sich die Idee eines nachhaltigen Tourismus international jedoch durchzusetzen. Dennoch gibt es bislang noch keine allgemeingültige Verständigung über dessen genaue Bedeutung. Ein definitorischer Ansatz zur Umsetzung erweist sich somit als schwieriges Unterfangen.

Maßgeblich geprägt durch den 1987 erschienen Bericht der Brundtland Kommission für Umwelt und Entwicklung und die Umweltkonferenz der Vereinten Nationen in Rio de Janeiro (1992) wurden vor allem seit Anfang der 1990er Jahre verstärkte Anstrengungen unternommen, das Konzept nachhaltiger Entwicklung *(sustainable development)* auch im Bereich des Tourismus umzusetzen. Demzufolge soll Tourismusentwicklung neuen Prioritäten und Richtlinien folgen, indem sie ökologische, wirtschaftliche und sozio-kulturelle Aspekte gleichermaßen miteinander in Einklang zu bringen versucht. Doch auch wenn sich dieser Grundgedanke nachhaltiger Entwicklung prinzipiell im Tourismusbereich durchgesetzt hat, werden konkrete Fragen der Implementierung weiterhin kontrovers diskutiert.

Die Operationalisierung des Leitbildes eines nachhaltigen Tourismus geht bislang nur schleppend voran und im Zuge der Debatte, wie das komplexe und dynamische Nachhaltigkeitsprinzip anzustreben sei, ist es oft bei Absichtserklärungen geblieben. Es gibt keine klaren, allgemeingültigen Richtlinien, wie die gesteckten Ziele auch wirklich zu erreichen sind, was die gravierenden Mängel des gegenwärtigen Implementationsprozesses verdeutlicht. Als problematisch erweist sich oft die Kluft zwischen Rhetorik und tatsächlicher Richtungsänderung touristischer Entwicklung, die sich in der Dichotomisierung in einen pragmatischen und in einen eher fundamentalistischen Umsetzungsansatz polarisiert. Insgesamt werden somit trotz anfänglich vieler positiver Interpretationen zunehmend auch kritische Stellungsnahmen laut, die die Chancen für eine zukünftig nachhaltige Tourismusentwicklung eher pessimistisch bewerten.

## 2   Nachhaltige Entwicklung

Nachhaltigkeit als gesellschaftliches Ziel zukünftiger Entwicklung, wie sie zur Zeit weltweit propagiert wird, läßt sich bereits auf über 250 Jahre alte forstwirtschaftliche Prinzipien („es darf nur soviel Holz in einer Periode geschlagen werden, wie in dieser Zeit nachwächst") in Zentraleuropa zurückführen, ist jedoch nicht auf die Forstwirtschaft allein beschränkt, sondern umfaßt jegliche Tätigkeiten, die nicht erneuerbare oder endliche Ressourcen beinhalten. Auch nachhaltiger Tourismus basiert auf diesem Entwicklungsprinzip. Dessen moderne Wurzeln gründen sich in der Umweltbewegung der späten 1960er und frühen 1970er Jahre, als das Fortschritts- und Wachstumsmodell der Nachkriegszeit zunehmend in Frage gestellt und ökologische Grenzen wirtschaftlichen Handelns in Industrienationen immer offensichtlicher wurden, mit Implikationen weit

über nationale Grenzen hinweg.

Der Brundtland Bericht mit dem Titel *Our Common Future* (1987) hat diese Spannungen zwischen Ökologie und Ökonomie aufgegriffen und mit dem Konzept der nachhaltigen Entwicklung versucht, diese entgegengesetzten Positionen zu vereinbaren. Der Report, der postuliert, daß Entwicklung nachhaltig ist, wenn sie „die Bedürfnisse der Gegenwart befriedigt, ohne zu riskieren, daß zukünftige Generationen ihre eigenen Bedürfnisse nicht befriedigen können" (Hauff 1987, S. 46), hat sich zu einer wichtigen Grundlage des gegenwärtigen Nachhaltigkeitsverständnisses entwickelt. Eine Vereinbarkeit von nachhaltiger Entwicklung und Wirtschaftswachstum ist jedoch nicht unumstritten. Diese Kontroverse begründet sich in grundsätzlich unterschiedlichen Weltanschauungen (anthropozentrisch vs. ökozentrisch), die zum einen fundamentale Veränderungen des Status quo fordern, andererseits das Entwicklungsprinzip eher pragmatisch über Reformen bestehender Strukturen und Prozesse umzusetzen versuchen. Doch trotz dieser spannungsgeladenen Debatte über Semantik und die damit verbundenen philosophischen Konfliktlinien, ist es dennoch möglich, Gemeinsamkeiten zu erkennen. So lassen sich beispielsweise die meisten Ansätze konzeptionell auf der sogenannten Nachhaltigkeitstrias begründen, basierend auf den Säulen einer stabilen wirtschaftlichen Entwicklung, die Hand in Hand geht mit dem Gemeinwohl und dem Schutz der Ökosphäre.

## 3   Agenda 21 – Implementationsprozeß

Bei aller Kritik am Leitbild zukünftiger Entwicklung konstituiert das Konzept dennoch eine wichtige globale Vision, die den Handlungsspielraum für mögliche Implementationsstrategien festlegt. Während des Weltgipfels in Rio de Janeiro haben sich Regierungen und auch Nichtregierungsorganisationen zum Paradigma der Nachhaltigkeit zukünftiger Entwicklungen bekannt und zu einer nationalen Umsetzung im Rahmen der Agenda 21 verpflichtet. Auch wenn es bislang an der Operationalisierung der Bausteine nachhaltiger Entwicklung in der Praxis mangelt, geben solche Initiativen auf internationaler Ebene wichtige Impulse zur nationalen, regionalen und kommunalen Umsetzung und können somit als ein wichtiger erster Schritt auf dem mühsamen Weg hin zur Nachhaltigkeit gesehen werden. Allerdings hat eine Bestandsaufnahme der nationalen Implementationsprozesse in New York 1997 (Rio+5 Nachfolgekonferenz) und auch in Johannesburg 2002 (Rio+10 Nachfolgekonferenz) ein eher ernüchterndes Bild ergeben. Offensichtlich hinkt die Umsetzung doch stark den hochgesteckten Zielen hinterher. Ein Grund dafür ist sicher die fehlende Klarheit der Definition und der daraus resultierende Mangel an allgemeingültigen Implementationsstrategien.

Nachhaltige Entwicklung, wenn auch nicht beliebig in ihrer Ausgestaltung, ist voller Widersprüche, die in ganz unterschiedlichen Interpretationen und davon abgeleiteten Umsetzungsansätzen Ausdruck finden. Die Operationalisierung umschreibt daher dynamische und auch kontroverse sozialpolitische Prozesse, die von verschiedensten Interessen beeinflußt und durch Machtpolitik kontrolliert werden. Ohne die holistischen Aspirationen zu untergraben, verlangt das Konzept nach ständiger Weiterentwicklung und Adaptation im Konkreten. Die gegenwärtige Diskussion konzentriert sich daher auf das ‚Wie' nachhaltiger Entwicklung,

auf die beste Umsetzungsstrategie und lenkt dabei das Augenmerk auf konkrete Bezugspunkte, das heißt auf einen sektoralen, temporären und räumlich spezifischen Kontext, in dem das Leitbild Gestalt annehmen kann.

## 4 Nachhaltige Entwicklung und Tourismus

Auch wenn die Idee eines nachhaltigen Tourismus mittlerweile breite Akzeptanz gefunden hat, ist die Umsetzung dennoch im gleichen Maße umstritten wie auch die vieler anderer Entwicklungsprozesse. Die Nachhaltigkeitsdebatte im Tourismus wurde und wird sehr stark vom Brundtland Bericht und dem Rio-Folgeprozeß geleitet, so daß nachhaltiger Tourismus weitläufig verstanden wird als eine Entwicklung, die die Bedürfnisse der jetzt lebenden Touristen und Einheimischen erfüllt, ohne die Möglichkeiten der kommenden Generationen auf Befriedigung ihrer Bedürfnisse einzuschränken (WTTC *et al.* 1995, S. 30). Im Jahre 2004 hat die Welttourismusorganisation (WTO) ihre Definition von nachhaltigem Tourismus leicht abgeändert zu: „Richtlinien und Managementpraktiken für nachhaltige Tourismusentwicklung, die auf alle Destinationen und Tourismusformen, einschließlich des Massentourismus und verschiedener Nischenprodukte der Tourismusindustrie, anzuwenden sind. Nachhaltigkeitsprinzipien verweisen auf ökologische, ökonomische und sozio-kulturelle Aspekte touristischer Entwicklung, wobei ein für die dauerhafte Entwicklung angemessenes Gleichgewicht dieser drei Dimensionen gewährleistet sein muß" (WTO 2004; Übers. C.P.).

Generell ist eine solche konzeptionelle Verständigung zwar wichtig, eine erfolgreiche Umsetzung ist allerdings nicht nur ein wissenschaftlicher Diskurs, sondern vielmehr eine politische Frage, ein Prozeß, der von einer Vielzahl von Akteuren gesteuert wird. Es sind ihre Interessen und Vorstellungen, welche die Interpretation und Implementation eines nachhaltigen Tourismus gestalten. Akteure aus Politik, Gesellschaft, Wirtschaft und Wissenschaft verfolgen hierbei oft gegensätzliche Ziele, die das Konzept mit ganz unterschiedlichen Facetten und Schwerpunkten versehen. Es lassen sich daher auch im Bereich des Tourismus keine klaren konzeptionellen und praktischen Anleitungen erkennen. So wird nachhaltiger Tourismus zum Teil als ein neues Produkt oder Marktsegment propagiert, von anderen wird Nachhaltigkeit aber eher als Entwicklungsprinzip verstanden, als Leitmotiv für alle Aspekte touristischer Entwicklung.

## 5 Vom Leitbild zum Handeln

Richtungsweisend für Umsetzungsstrategien im Bereich Tourismus war im starken Maße die Rio Konferenz. So kann beispielsweise die Agenda 21 für die Reise- und Tourismusindustrie (1995) als eine der ersten signifikanten Initiativen hervorgehoben werden, das Nachhaltigkeitsparadigma in das Tourismussystem zu übertragen. Ein weiterer bedeutender Schritt auf internationaler Ebene war die Bekanntgabe eines umfassenden Programms für nachhaltigen Tourismus auf der 7. Jahreskonferenz der Kommission für nachhaltige Entwicklung in New York (1999). Dort wurden Regierungen aufgefordert, den auf der Rio Konferenz eingegangenen Verpflichtungen auch im Bereich des Tourismus bis zur Rio+10 Nachfolgekonferenz in Johannesburg (2002) nachzukommen. Auf diesem Weltgipfel wurden dann allerdings

die Fortschritte nicht nur im Sektor Tourismus letztendlich als eher schleppend und unzureichend beurteilt.

Die angeführten Initiativen verdeutlichen, daß sich das Leitbild eines nachhaltigen Tourismus international fest etabliert hat, aber auch daß es für eine erfolgreiche Implementation eines konkreten Raumbezugs auf regionaler und kommunaler Ebene bedarf. Hierbei wird die Operationalisierung durch unterschiedliche Ansätze geprägt, wobei vor allem Standardkonzepte, aber auch eher kontextspezifische empirische Analysen Anwendung finden. Um Erfolg oder Mißerfolg nachhaltiger Tourismusentwicklung erfassen zu können, konzentrieren sich standardisierte Ansätze vor allem auf die Entwicklung von Indikatorsystemen im Umweltbereich (zum Beispiel das Konzept der → Tragekapazität). Des Weiteren wird ein Schwerpunkt auf die Entwicklung vor allem angebotsorientierter Qualitätssicherung für einen nachhaltigen Tourismus gelegt (zum Beispiel verschiedene Gütesiegel). Diese Ansätze überbewerten allerdings oftmals technische Aspekte und vernachlässigen es dabei, Werte und Interessen der verschiedenen involvierten Akteure mit in die Diskussion einzubeziehen. Aber gerade diese Interaktionen und machtpolitischen Konstellationen prägen den Prozeß, der die Bedeutungsfindung und Umsetzung nachhaltiger Tourismusentwicklung steuert. Diese akteurs- und kontextbezogene Dynamik kommt vor allem dort zum Tragen, wo Nachhaltigkeitsstrategien in einem bestimmten räumlichen Zusammenhang ganz pragmatisch erarbeitet werden.

Somit wird offensichtlich, daß Nachhaltigkeit als eine sozialpolitische Herausforderung nur erreicht werden kann, wenn durch intensive Zusammenarbeit zwischen den unterschiedlichen gesellschaftlichen Kräften ein gemeinsamer Nenner gefunden wird. Es muß daher zu einem neuen Miteinander von Staat, Wirtschaft, Gesellschaft und Wissenschaft kommen, um in einem umfangreichen Dialog gemeinsame Zielsetzungen zu entwickeln und auch umzusetzen. Mehr Partizipation und Kooperation können Richtungsänderungen touristischer Entwicklung stärker legitimieren und somit das Steuerungspotential erhöhen, angemessen auf eine komplexe und dynamische gesellschaftliche Herausforderung, wie sie nachhaltiger Tourismus darstellt, zu reagieren.

Zusammenfassend läßt sich feststellen, daß trotz begrifflicher Vielfalt und Widersprüchlichkeit sowie ernüchternder Umsetzungsversuche, nachhaltiger Tourismus weiterhin eine positive Perspektive für zukünftige Tourismusentwicklung bietet. Bedingt durch seine Dynamik und Komplexität ist der gesellschaftliche Umdenkungsprozeß in Richtung Nachhaltigkeit allerdings bei Weitem noch nicht abgeschlossen, was sich in bislang nur geringfügigen Veränderungen am Status quo touristischer Entwicklung widerspiegelt. *(cp)*

*Literatur*

Hauff, Volker 1987: Unsere gemeinsame Zukunft. Der Bericht der Weltkommission für Umwelt und Entwicklung (Brundtland Bericht). Greven: Eggenkamp

World Tourism Organisation (WTO) 2004: Sustainable Development of Tourism. Conceptual Definition (www.worldtourism.org/sustainable/top/concepts.html)

World Travel and Tourism Council (WTTC), World Tourism Organisation (WTO) & Earth Council 1995: Agenda 21 for the Travel & Tourism Industry. Towards Environmentally Sustainable Development. London: WTTC

## Nachmeldefrist

*retroactive declaration period*

Wird erst später, also nicht an der Gepäckausgabe des Flughafens (→ Gepäckermittlung), ein versteckter Schaden am Reisegepäck entdeckt, muß dieser Schaden innerhalb von sieben Tagen schriftlich nachgemeldet werden. Damit ist die Frist gewahrt, die zur Anerkennung des Schadenfalles vorgeschrieben ist (→ Reisegepäck-Versicherung; → Fluggepäck). *(hdz)*

## Nachtflugbeschränkung

*night flight restriction*

Beschränkung von Flügen während der Nachtzeit zum Beispiel auf Postflüge und/oder auf Flugzeuge, die erhöhten Lärmschutzforderungen genügen. *(jwm)*

## Nachtflugverbot

*curfew*

Schließung von meist in der Nähe von Wohngebieten liegenden Flughäfen für Starts und Landungen während der Nachtzeit (zum Beispiel zwischen 22.00 und 06.00 Uhr lokaler Zeit). *(jwm)*

## Nachtportier

*night porter*

Der nachts Dienst tuende → Portier wird Nachtportier genannt. *(wf)*

## Nachtzug

*night train*

Der Nachtzug ist eine Zuggattung, die in Deutschland von der DB AutoZug betrieben wird. Mit Nachtzügen wird der Nachtreiseverkehr auch international in Europa durchgeführt. In Deutschland gibt es seit dem 9.12.2007 eine organisatorische Neuregelung, indem der sog. DB Nachtzug und die CityNightLine, ein Tochterunternehmen der DB, gemeinsam unter DB CityNightLine firmieren. Der Auftritt ist in weiß/roter Wagenfarbe erfolgt. (www.citynightline.de) *(hdz)*

**Naßcharter**
*wet lease*
Vermietung eines Flugzeuges inklusive
Betriebsmittel und Besatzung an eine
Fluggesellschaft. Solche Verträge werden
zum Beispiel von Ferienfluggesellschaften
mit anderen Fluggesellschaften abgeschlossen, um bei Ausfall eines Flugzeuges schnellen Ersatz zu haben oder
um in der Hochsaison kurzfristige Nach-
fragespitzen abdecken zu können, für
die eine Flottenerweiterung unwirt-
schaftlich wäre. Im Zubringerverkehr
zu den → Drehkreuzen der großen Netzfluggesellschaften sind solche Verträge
ebenfalls üblich. So fliegen zum Beispiel
Augsburg Airways und Contact Air im
*wet lease* für Lufthansa Regional. Die
beiden Subunternehmer bekommen
feste Raten für ihre Flüge, während die
Lufthansa das Auslastungsrisiko für die
Flüge unter Lufthansa-Flugnummern
übernimmt.
   In der → Allgemeinen Luftfahrt wird
darunter die Vermietung von Flugzeugen
inklusive aller Betriebsmittel (Treibstoff,
Schmiermittel usw.) an Privatpiloten verstanden. *(jwm)*

**Nationaleinkommen**
*national income*
Nationaleinkommen oder Sozialprodukt
ist die Summe aller in einer Volkswirtschaft
in einer bestimmten Periode (Jahr)
produzierten und mit Preisen bewer-
teten Waren und Dienstleistungen.
Nach dem Europäischen System der
volkswirtschaftlichen Gesamtrechnung
von 1995 (ESWG) werden die Na-
tionaleinkommensgrößen wie folgt berechnet (in Klammern Werte für das Jahr
2005 für Deutschland):
   → Bruttowertschöpfung    (2.027,50
   Mrd. €)
+  Gütersteuern, z. B. Mineralölsteuer,
   Teesteuer usw. (+224,50 Mrd. €)

−  Gütersubventionen (-6,50 Mrd. €)
=  Bruttoinlandsprodukt    (2.245,50
   Mrd. €)
+  Saldo der Erwerbseinkommen aus
   dem Ausland
+  Produktions- und Importabgaben an
   das Ausland (+3,77 Mrd. €)
−  empfangene Subventionen aus dem
   Ausland
=  Bruttonationaleinkommen (2.249,27
   Mrd. €)
−  Abschreibungen (-327,68 Mrd. €)
=  Nettonationaleinkommen (1.921,59
   Mrd. €)
-  Produktions- und Importabgaben
   abzüglich Subventionen (-237,68
   Mrd. €)
=  Volkseinkommen (1.683,91 Mrd. €)
*(hp)*

**Nationale Koordinationsstelle
Tourismus für Alle (NatKo)**
1999 von acht Behindertenorganisationen
gegründete und vom Bundesministerium
für Gesundheit geförderte Stelle mit
Sitz in Düsseldorf, die alle Aktivitäten in Zusammenhang mit → Behindertentourismus bündelt und koordiniert.
(www.natko.de)

**Nationale Tourismusadministration
(NTA)**
*national tourism administration*
Allgemeine Bezeichnung für die Re-
gierungsstelle(n), die mit Fragen der
→ Tourismuspolitik befaßt sind. Dies
können ein eigenes Ministerium oder
eine oder mehrere Abteilungen in einem
dafür federführenden Ressort wie zum
Beispiel dem Wirtschafts- oder dem
Verkehrsministerium sein. *(jwm)*

**Nationale Tourismusorganisation
(NTO)**
*national tourism organisation, national
tourist board*
Einrichtung zur Förderung des Touris-

mus in einem Land. Sie haben auf nationaler Ebene im Wesentlichen die gleichen Aufgaben wie eine lokale → Touristinformation. Ebenso wie diese werden sie in der Regel wesentlich aus öffentlichen Mitteln, in diesem Fall dem Regierungsetat, finanziert. Für diese staatliche Förderung gibt es eine Reihe von Gründen (Hall 1994, S. 24). In erster Linie motivieren die dadurch geschaffenen Arbeitsplätze, da im Tourismus arbeitsintensive Dienstleistungen vorherrschen und nicht zuletzt auch die Problemfälle weniger gut ausgebildeter Arbeitskräfte in manchen Bereichen, wie zum Beispiel im → Gastgewerbe, Beschäftigung finden können. Damit ist dies auch ein Beitrag zur Verbesserung von Lebenschancen, sozialer Integration und regionaler Entwicklung. Durch die damit verbundene Diversifizierung der Wirtschaft wird diese zudem weniger krisenanfällig, und der Staat kann seine Einnahmen durch die verstärkte wirtschaftliche Tätigkeit über Steuern und Abgaben erhöhen. Die Einnahmen aus internationalem Tourismus können darüber hinaus zur Verbesserung der Zahlungsbilanz führen. Nicht zuletzt kann die Nationale Tourismusorganisation durch Werbung und Öffentlichkeitsarbeit in Quellländern auch zum positiven Image eines Landes im Ausland beitragen.

## 1 Organisationsmodelle

Für die Organisation von NTO gibt es unterschiedliche Modelle, wie sie im Folgenden an den Beispielen Deutschlands, der Schweiz und Österreichs deutlich werden. Zur Einbindung und Mitwirkung der nationalen Tourismuswirtschaft in ihre Aktivitäten sind sie meist als Verband in der Rechtsform eines (gemeinnützigen) Vereins organisiert, wobei die Mitglieder entweder aus den nationalen → Tourismusverbänden des jeweiligen Landes, Einzelunternehmen und lokalen Destinationen oder einer Mischung daraus bestehen. Dies sind einmal die regionalen Verbände, in denen sich die Kommunen und ggfs. größere regionale Einheiten zusammengeschlossen haben, zum anderen die Verbände privatwirtschaftlicher Unternehmen im Tourismus. In manchen Fällen (wie etwa in Österreich, s.u.) haben die → Nationalen Tourismusadministrationen (NTA) über eine entsprechende Eigentümerstruktur einen direkten Durchgriff auf die Arbeit der NTO.

In Deutschland werden beide Arten von Tourismusverbänden in der NTO (die unter Deutsche Zentrale für Tourismus [DZT] firmiert) vertreten durch den → Bundesverband der Deutschen Tourismuswirtschaft (BTW), der als Spitzenverband beide Bereiche in sich vereinigt. Dennoch sind auch die nationalen Einzelverbände (→ Deutscher Reiseverband [DRV], → Deutscher Tourismusverband [DTV], → Arbeitsgemeinschaft Deutscher Verkehrsflughäfen [ADV] usw.) Mitglieder der DZT. Darüber hinaus sind auch große Einzelfirmen (u.a. → Air Berlin, → Lufthansa, Fraport, → TUI, Steigenberger) Mitglieder der DZT (www.dzt.de).

Die Schweizer NTO ist eine öffentliche Körperschaft des Bundes, die unter dem Namen Schweiz Tourismus (ST) auftritt. Sie wird ebenfalls überwiegend aus Mitteln des Bundes finanziert. Die mehr als 650 Mitglieder (,Partner'; Stand 2007) setzen sich aus → Tourismusverbänden, Einzelfirmen, Gemeinden usw. zusammen, die nicht nach Typen, sondern nach Kantonen geordnet werden. Sie müssen einen jährlichen Mitgliedsbeitrag von derzeit 1.600 CHF entrichten und haben dafür Stimmrecht auf der jährlichen

Mitgliederversammlung. Zudem gibt es noch Hauptpartner wie die Schweizer Bundesbahnen (SBB), die Lufthansa-Tochter Swiss, den Flughafen Zürich und den Autovermieter Europcar (www.stnet.ch).

Die als privatrechtlicher Verein verfaßte Österreich Werbung (ÖW) wird ebenfalls primär aus öffentlichen Mitteln finanziert. Das Bundesministerium für Arbeit und Wirtschaft hält 75 Prozent der Anteile, die Wirtschaftskammer Österreich die restlichen 25 Prozent. Die Bundesländer sind seit 2001 nicht mehr vertreten. Damit hat die dortige Tourismuswirtschaft, anders als im deutschen und besonders im schweizerischen Modell, keine direkten Mitwirkungsmöglichkeiten. Sie kann nur indirekt über die Zwangskorporation Wirtschaftskammer Österreich, in deren Bundessparte Tourismus und Freizeitwirtschaft alle Betriebe vertreten sein müssen, über die erwähnte Beteiligung an der Österreich Werbung Einfluß nehmen (www.austriatourism.com).

Da die Nationalen Tourismusadministrationen (NTA; in der Regel Ministerien) als hauptsächliche Geldgeber in demokratischen Systemen einer parlamentarischen Kontrolle unterliegen, haben die entsprechenden Entscheidungs- und Kontrollgremien der jeweiligen Volksvertretungen zumindest indirekt Einfluß auf die Arbeit der NTO. Im Deutschen Bundestag gibt es ebenso wie im Österreichischen Nationalrat einen Tourismusausschuß, dem gegenüber sich Ministerien und NTO verantworten müssen. In der Schweiz sind es die Kommissionen für Wirtschaft und Abgaben (WAK), die sowohl der National-, als auch der Ständerat (erste und zweite Kammer des schweizerischen Parlaments) eingerichtet haben. Damit haben die NTO

mit ihren Markt- und Fachkenntnissen einerseits Beraterfunktion für die politischen Entscheidungsgremien und zum anderen sind sie Vollzugsorgane für die Umsetzung tourismuspolitischer Zielsetzungen (Pearce 1992; → Tourismuspolitik). Inwieweit sie tatsächlich nur die Vollstrecker politischer Vorgaben oder (teil)autonome Institutionen sind, hängt von der jeweiligen politischen Situation in den Ländern ab.

## 2 Aufgaben

Nationale Tourismusorganisationen – früher auch nationale (Fremden-) Verkehrsbüros oder -ämter genannt – haben traditionellerweise die Aufgabe, den Tourismus von Ausländern im eigenen Land zu fördern. Dazu unterhalten sie Vertretungen in den für sie wichtigsten Quelländern. So unterhalten die Schweiz Tourismus (ST) und die Deutsche Zentrale für Tourismus jeweils 29, die Österreich Werbung (ÖW) 32 Auslandsvertretungen, die nicht nur Informationen für Interessenten an den jeweiligen Reiseländern bereithalten, sondern von der Teilnahme an Reisemessen über die Presse- und Öffentlichkeitsarbeit bis hin zur direkten Zusammenarbeit mit Reiseveranstaltern eine Fülle an Aktivitäten entfalten. Durch die Unterhaltung eigener Internetseiten in verschiedenen Sprachen und zugeschnitten für die jeweils unterschiedlichen Reisemärkte werden sehr ausführliche, umfangreiche und ständig aktualisierte Informationen für Interessenten bereitgehalten. Die → Deutsche Zentrale für Tourismus (DZT) ist darüber hinaus seit 1999 auch für die Förderung Deutschlands als Inlandsreiseziel zuständig. Die Vermarktungsaktivitäten sind dabei nicht auf freizeittouristische Zielgruppen beschränkt, sondern beziehen sich auch auf Geschäftsreisende, für

die zum Beispiel Deutschland als Kon-
greß- und Messestandort von großer
Bedeutung ist.

Ein weiteres wichtiges Aufgabengebiet
Nationaler Tourismusorganisationen ist
die Marktforschung in den Quellmärkten.
Die Ergebnisse dieser Untersuchungen
finden nicht nur in den Konzepten der
NTO ihren Niederschlag, sondern werden der nationalen Tourismuswirtschaft
als Grundlage für eigenes Marketing
bzw. für Aktionen in Zusammenarbeit
mit der NTO zur Verfügung gestellt.
*(jwm)*

*Literatur*
Hall, Colin Michael 1994: Tourism and
Politics. Policy, Power, and Place. Chichester
etc.: John Wiley & Sons
Pearce, Douglas 1992: Tourist Organizations.
Harlow: Longman

**Nationalpark**
*national park, protected area*
Großräumige Landschaftsgebiete können
zu Nationalparks erklärt werden. Es ist
zweckmäßig, die folgende Nationalpark-
Definition der International ‚Union for
Conversation of Nature and Natural
Ressources' (IUCN) aus den „Gudelines
for Protected Area Management Categories" vor Augen zu haben, die den
Begriff Nationalpark auf internationaler
Ebene klärt: „Area of land and/or sea
possessing some outstanding or representative ecosystems, geological or physi-
ological features and/or species, available
primarily for scientific research and/or
environmental monitoring." (www.iucn.
org/themes/wcpa/pubs/pdfs/iucncatego-
ries.pdf - 27. 12. 2007).

Die Verwaltung von Nationalparks
obliegt den jeweiligen Regierungen,
deren Interesse es ist, die Unversehrtheit
von Ökosystemen jetzt und für die nachfolgenden Generationen zu schützen. Ein

Nationalpark ist aber kein ausschließliches Wildnisgebiet, sondern wird auch
in Grenzen den kulturellen und touristischen Erfordernissen gerecht.

Die Geschichte von Nationalparks ist
sehr jung. Als erster Nationalpark ist
der Yellowstone-Nationalpark in den
USA zu nennen, der 1872 gegründet
wurde, gefolgt vom heutigen Yosemite-
Nationalpark in Kalifornien (1906 eingegliedert in die Nationalpark-Verwaltung
der USA). Die deutsche Entwicklung
begann mit einem deutlichen *time lag.*
Erst 1970 hat der Freistaat Bayern den
Nationalpark Bayerischer Wald dem
Publikum geöffnet. Heute gibt es in
Deutschland 14 Nationalparks, in Europa
über 150. In den USA wurde inzwischen
58 Parks dieser Schutzstatus verliehen.
*(hdz)*

**NatKo**
→ Nationale Koordinationsstelle Tourismus für Alle

**Naturparks**
*nature parks*
Gebietsbezogener Naturschutz ist in
Deutschland im Bundesnaturschutzgesetz
(BNatSchG) geregelt. Zu den Natur-
schutzgebieten zählen neben den → Nationalparks auch die 97 Naturparks, die
25% der Fläche der Bundesrepublik
Deutschland einnehmen (www.natur-
parke.de).

Die Aufgaben und Ziele der Naturparks
wurden in den letzten Jahren wesentlich erweitert. Das Handlungsspektrum
des Naturparks geht weit über die
Bereiche Naturschutz, → Erholung und
→ Tourismus hinaus. Mit dem im Jahr
der Naturparke 2006 vom Verband
Deutscher Natuparke e.V. (VDN) entwickelten „Petersberger Programm der
Naturparke in Deutschland" wurden die
Schwerpunkte der Arbeit der Naturparks

für die kommenden Jahrzehnte formuliert. Naturparks verstehen sich heute als ein Marketinginstrument, das die → Kooperation in den Regionen in den Mittelpunkt stellt und die Menschen dafür gewinnt, sich gemeinsam für den Schutz der Natur in Verbindung mit einer nachhaltigen regionalen Entwicklung einzusetzen. Für eine solche zielführende Konzeption ist es wichtig, daß die Länder und Kommunen die Förderung von Naturparken als eine Investition in eine zukunftsorientierte Infrastrukturleistung begreifen. Um diese Aufgabe wirkungsvoll zu unterstützen, wurde vom VDN die „Qualitätsoffensive Naturparke" entwickelt, die zur kontinuierlichen Verbesserung der → Qualität von Arbeit und Angeboten in den Naturparken führen und in Politik, Wirtschaft und Gesellschaft verankert werden soll. (www.naturparke.de/naturparke_petersbergerprogramm.php – 27. 12. 2007) *(hdz)*

**nautische Meile**
→ Seemeile

**NDB**
→ Funkfeuer

**Nettonationaleinkommen**
→ Nationaleinkommen

**Nettoreiseintensität**
*departure rate*
Der Anteil von Personen (R) an der Bevölkerung (N), die in einer Periode (meist ein Jahr) mindestens eine Reise unternommen hat. Berechnung:

$$\text{Nettoreiseintensität (NRI)} = \frac{R \cdot 100}{N}$$

Es werden nach → Reisearten unterschiedliche Nettoreiseintensitäten berechnet, die bekannteste davon ist die → Urlaubsreiseintensität. Daneben gibt

es die Kurzreiseintensität und die Geschäftsreiseintensität. *(jwm)*

**Netzfluggesellschaft**
*network carrier*

**1 Begriffsabgrenzung**
Netzfluggesellschaften sind Linienfluggesellschaften (→ Fluggesellschaften), die durch den Betrieb eines dichten Flugstreckennetzes viele → Destinationen anbieten. Um das große Flugangebot wirtschaftlich zu gestalten, werden viele Flugstrecken nicht als *linear-routing* in Form von Punkt-zu-Punkt Direktverbindungen, sondern als *hub-routing* bzw. *hubbing*, also Umsteigeverbindungen über ein oder mehrere Drehkreuze (→ Drehkreuzsystem) angeboten.

**2 Entwicklung der Flugnetze**
Die großen us-amerikanischen Fluggesellschaften führten nach der Deregulierung (→ Liberalisierung des Luftverkehrsmarktes) der us-amerikanischen Luftfahrtindustrie Um- und Neustrukturierungen der Flugnetze und damit verbundene Veränderungen der Verkehrsstrukturen durch. Anstatt des bis dahin vorherrschenden Angebots flächendeckender Netze mit Nonstop-Verbindungen konzentrierten sich die großen Fluggesellschaften mehrheitlich auf den Aufbau von Drehscheiben mit sogenannten *hubs* (Naben) als Zentralflughafen und den daran angeschlossenen *spokes* (Speichen), die zur Sicherstellung hinreichender Verkehrsströme beitrugen. Dem Aufbau flächendeckender Netzstrukturen nach dem Nabe- und Speiche-Prinzip lag die Erkenntnis zu Grunde, daß derartige Netzstrukturen in großem Maße Skalenerträge und Komplementärerträge auch zwischen Städtepaaren *(city-pairs)* realisieren.

Die europäischen Luftfahrtnetze sind historisch bedingt → Drehkreuzsysteme. Ein lange gegebener Mangel an Verkehrsrechten – Beschränkung des grenzüberschreitenden europäischen Flugverkehrs auf den Nachbarschaftsverkehr – führte für die → Fluggesellschaften zur Notwendigkeit, zentrale Drehscheiben aufzubauen. Die Liberalisierung des europäischen Luftverkehrs machte es möglich, die Verkehrsnetze um viele grenzüberschreitende Zubringerflüge zu erweitern und führte durch Aufhebung von Kapazitäts-, Verkehrsrechts- und Preisrestriktionen zu einer erhöhten Netzdynamik.

**3 Wettbewerbsfaktor Netznutzen**

Für die Wahl einer Linienfluggesellschaft sind neben einem guten Service, Pünktlichkeit, Sicherheit und Preis insbesondere das Angebot vieler Destinationen, hoher Flugfrequenzen und schneller (Umsteige-)Verbindungen entscheidend. Der Wettbewerb um Kunden wird im Luftverkehr somit immer mehr ein Wettbewerb der Netze. Das Netz mit seiner Fähigkeit, Passagierflüsse zu generieren, zum Beispiel in Form seiner regional gestalteten Ausdehnung und zeitlich reibungslosen Abstimmung seiner Zubringerflüge, beeinflußt die Wertigkeit des Produktes Flug in großem Maße.

Nur Netzfluggesellschaften bieten dem Kunden einen „Netznutzen" des Produktes Flug und ermöglichen *economies of flow*. Mit zunehmender Größe des Netzes steigt die Anzahl der angeflogenen Destinationen, über zentrale → Reservierungssysteme sind alle Teilstrecken einer Reise buchbar. Abgestimmte Flugzeiten, kurze Transitwege in *hubs* durch bevorrechtigte Belegung von Abfertigungsterminals (→ Terminal) und → Gates sowie eine reibungslose Beförderung des Gepäcks vermitteln

dem Kunden den Eindruck, daß nur eine Netzfluggesellschaft einen reibungslosen Ablauf der Reise sicherstellen kann.

**4 Netz – Management – Kompetenz**

Die Komplexität eines weitverzweigten, heterogenen, im Takt aufgebauten Flugnetzes ist nur durch Fluggesellschaften mit großer Erfahrung im Management beherrschbar und mit Erfolg führbar.

Netzfluggesellschaften sind im besonderen Maße erfolgreich, wenn alle Flüge zeitlich exakt aufeinander abgestimmt sind und Drehkreuze mit hoher Flugfrequenz und mannigfaltigen Umsteigeverbindungen vorgehalten werden. Drehkreuze müssen über eine geographisch günstige Lage mit einem ausreichenden Ursprungs - und/ oder Zielverkehr verfügen und eine leistungsfähige Flughafeninfrastruktur (→ Flughafen) haben, bei der auch Wachstumsreserven vorhanden sind.

Kooperationen mit anderen Fluggesellschaften, zum Beispiel in Form einer Zusammenarbeit mit → Regionalfluggesellschaften durch Franchise-Verträge (→ Franchise), routenbezogenem → Code-Share und dem Eingehen → strategischer Allianzen, ermöglichen durch nutzbringende Ergänzung der Einzelnetze die Erschließung neuer Märkte, die Schöpfung zusätzlicher Verkehre auf bereits vorhanden Relationen und Kostensenkungen. Bei *global networkcarriers* stellt insbesondere ein nahtloses Allianz-Verkehrsnetz und die gegenseitige weltweite Anerkennung von Status und Prämienmeilen durch alle Partner einen großen Kundennutzen und damit Wettbewerbsvorteil dar.

Yield-Managementsysteme (→ Ertragsmanagement) sind erforderlich, um Erträge innerhalb eines Netzes zu steuern und größtmögliche Deckungsbeiträge zu erwirtschaften. Nur ein gut gemanagtes Yield-Managementsystem hilft das Verkehrsaufkommen besser vorab zu bestimmen, Nachfrage insbesondere durch Variation von Preis und Menge neu zu schaffen, vorhandene Nachfrage auf nicht genutzte Flugkapazitäten umzusteuern und die Verkehrsnachfrage innerhalb des Netzes zu optimieren. Die vorhandene Konsumentenrente wird stärker abgeschöpft.

Grundsätzlich sollte sich auch die Zusammensetzung der Flugzeugflotte einer Netzfluggesellschaft auf möglichst wenige Flugzeugtypen beschränken. Es ist jedoch sicherzustellen, daß die anzuschaffende Flotte heterogen genug ist, die zahlreichen Strecken mit zum Teil erheblichen Unterschieden in den Entfernungen und im Nachfragevolumen mit minimalen Kosten zu bedienen. *(sz)*

*Literatur*
Joppien, Martin Günter 2003: Strategisches Airline-Management, Bern, Stuttgart, Wien: Haupt
Sterzenbach, Rüdiger; Roland Conrady 2003: Luftverkehr, Betriebswirtschaftliches Lehr- und Handbuch. München, Wien: Oldenbourg (3. Aufl.)
Wiezorek, Bernhard 1998: Strategien europäischer Fluggesellschaften in einem liberalisierten Weltluftverkehr. Frankfurt, Berlin, Bern: Lang

**Neutral Unit of Construction (NUC)**
Recheneinheit für internationale Flugpreisberechnungen. Flugpreise werden in der jeweiligen Landeswährung und in NUC veröffentlicht. Nicht veröffentlichte Flugpreise zum Beispiel für Rundreisen werden in NUC konstruiert und mit einer spezifischen Wechselrate in eine andere Währung umgerechnet. *(wp)*

**NGG**
→ Gewerkschaft Nahrung-Genuss-Gaststätten

**Night Audit**
Nachtschicht am Empfang eines Hotels, welche sich neben der fortlaufenden Gästebetreuung ebenfalls mit buchhalterischen Aufgaben beschäftigt. In erster Linie sind solche Aufgaben die Durchführung der Rechnungsabschlüsse des vergangenen Tages, die Überprüfung der Kassenabschlüsse sowie die Buchung der Zimmerraten auf die Gästekonten. *(amj)*

**Night Auditor**
Der für den → Night Audit zuständige Mitarbeiter am → Empfang eines Hotels. Aufgrund seiner Aufgaben wird der Night Auditor oft auch der Buchhaltung als Mitarbeiter zugerechnet. *(amj)*

**NN**
→ Normalnull

**No Frills Airline**
→ Billigfluggesellschaft

**Non-stop Flug**
*non stop flight*
→ Direktflug zwischen zwei Orten ohne Zwischenlandung.

**Non traditional outlet (NTO)**
Sammelbegriff für alle Vertriebskanäle und -stellen von Reiseangeboten, die nicht stationäre Reisebüros (→ Reisemittler) sind. Dazu gehören zum Beispiel → Internetreisebüros, mobile Reiseberater, → Call Center, Supermärkte, Einzelhandelsgeschäfte und Tankstellen.

**Normalnull (NN)**
*mean sea level (MSL)*
Mittlere Meereshöhe als Bezugspunkt für Höhenmessungen.

## Normalspur

*standard gauge*
Die Normalspur (1.435 mm = 4' 8,5") ist die in Europa und Nordamerika am weitesten verbreitete → Spurweite im Eisenbahnverkehr. *(hdz)*

## No show

Von No show wird allgemein gesprochen, wenn eine (touristische) Leistung unangekündigt nicht in Anspruch genommen wird, also die Leistung nicht storniert wird. Sie sind der Grund für die regelmäßige Überbuchung von Flügen (→ Ertragsmanagement). Die No show-Situation ist in den → Reise- und Zahlungsbedingungen von touristischen Dienstleistungserbringern geregelt (→ Stornostaffel). Sofern ein versichertes Ereignis zum No show führt, tritt die abgeschlossene → Reiserücktrittskosten-Versicherung (RRV) ein. Dem → Reiseversicherer ist eine No show- bzw. Proforma-Storno-Rechnung vorzulegen, die der Veranstalter im Nachhinein ausstellt. Zu No shows in der Hotellerie siehe unter → No show-Rechnung. *(hdz)*

## No show-Rechnung

*no show invoice*
Flüge und → Pauschalreisen werden in der Regel im voraus gebucht und bezahlt, so daß sich aus dem Nichterscheinen eines Gastes für den Anbieter im Prinzip keine Probleme ergeben. Vollzahlertickets bei traditionellen → Fluggesellschaften verlieren jedoch auch bei Nichterscheinen nicht ihre Gültigkeit und können jederzeit umgebucht oder erstattet werden. Im → Gastgewerbe wird jedoch in der Regel nicht bei der Reservierung, sondern nach dem Erhalt der Leistungen abgerechnet und gezahlt.

Nimmt der Gast das verbindlich reservierte Hotelzimmer nicht an, bleibt er dennoch zur Zahlung des vereinbarten Preises abzüglich der ersparten Eigenaufwendung verpflichtet (hierzu § 537 BGB). In der Hotellerie spielen daher die No Show-Rechnungen (auch „Stornorechnungen" genannt) eine nicht unbedeutende Rolle, da viele Gäste immer noch davon ausgehen, einmal reservierte Hotelzimmer könnten jederzeit storniert werden. Eine einseitige Stornierung des Beherbergungsvertrages ist jedoch rechtlich nicht möglich. Hierzu bedarf es der Zustimmung des Hoteliers bzw. verbindlich vereinbarter Stornierungsfristen in den → Allgemeinen Geschäftsbedingungen (AGB).

Der Hotelier kann grundsätzlich den vereinbarten Zimmerpreis für die gesamte Reservierungsdauer verlangen, muß sich allerdings ersparte Aufwendungen anrechnen lassen. Diese werden von der Rechtsprechung pauschaliert, so betragen die ersparten Aufwendungen bei Übernachtung mit Frühstück 30 Prozent, bei Halbpension 40 Prozent und bei Vollpension 60 Prozent (so zum Beispiel OLG Düsseldorf, NJW-RR 91, S.1143 f.). *(bd)*

## Nouvelle Cuisine

*nouvelle cuisine*
Nouvelle Cuisine (franz.) = Neue Küche. Beschreibung für einen Kochstil, der sich insbesondere durch Verwendung von frischen Produkten, kurze Garzeiten, Betonung des Eigengeschmacks, fettarme Zubereitung, Verzicht auf Mehl, fette Saucen und Marinaden auszeichnet.

Der Begriff wurde durch die französischen Feinschmecker-Journalisten Henri Gault und Christian Millau in den 1970er Jahren zwar nicht erfunden, aber populär gemacht. Sie beschrieben und förderten mit ihm auf journalistische Weise eine Entwicklung in der

Kochkunst, die als Gegenbewegung zu der am Königshof entstandenen *grande cuisine* gesehen werden kann (Larousse 1996, S. 718). Während für die *grande cuisine* Schwere, überladene Zubereitung und ausgedehnte Speisefolgen charakteristisch waren, ist die Nouvelle Cuisine eine leichte Küche, die ernährungswissenschaftliche Erkenntnisse aufnimmt. Zu einer soziologischen Interpretation der Nouvelle Cuisine siehe Wood 2004. *(wf)*

*Literatur*
Larousse (éd.) 1996: LAROUSSE gastronomique. Paris: Larousse-Bordas
Wood, Roy C. 2004: The shock of the new: a sociology of nouvelle cuisine. In: Sloan, Donald (ed.): Culinary Taste: consumer behaviour in the international restaurant sector. Oxford: Elsevier Butterworth Heinemann, S. 77-92

**NTA**
→ Nationale Tourismusadministration

**NTO**
→ Nationale Tourismusorganisation
→ Non traditional outlet

**NUC**
→ Neutral Unit of Construction

**Nudismus**
→ Freikörperkultur (FKK)

**Nutzladefaktor**
→ Sitzladefaktor

**Nutzlasteinschränkung**
*payload restriction*
Flugzeuge können nicht immer mit der höchst zulässigen Nutzlast starten. Dafür können eine Reihe von Faktoren ausschlaggebend sein: Die Länge und Beschaffenheit einer Startbahn, die Höhe eines Flughafens über → Normal Null, die Temperatur, Windverhältnisse und Niederschläge. Die Startstrecke bestimmt sich aus dem Abfluggewicht und der sog. Dichtehöhe, die durch die Kombination aus Flughafenhöhe und Temperatur errechnet wird. Mit steigender Temperatur steigt auch die Dichtehöhe, und damit verlängert sich die notwendige Startstrecke bei Konstanthalten der anderen Faktoren. Bei hochgelegenen und auf heißen Flugplätzen *(hot and high)* sind deshalb oft Nutzlasteinschränkungen für einen sicheren Start notwendig. Durch Niederschlag wird ein großes Flugzeug um einige Tonnen schwerer, gleichzeitig vergrößert sich der Rollwiderstand auf der Startbahn und damit die benötigte Startstrecke.

Darüber hinaus kann es notwendig sein, die Nutzlast einzuschränken und dafür mehr Treibstoff aufzunehmen, um eine längere Strecke fliegen zu können. So hat die Boeing 777-300 ER bei voller Nutzlast von knapp 70 Tonnen eine Reichweite von ca. 11.000 km, mit halbierter Nutzlast (zum Beispiel keine Mitnahme von Fracht) kann sie (immer ohne Windeinfluß gerechnet) bis etwa 14.800 km non-stop fliegen. *(jwm)*

**Oberkellner**

→ Restaurantleiter

**obligatorisch**

*obligatory*

Im Tourismus häufig verwendeter Begriff, der besagt, daß eine Leistung verpflichtend ist, also verbindlichen, ja zwingenden Charakter hat. Die obligatorische Leistung ist folglich inhärenter Gegenstand der Gesamtleistung und kann nicht „herausgeschnitten" werden, auch wenn sie nicht genutzt wird. Gerade → Pauschalreisen enthalten solche inbegriffenen Leistungen, wie Transfer zum → Hotel, Exkursionen oder auch manchmal bestimmte → Reiseversicherungen etc.

Der Gegenbegriff ist fakultativ. Leistungen, die als fakultativ eingestuft werden, sind Angebote, die weder bezahlt noch in Anspruch genommen werden müssen. So bieten viele Reiseveranstalter fakultativ zu ihrer Pauschalreise zu besonders günstigen Konditionen Mietwagen oder Reiseversicherungsleistungen mit an. Der Kunde kann diese fakultativen Angebote nur im Rahmen seiner Buchung in Anspruch nehmen. Sie sind also nicht losgelöst von einer Katalogreise zu sehen. *(hdz)*

**Occupied**

→ Zimmerstatus

**Ökotourismus**

*ecotourism*

**1   Was ist ‚Ökotourismus'?**

Einfach ausgedrückt versteht man unter Ökotourismus einen Tourismus, der Menschen die Möglichkeit gibt, die natürliche Umwelt in einer Weise zu erfahren, die in Einklang mit den Prinzipien nachhaltiger Entwicklung steht. Der Begriff ‚meeresbezogener Ökotourismus' *(marine ecotourism)* soll dabei den wichtigen Teil ökotouristischer Aktivitäten bezeichnen, die an der Küste, auf See oder in einer Kombination von beidem stattfinden.

Ökotourismus wird definiert als die Art von naturbezogenem Tourismus, die

❖ Touristen das Leben der Wildtiere und ihre natürliche Umwelt vermittelt, um ihnen ein bessere Erlebnisse zu ermöglichen;

❖ das Verständnis für die natürliche Umwelt verbessert und übergreifend das Bewußtsein für den Naturschutz schärft, so daß ein besserer Beitrag zur Erhaltung der natürlichen Umwelt und zu den Lebensgrundlagen der lokalen Bevölkerung geleistet werden kann;

❖ die seine negativen Auswirkungen auf die natürliche Umwelt vermindert bzw. auf ein Minimum beschränkt;

❖ zur Erklärung lokaler Kultur und Tradition beiträgt;

❖ eine echte Beteiligung der lokalen Bevölkerung an der Entscheidungsfindung ermöglicht und

487

❖ nach den Prinzipien nachhaltiger Entwicklung durchgeführt wird.

Diese Definition von Ökotourismus ist dynamisch, indem sie Nachhaltigkeit (→ nachhaltiger Tourismus) als notwendiges Ziel für die Entwicklung von Ökotourismus benennt und nicht zur Voraussetzung macht. Beim Ökotourismus geht es grundsätzlich um den Versuch, eine symbiotische Verbindung zwischen Tourismus und der natürlichen Umwelt herzustellen und zu erhalten. Das heißt, einen Tourismus zu betreiben, der so ausgelegt ist, daß Touristen ein befriedigendes Erlebnis bekommen – für das sie bereit sind, zu zahlen –, während gleichzeitig die natürliche Umwelt respektiert wird, in denen er stattfindet und von der diese Erlebnisse abhängig sind.

Zu den Aktivitäten, die oft als Beispiele für Ökotourismus angeführt werden, gehören:

❖ das Verfolgen und Beobachten von Wildtieren wie Löwen, Tigern, Elefanten, Gnus usw.;
❖ die Begegnung mit Menschenaffen;
❖ die Beobachtung von Adlern und anderen Raubvögeln;
❖ andere vogelkundliche Beobachtungen;
❖ das Durchwandern von Regenwald und Gebirgsgegenden;
❖ naturgezogene Besichtigungstouren mit Fahrzeugen oder zu Fuß;
❖ Wanderungen durch Wald und Flur;
❖ der Besuch von erklärenden Einrichtungen des Naturschutzes und von Wildschutzgebieten.

Zu speziell meeresbezogenem Ökotourismus können die folgenden Aktivitäten gezählt werden:

❖ das Beobachten von Walen, Delphinen, Haien, Robben und anderen Meeresbewohnern;

❖ vogelkundliche Beobachtungen von Seevögeln;
❖ Tauchen und Schnorcheln;
❖ naturbezogene Besichtigungsfahrten mit Schiff oder Unterseeboot;
❖ die Erkundung von Gezeitentümpeln an Felsenküsten (rock pooling);
❖ Strandwanderungen und Wanderungen auf Küstenwegen;
❖ der Besuch von Küsten- und Meereszentren.

Diese Aktivitäten können miteinander kombiniert werden und alleine oder im Rahmen organisierter Touren ausgeübt werden. Sie können der Grund sein für eine Reise oder einfach eine zusätzliche Aktivität während eines normalen Urlaubs darstellen.

Es wäre allerdings nicht richtig anzunehmen, daß jede dieser touristischen Aktivitäten, die in den oben skizzierten Rahmen paßt, damit automatisch nachhaltiger Entwicklung entspräche. Es gibt weltweit sehr viele Beispiele von Aktivitäten, die als ökotouristisch bezeichnet werden, obwohl sie nicht die Minimalanforderungen von Nachhaltigkeit erfüllen. Es ist daher wichtig zu verstehen, daß lokale Entscheidungsträger, vor allem solche, die verantwortlich für die Planung, das Management und das Marketing natürlicher Ressourcen sind, eine Schlüsselrolle für die Wahrung einer wirklich nachhaltigen Entwicklung des Ökotourismus spielen. Es ist die Pflicht derjenigen, die für die Vermarktung dieses Tourismus zuständig sind, sicherzustellen, daß er nur dann als Ökotourismus bezeichnet wird, wenn die oben aufgeführten Kriterien auch eingehalten werden.

## 2 Prinzipien eines wirklich nachhaltigen Ökotourismus

### 2.1 Von unten nach oben
*(bottom-up approach)*

Initiativen für die Entwicklung von Ökotourismus müssen an der lokalen Basis entstehen und dürfen nicht von oben eingeführt werden. In dem sowohl örtliche Interessengruppen und öffentliche Stellen eingebunden werden, soll sichergestellt werden, daß eine langfristige Verpflichtung von jedem Beteiligten für die Entwicklung eines wirklich nachhaltigen Tourismus eingegangen wird.

Eine der grundlegenden Begründungen für die Entwicklung von Ökotourismus anstatt mehr konventioneller Arten von Tourismus liegt darin, daß dieser Ansatz explizit davon ausgeht, daß der Schlüssel zum Erhalt des breiteren Nutzens des Tourismus in der sachgemäßen Erhaltung seiner grundlegenden Ressourcen liegt. Das Herausstellen des Nutzens von Ökotourismus für den Naturschutz stellt die Anerkennung ihrer gegenseitigen Abhängigkeit sicher und führt zu ihrer Berücksichtigung in der Planung, im Management und in der Vermarktung von Ökotourismus.

### 2.2 Priorität von Umweltschutz

Ökotourismus ist direkt abhängig von der andauernden Verfügbarkeit einer natürlichen Umgebung von hoher Qualität. Letztlich ist es die natürliche Umwelt, die Touristen anzieht und in der sie die Erfahrungen machen können, für die sie bereit sind zu zahlen. Wird die Umwelt geschädigt oder ihr Zustand verschlechtert, kann es sein, daß Touristen das betroffene Gebiet nicht länger besuchen wollen und sie statt dessen entsprechende Erlebnisse an anderen Orten mit höherer Umweltqualität suchen. Ökotourismus bietet daher einen starken Anreiz, das Ökosystem zu erhalten, auf das er ange-

wiesen ist, und es ist unabdingbar, dies im Rahmen seiner Entwicklung, dem Management und der Vermarktung zu berücksichtigen.

### 2.3 Mischung aus gesetzlicher und freiwilliger Steuerung

Bestehende gesetzliche und andere formale Regelungen spielen eine wichtige Rolle in der Planung und im Management für einen wirklich nachhaltigen Ökotourismus. Es ist jedoch wichtig zu verstehen, daß sie oft durch eine Vielzahl von informellen und notwendigerweise freiwilligen Maßnahmen ergänzt werden müssen. Die Ergänzung des gesetzlichen Ansatzes mit freiwilligen Regelungen kann eine Reihe von Unzulänglichkeiten ausgleichen, die formale Regeln in bezug auf die besonderen Probleme der Planung für und des Managements von genuin nachhaltigem Ökotourismus aufweisen.

### 2.4 Vermittlung und Bildung

Die Philosophie des Ökotourismus überträgt den Anbietern eine besondere Verantwortung für die Sicherstellung einer angemessenen und wirkungsvollen Erläuterung der Umwelt, in der diese Form des Tourismus stattfindet. Sie sollten auch zur Bildung der Besucher in bezug auf ihre möglichen Umwelteinwirkungen beitragen, die sowohl im Zuge ihrer ökotouristischen Aktivitäten als auch nach deren Abschluß auftreten können. Öffentliche Stellen sind indessen ebenfalls verantwortlich für die Sicherstellung einer angemessenen Ausbildung sowohl in bezug auf ihr Verständnis der Umwelt, innerhalb derer sie arbeiten, als auch mit Blick auf ihre Fähigkeiten, dieses Wissen ihren Gästen zu vermitteln.

### 2.5 Gemeinschaftlicher Ansatz

Die grundlegenden Probleme, die mit der Planung, Entwicklung, dem Management und der Vermarktung von

genuin nachhaltigem Ökotourismus verbunden sind, erfordern eher eine echte
Zusammenarbeit als bloße Absprachen.
Diese Probleme sind hinreichend kom-
plex, so daß das Finden von Lösungen
jenseits der Fähigkeiten einzelner Personen oder Organisationen liegt. Eine enge
Zusammenarbeit zwischen den Akteuren in diesem Problemgebiet ist daher
unumgänglich, wenn der zu entwickelnde Ökotourismus genuin nachhaltig sein
soll.

**2.6 Verantwortliche Vermarktung**
Eine Vermarktung, die den Schwerpunkt
nicht auf den Schutz der Umwelt legt,
gefährdet sogar die bestgeplante und
peinlichst genau durchgeführte ökotou-
ristische Leistung. Dies ist so, weil die
Vermarktung ökotouristischer Erlebnisse
im Gegensatz zu der damit verbundenen
Planung und den Managementzielen
stehen kann, vor allem dann, wenn
die Wahrscheinlichkeit besteht, daß
sie zu einer übermäßigen Zahl von
Besuchern oder zu unangemessenem
Verhalten von Touristen führt. Das
Gleiche gilt für die Beteiligung der
Gemeinde im Vermarktungsprozeß, da
Vermarktungsanstrengungen den Planungen und dem Management der ange-
priesenen Leistungen zuwiderlaufen können, es sei denn, die Gemeinde hat ausreichenden Einfluß auf ihr Marketing.

**2.7 Kontinuierliche Überwachung**
**und Beurteilung nach den Prinzipien**
**genuin nachhaltigen Ökotourismus**
Die Einschätzung, ob Ökotourismus in
wirksamer Weise geplant und durchgeführt wird, verlangt nach Überwachung –
nicht nur der Einhaltung der Vorschriften
durch kommerzielle Anbieter, sondern
auch der des Verhaltens der beobachte-
ten Tiere. Auch kann es notwendig
sein, behördliche Strukturen und freiwillige Leistungen systematisch zu über-

prüfen. Die durch Vorschriften eingeführten Betriebsbedingungen können die
dem Ökotourismus zugrundeliegenden
Ressourcen erfolgreich vor Einwirkungen
des kurzfristigen Tagesgeschäftes schützen. Jedoch ist es auch notwendig, kontinuierlich die langfristigen Auswirkungen
des Ökotourismus zu überwachen.
Die Abschätzung möglicher langfristiger, kumulativer Effekte bleibt eine
Herausforderung für alle ökotouristischen Leistungen, sowohl in bezug
auf ihre natürlichen Grundlagen als
auch mit Blick auf ihren Nutzen für die
Gemeinden (→ Naturparks). *(db)*

**ÖRV**
→ Österreichischer Reisebüroverband

**Österreichischer Reisebüroverband**
**(ÖRV)**
Verband, der die Interessen der führenden österreichischen Reisebüros und
Touristikunternehmen wahrnimmt. Zu
seinen Aufgaben zählen die Förderung
und der Schutz der wirtschaftlichen
Interessen seiner Mitglieder. Der Verband
gliedert seinen operativen Bereich in
drei Ausschüsse (Flug, Touristik und
Incoming). Sein Wirken erstreckt sich
auch auf Ausbildungsfragen über die
hauseigene ÖRV-Akademie (www.oerv.
at). *(hdz)*

**ÖW**
→ Nationale      Tourismusorganisation
(NTO)

**Offenheit für Erfahrungen**
*openness to experience*
Offenheit für Erfahrungen ist eine von
fünf zentralen Persönlichkeitsdimensio
nen, die in einer Vielzahl von Studien
immer wieder gefunden wurde. Die anderen Dimensionen sind Neurotizismus, Ex-
traversion, Verläßlichkeit und Gewissen-
haftigkeit.

Die Persönlichkeitsdimension Offenheit für Erfahrungen erfaßt das Interesse an und das Ausmaß der Beschäftigung mit neuen Erfahrungen, Erlebnissen und Eindrücken. Personen mit einer hohen Offenheit für Erfahrungen wertschätzen neue Erfahrungen, bevorzugen Abwechslung, sind wißbegierig, kreativ, phantasievoll und unabhängig in ihrem Urteil. Sie haben vielfältige kulturelle Interessen und interessieren sich für öffentliche Ereignisse und sind eher bereit, bestehende Normen kritisch zu hinterfragen. Ferner gehen sie eher auf neuartige soziale, ethische und politische Wertvorstellungen ein. Personen mit niedriger Offenheit für Neues neigen eher zu konventionellem Verhalten und ziehen Bekanntes und Bewährtes dem Neuen vor.

Viele Stellen im Tourismus, besonders wenn sie mit Ortswechseln, dem Kontakt mit Menschen unterschiedlicher Kulturkreise oder nicht genau vorhersagbaren Ereignissen verbunden sind, sind für Personen mit einer hohen Offenheit für Erfahrungen besser geeignet als für Personen mit niedrigen Werten. Personen mit niedrigeren Werten werden sich hingegen eher in Positionen mit mehr Vorhersagbarkeit und Routine wohl fühlen, z.B. in der Reservierungsabteilung eines → Reiseveranstalters. *(sml/gcm)*

*Literatur*
Borkenau, Peter; Fritz Ostendorf 1993: NEO-Fünf-Faktoren Inventar (NEO-FFI) nach Costa und McCrae. Göttingen: Hogrefe
Myers, David G. 2005: Psychologie. Heidelberg u.a.: Springer

**Official Airline Guide (OAG)**
Führer, in dem alle weltweiten Flüge aufgelistet sind. Der OAG erscheint halbjährlich, also pro Flugplanperiode.

**One-way car rental**
→ Einwegmiete

**Oneworld**
→ Allianzen im Luftverkehr

**On-request-Vertrag**
*on request contract*
Bei dieser Vertragsart geht der Reiseveranstalter im Vertragsverhältnis mit dem Leistungsträger für Unterkunftsleistungen lediglich die Verpflichtung ein, das Unterkunftsobjekt (→ Hotel, → Ferienwohnung, → Apartment) durch festgelegte Marketing- und Vertriebsaktivitäten (zum Beispiel Präsentation im Katalog; Bereitstellen von Hotelvoucher [→ Voucher]) in der Vermarktung zu unterstützen. Einen Gutschein für den Aufenthalt in der Unterkunft erwirbt der Kunde vom Reiseveranstalter, dessen Bemühungen damit finanziell abgegolten werden. Der → Leistungsträger (Hotel) verpflichtet sich zur Anerkennung dieses Gutscheins (Voucher), dessen Nutzung an bestimmte Bedingungen geknüpft ist (Mindestaufenthalt, Verpflegungsverpflichtung).

Wichtigste Bedingung ist die eingeschränkte Terminwahl für den Hotelaufenthalt des Kunden, so daß der Kunde den Termin beim Hotel anfragen *(on request)* muß. Der Nutzen für die Vertragspartner besteht darin, daß einerseits die Marketingaufwendungen durch den Verkauf der Gutscheine an die Kunden honoriert werden (Reiseveranstalter), andererseits in der Unterkunft zusätzliche Umsätze erzielt werden können (je nach Bedingung des Hotelvouchers insbesondere im Bereich Food & Beverage [→ Food & Beverage Management]). *(hb)*

**OOO**
→ Zimmerstatus

## Open Bar

*Open* (engl.) = offen; *bar* (engl.) = Ausschank, Schanktisch, → Bar. Der Begriff steht für eine → Dienstleistung, die in der Luxushotellerie mitunter VIP-Gästen angeboten wird. Die sich in dem Hotelzimmer befindenden Getränke werden ohne direkte Berechnung zur Verfügung gestellt. Die in der Regel exklusive Getränkeauswahl kann im Kühlschrank (Minibar) aufbewahrt sein oder auf einem extra angerichteten Getränkewagen. *(wf)*

## Open Skies Policy

→ Liberalisierung des Luftverkehrs

## Operations

→ Hotel Operations

## Operations Management

→ Wartezeitenmanagement

## Opodo

Flugreiseportal im Internet, das nach dem erfolgreichen US-Vorbild → Orbitz von neun europäischen → Netzfluggesellschaften (→ Lufthansa, Air France, Aer Lingus, Alitalia, Austrian Airlines, British Airways, Finnair, Iberia und KLM) gegründet wurde und Ende 2001 mit der deutschen Version ans Netz ging. 2002 wurden die britische und die französische Version freigeschaltet, weitere länderspezifische Angebote befinden sich in Vorbereitung.

Der Name leitet sich ab aus dem englischen *opportunity to do* und soll damit deutlich machen, daß mit diesem Online-Buchungssystem die Türen für weltweite touristische Erfahrungsräume geöffnet werden. 2004 wurde die Mehrheit der Anteile (55 Prozent) von den Gründergesellschaften an das → Globale Distributionssystem → Amadeus verkauft. (www.opodo.de; www.opodo.co.uk; www.opodo.fr) *(jwm)*

## Opportunitätskosten

*opportunity costs*

Opportunitätskosten entstehen immer dann, wenn ein Entscheidungsträger mit begrenztem Budget (z.B. finanzielle Mittel, Zeit, emotionaler Zuwendung o.ä.) zwischen mehreren – sogenannten vollständigen – Alternativen wählen muß. Da unter diesen Bedingungen nur eine Alternative gewählt werden kann, bedeutet die Entscheidung für diese Alternative stets den Verzicht auf den Nutzen aus der (zweit-)besten, nicht gewählten Alternative. Die Wertigkeit der Opportunitätskosten ist in der Regel subjektiver Natur, also von den Nutzenerwartungen des Entscheidungsträgers gegenüber den verschiedenen Alternativen bestimmt, und nicht zwingend in nur ökonomischen Größen anzugeben (was der Kostenbegriff zunächst suggerieren mag).

Bekannte Anwendungen dieses Konzeptes in der Unternehmensführung sind bspw. die Berücksichtigung von kalkulatorischen Zinsen auf das eingesetzte Eigenkapital (= kompensatorische Verzichtskosten für entgangene Zinsgewinne einer alternativen Geldanlage) bspw. in der Kosten-/Leistungs- und Investitionsrechnung sowie bei der Ermittlung der gewichteten Kapitalkosten (→ Economic Value Added) oder die Berücksichtigung des kalkulatorischen Unternehmerlohns in der Kosten-/Leistungsrechnung (= kompensatorische Verzichtskosten für das entgangene Gehalt aus einer angestellten Beschäftigung). *(vs)*

## Optimaler Umkehrpunkt

*more distant point principle, basing point*

Grundlage zur Tarifberechnung bei Flugreisen, bei welcher mehrere Flugstrecken verkettet werden *(circle-trips)*. Der optimale Umkehrpunkt bestimmt sich bei der Tarifberechnung durch die Wahl desjenigen Punktes, welcher mit der höchsten → Maximum permitted mileage (MPM) versehen ist und somit zu einer möglichst günstigen Tarifierung bzw. zu einem Entfall von Meilenaufschlägen für eine erweiterte Streckenführung führt. Dieser Punkt muß nicht zwangsweise an dem vom Ausgangsort am weitesten entfernten Punkt liegen, welches der reguläre Umkehr- oder Brechpunkt bei direkten Hin- und Rückflügen *(return trips)* ist. *(ce)*

**Optionsbuchung**
*option (booking)*
Buchung einer Reise ohne Ausstellung von Reiseunterlagen (Tickets, → Voucher). Sie kann für eine bestimmte Frist (zum Beispiel zwei Tage oder eine Woche) aufrechterhalten werden, um dem Kunden und ggfs. seinen Mitreisenden Bedenkzeit einzuräumen. Innerhalb dieser Frist kann die Buchung kostenlos storniert werden. Fest wird die Buchung erst durch den ausdrücklichen Wunsch des Kunden. Bei → Reisemittlern spielen solche Buchungen eine wichtige Rolle, da mit dem Angebot einer Optionsbuchung Kunden in der Regel eher zu einem Abschluß bereit sind, als wenn man sie nach einer Beratung nur mit einem Katalog nach Hause schickt. *(jwm)*

**Orbitz**
Flugreiseportal im Internet, das Ende 1999 von den US-Fluggesellschaften United, Northwest, Continental und Delta Air Lines gegründet wurde und – nachdem sich American Airlines im Jahre 2000 ebenfalls daran beteiligte – im gleichen Jahr in den USA ans Netz ging. Hintergrund war die enttäuschende Zahl von Online-Buchungen auf den eigenen Webseiten der großen → Netzfluggesellschaften in den USA,

mit deren Hilfe die Vertriebskosten gesenkt werden sollten. Mit der gemeinsamen Plattform wurde den Kunden ein weitaus umfassenderes Angebot gemacht und die Möglichkeit von direkten Preisvergleichen eingeräumt. Dies steigerte, neben der Möglichkeit, auch Mietwagen, Hotels und andere Reiseleistungen zu buchen, die Attraktivität und führte zu einem deutlichen Anstieg der Online-Ticketverkäufe. 2004 haben die beteiligten Fluggesellschaften ihre Anteile vollständig an → Cendant verkauft, das jetzt für diesen Geschäftsbereich unter Travelport firmiert (www.orbitz.com). *(jwm)*

**Organisation**
*organisation*

**1 Organisation als Führungsinstrument und typische Fragestellungen**
Organisieren als Tätigkeit ist eine Führungsaufgabe. Die zentrale Aufgabe der Organisation besteht darin, der Verwirklichung der Leistungs- oder Sachziele des Unternehmens zu dienen, d.h. Erstellung von Dienstleistungen und Produkten. Damit wird verständlich, daß die Organisation und Organisieren kein Selbstzweck ist, sondern mittelbar ökonomischen Interessen dient. In der deutschsprachigen Organisationslehre hat sich eine Trennung zwischen einem institutionellen („ein Unternehmen ist eine Organisation") und einem instrumentellen Organisationsverständnis („ein Unternehmen hat eine Organisation") etabliert (Krüger 2005, S. 127; Bea & Göbel 2006, S. 3 ff.). Hier wird von einem instrumentellen Organisationsverständnis ausgegangen. Die Organisation ist dementsprechend ein Führungsinstrument. Die daraus resultierenden Fragestellungen aus Sicht eines Organisators sind unter anderen:

❖ Wie läßt sich in eine Mehrheit von
Personen Ordnung bringen?
❖ Welche Regelungen sind überhaupt
nötig und haben Sinn?
❖ Wie und nach welchen Prinzipien
läßt sich Arbeitsteilung organisieren
und welche Stellen und Abteilungen
sind dafür sinnvoll?
❖ Wie kann Zusammenarbeit geregelt
werden?

## 2 Elemente und Begriffe des Organisierens

Sinn und Zweck des Organisierens
ist es, bei der Zusammenarbeit mehrerer Personen im weitesten Sinne
Ordnung zu schaffen. Ordnung in der
Verteilung von Arbeit ebenso wie in
der Zusammenarbeit basiert auf dem
Grundprinzip von Teilung und Einung.
Nur wenn dies gelingt, ist effizientes
und effektives Handeln überhaupt erst
möglich. Organisation bedeutet also
einerseits, daß durch eine arbeitsteilige
Verfolgung des Leistungsziels ein höherer
Wert im Unternehmen geschaffen wird
als durch eine individuelle Verfolgung.
Um die Vorteile der Arbeitsteilung zu
nutzen, werden die durchzuführenden
Aktivitäten in Einzelaktivitäten unterteilt und organisatorischen Einheiten
zugeordnet.

Von besonderer Bedeutung ist die
daran anschließende ‚Organisation' des
Zusammenwirkens dieser organisatorischen Einheiten, die darauf abzielt, daß
die durch die Arbeitsteilung in Aussicht
gestellten Vorteile auch tatsächlich realisiert werden. Um dies zu gewährleisten,
sind organisatorische Regelungen notwendig. Kernbestandteile einer Regel sind
Aufgaben, Menschen, Informationen und
Sachmittel. Durch Regeln werden für
einen abgegrenzten Personenkreis gültige,
dauerhafte Handlungsbeschränkungen
erlassen. Aber diese Regelungen machen

aus einer Personenmehrheit mittels
ihrer Organisation erst ein zielgerich-
tetes Unternehmen. Die Organisation
ist also ein dauerhaftes Regelsystem.
Damit ist die Organisation als Prozeß-
ergebnis beschrieben. Das setzt eine
Tätigkeit voraus: Organisieren umfaßt
das Formulieren genereller, dauerhafter Regeln, die das arbeitsteilige Vorgehen und das daran anschließende
Zusammenwirken verschiedener Personen und Einheiten zielwirksam gestaltet.
Solche Regelungen werden zum einen
sinnvollerweise im Vorhinein erlassen (also präsituativ festgelegt). Zum
anderen stellen Regelungen immer Beziehungen zwischen zu ordnenden Elementen her. Kurz: Organisieren ist das
Schaffen von Strukturen. In Anlehnung
an Krüger kann dann Organisation als
im Vorhinein erlassene Strukturregelung
verstanden werden (vgl. Krüger 2005,
S. 144).

## 3 Verhaltenswissenschaftliche Perspektive

Neben den hier im Schwerpunkt dargestellten strukturellen Fragen gibt es
noch die verhaltensbezogenen Fragen
der Organisation *(organisational behaviour).* Dazu wird auf den drei Ebenen
Individuum, Gruppe und Organisation
als Ganzes untersucht, wie und warum
Menschen sich in Organisationen verhalten und welche Auswirkungen ihr
Verhalten auf die Organisation und sie
selbst hat. Hier werden Erklärungen für
verhaltensbestimmte Fragen der Organisation erfaßt: Motivation, Kommunikation, Konflikte, Macht, Produktivität,
Einstellungen und Zufriedenheit etc.
und deren Zusammenhänge (Robbins
2001, S. 44).

## 4 Organisatorische Gestaltung

Organisatorische Einheiten als Basis:
Stellen sind die kleinsten aufbauorganisa-

torischen Einheiten. Unter einer Stelle wird ein personenbezogener Aufgabenbereich verstanden, der vom Personenwechsel unabhängig ist. In Stellen werden zusammengehörige Aufgaben, Kompetenzen und Verantwortungen gebündelt. Stellen können dann Ausführungs- oder Leitungsstellen sein. Letztere werden auch als Instanzen bezeichnet. Die drei Merkmale einer Stelle sind (Krüger 2005, S. 153):

❖ Aufgabenbündelung: Teilaufgaben werden zu einem Aufgabenbündel für eine Stelle zusammengefaßt, welche diese aufgabenmäßig und nicht räumlich abgrenzt.

❖ Personenbezug: Die Aufgabenbündelung orientiert sich hinsichtlich Umfang und Anspruchsniveau an der quantitativen und qualitativen Kapazität einer Person.

❖ Versachlichung: Normalerweise erfolgt die Stellenbildung versachlicht, also durch Orientierung an einer gedachten Person mit Normaleignung.

Werden mehrere Stellen gebündelt, so ergeben sich verschieden Formen von Stellenmehrheiten, die sich durch die Dauer und Art der Zusammenarbeit unterscheiden (Krüger 1994, S. 37ff.).

Mit dem Begriff Abteilung werden hierarchisch gegliederte Organisationseinheiten zur arbeitsteiligen Erfüllung von bereichsbezogenen Daueraufgaben bezeichnet. Im einfachsten Fall bestehen Abteilungen aus einer Instanz (z.B. Abteilungsleiter) und den ihr zugeordneten Ausführungsstellen (zum Beispiel Sachbearbeiter).

Eine Arbeitsgruppe erfüllt überwiegend routinehafte, Daueraufgaben in einem Bereich. Sie ist eigenverantwortlich und verfügt über (vormals auf höheren hierarchischen Ebenen angesie-

delte) Entscheidungs- und Kontrollkompetenzen.

Ein Team ist eine zeitlich befristete Mehrpersoneneinheit zur Erfüllung von innovativen Spezialaufgaben. Ein Ausschuß ist eine Mehrpersoneneinheit zur Erfüllung übergreifender Dauer- oder Spezialaufgaben durch nicht-ständige Zusammenarbeit.

Sind Stellen und Organisationseinheiten durch Über- oder Unterordnungsbeziehungen zueinander gekennzeichnet, so spricht man von einer Hierarchie. Diese wird üblicherweise durch ihre Leitungsbreite (auch Leitungsspanne) und -tiefe (Hierarchieebenen) genauer beschrieben.

### 5    Prozeß- und Aufbauorganisation als Grundmodelle

Seit den 1980er Jahren hat die Betrachtung der Wertschöpfung von Branchen und Unternehmungen eine ganz neue Bedeutung erhalten. Dies hatte unmittelbar Auswirkungen auf das Selbstverständnis von Unternehmen, die seitdem ihre Aktivitäten nun mehr als eine Wertkette verstehen sollten. Damit einher ging das Denken in Prozessen. Prozesse wurden zum logischen Ausgangspunkt organisatorischen Handelns. Ein Prozeß läßt sich allgemein beschreiben als eine zielgerichtete Abfolge von logisch zusammenhängenden Aktivitäten zur Erstellung einer Leistung (Vahs 2005, S. 209).

Dem übergeordnet ist das Prozeßmanagement, welches hier als Management von Wertketten zu begreifen ist. Die Grundidee ist zunächst, die Kernprozesse einer Unternehmung zu identifizieren, zu optimieren und zu organisieren. Auf dieser Basis erfolgt dann, zur Unterstützung der Kernprozesse, die Gestaltung der Aufbauorganisation *(structure follows pro-*

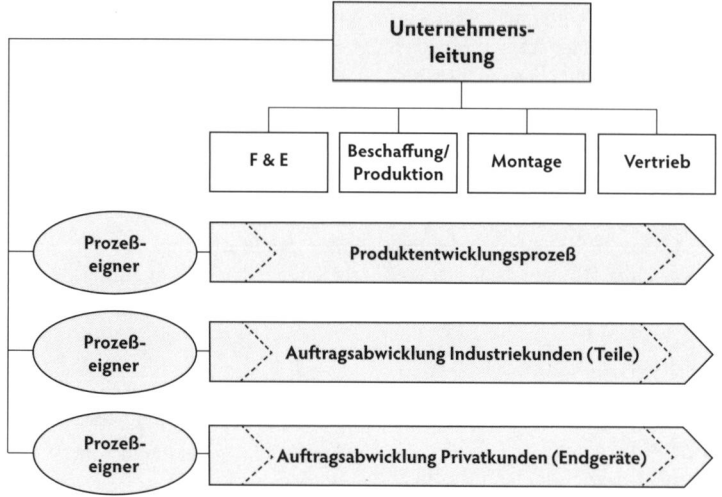

**Abbildung 1:** Modell einer Prozeßorganisation

*cess follows strategy;* Osterloh & Frost 1998). Folgende Merkmale sollte eine → Prozeßorganisation aufweisen (Krüger 2005, S. 178f.):

❖ Strategische Ausrichtung: Neben der Aufbauorganisation ist auch die Gestaltung der Unternehmensprozesse von der Strategie bestimmt. Je nach angestrebtem Wettbewerbsvorteil sind die erforderlichen Kernprozesse zu identifizieren und entsprechend auszurichten. Die Anforderung an die Prozeßorganisation lautet *process follows strategy.*

❖ Prozesse prägen Aufbaustrukturen: Im traditionellen Prozeßverständnis geht man davon aus, daß erst die Aufbauorganisation existiert, in welche die Abläufe sozusagen „hineinorganisiert" werden. Die Prozeßorganisation geht umgekehrt vor. Die Aufbauorganisation orientiert sich an den Prozessen *structure follows process.*

❖ Prozesse sind bereichs- und unternehmensübergreifend: Die Prozeßorganisation besitzt im Gegensatz zur klassischen Ablauforganisation einen umfassenderen Bezugsbereich, der sowohl bereichsübergreifend als auch unternehmungsübergreifend ausgeprägt sein kann. Sogenannte Abläufe finden innerhalb von Abteilungen bzw. Funktionsbereichen statt. Prozeßorganisatorische Gestaltung hingegen überwindet Abteilungszäune und geht von einem übergreifenden Ansatz aus, d.h., Kernprozesse sind nicht an den Bereichsgrenzen beendet, sondern sie umschließen alle erforderlichen Einheiten, ggf. vom Lieferanten bis zum Endkunden.

❖ Prozesse erfordern Prozeßverantwortung: Die Bedeutung von effizienten und kontinuierlich zu verbessernden Prozessen drückt sich auch darin aus, daß hierfür gesonderte Zuständigkeiten zu schaffen sind. Die Verantwortung für Prozesse tritt neben die hierarchische Verantwortung (Abb. 1).

496

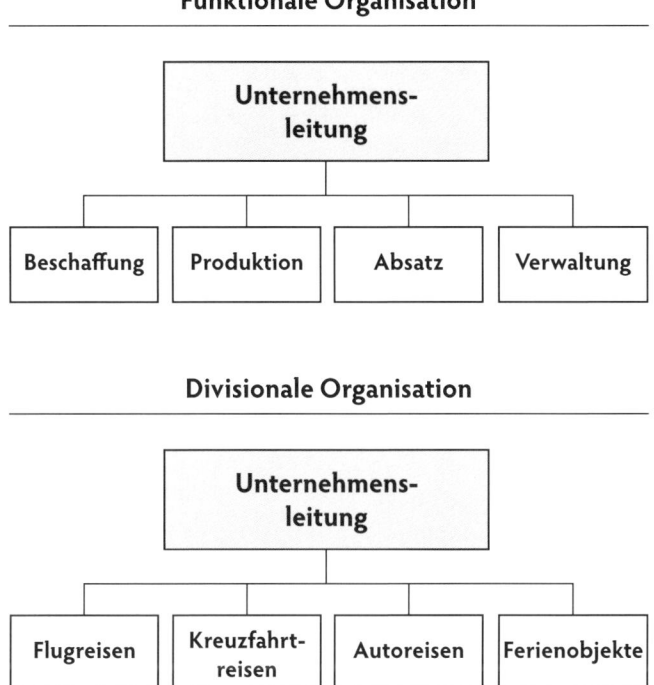

**Abbildung 2:** Grundmodelle der funktionalen und divisionalen Organisation

Die grundlegenden organisatorischen Bausteine lassen sich in unterschiedlichster Art und Weise miteinander kombinieren. Daraus entsteht letztlich die Aufbauorganisation eines Unternehmens. Neben den zahlreichen Formen der Aufbauorganisation in der Praxis kann man diese aus konzeptioneller Sicht auf drei Grundmodelle reduzieren, die sich durch wiederum drei sogenannte Gestaltungsparameter beschreiben lassen:

❖ bestimmende Form der Aufgabenspezialisierung auf der zweiten Hierarchieebene: Sie orientiert sich entweder nach einer Verrichtung oder an einem Objekt (zum Beispiel Region, Produkt, Kunden);

❖ Verteilung der Weisungsbefugnisse als Einlinien- oder Mehrliniensystem;

❖ Verteilung der Entscheidungsaufgaben in Form einer Entscheidungszentralisation oder -dezentralisation.

Aus der Kombination dieser Parameter ergeben sich dann die Grundmodelle der Aufbauorganisation: Bei der funktionalen Organisation (FO) handelt es sich um eine verrichtungsorientierte Einlinienorganisation mit einer Tendenz zur Entscheidungszentralisation. Bei der divisionalen Organisation (DO) ist nicht das Verrichtungs-, sondern das Objektprinzip bestimmend. Man spricht von einer objektorientierten Einlinienorganisation mit Tendenz zur Entscheidungsdezentralisation (Abb. 2). Die Matrixorganisation (MO) ist eine Mehrlinienorganisation mit gleichzeitiger Verrichtungs- und Objektorientierung und einer Tendenz zur Entscheidungsdezentralisation.

Ergänzt werden diese Grundmodelle dann zum einen um Stäbe, also Stellen oder Einheiten, die der Unterstützung von Leitungsstellen bzw. Instanzen bei der Entscheidungsvorbereitung dienen, ohne aber eigene Entscheidungs- oder Weisungsbefugnisse zu besitzen (z.B. → Controlling); zum anderen um Dienstleistungs- oder Unterstützungsstellen wie Zentralbereiche oder *shared service centre*, die spezifizierte Dienstleistungen für andere Einheiten oder das gesamte Unternehmen erbringen (zum Beispiel Personal, Finanzen, IT).

## 5 Ausblick

Organisationen sind der Rahmen in dem Unternehmen ihre Wertschöpfung erbringen, die Stellen und Abteilungen sind die wahrgenommene Heimat der Mitarbeiter. Aber eine ewige Ordnung und Organisationsruhe gibt es nicht für Unternehmen oder Mitarbeiter. Es geht also nicht mehr darum, Prozesse oder Abteilungen für alle Zeit zu organisieren. Durch permanenten Wandel in der Umwelt wird Organisieren von einer episodischen Aufgabe zu einer echten Daueraufgabe für das Management auf jeder Ebene. In diesem Sinne müssen Organisatoren zusätzlich die Fähigkeit zum Management des Wandels *(change management)* mitbringen. Das Streben nach organisatorischer Flexibilität und Veränderung führt zur ständigen Suche nach geeigneten Organisationsformen, die wandlungsfähig sind und lernen können (Brehm 2003). Diese Aspekte führen dazu, daß in diesem Zusammenhang

in der Praxis Fragen des Personal- und Organisationsmanagement noch besser aufeinander abgestimmt werden müssen. *(cb)*

*Literatur*

Bea, Franz Xaver; Elisabeth Göbel 2006: Organisation: Theorie und Gestaltung. Stuttgart: UTB (3. Aufl.)

Brehm, Carsten 2003: Organisatorische Flexibilität der Unternehmung, Wiesbaden: Deutscher Universitätsverlag (DUV)

Krüger, Wilfried 1994: Organisation der Unternehmung, Stuttgart: Kohlhammer

Krüger, Wilfried 2005: Organisation. In: Franz Xaver Bea & Marcell Schweitzer (Hrsg.): Allgemeine Betriebswirtschaftslehre, Band 2: Führung. Stuttgart: UTB, S. 140-234

Osterloh, Margit; Jetta Frost 1998: Prozeßmanagement als Kernkompetenz. Wiesbaden: Gabler (2. Aufl.)

Robbins, Stephen P. 2001: Organisation der Unternehmung. München: Pearson (9. Aufl.)

Vahs, Dietmar 2005: Organisation: Einführung in die Organisationstheorie und -praxis. Stuttgart: Schäffer-Poeschel (5. Aufl.)

## Organisationskultur
→ Unternehmenskultur

## Orient-Expreß

Im Jahr 1883 wurde erstmals ein Hotelzug mit der Bezeichnung Orient-Expreß auf der Strecke Paris Est nach Osten eingesetzt. 1888 erreichte dieser Zug auf der weiteren Streckenführung Budapest, Belgrad, Sofia dann Konstantinopel. Seitdem trugen viele Strecken (oft mit → Kurswagen bis nach London) den Namen Orient-Expreß, der als Luxuszug in die Geschichte der Eisenbahn eingegangen ist.

Noch heute kann man mit dem Orient-Expreß reisen, der inzwischen auch in unteren Beförderungsklassen buchbar ist und als Marke firmiert (www.orient-express.com). Angeboten wird nicht nur die klassische Strecke über den Balkan nach Konstaninopel, sondern das Angebot umfaßt auch Strecken wie den Eastern & Oriental Express (von Singapur nach Bangkok). *(hdz)*

**Ortsführer**
→ Reiseleiter

**Out of order**
→ Zimmerstatus

**Outsourcing**
Outsourcing stellt einen Prozeß der permanenten oder zumindest längerfristigen Auslagerung von bislang in einer Unternehmung erbrachten Leistungen auf einen unternehmerisch agierenden, ein eigenes Markt- und Kapitalrisiko tragenden Partner dar mit dem Ziel, die bisher selbst erbrachten Leistungen zukünftig fremd zu beziehen (Zahn; Barth & Hertweck 1999, S. 5 f.). Hierzu wird in der Regel ein Vertrag mit dem Outsourcing-Partner abgeschlossen.

Zur Realisierung eines Outsourcing-Vorhabens ist zunächst eine Analyse der bestehenden Wertschöpfungskette (→ Prozeßorganisation) mit Blick auf potentielle Schwachpunkte wie auf zentrale Stärken erforderlich. Nur die Leistungsprozesse bzw. Leistungselemente, in denen sich die Unternehmung aufgrund ihres überragenden Know hows relative Wettbewerbsvorteile ausrechnet − → Kernkompetenzen, die im Wettbewerb ‚Einzigartigkeit' verleihen (Hamel & Prahalad 1995, S. 311 ff.) − sollen als *centers of excellence* erhalten bleiben. Gegenstand des Outsourcing können somit (Zahn; Barth & Hertweck 1999, S. 8):
❖ Teile dieser Wertschöpfungskette sein (komplettes Outsourcing, z.B. vollständiges Outsourcing des Einkaufs, des Vertriebs, der unternehmenseigenen Reisestelle) oder

❖ lediglich Teile eines Prozeßketten-Elementes sein (selektives Outsourcing, z.B. Outsourcing des Call-Centers als Teilelement der Vertriebsaktivitäten, Outsourcing des Server-Betriebes an einen externen Partner bei gleichzeitiger Beibehaltung der übrigen IT-Dienstleistungen, Outsourcing der Buchführung unter Beibehaltung des → Controllings).
Je weitreichender in die Wertschöpfungskette eingegriffen wird, desto mehr nimmt die Outsourcing-Entscheidung durch die Veränderung des bisher verfolgten Geschäftsmodells strategischen Charakter an.

Unternehmungen streben mit einer Outsourcing-Konzeption zunehmend eine Verschlankung an, um agiler und wettbewerbsfähiger zu werden. „Ballast abwerfen" heißt somit die Devise. Als offenkundige Outsourcing-Ziele werden dabei häufig Optionen zur Kostenreduktion genannt:
❖ Ein Potential zur Reduktion der Kosten wird insbesondere in der Möglichkeit gesehen, Leistungen von einem spezialisierten Partner zu beziehen, der durch sein umfangreicheres Leistungsvolumen geringere Stückkosten realisieren kann und diese auch im Preis an seine Outsourcing-Partner weitergibt.
❖ Auch die Variabilisierung der Fixkosten zielt zunächst auf Kostensenkungen, da die Leistungskosten nur dann anfallen, wenn sie benötigt und entsprechend bezogen werden (z.B. Wäscherei-Leistungen oder Zimmerreinigung im Hotelbetrieb). Die outsourcende Unternehmung muß dann keine Leistungskapazitäten mehr bevorraten und vermeidet damit mögliche Leerkosten bei Unterauslastung.

| Kriterien | Optimierte In-house-Lösung | | | Dienstleister 1 | | | Dienstleister 2 | | |
|---|---|---|---|---|---|---|---|---|---|
| | a Beurt. | b Punkte | a x b | a Beurt. | b Punkte | a x b | a Beurt. | b Punkte | a x b |
| Kosten | 2 | 40 | 80 | 3 | 40 | 120 | 5 | 40 | 200 |
| Service | 5 | 20 | 100 | 4 | 20 | 80 | 4 | 20 | 80 |
| DV-Lösung | 3 | 10 | 30 | 2 | 10 | 20 | 4 | 10 | 40 |
| Know-how | 2 | 10 | 20 | 3 | 10 | 30 | 3 | 10 | 30 |
| Finanzlage | 2 | 20 | 40 | 5 | 20 | 100 | 3 | 20 | 60 |
| Summe | | 100 | 270 | | 100 | 350 | | 100 | 410 |

Beurteilung von 1 = ungenügend bis 5 = sehr gut

**Abbildung:** Nutzwertanalyse bei Outsourcing-Entscheidungen
(in Anlehnung an Wißkirchen 1999, S. 312)

Anzumerken bleibt allerdings, daß die Kostenvorteile nicht selbstverständlich realisiert werden. Abhängigkeiten von der Angebotsmacht starker Outsourcing-Partner, langfristige Vertragsbindungen mit Konventionalstrafen bei Vertragsverletzung (z.B. Unterschreitung von Mindestabnahmemengen o.ä.) sowie Inhouse-Nacharbeit bei Qualitätsmängeln der bezogenen Leistungen können zu gleich hohen oder gar höheren Kosten je Leistungseinheit führen und begründen zum Teil neue ‚Fixkostenarten'. Auch lassen sich häufig vorhandene Sachvermögenswerte nicht beliebig abbauen oder anderweitig nutzen (z.B. nicht mehr genutzte Gebäudeteile), so daß diese remanenten Fixkostenbestandteile die Bezugskosten für Fremdleistungen zusätzlich belasten.

Neben diesen vermuteten Kosteneffekten lassen sich noch weitere mögliche Outsourcing-Vorteile ableiten:

❖ die Vermeidung von Erst-Investitionen bzw. Re-Investitionen verschafft der outsourcenden Unternehmung finanzielle Entlastung,

❖ durch Outsourcing können bisher gebundene finanzielle und personelle Ressourcen auf rentablere Investitionen umgelenkt werden,

❖ die Spezialisierung- und Know how-Vorteile des Outsourcing-Partners führen zu einer Erhöhung der Leistungs-(Qualitäts-)standards und /oder

❖ eigene Know-how-Defizite können kompensiert werden.

Letztlich muß eine Outsourcing-Entscheidung als ein Investitionsprojekt verstanden werden und auch als solches bewertet werden. Zu vergleichen sind die Alternative ‚Weiterführung der bisherigen Eigenleistung' mit den Alternativen ‚Fremdleistungsbezug inkl. Kostenremanenzen bei Kapazitätsabbau' unterschiedlicher Outsourcing-Partner. Als sinnvolle Bewertungsmethodik hat sich dabei die Nutzwertanalyse (Abbildung) erwiesen (Wißkirchen 1999, S. 311 f.), da Outsourcing-Projekte – wie dargestellt – auch qualitative Entscheidungskriterien beinhalten. *(vs)*

*Literatur*
Hamel, Gary; C. K. Prahalad 1995: Wettlauf um die Zukunft. Wien: Ueberreuter
Wißkirchen, Frank 1999: Beurteilung der Vorteilhaftigkeit von Outsourcing unter Berücksichtigung von Prozeßkosten und Transaktionskosten. In: Frank Wißkirchen (Hrsg.): Outsourcing-Projekte erfolgreich realisieren. Strategie, Konzept, Partnerauswahl, Stuttgart: Schäffer-Poeschel, S. 283-313
Zahn, Erich; Tilmann Barth & Andreas Hertweck 1999: Outsourcing unternehmerischer Dienstleistungen – Entwicklungsstand und strategische Entscheidungstatbestände. In: Frank Wißkirchen (Hrsg.): Outsourcing-Projekte erfolgreich realisieren. Strategie, Konzept, Partnerauswahl, Stuttgart: Schäffer-Poeschel, S. 3-37

**Overstay**
*Over* (engl.) = hinüber, über, vorüber; *to stay* (engl.) = bleiben, wohnen, übernachten. Ein Hotelgast, der länger bleibt als durch die ursprüngliche Zimmerbuchung vorgesehen. In der Praxis fällt in dem Zusammenhang auch der Begriff Verlängerungsnacht. *(wf)*

# P

**Pachtvertrag**
→ Hotelpacht

**PaFra**
→ Passagierfrachter

**Page**
*bellboy; bellhop*
Auch Hoteldiener genannt. In der
Hotellerie ist die Stelle des Pagen dem
→ Portier bzw. der → Rezeption zugeord-
net. Zu den zentralen Aufgaben des
Pagen gehören: Botengänge, Postfahrten,
Schlüsselverwaltung, Gepäckbeförderung
und Gästebetreuung (z.B. Ausführen von
Hunden). Die Aufgabenfelder sind nicht
genau abgegrenzt: In verschiedenen
Hotels werden die Arbeiten auch von
→ Hausdienern übernommen. *(wf)*

**Paketreiseveranstalter**
*group travel wholesaler*
Hierbei handelt es sich, anders als es der
Name vermuten läßt, nicht um einen
→ Reiseveranstalter, sondern um einen
Vermittler von Unterkünften und weiteren Elementen einer → Pauschalreise
für Busunternehmen. Auch wenn die
Reisen den Busunternehmen in eigenen Katalogen angeboten werden, gelten
sie damit nach deutschem → Reiserecht
nicht als Veranstalter, da sie sich damit
ausschließlich an Unternehmen wenden.
Anders als ein normaler → Reisemittler
tritt er nicht gegenüber Endkunden auf.
Für die meist kleinen und mittelständischen Busunternehmen wäre der mit
dem Einkauf von Zimmerkontingenten

in → Hotels und weiteren Reiseleistungen
verbundene Aufwand viel zu hoch, als
daß es sich lohnte, eigene Reisen zu
veranstalten. Mit der Inanspruchnahme
von Paketern können sie fertige Reisen
übernehmen, die sie durch ihre eigene Beförderungsleistung ergänzen.
Dadurch, daß Paketreiseveranstalter ihre
,halbfertigen' Reisearrangements an eine
Vielzahl von Busunternehmen in verschiedenen Regionen vermitteln, bündeln sie die Nachfrage und erreichen
in der Regel deutliche Preisnachlässe
bei den → Leistungsträgern, die sie an
die Busunternehmen weitergeben. Busunternehmen können vorgefertigte
Elemente übernehmen und unter ihrem Namen → Reisekataloge zusammenstellen, die den eigenen Vertriebsstellen oder → Reisemittlern für den
Verkauf zur Verfügung gestellt werden.
Durch die Kombination der Leistungs-
arrangements des Paketers mit der eigenen Beförderungsleistung, wird das Busunternehmen gegenüber dem Kunden
zum Reiseveranstalter.
Aufgrund ihrer Sonderstellung sind
die meisten Paketer nicht in einem
der Reisebüro- und Reiseveranstalter-
verbände (→ Deutscher Reiseverband
[DRV] und → Allianz Selbständiger
Reiseunternehmen (asr)) vertreten, sondern verfügen mit dem → ,Internationalen
Verband der Paketer' (VPR) über eine
eigene Organisation, die allerdings eng
mit den anderen Verbänden zusammenarbeitet. *(jwm)*

## Pandemie
→ Vogelgrippe

## Panoramawagen
*observation car*

Offene Wagen hat es bereits bei den ersten Eisenbahnen des 19. Jahrhunderts gegeben, allerdings hier für die unteren → Beförderungsklassen. Damit sind die Panoramawagen, also die Aussichtswagen von heute nicht vergleichbar. Sie dienen touristischen Zwecken, indem sie besonders entlang von landschaftlich reizvollen Strecken eingesetzt werden. Es handelt sich um Eisenbahnwagen mit Panaromafenstern oder gläsernem Dachaufsatz, der einen ungehinderten Ausblick auf die Landschaft erlaubt. In Deutschland haben die Anfang der 1960er Jahre von der damaligen Deutschen Bundesbahn für die → TEE-Züge Rheingold und Rheinpfeil bereitgestellten Aussichtswagen keine Kontinuität im InterCity-Netz gehabt. Sie landeten schlußendlich im Museum. Nichtsdestotrotz hat sich in der Schweiz das Konzept des touristischen Aussichtszuges gehalten, wie der nachhaltige Erfolg der Züge Glacier-Express, Bernina-Express und Panoramic-Express erkennen läßt. *(hdz)*

## Pan Pan Pan
Dringlichkeitsmeldung aus der Schiff- und Luftfahrt. Dem französischen *panne* (= Defekt, Panne, Schaden) entlehnt.
→ May-day

## Papierticket
→ Flugschein

## Parador
Bezeichnung für einen speziellen Hoteltyp in Spanien (*parada* [span.] = Aufenthalt). Die Betriebe lassen sich durch folgende Merkmale charakterisieren: Nutzung historischer Bausubstanz (ehemalige Burgen, Herrschaftshäuser, Klöster, Schlösser), Auswahl landschaftlich reizvoller Standorte, Bauwerke in der Regel im staatlichen Eigentum.

Paradores gehen auf eine Initiative des spanischen Staates zurück (1928: Eröffnung des ersten Hotels [Parador de Gredos]). Dieser sah in dem Aufbau einer besonderen Beherbergungsinfrastruktur ein sinnvolles Instrument der → Tourismuspolitik. Das nationale historische Erbe sollte bewahrt, strukturschwache Gegenden entwickelt, Kultur – z.B. in Form der regionalen Eßkultur – wiederbelebt und das Image des spanischen Tourismus gefördert werden.

Die Unternehmensgruppe Paradores de Turismo de España S.A. verwaltet und vertritt gegenwärtig über 90 Parador-Hotels (Stand: August 2007) auf dem spanischen Festland und den Inseln (www.parador.es; www.spain.info). *(wf)*

*Literatur*
Abel, Wolfgang 2008: Spaniens Paradores. Badenweiler: Oase (3. Aufl.)

## Paragastronomie
*para gastronomic sector*

*pará* (griech.) = entlang, neben, bei, über, hinaus, gegen. Die Paragastronomie steht neben *(pará)* der „eigentlichen" Gastronomie und ergänzt diese. Zu ihr zählen bspw. → Straußwirtschaften, Vereinslokale oder Vereinsfeste. Im Gegensatz zur klassischen Gastronomie wird das übliche Dienstleistungsangebot nicht oder nur eingeschränkt bereitgestellt. Die paragastronomischen Betriebe werden in der Regel nebenerwerbswirtschaftlich geführt, die klassischen gastronomischen Betriebe stellen normalerweise eine Vollerwerbsquelle dar. Gleichwohl fällt eine trennscharfe Abgrenzung zwischen den beiden schwer, so daß in der Literatur auch unterschiedliche Zuordnungen erfolgen (bspw. Geiger 2001, S. 390).

Vertreter der „klassischen" Gastronomie sehen in der Paragastronomie eine unlautere Konkurrenz aufgrund ungleicher Wettbewerbsbedingungen. So sind beispielsweise die gesetzlichen Auflagen im Hygienebereich in den beiden Segmenten unterschiedlich streng. *(wf)*

*Literatur*
Geiger, Felix 2001: Gastgewerbliche Leistung oder Lieferung von Eß- und Trinkwaren: Kleiner Unterschied mit großer Wirkung. In: Der Schweizer Treuhänder, 75 (4), 2001, S. 385-392

### Parahotellerie
*para hotel sector*
*pará* (griech.) = entlang, neben, bei, über, hinaus, gegen. Die Parahotellerie ist Teil des → Beherbergungsgewerbes. Sie umfaßt die Beherbergungsformen, die nicht der traditionellen Hotellerie zugeordnet werden. Sie steht neben *(pará)* der eigentlichen Hotellerie und ergänzt diese (Kaspar 1996, S. 86).
Zur Parahotellerie werden bspw. → Ferienwohnungen, → Ferienhäuser, Sanatorien, Kurkrankenhäuser, Ferienlager, → Jugendherbergen, → Campingplätze, → Privatzimmer oder auch Bauernhöfe (→ Urlaub auf dem Bauernhof) gezählt. Im Gegensatz zur klassischen Hotellerie wird das hotelübliche Dienstleistungsangebot nicht oder nur eingeschränkt bereitgestellt (Hänssler 2004, S. 54). Die Betriebe werden sowohl haupt- als auch nebenerwerbswirtschaftlich geführt. *(wf)*

*Literatur*
Hänssler, Karl Heinz 2004: Betriebsarten und Betriebstypen des Gastgewerbes. In: Ders. (Hrsg.): Management in der Hotellerie und Gastronomie: Betriebswirtschaftliche Grundlagen. München, Wien: Oldenbourg, S. 53-74 (6. Aufl.)

Kaspar, Claude 1996: Die Tourismuslehre im Grundriß. Bern u.a.: Haupt

### Paravent
*movable screen*
Mobile Stellwand, die als Sichtschutz dient. In der Gastronomie werden Paravents etwa zur optischen Trennung von Räumlichkeiten eingesetzt. Ursprünglich wurden sie vor allem für den Zweck entwickelt, Schutz vor Zugluft zu bieten (*parer* [franz.] = abwehren; *vent* [franz.] = Wind). *(wf)*

### Park-and- …Verkehrskonzepte
Bekannt sind zwei zu unterscheidende Verkehrskonzepte mit dieser Bezeichnung: Park-and-Rail und Park-and-Ride. Oft wird das englische „and" auch durch das deutsche „und" ersetzt.

Park-and-Rail: Hierbei handelt es sich um Stellplätze für Autos, die sich direkt am Bahnhof befinden. Der Bahnkunde (→ Bahncard) kann zu günstigeren Bedingungen diesen Stellplatz nutzen. Mit *Bike-and-Ride*, also dem Bereitstellen von Fahrradständern wird eine analoge Zielsetzung für das Fahrrad verfolgt.

Park-and-Ride: In der Regel in Zusammenarbeit der Deutschen Bahn mit den Kommunen angelegte Abstellplätze für Autos (auch Busse und Motorräder) in den Randbereichen von Ballungszentren, die vor allem Pendler motivieren sollen, auf die Bahn umzusteigen. Das Konzept ist umstritten, da es offenbar nicht die quantitativ erwartete Wirkung zeigt. Allerdings lassen sich bei Großveranstaltungen die positiven Effekte der Stauminderung nachweisen. *(hdz)*

### Parkposition
*parking position*
Die durch Linien und evtl. auch zusätzliche Schilder auf dem Vorfeld mar-

kierte Fläche, auf der ein Flugzeug abgestellt wird. Man unterscheidet zwischen Außen- und Gebäudepositionen. Auf den Außenpositionen be- und entsteigen Passagiere die Flugzeuge entweder über fahrbare oder bordeigene Treppen und werden in der Regel mit Vorfeldbussen zum oder vom Abfertigungsgebäude gefahren. Bei den Gebäudepositionen rollt das Flugzeug bis an eine Fluggastbrücke (→ Finger), über welche die Passagiere direkt ins bzw. aus dem Flugzeug gelangen können. *(jwm)*

## Pass
*pickup counter*
In der Gastronomie der Begriff für die Stelle der Speisenausgabe aus der Küche. Der Pass stellt eine räumliche Schnittstelle zwischen den Abteilungen Küche und Service dar (*passer* [franz.] = überschreiten, überqueren): Das Essen wird von Küchenmitarbeitern an den Pass gestellt und dort von Servicemitarbeitern abgeholt, um es zu servieren. In manchen Betrieben hat der Pass die Form eines Durchreichefensters *(pass-through window)*. *(wf)*

## Paß
→ Reisepaß

## Passagierfrachter (PaFra)
*semi cargo ship, semi passenger ship*
Frachtschiff, das eine kleine Anzahl Passagiere auf seinen Fahrten mitnehmen kann (→ Frachtschiffreisen). Ihre Zahl ist normalerweise auf 12 begrenzt, weil nach internationalen Regeln ab 13 Passagieren ein Schiffsarzt an Bord sein muß. Die Kabinen sind in der Regel größer als auf Kreuzfahrtschiffen (→ Kreuzfahrt) und befinden sich meist in bevorzugter Lage auf dem Brückendeck oder einem der oberen Decks. Allerdings gibt es keine organisierte Unterhaltung an Bord und

die Gäste sind auf sich selbst angewiesen. *(jwm)*

## Passagierkilometer (PKM)
→ Available Passenger Kilometres (APK)
→ Revenue Passenger Kilometres (RPK)

## Passagierliste
*passenger list*
Sie wird für jeden Flug aufgrund der Daten aus dem → Passenger Name Record (PNR) hergestellt, in dem für jeden Passagier alle buchungsrelevanten Daten festgehalten sind. Bei Flügen aus Europa in die USA müssen die Fluggesellschaften gemäß eines umstrittenen Abkommens der EU mit den USA vom 6. Oktober 2006 die Passagierlisten mit Namen, Adressen, Telefonnummern, Reiserouten, Kreditkartennummern, speziellen Essenswünschen (z. B. → Halal) usw. an die us-amerikanischen Sicherheitsbehörden zur Terrorbekämpfung weitergeben. Im Falle eines Unfalles greift man auf sie zurück, um Angehörige zu unterrichten und um Versicherungszahlungen abzuwickeln. *(jwm)*

## Passagiermanifest
→ Manifest

## Passenger Name Record (PNR)
Für jede Buchung eines Fluges wird in den → Computer-Reservierungssystemen (CRS) eine Datei angelegt, in der eine Reihe von Informationen über gebuchte Flüge und den Passagier unter einem → Buchungskode gespeichert werden, über den sie jederzeit abrufbar sind. Dazu gehören neben den flugspezifischen Daten Informationen über die Zahlungsart (zum Beispiel Kreditkartenart und -nummer, Ablaufdatum), über den Buchungsweg (Agentur mit Nummer, Direktbuchung im Internet), den Flugtarif, spezielle Serviceanforderungen (zum Beispiel

Essenswünsche: vegetarisch, → koscher, → Halal). Nach Antritt des Fluges werden die Nummern der Anhänger des eingecheckten Gepäcks *(baggage tags)* dazu gespeichert. Die USA verlangen im internationalen Flugverkehr vor dem Abflug praktisch Zugang zu allen hier gespeicherten Informationen über die Passagiere. *(jwm)*

### Pass-through window
→ Pass

### Pâtissier
Französische Bezeichnung für den Küchenkonditor. Der Pâtissier stellt Süßspeisen, Teige und Backwaren her. Der Bereich stellt einen klassischen Posten bzw. eine Abteilung in größeren → Küchenbrigaden dar. *(wf)*

### Pauschalreise
*package tour, inclusive tour*

**(a) rechtlich**

#### 1 Allgemeines
Das Reisevertragsrecht ist das Recht der Pauschalreise. Der Reisevertrag zwischen dem Reisenden als Kunden und dem Reiseveranstalter als Anbieter einer Pauschalreise ist ein aus dem Werkvertrag entwickelter gegenseitiger Vertrag und in §§ 651 a bis m BGB als eigenständiger Vertragstyp geregelt. Die vertragstypische Leistung ist darauf gerichtet, daß der Reiseveranstalter in eigener Verantwortung gegen Zahlung des Reisepreises einen bestimmten Erfolg, nämlich eine bestimmte Gestaltung der Reise herbeiführt (BGH NJW 1995, 2629: Yachtcharter).

Der Reiseveranstalter wählt mindestens zwei Hauptreiseleistungen wie Flug-, Schiffs-, Bahnreise, Unterkunft mit Pension oder Mietwagen aus, bündelt vor Vertragsschluß mit dem Reisenden diese Hauptleistungen unter Einschluß von Nebenleistungen wie Transfer ins Hotel und Reiseleitung diese Reisekomponenten zu einem Pauschalangebot mit einem in der Regel, aber nicht zwingend, einheitlichen Preis (§ 651a I BGB). Die Einzelabrechnung für im Rahmen der Reise erbrachten Leistungen schadet nicht. Diese Gesamtheit gebündelter Reiseleistungen erbringt er als Organisator innerhalb eines bestimmten Zeitraums in eigener Verantwortung und ist damit kein Reisevermittler fremder Reiseleistungen, sondern selbst Produzent einer Pauschalreise. § 651 a I BGB definiert das Paket einer (Pauschal-) Reise als „Gesamtheit von Reiseleistungen für einen Reisepreis". Hauptbeispiel für die Pauschalreise ist die Verbindung einer Transportleistung (Flug, Bahn, Bus) mit einer Unterkunft.

#### 2 Rechtsgrundlagen
Folgende Rechtsvorschriften hat der Reiseveranstalter bei den genannten betrieblichen Funktionsbereichen in seinem Unternehmen zu beachten: (1) die §§ 651a-m BGB und §§ 4-11 BGB-InfoV als halbzwingender Mindeststandard für die Reisedurchführung und Gewährleistung bei Reisemängeln (Art. 238 EGBGB); (2) die → Allgemeinen Geschäftsbedingungen (AGB) als selbst geschaffene, von ihm einseitig gestellte Vertragsbedingungen zur Schließung von Regelungslücken der §§ 651a-m BGB, wie sie zum Beispiel in der unverbindlichen Konditionenempfehlung der Allgemeinen Reisebedingungen (ARB) des DRV (→ Deutscher Reiseverband) vorgeschlagen werden, (3) die AGB-Vorschriften der §§ 305-310 BGB als eine nicht abänderbare Kontrolle der AGB mit umfangreichen verbotenen Klauseln; (4) das Wettbewerbs- und Preisrecht im Gesetz gegen Unlauteren

Wettbewerb (UWG) und in der Preisangabenverordnung (PAngVO) als Kontrolle seines Werbe- und Marktverhaltens, insbesondere des Prospekts, das Internationale Privatrecht (IPR) mit Art. 29 EGBGB dafür, daß nur deutsches Recht gilt; (5) wenn der Reisende im Bundesgebiet seine Vertragserklärung bei der Reisebuchung abgegeben hat oder für die Reise hier zum Beispiel durch Prospekt, Anzeige oder Internet geworben wurde. Auf die Staatsangehörigkeit des Reisenden, das Zielgebiet oder den Firmensitz des Reiseveranstalters kommt es nicht an. *(ef)*

*Literatur*

Führich, Ernst 2005: Reiserecht. Heidelberg: C.F. Müller (§§ 1-4 Grundlagen des Reisevertragsrechts) (5. Aufl.)

Führich, Ernst 2006: Reiserecht von A-Z. München: dtv (Stichworte: Reisevertragsrecht, Reise, Reiseveranstalter, Internationaler Anwendungsbereich) (3. Aufl.)

**(b) touristisch**

Reise, die von einem Reiseveranstalter organisiert wird und in der Regel aus einer Kombination von Transport-, Unterkunfts- und Verpflegungsleistungen besteht, die als ein Paket gebucht wird (Vollpauschalreise; Ausnahme → Teilpauschalreise). Dabei werden die Preise für die einzelnen Leistungen i.d.R. nicht getrennt ausgewiesen, sondern die Reise wird nur zu einem Pauschalpreis verkauft. Diese Regelung diente ursprünglich dazu, bei von Reiseveranstaltern organisierten Flugreisen den Preis für die von → Charterfluggesellschaften erbrachten Flugleistungen zu verdecken. Damit sollten die (damals oft noch staatlichen) Linienfluggesellschaften mit ihrer Hochpreispolitik geschützt werden. Mittlerweile dient der Pauschalpreis im → Reiserecht als ein Kriterium für die

Unterscheidung von Veranstalter- und reinen Vermittlungsleistungen.

Der ursprünglich aus dem kaufmännischen Bereich stammende Begriff ‚Pauschale' hat in der Alltagssprache eine eher negative Konnotation erfahren. Das gilt vor allem für das Adjektiv ‚pauschal', mit dem oft eine nicht differenzierende Behandlung bzw. Beurteilung von Personen und Tatbeständen gekennzeichnet wird. Dies wurde zum Teil auch auf den Begriff Pauschalreise übertragen, indem hiermit eine Reiseform insinuiert wird, in der die Gäste vom Reiseveranstalter unterschiedslos in einem Kontext genormter Vorgaben und Leistungen behandelt werden. Unterstellt wird oft auch, daß damit die touristischen Erfahrungen in einem engen, vorgeformten Rahmen bleiben, der keinen Raum mehr für individuelle Wahrnehmungen und authentische Erlebnisse (→ Authentizität) läßt. *(jwm)*

*Literatur*

Pompl, Wilhelm 2007: Das Produkt Pauschalreisen – Konzept und Elemente. In: Jörn W. Mundt (Hrsg.): Reiseveranstaltung. München, Wien: Oldenbourg, S. 63-113 (6. Aufl.)

**Pauschaltourismus**

→ Pauschalreise

**PAX**

Begriff für den Flug-/Hotelgast. Das Kürzel entstammt dem Fernschreibverkehr.

**Payload capacity**

→ Nutzlasteinschränkung

**PBefG**

→ Personenbeförderungsgesetz

**Pendelverkehr**
→ Air Shuttle

**Pension**
→ Hotelpension

**PEP**
→ Expedientenreisen

**Perceptions Management**
→ Wartezeitenmanagement

**Personal Assistant**
*personal* (engl.) = persönlich; *assistant* (engl.) = Assistent. Personal Assistants sind zuständig für die Gästebetreuung während des Hotelaufenthaltes. Zu den zentralen Aufgaben des Personal Assistant gehören: Abfrage von individuellen Gästewünschen bereits vor dem Aufenthalt, Gästebegrüßung, Information und Beratung, Erfüllung von Gästewünschen (z.B. Limousinenservice, Kartenreservierungen für Theater- oder Konzertbesuche) und Beschwerdemanagement.

Das Aufgabenbild erinnert in Teilen an das des → Concierge, des → Portiers oder des → Guest Relations Managers. Der Personal Assistance muß zum Vergleich allerdings stärker Eigeninitiative entwickeln. Er geht schon vor der Anreise auf den Gast zu, sucht den Kontakt und ist persönlicher Begleiter während des Aufenthalts, sowohl sein Name als auch seine individuelle Telefonnummer sind dem Gast bekannt. Reaktive Aufgabeninhalte wie etwa die Lösung von Beschwerden treten in den Hintergrund. Die Stelle findet sich nur in sehr wenigen Häusern der Luxushotellerie, etwa bei den A Capella Hotels (www.capellahotels.com). *(wf)*

**Personenbahnhof**
→ Bahnhof

**Personenbeförderungsgesetz (PBefG)**
→ Bustouristik

**Pet box**
Spezielle Transportbehälter für Tiertransporte, etwa im Rahmen von Flugreisen.

**Petits fours**
*petits fours*
*petit* (franz.) = klein; *four* (franz.) = Backofen. Freier übersetzt, steht Petits fours für „kleines Backwerk". Petits fours können pikant oder süß sein, trocken oder frisch, mit oder ohne Füllung. Gemein ist allen die Miniaturform, die einen unkomplizierten Verzehr mit der Hand zuläßt. *(wf)*

**Pier**
*pier, jetty*
Meist in ein Gewässer hineingebaute Anlegestelle für Schiffe. Der Begriff wird teilweise auch für Fluggastbrücken (→ Finger) auf → Flughäfen verwendet.

**Pilgerreise**
*pilgrimage*
Pilgerreisen wie → Wallfahrten liegt die religiöse Motivation zugrunde, Stätten (Wallfahrtsorte) mit religiöser Bedeutung (heilige Stätten) aufzusuchen. Als die in Mitteleuropa bekannteste Pilgerreise ist der Jakobsweg nach Santiago de Compostela zu sehen. Heutige Pilgerreisen werden auch zu religiösen Veranstaltungen (z.B. Kirchentagen) durchgeführt. Pilgerreisen können auch aus der Religion selbst heraus als religiöse Verpflichtung begriffen werden, wie das Umwandern des Berges Kailash im Buddhismus oder der Hadsch, die Reise nach Mekka, im Islam.

Ein Blick in das Internet zu diesem Begriff zeigt, daß das Angebot an Pilgerreisen beträchtlich ist. Zu erkennen ist, daß Pilgerreisen in großem Umfang als → Pauschalreisen angeboten werden (Flug mit Chartermaschinen ab/bis xy; Unterbringung in xy; Vollpension; Eintrittsgelder; geistliche Reisebegleitung etc.). Im umgangssprachlichen Sinn sind Pilgerreisen auch Reisen, die unternommen werden, um einem Idol zu huldigen (Elvis Presley [Memphis], Jim Morrisson [Paris]). Die Begriffe Pilgerreise und Wallfahrt werden oft synonym benutzt. → Wallfahrt ist der traditionelle Begriff, der enger eingrenzt. Bei Pilgerreisen mag der religiöse Zweck evtl. sekundär sein, es geht um das Zusammensein mit Gleichgesinnten. Zur empirischen Erforschung dieser Hypothese fehlen allerdings Untersuchungen. *(hdz)*

**Pilot**
→ Flugkapitän

**Pilotenkanzel**
→ Cockpit

**P.I.R.**
*property irregularity report*
Beim P.I.R. handelt es sich um die Schadensbestätigung der → Fluggesellschaft. Schäden am zur Beförderung aufgegebenen Gepäck müssen unverzüglich bei der Fluggesellschaft angezeigt werden. In der Regel erfolgt diese Anzeige bei der → Gepäckermittlung *(lost & found)* des jeweiligen Zielflughafens. Hier wird dann der P.I.R. ausgestellt. → Reisegepäck-Versicherung *(hdz)*

**PKV**
→ Private Krankenversicherung

**Plat du jour**
*plat du jour, daily special*
*plat* (franz.) = Gericht, Gang; *jour* (franz.) = Tag. Begriff aus der Gastronomie für das von der Küche empfohlene Tagesgericht. *(wf)*

**Plattenservice**
→ Servierarten

**PMS**
→ Property Management System

**PNR**
→ Passenger Name Record

**Point to point-Verkehr**
→ Punkt-zu-Punkt-Verkehr

**Point to Point Code Share**
→ Direktflüge zwischen zwei Orten, zum Beispiel zwischen Frankfurt Rhein/Main und Singapur Changi, die im → Code Share von Singapore Airlines und der Deutschen Lufthansa geflogen werden. *(jwm)*

**Poissonnier**
*seafood cook*
*poisson* (franz) = Fisch. Französische Bezeichnung für den Fischkoch. Der Poissonnier bereitet Fischgerichte und Krustentiere zu. Der Bereich stellt einen klassischen Posten bzw. eine Abteilung in großen → Küchenbrigaden dar, in kleineren Betrieben wird die Aufgabe des Poissonier von dem → Saucier übernommen. Poissonnier ist auch die Bezeichnung für den Fischhändler. *(wf)*

**Portier**
*porter, doorman, bellcaptain*
*portier* (franz.) = Pförtner, Hausmeister. In der Hotellerie ist die Stelle des Portier der → Rezeption zugeordnet. Portiers finden sich vor allem in Häusern der gehobenen Hotelkategorien. Zu den zentralen Aufgaben des Portier zählen: Schlüsselverwaltung, Erteilung von Auskünften, Organisation der Gepäckbeförderung, Steuerung des Posteingangs und -ausgangs, Abwicklung von Gästeanfragen (z. B. Limousinenservice, Taxibestellungen, Kartenreservierungen

für Theater- oder Konzertbesuche). Dem
Portier sind → Pagen und → Wagenmeister
unterstellt.
Der Begriff geht auf das lateinische *porta-rius* (=Türhüter) zurück. Die Funktion
des Türhüters oder Torwächters läßt sich
– vor allem in herrschaftlichen Häusern
– über Jahrhunderte zurückverfolgen; die
Aufgaben waren in der Vergangenheit
ähnlich (Schlüsselverwahrung, Gästebegrüßung und -betreuung). *(wf)*

### Positionierungsfahrt
*repositioning cruise, positioning cruise*
Fahrt von Kreuzfahrtschiffen (→ Kreuzfahrt) zwischen unterschiedlichen Fahr-
gebieten, die zu verschiedenen Saisonzeiten befahren werden. Zum Beispiel
werden Schiffe im Winter in der Karibik
und im Sommer im Mittelmeer oder in
der Ostsee eingesetzt.

### Positionierungsflug
*positioning flight*
→ Leerflug, mit dem eine Passagiermaschine zum Ort der Nachfrage geflogen
wird (→ auch Charterkette).

### Positionslichter
*position lights*
International vorgeschriebene Lichter,
die Position und Bewegungsrichtung
eines Schiffes oder Luftfahrzeugs erkennen lassen. Luftfahrzeuge müssen an
den Flügelenden ein grünes Steuerbord-
, ein rotes Backbord- und ein weißes
Hecklicht am Seitenleitwerk führen,
wobei mindestens zwei Positionslichter
aus jeder Richtung sichtbar sein müssen.
*(jwm)*

### Prämie
→ Reiseversicherungen

### Preboarding
Ein besonderer Service im Flugbereich für
bestimmte Passagiergruppen (Familien
mit Kleinkindern, Gehbehinderte etc.),
der vor dem Abflug gewährt wird.

### Pre opening Phase
Voreröffnungsphase eines neu erstellten
Hotels, beginnend mit dem Zeitpunkt, da
die Immobilie feststeht und die Planung
der betriebsvorbereitenden Maßnahmen
beginnen kann. In der Pre opening Phase
werden bis zur Betriebseröffnung alle
technischen, räumlichen, personellen und
organisatorischen Maßnahmen geplant.
Kennzeichnend für die Pre opening Phase ist, daß Kosten entstehen, ohne daß
während dieser Zeit Umsätze getätigt
werden. Vielmehr dient die Pre opening Phase dazu, insbesondere durch
Verkaufsaktivitäten spätere Umsätze für
den Zeitpunkt nach der Hoteleröffnung
vorzubereiten. Die Dauer der Pre opening
Phase kann unterschiedlich lang sein,
nimmt aber generell mit der Größe des
Betriebes und der durchschnittlichen
Aufenthaltsdauer der Gäste zu.
  Die Pre opening Phase endet mit der
Hoteleröffnung. Die Hoteleröffnung
kann in Form eines *soft-/* bzw.
*hard-openings* vollzogen werden. Beim
*soft-opening* handelt es sich um eine
Art mehrtägige Generalprobe mit geladenen Gästen, die dazu dienen soll, die
geplanten Betriebsabläufe zu überprüfen
und entsprechende Anpassungen vorzunehmen, während beim *hard-opening* der
Hotelbetrieb sofort mit „echten" Gästen
beginnt. *(amj)*

### Prinzipal
→ Handelsherr, → Agenturtheorie

## Private Krankenversicherung (PKV)
*private health insurance*
Unabhängig vom → Sozialversicherungsabkommen bieten PKV Versicherungsschutz für Auslandsreisen. Die Tarife und Bedingungen dieser → Auslandsreisekrankenversicherungen sind jedoch nicht einheitlich. Oft lassen sie den „medizinisch sinnvollen medizinischen Rücktransport" vermissen, der ersetzt wird durch die Formulierung „medizinisch notwendig", was produktbezogen eine Leistungsminderung bedeutet. → Deregulierung der Versicherungswirtschaft *(hdz)*

## Privatisierung der Bahn
→ Bahnreform

## Privatzimmer
*private guestroom, bed & breakfast*
Zimmer in privaten Häusern oder Wohnungen, die an Urlaubsgäste oder, meist in Messestädten, auch an Geschäftsreisende vermietet werden. Nach den Bauvorschriften in Deutschland muß ein Einzelzimmer mindestens acht, ein Doppel- bzw. Zweibettzimmer (ohne Bad/Toilette) mindestens 12 Quadratmeter groß sein. Zudem muß eine entsprechende Nutzungserlaubnis des Bauamtes vorliegen. Bei Vorliegen dieser Voraussetzungen ist dann lediglich eine Gewerbeanmeldung notwendig. Wenn die Übernachtung zusammen mit einem Frühstück angeboten wird, müssen die damit betrauten Personen überdies eine Belehrung des örtlichen Gesundheitsamtes nach dem Infektionsschutzgesetz nachweisen.

## Privilegierter Eisenbahn-Durchgangsverkehr (PED)
→ Korridorzüge

## Produktionsküche
→ Zentralküche

## Projekte, Projektmanagement
*project, project management*

### 1 Grundlagen
Projekte sind als eine temporäre Organisationsform bestimmter Aufgaben zu verstehen. Die Rahmenbedingungen und konkreten Aufgabeninhalte unterscheiden sich bei Projekten aber deutlich von denen in einer dauerhaften Organisationsform. Je nach Anlaß unterscheiden sich auch die Arten von Projekten sehr. Beispiele für typische Projektarbeiten sind: IT-Einführungsprojekte, Investitions- oder Auftragsprojekte (zum Beispiel Bau von Immobilien oder Großanlagen), Forschungs- bzw. Produktentwicklungsprojekte, Organisations- oder Strategie(entwicklungs)projekte, Marketingprojekte, Kulturprojekte, etc. Die wesentlichen Grundlagen zum Projektmanagement sind in den DIN 69901ff. (seit 1987) festgelegt. U.a. wird dort ein Projekt definiert als ein „Vorhaben, das im wesentlichen durch Einmaligkeit der Bedingungen in ihrer Gesamtheit gekennzeichnet ist (…)". In der Praxis bezeichnet ein Projekt ein einmaliges und komplexes Vorhaben, welches interdisziplinären Querschnittscharakter aufweist und der Erreichung eines definierten Ziels dient. Die wesentlichen Merkmale eines Projektes sind:

- ❖ Komplexität: Zahlreiche Elemente und Einflußgrößen sind zu berücksichtigen, die zudem einer hohen Veränderlichkeit im Zeitablauf unterliegen und deshalb nicht in der Linienorganisation (→ Organisation) bearbeitet werden können.
- ❖ Einmaligkeit: Es sind keine wiederkehrenden Routineaufgaben. Jedes Projekt ist durch spezifische Ziele, Restriktionen (zeitlich, finanziell, personell) und Organisationsform gekennzeichnet.

❖ Zeitliche Fixierung: Projekte besitzen einen definierten Anfangs- und Endtermin. Zwischenziele werden als → Meilensteine bezeichnet.

❖ Interdisziplinarität: Die Problemlösung erfordert in der Regel die organisatorische Zusammenarbeit unterschiedlicher Disziplinen (z.B. Recht, Technik, Betriebswirtschaft).

Unter dem Begriff Projektmanagement wird zum einen die Gruppe der Träger von Projektaufgaben verstanden, zum anderen wird es als Gesamtheit projektbezogener Aufgaben definiert (Frese 2005, S. 513). Im Folgenden soll Projektmanagement als Oberbegriff für alle willensbildenden und -durchsetzenden Aktivitäten im Zusammenhang mit der Abwicklung von Projekten definiert werden. Projektmanagement stellt im Gegensatz zu den einzelnen durchzuführenden Projekten eine dauerhafte Führungskonzeption dar. Projektmanagement ist also ein fortdauerndes, zeitlich nicht befristetes, innovatives Führungskonzept für komplexe Vorhaben. Projektmanagement in diesem Sinne umfaßt Projektziele, Aufbau- und Ablauforganisation, Planung und → Controlling sowie weitreichende Führungsaufgaben (vgl. Brehm *et al.* 2006 S. 214 ff.; Dillerup & Stoi 2006, S. 504 ff. mit weiteren Nachweisen).

## 2 Ziele im Projektmanagement

Besondere Bedeutung erhalten die übergeordneten Ziele eines Projektes bzw. auch des Projektmanagements. Im Gegensatz zu den zumeist diffusen Zielsetzungen des Tagesgeschäftes in einem Unternehmen müssen die Ziele im Projektmanagement genau spezifiziert sein. Die vier Zieldimensionen lassen sich so beschreiben:

❖ Qualität des Ergebnisses: Diese muß in Projekten durch den Ergebnistyp und dessen Qualitätsmerkmale detailliert beschrieben werden. Zumeist wird dies in einem sogenannten Lasten- bzw. Pflichtenheft definiert.

❖ Kosten: Für die Projektabwicklung steht typischerweise ein verbindlich einzuhaltender Kostenrahmen als Budget zur Verfügung.

❖ Zeit/Termine: Die Start- und Endtermine werden definiert und um sinnvolle zeitliche Zwischenziele (sogenannte → Meilensteine) ergänzt.

❖ Akzeptanz: Ein häufig stark vernachlässigtes Ziel ist die Berücksichtigung der späteren Nutzer des Projektergebnisses oder anderer Projekt-Stakeholder. Aber auch die Akzeptanz des Projektes im Unternehmen insgesamt ist eine vom Projektmanagement zu berücksichtigende Größe.

Die Herausforderungen des Projektmanagements bestehen nun genau darin, diese vier Zieldimensionen alle gleichzeitig zu beherrschen („magisches Zielviereck"). Deshalb ist ein sich geschlossenes Führungskonzept unabdingbar für umfassenden Projekterfolg.

## 3 Ebenen des Projektmanagements

Projektmanagement wird vom Unternehmen oder von Unternehmensbereichen gezielt eingesetzt, um Veränderungen und Weiterentwicklungen in einem begrenzten Zeitraum zu erreichen. Zu diesem Zweck umfaßt Projektmanagement insgesamt drei Ebenen (Krüger 2000, S. 285 ff.):

❖ Management durch Projekte: Im Mittelpunkt des Managements durch Projekte steht die Unternehmensführung. Sie stellt das oberste Lenkungsgremium der Projektarbeit dar und gestaltet die projektübergreifenden, das gesamte Unternehmen betreffenden Sachverhalte. Sei es als

Initiator oder zumindest als Sponsor. Seine Führungsaufgabe nimmt das Topmanagement durch das Aufsetzen verschiedener Projekte wahr. Hauptaugenmerk besitzt die Anbindung an die Strategie des Unternehmens.

❖ Management von Projekten: Wenn ein Unternehmen mehrere abhängige Projekte durchführt, sollte die projektübergreifende Koordination auf eine eigene Projektstelle, die sogenannte Programmleitung, übertragen werden. Diese Aufgabe ist vergleichbar mit dem Management eines Portfolios von Geschäften. Daher kann diese Projektmanagementebene auch als Projektportfolio-Management bezeichnet werden (Lomnitz 2004).

❖ Management des Projekts: Der Kern der Projektarbeit wird durch das Management des Projekts abgebildet. Wichtigster Bestandteil ist das Projektteam mit seinem Projektleiter, die zusammen einen Projektauftrag bearbeiten. Das Management des Projekts beschreibt die ‚operative‘ Projektarbeit.

**4  Fazit**

Der Erfolg eines Projektmanagements und damit auch der einzelnen Projekte hängt von einer Vielzahl von Faktoren ab. Auf der personenbezogenen Ebene ist insbesondere die Motivation und Qualifikation der Projektleitung und -mitarbeiter zu nennen, die in einem konfliktträchtigen Umfeld zusammenarbeiten müssen. Ergänzt durch zahlreiche Instrumente des Projektmanagements auf der Sachebene (Netzpläne, Projektstrukturpläne, Ressourcen- und Terminpläne etc.), die die Projektarbeit wirkungsvoll unterstützen können. *(cb)*

*Literatur*

Brehm, Carsten; Sven Hackmann & Dietgard Jantzen-Homp, 2006: Projekt- und Programm-Management. In: Wilfried Krüger (Hrsg.): Excellence in Change – Wege zur Strategischen Erneuerung. Wiesbaden: Gabler, S. 209-243 (3. Aufl.)

Dillerup, Ralf; Roman Stoi 2006: Unternehmensführung. München: Vahlen

Frese, Erich 2005: Grundlagen der Organisation. Entscheidungsorientiertes Konzept der Organisationsgestaltung. Wiesbaden: Gabler (9. Aufl.)

Krüger, Wilfried 2000: Organisationsmanagement. In: Erich Frese (Hrsg.): Organisationsmanagement - Neuorientierung der Organisationsarbeit, Stuttgart: Schäffer-Poeschel, S. 271-304.

Lomnitz, Gero 2004: Multiprojektmanagement: Projekte erfolgreich planen, vernetzen und steuern. Frankfurt/M.: Redline Wirtschaft (2. Aufl.)

Madauss, Bernd J. 2000: Handbuch Projektmanagement. Stuttgart: Schäffer-Poeschel (6. Aufl.)

**Projektmanagement**
→ Projekte, Projektmanagement

**Promille-Regel**
*$1 per $1000 method, ADR rule of thumb*
Kostenorientierte Faustformel zur Zimmerpreisfindung im Hotelbereich, auch „1 Dollar für 1.000 Dollar-Methode" genannt. Nach der Regel sollte der durchschnittliche Zimmerpreis 1/1000 der Investitionskosten pro Zimmer betragen. Ein Hotel mit 100 Zimmern, dessen Investitionsvolumen 10 Mio. € beträgt, müßte demnach einen durchschnittlichen Zimmerpreis von 100 € erlösen. In einer retrograden Rechnung läßt sich von dem durchschnittlich erzielten Zimmerpreis eine erste Wertermittlung des Immobilienobjekts durchführen.

Die Faustformel unterstellt eine Auslastung der Zimmer von > 70 %. Die Promille-Regel findet in der Lehre als

## Property Irregularity Report

auch in der Praxis Anwendung. Die Kritik an der Faustregel konzentriert sich auf die einseitige Sichtweise (kostenorientierte Preisfindung) und auf unklare Prämissen (etwa Nichtberücksichtigung von Inflation, Finanzierungsstruktur, unterschiedlichen Betriebsarten und steuerlichen Aspekten). Trotz widersprüchlicher empirischer Ergebnisse scheint die Regel eine Orientierung bei Überschlagsrechnungen geben zu können (O'Neill 2003, S. 7 ff.). *(wf)*

*Literatur*
Coltman, Michael M. 1994: Hospitality Management Accounting, New York: Van Nostrand Reinhold (5$^{th}$ ed.)
O'Neill, John W. 2003: ADR Rule of Thumb: Validity and Suggestions for its Application. In: Cornell Hotel and Restaurant Administration Quarterly, 44 (4), 2003, S. 7-16

**Property Irregularity Report**
→ P.I.R.

**Property Management System (PMS)**
Property Management Systeme sind hotelbetriebliche Systeme, die nicht nur die Buchungs- und Reservierungsabläufe eines Hotelbetriebes unterstützen (→ Hotel-Reservierungssystem), sondern die auch darüber hinausgehende standardisierbare hotelbetriebliche Prozesse abbilden können.
Ein PMS besteht zumindest aus drei Hauptelementen (→ Reservierungssystem):
❖ Die Basis ist die PMS-Datenbank. Sie verwaltet die Basisdaten des Betriebes, die Produkt- und Angebotsdaten, die Daten der Buchungen, Reservierungen und Verfügbarkeiten, Daten der Kunden und Geschäftspartner, Daten zur automatisierten Steuerung von Prozeßabläufen und Schnittstellen sowie Mitarbeiterdaten mit ihren Rechten zur Systemnutzung.

## Property Management System (PMS)

❖ Die Software-Programme des PMS unterstützen oder automatisieren die Leistungsprozesse mit Zugriff auf die Datenbank. Diese Software-Funktionen werden gemäß ihrer Nähe zum Hotelkunden differenziert:
• Front-Office-Funktionen werden im konkreten Kundenkontakt bzw. gemäß Kundenwunsch oder -auftrag vollzogen. Dazu gehören die Funktionen zur Angebotsinformation, zur Buchung und Reservierung, Check-In-und Check-Out-Funktionen inklusive Inkasso. (Der konkrete Kundenkontakt kann dabei auch fernmündlich, per eMail oder online via World Wide Web sein.).
• Mid-Office-Funktionen beziehen sich auf die Kunden, werden aber nicht von ihnen beauftragt und erfordern i. d. R. keinen direkten Kontakt. Es sind dies beispielsweise Serviceleistungen zur Kundenbindung.
• Back-Office-Funktionen unterstützen die Verwaltung, die Steuerung und das → Controlling des Betriebes. Sie erstellen Abrechnungen und Berichte, generieren Management-Informationen, unterstützen damit die Angebotssteuerung (z.B. Preis- und Yield Management [→ Ertragsmanagement]) und die Entscheidungsfindung, und sie bereiten Daten auf, um sie an kooperierende Systeme sachgerecht und kompatibel zu übertragen.
❖ Schnittstellen *(interfaces)* verbinden kooperierende elektronische Systeme zum Datenaustausch über Netzwerke. Die Schnittstellen-Software des sendenden und des empfangenden Systems konvertiert die zu kommu-

nizierenden Daten in ein standardisiertes und beiderseitig interpretierbares Datenformat und steuert den
Datenaustausch:

- Schnittstellen sind zu kooperierenden betrieblichen Systemen
erforderlich, beispielsweise zu allgemeinen Office-Programmen (z.
B. Textverarbeitung), zu Telefon-,
Video-, Schließ- und Minibar-
Systemen, zu Systemen der Finanz-
buchhaltung und Warenwirtschaft,
zu Management-Systemen für
Veranstaltungen und Tagungen
sowie zu Gastronomie-Systemen.
Property Management Systeme
können über diese Schnittstellen
mit den kooperierenden
Systemen ergänzt werden, wenn
sie nicht selbst entsprechende
Funktionalitäten integriert verfügbar haben.
- PMS bieten auch Schnittstellen zu
überbetrieblichen Systemen, z.B.
Kreditkarten-Systeme, → Hotel-
Reservierungssysteme und Switch
Systems (→ Switch Company).
- Property Management Systeme
unterstützen die hotelbetrieblichen Prozesse. Das setzt aber
nicht (mehr) voraus, daß sie auch
im Hotelbetrieb mit einem haus-
eigenen Server technisch betrieben
werden müssen. Spezialisierte IT-
und Software-Dienstleister bieten
zunehmend Property Management
Systeme als Application Service
Provider (ASP) an. Das bedeutet, technisch wird das PMS im
Rechenzentrum des spezialisierten
IT-Dienstleisters zentral betrieben.
Ein teilnehmender Hotelbetrieb
erhält die Nutzungsrechte an
dem System gemäß seiner hotelbetrieblichen Anforderungen.
Via Internet und Web Browser

erhalten die Hotelmitarbeiter
Zugriff zum System. Sie melden sich mit Benutzernamen
und Paßwort im System an und
erhalten dann Zugriff zu den
Software-Funktionen und Daten,
für die sie autorisiert sind. Die
systemtechnische Verfügbarkeit
und Sicherheit sowie Datenschutz
und Datensicherheit werden durch
den Application Service Provider
gewährleistet. *(uw)*

**Pro-rata charter**

Zwischen einer Reederei oder einer Charterfluggesellschaft und einem Veranstalter
vertraglich vereinbarte Form des Charter
(→ Charterkette). Statt eines Festbetrages
wird jede gemietete Passage einzeln (=
*pro rata*) berechnet.

**Prospekt**
→ Reisekatalog

**Prostitutionstourismus**
→ Sextourismus

**Proviantmeister**
→ Zahlmeister

**Provision**
*commission*
Vergütung, die ein Unternehmen (im
Tourismus meist: → Reisemittler) von
einem anderen Unternehmen (Tourismus:
→ Reiseveranstalter oder → Leistungsträger
wie zum Beispiel → Fluggesellschaft, Miet-
wagenfirma, Versicherungsgesellschaft
etc.) dafür erhält, daß es dessen angebotene Leistungen (→ Pauschalreisen, Flüge,
Mietwagen, Versicherungspolicen etc.)
an Dritte (meist Endkunden) vermittelt. Das vermittelnde Unternehmen
(Reisemittler) hat dabei in der Regel
den handelsrechtlichen Status eines
→ Handelsvertreters inne, das vermit-

telte Unternehmen den des → Handelsherren (§ 84 HGB). In dem zwischen den beiden Parteien geschlossenen Handelsvertretervertrag (hier: → Agenturvertrag) ist dann u.a. der gesetzlich vorgeschriebene (§§ 86b, 87, 354 HGB) Provisionsanspruch des Handelsvertreters gegenüber seinem Handelsherren detailliert geregelt. Üblicherweise werden dabei Abschlußprovisionen (Vermittlungsprovisionen) vereinbart. Darüber hinaus können zum Beispiel Delkredereprovisionen oder Inkassoprovisionen (falls der Handelsvertreter auch für die Einbeziehung der Kundengelder verantwortlich zeichnet) vereinbart werden.

Die Abschlußprovision wird oft in den Agenturverträgen differenziert nach

❖ Basisprovision (Grundprovision),

❖ Staffelprovision (Zusatzprovision, Umsatz-Block-Bonus),

❖ → Superprovision (Leistungsprovision, Turboprovision, *overriding commission*).

Die in der Branche gebrauchten Begriffe sind hier keinesfalls eindeutig oder gar hermeneutisch logisch. So kann man bei manchen Veranstaltern aufgrund einer „negativen Superprovision" („Malus") auch unter die Basisprovision fallen, oder als Basisprovision wird der höchste Prozentsatz einer Staffel bezeichnet (erreicht man den dafür erforderlichen Mindestumsatz nicht, verdient man also weniger als die Basisprovision). Oft wird auch „Zusatzprovision" mit „Superprovision" gleichgesetzt.

Über viele Jahrzehnte war es in der Reisebranche üblich, die (Basis-)Provision im Sinne eines Prozentsatzes auf die Höhe des vermittelnden Umsatzes zu berechnen. Dieser lag branchenüblich - ab einem bestimmten vom Reisemittler beim einzelnen Leistungsanbieter zu realisierenden Mindestumsatz - bei etwa 10 Prozent. Die ggfs. auf die Provision

entfallende Mehrwertsteuer wurde vom Veranstalter zusätzlich vergütet. Etwa seit Ende der 1990er Jahre gibt es in Teilen der Branche, insbesondere bei der Vergütung von Reisemittlern durch Verkehrsträger, zwei Tendenzen:

❖ Die Höhe des (Basis-)Provisionssatzes wird reduziert, teilweise sogar, wie bei den meisten → Fluggesellschaften, auf Null gesetzt (sog. Nullprovision, die den Reisemitter dazu zwingt, direkt vom Kunden ein Entgelt zu verlangen. Dadurch entwickelt sich der Reisemittler vom Handelvertreter zum eigenständigen Händler).

❖ An die Stelle einer prozentualen Provisionsberechnung tritt eine umsatzunabhängige Fixsumme je Buchung *(handling fee, flat fee)*.

Weitere Regelungsbedarfe hinsichtlich der Provision: Höhe des Mindestumsatzes, Zeitpunkt der Provisionsabrechnung sowie der Provisionszahlung, ggfs. Provisionsvorauszahlung im Falle von Veranstalterinkasso, Provision auf Stornogebühren, Provision auf vermittelte Zusatzleistungen (insbesondere → Reiseversicherungen), Übernahme des Disagios bei Buchung/Bezahlung mit Kreditkarten, Basisgröße für die Berechnung von Staffel- und Superprovisionen (Gesamtumsatz oder Betrag, der den Mindestumsatz übersteigt), Zusammenfassung (oder getrennte Abrechnung) von mehreren Marken/Katalogen eines Veranstalter(konzern)s. *(tk)*

**Provisionsstaffel**
→ Provision

**Prozeßorganisation**
*process-based organization*
Die Kernidee einer prozeßorientierten Betrachtung der Unternehmung besteht im wesentlichen darin, typische Schnittstellenprobleme, wie sie in

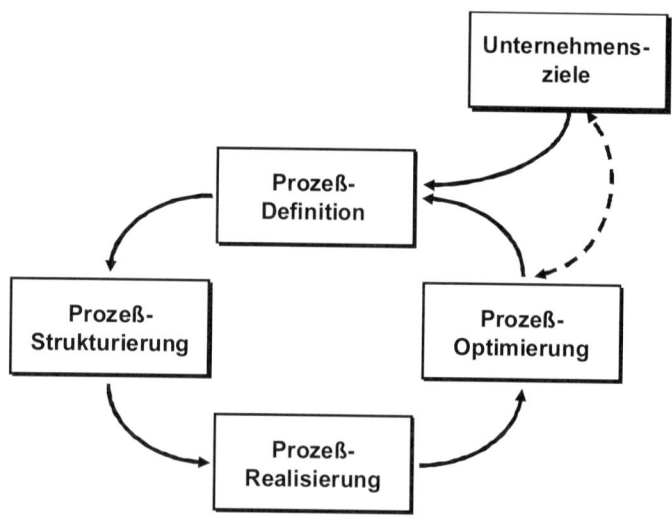

**Abbildung 1:** Entscheidungsregelkreis des Prozeßmanagements

arbeitsteilig organisierten Systemen herkömmlicher Art üblich sind (Macht- und Ressortdenken, „Scheuklappensicht", Doppelspurigkeiten, Abschieben von Verantwortung, Kommunikationsstörungen, Verlangsamung der Unternehmensleistung usw.), durch eine andersartige Form der Arbeitsgestaltung zu überwinden. In den Mittelpunkt der Gestaltungsphilosophie treten stärker vom „Kunden" (extern wie intern) her gedachte Prozeßfolgen der Leistungserstellung und Leistungsverwertung. Ein Prozeß kann dabei wie folgt umrissen werden (Fischermanns & Liebelt 1997, S. 22 ff.; Vahs 2005, S. 209 ff.; van Geldern 2000, S. 145):

❖ Durch eine Abfolge von geordneten, sachlogisch zusammenhängenden Aktivitäten zur Erfüllung betrieblicher Aufgaben mit eindeutig definiertem In- und Output, die wiederholt durchlaufen werden, wird eine zielgerichtete Erstellung einer

Leistung (für Kunden) realisiert.

❖ Die Aktivitäten sind innerhalb eines bestimmten, definierten Zeitraumes nach vorab festgelegten, zumeist formalisierten Regeln durchzuführen.

Die Erwartungen an eine prozeßorientierte Gestaltung und Lenkung einer Unternehmung richten sich auf eine Verbesserung der Unternehmensstrukturen dergestalt, daß bspw. Durchlaufzeiten verkürzt werden können, die Produktqualität verbessert wird, die Kundenorientierung zunimmt, die Innovationsfähigkeit der Mitarbeiter und ihre Motivation erhöht wird und die Prozeßkosten transparent werden und gesenkt werden können (Bea & Göbel 2002, S. 364; Fischermanns & Liebelt 1997, S. 82 ff.; Vahs 2005, S. 218 f.). Um diesen Effizienzerwartungen gerecht zu werden, müssen von einem prozeßorientierten Management allerdings eine Reihe von Voraussetzungen erfüllt werden:

❖ Der Fokus der Unternehmensstrukturierung muß sich von der traditionell intern optimierenden, arbeitsteiligen Aufbau- und Ablaufgestaltung des Aufgabenvollzugs hin zu kunden- und damit auftragsbezogenen Produktions- oder Dienstleistungsprozessen verschieben, die es in der Strukturierung der Unternehmung abzubilden gilt. Dies macht eine grundsätzliche Umorientierung der Gestaltungsphilosophie des Managements erforderlich.

❖ Die Prozesse müssen systematisch analysiert, modelliert und optimiert werden. Im Ergebnis liegen standardisierte Geschäftsprozesse zur Realisation von Kundenaufträgen vor (Mayer 2005, S. 2).

❖ Die Mitarbeiter müssen in einem erheblichen Maße geschult werden, da in der Regel das Aufgabenfeld sich von der bisherigen funktionalen Spezialisierung hin zu einer ganzheitlicheren, damit aber auch inhaltlich anspruchsvolleren Tätigkeit verschiebt. Hinzu kommen häufiger auch höherwertigere Aufgabeninhalte der Selbststeuerung und -kontrolle.

❖ Die Unternehmung benötigt ein erhebliches Maß an informationstechnischer Infrastruktur zur informationellen Unterfütterung der betrieblichen Prozeßkette und dem sich daraus ergebenden Kommunikationsbedarf entlang der Auftragsabwicklung.

Zur optimalen Ausgestaltung der Prozeßstruktur wird der folgende systematische Gestaltungsansatz im Sinne eines Entscheidungsregelkreises (Abbildung 1) empfohlen (z.B. Bea & Göbel 2002, S. 365 f.; Fischermanns & Liebelt 1997, S. 115 ff.; Vahs 2001, S. 208 ff.):

❖ Prozeßdefinition (Identifikation) – Ausgangspunkt ist eine umfassende Geschäftsfeld- und Unternehmens-

analyse (SWOT-Analyse, → Controlling). Aufbauend auf diesen ersten Schritt werden die strategisch bedeutsamen und damit ‚erfolgskritischen' Geschäftsprozesse (Krüger 1994, S. 121; Staud 2006, S. 9), z.B. mit Blick auf die Kundenzufriedenheit, Ressourcennutzung oder Wettbewerbsvorteile, identiziert (z.B. für ein Reisebüro die Geschäftsprozesse im Privatkundengeschäft und im *business travel*). Sie werden zumeist in leistungs- bzw. kundenorientierte Primär(Kern-)prozesse (externer Kunde – interner Lieferant – externer Kunde), service- oder supportorientierte Sekundärprozesse (interner Kunde – interner Lieferant – interner Kunde) und steuernde Managementprozesse (Koordinationsprozesse) unterschieden und folgen damit der Grundlogik der von Michael E. Porter vorgeschlagenen Wertschöpfungskette.

Die so gewonnenen idealtypischen Prozeßaufgaben werden jeweils mit Blick auf die übergeordnete Zielsetzung der Unternehmensaktivitäten als Soll-Leistung definiert, um wertorientierte Problemlösungen für alle Prozeßbeteiligten zu generieren (vgl. z.B. die Interpretation des Destinationskonzeptes als prozeßorientierte Dienstleistungskette bei Bieger 2005, S. 62 f.).

❖ Prozeß-Strukturierung – Zur weiteren Durchdringung der Prozeßstruktur erfolgt im nächsten Schritt eine Dekomposition der identifizierten Geschäftsprozesse in Teilprozesse bis hin zu Elementarprozessen sowie eine Festlegung der logischen und zeitlichen Reihenfolge zur Prozeß-Ablauffolge. Es entsteht so eine hierarchische Ab-

**Abbildung 2:** Wertkette nach Porter

folge einzelner Teilprozesse zur Realisierung eines Geschäftsprozesses ("Prozeßarchitektur"), die jeweils in sich eine Kette homogener Aktivitäten darstellen (z.B. Geschäftsprozeß: *business travel*, Teilprozesse 1. Ordnung: „Buchung" – *ticketing* – „Rechnungsstellung", Teilprozesse 2. Ordnung „Buchung": Anfrage – Buchung – Umbuchung – Rückfrage Kunde – Rückfrage Airline – Storno). Um im weiteren eine Minderung der Schnittstellen zwischen diesen Teilprozessen und damit eine Steigerung der Effizienz des Gesamtprozesses zu gewährleisten, sind Standardisierungen der Prozeßspezifikationen und ihre formale Fixierung vorzunehmen. Auf dieser Basis lassen sich nun wiederum weitgehend in ihrer Struktur, ihren Abläufen und ihrem Ressourcenbedarf vergleichbarer Teilprozesse zu einem übergeordneten Hauptprozeß zusammenfassen und einem Prozeßbearbeiter *(caseworker)* oder Prozeßteam *(case-*

*team)* als Aufgabenfeld übertragen. Die Verantwortung für einen so definierten Prozeß kann dann an einen Prozeß-Manager bzw. auf Geschäftsprozeßebene an einen Prozeßeigner übertragen werden, der die in den Prozeß involvierten Personen steuert und so sicherstellt, daß sie mit den erforderlichen Informationen und Ressourcen versorgt werden, die Prozeßschnittstellen funktionieren und die Prozeßleistungen kontinuierlich verbessert werden. Er ist somit für einen effizienten wie effektiven Prozeß verantwortlich und wird letztlich an der Einhaltung der definierten Prozeßziele gemessen. Zur Prozeßüberwachung bzw. zur Durchführung eines Prozeß-Controllings sind schließlich noch die jeweiligen Prozeß-Erfolgsindikatoren zur Messung der Prozeßleistung festzulegen.

❖  Prozeß-Realisation – Die auf dieser Basis gewonnenen Teil-, Haupt- und Geschäftsprozesse können nun in Kraft gesetzt und genutzt werden.

Zur quantitativen Abbildung und Ermittlung der Wirtschaftlichkeit der bestehenden Prozeß-Struktur kann eine entsprechende Prozeß-Kostenrechnung eingeführt werden, die einen ständigen Informationsstrom zum Prozeß-Controlling sicherstellt. Ein solches → Controlling dient der wirtschaftlichen Koordination der einzelnen Prozeß-Teilaktivitäten und der periodischen Messung der definierten Erfolgsindikatoren.

❖ Prozeß-Optimierung – Die regelmäßige Prozeß-Überprüfung ermöglicht eine kontinuierliche Prozeß-Verbesserung durch die Identifikation von Prozeßablauf-Schwachstellen und ihre Beseitigung. Stellen sich starke Mängel ein, wird ein Prozeß-Redesign erforderlich.

In der Konsequenz dieses Gestaltungsansatzes wird damit eine Aufgabenverteilung in der Art realisiert, daß keine Aufgaben, die sachlogisch zusammengehören, auseinander gerissen werden. Durch prozeßorientiertes Denken wird die Sinnhaftigkeit einer Tätigkeit als eigenwertiges Element in einem übergeordneten Prozeß gestärkt. Die gegenseitige Abhängigkeiten einzelner, funktional differenzierter Tätigkeiten werden ebenso wie die dadurch entstehenden Schnittstellen reduziert. Durch ganzheitliche Prozeßverantwortung werden Selbstorganisation und Eigenkontrolle gefordert und gefördert, herkömmliche Hierarchien somit abgeflacht. Die Konzentration auf wertschöpfende Prozeßaktivitäten fördert letztlich das Denken in betrieblichen Zusammenhängen und unterstützt die Idee eines kontinuierlichen Verbesserungsprozesses.

Die Realität zeigt jedoch, daß vielfältige Projekte zur Realisierung einer derartigen Prozeß-Struktur – insbesondere so genannte *Reengineering*-Prozesse (Hammer & Champy 1994) – gescheitert sind oder in ihrer visionären Radikalität der strukturellen Veränderung nicht umfassend umgesetzt werden konnten (Bea & Göbel 2002, S. 364 ff.; Schreyögg 2003, S. 121 ff. und S. 206) Vielfach fehlen die infrastrukturellen Rahmenbedingungen zur Umsetzung des Prozeß-Denkens, häufiger jedoch die Bereitschaft der Führungskräfte wie der Mitarbeiter, derartig anspruchsvolle Gestaltungskonzepte zu leben. *(vs)*

*Literatur*

Bea, Franz Xaver; Elisabeth Göbel 2002: Organisation. Theorie und Gestaltung. Stuttgart: Lucius & Lucius (2. Aufl.)

Fischermanns, Guido; Wolfgang Liebelt 1997: Grundlagen der Prozeßorganisation. Gießen: Götz Schmidt (4. Aufl.)

Hammer, Michael; James Champy 1994: Business Reengineering. Die Radikalkur für das Unternehmen. Frankfurt, New York: Campus (3. Aufl.)

Krüger, Winfried 1994: Organisation der Unternehmung. Stuttgart, Berlin, Köln: Kohlhammer (3. Aufl.)

Mayer, Reinhold 2005: Prozeßmanagement: Erfolg durch Steigerung der Prozeßperformance. In: v. Horváth & Partners (Hrsg.): Prozeßmanagement umsetzen, Stuttgart: Schaeffer-Poeschel, S. 1-6

Porter, Michael E. 2000: Wettbewerbsvorteile. Spitzenleistungen erreichen und behaupten. Frankfurt, New York: Campus (6. Aufl.)

Schreyögg, Georg 2003: Organisation. Grundlagen moderner Organisationsgestaltung. Wiesbaden: Gabler (4. Aufl.)

Staud, Josef 2006: Geschäftsprozeßanalyse. Ereignisgesteuerte Prozeßketten und objektorientierte Geschäftsprozeßmodellierung für betriebswirtschaftliche Standardsoftware. Berlin, Heidelberg, New York: Springer (3. Aufl.)

Vahs, Dietmar 2005: Organisation. Stuttgart: Schaeffer-Poeschel (5. Aufl.)

van Geldern, Michael 2000: Basis-Know-how Organisation. Was Sie für die Praxis wissen müssen. Frankfurt, New York: Campus

## Psychologischer Vertrag
*psychological contract*

Der Begriff „Psychologischer Vertrag" steht in Analogie zum juristischen → Vertrag. Während juristische Verträge rechtsverbindlich Rechte und Pflichten explizit regeln, regeln psychologische Verträge implizite gegenseitige Erwartungen zwischen Personen, welche wechselseitig vorausgesetzt werden, aber nicht formal festgehalten sind, beispielsweise zwischen Arbeitgebern und Arbeitnehmern oder zwischen Tourist und touristischem Leistungsträger.

Die Erwartungen resultieren aus den gegenseitigen Wahrnehmungen und mündlichen Absprachen, beispielsweise während des Personalauswahlprozesses. Auch der Marktauftritt eines Reiseveranstalters kann einen psychologischen Vertrag begründen, beispielsweise kann der Slogan „Ihr Reiseleiter – Ihr Freund auf der Reise" einen psychologischen Vertrag begründen, bei dem der Reisegast freundschaftliche Zuwendung erwartet und es als Vertragsbruch empfindet, wenn sich der Reiseleiter „nur" professionell verhält. Inhalte eines psychologischen Vertrags zwischen Arbeitgeber und Arbeitnehmer können sein:

❖ Erwartungen des Arbeitnehmers an den Arbeitgeber: sicherer Arbeitsplatz, regelmäßige Gehaltserhöhung, Beförderung, gutes Unternehmensklima, angemessene Arbeitsplatzausstattung, flexible Arbeitszeit, hochwertige Fortbildung, Schutz vor Gesundheitsschädigung;

❖ Erwartungen des Arbeitgebers an den Arbeitnehmer: Leistungsfähigkeit, Leistungsbereitschaft, Loyalität, Einbringen von Innovationen, Pünktlichkeit.

Psychologische Verträge sind dynamisch, d.h., die Inhalte verändern sich im Laufe der Zeit, weshalb beispiels-weise regelmäßige Mitarbeitergespräche helfen, Mißverständnissen hinsichtlich der gegenseitigen Erwartungen vorzubeugen. Gerade der implizite Charakter psychologischer Verträge birgt dabei das Risiko von Enttäuschungen und daraus resultierend von Leistungszurückhaltung durch die enttäuschten Arbeitnehmer oder von Sanktionen durch enttäuschte Arbeitgeber.

Für einen Reisegast kann der Bruch des psychologischen Vertrags durch den Veranstalter dazu führen, daß er reklamiert, um monetär für den „Vertragsbruch" entschädigt zu werden. In dem meisten Fällen wird er sich auch von diesem Veranstalter abwenden.

Wird der psychologische Vertrag seitens des Arbeitsgebers gebrochen, kann es zu Demotivation, Verunsicherung, innerer Kündigung, Fluktuation und Arbeitsunzufriedenheit kommen. Für viele Mitarbeiter ist beispielsweise ein überraschender Personalabbau nach Jahren der Stabilität ein Bruch des psychologischen Vertrages. In Folge dessen kann es auch bei den verbleibenden Mitarbeiter zu einem Leistungsabfall kommen. *(sml/gcm)*

## Pub
Englischer Begriff für Kneipe bzw. Bierlokal.

## Punkt-zu-Punkt-Tarif
→ Durchgangstarif

## Punkt-zu-Punkt-Verkehr
*point to point traffic*

Flugverkehr ohne Umsteigeverbindungen. Statt im Interkontinentalverkehr mit großem Fluggerät (Boeing 747 oder Airbus A 380) zwischen → Drehkreuzen zu verkehren, werden kleinere, meist zweistrahlige Flugzeugmuster (Airbus A 330, A 340 oder Boeing B 767 und B 777; → Extended Twin Operations [ETOPS]) verwendet, um entweder von Drehkreuzen direkt zu Flughäfen der zweiten Ebene zu fliegen oder solche Flughäfen unter Umgehung von Drehkreuzen direkt miteinander zu verbinden. Beispiel: Statt von München über Frankfurt nach Chicago und von dort weiter nach Denver, findet ein Direktflug von München nach Denver statt. Dies ist nicht nur bequemer für die Passagiere, sondern führt auch zur Entlastung der Drehkreuze. *(jwm)*

**Purser**
→ Zahlmeister

# Q

**Quad room**
→ Zimmertypen

**Qualität und das Management von Qualität**

> „Sich um Qualität von Produkten zu bemühen, hat jedenfalls tiefe historische, kulturphilosophische und natürlich auch ökonomische Wurzeln."
> (Karl-Friedrich Wessel 2003, 1)

## 1 Zum Grundlagenverständnis im Qualitätsmanagement

Die Frage nach den Grundlagen des Faches Qualitätsmanagement, das erst im vergangenen Jahrhundert als systematisches Qualitätsmanagement entstanden ist, ist in Auseinandersetzung mit dem tayloristisch-fordistischen Managementverständnis zu verstehen. Um Qualitätsmanagement als wissenschaftliche Disziplin etablieren zu können, fehlen jedoch, auch wenn auf internationaler Ebene eine differenzierte Terminologie entwickelt wurde, wesentliche Voraussetzungen (Zollondz 2006, S. 19-41). Diese Absage an ein eigenständiges wissenschaftliches Lehr- und Forschungsgebäude bedeutet jedoch nicht, daß zum Forschungsfeld Qualitätsmanagement keine empirischen und theoretischen Untersuchungen vorliegen. Das Gegenteil ist der Fall. Vor allem aus ingenieurwissenschaftlicher, betriebswirtschaftlicher, arbeitswissenschaftlicher und psychologischer Sicht lassen sich zahlreiche Arbeiten aufzählen (Zollondz 2006, S. 20; Masing 1999).

Die Fundierung der Grundlagen des Qualitätsmanagements erfolgt somit auf der Folie einer speziellen Managementlehre und nicht eines wissenschaftlichen disziplinären Zusammenhangs. Einer solchen praktischen Lehre von der Qualität kommt heute sowohl innerhalb der kommerziellen wie der nichtkommerziellen Unternehmungsführung, ähnlich wie dem Marketing, eine Schlüsselrolle zu. Beispielhaft zeigt sich das im öffentlichen Sektor (Gesundheit, Schulbereich etc.), der sich dem Einfluß der Qualitätsmanagement-Lehre kaum entziehen kann. Umso wichtiger erscheint es, zu versuchen, die Grundlagen dieser Lehre transparent zu machen.

Es tun sich folgende Fragen auf:

❖ Welche Inhalte dieser speziellen Managementlehre machen das Management zum Qualitätsmanagement?

❖ Welcher Managementbegriff liegt dem Qualitätsmanagement zugrunde und wie ist Qualitsmanagement zu definieren?

❖ Wie ist Qualität zu definieren?

❖ Welche Kernbegriffe (Grundbegriffe) charakterisieren das Qualitätsmanagement?

❖ Welche Modelle und Systeme lassen sich kategorisieren?

❖ Mit welchem Instrumentarium wird auf der Mikro-Ebene, also im operativen Bereich der Organisation, QM gestaltet?

❖ Wie wird Qualitätsmanagement in die Organisation eingeführt – Implementierung?

## 2 Zur Charakteristik des Qualitätsmanagements

Um den besonderen Charakter des QM herauszustreichen, hat man immer wieder die übergeordneten Kategorien jeglichen Managementhandelns bemüht, die sich in klassischer Weise in ein Dreierschema unterteilen lassen:

- ❖ Zeit
- ❖ Kosten
- ❖ Qualität

Es ließen sich noch andere Schemata nennen. Diese Kurzform der drei betriebswirtschaftlichen Kategorien (betriebswirtschaftliches Dreieck) mag für unsere Zwecke zur inhaltlichen Unterscheidung völlig ausreichen. Qualitätsmanagement geht es weder um die Optimierung von Zeit oder Kosten, denn dann wäre es Zeit- oder Kostenmanagement. Qualitätsmanagement geht es um die Verbesserung der Qualität. Ausgangspunkt dieses besonderen Denkansatzes ist ein besonderes Verständnis von Unternehmenspolitik. Die *conditio sine qua non* einer jeden Unternehmenspolitik hat eine formulierte Qualitätspolitik zu sein. Erst dann kann begründeterweise von einer qualitätsorientierten Organisation gesprochen werden. Eine solche Betrachtungsweise verlangt dann auch die Formulierung von Leitlinien, die oft in Form von Qualitätsleitbildern vorgelegt werden.

Formulierungen zur Qualitätspolitik können wie folgt lauten (Beispiele aus Zollondz 2006, Anhang 2). „Die Qualitätsbeurteilung durch den Kunden ist der endgültig ausschlaggebende Maßstab für die Qualität der Produkte. Die Produkte haben also dann die richtige Qualität, wenn sie die definierten Ansprüche, Bedürfnisse und Erwartungen der Kunden erfüllen. (…) Im Rahmen der Qualitätspolitik sind folgende Ziele zu erreichen. (…) Die

Erfüllung der Qualitätsziele muß rechtzeitig überprüft, und Abweichungen müssen unverzüglich korrigiert werden. Fehlerhafte Produkte dürften nicht weitergegeben werden. (…)"

Ohne Anspruch auf Vollständigkeit lassen sich einige generelle Punkte als Aussagen von Qualitätsleitbildern bestimmen: „Zielsetzung der Qualitätspolitik; Realisation, interne Akzeptanz; Qualitätsplanung; qualitätsbezogene Tätigkeiten; Bedeutung der Qualitätsnormen; Kundenorientierung; Lieferantenorientierung; Vertrauensbildung; Erfolgsnachweise."

Diese Formulierungen zeigen uns, daß es sich beim Qualitätsmanagement um eine langfristige Perspektive handelt. Die internationale QM-Norm ISO 9000:2000-12 definiert in den Kernbegriffen Management allgemein als aufeinander abgestimmte Tätigkeiten zum Leiten und Lenken einer Organisation. Diese Kurz- bzw. Mindestdefinition von Management wird in der Norm auf Qualitätsmanagement wie folgt bezogen und lautet:

„Als Qualitätsmanagement werden die aufeinander abgestimmten Tätigkeiten zum Leiten und Lenken einer Organisation bezüglich Qualität bezeichnet."

„Bezüglich Qualität" meint die „Qualitätsbezogenheit" des Managementhandelns als Leitmaxime. Im vielbezeichneten TQM, dem *Total Quality Management*, läßt sich diese Definition zugrundegelegen und wie folgt erweitern (Zollondz 2006, S. 193):

„Umfassende Managementkonzeption einer Organisation, die Qualität in das Zentrum des Denkens und Handelns aller Mitarbeiter stellt. Das gesamte Management ist im TQM verpflichtet, TQM vorzuleben *(commitment)*."

Typische Slogans wie „quality first" und „quality is everybody's job" charakterisieren einen TQM-Ansatz sehr prägnant. Gerade wenn eine Organisation diesen sehr weitgehenden Ansatz verfolgt, muß sie festlegen, wie die anderen Teilmanagement- bzw. Führungs-Systeme anzupassen sind, d.h., Ziele und Inhalte von Management-Systemen, wie Marketing, Produktion, Finanzmanagement sind zu bestimmen und zu harmonisieren, um unnötige Ziel- und Handlungskonflikte zu vermeiden.

## 3 Module von QM-Systemen

Wenn wir nach den Elementen, Bausteinen oder Modulen jeglichen Qualitätsmanagements suchen, lassen sich in Modellen und praktischen Umsetzungen immer wieder die folgenden sechs Elemente finden, auf denen auch TQM-Modelle basieren:

(1) Management – Das Management hat die Qualitätspolitik und die daraus abgeleiteten Qualitätsziele zu formulieren, die Ressourcen bereitzustellen und langfristig auf der Basis gesicherter Daten zu planen. Das Management ist in das Qualitätsmanagement systematisch einzubinden und hat es uneingeschränkt vorzuleben.

(2) Ressourcen – Das Management hat die materiellen und immateriellen Ressourcen für das Qualitätsmanagent bereitzustellen.

(3) Prozesse – Die Kern-, Führungs- und Unterstützungsprozesse sind zu identifizieren. Auch ist die Qualitätsfähigkeit dieser Prozesse zu bestimmen. Qualitätsmanagement steht gewissermaßen quer zur Aufbauorganisation und stellt die Prozesse in den Vordergrund.

(4) Verbesserungen – Integraler Bestandteil von QM-Systemen ist der kontinuierliche Verbesserungsprozeß

(KVP), mit dem das Ziel verfolgt wird, Verschwendung (jap. *muda*) zu beseitigen.

(5) Kunden – Qualitätsforderungen sind aus den Erwartungen der Kunden abzuleiten. Auch die Forderungen anderer Anspruchsgruppen (z.B. Partner am Markt) sind zu berücksichtigen.

(6) Mitarbeiter – Die Mitarbeiter sind in den Stand zu setzen (Training), damit sie ein entsprechendes Qualitätsbewußtsein entwickeln können. Die Mitarbeiter tragen größere Verantwortung. QM-Ansätze verlangen zunehmend auch mitunternehmerisches Denken und Handeln, wobei im Zentrum die Beziehung zum Kunden steht (*Customer Relationship-Management* – CRM).

Qualitätsmanagement-Konzepte, -Modelle und -Systeme basieren auf den o.g. sechs Bestimmungsstücken, die damit den Mindestkanon jeglichen Qualitätsmanagements bilden. Fehlt eines der beschriebenen sechs Elemente, kann folglich nicht von Qualitätsmanagement gesprochen werden. Gleichzeitig müssen QM-Systeme als offene Systeme begriffen werden, die – je nach Branche und Absicht – erweitert und spezifiziert werden können.

## 4 Zum Verständnis von Qualität

Das Wort Qualität gibt es in anderen Benennungen, aber mit identischer Bedeutung in den meisten Sprachen. Im Englischen heißt es *quality*, im Französischen *qualité*, im Italienischen *qualitá* und im Spanischen *calidad*. Wir kennen es auch aus dem Lateinischen als *qualis* (wie beschaffen), *qualitas* (Beschaffenheit, Eigenschaft), wobei auch oft immer sowohl die gute Beschaffenheit wie auch die innere Bestimmtheit angesprochen wurde (Zollondz 2006, S. 142 f.).

Als gute Beschaffenheit wird heute mit Güte eine wertende Aussage über eine Einheit getroffen, die sich auf einen zu

erfüllenden Zweck bezieht. Auch der auf Juran zurückgehende Ausdruck *fitness for use* (Gebrauchstauglichkeit) folgt dieser

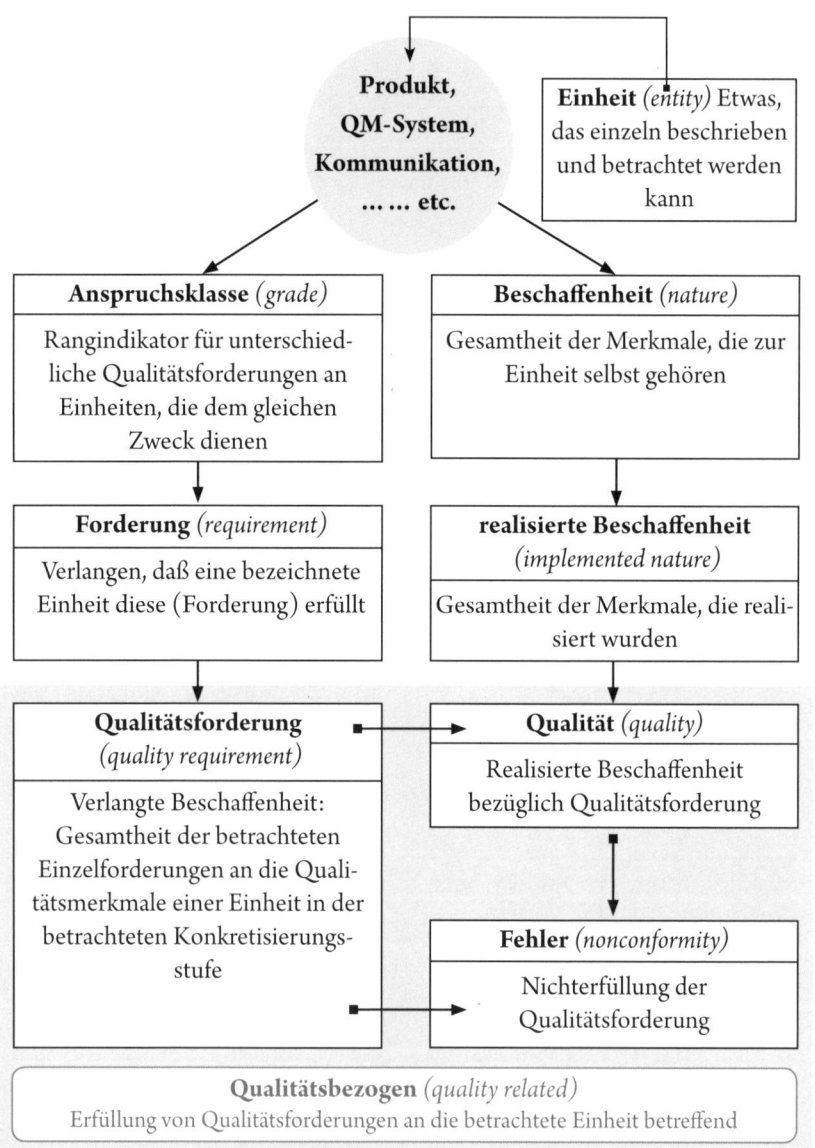

**Produkt, QM-System, Kommunikation, …… etc.**

**Einheit** (*entity*) Etwas, das einzeln beschrieben und betrachtet werden kann

**Anspruchsklasse** (*grade*)

Rangindikator für unterschiedliche Qualitätsforderungen an Einheiten, die dem gleichen Zweck dienen

**Beschaffenheit** (*nature*)

Gesamtheit der Merkmale, die zur Einheit selbst gehören

**Forderung** (*requirement*)

Verlangen, daß eine bezeichnete Einheit diese (Forderung) erfüllt

**realisierte Beschaffenheit** (*implemented nature*)

Gesamtheit der Merkmale, die realisiert wurden

**Qualitätsforderung** (*quality requirement*)

Verlangte Beschaffenheit: Gesamtheit der betrachteten Einzelforderungen an die Qualitätsmerkmale einer Einheit in der betrachteten Konkretisierungsstufe

**Qualität** (*quality*)

Realisierte Beschaffenheit bezüglich Qualitätsforderung

**Fehler** (*nonconformity*)

Nichterfüllung der Qualitätsforderung

**Qualitätsbezogen** (*quality related*)
Erfüllung von Qualitätsforderungen an die betrachtete Einheit betreffend

**Abbildung 1:** Der Qualitätsbegriff und seine Unterbegriffe

Zwecksetzung. Bekanntlich ist auch die Kommunikationspolitik des Marketings dieser Richtung gefolgt, das Konzept von Qualität *ex ante* positiv zu definieren. Im modernen Qualitätsmanagement faßt man dagegen Qualität als Konstrukt auf, das einer Sache oder etwas Immateriellem, also einer Einheit, inhärent ist. Qualität ist also nicht gleich Güte oder Beschaffenheit, sondern wird über ein differenziertes Begriffssystem operationalisiert, wie Abbildung 1 zeigt. Ausgangspunkt ist die betrachtete Einheit, die ein Produkt sein kann, ein Prozeß oder anderes, auch in Kombination, zum Beispiel eine Organisationseinheit. Die vorausgesetzten Begriffe, von denen die qualitätsbezogenen Begriffe (Qualitätsforderung, Qualitätsmerkmale, Qualität und Fehler) abgeleitet werden, sind Forderung, Anspruchsklasse, Beschaffenheit und realisierte Beschaffenheit.

Abbildung 2 zeigt den Zusammenhang prozeßhaft vereinfacht als Blackbox-Modell, dem die Teilbegriffskonzepte zugeordnet wurden. In Anlehnung an die Terminologie der experimentellen Psychologie werden in begrifflicher Differenziertheit zunächst die unabhän-

gige und dann die abhängige Variable bestimmt (UV/AV):

❖ Unabhängige Variable (UV): Im Experiment diejenige Veränderliche, die als die verursachende oder beeinflussende Veränderliche aufgefaßt und untersucht wird und die Varianz der abhängigen Variablen bewirkt. Hiernach wird Qualität bestimmt, indem die Anspruchsklasse, die aus den Forderungen abgeleiteten Qualitätsforderungen und die abgeleiteten Qualitätsmerkmale festgelegt werden.

❖ Blackbox (BB): Qualität ist Beschaffenheitsgestaltung entsprechend den Qualitätsforderungen (verlangte Beschaffenheit). Dieser Gestaltungsprozeß wird durch die *blackbox* charakterisiert.

❖ Abhängige Variable (AV): Im Experiment diejenige Veränderliche, deren Veränderungen von den Veränderungen bei einer anderen Veränderlichen (UV) entweder abhängen oder in ihrer Abhängigkeit von den Veränderungen der unabhängigen Variablen untersucht werden. Qualität als abhängiger Begriff bildet die AV, auf den wiederum andere

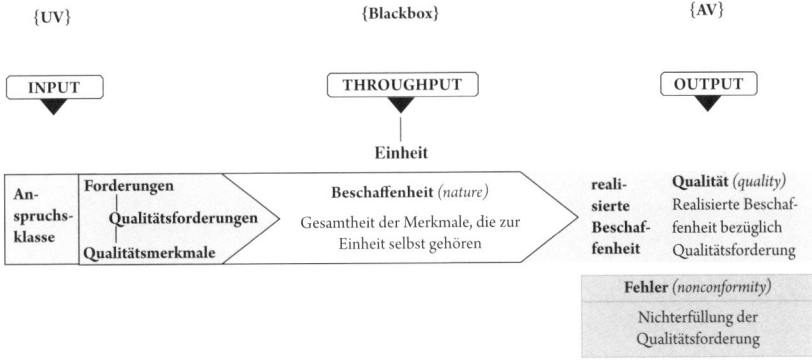

**Abbildung 2:** Qualität als Konstrukt (relationaler/operabler Begriff)

Sachverhalte zu beziehen sind. Die realisierte Beschaffenheit allein entspricht nicht der Qualität, sondern nur die von den Qualitätsforderungen bestimmte realisierte Beschaffenheit. Wenn die Qualität bezüglich der Qualitätsforderungen nicht erfüllt ist, haben sich Fehler ereignet.

Im Kern läßt sich Qualität als Relationsbegriff kennzeichnen, in dem die Relation zwischen geforderter und realisierter Beschaffenheit bezüglich Qualitätsforderungen definiert wird.

## 5 Kernbegriffe des Qualitätsmanagements

Nicht eine *scientific community*, sondern Normungsgremien auf nationaler und internationaler Ebene schaffen die terminologische Basis des Qualitätsmanagements. Zwar nicht vollständig, aber doch grundlegend werden Begriffssysteme entwickelt, die der späteren Praxis (QM-Umsetzung, Auditierung, Zertifizierung) zur Verständigung dienen. Sie sind das gemeinsam geteilte, begriffliche Handwerkszeug, das durch weitere – je nach Zweck und Nützlichkeit – zu schaffende Begriffe ergänzt wird. In der Fachliteratur zu den Begriffssystemen lassen sich derartige Begriffsdiagramme finden (z. B. Zollondz 2007).

## 6 Die Instrumentalebene des Qualitätsmanagements

Im Qualitätsmanagement wurden seit Beginn in den 1950er Jahren vielfältige Instrumente entwickelt, um bezüglich der Qualitätsforderungen Qualität zu realisieren. Dabei handelt es sich vielfach nicht um gänzlich neue Instrumente, sondern um die Adaption bewährter Arbeits- und Management-Techniken auf das Qualitätsmanagement. Wesentlich wurde die Entwicklung solcher Qualitätstechniken aus Japan vorangetrieben.

Meistens wird auch heute noch einfach umstandslos mit dem Qualitätsmanagement angefangen, ohne sich zu vergewissern, welcher Erfahrungsschatz in den Sammlungen der Qualitätstechniken steckt (Zollondz 2000, Hauptstichwort Qualitätstechniken). Es liegt auf der Hand, die Qualitätstechniken in fünf Gruppen entsprechend den Phasen eines Problemzyklus einzuteilen:

(1) Elementare Qualitätstechniken
(2) Qualitätstechniken der Qualitätsplanung
(3) Qualitätstechniken der Qualitätsrealisierung bzw. -lenkung
(4) Qualitätstechniken der Qualitätsprüfung
(5) Qualitätstechniken der Qualitätsverbesserung.

Schließlich sind für den Dienstleistungsbereich noch spezielle Qualitätstechniken entwickelt worden, die Dienstleistern beim Ermitteln von Kundenwünschen, bei der Fehlervermeidung und -analyse helfen sollen. Sie sollen ferner zur kontinuierlichen Verbesserung beitragen.

Zusammenfassend und abschließend mag folgendes gelten: Qualitätstechniken sind diejenigen Mittel und praktischen Anwendungen *(know how)*, die auf dem Gebiet des Qualitätsmanagements auf verschiedenen Ebenen und in verschiedenen Phasen der Entwicklung zum Lösen von spezifischen Problemen eingesetzt werden. Qualitätstechniken sind keine starren Instrumente, sondern je nach Gegenstand und Problemstellung anzupassende Werkzeuge.

## 7 Die Implementierung des Qualitätsmanagements

Gleichgültig welche Art von Organisation sich mit Wandlungsprozessen befaßt, wir haben es mit Fragen der Organisationsentwicklung zu tun, einem bevorzugten Gebiet der Organisationspsychologie und -soziologie (→ Organisation). Die Umsetzung von QM-Konzepten und -Modellen erfordert sowohl ein geplantes Vorgehen wie auch eine sachorientierte und von der obersten Leitung getragene und priorisierte Führungsaufgabe. Das beginnt bereits beim verstärkten Einsatz von Teamarbeit oder im Qualitätsmanagement der Verbesserung der Qualität durch Qualitätszirkel, also des Einsatzes von Qualitätstechniken. Ganz zu schweigen davon, wenn es darum geht, Zertifzierungen organisatorisch vorzubereiten.

Man muß sich immer wieder wundern, wie wenig auf die professionelle Hilfe der Organisationsentwicklung zurückgegriffen wird. Vielfach werden solche Prozesse immer noch simpel als technisch-sachliche Umstellungen begriffen. Entsprechend hoch ist denn auch der organisatorische Flop.

So wie es QM-Modelle und -Systeme gibt, gibt es auch Umsetzungsmodelle zum Qualitätsmanagement, die ausreichend erprobt sind. Die QM-Modelle als solche sind dafür direkt nicht geeignet, handelt es sich doch vor allem um Bewertungs- oder Darlegungsmodelle. Aus der Vielzahl an QM-Umsetzungsmodellen soll hier das Implementierungskonzept von Chr. Malorny kurz skizziert werden (Zollondz 2002, S. 328 ff.). Es formuliert acht Handlungsfelder (zum Beispiel Führung, Prozesse, Kunden, Gesellschaft) und vier Phasen auf der Basis eines Umsetzungspfads:

(1) Sensibilisierungsphase   – 1 Jahr
(2) Realisierungsphase       – 2-3 Jahre
(3) Stabilisierungsphase     – 1 Jahr
(4) Phase der Exzellenz      – laufend.

Wie zu sehen ist, ist muß bis zur Stabilierungsphase ein Zeitraum von fünf bis sechs Jahren geplant werden.

Da jede Phase durch spezifische Merkmale charakterisiert ist, ist es möglich, Schwerpunkte zu ermitteln und Gestaltungsforderungen zu berücksichtigen. Die acht Handlungsfelder sind mit den vier Phasen verknüpft. Besonders für Organisationen, die das EFQM-Modell nutzen, ist dieses Umsetzungsmodell geeignet.

## 8 Zum Branchenbezug des Qualitätsmanagements

Die Hoffnung auf ein allgemein anerkanntes, einheitliches, auf hohem Abstraktionsniveau formuliertes QM-Modell hat sich nicht erfüllt. Zwar befassen sich zunehmend Organisationen damit, die in der Tat branchenneutrale Darlegungsnorm ISO 9001:2000 zur Grundlage ihres Handelns zu machen, also zu versuchen, die dort formulierten Forderungen auf ihre Organisation zu beziehen, um dann den Schritt in Richtung Darlegung eines QM-Systems auf dieser Basis zu gehen, doch auch andere Vorgehensweisen werden erprobt, wie die Umsetzung des EFQM-Modells oder Prozeßmanagement mit eigens entwickelten Qualitätstechniken.

In bestimmten Branchen werden zusätzliche QM-Normen gefordert, was bedeutet, daß die Anwender gezwungen sind, sich mehrfach zertifizieren zu lassen. Was die Anwendung von branchenneutralen oder branchenbezogenen QM-Modellen betrifft, herrscht folglich keineswegs Einheitlichkeit.

Für die Bestimmung der Grundlagen des Qualitätsmanagements heißt das, daß ergänzend zu den hier erläuterten allgemeinen Grundlagen und Grundlagenproblemen noch eine weitere Ebene spezifischer Grundlagen des QM hinzukommt, die für die eigenen Bereiche zu formulieren sind. Die Literatur ist voll an Beispielen des speziellen Qualitätsmanagements, zum Beispiel QM für die Ernährungswirtschaft, für Krankenhäuser, für Sozialeinrichtungen, für Gerichte, für Kindergärten etc. Sieht man jedoch genauer hin, halten die meisten speziellen Qualitätsman agementsysteme einer Prüfung nicht stand. Vielfach werden einfach Ansätze beschrieben, die die bekannten Modelle der ISO 9000:2000 und das EFQM-Modell neu aus der speziellen Sicht beschreiben. Ganz wenige Branchen fundieren ihre Qualitätsmanagementsystem e einzigartig. Traditionell gilt das für die Kernkraftindustrie, aber auch aus einer langen Tradition heraus für die weltweite Automobilindustrie. *(hdz)*

*Literatur*

Baecker, Dirk 2003: Organisation und Management. Aufsätze. Frankfurt am Main: Suhrkamp

DeMarco, Tom 2004: Was man nicht messen kann... ... kann man nicht kontrollieren. Bonn: mitp

EFQM: Excellence einführen. EFQM: Brüssel 1999

Imai, Masaaki 1989: Kaizen. München: Langen-Müller

Imai, Masaaki 1997: Gemba-Kaizen. München: Langen-Müller

Luhmann, Niklas 1988: Die Wirtschaft der Gesellschaft. Frankfurt am Main: Suhrkamp

Luhmann, Niklas 2000: Organisation und Entscheidung. Opladen: Westdeutscher Verlag

Masing, Walter (Hrsg.) 1999: Handbuch Qualitätsmanagement. München, Wien: Hanser (4. Aufl.)

Masing, Walter u.a. (Hrsg.) 2003: Qualitätsmanagement. Tradition und Zukunft. Festschrift zum 50-jährigen Bestehen der Deutschen Gesellschaft für Qualität e.V. München: Hanser

Ohno, Taiichi 1993: Das Toyota Produktionssystem. Frankfurt am Main: Campus 1993

Spear, Steven; Harald Ken Bowen 1999: Decoding the DNA of the Toyota Production System. In: Harvard Business Review, Nr. 5, S. 96-106

Walton, Michael 1986: The Deming Management Method. Foreword by W. Edwards Deming. New York: Perigee Books

Wessel, Karl-Friedrich 2003: Qualität – Ein Kulturbegriff in Geschichte und Gegenwart. In: Walter Masing u.a. (Hrsg.), S. 1-18

Zollondz, Hans-Dieter (Hrsg.) 2001: Lexikon Qualitätsmanagement. Handbuch des modernen Managements auf der Basis des Qualitätsmanagements. München, Wien: Oldenbourg

Zollondz, Hans-Dieter 2006: Grundlagen Qualitätsmanagement. Einführung in Geschichte, Begriffe, Systeme und Konzepte. München, Wien: Oldenburg (2. Aufl.)

Zollondz, Hans-Dieter 2007: Qualitätsmanagement als Querschnittfunktion im Management. In: Walter Hugentobler; Karl Schaufelbühl & Matthias Blattner (Hrsg.) 2007: Betriebswirtschaftslehre für Bachelor. Zürich: Orell Füssli (UTB), S. 677-712

## Queen Size Bett

*queen size bed, queen bed, queen*

*queen-size* (engl.) = besonders groß, überdurchschnittlich groß. Ein Queen Size Bett ist ein Bett, das sich durch Übergröße auszeichnet. Im Gegensatz zum → King Size Bett ist es allerdings weniger breit. In den USA hat das Queen Size Bett ein Format von 60 Inches Breite und 80 Inches Länge (1 inch [Zoll] = 2,54 cm). In Europa hat das Queen Size Bett ein Format von 1,50 - 1,60 Meter Breite und 2,00 Meter Länge. (Vallen & Vallen 2005, S. 120; www.interiordec.about.com). Syn.: französisches Bett, *Grandlit. (wf)*

*Literatur*

Vallen, Gary K.; Jerome J. Vallen 2005: Check-In, Check-Out: Managing Hotel Operations, New Jersey: Pearson Prentice Hall (7th ed.)

## Quelland

*country of origin*
Herkunftsland von → Touristen, die im
Ausland unterwegs sind.

## Quellmarkt

*source market, market of origin*
Geographisch abgegrenztes Gebiet, aus
dem → Touristen einer → Destination
stammen. Dabei kann es sich um Länder
(→ Quelland), Regionen oder auch Orte
stammen. Unterschiedliche Quellmärkte
müssen im Rahmen des Marketing vom
jeweiligen → Destinationsmanagement in
der Regel anders bearbeitet werden, da
unterschiedliche räumliche Entfernungen,
kulturelle Distanzen und soziodemographische Zusammensetzungen der
jeweiligen Bevölkerungen zu anderen
Zielgruppen und ihren jeweils notwendigen spezifischen Ansprachen führen.
*(jwm)*

## Querruder

*aileron*
Steuerflächen an der Hinterseite der Trag-
flügelenden, mit denen das Flugzeug um
die Längsachse bewegt werden kann.
Im Reiseflug reichen diese Steuerflächen
in der Regel aus, um damit auch
Drehungen um die Hochachse auszu-
führen (Kurvenflug), die sonst mit dem
→ Seitenruder (meist in Kombination
mit dem Querruder) ausgeführt werden.
*(jwm)*

## Queue

→ Warteschlangen

# R

**RA**
→ Reiseanalyse

**Rack Rate**
Die Rack Rate ist der offizielle Zimmerpreis für ein Einzel-, Doppel- oder Mehrbettzimmer (→ Zimmertypen) inklusive gesetzlicher Mehrwertsteuer in der Hotellerie. Sie wird umgangssprachlich auch Schrankpreis oder Listenpreis genannt, da sie in Hotels oft im Zimmerschrank ausgehängt bzw. auf Preislisten veröffentlicht wird. Die Rack Rate stellt den maximalen Zimmerpreis dar, der z.B. an Tagen mit starkem Buchungsaufkommen am Markt durchgesetzt werden kann (z.B. an Messetagen). Es wird dabei generell davon ausgegangen, dass nur ca. 15-20% aller Hotelgäste den veröffentlichten Listenpreis bezahlen, wodurch sich im → Hotel ein geringerer durchschnittlicher Zimmerpreis ergibt. Für das Revenue Management (→ Ertragsmanagement) im Hotel und die interne Kalkulation dient die Rack Rate als Berechnungsgrundlage für alle Rabatte und damit verbunden auch allen anderen Preisdifferenzierungsmaßnahmen. *(stk)*

**Radar**
*radio detecting and ranging*
Von einem Radar-Gerät werden elektromagnetische Wellen ausgesendet, die von Objekten reflektiert, mit einer Antenne wieder aufgefangen und auf einem Bildschirm dargestellt werden.

Radar-Geräte werden bordseitig von Schiffen zur Navigation bei schlechten Sichten verwendet. In der Luftfahrt dienen sie bodenseitig der → Flugsicherung zur Lenkung von Flugzeugen, die über → Sekundärradar eindeutig identifiziert werden können. Bordseitig wird die Radar-Technik in Flugzeugen zur Erkennung von Schlechtwettergebieten (Wetterradar) und zur präzisen Messung der Höhe bei der Landung (→ Höhenmesser [b]) eingesetzt. *(jwm)*

**Rad-Schiene-System**
*wheel-rail system*
Auf parallel und paarweise angeordneten Schienen basierende Fahrzeugsysteme werden als Rad-Schiene-Systeme bezeichnet. Hierzu zählen Eisenbahn, S-Bahn, Straßenbahn und U-Bahn. (→ Hochgeschwindigkeitszüge). *(hdz)*

*Literatur*
Schach, Rainer; Peter Jehle & René Naumann 2006: Transrapid und Rad-Schiene-Hochgeschwindigkeitsbahn. Ein gesamtheitlicher Systemvergleich. Berlin, Heidelberg: Springer

**Rail & Fly**
In Verbindung mit Flugtickets integrieren → Fluggesellschaften und → Reiseveranstalter in ihr Reiseangebot Rail & Fly-Tickets (auch → AiRail). Es handelt sich um günstige Spezialtickets, die sich auf den Transfer mit der Bahn von/zum Flughafen beziehen. Die Rail & Fly-Online Tickets können nur online

in Verbindung mit einer Flugbuchung (Hin- und Rückfahrt oder nur Hinfahrt – nur Rückfahrt ist nicht buchbar) ins europäische Ausland gebucht werden.

Da der Reiseveranstalter bei Rail & Fly Leistungen kombiniert hat, tritt die Bahn lediglich als Erfüllungsgehilfe des Veranstalters auf. Es gilt das Reiserecht gem. § 651 BGB. Ansprechpartner für Schadenersatzforderungen (z.B. bei Verspätungen und Nichterreichen des Flugzeugs) ist der Reiseveranstalter (AG Erfurt, Az.: 5 C 36/07). *(hdz)*

**Ramp handling**
→ Bodenabfertigung

**Raststätte**
*road house*
Durch die Existenz von Verkehr und Handel und damit verbunden der Überbrückung von weiten Entfernungen wurden sehr früh – in Vorderasien etwa im zweiten Jahrtausend v. Chr. – Rastplätze an Verkehrsadern, meist an Wasserstellen eingerichtet. Sie dienten zur Pause und Erholung von der zurückgelegten Strecke. Mit der Zeit entwickelten sich an solchen Orten je nach Nachfrage auch Verpflegungs- und Unterkunftsmöglichkeiten (Peyer 1987, S. 10).

Auch heutzutage existieren Raststätten insbesondere entlang der Verkehrswege (Autobahn, Schnell-, Bundesstraßen). Bekanntester Vertreter in Deutschland ist die Autobahn Tank & Rast Holding. Hervorgegangen aus der GfN (Gesellschaft für Nebenbetriebe der Bundesautobahnen) ist die 1998 privatisierte „Tank & Rast" führender Anbieter an den Bundesautobahnen. Ca. alle 60 Autobahnkilometer bieten die Betriebe den jährlich rund 500 Millionen Kunden mit Tankstellen, Läden, Duschen und Toiletten, Restaurants, teilweise Hotels,

Kinderspielplätzen und Außenanlagen ein weites Spektrum an Dienstleistungen (Johannes & Wölki 2005, S. 10 ff.; www.rast.de). Die Erholung von den Anstrengungen der Reise steht nach wie vor im Mittelpunkt. *(wf)*

*Literatur*
Johannes, Ralph; Gerhard Wölki 2005: Die Autobahn und ihre Rastanlagen. Geschichte und Architektur. Petersberg: Imhof
Peyer, Hans Conrad 1987: Von der Gastfreundschaft zum Gasthaus: Studien zur Gastlichkeit im Mittelalter. Hannover: Hahn

**RDA Internationaler Bustouristik Verband e.V.**
Mit dem → Bundesverband Deutscher Omnibusunternehmer e.V. (bdo) und dem RDA Internationaler Bustouristik Verband e.V., Köln, widmen sich zwei Verbände den Anliegen der deutschen Busunternehmen (→ Bustourismus). Der RDA wurde 1951 als Reise-Ring Deutscher Autobusunternehmungen e.V. gegründet und weist mit ca. 3.000 Mitgliedern aus über 30 Ländern einen hohen Organisationsgrad auf, wobei allerdings die Mehrzahl der Mitglieder Partnerbetriebe sind, wie z.B. → Hotels, → Paketreiseveranstalter, Fremdenverkehrsverbände, → Reiseversicherungen, → Freizeitparks, Reedereien, etc. sind. Wie jeder Verband nimmt der RDA zwei Basis-Funktionen für seine Mitglieder wahr:

❖ Interessensvertretung hinsichtlich „busfeindlicher Restriktionen" durch Interventionen in Gesetzgebungsverfahren mittels Einflußnahme auf politische Entscheidungsträger, d.h. Lobbyarbeit in Berlin und Brüssel;
❖ Serviceleistungen für die bustouristischen Mitglieder, wie z.B. Rechtsberatung (Personenbeförderungsgesetz, Wettbewerbsrecht, Arbeitsrecht),

Unternehmensberatung (stark er-
mäßigtes Honorar für ein exter-
nes Consulting-Unternehmen),
Fachliteratur im Eigenverlag
(Bustouristik-Marketing, Ver-
kehrs- und → Reiserecht, etc.),
Marktforschungsstudien zum Bus-
touristik-Markt, Weiterbildung
(Reiseleiter-Seminare [→ Reiseleiter]
mit Zertifikatsprüfung, → Controlling, Marketing, etc), Verbands-
zeitschrift „RDA aktuell" (aktuelle
Marktentwicklungen und Praxis-
Tips), „RDA-Workshop" (bedeutsame Präsentations- und Ein-
kaufsmesse [B2B] im August in
Köln).

Darüber hinaus unterstützt den Verband sein touristischer Beirat, der die
Verbandsarbeit mit Anregungen, Denk-
anstößen, u.a. berät (www.rda.de). *(hdz)*

*Literatur*
RDA Internationaler Bustouristik Verband
e.V. (Hrsg.) 2007: Geschäftsbericht
2005/2006. Köln

## Real Estate Investment Trust
→ REIT

## Rechaud
*rechaud, food warmer, spirit burner*
*chaud* (franz.) = warm; *réchaud* (franz.) =
Kocher. In der Hotellerie und Gastrono-
mie der Begriff für ein Warmhaltegerät.
Bei einem Tisch-Rechaud handelt es
sich um eine beheizte Platte, auf der
Speisen auf oder an dem Gästetisch
warm gehalten werden. Rechauds in
Form von Warmhalteschränken bzw.
Warmhaltetischen befinden sich in
Küchen im Bereich der Speisenausgabe
(→ Pass). Sie dienen zum Warmhalten
der angerichteten Speisen und des
Anrichtegeschirrs (etwa → Clochen,
Suppentassen, Teller). Vereinzelt fallen

als Synonyme auch die Begriffe *chauffe-
assiette* bzw. *chauffe-plat*.

Der Begriff steht auch für transportab-
le Kochgeräte. In dem Falle werden
Rechauds als Zusatzkochgelegenheit
oder im mobilen Bereich (Camping,
Catering) eingesetzt. Rechauds können
elektrisch, mit Gas oder Spiritus betrieben werden. *(wf)*

## Rechte und Pflichten des Reisenden
*traveller's rights and liabilities*
Der Reisende ist zur Bezahlung des
vereinbarten Reisepreises verpflichtet
(§ 651 a I 2 BGB). Als Nebenpflichten
treffen ihn Mitwirkungspflichten
zur Vorbereitung und Durchführung
der Reise, wie die Beschaffung der
persönlichen Reisedokumente (Paß
[→ Reisepaß], Visum, Impfnachweis),
wobei der Veranstalter insoweit eine
Informationspflicht über voraussehbare
Schwierigkeiten hat, das rechtzeitige
Erscheinen zur Abreise, zum Tragen
eines Armbandes bei All-inclusive-
Reisen, wenn im Katalog darauf hingewiesen wird (OLG Düsseldorf RRa
2001, 49) und das Unterlassen von
Störungen durch Randalieren, welches
den Veranstalter zur außerordentlichen
Kündigung nach § 314 BGB berechtigt.
*(ef)*

*Literatur*
Führich, Ernst 2005: Reiserecht. Heidelberg:
  C.F. Müller (§ 5 Vertragstypische Pflichten,
  Rn. 148 ff.) (5. Aufl.)
Führich, Ernst 2007: Basiswissen Reiserecht.
  Grundriß des Reisevertrags- und Individual-
  reiserechts. München: Vahlen (§ 2)

## Rechte und Pflichten des Reiseveranstalters
*tour operator's rights and liabilities*
Nach der Auswahlentscheidung des Reisenden für einen Reiseveranstalter ist
dieser aufgrund des Reisevertrages ver-

pflichtet, die gebuchte Reise mit der Sorgfalt eines ordentlichen Kaufmanns mit dem vereinbarten Inhalt zu planen und durchzuführen. Ihn trifft insbesondere die Pflicht zur sorgfältigen Auswahl und Überwachung der Leistungsträger, zur Richtigkeit der Leistungsbeschreibungen und ordnungsgemäßen Leistungserbringung.

Hierbei haftet der Veranstalter dem Reisenden auch für ein Verschulden der mit der Leistungserbringung betrauten Personen so, als ob er selbst gehandelt hätte (Erfüllungsgehilfen gem. § 278 BGB, zum Beispiel → Hotel, Beförderungsunternehmen, Transferbus, Hobby- und Sprachkurs). Der Veranstalter haftet für das gesamte Leistungsprogramm seines Produkts, gleichgültig welche → Leistungsträger konkret die Reiseteilleistungen erbringen (BGH NJW 2000, 1188: Reitclub). Hinsichtlich des Maßstabes wird eine Leistung geschuldet, welche ein inländischer durchschnittlicher Reisender von einem ordentlichen Veranstalter erwarten kann (BGH NJW 2002, 3700: Hurrikan). Rechtliche Grundlagen dieser Vertragspflichten sind (1) die zwingenden (§§ 651a-m BGB, den §§ 4 ff. BGB-InfoV) und die wirksam in den Reisevertrag einbezogenen → Allgemeinen Geschäftsbedingungen (§§ 305 II, 310 I BGB), (2) die Reisebestätigung in Verbindung mit der bei der Buchung gültigen Katalogbeschreibung (§§ 4, 6 BGB-InfoV), (3) die schriftliche oder mündliche Zusatzvereinbarungen und (4) der Reisecharakter.

Inhaltlich hat der Reiseveranstalter folgende Pflichten:

(1) Beförderung durch Auswahl sicherer und geeigneter Luftfahrtunternehmen und Beförderer einschließlich der Transferleistungen;

(2) Reibungslose Koordination der Reiseleistungen durch eine zeitliche Abstimmung und notwendige Aufklärungen und Informationen (§§ 4 ff. BGB-InfoV);

(3) Stellung der Unterkunft und Verpflegung entsprechend der Buchung und der vereinbarten Zusatzleistungen (→ Mietwagen, Ausflug, Kurs usw.), wobei eine eigene Leistung oder eine vermittelte Fremdleistung vorliegen kann. Die → Leistungsträger sind sorgfältig auf deren Eignung und Zuverlässigkeit auszuwählen sowie regelmäßig entsprechend den örtlichen Vorschriften auf offensichtliche Sicherheitsmängel und hinsichtlich der Belegungspraxis zur Verhinderung von → Überbuchungen (→ Ertragsmanagement) zu überwachen.

(4) Beseitigung aller Reisehindernisse, wie ungefragt über die erforderlichen Einreise- und Durchreisedokumente zu unterrichten (BGH NJW 1985, 1165 – Einreisebestimmungen), über eine fehlende → Reise-Rücktrittskosten-Versicherung aufzuklären (§ 6 II Nr. 9 BGB-InfoV), Vorsorge bei zu erwartenden Streiks zu treffen (LG Hannover NJW-RR 1989, 820: Unterkunft bei Flughafenstreik; LG Düsseldorf NJW-RR 1987, 176: Großbaustelle), bestehende und drohende Gefahren und gesundheitliche Risiken mitzuteilen (BGH NJW 2002, 3700 – Hurrikan; BGH NJW 1982, 1521 – Überfallgefahr), Voraussetzungen für eine behindertengerechte Unterkunft bei einem erkennbaren Rollstuhlfahrer zu schaffen (AG Kleve RRa 2000, 156), den Reisepreis und die Rückkehr des Reisenden bei Insolvenz nach § 651 k BGB sicherzustellen. Nicht hingewiesen werden muß auf Gefahren allgemeiner Art, die der Reisende selbst erkennen muß und zu seinem allgemeinen Lebensrisiko gehören wie sein persönliches, nicht reise-

spezifisches Verletzungsrisiko und solche des nicht geschuldeten Umfelds des Reiseziels.

(5) Obhuts- und Fürsorgepflichten wie die Wahrung der körperlichen Unversehrtheit und Gesundheit des Reisenden (BGH NJW 1988, 1380: Balkonsturz; OLG Düsseldorf NJW-RR 1990, 825: Sicherstellung ärztlicher Betreuung im Hotel; LG Frankfurt/ M. NJW 1989, 2397: Fürsorgepflicht gegenüber Behinderten). Schließlich hat der Reisende Anspruch auf eine örtliche Vertretung oder Reiseleitung des Reiseveranstalters (§§.6 II Nr. 7, 8 I Nr. 3 BGB-InfoV). Der zu fordernde Sicherheitsstandard richtet sich nach den örtlichen Vorschriften und den jedermann erkennbaren offensichtlichen Risiken (BGH NJW 2000, 1188: Reitclub). *(ef)*

*Literatur*
Führich, Ernst 2005: Reiserecht. Heidelberg: C.F. Müller (§ 5 Reisevertrag) (5. Aufl.)
Führich, Ernst 2006 a: Reiserecht von A-Z. München: dtv (Stichworte: Reise, Reiseveranstalter, Reisender, Reisevertrag, Reisevertragspflichten, Buchung des Reisevertrages) (3. Aufl.)
Führich, Ernst 2006 b: Dynamic Packaging und virtuelle Reiseveranstalter – Entwicklung und Anwendung des Reisevertragsrechts auf die neue internet-basierte Pauschalreise. In: Reiserecht Aktuell (RRa), 14 (2), S. 50-57
Führich, Ernst 2007: Basiswissen Reiserecht. Grundriß des Reisevertrags- und Individualreiserechts. München: Vahlen (§ 2)
Tonner, Klaus 2007: Der Reisevertrag. Kommentar zu den §§ 651 a – 651 l BGB. Neuwied: Luchterhand (§ 651 a, Rn 1-66) (5. Aufl.)

**Reede**
*anchorage*
Meist vor einem Hafen gelegene Seezone, in der Schiffe vor Anker gehen können, wenn alle Hafenplätze belegt sind oder

der Hafen wegen der Größe des Schiffes (zum Beispiel wegen des → Tiefgangs) nicht befahren werden kann. *(jwm)*

**Regelbetrieb**
→ Bahnbetrieb

**Regionale Küche**
*regional cuisine*
Küche, die den regionalen Bezug betont (z. B. badische, elsässische oder schwäbische Küche). Die traditionellen Zubereitungsarten der vor Ort wachsenden Rohstoffe stehen im Mittelpunkt. Als Gegenpol wird die internationale, manchmal auch die globale Küche genannt, wobei die Polarisierung in die Irre führt. Beide Küchen sind eng miteinander verbunden und beeinflussen sich gegenseitig.

Küchen befinden sich ständig im Wandel und was gegenwärtig als traditioneller regionaler Rohstoff oder traditionelle Zubereitungsart gesehen wird, ist möglicherweise lange zuvor in die Region gebracht worden. Hall & Mitchell nennen mit dem Aufkommen von überregionalem Handel, Migrationsbewegungen und neuen Technologien drei zentrale Einflußgrößen, die über die Jahrhunderte die regionalen Küchen weltweit geprägt haben (Hall & Mitchell 2002, S. 73 ff.).

Die regionale Küche erlebt eine Renaissance. Die Gründe hierfür sind vielfältig: Reflex auf die drohende Standardisierung des Essens, Betonung der Vielfalt, Hervorhebung der eigenen regionalen Stärken und touristische Profilierung, da die regionale Küche vor allem an Touristen gerichtet ist (Pauser 2002, S. 15).

Insbesondere bei der Entwicklung des ländlichen Tourismus wird die regionale Küche als zentraler Baustein gesehen. Eß- oder Weinpfade als Beispiele hierfür versuchen, einzelne Attraktionspunkte, die sich durch ihre gastronomischen Produkte, ihre Geschichte oder ihre Landschaften auszeichnen, sinnvoll zu verbinden (Corigliano 2002, S. 171). Zu dem Zusammenspiel von Landwirtschaft, Tourismus und regionaler Küche vgl. auch die in Baden-Württemberg entwickelte Kampagne „Schmeck den Süden" (www.schmeck-den-sueden.de). *(wf)*

*Literatur*

Corigliano, Magda Antonioli 2002: The route to quality: Italian gastronomy networks in operation. In: Anne-Mette Hjalager; Greg Richards (eds.): Tourism and Gastronomy. London, New York: Routledge, S. 166-185

Hall, Michael; Richard Mitchell 2002: Tourism as a force for gastronomic globalization and localization. In: Anne-Mette Hjalager; Greg Richards (eds.): Tourism and Gastronomy. London, New York: Routledge, S. 71-87

Pauser, Wolfgang 2002: Die regionale Küche: Anatomie eines modernen Phantasmas. In: Voyage – Jahrbuch für Reise- & Tourismusforschung: Reisen & Essen, Band 5, Köln: DuMont, S. 10-16

## Regionalfluggesellschaft
*regional airline*

Untergruppe von Linienfluggesellschaften (→ Fluggesellschaften), die in der Regel Flugzeuge mit maximal 100 Passagiersitzen einsetzen. Sie erfüllen verschiedene Aufgaben im Luftverkehr:

❖ Über Zubringerflüge *(feeder flights)* verbinden sie kleinere Regionalflughäfen mit den großen → Drehkreuzen und füllen damit auch die Flugzeuge der → Netzfluggesellschaften.

❖ Mit Direktverbindungen bieten sie Flüge an den großen Drehkreuzen vorbei *(hub bypassing)* zu nach ihrem Verkehrsaufkommen weniger bedeutsamen bzw. (Regional)flughäfen.

❖ Im Ergänzungsluftverkehr halten sie die Verbindungen zwischen

internationalen Flughäfen auch zu verkehrsschwächeren Zeiten aufrecht (zum Beispiel später Vor- und früher Nachmittag) bzw. binden nachfrageschwächere Verbindungen in die Verkehrsnetze der großen Fluggesellschaften ein (Sterzenbach & Conrady 2003, S. 10).

❖ Sie dienen den großen Fluggesellschaften auch als Pionier bei der Entwicklung neuer Streckenverbindungen („Dosenöffner"). Durch die mit kleinerem Fluggerät verbundenen geringeren Kosten wird zum einen das Auslastungsrisiko gering gehalten, zum anderen halten sich durch die meist deutlich bessere Kostenstruktur der Regionalfluggesellschaften die Anlaufverluste in einem vertretbaren Rahmen. Wenn sich das Verkehrsaufkommen positiv entwickelt, kann die große Fluggesellschaft dann selbst die Strecke übernehmen.

Seit 1980 ist die Zahl dieses Typs von Linienfluggesellschaft stark angestiegen. Hatte die → European Regions Airline Association (ERA) 1980 erst fünf Mitglieder, so wurden 2007 die Interessen von 60 Fluggesellschaften durch diesen Verband vertreten (www.eraa.org). Die Passagierzahl stieg von den 1980 gezählten 500.000 auf 65,4 Millionen (2004) jährlich an (Airline Business, May 2005, S. 48). Mit 6,7 Millionen Passagieren war Lufthansa CityLine 2004 die größte Regionalfluggesellschaft Europas.

Ihre Domäne sind entsprechend Kurzstrecken, die mit kleineren Flugzeugen (meist mit zwischen 30 und 100 Sitzen) beflogen werden. Bestanden die Flotten der europäischen Regionalfluggesellschaften 1996 noch zu 66 Prozent aus Turbopropmaschinen (→ Turboprop), werden seit 2002 mehrheitlich für diesen Markt speziell entwickelte, kleine

Düsenverkehrsflugzeuge eingesetzt, die aufgrund ihres Geschwindigkeitsvorteils vor allem längere Strecken profitabel bedienen können. Die durchschnittliche Routenlänge ist daher zwischen 1996 und 2003 um 100 km auf 520 km gestiegen (HSH Nordbank 2004, S. 5). Die → Turboprops sind aber nach wie vor unverzichtbar, da vor allem mit ihnen auch kleine Flugplätze mit kurzen Start- und Landebahnen angeflogen werden können, so daß es möglich ist, die Flugnetze mit den Regionalfluggesellschaften erheblich dichter zu knüpfen. Gleichzeitig ist der spezifische Kerosinverbrauch der Propellermaschinen deutlich geringer, was sie auf kürzeren Strecken, auf denen der Einsatz von Jets praktisch keinen zeitlichen Vorteil bietet, zur wirtschaftlich besseren Alternative macht. Mit steigenden Kerosinpreisen sind sie zudem generell wieder attraktiver für die Regionalfluggesellschaften geworden.

Die meisten Regionalfluggesellschaften sind entweder in einen der großen Linienflugkonzerne (wie zum Beispiel → Lufthansa oder Air France) integriert oder arbeiten mit ihnen zusammen. Diese Zusammenarbeit kann über → wet bzw. operating lease, in Form der Veranstaltung von → Gemeinschaftsflügen und/oder in Franchisesystemen (→ Franchise) erfolgen. Es gibt nur wenige Regionalfluggesellschaften, die sich eigenständig und ohne Kooperation mit einem großen Partner auf dem Markt behaupten. Sie geraten dabei unweigerlich in zunehmende Konkurrenz zu den → Billigfluggesellschaften, die zur Vermeidung von Kosten vor allem regionale Flughäfen anfliegen. Es bleibt ihnen daher nichts anderes übrig, als sich selber weitgehend die gleichen Kostenstrukturen zu geben. *(jwm)*

*Literatur*
HSH Nordbank Research 2004: Regionalfluggesellschaften. Entwicklung und Anbieter in Europa. Hamburg und Kiel: HSH Nordbank Analysen
Sterzenbach, Rüdiger; Roland Conrady 2003: Luftverkehr. München, Wien: Oldenbourg (3. Aufl.)

## Regionalstrecke (Bahn)
*regional track*
Die Schieneninfrastruktur (Eisenbahnstrecken) der Deutschen Bahn ist geprägt durch Regionalstrecken, die nach § 11 des Allgemeinen Eisenbahngesetzes (AEG) stillgelegt oder aber auch an ein anderes Eisenbahninfrastrukturunternehmen abgegeben werden können. Hier hat es in den letzten Jahren Reaktivierungen von ehemals stillgelegten Regionalstrecken gegeben, die sehr erfolgreich verliefen. Eine offizielle Liste stillgelegter Regionalstrecken dokumentiert, daß vom 1. 1. 1994 bis zum 21. 11. 2007 477 Regionalstrecken stillgelegt wurden (http://www.eisenbahnbundesamt.de/Service/ref11/s_11_evub.htm – Abruf 30.12.2007). *(hdz)*

## Reiseabbruch-Versicherung (RAV)
*travel curtailment insurance*
Die Reiseabbruch-Versicherung kann als Spiegelbild der → Reiserücktrittskosten-Versicherung gesehen werden. Auch bei dieser Versicherungssparte geht es um die Versicherung des Reisevertrages. Die Äquivalenz hört allerdings dort auf, wo es um die Berechnung der Entschädigung geht. Versichert sind nicht die Stornokosten, sondern im Kern die zusätzlichen Rückreisekosten und die anteilig nicht genutzten Reiseleistungen bei vorzeitiger Beendigung der Reise mit Ausnahme der ursprünglich gebuchten Reise. – Bei selbst organisierter Anreise (bei → Ferienwohnungen ist das der Fall) können die Rückreisekosten nicht über-

nommen werden. Sie waren ja auch nicht Gegenstand des versicherten Vertrags. *(hdz)*

## Reiseanalyse (RA)

Die umfangreichste Marktuntersuchung auf dem deutschen Markt zur Beschreibung des Urlaubs- und Reiseverhaltens der deutschen Bevölkerung. Die Reiseanalyse wird seit 1970 kontinuierlich jedes Jahr durchgeführt und ist damit die älteste und renommierteste Urlaubsreise-Untersuchung auf dem deutschen Markt und im internationalen Vergleich.

### 1　Zielsetzung

Die Untersuchung soll aktuelle, bevölkerungsrepräsentative Daten zum Urlaubs- und Reiseverhalten sowie zu tourismusrelevanten Einstellungen und Interessen der Deutschen auf der Grundlage einer wissenschaftlich fundierten Basis liefern.

### 2　Träger

Das Projekt der Reiseanalyse (im folgenden RA) der F.U.R (→ Forschungsgemeinschaft Urlaub und Reisen e.V.) schließt inhaltlich und methodisch an die Reiseanalyse des Studienkreises für Tourismus an, der die RA im Jahr 1970 gegründet und bis einschließlich des Jahres 1992 durchgeführt hat. Nach dem Konkurs des Studienkreises für Tourismus im Jahre 1993 hat die F.U.R, die eigens zum Zwecke der Fortführung der Untersuchung 1994 gegründet worden ist, die Trägerschaft der RA übernommen (www.fur.de).

### 3　Beteiligungs-Untersuchung

Die RA ist eine Beteiligungs-Untersuchung, deren Ergebnisse allen sich beteiligenden Partnern zur Verfügung gestellt wird, die die Finanzierung des Gesamt-Projektes der RA sicherstellen. Pro Jahr beteiligen sich zwischen 30 und 35

Partner an der Reiseanalyse (deutsche und ausländische Tourismusorganisationen, touristische Branchen-Organisationen, Verkehrsträger, → Reiseveranstalter, Verlage, Internet-Portale etc.).

### 4　Methode

Die Daten der RA beruhen auf einer bevölkerungsrepräsentativen Befragung mit mündlichen *(face-to-face)* Interviews. Die Methode der persönlichen Interviews erlaubt die Analysen von Meinungen, Einstellungen und Absichten, die im Telefoninterview in dieser Art und Qualität nicht möglich sind. Die Systematik und Kontinuität der methodischen Untersuchungsanlage der RA ermöglicht die Vergleichbarkeit der Ergebnisse seit 1970.

Kurzbeschreibung der Methode (am Beispiel der RA 2004):

- ❖ 7.858 persönliche Interviews
- ❖ repräsentativ für die deutschsprachige Wohnbevölkerung ab 14 Jahre (bis 1989 nur die Bevölkerung der alten Bundesrepublik, ab 1990 dem wiedervereinigten Deutschland)
- ❖ dreistufige Zufallsauswahl: In der ersten Stufe werden 1.500 sample points (= nach dem Zufall aus dem Verzeichnis der Bundestagswahlbezirke ausgewählte Befragungsorte in Städten und Gemeinden) bestimmt; in der zweiten Stufe werden nach einem Zufallsalgorithmus die Haushalte ausgewählt und in der dritten Stufe wiederum nach dem Zufall die Befragungsperson im Haushalt.
- ❖ Thema: Urlaubsreisen (mindestens fünf Tage) und Kurzurlaubsreisen (zwei bis vier Tage)
- ❖ Interviewdauer: durchschnittlich 61 Minuten
- ❖ Befragungszeitraum: 5. Januar bis 5. Februar 2004.

Die RA untersucht sowohl die Urlaubsreisenden (Personen) als auch deren Urlaubsreisen, und zwar einerseits Urlaubsreisen mit einer Dauer von mindestens vier Übernachtungen bzw. fünf Tagen und andererseits Kurz-Urlaubsreisen mit einer Dauer von ein bis drei Tagen, d.h. zwei bis vier Übernachtungen. Es werden jeweils sämtliche Urlaubsreisen erfaßt, welche die Befragten im Rahmen eines Jahres unternommen haben.

Diese Reisen werden im Rahmen des jährlich gleichbleibenden Standard-Programms der RA in Bezug auf folgende Aspekte untersucht:

- ❖ Reiseziel
- ❖ Kenntnis des Reisezieles
- ❖ Reisezeitpunkt
- ❖ Reisedauer
- ❖ Reiseverkehrsmittel
- ❖ Reiseorganisation
- ❖ Reiseunterkunft
- ❖ Reisebegleitung
- ❖ Reiseausgaben
- ❖ Art der Urlaubreise.

Neben den quantitativen Dimensionen des Urlaubsreisemarktes und dessen reisetechnischen Strukturen liegt der zweite Schwerpunkt der RA auf der Analyse der qualitativen Dimensionen des Urlaubsreisemarktes:

- ❖ den allgemeinen Urlaubsmotiven der Deutschen und den Erwartungen an den Urlaub
- ❖ der Reisezielkenntnis der Deutschen (in Form der Kenntnis von besuchten Urlaubsreisezielen der letzten drei Jahre)
- ❖ den Reiseplänen für die nächsten drei Jahre in Form des Interesses für inländische und ausländische Zielgebiete (Potentialanalyse)
- ❖ den Aktivitäten, die während der Urlaubsreisen in den letzten drei Jahren ausgeübt worden sind

- ❖ dem Interesse an (ausgewählten) Urlaubsformen und deren Erfahrung mit diesen in den letzten drei Jahren
- ❖ den konkreten Urlaubsreiseabsichten für das kommende Urlaubsjahr.

Abgesehen von diesen quantitativen und qualitativen Aspekten des Urlaubsreisemarktes beschäftigt sich die RA mit der Nutzung des Internet im Zusammenhang mit der Informationsbeschaffung und Buchung von Urlaubsreisen.

Die Urlaubsreisenden werden in bezug auf folgende soziodemographischen Merkmale beschrieben:

- ❖ Geschlecht
- ❖ Alter
- ❖ Schulbildung
- ❖ Beruf des Befragten und des Haushaltsvorstandes
- ❖ Haushaltsgröße und Haushaltsstruktur
- ❖ Haushalts-Netto-Einkommen
- ❖ Wohnortgröße
- ❖ Wohnsitz (Bundesland).

Die oben genannten Daten des Standard-Programms der RA stehen allen sich an der RA beteiligenden Partnern zur Verfügung.

Neben den Daten des Standard-Programms werden in jedem Jahr vertiefende Fragepakete (sogenannte Module) zu wechselnden, aktuellen Themen gestellt, an denen sich die Bezieher der RA gegen eine Nutzungsgebühr beteiligen können. Typische Themen dieser Module sind zum Beispiel:

- ❖ das Informations- und Buchungsverhalten der Urlauber
- ❖ besondere Aspekte von Kurz- und Städtereisen
- ❖ das Image von Urlaubsländern.

Darüber hinaus können die Partner der RA eigene Exklusiv-Fragen stellen, in denen sie die sie interessierenden, speziellen Aspekte untersuchen können und zusammen mit den übrigen Daten der RA auswerten können.

**5   Darstellung der Ergebnisse**

Die Ergebnisse der RA werden den Beziehern in Form eines Berichtsbandes mit Standard-Tabellenteil, einem Tabellenband und einem Codebuch zur Verfügung gestellt. Darüber hinaus können die Bezieher der RA die Daten in Form eines Datenträgers beziehen oder als Sonderzählungen geliefert bekommen.

Eine Übersicht über die wichtigsten Eckdaten der Untersuchung wird in der jährlichen „Kurzfassung der Reiseanalyse: Die Urlaubsreisen der Deutschen" im Herbst eines jeden Jahres veröffentlicht und ist allgemein zugänglich. Teilergebnisse der RA werden darüber hinaus von der F.U.R im Rahmen von zielgruppen- und themenbezogenen Sonderstudien, hierunter der RA-Trendstudie, veröffentlicht.

Zwei Jahre nach Veröffentlichung der Daten für die Bezieher der RA werden die Daten des Standard-Programms der RA dem Zentralarchiv für empirische Sozialforschung an der Universität zu Köln zur Verfügung gestellt, die diese nach schriftlicher Genehmigung der F.U.R für Forschungszwecke auch an Nicht-Bezieher der RA weitergeben darf. (www.gesis.org/ZA/index.htm). *(pa)*

**Reisebüro**
→ Reisemittler

**Reisebürofranchise**
→ Franchise

**Reisebürokette**
*travel chain*
Mehrere Reisebüros (in der Regel mindestens zehn), die denselben Besitzer haben und unter gleicher Leitung stehen.

Die Einzelbüros sind, anders als beim → Franchise, nicht mehr meist inhabergeführt und wirtschaftlich und rechtlich eigenständig, sondern reine Filialen, die direkt von der Zentrale gesteuert werden. Die Filialleiter sind Angestellte, die unmittelbar der zentralen Leitung unterstellt und damit reine Ausführungsorgane sind. → Kette *(jwm)*

**Reisebürokooperation**
*travel agency co-operative, ~ co-op, ~ network*
Im Vergleich zu einem Franchisekonzept (→ Franchise) handelt es sich hierbei um eine eher lockere Form der Zusammenarbeit von → Reisemittlern. → Kooperationen sind daher vor allem eine Alternative für Reisebüroinhaber, die zwar erkennen, daß es kaum möglich ist, mit einem Einzelbüro zu überleben, die aber weder ihr Büro verkaufen, noch einen größeren Teil ihrer Selbständigkeit durch den Eintritt in ein Franchisesystem verlieren wollen. Vor allem behalten die Reisebüros ihren eigenen Namen und mehr wirtschaftliche Freiheit.

In erster Linie schlossen sich Reisebüros zur Verbesserung ihrer Provisionseinnahmen (→ Provision) zusammen. Es ging zunächst nur darum, die Umsätze von Reisebüros zu bündeln, um damit in höhere Stufen der von den → Reiseveranstaltern gezahlten → Staffelprovisionen zu gelangen. Deshalb wurden sie aus Sicht von Reiseveranstaltern auch als ‚Provisionssammelverein' (Pompl 1999, S. 8) bezeichnet, denn für Reiseveranstalter war nicht einzusehen, weshalb sie Reisebüros in einer solchen losen Kooperation höhere Provisionen zahlen sollen, nur weil die Umsätze mehrerer Reisebüros zusammen abgerechnet werden, ohne daß dadurch der Umsatz mit den eigenen Reisen gestiegen wäre. Da Reisebürokooperationen jedoch die

Möglichkeit hatten, Reiseveranstalter, die sich auf dieses Spiel nicht einließen, zu boykottieren, blieb den Veranstaltern zunächst oft nichts anderes übrig, als die erhöhten Provisionen zu zahlen.

Gleichzeitig wurde von den Reiseveranstaltern aber versucht, die Kooperationen zu einer stärkeren Bindung zu bewegen, um die Höhe der vermittelten Umsätze mit den eigenen Reisen zu erhöhen. Ähnlich wie die Franchisesysteme entwickelten deshalb auch die Kooperationen Veranstaltersortimente, die ihre Mitglieder bevorzugt vermitteln sollen. Für beide Seiten ergibt sich nur dann ein gemeinsamer Vorteil, wenn zum einen die Umsätze mit einem Veranstalter steigen und zum anderen daraus höhere Provisionen an die Reisebüros fließen.

Daraus wurden mittlerweile Bindungskonzepte von Kooperationen an Reisekonzerne entwickelt, die sich den Modellen von Franchisesystemen annähern. So hat sich die TUI im Jahr 2000 an der von der größten deutschen Reisebürokooperation RTK im Jahr zuvor gegründeten Travel Star mit 50 Prozent beteiligt, die als eigene Kooperation seit 2001 unter dem Namen TUI Travel Star als Gemeinschaftsunternehmen von TUI und RT-Reisen (Burghausen) mit Sitz in Hannover firmiert. Ein weiteres Gemeinschaftsunternehmen ist die RTK mit → Thomas Cook (b) bei den Alpha Reisebüros eingegangen, die später in Neckermann Reisen Partner umbenannt wurden.

Neben diesen engeren Kooperationsformen bleiben aber die weniger weit gehenden Kooperationskonzepte bestehen, so daß der Begriff Reisebürokooperation mittlerweile für ganz unterschiedliche Intensitäten von Zusammenarbeit der Reisebüros untereinander und mit Reiseveranstaltern steht. *(jwm)*

*Literatur*
Pompl, Wilhelm 1999: Reisebüros – Einführung. In: W. Freyer & W. Pompl (Hrsg.): Reisebüro-Management. München, Wien: Oldenbourg, S. 3-29

### Reiseentscheidung
*travel decision*

#### 1 Bedeutung
Weil es für die Durchführung und Ausgestaltung einer Reise eine große Zahl von Alternativen gibt, müssen die potentiellen Reisenden Entscheidungen fällen. Entscheidung ist eine endgültige, definitive Lösung eines komplexen und dynamischen Problemlösungsprozesses, welcher aus einer Reihe von aufeinanderfolgenden Schritten besteht (vgl. McGrew & Wilson 1982). Wer das Verhalten der Touristen in eine bestimmte Richtung beeinflussen möchte (zum Beispiel Wahl eines Reiseziels, eines Reiseveranstalters, eines Hotels, eines Verkehrsmittels), kann aus der Kenntnis der Determinanten der Reiseentscheidungen wichtige Schlußfolgerungen für seine Marketingaktivitäten ziehen. Dabei spielt es keine Rolle, ob das Ziel dieser Marketingbemühungen ein wirtschaftliches (etwa Umsatzsteigerung durch Kundengewinnung) oder ein nicht-wirtschaftliches (zum Beispiel Förderung ökologisch verantwortungsvollen Verhaltens) ist.

#### 2 Reiseentscheidung als Kaufentscheidung
Die Reisentscheidung ist eine spezielle Form der Kaufentscheidung. Eine ganze Reihe von Theorien und Modellen mit einer Vielzahl von Varianten sind zur Kaufentscheidung entwickelt worden (zum Beispiel die Modelle von Bettman 1979 oder Engel, Blackwell & Miniard 1995), die das Zusammenwirken psychischer Vorgänge

bei der Kaufentscheidung beschreiben, oder Erwartungs-mal-Wert-Theorien, die versuchen, Entscheidungsregeln zu formulieren, um so zu Vorhersagen zu kommen (vgl. Kroeber-Riel & Weinberg 1996, S. 363 ff.; Wiswede 2000, S. 325). Zwischen den vielen wissenschaftlichen Ansätzen gibt es keine großen Widersprüche. Sie unterscheiden sich eher durch die Betonung bestimmter Aspekte (zum Beispiel kognitive Informationsverarbeitung, Entscheidungsregeln, Rolle sozialer Beeinflussung) und das Weglassen anderer. Die Theorien und Modelle und die Ergebnisse empirischer Forschung lassen die folgenden grundlegenden Charakteristika von Kaufentscheidungen erkennen:

❖ Kaufentscheidung ist ein Prozeß.
❖ Wahrnehmung, Urteil, Informationsverarbeitung spielen in diesem Prozeß wichtige Rollen.
❖ Im Entscheidungsprozeß müssen externe und interne Informationen miteinander in Bezug gesetzt werden:
  ▪ ein möglicher Kaufgegenstand (hier ein Reiseziel bzw. andere Komponenten einer Reise) mit seinen wahrgenommenen materiellen und immateriellen Eigenschaften (Urteil);
  ▪ eine oder mehrere Alternativen zum Kauf dieses Gegenstands mit deren wahrgenommenen Eigenschaften (Vergleich);
  ▪ die Bedürfnislage/Motivation des entscheidenden Individuums inkl. seiner sozialen Einbindung (Passung).
❖ Käufer nutzen für ihre Entscheidungen nur einen Teil der verfügbaren Informationen (am ehesten die, die für sie wichtig sind; deswegen sollte man wissen, was für seine Kunden die wichtigen Themen sind).

❖ Die Kaufentscheidung ist nicht unbedingt gleichzusetzen mit tatsächlichem Kauf.

Die Kaufentscheidung ist nur unter manchen Bedingungen Ergebnis eines umfangreichen Abwägungsprozesses. Entsprechend werden Typen von Kaufentscheidungen unterschieden. Sie reichen vom „extensiv kognitiv gesteuerten Kauf" (echte Entscheidungen) über den ‚Gewohnheitskauf' bis zum ‚Spontankauf'.

Echte Entscheidungen gibt es in der Regel dann, wenn der Kauf für den Kunden mit hohen Kosten und/oder weitreichenden Bedeutungen verbunden ist. In diesen Fällen umfaßt der Entscheidungsprozeß die folgenden Stufen (Engel, Blackwell & Miniard 1995):

1. Phase: Identifizierung des Problems/Bedürfniserkennung
2. Phase: Informationssuche
3. Phase: Informationsauswertung
4. Phase: Entscheidung (Kaufakt)
5. Phase: Nachentscheidungsphase

### 3 Spezifische Aspekte

Entscheidungen für (Urlaubs-)Reisen gehören häufig dem extensiven Typus an. Dabei spielt eine Rolle, daß solche Reisen relativ selten sind, mit relativ hohen Kosten verbunden sind und eine hohe subjektive Bedeutung haben. Wichtig ist aber auch, daß der Urlaubsreisende in spe das ins Auge gefaßte Gesamtprodukt und seine Komponenten nicht im Vorhinein prüfen kann. Als Entscheidungsgrundlage dienen dem Kunden also vor allem eigene Erfahrungen oder vermittelte Kenntnisse, die sich in Vorstellungen *(images)* niederschlagen. Angeboten wird ihm genaugenommen nicht ein Produkt, sondern ein begrenztes, im Hinblick auf die Gesamtheit seiner Motive und Erwartungen lückenhaftes

Leistungsversprechen. Entsprechend sind Reiseentscheidungen mit relativ hohen Risiken behaftet.

Das bedeutet freilich nicht:

❖ ein streng rationales Vorgehen des Konsumenten bei der Entscheidungsfindung;

❖ daß das Ergebnis nur durch bewußte Komponenten des Entscheidungsprozesses bestimmt wird;

❖ daß emotionale Aspekte keine Rolle spielen;

❖ daß die Konsumenten einen vollständigen Vergleich sämtlicher Merkmale sämtlicher Alternativen vornehmen.

Manche der die Reiseentscheidung beeinflussenden Faktoren werden nicht thematisiert, sondern fraglos als gegeben angesehen (zum Beispiel Pkw-Besitz) oder spielen unterschwellig eine Rolle (zum Beispiel die Markenpräferenz für einen → Reiseveranstalter).

Da Reisen eine sehr komplexe Produktstruktur mit hohem Dienstleistungsanteil haben, sind vom Kunden viele Teilentscheidungen zu treffen, die untereinander interdependent sind. Aus der Vielzahl dieser Teilentscheidungen ragt die Entscheidung für ein Reiseziel als eine der wichtigsten heraus (Braun & Lohmann 1989, S. 70 ff.). Allerdings kann heute davon ausgegangen werden, daß die Urlauber keine Serie von Teil-/Einzelentscheidungen treffen, die mit der Entscheidung für die Destination beginnt. Die Auswahl des Ziels stellt sich vielmehr als ein integrierender Prozeß dar, der eine Reihe anderer Teilentscheidungen explizit oder implizit mit einschließt (vgl. Lohmann & Danielsson 2000; van Raaij & Francken 1984).

Vor allem Urlaubsreisen sind ein stark emotional besetztes Produkt, so daß die ‚technischen Daten‘ allein nicht entscheidungsbestimmend sein werden. Und schließlich ist das wachsende touristische Angebot so umfangreich, daß ein vollständiger Vergleich aller Angebotsalternativen unmöglich erscheint. Für den Touristen hat die Reiseentscheidung eher den Charakter eines ‚gereiften Entschlusses‘ als den einer vollständigen, formallogischen Entscheidung (vgl. Braun & Lohmann 1989, S. 104)

Urlaubsreiseentscheidungen verlangen häufig die Auswahl zwischen ähnlich attraktiven Alternativen. Die Kunden haben dann die Qual der Wahl aus Angeboten, die alle prinzipiell geeignet erscheinen, die Motive und Erwartungen zu erfüllen (nach Art eines Appetenz-Appetenz-Konfliktes). In solchen Fällen können auch Kriterien herangezogen werden, die für die Kunden eigentlich keine große Bedeutung haben, oder die Auswahl erfolgt ‚reizgesteuert‘, d.h., man wählt diejenige Alternative, die sich gerade bemerkbar macht (etwa über Werbung).

Bei hoher Produktähnlichkeit werden die eigentlich nachrangigen Aspekte Bequemlichkeit *(convenience)* und Erlebnis (als verkaufbarer Produktbestandteil) mit entscheidungsbestimmend. Hinzu treten eine ausgeprägte Preisorientierung, die auf dem deutschen Markt u.a. durch die Preisstrategien der Reiseveranstalter und Transportunternehmen seit der zweiten Hälfte der 1990er Jahre ausgelöst wurde, und der Aspekt der Sicherheit (Lohmann, Aderhold & Zahl 2004).

Reisentscheidungen sind häufig auch soziale Entscheidungen, die in Gruppen getroffen werden und Prozesse der Interaktion zwischen Mitgliedern der Gruppen einschließen (Nichols & Snepenger 1999).

## 4 Entscheidung und Informationsverhalten

Dem Informationsverhalten der Verbraucher kommt im touristischen Wettbewerb eine Schlüsselrolle zu (Crotts

1999). Nur Produkte, denen es gelingt, im Laufe des Entscheidungsprozesses überhaupt bedacht zu werden (die im *relevant set* des Konsumenten sind), haben eine Chance, gewählt zu werden.

Die Entwicklungen auf der Angebotsseite machen es jedoch zunehmend unwahrscheinlicher, daß ein spezifisches Angebot zu den vom Kunden bedachten gehört. Immer mehr Produkte sind grundsätzlich in der Lage, die Ansprüche und Wünsche der Reisenden zu erfüllen, und werden damit austauschbar. In diesen Fällen hat eine tiefgehende Informationssuche für den Kunden keinen großen Sinn. Gleichzeitig nimmt auch die Zahl der vom Konsumenten zu beachtenden Informationskanäle und die Informationsmenge zu. Der Urlauber ist in Gefahr, von den Informationen quasi überflutet zu werden.

Die Kombination von

❖ Informationsüberlastung der Kunden,
❖ Konsumentenverwirrtheit als deren Folge und
❖ austauschbaren Produkten

kann zu einem geringen Involvement der Kunden bei ihren Konsumentscheidungen führen. Das bedeutet, daß sie für rationale Argumente bei der Produktauswahl nur begrenzt zugänglich sind und viele Entscheidungen mehr „aus dem Bauch heraus" treffen. Allerdings sind nach Williams (2002) Konsumenten überzeugter von ihren Entscheidungen, wenn sie über viele rationale Informationen verfügen, unabhängig davon, ob sie diese verwenden oder nicht. Tatsächlich ist ihre Entscheidung dann nicht das Ergebnis eines möglichst vollständigen Vergleichs aller zur Verfügung stehenden Alternativen. Ein solcher wäre wegen mangelnder Markttransparenz (u.a. durch die unübersehbare Fülle von Informationsquellen und ein weitgehende

Entkoppelung von Preis und Leistung) auch kaum möglich. Statt dessen wird der Entscheidungsprozeß gestoppt, wenn eine ausreichend gute Lösung gefunden ist. Für diesen Prozeß werden so nur einige Informationen aus einigen (zwar vielen, aber nicht allen) Quellen über einige Produktalternativen (eben denen aus dem *relevant set*) genutzt. Bei dieser Art von Informationsverhalten können Marken und Markenloyalität eine wichtige Rolle spielen.

Durch gezielte Informationsstrategien werden bestimmte Entscheidungen wahrscheinlicher. Ein Beispiel dafür ist der Decoy-Effekt (Josiam & Hopson 1999): Damit ist die Einführung eines zu zwei Produkten (1 = hoher Preis/hoher Wert; 2 = niedriger Preis/niedriger Wert) zusätzlichen Angebotes (3 = hoher Preis/niedriger Wert) gemeint. Das zusätzliche Angebot (3) erhöht die Wahrscheinlichkeit einer Entscheidung für die Alternative (2) erheblich. Das Beispiel zeigt die Anwendungsmöglichkeiten von Forschungsergebnissen im Marketing, wirft aber auch Fragen zur Verbrauchersouveränität und den Grenzen von Irreführung auf. *(ml)*

*Literatur*
Braun, Otmar L.; Martin Lohmann 1989: Die Reiseentscheidung. Starnberg: Studienkreis für Tourismus (StfT)
Crotts, John C. 1999: Consumer Decision Making and Prepurchase Information Search. In: Pizam & Mansfeld (Eds.), S. 149-168
Engel, James F.; Roger D. Blackwell & Paul W. Miniard 1995: Consumer Behaviour. Fort Worth: The Dryden Press (8. Aufl.)
Josiam, Barath M.; J.S. Perry Hopson 1999: Consumer Choice in Context: The Decoy Effect in Travel and Tourism. In: Pizam & Mansfeld (Eds.), S. 169-203
Kroeber-Riel, Werner; Peter Weinberg 1999: Konsumentenverhalten. München: Vahlen (7. Aufl.)

Lohmann, Martin; Johanna Danielsson 2000: Warum und wie die Deutschen Urlaub machen. (Urlaubsmotive, Gesundheitsurlaub, Fernreisen, Kurzreisen). Hamburg: Forschungsgemeinschaft Urlaub und Reisen (F.U.R)

Lohmann, Martin; Peter Aderhold & Bente Zahl 2004: Urlaubsreisetrends 2015 - Die RA Trendstudie. Kiel: Forschungsgemeinschaft Urlaub und Reisen (F.U.R)

McGrew, Anthony G.; M. J. Wilson 1982: Decision Making: Approaches and Analysis. Manchester: University Press

Nichols, C.M.; D. J. Snepenger 1999: Family Decision Making and Tourism Behaviors and Attitudes. In: Pizam & Mansfeld (Eds.), S. 135-148

Pizam, Abraham; Yoel Mansfeld (Eds.) 1999: Consumer Behaviour in Travel and Tourism. New York: Haworth Press

Raaij, Fred van; Dick A. Francken 1984: Vacation Decisions, Activities and Satisfactions. In: Annals of Tourism Research, 11, S. 101-112

Williams, Alistair 2002: Understanding the Hospitality Consumer. Butterworth-Heinemann

Wiswede, Günter 2000: Wirtschaftspsychologie. München: Ernst Reinhardt (3. Aufl.)

## Reisefehler

→ Reisemangel

## Reiseführer

*(a) guidebook*

### 1  Definition

Bei einem Reiseführer handelt es sich um ein touristisches Printmedium, das Rezipienten über die zu bereisende → Destination informiert. In der Regel gliedern sich Reiseführer, die inhaltlich deutliche Überschneidungen mit geographischen Landeskunden aufweisen (vgl. Popp 1997), in einen allgemeinen Teil, der landeskundliche Hintergrundinformationen bereitstellt, und in einen praktischen Teil, der mit Tips für das Reisen vor Ort aufwartet. Konstitutiv ist häufig zudem ein regionaler Teil, der meistens

aus einer alphabetischen Auflistung und Beschreibung der touristisch relevanten Orte respektive ihrer dazugehörigen Sehenswürdigkeiten besteht. Wie kaum ein zweites Medium sind Reiseführer als Wegweiser in die Fremde in die historische Dialektik des Verständnisses von Eigenem und Fremdem eingebunden und können – selbstredend in Abhängigkeit zur Qualität des jeweiligen Reiseführers – Touristen beim fremdkulturellen Verstehen eine wertvolle Hilfe sein (Scherle 2000; Wang 2000). Dies gilt insbesondere dann, wenn die Primärerfahrung, sprich die direkte Umweltbeobachtung bzw. das unmittelbare Erleben vor Ort, noch nicht vorhanden ist.

### 2  Entwicklungsgeschichte

Die Entwicklungsgeschichte des Mediums Reiseführer ist aus tourismuswissenschaftlicher Perspektive von zentraler Bedeutung, da sich in ihr neben den historisch-genetischen Etappen der touristischen Entwicklung einschließlich deren strukturellen Veränderungen auch die sich wandelnden Ansprüche von Reisenden an dieses Literaturgenre manifestieren (Scherle 2000).

Die erste große Etappe in der Entwicklung des touristischen Mediums Reiseführer verkörpern Periegesen, die vor allem in der griechischen Antike eine beachtliche Blüte erlebten. Das Spektrum der in einer Periegese behandelten Gegenstände umfaßte im Wesentlichen Topographie, Denkmäler und deren Geschichte, Kunstwerke sowie Bräuche, wobei reisepraktische Tips so gut wie überhaupt keine Rolle spielten. Im Mittelalter folgten Pilgerreiseführer und in der frühen Neuzeit die sogenannten Apodemiken, die auf Basis eines humanistischen Bildungsideals das Erfahrungswissen des Menschen entwickeln und vervollkommnen wollten. Die Genese des modernen

Reiseführers ist untrennbar mit der sukzessiven Emanzipation des Burgertums im 19. Jahrhundert verbunden (vgl. Pretzel 1995). Dieses entdeckte mit Einsetzen der industriellen Revolution die Vorzüge einer Bildungsreise ebenso wie die der Sommerfrische, so daß das bis dato vorwiegend auf den Adel beschränkte Privileg des Reisens sukzessive zu bröckeln begann. Da das Leben bürgerlicher Kreise zusehends durch die Faktoren Zeit, Geld und Arbeit determiniert war, mußte Reisen in erster Linie planbar sein. Der Erfolg des in der Mitte des 19. Jahrhunderts entstandenen → Baedekers, des ersten modernen Reiseführers, basierte nicht zuletzt auf seiner konsequenten Orientierung auf die Reiseinteressen seiner vorwiegend bürgerlichen Rezipienten.

Das 20. Jahrhundert öffnete die Welt des Reisens immer weiteren Bevölkerungsschichten und führte schließlich dazu, daß man heute in diesem Kontext von einem Massenphänomen sprechen kann. Analog mit der sukzessiven Diversifizierung des touristischen Angebots entstand im Laufe der Zeit eine enorme Ausdifferenzierung und Spezialisierung des Reiseführerangebots. Die momentane Situation auf dem Reiseführermarkt ist primär durch einen ausgesprochen aggressiven Preiskampf sowie durch verstärkte Konzentrationstendenzen bei den Reiseführerverlagen gekennzeichnet.

## 3 Typisierungsansätze

Angesichts des derzeitigen Kenntnisstands in Bezug auf Reiseführer und der Komplexität des aktuellen Markts erweist sich eine Typisierung dieses Mediums als ein ausgesprochen diffiziles, allenfalls behelfsmäßiges Unterfangen. Des Weiteren gilt zu bedenken, daß eine allzu strikte Übertragung verschiedener Kategorien auf einem sich kontinuier-

lich wandelnden Buchmarkt letztendlich eine Ausgrenzung mancher sich selbst durchaus als Reiseführer verstehender Bände oder Reihen zur Folge haben könnte (Lauterbach 1989). Im Folgenden seien zwei Typisierungen vorgestellt, die Reiseführer – in Anlehnung an Steinecke (1988) – nach ihren Funktionen bzw. – in Anlehnung an Scherle (2001) – nach ihrer konzeptionell-thematischen respektive zielgruppenspezifischen Ausrichtung unterteilen.

### 3.1 Reiseführertypisierung nach ihren Funktionen

Nach Steinecke (1988) übernehmen Reiseführer auf zwei verschiedenen Ebenen, der Orientierungs- und der Vermittlerebene, in unterschiedlicher Akzentuierung vier verschiedene Funktionen: Auf der Orientierungsebene fallen Reiseführern – bezogen auf die touristische Umwelt – eine Wegweiserfunktion und - bezogen auf den Touristen – eine Animateurfunktion zu. Auf der Vermittlungsebene fallen ihnen – bezogen auf die touristische Umwelt – eine Organisatorfunktion und – bezogen auf den Touristen – eine Interpretationsfunktion zu. Diese Funktionen bedingen die Ausprägung vier verschiedener Reiseführertypen, deren wichtigste Charakteristika nachfolgend festgehalten sind:

❖ „Wegweiser"-Reiseführer
Schwerpunkt: Orientierung in der Fremde
Inhalte: Reisevorbereitung, Routenbeschreibungen, Fährverbindungen, Entfernungsangaben, Reisefahrzeug, Übernachtungsmöglichkeiten, Tankstellen, Straßenzustand; Wander-, Rad-, Skiwanderwege

❖ „Organisator"-Reiseführer
Schwerpunkt: Organisation von Reise, Unterkunft und Verpflegung in der Fremde

Inhalte: Adressen von Hotels, Pensionen, Privatzimmern, Restaurants; Ferientermine; Ein- und Ausreisebestimmungen, Verkehrsverbindungen; Reise- und Flugbüros

❖ **„Interpret"-Reiseführer**
Schwerpunkt: Vermittlung von Wissen über die fremde Kultur und Gesellschaft
Inhalte: Hintergrundinformationen über Geschichte, Geographie, Wirtschaft, Gesellschaft und Kultur; Detailwissen zu Kunstgeschichte, Architektur, Natur; Verhaltenshinweise zu Sitten und Gebräuchen

❖ **„Animateur"-Reiseführer**
Schwerpunkt: Verwirklichung eigener (Freizeit-)Interessen in der Fremde
Inhalte: Angaben über Freizeitmöglichkeiten (Fahrradverleih, Discos, Boote, Surfen etc.), preiswerte Einkaufsmöglichkeiten, Feste, Strände, typische Restaurants; Szene-Treffpunkte; Adressen von Gleichgesinnten (politische Aktionsgruppen, Buchläden, Dritte-Welt-Läden, Frauenhäuser etc.).

**3.2 Reiseführertypisierung nach ihrer konzeptionell-thematischen respektive zielgruppenspezifischen Ausrichtung**
Für inhaltsanalytische Untersuchungen von Reiseführern haben sich Typisierungen bewährt, die sich vorwiegend an der konzeptionell-thematischen respektive an der zielgruppenspezifischen Ausrichtung der einzelnen Reiseführer orientieren. Diesbezüglich lassen sich nach Scherle (2001) vier verschiedene Reiseführertypen unterscheiden:

❖ **„Einsteiger"-Reiseführer**
Der „Einsteiger"-Reiseführer dient primär zur ersten Information des Rezipienten über die jeweilige → Destination. Die behandelten Aspekte sind, sowohl in Bezug auf den allgemeinen wie regionalen Teil des Reiseführers, knapp gehalten, ein Umstand, der sich nicht zuletzt in zahlreichen tabellarischen Darstellungen widerspiegelt. Rezipienten werden im „Einsteiger"-Reiseführer ohne große Umschweife zu den touristischen *highlights* hingeführt, wobei destinationsspezifische Hintergrundinformationen einen eher untergeordneten Stellenwert einnehmen. Charakteristisch für diesen Reiseführertyp ist weiterhin eine ausgesprochene Konvergenz hinsichtlich Umfang, Preisniveau und – zumindest gelegentlich – Autorenschaft.

❖ **„Generalist"-Reiseführer**
Der „Generalist"-Reiseführer zeichnet sich vor allem durch sein inhaltlich breites wie tiefes Themenspektrum aus, das dem Rezipienten einen möglichst umfassenden Eindruck von der jeweiligen → Destination vermitteln möchte. In der Regel weist dieser Reiseführertyp einen sehr ausführlichen allgemeinen wie regionalen Teil auf, der um reisepraktische Informationen ergänzt wird. Nicht selten verbindet man mit diesem Reiseführertyp den Klassiker unter den Reiseführern, den → Baedeker, sowie auf Rezipientenseite den vielzitierten Bildungsbürger. Hinsichtlich Aufmachung und Layout ist das Spektrum der „Generalist"-Reiseführer vergleichsweise divergent: Es umfaßt konventionell gehaltene *guides* ebenso wie aufwendige Publikationen, die gelegentlich an opulente Bildbände erinnern.

❖ **„Individual"-Reiseführer**
Der „Individual"-Reiseführer, den man früher auch mit dem Terminus „Alternativ"-Reiseführer bezeichnet hat, wendet sich in erster Linie an jene Gruppe von Rezipienten, die

als Reisende ihre Destination auf eigene Faust kennenlernen wollen. Ein besonderes Augenmerk wird darauf gelegt, daß die thematisierten Destinationen – im Einklang mit der oft auf Individualreisen ausgerichteten Kundenklientel – jenseits ausgetretener Pfade erschlossen werden. Des Weiteren nehmen reisepraktische Informationen, die dem Rezipienten Planung und Aufenthalt des Urlaubs erleichtern, einen wichtigen Stellenwert ein. Die Autoren dieses Reiseführertyps verstehen sich in der Regel als ausgesprochene Insider, die – nicht selten in einem unkonventionellen Sprachstil – persönliche Erfahrungen einfließen lassen. Längst haben die seit Ende der 1960er Jahre erscheinenden „Individual"-Reiseführer neue Zielgruppen für sich erschlossen, was sich unter anderem auch in einer zunehmend aufwendigeren Ausstattung widerspiegelt.

❖ **„Spezial"-Reiseführer**

Der „Spezial"-Reiseführer beschränkt sich auf die vertiefte Behandlung eines Schwerpunktthemas bzw. richtet sich an eine ganz spezifische Zielgruppe. Als Beispiele für „Spezial"-Reiseführer seien in diesem Kontext Kunstreiseführer sowie Reiseführer, die sich dezidiert an Frauen wenden, erwähnt. Charakteristisch für diesen Reiseführertyp ist die vertiefte Behandlung eines Themas zugunsten einer breiten inhaltlichen Streuung. Seit einigen Jahren ist eine sukzessive Diversifizierung und Spezialisierung bei „Spezial"-Reiseführern festzustellen, die in enger Verbindung mit den derzeit ablaufenden strukturellen Veränderungen in der Welt des Tourismus stehen.

## 4 Rezeption

Reiseführer zählen ungeachtet der zunehmenden Bedeutung neuer Medien – wie Internet oder Reisevideos – nach wie vor zu den wichtigsten Informationsquellen in Bezug auf Reisen. Bei der entsprechenden Leserschaft dominieren vor allem relativ junge Urlauber mit einem hohen Bildungsniveau, die sich vorwiegend in einem gesicherten Beschäftigungsverhältnis befinden (Kagelmann 1993).

In einer von Guthmann und Kagelmann (2001) durchgeführten Reiseführerstudie, die mit 608 Befragten die bis dato umfangreichste ihrer Art in der Bundesrepublik Deutschland darstellt, geben immerhin zwei Drittel an, im letzten Urlaub einen (oder mehrere) Reiseführer zu Rate gezogen zu haben, wobei mit der Entfernung des Reiseziels auch der Bedarf an weiterführender Literatur wächst. Die Studie ergab, daß 27 Prozent der Befragten Reiseführer vorwiegend zur Reisevorbereitung nutzen, 39 Prozent diese Literaturgattung primär vor Ort in Wert setzen und 33 Prozent eine Mehrfachnutzung aufweisen. Im Rahmen der Studie erweisen sich Aktualität, Kartenmaterial sowie Gliederung des Reiseführers als prädominante Kaufkriterien. Ungeachtet des momentan herrschenden aggressiven Preiskriegs auf dem bundesdeutschen Reiseführermarkt spielt der Preis nur eine vergleichsweise untergeordnete Rolle, wobei preisgünstige Reiseführer an den gleichen Qualitätsstandards gemessen werden wie die anderen Reiseführertypen. Zudem wurde in der Studie deutlich, daß auch die Marke im Bewußtsein von Rezipienten eine relativ untergeordnete Rolle einnimmt. Aus diesem Ergebnis läßt sich einmal mehr ableiten, daß es den meisten Verlagen bis dato kaum gelungen ist, ein einprägsames Markenimage zu kreieren.

**5 Reiseführer und Interkulturalität**

Die Literaturgattung Reiseführer ist ein interkulturelles Medium par excellence, das geradezu paradigmatisch in die Dialektik des Verständnisses von Eigenem und Fremdem eingebunden ist. Infolge ihrer pragmatischen Leseorientierung spiegeln Reiseführer Verstehensinteressen und Verstehensansprüche der jeweiligen Zeit wider und liefern mit ihren Erläuterungen fremder Destinationen Durchdrucke unterstellter leserkultureller Vorstellungen, Verstehenspositionen und Referenzrahmen empfohlener Verhaltensmuster in der Fremde (Wierlacher & Wang 1996). Zumindest aus einer normativen Perspektive leistet dieses Medium somit auch dezidiert einen aktiven Beitrag zur interkulturellen Kommunikation. Diese Sichtweise gewinnt zusätzlich an Relevanz, wenn man bedenkt, daß sich das Annähern an eine fremde Kultur in der Regel nicht alleine auf Basis einer abstrakten Toleranz bewerkstelligen läßt, sondern vielmehr konkreter Hilfestellungen bedarf. Vor diesem Hintergrund sind in den letzten Jahren zunehmend Reiseführerreihen entstanden, die nicht so sehr die touristische, sondern die interkulturelle Dimension dieses Mediums in den Fokus ihrer Konzeption stellen. *(hjk/nsc)*

*Literatur*

Guthmann, Martina; Hans-Jürgen Kagelmann 2001: Forschungen zur Reiseliteratur: Ausgewählte Ergebnisse der ersten deutschen Reiseführeranalyse RFA 2001. In: Integra, 6 (3), S. 6-9

Kagelmann, Hans-Jürgen 1993: Touristische Medien. In: Heinz Hahn; Hans-Jürgen Kagelmann (Hrsg.): Tourismuspsychologie und Tourismussoziologie: ein Handbuch zur Tourismuswissenschaft. München: Quintessenz, S. 469-478

Lauterbach, Burkhart 1989: Baedeker und andere Reiseführer: Eine Problemskizze. In: Zeitschrift für Volkskunde, 85. Jg., S. 206-234

Popp, Herbert 1997: Reiseführer-Literatur und geographische Landeskunde. In: Geographische Rundschau, 49 (3), S. 173-179

Pretzel, Ulrike 1995: Die Literaturform Reiseführer im 19. und 20. Jahrhundert. Untersuchungen am Beispiel des Rheins. Frankfurt am Main: Lang

Scherle, Nicolai 2000: Gedruckte Urlaubswelten: Kulturdarstellungen in Reiseführern. Das Beispiel Marokko. München, Wien: Profil

Scherle, Nicolai 2001: Touristische Medien aus interkultureller Perspektive: Gedruckte Urlaubswelten aufgezeigt am Beispiel von Reiseführern. In: Tourismus Journal, 5 (3), S. 333-351

Steinecke, Albrecht 1988: Der bundesdeutsche Reiseführer-Markt. Leseranalyse – Angebotsstruktur – Wachstumsperspektiven. Starnberg: Studienkreis für Tourismus (StfT)

Wang, Zhiqiang 2000: Fremdheitsprofile moderner deutscher China-Reiseführer. Frankfurt am Main: Lang.

Wierlacher, Alois; Zhiqiang Wang 1996: Zum Aufbau einer Reiseführerforschung interkultureller Germanistik. Zugleich ein Beitrag zur Themenplanung wissenschaftlicher Weiterbildung. In: Alois Wierlacher *et al.* (Hrsg.): Jahrbuch Deutsch als Fremdsprache (Bd. 22), München: Iudicium, S. 277-297

*(b) tour guide*
→ Reiseleiter

**Reisegepäck-Versicherung (RG)**
*travel luggage insurance, baggage insurance*
Die Reisegepäck-Versicherung versichert das gesamte auf Reisen mitgeführte persönliche Reisegepäck. Zum persönlichen Reisegepäck gehört alles, was während der Reise mitgeführt, am Körper oder in der Kleidung getragen, im Transportmittel befördert wird. Gegenstände wie Geld oder Geräte der Elektronischen Da-

tenverarbeitung (PC, Laptop u.ä.) sind vom Versicherungsschutz ausgeschlossen. Mitgeführte und aufgegebene Sportgeräte sind versichert. Zu beachten ist, daß Wertgegenstände, wie Pelze, Schmucksachen, Gegenstände aus Edelmetall, Film-/Fotoausrüstung und Zubehör, Camcorder u.ä. zu 50 v.H. der abgeschlossenen Versicherungssumme gedeckt sind.

Für Geschäftsreisende bestehen spezielle Versicherungsangebote, die deren besonderen Sicherheitsbedürfnissen entsprechen. Über den persönlichen Reisebedarf hinaus wird hier der geschäftliche Reisebedarf in den Versicherungsschutz eingeschlossen.

In der Reisegepäck-Versicherung ist man unterversichert, wenn die Versicherungssumme geringer ist als der Zeitwert des gesamten Reisegepäcks. Deshalb sollte geprüft werden, ob die gewählte Versicherungssumme ausreicht. Unterversicherung errechnet sich nach der Formel: Schaden x Versicherungssumme / Versicherungswert. → aufgegebenes Reisegepäck; → Fluggepäck; → Montrealer Abkommen; → Nachmeldefrist; → P.I.R.; → Zeitwert. *(hdz)*

## Reisegutschein
→ Voucher

## Reisehäufigkeit
*travel frequency, trips per traveller/tourist*
Zahl der Reisen, die ein Reisender pro Zeiteinheit (in der Regel ein Jahr) macht. Die Zahl der Reisen geht auch ein in die Berechnung der → Bruttoreiseintensität.

## Reisehaftpflicht-Versicherung (RH)
*travel liability insurance*
Die Reisehaftpflichtversicherung umfaßt die Gefahren des täglichen Lebens, die den versicherten Touristen auf Reisen treffen können. Sie deckt Personen-

und Sachschäden bis zur Höhe der Versicherungssumme, sofern der versicherte Reisende die entstandenen Schäden verursacht hat und aufgrund gesetzlicher Haftpflichtbestimmungen hierfür verantwortlich gemacht wird. Bestehen die Schadenersatzansprüche Dritter ohne hinreichende Rechtsgrundlage, so übernimmt der Versicherer auch die Abwehr unberechtigter Ansprüche. Kein Versicherungsschutz besteht für Schäden an Gegenständen, die in Obhut genommen wurden und in der Ausübung der Jagd. Insbesondere besteht Versicherungsschutz

❖ als Familien- und Haushaltsvorstand
❖ als Benutzer von gemieten Räumen auf Reisen (Hotels oder Ferienwohnungen)
❖ als Sporttreibender
❖ als Radfahrer
❖ als Tierhalter (zahme Haustiere, keine Pferde).

Die Reisehaftpflicht-Versicherung bietet dem Kfz-Halter für Mietwagen im Ausland keinen Schutz. Hierfür sind spezielle Mietwagen-Haftpflicht-Versicherungen abzuschließen. *(hdz)*

## Reiseintensität
→ Bruttoreiseintensität
→ Nettoreiseintensität

## Reisejournalismus
*travel journalism*
Schon die Antike kannte den Reisejournalismus. Homers und Herodots Beschreibungen können als erste journalistische Reiseberichte angesehen werden, als Vorläufer der heutigen journalistischen Reisereportage. Für diese frühe reisejournalistische Form war „die Absicht, das Fremde und Andersartige dem Vertrauten gegenüberzustellen" charakteristisch (Kleinsteuber 1997, S. 28), auch wenn später noch andere Akzente gesetzt

wurden. Der 2007 verstorbene Ryszard Kapuscinski bestätigt als Weltreporter die Antike in seinem Buch „Reisen mit Herodot" einen solchen geschichtsdidaktischen Ansatz. Der Reisebericht hat sich in der frühen Neuzeit immer mehr zur Abenteuergeschichte entwickelt. In diese Zeit der Entdeckung neuer Länder, der Eroberungskriege, von Expeditionen und Seereisen bestätigte die Reisebeschreibung eher die „Vorurteile gegenüber fremden Kulturen" (Kleinsteuber 1997, S. 29).

Die Geschichte des Reisejournalismus ist nur ansatzweise und in groben Zügen aufgearbeitet (*op. cit.*, S. 47-52). Vielfach tauchen dort die aus der Romanliteratur bekannten Dichter auf. Beispielhaft seien hier aus der umfangreichen Liste die Schriftsteller Mark Twain, Charles Dickens, Heinrich Heine, Ernest Hemingway, Jonathan Swift und auch Jules Verne mit ihren relevanten Werken genannt. Ihre Texte können sogar als Empfehlungen für die Ausbildung heutiger Reisejournalisten hinzugezogen werden. Wer eine Liste dieser „Klassiker des Reisejournalismus" mit ihren Werken sucht, findet sie bei Kleinsteuber, der sich auf die Ausbildung von Reisejournalisten an Universitäten spezialisiert hat (*op. cit.*, S. 39-41). Unter den heutigen Bedingungen der Internetrecherche und der Onlinepräsentation von Reisebeschreibungen wie sie im WEB 2.0 möglich geworden sind, muß die Berufspraxis und die darauf bezogene Ausbildung des Reisejournalisten neu bestimmt werden. Das reisejournalistische Handwerkszeug wird oft am Beispiel der Reisereportage erlernt. Dabei bildet die von Louisa Peat O'Neil an sechs Leitfragen orientierende Struktur zum Vorgehen bei einer Reisereportage wohl eine brauchbare Checkliste (O'Neil 1996, S. 88 f.):

❖ Wo? (der Ort, bzw. die Gegebenheiten)

❖ Wann? (Jahreszeit und folglich die klimatischen Gegebenheiten)

❖ Wer? (der Augenschein des Reporters, seine Eindrücke)

❖ Warum? (die Motivation, weshalb gerade dieses Reiseziel/-Erlebnis)

❖ Wie? (das Reisen, die Urlaubsgestaltung selbst)

❖ Was? (detaillierte Schilderung, Anekdoten, Fakten).

Kleinsteuber (1997, S. 73) weist darauf hin, daß die Reisereportage einem Kaleidoskop gleicht, dem man durch einen Leitfaden die entsprechende Struktur geben sollte. Wichtig für diese Struktur ist, daß ein Spannungsbogen erzeugt wird.

Heute existiert der Beruf des Reisejournalisten, der oft freiberuflich, aber auch in Haupt- oder Nebenfunktion in Zeitungen, Zeitschriften und auch beim Rundfunk und Fernsehen zu finden ist. Auf diese Tätigkeitsfelder bezogene Spezialisierungen sind innerhalb journalistischer Studiengänge möglich.

Eine Gruppe von Reisejournalisten hat sich mit der Professionalisierung der Funktion auseinandergesetzt und zu diesem Zweck die Vereinigung Deutscher Reisejournalisten gegründet (www. vdrj.org). Für besondere Verdienste um den Tourismus hat die VDRJ einen Preis gestiftet, der jährlich auf der → Internationalen Tourismusbörse (ITB) in Berlin verliehen wird. *(hdz)*

*Literatur*

Kapuscinski, Ryszard 2007: Meine Reisen mit Herodot. München: Piper

Kleinsteuber, Hans J. 1997: Reisejournalismus. Eine Einführung. Opladen: Westdeutscher Verlag

O'Neil, Louisa Peat 1996: Travel Writing. A Guide to Research, Writing and Selling. Cincinnati, Ohio: Walking Stick Press

## Reisekatalog

*travel brochure*

Prospekt, in dem ein → Reiseveranstalter seine → Pauschalreisen anbietet. In ihm werden die Reiseziele (→ Destination), die Orte und die Unterkünfte beschrieben und durch Photos und evtl. Karten illustriert. Die Preise werden in einem gesonderten Preisteil aufgeführt, der auf billigerem Papier gedruckt wird und ggfs. mit geringem Aufwand ausgetauscht werden kann.

Reisekataloge müssen sehr sorgfältig erstellt werden, weil die darin gemachten Angaben zu den im Preis inbegriffenen Leistungen als zugesicherte Eigenschaften einer Reise gelten und ihr Fehlen einen → Reisemangel ausmacht. Da es sich bei einer Pauschalreise um ein Dienstleistungsbündel (→ Dienstleistung) handelt, bei dem Kauf und Konsum zeitlich auseinanderliegen, sind die Angaben im Reisekatalog gleichbedeutend mit dem verkauften Produkt. Das konsumierte Produkt kann erst während der Reise selbst hergestellt werden. Vor diesem Hintergrund kommt dem Reisekatalog eine entscheidende Bedeutung für den Vertrieb von Veranstalterreisen zu. Reisekataloge können auch online gestellt und mit entsprechenden Buchungsfunktionen ausgestattet werden (→ Internet Booking Engine [IBE]). *(jwm)*

## Reisekrankenversicherung

→ Auslandsreise-Krankenversicherung

## Reisekrankheit

→ Luftkrankheit, → Seekrankheit

## Reiseleiter

*tour guide, travel guide, tour manager, tour leader, tour director, courier*

### 1 Begriffliche Unterscheidungen und Stellenwert der Reiseleitung

Man kennt einmal den Ortsführer, der für ein Objekt bzw. einen Ort zuständig ist und dort führt (Fremdenführer/in, → Gästeführer/in, *local guide*). Ebenfalls ortsgebunden ist der → Standortreiseleiter, der zumeist Reisegäste mehrerer Hotels in Form von Informationstreffs und Sprechstunden betreut. Standortreiseleiter sind saisonal bei Großveranstaltern oder Agenturen beschäftigt und stellen die weitaus größte Zahl an Reiseleitern. Eine dritte Form ist die Reisebegleitung („Hostess"), die für den Service vor allem bei Busreisen zuständig ist und betreuerische und organisatorische Aufgaben hat. In der Regel arbeitet sie eng mit Ortsführern bzw. örtlichen Reiseleitern zusammen und führt nicht oder nur selten selbst. Eine vierte Form ist der Reiseleiter bzw. die Reiseleiterin und, auf inhaltlich höherem Niveau, der → Studienreiseleiter bzw. die Studienreiseleiterin, manchmal auch „Reiseführer" genannt, der in der Lage ist, Führungen abzuhalten, wenn auch in einigen Fällen örtliche Führer zur Mitarbeit herangezogen werden.

Der Dienstleistungsberuf des Reiseleiters bezieht sich in erster Linie auf den Service am Kunden, aber auch auf die Kooperation mit dem Veranstalter und den Leistungsträgern. Die Reiseleitung ist oft der einzige persönliche Kontakt, den ein Kunde mit dem Veranstalter hat. So wird sein Bild vom Veranstalter – neben der Qualität der gebuchten Leistungen – maßgeblich durch sie geprägt und ist insbesondere bei Rund- und Studienreisen oft ein Anlaß, wieder eine Reise bei einem bestimmten Veranstalter zu buchen.

## 2 Rechtliche Situation

Für den Beruf des Reiseleiters gibt es in Deutschland bisher, anders als in einigen Ländern der EU wie zum Beispiel Griechenland oder Spanien, weder ein staatlich geregeltes Berufsbild noch eine damit verbundene verbindliche Ausbildung und Lizenz. Die Unternehmen bilden im allgemeinen ihre Mitarbeiter in eigener Regie aus, wobei Studiosus-Reisen in München bisher der einzige Veranstalter ist, der seine Studienreiseleiter zertifizieren ließ.

Trotz der Dienstleistungsfreiheit in der EU werden deutsche Reiseleiter/innen in zahlreichen Ländern bei der Ausübung ihres Berufes behindert. Das Reiseleiterzertifikat des Präsidiums der Deutschen Tourismuswirtschaft (ab 1990) ist verbunden mit einer Prüfung und Lizenz, die allerdings eine freiwillige Zertifizierung ist, auch nicht staatlich anerkannt ist und in den anderen europäischen Ländern nur bedingt weiterhilft, wenn der Reiseleiter nicht nur begleiten, sondern auch selber führen möchte. Im Verhältnis zu dem hohen Anforderungsprofil an Reiseleiter, insbesondere an Rund- und Studienreiseleiter, ist die soziale Absicherung und Bezahlung bisher meist gering.

## 3 Allgemeine Voraussetzungen des Reiseleiters

Der ideale Reiseleiter verfügt über eine gepflegte, der Situation angemessene Erscheinung, umfassendes Allgemeinwissen, gesellschaftliche Umgangsformen, Durchsetzungsvermögen, Hilfsbereitschaft, körperliche und geistige Belastbarkeit, Organisationstalent, Kontaktfähigkeit, Einfühlungsvermögen, geistige Aufgewecktheit, rhetorisches Talent und Fähigkeit in der Gesprächsführung, die Gabe der Improvisation, Orientierungssinn, Fremdsprachenkenntnisse, landeskundliche und kunstgeschichtliche Kenntnisse.

Folgende Sachkenntnisse und Fähigkeiten sind Bedingung, um als Reiseleiter tätig zu werden:

### 3.1 Sachkompetenz

❖ die Beherrschung der deutschen Sprache (bzw. im → Incoming-Tourismus zusätzlich der Sprache der Reisenden) und die ausreichende Beherrschung der Sprache des besuchten Landes (zumindest im westeuropäischen Ausland);

❖ Vertrautheit mit der Geschichte und Kunst, der aktuellen Situation sowie den Sitten und Gebräuchen des besuchten Landes;

❖ gute Orts- und Objektkenntnis.

### 3.2 Weitere professionelle Tätigkeitsmerkmale

❖ didaktisch-pädagogische Kompetenz: methodisches Können und Vermittlung von Inhalten und Erlebnissen;

❖ soziale Kompetenz: sozial-integrativer Führungsstil, gruppendynamische Kenntnisse und Fähigkeiten, Konfliktlösungsstrategien, Kommunikation mit der Gruppe und mit → Leistungsträgern;

❖ organisatorische und planerische Kompetenz;

❖ Führungskompetenz und Durchsetzungsfähigkeit;

❖ überdurchschnittliche psychische und physische Belastbarkeit.

## 4 Die Aufgaben des Reiseleiters

Die Aufgaben des Reiseleiters können in sechs Kategorien eingeteilt werden:

❖ Leiten und Betreuen

❖ Vermitteln von Inhalten

❖ Beurteilen von Umständen und Leistungsträgern

❖ Beraten, Kommunizieren, Ratschläge zur Urlaubsgestaltung, Verkauf von Zusatzleistungen

❖ Erneuern
❖ Verwalten und Organisieren.
Im folgenden werden die Aufgaben und die Verantwortung des Reiseleiters in Bezug auf den Reiseunternehmer, die Leistungsträger und den Reisenden diesen sechs Kategorien zugeordnet.

### 4.1 Voraussetzungen

Eine wichtige Voraussetzung ist der gewissenhafte Umgang mit den Materialien und Reiseunterlagen: Ein genaues Studium der Reiseroute und des Programms, der Hilfsmittel (Prospekte, allgemeine Reisebedingungen des Veranstalters, → Reiseführer, Landkarten, Stadtpläne, Öffnungszeiten und regionale Besonderheiten, Zoll-, Paß-, Visa- und Devisenbestimmungen und die entsprechende Fachliteratur) sowie ggf. die aufmerksame Prüfung der Pässe der Reiseteilnehmer, Teilnehmerlisten, Unterkunftsverzeichnisse mit Angaben über Zahlungen an die Hotels, Fahrkarten, Fahrpläne, Versicherungen und nicht zuletzt in- und ausländische Zahlungsmittel etc.

### 4.2 Betreuungsaufgaben während der Reise

Die Anreise: Während der Abreise, zum Beispiel mit dem Bus, fallen verschiedene organisatorische Tätigkeiten an: Die Empfangnahme und Begrüßung der Gäste, das Reservieren der Plätze und Feststellen der Vollständigkeit, Verteilung von Gepäckanhängern, Mithilfe bei der Gepäckverladung, Platzzuweisung für unterwegs zusteigende Reiseteilnehmer.
Die Beratungsfunktion des Reiseleiters spielt bei der Anfahrt eine wichtige Rolle: Er informiert die Reiseteilnehmer, was sie selbst zu einer guten, reibungslosen Organisation beitragen können. Er erläutert den technischen Ablauf (Zeiteinteilung), Zoll-, Paß-, Visa- und Devisenbestimmungen,

Umrechnungskurse, die Art der Hotels, Sitten und Gebräuche (Umgang mit der Bevölkerung, Verhalten in Kirchen, Kleidung, Ernährung), Trinkgeldvergabe, evtl. Photographierverbote, er gibt Empfehlungen für Einkäufe.
Die Führungs- und Leitungsfunktion des Reiseleiters kann bereits bei der Anfahrt zum Tragen kommen, indem er schon im Bus Sehenswürdigkeiten und Eigenarten der Landschaft usw. erklärt. Zum organisatorischen Bereich gehört die Festlegung von Pausen mindestens alle zwei bis drei Stunden und die Auswahl eines dafür geeigneten Ortes.
Bei der Anfahrt mit dem Zug geht der Reiseleiter gelegentlich von Abteil zu Abteil und knüpft erste Kontakte mit den Gästen. Am Ankunftsort ist der → Transfer der Gäste und des Gepäcks durch einen Bus, durch Mietwagen, Taxi oder Gepäckträger zu organisieren.
Auch bei der Flugreise versucht der Reiseleiter, am Treffpunkt und während des Fluges mit den Teilnehmern zu kommunizieren und ein Vertrauensverhältnis aufzubauen. Am Ankunftsflughafen ist der Transfer zum → Hotel, im allgemeinen mit dem Bus, durchzuführen. Hierbei werden bereits einführende Informationen technischer Art und zu Land und Leuten gegeben.
Im Hotel: Im Hotel fällt die Zimmerverteilung und Überprüfung der gebuchten Leistungen an, ggf. die Organisation des Koffertransports auf die Zimmer, die Veranstaltung kleiner gesellschaftlicher Ereignisse, zum Beispiel eines Begrüßungs-Drinks, Absprachen mit der Hotelverwaltung über den Speiseplan, den Zeitpunkt des morgendlichen Weckens und des Frühstücks.
Mit der Standortreiseleitung haben die Gäste erst ab dem → Flughafen oder Bahnhof des Zielortes, manchmal auch erst ab Hotel Kontakt, insbeson-

dere durch ein Informationsgespräch „Empfangscocktail"), regelmäßige Sprechstunden und eine Informationstafel.

Einen sehr hohen Stellenwert für den Veranstalter hat die Behandlung von Reklamationen bei der Förderung der Kundenzufriedenheit. Die Reiseleitung sollte dabei folgende Grundsätze beachten: Auf schnelle und unauffällige Behandlung dringen, den Gast mit freundlicher Höflichkeit und entgegenkommender Sachlichkeit behandeln, Reklamationen möglichst an Ort und Stelle auffangen und beseitigen, Schuld nicht auf Abwesende schieben, sondern versuchen zu entschuldigen und durch kleine Extras und freundliche Worte Beschwerden auf dem Kulanzweg regeln.

Besichtigungen: Bei Stadtrundfahrten und Besichtigungen kommt vor allem die Führungsfähigkeit des Reiseleiters zur Geltung. In den organisatorisch-verwaltungstechnischen Bereich fällt die Information über Eintrittszeiten und das Lösen der Eintrittskarten; falls ein Ortsführer herangezogen werden muß, sind rechtzeitig vorher Zeit und Gebühren zu vereinbaren und ggf. zu bestätigen.

Die Beurteilungsfunktion des Reiseleiters kommt zum Tragen, wenn er eine neue Route testet, selber Angebote von Hotels und Busfirmen einholt und somit eine wichtige Hilfe für den Veranstalter darstellt.

Erneuerung besteht in der Kreation neuer Routen, der Erprobung von kreativen Vermittlungs- und Experimentierformen und der Fähigkeit, das Neue zu erkennen und zu eröffnen, zum Ausdruck.

### 4.3 Tätigkeiten am Ende und nach der Reise

Am Ende der Reise fallen mehrere organisatorische Abläufe an:

Im allgemeinen wird vom Reiseleiter ein Abschiedsabend im Hotel oder in einem typischen Lokal organisiert, ggf. die Hotel- und Busrechnung beglichen, falls dies nicht vom Veranstalter selbst übernommen wird, → Trinkgelder an das Hotelpersonal verteilt (falls diese im Reisepreis inbegriffen sind). Der Reiseleiter informiert über die Abfahrtszeit und den Termin für die Räumung des Hotelzimmers. Der Gepäcktransport in die Halle bzw. zu den Verkehrsmitteln wird durch das Hotelpersonal und im Anschluß im allgemeinen durch einen Bus, in manchen Fällen auch durch telefonisch zu bestellende Gepäckträger oder Taxen organisiert und schließlich die Gruppe zur Bahn oder zum Flugzeug begleitet, soweit der Reiseleiter sie nicht im Bus bis zum Heimatort betreut.

Nach der Reise hat der Reiseleiter die Abrechnung mit der Zusammenstellung der Ausgaben und Einnahmen sowie in manchen Fällen einen Reisebericht über die Zusammenstellung der Gruppe und besondere Vorkommnisse zu erstellen. In diesem werden nicht selten Kritik und Vorschläge zur Programm- und Routengestaltung ihren Niederschlag finden (Beurteilungs-, Beratungs- und Erneuerungsfunktion des Reiseleiters). *(sst)*

*Literatur*
Gauf, Dieter 1993: RLT-Reiseleiter-Training, Aktuelles Lexikon für Ausbildung und Praxis. SVA Südwestdeutsche Verlagsanstalt (Loseblattsammlung)
Kirstges, Thorsten; Christian Schröder & Volker Born 2001: Destination Reiseleitung. Leitfaden für Reiseleiter aus der Praxis für die Praxis. München, Wien: Oldenbourg
Schmeer-Sturm, Marie-Louise 2001: Reiseleitung. München, Wien: Oldenbourg

**Reiseleitung**
→ Reiseleiter, → Studienreiseleiter

**Reisemangel**
*travel deficiency*
§ 651 c I BGB unterscheidet zwei Arten von Reisemängeln: (1) den Fehler mit Nutzungsbeeinträchtigung aus dem Risikobereich des Veranstalters (→ Reiseveranstalter) und (2) das Fehlen zugesicherter Eigenschaften. Keine Reisemängel sind solche Beeinträchtigungen, welche als bloße Unannehmlichkeiten des Reisenden oder als sein allgemeines Lebensrisiko anzusehen sind.

**1 Reisefehler**
Die Haftung des Reiseveranstalters für Fehler der Reise ist von einer umfassenden Erfolgshaftung für sein gesamtes Reiseprogramm geprägt, und zwar je nach Art und Nutzen der Reise z. B. als Bade-, Expeditions-, Sprach-, Sport-, Studien- oder Kreuzfahrtreise (BGH NJW 1986, 1748; NJW 2000, 1188). Die Einstandspflicht des Veranstalters bezieht sich somit verschuldensunabhängig auf die Gesamtheit der Reise. Hierbei kommt es auf einen Vergleich zwischen der vertraglich versprochenen und der tatsächlich angebotenen Reise an, wobei objektive Elemente einzubeziehen sind (Führich, Reiserecht, Rn. 222). Die Istbeschaffenheit der Reise weicht damit nachteilig von der vertraglich vereinbarten Sollbeschaffenheit ab. Ein Reisefehler erfordert also eine qualitative oder quantitative Minderleistung, wobei Art und Niveau der Reise entsprechend dem bei Vertragsschluß gültigen Prospekt der Maßstab ist. Hier ist im Einzelfall zu fragen, was bei einer Erholungs- (→ Erholung), → Trekking-, Sprach-, Billig- oder Eventreise gefordert werden kann. Die Beeinträchtigung muß damit den Verantwortungs- und

Organisationsbereich des Veranstalters für seine Reiseleistungen betreffen. Woher die Störung kommt – aus dem Bereich des Leistungsträgers oder aus dem Umfeld des Urlaubsorts, z. B. Lärm spielt keine Rolle. Auch für die Fehlerfreiheit der mit der Reiseleistungen zusammenhängenden Sachen und Einrichtungen, zum Beispiel im → Hotel oder bei Sporteinrichtungen, hat der Veranstalter einzustehen.

Maßgeblich für die Sollbeschaffenheit der Reise ist damit der Vertragsinhalt als Gesamtheit aller Reiseleistungen. Die Erwartung des Reisenden bezüglich des vereinbarten Leistungsprogramms wird hierbei maßgeblich geprägt durch den Prospekt (§ 4 BGB-InfoV), die Reisebestätigung (§ 6 BGB-InfoV), die verbindlichen schriftlichen und mündlichen Zusagen und Informationen des Veranstalters und seiner → Reisemittler – welche nicht in offenem Widerspruch zum Prospekt stehen dürfen – und den Reisecharakter. Fehlen Angaben des Veranstalters zu seinen Leistungen, sind solche mit durchschnittlichem inländischen Standard zu erbringen. Bei der vorzunehmenden Gesamtwürdigung kommt es auf das Verständnis eines objektiv denkenden, nicht auslandserfahrenen Reisenden an.

Die Abweichungen von der Sollbeschaffenheit der Reise können sich insbesondere daraus ergeben, daß die Reiseleistung ganz oder teilweise nicht erbracht wird (Reise oder Ausflug fällt aus), die Reiseleistung nicht in der gebotenen Art und Weise erbracht wird (z. B. Hotelzimmer zu klein), Obhuts-, Fürsorgepflichten und Informationspflichten (z. B. Hurrikangefahr) verletzt werden. Die Pflichtverletzungen können auch → Leistungsträger als Erfüllungsgehilfen des Veranstalters (§ 278 BGB) begehen.

Freizeichnungen für bestimmte Beeinträchtigungen durch entsprechende Prospekthinweise sind nur wirksam, wenn sie aus der Sicht des Reisenden inhaltlich eindeutig sind und an solchen Stellen im Prospekt abgedruckt sind, an denen der Kunde eine entsprechende Information auch erwarten darf. So kann der Hinweis auf Lärm oder eine Bautätigkeit bei einem aussagekräftigen Inhalt zur Leistungsfreiheit führen.

**2    Fehlen zugesicherter Eigenschaften**

Zusicherungen liegen nur dann vor, wenn der Veranstalter ein Reisemerkmal besonders hervorgehoben hat. Eigenschaften sind alle tatsächlichen und rechtlichen Verhältnisse und Beziehungen, die wegen ihrer Art und Dauer nach der Verkehrsanschauung Einfluß auf den Wert und den Nutzen des Reise haben (Führich, Reiserecht, Rn. 243). An eine Zusicherung sind daher strenge Anforderungen zu stellen. Ob eine konkrete Beeinträchtigung vorliegt, spielt bei dieser Art des Reisemangels keine Rolle (OLG Düsseldorf RRa 2004, 65). Als Zusicherung im Sinne einer Garantieerklärung werden angesehen sachliche, besonders hervorgehobene Katalogangaben, ausdrücklich auf Reiseanmeldungen und Reisebestätigungen akzeptierte Sonderwünsche, mündliche und schriftliche Zusagen des Veranstalters, seiner Agenturen oder von selbständigen Reisebüros, wenn sie sich ergänzend im Rahmen des Prospekts halten und diesem nicht offen widersprechen.

Als Gegenstand einer Zusicherung sind folgende Eigenschaften angesehen worden: die Hotelkategorie, der Meerblick, die Strandentfernung, Hoteleinrichtungen und Sportmöglichkeiten, welche wesentlich den Preis mitbestimmen wie Hallenbad, → Wellness- oder Vergnügungseinrichtungen, die ohne Einschränkung zugesagte → Fluggesellschaft, eine sachkundige → Reiseleitung oder die Lage einer → Ferienwohnung.

Haftungsausschlüsse in AGB (→ Allgemeine Geschäftsbedingungen) für einmal gemachte Zusicherungen sind unwirksam (§ 307 II , 444 BGB). Mit der Zusicherung hat der Veranstalter eine Garantieübernahme ausgesprochen (Führich, Reiserecht, Rn. 245). Außerdem hat der Veranstalter das Fehlen einer Zusage nach §§ 276 BGB stets zu vertreten, so daß er auch auf Schadensersatz nach § 651 f BGB haftet.

**3    Bloße Unannehmlichkeit**

Es ist allgemein anerkannt, daß bloße Unannehmlichkeiten als geringfügige Abweichungen der Ist- von der Sollbeschaffenheit der Reise noch keine Ansprüche auslösen, wenn dadurch der Nutzen der Reise noch nicht gemindert ist. Daher ist bei jeder Beeinträchtigung einer einzelnen Reiseleistung, wie z. B. für den Flug, für einen Reisefehler die Frage zu stellen, ob die Reise als solche dadurch in ihrem Nutzen beeinträchtigt ist, oder ob es sich nur um eine unwesentliche Beeinträchtigung handelt, die im Massentourismus hinzunehmen ist. Insoweit ist stets nach objektiven Kriterien der Einzelfall entscheidend unter Abwägung der Interessen des Reisenden und des Reiseveranstalters. Subjektive besondere Empfindlichkeiten des Reisenden bleiben außer Betracht. Nachdem festzustellen ist, daß immer mehr Reisende solche Unannehmlichkeiten an die Gerichte herantragen, nimmt die Zahl der Entscheidungen stetig zu (Führich, Reiserecht, Übersicht Rn. 250 ff. und 312 ff.; Tonner, Der Reisevertrag, Mängelliste). So müssen ersatzlos hingenommen werden:

❖ Flugbeförderung: Wartezeit bis vier Stunden im Charterflugverkehr (AG Kleve RRa 1999, 180), Änderungen der Flugzeiten, solange der Anreise- oder Abreisetag nicht überschritten und die Nachtruhe nicht beeinträchtigt wird (AG Bad Homburg RRa 2004, 31), unerwartete Zwischenlandungen (AG Hamburg RRa 2004, 123), Wechsel der Fluggesellschaft, ohne daß eine Zusicherung vorliegt (LG Kleve RRa 1999, 14); Schnarcher auch in der Business Class (AG Frankfurt/M RRa 2002, 23), enge Sitzverhältnisse (AG Hannover RRa 2003, 239), unzureichender Bordservice (OLG Düsseldorf NJW-RR 1998. 923).

❖ Unterkunft: geringer Ungezieferbefall gerade im Süden (OLG Düsseldorf RRa 2001, 49: Kakerlaken), Anwesenheit von Behinderten (AG Kleve RRa 1999, 190), normale Geräusche in einer Gaststätte, Plastikarmband bei → All-inclusive-Reise (OLG Düsseldorf RRa 2001, 49), einmalige, kurze Leistungsbeeinträchtigungen, Hoteldisco bis Mitternacht (OLG Köln NJW-RR 2000, 1439), alkoholisierte Gäste (AG Bad Homburg RRa 1999, 205), Flughafennähe, wenn darauf ausreichend hingewiesen wurde (AG Hannover RRa 2004, 189).

❖ Verpflegung: Wartezeit von ½ Stunde (OLG Frankfurt/M RRa 2003, 255), Essen in Schichten im Großhotel, Eßverhalten von Kindern (LG Kleve RRa 1997, 54), fehlende Sektgläser in einer Berghütte (AG Offenburg NJW-RR 1996, 177), Mobiltelefone beim Essen (AG Potsdamm RRa 2004, 143), Geschmacksfragen beim Essen.

## 4  Allgemeines Lebensrisiko

Störungen aus der privaten Sphäre des Reisenden und aus dem vom Veranstalter nicht geschuldeten Umfeld des Reiseziels führen damit zu keiner Haftung, da sich insoweit lediglich das allgemeine Lebensrisiko des Reisenden verwirklicht. Insoweit fehlt es an der Kausalität zwischen dem Verantwortungsbereich des Veranstalters und der Beeinträchtigung. Diese Risikoabgrenzung wird als „Allgemeines Lebensrisiko" bezeichnet und umfaßt folgende nicht reisespezifischen Beeinträchtigungen:

❖ Persönliches Verletzungsrisiko wie ein Tierbiß (OLG Celle NJW-RR 2003, 197: Esel), Unfälle auf der Skipiste, ohne daß Verkehrssicherungspflichten des Veranstalters verletzt sind (OLG Celle RRa 2002, 16), das allgemeine Unfallsrisiko im Straßenverkehr, Krankheiten des Reisenden, ein Badeunfall im Meer (AG München NJW-RR 1999, 1146), sturmbedingte Verletzungen auf einem Kreuzfahrtschiff (LG Bremen RRa 2004, 203), Wasserglätte im Bereich des Pools (OLG Frankfurt/M. RRa 2003, 19), Thromboseschäden bei Langstreckenflügen (OLG Frankfurt/M. NJW 2003, 905), besondere subjektive Empfindlichkeiten des Reisenden wie körperliche Beschwerden bei einer → Studienreise (OLG Düsseldorf RRa 2002, 210: Safari), einer Bergwanderung (LG Frankfurt/M. NJW 1991, 2573), kein Sitzplatz neben Partner bei Musicalbesuch (AG Frankfurt/M. NJW-RR 1999, 57).

❖ Störungen des Umfelds und Ortsüblichkeiten wie Lärm im Süden bis 24.00 Uhr, drei bis vier Kakerlaken im Bungalow in Tunesien, unerheblicher Insektenbefall und Quallenbefall, Bienenschwärme (AG Bad Homburg

RRa 1999, 9), die allgemeine Überfallgefahr (OLG Karlsruhe NJW-RR 1993, 1076), die Gefahr des Hotel- oder Ferienhausdiebstahls (AG Hamburg NJW-RR 1999, 931), der bloße Anblick behinderter Menschen im Hotel (AG Kleve RRa 1999, 190), Kinderlärm im Speisesaal (LG Kleve NJW-RR 1997, 1208), Feiern von Einheimischen am Strand (AG Aschaffenburg RRa 1997, 147), Läuten von Kirchen- oder Kuhglocken, Katzen in Bungalow-Anlage (AG Hamburg RRa 1998, 45), Belästigungen am öffentlichen Strand, Müllverbrennung (AG Bad Homburg RRa 2001, 164), kurzer Lärm durch Verkehr, Baustellen und Straßenlärm beim Stadthotel, Algen im Meer (LG Frankfurt/M. NJW-RR 1990, 761; NJW-RR 1991, 695), die allgemeine Wetterlage (LG Frankfurt/M. NJW-RR 1987, 495: Nebel in Meeresbucht) und schneearme Winter (LG Frankfurt/M. NJW-RR 1991, 879).

❖ Sobald dieses allgemeine Lebensrisiko zu einer besonderen Gefahr für den Reisenden oder einen besonderen Reisezweck (z. B. als Erholungsreise, Studienreise, Sportreise) wird, hat der Veranstalter Informationspflichten, so daß sich der Reisende auf die Situation einstellen kann (BGH NJW 1982, 1521). Insoweit hat der Veranstalter eine Umweltbeobachtungspflicht. Verletzt der Veranstalter diese organisatorischen Fürsorgepflichten, liegt schon aus diesem Grund ein Reisemangel bei Skireisen (OLG München NJW-RR 2002, 694: Lawinengefahr), Waldbränden mit Smog oder bei Gefahren durch einen Hurrikan (BGH NJW 2002, 3700) vor.

→ Kündigung wegen Reisemängeln *(ef)*

*Literatur*
Führich, Ernst 2005: Reiserecht. Heidelberg: C.F. Müller (§ 7 Reisemangel und Abhilfe und § 9 Mängel- und Minderungsübersicht) (5. Aufl.)
Führich, Ernst 2006: Reiserecht von A-Z. München: dtv (Stichworte: Reisemangel, Allgemeines Lebensrisiko, Unannehmlichkeiten, Abhilfe, Selbstabhilfe) (3. Aufl.)
Führich, Ernst 2007: Basiswissen Reiserecht. Grundriß des Reisevertrags- und Individualreiserechts. München: Vahlen (§ 7)
Führich, Ernst: Kemptener Reisemängeltabelle (www.reiserecht-fuehrich.de) und Sonderbeilage der Monatszeitschrift für Deutsches Recht (MDR), Heft 4/2006
Tonner, Klaus 2007: Der Reisevertrag. Kommentar zu den §§ 651 a – 651 l BGB. Neuwied: Luchterhand (5. Aufl.)

## Reisemittler
*travel agent, travel agency*

(a) allgemein
Handelsbetrieb, der im Auftrag der Produzenten vorwiegend → Pauschalreisen und touristische Einzelleistungen wie Beförderung, Unterkünfte oder Eintrittskarten an Endverbraucher (Privatreisende, Unternehmen) vermittelt. Ein veranstaltendes Reisebüro ist ein Unternehmen, das sowohl als Reisemittler als auch als → Reiseveranstalter, der Pauschalreisen unter eigenem Namen und auf eigene Rechnung anbietet, tätig ist.
Hinsichtlich der dominierenden Geschäftstätigkeit wird unterschieden zwischen:

❖ Voll-Reisebüro: Verkaufslizenzen von Reiseveranstaltern, Deutscher Bahn und IATA (für den Verkauf von Linienflugscheinen aller IATA-Mitgliedsgesellschaften), Hotelvermittlung;
❖ Touristisches Reisebüro: nur Vermittlung von Reiseveranstalter-Angeboten;

❖ Buchungsstelle: Verkauf von Angeboten nur eines einzigen Reiseveranstalters;

❖ Spezial-Reisebüro: enges (geringe Zahl von Produktarten), aber tiefes (große Zahl unterschiedlicher Reisen einer speziellen Produktart) Sortiment, zum Beispiel Seereisen;

❖ Firmenreisebüro: auf Anforderungen des Geschäftsreiseverkehrs spezialisiert, neben der Vermittlung von Reisedienstleistungen werden den Unternehmen weitere Serviceleistungen wie Reisekostenabrechnung, Festlegung von Dienstreiseregelungen, Reisekosten-Controlling oder Bereitstellung von Daten für Management-Informationssysteme angeboten (Travel Management);

❖ Reisestellen: Stelle oder Abteilung eines Unternehmens, die zentral mit der Organisation der Geschäftsreisen der Mitarbeiter befaßt ist;

❖ Incoming-Büro: In touristischen Zielorten angesiedelt, vermittelt Reiseleistungen der Standortregion (→ Pauschalreisen, Transfers, Ausflüge, → Reiseleiter) an ortsfremde Reiseveranstalter und steht für die Betreuung der Gäste während des Aufenthalts zur Verfügung;

❖ Online-Reisebüro: Internetportal, das von touristischen und branchenfremden Unternehmen betrieben wird. Vermittelt werden Eigenleistungen (Direktvertrieb) und Fremdleistungen (indirekter Vertrieb), oft in Verbindung mit einem → Callcenter zur Kundenberatung.

Reisemittler erhalten in der Regel eine Vermittlungsprovision (→ Provision; → Provisionsarten), die sich am erzielten Umsatz orientiert (Prozentsatz oder Festbetrag) und oft mit einer Anreizkomponente ausgestattet ist (zum Beispiel Zusatzprovision für Umsatz-

zuwachs gegenüber dem Vorjahr). Firmenreisebüros werden zunehmend nicht mehr umsatzorientiert entgolten; sie stellen den Unternehmen Nettopreise (nach Abzug der Provision) in Rechnung und erhalten für ihre Tätigkeiten → Management Fees oder → Transaction Fees. Auch → Fluggesellschaften verfahren weitgehend nach dem System der Nettopreise, bei dem keine → Provision mehr gezahlt wird und die Agentur den Endverkaufspreis durch Berechnung einer Vermittlungsgebühr eigenständig festlegt.

Die Reisemittlerbranche ist in Deutschland durch einen starken Konzentrationsprozeß gekennzeichnet. Im Urlaubs- wie im Geschäftsreiseverkehr (→ Geschäftsreisen) gewinnen die → Reisebüroketten der Reiseveranstalter, Franchiseunternehmen (→ Franchise) und → Reisebürokooperationen zunehmend Marktanteile, so daß 2004 von den ca. 13.500 Reisebüros nur noch zwei Prozent selbständige Einzelunternehmen waren. *(wp)*

*Literatur*

Freyer, Walter; Wilhelm Pompl 1999: Reisebüromanagement. München, Wien: Oldenbourg

**(b) rechtlich**

Reisemittler ist, wer (1) fremde Reiseleistungen (2) in fremdem Namen und auf fremde Rechnung vermittelt. Entscheidend ist daher, daß die Fremdheit der Reiseleistungen für den Reisekunden erkennbar ist. Eine Vermittlung wird nur dann anerkannt, wenn der Vermittler als Stellvertreter des Reiseunternehmens dieses Unternehmen erkennbar offenlegt. So hat der Vermittler eines Fluges und eines zeitlich abgestimmten Hotelaufenthalts gegenüber dem Kunden eindeutig auf seine Vermittlerposition hinzuweisen und die beiden vermittelten → Leistungsträger → Fluggesellschaft und → Hotel offen zu nennen (§ 164 I BGB). Wird der Leistungsträger nicht offen gelegt, liegt ein keine Vermittlung, sondern ein Eigengeschäft einer zeitlich und inhaltlich koordinierten Pauschalreise nach § 651 a I, II BGB vor.

Gegenstand der Vermittlung können nicht nur → Pauschalreisen eines Reiseveranstalters sein, sondern auch Flüge von Luftverkehrsunternehmen. Typische Vermittler in der Touristik sind Reisebüros und Internet-Portale. Bei einer Pauschalreise vermitteln sie lediglich den Reisevertrag (→ Abschluß des Reisevertrages) zwischen dem Reiseveranstalter und dem Reisenden, schulden aber nicht die Durchführung der Reise. Auch Fremdenverkehrsbüros oder → Tourist-Informationen der Gemeinden sind typische Vermittlungsstellen. Soweit sie Kataloge (→ Reisekatalog) und Verzeichnisse herausgeben, müssen die Angaben stimmen und vollständig sein, ansonsten liegen irreführende Angaben nach §§ 3, 5 UWG vor.

Der Reisemittler haftet nur bei einer schuldhaften Pflichtverletzung der Vermittlung (Sorgfalts- und Informationsfehlern) wie bei unrichtigen Zusicherungen, welche über Prospekt hinausgehen, bei Verletzung von Informationspflichten über Paß- und Visumvorschriften, Nichtweiterleitung von Daten und Sonderwünschen des Kunden oder Buchungsfehler und Fehler in der Preisberechnung. Ein vermittelter Reiseveranstalter haftet daneben als Gesamtschuldner (§ 421 BGB) für seinen Vertriebsweg, da der Vermittler sein Erfüllungsgehilfe bei der Buchung der Reise ist. *(ef)*

*Literatur*
Führich, Ernst 2005: Reiserecht. Heidelberg: C.F.Müller (§ 27, 28 Reisevermittlungsrecht) (5. Aufl.)
Führich, Ernst 2006: Reiserecht von A-Z. München: dtv (Stichwort: Reisemittler) (3. Aufl.)
Führich, Ernst 2007: Basiswissen Reiserecht. Grundriß des Reisevertrags- und Individualreiserechts. München: Vahlen (§ 13)
Tempel, Otto 1999: Die Pflichten des vermittelnden Reisebüros. In: Neue Juristische Wochenschrift (NJW), S. 3657 ff.

(c) virtuell

Virtuelle Reisemittler bieten ihre → Dienstleistungen der Reiseinformation und -beratung, der Reisevermittlung und des Kundenservice automatisiert auf Basis der Internet-Technologie über Web-Portale an. Dabei können die Web-Portale offen und für jeden Reiseinteressenten zugänglich betrieben werden, oder sie bieten ihre Leistungen einer geschlossenen, lizenzierten Nutzergruppe an, z.B. als Portale im Rahmen von → Business Travel Management Systemen. Das Web-Portal entspricht damit dem Ladenlokal oder dem Büro eines stationären Reisemittlers.

Die angebotenen Dienstleistungen, die in einem stationären Reisebüro durch Mitarbeiter erbracht werden, werden bei einem virtuellen Reisemittler durch eine → Internet Booking Engine (IBE) automatisiert erbracht (→ eTourism). Die IBE kann dazu auch auf IT-Dienste eines → Globalen Distributions Systems (GDS) zugreifen, bzw. in Zusammenarbeit mit den GDS werden Internet Booking Engines zur Nutzung angeboten. Die IBE ist damit das automatisiert operierende System, auf das das Web-Portal zur Umsetzung der angebotenen Dienstleistungen Zugriff nimmt.

So kann auch ein stationärer Reisemittler, der zusätzlich seine Dienstleistungen automatisiert im Internet (virtuell) anbieten will, Rechte an einer IBE-Nutzung erwerben, und sie in seine Web Site integrieren.

Einige virtuelle Reisemittler bieten den Kunden an, mehrere Einzelleistungen unterschiedlicher Leistungsgeber auszuwählen und in einem Online-Warenkorb zur Vermittlung zu bündeln. Dabei werden die (Brutto-)Einzelpreise ausgewiesen und berechnet. Reservierung und Fulfilment (→ Fulfilment Center) erfolgen in separaten Schritten je Einzelleistung durch den jeweiligen Leistungsgeber. Dieser Prozeß wird als Dynamic Bundling bezeichnet. Der virtuelle Reisemittler wird dadurch nicht zum Reiseveranstalter – im Unterschied zum → Dynamic Packaging.

Um auch via Web-Portal komplexe und schwer automatisierbare Vermittlungsleistungen anbieten zu können oder zur Kundenkommunikation im Rahmen des *customer care,* nutzen auch virtuelle Reisemittler ergänzend Call- und Service Center (→ Call Center). *(uw)*

## Reisemotivation
*travel motivation*

Warum reisen Menschen? Was bewegt Millionen von Touristen Jahr für Jahr, die mit dem Reisen verbundenen Unannehmlichkeiten in Kauf zu nehmen, um eine begrenzte Zeit fern der Heimat zu leben? Damit ist die Frage nach der Reisemotivation, nach den psychischen Beweggründen des Reisens gestellt.

### 1  Begriff
Allgemein versteht man in der Psychologie unter Motivation (von lat. *movere* = bewegen) das Insgesamt jener psychischen Prozesse, die dazu führen, daß Menschen aktiv werden und ihre Aktivitäten mit einer bestimmten Intensität und Ausdauer auf bestimmte Ziele ausrichten. Sind diese Aktivitäten

auf das Reisen bezogen, spricht man von Reisemotivation.

Während sich der Motivationsbegriff allgemein auf Prozesse der Aktivierung, Orientierung und Aufrechterhaltung des Handelns bezieht, können Motive als abstrakte, aber inhaltlich bestimmte Handlungsziele aufgefaßt werden (zum Beispiel Leistung, Autonomie, sozialer Anschluß). Reisemotive sind demnach Handlungsziele, durch die unser Reiseverhalten aktiviert, orientiert und aufrechterhalten wird. Reisemotive müssen allerdings nicht spezifisch für das Reiseverhalten sein. Das Autonomie-Motiv etwa kann sowohl bei der Wahl einer Reise (→ Reiseentscheidung) wie auch bei der Wahl eines Arbeitsplatzes wirksam sein.

### 2  Theorien der Reisemotivation
Zu der Frage, warum Menschen reisen, gibt es eine Vielzahl unterschiedlicher Antworten. Theorien der Reisemotivation unterscheiden sich nicht nur in der inhaltlichen Bestimmung der Reisemotive, sondern bereits im grundlegenden Motivationskonzept, in den Forschungsmethoden und auch in der Frage, was überhaupt als motiviertes Handeln zu erklären ist: das Reisen selbst oder immer schon bestimmte Ausprägungsformen des Reisens.

### 2.1  Gegenstandsbereich
Als unproblematisch im Hinblick auf die Reisemotivation erscheinen zunächst alle Fälle, in denen Menschen reisen, weil sie darin ein Mittel sehen, ihr Überleben zu sichern oder körperliches Leid zu mindern. Ebenfalls motivationspsychologisch unproblematisch scheint auch das beruflich bedingte Reisen zu sein. Im ersten Fall wird die motivationale Basis der Mobilität in biologischen Grundbedürfnissen (primären Motiven, Trieben) gesehen, die Menschen von

innen her zur Bedürfnisbefriedigung veranlassen (konkret zum Beispiel sich Nahrung zu suchen, um ihren Hunger zu stillen). Im zweiten Fall sind es äußere Bedingungen, positive oder negative Anreize (Bezahlung, Sanktionen), die eine hinreichende Erklärung für das Verhalten zu bieten scheinen.

Auch wenn bei näherer Betrachtung schnell deutlich wird, daß die beiden Fälle so trivial nicht sind, hat sich die Erforschung der Reisemotivation weitgehend auf jenen Typ des Reisens beschränkt, bei dem die motivationale Basis weniger offensichtlich zu sein scheint. Gemeint ist die „zweckfreie" Freizeitreise, bei der weder ein starker innerer Trieb noch ein eindeutiger äußerer Anreiz erkennbar ist.

### 2.2 Monistische Konzepte

Es gibt eine Reihe von Versuchen, hinter den vielfältigen Ausprägungen des freizeittouristischen Reisens ein grundlegendes Reisemotiv zu identifizieren. Die inhaltliche Bestimmung dieses Reisemotivs fällt allerdings sehr unterschiedlich aus (vgl. Mundt 2006, S. 105 ff.).

Naturalistische Ansätze argumentieren triebtheoretisch, wenn beispielsweise die Lust am Reisen auf einen Wander- oder Reisetrieb zurückgeführt wird, dessen evolutionärer Ursprung in jener Zeit vermutet wird, in der die Menschen noch als Nomaden lebten. Triebtheoretisch argumentiert auch die klassische Erholungstheorie, wenn sie die Erholungsreise durch ein Erholungsbedürfnis motiviert sieht, das wiederum als der psychische Ausdruck eines physiologischen Ungleichgewichts betrachtet wird.

Gesellschaftstheoretische Ansätze sehen dagegen im modernen Freizeittourismus eine Reaktion auf eine bestimmte, historisch lokalisierbare, gesellschaftliche Konstellation, die bei den Gesellschaftsmitgliedern das grundlegende touristische Reisemotiv hervorbringt. Der Flucht- oder Defizittheorie zufolge richtet sich dieses darauf, einer repressiven, unfreien Gesellschaftsordnung zu entkommen. Einer anderen Überlegung zufolge besteht das touristische Grundmotiv in der Suche nach → Authentizität, die als Reaktion auf eine zunehmend undurchschaubare und entfremdete gesellschaftliche Wirklichkeit entsteht. Wieder eine andere Überlegung sieht die Wurzel des touristischen Reisemotivs in einem geschichtlichen Bewußtsein, das sich im Vorfeld der Industrialisierung ausbildet und zur Erfahrung diverser „Ungleichzeitigkeiten" führt. Die touristische Reise entsteht als „romantischsehnsüchtige" Reise in die Vergangenheit (Spode 1995, S. 116).

Psychologische Ansätze versuchen in den vielfältigen Formen der Freizeitreise eine Grundqualität zu identifizieren, die ein allgemeines menschliches Bedürfnis zu befriedigen in der Lage ist. Ein solcher Anreiz wird etwa darin gesehen, daß die touristische Reise die Möglichkeit bietet, die Alltagsordnung zu verlassen und „andere Wirklichkeiten" (Hennig 1997, S. 73) zu erleben. Eine spezifischere Vermutung besteht darin, daß es das veränderte Zeiterlebnis des Reisens ist, worin dieser Anreiz besteht. Und wieder andere sehen ein zentrales Motiv des Reisens darin, daß es vielfältige Möglichkeiten bietet, das eigene Selbst aufzuwerten.

Abgesehen von den naturalistischen Ansätzen, die als überholt gelten können, wird man den hier genannten Konzepten insgesamt eine partielle Plausibilität nicht absprechen können. Man darf aber bezweifeln, daß eines davon tatsächlich in der Lage ist, ein grundlegendes Reisemotiv zu identifizieren, das allen

Formen des freizeittouristischen Reisens zugrunde liegt.

### 2.3 Pluralistische Konzepte

Pluralistische Konzepte der Reisemotivforschung gehen davon aus, daß Menschen aus einer Vielzahl unterschiedlicher Gründe reisen, daß sich diese Gründe aber auf eine überschaubare Anzahl von allgemeinen Zielen oder Motiven reduzieren lassen.

Eine erste Ordnung der vielfältigen Reisegründe ergibt sich aus der Unterscheidung zwischen Weg-von und Hin-zu (oder Schub- vs. Zug-, *push*- vs. *pull*) Motiven. Auch wenn es kein Weg-von ohne Hin-zu geben kann, ist es psychologisch ein Unterschied, ob jemand reist, um eine negativ bewertete Lebenssituation zu verlassen oder um eine positiv bewertete Erfahrung zu machen. Problematischer ist die Annahme, daß die Weg-von Motive die primäre Motivation zu reisen liefern und die Hin-zu Motive nur mehr sekundär die Auswahl der konkreten Reise bestimmen.

Zur Reduzierung der vielfältigen Reisegründe liegt es nahe, auf vorliegende, allgemeine psychologische Motivsysteme oder Motivkonstrukte zurückzugreifen und diese auf das Reiseverhalten anzuwenden. Das hat den Vorteil, daß man das Reisen motivationspsychologisch in den Kontext des weiteren menschlichen Handelns integriert und zugleich an eine mitunter reichhaltige Forschung anschließen kann. In der Reisemotivforschung hat man diesen Weg bisher wenig beschritten. Rückgriffe gibt es vor allem auf die Maslowsche Bedürfnispyramide oder auf einzelne Motivkonstrukte wie *sensation seeking* (Zuckerman) oder *flow* (Csikszentmihalyi & Charpentier 2007). Als Nachteil eines Rückgriffs auf allgemeine motivationspsychologische Konstrukte wird möglicherweise emp-

funden, daß man auf diese Weise naturgemäß zu relativ allgemeinen, nicht reisespezifischen „Reisemotiven" kommt. Vielfach wird stattdessen versucht, spezifischere Reisemotive zu finden, indem man Menschen direkt nach ihren Reisegründen bzw. allgemeinen Erwartungen an eine Urlaubsreise fragt und aus den Antworten Inhaltsklassen oder eben Motive (häufig faktorenanalytisch) extrahiert. Auf diese Weise kamen Hirtenlehner et al. (2002) zu drei, Ryan und Glendon (1998) zu vier, Fodness (1994) zu fünf und Hanqin und Lam (1999) sogar zu elf Reisemotiven.

Abgesehen davon, daß diese Ergebnisse nicht zuletzt von der Art und Anzahl der vorgegebenen Items sowie den befragten Personen abhängen, ist gegen ein solches Vorgehen eingewandt worden, daß wir die Beweggründe unseres Handelns keineswegs immer benennen können – und manchmal auch nicht benennen wollen.

Ein anderer Einwand besagt, daß selbst dann, wenn wir wissen, was sich Menschen von einer Reise erhoffen, wir immer noch nicht wissen, was sie konkret tun werden. Bedürfnisse oder Wünsche sind nur ein Faktor im Motivationsprozeß. Damit wird eine grundsätzliche Schwierigkeit angesprochen, konkretes Handeln mit bestimmten Motiven zu verbinden: Dasselbe Motiv kann unterschiedlichen Aktivitäten zugrunde liegen, und dieselbe Aktivität kann durch unterschiedliche Motive hervorgerufen werden. Der Versuch, aus bestimmten Reisemotiven konkrete Reiseaktivitäten herzuleiten, ist mit dieser Schwierigkeit konfrontiert.

Die Wahl einer Reise hängt demnach nicht nur von den spezifischen Anreizen ab, die wir mit ihr verbinden, sondern auch von der subjektiven Sicherheit, daß sich diese Anreize tatsächlich realisieren werden. Vor allem aus Sicht kognitiver Motivationstheorien ist die Bedeutung solcher Erwartungen für den Motivationsprozeß hervorgehoben worden. Reisemotivation ist in dieser Perspektive das Ergebnis eines komplexen Urteilsprozesses und folgt nicht unmittelbar aus inhaltlich definierten Reisemotiven (Witt & Wright 1992).

### 3 Ausblick

Eine einfache und definitive Antwort auf die Frage, warum Menschen reisen, gibt offenbar auch die Reisemotivforschung nicht. Vermutlich kann es eine solche Antwort auch nicht geben. Die Angemessenheit und Brauchbarkeit der verschiedenen Konzepte wird sich je nach theoretischer Perspektive und praktischen Erfordernissen unterschiedlich darstellen. Wünschenswert wäre aber sicherlich eine stärkere Kontinuität in der theoretischen und empirischen Reisemotivforschung, als dies bisher der Fall ist. *(arg)*

*Literatur*

Csikszentmihalys, Mihaly; Annette Charpentier 2007: Flow: Das Geheimnis des Glücks. Stuttgart: Klett-Cotta (13. Aufl.).

Fodness, Dale 1994: Measuring tourist motivation. In: Annals of Tourism Research, 21, S. 555-581

Hanqin, Zhang Qiu; Terry Lam 1999: An analysis of Mainland Chinese visitors' motivations to visit Hong Kong. In: Tourism Management, 20, S. 587-594

Hennig, Christoph 1997: Reiselust. Touristen, Tourismus und Urlaubskultur. Frankfurt a. M., Leipzig: Insel

Hirtenlehner, Helmut; Ingo Mörth & G. Christian Steckenbauer 2002: Reisemotivmessung. In: Tourismus Journal, 6, S. 93-115

Mundt, Jörn W. 2006: Tourismus. München, Wien: Oldenbourg (3. Aufl.)

Ryan, Chris; Ian Glendon 1998: Application of leisure motivation scales to tourism. In: Annals of Tourism Research, 25 (1), S. 169-184

Spode, Hasso 1995: „Reif für die Insel". In: Christiane Cantavw (Hrsg.): Arbeit, Freizeit,

Reisen. Münster, New York: Waxmann, S. 105-123

Witt, Christine A.; Peter L. Wright 1992: Tourist motivation. In: Johnson, Peter & Barry Thomas (Eds.): Choice and Demand in Tourism. London: Mansell, S. 33-55

### Reise-Notruf-Versicherung
→ Assistance-Versicherungen

### Reisepädagogik
→ Tourismuspädagogik

### Reisepaß

*passport*

Der Reisepaß ist ein Ausweisdokument für Reisen ins Ausland. Er zählt zu den Reisedokumenten und wird von dem Staat ausgegeben, dem der Mensch als Staatsbürger angehört. Es gibt unterschiedliche Versionen von Reispässen, wie Diplomatenpässe oder Dienstpässe (z.B. der Polizei). Wenn vom Reisepaß die Rede ist, geht es meistens um den allgemeinen Reisepaß, der touristischen Zwecken dient. Das Ausstellen von Pässen ist im Paßgesetz geregelt.

In der → Reisegepäck-Versicherung sind die amtlichen Gebühren für die Wiederbeschaffung von Personalausweisen und Reisepässen versichert und in der Reisenotruf-Versicherung (→ Assistance-Versicherungen) hat der Versicherer in den → Allgemeinen Versicherungsbedingungen (AVB) festgelegt, daß er sich um die Wiederbeschaffung bemüht und die Kosten hierfür verauslagt.

Ab dem 1. November 2007 wird in Deutschland der neue elektronische Reisepaß der zweiten Generation *(epass)* eingeführt. Der neue Paß enthält zusätzlich zwei Fingerabdrücke im Chip und soll dadurch den neuesten Sicherheitsanforderungen gerecht werden. Diese biometrischen Daten ermöglichen die sicherere Identifikation des Paßinhabers und schützen damit besser vor Fälschungen. Der Regelungsbereich zu Paß und Ausweisdokumenten für Kinder wurde ebenfalls überarbeitet (www.epass.de). *(hdz)*

**Reiseplan**
*itinerary*
Wer seine Reise mit der Bahn antritt, kann oftmals auf einen vorgefertigten Reiseplan zugreifen. Das Faltblatt „Ihr Reiseplan" wird von der Deutschen Bahn AG herausgegeben und in der Regel in den Fernzügen (ICE, IC, EC) an den Sitzplätzen verteilt. Er erscheint in einer Auflage von 5,2 Mio. Stück pro Monat und zählt zu den Verkehrsmedien der Bahn im Fernzugbereich (http://www.derg.de/index.php?id=4069 – Abruf: 31.12.2007).

Die in „Ihr Reiseplan" enthaltenen Informationen betreffen den Zuglauf, die Anschlußzüge auf den Unterwegsbahnhöfen und die Serviceleistungen im Zug oder auf den Bahnhöfen. Die Faltblätter sind inzwischen Objekt von Sammlern geworden (www.fahrplansammler.de). Ihr Entstehen läßt sich bis in die 1960er Jahre zurückverfolgen. Damals hieß er „Ihr Zugbegleiter" und wurde in den → TEE-Zügen verteilt. *(hdz)*

**Reise-Portal**
→ Internet Booking Engine
→ Reisemittler (c) virtuell

**Reisepreisminderung**
*travel price reduction*
Reisepreisminderung bedeutet, daß der Reisende am Reisevertrag trotz vorliegender Mängel festhält – also weder zur Selbstabhilfe noch zur Kündigung greift – dafür aber den Reisepreis nach Reiseende im Reklamationsverfahren kürzt. Da der Reisende den Reisepreis in der Regel schon vorausbezahlt hat, verlangt er damit eine teilweise Erstattung

des Preises in Geld für die Minderleistung (§§ 651 d, 638 III, IV BGB). Die verschuldensunabhängige Minderung kann neben einem Schadensersatzanspruch für weitere Vermögensverluste, insbesondere für nutzlos aufgewendete Urlaubszeit, geltend gemacht werden, der allerdings nach § 651 f BGB verschuldensabhängig ist. Wird dem Mangel umgehend durch den Veranstalter oder durch Selbstabhilfe abgeholfen wie zum Beispiel durch Reparatur im Zimmer oder durch eine zumutbare Ersatzunterkunft, entfällt der Minderungsanspruch.

Voraussetzungen für die Minderung sind nach § 651 d BGB (1) ein Reisemangel (§ 651 c I BGB), (2) dessen unverzügliche, nicht schuldhaft unterlassene Mängelanzeige oder deren Entbehrlichkeit im Einzelfall und (3) eine gewisse Dauer des Mangels. Die Höhe der Minderung erfolgt durch eine Schätzung der Minderungshöhe durch einen prozentualen Abschlag vom Gesamtreisepreis. Hilfreich sind die Frankfurter Tabelle und die von Führich entwickelte Kemptener Reisemängeltabelle als Orientierungshilfe. *(ef)*

*Literatur*
Führich, Ernst 2005: Reiserecht. Heidelberg: C.F. Müller (§ 8 Minderung des Reisepreises, Anhang IV) (5. Aufl.)
Führich, Ernst 2007: Basiswissen Reiserecht. Grundriß des Reisevertrags- und Individualreiserechts. München: Vahlen (§ 8)
Tempel, Otto 1996: Die Bemessung der Minderung in Reisesachen. In: Neue Juristische Wochenschrift (NJW), S. 164 ff.
Kemptener Reisemängeltabelle, www.reiserecht-fuehrich.de und Sonderbeilage der Monatszeitschrift für Deutsches Recht (MDR), Heft 4/2006

**Reisepsychologie**
*psychology of travel*
Wenn Menschen reisen, so bewegen sie sich nicht nur von einem Ort

zum anderen. Mit dem geographisch beschreibbaren Ortswechsel sind vielmehr stets auch vielfältige psychische Prozesse verbunden: von der gedanklichen Vorbereitung auf eine Reise über die Orientierung in einer fremden Umgebung bis hin zu den Erinnerungen an das Erlebte. Die Reisepsychologie ist jener Teil der Psychologie, der das mit dem Reisen in Zusammenhang stehende Erleben und Verhalten von Menschen zum Gegenstand hat.

## 1 Systematische und institutionelle Einordnung

Die Reisepsychologie läßt sich der Angewandten Psychologie zuordnen. Unter dieser Bezeichnung werden jene psychologischen Teildisziplinen zusammengefaßt, die ein Problemfeld der Alltagspraxis (hier: Reisen/Tourismus) aufgreifen, um es mit psychologischen Methoden und Konzepten zu erforschen. Ziel ist dabei nicht allein die Gewinnung wissenschaftlicher Erkenntnisse, sondern auch eine Verbesserung der Praxis.

Als Tourismuspsychologie kann jener Teil der Reisepsychologie bezeichnet werden, der das Erleben und Verhalten von Menschen speziell im Kontext des Tourismus untersucht. Eine Abgrenzung zur Reisepsychologie ergibt sich allerdings erst dann, wenn unter „Tourismus" eine besondere, historisch und soziokulturell abgrenzbare Reisepraxis verstanden wird. Eine solche Unterscheidung zwischen einer allgemeinen Reise- und einer speziellen Tourismuspsychologie hat sich allerdings bisher nicht allgemein durchsetzen können.

Im Unterschied zu anderen Bereichen der Angewandten Psychologie wie der Organisationspsychologie oder der Verkehrspsychologie hat sich die Reisepsychologie bisher nicht als psychologische Teildisziplin in Forschung und Lehre institutionalisieren können. Als Grund hierfür kann man vermuten, daß insbesondere das Freizeitverhalten weniger als ein gesellschaftliches Problem empfunden wird als beispielsweise das Erleben und Verhalten von Menschen im Arbeitskontext.

## 2 Inhalte

Die fehlende institutionelle Verankerung der Reisepsychologie hat die Etablierung eigenständiger reisepsychologischer Systematiken bisher behindert. Ein Inhaltsüberblick kann daher notgedrungen eine gewisses Maß an Willkür nicht vermeiden (zur Vertiefung Hahn & Kagelmann 1991).

### 2.1 Gegenstandsbereich

Die Reisepsychologie umfaßt ein weites Spektrum unterschiedlicher Phänomene und Problemstellungen. Hierzu gehört nicht nur das Erleben und Verhalten von Menschen während des Reisens, sondern ebenso Prozesse, die im Vorfeld oder im Anschluß an die Reisetätigkeit anzusiedeln sind (zum Beispiel Reiseerwartungen, Reisezufriedenheit). Weiterhin interessiert sich die Reisepsychologie nicht nur für die Reisenden selbst, sondern auch für andere Akteure im sozialen System des Reisens, insbesondere die einheimische Bevölkerung und die touristischen Dienstleister (zum Beispiel Einstellungen gegenüber Touristen, Emotionsarbeit im Kundenkontakt).

Das Phänomen des Reisens begegnet Menschen nicht nur in Form der konkreten Reisetätigkeit, sondern auch als eine soziokulturelle Praxis, die sich in vielfältiger Weise konkretisiert: in den Medien, in Konsumgütern und Dienstleistungen, in sozialen Normen und gesellschaftlichen Institutionen. Die Frage, wie sich das Reisen als soziokulturelle Praxis in seinen historisch unterschiedlichen Ausprägungsformen auf das individuelle Erleben und Verhalten von Reisenden auswirkt, gehört daher ebenfalls zu den reise- bzw. tourismuspsychologischen Grundlagenthemen – mit fließenden Übergängen vor allem zur Reisesoziologie (→ Tourismussoziologie) und -ethnologie.

### 2.2 Forschungsfelder

Pearce und Stringer (1991) haben reisepsychologische Fragestellungen auf fünf Analyseebenen unterschieden, die sich grob auf einer Dimension zunehmender Komplexität anordnen lassen:

❖ Psychophysiologische und ergonomische Phänomene: Auswirkungen des Reisens auf psychophysiologische Prozesse in Folge von Zeitverschiebung, Klimawechsel, Umstellung der Ernährung, veränderten Aktivitätsrhythmen usw.; außerdem Probleme der Anpassung touristischer Umwelten an die besonderen physischen Bedürfnisse spezieller Touristengruppen (wie Kinder oder Behinderte; → Behindertentourismus).

❖ Kognitive Prozesse: Informationsaufnahme, -verarbeitung, -speicherung und -nutzung im Kontext des Reisens. Wie orientieren sich Reisende in fremden Umgebungen? Was lernen sie auf Reisen? Welche Deutungsmuster verwenden sie bei der Verarbeitung ihrer Erfahrungen?

❖ Individuelle Unterschiede: Zusammenhänge zwischen den mehr oder weniger überdauernden psychischen Merkmalen von Menschen und ihrem Erleben und Verhalten auf Reisen. Vor allem die Einflüsse von Persönlichkeits- und Motivationsunterschieden sind hier von besonderem Interesse.

❖ Soziale Prozesse: Soziale Beziehungen und Interaktionen im Kontext des Reisens. Dies umfaßt die Analyse der Wahrnehmung und Bewertung anderer (zum Beispiel ethnische → Stereotype über die einheimische Bevölkerung), die Erforschung interindividueller Interaktionen (zum Beispiel zwischen Gast und Gastgeber), sowie die Untersuchung von Gruppenprozessen (zum Beispiel die Psychodynamik von Reisegruppen).

❖ Mensch-Umwelt Interaktionen: das Erleben und Verhalten von Reisenden im Kontext ihrer konkreten räumlich-sozialen Umwelt. Umwelten von Reisenden werden dabei als komplexe Einheiten aufgefaßt, in denen sich materiell-räumliche mit soziokulturellen Aspekten verbinden. Wovon hängt es ab, ob ein Tourist einen Strand oder einen Naturpark als „überlaufen" wahrnimmt? Wie wirkt sich der Aufenthalt in freier Natur auf das Wohlbefinden aus? Wie kommen emotionale Bindungen an Reiseziele zustande?

Zwei weitere Punkte sollen hier ergänzt werden:

❖ Emotionale Prozesse: Emotionen, Stimmungen, Atmosphären, Phantasie und Kreativität spielen im Freizeittourismus eine wesentliche Rolle. Aus reisepsychologischer Sicht kann hier zum Beispiel gefragt werden: Was macht die besondere Erlebnisqualität des Reisens aus? Wie funktionieren Reiseerlebnisse? Und wann mißlingen sie?

❖ Institutioneller und soziokultureller Kontext: Das Erleben und Verhalten von Reisenden wird nicht zuletzt von den Institutionen und Strukturen des touristischen Systems beeinflußt, ebenso von allgemeinen soziokulturellen Entwicklungen. Welche Wechselwirkungen gibt es beispielsweise zwischen der Kommerzialisierung des Reisens und dem individuellen Erleben von

Touristen? Wie verändern neue Kommunikationsmedien das touristische Verhalten?

Eine etwas andere Form der Systematisierung ergibt sich, wenn man die Reisepsychologie als eine Querschnittsdisziplin betrachtet, die sich aus den Schnittpunkten reisepsychologischer Inhalte mit den Forschungsperspektiven anderer psychologischer Disziplinen zusammensetzt. Einige dieser Schnittpunkte sind bereits in der obigen Systematik erkennbar, etwa mit der Motivations- und Persönlichkeitspsychologie (individuelle Unterschiede), mit der Sozialpsychologie (soziale Prozesse), oder mit der Umweltpsychologie (Mensch-Umwelt Interaktionen).

Andere Schnittpunkte ließen sich ergänzen. So stellt sich beispielsweise aus einer entwicklungspsychologischen Perspektive die Frage, wie Menschen zu Reisenden sozialisiert werden, in welcher Weise sich ihr Reiseverhalten im Lebenslauf verändert oder auch wie das Reisen als Medium für Entwicklungsprozesse (zum Beispiel des Erwachsenwerdens) fungieren kann. Aus Sicht der Pädagogischen Psychologie kann gefragt werden, ob sich bestimmte Lernerfahrungen gezielt durch Reisen fördern lassen und die Klinische Psychologie ist angesprochen, wenn das Reisen als psychotherapeutisches Medium eingesetzt wird.

Besonders stark repräsentiert ist in der reisepsychologischen Forschung der Schnittpunkt mit der Markt- und Konsumentenpsychologie. Reisende werden hier als Konsumenten touristischer Produkte, Reiseentscheidungen als Produktentscheidungen betrachtet. Hinter der Analyse der psychischen Determinanten derartiger Produktentscheidungen steht nicht zuletzt das praktische Interesse, das Konsumverhalten von Touristen auf der Basis tourismuspsychologischer Erkenntnisse beeinflussen zu können.

## 3 Anwendung

In der Praxis werden reisepsychologische Erkenntnisse überall dort benötigt, wo im Rahmen touristischer Institutionen Einfluß auf das Verhalten und Erleben Reisender, touristischer Dienstleister oder auch der Gastbevölkerung genommen werden soll, sei es in der privaten Tourismuswirtschaft, sei es bei der Umsetzung (tourismus)politischer Ziele im öffentlichen Sektor.

Die Bedeutung der Reisepsychologie speziell für das Tourismusmarketing ist offensichtlich und spiegelt sich in der starken Präsenz einer markt- und konsumentenpsychologischen Perspektive in der reisepsychologischen Forschung. Ob es um die grundlegende Marktanalyse, die Entwicklung von strategischen Zielen oder deren Umsetzung im Rahmen konkreter Produkt-, Preis-, Distributions- und Kommunikationsentscheidungen geht, überall werden reise- bzw. tourismuspsychologische Erkenntnisse benötigt.

Aber auch das öffentliche Management touristischer Institutionen und Ressourcen kommt ohne tourismuspsychologisches Wissen nicht aus. Das gilt nicht nur dann, wenn es vorrangig um Möglichkeiten der gezielten Förderung des regionalen Tourismusstandorts geht, sondern vor allem auch dann, wenn das Ziel darin besteht, den Bedürfnissen und Ansprüchen von Reisenden ebenso gerecht zu werden wie anderen, mitunter konfligierenden Zielen (zum Beispiel wirtschaftliche Interessen, Umwelt- und Ressourcenschutz, Schutz der kulturellen und individuellen Integrität der einheimischen Bevölkerung und der touristischen Dienstleister). Zur Analyse und Bearbeitung der hierbei auftretenden Zielkonflikte können tourismuspsychologische Konzepte einen wesentlichen Beitrag leisten. *(arg)*

*Literatur*

Hahn, Heinz; Hans Jürgen Kagelmann (Hrsg.) 1993: Tourismuspsychologie und Tourismussoziologie. München: Quintessenz

Pearce, Philip L.; Peter F. Stringer 1991: Psychology and tourism. In: Annals of Tourism Research, 10, S. 136-154

## Reiserecht

*travel law*

Das Reiserecht ist weder ein einheitliches Rechtsgebiet, noch gibt es hierfür ein einheitliches Gesetzbuch. Das Reiserecht erfaßt als Querschnittsrecht alle privatrechtlichen Vorschriften, welche den Reisenden gegenüber Reiseunternehmen (→ Reiseveranstalter,→ Reisemittler,→ Leistungsträger wie Verkehrs- und Beherbergungsunternehmen) berechtigen und verpflichten. Zum Reiserecht zählen daher das (1) Reisevertragsrecht der Pauschalreise (→ Abschluß des Reisevertrages), das (2) Reisevermittlungsrecht des Reisebüros und der Internet-Reiseportale und das (3) Individualreiserecht der Beförderung mit Flugzeug, Bus, Bahn und Schiff und der Gastaufnahme in Beherbergungsbetrieben. *(ef)*

*Literatur*

Führich, Ernst 2003: Mein Recht auf Reisen. Guter Rat bei Urlaubsärger mit Reiseveranstaltern, Fluglinien und Hotels. München: dtv (2. Aufl.)

Führich, Ernst 2005: Reiserecht. Heidelberg: C.F. Müller (5. Aufl.)

Führich, Ernst 2006: Reiserecht von A-Z. München: dtv (3. Aufl.)

Führich, Ernst 2007: Basiswissen Reiserecht. Grundriß des Reisevertrags- und Individualreiserechts. München: Vahlen

Tonner, Klaus 2005: Reiserecht. In: Münchner Kommentar zum Bürgerlichen Gesetzbuch (BGB). München: Beck (4. Aufl.)

Tonner, Klaus 2007: Der Reisevertrag. Kommentar zu den §§ 651 a - 651 l BGB. Neuwied: Luchterhand (5. Aufl.)

## Reiserisiken

→ Risiken

## Reiserücktrittskosten-Versicherung (RRV)

*travel cancellation insurance*

Die Reise-Rücktrittskosten-Versicherung setzt auf der Reisebuchung auf und versichert den abgeschlossenen Reisevertrag. Versichert werden die vertraglich geschuldeten Stornokosten bei Nichtantritt der Reise aus dem versicherten Reisearrangement. Die Berechnung der → Stornokosten erfolgt auf Basis der → Stornostaffel, die Bestandteil des Reisevertrages ist. Sollte die Reise nicht storniert, sondern verspätet angetreten werden, werden die Nachreisekosten übernommen. Diese Leistung, die nicht alle Versicherer in ihren Bedingungen festgelegt haben, begründet sich über die versicherten Gründe/Ereignisse und das Ereignis der Verspätung öffentlicher Verkehrsmittel. In beiden Fällen können Mehrkosten der Anreise entstehen, die bis zur Höhe der Stornokosten die Erstattungsgrundlage bilden.

Auch bei der RRV hat die Deregulierung in der Versicherungsbranche dazu geführt, daß unterschiedlich gestaltete Produkte angeboten werden. Gerade Selbstbehaltregelungen und → Risiken sind different geregelt. Dennoch können als Kernrisiken gelten:

- ❖ Tod;
- ❖ unerwartete schwere Erkrankung (→ Krankheit);
- ❖ schwere Unfallverletzung;
- ❖ Impfunverträglichkeit;
- ❖ Schwangerschaft;
- ❖ erheblicher Schaden am Eigentum;

❖ unerwartete betriebliche Kündigung des Arbeitsverhältnisses;
❖ unerwartete Arbeitsaufnahme.

Mit der Einführung des → Selbstbehalts in der RRV soll die Prämienstruktur stabilisiert werden. Gerade die Stornierung wegen Krankheit war schon immer ein Anlaß, die Selbstbeteiligung einzuführen, die in der Regel bei diesem Ereignis 20 v.H. des Schadens, mindestens € 25,00 ausmacht.

Die Prämienfestlegung erfolgen in der RRV und RAV (→ Reise-Abbruchversicherung) nach zwei Prinzipien. Zunächst wird die Prämie nach dem Reisepreis je Person berechnet. Bei Objekten wie Ferienwohnungen folgt die Prämienberechnung dagegen nach dem Objektprinzip. Die Prämie wird nicht pro Kopf kalkuliert, sondern auf einen Mietpreis bezogen. Diese beiden Berechnungsarten vernachlässigen bewußt die Zeit als Kalkulationsbasis, die bei der Prämienberechnung der anderen Reiseversicherungssparten eine kalkulatorische Rolle spielt. *(hdz)*

## Reiserufe
*emergency message by radio*
Reiserufe werden über das ARD Personal Call Team von der ARD-Reiserufstelle in Frankfurt am Main über die öffentlich-rechtlichen Rundfunkanstalten in den Radioprogrammen gesendet. Sie bedürfen der amtlichen Bestätigung durch Polizei, Krankenhaus, Arzt oder Feuerwehr. (www.wdr.de/tv/service/reisen/reiseruf) *(hdz)*

## Reisescheck
*traveller cheque*
Zahlungsmittel im internationalen Reiseverkehr. Schecks können nach dem Wert in unterschiedlichen Stückelungen vor einer Reise bei Banken und Sparkassen in der Landeswährung von

→ Destinationen erworben werden. Sie werden einmal bei der Ausgabe und zum anderen bei der Einlösung im Zielland vom Kunden unterschrieben, der daraufhin entweder Bargeld ausgehändigt bekommt (zum Beispiel bei einer Bank oder Wechselstube) oder damit Rechnungen (zum Beispiel von → Hotels oder → Restaurants) bargeldlos begleichen kann. Verlorene oder gestohlene Schecks werden nach Meldung gesperrt und ersetzt. Daher ist es ein sehr sicheres Zahlungsmittel. Nachteil ist, daß sie bereits vorher zu bezahlen sind, es sie nur in relativ wenigen Währungen gibt, daß man vorher wissen muß, wieviel Geld man benötigt und Gebühren in Höhe von ein bis zwei Prozent der Summe zu zahlen sind. Einige Banken im Ausland verlangen zudem eine zusätzliche Bearbeitungsgebühr.

Reiseschecks gehörten zu wichtigen Geschäftszweigen von → American Express und → Thomas Cook (b). Mit der Einführung des Euro in vielen Ländern der EU und der Möglichkeit, Geld auch im Ausland über Geldautomaten zu beziehen, ist ihre Bedeutung aber stark gesunken. Auch die einfacher zu handhabenden Kreditkarten, mit denen man fast jede Rechnung begleichen kann, haben sie in weiten Teilen abgelöst. *(jwm)*

## Reiseunfall-Versicherung (RU)
*travel accident insurance*
Die Reiseunfall-Versicherung bietet als Personenversicherung Versicherungsschutz gegen die wirtschaftlichen Folgen eines → Unfalls, der dem versicherten Kunden auf Reisen und bei den damit verbundenen Aufenthalten zustößt. → Gliedertaxe *(hdz)*

## Reiseveranstalter
*tour operator*

**(a) integriert**
*vertically integrated tour operator*
Im Unterschied zum traditionellen Reiseveranstalter (→ Reiseveranstalter, traditionell) sind beim integrierten Reiseveranstalter verschiedene Stufen der Wertschöpfungskette in einem Unternehmen vereint. Dadurch wird eine gefestigte Gesamtstellung in der Touristikbranche erreicht.

Erfolgreiche vertikal integrierte Reiseveranstalter (auch integrierte Touristikkonzerne genannt; → vertikale Integration) verdienen weniger an der eigentlichen Reiseveranstaltermarge als an den anderen Stufen der Wertschöpfungskette. Nur die bestmögliche Ausschöpfung sämtlicher Wertschöpfungsstufen ermöglicht bessere Betriebsergebnisse. Als neue zusätzliche unternehmerische Aufgabe kommt jetzt die interne Steuerung der einzelnen Wertschöpfungsstufen innerhalb des Touristikkonzerns hinzu, eine Aufgabe, die bisher weitgehend der Markt gelöst hat. Die dadurch notwendige integrierte Planung und Steuerung führt zu einer höheren Komplexität.

Typische integrierte Reiseveranstalter sind in Deutschland die → TUI, → Thomas Cook (b) und m. E. REWE-Touristik. Diese drei Unternehmen haben zusammen einen Marktanteil bei den Reisebüros, Flugreiseveranstaltern und im Ferienfluggeschäft von jeweils über 70 Prozent.

### 1 Chancen für integrierte Reiseveranstalter

Aus der Integration ergeben sich für die Veranstalter vor allem folgende Chancen:

### 1.1 Strategische Optimierung

❖ durchgehende Planung, weniger Schnittstellen, einfachere Zusammenarbeit

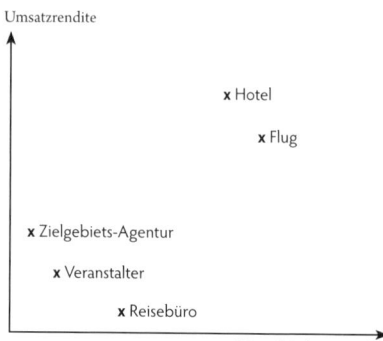

**Abbildung 1:** Wertschöpfungsanteil und Umsatzrenditen (Quelle: Born 2004, S. 90)

❖ Schaffung von Marktmacht gegenüber Lieferanten bzw. Abnehmern.
❖ marktbeherrschende Stellung gegenüber der restlichen Konkurrenz
❖ Einstieg in neue Geschäftsfelder, neue Produktbereiche, neue Technologien.
❖ koordinierte Strategien (zum Beispiel gemeinsames Agieren im Zielgebiet von Fluggesellschaft, Veranstalter und Hotelier am Flughafen).

### 1.2 Synergien realisieren

Die Realisierung von Synergien ist einer der meistgenannten Vorteile für den integrierten Veranstalter. Darunter versteht man:

❖ gemeinsam genutztes Know How (zum Beispiel von → Fluggesellschaft und Veranstalter bei der Flugplanerstellung)
❖ gemeinsam genutzte Ressourcen
  ‣ höheres Einkaufsvolumen ergibt bessere Einkaufspreise
  ‣ Einsparungen durch gemeinsame Nutzung von Stabsstellen
  ‣ Synergien im Bereich der back office-Tätigkeiten im Zielgebiet.
❖ vereintes Schaffen neuer Geschäftsfelder, zum Beispiel E-Commerce (→ eTourism).

## 1.3 Risikominimierung

### Hotelrisiken

Zur Sicherung des Angebots beliebter → Hotels müssen vom Reiseveranstalter ohnedies Vorauszahlungen geleistet, Festmieten und Mehrjahresverträge (Quasi-Integration; → vertikale Integration) mit dem daraus resultierenden hohen Risiko abgeschlossen werden. Deshalb ist es sinnvoll, Hotels bzw. Hotelbeteiligungen zu erwerben, so daß dem Risiko auch entsprechende Renditechancen auf dieser Wertschöpfungsstufe gegenüberstehen. Die Bettenbelegung wird in beiden Fällen zum wirtschaftlichen Muß, sonst können Auslastungsverluste in Millionenhöhe entstehen. Um dieses hohe Risiko zu beherrschen, muß die Ausgangslage verbreitert werden durch

- ❖ Bündelung der Nachfrage über verschiedene Länder durch Internationalisierung und die Gründung oder den Kauf von Veranstaltern im Ausland. Die Verhandlungen und die Vermarktung sind einfacher und ermöglichen exklusiven Vermarktungsstatus. Damit übernimmt der Veranstalter die Vermarktungsrolle des Hoteliers, auch die der quellmarktübergreifenden Optimierung und
- ❖ Steuerung der Auslastung über mehrere eigene Veranstalter-Marken, um Nachfrageschwankungen in den einzelnen → Quellmärkten auszugleichen. Damit verringert sich das Risiko von Leerkosten durch nicht belegte Betten.

Voraussetzung hierfür ist die Nutzung eines einheitlichen Steuerungssystems.

### Flugrisiken

Mit der Anzahl Hotelbetten müssen die entsprechenden Flugplätze korrelieren, um die Gäste in die Reiseziele zu bringen (Kapazitätssicherung). Die Auslastungsoptimierung dieser Flugkapazitäten beeinflußt das Gesamtergebnis erheblich.

## 1.4 Ausnutzung aller Ertragschancen über die gesamte Wertschöpfungskette (multi value)

Im klassischen Zusammenspiel der Touristik ist der Reiseveranstalter zwar der „Motor", der die Reisen gestaltet, bei den → Leistungsträgern die Teilleistungen einkauft, kalkuliert und Endpreise bildet, den Katalog erstellt, das Marketing für die Reisen betreibt, die Reise abwickelt und eventuelle Kundenbeschwerden für die komplette Reisekette bearbeitet – er erzielt aber neben dem Reisebüro die geringste Umsatzrendite. Aus Sicht des Reiseveranstalters ist es unbefriedigend, daß die anderen Anbieter in der Wertschöpfungskette ein Vielfaches mit dem von ihm gewonnenen Kunden verdienen.

Die großen Reiseveranstalter waren mit dieser Situation schon längere Zeit unzufrieden und deshalb bestrebt, in die Rolle des Produzenten zu wechseln, um den Ertrag der gesamten Wertschöpfungskette selbst zu verdienen. Im angestrebten Idealfall soll jeder vom Veranstalter gewonnene Kunde auf jeder Stufe der Wertschöpfungskette sein Kunde bleiben.

Die Zielvorstellung sieht demnach so aus: Der Kunde bucht im eigenen Reisebüro die Reise des eigenen Veranstalters, fliegt mit der eigenen Fluggesellschaft, wohnt im eigenen Hotel, wird von und zum Flughafen mit der eigenen Incoming-Gesellschaft (→ Incoming-Reiseveranstalter) transferiert, bucht im Zielgebiet nur Ausflüge mit der eigenen Ausflugsagentur.

Dieser mehrfache Ertrag von jedem Kunden wird als *multi value* bezeichnet und ist demnach der wichtigste strategische Ansatz für den Touristikkonzern. Auf jeder Stufe werden Umsätze und Gewinne realisiert. Man verdient mehrfach, kann aber auch mehrfach verlieren. Kurzum die Reaktionsbasis wird insgesamt vergrößert.

### 1.5 Optimierung der Auslastungssteuerung über alle Wertschöpfungsstufen

Während es beim Yield-Management (→ Ertragsmanagement) der → Fluggesellschaften „nur" um die Maximierung des Ertrags Flug geht, muß das Kapazitätsmanagement beim integrierten Reisekonzern den Blick auf die gesamte Wertschöpfungskette haben.

Hohe Fixkosten belasten das Ausgangsbudget, da die fixen Kapazitäten durch gegebene Flugzeug- und Hotelgrößen kurzfristig nicht veränderbar sind. Durch die Steuerung über alle Wertschöpfungsstufen hinweg kann das Zusammenspiel aller Teile optimiert, das Gesamtrisiko minimiert und können zusätzliche Ertragschancen eröffnet werden. Deshalb wird als eine herausragende Fähigkeit im integrierten Veranstalter das ‚Management der eigenen *assets*' (eigene Flugzeuge, eigene Hotels) bezeichnet. Der strategische Preisansatz zur Absicherung der Ertragssteigerungen heißt demnach: Verbundvorteile im Preis umsetzen und Bevorzugung (Schutz) der eigenen Produkte vor anderen Produkten.

Durch die integrierte Steuerung des Kapazitätsmanagements über alle Marken hinweg wird bei unterjährigen Veränderungen nachhaltig in das Geschäft der Produktmanager eingegriffen. Je nachdem, wo Kapazitäten gestrichen, aufgebaut oder umdisponiert werden (über Marken und Quellmärkte hinweg), verändern sich Ertragschancen und -risiken in den entsprechenden Produktmanagements. Damit werden unter Umständen strategische Ansätze nachhaltig beeinflußt.

### 2 Marketingerfolge mit durchgängigem Marktauftritt

Der vollständig integrierte Reiseveranstalter (→ vertikale Integration) hat die Gäste auf allen Wertschöpfungsstufen. Es gibt keine sich eventuell widersprechenden Marketingstrategien auf den einzelnen Stufen. Die Ansprache des Kunden paßt zusammen und ergänzt sich. Jede Wertschöpfungskette kann gezielt Werbung für den anderen Unternehmensteil mitmachen

Durch die Vorwärtsintegration insbesondere in den Vertriebsbereich wird der Zugang für andere Marktteilnehmer erschwert, teilweise sogar verschlossen. Ebenso hat der integrierte Veranstalter exklusiven Zugang zu den Betten der eigenen Hotels.

Im klassischen Marktmodell überblicken die Urlauber nicht immer, wer ihr eigentlicher Anbieter ist. Der integrierte Reiseveranstalter hat die Chance, die Präsenz der Marke (über Reisebüro, Veranstalter, Fluggesellschaft und Hotel) zu stärken und die Pauschalreise konsequent zum Markenartikel weiterzuentwickeln. Bei einer starken Marke will der Kunde von dieser Marke auch in jeder Wertschöpfungsstufe betreut werden.

### 3 Qualitätssicherung

Bei einer mehrteiligen → Dienstleistung, wie der → Pauschalreise, kommt es beim Qualitätsempfinden der Kunden auf die durchgehende Güte des Angebots an. Eine teilweise Schlechtleistung – und sei es eine noch so geringe – wertet das Gesamtprodukt ab. Außerdem hat der Veranstalter aus rechtlichen Gründen gegenüber den Kunden ohnehin die Verantwortung für die Qualität fremder Leistungserbringer. Deshalb kommt der durchgängigen Qualitätssicherung beim Reiseveranstalter eine besondere Bedeutung zu, zumal die Erstellung einer Dienstleistung schwieriger zu nor-

Reiseveranstalter (a) integriert

Reiseveranstalter (a) integriert

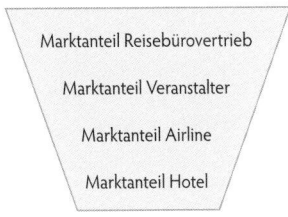

**Optimale Verteilung**
**über die verschiedenen Wertschöpfungsstufen**

**Verteilung bei C & N in 2000**

**Abbildung 2:** Geschäftssystem aus Quellmarktperspektive
Quelle: Born 2004, S. 91

mieren ist als Verrichtungen im produzierenden Gewerbe (→ Qualität und das Management von Qualität).

Die vertikale Integration bietet die Chance für den integrierten Reisekonzern, Produkt- und Servicequalität der Teilleistungen besser zu steuern und durchgängige Qualität zu sichern. Dies ist insbesondere bei den Hotelbeteiligungen von Vorteil, weil die Zufriedenheit der Kunden in besonderer Weise durch den Hotelaufenthalt bestimmt wird.

Durch kreatives Zusammenwirken einzelner Wertschöpfungsstufen ergeben sich zudem neue Möglichkeiten für Innovationen (Beispielsweise bei Abreise → Check-in für den Rückflug im Hotel, wenn der Kunde im konzerneigenen Hotel übernachtet und mit der konzerneigenen Fluggesellschaft fliegt).

**4 Kundenbindung über alle Wertschöpfungsstufen**

Kaum eine andere Branche hat bei ihren Kunden so lange und so intensiv die Möglichkeit, viel über den Kunden zu erfahren, wie die Reisebranche. Diese Erfahrung umgesetzt in Kundenorientierung möchten die Gäste mit jedem Kontakt erleben. Die Wünsche, die der Kunde im Reisebüro äußert, werden im Flugzeug bzw. im Hotel erfüllt. Umgekehrt können die Wünsche, die der Kunde im Flugzeug bzw. im Hotel äußert,

Basis sein bei der nächsten Buchung im Reisebüro.

**5 Veränderte Zielsetzung auf einzelnen Wertschöpfungsstufen durch die integrierten Reiseveranstalter**

Durch die Integration der einzelnen Wertschöpfungsstufen kann der integrierte Reiseveranstalter die Wettbewerbskräfte zum eigenen Vorteil verändern. Durch den Grad der vertikalen Integration wird die Grenzziehung des Unternehmens zum Markt neu bestimmt. Dadurch ergeben sich teilweise veränderte Aufgabenstellungen für die einzelnen Unternehmensteile.

**5.1 Das veranstaltereigene Reisebüro**

Nicht mehr der Verkauf der Reisen mit dem höchsten Provisionserlös steht im Vordergrund, sondern der Verkauf der Reisen mit dem höchsten Gesamtdeckungsbeitrag für den integrierten Reisekonzern. Über spezielle Steuerungsmechanismen wird dies den konzerneigenen Reisebüros vorgegeben.

**5.2 Die veranstaltereigene Fluggesellschaft**

Neben der bisherigen Verantwortung für eine genügende Sitzplatzauslastung auf jeder Flugstrecke kommt jetzt eine gemeinsame Verantwortung für die Stundenauslastung der Flotte pro Tag und pro Jahr hinzu.

579

Zu besonderen Konflikten führte anfänglich das neue Rollenverständnis von Veranstalter und hauseigener Fluggesellschaft. Die extrem hohe Komplexität war auch mit noch so komplizierten Verrechnungspreisen nicht konfliktfrei darzustellen.

### 5.3 Die veranstaltereigene Hotelbeteiligung

Die hohe Wertschöpfung und die hohe Umsatzrendite im Hotelbereich erfordern eine starke Fokussierung auf die optimale Auslastung der eigenen Kapazitäten, notfalls zu Lasten der Verträge mit fremden Hotels. Durch entsprechende Zielvorgaben an die Reisebüros wird diese Steuerung auch praktisch umgesetzt. Die optimale Steuerung über nationale Quellmärkte hinweg wird allerdings durch unterschiedliche nationale Kundenwünsche begrenzt.

### 5.4 Grenzen der integrierten Steuerung

Die Vorteile einer zentralen Steuerung liegen in Synergieeffekten, der Vereinfachung der Koordination sowie Transparenz und Übersicht. Die Kompetenzen sind hierarchisch vertikal verteilt. Dadurch ist es leichter, die → Kernkompetenzen des gesamten Konzerns gezielt in den einzelnen Unternehmensbereichen weiterzuführen.

Allerdings ist die Zentralisation auch mit Nachteilen verbunden. Die Zentralabteilungen benötigen ständig Informationen von der Basis und aus anderen wichtigen Bereichen des Unternehmens, um entsprechend planen und operieren zu können. Dies ist bei der Fülle der in einem integrierten Konzern anfallenden Informationen mit erheblichen logistischen Problemen und vor allem mit zeitlichen Verlusten verbunden.

### 6 Notwendige Kernkompetenzen für integrierte Reiseveranstalter

Damit der integrierte Reiseveranstalter erfolgreich agieren kann, benötigt er folgende Kernkompetenzen unter seinem Dach:

* Beschaffungskompetenz (Fähigkeit, Unterkunfts- und Flugkapazitäten weltweit koordiniert und gebündelt zu beschaffen);
* Beförderungskompetenz (Fähigkeit, mit gezielt ausgewähltem und auf ergebnisrelevanten Strecken optimal eingesetztem Fluggerät ein Produktangebot mit einem im Vergleich zum Wettbewerb besseren Preis-/Leistungsverhältnis zu etablieren);
* Hotelkompetenz (Fähigkeit, Aufbau und optimale Auslastung eines vom Kunden honorierten Hotelnetzes in wichtigen Zielgebieten mit hohem Qualitätsstandard zu betreiben);
* Vermarktungskompetenz (Fähigkeit, insbesondere eigene Produktkomponenten unter dem Veranstalterdach optimal zu vermarkten und die verschiedenen Vertriebskanäle gezielt zu nutzen und effizient zu steuern);
* Abwicklungskompetenz (Fähigkeit, auf der Basis des vertikal integrierten Netzwerkes eine durchgängig perfekte, kundenorientierte Reiseorganisation durch optimale Abstimmung und systemseitige Verknüpfung der internen Prozesse zu gewährleisten);
* Kundenbindungskompetenz (Fähigkeit, maßgeschneiderte und effiziente Kundenbindungsinstrumente einzusetzen, um die Kundenloyalität nachhaltig zu steigern).

Hinzu kommt als eigenständige zusätzliche → Kernkompetenz im integrierten Touristikkonzern:

* Integriertes Management der → touristischen Wertschöpfungskette (Fä-

higkeit, die einzelnen Wertschöpfungsstufen in einem Unternehmen integrieren zu können).

## 7  Das ideale Geschäftsmodell aus der Quellmarktperspektive

Das Geschäftsmodell beschreibt, wie stark der damit nur partiell, aber über alle Wertschöpfungsstufen integrierte Reiseveranstalter (→ vertikale Integration) in den einzelnen Wertschöpfungsstufen engagiert ist. Abbildung 2 zeigt das optimale Geschäftssystem in Form eines Trichters: Ausgangspunkt ist eine möglichst breite Vertriebsbasis (alle Vertriebskanäle zusammengenommen), etwas kleiner die Kapazität des Veranstalters, deutlich kleiner die Kapazität der eigenen Fluggesellschaft und noch kleiner der Anteil im Bereich der Ferienhotellerie. Diese Konstellation bietet die notwendige Flexibilitäts-Reserve und stellt sicher, daß keine Leerkapazitäten entstehen, die entweder durch fremde Marktteilnehmer gefüllt oder abgebaut werden müssen. Die darüber hinausgehenden Leistungen können auf dem freien Markt hinzugekauft werden. Im Gegensatz hierzu stand die historisch gewachsene Aufstellung des Veranstalters C&N (jetzt → Thomas Cook [b])im Jahre 2000, die durch den Nachfragerückgang nach dem 11. September 2001 zu den Auslastungsproblemen der konzerneigenen Fluggesellschaft Condor führten.

Damit kann auch die Frage beantwortet werden, ob der integrierte Reiseveranstalter nur ein „Schönwettermodell" und die Strategie des *multi value* nur in Boomzeiten erfolgreich sei. Der integrierte Reisekonzern ist krisenresistent, wenn die Kapazitätsverteilung idealtypisch in der Trichterform ausgerichtet ist und die interne Steuerung auf die eigenen Kapazitäten zielgerichtet erfolgt.

*(kbo)*

*Literatur*
Bastian, H.; Karl Born (Hrsg.) 2004: Der integrierte Touristikkonzern. München: Oldenbourg
Born, Karl 2004: Strategische Vorgaben zur Konzernsteuerung. In: Bastian & Born (Hrsg.), S. 81-99
Oetinger, Bolko von (Hrsg.) 2000: Das Boston Consulting Group Strategie-Buch. München: Econ
Pompl, Wilhelm; Manfred G. Lieb (Hrsg.) 2002: Internationales Tourismusmanagement. Herausforderungen, Strategien, Instrumente. München: Vahlen

## (b) rechtlich
*legal*

### 1  Definition

Das Gesetz definiert in § 651 a I BGB nicht den Begriff des Reiseveranstalters. Wer Reiseveranstalter ist, hängt vom Begriff der „Reise" ab. Reiseveranstalter ist daher jede natürliche oder juristische Person, welche eine Reise in eigener Verantwortung organisiert, anbietet und erbringt (§ 651 a II BGB). Eine gewerbliche Tätigkeit oder eine gewisse Häufigkeit sind nicht erforderlich, so daß auch Gelegenheitsveranstalter darunter fallen wie Schulträger, Jugendwerke und gemeinnützige Organisationen und Vereine, wenn die Teilnahme an der Reise jedermann durch Beitritt möglich ist. Jugendgruppen, Vereine und Betriebe, welche Reisen nur für ihre Mitglieder im Rahmen ihres Vereinszwecks organisieren, können nicht als Veranstalter angesehen werden (OLG Stuttgart NJW 1996, 1352: Alpenverein).

### 2  Analogie

Das Reisevertragsrecht der §§ 651 a ff. wird auf Einzelleistungen eines Reiseveranstalters bei Ferienunterkunft, Hotelzimmer und Wohnmobil entsprechend angewendet, wenn diese veranstaltergleich ohne Nennung des → Leistungsträgers (Eigentümers) angeboten werden.

### 3 Abgrenzung zum Reisemittler

Die Unterscheidung zwischen Reiseveranstalter und → Reisemittler ist eines der größten Praxisprobleme, da die Reiseunternehmen dem Verbraucherschutz der strengen Vorschriften des Reisevertrages entgehen wollen. In vielen Fällen ist festzustellen, daß Anbieter von Reisen, den Anschein erwecken wollen, daß sie den Flug, das Hotel und den Mietwagen lediglich mit dem Luftfahrtunternehmen, dem Beherbergungsbetrieb und dem Autovermieter vermitteln, so daß sich der Reisekunde bei Rechtsproblemen direkt mit dem vermittelten Unternehmen, oft nach ausländischem Recht, auseinandersetzen müßte.

Maßgeblich für die Abgrenzung zum Reisevermittler ist nach § 651 a II BGB die objektive Sicht eines verständigen Reisenden (§§ 133, 157 BGB). Reiseveranstalter ist derjenige, der aus der Sicht des Reisenden das Leistungspaket als eigene Reise anbietet. Der Veranstalter verspricht daher eine von ihm gestaltete Reise über die einzelnen Teilleistungen hinaus als Gesamtleistung und haftet für den Erfolg des Urlaubs, soweit dieser von seinen Leistungen abhängt (BGH NJW 2000, 1188). Soweit als der Veranstalter einzelne die Reise charakterisierende Hauptleistungen bündelt, können diese nicht als Fremdleistung nur vermittelt werden. Gehört damit ein Flug oder eine Unterkunft zur Gesamtheit der Reiseleistungen, kann sich der Veranstalter nicht durch eine entsprechende AGB-Vermittlerklausel (→ Allgemeine Geschäftsbedingungen) der Haftung entziehen.

Diese Grundsätze gelten auch bei der Einordnung als Reiseveranstalter, wenn ein Reisebüro oder ein Reiseportal im Internet eine Reise, aber auch eine einzelne Reiseleistung wie ein Ferienhaus selbst als Veranstalter in eigener Verantwortung anbietet. Ein Reisebüro oder ein Reiseportal muß sich als Reiseveranstalter festhalten lassen und kann sich nicht durch eine bloß abweichende gegenteilige Vermittlererklärung auf die Rolle eines Reisevermittlers der Einzelleistungen zurückziehen (§ 651 a II BGB). Maßgeblich ist damit das tatsächliche Auftreten des Reisebüros gegenüber dem Reisenden und nicht bloß eine Erklärung, nur Verträge mit Leistungsträgern vermitteln zu wollen. Bestehen Zweifel, ob eine Reisevermittlung einer fremden Reiseleistung oder eine Reiseveranstaltung in eigener Verantwortung vorliegt, geht das Gesetz in § 651a II BGB von der Stellung eines Reiseveranstalter aus.

### 4 Vermittlung von Zusatzleistungen

Zusätzliche Reiseleistungen, welche nicht die Reise prägen, kann der Veranstalter dagegen vermitteln, so daß zwischen dem Reisenden und dem Veranstalter insoweit nur ein Vermittlervertrag vorliegt. Jedoch ist erforderlich, daß der Charakter dieser Fremdleistung, also ihre Erbringung außerhalb des Verantwortungsbereichs des Veranstalters, aus der Sicht eines durchschnittlichen Reisenden unmißverständlich klar ist. Maßgeblich ist das Auftreten des Veranstalters bei Vertragsschluß in seiner Werbung, im Prospekt und bei der Ausgestaltung seiner Vertragsbedingungen gegenüber dem Reisenden in der Reisebestätigung und den AGB. Unerheblich ist die Bezeichnung des Vertrages. Erforderlich sind daher eindeutige Indizien für eine Fremdleistung wie eine ausdrückliche Vermittlererklärung, fakultative Zusatzleistung, Buchung vor Ort möglich oder ein gesondert ausgewiesener Preis. Erklärt die örtliche Reiseleitung auf einer Informationsveranstaltung des Reiseveranstalters, daß ein Jeep-Ausflug

„über uns" gebucht werden und bei ihr bezahlt werden könne, so wird der Ausflug Bestandteil der Pauschalreise, auch wenn sich auf den verteilten Informationsblättern ein Vermerk befindet, wonach der Ausflug lediglich vermittelt werde (OLG Düsseldorf RR 2005, 121). Der Reisende muß also nicht vom Charakter einer Fremdleistung ausgehen, wenn die Zusatzleistung im Prospekt des Veranstalters beworben wird, auf Anmeldeformularen und Quittungen sein Firmenzeichen steht und die Zusatzleistung von der Reiseleitung (→ Reiseleiter) während der Reise angeboten wird (LG Frankfurt/M. RRa 2006, 73). Wo die Buchung und Bezahlung eines Ausfluges oder eines Reitkurses erfolgt, ist nur ein Indiz, da der Reisevertrag auch während der Reise vor Ort ergänzt werden kann. Vermittelte Fremdleistungen können Ausflüge vor Ort, Sportveranstaltungen, Konzerte, Theater, Skipässe, medizinische Behandlungen, Hobbykurse und → Reiseversicherungen sein. *(ef)*

*Literatur*
Führich, Ernst 2005: Reiserecht. Heidelberg: C.F. Müller (§ 5, Rn. 86 ff.) (5. Aufl.)
Führich, Ernst 2007: Basiswissen Reiserecht. Grundriß des Reisevertrags- und Individualreiserechts. München: Vahlen (§ 2)

(c) traditionell
*traditional tour operator*
Der traditionelle Reiseveranstalter nimmt innerhalb der touristischen Wertschöpfungskette der Pauschalreise die klassische Funktion wahr, touristische Leistungen von Leistungsträgern (Fluggesellschaften, Hotels etc.) zu beschaffen, diese dann zu neuen, eigenständigen Leistungspaketen (→ Pauschal-, Urlaubsreisen) zu bündeln und diese „in eigenem Namen, auf eigenes Risiko und auf eigene Rechnung" (Pompl 1997,

S. 29) meist durch Unterstützung durch → Reisemittler (Reisebüros) den privaten Verbrauchern anzubieten.

Das Geschäftsmodell des traditionellen Reiseveranstalters beruht demnach auf Kommunikations- und Vertragsbeziehungen mit wirtschaftlich und rechtlich eigenständigen Geschäftspartnern der Tourismuswirtschaft, die einerseits die Durchführung der einzelnen in der Pauschalreise gebündelten touristischen Leistungen eigenverantwortlich übernehmen (Beförderungs-, Unterkunfts-, Transferleistungen etc.), andererseits die Informations-, Beratungs- und Reservierungsaufgaben im indirekten Vertrieb der Pauschalreisen für den Reiseveranstalter als Reisemittler übernehmen.

Diese allgemein formulierte Aufgabenstellung des traditionellen Reiseveranstalters konkretisiert sich in den touristischen Kernprozessen eines Reiseveranstalters (Abbildung), deren inhaltliche Gestaltung aufgrund der Bedeutung der externen Kommunikations- und Vertragsbeziehungen seine spezifischen Ausprägungen erhält.

In der folgenden Erläuterung wird nur auf die touristischen Geschäftsprozesse (mit den primären Aktivitäten Marketing, Produktentwicklung, Vertrieb, → Ertragsmanagement, Reisedurchführung sowie Beschwerdemanagement) eingegangen, während die unterstützenden Aktivitäten hier unkommentiert bleiben.

## 1  Die touristischen Kernprozesse des Reiseveranstalters

### 1.1 Marketing
Das Marketing beim Reiseveranstalter wird verstanden einerseits als strategische Vorgabe der Unternehmensführung hinsichtlich einer Markt-, Wettbewerbs- und Kundenorientierung für sämtliche Unternehmensprozesse, andererseits als operative Aktivität zur Umsetzung der

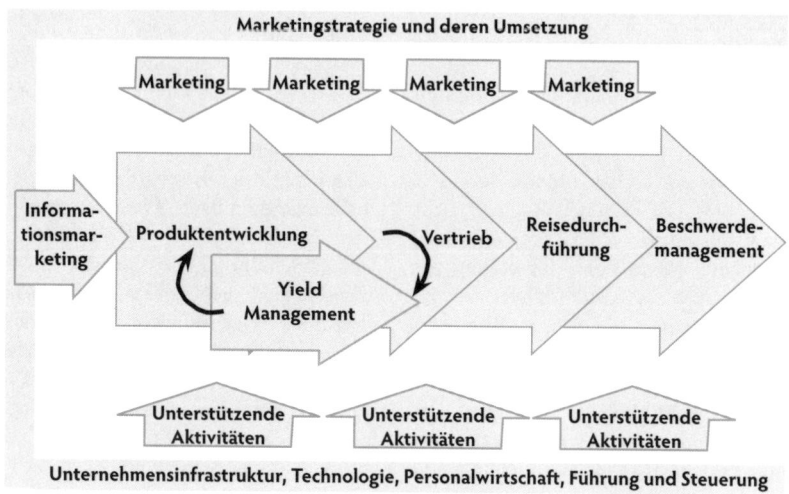

**Abbildung:** Die touristischen Kernprozesse des Reiseveranstalters (Eigene Darstellung in Anlehnung an Bastian 2004, S. 36)

strategischen Vorgaben im Rahmen eines Planungs- und Durchführungsprozesses (Marketing als Planungsmethode) durch abgeleitete Maßnahmen des Marketing-Mix. Insofern bildet das Marketing die verbindliche strategische Orientierung (Marketingstrategie) für die nachfolgend dargestellten weiteren touristischen Aktivitäten eines Reiseveranstalters und bietet darüber hinaus eine methodische Unterstützung in der Realisierung der strategischen Ausrichtung (Freyer 2000, S. 111 ff.). Das Marketing ist bei größeren Reiseveranstaltern aufbauorganisatorisch zudem als Marktforschungsabteilung institutionalisiert (→ Organisation).

**1.2 Produktentwicklung**

Eingangsdaten der Aktivitäten der Produktentwicklung sind die quantitativen und qualitativen Vorgaben des strategischen Marketings, die in der Produktfeinplanung konkretisiert werden.

**Produktfeinplanung**

Die Zielsetzung der Produktfeinplanung besteht darin, Vorgaben für den Einkauf zu entwickeln, die hinsichtlich

❖ der Mengen (Unterkunfts- und Beförderungskontingente),

❖ der Vertragskonditionen (Einkaufspreise, Vertragslaufzeiten, -risiken),

❖ der terminlichen Saisongestaltung (Beginn, Ende, Verkehrstage) und

❖ der qualitativen Ausprägungen der Produktkomponenten

❖ eine Konkretisierung der benötigten Kapazitäten erreichen.

Die Grundlage dieser Konkretisierung sind die Planteilnehmerzahlen auf Zielgebietsebene, die aufgrund strategischer Einschätzungen der Marktentwicklung unter Berücksichtigung des Quellmarktes und des Zielgebietes vorgenommen werden. Diese Planteilnehmerzahlen auf Zielgebietsebene werden auf die Ebenen Zielorte, Unterkunftsarten, Klassifikationen, Zimmerkategorien (→ Zimmertypen) und Lage der Zimmer hierarchisch verteilt (*top-down*-Aufteilung).

Parallel mit der Verteilung der Zielgebietsplanzahlen auf Unterkunftsebene erfolgt eine Planung und Festlegung der Beförderungskapazitäten, die ebenfalls *top-down* auf Abflughäfen, Termine etc. heruntergebrochen werden.

Festgelegt werden darüber hinaus die Produktvarianten (zum Beispiel Basisflughafen und weitere zusätzlich variierende Abflughäfen) sowie Kombinationsmöglichkeiten der Unterkunfts- und Beförderungsvarianten.

Die konkretisierten Planteilnehmermengen auf Zielgebietsebene für die benötigten Unterkunfts- und Beförderungskapazitäten stellen für den anschließenden Einkauf eine mengenmäßige und qualitative Orientierung dar, die zwar Handlungsalternativen zulassen, die sich allerdings im Gesamt-Einkaufsergebnis widerspiegeln müssen (Bastian 2004, S. 40 ff.).

**Einkauf der Produktkomponenten**

Für den Einkauf aller Produktkomponenten ist eine intensive Vorbereitung erforderlich, die sich insbesondere in der Analyse und Interpretation der historischen und aktuellen Marktdaten ausdrückt.

In der Durchführungsphase des Einkaufs stehen die Verhandlungen über Vertragsarten und -konditionen im Vordergrund. Bei den Konditionen stehen neben den Einkaufspreisen, Mengen, qualitative (zum Beispiel Hotelkategorie, Lage der Zimmer) und zeitliche (zum Beispiel Vertragsdauer, Verkehrstage) Aspekte, vor allem die Vermeidung von Auslastungsrisiken im Vordergrund. Die traditionellen Reiseveranstalter schließen deshalb überwiegend (zu ca. 90 Prozent) beim Einkauf der Produktkomponenten Reservierungsverträge ab, die ihnen die Möglichkeit der kostenneutralen Rückgabe (→ Rückfallfrist) der reservierten Kontingente (→ Allotmentvertrag) erlaubt (Bastian 2004, S. 41 ff.).

**Produktzusammenstellung**

Die bereits in der Produktfeinplanung aufgebauten Produkte und deren Produktvarianten werden auf Grundlage der Einkaufsergebnisse aktualisiert, die Kombinationen der Produktvarianten ggf. korrigiert und neu zusammengestellt. Ergebnis dieser Aktivitäten ist eine Auflistung sämtlicher Produkte und deren Varianten, die kalkuliert und mit Verkaufspreisen versehen, abschließend im → Computer-Reservierungssystem bzw. im Katalog aufgenommen werden müssen.

**Preisbildungsprozeß**

Im Mittelpunkt des Preisbildungsprozesses stehen einerseits die Kostenermittlung der touristischen Kosten (Vertragsdaten als Basis), der Produktkomponenten der Pauschalreise im Rahmen einer Vorkalkulation und andererseits die Festlegung des Reisepreises *(pricing)*.

Die (Vor-)Kalkulation ermittelt mit den touristischen Kosten wesentliche Bestimmungsgrößen für eine kostendeckende Mindestpreisforderung. Eine Besonderheit bei der Kalkulation eines Reiseveranstalters ist die Problematik, daß die Kostenermittlung mit Planmengen (zum Beispiel Planteilnehmer) rechnen muß. Sinnvollerweise wird auch in der Kalkulation mit identischen Datenvorgaben wie bei den Mengenvorgaben (zum Beispiel Planteilnehmerzahlen) des Einkaufs gearbeitet.

Die Festlegung des Reisepreises erfolgt auf Basis der Kosten unter Berücksichtigung von eventuellen Auslastungsrisiken, preispolitischer Vorgaben sowie einer Reihe von Einflußfaktoren, die sich auch bei der Kundenpreisrechnung widerspiegeln. So sind u.a. zeitliche Aspekte (Saisonzeiten, Verkehrstage) oder auch quellmarktbezogene Kriterien (Abflughafen) bei der Preisfestsetzung *(pricing)* einzubeziehen (Pompl 1996, S. 219 ff.)

**Katalogproduktion und -distribution**
(→ Reisekatalog)
Auf Basis der strategischen Vorgaben für die Katalogproduktion (Bestimmung des Auflagenvolumens, Festlegung der Kataloggestaltung mit emotionalem oder informativem Design sowie der Marktsegmentierung (mit der Zuordnung der Veranstalterprodukte zu unterschiedlichen Katalogen) erfolgt die operative Katalogproduktion, die für den Preisteil die Ergebnisse der Preisfestsetzung im Katalog in Preisdarstellungen umsetzt und für die farbliche und textliche Gestaltung die Informationen des Einkaufs und des Produktmanagements nutzt, um Bilder und Texte im Katalog anzuordnen. Die Realisierung des Kataloges erfolgt dabei im Rahmen einer für die Einheitlichkeit sorgenden Gestaltungsvorgabe (Größenverhältnisse, farbliche Darstellung, Anordnung der Preise, etc.).

Die Distribution der Kataloge an die Reisebüros erfolgt mit der Buchungsfreigabe für die neue Saison und stellt den Vertragsagenturen eine Kataloganzahl zur Verfügung, die sich aus einem Mindestbestand an Katalogen ergibt, ergänzt um eine umsatzabhängige Anzahl zusätzlicher Exemplare.

**2 Vertrieb**
Der traditionelle und nach wie vor weitaus bedeutsamste Vertriebskanal der Reiseveranstalter bei Betrachtung des Gesamtmarktes ist der Vertrieb über die Reisebüros in ihrer Funktion als Mittler zwischen Veranstalter und Endkunde (→ Reisemittler; der Direktvertrieb der → Pauschalreisen der Reiseveranstalter lag

2003 bei lediglich 10 Prozent).

Bei der Wahl des Vertriebskanals Reisebüro ist insbesondere die Buchbarkeit der Produkte über ein → Computer-Reservierungssystem (CRS) zu beachten, alternative Möglichkeiten der Buchbarkeit über Internet oder auch → Callcenter eröffnen die Möglichkeiten des Direktvertriebs.

Zu den wesentlichen Aktivitäten im Rahmen des Reisebürovertriebs zählen die Festlegungen der Provisions- und Abrechnungsmodalitäten, die sich in den → Agenturverträgen mit den Reisebüros dokumentieren. Diese Regelungen gehören im vertikalen Preismanagement zu den entscheidenden Steuerungs- und Anreizsystemen der Reiseveranstalter im Reisebürovertrieb.

Zu den operativen vertriebsunterstützenden Aufgaben zählen vor allem die Agenturbetreuung (zum Beispiel Beratung bei Buchungs- und Abrechnungsfragen) und die begleitende Verkaufsförderung (zum Beispiel Informationsbereitstellung, Schulungsmaßnahmen für Expedienten).

Zu den Aufgaben des Vertriebes gehört zusätzlich die Produktion der Reiseunterlagen und der Versand dieser Unterlagen an die Reisebüros, die diese Dokumente an die Kunden weitergeben. Die Reiseunterlagen bestehen aus einem Gutscheinheft, in dem die Wertgutscheine der einzelnen Reisebausteine (→ Flugschein; → Voucher etc.) zusammengefaßt sind.

**3 Yield Management** (→ Ertragsmanagement)
Im Geschäftsmodell des traditionellen Reiseveranstalters besteht aufgrund vorreservierter Kontingente (Optionen, → Allotmentvertrag) kein Auslastungs- oder Leerkostenrisiko, so daß auf den Einsatz eines Yield Management-Systems verzichtet werden kann, sofern nicht durch Übernahme von Auslastungsrisiken

(→ Garantievertrag) oder insbesondere durch die Übernahme und Integration von Flug- und Hotelgesellschaften (Merkmal der integrierten Touristikkonzerne, → vertikale Integration) die ertragsorientierte Steuerung der Fixkosten-geprägten Kontingente erforderlich wird. Da dies beim traditionellen Reiseveranstalter in der Regel nicht der Fall ist, wird hier auf die Darstellung des Yield Managements und dessen Instrumente verzichtet.

**4  Reisedurchführung**

Zu den Aktivitäten des traditionellen Reiseveranstalters im Rahmen dieser Geschäftsprozesse zählt bei einer → Pauschalreise (inkl. Beförderung) die Organisation des → Transfers bei Ankunft im Zielgebiet (→ Flughafen) in die vorgesehene Unterkunft (ebenso Transfer bei der Abreise). Zumeist wird dieser Transfer von zielortsansässigen Dienstleistungsunternehmen durchgeführt (Einkauf durch den Reiseveranstalter), die auch für angebotene Rundreisen im Zielgebiet oftmals die erforderlichen Ressourcen bereitstellen (Fahrzeug und Begleitpersonal).

Wesentliche Aufgabenstellung im Rahmen der Pauschalreise ist im Zielgebiet darüber hinaus die Reiseleitung (→ Reiseleiter) mit der Betreuung der Gäste im Zielgebiet: U.a. müssen Informationen bereitgestellt werden, Hilfestellung unterschiedlichster Art erfolgen können, Beschwerden müssen aufgenommen, deren Ursachen beseitigt und gegebenenfalls müssen Reisende entschädigt werden.

Je nach gebuchter Reiseart (Pauschalreise mit oder ohne Rundreise oder Ausflügen bzw. → Studienreise) müssen durch die Reiseleitung weitere und unterschiedliche Aufgabenstellungen erfüllt werden (bis hin zur wissenschaftlichen Begleitung durch einen → Studienreiseleiter).

Der traditionelle Reiseveranstalter verfügt meist nicht über eine unternehmenseigene Reiseleitung im Zielgebiet (→ Standortreiseleiter), sondern kauft die erforderlichen Leistungen ein und läßt diese dann von den entsprechenden Leistungsträgern durchführen. Letztlich ist die Entscheidung darüber *(make or buy)* von Kosten determiniert (abhängig vom Volumen der Gäste im Zielgebiet) und von einer qualitativen Einschätzung eigener oder einzukaufender Leistungsdurchführung.

**5  Reklamations- bzw. Beschwerdemanagement**

Es sind grundsätzlich zwei Durchführungsmöglichkeiten für das Reklamationsmanagement gegeben: dezentral im Zielgebiet durchgeführt durch unternehmenseigene Reiseleiter oder/und zentral durch eine Reklamationsabteilung in der Unternehmenszentrale. Der Vorteil der Zielgebietsdurchführung (Kunden wenden sich an die → Reiseleiter, die → Reisemängel werden beseitigt und die Kunden erhalten sofort eine Entschädigung) besteht darin, die mängelverursachenden → Leistungsträger in den Kompensationsprozeß einzubeziehen und – vor allem – die Kunden sofort zufriedenzustellen. Da die Reklamationsabwicklung im Zielgebiet unternehmenseigene Reiseleiter erforderlich macht, führen die traditionellen Reiseveranstalter meist ein zentrales Reklamationsmanagement durch. Die Beschwerde wird im Zielgebiet aufgenommen und dem Kunden schriftlich bestätigt (und möglichst auch die Ursache der Beschwerde beseitigt). Nach seiner Reise wendet sich der Kunde dann an den Reiseveranstalter, um seine Forderungen aufgrund des erlittenen Mangels anzuzeigen. Um die Forderungen des Kunden beurteilen und bearbeiten zu können, benötigen die Mitarbeiter in der zentralen Reklamationsabteilung Informationen über den Sachverhalt aus dem Zielgebiet. Sollte sich mit dem Kunden keine einvernehmliche Regelung für den Ausgleich eines erlittenen Mangels finden lassen, können derartige Reklamationsfälle vor Gericht entschieden werden. Der Reiseveranstalter wird sich in solchen Fällen von einem kundigen Rechtsanwalt vertreten lassen. *(hb)*

*Literatur*
Bastian, Harald 2004: Die touristischen Kernprozesse des Reiseveranstalters. In: Ders. & Karl Born (Hrsg.): Der integrierte Touristikkonzern. München, Wien: Oldenbourg, S. 33-68
Freyer, Walter 2000: Tourismus-Marketing. München, Wien: Oldenbourg (2. Aufl.)
Mundt, Jörn W. (Hrsg.) 2007: Reiseveranstaltung. München, Wien: Oldenbourg (6. Aufl.)
Pompl, Wilhelm 1994: Touristikmanagement 1. Berlin, Heidelberg: Springer (2. Aufl.)
Pompl, Wilhelm 1996: Touristikmanagement 2, Berlin, Heidelberg: Springer

(d) virtuell
*virtual tour operator*
Virtuelle Reiseveranstalter bieten den Reisekunden an, eine Pauschalreise nach ihren aktuellen Wünschen online selbst zusammen zu stellen und als ein individuelles Reisepaket zu einem Gesamtpreis und mit der Sicherung der Reiseleistungen durch den Reiseveranstalter sofort zu buchen. Diese Angebote machen virtuelle Reiseveranstalter internet-basiert über Web-Portale, die damit als virtuelle → Reisemittler (c) für diese Pauschalreiseangebote fungieren.

Virtuelle Reiseveranstalter integrieren und automatisieren internet-basiert den Prozeß der kunden-individuellen Beschaffung von Reiseleistungen, der Reise-Produktion sowie der Reservierung und ihrer Abwicklung zum Zeitpunkt der Kundenbuchung, online und in Echtzeit. Dieser Prozeß wird als → Dynamic Packaging (DP) bezeichnet und durch → Internet Booking Engines mit entsprechender DP-Funktionalität automatisiert umgesetzt (→ eTourism). *(uw)*

**Reiseverkehrskaufmann/-frau**
*travel agent*
In der Regel dreijähriger Ausbildungsberuf für Mitarbeiter von → Reisemittlern und → Reiseveranstaltern in Deutschland. Vorläufer waren die Reisebürogehilfe (ab 1940, aber erst nach Ende des Zweiten Weltkriegs von Bedeutung) und ab 1962 der Reisebürokaufmann. Dieses Berufsbild wurde 1974 über die Arbeitsfelder beim Reisemittler hinaus um die Tätigkeiten bei Reiseveranstaltern und öffentlichen Tourismusstellen zum Reiseverkehrskaufmann erweitert und 1979 und 1998 reformiert. Damit sollte der mit den 1950er Jahren einsetzenden Spezialisierung von Reisebüros zu Reiseveranstaltern und der zunehmenden Professionalisierung in öffentlichen Tourismusstellen Rechnung getragen werden. Da jedoch nur ein sehr kleiner einstelliger Prozentsatz der Auszubildenden Reiseverkehrskaufleute aus dem Bereich des öffentlichen Tourismus kam, wurde 2005 die Unterteilung in die beiden Bereiche Reisebüro/-veranstaltung und öffentliche Tourismusstellen wieder aufgehoben und der Teil für die Tourismusstellen in den neuen Ausbildungsberuf → ‚Kaufmann/-frau' für Tourismus und Freizeit' integriert.

Neben der Vermittlung genereller kaufmännischer Kompetenzen gehören allgemeine Kenntnisse über die Struktur und Funktionsweise des Reisemarktes, über Verkehrs- (→ Bahn, → Fluggesellschaften, Bus-, Mietwagenunternehmen, Reedereien) und → Leistungsträger (Beherbergungsbetriebe, → Incoming-Reiseveranstalter), über die rechtlichen Grundlagen der Reiseveranstaltung und der Reisevermittlung zur Ausbildung. Im normalen Reisebüro stehen bei der Vermittlung von Reisen vor allem die Kundenberatung und die Buchung über → Computer-Reservierungssysteme (CRS) im Vordergrund der Tätigkeit. Dazu sind gute Zielgebietskenntnisse, die zum Teil über → Expedientenreisen ergänzt und vertieft werden können, und Techniken einer kundenzentrierten Gesprächsführung erforderlich. In Geschäftsreisebüros liegt der Schwerpunkt der Tätigkeiten meist im Herausfinden der schnellsten Verbindungen, der kostensparenden Anwendung von Buchungsbedingungen, zum Beispiel durch → kreatives Ticketing, und der Buchung von → Hotels und → Mietwagen. Bei Reiseveranstaltern ebenso wie bei den vielen Reisebüros, die auch → Eigenveranstaltung betreiben, gehören auch noch der Einkauf von Elementen der → Pauschalreise von Verkehrs- und → Leistungsträgern sowie vertiefte Zielgebietskenntnisse und Kenntnisse des → Reiserechts im Rahmen von Reklamationsbearbeitungen zur Ausbildung. *(jwm)*

**Reisevermittler**
→ Reisemittler

**Reiseversicherer**
*travel insurance corporation*
Zu den Reiseversicherern werden üblicherweise diejenigen Spezialversicherungsgesellschaften gezählt, deren Geschäftsfelder schwerpunktmäßig auf den Tourismus ausgerichtet sind. Sie verstehen sich auch als Dienstleistungsunternehmen in der Tourismusbranche.

In diesem Sinn zählen zu den Reiseversicherern in Deutschland die zur Münchner Rückversicherung gehörende Europäische Reiseversicherung AG (ERV) und die zum Allianz-Konzern gehörende ELVIA Reiseversicherung, die innerhalb der Allianz in die Mondial Assistance, Paris, eingeordnet ist. Beide Gesellschaften haben ihren Geschäftssitz in München und treten über ihre Vertriebsstruktur oligopolartig (Duopol) in der Branche auf. Darüberhinaus betreiben weitere Kompositversicherer Sparten, die zu den Reiseversicherungen gezählt werden. Den europäischen Reisesektor beherrscht ein Trimuvirat von drei Gesellschaften, die ELVIA, ERV und AXA-Colonia. *(hdz)*

**Reiseversicherungen**
*travel insurances*
Unter Versicherung wird das allgemeine Prinzip der Absicherung von Risiken verstanden, indem die einbezogenen Risiken auf ein Kollektiv übertragen werden, das bereit ist, für die Absicherung der in den → Allgemeinen Versicherungsbedingungen (AVB) definierten Risiken einen Beitrag zu leisten (Prämie). Im Gegensatz zur individuellen Versicherung (zum Beispiel beim Eid) geht es um die kollektive Form der Zusicherung zwischen dem Kollektiv der Versicherten und dem Versicherer. Dem Versicherer kommt eine besondere Rolle als Vertragspartner des Versichertenkollektivs zu, indem er unter Wahrung seiner eigenen Interessen je nach abgeschlossener Versicherungssparte bedingungsgemäß zu entscheiden hat, wem welche Leistung zusteht.

Bei den Reiseversicherungen handelt es sich um spezielle Versicherungen für die Reise. Reiseversicherungen decken die reisetypischen Risiken ab, die der Reisende bewußt oder unbewußt eingeht, wenn er die ihm vertrauten Verhältnisse verläßt. Teilweise decken diese Risiken auch bereits allgemeine Versicherungen, wie zum Beispiel die gesetzliche Krankenversicherung oder die Hausratversicherung ab. Im engeren Sinn versteht man jedoch unter Reiseversicherungen diejenigen Versicherungen, die speziell für Reisezwecke eingeführt und von → Reiseversicherern am deutschen, europäischen und außereuropäischen Markt angeboten werden. Hierzu zählen im wesentlichen die folgenden Sparten:

* → Reise-Rücktrittskosten-Versicherung
* → Reiseabbruch-Versicherung
* → Auslandsreise-Krankenversicherung
* → Assistance-Versicherung (Reisenotruf-Versicherung)
* → Reisegepäck-Versicherung
* → Reiseunfall-Versicherung
* → Reisehaftpflicht-Versicherung
* → Autoschutzbrief-Versicherung
* → Autoreisezug- und Fährversicherung
* → Mietwagen-Zuatz-Haftpflicht-Versicherung.

An der zu konstatierenden Beobachtung, daß es das → Risiko des Reisens schon immer mit sich brachte, sich privat zu versichern, zeigt sich zunächst einmal eine generelle Risikostruktur für alle Reisenden, denen die o.g. Spartenstruktur Rechnung trägt. Gleichzeitig ist aber auch zu erkennen, daß durch die sich immer mehr differenzierenden Reiseformen auch unterschiedliche Reiserisiken erkennen lassen. So wird der Globetrotter als Individualtourist ein völlig anderes Sicherheitsbedürfnis entwickeln als der Kreuzfahrttourist auf einem Luxusliner oder der in einer gut organisierten Gruppe Reisende, um nur einige offensichtliche Beispiele zu nennen. An diesem Punkt setzen die differenten Formen der Produktgestaltung der

→ Reiseversicherer ein, mit denen versucht wird, Produktkategorien zu schaffen, die sich am Reise- und Risikoverhalten ausrichten. Die Form der Produktgestaltung wird von Reiseversicherungspaketen beherrscht, die je nach Reiseversicherer unterschiedliche Benennungen erfahren. *(hdz)*

**Reisevertrag**
→ Abschluß des Reisevertrags

**Reisewarnung**
*travel warning*
Die Außenministerien vieler Länder veröffentlichen auf ihren Internetseiten aktuelle Warnungen für Reisen in Länder, die mit einem über dem Normalen liegenden Risiko verknüpft sind. Die Informationen und Warnungen beruhen vor allem auf den Berichten der diplomatischen Vertretungen in diesen Ländern. Dabei werden alle Arten von Risiken herangezogen und bewertet. Das reicht im Einzelfall von unspezifischen meteorologischen Warnungen (zum Beispiel vor der Wirbelsturmsaison in der Karibik) über gesundheitliche Risiken (zum Beispiel Gelbfieber und Malaria in vielen afrikanischen Ländern) bis hin zu Warnungen vor bestimmten Gebieten mit hoher Terrorgefahr oder Kriminalität und unzuverlässiger Polizei (→ Terrorismus und Tourismus). Nach deutschem → Reiserecht sind „Reisewarnungen des Auswärtigen Amtes ein wesentliches, aber kein alleiniges Indiz" (Führich 2007, S. 57) für eine Gefährdung der persönlichen Sicherheit, die zur Kündigung eines Pauschalreisevertrages (→ Abschluß des Reisevertrags) wegen höherer Gewalt berechtigen. Die ebenfalls vom Außenministerium veröffentlichten Sicherheitshinweise *(travel advisories)* sind dagegen reiserechtlich ohne Bedeutung (a.a.O.). (www.auswaertiges-amt.de). *(jwm)*

*Literatur*
Führich, Ernst 2007: Basiswissen Reiserecht. Grundriß des Reisevertrags- und Individualreiserechts. München: Vahlen

**REIT (Real Estate Investment Trust)**
Ein REIT ist ein Unternehmen, das Immobilien besitzt, teilweise auch betreibt und finanziert. Abstrakt gesprochen, lassen sich REITs als Kapitalsammelstellen verstehen, die es Anlegern ermöglichen, durch den Kauf von Anteilen in Immobilien zu investieren. REITs investieren in unterschiedliche Arten von Immobilien, wobei oft eine Spezialisierung stattfindet, z.B. auf Büros, Einkaufszentren, Krankenhäuser, Lagergebäude oder Wohnungen (Beals & Arabia 1999, S. 69 ff.; www.investinreits.com).

In der Tourismusbranche erlangen REITs etwa Bedeutung bei der Finanzierung von Hotelimmobilien (Vogel 2001, S. 108 f.). Die Vertragsstruktur kann im Rahmen der → funktionellen Entkoppelung so gestaltet sein, daß zwischen einem Hotel-REIT (Lodging REIT) und einer Hotelbetreibergesellschaft ein weiteres Unternehmen zwischengeschaltet wird. Dieses schließt mit dem Hotel-REIT einen Mietvertrag ab und zahlt die vereinbarte Miete. Mit der Hotelbetreibergesellschaft schließt das zwischengeschaltete Unternehmen einen → Managementvertrag ab. Gewinn und Verlust fließen an das zwischengeschaltete Unternehmen, die Hotelbetreibergesellschaft erhält eine Management Fee (Frei 2000, S. 216 f.). Defizite in der herkömmlichen REIT-Struktur wie mangelnde Flexibilität oder Interessenkollisionen zwischen REIT und Hotelbetreibergesellschaft haben zu Weiterentwicklungen des Finanzierungsinstruments geführt. Siehe hierzu die REIT-Typen *Plain-Vanilla*, *Paired-*

*Share* und *Paper-Clip* (Beals & Arabia 1999, S. 74 ff.)

Um als REIT anerkannt zu werden, muß das Unternehmen verschiedene Anforderungen erfüllen. U. a. muß es eine juristische Person sein, eine gewisse Mindestanzahl von Anteilseignern/Aktionären haben und das Einkommen aus Immobilienvermögen als Investor beziehen. Mindestens 90% – ursprünglich 95% – des jährlichen steuerpflichtigen Einkommens muß an die Anteilseigner ausgeschüttet werden. REITs bzw. die ausgeschütteten Gewinne sind von der Körperschaftssteuer befreit, die Besteuerung findet auf der Ebene der Anleger statt (Beals & Arabia 1999, S. 72 f.; Vogel 2001, S. 108; www.investinreits.com).

Die Anteile an REITs werden nicht immer frei gehandelt. In den USA, dem Ursprungsland, lassen sich folgende Typen unterscheiden: Es gibt REITs, die bei der Börsenaufsichtsbehörde registriert sind und deren Anteile an den Börsen frei gehandelt werden *(Publicly traded REIT)*, solche, die bei der Börsenaufsichtsbehörde registriert sind, deren Anteile aber nicht öffentlich gehandelt werden *(Non-exchange traded REIT)* und solche, die nicht bei der Börsenaufsicht registriert sind und deren Anteile auch nicht an den Börsen gehandelt werden *(Private REIT,* www.nareit.com).

REITs halten als Finanzierungsinstrument auch in Europa Einzug. Als Argumente werden positive Impulse für den Kapital- und Immobilienmarkt genannt, gleichzeitig wird ein Mehr an Steuereinnahmen erwartet. Während das Finanzierungsinstrument in den USA bereits 1960 eingeführt wurde *(Real Estate Investment Trust Act of 1960)*, erweist sich die konkrete Ausgestaltung in einigen europäischen Ländern langwierig. In

Deutschland bremsten Unklarheiten hinsichtlich steuerlicher Fragen lange den politischen Entscheidungsprozeß (Hönighaus & Jennen 2006, S. 15). 2007 hat der Bundesrat dem Gesetz abschließend zugestimmt, welches rückwirkend zum 1. 1. 2007 in Kraft getreten ist (www.bundesregierung.de). *(wf)*

*Literatur*
Beals, Paul; John V. Arabia 1999: Lodging REITs, In: Lori E. Raleigh; Rachel J. Roginsky (eds.): Hotel Investments: Issues & Perspectives. Lansing: Educational Institute of the American Hotel & Motel Association, S. 69-89 (2nd ed.)
Frei, Ilona 2000: Expansionsstrategien in der Hotelindustrie: deutsche Hotelketten im internationalen Vergleich. Hamburg: Kovač (= Schriftenreihe volkswirtschaftliche Forschungsergebnisse, Bd. 569)
Hönighaus, Reinhard; Birgit Jennen 2006: REIT-Start droht weiterer Aufschub. In: Financial Times Deutschland, Nr. 158 vom 16. August, S. 15
Vogel, Harold L. 2001: Travel industry economics: A guide for financial analysis. Cambridge: University Press

**REKA**
→ Sozialtourismus

**Relaisküche**
→ Satellitenküche

**Release Periode**
→ Rückfallfrist

**Reling**
*railing, rail*
Unter dem aus der Schiffahrt entstammenden Begriff Reling wird ein Geländer verstanden, das um freiliegende Decks oder Öffnungen auf Schiffen herum montiert ist. Von der Art her lassen sich offene, feste, abnehmbare und auch abklappbare Typen unterscheiden. Eine Griffstange begrenzt die Reling nach oben, Durchzüge oder Leisten durchziehen die senkrechten Stützpfosten in der Waagerechten. *(hdz)*

**Rentabilität**
*profitability, profit ratio*
Die Rentabilität stellt – neben der Liquidität – eines der beiden zentralen Wertziele der Unternehmenssteuerung dar. Als relative Ergebniskennzahl ist eine Rentabilität prinzipiell definiert als:

$$\frac{\text{Gewinn}}{\text{verusachende Größe}} \cdot 100$$

und wird nach der verwendeten Nennergröße bezeichnet. Sie stellt somit ein Maß für die Gewinn-Ergiebigkeit dar. Quellen des Gewinns können sowohl das eingesetzte Kapital wie auch der erzielte Umsatz sein. Die Rentabilität wird dabei entweder für die gesamte Unternehmung oder aber auch für einzelne Teilbereiche oder Projekte (→ *Return on Investment*) ermittelt.

Rentabilitäten gelten als zentrale Zielvorgabegrößen im Rahmen eines Planungs- und Kontrollsystems und sind entweder bilanziellen oder kalkulatorischen Ursprungs. Als Rentabilitäten sind geläufig:

❖ die Eigenkapitalrentabilität (auch *Return on Equity* [RoE]), die als wichtige bilanzielle Rentabilitätskennziffer aus Eigentümersicht (→ Shareholder Management) gilt,

$$\frac{\text{Jahresüberschuß} + \text{Fremdkapitalzinsen}}{\text{Eigenkapital} + \text{Fremdkapital}} \cdot 100$$

❖ die Gesamtkapitalrentabilität (auch *Return on Assets* [RoA] bzw. *Return on Capital* [RoC]), die – ebenfalls bilanziellen Ursprungs – die Ergiebigkeit des gesamten in der Unternehmung eingesetzten Kapitals gleich welcher Herkunft zeigt,

$$\frac{\text{Jahresüberschuß}}{\text{Eigenkapital}} \cdot 100$$

❖ die Umsatzrentabilität (auch *Return on Sales* [RoS]). Sie verdeutlicht, ob die Unternehmung einen profitablen Umsatz realisiert hat. Daher ist ausschließlich der Gewinn, den die Unternehmung durch den Verkauf ihrer Produkte realisiert hat (bilanzielles oder kalkulatorisches Betriebsergebnis) zu berücksichtigen.

$$\frac{\text{bilanzielles oder}}{\text{kalkulatorisches Betriebsergebnis}}{\text{Eigenkapital} + \text{Fremdkapital}} \cdot 100$$

Über diese klassischen Rentabilitätskennziffern hinaus stehen für spezifische Analysezwecke eine ganze Reihe weiterer Berechnungsalternativen zur Verfügung (z.B. → *Return on Investment*, *Return on Capital Employed*, CFROI u.a.). Grundsätzlich ist dabei zu beachten, daß zur jeweils gewählten Nennergröße die korrekt zugehörige Zählergröße gewählt wird, um die informationelle Validität der Rentabilitätskennziffern sicherzustellen. Auch wenn dies gewährleistet ist, müssen Rentabilitätskennziffern nochmals an Vergleichsmaßstäben (Zeitreihenvergleiche, zwischenbetriebliche Vergleiche, → Benchmarking) gespiegelt werden, um ihre relative Wertigkeit z.B. im Branchenvergleich einordnen zu können (Frage: „Sind 10% Rentabilität ein guter oder schlechter Wert?"). *(vs)*

**Rent-a-car**
→ Mietwagen

**Repeater**
Kunde, der ein touristisches Angebot wiederholt in Anspruch nimmt. Der Repeater

ist vor allem im Kreuzfahrtbereich (→ Kreuzfahrt) von hoher Relevanz.

**Reservierung**
→ Reservierungssystem

**Reservierungssystem**
*reservation system*
Reservierungssystem ist ein Sammelbegriff für elektronische Systeme (→ Computer-Reservierungssysteme) zum Angebot, zur Buchung und Reservierung von Reisen oder Reiseleistungen und zu ihrer Abwicklung. Es unterstützt oder automatisiert Leistungsprozesse eines Reiseanbieters.

Ein Reservierungssystem besteht zumindest aus drei Hauptelementen:
❖ Die Basis ist die Datenbank, die die Produkt- und Angebotsdaten, die Daten der Reisebuchungen, der Reservierungen und Verfügbarkeiten sowie die Daten der Kunden und Geschäftspartner verwaltet.
❖ Die Software-Programme des Reservierungssystems unterstützen oder automatisieren die Leistungsprozesse mit Zugriff auf die Datenbank.
❖ Reservierungssysteme sind i.d.R. eingebunden in übergeordnete zumeist internationale Vertriebssysteme (→ Globales Distributionssystem, → Internet Booking Engine), und sie haben elektronische Verbindungen zu kooperierenden betrieblichen Systemen, z.B. zur Finanzbuchhaltung. Zur Datenkommunikation sind automatisiert arbeitende elektronische Systemschnittstellen *(interfaces)* erforderlich. Die Schnittstellen-Software des sendenden und des empfangenden Systems konvertiert die zu kommunizierenden Daten in ein jeweils standardisiertes und beiderseitig interpretierbares Datenformat und steuert den Datenaustausch.

Reservierungssysteme unterscheiden sich abhängig von ihren jeweiligen konkreten Einsatzgebieten. Beispielsweise unterstützen internationale → Hotel-Reservierungssysteme und betrieblich genutzte → Property Management Systeme hotelspezifische Abläufe, globale Reservierungssysteme dienen u. a. den → Fluggesellschaften als Vertriebssysteme, und ein Veranstalter-System unterstützt die betrieblichen Prozesse eines → Reiseveranstalters. In einer konkreten Betrachtung sind die Reservierungssysteme noch detaillierter zu differenzieren, denn ein Busreiseveranstalter hat beispielsweise andere Forderungen als ein Veranstalter von → Kreuzfahrten, oder ein → Dynamic-Packaging-Veranstalter hat unterschiedliche Prozesse im Vergleich zu einem traditionellen Veranstalter von → Pauschalreisen.

Ein betrieblich genutztes Reservierungssystem unterstützt die betrieblichen Prozesse des jeweiligen Reiseanbieters. Das setzt aber nicht (mehr) voraus, daß das System auch *inhouse* mit einem betriebseigenen Server technisch betrieben werden muß. Spezialisierte IT-Dienstleister bieten zunehmend betriebliche Reservierungssysteme als *Application Service Provider* (ASP) an. Das bedeutet, technisch wird das System im Rechenzentrum des spezialisierten IT-Dienstleisters zentral betrieben. Ein teilnehmendes Tourismusunternehmen erhält kostenpflichtig die Nutzungsrechte an dem System gemäß seiner Anforderungen. Via Internet und Web Browser erhalten die Mitarbeiter Zugriff zum System. Sie melden sich mit Benutzernamen und Paßwort im System an und erhalten dann Zugriff zu den Software-Funktionen und Daten, für die sie autorisiert sind. Die systemtechnische Verfügbarkeit und Sicherheit

sowie Datenschutz und Datensicherheit werden durch den *Application Service Provider* gewährleistet.

Hinweise und Abgrenzungen zu den Begriffen → Computer-Reservierungssystem (CRS) und Informations- und Reservierungssystem (IRS):

❖ Der Begriff Computer-Reservierungssystem wird häufig gleichbedeutend mit dem Begriff Reservierungssystem verwendet. Das steht im Einklang mit der oben stehenden Definition, kann aber zu Mißverständnissen führen, wenn, wie oftmals anderenorts vorzufinden, ein Computer-Reservierungssystem gleichgesetzt wird mit einem Globalen Distributionssystem.

❖ Der Begriff Informations- und Reservierungssystem kann zwar ebenfalls im Sinne der oben stehenden Definition mit dem Begriff Reservierungssystem gleichgesetzt werden. Jedoch wird der IRS-Begriff i. d. R. nur für Systeme verwendet, die in deutschen bzw. deutschsprachigen Tourismusregionen und -orten sowie im Städtetourismus zum Einsatz kommen. Mit diesen Systemen kann über die regionalen und lokalen Tourismusangebote informiert werden und insbesondere Unterkunfts- und Pauschalangebote können vermittelt oder reserviert und abgewickelt werden (→ Hotel-Reservierungssystem). Dabei berücksichtigen diese Systeme spezielle Anforderungen und Prozesse, die sich aus der öffentlich-rechtlichen Trägerschaft der Tourismusorganisationen und aus den Anforderungen einer gemeinwirtschaftlichen Tourismusförderung ergeben. *(uw)*

**Residential Hotel**
→ Condominium Hotel

**Restaurant**
*restaurant*
Gastronomischer Betrieb, der sich durch ein gehobenes Speise- und Getränkeangebot auszeichnet. Im französischen bedeutet das Verb *restaurer* wiederherstellen, stärken. Kochbücher und Lexika des 18. Jahrhunderts definierten Restaurants als solche Lebensmittel/Medizin, die die Fähigkeiten besaßen, Körperkräfte wieder herzustellen bzw. zu restaurieren. So wurden etwa Suppen (Kraftbrühen!) oder Branntweine als Restaurants bezeichnet (Spang 2001). Später wurde der Begriff von den Produkten auf die Räumlichkeit übertragen.

Der Französischen Revolution kommt bei der Verbreitung von Restaurants eine besondere Rolle zu. Während es vor der Revolution nur wenige Restaurants in Paris gab, wuchs die Zahl nach der Revolution massiv an, da der Adel verfolgt und umgebracht wurde oder teilweise ins Ausland floh. Die in der Aristokratie beschäftigten Köche verloren ihre Arbeitgeber, machten sich gezwungenermaßen selbständig und gründeten Restaurants. Neuere Forschungsergebnisse zweifeln allerdings die besondere Rolle der Französischen Revolution in der Entstehung von Restaurants an. Als Beispiel nennen sie die Stadt Hangchow (China), in der bereits Jahrhunderte vor der Französischen Revolution eine Restaurantkultur existierte (Kiefer 2002, Spang 2001).

Restaurants werden auch als → Meilenstein in der Entwicklung der Eßkultur gesehen. Sie boten erstmalig individuelle Tische, individuelle Bestellungen (→ à la carte) und individuellen Service an. Gastronomische Vorläufer wie die *Inns* in Großbritannien boten eine Tagesmahlzeit *(ordinary)* zu einer festgelegten Uhrzeit an, Wahlmöglichkeiten gab es kaum (Kiefer 2002). *(wf)*

*Literatur*
Kiefer, Nicholas M. 2002: Economics and the Origin of the Restaurant. In: Cornell Hotel and Restaurant Administration Quarterly, 43 (4), S. 58-64
Spang, Rebecca 2001: The Invention of the Restaurant: Paris and Modern Gastronomic Culture. Cambridge: Harvard University Press

**Restaurantbrigade**
→ Servicebrigade

**Restaurantdirektor**
*restaurant manager*
Position des Abteilungsleiters in sehr großen Service-Einheiten, teilweise auch *Chef de restaurant* genannt. Das Tätigkeitsprofil liegt vor allem im organisatorischen Bereich; ihm direkt unterstellt sind ein oder mehrere → Restaurantleiter bzw. Oberkellner. → Servicebrigade. *(wf)*

**Restaurantfachmann/
Restaurantfachfrau**
*restaurant specialist*
Berufsbezeichnung, gleichzeitig anerkannte Berufsausbildung im Gastgewerbe. Die Ausbildung dauert drei Jahre, Ausbildungsorte sind der jeweilige Betrieb und die Berufsschule. Der Fokus der Ausbildung liegt auf dem Bereich Service. Zu den Ausbildungsinhalten gehören bspw. das Servieren von Speisen und Getränken, die Dekoration von Räumen und Tischen oder die Planung von Veranstaltungen (DEHOGA o.J.). *(wf)*

*Literatur*
DEHOGA (Hrsg.) o.J.: Berufsausbildung und Karrierechancen in Gastronomie und Hotellerie. Berlin

## Restaurantführer

*restaurant guide*

Publikation, die Informationen über gastronomische Betriebe (vor allem → Restaurants, Gasthöfe, → Bistros) sammelt, aufbereitet und diese dann (potentiellen) Restaurantgästen zur Verfügung stellt. Synonyme Begriffe: Gastronomieführer oder Gastroführer. Restaurant- bzw. Gastronomieführer lassen sich in zwei Gruppen einteilen: Die erste Gruppe zeichnet sich dadurch aus, daß sie ausschließlich faktische Informationen (etwa Adresse, Art der Küche, Anzahl der Sitzplätze, Öffnungszeiten, Ruhetag) erhebt und veröffentlicht. Die zweite Gruppe ergänzt die faktischen um wertende Informationen (siehe auch Gillespie 2001, S. 10), die Restaurantleistungen werden nun zusätzlich beurteilt (→ Restaurantkritik).

Die Anzahl der Führer ist kaum noch überschaubar, insbesondere durch die ausschließlich im Internet vertretenen Veröffentlichungen. In der fachlichen Diskussion (etwa Zwink 2004, S. 5) reduziert sich die Anbieterseite auf eine geringe Anzahl. Zu dieser gehören vor allem: Der Schlemmer Atlas (www.schlemmer-atlas. de), Feinschmecker (www.feinschmecker-club.de), GaultMillau (www.gault-millau. de), Guide Michelin (www.viamichelin. de) und der Varta-Führer (www.varta-guide.de).

Aus modelltheoretischer Sicht sind Restaurantführer Intermediäre *(certification intermediaries)*, die auf dem Markt Informationen über die Verkäuferseite sammeln und der Käuferseite zur Verfügung stellen. Sie tragen zu dem Abbau eines Informationsdefizits bei (Biglaiser 1993, S. 222 f.; Lizzeri 1999, S. 214 f.). *(wf)*

### Literatur

Biglaiser, Gary 1993: Middlemen as experts. In: Rand Journal of Economics, 24 (2), S. 212-223

Gillespie, Cailein 2001: European gastronomy into the 21st century. Oxford: Butterworth-Heinemann

Lizzeri, Alessandro 1999: Information revelation and certification intermediaries. In: Rand Journal of Economics, 30 (2), S. 214-231

Zwink, Holger 2004: Wegweiser zum richtigen Tisch. In: Allgemeine Hotel- und Gaststättenzeitung (AHGZ), Nr. 51 vom 18. Dezember, S. 5

## Restaurantkritik

*restaurant reviews*

Unter Restaurantkritik (griech. *krinein* = trennen, unterscheiden, prüfen) wird die Beurteilung von Restaurantleistungen verstanden. Gegenstand können das Speiseangebot, das Getränkeangebot, der Service und das Ambiente sein. Restaurantkritik hat eine Informationsfunktion (Reduktion des Kaufrisikos, Orientierungshilfe auf dem gastronomischen Markt, Marketing), eine Erziehungsfunktion (Förderung der Eßkultur in einer Gesellschaft) und eine Unterhaltungsfunktion (Konsum von unterhaltsamen Informationen; s. a. Fattorini 2000, S. 104 ff.).

Die positiven bzw. negativen ökonomischen Auswirkungen einer Restaurantkritik (etwa auf Umsatzhöhe, Kostenstruktur, Preisniveau) werden in der öffentlichen Diskussion immer wieder genannt, wissenschaftlich fundierte Untersuchungen gibt es nur wenige (etwa Cotter & Snyder 1998; Johnson *et al.* 2005). Der Bundesgerichtshof hat in einem Urteil darauf aufmerksam gemacht, daß eine vernichtende und existenzgefährdende Kritik nicht auf der Basis eines einmaligen Restaurantbesuchs gefällt werden darf (BGH 1997, S. 14 f.).

Restaurantkritiken werden zum einen von → Restaurantführern wie dem → GaultMillau, dem → Guide Michelin oder dem → Varta veröffentlicht, zum anderen erscheinen sie als (journalistische) Beiträge in Zeitungen, Zeitschriften und im Internet. In Frankreich läßt sich die Restaurantkritik bis an den Anfang des 19. Jahrhunderts zurückverfolgen. *(wf)*

*Literatur*
BGH: Urteil vom 12. Juni 1997 (I ZR 36/95)
Cotter, Michael; Wayne Snyder 1998: How Guide Books affect Restaurant Behavior. In: Journal of Restaurant & Foodservice Marketing, 3 (1), S. 69-75
Fattorini, Joseph E. 2000: Do restaurant reviews really affect an establishment's reputation and performance? The role of food journalism in restaurant success and failure. In: Roy C. Wood (ed.): Strategic Questions in Food and Beverage Management. Oxford: Butterworth-Heinemann, S. 97-111
Johnson, Colin *et al.* 2005: Behind the stars: A Concise Typology of Michelin Restaurants in Europe. In: Cornell Hotel and Restaurant Administration Quarterly, 46 (2), S. 170-187
Wierlacher, Alois 2003: Kritik. In: Ders. (Hrsg.): Handbuch interkulturelle Germanistik, Stuttgart: Metzler, S. 264-271

## Restaurantkritiker
*restaurant critic*
Person, die eine → Restaurantkritik verfaßt. Die → Restaurantführer vertreten unterschiedliche Auffassungen hinsichtlich des notwendigen beruflichen Vorlaufs. Die Kritiker etwa des → Guide Michelin verfügen über eine Ausbildung im Hotel- und Gaststättengewerbe und bekleideten zum größten Teil verantwortliche Positionen in der Branche (Michelin 2004), die des → VARTA sind Küchenmeister oder Hotelbetriebswirte und haben ebenfalls leitende branchenspezifische Positionen innegehabt (VARTA o.J.). Der → GaultMillau sieht keine Notwendigkeit einer formalen gas-

tronomischen Ausbildung. Die Fähigkeit, journalistisch schreiben zu können, wird von ihm höher gewertet (Lassueur 1983, S. 27). Der Beurteilungsprozeß findet bei den genannten Führern grundsätzlich anonym statt. Die in Zeitungen und Zeitschriften veröffentlichten Restaurantkritiken werden in der Regel von (Food)Journalisten verfaßt.

Der Restaurantführer → Marcellino's vertritt ein Konzept, bei dem die Kritikerrolle von „echten" Restaurantgästen eingenommen wird. Der Internet-Restaurantführer DAwiki (www.dienstag-abend.de), der sich in seiner Konzeption an die freie Enzyklopädie Wikipedia anlehnt, läßt alle Beteiligten – Gäste, Restaurantmitarbeiter, Betreiber, Restauranteigentümer – zu Wort kommen (o.V. 2005, S. 2). *(wf)*

*Literatur*
Heyne, Johannes; Martin Dort (Hrsg.) 2004: GaultMillau Deutschland 2005: Der Reiseführer für Genießer. München: Christian Verlag
Lassueur, Yves 1983: Je mange pour vous. In: L'Hebdo, No. 13 vom 31. März, S. 26-31
Michelin (Hrsg.) 2004: Michelin Deutschland 2005. Pressemappe, Karlsruhe
o. V. 2005: Restaurantführer auf Medi-Wiki-Basis. In: Allgemeine Hotel- und Gaststättenzeitung (AHGZ), Nr. 36 vom 10. September, S. 2
VARTA (Hrsg.) o.J.: Der Varta-Führer: Zahlen und Fakten. Unternehmensinternes Papier, Ostfildern

## Restaurantleiter
*head waiter, maitre d'hôtel*
Abteilungsleiter im Servicebereich; alternative Begriffe: Oberkellner, *Chef de service, Maitre d'hôtel.* → Servicebrigade. *(wf)*

## Restauranttester
→ Restaurantkritiker

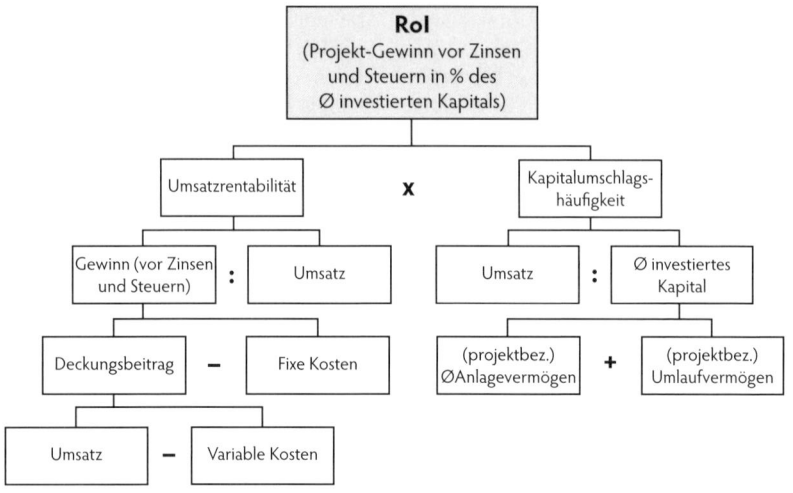

**Abbildung:** Das Grundmodell des RoI-Kennzahlensystems

**Return on Investment (RoI)**

Zentrale betriebswirtschaftliche Kennzahl, die in ihrer allgemeinsten Form Auskunft über die Gewinnergiebigkeit des eingesetzten Kapitals einer Unternehmung gibt (Idee der Gesamtkapital-Rentabilität; → Rentabilität). Der eigentliche informationelle Nutzen des RoI erschließt sich jedoch erst bei einer fokussierteren Formulierung auf unterschiedliche Unternehmensprojekte. Bezugsgröße der Rentabilitätsbeurteilung ist dann das für das jeweilige Investitionsprojekt benötigte Kapital, das in Relation zum Gewinn – zumeist dem betrieblichen Gewinn vor Steuern und Kapitalkosten –, der mit dieser Investition erwirtschaftet wurde (oder werden soll), gesetzt wird:

Somit wird eine direkte Zuordnung des allgemeinen Rentabilitätsgedankens nicht nur auf die Unternehmung als Ganzes, sondern auch auf einzelne (Investitions-) Projekte, Standorte oder organisatorische Bereiche wie Profit-Center, Geschäftsfelder, Märkte, Kunden usw. möglich, soweit sich der Kapitaleinsatz jeweils sinnvoll abgrenzen läßt. Diese flexible Verwendungsmöglichkeit begründet auch den Nutzen des RoI als zentrale Controlling-Kennzahl (→ Controlling), zum Beispiel im Rahmen der Investitionsrechnung oder auch in der grundsätzlichen Analyse und Bewertung der strategischen Grundausrichtung.

Zur tiefergreifenden Analyse des Unternehmensgeschehens kann die in ihrer Ermittlung hoch verdichtete Kennzahl RoI in ein System von rechnerisch abgeleiteten Teilkennzahlen aufgelöst werden (Kennzahlenpyramide), die eine eingehende Analyse wie auch Prognose des Unternehmensgeschehens ermöglichen (vgl. Abbildung). Dabei zeigt das weitergehende Zerlegen der Umsatzrentabilität vor allem die Erlös- und Kostenstruktur des untersuchten Bereiches bis hin zu seinem Mengen- und Zeitengerüst, während die Differenzierung der Kapitalumschlagshäufigkeit die kapitaläquivalente Vermögensstruktur zur Realisierung des Ergebniszieles verdeutlicht.

Durch das schrittweise, adressatengerechte Herunterbrechen der Spitzenkennzahl RoI bieten sich wesentliche Ansatzpunkte zur Planung und Kontrolle des Unternehmensgeschehens, werden Schwachstellen der bisherigen oder zukünftigen Entwicklung verdeutlicht, und es lassen sich mit Hilfe von Simulationsrechnungen alternative Ansatzpunkte im Werte-, Mengen- und Zeitengerüst zur Steuerung der Unternehmung erkennen. Dieses RoI-Kennzahlensystem stellt das älteste (1919) und bekannteste betriebswirtschaftliche Kennzahlensystem dar. Ursprünglich entwickelt von dem amerikanischen Chemiekonzern DuPont *(DuPont-System of Financial Control)* liegt es heute in vielen Varianten vor.

Allerdings darf der unterstellte hohe Aussagewert und die weite Verbreitung des RoI-Konzepts in der Praxis nicht darüber hinwegtäuschen, daß lediglich quantitative Größen in die Überlegungen einbezogen werden. Das weite Feld der qualitativen Einflußfaktoren und deren zunehmende Bedeutung für die Unternehmensführung bleiben somit unberücksichtigt. Eine weitere Einschränkung ist in der dem Konzept immanenten Kurzfristigkeit zu sehen, die in Verbindung mit einer bspw. quartalsbezogenen Zielsetzung einhergeht. Dann besteht insbesondere die Gefahr, daß nicht unverzüglich positiv RoI-wirksame Aktionen (Investitionen, Forschungsaktivitäten, Personalentwicklungsmaßnahmen usw.) unterbleiben und die nachhaltige Entwicklung der Unternehmung gefährden. Dieses grundsätzliche Problem teilt der RoI allerdings auch mit heute als modern diskutierten sogenannten wertorientierten Kennzahlen wie dem *Return on Capital Employed* (ROCE) oder dem *Return on Net Assets* (RONA). *(vs)*

## Revenue Management
→ Ertragsmanagement

## Revenue Passenger Kilometre (RPK)
Die Anzahl der verkauften Flugpassagen mal der auf den gebuchten Flügen zurückgelegten Kilometer.

## Revenue Sharing
Bestimmte Form zur Aufteilung von Erlösen zwischen einem Leistungserbringer und einem Leistungsabnehmer. Bis Ende der 1990er Jahre war das Revenue Sharing bei den → Reisemittlern im Geschäftsreisebereich eine weit verbreitete Praxis, welche mit der Kürzung der Grundprovisionen durch die Fluggesellschaften ein Ende fand. Die größte Verbreitung fand das sog. *kick-back*, bei welchem ein zuvor definierter Prozentsatz der erzielten Provisionserlöse an den Leistungsabnehmer entrichtet wurde. Der Sinn für den Leistungserbringer besteht darin, durch das so gewonnene Vermittlungsvolumen die Umsatzziele bei verschiedenen Leistungsträgern (→ Fluggesellschaften, Autovermietungen, etc.) zu erreichen bzw. überzuerfüllen und somit durch eine höhere Incentivezahlung diese *kick-backs* überzukompensieren. Weitere Formen des Revenue Sharing sind die Vereinbarung von Gewinnabführungen aus dem Unternehmensergebnis (bspw. bei *joint ventures*; → Kooperation) oder das Splitting der Zahllast des Leistungsabnehmers bei der → Management-Fee. *(ce)*

## RevPAR
Abkürzung für (engl.): *revenue per available room* (Nettoerlös pro verfügbarem Hotelzimmer). Wichtige Steuerungsgröße in der internationalen Hotelbranche. Der „RevPAR" wird ermittelt, indem der gesamte Beherbergungserlös (einer definierten

Zeitperiode) durch die Anzahl der verfügbaren Hotelzimmer geteilt wird. Erlöse aus anderen Bereichen (etwa aus der Wellness-Abteilung; → Wellness) werden nicht berücksichtigt.
Da nur die verfügbaren und nicht die existierenden Zimmer eines Hotels in die Kennzahl einfließen, wird eine größere Aussagekraft erzielt. Verzerrende Einflüsse wie Zimmerrenovierungen oder vom Hotel permanent intern genutzte Zimmer werden ausgeblendet. *(wf)*

**Rezeption**
*front office, reception*
Empfang bzw. auch Empfangsbereich in einem Hotel. Zentrale Aufgaben der Rezeption sind: Begrüßung des angereisten Gastes, administrative Erfassung, Anlaufstelle während des Aufenthaltes, Rechnungserstellung und Verabschiedung. Das lateinische *receptio* bedeutet Aufnahme. *(wf)*

**Rezeptionist(in)**
*receptionist*
Mitarbeiter(in) an einer → Rezeption.

**Richtlinie über die Qualität des Badewassers**
*directive on bathing water quality*
In dieser Richtlinie der EU werden über Grenzwerte minimale Qualitätskriterien für Badegewässer außerhalb von Schwimmbädern und von Wasser für therapeutische Zwecke nach physikalischen, chemischen und mikrobiologischen Parametern festgelegt. Entsprechend der Richtlinie muß die Wasserqualität in der Badesaison wöchentlich gemessen werden. Am Ende der Saison sind diese Werte an die EU weiterzuleiten, die jährlich einen Bericht über die Qualität von Badewässern in der EU veröffentlicht. *(jwm)*

*Literatur*
Richtlinie 76/160/EWG des Rates vom 8. Dezember 1975 über die Qualität der Badegewässer [Amtsblatt L 31 vom 05. 02. 1976]. Zuletzt geändert durch den folgenden Rechtsakt: Richtlinie 91/692/EWG des Rates vom 23. Dezember 1991 [Amtsblatt L 377 vom 31.12.1991]

**Risiken**
*risks*
Risiken sind allgegenwärtig. Die allgemeinen Lebensrisiken, die durch die Tatsache des Menschseins existent sind, können natürlich auch den Reisenden treffen, der sich aber grundsätzlich in einer anderen Gefahrensituation befindet, dadurch daß er eine Reise antritt und durchführt, ja schon, wenn er die Reisepläne verbindlich werden läßt (→ Reiseentscheidung). Risiken treten als Ereignisse, die den Schadensfall auslösen können, in Erscheinung. Solche Risiken sind Krankheit, Unfall, Feuer, Diebstahl, Betrug etc. Die Risiken, die den Reisenden vor und während der Reise treffen können, sind in der Regel versicherbar. Zur vertraglichen Handhabung wurden spezielle Versicherungsbedingungen formuliert (→ Allgemeine Versicherungsbedingungen [AVB]), in denen die Risiken definiert sind. Typische Reiserisiken sind zum Beispiel Krankheit, Unfall, Tod, Diebstahl und die Zerstörung und Beschädigung von Reisegepäck. Risikobjekte können also Personen und Sachen sein. Auch der abgeschlossene Reisevertrag ist als Risikoobjekt zu sehen. Risiken lassen sich senken, etwa durch Vorsorge oder durch Übernahme des Risikos durch andere.
Hier wären nun Reiseversicherungsgesellschaften (→ Reiseversicherer) zu nennen, die den Reisenden deren spezielle Reiserisiken abnehmen. Sowie Banken mit Zahlungsversprechen handeln, handeln im Sinne der funktio-

nalistischen Systemtheorie Luhmanns (Baecker 1991) Reiseversicherer – wie Versicherer überhaupt – mit Risiken, also Risikoversprechen, die – produktlogisch verstanden – immateriell sind und somit als → Dienstleistungen angesehen werden müssen. Das Marketing der Reiseversicherer hat dies genauso zu beachten wie das → Qualitätsmanagement der Versicherungsorganisation. Ein solches spezielles Marketing ist → Dienstleistungsmarketing und damit zu unterscheiden vom Marketing von Hardwareprodukten. Für jeden offenkundig wird diese Tatsache im operativen Marketing (Zollondz 2005, S. 106 ff.), das an den Prozessen anzusetzen hat. → Risiko, → Risikopersonen *(hdz)*

*Literatur*
Baecker, Dirk 1991: Womit handeln Banken? Eine Untersuchung zur Risikoverarbeitung in der Wirtschaft. Mit einem Vorwort von Niklas Luhmann. Frankfurt/M.: Suhrkamp
Zollondz, Hans-Dieter 2005: Marketing-Mix. Die sieben P's des Marketings. Berlin: Cornelsen

## Risiko
*risk*
Der Begriff des Risikos (*riscare* [ital.] = wagen) entstammt dem entstehenden Fern- und Seehandel in den italienischen Stadtstaaten des 12. und 13. Jahrhunderts. Er bezeichnete hier die Unternehmung eines Kaufmanns, der die Unsicherheit der Seefahrt und des Reisens in ferne und fremde Gegenden kalkulierend herausforderte. Im 14. Jahrhundert begannen Kaufleute, sich gegen mögliche Mißerfolge der Seefahrt und des Reisens zu versichern. Damit trat auch ein Wandel im Begriffsverständnis auf.

Der Begriff erweiterte sich vom individuellen Abwägen und Kalkulieren auf die Berechenbarkeit bezogen auf ein Kollektiv

von Versicherten. Versicherungsgesellschaften begannen damit, mögliche Schadensfälle in Form von Risiken zu beschreiben. Grundsätzlich wird das Risiko als Produkt der Eintrittswahrscheinlichkeit eines Schadens und der monetär ausgedrückten Schadenshöhe bestimmt. Stochastik und Statistik wurden damit die Schlüsseldisziplinen der Versicherer. Es ließen sich unterschiedliche Unsicherheiten und Unbilden mathematisch durchdringen, gruppieren, aggregieren, Regelmäßigkeiten feststellen und in Durchschnittswerten ausdrücken. Risiko ist etwas, was sich als Ereignis, als künftiger Schadensfall im Möglichkeitsraum abbilden läßt. Es ist damit kein objektiv gegebenes Merkmal, auch keine bloß subjektive Einschätzung, sondern eine Art und Weise, bestimmte Elemente der Realität zuzuordnen. Risiko ist der Versuch, die Realität berechenbar zu machen, um gezielt auf sie einwirken zu können. Risiko dient als Schema, mit der die Rationalität eingefangen werden kann. Risiko ist folglich ein Rationalitätskonstrukt, das man sich zu Nutze machen kann und das sich durch drei zentrale Merkmale auszeichnet:

(1) Kalkulierbarkeit: Ereignisse treten in einer gewissen Regelmäßigkeit auf.

(2) Kollektivität: Ereignisse beziehen sich auf eine bestimmte Population, in der sich Häufigkeit und Schadenhöhe abschätzen lassen.

(3) Kapitalität: Schäden werden in Geld übersetzt. So wird bei einem Unfall von der Unfallversicherung nicht der abgetrennte Daumen ersetzt, sondern bedingungsgemäß entsprechend der → Gliedertaxe der Prozentsatz der Versicherungssumme.

Dieses Modell der Konstruktion und Bearbeitung von Risiken bezieht sich auf nahezu alle gesellschaftlichen Bereiche, betrifft in seinen Auswirkungen also

sowohl die Alten, Risiko- und Extrem-
sportler genauso wie Reisende auf Mal
lorca oder in der Wüste Gobi. Ganz klar
zeigt sich die Reprivatisierung der Risiken
im Gesundheitsbereich, wo in den letzten
Jahren immer mehr Krankheiten aus
dem Versicherungsschutz der gesetzlichen Krankenkassen ausgeschlossen
worden sind. Es ist evident, daß bei dieser
Dynamik der „Entsicherung" von Risiken
die Funktion der Reiseversicherungen
schon seit eh und je eine flankierende
Rolle hatte. *(hdz)*

**Risikopersonen**
*risk persons*
Der Begriff der Risikopersonen spielt in
der → Reiserücktrittskosten-Versicherung
(RRV) und → Reiseabbruch-Versicherung
(RAV) eine zentrale Rolle. Da dort die
meisten → Risiken von Personen ausgelöst werden, werden diese Risikopersonen
genannt, weil sie – wie am Beispiel von
Krankheit, Unfall oder Tod klar wird – ein
Krankheits-, Unfall- oder Todesfallrisiko
tragen.
    In der kurzen Geschichte der RRV,
wurden die Risikopersonen zunächst ausschließlich aus den Verwandtschaftsgraden
des Familien- und Erbrechts abgeleitet.
Diese enge Abgrenzung wurde angesichts der veränderten Lebensverhältnisse
als nicht zeitgemäß empfunden. Die im
Tourismus tätigen Spezialversicherer
(→ Reiseversicherer) reformierten im
Zuge der Freigabe der Versicherungsbedingungen Mitte der 1990er Jahre auch die Bestimmung der Risikopersonen. Seitdem zählen zum Kreis der
Risikopersonen:
* die → Angehörigen der versicherten
  Person;
* der Lebensgefährte der versicherten
  Person oder einer der versicherten
  mitreisenden Personen;

* diejenigen, die nichtmitreisende min-
  derjährige Angehörige betreuen;
* diejenigen, die nichtmitreisende pfle-
  gebedürftige Angehörige betreuen;
* diejenigen, die gemeinsam mit der
  versicherten Person eine Reise gebucht und versichert haben, und
  deren Angehörige. *(hdz)*

**Risikoportfolio**
→ Risiko

**RoI**
→ Return on Investment

**Roll-on-roll-off**
→ Fähre

**Rollweg**
*taxiway (TWY)*
Verbindungsweg für Luftfahrzeuge, der
auf Flughäfen das Vorfeld mit den Start-
und Landebahnen verbindet.

**Romantische Straße**
→ Touristenstraße

**Room only**
→ Übernachtung ohne Frühstück

**Room service**
→ Etagenservice

**Ro-Ro-Fähren**
→ Fähren

**Rôtisseur**
*roasting cook*
Französische Bezeichnung für den Bra-
tenkoch. Der Rôtisseur bereitet Fleisch-,
Fisch-, Geflügel- und Wildgerichte zu.
Der Bereich stellt einen klassischen
Posten bzw. eine Abteilung in sehr groß-
en → Küchenbrigaden dar, oft wird die
Aufgabe des Rôtisseur von dem → Saucier
übernommen. *(wf)*

**Roulette-Reise**
→ Last minute-Reise

**RPK**
→ Revenue Passenger Kilometres

**Rucksacktourist**
*backpacker*
Der Begriff ‚Rucksacktourist' ist im letzten Jahrzehnt zu einem Synonym für einen Reisestil von Freiheit und Mobilität geworden. Er geht zurück auf die Bezeichnung ‚Gammler' *(drifter)*, die in den 1970er Jahren entstand, als Langzeit-Touristen mit wenig Geld meist mit der Hippie-Bewegung und ‚wandernden Rebellen' gegen eine wachsende politische Dominanz der entwickelten westlichen Welt und ihrer kulturellen Einförmigkeit in Verbindung gebracht wurden.

In den 1980er Jahren indes wandelte sich die Bedeutung des Begriffs vor dem Hintergrund der wachsenden wirtschaftlichen Tragweite und der Institutionalisierung der Rucksacktouristen von einem Anti-Marketingkonzept zu einem Marketing-Etikett, das ein zunächst abgegrenztes, dynamisches und sich entwickelndes Marktsegment darstellt. Dies war vor allen Dingen in Australien, Neuseeland und Südostasien der Fall, wo nationale Tourismusorganisationen kontinuierlich Marktforschung in diesem mittlerweile als wirtschaftlich attraktiv angesehenen Segment durchgeführt haben, das einen entscheidenden Beitrag zur Erzielung von Deviseneinnahmen und zur Entwicklung abgelegener Gebiete leistet (vgl. Bureau of Tourism Research 1995, 2000; Tourism New Zealand 1999, 2000; Fiji Taskforce 2001). Auch wenn die nationale Herkunft der Rucksacktouristen in verschiedenen → Destinationen unterschiedlich sein kann, zeigen doch die meisten Untersuchungen, daß Briten, Deutsche, US-Amerikaner, Kanadier, Niederländer, Australier, Neuseeländer und Israelis weltweit dominieren.

Lange, individuell organisierte und preisgünstige Fernreisen sind vor allem beliebt bei gut ausgebildeten Fachkräften aus der sozialen Mittelklasse, die Reisen als eine Form lebensbereichernden und persönlichkeitsbildenden Abenteuers sehen. Zudem sieht man zunehmend, daß diese Reisenden nicht mehr als eine homogene Gruppe von Konsumenten behandelt werden können. Die Vielfalt ihrer Motive, Wertvorstellungen und ihres sozioökonomischen Hintergrunds (soziale Schichtzugehörigkeit, Alter, Geschlecht und ethnische Zugehörigkeit) hat die Wahrnehmung der Rucksacktouristen verändert, die jetzt zunehmend als heterogene Gruppe mit positiver wirtschaftlicher und sozialer Wirkung auf Tourismusdestinationen gesehen werden. Ferntourismus wird häufig, wie in Australien und Neuseeland mit ihrem jeweiligen Landarbeitermangel, durch Regierungsprogramme für arbeitende Langzeitreisende (*Working Holidaymakers*, WHM) gefördert. Mit dieser zeitweisen Beschäftigung finanzieren sie häufig ihre weiteren Reisen durch Asien.

Die beiden bemerkenswertesten Gruppen unterscheiden sich hinsichtlich Alter, Reiseerfahrung und ihrer sozialen und persönlichen Wertvorstellungen. So gibt es zum einen die jüngeren, unerfahrenen Reisenden, die *first timers*, die in der Zeit zwischen dem Ende der Schule und dem Studienbeginn unterwegs sind. Da ihnen noch das Selbstvertrauen erfahrener Reisender fehlt, neigen sie dazu, in speziell organisierten Verkehrsnetzen für Rucksacktouristen unterwegs zu sein, die eingefahrenen Routen folgen.

Sie steigen in größeren Gästehäusern (→ Hostels) ab, orientieren sich in ihren Aktivitäten an dem, was man gesehen haben muß und genießen die Begleitung anderer Reisender. Auf der anderen Seite gibt es die älteren, alleinstehenden Rucksacktouristen (zwischen 25 und 35 Jahren) mit akademischem Bildungshintergrund. Sie waren schon einige Jahre berufstätig und haben für eine längere Auszeit vom Berufsleben die Rolle als Rucksacktourist gewählt, bevor sie ein geregeltes Leben beginnen. Sie unterscheiden sich auch in ihrem Verhalten und hinsichtlich der dahinterliegenden kulturellen Wertvorstellungen von der ersten Gruppe. So bevorzugen sie öffentliche Verkehrsmittel (oder kaufen sich sogar ein eigenes Automobil), beschäftigen sich mit der örtlichen Kultur, schätzen Landschaft und Natur und halten sich in kleineren, intimeren Umgebungen auf (Ateljevic & Doorne 2001).

Es hat sich jedoch auch ein Trend bei den Über-Vierzigjährigen und Familien mit kleinen Kindern zu Reisen im Stile von Rücksackreisen entwickelt. Sie sind zwar nicht am symbolischen Rucksack zu erkennen, nutzen aber die Gästehäuser der Rucksacktouristen, weil sie weniger für Übernachtungen, Verpflegung und Verkehrmittelnutzung ausgeben und dafür lieber mehr Geld für Attraktionen und Aktivitäten zur Verfügung haben wollen (Tourism New Zealand 1999, 2002). *(at)*

*Literatur*

Ateljevic, Irena; Stephen S. Doorne 2001: ‚Nowhere Left to Run': A Study of Value Boundaries and Segmentation Within the Backpacker Market of New Zealand. In Mazanec et al. (Eds.), S. 169-187

Bureau of Tourism Research 1995: Backpackers in Australia. Canberra: Bureau of Tourism Research (= Occasional Paper No. 20)

Bureau of Tourism Research 2000: Backpacker Market. Australia: Tourism Queensland

Fiji Taskforce 2001: Enquiry into the Backpacker Segment of Fiji's Tourism Industry. Bangkok: PATA

Mazanec, Josef . A.; Geoffrey I. Crouch; J. R. Brent Ritchie & Archie G. Woodside (Eds.) 2001: Consumer Psychology of Tourism, Hospitality and Leisure. Volume II. London: CAB International

Tourism New Zealand 1999: Understanding New Zealand's Backpacker Market. Wellington: New Zealand

Tourism New Zealand 2000: Backpacker Boom for New Zealand. Wellington: New Zealand

Tourism New Zealand 2002: No Backpack Required. Wellington: New Zealand

## Rückfallfrist
*release period*

Frist, zu der von einem → Reiseveranstalter gebuchte, aber nicht in Anspruch genommene Zimmerkontingente (→ Allotmentvertrag) ohne Kosten wieder an das Hotel zurückgegeben werden können. Wenn zum Beispiel 30 Doppelzimmer in einem Hotel gebucht werden, von denen der Veranstalter bis zur Rückfallfrist von 14 Tagen vor Reiseantritt nur 20 Zimmer im Rahmen von → Pauschalreisen absetzen konnte, kann er spätestens zu diesem Zeitpunkt in der Regel kostenfrei zehn Zimmer an das Hotel zurückgeben. *(jwm)*

## Rücktransport (medizinisch)
*backhaul, return transport*

Seit 1994 zählt es gem. § 651 i BGB zu den Pflichten der Vermittler, bei der Angebotsunterbreitung zu Pauschalreisen auch auf den Krankenrücktransport hinzuweisen. Diese gesetzliche Regelung war Ausfluß offenkundiger Probleme Reisender, im Krankheitsfall den eigenen medizinischen Rücktransport zu organisieren und hierfür die Kosten zu tragen. Solche Transporte werden

in speziellen Transportfahrzeugen, wie dem KTW (Krankentransportwagen) oder im Flugzeug durchgeführt. Für kurze Entfernungen werden Ambulanzflugzeuge oder Rettungshubschrauber eingesetzt. Das Standardtransportmittel der Medical Assistance ist der sog. Stretcher, der in Charter- oder Linienmaschinen eingebaut wird. In der Regel sind es neun Sitze, die für den Stretcher benötigt werden. Im hinteren Bereich des Flugzeugs wird der Stretcher montiert. Der Patient wird auf einer Vakuummatratze gebettet und von dem begleitenden Flugrettungsarzt medizinisch betreut. Im Stretcher ist es – auch auf längeren Strecken – möglich, den Patienten während des Fluges optimal zu betreuen. Im internationalen Luftverkehr wird zur Kennzeichnung eines Fluggastes, der liegend transportiert werden muß, die Abkürzung SCP *(Stretcher Case Passenger)* verwendet.
→ Assistance-Versicherungen *(hdz)*

# S

**Sabre**

1959 von American Airlines und IBM entwickeltes → Computer-Reservierungssystem, das sich zu einem der vier → Globalen Distributionssysteme (GDS) entwickelte. Allerdings ging es zunächst vor allem darum, mit der Bereitstellung von Buchungsdaten in Echtzeit die Voraussetzungen für → Ertragsmanagement zu schaffen. Daraus erklärt sich auch der Name, der einerseits der englische Begriff für ‚Schwert', andererseits die Abkürzung von *semi-automated business research environment* ist. Im Jahre 2000 wurde Sabre von AMR, der Muttergesellschaft von American Airlines, vollständig an die Börse gebracht, und die Aktien des nunmehr Sabre Holdings genannten Unternehmens wurden bis zur Übernahme durch die Silverlake und die Texas Pacific Group (TPG) im März 2007 an der New Yorker Börse gehandelt. Mit → Travelocity verfügt Sabre auch über ein eigenes Internetreiseportal. (www.sabre-holdings.com) *(jwm)*

**Sackbahnhof**
→ Bahnhof

**SAFA**
→ Safety Assessment of Foreign Aircraft

**Safari**
*safari*
Unter Safari wird in touristischen Zusammenhängen sowohl die Jagdreise wie auch der Ausflug zur Beobachtung von Tieren in der Wildnis verstanden. Das Wort *safari* stammt aus der afrikanischen Sprache Kishuaheli, wo es aus dem Arabischen *safer* kommend allgemein für Reise steht. Die engere Bedeutung von Safari als (Jagd-)Reise (Großwildsafari) entwickelte sich aus der Benennung für solche Reisen, bei denen Tiere in Teilen Afrikas und Indien erlegt werden. Der Begriff wird in diesem Sinn heute generell für Jagdreisen angewandt, ist also nicht geographisch eingegrenzt. Den Teilnehmern an solchen Safaris geht um das Erlangen von Trophäen (Felle von Großkatzen, Stoßzähne von Elefanten, etc.). Diese Art des Jagdtourismus ist nicht unumstritten. So haben → Reiseversicherungen Gewehre in den Versicherungsschutz der → Reisegepäckversicherung nicht eingeschlossen.

Bei der unblutigen Form der Safari geht es um die Touristensafari, bei der es nicht um die Tötung, sondern die Beobachtung und das Photografieren des großen Wildes geht. Gemeint sind häufig – wie auch bei der Großwildsafari – die *big five* (Elefant, Kaffernbüffel, Nashorn, Leopard und Löwe). Solche Foto- oder Videosafaris sind als Ausflüge in die Wildnis zu sehen, für die eine wachsende Zahl an Reiseveranstaltern Pauschalreisen konfiguriert. Zielregionen sind sehr oft die Wildreservate in Afrika.

Bei der Reiseform Safari erfolgt die Unterbringung oft in einer Lodge, dem Gästehaus in einem Naturreservat oder einem Cottage, dem nicht unterkellerten Wohngebäude. *(hdz)*

**Safety Assessment of Foreign Aircraft (SAFA)**
Dieses Programm wurde 1996 von der → Europäischen Luftfahrtkonferenz (ECAC) eingerichtet, um die Einhaltung der ICAO-Regeln (→ International Civil Aviation Organisation) bei Flugzeugen mit ihren Besatzungen, die in die Mitgliedsstaaten der ECAC einfliegen, zu überprüfen. Dabei werden nicht nur Flugzeuge aus Drittstaaten, sondern auch die aus Mitgliedstaaten der ECAC überprüft. Gegenstand der Vorfeldinspektionen sind der Zustand des Fluggerätes, das Vorhandensein und der Zustand der Sicherheitsausrüstung (zum Beispiel Schwimmwesten, Sauerstoffmasken, Feuerlöscher) und Dokumenten wie Zulassungen, Flughandbüchern, Navigationsunterlagen, Pilotenlizenzen und Logbüchern. Die Ergebnisse der Vorfeldkontrollen werden in eine allen Luftfahrtbehörden zugängliche Datenbank eingestellt, die von den → Joint Aviation Authorities (JAA) geführt werden. Bei Mängeln, welche die Lufttüchtigkeit *(airworthiness)* beeinträchtigen, kann von den Inspektoren sofortige Abhilfe verlangt werden, bevor eine Starterlaubnis erteilt wird. Wenn diese nicht direkt vor Ort möglich ist, kann ein → Überführungsflug (d.h. nur mit der Cockpit-Besatzung und ohne Passagiere oder Fracht) genehmigt werden. Ansonsten wird Kontakt mit der Fluggesellschaft und der zuständigen Heimatbehörde zur Abstellung der Mängel aufgenommen.
Allerdings können jährlich nur ca. 3.000 solcher Inspektionen durchgeführt werden. Da zudem die → Umkehrzeit am Boden in der Regel nur sehr kurz ist, kann oft auch nur ein Teil der 54 Punkte

umfassenden Inspektionsliste abgearbeitet werden. *(jwm)*

**Saignant**
→ Garstufen

**Salamander**
*salamander*
Großküchengerät zur Erzeugung von starker Oberhitze. Dient zum Karamelisieren, Überbacken (Gratinieren) oder Warmhalten von Gerichten. Die Gehäuse sind in der Regel aus Edelstahl, die Heizelemente mitunter höhenverstellbar. *(wf)*

**Salon**
*drawing room, parlor*
In einem → Hotel oder auf Kreuzfahrtschiffen (→ Kreuzfahrt) die Bezeichnung für einen vornehm ausgestatteten Raum (*salle* [franz.] = Saal), in dem Veranstaltungen ausgerichtet werden können.
Ehemals wurde unter einem Salon ein Gesellschafts- bzw. Empfangszimmer verstanden, das in der gehobenen Gesellschaft – in Frankreich bereits ab dem 16. Jahrhundert – für private Empfänge im eigenen Haus eingerichtet wurde. Man traf sich in regelmäßigen Zirkeln zum Gedankenaustausch über literarische, politische, künstlerische, philosophische oder private Themen. Kennzeichnend für Salons war die exponierte Stellung der Frau des Hauses *(Salonière)* als einladende Gastgeberin (Schweikle 1990, S. 406 f.). *(wf)*

*Literatur*
Schweikle, Irmgard 1990: Salon. In: Dies.; Günther Schweikle (Hrsg.): Metzler Literatur Lexikon: Begriffe und Definitionen. Stuttgart: J.B. Metzlersche Verlagsbuchhandlung, S. 406-407 (2. Aufl.)

## Sanfter Tourismus

→ Nachhaltiger Tourismus

## SARS

*Severe Acute Respiratory Syndrome*

Hoch infektiöse, atypische Lungenentzündung, die 2002 in China zum ersten Mal auftrat und durch die Furcht vor Ansteckung den Reiseverkehr in und nach Südostasien zeitweilig stark beeinträchtigt hat. *(jwm)*

## Satellitenkonten

*satellite account*

Satellitenkonten dienen der Erfassung ergänzender Sachverhalte der volkswirtschaftlichen Gesamtrechnung. Sie versuchen in erster Linie, die in der Sozialproduktsrechnung vernachlässigten Bereiche zu erfassen. Betrachtet werden insbesondere Bereiche der Ökologie, des Bildungs- und Gesundheitswesens. Seit 2002 besteht der Versuch, ein Tourismussatellitenkontensystem (TSA) zu etablieren. Mit Hilfe der Tourismussatellitenkonten bzw. des -systems versucht man, die ökonomische Bedeutung des Tourismus eines Landes sowohl angebots- als auch nachfrageseitig abzubilden. Die touristische Nachfrage wird nach Reisedauer (Tagesreise, Übernachtungsreise), Reiseziel (Inlandsreise, Auslandsreise) und Reisezweck (Geschäftsreise, Urlaubsreise) ermittelt. Die Darstellung des touristischen Angebots erfolgt hinsichtlich der verschiedenen Wirtschaftszweige bzgl. der Wertschöpfung und Beschäftigung. Da das TSA-System auf Basis eines internationalen TSA-Handbuches entweder durch die nationalen Statistischen Ämter oder zumindest in enger Zusammenarbeit mit diesen erstellt wird, sind die Ergebnisse international vergleichbar. Einer Studie des GWS zufolge (Ahlert 2005) lag im Jahr 2000 der Anteil des Tourismus in Deutschland bei 3,2 % der → Bruttowertschöpfung. Den größten Anteil hiervon hatten das Gastronomiegewerbe mit 16,1 % (9,27 Mrd. €), gefolgt vom Beherbergungsgewerbe mit einem Anteil von 8,2 % (4,7 Mrd. €) und dem Luftverkehrsgewerbe mit einem Anteil von 6,1 % oder 4,3 Mrd. €. *(hp)*

*Literatur*

Ahlert, Gerd 2005: Die volkswirtschaftliche Bedeutung des Tourismus: Ergebnisse des TSA für Deutschland, GWS. Ms. Diskussionspapier. Osnabrück

## Satellitenküche

*satellite kitchen*

Auch Relaisküche, Ausgabeküche oder Endküche genannt. Die Satellitenküche kann als eine nachgelagerte Außenstelle einer → Zentralküche gesehen werden. Die Speisenzubereitung findet vor allem in der Zentralküche statt, die Endzubereitung erfolgt in der Satellitenküche. Die Speisen gelangen von der Satellitenküche zum Konsumenten. Aus Sicht der Organisationsgestaltung handelt es sich um ein dezentrales Küchenkonzept. Siehe im Gegensatz hierzu das zentralisierte Konzept der → Vollküche. *(wf)*

*Literatur*

Fröschl, Cornelia 2003: Architektur für die schnelle Küche: Eßkultur im Wandel. Leinfelden-Echterdingen: Verlagsanstalt Alexander Koch

Kohte, Ursula 2003: Gastro Planung & Konzepte. Handbuch für Profis. Prozesse, Berechnungen und architektonische Realisierungen. Stuttgart: Matthaes

## Saucier

*sauce cook*

Französische Bezeichnung für den Saucenkoch. Der Saucier ist zuständig für die Herstellung von Saucen, Saucengerichten und Pfannengerichten. Der Bereich stellt einen klassischen Posten bzw. eine Abteilung in größeren → Küchenbrigaden dar. *(wf)*

## Schadensersatz
*compensation, indemnification*

### 1 Allgemeines

Neben der Minderung des Reisepreises (→ Reisepreisminderung) nach § 651 d BGB und Kündigung des Reisevertrages nach § 651 e BGB hat der Reisende für zusätzliche Vermögenseinbußen und Auslagen, die über den Reisepreis hinausgehen, drei Schadensersatzansprüche. In § 651 f I und II BGB sind die beiden vertraglichen Schadensersatzansprüche wegen Nichterfüllung und wegen nutzlos aufgewendeter Urlaubszeit geregelt, während § 823 I BGB jedem Geschädigten, also auch dem Reisenden, einen Schadensersatzanspruch wegen Verletzung der Verkehrssicherungspflicht bei unzureichender Kontrolle des Sicherheitszustandes gefährdender Anlagen gewährt.

### 2 Schadensersatz wegen Nichterfüllung

Als Vertragspartner seines Reiseveranstalters kann der Reisende Schadensersatz wegen Nichterfüllung nach § 651 f I BGB verlangen, wenn (1) ein → Reisemangel nach § 651 c I BGB vorliegt, (2) eine Mängelanzeige während der Reise gemacht wird und (3) den Veranstalter und seine Erfüllungsgehilfen ein Vertretenmüssen trifft (§§ 276, 278 BGB) und (4) ein materieller Folgeschaden ohne Mitschulden des Reisenden (§ 254 BGB) nachgewiesen wird. Bezüglich des Vertretenmüssens geht das Gesetz von einer Beweislastumkehr aus. Bei Vorliegen eines Reisemangels wird das Vertretenmüssen solange vermutet, bis der Veranstalter sein Vertretenmüssen widerlegt.

### 3 Entschädigung wegen nutzlos aufgewendeter Urlaubszeit

Auch nutzlos aufgewendete Urlaubstage können nach dem durch die Pauschalreise-Richtlinie vorgeschriebenen Ersatz immaterieller Schäden (EuGH NJW 2002, 1255: Leitner) durch einen betroffenen Reiseteilnehmer geltend gemacht werden. Ausnahmsweise läßt das BGB nach § 253 I BGB einen solchen immateriellen Anspruch in § 651 f II BGB dann zu, wenn die Reise vereitelt oder erheblich beeinträchtigt worden ist. Zusätzlich zu den schon genannten Voraussetzungen nach § 651 f I BGB (Reisemangel, Mängelanzeige und Vertretenmüssen), müssen zwei Voraussetzungen erfüllt sein: (1) eine Vereitelung oder erhebliche Beeinträchtigung der Reise und (2) nutzlos aufgewendete Urlaubstage. Eine erhebliche Beeinträchtigung der Reise wird ab einer Entwertung jedes Reisetages von mehr als 50% angenommen. Die Entschädigungshöhe richtet sich nach der Schwere des Mangels. Für jeden voll vertanen Reisetag ist zusätzlich zu der Preisminderung ein voller Tagesgesamtpreis zu entschädigen.

### 4 Deliktsschäden durch Verletzung der Verkehrssicherungspflicht

Der Veranstalter haftet weiterhin nach § 823 I BGB bei einer Verletzung seiner Auswahl- und Kontrollpflichten bezüglich seiner Leistungsträger für verkehrsgefährdende Anlagen. Diese Verkehrssicherungspflicht mit fehlender Sicherheit bei Hotelanlagen, Kfz, Schiffe, Flugzeuge erfordert eine Stichprobenkontrolle augenscheinlicher Mängel, sachkundige Beauftragte, wobei Maßstab örtliche Sicherheitsvorschriften sind, jedoch keine Haftung bei unvorhersehbaren Gefahren angenommen wird.

## 5 Haftungsbegrenzung

Summenmäßig sind alle Schadensersatzansprüche bei Personenschäden nicht in der Höhe beschränkbar (§ 651 h I BGB). Lediglich Nichtkörperschäden wie bei Kleidung oder bei Gepäck kann durch AGB auf den dreifachen Reisepreis bei normaler Fahrlässigkeit beschränkt werden. Keine Haftungsbeschränkung gibt es bei Vorsatz oder grober Fahrlässigkeit.

Soweit sich ein Leistungsträger auf internationale Übereinkommen zu seinen Gunsten berufen kann, ist dies auch dem Reiseveranstalter nach § 651 h II möglich. Solche völkerrechtlichen Übereinkommen sind das → Montrealer Abkommen bei Flug eines EU-Luftfahrtunternehmens, die Anlage zu § 664 HGB bei einer internationalen → Kreuzfahrt oder das Eisenbahnübereinkommen COTIV bei internationaler Bahnbeförderung. *(ef)*

*Literatur*

Führich, Ernst 2005: Reiserecht. Heidelberg: C.F. Müller (§ 11 [Schadensersatz]) (5. Aufl.)

Führich, Ernst 2006: Reiserecht von A-Z. München: dtv (Stichworte: Schadensersatz wegen Nichterfüllung, Nutzlos aufgewendete Urlaubszeit, Haftungsbeschränkungen, Deliktische Verkehrssicherungspflicht des Reiseveranstalters) (3. Aufl.)

Führich, Ernst 2007: Basiswissen Reiserecht. Grundriß des Reisevertrags- und Individualreiserechts. München: Vahlen (§ 10)

## Schadensfall

→ Versicherungsfall

## Scheck

*cheque*

Der Scheck ist eine unbedingte schriftliche Anweisung des Ausstellers an seine Bank zu Lasten seines Kontos, einen bestimmten Betrag an den berechtigten Scheckeinreicher zu zahlen. Die

Rechtsgrundlage ist in Deutschland das Scheckgesetz. Es definiert die Bestandteile, die ein Scheck aufweisen muss sowie die Handhabung und Fristen, die im Rahmen des Scheckverkehrs zu berücksichtigen sind. Artikel I des Scheckgesetzes regelt die sechs gesetzlichen Bestandteile: (1.) die Bezeichnung als Scheck im Text der Urkunde, und zwar in der Sprache, in der sie ausgestellt ist, (2.) die unbedingte Anweisung, eine bestimmte Geldsumme zu zahlen, (3.) den Namen dessen, der zahlen soll (i. d. R. die Bank), (4.) die Angabe des Zahlungsortes, (5.) die Angabe des Tages und des Ortes der Ausstellung, (6.) die Unterschrift des Ausstellers.

Von besonderem Interesse im Tourismus sind neben dem inländischen auch die ausländischen Scheckgesetze. In groben Zügen entsprechen sie dem deutschen Scheckrecht, es gilt allerdings, einige Unterschiede zu beachten. Beispielsweise bestehen häufig andere Vorlegefristen und vordatierte Schecks werden zumeist nicht sofort, sondern erst nach Erreichen des angegebenen Datums eingelöst. Ferner ist der Aufbau des Scheckformulars häufig nicht standardisiert. Auch schreibt das ausländische Scheckrecht nicht immer die Bezeichnung Scheck im Text der Urkunde vor.

Im Scheckverkehr werden die folgenden Scheckarten unterschieden: Privatschecks (Aussteller sind hier Privatpersonen und andere Nichtbanken); Bankschecks (Aussteller sind hier Banken); Inhaberschecks (kann von jedem Inhaber zum Inkasso vorgelegt werden); Orderschecks (kann nur mittels eines Indossamentes übertragen werden). Inkassoberechtigt ist derjenige, der sich mittels einer vollständigen Indossamentenkette als Berechtigter ausweisen kann); Barscheck (hier ist eine Barauszahlung oder eine Kontogutschrift möglich); Verrechnungsschecks (hier ist nur eine Kontoverrechnung möglich). Jeder Scheck umfaßt eine Kombination dieser Merkmale.

Im Auslandszahlungsverkehr wird in der Regel die Kombination Order- und Verrechnungsscheck verwendet, da diese Variante am sichersten ist. Sie kann nur von der namentlich benannten Person eingereicht werden und zudem auch nur auf dessen Konto verrechnet werden. Insbesondere wenn die Bonität des Importeurs nicht zweifelsfrei sichergestellt ist oder die Gefahr bestehen könnte, daß der Aussteller den Scheck wieder sperren läßt, wird von Seiten des Schecknehmers häufig ein Bank-Order-Scheck verlangt. Da sich erstens die Bonität einer Bank leichter überprüfen läßt, und zweitens ein Bankscheck nur unter restriktiven Bedingungen gesperrt werden kann. Denn eine Bank würde Gefahr laufen, ihre internationale Reputation zu verlieren, wenn die von ihr ausgestellten Schecks häufiger gesperrt würden. *(hp)*

**Schengener Abkommen**
*Schengen Agreement*
Das amtlich sogenannte Schengener Übereinkommen (in der Regel aber Schengener Abkommen genannt) wurde am 14. 6. 1985 unterzeichnet. In ihm ist der schrittweise Abbau der Personenkontrollen an den Binnengrenzen zwischen den damaligen Vertragsparteien Belgien, Bundesrepublik Deutschland, Frankreich, Luxemburg und Niederlande geregelt. Im am 19. 6. 1990 unterzeichneten Schengener Durchführungsabkommen (SDÜ) sind weitere Regelungen getroffen worden:
* Vereinheitlichung der Vorschriften für die Einreise und den kurzfristigen Aufenthalt von Ausländern im „Schengen-Raum" (einheitliches Schengenvisum),

* Asylfragen (Bestimmung des für einen Asylantrag zuständigen Mitgliedstaats),
* Maßnahmen gegen grenzüberschreitenden Drogenhandel,
* polizeiliche Zusammenarbeit und Zusammenarbeit der Schengenstaaten im Justizwesen.

Zu den anfänglich fünf Staaten sind dem Übereinkommen inzwischen weitere europäische Staaten beigetreten. Der Schengener Raum hat sich damit über die Mitgliedsländer der Europäischen Union hinaus erweitert. Auch Island und Norwegen sind inzwischen beigetreten.

Eine Gesamtübersicht zu den beigetretenen Staaten liefert: www.eurovisa. info/SchengenCountries.htm.

Für die Namensgebung und Unterzeichnung des Übereinkommens wurde der Ort Schengen gewählt, weil ein historisches Ereignis dieser Dimension symbolisch entsprechend gewürdigt werden sollte: Die Ortschaft Schengen befindet sich in Luxemburg im deutsch-französisch-luxemburgischen Dreiländereck. Die Nachbargemeinden sind Perl (Deutschland) und Apach (Frankreich).

Weit über die Grundfrage des schrittweisen Abbaus der Personenkontrolle an den Binnengrenzen hinaus geht es im Schengener Übereinkommen um die folgenden erweiterten Regelungsbereiche:
* Die Angehörigen der Staaten, die den Schengen-Besitzstand (sog. Acquis) vollständig anwenden, können die Binnengrenzen der Anwenderstaaten an jeder Stelle und kontrollfrei überschreiten.
* Drittstaatsangehörige, die über ein von einem Staat, der den Schengen-Besitzstand vollständig anwendet, ausgestelltes, in der räumlichen Gültigkeit nicht beschränktes Visum (Besuchs- und Geschäftsaufenthalte von bis zu

drei Monaten pro Halbjahr sowie Transit- und Flughafentransitvisa) verfügen, dürfen sich im Rahmen der Gültigkeit und des Zwecks der Visa auch in den anderen Schengen-Vollanwenderstaaten aufhalten; bei Passieren der Binnengrenzen unterliegen auch sie keinen Kontrollen.

❖ Alle Angehörigen dritter Staaten, die sich mit einer gültigen Aufenthaltsgenehmigung legal in einem Schengen-Vollanwenderstaat aufhalten, können mit einem gültigen → Reisepaß visumfrei bis zu drei Monate pro Halbjahr in die anderen Schengen-Vollanwenderstaaten reisen.

❖ Harmonisierte Visumpolitiken der Mitgliedstaaten (gemeinsame Liste der Drittstaaten, deren Staatsangehörige visumpflichtig sind).

❖ Außengrenzkontrollen nach einheitlichem Standard.

❖ Zugriff der Mitgliedstaaten auf das Schengener Informationssystem (SIS), das schengenweite Personen- und Sachdaten umfaßt, insbesondere zu Fahndungszwecken.

❖ Enge polizeiliche und justizielle Zusammenarbeit.

❖ Gemeinsame Bekämpfung der Betäubungsmittelkriminalität. (www.auswaertiges-amt.de/ diplo/de/WillkommeninD/ EinreiseUndAufenthalt/Schengen. html – Abruf 31.12.2007) *(hdz)*

## Schiffsarzt

*surgeon, ship's doctor*
Auf einem Kreuzfahrtschiff (→ Kreuzfahrt)mit mehr als 75 Passagieren ist ein Arzt vorgeschrieben, der Schiffsarzt genannt wird. Es ist ein approbierter Arzt, meistens mit chirurgischer Erfahrung oder Erfahrungen im Bereich der inneren Medizin. Näheres zum Einsatz des

Schiffsarztes und zu den Forderungen an ein Schiffshospital regelt die Verordnung über die Krankenfürsorge auf Kauffahrteischiffen aus dem Jahr 1972, zuletzt geändert am 5. 9. 2007 (BGBl. I S. 2221; www.gesetze-im-internet.de) Schiffsärzte werden über Agenturen vermittelt. Erfahrungen als Notfallmediziner sind unabdingbar. Die klassischen Hausärzte finden sich weniger als Schiffsärzte auf Kreuzfahrtschiffen.

Der Schiffsarzt hat auf Kreuzfahrtschiffen auch repräsentative Funktionen. Er trägt Uniform, zählt zu den ranghöchsten Offizieren an Bord und ist direkt dem Kapitän unterstellt. Auf Galaveranstaltungen tritt er in seiner besonderen Uniform auf und unterhält einen Gästetisch.

Neben dem Schiffsarzt muß mindestens ein Krankenpfleger oder eine Krankenschwester an Bord sein (www. kreuzfahrtjobs.de). *(hdz)*

## Schiffsmanifest
→ Manifest

## Schiffsreisen
→ Kreuzfahrt
→ Passagierfrachter

## Schlafwagen
→ Couchette

## Schlüsselkarte
→ Key card

## Schmalrumpfflugzeug
*narrow-body aircraft, single aisle aircraft*
Passagierflugzeug mit einem Kabinengang.

## Schmalspur
→ Spurweite

## Schmetterlingskurs
→ Kreuzfahrt

## Schnellfahrstrecke (SFS)

*high speed line*

Schnellfahrstrecken sind keine Teststrecken, sondern für den Dauerbetrieb des Eisenbahnverkehrs eingerichtete Schienenstrecken, auf denen Fahrgeschwindigkeiten ab 160 km/h gefahren werden können. Sie sind für den Hochg eschwindigkeitsverkehr *(high speed)* ausgelegt, weshalb sie auch Strecken für den Hochgeschwindigkeitsverkehr (HGV) genannt werden. In Deutschland werden sie vornehmlich vom → ICE befahren, dem Hochgeschwindigkeitszug der → Deutschen Bahn AG.

Einen Überblick zu den in Europa in Betrieb genommenen und im Bau befindlichen Schnellfahrstrecken findet sich in: www.litra.ch/dcs/ users/2/Neubaustrecken%20Europas. pdf?ExtranetFrontEnd=1d. *(hdz)*

## Schrankpreis

→ Rack Rate

## Schubumkehr

*thrust reverser*

Einrichtung an Turbinentriebwerken, mit denen (ein Teil) des erzeugten Schubes zum Abbremsen des Flugzeuges nach der Landung nach vorn geleitet werden kann. Nach dem Aufsetzen und der Aktivierung der Schubumkehr wird daher noch einmal kurz (fast) Vollschub gegeben. Bei → Turbojets wird dabei der Abgasstrahl durch zwei am Triebwerk befestigte feuerfeste Klappen *(reverser buckets)*, die sich ausgefahren hinten in einem spitzen Winkel berühren, nach schräg vorne geleitet. Bei großen → Turbofans wird in der Regel nur der kalte Sekundärkreislauf mit Klappen hinter dem Fan durch Öffnung eines großen Spalts in der Triebwerksverkleidung schräg nach vorne geleitet, während der Primärkreislauf unbeeinflußt bleibt. Da der größte Teil des Schubs durch den Sekundärkreislauf erzeugt wird, ist dies ausreichend für die gewünschte Verzögerung. Bei → Turboprops können die Propellerblätter nach dem Aufsetzen praktisch ,umgedreht' werden *(beta range)*, so daß der Propellerschub nicht mehr nach hinten, sondern nach vorne gelenkt wird. Deshalb können solche Flugzeuge auch selbständig rückwärts aus ihrer → Parkposition rollen. *(jwm)*

## Schutzimpfung

*vaccination*

Je nach Reisegebiet werden unterschiedliche Impfungen bei Auslandsreisen empfohlen bzw. notwendig sein. Die Impfbestimmungen und auch der Impfzeitplan werden jeweils individuell nach dem Reiseland festgelegt. Die Kosten für die Reiseschutzimpfung tragen gem. § 20 Abs. 2 SGB V nicht die Krankenkassen, sondern der Tourist, der sich zu nichtberuflichen Zwecken ins Ausland begibt, selbst. Dient die Reise beruflichen Zwecken, trägt der Arbeitgeber die Kosten für die Impfung.

Je nach Destination werden die folgenden Schutzimpfungen für die Reise empfohlen:

* Tetanus
* Diphtherie
* Poliomyelitis (Kinderlähmung)
* FSME (Frühsommer-Meningoenzephalitis), Übertragung durch die Speicheldrüse der Zecke
* Cholera
* Gelbfieber (spez. Gelbfieber-Impfstellen!)
* Hepatitis A
* Hepatitis B
* Meningokokken
* Tollwut
* Typhus
* Japanische Enzephalitis (Impfstoff in Deutschland z.Zt. nicht zugelassen)

❖ M-M-R (Mumps-Maser-Röteln)
❖ Malaria-Schutz
Informationen zur Reisemedizin und speziell zu den Reiseschutzimpfungen finden sich unter folgenden Internetadressen:

❖ www.fit-for-travel.de
❖ www.crm.de
❖ www.medicine-worldwide.de
❖ www.bni-hamburg.de
❖ www.netdoktor.de
❖ www.reise-tropenmedizin.via.t-online.de
*(hdz)*

## Schwarztouristik

*black market tourism*
Organisatoren von Reisen in Kirchen, Sportvereinen, Parteien, Wohlfahrtsvereinigungen u.ä. müssen sich immer wieder den Vorwurf gefallen lassen, daß sie Schwarztouristik betreiben würden.

In einer von touristischen Organisationen in Auftrag gegebenen Studie, die auf der Auswertung von Sekundärmaterial und Gesprächen bei touristischen Funktionsträgern beruht, wird das Phänomen der Schwarztouristik wie folgt charakterisiert (Rossmann 2001, S. 23): „Unter Schwarz- oder Paratourismus werden alle Personen und Institutionen verstanden, die im Sinne des Gesetzes als Pauschalreiseveranstalter (→ Pauschalreise; → Reiseveranstalter) auftreten, touristische Angebote organisieren und kommerziell vermarkten, ohne gesetzliche Vorgaben der Gewerbe- oder Personenbeförderungsordnung oder der Steuergesetzgebung einzuhalten. Eine Gewinnerzielungsabsicht muß nicht vorliegen." Nach Rossmann wäre das Marktvolumen (ohne Tagesausflüge) der Schwarztouristik auf ca. 4,3 bis 6,8 Mrd. € zu schätzen sein (Stand: 2001). Bedingt durch die Zunahme der Kurzurlaubsreisen und die Entwicklung im Internet sei die Tendenz steigend.

Eigenständig – ohne professionelle Vermittler (→ Reisemittler) – organisierte und durchgeführte Reisen, die oftmals ehrenamtlich in sozialen Organisationen geplant und realisiert werden, zählen demnach zur sog. Schwarztouristik. Oftmals sind sich die engagierten Organisatoren, denen es oft um eine günstige Reise für die Mitglieder geht, nicht bewußt, daß sie mit rechtlichen Folgen rechnen müssen, wenn später Haftungsfälle zu beklagen sind. Generell ist zu beobachten, daß gerade die rechtliche Situation des touristisch-organisatorischen Handelns defizitär ist.

Noll schlägt zur Versachlichung der Diskussion um die Schwarztouristik vor, die touristischen Betätigungen bei den genannten Organisationen unter drei Fragestellungen zu betrachten (2004, S. 112):

(1) „Inwieweit stellen sich die Aktivitäten von kirchlichen Trägern, Vereinen und Verbänden als → Pauschalreise dar?

(2) Wie verhält es sich mit dem Begriff des → Reiseveranstalters bei derartigen Aktivitäten, und welche hauptsächlichen, rechtlich relevanten Fehler treten dabei auf?

(3) Welche Problemstellungen ergeben sich aus der Zusammenarbeit zwischen Kirchen, Vereinen und Verbänden einerseits und gewerblichen Anbietern, insbesondere Reisebüros, → Paketreiseveranstaltern und sonstigen Touristikunternehmen?"

Er kommt zu dem Fazit, daß in der Tat rechtliche Nischen auszumachen sind, brauchbare Abgrenzungskriterien zu anderen Aktivitäten der angesprochenen Organisationen fehlen und der Gesetzgeber bezüglich der Definition des Gelegenheitsveranstalters zur Klärung aufgefordert ist. Anstatt diese organisatorischen Formen des Tourismus jedoch zu bekämpfen und zu stigmatisieren, schlägt er vor, aufklärend zu wirken. Auf keinen Fall dürfe jedoch geduldet werden, daß in den Bereichen der → Kundengeldabsicherung und Personen- und Sachschadenversicherung die angesprochenen Organisationen ihre touristischen Aktivitäten naiv betreiben. Im operativen Bereich empfiehlt Noll den professionellen Tourismusorganisationen verstärkt Angebote zu schaffen, womit sich die Zusammenarbeit zwischen den Nonprofit-Organisationen und Reisemittlern verstärken können. Er sieht gerade hier Ansätze der Zusammenarbeit, die es zu festigen und auszubauen gilt. *(hdz)*

*Literatur*
Noll, Rainer 2004: Die Reiseaktivitäten von kirchlichen Trägern, Vereinen und Verbänden im Lichte des Pauschalreiserechts. Alles „Schwarztouristik" oder was? In: ReiseRecht. Zeitschrift für das Tourismusrecht, H. 3, S. 122 ff.
Rossmann, Dominik 2001: Schwarztourismus. Analyse und Größenbestimmung eines (non-)existenten Marktes. München: Ulysses

**Schweizer Reisekasse (REKA)**
→ Sozialtourismus

**Schweiz Tourismus (ST)**
→ Nationale Tourismusorganisation (NTO)

**SCP (Stretcher Case Passenger)**
→ Rücktransport (medizinisch)

**Seat-only booking**
→ Einzelplatzbuchung

**Sector**
→ Teilstrecke

**Seebad**
→ Kurort

**Seekrankheit**
*sea sickness*
Als typische Reisekrankheit ist die Seekrankheit zu charakterisieren, die auf bewegter See als eine besondere Gesundheitsstörung auftritt. Vom griechischen Ausdruck *kinein*, der für „bewegen" steht, leitet sich der medizinische Fachbegriff für Reise- bzw. Bewegungskrankheit allgemein ab: Kinetose. Die Krankheit auf See ist demnach nicht isoliert zu betrachten, sondern gehört eingeordnet in die Kinetosen, die einen auf Reisen treffen kann, also auch beim Fliegen (→ Luftkrankheit), Bahn- oder bei Busfahrten. Der englische Ausdruck ist treffend: *motion sickness*. Die Reisemedizin weist auf auf folgende Besonderheiten hin (Kretschmer *et al.* 2005, S. 56 f.):

❖ Das Einwirken verschiedenster Beschleunigungen auf das Innenohr durch Roll- und Stampfbewegungen des Schiffes, die damit konkurrierenden visuellen und akustischen Informationen sowie die Informationen von den Propriorezeptoren der Muskulatur führen zu Reaktionen des Stammhirns und des vegetativen Nervensystems. Die Symtome sind bekannt (→ Luftkrankheit).

❖ Die persönliche Prädisposition spielt für die Anfälligkeit eine wichtige Rolle. Etwa fünf bis 10% aller Menschen sind sehr empfindlich und fünf bis 15% unempfindlich gegenüber den Bewegungsreizen.

❖ Säuglinge leiden nicht unter Kinetose, da das Gleichgewichtsorgan noch nicht ausreichend entwickelt ist.

❖ Am häufigsten betroffen sind Kinder zwischen dem zweiten und 12. Lebensjahr.

❖ Nach dem 50. Lebensjahr wird die Seekrankheit seltener, da Degenerationsprozesse die Sensitivität herabsetzen.

❖ Frauen sind anfälliger als Männer. Besonders häufig tritt eine Kinetose zu Beginn der Menstruation und während der Schwangerschaft auf.

❖ Ängstliche Menschen sind häufiger betroffen, möglicherweise weil sie sich seltener solchen Situationen aussetzen und deshalb die Anpassungsmechanismen weniger trainiert haben.

❖ Vermutlich spielt die Erwartungshaltung eine große Rolle. Hierfür spricht auch die erstaunlich große Zahl von Menschen, bei denen ein Placebo die Symptome bessert.

❖ Hingewiesen sei auch auf das *mal de débarquement*, d.h, die Tatsache, daß bei Ankunft an Land nach einer mehrtägigen Seereise eine kinetose-ähnliche Symptomatik auftreten kann.

Kretschmer *et al.* weisen noch darauf hin, daß allen Kinetosen letztendlich ein Konflikt zwischen mehreren nicht zusammenpassenden Sinneseindrücken zugrundeliegt (2005, S. 57). *(hdz)*

*Literatur*
Kretschmer, Harald; Gottfried Kuch & Helmut Scherbaum 2005: Seekrankheit. In: Dies. (Hrsg.): Reisemedizin. Beratung in der ärztlichen Praxis. München, Jena: Urban & Fischer, S. 53-59

**Seekreuzfahrt**
→ Kreuzfahrt

**Seemeile**
*nautical mile (nm)*
In der Seeschiffahrt und in der Luftfahrt gebräuchliches Entfernungsmaß. Eine nautische Meile entspricht 1.852 Metern oder 1,85 Kilometern. Geschwindigkeiten werden hier in Seemeilen pro Stunde oder → Knoten gemessen.

**Seetouristik**
→ Kreuzfahrt

**Sehenswürdigkeit**
→ Reiseführer, → Reiseleiter

**Seitenruder**
*rudder*
Vertikale Steuerfläche im → Leitwerk, mit dem ein Flugzeug um die Hochachse gedreht werden kann.

**Sekundärradar**
*secondary surveillance radar (SSR)*
Im Gegensatz zum Primärradar (→ RADAR), das nur die passive Abstrahlung von Funksignalen aufzeichnet, strahlt das erfaßte Objekt (Flugzeug) mit einem → Transponder ein Signal ab, das die eindeutige Zuordnung des Radarechos zu einem bestimmten Flugzeug erlaubt (selektive Abfrage). Dazu wird dem Flugzeug bei älteren Systemen von der Flugsicherung (→ Air Traffic Control) ein vierstelliger Zahlencode zugewiesen, der im Transponder eingestellt wird und ein eindeutiges Signal an die Bodenstation schickt. Dies ist in der Regel gekoppelt mit der Information über die Flughöhe, die vom → Höhenmesser automatisch eingespeist und auf dem Radarschirm dargestellt wird. Dadurch können die Flugzeuge auch höhenmäßig gestaffelt werden. Bei neueren Systemen müssen keine Codes mehr eingestellt werden, weil jedes Flugzeug seine eigene eingebaute Identifikation hat (→ Transponder). *(jwm)*

**Selbstbedienungsservice**
→ Servierarten

**Selbstbehalt**

*excess, retained amount, cost sharing*

Zur Vermeidung von Bagatellschäden und um die Prämie auf einer annehmbare Höhe halten zu können, werden in manchen Versicherungszweigen Selbstbeteiligungen eingeführt. Es handelt sich um einen Abzug im Schadensfall, mit dem sich der versicherte Kunde am Schaden beteiligt. Bei der Einführung eines Selbstbehalts in den Versicherungsbedingungen einer bestimmten Versicherungssparte unterstellt und nimmt der Versicherer an, daß die Masse der Versicherten daran interessiert ist, sich gegen hohe Kosten im Schadensfall zu versichern und bereit ist, geringere Schadenbelastungen selbst zu tragen.

Bei den → Reiseversicherungen sind – je nach Versicherungsprodukt und Kalkulation der Gesellschaft – in den folgenden Versicherungssparten Selbstbeteiligungen vorgesehen: → Reiserücktrittskosten-Versicherung, → Auslandsreisekranken-Versicherung, → Reisegepäck-Versicherung. *(hdz)*

**Selbstbeteiligung**

→ Selbstbehalt

**Self Check-in**

→ Check-in

**Semmelier**

*bread waiter*

Österreichischer Begriff für Brotkellner. Er untersteht in der Regel unmittelbar dem Restaurantleiter und hat i.d.R. neben einer Meisterausbildung im Bäckereihandwerk auch eine fundierte Lehre als Restaurantfachkraft absolviert. Zentrale Aufgaben des Semmeliers sind: Broteinkauf, Brotlagerung, Erstellung der Brotkarte, Beratung der Gäste bei der Brotauswahl, Brotservice. Aufgrund der hohen Spezialisierung sind Semmeliers nur in sehr wenigen, gehobenen Restaurants anzutreffen. (www.semmelier.at)

**Service**

→ Dienstleistung

**Service-Arten**

→ Servierarten

**Service Blueprint**

*Service* (engl.) = Dienst, Dienstleistung; *blueprint* (engl.) = Blaupause, Entwurf. Ein Service Blueprint – teilweise auch Service Map genannt – ist eine visuelle Beschreibung einer → Dienstleistung. Das Abbilden (*blueprinting* bzw. *mapping*) der Dienstleistung kann auf unterschiedlichen Konkretisierungsstufen erfolgen; der Service Blueprint kann eine Dienstleistung als ganzes und dann eher im Überblick darstellen oder nur ausschnittsweise und dann im Detail (Kingman-Brundage 1989, S. 30).

Service Blueprints dienen als Werkzeug für die Analyse von Dienstleistungen. Die Visualisierung reduziert die Komplexität und ermöglicht eine Untersuchung von organisatorischen Prozessen, Schnittstellen, kritischen Bereichen oder auch Wettbewerbern (Mudie & Pirrie 2006, S. 62; Shostack 1987, S. 42).

Ein Service Blueprint veranschaulicht Prozesse und organisationsstrukturelle Aspekte (→ Organisation). Der Prozeß der Dienstleistung wird gewöhnlich in Form eines Flußdiagramms oder Pfades auf einer horizontalen Achse abgebildet. Die Dienstleistung wird in einzelne Aktivitäten aufgebrochen, die chronologisch aneinander gereiht werden. Auf einer vertikalen Achse werden die organisationsstrukturellen Aspekte (Managementfunktionen, Unterstützungsfunktionen, Interaktion Dienstleister – Bedienter) abgebildet (Kingman-Brundage 1989, S. 31).

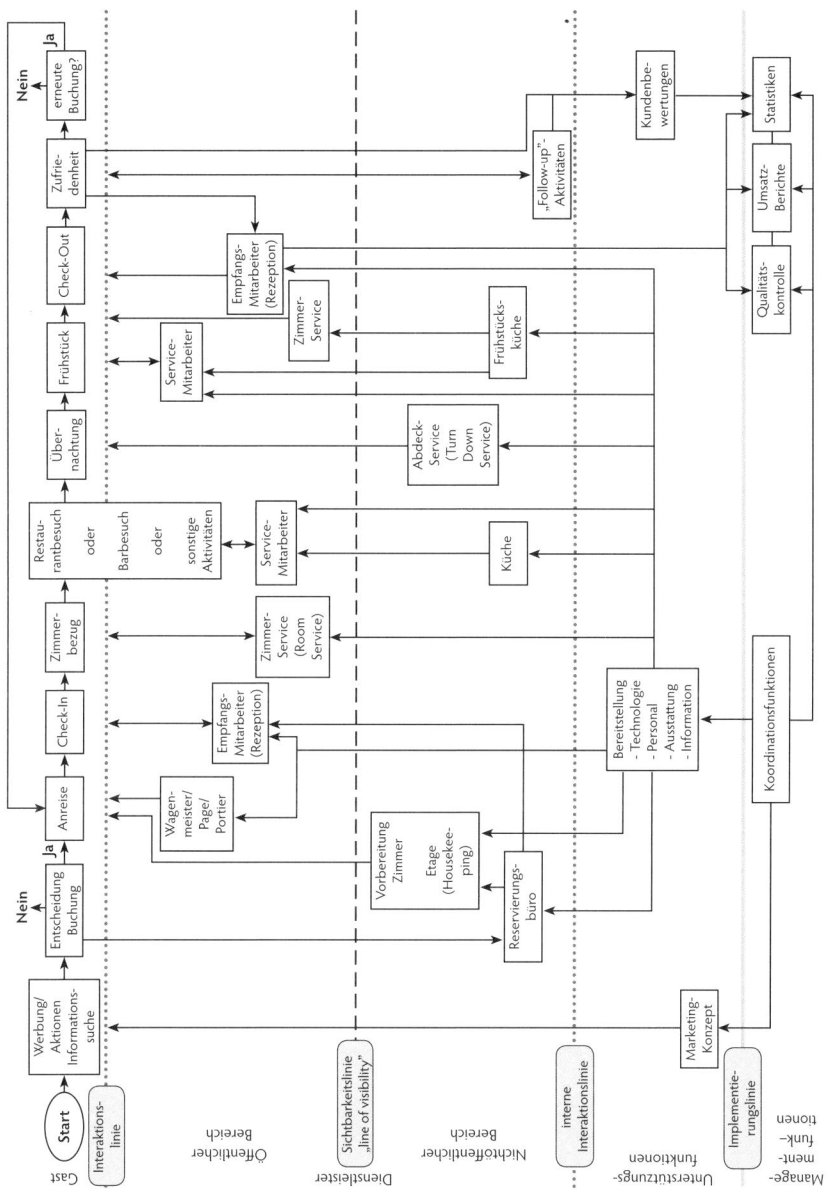

**Abbildung:** Service-Blueprint Hotelaufenthalt
(Quelle: In Anlehnung an Kingman-Brundage 1989, S. 32)

Eine Sichtbarkeitslinie *(line of visibility)* auf dem Service Blueprint unterscheidet die Bereiche, die für den Kunden einsehbar sind, von den Bereichen, die er nicht einsieht. *Onstage*-Aktivitäten werden von *backstage*-Aktivitäten getrennt (Kingman-Brundage 1989, S. 31; Mudie & Pirrie 2006, S. 58). Das Unternehmen kann die Sichtbarkeitslinie *(line of visibility)* bewußt verändern. Dadurch gewährt es dem Kunden mehr oder weniger Einsicht in den Prozeß der Dienstleistungserstellung (z. B. „gläserne" Küche in einem Restaurant versus nicht sichtbare Herstellung der Speisen). *(wf)*

*Literatur*
Kingman-Brundage, Jane 1989: The ABCs of Service System Blueprinting. In: Mary Jo Bitner; Lawrence A. Crosby (Eds.): Designing a Winning Service Strategy. Chicago: American Marketing Association Proceedings Series, S. 30-33
Mudie, Peter; Angela Pirrie 2006: Services Marketing Management. Oxford, Burlington: Butterworth-Heinemann (3rd ed.)
Shostack, G. Lynn 1987: Service Positioning Through Structural Change. In: Journal of Marketing, 51 (1), S. 34-43

**Servicebrigade**
*service staff, service team*
Begriff für die Gesamtheit aller Servicemitarbeiter (Restaurantmitarbeiter) in einer gehobenen gastronomischen Einheit. Servicebrigaden arbeiten in der Regel mit einer hohen Arbeitsteilung und sind hierarchisch tief gegliedert. Der Begriff der Brigade und die hierarchische Struktur sind – historisch gesehen – eine Anleihe aus dem militärischen Bereich. In der gehobenen Gastronomie und Hotellerie sind die Fachtermini im Servicebereich generell französisch, somit auch die Stellenbezeichnungen.

Die Aufbauorganisation (→ Organisation) einer Servicebrigade läßt sich idealtypisch wie folgt skizzieren: Geleitet wird eine Servicebrigade *(brigade de service)* von einem → Restaurantleiter bzw. einem ersten Oberkellner *(maitre d'hôtel* oder *Chef de service)*, in sehr großen Betrieben von einem → Restaurantdirektor *(directeur de restaurant)*. Große Betriebe haben teilweise die Stelle eines zweiten oder dritten Oberkellners eingerichtet, vereinzelt auch die eines → Sommelier. Die einzelnen Stationen *(rang* [franz.] = Platz, Position, Revier) werden von einem Stationschef (→ *Chef de rang)* geleitet, der unter sich einen Stellvertreter (→ *Demi-Chef de rang)*, einen bzw. mehrere ausgelernte Servicefachkräfte (→ *Commis de rang)* und einen bzw. mehrere Auszubildende *(Apprenti Garçon)* gruppiert.

Vor allem der hohe Personalkostendruck führt seit geraumer Zeit zu einer Abkehr von der idealtypisch beschriebenen Hierarchie. Die Tendenz in der Aufbauorganisation läßt sich stattdessen wie folgt umreißen: Hierarchieabbau, Aufhebung der starken Spezialisierung und Redefinition von Stelleninhalten. *(wf)*

**Service charge**
→ Bedienungsgeld

**Serviced Apartments**
→ Boarding House

**Servicekaufmann/-kauffrau im Luftverkehr**
*air transport service specialist*
Anders als das allgemeiner angelegte Berufsbild des → Luftverkehrskaufmanns ist dieser 1998 eingeführte Ausbildungsberuf kundennäher und vor allem auf (persönliche) → Dienstleistungen hin konzipiert. Daher liegt einer der

Schwerpunkte der dreijährigen Ausbildung im professionellen Umgang mit Kunden Die Ausbildung erfolgt bei → Fluggesellschaften, → Flughäfen oder → Abfertigungsgesellschaften. Voraussetzung ist die Beherrschung mindestens einer Fremdsprache.

Servicekaufleute im Luftverkehr werden in allen operativen Bereichen dieser Unternehmen eingesetzt. Zu ihren Aufgabenbereichen gehören die Betreuung von Passagieren am Boden (zum Beispiel auch von körperbehinderten Personen) oder im Kabinendienst in der Luft (→ Flugbegleiter) sowie der → Check-in. Auf die Annahme von Reklamationen und ihre Bearbeitung werden sie ebenso vorbereitet wie auf die Übernahme kaufmännischer Funktionen (Buchführung, Überprüfung der Wirtschaftlichkeit von Dienstleitungen, Zahlungsverkehr usw.). *(jwm)*

## Service Map
→ Service Blueprint

## Service Point
An ca. 90 Bahnhöfen hat die → Deutsche Bahn AG in den Empfangshallen zentrale Anlaufstellen, die Service Points, eingerichtet. Die Mitarbeiter sind an der roten Mütze erkennbar und stehen 24 Stunden zur Verfügung. Die folgenden Dienstleistungen werden an den Service Points erbracht:

- ❖ Fahrplanauskunft
- ❖ Auskünfte zur Stadt
- ❖ Verspätungsbescheinigungen
- ❖ Taxigutscheine
- ❖ Hotelbuchungen -reserierungen
- ❖ Registrierung und Buchung DB Carsharing
- ❖ Behindertenhilfe
- ❖ Entgegennahme von Fundsachen
- ❖ IC-Kuriergut
- ❖ Sendungsannahme/-ausgabe. *(hdz)*

## Servierarten
*types of service*

In der Hotel- und Gastronomiebranche sind unterschiedliche Servierarten verbreitet. Bekannt sind hierbei der französische Service, Plattenservice, Guéridon-Service, Tellerservice und der Selbstbedienungsservice (Meyer, Schmid & Spühler 1990, S. 114 ff.).

Zentrales Unterscheidungsmerkmal ist die Dienstleistungsintensität. Bei dem französischen Service bedient sich der Gast von einer Platte, die auf dem Tisch eingesetzt wird oder von Servicemitarbeitern dargeboten wird. Der Plattenservice zeichnet sich dadurch aus, daß Service-Mitarbeiter dem Gast das Essen von einer Platte vorlegen. Bei dem Guéridon-Service (auch englischer Service genannt) wird das Essen von Service-Mitarbeitern auf dem → Guéridon (Beistelltisch) vor den Augen des Gastes angerichtet und danach eingesetzt. Der Tellerservice (auch amerikanischer Service genannt) reduziert die Service-Leistung am Gästetisch. Das Essen wird bereits in der Küche auf Tellern angerichtet und dann direkt serviert. Der Selbstbedienungsservice minimiert die Dienstleistung am Tisch der Gäste; diese wählen bspw. an einem → Büfett aus und stellt sich dort das Essen zusammen. Faktisch wird der Gast in den Erstellungsprozeß eingebunden.

Insgesamt läßt sich in einem Großteil der gastronomischen Betriebe seit geraumer Zeit der Trend hin zu weniger personalintensiven Servierarten feststellen. Der zentrale Grund sind die hohen Personalkosten. Zu einer anderen Einteilung der Servierarten vgl. Müller & Rachfahl 2004. *(wf)*

*Literatur*
Meyer, Sylvia; Edy Schmid & Christel Spühler 1990: Service-Lehrbuch. Bern: Schweizer Wirteverband

Müller, Marianne; Günter Rachfahl (Hrsg.)
2004: Das große Lexikon der Hotellerie und
Gastronomie. Hamburg: Behr's (4. Aufl.)
Siegel, Simon u.a. 1999: Service – Die Grund-
lagen. Linz: Trauner
VSR 1996: Service-Richtlinien – Arbeiten am
Tisch des Gastes: Ein Leitfaden für die Ta-
gespraxis. Alfeld: Gildebuchverlag

**Servierbrigade**
→ Servicebrigade

**Sextourismus**
*sex tourism*
Seit Menschen reisen, besteht ein enges
Verhältnis zwischen Sex und Tourismus.
Neu Verheiratete gehen auf Hochzeitsreise
und haben Geschlechtsverkehr. Studenten
fliegen nach Ibiza und schlafen mit
Frauen/Männern, die sie erst am selben Abend in der Disko kennengelernt
haben. Paare fahren in den Urlaub und
haben Sex in einer anderen Umwelt,
was ihr Sexualleben bereichern kann.
Dennoch zählen diese Beispiele nicht
als Sextourismus, sondern als Sex und
Tourismus. Der Begriff Sextourismus ist
für den gewerblichen Sex reserviert.
Es handelt sich dabei meist um westliche Touristen (meistens Männer, aber
im zunehmenden Maße auch Frauen),
die bestimmte Reiseländer ansteuern, um
dort mit Einheimischen Sexualkontakte
aufzunehmen. Da diese Reiseziele (zum
Beispiel Thailand, Kambodscha, Vietnam,
Gambia und die Dominikanische
Republik) oft in für Europäer exo-
tischen Regionen liegen, wird der Sex
mit Einheimischen dort auch oft als exo-
tisch angesehen. Viele der Männer, die
sich vielleicht in Patpong oder Pattaya
„vergnügen", würden daheim kaum ein
Bordell besuchen. Es scheint so zu sein,
daß sie der Meinung sind, daß Sex einfach zu einem Besuch in bestimmten
Orten dazugehört.

Die Gesundheitsfolgen des Sextouris-
mus für die Prostituierten können
schwerwiegend sein, vor allem wenn keine
Kondome verwendet werden, da dies zur
Übertragung von Geschlechtskrankheiten
und vor allem auch von → AIDS führen
kann.
Gewerblicher Sex ist ein wirtschaftlicher Austauschprozeß, in dem die Prostituierte ihr Geschlecht im Austausch für
Bezahlung oder andere wirtschaftliche
Güter dem Nutzer für eine bestimmte
Zeit zu Verfügung stellt.
Sextourismus wird oft zu Recht als
Ausbeutung der Frauen bezeichnet, doch
darf man in diesem Zusammenhang
nicht vergessen, daß käuflicher Sex in vielen der Reiseziele lange vor dem Beginn
des Tourismus existierte und daß die
Hauptnutzer von Prostituierten einheimische Männer sind.
Die Prostitution wird oft als das
„älteste Gewerbe der Welt" bezeichnet
und solange Käufer und Verkäufer des
Produktes Sex aus freiem Entschluß
der Transaktion einwilligen, ist es im
Prinzip kein großes Problem. Leider ist
es aber so, daß viele der Frauen, die in der
Prostitution tätig sind, diesem Gewerbe
oft entweder aus Not oder aus Zwang
nachgehen. Ein Großteil des Geldes,
das verdient wird, fließt entweder an die
Zuhälter oder zurück in die Dörfer, aus
denen – zumindest in Asien – die Frauen
in der Regel kommen.
Man kann über die Moral des Sextourismus, der sich zwischen Erwachsenen
abspielt, denken wie man will, aber für
Sex, der Kinder einbezieht, gibt es keinerlei Rechtfertigung. Das Strafrecht
in zahlreichen Ländern, einschließlich
Deutschland, macht es heutzutage strafbar, Sex mit Kindern zu haben und Täter
können auch nach der Rückkehr in die
Heimat für Taten strafrechtlich verfolgt
werden, die sie im Ausland begangen

haben, und zu Haftstrafen verurteilt werden. *(thb)*

## Sextourist

*sex tourist*

Als Sextouristen werden gewöhnlich Touristen bezeichnet, die gewerblichen Sex
mit einheimischen Frauen oder Männern
an ihrem ausländischen Reiseziel als
Hauptmotive für ihre Reise haben. Da
dieses Hauptmotive natürlich nur von
wenigen Reisenden zugegeben wird,
ist es schwierig, die genaue Anzahl der
Sextouristen zu erfassen.

Die Hauptreiseziele der Sextouristen
sind vor allem Länder wie Thailand,
Kambodscha, Vietnam, Gambia oder
die Dominikanische Republik, in denen
die wirtschaftliche Entwicklung noch
nicht westliche Standards erreicht hat,
was dazu führt, das gewerblicher Sex im
Vergleich zu Europa sehr viel billiger ist.
Ob ein Reisender, der sich zum
Beispiel auf einer Geschäftsreise oder
einer Kulturreise in Südostasien befindet
und sich eine Prostituierte nimmt, auch
in die Kategorie des Sextouristen fällt,
ist schwierig zu entscheiden, denn das
Hauptmotiv der Reise war ja nicht der
Sex. Die Folgen für die einheimischen
Prostituierten sind allerdings in jedem
Fall die gleichen (→ Sextourismus). *(thb)*

## Shareholder Management

Innerhalb der Gruppe der Stakeholder
(→ Stakeholder Management) haben
die Zielsetzungen der Eigentümer in
den letzten Jahren wieder erheblich
an Gewicht gewonnen. Zentral am
Nutzen wirtschaftlicher Entscheidungen
für die Anteilseigner börsennotier-
ter Kapitalgesellschaften orientiert
(Aktionäre, institutionelle Anleger,
*share* = Aktie, *holder* = Inhaber), ist
das Shareholder Management auf die
Umsetzung wertsteigernder Strategien

ausgerichtet: „Geschäftsstrategien sollten nach Maßgabe der ökonomischen Renditen beurteilt werden, die
sie für die Anteilseigner schaffen und
die im Falle einer börsengehandel-
ten Kapitalgesellschaft mittels Divi-
dendenzahlungen und Kurswertstei-
gerungen der Aktien gemessen werden"
(Rappaport 1995, S.12). Hinter dieser
postulierten Idee des Shareholder Managements verbergen sich allerdings einer
Reihe unterschiedlicher Sachverhalte:

❖ das Bekenntnis zu einer spezifischen unternehmensphilosophischen
  Grundposition sowie
❖ ein ihr dienendes vernetztes Zahlenwerk mit alternativen Berech-
  nungswegen.

In der inhaltlich gelebten Ausgestaltung
des Shareholder Managements offenbart
sich die der Führung zugrundeliegende
→ Unternehmensphilosophie. Die angestrebte Wertsteigerung kann nämlich entweder kurzfristig abschöpfend oder län-
gerfristiger Natur und damit nachhaltig
angelegt sein. Insbesondere die häufiger
zutage tretende Kurzfristorientierung
bei gleichzeitig ausschließlicher Fokussierung auf das Eigentümer- und Ma-
nagementinteresse hat zu einer deutlich kritischen Position der öffentlichen Meinung gegenüber shareholder
Value-getriebenen Unternehmens- und
Anlagestrategien geführt. Werden Perso-
nalabbaumaßnahmen, Streichung von
Forschungs- und Entwicklungsbudgets,
von Weiterbildungsmaßnahmen und
Investitionsprogrammen, der Verkauf
ganzer Unternehmensbereiche *(downsi-
zing)* u.a. mit einem gleichzeitig deutlichen Anstieg der Börsenkurse belohnt,
sehen sich die Anteilseigner in ihrem
kurzfristig spekulativen Verhalten
bestärkt. Partizipiert zudem auch das
Management durch seine kurzfristig
betriebene Abschöpfungsstrategie über

Aktienoptionen an dieser Entwicklung, wird der Ruf nach einer ethischen Fundierung des Geschäftsgebarens immer lauter, ist doch ein Wertsteigerungsmanagement durchaus mit einem nachhaltigen, profitablen, von Innovationen und Investitionen getragenen umsichtigen Wachstum vereinbar.

Die Berechnung des Shareholder Values (SV) kann bei börsennotierten Unternehmungen extern indirekt an der Höhe der Dividendenzahlung und der erzielten Kurswertsteigerung innerhalb eines definierten Zeitraums gemessen werden. Intern und insbesondere auch zur Steuerung von Unternehmensbereichen steht hingegen zur statischen, bilanziellen SV-Ermittlung der → Economic Value Added als Überrendite über die Kapitalkosten zur Verfügung. Eine tragfähigere, da dynamisch angelegte Berechnung ermöglicht die direkte Ermittlung des SV über die Discounted Free Cash Flows (→ Cash Flow). Der Shareholder Value berechnet sich dann als:

> discounted free cash flow + diskontierter ‚Ewiger' Cash Flow – Fremdkapital.

Die noch mit individuellen Wertangaben zu prognostizierenden *Free Cash Flows* (nach Steuern, Ersatz- und Erweiterungsinvestitionen) werden mit den gewichteten Kapitalkosten diskontiert (Knorren & Weber 1997, S. 9 ff.). Der ‚Ewige Cash Flow' oder Residualwert stellt ein Maß für die Erfolgschancen der Unternehmung in der weiteren, über den prognostizierbaren Zeitraum hinausreichenden Zukunft dar. Auch dieser Wert ist noch zu diskontieren. Subtrahiert man schließlich von diesem ermittelten Barwert aller zukünftig erwarteten Cash Flows der Unternehmung das in der Unternehmung eingesetzte Fremdkapital, erhält man den ausschließlich noch den Anteilseignern

als letztlich verbleibende Anspruchgruppe zustehenden Shareholder Value. *(vs)*

*Literatur*

Knorren, Norbert; Jürgen Weber 1997: Implementierung Shareholder Value. Vallendar: WHU

Rappaport, Alfred 1995: Shareholder Value – Wertsteigerung als Maßstab für die Unternehmensführung. Stuttgart: Schäffer-Poeschel

Weber, Jürgen *et al.* 2004: Wertorientierte Unternehmenssteuerung. Konzepte – Implementierung – Praxisstatements. Wiesbaden: Gabler

## Short Take-off and Landing (STOL)

Mit diesem Begriff werden Flugzeuge bezeichnet, die nur kurze Start- und Landestrecken benötigen und entsprechend steile Anflüge ermöglichen. So kann zum Beispiel der London City Airport wegen der Kürze seiner Start- und Landebahn und von höheren Gebäuden in seiner Nähe nur von solchen Maschinen angeflogen werden. *(jwm)*

## Shuttle

→ Air Shuttle

## Sicherheit

*security, safety*

Der Begriff Sicherheit leitet sich von der lateinischen Wortwurzel *se-cur* ab. In diesem Sinne ist Sicherheit ein Zustand der „Freiheit von Sorge" (Damm & Litzcke 2005). Bei der Wahl des Ziels und der konkreten touristischen → Dienstleistung (→ Reiseentscheidung) spielt die wahrgenommene Sicherheit eine komplexe Rolle (Fuchs & Peters 2005, S. 156).

### 1    Arten von Sicherheit

Neben der technischen Sicherheit bei Maschinen oder im Verkehr *(safety)* gibt es eine medizinische und eine juristische Sicherheit, eine politische, eine wirtschaftliche (Freyer 2004, S. 2 f.), eine soziale und eine psychische Sicherheit. Der Unterschied besteht im Blickwinkel auf das Thema Sicherheit. Im Fokus dieses Beitrags steht nicht die technische Sicherheit *(safety)*, sondern der Schutz vor Gefahren *(security)*, besonders die psychische, soziale und politische Sicherheit. Die psychische Sicherheit ist zentral für den Tourismus, weil die individuelle Betrachtung eines Risikos entscheidend für das Handeln ist, beispielsweise ob in Urlaub gefahren wird, wohin gefahren wird oder welche Vorsorgemaßnahmen getroffen werden. Eingebettet sind Reisen immer in das gesellschaftliche und politische Umfeld des Ziellandes, daher wird auch kurz auf den sozialen und politischen Aspekt von Sicherheit eingegangen.

## 2 Sicherheit als Grundbedürfnis

Das Streben nach Sicherheit ist ein menschliches Grundbedürfnis neben Nahrung, Schlaf etc. (Myers 2005). Solange alle Sicherheitsbedürfnisse erfüllt sind, gilt Sicherheit als gegeben und als selbstverständlich. Der Blick richtet sich erst dann auf das Thema Sicherheit, wenn sie bedroht oder beeinträchtigt wird. Sicherheit im Kontext von Tourismus kann heißen:

❖ Die Reisen ins Zielland und im Zielland sind sicher und bequem, beispielsweise sind → Flughäfen und → Fluggesellschaften sicher, die Flüge pünktlich, Streiks des Flugpersonals selten und Flugzeugentführungen unwahrscheinlich.

❖ Das Personal in Flugzeugen, → Hostels (→ Hotel), Schiffen etc. ist hinsichtlich möglicher sicherheitsrelevanter Ereignisse geschult (Jensen 2005).

❖ Im Reiseland gibt es kaum Kriminalität, Terrorismus (→ Terrorismus

und Tourismus), Gesundheitsrisiken etc.

❖ Die Risiken im Reiseland erscheinen bewältigbar, beispielsweise durch das Meiden besonders unsicherer Stadtteile oder durch Impfungen (→ Schutzimpfungen) vor der Reise.

❖ Im Falle eines Zwischenfalls, beispielsweise einer Erkrankung, bekommt man rasch und zuverlässig Hilfe.

## 3 Arten der Sicherheitsbeeinträchtigung

Gee & Gain (1986, S. 7) teilen mögliche Sicherheitsbeeinträchtigungen nach den Dimensionen Kontrollierbarkeit und Eintrittsgeschwindigkeit ein. So werden Orkane beispielsweise als schnell eintretend und gering kontrollierbar, Epidemien hingegen als allmählich eintretend und mittel kontrollierbar angesehen. Besonders beeinträchtigend wirken unkontrollierbare und rasch eintretende Ereignisse.

Praktisch hilfreich ist die Ursacheneinteilung touristischer Risiken der → Welt-Tourismusorganisation (UNWTO) von 1996 (zitiert nach Freyer, 2005, S. 5 ff.) in die Bereiche:

❖ Gesellschaftliches und institutionelles Umfeld: Allgemeine Kriminalität, Mangel an öffentlichem und institutionellem Schutz, Terrorismus, Krieg.

❖ Tourismuswirtschaft im weiteren Sinne: Mangelhafte Sicherheitsstandards, Hygienemängel, Nichteinhaltung von → Verträgen, Personalstreiks, andere Qualitätsmängel.

❖ Reisende (individuell): Gefährliche Praktiken (Sex, Essen, Trinken), Verhalten gegenüber Einheimischen und örtlichen Gesetzen, Besuch gefahrvoller Gebiete, Verlust persönlicher Unterlagen durch Unachtsamkeit, Unfälle, Krankheiten.

❖ Physische und natürliche Umwelt: Fehlende Impfungen, Naturkatastrophen, Epidemien.

## 4 Objektive und subjektive Risikobewertung

Man unterscheidet objektive und subjektive Risikobewertung. Vom objektiven Ansatz spricht man, wenn ein Risiko methodisch genau erfaßt und in belegbaren statistischen Wahrscheinlichkeiten ausgedrückt wird (Beispiel Blitzschlagrisiko). Von subjektivem Ansatz, dieser steht nachfolgend im Mittelpunkt, spricht man, wenn man die Risikoeinschätzung einzelner Menschen ermittelt. Hier entscheiden subjektive Erfahrungen und Intuition, nicht objektive Zahlen. Ähnlich argumentiert Vester (2004, S. 87), nach dem subjektiven Einschätzungen für das Sicherheitsgefühl bedeutender sind als gesicherte Fakten.

### 4.1 Einschätzungen eigener Ressourcen

Aus der Sicht des Einzelnen wird die Sorgenfreiheit gefährdet, wenn die vermuteten Ressourcen nicht zur Lösung eines erwarteten Problems ausreichen. Ob dies objektiv der Fall ist, ist dabei weniger wichtig als die subjektive Sicht des einzelnen. So mag für eine Person eine Urlaubsreise in den Gazastreifen noch akzeptabel sein, für eine anderen nicht. Ein Dritter mag sich vor einigen Stadtteilen in Miami (USA) mehr fürchten als vor Anschlägen bei einem Badeurlaub in Ägypten. Ob all diese subjektiven Einschätzungen berechtigt sind, steht auf einem anderen Blatt.

### 4.2 Psychische Konstrukte

Damit werden die psychischen Konstrukte deutlich, die bei der Einschätzung von Sicherheit bedeutsam sind: Wahrnehmung, Einstellung, Erfahrungen, Persönlichkeit. Wie sehr objektives Risiko und subjektive Risikowahrnehmung auseinander klaffen können, illustriert die

von Glaeßer (2005, S. 22) genannten Beispiele: Haiangriffe lösen bei den meisten Urlaubern tiefe Ängste aus, hingegen ist die faktische Zahl dokumentierter Haiangriffe gering. In einem Jahr registriert man durchschnittlich rund 100 Haiangriffe auf Menschen, davon enden etwa 10 tödlich. Im Gegensatz dazu lösen Kokosnüsse wohlige Urlaubsassoziationen aus, obwohl pro Jahr grob geschätzt rund 150 Menschen durch herabfallende Kokosnüsse sterben, also 15 mal mehr als durch Haie.

### 4.3 Risikokommunikation

Um sich unsicher zu fühlen, muß eine Gefahrenquelle zunächst wahrgenommen werden. Hier spielen die Medien eine große Rolle, da deren Berichterstattung über Risiken erheblich die individuellen Bewertungen beeinflussen. Diese Kommunikation über Ereignisse bestimmt letztlich die Risikobeurteilung des einzelnen. So liest man selten über Bürgerkriege, Verkehrsunfälle, die Ansteckung von Touristen aufgrund ungeschützten Geschlechtsverkehrs oder über Aidsopfer in afrikanischen Staaten, häufig indes über Flugzeugabstürze und terroristische Anschläge. Folglich fürchten sich Touristen mehr vor Flugzeugabstürzen und terroristischen Anschlägen als vor Verkehrsunfällen oder den Folgen ungeschützten Geschlechtsverkehrs.

Damit läßt sich festhalten, daß Sicherheit in letzter Konsequenz eine persönliche Konstruktion auf Basis der verarbeiteten Informationen ist (hierzu Jungermann 1991 und Jungermann & Slovic 1993 a) Folglich muß man sich mit dieser Konstruktion auseinandersetzen, nicht mit dem Krisenereignis an sich; eine Ausnahme ist die Akutbewältigung von Krisen. Hiervon sind aber regelmäßig sehr viel weniger Menschen betroffen, als von der Berichterstattung über ein solches Ereignis beeinflußt werden.

## 5 Persönlichkeitsunterschiede

Sicherheit ist nicht das Ergebnis ausschließlich rationaler Prozesse, vielmehr spielen emotionale Einflüsse eine zentrale Rolle. Neben dem Gefühl der subjektiven Kontrollierbarkeit ist auch die Persönlichkeit des einzelnen relevant. Manche Menschen fühlen sich in sehr vielen Situationen unsicher, im Extremfall kann dies bis zu einer Angststörung reichen, andere Menschen dagegen suchen geradezu das Risiko und langweilen sich bei zu großer Sicherheit, zum Beispiel wirkliche Abenteuerurlauber. Dies führt zur Frage, welche Urlaubertypen es gibt. Sonnenberg und Wöhler (2004, S. 41 ff.) teilen Reisende beispielsweise in drei Cluster ein:

* Vorsichtige
* Risikobewußte
* Unbekümmerte.

Wohl fühlen sich Menschen, wenn das für sie optimale Gleichgewicht zwischen Sicherheit und Abwechslung erreicht ist. Auch die eigenen Erfahrungen in der Bewältigung von unangenehmen Situationen beeinflussen die Einschätzung einer Situation als sicher oder unsicher. Die Vorsichtigen achten stärker auf Unruhen und Terror im Zielgebiet als die Risikobewußten und die Unbekümmerten, so daß der Einfluß von Sicherheitsbedrohungen bei diesen Personen besonders groß ist. Nach Drakos & Kutan (2003, S. 634), wählen risikoaverse Entscheider, dies entspricht in etwa der Gruppe der Vorsichtigen nach Sonnenberg & Wöhler (2004), gezielt sichere Reiseziele.

Das Einheitsrisiko für alle Touristen gibt es nicht, weder objektiv noch subjektiv in deren Wahrnehmung. Zumal gerade die Ortsveränderung und die Abweichung vom Alltag den Erlebniskern des Reisens ausmacht, und genau dieser Kern notwendigerweise Unsicherheiten mit sich bringt (Vester, 2004, S. 88). Letztlich geht es immer um die Balance zwischen Sicherheit (Vertrautem) und Unsicherheit (Neuem). Die Untersuchung von Lepp & Gibson (2003) bestätigt beispielsweise, daß Touristen, die nach Vertrautem suchen, in besonderem Ausmaß Risiken meiden. Je erfahrener die Touristen waren, desto geringer schätzten sie das Risiko von Terrorismus ein. Zudem schätzen Frauen Gesundheitsgefahren und Nahrungsmittelrisiken größer ein als Männer.

## 6 Einflußfaktoren auf die Risikowahrnehmung

Nach Jungermann und Slovic (1993 b) orientieren sich Experten bei der Risikoeinschätzung an der Eintrittswahrscheinlichkeit und am Schadensausmaß, Laien hingegen an Merkmalen der Risikoquellen (bekannt oder unbekannt), der Art der Risikoaussetzung (freiwillig oder unfreiwillig), der Betroffenheit und der Kontrollierbarkeit.

### 6.1 Subjektive Schadenswahrscheinlichkeit

Die subjektive Schadenswahrscheinlichkeit beeinflußt aber auch das Sicherheitsgefühl von Laien. Wenn ein Ereignis als extrem selten eingeschätzt wird, beeinträchtigten entsprechende Vorfälle das Sicherheitsgefühl weniger, als wenn es als häufig eingeschätzt wird. Ein Mord an einem einzigen Touristen in Kairo hat keinen Einfluß auf das Sicherheitsgefühl von Ägyptenreisenden. Aber wenn jede Woche ein Tourist in Kairo ermordet wird, hat dies sehr wohl Einfluß auf das Sicherheitsgefühl.

### 6.2 Heuristiken (Faustregeln)

Menschen nehmen Risiken im Allgemeinen nicht so wahr, wie Statistiker dies tun. Die meisten Menschen über- oder unterschätzen Risiken nach folgenden Regeln (Kahneman & Tversky

1973; Kahneman, Slovic & Tversky 1982): Ereignisse werden beispielsweise als wahrscheinlicher eingeschätzt, wenn sie leicht erinnerbar oder vorstellbar sind (Verfügbarkeitsheuristik) oder wenn ein Ereignis zu einer Klasse hochwahrscheinlicher ähnlicher Ereignisse gehört (Repräsentationsheuristik). Der Einfluß von Medien setzt bei der Verfügbarkeitsheuristik an. Wenn über ein Ereignis häufig berichtet wird, ist es verfügbar und wird als wahrscheinlicher eingeschätzt.

Ein Risiko wird tendenziell als hoch eingeschätzt (Wiedemann & Schütz 2005, S. 78), wenn

❖ die Risikoquelle nicht kontrolliert werden kann,

❖ die Wahrscheinlichkeit des Eintritts hoch ist,

❖ ein großer Schaden droht,

❖ furchterregende Vorstellungen mit dem Risiko verbunden werden,

❖ kein Wissen über das Risiko vorliegt,

❖ ein möglicher Schaden sofort und ohne Vorwarnzeit eintritt.

Nicht alle diese Dimensionen sind bei allen Ereignissen wichtig. So verliert bei sogenannten Katastrophenereignissen die subjektive Schadenswahrscheinlichkeit Einfluß auf das Sicherheitsgefühl. Katastrophale Ereignisse, und seien sie noch so selten, beeinflussen das Sicherheitsgefühl erheblich.

### 6.3 Kontrollgefühl

Ereignisse, die man glaubt kontrollieren zu können, hinterlassen weniger Spuren im Sicherheitsempfinden als solche, die außerhalb des eigenen Einflusses stehen. Die Kriminalität in einem Land beeinflußt den Tourismus nur wenig, wenn die Kriminalität auf bestimmte Orte oder Viertel bezogen bleibt, die man meiden (kontrollieren) kann. Auch wird die häufigste Todesursache von Touristen, Verkehrs- und Sportunfälle (Sonnenberg & Wöhler 2004, S. 25), unterschätzt, weil man den Eindruck von Kontrollierbarkeit hat. Das gleiche gilt bei gefährlichem selbst gewähltem Verhalten wie Risikosportarten und ungeschütztem Sexualverkehr mit Einheimischen oder anderen Touristen (→ Sextourismus).

### 6.4 Betroffenheit

Auch die persönliche Betroffenheit von einem Ereignis ist wichtig für dessen Einfluß auf das Sicherheitsgefühl. Die Nähe, geographisch und psychisch, determiniert die Folgen eines Ereignisses für das Sicherheitsgefühl. Ein Erdbeben in Kalifornien hat keinen Einfluß, wenn man vorhat, nach Madeira in den Urlaub zu fahren. Die allgemeine Mordrate in Kairo bleibt ohne Beachtung, sofern keine Touristen betroffen sind. Die Ermordung einer Person aus demselben Land findet hingegen mitunter einen starken Widerhall in den Medien, ist also verfügbar und macht persönlich betroffener als der Mord an Einheimischen. So löste erst die Ermordung eines deutschen Touristen in Miami im Jahr 1993 einen Rückgang deutscher Besucherzahlen aus, obwohl Miami bereits zuvor eine sehr hohe Rate an Gewaltverbrechen aufwies. Die Medienberichterstattung hat, nicht nur in diesem Fall, einen erheblichen Einfluß auf die Wirkung eines Ereignisses, speziell auf künftige Reiseentscheidungen.

### 7  Gesellschaftliche Sicherheit

Neben der Beschreibung der persönlichen Befindlichkeit (Psychologie) umfaßt der Begriff Sicherheit auch einen normativen Aspekt (Politologie, Soziologie) zur Beschreibung der gesellschaftlichen Verhältnisse (Kaufmann 1973). Sicherheit nach innen bezieht sich auf den Schutz vor Kriminalität. Sicherheit im internationalen Umfeld bezieht sich auf den Schutz vor äußeren Bedrohungen (Beck 1986). Die politische Unabhängigkeit, die territoriale Integrität, die Lebensfähigkeit des Landes sowie die Existenz und Existenzentfaltung der Bürger sollen garantiert werden (Nohlen 1991).

Risiken und Bedrohungen können sich über das Stadium der Krise zum Krieg entwickeln. Anstelle zwischenstaatlicher Kriege in Zentraleuropa sind andere Risiken und Bedrohungen getreten, die in den Fokus staatlicher Sicherheitsvorsorge rücken. Ressourcenknappheit, illegale Migration, organisierte Kriminalität und internationaler Terrorismus (→ Tourismus und Terrorismus) sind Beispiele hierfür. In amerikanischen Gefahrenanalysen werden bereits seit längerer Zeit gesellschaftliche Akteure wie Terroristen, militante Sekten sowie ethnische und religiöse Fanatiker als Quelle von Spannungen und als bedeutsames Bedrohungspotential eingestuft (Woyke 2000). Touristen sind somit nicht nur in Kriegsgebieten gefährdet, sondern auch in anderen Ländern.

## 8 Steigerung der Sicherheit und Grenzen

Individuelle Maßnahmen zur Erhöhung der subjektiven Sicherheit können sein: Wahl etablierter Reiseveranstalter, Reisebetreuung durch deutschsprachige Reiseleiter, Pauschalreisen, Meidung bestimmter Länder, Meidung von Menschenmengen, ortsangemessene Kleidung und ortsangemessenes Auftreten, das Lernen der Sprache des Ziellandes, ausführliche Information über das Zielland sammeln. Gesellschaftliche oder politische Maßnahmen zur Verbesserung der Sicherheit können sein: schärfere Sicherheitsstandards in Flughäfen, mehr Polizeipräsenz, mehr und genauere Kontrollen im Zielland, Hinarbeiten auf weniger divergente Besitzverhältnisse.

Die exemplarische Aufzählung verdeutlicht die Grenzen von Sicherheitsmaßnahmen: Sicherheit kostet Geld, Bequemlichkeit und Freiheit. So stößt der Anspruch auf Sicherheit an Grenzen und gerät in Konflikt mit anderen Bedürfnissen. Besonders sicher heißt auch besonders eingeengt. *(sml)*

*Literatur*

Bayerische Rück (Hrsg.) 1993: Risiko ist ein Konstrukt. Wahrnehmungen zur Risikowahrnehmung. München: Münchner Rück

Bechmann Gotthard (Hrsg.) 1993: Risiko und Gesellschaft. Opladen: Westdeutscher Verlag

Buchmann, Knud Eike; Harald Fiedler; Adolf Gallwitz & Max Hermanutz (Hrsg.) 2005: Aufgabenfelder der Psychologie zur Unterstützung des täglichen Polizeidienstes. Villingen-Schwenningen: FH Villingen-Schwenningen – Hochschule für Polizei

Drakos, Konstantinos & Ali M. Kutan 2003: Regional Effects of Terrorism on Tourism in Three Mediterranean Countries. In: The Journal of Conflict Resolution, 47 (5), S. 621-641

Freyer, Walter 2004: Von ‚Schutz und Sicherheit' zu ‚Risiko und Krisen' in der Tourismusforschung. In: Freyer & Groß (Hrsg.), S. 1-13

Freyer, Walter & Sven Groß (Hrsg.) 2004: Sicherheit in Tourismus und Verkehr – Schutz vor Risiken und Krisen. Dresden: FIT

Fuchs, Matthias & Mike Peters 2005: Die Bedeutung von Schutz und Sicherheit im Tourismus: Implikationen für alpine Destinationen. In: Pechlaner & Glaeßer (Hrsg.), S. 155-172

Gee, Chuck & Carolyn Gain 1986: Coping with Crisis. In: Travel & Tourism Analyst, June, S. 3-12.

Glaeßer, Dirk 2005: Krise oder Strukturbruch? In: Pechlaner & Glaeßer (Hrsg.), S. 13-27

Jensen, Hans-Joachim 2005: Sicherheitstraining zur Abwehr externer Gewalt in der Schiffahrt. In: Buchmann *et al.* (Hrsg.), S. 116-122

Jungermann, Helmut 1991: Inhalte und Konzept der Risikokommunikation. In: Ders.,

Rohrmann & Wiedemann (Hrsg.), S. 335-354

Jungermann, Helmut; Bernd Rohrmann & Peter M. Wiedemann (Hrsg.) 1991: Risikokontroversen. Berlin: Springer

Jungermann, Helmut & Paul Slovic 1993 a: Die Psychologie der Kognition und Evaluation von Risiko. In: Bechmann (Hrsg.), S. 167-207

Jungermann, Helmut & Paul Slovic 1993 b: Charakteristika individueller Risikowahrnehmung. In: Bayerische Rück (Hrsg.), S. 89-107

Kahneman, Daniel; Paul Slovic & Amos Tversky 1982: Judgment Under Uncertainty: Heuristics and Biases. Cambridge: University Press

Kahneman, Daniel; Amos Tversky 1973: On the Psychology of Prediction. In: Psychological Review, 80 (4), S. 237-251

Kaufmann, Franz-Xaver 1973: Sicherheit als soziologisches und sozialpolitisches Problem: Untersuchungen zu einer Wertidee hochdifferenzierter Gesellschaften. Stuttgart: Enke (2. Aufl.)

Lepp, Andrew; Heather Gibson 2003: Tourist Roles, Perceived Risk and International Tourism. In: Annals of Tourism Research, 30 (3), S. 606-624

Myers, David G. 2005: Psychologie. Heidelberg: Springer

Nohlen, Dieter 1991: Wörterbuch Staat und Politik. München: Piper

Pechlaner, Harald; Dirk Glaeßer (Hrsg.) 2005: Risiko und Gefahr im Tourismus. Erfolgreicher Umgang mit Krisen und Strukturbrüchen. Berlin: Erich Schmidt Verlag (= Schriften zu Tourismus und Freizeit der Deutschen Gesellschaft für Tourismuswissenschaft, Bd. 4)

Sonnenberg, Grit; Karlheinz Wöhler 2004: Was bewirkt Sicherheit bzw. Unsicherheit? Prädiktoren der Reisesicherheit. In: Freyer & Groß (Hrsg.), S. 15-51

Vester, Heinz-Günter 2004: Die soziale Konstruktion von Sicherheit im Tourismus angesichts des Terrorismus. In: Freyer & Groß (Hrsg.), S. 85-95

Wiedemann, Peter M.; Holger Schütz 2005: Was sollte ein Risikomanager über die Risikowahrnehmung wissen? In: Pechlaner & Glaeßer (Hrsg.), S. 75-89

Woyke, Wichard 2000: Handwörterbuch Internationale Politik. Opladen: Leske und Budrich (8. Aufl.)

**Sicherheitsüberprüfung auswärtiger Flugzeuge**
→ Safety Assessment of Foreign Aircraft (SAFA)

**Sicherungsschein**
*risk coverage certificate*
Im Anschluß an die EU-Pauschalreiserichtlinie und durch die Neufassung von § 651 k BGB hat der Reiseveranstalter sicherzustellen, daß dem Reisenden erstattet werden:

❖ der gezahlte Reisepreis, soweit Reiseleistungen infolge von Zahlungsunfähigkeit oder Konkurs des Reiseveranstalters ausfallen;

❖ notwendige Aufwendungen, die dem Reisenden infolge von Zahlungsunfähigkeit oder Konkurs des Reiseveranstalters für die Rückreise entstehen.

Hierzu hat der Reiseveranstalter dem Reisenden mit der Buchungsbestätigung einen Sicherungsschein zu übergeben. Der Sicherungsschein verschafft dem Reisenden einen unmittelbaren Anspruch gegen den Sicherungsgeber (Bank oder Versicherung. *(hdz)*

*Literatur*
EU-Pauschalreiserichtlinie vom 13. 6. 1990 (90/314/EWG, Artikel 2 Z.1)

**Signal**
Auf Eisenbahnstrecken (→ Strecke) werden Signale (lat. *signum* = Zeichen) vom Fahrdienstleiter oder Wärter, der ein → Stellwerk bedient, gegeben. Die Führer von Eisenbahnfahrzeugen erhalten damit Informationen über die Beschaffenheit des Fahrwegs und zum Beispiel Informationen über die einzuhaltende Fahrgeschwindigkeit. Auf

→ Schnellfahrstrecken erfolgt eine direkte elektronische Signalübertragung an das Triebfahrzeug (z.b. den ICE-Triebkopf), weil wegen der hohen Geschwindigkeiten (oft weit über 160 km/h) optische Signale mittels Licht oder Formzeichen vom Triebfahrzeugführer nicht mehr sicher wahrgenommen werden können. *(hdz)*

**Silent shopping**

Die Qualität der → Dienstleistung kann mit verschiedenen Methoden empirisch gemessen werden. Man unterscheidet subjekte und objektive Meßmethoden. Gerade im Tourismus ist das *silent* oder auch *mystery shopping* eine bevorzugt angewandte Methode, auf die sich Marktforschungsinstitute spezialisiert haben. Diese Testkäufer-Methode ist nicht der einzige Weg, um die Dienstleistungsqualität zu messen. Deshalb bedarf es ergänzender Instrumente, um zu einer zutreffenden Einschätzung zu gelangen. Auf einer Informationsseite für Interessenten, die sich als Silent shopper bewerben wollen, heißt es: „Als Testkunde haben Sie die Aufgabe, Verkaufs- und Serviceleistungen im Einzelhandel sowie im Dienstleistungsgewerbe zu ermitteln und zu beurteilen. Zu diesem Zweck treten Sie gegenüber dem Verkaufs- oder Servicepersonal eines zu testenden Unternehmens als normaler Kunde auf und fragen ein typisches Produkt oder eine Dienstleistung nach." (www.silent-shopper.de/index.php?CTA=faq – Abruf: 31.12.2007)

**Single open jaw**
→ Gabelflug

**Single supplement**
→ Einzelzimmerzuschlag

**SITA**

Kooperation von weltweit mehr als 600 Mitgliedern der Luftverkehrswirtschaft, vor allem Fluggesellschaften und Flughäfen, die zur Informationsübermittlung weltweit über ein einheitliches Kommunikationsnetz erreichbar sind. Der Name war ursprünglich die Abkürzung von Société Internationale de Télécommunications Aéronautiques. Die Kooperation wurde 1949 in Brüssel von elf Fluggesellschaften gegründet, darunter Air France und KLM. Mit den Systemen der SITA können nicht nur die Akteure am Boden miteinander kommunizieren, sondern auch mit Flugzeugen. *(jwm)*

**SITI (Sale Inside Ticket Inside Country of Commencement of Travel)**

Begriff aus der Flugpreisberechnung. Der Verkauf und die Flugscheinausstellung erfolgen im Reiseantrittsland. *(wp)*

**SITO (Sale Inside Ticket Outside Country of Commencement of Travel)**

Begriff aus der Flugpreisberechnung. Verkauf des Flugscheins im Reiseantrittsland und Ausstellung des Flugscheins in einem anderen Land; eher theoretischer als praktischer Einzelfall. *(wp)*

**Sitzladefaktor**

*passenger load factor*

Maß für die Auslastung aller angebotenen Flüge einer Fluggesellschaft oder der von bestimmten Strecken. Er wird in Prozent der genutzten von den angebotenen Flugsitzen ausgedrückt.

**Sitzplatz**

*seat*

Sitzplätze haben eine unterschiedliche Wertigkeit. So werden im → Restaurant Plätze an der Wand gegenüber Sitzplätzen im Raum bevorzugt. Mögliche Erklärung:

Man fühlt sich sicherer, wenn man alles im Blick hat und niemand einem „in den Rücken fallen" kann. Auch Eckplätze werden oft bevorzugt – allerdings nur, wenn sie guten Überblick über Restaurant bieten, nicht wenn sie beispielsweise im Durchgang zur Küche oder Toilette sind („Katzentisch").

Die vorderste Reihe im Bus bietet den besten Blick. Dies ist ein objektiver Mehrwert, da bei einer Reise Geld bezahlt wird, um etwas zu sehen. Der vorderste Platz ist auch begehrt, da einige Reisegäste in hinteren Sitzreihen von Übelkeit befallen werden. Rollierende Systeme können problematisch werden, da Gäste den einmal eingenommenen Platz ungern wieder verlassen (Territorialverhalten). *(sml/gcm)*

**Sitzplatzreservierung (Bahn)**
*seat reservation*
Bestimmte Züge sind bei der → Deutschen Bahn reservierungspflichtig. Hierzu zählen beispielsweise der ICE-Sprinter und bestimmte EuroCity-Verbindungen. Dafür wird ein Reservierungsentgelt verlangt. In vielen Fällen ist das Reservieren jedoch nicht nötig, es sei denn, man möchte einen ganz bestimmten Sitzplatz, möchte immer in Zugfahrtrichtung sitzen oder reist in Gruppen. Die Reservierung empfiehlt sich für Behinderte, für die die Bahn einen besonderen Service an den Bahnhöfen bereithält. Sitzplatzreservierungen können in der Regel noch bis zehn Minuten vor Fahrtbeginn vorgenommen werden. Sie sind außerdem unabhängig vom Kauf einer Fahrkarte und in allen Fernverkehrszügen möglich, werden allerdings nicht zurückerstattet. *(hdz)*

**Sitzplatzumschlag**
*seat turnover*
Bezeichnet eine Kennzahl aus dem F&B-Bereich bei gastronomischen Betrieben.

Je nachdem, welche Informationen im System erhoben werden, errechnet sich der Sitzplatzumschlag als Verhältniskennzahl zwischen Anzahl der Gäste bzw. → Couverts in Relation zu den verfügbaren Sitzplätzen. Damit kann die Auslastung des F&B-Bereichs bzw. der verfügbaren Sitzplätze beurteilt werden. *(cf)*

**Skål-Club**
Nach einer Studienreise von französischen Tourismusfachleuten nach Skandinavien, auf der sie von der hier erlebten Gastfreundschaft beeindruckt waren, hielt einer der Teilnehmer, Florimond Volckaert von der Schlafwagengesellschaft Wagon-Lit, 1932 in Paris eine Rede, in der er die Gründung eines internationalen Zusammenschlusses von Touristikern vorschlug. Dieser Zusammenschluß wurde am 16. Dezember des gleichen Jahres gegründet und eingedenk des Skandinavien-Erlebnisses „Skål Club" getauft. Abgeleitet von der dabei in Schweden traditionell zur Begrüßung überreichten Schale *(= Skål)*, mit der einem Fremden der Willkommenstrunk *Skål* überreicht wurde, entstand daraus der gleichnamige Gruß. Für die Clubs stehen die vier Buchstaben auch als Abkürzung für *Sundhet* (Gesundheit), *Kärlek* (Liebe), *Ålder* (Alter bzw. langes Leben) und *Lycka* (Glück).

In den darauffolgenden Jahren wurden auch in Belgien und in Deutschland Clubs gegründet. Daher wurde 1934, wieder in Paris, die ‚Association Internationale des Skål-Clubs' (AISC) ins Leben gerufen, die ihre ersten Kongresse 1935-1939 in verschiedenen europäischen Städten abhielt. Der erste Kongreß nach dem Zweiten Weltkrieg fand 1947 in Genf statt. Der erste deutsche Club wurde erst 1951 wieder in Hamburg gegründet, zwei Jahre später schlossen sich die mittlerweile gegründeten Clubs zum National-Komitee der Deutschen Skål-Clubs e.V. (NKSC) zusammen. Weltweit gibt es derzeit etwa 22.000 Mitglieder, die in über 500 Clubs in mehr als 80 Ländern organisiert sind. Der nach dem Gründer Florimond Volckaert benannte Fonds hilft weltweit in Not geratenen Mitgliedern der Vereinigung. Das Generalsekretariat des Clubs hat seinen Sitz in Torremolinos (Spanien). (www.skal.org) *(jwm)*

**Skipper**
(a) *to skip* (engl.) = abhauen, verschwinden. In der Hotelbranche der Begriff für einen Gast, der ohne Rechnungsbegleichung das Hotel verläßt. → Walk-out.
(b) Abweichend davon ist Skipper auch ein Begriff in der Schiffahrt. Dort bezeichnet er in der Regel den Schiffsführer einer Segeljacht. *(wf)*

**Skipperrisiko**
*skipper risk*
Bezeichnet in der → Reiserücktrittskosten-Versicherung das besondere Risiko beim Ausfall des → Skippers: Sollte kein Ersatz gefunden werden, muß die Reise vollständig storniert werden. Das Skipperrisiko erfordert einen Prämienaufschlag. *(hdz)*

**Skirting**
→ Büfettschürze

**Skiurlaub**
*ski holiday*
Urlaub in einem → Wintersportort, bei dem Skifahren (Langlauf und/oder Abfahrt) im Zentrum der Aktivitäten steht. *(hdz)*

**SKR 70 (Sonderkontenrahmen)**
*special chart of accounts*
Wurde in Zusammenarbeit zwischen → Deutschem Hotel- und Gaststätten-

verband (DEHOGA) und DATEV vor Jahren für das Gastgewerbe als Instrument der Gewinn- und Verlustrechnung entwickelt, um die besonderen Belange des Hotel- und Gaststättengewerbes und den speziellen Informationsbedarf zu berücksichtigen. Es handelt sich hierbei um eine Kostenartenrechnung. Ein Hauptunterschied zu anderen Kontenrahmen liegt in der Differenzierung des Aufwandes in betriebs- und anlagebedingte Kosten. Die betriebsbedingten Kosten sind größtenteils vom Unternehmen im laufenden Geschäftsbetrieb direkt beeinflußbar. Die anlagebedingten Kosten sind vom Unternehmen im laufenden Geschäftsbetrieb nur noch geringfügig zu verändern. Sie sind abhängig von externen Faktoren wie Gesetzgebung, Pachtkonditionen, Finanzierungsmodalitäten und Investitionsvolumen. *(stg/bvf)*

**Slats**
→ Vorflügel

**Slot**
Zeitfenster von normalerweise 15 oder 30 Minuten Dauer
❖ für Starts- und Landungen auf einem stark frequentierten Flughafen *(airport slot)* für eine → Flugplanperiode und
❖ für An-, Ab- und Überflüge *(airway slot)*,
der normalerweise mit a) übereinstimmt und bei Abweichungen aufgrund der Verkehrs- und/oder Wetterlage auf täglicher Basis vergeben wird. In Europa ist für b) seit 1995 die Central Flow Management Unit (CFMU) von → Eurocontrol in Brüssel zuständig. *(jwm)*

**Slotvergabe**
*slot allocation*
Wenn die Nachfrage nach → Slots auf Flughäfen größer ist als das Angebot,

wie dies weltweit für viele Flughäfen
zutrifft, wird ein Verfahren für die Vergabe benötigt. Die derzeit verwendete
Prozedur basiert auf Selbstregulierung
durch die Fluggesellschaften auf den
von der → International Air Transport
Association (IATA) veranstalteten
Flugplankonferenzen. Diese Konferenzen verwenden eine Reihe von formalen Regeln für die Vergabe von Slots,
von denen die wichtigste die → Groß-
vaterrechte sind. 1993 wurde eine gesetzliche Regelung in der EU eingeführt,
die das Ziel hat, Neubewerbern von Slots
größere Chancen bei der Vergabe einzuräumen. Für die Zukunft diskutiert
die Luftfahrtindustrie Überlegungen zur
eventuellen Aufgabe der Selbstregulierung
anstelle von markbezogenen Verfahren
wie Slot-Versteigerungen oder den Handel mit Slots. *(ag)*

**Slow Food**

(a) Verbraucherorganisation, die sich die
„Wahrung des Rechts auf Genuß" zur
zentralen Aufgabe gemacht hat. Der
Kultur des *fast life* soll eine Kultur des
Genusses und der Gemütlichkeit entgegengesetzt werden. Der Gedanke der
„Biodiversität" im Sinne einer Vielfalt
von → Eßkulturen und Nahrungsmittel
steht im Mittelpunkt. 1986 Gründung in
Italien, 1989 Gründung der internationalen Organisation in Frankreich. Weltweit
ca. 80.000 Mitglieder, in Deutschland
7.000 Mitglieder (Stand: April 2007).
(www.slowfood.de; Petrini 2003).
(b) *slow food* (engl.) = langsames Essen. Slow Food wird in der allgemeinen Diskussion auch als Gegenteil
von → Fast Food gesehen. Aus historischer Sicht ist dies gerechtfertigt, da
die Anfänge der Organisation sich auch
auf Protestaktionen gegen die geplante
Eröffnung eines McDonald's in der
italienischen Hauptstadt zurückverfol-

gen lassen (Petrini 2003, S. 24 f.). Slow
Food wird gedanklich verbunden mit
Qualitätsprodukten, gesunder Ernährung,
regionalen gastronomischen Traditionen,
ursprünglichem Genuß, nachhaltiger
Produktion, Fast Food hingegen mit ge-
sundheitlich bedenklicher Ernährung,
Globalisierung, Industrialisierung und
Einheitsgeschmack. Mit Recht weisen
Autoren darauf hin, daß der Aufbau
der Gegenpole Slow Food versus Fast
Food in Teilen gerechtfertigt sein mag, in
Teilen aber in die Irre führt (Spiekermann
2003; Wagner 2001, S. 318 ff.). *(wf)*

*Literatur*
Petrini, Carlo 2003: Slow Food. Geniessen mit
Verstand. Zürich: Rotpunktverlag
Spiekermann, Uwe 2003: Verfehlter Ge-
gensatz?! Fast Food contra Slow Food. In:
Ernährungs-Umschau, 50 (9), 2003, S. 344-
349
Wagner, Christoph 2001: Fast schon Food. Die
Geschichte des schnellen Essens. Frankfurt
a. M.: Lübbe

**Snack Point**
In InterCity- und Nahverkehrs-Zügen
befinden sich mit sog. Snack Points ausgestattete Wagen oder Wagenteile, in
denen man einen Imbiß erhält und dort
einnehmen kann. Snackpoints werden
auch Verkaufsstellen im Bahnhofbereich
genannt. Das Angebot bezieht sich in der
Regel auf Backwaren und Kaffee. *(hdz)*

**Social Responsibility**
→ Soziale Verantwortung

**Sommelier**
*sommelier, wine butler, wine waiter*
Französischer Begriff für den Wein-
kellner. Er untersteht in der Regel unmittelbar dem → Restaurantleiter. Zentrale Aufgaben des Sommeliers sind:
Weineinkauf, Weinlagerung, Erstellung
der Weinkarte, Beratung der Gäste bei

der Weinauswahl, Weinservice. Häufig
übernimmt der Sommelier auch die fachliche Beratung für Käse oder Zigarren.
Aufgrund der hohen Spezialisierung sind
Sommeliers nur in sehr wenigen, gehobenen → Restaurants anzutreffen, in einem
Großteil der Betriebe wird die Aufgabe
von anderen Restaurantfachkräften übernommen. Synonymer Begriff: *chef de vin.*
→ Servicebrigade *(wf)*

**Sonderflughafen**
→ Flughafen

**Sondergepäck**
*oversized baggage*
Bei Flugreisen zählen dazu Fahrräder,
Surfbretter, Ski-Ausrüstungen (auch
Wasserski), Windsurfbretter und Golf-
ausrüstungen. Für die Beförderung von
Sondergepäck wird meistens ein Aufpreis
für Übergepäck erhoben. → Reisegepäck-
Versicherung *(hdz)*

**Sonderkontenrahmen**
→ SKR 70

**Sondertarif**
*special (tariff)*
Reduzierter Tarif, der nur unter gewissen Bedingungen eingeräumt wird
(z.B. Fahrzeitenrestriktionen: Wochen-
endticket der → Deutsche Bahn AG, Fahr-
zeugeinschränkungen: Zugtyp, Mindestaufenthaltsdauer: *sunday rule*). *(hdz)*

**Sonderverpflegung**
*special meal(s)*
Verpflegung, die über das übliche An-
gebot hinausreicht. Zu den besonderen
Angeboten im Flugbereich: → Special
Meal.

**SOS**
Seit 1906 im internationalen Funkverkehr eingeführtes Notrufsignal (SOS

– drei kurz, drei lang, drei kurz ...),
das mit *Save Our Souls* übersetzt wurde.
Diese Bedeutung wurde allerdings erst
später in die Abkürzung hineingedeutet.
Ursprünglich handelt es sich um ein einprägsames technisches Funksignal, dem
inhaltlich keine Entsprechung zugrundeliegt (→ Mayday). Mit Einführung des
Satelliten-Notfunksystems (GMDSS-
Global Maritime Distress Safety System)
hat SOS seit 1999 seine Bedeutung
verloren. Seine besondere Hilfefunktion
hat SOS weiterhin auf den SOS-Not-
fallsäulen der Autobahnen. *(hdz)*

**SOTI**
*Sale Outside Ticket Inside Country of Com-
mencement of Travel*
Begriff aus der Flugpreisberechnung.
Ausstellung des Flugscheins im Reise-
antrittsland, Verkauf in einem anderen
Land (PTA *prepaid ticket advice*). *(wp)*

**SOTO**
*Sale Outside Ticket Outside Country of
Commencement of Travel*
Begriff aus der Flugpreisberechnung;
Verkauf und Ausstellung des Flugscheins
erfolgen außerhalb des Reiseantrittslandes.
*(wp)*

**Sous-Chef**
*Sous-Chef*
*sous* (franz.) = darunter, unter. Fachbegriff
für den Stellvertreter des Küchenchefs
(→ Chef de cuisine) in großen → Küchenbrigaden. *(wf)*

**Souvenir**
*souvenir*
*se souvenir* (frz.) = sich erinnern. Ein
Souvenir ist ein kleiner Gegenstand, den
jemand zur Erinnerung an eine Reise
mitbringt. Souvenirs werden meistens
käuflich erworben. Sie stellen in den
meisten Fremdenverkehrsorten eine

Haupteinnahmequelle für ausländische Devisen dar. An vielen touristischen Orten hat sich eine kommerzielle Souvenirindustrie herausgebildet, die auch vor religiösen Motiven nicht Halt macht. Souvenirs sind bei der → Reisegepäckversicherung in den Versicherungsschutz einbezogen. *(hdz)*

## Soziale Verantwortung
*social responsibility*

Die zunehmend intensivere Diskussion um die verstärkt wahrnehmbaren negativen externen Effekte wirtschaftlicher Aktivitäten – ökonomische und soziale Folgen der Globalisierung, Gefährdung der natürlichen Umwelt, Klimawandel, ungebremster Ressourcenverbrauch, Mißachtung von Menschenrechten u.a. – haben die Frage nach der ethischen Verantwortung unternehmerischen Handelns mit Nachdruck in das Bewußtsein der Öffentlichkeit gerückt (United Nations Global Compact 2007) und stellen nicht zuletzt auch für Unternehmungen der Tourismusbranche eine zunehmende Herausforderung dar, wovon immer wieder in der öffentlichen Diskussion aufbrandende Schlagworte wie nachhaltiger Tourismus, sanfter Tourismus oder → Öko-Tourismus zeugen (Bieger 2005, S. 45 ff.; Breidenbach 2002, S. 200 ff.; Freyer 2000, 203 ff.; Mundt 2006, S. 493 ff., 516 ff.).

Im Rahmen unternehmensethischer Überlegungen muß sich das Management von Unternehmungen daher heute zunehmend mit der Frage auseinandersetzen, wie sich sein ökonomisches Handeln mit seinen moralischen Grundsätzen und denen der Gesellschaft vereinbaren läßt. Hierbei steht weniger das Problem der Legalität bzw. Illegalität unternehmerischen Handelns im Blickpunkt, als vielmehr die Frage, inwieweit sich innerhalb respektierter rechtlicher Grenzen

eine moralische Basis selbstbeschränkter Legitimität entwickeln läßt. Ein derartig ethisch/moralisch fundiertes Verhalten setzt daher zunächst einen reflexiven Prozeß der Werteerhellung seitens der Führungskräfte der Unternehmung voraus (→ Unternehmensphilosophie).

In diesem Kontext verdeutlicht die Idee der sozialen Verantwortung *(social responsibility)* bzw. der „Corporate Social Responsibility" (CSR) die Einstellung wie auch den konkreten Beitrag einer Unternehmung zu einer nachhaltigen Entwicklung, die gleichzeitig ihre Wettbewerbsfähigkeit sichert und die Belange der Gesellschaft respektiert. Angestrebt wird somit aus Sicht der Unternehmungen wie der unterstützten Institutionen bzw. der gesamten Gesellschaft eine *win-win*-Situation.

Im Blickpunkt steht dabei nicht nur ein ethisch korrektes Verhalten gegenüber Kunden und Mitarbeitern, bewußt wird der Fokus auch auf Leistungen der Unternehmung für das soziale Umfeld erweitert: „(…) so wenig Ressourcen wie möglich zu verbrauchen, gute Arbeitsbedingungen für die Mitarbeiter zu schaffen, sich „bürgerschaftlich" im Gemeinwesen zu engagieren *(corporate citizenship)*, beim Einkauf nur mit verantwortungsvollen Zulieferern zusammenzuarbeiten, hohe Standards bei Auslandsdirektinvestitionen in Schwellen- und Entwicklungsländern zu setzen und sich für gesellschaftliche Ziele einzusetzen. Hier liegt ein großes Potential, um eine nachhaltige Entwicklung auf Unternehmensebene und damit auch für die Gesamtgesellschaft voranzubringen (econsense 2007 a). Davon sind die Mitglieder des „Forums nachhaltige Entwicklung der Deutschen Wirtschaft", dem auch Unternehmungen wie die → Deutsche Bahn AG, die → Lufthansa AG sowie die → TUI AG angehören, überzeugt und haben sich zu einem entsprechenden Verhaltenskodex freiwillig verpflichtet (econsense 2007 b).

Neben diesen – häufig eher globale Herausforderungen thematisierende Aktivitäten – sind im Rahmen von CSR-Initiativen auch als nachhaltig zu verstehende Partnerschaften zwischen Unternehmungen und gesellschaftlichen Gruppen wie z.B. Sozialeinrichtungen, Umweltbewegungen, Bürgerinitiativen, Bildungseinrichtungen im näheren sozialen Umfeld von Unternehmungen zu zählen (Initiative und Freiheit 2007). Das Engagement der Unternehmungen besteht dabei in der Regel in Geldbeträgen oder im Einsatz von Mitarbeitern für soziale oder ökologische Projekte vor Ort. *(vs)*

*Literatur*
Bieger, Thomas 2005: Management von Destinationen. München, Wien: Oldenbourg (6. Aufl.)
Breidenbach, Raphael 2002: Freizeitwirtschaft und Tourismus. Wiesbaden: Gabler
Econsense-Forum nachhaltige Entwicklung der Deutschen Wirtschaft 2007 a: CSR und Nachhaltigkeit. Zugang: http://www.econsense.de/_csr_info_pool/_csr_nachhaltigkeit/ (01.05.2007)
Econsense-Forum nachhaltige Entwicklung der Deutschen Wirtschaft 2007 b: CSR und Nachhaltigkeit. Zugang: http://www.econsense.de/_ueber_uns/_profil_ziele/ (01.05.2007)
Freyer, Walter 2000: Ganzheitlicher Tourismus. Beiträge aus 20 Jahren Tourismusforschung. Dresden: FIT
Initiative und Freiheit 2007: Corporate Citizenship. Zugang: http://www.freiheit-und-verantwortung.de/2.htm (01.05.2007)
Mundt, Jörn W. 2006: Tourismus. München, Wien: Oldenbourg (3. Aufl.)
United Nations Global Compact (2007): The Ten Principles. Zugang: http://www.unglobalcompact.org/AboutTheGC/TheTenPrinciples/index.html (01.05.2007)

## Sozialtourismus
*social tourism*

Maßnahmen, die dazu dienen, auch denjenigen die Möglichkeit einer Urlaubs- und Erholungsreise zu eröffnen, die aufgrund familiärer Umstände, beruflicher Einschränkungen (zum Beispiel Landwirte) und fehlender finanzieller Mittel allein nicht in der Lage dazu sind. Sie können entweder durch staatliche Programme oder durch gemeinnützige Organisationen durchgeführt werden, wobei der Staat im zweiten Falle in der Regel finanzielle Hilfe leistet.

In Deutschland haben sozialtouristische Maßnahmen ihre Grundlage in § 16 (2.3) des Sozialgesetzbuches (SGB), Teil VIII: Kinder- und Jugendhilfe vom 26. Juni 1990. Darin heißt es, daß „Angebote der Familienfreizeiten und der Familienerholung, insbesondere in belasteten Familiensituationen, die bei Bedarf die erzieherische Betreuung der Kinder einschließen" gefördert werden können. Die staatliche Unterstützung erfolgt dabei sowohl durch Subjekt- als auch durch Objektförderung. Subjektförderung heißt, daß Aufenthalte von Familien direkt durch Landesmittel bezuschußt werden, Objektförderung bedeutet, daß die Errichtung und Instandhaltung von entsprechenden Familienferienstätten durch Bundes- und Landesmittel mitfinanziert wird. An der Subjektförderung beteiligen sich die meisten Bundesländer. In mehreren Bundesländern gibt es keine Objektförderung, so daß daraus insgesamt ein uneinheitliches Bild des Sozialtourismus in Deutschland entsteht. Vor dem Hintergrund dauerhaft hoher Arbeitslosenraten und häufig unterbezahlter Arbeit besteht vermutlich ein höherer Bedarf nach solchen Erholungsreisen, als es die wenigen verfügbaren Zahlen dazu belegen (Barth 2002).

In der Schweiz spielt die genossenschaftlich organisierte REKA (Schweizer Reisekasse), die 1939 mit staatlicher Anschubfinanzierung gegründet wurde, eine wichtige Rolle auf dem Ferienreisemarkt. Arbeitgeber können REKA-Reiseschecks bis zu einem Höchstbetrag steuerfrei an ihre weniger verdienenden Mitarbeiter ausgeben, damit diese bei einem der vielen Vertragspartner der REKA ihren um durchschnittlich 17 Prozent verbilligten Urlaub verbringen können. Die gemeinnützige REKA wird von Verbänden der Sozialpartner, der Tourismuswirtschaft und der schweizerischen Coop getragen (www.reka.ch).

Übergreifend sind u.a. auch die Jugendherbergswerke (→ Deutsches Jugendherbergswerk,→ Jugendherberge) mit ihren günstigen Übernachtungsangeboten Organisationen des Sozialtourismus, die insbesondere auf jugendliche Zielgruppen, aber auch junge Familien abgestellt sind. Transnational sind die Akteure in diesem Bereich im Bureau International du Tourisme Social (BITS) mit Sitz in Brüssel organisiert (www.bits-int.org). *(jwm)*

*Literatur*
Barth, Ina 2002: Gemeinnützige Familienerholung in Deutschland. In: Tourismus Jahrbuch, 6 (2), S. 68-92

## Sozialversicherungsabkommen
*agreement on social security*
Im Zusammenhang mit Reisen ins Ausland ist es wichtig, daß Deutschland mit den u.g. Ländern ein Sozialversicherungsabkommen abgeschlossen hat. Auf dessen Basis gilt der Auslandskrankenschein. Es handelt sich um eine Ersatzbescheinigung (früher Auslandskrankenschein E111), die von den gesetzlichen Krankenversicherungen ausgestellt wird. Der Nutzen ist begrenzt,

da viele Ärzte trotz bestehender Sozialversicherungsabkommen im Ausland die Annahme der Ersatzbescheinigung verweigern und nur privat liquidieren. Dies gilt auch für → Schiffsärzte. Das Sozialversicherungsabkommen gilt in folgenden Ländern (Stand: Ende 2007):

❖ Belgien
❖ Bosnien-Herzegowina
❖ Bulgarien
❖ Dänemark
❖ Estland
❖ Finnland
❖ Frankreich (mit seinen überseeischen Departments Französisch-Guayana, Guadeloupe, Martinique und Réunion)
❖ Griechenland
❖ Großbritannien
❖ Irland
❖ Island
❖ Israel
❖ Italien
❖ Kroatien
❖ Lettland
❖ Liechtenstein
❖ Litauen
❖ Luxemburg
❖ Malta
❖ Marrokko
❖ Mazedonien
❖ Montenegro
❖ Niederlande
❖ Norwegen
❖ Österreich
❖ Polen
❖ Portugal
❖ Rumänien
❖ Serbien
❖ Schweden
❖ Schweiz
❖ Slowakei
❖ Slowenien
❖ Spanien
❖ Tschechien
❖ Türkei

❖ Tunesien
❖ Ungarn
❖ Zypern (griechischer Teil)
*(hdz)*

## Sozialverträglichkeit des Tourismus
*social impact in tourism destinations*

### 1 Begriff der Sozialverträglichkeit

Die Sozialverträglichkeit kann definiert werden, als die durch Planer, politische Entscheidungsträger, touristische Investitions- und Angebotsträger und Touristen induzierten Auswirkungen in Tourismus-Destinationen (→ Destination). Dabei erfordert die Analyse der sozialen Auswirkungen immer eine ganzheitliche Betrachtung, also die Untersuchung der Auswirkungen des Tourismus im sozio-ökonomischen, sozio-kulturellen und sozio-ökologischen Bereich der Destination.

Im folgenden wird ganz bewußt immer die Wortkonstruktion *sozio-* (zwischenmenschlich, gemeinschaftlich) gewählt, da Enwicklungen in Tourismus-Destinationen fast ausschließlich von Menschen initiiert werden und deren Auswirkungen weitgehend Menschen, die Destinationsbevölkerung, zu tragen haben.

### 2 Defizite in der Sozialverträglichkeitsforschung

Tourismusforschung ist heute weitgehend Marktforschung, bei der Motive und Verhalten von Touristen im Vordergrund stehen. Dieser Primat der Ökonomie ist u.a. dadurch erklärbar, daß die wissenschaftliche Beschäftigung mit dem Tourismus in Deutschland schwerpunktmäßig an den betriebwirtschaftlichen Fachbereichen der Fachhochschulen angesiedelt ist; entsprechend ihrer starken Praxisorientierung ist dieser Hochschultypus durch einen eindimensionalen, eben betriebswirtschaftlichen,

Entdeckungs-, Begründungs- und Verwertungszusammenhang gekennzeichnet. Auch in der universitären Tourismusforschung ist eine ähnliche Tendenz zu einer primär ökonomiegeleiteten Auftrags- und Dritt-Mittel-Forschung zu konstatieren, die durch entsprechende erkenntnisleitende Interessen charakterisiert ist.

Beide Hochschuleinrichtungen sind weit davon entfernt, sich auch nur ansatzweise einem immer wieder geforderten transdisziplinären tourismuswissenschaftlichen Forschungsprogramm zu öffnen. Gerade die Sozialverträglichkeitsforschung erfordert diese ganzheitliche, transdisziplinäre Forschungsperspektive, die u.a. durch einen Fachchauvinismus der einzelwissenschaftlichen Fachbereiche be- und verhindert wird. (Schrand 1998, S. 74 ff.)

Aufgrund der Defizite in der Erfassung sozialer Auswirkungen ist vor allem heute die Institutionalisierung der folgenden Forschungsstrategien erstrebenswert:

❖ die Entwicklung eines multivariaten Forschungsprogrammes, das den Ursache-Wirkungs-Zusammenhang zwischen den Input- und Output-Variablen der sozialen Auswirkungen erklärt;

❖ die Entwicklung einer Indikatorenbatterie, die die Input- und Output-Variablen der sozialen Effekte relativ genau mißt;

❖ die Konstitution eines heterogenen Destinations-Panels, der die differenzierte Entwicklung in unterschiedlichen Tourismus-Destinationen sichtbar macht;

❖ die Etablierung eines Längsschnitt- und Langzeit-Forschungsprogrammes, das die Veränderungen in einer Tourismus-Destination über einen langen Zeitraum erfaßt, z.B. Dauer-Monitoring über 30 Jahre in Fünf-Jahres-Intervallen;

❖ die Anwendung visueller Methoden aus der empirischen Sozialforschung, z.b. die fotographische Dokumentation einer Destinationsbild-Biographie.

## 3 Messung und Meßprobleme von Sozialverträglichkeit

Bei der Erfassung der Sozialverträglichkeit in Tourismus-Destinationen bieten sich die klassischen Methoden und Techniken der primären empirischen Sozialforschung *(field research)* an, wie Befragungen von Einheimischen, Touristen und Experten (Delphi-Studie) aber auch Beobachtungsstudien können hier zur Anwendung kommen. Bei den Methoden und Techniken der sekundären empirischen Sozialforschung *(desk research)* sind Inhaltsanalysen von Text- und Bilddokumenten eine ergiebige Erkenntnisquelle wie auch die bereits in eine Vielzahl vorliegenden Statistiken, z.b. Beherbergungsstatistik, Bevölkerungsstatistik, Wirtschaftsstatistiken, Kriminalitätsstatistik, Medizinstatistik, Umweltstatistik.

Die Messung der sozialen Folgen von Tourismus in Destinationen gestaltet sich schwierig, und zwar aus folgenden Gründen:

❖ Die Veränderung einer Destination durch Tourismus kann nicht in ihrer Totalität erfaßt werden.

❖ Die Veränderung einer Tourismus-Destination wird auch durch nicht-touristische Input-Faktoren bewirkt, z.b. Einflüsse durch Medien und soziale Interaktionsnetze.

❖ Rudimentäre deutsche Tourismusstatistiken messen nur sehr bedingt das Tourismusvolumen: Ca. 25-35% der Ankünfte und Übernachtungen werden nicht erfaßt. Die Gründe hierfür liegen in der Nichterfassung der Tagestouristen, der Abschneidegrenze, d.h. Über-

nachtungen in Beherbergungsstätten unter neun Betten werden nicht registriert, und im Ausschluß touristischer Teil-Populationen, wie z.b. VFR-Touristen (→ Visiting Friends and Relatives), Dauer-Camper, Übernachtungen in Zweitwohnungen, Schwarzvermietung, etc.

❖ Sozio-ökonomische Input- und Output-Variablen sozialer Auswirkungen, wie z.b. tourismusinduzierte Preissteigerungen, lassen sich wesentlich einfacher messen, als solche aus dem sozialstrukturellen Bereich, wie z.b. so komplexe Phänomene wie „Kommunale Eliten und Macht" oder „Strukturelle Gewalt" als der „stumme Zwang der Verhältnisse" in Tourismus-Destinationen.

## 4 Input-Variablen der Sozialverträglichkeit

Die Auswirkungen des Tourismus in einer Destination sind natürlich ein Resultat seiner Einwirkungen, die als Input-Variablen bezeichnet werden sollen. Um die Richtung, Geschwindigkeit und Intensität der Tourismus-Entwicklung in einer Destination ursächlich zu erklären und zu verstehen, bedarf es einer differenzierten Analyse und Messung dieser Input-Variablen. Dabei können die folgenden Analyseebenen unterschieden werden:

### 4.1 Destinationstyp

Das Entwicklungsstadium einer Destination bestimmt maßgeblich den Intensitätsgrad der Veränderung. Bedient man sich des Modells des *Tourist Area Life Cycle* (TALC) von Butler (Butler 1980, S. 7) mit den Entwicklungsphasen Entdeckungs-, Initital-, Wachstums-, Konsolidierungs- und Stagnationsphase, so kann man annehmen, daß die sozialen Auswirkungen des Tourismus in einer Destination beim Übergang von der

Initial- zur Wachstumsphase am größten ist. Auch eine strengen Auflagen unterliegende prädikatisierte Destination, z.b. ein Kurort, muß sich allein schon rechtlich anders entwickeln als beispielsweise eine Stadt-Destination. Weiterhin ist die Attraktivität einer Destination entwicklungsbestimmend (Topographie, Landschaftsästhetik, Klima, Preisniveau/Parität, (Mega-)Attraktionen und (Mega-)Events), wie auch die Verkehrsanbindung der Destination zu Agglomerationen (Verkehrswege, Verkehrsmittel, Verkehrsfrequenz, Reisedauer, Tarife/Preise für Anreise).

### 4.2 Touristentyp und Tourismustyp

Ein spezifischer Destinationstyp zieht auch einen ganz spezifischen Touristen- und Tourismustyp an. So wird natürlich ein Golftourist ganz andere Effekte in einer Destination bewirken als ein Wandertourist, ein → Allinclusive-Tourist andere als ein Radtourist. Smith (1978, S. 8 ff.) hat eine Touristen-Typologie entwickelt, die Touristen analog den Entwicklungsphasen einer Destination (Butler 1980, S. 7) danach differenziert, wie weit sie sich den kulturellen Normen der bereisten Region anpassen und inwieweit sie eher einheimische Lebens- und Komfortstandards akzeptieren oder eben solche aus ihrem eigenen, westlichen Kulturkreis einfordern und somit einen Einfluß auf die Entwicklung einer Destination ausüben. Touristen unterscheiden sich vor allem durch ihren ökologischen Resourcenverbrauch, aktionsräumlichen und interaktiven Verhalten, Erlebnisanspruch und Bildungsanspruch, Aktivitätsspektrum und Ausgabeverhalten (Schrand 1993, S. 548) und bewirken somit jeweils ganz spezifische soziale Effekte in einer Destination.

### 4.3 Proportionen und Relationen zwischen Reisenden und Bereisten

Die Anzahl der Ankünfte und Übernachtungen von Touristen in einer Destination sagt zunächst nichts aus über Art und Stärke sozialer Auswirkungen. Eine Mio. Übernachtungen sind für Garmisch-Partenkirchen viel, für München dagegen wenig. Die Übernachtungen müssen daher in Proportion zu den Einwohnern der Destination gesetzt werden, so daß man dann die wichtige Kennziffer → Tourismusintensität erhält, die einen interdestinationalen Vergleich über die sozialen Effekte ermöglicht. Als weitere wichtige Input-Variablen müssen auch die unterschiedlichen ökonomischen Entwicklungsphasen der → Quellmärkte der Touristen und der bereisten Tourismus-Destination angesehen werden sowie auch die unterschiedlichen kulturellen Normen zwischen touristischem Quell- und Zielgebiet (Ryan 1991, S. 164).

Diese Effekt-Variable ist vor allem wichtig bei der Analyse des Tourismus in Entwicklungsländern.

### 4.4 Sozio-politische Input-Variablen

Die politischen Entscheidungsträger (EU-Institutionen, nationale Wirtschafts- und Tourismusministerien, föderative und kommunale Institutionen; → Tourismuspolitik) beeinflussen durch finanzielle Zuwendungen und Konzeption und Realisation von Tourismusplänen ebenfalls die Tourismus-Entwicklung in Destinationen. Dies gilt insbesondere auf der kommunalen Ebene durch Gemeinderat und Bürgermeister. So kann man sich beispielsweise bei der Entwicklung eines Tourismus-Leitbildes für eine Destination für oder gegen eine Partizipation der Bevölkerung entscheiden (*bottom up*- vs. *top down*-Methode). Das kommunale Partizipationsmodell hat auch inzwischen bei Tourismus-

Destinationen in Entwicklungsländern Verfechter gefunden und ist hier unter dem Namen *Community Based Tourism* (CBT) bekannt geworden. Kommunale Entscheidungsgremien können auch insofern auf die Richtung und die Ausprägung der sozialen Effekte in Tourismus-Destinationen Einfluß nehmen, in dem sie z.b. Belastungsgrenzen (→ Tragekapazität) und Besucherlenkungsprogramme *(visitor management)* beschließen und durchführen.

**4.5 Sozio-ökonomische Input-Variablen**
Großinvestoren können durch überdimensionierte touristische Großprojekte (Großhotel, künstliche → Erlebniswelt, Feriendorf, → Freizeitpark, Campingplatz, Golfplatz, → Marina) einen radikalen Wandel in Destinationen herbeiführen. Auch die Art und die Intensität der Marketingaktivitäten der Tourismus-Organisationen beeinflussen die Entwicklung einer Destination (Ryan 1991, S. 195) wie auch das u.a. durch Reisejournalisten mitgestaltete Destinationsimage durch Reiseberichte in Printmedien wie Tageszeitungen, → Reiseführer und Fachzeitschriften und audio-visuellen-Medien wie Fernsehen und Video/DVD. → Reiseveranstalter haben ebenfalls oft einen Einfluß auf die Destinationsentwicklung.

Des weiteren ist es wichtig zu unterscheiden, ob Immobilien und touristische Einrichtungen in der → Destination Eigentum von ortsfremden und ausländischen Investoren oder von Einheimischen sind, die möglicherweise schon aufgrund ihrer Unternehmensgröße gänzlich verschiedene Geschäfts- und Entwicklungskonzepte verfolgen (Ryan 1991, S. 164). In diesem Zusammenhang ist auch das Thema Fremd- oder Selbstbestimmung der Destination angesprochen.

**4.6 Sozio-kulturelle Input-Variablen**
Die Stärke und die Richtung sozialer Auswirkungen des Tourismus in Destinationen wird auch bestimmt von der Verfestigung und Habitualisierung von kulturellen und religiösen Normen, Traditionen und Brauchtümern bei der einheimischen Bevölkerung, die Tourismus-Einflüssen resistent oder wandlungsfähig gegenüberstehen (Ryan 1991, S. 165). Diese Thematik ist vor allem in Tourismus-Destinationen in Enwicklungsländern aktuell, da hier nicht selten der soziale Wandel durch das massenweise Auftreten von westlichen Touristen beschleunigt wird. Modelle, die diese Dekulturations- und Akkulturationsprozesse (→ Akkulturation) erklären, sind u.a. von Lüem (1985, S. 68) entwickelt worden, der für den Kulturwandel einer Destination den Demonstrationseffekt der Touristen und den Imitations- und Identifikationseffekt der Einheimischen als sozialen Ursache-Wirkungsmechanismus sieht. Thiem (1994, S. 42) hat ein Vier-Kulturen-Schema entwickelt und erklärt mit der Kultur der Quellregion und der Ferienkultur der Touristen einerseits und der Dienstleistungskultur und der Kultur der Zielregion der Einheimischen andererseits den Kulturwandel in einer Destination.

**4.7 Sozio-ökologische Input-Variablen**
Inwieweit der Tourismus in einer Destination Umweltschäden bewirkt, ist auch weitgehend abhängig von der ökologischen Fragilität bzw. Robustheit der Destination. Weiterhin müssen die Art und die Anzahl der Großschutzgebiete berücksichtigt werden, die die Destination deklariert hat und die Umweltschäden stark begrenzen können, wie z.B. Biosphärenreservate, Naturschutzgebiete, Naturparks, → Nationalparks, UNESCO-Weltnaturerbe (→ Welterbe).

## 5 Output-Variablen sozialer Effekte

Die Auswirkungen des Tourismus in Destinationen muß sehr differenziert betrachtet werden. Auf die Meßprobleme und Gründe der defizitären Sozialverträglichkeits-Effekt-Forschung wurde bereits hingewiesen. Bei der Analyse der einzelnen Effekt-Dimensionen müssen die jeweiligen Vorteile, Nutzeneffekte und Chancen gegenüber den entsprechenden Nachteilen, Kosten und Risiken der Tourismusentwicklung sorgfältig und kritisch gegeneinander abgewogen werden.

### 5.1 Sozio-ökonomische Output-Variablen

❖ Schaffung von überdurchschnittlich vielen Arbeitsplätzen im personalintensiven touristischen Dienstleistungssektor;
❖ Schaffung von Arbeitsplätzen auch für unqualifizierte, arbeitslose, teilzeitarbeitsuchende und existenzgründungswillige Erwerbspersonen;
❖ Schaffung von Einkommen und „breitem Wohlstand" für die Destinationsbevölkerung;
❖ Kompensation von regionalen und urbanen Disparitäten, z.B. durch touristische Multiplikator-Effekte der zweiten Umsatzstufe (→ Tourismus-Multiplikator);
❖ Verbesserung der Einkommenssituation der Landwirtschaft, z. B. durch Zimmervermietung und Direktvermarktung (→ Urlaub auf dem Bauernhof);
❖ Verbesserung der Lebenssituation der Einheimischen, z.B. durch bessere Einkaufsmöglichkeiten und Verkehrsanbindung der Destination, aber auch:
  ▪ Tourismus schafft eine Vielzahl von unattraktiven Arbeitsplätzen, vor allem in der → Gastronomie und Hotellerie, sog. Mc Jobs: geringe, oft untertarifliche Entlohnung, unbezahl-

te Überstunden, keine Nacht-, Sonn- und Feiertagszuschläge, keine freiwilligen Sozialleistungen, ungeschützte Arbeitsplätze mit (Sommer-)Saisonarbeit und (Winter-)Arbeitslosigkeit und daraus resultierende mobilitätserfordernde (Wander-)Arbeit, Zeitverträge, Arbeit auf Abruf (*come and go*) durch saison- und witterungsbedingte Nachfrageschwankungen;
  ▪ Tourismus schafft oft eine wirtschaftliche Monostruktur und damit eine (totale) Abhängigkeit der Destination vom internationalen Tourismus.
❖ Rückgang der landwirtschaftlichen Kulturlandschaft durch tourismusbedingten Flächenverbrauch;
❖ Erhöhung der Lebenshaltungskosten der einheimischen Bevölkerung durch tourismusbedingte Preissteigerungen im Einzelhandel und Dienstleistungssektor sowie vor allem bei Grundstücken und Immobilien.

### 5.2 Sozio-kulturelle Output-Variablen

❖ Erhalt von Kulturgütern z.T. durch Tourismus, z.B. Restaurierung historischer Gebäude und Emsembles, Denkmalschutz, UNESCO-Weltkulturerbe (→ Welterbe);
❖ Wiederbelebung und Erhalt traditioneller Volkskultur, wie Kunsthandwerk, Musik, Tänze, Trachten, Brauchtum durch Tourismus;
❖ tourismusbedingter wirtschaftlicher Erfolg verbessert möglicherweise die Lebenszufriedenheit der Destinationsbevölkerung;
❖ Verbesserung der medizinischen Versorgung der Einheimischen, z.B. in Kurorten, und öffentliche und privatwirtschaftliche (→ Hotel-)Angebote im Wellness-Bereich (→ Wellness);

❖ Verbesserte Partizipationschancen der Bevölkerung im Freizeitbereich (→ Freizeit) durch erweiterte Infrastruktur und Events, z.B. durch Einrichtungen und Veranstaltungen im kulturellen, sportiven und gastronomischen Bereich, aber auch:

- Tourismus führt oft zur Fremdbestimmung der Destinationsbevölkerung durch Planer, politische Entscheidungsträger, Investoren und Touristen und damit zu einer möglicherweise nicht gewollten Entwicklung: Entfremdung von gebauter und ungebauter Umwelt, Verlust von Heimatgefühl als Ausdruck regionaler und kultureller Identität, der Ort wird zum identitätsbehindernden Nicht-Ort (Auge 1994, S. 86 ff.)
- Mit der zunehmenden Tourismusentwicklung (Butler 1980, S. 5 ff.) ist auch eine zunehmende Ablehnung des Tourismus (Doxey 1975, S. 195 ff.) durch die einheimische Bevölkerung festzustellen: Die Minderheit, die große wirtschaftliche Vorteile durch den Tourismus hat, steht dem Tourismus zwar naheliegender Weise grundsätzlich positiv gegenüber, die Mehrheit aber, die keine überzeugenden wirtschaftlichen Vorteile durch den Tourismus hat und eher die durch ihn verursachten sozialen Kosten zu tragen hat, steht dem Tourismus kritisch und eher negativ gegenüber und lehnt ihn in der bestehenden Form weitgehend ab;
- *Crowding:* durch das massive Auftreten von Touristen kommt es zu einer erhöhten sozialen, räumlichen und interaktiven Dichte, die zu sozialem Streß führen kann;
- Beeinträchtigung und Zerstörung des historisch gewachsenen Ortsbildes durch nicht angepaßte (globale, postmoderne) Architektur, z.B auch durch transnational operierende touristische Angebotsträger;
- tourismusinduzierte Kommerzialisierung und Verfälschung der Volkskultur: Authentizitätsverlust (→ Authentizität) der Volkskultur durch Folklorismus und Brauchtumsprostitution, z.B. bei Kunsthandwerk und Souvenir, der auch sehr eindrucksvoll durch englische Bezeichnungen wiedergegeben werden: *junk art, phony folk culture, tourist art, airport art;*
- Tourismus verstärkt oft die soziale Ungleichheit in der vorher homogeneren Destination: Durch die zunehmende disparitäre Distribution von Einkommen, Vermögen, Bildung sowie Erwerbsstatus, Hierarchiestruktur und Sozialprestige von Tourismusberufen kommt es zu sog. Modernisierungsgewinnern und Modernisierungsverlierern der Bevölkerung;
- Viele Tourismus-Destinationen verzeichnen eine Zunahme der Kriminalitätsrate (→ Tourismus und Kriminalität): Wirtschaftskriminalität, Betrug, Umweltkriminalität, Einbruch und Diebstahl, Gewalt- und Drogenkriminalität, Sexualdelikte;
- Prostitution in manchen Destinationen ist teilweise tourismusbedingt (→ Sextourismus): Freier als Nachfrager nach sexuellen Dienstleistungen suchen für ihre Aktivitäten im Schutzraum der Anonymität oft wohnortferne Plätze auf, wie z.B. Sex-Destinationen in postkommunistischen Transformations- und Entwicklungsländern sowie Metro-

polen mit Business Events (Messen) und Sport-Events (Fußball-Weltmeisterschaften). Prostitution ist oft auch durch Begleit-Kriminalität gekennzeichnet: Kinder- und Zwangsprostitution, Menschenhandel und Freiheitsberaubung, Gewalt- und Drogenkriminalität.

### 5.3 Sozio-ökologische Output-Variablen

Im folgenden sollen komprimiert die negativen Auswirkungen auf Natur und Umwelt dargestellt werden, die der Tourismus als „weiße Industrie" induziert, wie er teilweise noch immer fälschlicherweise bezeichnet wird: Der Tourismus ist nicht weiß wie die Unschuld.

Als ökologische Hauptprobleme kann man heute in Tourismus-Destinationen konstatieren:

* Landschaftsverbrauch für touristische Infrastruktur und touristische Einrichtungen,
* Landschaftszersiedlung durch extensive Siedlungsweise, z.b. durch Zweitwohnungen,
* Landschaftsverschmutzung durch Touristen-Müll,
* Landschaftsästhetik: Verschlechterung durch überdimensionierte unangepaßte Architektur,
* Bodenversiegelung durch touristische Bautätigkeit,
* Muränen- und Lawinen-Abgänge, u.a. durch Abholzung des Berg-Schutzwaldes für Alpin-Ski (→ Alpintourismus),
* Gefährdung der Artenvielfalt durch Strapazierung der Flora und Fauna durch Touristen,
* Erhöhte Nutzung von knappen Wasser-Ressourcen, z.B. durch Luxus- und Golftourismus,
* Probleme der Abfallbeseitigung durch erhöhtes Aufkommen des Touristen-Mülls,
* Verschlechterung der Luftqualität, verstärkte Luftverschmutzung durch Auto-Abgase,
* Lärmbelästigung, z.b. durch Verkehr und Bautätigkeit für Tourismus-Einrichtungen,
* Verschmutzung von Gewässern und Meeren durch Einleitung ungeklärter Abwässer,
* Überfischung der destinationalen Fischgründe für *tourist sea food*,
* Waldbrände durch vorsätzliche Brandstiftung von Grundstücksspekulanten für Hotelbauten,
* Lichtverschmutzung vor allem in Städte-Destinationen durch weitverbreitete Lichtwerbung.

## 6 Soziale Indikatoren zur Messung der sozialen Auswirkungen

Ein besonders wichtiges Instrument zur Messung der tourismusinduzierten sozialen Auswirkungen in Destinationen stellen soziale Indikatoren dar. Soziale Indikatoren sind „Kennziffern, die Urteile über Zustand und Veränderung wichtiger sozio-ökonomischer Problembereiche der Gesellschaft erleichtern oder erst ermöglichen." (Ballerstedt 1979, S. 11) Spezifische soziale Indikatoren messen quantitative und qualitative, positive und negative Entwicklungen in einer Tourismus-Destination und zwar ganzheitlich, also im sozio-ökonomischen, sozialstrukturellen und sozio-ökologischen Bereich.

Soziale Indikatoren haben für die Erforschung sozialer Auswirkungen des Tourismus in Destinationen wichtige Funktionen; sie haben für die touristischen Entscheidungsträger und die interessierte Öffentlichkeit eine (a.a.o. 1979, S. 12)

* Meßfunktion: Soziale Indikatoren messen Zustand und Veränderung

wichtiger Sozialbereiche in einer Destination im Idealfall uber einen längeren Zeitraum;

❖ Bewertungsfunktion: Soziale Indikatoren zeigen die Richtung, Dimension, Veränderungsgeschwindigkeit und Bedeutungsrelevanz der Entwicklungen in Tourismus-Destinationen auf;

❖ Warnfunktion: Soziale Indikatoren haben auch eine krisenpräventive Funktion, die bedenkliche Entwicklungen in Tourismus-Dimensionen frühzeitig erkennen und signalisieren;

❖ Erklärungsfunktion: Soziale Indikatoren können durch die Korrelation von Input-und Output-Variablen erklären, warum die Entwicklung in einer Tourismus-Destination genau so und eben nicht anders verlaufen ist und damit auch Ursache- und Wirkungszusammenhänge herstellen;

❖ Prognosefunktion: Soziale Indikatoren können durch trendextrapolierte Werte auch zeitpunktapproximierte Eintrittswahrscheinlichkeiten und Dimensionen von zukünftigen Ereignissen und Zuständen in der Tourismus-Destination prognostizieren;

❖ Planungsfunktion: Soziale Indikatoren zeigen eine relativ fundierte gegenwärtige Zustandsbeschreibung der Tourismus-Destination und geben damit den Entscheidungsträgern notwendige Zielsetzungen und zukünftige Handlungserfordernisse vor.

*(axs)*

*Literatur*

Auge, Marc 1994: Orte und Nicht-Orte. Vorüberlegungen zu einer Ethnologie der Einsamkeit. Frankfurt am Main: S. Fischer

Bachleitner, Reinhard; Hans-Jürgen Kagelmann & Alexander Keul (Hrsg.) 1998: Der durchschaute Tourist. Arbeiten zur Tourismusforschung, Wien, München: Profil

Ballerstedt, Eike; Wolfgang Glatzer 1979: Soziologischer Allmanach. Handbuch gesellschaftlicher Daten und Indikatoren. Frankfurt/M.: Campus

Butler, Richard 1980: The Concept of a Tourist Area Cycle of Evolution. In: Canadian Geographer, Vol. 24, S. 5-12

Doxey, G.V. 1975: A Causation Theory of Visitor-Resident Irritants: Methodology and Research Influence. In: Travel and Tourism Research Association (Ed.): Proceedings. The Impact of Tourism, San Diego, S. 195-208

East, Patricia; Kurt Luger & Karin Inmann (Hrsg.) 1998: Sustainability in Mountain Tourism. Perspectives for the Himalayan Countries. Delhi, Innsbruck

Hahn, Heinz; Hans-Jürgen Kagelmann (Hrsg.) 1993: Tourismuspsychologie und Tourismussoziologie. Ein Handbuch zur Tourismuswissenschaft. München: Quintessenz

Lüem, Thomas 1985: Sozio-kulturelle Auswirkungen des Tourismus in Entwicklungsländern. Zürich (Diss.)

Ryan, Chris 1991: Recreational Tourism. A Social Science Perspective. London, New York: Routledge

Schrand, Axel 1993: Urlaubertypologien. In: Hahn, Heinz; Hans-Jürgen Kagelmann (Hrsg.), S. 548-554

Schrand, Axel 1998 a: Transdisziplinäre Tourismuswissenschaft. Ansätze, Chancen und Probleme. In: Bachleitner *et al.* (Hrsg.), S. 74-80

Schrand, Axel 1998 b: Social Indicators of Sustainable Tourism: In: Patricia East; Kurt Luger & Karin Inmann (Hrsg.), S. 207-211

Smith, Valence 1978: Hosts and Guests. The Anthroplogy of Tourism. Philadelphia: University of Pennsylvania Press

Thiem, Marion 1994: Tourismus und kulturelle Identität. Die Bedeutung des Tourismus für die Kultur touristischer Ziel- und Quellgebiete, Bern (Diss.)

**Spätabreise**

→ Zimmerstatus

**Spätanreise**
→ Zimmerstatus

**Special Meal (SPML)**
Von den Fluggesellschaften angebotene Sondermahlzeiten für Fluggäste, die sich aus medizinischen, ethnischen, religiösen oder anderen persönlichen Gründen für speziell hergestellte Speisen (unter Beachtung genauer Zubereitungsregeln und ausschließlicher Verwendung erlaubter Zutaten) entscheiden.

Die → International Air Transport Association (IATA) hat diese in einer umfassenden Liste allgemeingültiger Codes mit standardisierten Regeln – Vorgaben und Verboten – veröffentlicht. Die Passagiere geben bereits bei der Buchung ihres Fluges ihre Sonderwünsche für die Bordmahlzeit an. Diese wird exklusiv für sie zubereitet und an Bord serviert. Bestimmte Fluggesellschaften bieten auf Grund ihrer nationalen Herkunft und religiöser Vorschriften entweder ausschließlich bestimmte Sondermahlzeiten oder schließen andere kategorisch aus (arabische Fluggesellschaften: → Halal-Speisen, kein Schweinefleisch und Alkohol).

Folgende Sondermahlzeiten (mit den entsprechenden IATA-Codes) werden von den meisten Fluggesellschaften angeboten (Jones 2004):

**Vegetarische Mahlzeiten**
- ❖ VGML Vegetarian – Vegan (kein Fleisch oder Fisch, einschließlich tierischer Produkte wie Honig, Eier oder Milch)
- ❖ VLML Vegetarian – Lacto-Ovo (kein Fleisch oder Fisch, tierische Produkte wie Honig, Eier oder Milch sind erlaubt)
- ❖ AVML Vegetarian – Asiatic/Oriental (kein Fleisch oder Fisch, tierische Produkte wie Honig, Eier oder Milch

sind erlaubt; indischer Einfluß, insbesondere die Verwendung orientalischer Kräuter und Gewürze)
- ❖ FPML Fruit (Fruchtplatte: Obst, kann Gemüse, Nüsse und auch Käse enthalten).

**Diätetische Mahlzeiten**
- ❖ LSML Low Sodium (Ausschluß stark gesalzener Speisen bzw. kein Salz bei der Zubereitung der Speisen zur Vermeidung von Bluthochdruck)
- ❖ LFML Low Fat (Cholesterolfree) (Ausschluß von Zutaten mit hohem Cholesterol-Wert, stattdessen Zutaten mit hohem Anteil mehrfach ungesättigter Fettsäuren und Ballaststoffen)
- ❖ LPML Low Protein (Vermeidung tierischen Eiweißes, enthalten z. B. in Fleisch, Fisch, Eier oder Milchprodukten. Gleichzeitig Vermeidung von Salz)
- ❖ LCML Low Calorie (Verwendung von Zutaten mit hohem Ballaststoffanteil, Vermeidung von Fett, Begrenzung der täglichen Energieaufnahme auf 1200 Kalorien)
- ❖ DBML Diabetic (Ausgeglichene Verwendung von Kohlehydraten, Fetten und Eiweißen. Vermeidung von Zucker, stattdessen hoher Ballaststoffanteil, hoher Anteil mehrfach ungesättigter Fettsäuren)
- ❖ GFML Gluten Free (Verwendung ausschließlich glutenfreier Nahrungsmittel, d. h. keine Getreideprodukte aus Weizen, Roggen, Hafer oder Gerste, zur Vermeidung allergischer Schocks bei Passagieren mit der entsprechenden Disposition)
- ❖ NLML Non-Lactose (Ausschluß von Milchprotein und Milchzucker)
- ❖ BLML Bland/Soft (Leicht verdauliche, reiz- und fettarme Speisen mit geringem Anteil an Ballaststoffen,

geeignet als Schonkost für Passagiere mit Beschwerden im Magen-Darm-Bereich

* HFML High-Fibre (Ballaststoffreiche und fettarme Kost)
* PRML Low-Purine (Purinarme Kost für Passagiere mit erhöhten Harnsäure-Spiegel im Blut, d. h. z. B. Vermeidung von Fleisch, Hülsenfrüchten, Alkohol, etc.)
* SFML Seafood (Fisch- oder Meeresfrüchte-Menüs).

### Ethnische/Religiöse Mahlzeiten

* KSML Kosher – Alle → Koscher-Menüs werden strikt nach jüdischen Grundsätzen unter Aufsicht eines Rabbiners zubereitet. Die Versiegelung der angerichteten Speisen garantiert die ordnungsgemäße Fertigung.
* MOML Muslim – Alle Mahlzeiten werden unter strikter Beachtung islamischer Gesetze (Scharia) zubereitet (→ Halal). Grundsätzlich sind alle Produkte des Schweins sowie Alkohol verboten.
* HNML Hindu – Alle Mahlzeiten werden unter strikt Beachtung religiöser Hindu-Vorschriften zubereitet. Grundsätzlich sind alle Fleischprodukte des Rinds verboten. Häufig sind Hindugerichte vegetarisch.

### Kindermahlzeiten

* BBML Baby – Verschiedene Babymahlzeiten für Kinder im Alter zwischen zehn Wochen und zwei Jahren (Meist werden Gläschen mit pürierten Fertiggerichten angeboten).
* CHML Child – Spezielles Kindermenü (häufig mit Fun-Elementen zum Zeitvertreib), welches den Bedürfnissen von Kindern im Alter

zwischen zwei und neun Jahren gerecht wird. *(sr)*

*Literatur*
Jones, Peter I. 2004: Flight Catering. Jordan Hill, Oxford: Elsevier Butterworth-Heinemann (2nd ed.)

## Speiseaufzug
*food lift, dumb waiter*
Kleiner Aufzug, der nur für den Transport von Speisen und Getränken verwendet werden kann, wenn sich Küche und Restaurant in verschiedenen Stockwerken eines Gebäudes befinden.

## Speisekarte
*menu, bill of fare*
Verzeichnis der Speisen, die in einem gastronomischen Betrieb angeboten werden. Speisekarten sind ein Instrument der betrieblichen Kommunikationspolitik: Sie informieren (z. B. über Leistungsangebot, Preise, Kreditkartenakzeptanz, Öffnungszeiten, Philosophie der Küche), sollen als *silent salespersons* (Walker & Lundberg 2005) zum Verzehr motivieren und eine betriebliche Identität und Stimmung vermitteln.

Neben den sogenannten Standardkarten, die das Angebot über einen langen Zeitraum widerspiegeln, erstellen die gastronomischen Betriebe Spezialkarten, die auf eine gewisse Zielgruppe (Senioren, Kinder, Geschäftsleute), einen gewissen Anlaß (Weihnachten, Hochzeit) oder ein bestimmtes Produkt (Tagesmenü, Eis, Dessert) abheben. Der Aufbau einer Speisekarte orientiert sich in der Regel an der Menüfolge (→ Menü). Die Werbepsychologie gibt Empfehlungen zur äußeren und inneren Gestaltung der Speisekarten.

Historisch lassen sich Speisekarten bis in die Antike zurückverfolgen, erste deutschsprachige Speisekarten werden in das 14./15. Jahrhundert datiert. Sie dienten als Orientierungshilfe für die eingeladenen Gäste bei Großveranstaltungen am Hofe (v. Paczensky & Dünnebier 1999, S. 339 ff.). *(wf)*

*Literatur*
Hering, Richard 1997: Lexikon der Küche, Gießen, Leipzig: Pfanneberg (22. Aufl.)
Paczensky, Gert v.; Anne Dünnebier 1999: Kulturgeschichte des Essens und Trinkens. München: Orbis
Siegel, Simon u.a. 1999: Service – Die Grundlagen. Linz: Trauner
Wachholz, Marianne; Gretel Weiss 1999: Speisekarten-Design: Grafik – Marketing – Corporate Design. Frankfurt am Main: Deutscher Fachverlag (3. Aufl.)
Walker, John R.; Donald Lundberg 2005: The Restaurant: From Concept to Operation. New York u.a.: John Wiley & Sons (4th ed.)

**Speisewagen**
*dining car, restaurant car*
Eisenbahnwagen, in dem Speisen und Getränke angeboten werden. Das Spektrum reicht von reduzierten gastronomischen Konzepten (Selbstbedienung, Stehtische, eingeschränktes Getränke- und Speisenangebot) hin zu vollwertigen Restaurantwagen (Bedienung, Sitzmöglichkeiten, reichhaltige Getränke- und Speiseauswahl). Aufgrund hoher Kosten und zu niedriger Umsätze werden in Deutschland die Restaurant-Speisewagen verstärkt durch kostengünstigere Bistro-Speisewagen ersetzt. Zugbegleiter übernehmen zusätzlich Getränke-Service an den Reisesitzplätzen. In manchen Ländern (etwa Spanien; 1. Klasse in Deutschland) wird auch ein Speise-Service an den Reisesitzplätzen offeriert *(in-seat catering)*.
In den Anfängen der → Eisenbahn wurden Speisen und Getränke während der Fahrt nicht angeboten. Reisende hatten die Möglichkeit, während der

Zugaufenthalte an den Bahnhöfen in den Bahnhofsgaststätten zu konsumieren. Mitunter wurden auch Speise- und Getränkekörbe an den Bahngleisen zum Verkauf angeboten und in die Abteile gereicht. In den USA wurde der erste Speisewagen 1867 von dem Industriellen Pullman auf den Markt gebracht. In Europa gründete der belgische Industrielle Nagelmackers 1872 den renommierten Schlaf- und Speisewagendienst CIWL (Compagnie Internationale des Wagons-Lits; www.compagniedeswagonslits.com). Das Unternehmen lieferte die Spezialwagen an Bahngesellschaften und hatte gleichzeitig die Konzession, diese zu betreiben. Der erste CIWL-Speisewagen in Deutschland verkehrte 1880 auf dem Abschnitt zwischen Berlin und Bebra (Griep 2002, S. 130 ff.; Stöckl 1987, S. 11 ff.). *(wf)*

*Literatur*
Griep, Wolfgang 2002: Wie das Essen auf Räder kam: Zur Vor- und Frühgeschichte des Speisewagens. In: Voyage - Jahrbuch für Reise- & Tourismusforschung: Reisen & Essen, Band 5, Köln: DuMont, S. 123-143
Stöckl, Fritz 1987: Speisewagen: 100 Jahre Gastronomie auf der Schiene. Stuttgart: Motorbuch Verlag

**Sperrzeit**
*curfew*
(auch → Nachtflugverbot)
Nach §18 Gaststättengesetz (GastG) werden die Landesregierungen ermächtigt, allgemeine Sperrzeiten für Schank- und Speisewirtschaften festzulegen. Hiervon haben die Länder in ihren jeweiligen Gaststättenverordnungen Gebrauch gemacht.
In zahlreichen Bundesländern wurde allerdings inzwischen die Sperrzeit bis auf eine sogenannte „Putzstunde" (von 5.00 bis 6.00 Uhr) aufgehoben. In Baden-Württemberg beginnt die Sperrzeit

jedoch nach wie vor um 2.00 Uhr bzw. von Freitag auf Samstag und Samstag auf Sonntag um 3.00 Uhr, sie endet um 6.00 Uhr. Die Landkreise und Gemeinden sind berechtigt, durch entsprechende Verordnungen eigene Sperrzeitregelungen zu treffen. Hiervon wird überwiegend bei der Sperrzeitregelung für die Außenbewirtung (Biergärten) Gebrauch gemacht. Aufgrund bestimmter Grenzwerte nach dem Bundesimmissionsschutzgesetz, wonach gewisse Lärmpegel mit Beginn der Nachtruhe (ab 22.00 Uhr) nicht überschritten werden dürfen, werden diese Sperrzeiten in der Regel verlängert. *(bd)*

**Spielbank**
→ Casino

**Split season**
Bezeichnung für den Umstand, daß eine Reise über unterschiedliche Saisonzeiten geht. Reisen, die in ein derartiges Zeitintervall fallen, greifen auf die entsprechenden Tarife zurück.

**SPML**
→ Special Meal

**Spoiler**
→ Störklappen

**Sprachreise**
*taking a language course abroad*
Ende der 1950er Jahre von Pädagogen initiierte und geförderte Sonderform der Studien- bzw Bildungsreise, zunächst v.a. nach Großbritannien und Frankreich, dann auch in andere Zielgebiete (Spanien, USA). Im Vordergrund stand neben Erwerb und Verbesserung von Kenntnissen der jeweiligen Landessprache auch die Begegnung mit einer anderen Kultur und Lebensweise, so daß die (in der Regel jugendlichen)

Teilnehmer häufig in Privatquartieren bei einheimischen Familien untergebracht waren. Später nutzten auch Erwachsene Sprachreisen gezielt zur beruflichen Weiterqualifizierung, wobei der Aspekt der Begegnung mit einer fremden Kultur inzwischen an Bedeutung verloren hat. *(hdz)*

**Spurweite**
*(track) gauge*
Unterschiedliche Spurweiten stellen auch heute noch ein Hindernis im europäischen Eisenbahnverkehr dar. Und das wird weiterhin ein Problem bleiben, auch wenn das neue spanische Hochgeschwindigkeitsnetz (Madrid-Barcelona-französische Grenze / Madrid-Sevilla-französische Grenze) in Normalspur gebaut wird und damit die Anbindung an das französische Eisenbahnnetz nahtlos gegeben sein wird. Transporteinheiten werden also weiterhin umgespurt werden müssen. Umspuren und Umladen bleiben als Hindernisse bestehen. Daß es verschiedene Spurweiten, also verschiedene kleinste innere Abstände der beiden Schienen eines Gleises gibt, hatte vor allem militärische Gründe. Seit Beginn der Eisenbahn wurden ganz bewußt andere Spurweiten gewählt, als sie in den Nachbarländern üblich waren, um so eine feindliche Invasion zumindest zu verzögern.

Die folgenden Spurweiten sind zu unterscheiden:

❖  → Normalspur: Sie mißt eine Spurweite von 1.435 mm. Die Normalspur ist in Mitteleuropa üblich, also gewissermaßen ein begrenzter Standard.

❖  Breitspur: Abweichend von der Normalspur beträgt die Spurweite 1.524 mm. Breitspurnetze sind in den jetzigen GUS-Staaten, Rußland, der Mongolei und auch in Finnland installiert. Der Tourist, der von Mitteleuropa aus seine Eisenbahnreise durch Asien antritt, wird somit den Spurwechsel beobachten können.

❖ Schmalspur: Alle Spurweiten, die unter 1.435 mm Spurweite aufweisen, also unter Normalspur angelegt sind, werden als Schmalspurnetze bezeichnet. Schmalspurnetze spielen in Südafrika und Japan und auch in manchen Teilen der Schweiz eine Rolle. In Deutschland finden sich Schmalspurbahnen in regionalen Verkehrssystemen (Straßenbahn).

*(hdz)*

## SST (Supersonic Transport)
→ Concorde

## ST
→ Nationale Tourismusorganisation (NTO)

## Städtetourismus
*city tourism, urban tourism*
Städtereisen zählen heute zu den Reiseformen, die in Europa deutliche Wachstumsraten aufweisen. Nahezu jede Stadt hat eine touristische Infrastruktur aufgebaut, auf die sich ihr Angebot bezieht. Es liegt deshalb auf der Hand, daß in vielen Städten die existierenden Kapazitäten im Beherbergungsbereich ausgebaut werden.

Die Entwicklung im Städtetourismus basiert auf dem veränderten Reiseverhalten der Touristen, die sich zunehmend für Kurzreisen entscheiden. Doch nicht um die Kurzreise als solche geht es, sondern um die Kombination „kurz reisen und was erleben", also um die erlebnisbezogene Kurzreise, die schon immer nach Paris und/oder London ging, den mit deutlichem Abstand bevorzugtesten Städten in Europa. Der Städtereisetrend kann zum Teil mit einer steigenden Anzahl von Single- oder

kinderlosen Haushalten sowie mit einer fortschreitenden Flexibilisierung der Arbeitszeit in Verbindung gebracht werden. Auf der Anbieterseite spielen technologische Innovationen (z.B. im Bereich der Transport-, Kommunikations- und Buchungsmedien) sowie ein allgemeiner Trend zu flexibleren Strukturen eine wichtige Rolle. Der Städtetourismus lebt vor allem von der Gruppenreise. So kann, den Gruppenzwang minimierend, das individuelle Entdecken einer Stadt auch in einer Gruppe möglich sein.

Um die An- und Abreise möglichst zeitsparend zu organisieren, wird auf Bus-Flug-Kombinationen zurückgegriffen. In diesem Rahmen haben Städte-Flugreisen hohe Zuwachsraten zu verzeichnen (→ Billigfluggesellschaft). Bahn, Bus und die eigene Anreise mit dem Auto komplettieren die Auswahl der bevorzugten Verkehrsmitteln für Städtereisende. Zu betonen ist, daß die Städte oft einen erheblichen Aufwand betreiben, um sich als erfolgreiche touristische → Destination zu positionieren. *(hdz)*

*Literatur*
Landgrebe, Silke; Peter Schnell (Hrsg.) 2005: Städtetourismus. München, Wien: Oldenbourg

## Staffelprovision
*sliding-scale-commission, graded commission*
Syn.: Zusatzprovision, Umsatz-Block-Bonus. Staffelung der Provisionshöhe (meist in Prozent) über eine Basisprovision hinaus in Abhängigkeit von der absoluten Höhe des vermittelten Umsatzes. Eine typische Staffelprovision, bezogen auf die für einen bestimmten Veranstalter vermittelten Umsätze pro Jahr, könnte beispielhaft wie folgt gestaltet sein:

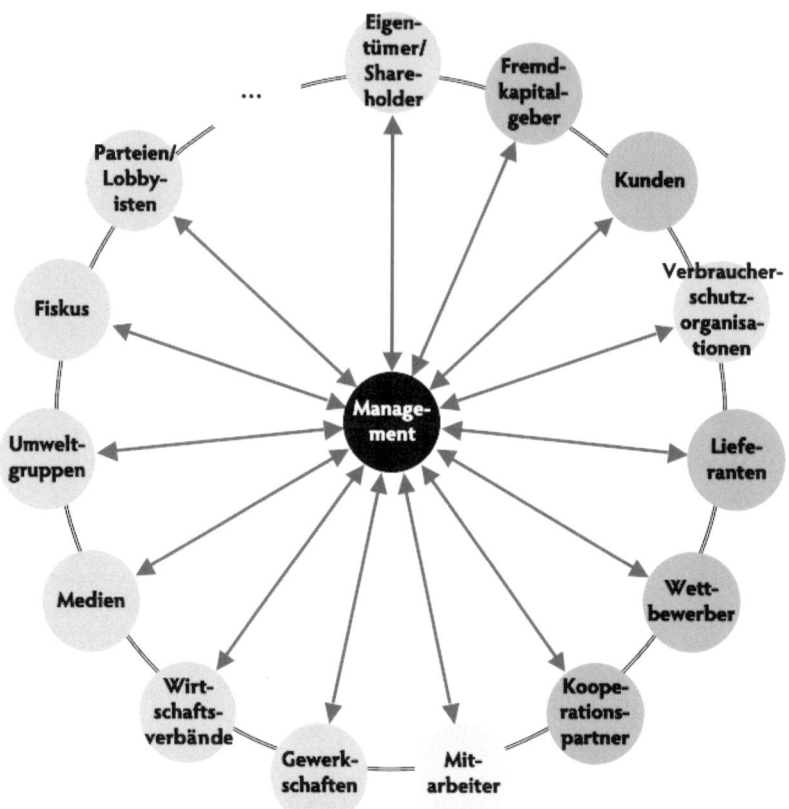

**Abbildung 1:** Die Stakeholder einer Unternehmung als relevante Bezugsgruppen (Auswahl)

| Umsatzgrenzen | Provisionssatz |
|---|---|
| bis unter 25.000 € | 6 % (Basisprovision) |
| ab 25.000 €<br>bis 75.000 € | 8 % |
| ab 75.000 € | 10 % (Höchstsatz) |

Solche Staffeln können zahlreiche Stufen umfassen (zum Beispiel im Thomas → Cook (b)-Agenturvertrag für 2005/06: 16 Umsatzklassen). → Provision, → Provisionsarten. *(tk)*

**Stakeholder Management**

Die originäre Aufgabe des Managements einer Unternehmung ist es, diese als Institution auf lange Sicht hin überlebens- und entwicklungsfähig zu erhalten. Als zweckorientiertes, soziales System erfüllt eine Unternehmung stets bestimmte Funktionen für die Gesellschaft und dient damit verschiedensten Gruppierungen als Instrument ihrer Interessenwahrung. Der Erfüllungsgrad dieser Funktionen bestimmt dann die extern bewertete Sinnhaftigkeit der Institution

„Unternehmung" und somit ihre Existenz als autonome Einheit. Inwieweit dies gewährleistet werden kann, ist im Kern davon abhängig, ob die Unternehmung über die Festlegung ihrer Sachziele in der Lage ist, „(…) die Kunden, aber auch die übrigen Stakeholder besser und/oder schneller zufriedenzustellen als dies die Konkurrenten oder andere Referenzunternehmungen zu tun in der Lage sind" (Hinterhuber 2004, S. 14) und ob auf diesem Wege die Unternehmung als problemlösende, Nutzen stiftende Einheit im Bewußtsein der „relevanten Bezugsgruppen", der „Stakeholder" fest verankert werden kann.

Die Bezeichnung „Stakeholder" wird für alle diejenigen Gruppierungen oder auch Einzelpersonen im Umfeld einer Unternehmung verwendet, die ein spezifisches Interesse an einer Institution bekunden Mit *stake* bezeichnet man einen risikobehafteten Einsatz, es steht somit etwas für diese Stakeholder „auf dem Spiel"; ergänzt werden allerdings auch Gruppierungen, die generell von den Unternehmensaktivitäten betroffen sind bzw. – eher in einer Umkehrung der Sichtweise – für die Unternehmung überlebenskritisch sind (Bea & Haas 2005, S. 105; Göbel 2006, S. 113 f.). Durch dieses grundlegende Interesse und die sich daraus ergebende Einflußnahme der Stakeholder auf Management-Entscheidungen einer Unternehmung können sie wesentlich auf die Entwicklung einer Unternehmung einwirken.

Zu den typischen Stakeholdern einer Unternehmung werden in der Regel zunächst einmal als zentrale Gruppierung die Eigentümer (bzw. Shareholder bei einer Aktiengesellschaft) gezählt. Ihnen galt in der Vergangenheit das ausschließliche Interesse, und dies scheint auch unter dem Eindruck einer wieder erstarkten Shareholder Value-Diskussion der-

zeit erneut der Fall zu sein. Die alleinige Zentrierung der Unternehmensführung auf die Interessenlage der Eigenkapitalgeber wird jedoch aus dem Blickwinkel eines umfassenden Stakeholder Managements als unzureichend erachtet – auch unter der These: „Was den Shareholdern dient, dient auch allen anderen Bezugsgruppen!" Vielmehr sind als weitere wesentliche Einflußgruppen im direkten ökonomischen Umfeld vornehmlich die Kunden (Gäste, Reisende, je nach Betrachtungsstandpunkt auch nachfolgende Leistungsanbieter in der touristischen Wertschöpfungskette u.a.), aber auch die Lieferanten (Waren- und Leistungslieferanten), Fremdkapitalgeber, Kooperationspartner (→ Kooperation) und Wettbewerber zu identifizieren und ihre originären Interessen in den Zielkatalog einer Unternehmung aufzunehmen. Die Mitarbeiter nehmen eine Sonderrolle als einzige unmittelbar interne Interessengruppe ein. Die übrigen Gruppierungen, wie staatliche Institutionen, (Fach-)Medien, Verbände (z.B. → Deutscher Hotel- und Gaststättenverband (DEHOGA), → Deutscher Reiseverband (DRV), → Deutscher Heilbäderverband u.a.), Bürgerinitiativen usw. (→ Soziale Verantwortung) werden hingegen eher der weiteren externen Umwelt zugerechnet, können aber je nach situativer Einflußstärke durchaus unmittelbar in das Zentrum des Interesses des Managements gelangen (weitere Beispiele finden sich bei Freyer 2007, S. 691 ff.).

Mit einer zunehmenden Vernetzung von Wirtschaft und Gesellschaft wird die Wahrnehmung gesellschaftlicher Verantwortung von Unternehmungen und die Angemessenheit der Berücksichtigung externer Interessen in ihren Machtzentren (z.B. innerhalb des Aufsichtsrates im Rahmen einer Aktiengesellschaft) für den wirtschaftlichen Erfolg somit immer bedeutender. Dies zeigen bspw. spannungsgeladene, kontroverse Diskussionen um die Reichweite von Shareholder-Einflüssen auf das Management, die immer wieder aufflammende Kritik an bestehenden Mitbestimmungsregelungen wie auch die Reformansätze zur Unternehmensüberwachung im Zuge der Corporate Governance-Diskussion. Je nach Stärke des Einflusses auf die Entscheidungsfindung des Managements einer Unternehmung werden über rechtliche oder vertragliche Regelungen, Selbstbeschränkungsvereinbarungen oder gar durch Kooptation (= Einbindung kritischer externer Interessenvertreter als legitimierte Mitglieder in die Leitungsorgane einer Unternehmung) interessenausgleichende Lösungen gesucht. Somit spielen politische Machtprozesse und deren Steuerung innerhalb der Institution Unternehmung wie auch zwischen der Unternehmung und ihren Bezugsgruppen eine wichtige Rolle im Führungsalltag. Der Unternehmenspolitik fällt im Rahmen einer Managementkonzeption die Aufgaben zu, einen entsprechend harmonischen Ausgleich heterogener externer Interessen an einer Unternehmung und intern verfolgter Ziele vorzunehmen, um so ein Gleichgewicht zwischen Umwelt und Unternehmung zu erreichen, das langfristig die Autonomie des Systems gewährleistet (Bleicher 2004, S. 159 ff.). Dazu sind allerdings zunächst als relevant einzustufende Stakeholder aus der Vielzahl der potentiellen Anspruchsgruppen zu identifizieren, ihre jeweiligen, z.T. deutlich divergierende Interessen zu analysieren sowie ihr „Machtpotential" zur Durchsetzung ihrer Ansprüche zu bewerten (vgl. Abbildung 2).

Die Relevanz der Stakeholder für die jeweilige Unternehmenssteuerung ist in einer Stakeholder-Analyse – subjektiv aus der Perspektive des Managements – festzulegen. Dabei wird folgende Vorgehensweise empfohlen (Bea & Haas 2005, S. 107 f.; Göbel 2006, S. 115 f.):

❖ Über ein zunächst ungerichtetes „Scanning" werden potenziell relevante Stakeholder identifiziert.

❖ Werden aus der Gruppe der potentiellen Stakeholder bestimmte Ausschnitte als besonders bedeutsam für die wirtschaftliche Entwicklung der Unternehmung erachtet, werden sie einer genaueren Beobachtung unterzogen *(monitoring)*. Ergebnis dieser eingehenderen Untersuchung stellt eine Priorisierung der als relevant erachteten Ansprüche entsprechend ihrem Machtpotential dar. Die Entwicklung dieser Machtpotentiale ist weiterhin zu beobachten, um kritische Veränderungen möglichst rasch zu erkennen.

❖ Auf dieser Informationsbasis werden Chancen- und Bedrohungsszenarien als *forecast* entworfen und in ihrer Relevanz diskutiert sowie Früherkennungsindikatoren zur rechtzeitigen Entzifferung von Entwicklungstrends festgelegt.

❖ Abschließend erfahren die als relevant deklarierten Stakeholder-Interessen eine Bewertung sowie eine Ankoppelung an die strategische Entwicklungsplanung. Die so abgegrenzte Gruppe der Stakeholder ist allerdings ständig auf ihre weiterhin gegebene Relevanz wie auch – in einer dynamischen Umwelt – auf Veränderungen im Machtgefüge und in der relevanten Zusammensetzung zu überprüfen (Steinmann & Schreyögg 2005, S. 84). *(vs)*

| Stakeholder-Gruppe | Interessenlage | Möglichkeiten der Interessendurchsetzung |
|---|---|---|
| Eigentümer (shareholder) | Einkommen durch Gewinnentnahme bzw. Ausschüttung und Kursgewinnsteigerungen, Vermögensmehrung und -sicherung, Prestige, politische Macht | je nach Rechtsform (Einzel-, Personen- oder Kapitalgesellschaft) unterschiedliche Möglichkeiten von der direkten Kursbestimmung bis zur reduzierten Überwachungsfunktion |
| Banken | Verzinsung des zur Verfügung gestellten Kapitals, Sicherung der Zinszahlung und Kredittilgung | Verbindlichkeit eines → Rating-Prozesses zur Prüfung der Kreditwürdigkeit, Vereinbarung der Kreditbedingungen, z.B. durch Laufzeit, Kredithöhe, Zinssatz, Besicherungsrechte |
| Kunden | Bedarfsgerechte, gesicherte Güterversorgung (Grundnutzen), Zuverlässigkeit des Lieferanten (Termintreue, Qualität, Service), Preiswürdigkeit der Leistung, Image (Marke, Unternehmung) usw. | Vereinbarung von Abnahmebedingungen, Mund-zu-Mund-Propaganda, direkte Einflußnahme auf Produktentwicklung und entstehung, mittelbare Einflußnahme über Konsumentenschutzorganisationen |
| Lieferanten | profitabler Leistungsabsatz, konstante Kapazitätsauslastungen, langfristige Lieferbeziehungen, Solvenz des Geschäftspartners | Vereinbarung der Lieferbedingungen, z.B. Abschluß von Langzeitverträgen, garantierte Abnahmemengen, Ausschließlichkeitsverträge, Interessenverbund mit Kunden |
| Mitarbeiter und Arbeitnehmervertreter | Einkommen durch leistungsgerechtes Arbeitsentgelt, Sicherung des Arbeitsplatzes, zufriedenstellende Arbeitsbedingungen, sinnvolle und sinngebende Arbeitsinhalte | Organe entsprechend den jeweils rechtlichen Möglichkeiten der Interessenvertretung, z.B. über Gewerkschaften oder Gesetzesvorgaben wie z.B. für Deutschland durch das Betriebsverfassungsgesetz und die Mitbestimmungsgesetze |
| Fiskus | Sicherung termingerechter Einnahmen, insbesondere Steuerzahlungen | Gestaltung des Abgabenrechtes, insbesondere des Steuerrechts |
| Medien | Umsetzung des Informationsauftrages, Auflagen- und Quotensicherung, investigativer Journalismus | Sicherung von Exklusivrechten, vertrauensvolle Zusammenarbeit mit der Pressestelle der Unternehmung, Macht der öffentlichen Meinung |
| Umweltschutzgruppen | Bewahrung der Umwelt und verantwortungsbewußter Umgang mit natürlichen Ressourcen, Realisierung ökologisch nachhaltiger Unternehmensprozesse | Aufklärungsarbeit, Hearings, Verbandsklagen, Medienarbeit |
| Öffentlichkeit | z.B. ethisches Geschäftsgebaren | Beeinflußung der öffentlichen Meinung, politische und rechtliche Einflußnahme, Beeinflußung der anderen Interessengruppen |

**Abbildung 2:** Alternative Interessenlagen und „Machtmittel" verschiedener Stakeholder-Gruppierungen

*Literatur*

Bea, Franz X.; Jürgen Haas 2005: Strategisches Management. Stuttgart: Schäffer-Poeschel (4. Aufl.)

Bleicher, Knut 2004: Das Konzept Integriertes Management. Frankfurt/M., New York: Campus (7. Aufl.)

Freyer, Walter 2007: Tourismus-Marketing. Marktorientiertes Management im Mikro- und Makrobereich der Tourismuswirtschaft. München, Wien: Oldenbourg (5. Aufl.)

Göbel, Elisabeth 2006: Unternehmensethik. Grundlagen und praktische Umsetzung. Stuttgart: Lucius & Lucius

Hinterhuber, Hans H. 2004: Strategische Unternehmungsführung. Band I: Strategisches Denken. Vision – Unternehmenspolitik – Strategie. Berlin, New York: Walter de Gruyter (7. Aufl.)

Steinmann, Horst; Georg Schreyögg 2005: Management. Grundlagen der Unternehmensführung. Konzepte – Funktionen – Fallstudien. Wiesbaden: Gabler (6. Aufl.)

## Stand aside(s)

Wichtiger Vertragsaspekt im Rahmen von Managementverträgen, mit dem sich der Hotelinvestor gegenüber dem Betreiber absichert (→ Managementvertrag). Der Investor zahlt an den Betreiber nur dann Teile der Managementgebühr, wenn er zuvor eine angemessene Verzinsung seines investierten Kapitals realisiert hat.

In der Regel bezieht sich die Vertragsklausel auf die ergebnisabhängige Komponente (→ Incentive Management Fee) der Managementgebühr. Erreicht der Investor keine angemessene Verzinsung des eingesetzten Kapitals, muß der Hotelbetreiber auf die ergebnisabhängige Komponente verzichten. Er tritt mit seinem Anspruch zur Seite *(stand aside)*. Aus organisationstheoretischer Sicht übernimmt die Vertragskomponente eine Steuerungsfunktion. Zum theoretischen Hintergrund siehe → Agenturtheorie. *(wf)*

## Stand by

→ Warteliste

## Standortreiseleiter

*company representative, company rep*

Der Umfang und der Inhalt der Reiseleitung hängen vom Konzept und der Größe des Veranstalters ab. Bei klassischen Badereisen, bei denen die Gäste in der Regel weitgehend selbständig ihren Urlaub verbringen, werden meist nur Standortreiseleiter (synonym: Zielortreiseleiter, Zielgebietsreiseleiter, Aufenthaltsreiseleiter) beschäftigt, wohingegen bei Studien(rund)reisen eine wissenschaftliche Reiseleitung einen wesentlichen Bestandteil der Reise darstellt.

Standortreiseleiter sind vom Reiseveranstalter angestellte Mitarbeiter, die – mehr oder weniger – fest an einem bestimmten Reisezielort stationiert sind, dort also dauerhaft oder zumindest für eine Saison wohnen. Sie erfüllen vorrangig Aufgaben technisch-organisatorischer Art: den Empfang (am → Flughafen und/oder im → Hotel), die Begrüßung und die Betreuung der Gäste im Zielgebiet (→ Destination). Sie geben Informationsmaterial über das bereiste Land aus, verkaufen bzw. vermitteln Ausflüge und stehen zu bestimmten Zeiten in den Urlaubsorten und -hotels für Fragen zur Verfügung. In der Regel betreut ein Standortreiseleiter mehrere Hotels in seiner Destination und bietet so den jeweiligen Gästen der Hotels zu festgelegten Sprechstunden eine persönliche Kontaktmöglichkeit. Er reist somit von Hotel zu Hotel, nutzt aber mindestens einen Tag pro Woche als Bürotag.

Standortreiseleiter erhalten als Entlohnung in der Regel ein fixes monatliches bzw. nach Einsatztagen bemessenes Gehalt sowie eine – von der Vermittlung von Zusatzleistungen, wie

Ausflüge vor Ort – abhängige, variable Prämienvergütung.

In einem erweiterten Aufgabenbereich und bei bestimmten Beherbergungsformen (zum Beispiel Club-Hotel; Jugendzeltlager) können Reiseleiter auch Animateurfunktionen (→ Animateur, → Animation) übernehmen. Ist das Gästeaufkommen des Veranstalters in einer Destination nicht ausreichend groß, um einen eigenen Standortreiseleiter zu finanzieren, werden die Aufgaben oft auf ortsansässige selbständige Reiseleiter bzw. Zielgebietsagenturen (→ Incoming-Reiseveranstalter) übertragen. *(tk)*

**Startgeschwindigkeit**
→ Abhebegeschwindigkeit

**Startstrecke**
*take-off distance, take-off run*
Strecke, die ein → Flächenflugzeug auf einer → Start-/Landebahn zurücklegt, bis es die nötige → Abhebegeschwindigkeit erreicht hat. Sie wird vor dem Start ebenso wie die → Abhebegeschwindigkeit errechnet. Dabei müssen das Gewicht des Flugzeugs, der aktuelle Luftdruck, die Höhe des Flughafens über → Normal Null, die Temperatur sowie die Windrichtung und -stärke berücksichtigt werden. *(jwm)*

**Start- und Landebahn**
*runway (RWY)*
Sehr stark befestigte Flächen, die für Start und Landung von Flugzeugen gebaut wurden. Sie müssen so ausgelegt sein, daß sie den extremen Belastungen eines landenden Flugzeuges standhalten, bei Regen das Wasser von ihnen abfließt und ihre Oberfläche das Bremsen von Luftfahrzeugen nach der Landung oder bei Startabbruch unterstützt. Sie werden mit zweistelligen Ziffern bezeichnet, welche die Start- bzw. → Landerichtung

anzeigen. Manche Bahnen sind, wie zum Beispiel die Startbahn West (RWY 18) in Frankfurt Rhein/Main, aus Lärmschutzgründen nur für den Start von Flugzeugen zugelassen. *(jwm)*

**Stayover**
→ Zimmerstatus

**Stellwerk**
*signalbox*
Stellwerke gehören zu den Bahnanlagen von Eisenbahnen. Da die auf den Schienen sich bewegenden Fahrzeuge „signalabhängig" sind, den Fahrweg nur in Abhängigkeit von → Signalen befahren können (auch beim Rangieren), bedarf es der Steuerung und Sicherung durch das Stellwerk. Stellwerke stellen gewissermaßen den Fahrweg ein. Sie übernehmen die Bedienung der Weichen und Signale direkt vor Ort. Ganze Fahrwege werden über Stellwerke automatisch auf der Basis elektronisch gespeicherter Fahrplandaten gelenkt. Inzwischen wurde eine zentralisierte und automatisierte Stellwerkinfrastruktur geschaffen (Fahrdienstleiterstellwerke/Zentralstellwerke; www.stellwerke.de). *(hdz)*

**Stereotyp**
*stereotype*
Ein Stereotyp im sozialpsychologischen Sinne ist die Zuschreibung eines Bündels von Merkmalen und Eigenschaften zu einer Personengruppe und deren einzelnen Mitgliedern, beispielsweise „Anwälte sind aggressiv und redegewandt". Stereotype beruhen stark auf Vereinfachungen und nur zu einem geringen Teil auf eigenen Erfahrungen. Stereotypisierungen dienen der Reduktion von Komplexität und erleichtern die Orientierung in unbekannten Situationen. Sie sind unabdingbar, um Informationen zu ordnen und zu bewältigen. Auf der anderen

Seite können Stereotypen verhindern, neue Erfahrungen zu machen und Unterschiede zwischen verschiedenen Menschen einer Gruppe zu erkennen.

Stereotype bergen die Gefahr, sich zu Vorurteilen, d.h. negativen und schwer änderbaren Merkmalszuschreibungen mit affektiven Komponenten, beispielsweise Ablehnung zu verfestigen. Stereotype Einschätzungen sind starr und festgefahren. Vorurteile haben drei Komponenten: kognitive Überzeugungen (Stereotype), negative Gefühle (→ Emotion) und eine Verhaltensintention. Beispielsweise könnte ein Mitarbeiter am Empfang eine bestimmte Gästegruppe für unverschämt halten (Stereotyp), sich über sie ärgern (Emotion) und sie bei Beschwerden unfreundlicher behandeln als andere Gästegruppen (Verhalten). *(gcm/sml)*

*Literatur*
Bierbrauer, Günter 2005: Sozialpsychologie. Stuttgart: Kohlhammer (2. Aufl.)
Bierhoff, Hans-Werner; Dieter Frey (Hrsg.) 2006: Handbuch der Sozialpsychologie und der Kommunikationspsychologie. Göttingen: Hogrefe
Fischer, Lorenz; Günter Wiswede 2002: Grundlagen der Sozialpsychologie. München, Wien: Oldenbourg (2. Aufl.)
Petersen, Lars-Eric; Iris Six-Materna 2006: Stereotype. In: Bierhoff & Frey (Hrsg.), S. 430-436

**Stewardeß**
→ Flugbegleiter

**Stewarding**
*steward* (engl.) = Ordner bei Veranstaltungen; Verwalter von Anwesen. In der Hotellerie und Gastronomie ist Stewarding eine Bezeichnung für die Spül- und Geschirrabteilung. Zu den Aufgaben der Abteilung gehören: Reinigung der Küchenräumlichkeiten, Reinigung und

Pflege von Geschirr, Küchengeräten und Besteck, Entsorgung der Küchenabfälle und Geschirr- und Bestecklogistik.

Die Führung obliegt einem Chief Steward, dem Stewards bzw. Spüler und Reinigungskräfte unterstehen. Direkter Vorgesetzter des Chief Steward ist in der Regel der → Chef de cuisine. Die Abteilung stellt in größeren Hotel- und Gastronomiebetrieben einen klassischen → Outsourcing-Bereich dar. Das Arbeitsumfeld gilt als wenig attraktiv, hoher Krankenstand und Mitarbeiterfluktuation sind die Folge. *(wf)*

**Störklappen**
*spoiler*
Meist auf der Tragflügeloberseite angebrachte Klappen, die in ausgefahrenem Zustand die Luftströmung unterbrechen und damit Auftrieb und Geschwindigkeit verringern. Sie werden daher auch als Luftbremse *(airbrake)* bezeichnet. Sie werden zum Beispiel beim Anflug eingesetzt, um die Sinkrate des Flugzeuges zu erhöhen. Nach dem Aufsetzen werden sie (meist automatisch) ausgefahren, um den Luftwiderstand und den Andruck der Reifen auf der Landebahn (→ Start- und Landebahn) zur Verbesserung der Verzögerungswirkung der Radbremsen zu erhöhen. Während des Fluges werden sie häufig anstelle der → Querruder für die Steuerung des Flugzeuges um die Längs- und Hochachse verwendet. *(jwm)*

**STOL**
→ Short Take-off and Landing

**Stop-over**
→ Zwischenstopp

**Stop-over Gast**
*stop-over guest*
(Hotel-)Gast aufgrund einer im Voraus geplanten Reiseunterbrechung von min-

destens einer Nacht. Der Begriff wird überwiegend im Zusammenhang mit Anschlußflügen im Luftverkehr verwendet. Die angelsächsische Literatur unterscheidet dabei nicht zwischen geplanten und ungeplanten Reiseunterbrechungen und benutzt die Begriffe Stop-over Gast und → Lay-over Gast synonym. *(amj)*

**Stornierung**
→ Abschluß des Reisevertrages

**Stornogebühren**
→ Stornokosten

**Stornokosten**
*cancellation charge*
Stornokosten werden vom Reiseveranstalter auf der Basis seiner Preiskalkulation dem Reisekunden gegenüber in Rechnung gestellt, wenn er die Reise storniert. Sie müssen in den Reise- und Zahlungsbedingungen formuliert worden sein. Mit der Stornierung, also dem Rücktritt vom Reisevertrag verliert der Kunde den Anspruch auf die Reiseleistung. Nach der Stornierung ist also auch kein *name change* mehr möglich. *(hdz)*

**Stornokostenstaffel**
*cancellation charge scale*
Nach der gesetzlichen Regelung des § 651 i, Abs. 3 BGB hat die Stornostaffel die Reiseart und die gewöhnlich ersparten Aufwendungen und den durch anderweitige Verwendung erlangten Erwerb zu berücksichtigen. Dabei ist die Zeispanne wesentlich, die zwischen der Stornoerklärung (Zugang beim Reiseveranstalter) und dem gebuchten Reisetermin liegt. Es gilt die kalkulatorische Regel: Je näher der Reisetermin kommt, desto höher werden die Stornokosten. Aus Rationalisierungsgründen werden heu-

te Stornokosten kaum noch konkret errechnet. Stornokosten versichert die → Reiserücktrittskosten-Versicherung. *(hdz)*

**Stornoversicherung**
→ Reiserücktrittskosten-Versicherung (RRV)

**Strategie / Strategisches Management**
*strategy, strategic management*

**1    Strategie und Strategisches Denken**
Strategischen Denken in seiner allgemeinsten Form ist durch die Suche nach der „Optimalposition" auf dem Pfade der Unternehmensentwicklung charakterisiert. Die Strategie soll es ermöglichen, eine Vision oder übergeordnete Ziele der Unternehmenspolitik zu erreichen, und gleichzeitig Leitlinien für das operative Tagesgeschäft bereithalten. Die bestehenden Unsicherheiten des Entscheidungsfeldes über zukünftige Entwicklungen müssen durch einen umfassenden Informationsprozeß im Zeitablauf reduziert, aktuelle wie zukünftige Erfolgsquellen erkannt, aufgebaut und gepflegt und auf dieser Basis langfristig angelegte Konzepte zur Zukunftssicherung einer Unternehmung entwickelt werden. Dadurch erhält eine Unternehmung die Option, sich Veränderungen sinnvoll anzupassen oder auch eigenständig auszulösen und zu gestalten, wobei alte Verhaltensweisen zugunsten neuer aufgegeben werden müssen (Hinterhuber 2004, S. 19 ff.).
„Strategie" bedeutet somit, eine Reihe von Entscheidungen zur Bestimmung eines robusten Weges zur Verwirklichung einer Vision unter Berücksichtigung der jeweils aktuellen Situation zu treffen. Eine derartige „Strategie" ist somit:
❖  langfristig angelegt,
❖  betrifft die Gesamtunternehmung oder größere Teilbereiche,

❖ dient der Erreichung übergeordneter (genereller) Ziele der Unternehmung,

❖ muß dabei interne wie externe Einflußfaktoren gleichzeitig berücksichtigen und ist

❖ ihrer Natur nach mehrdimensional, hochgradig vernetzt und unsicher angelegt.

Insbesondere die Entwicklung zukunftstragender strategischer Konzepte, die über eine ausschließlich reaktive Anpassung an externe Entwicklungen hinausgehen, bieten hierbei zukunftsträchtige Optionen zur aktiven Gestaltung und Beeinflussung des strategischen Handlungsfeldes. Ein so angedachtes strategisches Management ist dann auf das Erkennen und den Aufbau von Erfolgspotentialen sowie die Pflege, die Verteidigung und die Ausbeutung von Erfolgspositionen ausgerichtet, für die Ressourcen bereitgestellt werden müssen. Im Kern sollte das Denken und Handeln der Führungskräfte dabei von folgenden fünf Prinzipien geleitet werden (Bleicher 2004, S. 289):

❖ von der Konzentration aller Kräfte auf zukunftsträchtige Projekte,

❖ von dem Streben nach einer vorteilhaften relativen Positionierung des Unternehmens gegenüber dem aktuellen Wettbewerb,

❖ von der Profilierung über innovative Geschäftsmodelle unter dem Eindruck sich verändernder Wettbewerbsbedingungen,

❖ von der Ausweitung des strategischen Netzwerkgedankens (Kooperation, Allianzen) sowie schließlich

❖ von einem zweckmäßigen Risikoausgleich zur nachhaltigen Absicherung der Unternehmung auf einem ungewissen Zukunftspfad.

Aufgrund dieser allgemeinen Charakterisierung des strategischen Denkens

können im weiteren die wesentlichen Inhalte näher gekennzeichnet werden, über die eine strategische Orientierung und Profilierung transparent werden soll. Dabei richtet sich das Interesse insbesondere auf folgende vier Bereiche, die dann im Rahmen eines strategischen Managements zu entwickeln und im Rahmen eines strategischen → Controllings instrumentell zu unterstützen sind (Bleicher 2004, S. 306 ff.):

❖ die Produktprogramm-(Geschäftsfeld-)Strategien,

❖ die Wettbewerbsstrategien,

❖ die Funktional-(Prozeß-)Strategien sowie

❖ die Ressourcen-(Potential-)Strategien.

## 2 Gestaltungsfelder strategischen Managements

### 2.1 Handlungsfelder eines strategischen Managements: Die Geschäftsfeld-Strategie

Die Beurteilung der aktuellen wie die Festlegung der in künftigen Perioden zu verwirklichenden Geschäftsfelder stellen das zentrale Entscheidungsfeld des strategischen Managements einer Unternehmung dar. Unter einem strategischen Geschäftsfeld versteht man einen gedanklichen, in sich homogenen Ausschnitt der geschäftlichen Aktivitäten einer Unternehmung, der eine eigenständige, von den Kundenproblemen her abgeleitete Aufgabe am Markt erfüllt. Die strategischen Geschäftsfelder einer Unternehmung lassen sich durch folgende Merkmale eindeutig voneinander unterscheiden:

❖ Strategische Geschäftsfelder verfügen über eine individuelle geschäftliche Entwicklung mit entsprechendem Marktrisiko im Wettbewerb.

❖ Sie sind eigenständig führbar durch eine sich von den übrigen

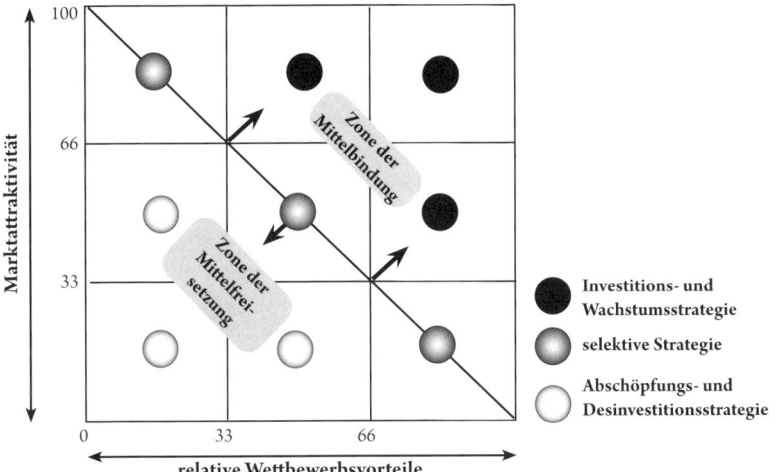

**Abbildung 1:** Beispiel eines Geschäftsfeldportfolios (nach Hinterhuber 2004, S. 148)

Geschäftsfeldern abhebende strategische Konzeption.

❖ Die erforderlichen Ressourcen (materiell wie immateriell) können den strategischen Geschäftsfeldern eindeutig zugeordnet werden.

❖ Die erzielten Ergebnisse lassen sich eindeutig den strategischen Geschäftsfeldern zurechnen (Profit-Center oder Investment Center).

Jedes strategisches Geschäftsfeld zeichnet sich somit durch ein spezifisches Produkt- oder Leistungsprogramm aus. Hierunter faßt man die Art, Menge und Qualität der längerfristig anzubietenden und damit auch überwiegend herzustellenden Produkte (Sachgüter und/oder Dienstleistungen). Mit der inhaltlichen Ausformulierung der Programmstrategie bzw. der Programmpolitik wird somit festgelegt, welche Produkte auf den ausgewählten Märkten angeboten werden und in welche Richtung eventuelle Leistungsprogrammänderungen vorzunehmen sind.

Die Gesamtheit der aktuell realisierten strategischen Geschäftsfelder läßt sich in einem Geschäftsportfolio abbilden (Breidenbach 2002, S. 255 f.; Freyer 2007, S. 322; Hinterhuber 2004, S. 146 ff.). Ausgehend von übergeordneten ökonomischen Überlegungen zum Tätigkeitsfeld der Unternehmung (Vision und Politik der Unternehmung) können so zielorientiert die Umsatz-, Ergebnis- und Cash Flow-Träger in ihrem gegenwärtigen Leistungsvermögen einer ersten groben, „robusten" Beurteilung unterzogen sowie bestimmt werden, welche Geschäftsfelder es in Zukunft aufzubauen, zu pflegen, auszuschöpfen oder auch abzubauen gilt (Abbildung 1).

**2.2 Handlungsfelder eines strategischen Managements: Die Wettbewerbs-Strategie**

Von gleichermaßen zentraler Bedeutung für die zukünftige Entwicklung einer Unternehmung erweist sich neben dem Aufbau eines inhaltlich stimmigen Leistungsprogramms seine realisierte wie potentielle Durchsetzungskraft im

**661**

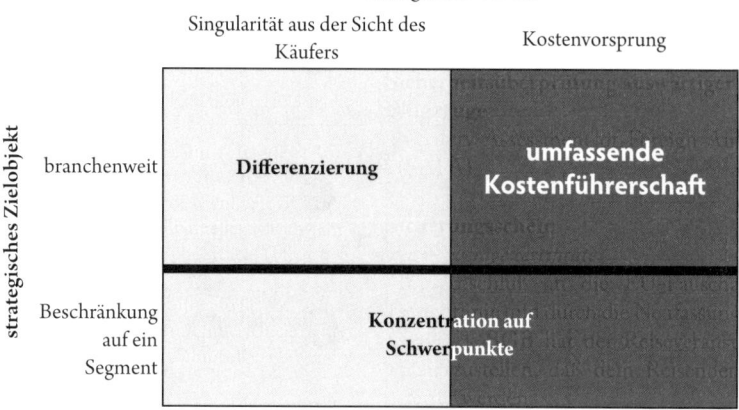

**Abbildung 2:** Alternative Wettbewerbsstrategien (nach Porter 1997, S. 67)

Wettbewerb. Erst die an der Konkurrenz orientierte, „relative" Positionierung der Unternehmung läßt eine hinreichende Beurteilung der zukunftsorientierten Tragkraft einer strategischen Konzeption zu. Dabei ist neben der

❖ Klarheit über das eigene Verhalten am Markt

❖ auch zukunftsorientiertes Wissen über die relevanten Verhaltensabsichten sowohl der Kunden und Lieferanten wie der unmittelbaren Konkurrenten wesentlich.

❖ Zusätzlich sind weiter Informationen über Zustand und Entwicklungstendenzen der Branche wie bspw. sich verändernde Zugangsmöglichkeiten zu wichtigen Ressourcen, potentiell neu in den Markt eintretende Konkurrenten sowie sich abzeichnende Möglichkeiten von Produkt- und Technologiesubstitutionen von maßgeblicher Bedeutung für den strategischen Erfolg (Porter 1999, S. 33 ff.; zur Umsetzung dieser strategischen Problemstellung auf touristische Destinationen Bieger 2005, S. 112 ff.).

Gewinnerwartungen und Risiko der Unternehmung hängen allerdings nicht allein von der aktuellen oder zukünftigen Existenz solcher Einflüsse ab, sondern auch davon, ob es gelingt:

❖ eigenständige, nur schwer von der Konkurrenz überwindbare, hohe Markteintrittsbarrieren – wie z.B. Kostenvorteile, spezifisches Wissen, hoher Investitions- und damit Kapitalbedarf, traditionsgebundener Kundenstamm usw. – aufzubauen und dabei

❖ gleichzeitig durch hohe eigene Flexibilität sich Optionen offen zu lassen, um gefährdete und verlustbringende Geschäftsfelder durch den Abbau des betroffenen Unternehmensbereichs rechtzeitig zu verlassen, also die Marktaustrittsbarrieren – z.B. langfristige Vertragsbindungen oder hohe Fixkostenanteile in der Kostenstruktur durch spezialisierte Ressourcen u.a. – möglichst niedrig zu halten.

Zum Aufbau von Wettbewerbsvorteilen stehen grundsätzlich zwei verschiedene Möglichkeiten zur Diskussion, die sich hinsichtlich der Intensität und der Dauer der jeweils realisierbaren Abschirmleistung unterscheiden und in unterschiedlichster Weise variiert, erweitert oder kombiniert werden können (Breidenbach 2002, S. 265 ff.; Porter 1999, S. 71 ff.):

❖ Eine klassische Wettbewerbsstrategie stellt das Streben nach der umfassenden Kostenführerschaft dar. Voraussetzung hierzu sind der Aufbau beeindruckender Leistungskapazitäten sowie eine umfassende Marktpräsenz (z.B. durch ein dichtes Filialnetz), um die Masse an Leistungen über ihre geringen Stückkosten mittels entsprechend niedriger Preise in den Markt zu „drücken". Für einen kleinen oder mittelständischen Anbieter ist diese Strategie mangels Marktgröße und damit nur schwerlich realisierbaren Kostensenkungsmöglichkeiten kaum durchsetzbar.

❖ Differenzierungsvorteile begründen sich in einer spezifischen „Einzigartigkeit" der Unternehmung jenseits der Kostenvorteile. In Frage kommen hier insbesondere Merkmale wie die Qualität, die Technologie, der Service (→ Dienstleistung), das Design oder andere spezifischen Merkmalen, die zu einem Präferenzvorteil beim Kunden führen. Diese Vorteile scheinen im Wettbewerbsprofil vieler Branchen und insbesondere auch für kleinere Wettbewerber in Know-how geschützten Nischen dauerhafter nutzbar und damit Erfolg versprechender zu sein als die ausschließlich volumenbasierte Strategie der Kostenführerschaft.

❖ Konzentrationsvorteile entstehen schließlich dadurch, daß eine der beiden Grundstrategien nicht mehr

auf die Geschäftsfelder als Ganzes angewendet wird, sondern je nach Produkt-, Markt- und Wettbewerbssituation eine unterschiedliche Teilstrategie je Geschäftsfeld verfolgt wird. Das sich dadurch ergebende Strategiebild der Gesamtunternehmung wird dann auch als „Mischstrategie" oder moderner als „hybride Strategie" bezeichnet und ist in der Realität mittlerweile relativ häufig vorzufinden. Gleichermaßen lassen sich unter die Überschrift der Konzentrationsvorteile auch typische Nischenstrategien kleinerer und mittlerer Unternehmungen einordnen. Sie besetzen dabei häufig einen nur sehr kleinen Teilausschnitt des Branchenmarktes durch eventuell sogar nur ein einziges Produkt, das auf hoch spezialisiertem Wissen basiert. Für den Wettbewerb bleibt dann häufig dieser Markt uninteressant, da der Aufbau des Know how zu kostspielig und das Marktvolumen zu gering ist.

## 2.3 Handlungsfelder eines strategischen Managements: Die Prozeß- und Ressourcen-Strategie

Zur Realisierung der wettbewerbsrelativen Positionierung ihres Leistungsprogramms verfügt eine Unternehmung zumeist über eine unterschiedlich strukturierte und unterschiedlich tiefe Wertschöpfungskette ihrer Aktivitäten (Porter 1992, S. 63 ff.). Auch mit Blick auf diese Prozeßfolge der Leistungserstellung und Leistungsverwertung muß sich die strategische Führung der Frage nach den relativen Stärken und Schwächen auf den einzelnen Prozeßstufen gegenüber dem Wettbewerb stellen und damit der Frage nach dem ökonomisch sinnvollen Umfang der eigenen Prozeßleistung nachgehen. Hier können zur informationellen Abstützung derartiger Überlegungen Benchmarking-Studien (› Benchmarking) wertvolle Hilfe leisten.

Die Gestaltung der Wertschöpfungskette spielt insbesondere aus investitionspolitischen Überlegungen eine nicht zu unterschätzende Rolle, thematisiert sie doch die altbekannte Fragestellung von Eigenfertigung oder Fremdbezug bzw. in der heute gängigen Terminologie die Strategie der Eigenfertigung oder des → Outsourcings bzw. des Insourcings. Hierzu wird im Zuge von Outsourcing-Überlegungen systematisch nach internen Rationalisierungspotentialen gesucht, um bspw. eine Senkung des Fixkostenanteils in der Kostenstruktur der Unternehmung zu erreichen. Prozeßelemente, bei denen keine wesentlichen Kosten-, Qualitäts-, Zeit- oder sonstigen Vorteile zu erkennen sind, werden durch den Zukauf von Fremd-Leistungen ersetzt. Andererseits lassen sich aus dem Blickwinkel der Auslastung vorhandener Kapazitäten, der Qualitätssicherung (→ Qualität und das Management von Qualität) bei Produkten und Prozessen, der Auswei-

tung des Kompetenzprofils, der Wahrung der Autonomie oder auch der ergebnisorientierten Kontrollhoheit über den gesamten Leistungsprozeß ebenso triftige Gründe für eine Eigenfertigung oder gar die Ausweitung der eigenen Wertschöpfungskette durch Insourcing-Entscheidungen anführen. Das sich aus diesen Investitions- und Desinvestitionsoptionen ergebende Ressourcenprofil wird durch die Verfügbarkeit, das Spektrum der Einsatzmöglichkeiten sowie die Optionen zur Bündelung der unternehmensinternen Leistungspotentiale – ihrer Markt-, Technologie-, Human- und Finanzpotentiale – bestimmt. Dabei stellen sich insbesondere die Frage nach dem Grad der Integrationsfähigkeit und Flexibilität von Technologie- und Humanpotentialen sowie die Frage nach den damit verbundenen Investitionen zu ihrem Aufbau und ihrer Pflege.

### 3. Der informationelle Rahmen des strategischen Managements

Zur Realisierung eines derartigen strategischen Konzeptes ist eine umfangreiche informationelle Unterstützung im Vorfeld, während und im Anschluss an den strategischen Gestaltungsprozeß erforderlich.

Im Mittelpunkt der informationellen Vorbereitung steht dabei insbesondere die sogenannte SWOT- oder SOFT-Analyse *(strengths, weaknesses, opportunities, and threats bzw. strengths, opportunities, faults, and threats).* Die Untersuchung bestehender Chancen- und

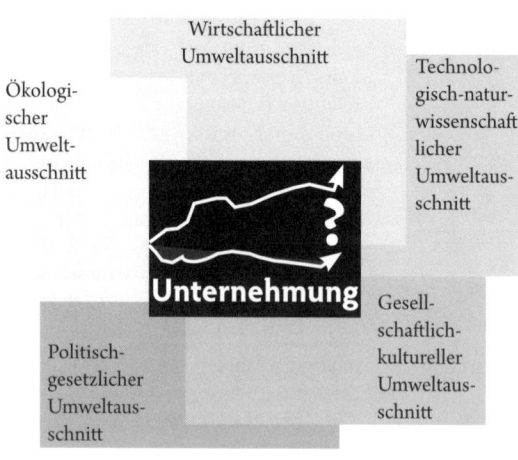

**Abbildung 3:** Die Strukturierung der Unternehmensumwelt nach relevanten Problemfeldern

Gefahren bezieht sich dabei im wesentlichen auf das externe Handlungsfeld, seinen Zustand und die sich darin abzeichnenden Entwicklungen (Lombriser & Abplanalp 2004, S. 93 ff.). Mit Hilfe von Berichten, Checklisten und/oder Profildarstellungen wird eine umfassende Analyse der ökonomischen, technologischen, sozio-kulturellen, rechtlichen und ökologischen Umwelt möglich.

Gleichzeitig bezieht man auch die eigenen Stärken und Schwächen in die strategische Analyse mit ein, um so ein wettbewerbsrelatives Kompetenzprofil der Unternehmung zu erstellen (Lombriser & Abplanalp 2004, S. 141 ff.; zur Stärken-/Schwächen-Analyse im Tourismus Freyer 2007, S. 210 ff. und S. 243 ff.). Die Stärken der Unternehmung werden häufig auch als ihre Kernkompetenzen bezeichnet. Die Aufgabe der Unternehmensanalyse besteht in der Abbildung des gegenwärtigen Zustandes der Un-

ternehmung in möglichst realistischer Form. Die Erfassung der Unternehmensinformationen erfolgt zumeist in zwei Komplexen:

❖ Zum einen stehen die operativen Tätigkeiten, also die bisher erzielten Ergebnisse, die vorhandenen Leistungspotentiale und die Wertschöpfungskette im Analysefokus,

❖ zum anderen wird der Führungsbereich in seinen nicht-quantifizierbaren Dimensionen, also das Führungssystem, das Organisationssystem, die Führungsmethode und das Führungskräftepotential oder auch die Unternehmenskultur durchleuchtet (Abbildung 4). Beurteilungskategorien stellen dabei einfache Soll-Ist-Vergleiche, Zeitreihenvergleiche oder auch Konkurrenz- und Branchenvergleiche dar. Jeder dieser Maßstäbe weist jedoch individuelle, spezifische Nachteile auf (Länge der

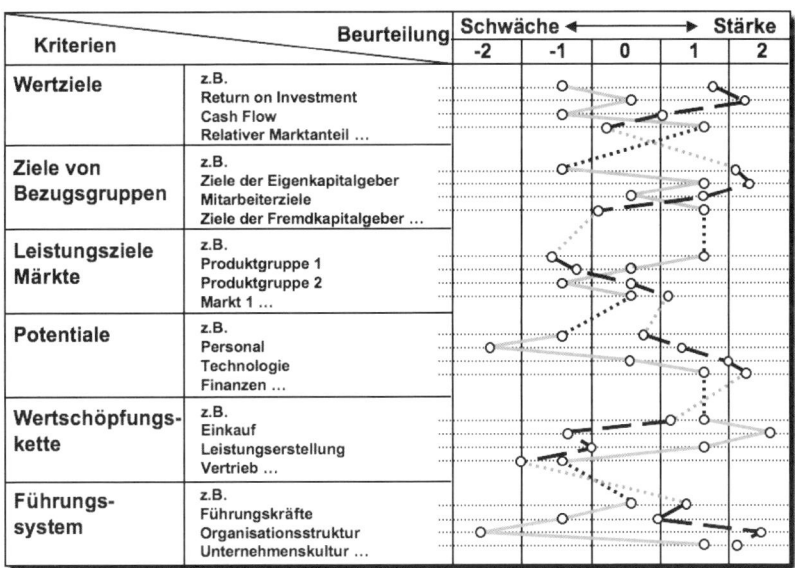

**Abbildung 4:** Analyse von Stärken und Schwächen

Zeitperiode, Bezugsbasis u.a.), so daß letztlich nur eine qualitative, erfahrungsbasierte subjektive Bewertung verbleibt.

Werden nun die Chancen *(opportunities)* und Gefahren *(threats)* der Umweltentwicklungen mit den Stärken *(strengths)* und Schwächen *(weaknesses)* konfrontiert, lassen sich aus diesem Möglichkeitenpool vier denkbare grundsätzliche Verhaltensszenarien entwickeln:

(1) Der Idealfall eines Zusammenfallens von Stärke und Chance stellt zwar die zunächst günstigste denkbare Situation dar, produziert jedoch des häufigeren als unliebsame Nebenerscheinung ein gewisses Trägheitsmoment, da man sich „seiner Sache zu sicher" ist.

(2) Treffen hingegen besondere Kompetenzen einer Unternehmung auf gefahrenbehaftete Situationsanalysen, so bieten sich der Unternehmung die Möglichkeiten, diese Gefahren – möglicherweise einzigartig im Vergleich zur Konkurrenz – zu bewältigen oder geschickt abzumildern.

(3) Sieht sich hingegen eine Unternehmung in einer schwachen Kompetenzsituation externen Chancen gegenüber, so bietet sich die Gelegenheit, bestehende Defizite in dem gebotenen chancenreichen Umfeld aufzuarbeiten oder gar zu kompensieren. Zumeist schöpft eine Unternehmung jedoch mangels gegebener Möglichkeiten das angebotene Chancenpotential nicht vollständig aus und befindet sich zudem gegenüber anderen, eventuell leistungsfähigeren Wettbewerbern in einer unterlegenen Konkurrenzsituation.

(4) Die letzte der denkbaren Kombinationen sieht eine leistungsschwache Unternehmung mit einer gefahren-

behafteten Situation konfrontiert. Hier gilt es in besonderem Maße Schadensbegrenzung zu betreiben, wenn möglich dieses Alternativenfeld zu verlassen.

Im Zuge der Strategieumsetzung sieht sich das Management mit der Aufgabe konfrontiert, seinen strategischen Entschluß in konkrete Handlungsaufforderungen um- und durchzusetzen. Da es sich bei strategischen Fragestellungen, wie bereits angedeutet, um innovative, Wandel auslösende Problemstellungen handelt, ist mit mehr oder minder starken Implementationswiderständen zu rechnen (Steinmann & Schreyögg 2005, S. 174 f. und S. 269 ff.). Jeweils gewählte Lösungsansätze hinsichtlich des „richtigen" Zeitpunktes der Information oder der Partizipation von betroffenen Mitarbeitern an der Strategiefindung sind Ausdruck der gelebten → Unternehmenskultur und des sich manifestierenden → Führungsstils. Grundsätzlich läßt sich festhalten, daß die „soziale Investition" in die Verhaltensebene des Strategiekonzeptes umso intensiver sein muß, je umfänglicher die beabsichtigte strategische Neuausrichtung angedacht ist (Welge & Al-Laham 2003, S. 537 ff.).

Eine den Prozeß beschließende strategisch orientierte Kontrolle hat über die klassische Planergebnissicherung hinaus noch weitere Informationen bereitzustellen, um alle Vorgänge und sich einstellende Ergebnisse eines Entscheidungsprozesses laufend zu überwachen und zu hinterfragen. Somit überlagert bzw. begleitet die strategische Kontrolle den gesamten Prozeß der strategischen Willensbildung und -durchsetzung als „Qualitätssicherungsinstrument". Folgerichtig läßt sich die „strategische Kontrolle" definieren als ein „(...) systematischer Prozeß, der parallel zur strategischen Planung verläuft und durch

Ermittlung von Abweichungen zwischen Plangrößen und Vergleichsgrößen den Vollzug der strategischen Planung überprüft" (Bea & Haas 2005, S. 231).

Das strategische Kontrollmuster wird daher in der Regel um drei zusätzliche Elemente erweitert (Bea & Haas 2005, S. 234 ff., Lombriser & Abplanalp 2004, S. 386 ff.; Steinmann & Schreyögg 2005, S. 279). Noch am nächsten mit dem operativen Kontrollgedanken verbunden ist die strategische Fortschritts- bzw. Durchführungskontrolle, welche die Dokumentation, Analyse und Diagnose von „Soll" und „Ist" um ein aus dem längeren strategischen Wirkungsraum resultierendes Setzen von Zwischenzielen (*milestones*; → Meilensteine) ergänzt und damit über die Frage nach einem zukünftigen „Wird" das Risiko des eingeschlagenen strategischen Kurses abzuschätzen versucht. Weiterhin mit einem strategischen Kontrollprozeß verbunden ist auch die Überprüfung der im Entscheidungszeitpunkt unterstellten Planungsprämissen, die zwar den Rahmen zur Reduktion der Problemkomplexität abgesteckt haben, sich aber durchaus im Zuge der Strategieumsetzung als kritisch, da ungeeignet oder gar falsch erweisen können. Als drittes Element wird noch eine generelle, ungerichtete strategische Überwachung empfohlen, die all jene grundsätzlichen Entwicklungen im Kontext der Unternehmung auffangen und verarbeiten soll, die eventuell Einfluß auf den strategischen Prozeß nehmen könnten. Als generell schwierig ist im strategischen Kontext die Festlegung geeigneter Kontrollstandards auf strategischem Niveau einzuschätzen, da die aufgrund der häufiger fehlenden Messbarkeit strategisch bedeutsamen Größen wie „strategisches Erfolgspotential", „Kern-Fähigkeit", „Wissen", „Lernfähigkeit" usw. eher unbestimmten Charakter aufweisen.

Hilfestellung kann hier der Aufbau einer geeigneten, unternehmensindividuellen → Balanced Scorecard leisten. *(vs)*

*Literatur*

Bea, Franz X.; Jürgen Haas 1997: Strategisches Management. Stuttgart: Schäffer-Poeschel (2. Aufl.)

Bieger, Thomas 2005: Management von Destinationen. München, Wien: Oldenbourg (6. Aufl.)

Breidenbach, Raphael 2002: Freizeitwirtschaft und Tourismus. Wiesbaden: Gabler

Freyer, Walter 2007: Tourismus-Marketing. Marktorientiertes Management im Mikro- und Makrobereich der Tourismuswirtschaft. München, Wien: Oldenbourg (5. Aufl.)

Hinterhuber, Hans H. 2004: Strategische Unternehmungsführung. Band I: Strategisches Denken. Vision – Unternehmenspolitik – Strategie. Berlin, New York: Walter de Gruyter (7. Aufl.)

Lombriser, Roman; Peter A. Abplanalp 2004: Strategisches Management. Visionen entwickeln – Strategien umsetzen – Erfolgspotentiale aufbauen. Zürich: Versus (3. Aufl.)

Porter, Michael E. 1992: Wettbewerbsvorteile. Spitzenleistungen erreichen und behaupten. Frankfurt/M., New York: Campus (3. Aufl.)

Porter, Michael E. 1999: Wettbewerbsstrategie. Methoden zur Analyse von Branchen und Konkurrenten. Frankfurt/M., New York: Campus (10. Aufl.)

Steinmann, Horst; Georg Schreyögg 2005: Management. Grundlagen der Unternehmensführung. Konzepte – Funktionen – Fallstudien. Wiesbaden: Gabler (6. Aufl.)

Welge, Martin; Andreas Al-Laham 2003: Strategisches Management. Grundlagen-Prozeß-Implementierung. Wiesbaden: Gabler (4. Aufl.)

## Strategische Allianz

*strategic alliance, strategic coalition, collaborative agreement*

Unter einer strategischen Allianz versteht man die grundlegende Übereinkunft von Unternehmungen zur mittel- und langfristigen Zusammenarbeit. Der Begriff wurde 1923 von Robert F. Hoxie eingeführt und bezog sich zunächst auf die Zusammenarbeit von Gewerkschaften (Hoxie 1923). Die heutige Verwendung des Ausdrucks geht auf Porter zurück, der eine zwischenbetriebliche → Kooperation als strategisch bezeichnet, wenn sie dazu dient, mittel- und langfristige Wettbewerbsvorteile zu erzielen (Porter & Fuller 1985, S. 315).

In der Regel bezeichnet die strategische Allianz eine horizontale Kooperation, also die Zusammenarbeit unter Konkurrenten. Ziel der Zusammenarbeit ist es, gemeinsam mit dem Kooperationspartner Märkte zu erschließen, Ressourcen effektiver zu nutzen oder Wettbewerber abzuwehren. Besonders wirkungsvoll ist die strategische Allianz in Geschäftsfeldern, in denen Größenvorteile *(economies of scale)* vorherrschen, wie zum Beispiel im Luftverkehr. Hier sinken die Kosten pro Passagier mit größer werdendem Flugzeug, Verkehrsnetz oder Kundenstamm. Entsprechend entstehen bei der Zusammenlegung von Partnernetzen sog. *economies of flow* bzw. *network economies* (Joppien 2003, S. 341). Die strategische Allianz ist eine Antwort auf die zunehmende Deregulierung (→ Liberalisierung des Luftverkehrmarktes) und Globalisierung der Märkte und auf den stetig anwachsenden Wettbewerbsdruck. Die kooperierenden Unternehmungen setzen darauf, mit dem Ausnutzen von Größenvorteilen Markteintrittsschranken gegenüber ungebundenen Wettbewerbern zu errichten und damit einen Teil des gestiegenen Wettbewerbsdrucks wieder einzuschränken. Sie schaffen sich dadurch „ökologische Nischen", in denen sie zeitweilig vor den zerstörerischen Kräften des Wettbewerbs geschützt sind (Joppien 2003, S. 104).

Die Strategische Allianz stellt eine Alternative zu Fusionen und Übernahmen *(mergers & acquisitions)* dar. Im Gegensatz zur Fusion ist es bei einer Kooperation nämlich nicht notwendig, die eigene Unternehmensgröße zu verändern oder mit eigener Kraft in neue Branchen oder neue geographische Regionen vorzudringen. Kooperierende Unternehmen kommen also in den Genuß vieler Vorteile bei gleichzeitiger Vermeidung größenbedingter negativer Effekte der komplexeren Organisation *(diseconomies of scale)* bzw. von Problemen und Risiken bei der Zusammenführung unterschiedlicher Unternehmensteile. In Branchen wie dem Luftverkehr, wo Fusionen und Übernahmen aufgrund des restriktiven luftrechtlichen Rahmens oft nicht möglich sind, dient die strategische Allianz (→ Allianzen im Luftverkehr) als eine Art „Ersatzkonsolidierung". Sie wird deshalb auch als „virtuelles Joint Venture" (→ Kooperation) bezeichnet (Joppien 2003, S. 563). *(jop)*

*Literatur*
Hoxie, Robert F. 1923: Trade Unionism in the United States. New York: Russell & Russell
Joppien, Martin Günter 2003: Strategisches Airline-Management. Bern, Stuttgart, Wien: Haupt
Porter, Michael E.; Mark B. Fuller 1985: Coalitions and Global Strategy. In: Porter Michael E. (ed.): Competition in Global Industries. Cambridge/Mass.: Harvard Business School Press

**Strategisches Einkaufs-Management (Hotel)**
→ Supply Management (Hotel)

**Straußwirtschaft**
*seasonal wine tavern*
Schankbetrieb eines Winzers, auch Besen-, Hecken-, Kranzwirtschaft genannt (in Österreich: Buschenschank). Winzer dürfen – saisonal begrenzt – in geeigneten Räumlichkeiten ihre eigenen Produkte

(insbesondere Wein oder Apfelwein) und einfachere Speisen anbieten. Durch das Anbringen eines Straußes, eines Besens oder eines Kranzes am Haus wird der landwirtschaftliche Betrieb als Gaststätte sichtbar gemacht.

Die Existenz von Straußwirtschaften läßt sich Jahrhunderte zurückverfolgen und kann als früher → Meilenstein in der Entwicklung von gastronomischen Betrieben gesehen werden. Da die paragastronomischen Schankbetriebe (→ Paragastronomie) geringeren gesetzlichen Auflagen (etwa bei Hygienestandards, Brandschutz oder Raumausstattung) unterliegen, werden sie von der professionellen Gastronomie mit Argwohn betrachtet. *(wf)*

*Literatur*
Mertesdorf, Anja 2003: Straußwirtschaften als touristisches Angebot, Materialien zur Fremdenverkehrsgeographie, Heft 60, Trier: Geographische Gesellschaft Trier

**Strecke**
→ Eisenbahnstrecke

**Streß**
*stress*
Der Begriff „Streß" bedeutete im Englischen ursprünglich das Testen von Metallen oder Glas auf Belastbarkeit. Der Biochemiker Hans Selye (1907-1982) übertrug den Begriff Streß 1936 in die Psychologie und Medizin und machte den Begriff allgemein bekannt. Er stellte fest, daß bei starken Umweltbelastungen wie zum Beispiel Hitze oder Kälte ein Organismus eine unspezifische Alarmreaktion aufweist. Bei weiteren Untersuchungen zeigte sich, daß diese unspezifische Reaktion durch sehr verschiedene Ereignisse ausgelöst werden kann. Belastende Reize, sogenannte Stressoren, können physischer oder psychischer Art sein. Als

Streß bezeichnet er die unspezifische Reaktion des Körpers auf jede an ihn gestellte Anforderung. Selye geht von einem neutralen Streßverständnis aus. Er spricht von Streß, wenn der Körper auf einen Reiz mit Aktivierung reagiert. Umgangssprachlich versteht man hingegen unter Streß eine als unangenehm empfundene Situation.

Streß ist demnach die Aktivierungsreaktion des Organismus auf Forderungen und Bedrohungen – auf die so genannten Stressoren. Man unterscheidet:

* physische Stressoren: Lärm, Hitze, Kälte, Temperaturschwankungen, Luftdruckänderungen, Hunger, Infektionen, Verletzungen, schwere körperliche Arbeit, langes Autofahren, lange Arbeitszeiten, Reizüberflutung
* psychische Stressoren: Versagensängste, Überforderung, Unterforderung, Fremdbestimmung, Zeitmangel, Hetze, Kontrollverlust
* soziale Stressoren: Konflikte, Isolation, ungebetener Besuch, Verlust vertrauter Menschen, Mobbing.

Streß wird häufig als Außeneinfluß dargestellt, man fühlt sich äußeren Belastungen ausgeliefert. Diese Sichtweise ist unvollständig. Streß entsteht aus dem Zusammenspiel zwischen situativen Anforderungen und individuellen Beurteilungen der eigenen Ressourcen und Fähigkeiten. Entscheidend ist die jeweils subjektive Bewertung der Anforderungen, nicht allein die „objektive" Stärke eines Stressors. Es finden zwei Bewertungen von Stressoren statt:

* Erste Einschätzung: Ist ein Ereignis bedrohlich und damit relevant?
* Zweite Einschätzung: Welche Bewältigungsmöglichkeiten stehen zur Verfügung?

Empfindet man ein Ereignis nicht als bedrohlich, wird es keinen Streß auslösen. Empfindet man ein Ereignis als bedrohlich und damit als relevant, entscheidet die zweite Einschätzung darüber, ob Streß ausgelöst wird oder nicht. Stehen Bewältigungsmöglichkeiten zur Verfügung, wird sich der Streß in erträglichem Maß halten. Je ungünstiger sich die Bewältigungsmöglichkeiten gestalten, desto mehr Streß empfindet man. Entscheidend ist die Erwartung von Selbstwirksamkeit, das heißt, man muß sich selbst zutrauen, das anstehende Problem bewältigen zu können. Ansonsten entsteht Streß. Für einen Servicemitarbeiter in einem → Hotel oder einem → Restaurant ist es daher vorteilhaft, wenn er eine umfassende Entscheidungskompetenz hat, wenn er beispielsweise sofort entscheiden kann, ob und welche Kompensation er einem Gast für einen Fehler gibt (→ Complaint ownership).

Die Folgen von Streß sind eine reduzierte kognitive Leistungsfähigkeit und eine höhere emotionale Erregbarkeit, d.h., man reagiert schnell gereizt und aggressiv. Typische Situationen, in denen ein Tourist überproportional häufig Streß empfindet, sind die Reise zum Zielort, Dichtestreß, Lärm, unvorhergesehene Ereignisse und Erwartungsenttäuschungen, d.h., wenn das Hotel, dessen Lage, das Verhalten des Personals etc., nicht den Ansprüchen und Erwartungen genügt. Sofern Personen Streß empfinden, werden sie durch ihre Gereiztheit möglicherweise zum Stressor für sich selbst, für andere Touristen und für das Servicepersonal. Ebenso führen gestreßte Mitarbeiter zu entsprechenden Reaktionen bei Gästen. *(sml/gcm)*

*Literatur*
Kohlmann, Carl-Walter; Michael Hock 2005: Streßbewältigung. In: Weber; Rammsayer (Hrsg.), S. 374-382
Lazarus, Richard S. 1966: Psychological stress and the coping process. New York: McGraw-Hill

Litzcke, Sven M.; Horst Schuh 2007: Streß, Mobbing und Burn out am Arbeitsplatz. Heidelberg: Springer (4. Aufl.)
Monat, Alan; Richard S. Lazarus 1991: Stress and coping: an anthology. New York: Columbia University Press (3. Aufl.)
Schwarzer, Ralf 2000: Streß, Angst und Handlungsregulation. Stuttgart: Kohlhammer (4. Aufl.)
Selye, Hans 1974: Streß: Bewältigung und Lebensgewinn. München: Piper
Weber, Hannelore; Thomas Rammsayer (Hrsg.) 2005: Handbuch der Persönlichkeitspsychologie und Differentiellen Psychologie. Göttingen: Hogrefe

**Stretcher**
→ Rücktransport

**Strömungsabriß**
*stall*
Der Auftrieb von Flugzeugen entsteht durch das geschwindigkeitsbedingte Anblasen des Flügels, dessen Profil so gestaltet ist, daß auf seiner Oberseite ein Unterdruck und auf seiner Unterseite ein – im Vergleich allerdings deutlich geringerer – Überdruck entsteht. Wenn die Geschwindigkeit zu gering, der → Anstellwinkel oder der Neigewinkel im Kurvenflug zu groß wird, bilden sich Turbulenzen und die Strömung am Flügel reißt ab. Damit geht auch der Auftrieb verloren und das Flugzeug fällt. Diese Turbulenzen führen meist schon vor dem Strömungsabriß zu Flatterschwingungen *(buffeting)*, die den Piloten durch Schütteln des Flugzeuges alarmieren und ihn zu schnellen Gegenmaßnahmen (Aufnehmen von Geschwindigkeit durch Drücken der Flugzeugnase mit dem Höhenruder nach unten bei gleichzeitiger Erhöhung der Triebwerksleistung, Ausgleich der seitlichen Abkippneigung durch entgegengesetzten Seitenrudereinsatz) veranlassen.

Unabhängig davon, ob ein Flugzeugmuster eine solche aerodynamische Frühwarnung aufweist oder nicht, wird darüber hinaus im Flug bei Erreichen von fünf bis zehn → Knoten oberhalb der Abreißgeschwindigkeit *(stall speed)* ein optisches (Warnlampe) und/oder akustisches Signal (Horn, Klingel) ausgelöst. Wo – wie bei den meisten modernen Verkehrsflugzeugen – die aerodynamische Vorwarnung in Form von Flatterschwingungen nicht besteht, wird das *buffeting* durch elektromechanisches Schütteln der Steuersäule simuliert *(stick shaker)*. Sollte der Pilot auch darauf nicht reagieren, wird die Steuersäule automatisch nach vorne gedrückt *(stick pusher)*, damit das Flugzeug durch Verringerung des Anstellwinkels wieder Fahrt aufnehmen kann.

Bei der Landung wird ein Flugzeug absichtlich durch kontrolliertes Verringern der Geschwindigkeit (Zurücknahme des Schubs) in geringer Höhe über der Landebahn und leichtes Ziehen des Höhenruders zur Erhöhung des Anstellwinkels praktisch in die Nähe eines stall geflogen, infolgedessen es dann sinkt und auf der Bahn aufsetzt. *(jwm)*

**Studienreise**
*study trip, study tour*
Unter Studienreise versteht man eine touristische Veranstaltung, die Bildungsinteressen dient. Sie werden von darauf spezialisierten kommerziellen oder gemeinnützigen Veranstaltern angeboten und folgen in der Regel einem festen Programm, das thematisch (zum Beispiel „Burgundische Romanik") oder landeskundlich (zum Beispiel „Burgund") orientiert sein kann und einen festen Bestandteil des Reisevertrages bildet. Studienreisen sind → Gruppenreisen, wobei die Veranstalter die Gruppengrößen neuerdings im Interesse von Exklusivität einschränken.

Studienreisen werden von → Reiseleitern begleitet, die für die organisatorische Abwicklung der Reise zuständig sind, aber auch für die Vermittlung von Bildung und Erlebnis. Und schließlich sind Studienreisen → Pauschalreisen, d.h., sie bestehen aus einem Leistungsbündel, das Verkehrsmittel, Unterkunft und Verpflegung, Reiseleitung (→ Studienreiseleiter) und Eintritte umfaßt. Im Interesse ihrer zahlungskräftigen Klientel orientieren sich die Veranstalter dabei zumeist am gehobenen Standard der Teilleistungen. Während bis in die 1980er Jahre hinein der Stil einer lehrerzentrierten Unterweisung vorherrschte, steht heute der Konsum möglichst einzigartiger und authentischer Erlebnisse (→ Authentizität) im Vordergrund. *(wg)*

**Studienreiseleiter**
*study tour guide*
Das Aufgabengebiet des Studienreiseleiters ähnelt dem des Rundreiseleiters (→ Reiseleiter) auf höherem akademischen Niveau und ist den Gegebenheiten der → Studienreise angepaßt. Er übernimmt neben seinen Aufgaben als Organisator und Betreuer zusätzlich die Rolle der Gästeführung (→ Gästeführer) und Kulturvermittlung und spannt dabei den Bogen zur eigenen Kultur. Eine neuere Entwicklung der letzten Jahre zeigt, daß nicht mehr so sehr Menge und Tiefe der Informationen geschätzt werden, „als vielmehr seine Fähigkeiten, Begegnungen herbeizuführen und die Reise anschaulich und kreativ zu gestalten" (Nonnenmann 2004, S. 45). *(sst)*

*Literatur*
Günter, Wolfgang (Hrsg.) 2003: Handbuch für Studienreiseleiter. Pädagogischer, psychologischer und organisatorischer Leitfaden für Exkursionen und Studienreisen. München, Wien: Oldenbourg

Nonnenmann, Almut 2004: Faszination Studienreiseleitung. Norderstedt: Books on Demand

**Studio**
*studio*
→ Zimmertypen

**Subcharter**
Anmietung eines Teils der Kapazität eines Flugzeuges oder eines Schiffes. Anders als beim → Teilcharter wird hier der Vertrag jedoch nicht mit der → Fluggesellschaft oder der Reederei, sondern mit demjenigen gemacht, der einen Flug oder eine Schiffspassage im → Vollcharter angemietet hat.

**Suggestive Kommunikation**
*suggestive communication*
Suggestion (lat. *suggere* = unterschieben, eingeben) ist die Beeinflussung eines Menschen unter Umgehung dessen rationaler Prozesse. Jeder Mensch, der auf andere einwirkt, wendet Suggestion an. Dazu gehören Eltern, Lehrer, Psychologen, Verkäufer, Werbefachleute etc. Durch Suggestion wird die grundsätzliche Mehrdeutigkeit (→ Ambiguitätstoleranz) der Welt so vereinfacht, als gäbe es nur eine zutreffende Sichtweise. Hat man sich erst einmal auf eine solcherart vereinfachte Sicht eingelassen, bleibt man dieser Sichtweise wegen der Tendenz zu konsistentem Verhalten treu. Indem man dies tut, entledigt man sich der Notwendigkeit, ständige neue Informationen zu prüfen.

Menschen handeln in sozialen Situationen häufig so, wie sie glauben oder sehen, daß andere Menschen handeln. Wer beispielsweise auf einer → Raststätte eine Toilette benutzt, für deren Benutzung ein freiwilliger Beitrag gegeben werden soll, orientiert sich an den Münzen der Vorgänger. Deshalb entfernen die Servicemitarbeiter kleine Münzen sofort. Durch den Anblick von 50 Cent oder Ein-Euro-Münzen wird suggeriert, dies sei die sozial angemessene Bezahlung. Das Entfernen kleinerer Münzen ist daher ein weiteres Beispiel für eine suggestive Kommunikation, hier sogar, ohne daß ein Wort gefallen wäre.

Ebenfalls suggestiv ist das Überspringen einer Frage durch das Stellen der eigentlich zweiten Frage. So kann ein Kellner fragen: 1. Wollen Sie einen Nachtisch? und 2. Wenn ja, wollen Sie Eis oder Käse? Hier hat der Gast die Möglichkeit, bei Frage 1 mit „Nein" zu antworten. Stattdessen kann der Kellner direkt fragen: Wollen Sie zum Nachtisch Eis oder Käse? Die eigentliche Frage wurde getilgt, und es bedeutet für einen Gast einen höheren Aufwand zu sagen, „Nein, ich möchte keines von beiden".

Besonders stark ist der Einfluß, den sympathisch wirkende Menschen auf andere haben. Von sympathischen Menschen läßt man sich leichter überzeugen. Einflußfaktoren auf Sympathie sind die Attraktivität (→ Attraktivität), die wahrgenommene Ähnlichkeit, Lob und Anerkennung sowie Vertrautheit mit einer Person. *(sml)*

*Literatur*
Cialdini, Robert B. 2005: Die Psychologie des Überzeugens. Bern: Huber
Kellermann, Mario 1997: Suggestive Kommunikation. Unterschwellige Botschaften in Alltag und Werbung. Bern: Huber
Schwanenberg, Enno 1993: Suggestion. In: Angela Schorr (Hrsg.) 1993: Handwörterbuch der angewandten Psychologie. Bonn: DPV, S. 661-663

**Suite**
→ Zimmertypen

**Superprovision**
*overriding commission*
Synonym: Bonus (und Malus), Leistungsprovision. Zusätzliche Provision (→ Staf-

felprovision), meist gemessen in Prozentpunkten, die – wie auch immer definierte – besondere Leistungen des → Reisemittlers belohnen sollen. Diese besonderen Leistungen werden meist an den jährlichen Umsatzsteigerungen (bezogen auf den provisionsgewährenden Veranstalter) gemessen: Wächst der vermittelte Umsatz im Vergleich zum Vorjahr, erhält der Reisemittler einen Bonus. Um diejenigen Reisemittler zu bestrafen, die vom Veranstalter wegsteuern, werden diese oft analog mit einem sog. Malus belegt. Um die Entwicklung des Gesamtmarktes sowie des betreffenden Veranstalters zu berücksichtigen, wird die Umsatzentwicklung des Reisemittlers (bezogen auf einen Veranstalter) vielfach mit der Umsatzentwicklung des Veranstalters verglichen: Sinkt der Umsatz des Veranstalters stärker als der auf diesen Veranstalter bezogene Umsatz des Reisemittlers, darf dieser nicht mit einem Malus bestraft werden. Zu regeln ist insbesondere, ob die Superprovision nur auf den Mehrumsatz (ab einer bestimmten Umsatzgrenze) oder aber auf den gesamten erzielten Umsatz anzuwenden ist (wobei dann auch rückwirkend, d.h. höher als ursprünglich berechnet, vergütet wird).

Andere Modelle honorieren zum Beispiel bestimmte Anstrengungen des Reisemittlers in Bezug auf Marketingaktionen oder Mitarbeiterfortbildung, sofern diese spezifisch auf den provisionsgewährenden Veranstalter bezogen sind. Oft wird auch der Abverkauf bestimmter Reisen, die der Veranstalter in den Markt drücken möchte, mit einer Superprovision belohnt. Über einen solchen Bonus können Reisemittler ihre Gesamtprovision in der Regel um ein bis fünf Prozentpunkte anheben. → Provision; → Provisionsarten *(tk)*

## Supply Management (Hotel)

### 1 Einführung

Supply Management (strategisches Einkaufsmanagement) ist definiert als umfassender und international abgestimmter Terminus für die strategische Managementdimension (→ Strategie/strategisches Management) und das gesamte Gebiet des Einkaufs (Jahns 2004, S. 28 ff.). Supply Management ist dabei neben dem Themenfeld Logistics ein Unterbereich des Supply Chain Managements.

Supply Management wird angewendet zur Gewinnmaximierung oder -optimierung eines Hotels. Gewinnmaximierung ist für ein Hotel lebensnotwendig, schafft sie doch die Grundlagen für Wettbewerbsfähigkeit sowie die Bildung von Reserven für Re- und Neuinvestitionen und somit zur Erhaltung der Wettbewerbsfähigkeit. Seit Anfang 2000 findet Supply Management in der Hotellerie verstärkte Anwendung, da durch die strategische Ausrichtung des Einkaufs die Gewinnsituation eines Hotels deutlich verbessert wird. Um den gleichen Gewinneffekt zu erzielen wie durch eine Einkaufskostensenkung von zwei Prozent, müßte ein Hotel im Gegenzug eine Umsatzsteigerung von 12 % erreichen (Basis Umsatzrendite [NOP, Net Operating Profit; → Betriebsergebnis II] von fünf Prozent). Diese Betrachtung nennt man Umsatzäquivalenzbetrachtung (Jahns, Walter & Schüffler 2006, S. 23).

Das klassische Beherbergungsgewerbe ist zwischen den Jahren 2000 und 2006 nominal um durchschnittlich 0,5 % gewachsen (IHA 2007, S. 7). Vor diesem Hintergrund wird die Renditedimension des strategischen Einkaufs besonders deutlich. Die langfristige und nachhaltige Optimierung der Einkaufskosten funktioniert ausschließlich über einen strategischen, also geplanten und durchdachten Ansatz (Supply Management). Durch kurzfristig angelegte Maßnahmen im Einkauf, wie zum Beispiel das Lieferantensqueezing (ausquetschen von Lieferanten) werden – wenn überhaupt – maximale Kosteneinsparungen *(cost savings)* von rund fünf bis 10 % erzielt. Langfristig ausgerichtete Strategien mit Planung und Konzept bewirken 40 % *cost savings* und mehr (Jahns 2006).

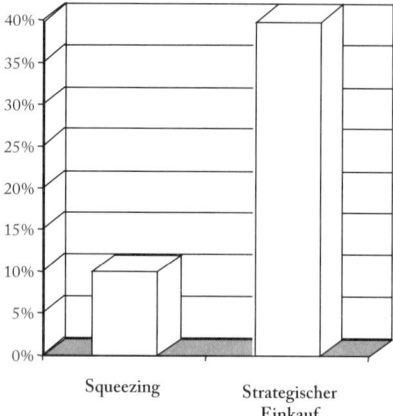

**Abbildung 1:** Umsatzäquivalenzbetrachtung in der Hotellerie (Jahns, Walter & Schüffler 2006, S. 23)

Zu den Vorteilen des Supply Managements zählen: Kostensenkung durch bessere Preise und Konditionen und damit optimierte Gewinnsituation; Vermeidung, Vorbeugung oder Abfederung von zukünftigen Kostensteigerungen; bessere Verhandlungsposition; bessere Dokumentations-, Kontroll- und Steuerungsmöglichkeiten und bessere Prozesse für eine spürbare Entlastung aller Mitarbeiter und damit bessere Konzentration auf die Kernkompetenzen.

**2  Module des Supply Managements**

Um den Hoteleinkauf strategisch auszurichten, müssen folgende vier Module

betrachtet werden: Ist-Analyse – Zielsetzung – Maßnahmen – Kontrolle.

**2.1  Ist Analyse**

Bei der Ist-Analyse wird eine Bestandsaufnahme im Hotel vorgenommen. Es werden die „6 W im Einkauf" ermittelt: Wer, was, wann, wo, wie, wieviel einkauft. Überprüft werden vor allem: Bestellabläufe, Warenannahme, Warenausgabe, Inventur, Lieferantenzahl, Lieferantenart und Einkaufsvolumen total und pro Sortiment.

**2.2  Zielsetzung**

Die Definition der Ziele des Hoteleinkaufs helfen zum einen, ein klares Bild von der Aufgabe zu bekommen, Mitarbeiter optimal anweisen und führen zu können, als auch Ergebnisse am Jahresende zu überprüfen. Die Zielsetzungen können verschiedenartig sein und auch zusammenhängen. Es kann hierbei mehrere Ziele geben wie Kostensenkung, Qualitätsverbesserung bei gleichen Kosten, Reduzierung des Arbeitsaufwands, Marketingunterstützung, bessere Transparenz und Kontrolle und Risikoreduzierung (zum Beispiel in Bezug auf → HACCP, Fremdreinigung).

**2.3  Maßnahmen**

Es gibt vier Instrumentalbereiche, an denen die Maßnahmenplanung ausgerichtet werden muß. Einkauf *(purchasing)*, Prozeßmanagement, Bestellabwicklung, Kommunikation und Schulung.

**Einkauf**

Durch den Einkauf (Lieferantenmanagement) werden die für die Beschaffungskette *(supply chain)* notwendigen Kriterien und dafür geeigneten Lieferanten festgelegt sowie die Zusammenarbeit mit dem ausgewählten Lieferantenstamm organisiert und kontrolliert. Die Beschaffung unterteilt sich vor allem in

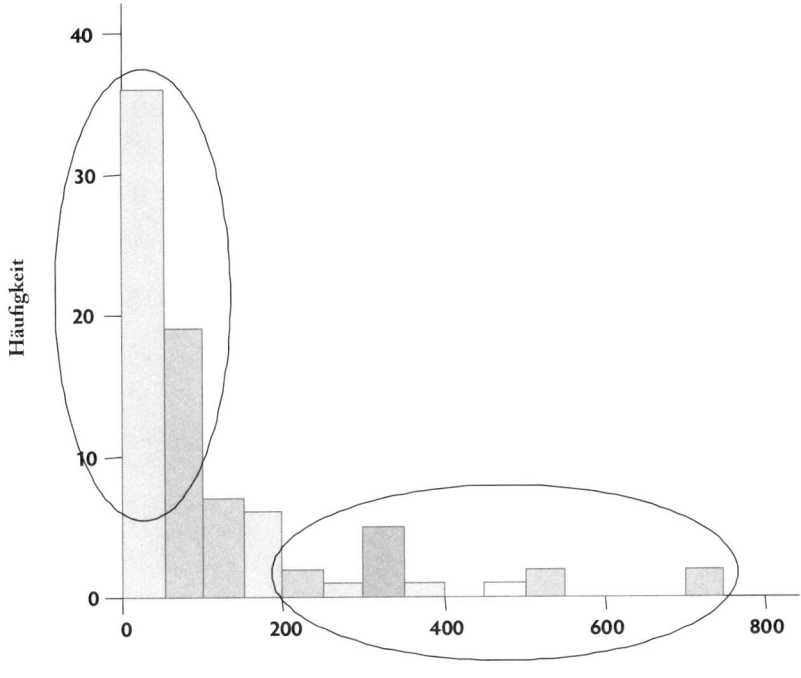

**Abbildung 2:** In der 3- bis 5-Sterne-Hotellerie liegt die durchschnittliche Zahl an Lieferanten bei 112 (Jahns, Walter & Schüffler 2006, S. 15). Die Tendenz ist jedoch abnehmend, da die preislichen und logistischen Vorteile durch eine Lieferantenkonzentration diese Entwicklung fördern.

die drei Schwerpunkte Marktwissen, Ausschreibung, Vertragsmanagement.

Grundlage für professionellen Hoteleinkauf ist über ein entsprechendes Marktwissen zu verfügen. Andernfalls besteht ein hohes Risiko, die Einkaufsziele nicht zu erreichen. Zum Marktwissen gehören unter anderem Antworten auf folgende Fragen: Wie sehen die jeweiligen Beschaffungsmärkte aus, und welche Marktform haben sie (bspw. Oligopol, Monopol, Käufermarkt, Verkäufermarkt)? Welche Produkte gibt es? Welche Lieferanten kommen in Frage?

Grundlage der Ausschreibung ist die genaue Definition des Bedarfes, also des benötigten Produktes oder der benötigten Leistung für das Hotel mit all seinen Spezifikationen sowie die Menge. Um eine bestmögliche Vergleichbarkeit zu bekommen, sollte die Ausschreibung sehr ausführlich sein. Es gibt mehr als 20 preisbestimmende Faktoren, also Faktoren, die sich unmittelbar auf den Preis auswirken, und die im Vorfeld bereits bekannt sein müssen. Zu den preisbestimmenden Faktoren zählen unter anderem Zahlungskonditionen, Lieferbedingungen, Mengenrabatt, Konditionen auf Produktlinien, Kündigungsfristen, Mindermengenzuschläge, Naturalrabatt, kostenlose Wartung,

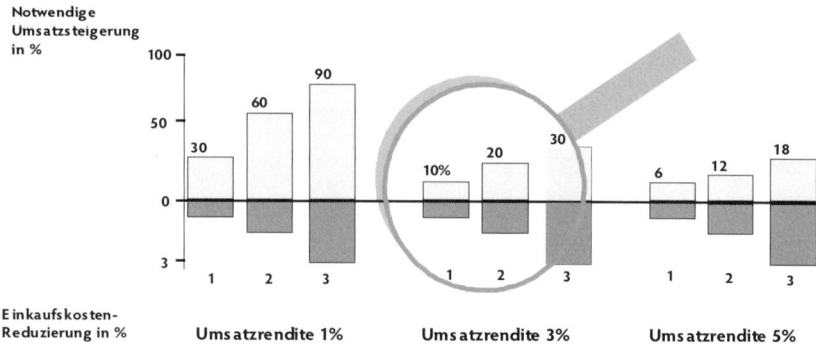

**Abbildung 3:** Umsatzäquivalenzbetrachtung in der Hotellerie
(Jahns, Walter & Schüffler 2006, S. 23)

Abrufaufträge, Rückvergütungen, Preissenkung bei Lieferverzug, Schulungen, Garantieverlängerung, Lieferzeiten, Preisnachlaß bei Weiterempfehlung und Werbekostenzuschüsse. Nach der Ausschreibung folgt die Auswertung und Entscheidung für den Lieferanten, der am besten den Zielen des Hotels als auch den Anforderungen entspricht. Ein Hotel sollte bei der Zahl der Lieferanten, mit denen es zusammen arbeitet, sparsam sein und das Prinzip der Lieferantenkonzentration verfolgen, da diese viele Vorteile hat:

❖ Erzielung bestmöglicher Preise und Konditionen
❖ höhere Aufmerksamkeit und Wahrnehmung beim Lieferanten
❖ bessere Einkaufsprozesse – geringer Aufwand Bestellwesen, Verringerung Aufwand Warenannahme
❖ weniger Verwaltungsaufwand – Verringerung Belegflut/Rechnungen/Inventuraufwand
❖ Zeitersparnis bei allen einkaufsverantwortlichen Mitarbeitern
❖ leichtere Einarbeitung neuer Mitarbeiter
❖ bessere Steuerung und Kontrolle seitens des Hotelmanagements.

Zum Vertragsmanagement gehört die gesamte Vertragsgestaltung als auch Dokumentation des Abkommens inklusive der Kommunikation an alle Beteiligten im Hotel. Zum Vertragsmanagement zählt auch die regelmäßige Kontrolle der Vertragslaufzeiten und Konditionen.

**Prozeßmanagement**

Das Prozeßmanagement (→ Prozeßorganisation) beschreibt und definiert die offiziellen Bestellabläufe im Hotel bis hin zur Einlagerung, Ausgabe und Inventur der bestellten Ware. Insbesondere gehören dazu:

❖ Abwicklung der Bestellungen (Freigaberichtlinien, Form der Bestellung, Lieferanten)
❖ Warenannahme (Zeit, Personen, kaufmännisch (Prüfung der Ware)
❖ Warenausgabe (Zeit, Personen, kaufmännisch (Transferbelege)
❖ Kontrolle (Rechnungen zu Vereinbarungen)
❖ Inventuren (Häufigkeit, Art der Inventur).

Diese Regeln und Vorgaben werden in den Einkaufsrichtlinien dokumentiert. Sie müssen allen einkaufsverantwortlichen Mitarbeitern zugänglich sein

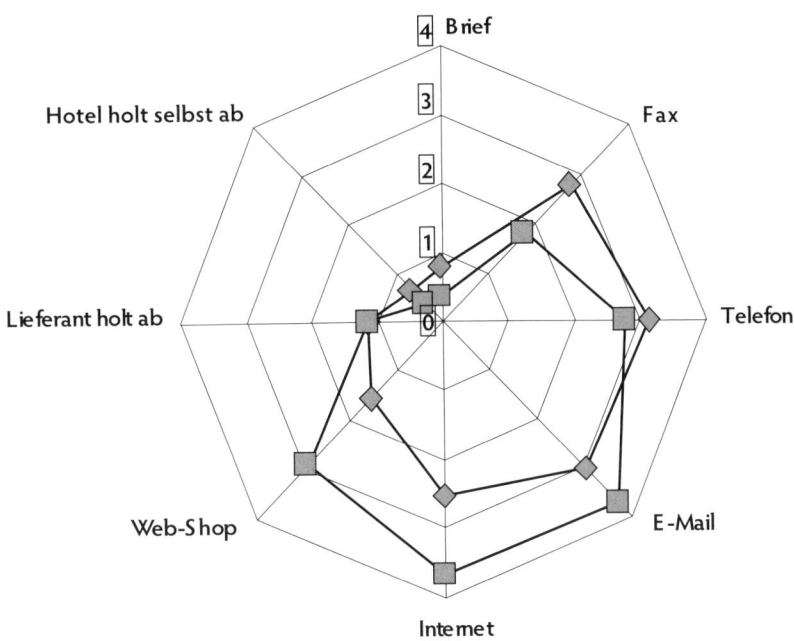

**Abbildung 4:** Bestellformen heute und 2010
(Jahns, Walter & Schüffler 2006, S. 19)

und stets wiederholt werden, um einen optimalen Erfolg in der Umsetzung zu haben.

**Bestellabwicklung**

Mit der Bestellung bei einem Lieferanten wird im Idealfall die Belieferung des Hotels mit benötigten Waren und Leistungen ausgelöst. Zu den gängigen Bestellformen zählen: Telefon, Brief, Fax, Selbstabholung, E-Mail, Web Shop, Internet-Portal und Bestellabholung durch Lieferant. Das Telefon ist nach wie vor mit das wichtigste Bestellmedium. Der berühmte „Griff zum Telefon" wird auch weiterhin eine starke Bestellvariante sein. Die Bestellformen E-Mail, Internet-Portal, Web-Shop gewinnen in einigen dafür geeigneten Sortimentsbereichen (Reinigungsmittel, Getränke in Teilen, Büromaterial etc.) an Bedeutung und

werden in wenigen Jahren dort die Hauptbestellwege darstellen. Web Shops oder Internet-Portale sind jedoch nicht für alle Sortimente beschaffungs-optimal: Je erklärungsbedürftiger ein Produkt ist (Investitionsgüter etc.) und je mehr Servicekomponenten damit verbunden sind, desto ungeeigneter ist der elektronische Bestellweg. Hier dienen Internet-Portale vielmehr als Informationswerkzeuge.

Wie welche Bestellformen wann und in welchen Fällen eingesetzt werden, rich-tet sich klar nach der Einkaufstrategie des Hotels als auch den zu beschaffen-den Sortimenten und Produktgruppen. Die Bestellformen müssen in jeder Hinsicht effizient, transparent und damit wirtschaftlich sein sowie die Ziele der Einkaufskonzentration unterstützen. Die

Abstimmung der Bestellformen sollte bei Kernlieferanten durchaus mit dem Lieferpartner zusammen erfolgen, um bestmögliche Beschaffungskosten zu erzielen.

Eine der Bestellformen, die immer häufiger genannt wird, ist das sogenannte *E-Procurement* oder auch elektronische Bestellwesen (*to procure* [engl.]= bestellen). Es beschreibt die im Rahmen der Beschaffungsabwicklung nötige Bestellabwicklung auf elektronischem Wege. Dafür gibt es eine sehr große Auswahl an Software-Lösungen, die entweder vor Ort auf dem jeweiligen PC (Personal Computer) des Bestellers oder im Netzwerk installiert werden oder auf die der Besteller online über das Internet paßwortgeschützt zugreifen kann. Durch die Bestellabwicklung über *E-Procurement*-Systeme werden diese Bestellungen schriftlich festgehalten, so daß die Kontrolle als auch die Auswertung wesentlich erleichtert und beschleunigt wird. Zudem lassen sich sehr einfach Warenkörbe auf Basis von Vergangenheitswerten für lieferantenübergreifende Ausschreibungen erstellen. Lieferanten haben den Vorteil, wenn es eine elektronische Schnittstelle zu dem *E-Procurement*-System gibt, daß die Auftragserfassung effizienter abläuft und somit Kosten gespart werden könnten, was sich wiederum preisreduzierend auswirken könnte. Besteht keine Schnittstelle, entstehen Medienbrüche, die zu erhöhtem Bearbeitungsaufwand führen und vermeintliche Vorteile umgehend vernichten. Vor jeder Einführung eines *E-Procurement*-Systems steht zwingend die Organisation/Reorganisation des gesamten Einkaufs eines Betriebes, da sich ansonsten die Gesamtkosten für den Einkauf erhöhen, statt wie angestrebt senken. Es muß sichergestellt werden, daß komplette Sortimente bestellbar sind,

da andernfalls „Bestellbrüche" entstehen, die sich negativ auf die Einkaufs- und Prozeßkosten auswirken. Sichergestellt werden muß ferner, daß die Artikeldaten und Preise stets aktuell sind, da sonst Mehraufwände bei der Bestellung, beim Lieferanten oder bei der Steuerung, Kontrolle und Auswertung verursacht werden.

**Kommunikation und Schulung**

Ein Schlüssel für erfolgreiches Supply Management liegt in der Kommunikation und in der Schulung. Beides kommt in der Hotellerie vielfach zu kurz und bietet daher optimale Potentiale. In einem Hotel werden Einkaufserfolge selten bis gar nicht bekanntgemacht. Sie sollten jedoch gleichermaßen kommuniziert werden wie Umsatzergebnisse, da Einkaufsergebnisse der Gewinnwirkung mindestens ebenbürtig sein können. Kommuniziert werden kann unter anderem:

- ❖ Welche Ziele wurden erreicht?
- ❖ Welche Kosten konnten reduziert, vermieden oder abgefedert werden?
- ❖ Welche Umsatzäquivalenz besteht zu den Einkaufserfolgen?
- ❖ Welche Abläufe haben sich verändert und verbessert?
- ❖ Welche Ziele stehen als nächstes an?
- ❖ Welche Lieferanten haben sich am besten entwickelt? – Prämierung und Pressemitteilung!

Rund zwei Drittel der 3- bis 5-Sterne-Hotels in Deutschland bieten keine Aus- und Weiterbildung im Einkauf an. Der Verkaufsleiter aus der Zulieferindustrie hingegen bekommt acht Tage Fortbildung pro Jahr (Jahns, Walter & Schüffler 2006, S. 27). Dies bedeutet, daß Verkäufer und Einkäufer in Bezug auf die Ausbildung nicht auf Augenhöhe agieren und somit erhebliche Nachteile für den Einkäufer bestehen. Diese Nachteile wirken sich, wie die Praxis zeigt, umgehend auf das betriebswirtschaftliche Ergebnis eines Hotels aus. Geschult werden sollten regelmäßig Verhandlungsmethoden, Analysemethoden/Ermittlung von *cost savings*, Vertragsmanagement und Dokumentation, Projektführung und -steuerung und Kommunikation.

## 2.4 Kontrolle

Um das Supply Management und seine Auswirkungen überprüfen zu können, muß regelmäßig eine Kontrolle stattfinden. Dies geschieht mindestens einmal im Kalenderjahr. Hierbei werden die erzielten Kosteneinsparungen genauso überprüft wie die Effizienz und Sinnhaftigkeit der Bestellabläufe und -prozesse. Fehler oder unerreichte Ergebnisse sollten gesammelt und in die zukünftige Strategieplanung übernommen werden. *(joe)*

*Literatur*
Hotelverband Deutschland (IHA) (Hrsg.) 2007: Hotelmarkt Deutschland. Bonn: IHA-Service
Jahns, Christopher 2004: Der Paradigmenwechsel vom Einkauf zum Supply Management (Teil 14). In: Beschaffung aktuell, Heft 8, S. 28 - 31
Jahns, Christopher 2006: Supply Management als strategischer Erfolgsfaktor. (Vortrag auf dem Kongreß „Top Supply" am 9. Februar 2006 in Leipzig)
Jahns, Christopher; Stefan Walter & Christine Schüffler 2006: Einkauf in der Hotellerie – Status und Perspektiven in der 3- bis 5-Sterne-Hotellerie 2006. St. Gallen: SMG Publishing

## Switch company

Ein Switch System ist ein automatisiert arbeitendes elektronisches System zur Verteilung hotelbetrieblicher Angebotsdaten an übergeordnete Hotel-Reservierungssysteme.

Ein Hotelunternehmen steuert seine Angebote im Rahmen seines → Property Management Systems (PMS). Dabei wird festgelegt, welche Angebote über welche überbetrieblichen → Hotel-Reservierungssysteme gemacht und neben allgemeinen Hotelbeschreibungen kommuniziert werden sollen (→ Ertragsmanagement). Das PMS überträgt, eine entsprechende elektronische Schnittstelle vorausgesetzt, die Angebotsdaten an ein Switch System. Das Switch System betreibt automatisiert arbeitende Schnittstellen zu kooperierenden internationalen Hotel-Reservierungssystemen, insbesondere zu den Systemen der → Globalen Distributions-Systeme und zu den internationalen Alternative Distribution Systems (→ Hotel-Reservierungssystem). Die aus dem PMS des Hotelunternehmens übernommenen Daten werden vom Switch System in die unterschiedlichen Formate und Darstellungsweisen der kooperierenden Hotel-Reservierungssysteme konvertiert und dorthin transferiert.

Eine internationale Switch Company kann damit für ein Hotelunternehmen ein einheitlicher Kommunikationspartner sein, der die Dienstleistung einer formatgerechten Verteilung der Angebotsdaten in die unterschiedlichen internationalen Hotel-Reservierungssysteme erbringt. *(uw)*

## Systemgastronomie

*restaurant chain*

Die Fachabteilung Systemgastronomie innerhalb des → Deutschen Hotel- und Gaststättenverbands (DEHOGA) definiert Systemgastronomie wie folgt: „Systemgastronomie betreibt, wer entgeltlich Getränke und/oder Speisen abgibt, die an Ort und Stelle verzehrt werden können, und über ein standardisiertes und multipliziertes Konzept verfügt, welches zentral gesteuert wird."

Ein Merkmal der Systemgastronomie ist demnach die Standardisierung von

Produkten, Prozessen und Strukturen. Multiplikation meint, daß das gastronomische Konzept mehrfach – mindestens drei Mal – auf dem Markt vertreten sein muß. Die zentrale Steuerung zielt darauf ab, daß die einzelnen Systembetriebe durch eine Unternehmenszentrale koordiniert werden. *(wf)*

*Literatur*

Dettmer, Harald (Hrsg.) 2004: Systemgastronomie in Theorie und Praxis. Hamburg: Handwerk und Technik (2. Aufl.)

# T

## Table d'hôte

*table d'hôte* (franz.) = Gästetisch. Ursprünglich ein Tisch in einem Gasthaus, an dem sich die Gäste trafen, um Essen und Getränke einzunehmen. Das Angebot gab es zu einer festen Zeit und einem festen Preis. Generell gab es für den Gast nicht die Möglichkeit, aus einem variierenden Angebot auszuwählen; → à la carte-Service. *(wf)*

## Table d'hôte-Service

Service-Ablauf, der sich dadurch auszeichnet, daß eine Gruppe von Gästen zu einem festgelegten Zeitpunkt bzw. in einer festgelegten Zeitspanne die gleiche Speisenfolge erhält. Zu denken ist etwa an die Bedienung von Reisegruppen, Hotelpensionsgästen oder den Service auf Kreuzfahrtschiffen; → à la carte-Service und → à part-Service. *(wf)*

*Literatur*
Meyer, Sylvia; Edy Schmid & Christel Spühler 1990: Service-Lehrbuch. Bern: Schweizer Wirteverband

## Tagesbesucher
→ Ausflügler

## Tagesgericht
→ Plat du jour

## Tageszimmer
→ Zimmerstatus

## Take-away (Take-out)

Speisen und Getränke, die für den mobilen Verzehr oder für den Verzehr zu Hause gedacht sind, und deshalb in der Regel nicht am Verkaufsort konsumiert werden. Typische Beispiele sind in Großbritannien „Fish-and-Chips"-Stores, in den USA Delis und Sandwichbars, in Frankreich „Crêpes-Stände" oder in Deutschland Kebab-Stände. *(sb)*

*Literatur*
Von Wetzlar, Jon; Christof Buckstegen 2003: Urbane Anarchisten. Die Kultur der Imbißbude. Marburg: Jonas

## Talstation
→ Bergstation

## Tarifklasse Deutsche Bahn

*tariff class*
Unterschieden werden zwei Tarifklassen, die 1. und 2. Klasse. Unterscheidungskriterien sind Komfort und das Bereitstellen zusätzlicher → Dienstleistungen, wie zum Beispiel in der 1. Klasse die Bewirtung am Platz. Die Bahn wirbt mit „Mehr Platz, mehr Service, mehr Genuß" für die 1. Klasse. An ausgesuchten Knotenpunkten gibt es zudem 1. Klasse-/bahn.comfortcounter, eine besonderen Dienstleistung zur Verkürzung von Wartezeiten der 1. Klasse-Kunden der Deutschen Bahn. *(hdz)*

## Tatsächliche Abflugzeit

*actual time of departure (ATD)*
Zeit, zu der ein Flugzeug gestartet ist.

**Tatsächliche Ankunftszeit**
*actual time of arrival (ATA)*
Zeit, zu der ein Flugzeug gelandet ist.

**Taupunkt**
*dew point*
Temperatur, bei der die Luft gerade mit
Wasserdampf gesättigt ist, die relative
Luftfeuchtigkeit also 100 Prozent beträgt.
Wird diese Temperatur unterschrit-
ten, kondensiert das Wasser aus, so daß
Nebel, Wolken und/oder Niederschlag
entstehen. *(jwm)*

**Taxiflug**
*taxi flight*
Flüge, die an keinen festen Flugplan
gebunden sind. Sie werden vor allem
für Geschäftstermine genutzt, da sie
nahezu unabhängig von Tageszeit und
Wetterlage eingesetzt werden können.
→ Lufttaxi *(jwm)*

**Taxiway**
→ Rollweg

**TCAS**
→ Kollisionswarngerät

**Technische Assistance**
*technical assistance*
Der operative Bereich der Assistan-
cegesellschaften trennt in der → Organisation die medizinische und technische Assistance. Die Leistungen der
medizinischen Assistance sind in der
Reise-Notruf-Versicherung beschrieben (→ Assistance-Versicherungen). Die
Leistungen der technischen Assistance
kann der Autofahrer in Anspruch nehmen, der in eine schwierige Situation
geraten ist. Sie gelten in Europa, rund
um die Uhr, an 365 Tagen im Jahr.
Solche Dienstleistungen werden oft mit
der Produktbezeichnung Autoschutzbrief
(→ Autoschutzbrief-Versicherung) ange-

boten. Hauptanbieter sind die speziellen
→ Reiseversicherer und Automobilclubs,
wie zum Beispiel der → ADAC. Die
Kernleistungen bestehen in organisatorischer Hilfe bei Panne und Unfall,
Fahrzeugdiebstahl und Fahrerausfall. Auf
das Erbringen dieser Leistungen ist die
Organisation der technischen Assistance
ausgerichtet. *(hdz)*

**TEE-Züge**
→ Trans-Europ-Express

**Teilcharter**
*partial charter*
Anmietung eines Teils der Kapazität
eines Flugzeuges oder eines Schiffes.
Dies trifft zum Beispiel dann zu, wenn
ein → Reiseveranstalter nur 40 von 189
Flugsitzen auf den Flügen einer → Charterkette bei einer → Fluggesellschaft
unter Vertrag nimmt. Analoges gilt für
ein Schiff (→ Subcharter).

**Teilnutzungsrecht**
→ Time sharing

**Teilpauschalreise**
*semi package tour*
Von einem Veranstalter organisierte → Pauschalreise, die nur eine Leistung enthält.
Dazu gehört zum Beispiel die Buchung
eines → Ferienhauses oder einer → Ferienwohnung aus einem Katalog. Für sie
gilt in Deutschland in Abweichung vom
europäischen Pauschalreiserecht nach §
651 a (2) der gleiche rechtliche Schutz
wie für alle anderen Pauschalreisen.
*(jwm)*

**Telephon Check-in**
→ Check-in

**Tellerservice**
→ Servierarten

## Terminal

*terminal, terminal building*

Abgeleitet aus dem lat. *terminare* = begrenzen bzw. beenden, bezeichnet es die Endstation einer Verkehrsverbindung. Im Luftverkehr werden damit Gebäude auf → Flughäfen bezeichnet, in dem Passagiere in Flugzeuge ein- und aussteigen. Auf einem Flughafen kann es mehrere solcher Gebäude geben, die entweder direkt miteinander verbunden sind oder über regelmäßig verkehrende Verkehrsmittel miteinander verbunden sind (zum Beispiel die Terminals 1 bis 4 in London Heathrow). *(jwm)*

## Terms of Trade

Terms of Trade geben an, wie viele Mengeneinheiten eines Exportgutes zur Verfügung gestellt werden, um eine Mengeneinheit eines Importgutes zu erhalten. Steigen die Terms of Trade, dann steigt die Fähigkeit eines Landes, sich durch Exporte mit Importgütern zu versorgen. *(hp)*

## Terrorismus und Tourismus

*terrorism and tourism*

Terroristische Anschläge sind eine Spezialform von Krisen, die in den letzten Jahren stark zunahmen (Sonnenberg & Wöhler 2004, S. 28). Terroristische Anschläge beeinflussen über die Imagebildung einer Region (Freyer & Schröder 2004, S. 73) und über die Wirkung auf das Reisewahlverhalten des einzelnen indirekt und direkt die Tourismusindustrie.

### 1   Definition Terrorismus

Der Begriff Terror (lat. *terrere* = in Schrecken versetzen) erhielt während der französischen Revolution seine heutige Wortbedeutung. Schrecken ist eines der Kernelemente in vielen Terrorismusdefinitionen, so beispielsweise auch in der von Kuschel & Schröder. Sie

definieren Terrorismus als „eine Strategie der Anwendung und Androhung von Gewalttaten (...), mit denen nicht nur Opfer und ihre unmittelbare Umgebung, sondern Staat und Gesellschaft in Furcht und Schrecken versetzt werden sollen," (2002, S. 5), um bestimmte Ziele zu erreichen.

Stärker kriminologisch und auf deutsche Verhältnisse zugeschnitten ist die Definition von Schwind (2005, S. 625 f.), wonach unter Terrorismus das Verhalten einer nichtstaatlichen Gruppe verstanden wird, durch Gewalt gegen Personen oder Sachen, Menschen unter Zwang zu stellen und zu vernichten, um auf diese Weise ihren Willen durchzusetzen. Auch hier findet sich das Element des Schreckens.

Besonders für den internationalen Rahmen des Tourismus erscheint folgende Definition geeignet, die dem Niedersächsischen Verfassungsschutzbericht entnommen ist: „Terrorismus wendet systematisch und massiv Gewalt an. Kennzeichen ist eine nachhaltige Anschlagstaktik durch arbeitsteilig organisierte und verdeckt operierende Gruppen. Terrorgruppen erhoffen sich von ihren Aktionen eine Mobilisierung der Massen, ein vorhandenes staatliches Gebilde soll dabei regelmäßig destabilisiert werden" (Niedersächsisches Ministerium für Inneres und Sport 2005, S. 157).

Betrachtet man diese Definitionen, so ist Enders & Sandler (2000) zuzustimmen, die unter anderem die Tätermotivation für ein konstituierendes Element des Terrorismus halten. Alle Anschläge, die einen politischen, religiösen oder ideologischen Hintergrund haben und die durch Gewalt einschüchtern, gehören demnach zum Terrorismus; auch militärische Angriffe und gewaltsame Akte von Regierungen oder halbstaatlichen

Organisationen, können terroristisch sein.

## 2 Touristen als Terroropfer

Im Jahr 2004 zählte das amerikanische nationale Zentrum für Terrorbekämpfung weltweit rund 650 Terroranschläge. Dabei wurden etwa 1.900 Menschen getötet, die meisten im Nahen Osten (National Counterterrorism Center 2005). Viele der Anschläge im Nahen Osten richteten sich gegen die USA (Schwerpunkt Irak) und gegen Israel (Schwerpunkt Israel, Gazastreifen, Westjordanland).

Nicht nur in Krisenregionen, sondern auch in Europa und den USA sind Terroropfer zu beklagen, so beispielsweise bei den Anschlägen auf das World Trade Center in New York und das Pentagon im September 2001, auf Vorstadtzüge in Madrid im März 2004 und auf das öffentliche Verkehrssystem Londons im Juli 2005. Durch die Anschläge im September 2001 wurden über 3.000 Menschen getötet, darunter 31 deutsche Staatsangehörige. Ziel der Anschläge waren nicht Touristen, sondern symbolträchtige Orte bzw. Gebäude in den USA. Touristen waren dennoch unter den Opfern. Eine Untersuchung terroristischer Zwischenfälle in den Jahren zwischen 1985 und 1998 zeigte, daß in der Mehrzahl der Anschläge auch Touristen unter den Opfern waren (Pizam & Smith 2000, S. 131).

Immer wieder fallen Touristen aber auch gezielten terroristischen Anschläge zum Opfer. So bei folgenden Anschlägen, die exemplarisch verdeutlichen, welchen Zusammenhang es zwischen Terrorismus und Tourismus geben kann. Besonders riskant ist, wenig überraschend, das Reisen in Krisengebiete:

❖ 2000 wurden 21 Menschen, darunter drei Deutsche, aus einem Hotel auf der malaysischen Insel Sipadan gekidnappt und mehrere Monate auf der philippinischen Insel Jolo als Geiseln festgehalten.

❖ 2001 starben 3.000 Menschen bei Anschlägen auf das World Trade Center in New York (USA) und auf das amerikanische Verteidigungsministerium in Washington D.C. (USA).

❖ 2002 starben 21 Personen, darunter 14 deutsche Touristen, bei einem Anschlag auf eine Synagoge der tunesischen Insel Djerba.

❖ 2002 starben bei Bombenanschlägen auf Diskotheken der indonesischen Insel Bali über 200 Touristen, überwiegend australische Urlauber.

❖ 2003 wurden in Algerien 32 Touristen von islamischen Terroristen entführt und bis zu einem halben Jahr als Geiseln festgehalten, eine von ihnen starb.

❖ 2004 starben bei einem Anschlag in Taba (Ägypten) 34 Menschen.

❖ 2005 starben bei Anschlägen in Scharm Al-Scheich (Ägypten) 88 Menschen.

Hält man sich dies vor Augen, muß man Freyer & Schröder (2005, S. 102) zustimmen, daß Tourismus von Terror, aber auch von Kriminalität, Krieg und anderen Krisen begleitet wird.

## 3 Klassifikationen des Terrorismus

Aus der Vielzahl vorgeschlagener Klassifikationen sticht die von Schwind aufgrund ihrer Klarheit heraus. Als Kriminalist ordnet er den Terrorismus (2005, S. 625) in zwei Bereiche:

❖ Staatsterrorismus (Terror von oben), der zur Verteidigung etablierter Ordnungen ausgeübt wird. Beispiele sind Nordkorea und der Sudan.

❖ Revoltierender Terrorismus (Terror von unten), der etablierte Ordnungen angreift, sei es religiös (Muslimbruderschaft, Tabilghi Jamaat, Al-Kaida, Hizb Allah - Partei Gottes), national-separatistisch (Liberation Tigers of Tamil Eelam – LTTE, Arbeiterpartei Kurdistans – PKK, Baskenland und Freiheit – ETA) oder politisch (Rote Armee Fraktion – RAF, Rote Brigaden) begründet. Staatsterrorismus richtet sich gegen die eigene Bevölkerung, nicht gegen Touristen, die das Land besuchen. Daher wird nachfolgend primär der revoltierende Terrorismus behandelt. Dabei zielen Terroristen auf folgende Ebenen (Freyer & Schröder 2004, S. 58 ff.):

❖ Tourismus als taktisches Ziel: Im Vordergrund steht die Existenzsicherung der Terrorgruppe, im Wesentlichen die Versorgung mit Geld. Touristen werden Opfer krimineller Aktivitäten wie beispielsweise Geiselnahmen und Überfällen.

❖ Tourismus als strategisches Ziel: Angriff auf den Tourismus als Wirtschaftsfaktor des jeweiligen Landes.

❖ Tourismus als ideologisches Ziel: Hier wird der Tourismus als Repräsentant ideologischer Werte, politischer Systeme oder ‚ungläubiger‘ Personen oder Gesellschaften angegriffen.

Terrorismus ist dynamisch. Tätergruppen und eingesetzte Mittel ändern sich. So nahm der ideologisch-politisch motivierte Terrorismus ab. Seit Beginn der 1990er Jahre gewinnt der radikal-religiöse Fundamentalismus an Bedeutung. Auch die Tatwerkzeuge haben sich erweitert. Zwar bleiben Schußwaffen und Sprengstoff bevorzugte Mittel, doch dokumentieren der Giftgasanschlag der Aum-Sekte auf die U-Bahn in Tokio 1995 und die Serie von Milzbrandanschlägen in den USA im Jahr 2001, daß die Nutzung chemischer,

biologischer und potentiell auch radiologischer und nuklearer Waffen durch Terrorgruppen eine Gefahr darstellt (Bundesnachrichtendienst 2005).

Erwähnt werden muß auch, daß es häufig vom eigenen Standpunkt abhängt, ob jemand als Terrorist oder Befreier, als Terrorist oder Gotteskrieger, als Terrorist oder Rebell bezeichnet wird. Letztlich geht die Relativität so weit, daß aus Terroristen, wenn sie siegen, Staatsmänner werden können.

## 4 Folgen für den Tourismus

Sofern Touristen nicht gezielt attackiert werden, lösen Anschläge nur geringe Rückgänge im Touristenaufkommen des betroffenen Landes aus. Sobald Touristen jedoch ausdrücklich zum Ziel von Anschlägen erklärt und gezielt angegriffen werden, ändert sich dies (Glaeßer 2001, S. 79; Freyer & Schröder 2004, S. 70).

So hatten beispielsweise die gezielten Anschläge gegen Touristen in Luxor (Ägypten) einen größeren Einbruch zur Folge als die Anschläge der ETA in Spanien (op. cit., S. 71). Die ETA hatte in der Regel vor Detonation der Bomben in Touristengebieten gewarnt, so daß eine Evakuierung erfolgen konnte. Besonders drastisch wirken sich gezielte Angriffe gegen die Touristen als Repräsentant ihres Heimatlandes aus, so gibt es beispielsweise den Aufruf von Osama bin Ladin, US-Amerikaner und ihre Verbündeten überall auf der Welt anzugreifen und zu töten, einschließlich Zivilisten (Tophoven 2002).

Touristen als Ziel erhöhen das Medieninteresse und sichern den Terroristen ein größeres Medieninteresse als bei Tötung Einheimischer (Freyer & Schröder 2004, S. 65 f.). Neben einer solchen Mittel-Ziel-Motivation richten sich manche religiös-fundamentalistisch motivierte

Terroranschläge aber auch direkt gegen Touristen und deren Lebensweise, wie dem Konsum von Alkohol und Drogen, der sexuellen Freizügigkeit, der Kleidung und dem gesamten Auftreten.

Volkswirtschaftlich ist der Tourismus in vielen Ländern einer der führenden Wirtschaftszweige (Glaeßer 2001, S. 19), in Ägypten beispielsweise mit Einnahmen von mehr als sechs Milliarden US-$ (Putschögl 2005) die zweitwichtigste Devisenquelle. Auch daraus resultieren manche Angriffe auf Touristen. Ziel ist es, die Deviseneinnahmen des betroffenen Landes zu senken. Beispiele hierfür sind einige Angriffe der ETA, durch die nicht Touristen, sondern Spanien als Land getroffen werden sollte. Auch die PKK griff aus dergleichen Motivation Touristenziele und -orte in der Türkei an.

Terroranschläge können zu einem empfindlichen Rückgang der Touristenzahlen führen, so beispielsweise nach den Anschlägen in Ägypten im Jahr 1997. 1998 besuchten nur 274.000 deutsche Touristen Ägypten, 1997 waren es noch 438.000 gewesen (Putschögl 2005). Auch nach dem Anschlag auf die tunesische Insel Djerba im Jahr 2002, bei dem 14 deutsche Urlauber starben, sank die Gästezahl und erreichte erst zwei Jahre später wieder das alte Niveau. Nach den zeitgleichen Terroranschlägen im September 2001 auf New York und Washington D.C. sanken die Flugumsätze drastisch, auch wenn nicht der gesamte Rückgang auf den Anschlag selbst zurückgeht (Kreilkamp 2005, S. 30).

Besonders groß ist die Wirkung, wenn Anschläge gegen Touristen sich häufen und über einen längeren Zeitraum anhalten (Pizam & Fleischer 2002, S. 339) oder wenn die Wirkung eines einzelnen Anschlags besonders katastrophal

ist. So schätzt beispielsweise Bar-On (2002), daß in den Monaten nach den Angriffen auf das World Trade Center in New York und gegen das Pentagon in Washington weltweit rund 11 Prozent weniger Touristenankünfte gezählt wurden.

Diese Effekte halten nicht länger als ein bis zwei Jahre. Beispielsweise stiegen die Flugbewegungen bis September 2002 wieder auf das Niveau vor dem Anschlag auf New York (Kreilkamp 2005, S. 32). Ähnlich argumentieren Freyer & Schröder (2005, S. 102), wonach Touristen schnell vergessen und wieder an die Schauplätze von Attentaten zurückkehren. Und auch die von Aderhold (2004, S. 98) vorgestellten Zahlen deuten in diese Richtung.

## 5 Gewöhnungseffekt

Inzwischen haben Anschläge geringere Effekte auf die Tourismusentwicklung als noch vor wenigen Jahren. Viele Menschen haben sich scheinbar an Terroranschläge gewöhnt. Die Einstellung „Sicher ist es nirgendwo!" findet man immer häufiger. Hierzu haben auch die Anschläge im Jahr 2001 in New York, 2004 in Madrid und in London im Jahr 2005 beigetragen. Diese Erfahrung lehrt: Terroropfer kann man auch in Europa und in den USA werden, nicht nur in den islamischen Ländern oder in Südostasien. Oder wie Sonnenberg & Wöhler (2005, S. 40) es ausdrücken: „In Westeuropa kann mir genauso gut etwas passieren wie in Südostasien." Damit wird das Terrorrisiko von einem ortsgebundenen zu einem generellen Risiko. In Folge schützt das Vermeiden bestimmter Länder oder Orte in Ländern nicht mehr in dem Maße wie früher. Es kann einen in Madrid ebenso treffen wie in Kairo. Zu erwarten wären Einbrüche im Touristenaufkommen in bemerkenswertem Umfang nach Terrorakten nur dann, wenn ein besonders schwerer

Anschlag oder eine kontinuierliche Anschlagsserie nachhaltig die mediale Aufmerksamkeit auf sich zöge. *(sml)*

**Literatur**

Aderhold, Peter 2004: Entwicklung der touristischen Nachfrage vor dem Hintergrund der Terroranschläge und deren Folgen. In: Freyer & Groß (Hrsg.), S. 97-102

Bar-On, Ray 2002: International Tourism in 2001, and Tracking Trends in Travel and Tourism with Seasonal Adjustments. In: Tourism Economics, 8 (2), S. 231-253

Bundesnachrichtendienst 2005: Internationaler Terrorismus. Verfügbar unter: http://www.bundesnachrichtendienst.de (2005-09-11)

Enders, Walter; Todd Sandler 2000: Is transnational terrorism becoming more threatening? A time-series investigation. In: Journal of Conflict Resolution, 44 (3), 307-332

Freyer, Walter; Sven Groß (Hrsg.) 2004: Sicherheit in Tourismus und Verkehr – Schutz vor Risiken und Krisen. Dresden: FIT

Freyer, Walter; Alexander Schröder 2004: Tourismus und Terrorismus. In: Freyer & Groß (Hrsg.), S. 53-83

Freyer, Walter; Alexander Schröder 2005: Terrorismus und Tourismus – Strukturen und Interaktionen als Grundlage des Krisenmanagements. In: Pechlaner & Glaeßer (Hrsg.), S. 101-113

Glaeßer, Dirk 2001: Krisenmanagement im Tourismus. Frankfurt: Peter Lang

Kreilkamp, Edgar 2005: Strategische Frühaufklärung im Rahmen des Krisenmanagements im Tourismusmarkt. In: Pechlaner & Glaeßer (Hrsg.), S. 29-60

Kuschel, Ralf; Alexander Schröder 2002: Terrorismus und Tourismus - Interaktionen, Auswirkungen und Handlungsstrategien. Dresden: FIT

National Counterterrorism Center 2005: A Chronology of Significant International Terrorism for 2004. Verfügbar von: http://www.mipt.org/Patterns-of-Global-Terrorism.asp (Zugriff: 2005-09-15)

Niedersächsisches Ministerium für Inneres und Sport 2005: Verfassungsschutzbericht 2004. Hannover: Niedersächsisches Ministerium für Inneres und Sport

Pechlaner, Harald; Dirk Glaeßer (Hrsg.) 2005: Risiko und Gefahr im Tourismus. Erfolgreicher Umgang mit Krisen und Strukturbrüchen. Berlin: Erich Schmidt (= Schriften zu Tourismus und Freizeit der Deutschen Gesellschaft für Tourismuswissenschaft, Band 4)

Pizam, Abraham; Aliza Fleischer 2002: Severity versus Frequency of Acts of Terrorism: Which has a Larger Impact on Terrorism Demand? In: Journal of Travel Research, 40 (3), S. 337-339

Pizam, Abraham; Ginger Smith 2000: Tourism and terrorism: a quantitative analysis of major terrorist acts and their impact on tourism destination. In: Tourism Economics, 6 (2), S. 123-138

Putschögl, Monika 2005: Man gewöhnt sich an vieles. Die jüngsten Terroranschläge in Ägypten und der Türkei haben nur wenige Urlauber vertrieben. In: Die Zeit, Nr. 31, S. 64

Schwind, Hans-Dieter 2005: Kriminologie. Eine praxisorientierte Einführung mit Beispielen. Heidelberg: Kriminalistik Verlag (15. Aufl.)

Sonnenberg, Grit; Karlheinz Wöhler 2004: Was bewirkt Sicherheit bzw. Unsicherheit? Prädiktoren der Reisesicherheit. In: Freyer & Groß (Hrsg.), S. 15-51

Tophoven, Rolf 2002: Neue terroristische Strukturen: Osama bin Laden und die „Al-Quaida". In: Frank, Hans; Kai Hirschmann (Hrsg.): Die weltweite Gefahr. Terrorismus als internationale Herausforderung. Berlin: Berliner Verlag, S. 245-262

## Tex-Mex

(*Tejano* oder *Norteño*) (besser: Tex-Mex-Küche). Tex-Mex setzt sich aus den beiden Begriffen „Texas" und „Mexiko" zusammen und charakterisiert ursprünglich einen mittelamerikanischen Musikstil, der durch traditionelle mexikanische Volksmusik und Elemente des nordamerikanischen Blues und Rock'n'Roll geprägt ist. Hiervon abgeleitet bezeichnet die Tex-Mex-Küche einen typischen Kochstil, der unter Wahrung spezifischer Eigenheiten die mexikanische Küche mit der Südstaatenküche der USA kombiniert. Tex-Mex-Küche wird teilweise mit dem Begriff *border food* synonym verwendet.

Kennzeichen der Tex-Mex-Küche ist die Verwendung von Bohnen, Fleisch und scharfen Gewürzen. Ihr Ursprung wird zum einen den Volksstämmen der Mayas und ihren spanischen Eroberern zugeschrieben, deren Küche eine Synthese aus alteinheimischen (z.b. aztekischen, zapotekischen, otomí, maya) und kolonial-spanischen, aber auch französischen und schwarzafrikanischen Speisen bildet. Diese setzt sich in erster Linie aus Ingredienzien wie Mais, Fleisch-, Weizen- und Milchprodukte zusammen. Zum anderen wird die Tex-Mex-Küche von den Eßtraditionen der mexikanischen Indianervölkern geprägt, die sich vor allem von Maistortillas, Früchten, Bohnen und Chilischoten ernährten.

Neben Chili con Carne, einem Eintopf aus Fleisch, Bohnen, Chilischoten und sonstigen Gemüsesorten, zählen zu den bekanntesten Gerichten der Tex-Mex-Küche verschiedenartig gefüllte Tortillas, Enchiladas, Burritos und Flautas. Infolge persönlicher und regionaler Vorlieben können die Zubereitungsweisen der Tex-Mex-Gerichte sehr unterschiedlich sein. *(sb)*

## TGV
→ Hochgeschwindigkeitszüge

## Themenparks
→ Erlebniswelten
→ Freizeitparks
→ Markenwelten

## Third Country Connection Code Share
Gemeinschaftsflug (→ Code Share) von zwei Fluggesellschaften aus zwei Ländern, der in einem Drittland endet. Beispiel: Frankfurt Rhein/Main nach Melbourne Tullamarine (Australien). Die Strecke zwischen Frankfurt Rhein/Main und Singapur Changi wird im → Point to Point Code Share entweder von Singapore Airlines oder der Lufthansa beflogen, die Strecke von Singapur nach Melbourne nur von Singapore Airlines, aber auch unter einer → Flugnummer der Lufthansa. *(jwm)*

## Thomas Cook

(a) Kurzbiographie

1808-1892. Seine 1841 organisierte Eisenbahnreise von mehreren hundert Temperenzlern (Abstinenzler) von Leicester nach Loughborough gilt, obwohl sie nach heutigem Verständnis ein Ausflug war, als erste Pauschalreise. Ihr folgten aufgrund des großen Erfolgs Reisen zu weiteren Zielen in Großbritannien. 1866 führte er die erste → Pauschalreise nach Nordamerika durch. War hier das Schiff noch bloßes Reiseverkehrsmittel, wurde es 1872 zum hauptsächlichen Aufenthaltsort, als er eine 220-tägige Weltreise organisierte. Nachdem er 1869 mit Nilkreuzfahrten (→ Flußkreuzfahrt) begonnen hatte, baute er 1886 auch eigene Nildampfer für seine Ägyptenreisen, da das Land wegen mangelnder Verkehrsinfrastruktur kaum anders bereist werden konnte. Sein gleichnamiges Unternehmen existiert heute noch. → Thomas Cook b) Reisekonzern. *(jwm)*

*Literatur*
Brendon, Piers 1991: Thomas Cook - 150 Years of Popular Tourism. London: Secker & Warburg

(b) Reisekonzern

### 1   Geschichte
Begründet durch die erfolgreiche Durchführung von Exkursionen durch Thomas Cook (→ Thomas Cook Kurzbiographie) entstand ein Reiseunternehmen, in das

1864 auch sein Sohn James Mason Cook eintrat. 1871 wurde dann die Firma Thomas Cook & Son gegründet, in dem James Mason Cook Partner seines Vaters wurde. Das Unternehmen wuchs auch durch eine Reihe innovativer Ideen.

So wurden 1868 der Hotelvoucher (→ Voucher) eingeführt, den man bei Thomas Cook & Son erwerben konnte und der vom gebuchten Hotel akzeptiert wurde, so daß man dafür kein Bargeld mit sich führen mußte. 1874 folgte der ‚Thomas Cook Reisekreditbrief', der Vorläufer des heutigen → Reiseschecks, mit dem man auch weitere Ausgaben bargeldlos tätigen bzw. sich Bargeld auf Reisen besorgen konnte. Mit Dependancen in Kairo und New York und vielen weiteren Büros sowie mit dem Vertrieb des 1851 von Thomas Cook gegründeten „Excursionist" – einem Mittelding zwischen Zeitung und modernem Reisekatalog – im gesamten englischsprachigen Raum, wurde Thomas Cook & Son zur Jahrhundertwende 1900 das größte Reiseunternehmen der Welt. Zu diesem Zeitpunkt hatten nach dem Tod von Thomas (1892) und von James Mason Cook (1897) bereits dessen Söhne das Unternehmen übernommen. 1928 verkauften sie es an die französisch-belgische Konkurrenz Compagnie Internationale des Wagons-Lits et des Grands Express Européens. 1948 wurde Thomas Cook & Son Bestandteil der staatlichen British Rail und kam erst 1972 wieder in private Hände, darunter die der Midland Bank, die das Unternehmen fünf Jahre später komplett übernahm. Da Thomas Cook schon lange Wechselstuben unterhielt und 1990 durch die Übernahme dieses Geschäfts von der us-amerikanischen Deak International zum weltgrößten Devisenhändler wurde, war das Unternehmen auch für Banken interessant. Dies zeigte sich auch zwei

Jahre später, als die Westdeutsche Landesbank die Mehrheit bei Thomas Cook übernahm. Durch die Übernahme der Traveller Cheques-Tochter (→ Reisescheck) der britischen Barclays Bank 1994 wurde Thomas Cook in diesem Markt zum größten Anbieter außerhalb der Vereinigten Staaten, in denen → American Express dominiert. Nach einem kurzen Intermezzo 1999 mit der Preussag (→ TUI) als Gesellschafter wurde Thomas Cook, die 2000 ihr gesamtes Finanzgeschäft verkaufte, 2001 durch die deutsche C&N Touristik erworben. Danach wurde C&N umbenannt in Thomas Cook.

C&N stand für Condor und Neckermann, ein Gemeinschaftsunternehmen von → Lufthansa und Karstadt, das 1997 durch das Zusammenlegen der Lufthansa Chartertochter Condor mit ihren Reiseveranstaltern und der Karstadt Tochter Neckermann Touristic GmbH und weiteren Veranstaltern entstand. Diese Holding wurde zur gleichen Zeit gegründet, in der die Preussag den TUI-Gesellschafter Hapag-Lloyd und damit die Mehrheit bei der dadurch vertikal integrierten (→ Reiseveranstalter, integriert) → TUI erwarb.

Neckermann und Reisen (NUR), der mit Abstand wichtigste Reiseveranstalter des Unternehmens, wurde 1965 als Tochtergesellschaft des Versandhandelsunternehmens Neckermann (Slogan: „Neckermann macht's möglich") in Frankfurt am Main gegründet, nachdem zwei Jahre zuvor die vom Versandhaus neu angebotenen Reisen eine positive Resonanz auf dem Markt gefunden hatten. In einigen Destinationen wurde der Name des erfolgreichen Reiseveranstalters zum Synonym für deutsche Touristen („Die Neckermänner kommen"). Mitte der 1970er Jahre allerdings geriet Neckermann in wirtschaftliche Turbulenzen und wurde von der Essener Warenhausgesellschaft Karstadt inklusive der Reisetochter erworben. 1999 fusionierte die Karstadt AG zur Karstadt Quelle AG. Daher mußte Quelle ihren 20 Prozent-Anteil am Konkurrenten TUI veräußern. Ende 2006 übernahm Karstadt Quelle die Anteile der Lufthansa an der Thomas Cook AG und fusionierte sie 2007 mit der drittgrößten britischen Veranstaltergruppe MyTravel zur Thomas Cook Group plc (= *public limited company*) mit Sitz in London, die auch dort an der Börse notiert ist. Größter Anteilseigner mit 52 Prozent ist aber nach wie vor die Karstadt Quelle AG, die seit Mitte 2007 unter dem Phantasienamen Arcandor firmiert.

**2   Konzern**

Zur Thomas Cook Gruppe gehören Unternehmen in Deutschland, Großbritannien, Nordirland, den Beneluxländern, Frankreich, Skandinavien, Polen, Slowenien, Ungarn und Kanada. Die wichtigsten Veranstalter sind Thomas Cook, Airtours Holidays, MyTravel, MyTravel Canada, Neckermann. Die verschiedenen → Fluggesellschaften des Konzerns, zu denen in Deutschland die Condor gehört (an der die Lufthansa noch mit knapp unter 25 Prozent beteiligt ist), verfügen über ca. 100 Flugzeuge. Im Vertrieb ist die Gruppe mit ca. 1.500 Reisebüros in mehreren Ländern vertreten. Dabei handelt es sich um eine Mischung aus eigenen → Reisebüroketten und Reisebüros im → Franchise oder einer anderen Form von → Kooperation (www.thomascookgroup.com; www.thomascook.com). *(jwm)*

**Three-Letter-Code**
→ Flughafencode

**Through-Check-in**
→ Check-in

**Ticket**
→ Flugschein (a)

**Tiefgang**
*draught*
Maß für das Absinken des Schiffskörpers unter die Wasserlinie. Die Größe des Tiefgangs hängt einerseits ab von der Beladung des Schiffes, andererseits vom Wasser, in dem das Schiff fährt: In Salzwasser ist der Tiefgang niedriger als in Süßwasser, was bei Fahrten in Häfen im Binnenland durch Flüsse bzw. Flußmündungen berücksichtigt werden muß (zum Beispiel Hamburger Hafen). *(jwm)*

**Time series charter**
→ Charterkette

**Time Sharing**
Bezeichnet ein Teilzeitwohnrecht, welches eine zeitanteilige Nutzung einer Wohneinheit regelt. Grundsätzlich wird durch eine Zahlung ein Recht erworben, eine Wohnimmobilie über einen festgelegten Zeitraum (meist mehrere Jahre) nutzen zu können. Das Ausmaß des Nutzungsrechts unterscheidet sich je nach Anbieter.

Gleich ist allen Vertragsarten jedoch folgendes Konzept: Die Zahlung einer bestimmten Kaufsumme gewährt dem Kunden das Recht, jedes Jahr für einen bestimmten Zeitraum eine bestimmte Unterkunft wiederkehrend zu bewohnen. Die Laufzeiten variieren je nach vertraglicher Gestaltung. Sie liegen im deutschsprachigen Raum meist zwischen 30 und 50 Jahren. Das Teilzeiteigentum sieht auch vor, daß das Nutzungsrecht vererbt, verkauft, vermietet oder verschenkt werden kann. Der Eintrag im Grundbuch erfolgt meist über die Ferienanlage bzw. einen Treuhänder. Normalerweise müssen Teilzeitwohnrechtsinhaber einen Anteil der Betriebs-, Verwaltungs- und Instandsetzungskosten tragen. *(cf)*

**Tip**
→ Trinkgeld

**T-Mona**
→ Gästebefragung

**Tod**
→ Reiseversicherungen

**TOMA**
Tourismusmaske im Computerreservierungssystem Amadeus Germany (→ Computer-Reservierungssysteme)

**Touch and go**
Aufsetzen und Durchstarten eines Flugzeuges auf einer Landebahn.

**Touch down**
Aufsetzen eines Flugzeuges auf einer Landebahn.

**Tourismus**
*tourism*

**1 Definition**
Das Wort ‚Tourismus‘ geht zurück auf das griechische (= *tornos*) für ‚zirkelähnliches Werkzeug‘ und gelangte über das lateinische *tornare* (= runden) und das französische *tour* ins Englische und Deutsche. Es ist der Obergriff für „das zeitweilige Verlassen seiner gewohnten Umwelt, bei dem die Rückkehr an den Ausgangspunkt von vornherein feststeht und ohne deren Gewißheit man die Reise gar nicht erst angetreten hätte" (Mundt 2006, S. 3). Der Aufenthaltsort ist „dabei weder hauptsächlicher und dauernder Wohn- noch Arbeitsort" (Kaspar 1991, S. 18). In der Definition der → Welt-

tourismusorganisation (UNWTO) müssen zwischen dem Verlassen des Wohnortes und der Rückkehr mindestens eine und maximal 364 Übernachtungen stehen. Der Zweck ist dabei weitgehend unerheblich. Lange gebräuchlich war im Deutschen auch die weitgehend synonyme Bezeichnung ‚Fremdenverkehr‘, die in den letzten Jahren aber zunehmend durch den Begriff ‚Tourismus‘ abgelöst wurde.

Er ist abzugrenzen vom Begriff ‚Reise‘, der umfassender jedwede Entfernung von einem bestimmten Ort kennzeichnet, unabhängig davon, ob man an diesen zurückkehrt oder nicht. Der Tourismus umfaßt also eine Vielzahl von → Reisearten, von den Privat- bis zu Dienst- und → Geschäftsreisen, auch wenn umgangssprachlich oft damit nur die privaten Urlaubsreisen bezeichnet werden.

In seiner erweiterten Form bezeichnet Tourismus zudem alle Phänomene, die mit dieser Art von Reisen verbunden sind. Dazu gehören auf der Seite der → Touristen zum Beispiel die → Reisemotivation, die → Reiseentscheidung und die Aktivitäten während einer Reise bzw. eines Aufenthaltes. Auf der Anbieterseite sind damit → Destinationen, Verkehrsunternehmen (wie zum Beispiel → Fluggesellschaften), Beherbergungsbetriebe (→ Hotel), → Reiseveranstalter und → Reisemittler angesprochen, so daß man zusammen auch von einer → Tourismuswirtschaft (s. a. → Touristik) mit einer Reihe von tourismusspezifischen Berufen wie zum Beispiel → Reiseleiter und → Animateur sprechen kann.

Die Verhaltensweisen der Akteure sind Gegenstand sozialwissenschaftlich orientierter Tourismusforschung (→ Tourismuswissenschaft), die soziologische (→ Tourismussoziologie), psycholo-

gische (→ Reisepsychologie), pädagogische (→ Tourismuspädagogik) und
wirtschaftswissenschaftliche Aspekte
(zum Beispiel → touristische Wertschöpfungskette) des Tourismus untersucht.

**2 Erfassung** *(measurement)*
Es gibt grundsätzlich vier verschiedene
Möglichkeiten der Erfassung des Tou-
rismus:

- ❖ bei der Grenzüberschreitung (Aus-
  bzw. Einreise; Grenzmethode)
- ❖ bei der Ankunft in Beherbergungsbetrieben in den → Destinationen
  (Standortmethode)
- ❖ bei der Nutzung von Reiseverkehrs-
  mitteln (Transportmittelmethode)
- ❖ am Wohnort (Wohnortmethode).

Alle vier Möglichkeiten messen Unterschiedliches bzw. führen jeweils zu
unterschiedlichen Ergebnissen.

Bei der Grenzmethode werden nur die
Ankünfte des internationalen Tourismus
erfaßt, also die der Ausländer und die
Inländer, die in ein Land ein- bzw. aus-
reisen. Der nationale Tourismus der
Inländer wird damit nicht erfaßt. In
Ländern ohne oder mit nur wenigen
Grenzen mit anderen Ländern (wie in
Australien, Neuseeland, den USA) und
bei denen das Flugzeug das wichtigste
Verkehrsmittel der Besucher ist, lassen
sich mit von den Passagieren auszufül-
lenden Grenzkarten bei Ankunft und
Abreise die wichtigsten Informationen
erfassen. Diese Karten werden vor der
Ankunft bereits im Flugzeug verteilt
und müssen ausgefüllt bei der Einreise
zusammen mit dem Reisepaß vorgelegt
werden. Bei der Ausreise werden hier
beim → Check-in am → Flughafen die
Ausreisekarten ausgeteilt und müssen
ausgefüllt bei der Paßkontrolle abgegeben
werden. In Ländern mit vielen direkten
Nachbarländern hat die Grenzmethode

andererseits den Nachteil, daß, um den
Verkehrsfluß nicht zu stören, an den
Grenzen nur stichprobenartig kontrolliert wird, somit also eine Erfassung
touristischer Reisen in Abgrenzung von
Tagesausflügen oder Grenzgängern kaum
mehr möglich ist. Innerhalb Europas
kommt hinzu, daß es zwischen vielen
Ländern keine Grenzkontrollen mehr
gibt (→ Schengener Abkommen), die
Grenzmethode also überhaupt nicht
mehr angewendet werden kann.

Demgegenüber hat die Standortmethode
den Vorteil, daß mit ihr nicht nur
neben den Ankünften auch die Zahl
der Übernachtungen, sondern auch der
gesamte, also der nationale Tourismus
der Inländer und der internationale
Tourismus der Ausländer in einem Land
aufgezeichnet werden kann. Da die
Meldepflicht in der Regel jedoch nur in
kommerziellen Beherbergungsbetrieben
ab einer bestimmten Größe (zum
Beispiel → Hotels, → Hotelpensionen in
Deutschland ab neun, in der Schweiz ab
fünf Betten) besteht, werden hiermit zum
einen nicht alle Ankünfte in gewerblichen
Betrieben und zum anderen auch keine
Verwandten- und Bekanntenbesuche
(→ Visiting Friends and Relatives
[VFR]) erfaßt. Dies kann dazu führen,
daß in touristischen Regionen mit
vielen Kleinbetrieben fast ein Drittel
der tatsächlichen Übernachtungen gegen
Entgelt nicht erfaßt wird (Böttcher &
Schulz 2005, S. 12). Auch die Zahl der
Touristen läßt sich mit dieser Methode
nur abschätzen, da bei Rundreisen
die Ankünfte und Übernachtungen
identischer Personen mehrfach gezählt
werden.

Beide Methoden, die Grenz- und die
Standortmethode, liefern die Grund-
lagen für Zählungen der amtlichen
Statistik, die alle entsprechenden
Ereignisse (Totalerhebung) erfaßt. Das

gilt auch für den Flugbereich, in dem die Transportmittelmethode angewandt wird. Hier werden alle an- und abfliegenden Passagiere im Alter ab zwei Jahren von der Statistik erfaßt (Kinder unter zwei Jahren werden in Begleitung Erwachsener ohne Anspruch auf einen eigenen Sitzlatz in der Regel ohne Entgeltzahlung von den → Fluggesellschaften befördert). In Deutschland beruht sie auf den Zählungen der → Arbeitsgemeinschaft Deutscher Verkehrsflughäfen (ADV). Ähnlich wie bei der Standortmethode bei der Erfassung der Gesamtzahl von Touristen läßt sich auch die Gesamtzahl der Passagiere nicht aus der Luftfahrtstatistik bestimmen, weil Passagiere, die Umsteigeverbindungen in Anspruch nehmen, doppelt gezählt werden. Sie „werden bei der Ankunft aus Gebieten außerhalb Deutschlands als Aussteiger und beim Abgang (Umsteigen) als Zusteiger nach Deutschland oder Gebieten außerhalb Deutschlands gezählt" (Statistisches Bundesamt 1995, S. 7). In anderen Verkehrsmitteln (Automobilen, Autobussen, Zügen usw.) lassen sich kaum sinnvolle Zählungen für die Erfassung des Tourismus durchführen, deshalb bleibt diese Methode weitgehend auf den Flugverkehr beschränkt. Allerdings kann hierbei, ebenso wie bei der Grenz- und der Standortmethode, meist (Ausnahmen s.o.) nicht zwischen → Urlaubs- und → Geschäftsreisen unterschieden werden, und es wird nur ein kleiner Ausschnitt aller Reisen erfaßt.

Diese Unterscheidung wird erst möglich durch die Anwendung der Wohnortmethode. Bei diesem Verfahren wird eine bevölkerungsrepräsentative Stichprobe der Einwohner eines Landes zu ihrem Reiseverhalten befragt. Durch Telephon- oder *face to face*-Interviews (→ World Travel Monitor) können alle Reisen eines Jahres erfaßt und durch entsprechende Zusatzfragen eingeordnet

werden. Dieses Verfahren wird auch für die Ermittlung von Urlaubsreisen durch die → Reiseanalyse angewandt. Auch das Statistische Bundesamt bedient sich dieser Methode, um den Anforderungen der Statistikrichtlinie der Europäischen Union (95/57 EG vom 23. November 1995) zu entsprechen. Allerdings kommt es hier bei nur jährlichen Erhebungen aufgrund von Erinnerungsverlusten bei den Befragten zu einer Untererfassung von Reisen. Bei kürzeren Befragungsintervallen (zum Beispiel vierteljährlich) ist eine hinreichend genaue Erfassung von der Zahl der gemachten Reisen möglich.

Stichprobenverfahren lassen sich auch bei der Durchführung der Grenzmethode anwenden, indem man einen bestimmten Prozentsatz aller abreisenden Personen eines Landes mit Interviews zu ihren Reiseplänen bzw. -erfahrungen befragt. Dies wird zum Beispiel in Australien (40.000 Interviews) und, nach australischem Vorbild, in Neuseeland (5.000 Interviews) mit dem International Visitor Survey (IVS) gemacht. Da fast alle → Touristen diese Länder auf dem Luftwege besuchen, lassen sich diese Interviews über das ganze Jahr verteilt in den internationalen Abflugbereichen der wichtigsten Flughäfen durchführen. *(jwm)*

*Literatur*
Böttcher, Silke; Jonathan Schulz 2005: Tourismus in der Euregio Bodensee. Eine deskriptive Analyse. Konstanz: Internationale Bodenseekonferenz und Translake
Kaspar, Claude 1991: Die Tourismuslehre im Grundriß. Bern, Stuttgart: Haupt (= St. Galler Beiträge zum Tourismus und zur Verkehrswirtschaft- Reihe Tourismus, Bd. 1; 4. Aufl.)
Mundt, Jörn W. 2006: Tourismus. München, Wien: Oldenbourg (3. Aufl.)

Statistisches Bundesamt 1995: Luftverkehr 1993. Fachserie 8 (Verkehr), Reihe 6. Stuttgart: Metzler-Poeschel

**Tourismusdichte**
*tourism density*
Maß zur Ermittlung der Bedeutung des Tourismus für eine Gebietseinheit. Die gebräuchlichste Form ist die → Tourismusintensität. Daneben gibt es noch die → Ankunftsdichte und die → Übernachtungsdichte. *(jwm)*

**Tourismusgeographie**
*tourism geography*
→ Geographie der Freizeit und des Tourismus

**Tourismusintensität**
*tourism intensity*
Kennzahl für die → Tourismusdichte in einer Gebietseinheit (meist kleinere Regionen oder Kommunen). In ihr wird die Anzahl kommerzieller Übernachtungen (KÜ) aus der Tourismusstatistik einer Gebietseinheit bezogen auf 1.000 Einwohner (alle Einwohner: N). Berechnung:

$$TI = \frac{KÜ \times 1000}{N}$$

Die Tourismusintensität ist das gebräuchlichste Maß der Tourismusdichte und wird zum Beispiel vom deutschen Statistischen Bundesamt verwendet. *(jwm)*

**Tourismus-Multiplikator**
*tourism multiplier*

**1   Definition**
Die Ausgaben von Touristen kurbeln die Wirtschaft an und schaffen in den Destinationen zusätzliche Geschäftsumsätze, Beschäftigung, Haushaltseinkommen und Steuereinnahmen. Sie wirken wie Finanzspritzen und haben direkte,

produktions- und konsuminduzierte Wirkungen auf die lokale Wirtschaft (→ Wirtschaftsfaktor Tourismus). Der durch die Touristenausgaben angestoßene Prozeß setzt sich fort und das Geld zirkuliert in der Wirtschaft, bis es schließlich durch Sparen *(retained earnings)*, Steuern und Importe den Kreislauf verläßt. Dieser Anpassungseffekt *(ripple effect)* in einer Wirtschaft wird ‚Tourismus-Multiplikator' genannt.
Als Multiplikator wird er deshalb bezeichnet, weil er sich auf die Zahl bezieht, mit der die direkten Ausgaben malgenommen werden müssen, um den Zuwachs an Output, Einkommen oder Beschäftigung zu erhalten.

**2   Direkte, indirekte und induzierte Effekte**
Sie können zerlegt werden in direkte Effekte, solche der ersten Runde inklusive gewerblicher Unterstützungsleistungen, und konsuminduzierte Effekte. Der direkte Effekt wird wirksam bei denjenigen Lieferanten, die ihre Güter und Dienstleistungen unmittelbar an Touristen veräußern. Die sekundären Wirkungen, die sich auf den Multiplikatoreffekt zusätzlicher Runden der Re-Zirkulation der anfänglichen Ausgaben der Besucher beziehen, sind in zwei Typen unterteilt: indirekte (produktionsabgeleitete) und induzierte (durch Konsum ausgelöste). Indirekte Effekte entstehen, wenn Betriebe, die direkt an Besucher verkaufen, dafür Waren und Dienstleistungen (Input) bei anderen Unternehmen kaufen. Diese anderen Unternehmen kaufen ihrerseits wieder bei weiteren Firmen usw. Konsum-induzierte Effekte entstehen, wenn Beschäftigte, die in der Destination wohnen, ihr gestiegenes (verfügbares) Einkommen für Waren und Dienstleistungen von Unternehmen ausgeben, die dort ihren Sitz haben

und ihre Inhaber diese zusätzlichen Gewinne in der Region ausgeben. Auf jeder Stufe des Produktionsprozesses gibt es Beschäftigte, denen Löhne und Gehälter gezahlt werden. Sie sind Teil der Haushaltseinkommen der Wirtschaft und erhöhen die induzierten Haushaltsausgaben für den Konsum.

## 3 Arten von Multiplikatoren

Die vier am häufigsten verwendeten Multiplikatoren sind Verkaufs-, Output-, Einkommens- und Beschäftigungsmultiplikatoren. Der Verkaufs- bzw. Transaktionsmultiplikator mißt die gesamte Umsatzsteigerung der Unternehmen für jede zusätzliche Einheit von Tourismusausgaben. Der Outputmultiplikator erfaßt die Effekte eines exogenen Wandels in der Nachfrage von Endverbrauchsgütern auf den Ausstoß von Branchen in einer Wirtschaft, wobei der Output gleich den Verkäufen plus dem Wertzuwachs der Lagerbestände ist. Der Einkommensmultiplikator zeigt die Beziehung zwischen dem direkten und dem gesamten Haushaltseinkommen, der durch jede zusätzliche Einheit von Touristenausgaben (oder der zusätzlichen Wertschöpfung im Bruttoinlandprodukt, BIP) in der Destination verdient wird. Der Beschäftigungsmultiplikator zeigt das Verhältnis von direkter und sekundärer Beschäftigung, die durch zusätzliche Ausgaben von Touristen ausgelöst werden, zu direkter Beschäftigung. Die Verkaufs- und Output-Multiplikatoren enthalten Doppelzählungen und sind weniger relevant als die anderen Multiplikatoren. Sehr vorsichtig muß man auch bei der Ermittlung und der Bewertung von Beschäftigungsmultiplikatoren zur Schätzung der Zahl der durch wachsende Tourismusnachfrage geschaffenen Arbeitsplätze sein, da verschiedene Firmen bei steigenden Umsätzen unterschiedliche Grenzneigungen *(marginal propensities)*

zur Einstellung zusätzlicher Arbeitskräfte haben. In vielen Unternehmen können die Beschäftigtenzahlen relativ unempfindlich von Umsatzveränderungen sein, während andere Firmen bestrebt sind, eine bessere Auslastung der bereits eingestellten Mitarbeiter zu erreichen (zum Beispiel durch Überstunden und Wochenendarbeit).

## 4 Multiplikator-Typen

Multiplikatoren, die lediglich indirekte Wirkungen in Sekundäreffekten enthalten, werden als Typ I bezeichnet; wenn induzierte Effekte in den Sekundäreffekten berücksichtigt werden, gehören sie zum Typ II. Multiplikatoren vom Typ II nehmen an, daß es in einer Destination ungenutzte Ressourcen gibt, die durch höhere Einnahmen aus dem Tourismus nutzbar gemacht werden können. Gibt es keine ungenutzten Ressourcen, werden darüber auch keine induzierten Einkommen erzeugt, sondern es entsteht ein durch Übernachfrage ausgelöster inflationärer Druck auf Löhne und Preise. Es kann auch einen Transfer von anderen Nutzungen der Ressourcen geben. Auch bei hoher Arbeitslosigkeit und geringem Nutzungsgrad von vorhandenem Kapital begrenzt strukturelle Inflexibilität das Ausmaß wirtschaftlicher Auswirkungen. Daher liefern Multiplikatoren des Typs II eine Schätzung am oberen Rand, die nur unter eingeschränkten und idealen Bedingungen zutrifft.

## 5 Wirkungseinschränkungen

Tourismus-Multiplikatoren sind ein Maß für die gegenseitige Abhängigkeit der Tourismusindustrie mit dem Rest der Wirtschaft. Für sich genommen, sagen sie nichts aus über die Höhe der durch den Tourismus erzeugten Einkommen oder der Beschäftigung – sie quantifizieren nur das Ausmaß, in dem die ursprünglich getätigten Ausgaben zu indirekten

Nutznießern fließen. Der Keynesianische Multiplikator, wie er gewohnlich von Volkswirten genutzt wird, bildet die Höhe des in der Wirtschaft durch die Ausgaben von Touristen zusätzlich erzeugten Einkommens. Aus der durchgängigen Sicht von Tourismusökonomen geht es darum, den Einkommensmultiplikator als das Verhältnis zwischen einer Einheit zusätzlicher autonomer Ausgaben von Touristen und der Höhe von Haushaltseinkommen (direkter, indirekter und induzierter), die diese in einer Destination tätigen, auszudrücken (Archer 1977). Dieser Multiplikatoreffekt wird abgeschwächt durch die Sickerrate *(leakage)* und durch interaktive Effekte.

Sickerraten: Auf jeder Stufe des Prozesses gibt es ‚Lecks‘, die aus Ersparnissen, Importen, Gewinnrückführungen in die Herkunftsländer ausländischer Unternehmen *(profit repatriation)* und Steuern bestehen und welche die Größe des Multiplikators begrenzen – je größer die Finanzströme sind, welche die Destination verlassen, desto kleiner werden die Effekte und damit auch der Multiplikator. Die Multiplikatoren unterscheiden sich je nachdem, ob sie auf regionaler Ebene oder für ein ganzes Land geschätzt werden. Kleine Gebiete haben aufgrund ihrer schmaleren wirtschaftlichen Basis üblicherweise niedrigere Multiplikatoren als größere (Archer 1977; Wanhill 1994).

Interaktionseffekte: Wenn es keine größeren Überkapazitäten in den tourismusnahen Branchen gibt, liegt der primäre Effekt des Inputs touristischer Ausgaben in einem Gebiet eher in einer Veränderung der Wirtschaftsstruktur als in der Erzeugung eines großen Zuwachses übergreifender wirtschaftlicher Aktivitäten. Zu den Schlüsselfaktoren, die den Umfang der durch die Tourismusnachfrage ausgelösten Effekte bestimmen, gehören: Einschränkungen der Versorgung mit Produktionsfaktoren, reale Steigerung der Wechselkurse und die gegenwärtige Wirtschaftspolitik.

Jede Berechnung eines wie immer definierten Multiplikators setzt ein Modell voraus, das die Mechanismen beschreibt, wie sich die Ausgangswirkungen von Inputs in einem Wirtschaftsraum fortsetzen. Weltweit wurde eine große Zahl an Tourismus-Multiplikatoren unter der Verwendung von → Input-Output-Modellen berechnet. Diese Modelle basieren jedoch auf unrealistischen Annahmen, welche die hieraus abgeleiteten Meßwerte in Frage stellen (Briassoulis 1991). Die auf Input-Output-Modellen beruhenden Multiplikatoren überschätzen die wirtschaftlichen Effekte von Schockvariablen wie Tourismuseinnahmen insbesondere deshalb, weil sie die interaktiven Effekte außer acht lassen, die meist in der entgegengesetzten Richtung der ursprünglichen Veränderungen wirken.

Ein alternativer Ansatz zur Bestimmung von Multiplikatoren basiert auf → Dynamischen Multisektoralen Modellen (Computable General Equilibrium Models, CGE). Sie enthalten generellere Angaben über das Verhalten von Konsumenten, Produzenten und Investoren, als es die Input-Output-Modelle erlauben, so daß sie die Anpassung der spezifischen Modelle an die aktuellen Gegebenheiten einer Wirtschaft erlauben. Vor dem Hintergrund ihrer multi-sektoralen Grundlagen und der Fähigkeit, eine große Bandbreite aktueller und möglicher Szenarien zu untersuchen, sind sie insbesondere nützlich für die Analyse des Tourismus und von → Tourismuspolitik.

Multiplikatoren können dabei helfen, die Auswirkungen von Veränderungen der Nachfrage im Tourismus zu simulieren und damit Schwachpunkte von Destinationen zu erkennen. Wenn sie auf verläßlichen Daten und einem

Tourismuspädagogik

zuverlässigen Modell wirtschaftlichen Verhaltens beruhen, bieten sie nützliche Informationen, die aufzeigen, wie die Verknüpfungen unterschiedlicher Branchen die Auswirkungen des Tourismus über die ursprünglichen Empfänger der Ausgaben weiter verteilen. Da die Analyse der Multiplikatoren jedoch davon ausgeht, daß die für die Touristen bereitgestellten Ressourcen in Form von Gütern und Dienstleistungen nicht mit Opportunitätskosten verbunden sind, ist ihre Eignung für die Begründung politischer Entscheidungen begrenzt. Wenn man sich jedoch ihrer Begrenzungen bewußt ist, kann die Analyse von Multiplikatoren wichtige Informationen für die Planung und das Management von Destinationen liefern. *(ld)*

*Literatur*

Archer, Brian 1977: Tourism Multipliers: The State of the Art. Bangor Occasional Papers in Economics. Cardiff: University of Wales Press
Archer, Brian; John Fletcher 1988: The Tourist Multiplier. In: Teoros, 7 (3), S. 6-10
Briassoulis, Helen 1991: Methodological Issues: Tourism Input-Output Analysis. In: Annals of Tourism Research, 18, S. 485-495
Wanhill, Stephen 1994: The Measurement of Tourist Income Multipliers. In: Tourism Management, 15 (4), S. 281-283

**Tourismuspädagogik**
*tourism pedagogies*

„Tourismuspädagogik" oder „Reisepädagogik" (Giesecke 1965) erforscht Bedingungen und Zielsetzungen eines umwelt- und sozialverträglichen Reisens, bietet praktische Orientierungshilfen und entwickelt didaktische Modelle für die Planung und Durchführung von → Studienreisen. Tourismuspädagogik ist sowohl der Freizeitpädagogik als auch der Erwachsenenpädagogik verpflichtet.

Mit ersterer teilt sie emanzipatorische Interessen, mit letzterer das Axiom, daß pädagogisches Handeln an Erwachsenen nur mehr Hilfe zur Selbstbildung sein könne (Siebert 1983). Ihre Instrumente sind deshalb – neben wissenschaftlicher Forschung – vor allem Information, Beratung, Dialog.

**1 Von der Apodemik zur Tourismuspädagogik**

Wichtigster, heute aber weithin vergessener Vorläufer der modernen Reisepädagogik ist die frühneuzeitliche Apodemik (vom griechischen *apodemeîn* = „Reisen"; vgl. die Bibliographie von Stagl 1983). Ihr Gegenstandsbereich war die aristokratische Kavaliersreise, für die sie durch wohlabgestufter Erkundungs- und Beobachtungsimpulse ein differenziertes Instrumentarium empirischer Wahrnehmung und Forschung bereitstellte (zum Ganzen vgl. Stagl 2002).

Die nachfolgende Romantik ersetzte das präzise Untersuchen durch das empfindsame Erleben und wies damit dem Reisenden ein Verhalten zu, das weniger durch rationale Methoden als durch literarische Vorbilder zu vermitteln war. Die Geschichte der Reisepädagogik fällt deshalb im 19. Jahrhundert weitgehend mit der Geschichte des Reiseberichts zusammen, innerhalb der Goethes „Italienische Reise" eine Vorrangstellung genoß, die wiederum die bürgerliche Bildungsreise in der zweiten Hälfte des 19. Jahrhunderts prägte.

Die Reisepädagogik des 20. Jahrhunderts stand unter dem Vorzeichen des massenhaften Reisens (→ Massentourismus), wie es nach dem Zweiten Weltkrieg zum Merkmal moderner Industriegesellschaften geworden war. Sie brachte nicht nur verschiedenartige Formen von Tourismuskritik hervor, sondern auch Konzepte für pädagogische Reflexion und

Intervention. Diese entwickelten sich zunächst in zwei Bereichen: im Jugend- und im Bildungstourismus.

Der Göttinger Pädagoge Hermann Giesecke stellte der Pädagogik 1965 eine neuartige Herausforderung: Sie solle „die Heranwachsenden tourismusfähig machen, das heißt, sie auf die Realitäten des Tourismus vorbereiten." Die hierfür zu konzipierende „Reisepädagogik" solle die Kompetenz verleihen, „die pädagogische Planung des Reisens neu zu durchdenken" und „geeignete Methoden und Ausbildungsmaßnahmen zu entwickeln" (Giesecke 1965).

Die schnelle Zunahme pauschaler Studienreisen stieß in den 1970er Jahren eine andere Entwicklung an: die Konzeption didaktischer und methodischer Modelle für die → Reiseleitung. Ihr erster Vertreter war das 1982 in erster Auflage erschienene „Handbuch für Studienreiseleiter" (Günter 2003). Unabhängig davon entstand um die selbe Zeit das Werk „Animationsmodell Länderkunde" (Müllenmeister & Waschulewski 1978), das die spezifischen Bedürfnisse eines Großveranstalters bediente und Modelle zur Abwechslung, zum Erlebnis und zur Unterhaltung entwickelte.

## 2 Tendenzen moderner Tourismuspädagogik

Einige Hochschulen haben tourismuspädagogische Zusatzqualifikationen in ihr Lehrangebot aufgenommen (vgl. die Überblicke bei Fromme & Kahlen 1991; Nahrstedt 1992). Gleichwohl ist Tourismuspädagogik gegenwärtig noch eine Angelegenheit weniger Experten, die sich intensiver um folgende Zielgruppen und Bereichen gekümmert haben:

### 2.1 Schüler und Jugendliche

Im Anschluß an Giesecke erhob sich wiederholt die Forderung, daß die Schulen ihre Zöglinge besser für die künftige touristische Lebenswelt vorbereiten sollten, unter anderem durch Revision der Lehrbücher und Einführung eines Unterrichtsfachs „Tourismuskunde". Beides ließ sich bislang nicht verwirklichen. Intensiver hat sich die Tourismuspädagogik jedoch um die traditionelle → Klassenfahrt gekümmert und eine Reihe von Gestaltungsvorschlägen entwickelt (Jahrbuch für Jugendreisen 1987; Thomas-Morus-Akademie 1988).

Erfolgreicher sind die reisepädagogischen Bemühungen um den subventionierten und mit hohen Erwartungen befrachteten Jugendtourismus, besonders den Austauschtourismus. Wie bereits angedeutet, hat sich Tourismuspädagogik zu einem guten Teil hieraus entwickelt (als Überblick: Müller 1987; Braun et al. 1988). Und die hierbei entwickelten reisepädagogischen Zielkonstanten – von der Völkerverständigung und dem Abbau von (nationalen, ethnischen) Vorurteilen (Danckwortt 1959) über die „emanzipatorische Reisepädagogik" (Giesecke, Keil & Perle 1967) bis hin zum Konstrukt des „interkulturellen Lernens" (Breitenbach 1979) – befruchteten die Tourismuspädagogik insgesamt. Zudem fanden in kaum einem anderen Tourismusbereich empirisch-sozialwissenschaftliche Methoden so schnell und umfassend Eingang (vgl. zum Beispiel Kentler, Leithäuser & Lessing 1969).

### 2.2 Reiseleiter

Neben dem Jugendtourismus stand bislang der Pauschaltourismus im Zentrum der Tourismuspädagogik: Für alle Reisearten, von der → Studienreise (Günter 2003) bis zur einfachen Busreise (Bartl 1983, 1987) oder zum → Cluburlaub (Finger & Gayler 1993) wurden didaktisch-methodische Modelle entwickelt, zum Teil mit neuartigen Ansätzen, so ein explizites Modell interkultureller

Kommunikation (Niemeyer 1990), historischer Hermeneutik (Glaubitz 1997) oder ein unter dem Namen „länderkundliche Spurensuche" bekannt gewordenes Modell spontaner geographischer Recherche (Isenberg 1987), das sich für Einzel- wie für Gruppenreisen gleichermaßen eignet. Daneben fand das Anliegen des „sanften Tourismus" durch zahlreiche Empfehlungen Eingang in die Reiseleiterpraxis (zum Beispiel Steinecke 1989).

## 2.3 Ausbildung zum Reiseleiter

Zwar bieten Hochschulen tourismuspädagogische Zusatzqualifikationen an (vgl. oben). Aber nur wenige deutsche → Reiseleiter dürften sich so aufwendig auf ihren Beruf vorbereiten. Die meisten besuchen einen höchstens mehrtägigen Reiseleiterkurs, den größere Veranstalter zur Aus- und Fortbildung ihrer Reiseleiter anbieten. Daraus resultiert – im Unterschied zu Griechenland oder Italien mit ihrer langdauernden Reiseleiterausbildung – eine nur geringe Professionalität der deutschen Reiseleiter (Schmeer-Sturm 1990). Dies wird sich unter dem Druck EU-rechtlicher Bestimmungen bald ändern: Die vom Präsidium der deutschen Touristik-Wirtschaft inzwischen eingerichtete (freiwillige) Zertifikatsprüfung (zur Prüfungsordnung Günter 2003) ist zumindest ein Schritt in die richtige Richtung.

## 2.4 Veranstalter

Reisepädagogische Überlegungen zur Optimierung des Angebotes finden sich bereits recht früh bei gemeinnützigen → Reiseveranstaltern (Pressel 1962), weniger jedoch bei kommerziellen Unternehmern. Dies hat sich jedoch seit der zweiten Hälfte der 1970er Jahre geändert, als Großveranstalter von → Pauschalreisen bei ihrer Klientel ein wachsendes Bedürfnis nach aktiverer Urlaubsgestaltung entdeckten (vgl. das oben genannte „Animationsmodell Länderkunde"; → Animation). Analoges gilt für die Veranstalter von Studienreisen, die ihre Programme zunächst vorwiegend als Rundreisen zwischen Sehenswürdigkeiten konzipiert hatten, um dann allmählich unter dem Druck veränderter Kundenbedürfnisse stärker reisepädagogische Überlegungen in die Programmentwicklung einfließen zu lassen, was wiederum die Reiseart stärker ausdifferenziert und damit attraktiver gemacht hat (Roth 1992; Günter 2003). Ein weiteres Potential bietet sich der Tourismuspädagogik bei der Produktpräsentation, insbesondere der Kataloggestaltung (Putschögl-Wild 1978), der Entwicklung von Reiseinformationen sowie bei der Konzeption audiovisueller Medien (z.B. Videos), die in Zukunft eine immer größere Rolle bei der Kundeninformation spielen werden. *(wg)*

*Literatur*

Bartl, Harald 1983: Qualifizierte Reiseleitung. Erfolgsrezepte und Strategien für einen modernen Beruf. München: Huss

Braun, Ottmar et al. 1988: Bielefelder Jugendreisestudie. Forschungsbericht von „Reisen und Freizeit mit jungen Leuten e.V." Bielefeld: Institut für Freizeit und Kulturarbeit (IFKA)

Breitenbach, Diether 1979: Kommunikationsbarrieren in der internationalen Jugendarbeit. 5 Bde. Saarbrücken: Breitenbach

Danckwortt, Dieter 1959: Internationaler Jugendaustausch. München: Juventa

Fromme, Johannes; Beate Kahlen 1991: Aus-, Fort- und Weiterbildungsangebote für das Arbeits- und Berufsfeld Tourismus. In: Thomas-Morus-Akademie, S. 231-252

Finger, Claus; Brigitte Gayler 2003: Animation im Urlaub. Handbuch für Planer und Praktiker. München, Wien: Oldenbourg (3. Aufl.)

Giesecke, Hermann 1965: Tourismus als neues Problem der Erziehungswissenschaften. In: Heinz Hahn (Hrsg.): Jugendtourismus. München: Juventa, S. 103-122

Giesecke, Hermann; Annelie Keil & Udo Perl 1967: Pädagogik des Jugendreisens. München: Juventa

Glaubitz, Gerald 1997: Geschichte, Landschaft, Reisen. Umrisse einer historisch-politischen Didaktik der Bildungsreise. Weinheim: Beltz

Günter, Wolfgang 2003: Handbuch für Studienreiseleiter. Pädagogischer, psychologischer und organisatorischer Leitfaden für Exkursionen und Studienreisen. München, Wien: Oldenbourg (3. Aufl.)

Isenberg, Wolfgang 1987: Geographie ohne Geographen. Laienwissenschaftliche Erkundungen, Interpretationen und Analysen der räumlichen Umwelt in Jugendarbeit, Erwachsenenwelt und Tourismus. Osnabrück: Universität (Diss.)

Kentler, Hellmut, Thomas Leithäuser & Hellmut Lessing 1969: Jugend im Urlaub. Weinheim: Beltz

Müllenmeister, Horst Martin; Egbert Waschulewski 1978: Animationsmodell Länderkunde. In: Studienkreis für Tourismus (Hrsg.): Mehr Ferienqualität. Bd. 2. Starnberg: Studienkreis für Tourismus (StfT)

Müller, Werner 1987: Von der „Völkerverständigung" zum „Interkulturellen Lernen". Die Entwicklung des Internationalen Jugendaustausches in der Bundesrepublik Deutschland. Starnberg: Studienkreis für Tourismus (StfT)

Nahrstedt, Wolfgang 1992: Reiseleiter und Reisemanager: Weiterbildung für den Tourismus von Morgen. Bielefeld: Institut für Freizeitwissenschaft und Kulturarbeit (IFKA)

Pressel, Alfred 1962: Exkursionen im Programm der Volkshochschulen. Berlin: Heymanns

Putschögl-Wild, Anna Monika 1978: Untersuchungen zur Sprache im Fremdenverkehr. Durchgeführt an den Ferienkatalogen einiger deutscher Touristikunternehmen. Frankfurt: Lang

Roth, Peter 1992: Die Studienreise der 90er Jahre. Einstellungen, Erwartungen, Entwicklungen. München: Fachhochschule

Schmeer-Sturm, Marie-Luise 1990: Der Reiseleiter: Beruf ohne Berufsbild. In: Steinecke, Albrecht (Hrsg.): Lernen. Auf Reisen? Bildungs- und Lernchancen im Tourismus der 90er Jahre. Bielefeld: Institut für Freizeitwissenschaft und Kulturarbeit (IFKA), S. 41-64

Siebert, Horst 1983: Erwachsenenbildung als Bildungshilfe. Bad Heilbrunn: Klinghardt

Stagl, Justin (Hrsg.) 1983: Apodemiken. Eine räsonierte Bibliographie der reisetheoretischen Literatur des 16., 17. und 18. Jahrhunderts. Paderborn: Schöningh

Stagl, Justin 2002: Eine Geschichte der Neugier. Die Kunst des Reisens 1550-1800, Köln, Wien, Weimar: Böhlau

Steinecke, Albrecht (Hrsg.) 1989: Tourismus-Umwelt-Gesellschaft. Wege zu einem sozial- und umweltverträglichen Reisen. Bielefeld: Institut für Freizeitwissenschaft und Kulturarbeit (IFKA)

Thomas-Morus-Akademie (Hrsg.) 1988: Reisen mit der Schule. Erfahrungen, Barrieren, Konzepte. Bensberg: Thomas-Morus-Akademie

Thomas-Morus-Akademie (Hrsg.) 1991: Lernen auf Reisen? Reisepädagogik als neue Aufgabe für Reiseveranstalter, Erziehungswissenschaft und Tourismuspolitik. Bergisch Gladbach: Thomas-Morus-Akademie

## Tourismuspolitik
*public tourism policy*

### 1 Poltische Voraussetzungen des Tourismus

Es gibt kaum einen Lebensbereich, der in so hohem Maße durch Politik bestimmt wird wie der Tourismus. In erster Linie betrifft das die Freiheit zu reisen, die in vielen Ländern so wenig selbstverständlich ist wie die Informations- und Meinungsfreiheit. Beides hängt zusammen: Wo der Informationsfluß behindert wird, also mißliebige Nachrichten unterdrückt werden und freier Meinungsaustausch unterbunden wird, ist auch das Reisen unerwünscht und wird administrativ erschwert, eingedämmt oder

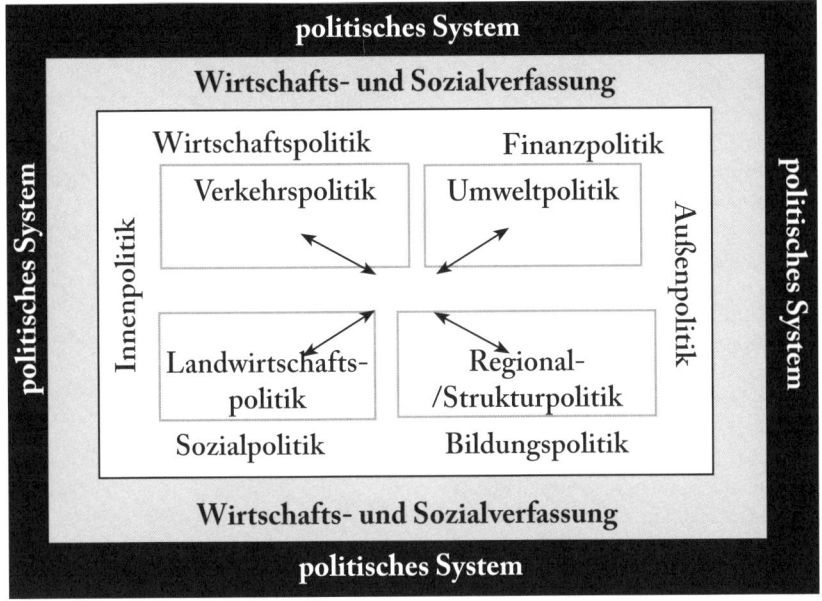

**Abbildung:** Verortung der Tourismuspolitik im politischen System
(Quelle: Mundt 2004, S. 10)

sogar ganz verhindert. Schließlich reisen mit den Menschen auch Nachrichten und Meinungen.

Im deutschen Grundgesetz dagegen sind die Meinungs- und Pressefreiheit in Artikel 5 (1) und die Reisefreiheit in Artikel 11 (1) garantiert: „Alle Deutschen genießen Freizügigkeit im ganzen Bundesgebiet." Durch die Ausstellung von international anerkannten Reisedokumenten, wie sie im deutschen Paßgesetz (→ Reisepaß) geregelt ist, kann man zudem in jedes Land reisen – anders als in anderen Staaten gibt es von Seiten der Bundesrepublik keinerlei Einschränkungen. Um privates Reisen zu ermöglichen, bedarf es zudem einer Urlaubsregelung für Arbeitnehmer, wie sie in der Europäischen Union zum Beispiel durch die Richtlinie 2003/88/EG bestimmt wird, die allen Mitgliedsländern einen vierwöchigen bezahlten Mindestjahresurlaub vor-

schreibt. Die durch diese beiden gesetzlichen Grundlagen konstituierte objektive Reisefreiheit ist zwar notwendig, nicht aber hinreichend für die Verwirklichung von Reisewünschen.

Die Menschen müssen auch subjektiv in die Lage versetzt werden, zu verreisen. D.h., sie müssen über die entsprechenden finanziellen Mittel verfügen, um sich das Reisen leisten zu können. In marktwirtschaftlichen Systemen hat die Regierung und damit die Politik zwar nur indirekt Einfluß auf Haushaltseinkommen, kann aber über die Wirtschafts-, Finanz- und Sozialpolitik dazu beitragen, daß alle Bürger die Chance privaten Reisens haben. Der Staat kann aber auch direkt eingreifen, um finanziell benachteiligten und sozial gefährdeten Gruppen der Gesellschaft Reisen zu Zwecken der → Erholung und gesellschaftlichen Stabilisierung zu ermöglichen, wie dies zum Teil im Rahmen

701

des → Sozialtourismus geschieht (vgl. u.a. Barth 2002).

## 2 Definition

Neben dieser grundsätzlichen Rolle ist der Staat alleine schon durch die Schaffung von Infrastruktur (Erschließung von Landschaften und Orten, Schaffung attraktiver kultureller Einrichtungen usw.) praktisch immer Mitproduzent touristischer Leistungen. Vielfach ist er sich dieser Rolle jedoch gar nicht bewußt, so daß Krippendorf (1976; cit. n. Müller, Kramer & Krippendorf 1995, S. 155) unterscheidet zwischen direkter und indirekter Tourismuspolitik:

❖ Unter direkter Tourismuspolitik werden alle Maßnahmen verstanden, die „hauptsächlich oder ausschließlich aus dem Tourismus heraus begründet werden" (a.a.O.) oder sich unmittelbar auf ihn beziehen;

❖ Indirekte Tourismuspolitik dagegen umfaßt alle diejenigen Maßnahmen, „die nicht in erster Linie den Tourismus zum Gegenstand haben, diesen aber (...) als Wirtschaftszweig maßgeblich tangieren" (a.a.O.).

Den Tourismus auf einen Wirtschaftszweig zu reduzieren, wäre jedoch eine nicht gerechtfertigte Einengung, da der Tourismus auch eine Reihe gesellschaftspolitischer Funktionen erfüllt (Mundt 2004, S. 3 ff.). Vor allem die Entwicklung des → Massentourismus trägt zur Legitimation eines politischen Systems bei, wie nicht zuletzt die jüngste Geschichte Deutschlands zeigt: Die Verhinderung der Reisefreiheit in der Deutschen Demokratischen Republik (DDR; 7. Oktober 1949 – 2. Oktober 1990), symbolisiert durch Berliner Mauer, Stacheldraht und Todesstreifen, war neben den ständigen Versorgungsproblemen wesentlicher Grund für ihre andauernden Legitimationskrisen, die nur mit Spitzelsystemen und Repressionen eingedämmt

werden konnten. Im Gegenzug hat die früh garantierte Reisefreiheit in der am 23. Mai 1949 gegründeten Bundesrepublik Deutschland in hohem Maße zu ihrer Legitimation beigetragen, „nicht zuletzt auch deshalb, weil man das negative Beispiel des anderen Deutschlands praktisch vor der eigenen Haustür hatte" (*op. cit.*, S. 3 f.). Einschränkend muß man allerdings anmerken, daß die Urlaubsregelungen und die Möglichkeiten kostengünstiger Reisen innerhalb einiger Länder des früheren Ostblocks zum Teil besser waren als in manchen westlichen Ländern wie zum Beispiel in den USA (Richter 2007).

## 3 Tourismus im politischen System

Auch wenn es in einer Reihe von Ländern eigene Tourismusministerien gibt, bleibt der Tourismus eine Querschnittsaufgabe, zu deren Bewältigung eine Reihe von Ressorts beitragen. Neben klassischen Ministerien wie Wirtschafts-, Finanz-, Außen- und Innenpolitik, sind auch die Verkehrs-, die Umwelt-, die Landwirtschafts-, die Regional- und Strukturpolitik sowie die Sozial- und, auf den ersten Blick überraschend, auch die Bildungspolitik zum Teil maßgeblich an der Formulierung von Tourismuspolitik beteiligt (siehe Abbildung). Die Bildungspolitik ist dabei ein gutes Beispiel für die oben erwähnte indirekte Tourismuspolitik. Durch die Regelung der → Ferien an den Schulen hat sie einen direkten Einfluß auf die zeitliche Lage und Dauer der Saisonzeiten für die Tourismuswirtschaft. Dies wurde vor einigen Jahren deutlich, als die deutsche Kultusministerkonferenz – ohne sich der Folgen ihres Handelns bewußt zu sein – die Gesamtdauer der Sommerferien vom frühesten bis zum spätesten Bundesland um einige Wochen verkürzte. Dadurch wurde nicht nur die

Saisonzeit in den → Destinationen und bei → Reiseveranstaltern empfindlich gekürzt, sondern es wurden damit auch Kapazitätsprobleme geschaffen, da sich die gleiche Zahl von Urlaubsreisen auf weniger Wochen konzentrierte.

## 4　Ziele

Direkte Tourismuspolitik wird in erster Linie zur Unterstützung der Wirtschaft betrieben. Die Schaffung und Erhaltung von Arbeitsplätzen, die Erzielung von Deviseneinnahmen (Ausgleich der Handelsbilanz), die Förderung regionaler Wirtschaftsentwicklung und die Diversifizierung der Wirtschaft sind die wichtigsten Zwecke, für die der Tourismus als Mittel eingesetzt wird. Tourismuspolitik wird dazu auf verschiedenen Ebenen betrieben. Auf lokaler, regionaler und nationaler Stufe sind touristische Themen *(issues)* ebenso Gegenstand politischer Entscheidungen wie auf der Ebene supranationaler Politik. Auf lokaler Ebene wird der Tourismus durch die Schaffung von → Touristinformationen gefördert, auf regionaler wie auf der deutschen Länderebene sind es vor allem → Tourismusverbände, über die das Marketing von größeren Raumeinheiten erfolgt. Zudem gibt es auf Länderebene Förderprogramme von Landesregierungen für die Verbesserung öffentlicher Tourismusinfrastruktur. Auf nationaler Ebene geht es zum einen auch um die Werbung für den Tourismus, wie sie zum Beispiel in den staatlich geförderten → Nationalen Tourismusorganisationen (NTO) als einem der wichtigsten Instrumente staatlicher Tourismuspolitik ihren Ausdruck findet.

Zum anderen werden hier die gesetzlichen Rahmenbedingungen formuliert, unter denen die Tourismuswirtschaft arbeitet. Das betrifft zum Beispiel das → Reiserecht, das geschaffen wurde, um im Rahmen des Verbraucherschutzes den Besonderheiten des Tourismus, insbesondere denen von → Reiseveranstaltern, gerecht zu werden. Insofern ist auch das Justizministerium einer der Akteure der Tourismuspolitik. Dies ist allerdings auch ein Beispiel dafür, daß die Europäische Union hier mittlerweile in weiten Bereichen die relevante Rechtssetzungsinstanz ist, denn in seiner heutigen Ausgestaltung folgt das nationale Reiserecht weitgehend der Reiserechtsrichtlinie der EG von 1990. Durch internationale Abkommen und dementsprechende nationale Paßgesetze werden die notwendigen formalen Rahmenbedingungen für die Entfaltung des transnationalen Tourismus geschaffen. Dies geschieht nicht nur zur Ermöglichung privaten Reiseverkehrs, sondern auch deshalb, weil es sich bei Geschäftsreisen um einen notwendigen Inputfaktor marktwirtschaftlicher Produktionsprozesse handelt (Bochert 2001).

Darüber hinaus gibt es auch jenseits rein wirtschaftlicher andere Ziele der Tourismuspolitik. So soll der Tourismus zu → Erholung und Wohlbefinden der Bevölkerung beitragen. Das zeigt sich nicht zuletzt im Gesundheitswesen, zu dem zum Beispiel in Deutschland auch die → Kurorte gehören. Hier wird dem Orts- und Klimawechsel neben den kurortspezifischen Anwendungen eine wesentliche Bedeutung für Heil- und Erholungsprozesse beigemessen. Dies wird durch die Existenz von Staatsbädern unterstrichen. Umwelt- und sozialpolitische Ziele werden mit der Förderung eines → nachhaltigen Tourismus verfolgt. Ansonsten ist das Reisen in den wohlhabenden demokratischen und liberalen Rechtsstaaten im Bewußtsein der Bürger so sehr zu einer sozialen Selbstverständlichkeit geworden, daß Reisefreiheit und ihr wesentlicher Beitrag zur Legitimität politischer Systeme längst den Charakter erstrebenswerter politischer Ziele verloren haben. *(jwm)*

*Literatur*
Barth, Ina 2002: Gemeinnützige Familienerholung in Deutschland. In: Tourismus Jahrbuch, 6 (2), S. 68-92
Bochert, Ralf 2001: Tourismus in der Marktwirtschaft. Ordnungspolitik der Tourismusmärkte. München, Wien: Oldenbourg
Burns, Peter M.; Marina Novelli (Eds.) 2007: Tourism and Politics. Global Frameworks and Local Realities. Amsterdam etc.: Elsevier
Müller, Hansruedi; Bernhard Kramer & Jost Krippendorf 1995: Freizeit und Tourismus. Eine Einführung in Theorie und Politik. Bern: Forschungsinstitut für Freizeit und Tourismus an der Universität Bern (FIF = Berner Studien zu Freizeit und Tourismus, Bd. 28; 6. Aufl.)
Mundt, Jörn W. 2004: Tourismuspolitik. München, Wien: Oldenbourg
Richter, Linda K. 2007: Democracy and Tourism: Exploring the Nature of an Inconsistent Relationship. In: Burns & Novelli (Eds.), S. 5-16

## Tourismuspsychologie
→ Reisepsychologie

## Tourismussatellitenkonten
→ Satellitenkonten

## Tourismussoziologie
*tourism sociology*

Allgemein kann man unter Soziologie die systematische Untersuchung der Gesellschaft verstehen. Ausgehend von einer Vielzahl theoretischer Ansätze beschäftigt sie sich im engeren Sinne mit der Erzeugung von Wissen und dem Verstehen der Entwicklung, des Funktionierens, der Organisation, der Institutionen und Interaktionen innerhalb verschiedener Gesellschaftstypen. Der Tourismus als eine genuin soziale Aktivität, die in einigen Gesellschaften

hervorgebracht wird und physisch, wirtschaftlich, sozial und kulturell auf andere einwirkt, eignet sich daher natürlicherweise für soziologische Analysen (Sharpley 2003).

Einige der frühesten Beiträge zur soziologischen Erforschung des Tourismus stammen zwar aus dem Deutschland der 1930er Jahre, aber es dauerte bis in die späten 1960er Jahre, bis – parallel mit dem Aufkommen des → Massentourismus – eine eigene Soziologie des Tourismus in der Literatur über den Tourismus erkennbar wurde. Die Tourismussoziologie beschäftigt sich grundsätzlich mit dem Wesen und der Bedeutung des Tourismus und seiner im weitesten Sinne sozialen Konsequenzen. Im einzelnen konzentriert sie sich auf vier Analysebereiche (vgl. Cohen 1984):

❖ Touristenverhalten: Motivationen, Rollen, Wahrnehmungen, Interaktionen;

❖ die soziokulturellen Auswirkungen des Tourismus auf Zielgebiete (→ Destination) und die aufnehmenden Gesellschaften;

❖ die Struktur, Entwicklung und Dynamik des Tourismussystems;

❖ die Bedeutung und Symbolisierung von Destinationen und Attraktionen.

Diese vier Themenbereiche kann man aus verschiedenen theoretischen Blickwinkeln betrachten (Dann & Cohen 1991). Dabei gibt es generell zwei Arten der soziologischen Analyse des Tourismus. Zum ersten wird Tourismus meist als soziale Institution gesehen und begründet daher eine eigene Bindestrich-Soziologie *(valid sub-field of sociology)*, oder er wird Gegenstand theoretischer soziologischer Analyse. Dieser Ansatz beschäftigt sich in erster Linie mit der Beziehung zwischen Tourismus und (post-)moderner Gesellschaft, wobei der Tourismus von manchen als Ausgangspunkt für die

Analyse der Gesamtgesellschaft oder sogar als Metapher dafür (Dann 2002) gesehen wird.

## 1 Tourismus und (post-)moderne Gesellschaft

Die vorherrschende und anhaltende Debatte innerhalb der Tourismussoziologie beschäftigt sich mit den natürlichen oder kulturellen Bedingungen von Gesellschaft. Das zentrale Thema dabei ist der Einfluß der (post-)modernen Gesellschaft auf touristische Gewohnheiten und Verhalten. Sie wurde angefacht durch Boorstins (1961) ebenso scharfsinnige wie elitäre Kritik moderner (us-amerikanischer) Touristen, deren angebliche Bedürfnisbefriedigung durch nicht authentische (→ Authentizität) oder pseudo-touristische Erfahrung die Oberflächlichkeit des zeitgenössischen Lebens widerspiegelt. In den 1970er und 1980er Jahren schwenkte die Debatte, ausgehend von MacCannells folgenreicher Arbeit (1976), in Richtung des Verständnisses von Touristen als eine Art entfremdeter moderner Pilger, die Wirklichkeit oder Authentizität in anderen Zeiten oder an anderen Orten suchen.

Auf anthropologische Vorstellungen von Tourismus als Suche nach spiritueller Erfahrung (Graburn 2001) bezugnehmend, basiert MacCannells These auf dem Konzept inszenierter Wirklichkeit *(staged authenticity)* und der daraus folgenden Frustration der Touristen, denen es nicht möglich ist, die ersehnte authentische Erfahrung zu erreichen. MacCannells Arbeit wurde vor allem wegen ihres Anspruches einer ‚Meta-Theorie' des Tourismus vielfach kritisiert, weil es in einer dynamischen, globalisierten Gesellschaft in der Tat keine einzelne soziologische Theorie geben kann, welche die Vielfalt aller touristischen Erscheinungsformen und Verhalten erklären kann (Meethan 2001). Dennoch

hat diese These die Grundlage für die andauernde soziologische Analyse des Tourismus unter Berücksichtigung einer Reihe von zentralen Themen gelegt.

### 1.1 Authentizität

Vor allem mit Blick auf die touristische Erfahrung blieb das Konzept der → Authentizität ein Teil der soziologischen Analyse des Tourismus, obwohl neuere post-moderne theoretische Ansätze ihre Bedeutung verringerten. Das Augenmerk richtet sich insbesondere auf den ‚Verhandlungscharakter' von Authentizität. Wang (2000) hat, damit eine Arbeit von Cohen (1988) weiterentwickelnd, zwischen den beiden Extremen einer objektiven und einer existentiellen Authentizität unterschieden. Während die objektive Authentizität sich auf die meßbare bzw. bewiesene Einzigartigkeit eines Objektes bezieht, wird die existentielle Authentizität durch das Individuum bestimmt; das heißt, authentische touristische Erfahrung wird nicht sozial konstruiert (zum Beispiel als Gegensatz zu „modern" oder „westlich"), sondern subjektiv so wahrgenommen.

### 1.2 Touristische Semiotik

Semiotik, die Wissenschaft von den Zeichen, liefert der soziologischen Analyse des Tourismus und des touristischen Verhaltens eine theoretische Ergänzung. Als soziale Institution ist der Tourismus ein bedeutsames Element modernen sozialen Lebens (er steht etwa für Freiheit, Flucht, das ‚Andere' und ist daher wichtig für das Verstehen touristischen Konsums), während die Analyse der Attraktion einzelner Destinationen – und die Art und Weise, mit der sie gefördert und vermarktet werden (Silver 1993) – von einem semiotischen Ansatz profitieren. In einem allgemeineren Sinne wird Tourismus von manchen als Konsum von Zeichen betrachtet. Dies bedeutet, daß Attraktionen, Reiseziele oder Erfahrungen weniger unter der Perspektive ihres praktischen oder Nutzwertes konsumiert werden, sondern für das, was sie symbolisieren. Daher treten Image oder Symbolisierung an die Stelle der Realität und im Extremfall reisen Touristen in einer ‚Hyperrealität', in der sie Simulakra (Zeichenwelten), also Imitationen ausfindig machen, für die kein Original existiert.

### 1.3 Postmoderner Tourismus

Nach dem Entstehen der postmodernen Denkschule hat die sich die soziologische Analyse des Tourismus ausführlich mit der Beziehung zwischen Tourismus und Postmoderne beschäftigt (zum Beispiel Urry 1990/2002). Auf individueller Ebene sehen ‚Post-Touristen' im Tourismus ein ‚Spiel' und spielen ihre Rolle darin. Sie verstehen ihre Wahlmöglichkeiten und erfreuen sich daran. Deshalb wird, aus einer ‚post-touristischen' Perspektive, die Vorstellung authentischer Erfahrungen irrelevant, während frühere soziologie-basierte Tourismustheorien, wie zum Beispiel Tourismustypologien, wenig zum Verständnis von Touristenverhalten beitragen konnten. Zudem ist der postmoderne Tourismus nicht verschieden vom sozialen Leben, sondern ein Bestandteil davon, während postmoderne Touristenattraktionen – *shopping malls*, Themenparks, Ferienanlagen (→ Erlebniswelten, → Freizeitpark; → Markenwelten) – nicht nur Zeit und Raum de-differenzieren, sondern die Möglichkeit eröffnen, die oben erwähnte Hyperrealität zu erleben.

### 2 Praktische Anwendungen

Während die Literatur zur Tourismussoziologie eher zu theoretischen Debatten neigt, ist die Anwendung soziologischer Theorien und Konzepte auf bestimmte Phänomene des Tourismus

nicht weniger wichtig. So versuchten zum Beispiel Cohens frühe Arbeiten über Tourismustypologien die Beziehung zwischen dem Verhalten der Touristen und ihrer Beziehung zur Heimatgesellschaft zu analysieren, während andererseits die Auswirkungen der Reisen von Touristen in sozial und ökologisch instabile Teile der Welt wie auch die aus der Einführung des Tourismus resultierenden Entwicklungsprozesse Soziologen seit langer Zeit beschäftigten. Deshalb tragen tourismussoziologische Arbeiten zum effektiven Management des Tourismus bei, indem sie sowohl die Bedürfnisse von Touristen und ihre Befriedigung als auch Wege zur Erhaltung der Umwelten, von denen der Tourismus abhängig ist, untersuchen. Im einzelnen untermauert die Tourismussoziologie die Analyse

❖ von extrinsischen Faktoren der Tourismusmotivation;

❖ des touristischen Konsums in einer postmodernen Konsumentenkultur;

❖ von grenzwertigen Formen des Touristenverhaltens;

❖ von Machtverhältnissen innerhalb des Systems Tourismus;

❖ der Beziehungen zwischen Touristen und Gastgebern;

❖ von sozialem Wandel und der Kommerzialisierung von Zielgebieten.

Trotz der zunehmenden Tiefe und Verfeinerung der Tourismussoziologie bleibt jedoch die Herausforderung der Umsetzung dieses Wissens in ein effektives Management der Ausbreitung des Tourismus und seiner Entwicklung. *(rs)*

*Literatur*

Boorstin, Daniel 1961: The Image: A Guide to Pseudo-Events in America. New York: Atheneum

Cohen, Erik 1984: The sociology of tourism: approaches, problems and findings. In: Annual Review of Sociology, 10, S. 373-392

Cohen, Erik 1988: Authenticity and commoditisation in tourism. In: Annals of Tourism Research, 15 (3), S. 371-386

Dann, Graham 2002: The Tourist as a Metaphor of the Social World. Wallingford: CABI Publishing

Dann, Graham; Erik Cohen 1991: Sociology and tourism. In: Annals of Tourism Research, 18 (1), S. 155-169

Graburn, Nelson 2001: Secular ritual: a general theory of tourism. In: V. Smith & M. Brent (Eds.): Hosts and Guests Revisited: Tourism Issues of the 21st Century. New York: Cognizant Communication Corporation, S. 42- 50

MacCannell, Dean 1976: The Tourist: A New Theory of the Leisure Class. New York: Shocken Books

Meethan, Kevin 2001: Tourism in Global Society. Basingstoke: Palgrave

Sharpley, Richard 2003: Tourism, Tourists and Society. Huntingdon: Elm Publications (3rd ed.)

Silver, Ira 1993: Marketing authenticity in Third World countries. In: Annals of Tourism Research, 20 (2), S. 302-318

Urry, John 2002: The Tourist Gaze. London: Sage (2nd ed.)

Wang, Ning 2000: Tourism and Modernity: A Sociological Analysis. Oxford: Pergamon

**Tourismusstelle**
→ Touristinformation
→ Nationale　Tourismusorganisation (NTO)

**Tourismustragekapazität**
→ Tragekapazität

**Tourismusverbände**
*tourism associations*
Anders als in anderen Branchen, die allein durch privatwirtschaftliche Unternehmen geprägt sind und damit rein deren Interessen vertretende Verbände aufweisen, ist der Staat praktisch immer Mitproduzent touristischer Leistungen (→ Tourismuspolitik). Dies findet auch seinen Ausdruck im touristischen

Verbandswesen, denn wir haben es hier mit vier verschiedenen Typen von Verbänden zu tun (Mundt 2004, S. 79 f.):

(1) Verbände, welche als klassischer Produzentenverband die Interessen privatwirtschaftlicher Unternehmen vertreten. Sie unterscheiden sich prinzipiell nicht von den freiwilligen Zusammenschlüssen, in denen die Anliegen von Unternehmen anderer Wirtschaftszweige und -branchen gebündelt und gegenüber Politik und Öffentlichkeit vertreten werden.

(2) Verbände, in denen öffentliche Aufgaben im Tourismus wahrgenommen werden. Sie sind eine Sonderform in der Verbandslandschaft. Zum einen werden sie nicht von privatwirtschaftlichen Unternehmen, sondern von öffentlichen Stellen gegründet, zum anderen übernehmen sie operative Aufgaben des Marketing von → Destinationen. Im wesentlichen handelt es sich bei ihnen also um → Kooperationen verschiedener Körperschaften, die einen Teil ihres im Rahmen der Wirtschaftsförderung übernommenen Aufgabenbereiches Tourismus an diese Verbände delegieren. Beispiele dafür sind regionale Tourismusverbände und die deutschen Landestourismusverbände, deren Arbeit weitgehend auch aus öffentlichen Mitteln finanziert wird.

(3) Verbände, mit denen die Interessen der öffentlichen Anbieter (zum Beispiel Kommunen mit ihren → Touristinformationen) im öffentlichen und politischen Raum vertreten werden. Beispiel für eine solche Organisation ist auf nationaler Ebene der → Deutsche Tourismusverband (DTV). Diese Aufgabe kann, wie teilweise bei den Landestourismusverbänden, auch von

den unter Punkt zwei genannten Organisationen mit übernommen werden.

(4) Mischformen übergreifender Verbände, in denen die anderen Verbandsarten als Mitglieder vertreten sind. Prominentestes Beispiel dafür ist in Deutschland der → Bundesverband der Deutschen Tourismuswirtschaft (BTW), der als Spitzenverband die Interessen nahezu aller im Tourismus tätigen Organisationen vertritt. Eine Sonderform dieser Kategorie verkörpert die Deutsche Zentrale für Tourismus (DZT; → Nationale Tourismusorganisation [NTO]), in der neben den Verbänden auch große Unternehmen der Tourismuswirtschaft vertreten sind und deren Aufgaben und Finanzierung weitgehend denen des unter Punkt zwei gelisteten Typs entspricht.
*(jwm)*

*Literatur*
Mundt, Jörn W. 2004: Tourismuspolitik. München, Wien: Oldenbourg

**Tourismuswissenschaft**
*tourism science*

**1  Ausgangssituation**
Mit Robert Glücksmann (Berlin), Kurt Krapf und Walter Hunziker (Bern und St. Gallen), den drei Nestoren der Tourismusforschung in der ersten Hälfte des Zwanzigsten Jahrhunderts, ist ein tourismuswissenschaftlicher Samen gesät worden, der mit dem Reiseboom in den 1970er Jahren Früchte und dann neue Pflanzen hervorbringen sollte.

Was die Pflanzen anbelangt, so hat sich in den drei deutschsprachigen Staaten die betriebswirtschaftliche und dabei insbesondere die management- und marketingorientierte Institutionalisierung durchgesetzt. Dies ist ganz in der Tradition

dieser drei Nestoren gewesen, deren Institute heute noch, bei veränderten Denominationen, an der FU Berlin und den Universitäten Bern und St. Gallen existieren. Als akademisches Fach etablierte sich „Tourismus" vornehmlich in der Lehre, und dies vor allem an Fachhochschulen. In über 20 staatlichen und auch privaten Fachhochschulen (15 in Deutschland) sind die Curricula bzw. Studiengänge ausschließlich betriebswirtschaftlich ausgerichtet. Sofern an den Fachhochschulen geforscht wird, so handelt es sich in der Regel um Auftragsforschung entlang dieser Curricula. Was die universitäre Verankerung anbelangt, so existieren neben den oben genannten drei Instituten auch in Österreich (Wirtschaftsuniversität Wien und Universität Innsbruck) und in Deutschland (Universität Dresden und Universität Lüneburg) „Tourismusinstitute" bzw. „-professuren", die sich ebenfalls marketing- und managementwissenschaftlich positionieren. Lediglich an der Universität Lüneburg akzentuiert eine weitere Professur „Empirische und angewandte Tourismuswissenschaft" soziologische, kulturwissenschaftliche und betriebswirtschaftliche Forschungsprobleme. In einer vom Tourismusmarketing dominierten → Deutschen Gesellschaft für Tourismuswissenschaft (DGT) sind nahezu alle Fachhochschulen und Universitäten mit touristischen Studiengängen vertreten. In verschiedenen Buchreihen werden Lehrgegenstände, Positionen und Forschungsergebnisse publiziert.

**2  Strukturprobleme**
Angesichts dieses Hintergrundes sind notwendige Bedingungen für die Herausbildung einer Wissenschaftsdisziplin erfüllt: Eine organisierte *scientific community*, die über mehrere Buchreihen sowie Monographien ih-

re Forschungsleistungen kommuniziert und diese mittels der Lehre an künftige Professionsangehörige weitergeben kann. Doch dies ist nicht hinreichend. Die Tourismuswissenschaft teilt das Strukturdilemma anderer moderner Wissenschaften: Wie zum Beispiel bei der Umwelt-, Medien-, Gesundheits- und Kulturwissenschaft oder bei der älteren Sportwissenschaft liegt auch bei dem Gegenstandsbereich der Tourismuswissenschaft ein Pluralismus der Perspektiven, der den Status der Tourismuswissenschaft als Einzeldisziplin zweifelhaft erscheinen läßt. Viele Wissenschaftsdisziplinen wählen sich aus dem Objektfeld des Tourismus ihren eigenen Gegenstand Tourismus aus. Diese Disziplinen haben je spezifische Fachverständnisse und Entfaltungsbereiche, die sich auch auf den Tourismus und das Reisen erstrecken, doch ihre primären Problemstellungen sind nicht auf den Tourismus ausgerichtet. Indem sie den Tourismus analysieren, erzeugen sie Wissen über das Tourismusgeschehen, das sich dadurch als multiperspektivisch herausstellt und damit das Lehr- und Forschungsfeld einer Tourismuswissenschaft aus unterschiedlichen Fachperspektiven (Teildisziplinen, Bezugsfächer) zusammengesetzt erscheinen läßt. Die Tourismuswissenschaft besitzt daher einen interdisziplinären Charakter. Ob Betriebs- und Volkswirtschaftslehre, Geographie (→ Geographie der Freizeit und des Tourismus), Soziologie (→ Tourismussoziologie), Psychologie (→ Tourismuspsychologie), Philosophie, Politologie (→ Tourismuspolitik), Kulturgeschichte, Kulturanthropologie, Ethnologie, Literaturwissenschaft oder auch die Religionswissenschaft – sie alle liefern auf der Basis ihrer Forschungsmethoden und -erkenntnisse Informationen über

Bedingungen, Erscheinungsformen und Wirkungen des Tourismus.

Würden all diese Informationen vernetzt werden, dann käme in der Gesamtschau ein Gegenstandsgebilde zustande, das zwar äußerst facettenreich bzw. mehrdimensionalisiert ist, sich jedoch nicht in einem Tourismuskonzept kristallisiert, von dem aus die einzelnen Teildisziplinen auf gemeinsame Themen des Tourismus gelenkt werden. Denkbar und auch bereits realisiert, ist ein anderer Weg: Um ein Untersuchungsfeld wie etwa den → nachhaltigen Tourismus werden unterschiedliche Disziplinen koordiniert und deren Methoden und Theorien werden zu einem neuen Forschungsprinzip gebündelt. Dieses Forschungsprinzip, das nicht mehr eine Disziplin präferiert, gibt dann einen neuen eigenständigen methodischen und praktischen Forschungsstil einer Tourismuswissenschaft vor (Transdisziplinarität).

Folgt man der multiperspektivistischen Qualität des Tourismus, also der Tatsache, daß er zum Beispiel ökonomische, soziologische, psychologische, mentalitätsgeschichtliche oder geographische Dimensionen besitzt und demzufolge Erkenntniszugänge etwa einer Tourismusgeographie, Tourismussoziologie oder eines Tourismusmanagements legitimiert, dann ist jedes dieser Einzelfächer an die Grenzen seiner Erklärungskraft angelangt, können sie doch nicht aus eigener Kompetenz heraus auf die wissenschaftlichen Diskurse anderer Disziplinen zurückgreifen. Um die in den anderen Wissenschaften gewonnenen Erkenntnisse in ein Gesamtbild des Tourismus zu integrieren, wird seitdem eine Tourismuswissenschaft gefordert, welche die Grenzen der wissenschaftlichen Disziplinen überschreitet, ohne dabei deren Grenzen aufzuheben. Ihr wird die Aufgabe einer umfassenden mehrperspektivistischen Erfassung des Gegenstandes Tourismus zugeschrieben. Sei es etwa bei der ethnologischen Erfassung der Wirkungen des Reisens auf die Lebensbedingungen der „Bereisten" (→ Sozialverträglichkeit des Tourismus in Destinationen) oder bei einer wirtschaftsgeographischen Analyse der Implementation einer Marketingkonzeption auf eine Reiseregion, stets sind mehrere Ebenen wie zum Beispiel noch politökonomische und soziologische zu reflektieren und auf eine Metaebene zu heben. Diese Metaebene ist das Terrain einer Tourismuswissenschaft. Jede tourismuszugewandte Einzeldisziplin (Bezugswissenschaft) muß angesichts dieser Referenzbezüge ihren Horizont über ihren spezifischen Fachbezug hinaus erweitern, und dies bedeutet, daß ihnen nicht der mühsame Weg erspart bleibt, Fragen und Befunde anderer Wissenschaften im Hinblick auf die jeweils interessierenden Fragestellung aufeinander zu beziehen. Denn nur so kommen Faktoren in den Blick, die das ‚Was' und ‚Warum' breiter verständlich machen. Dieses gelingt, wenn eine Tourismuswissenschaft strukturelle Gemeinsamkeiten der Teildisziplinen aufzeigt und entwickelt.

### 3 Gemeinsamer Tourismusbegriff

Bezieht man sich auf etymologische Erklärungen, dann liegt ihnen letztlich eine substantielle und funktionalistische Begriffsbestimmung des Tourismus zugrunde. Tourismus als Organisation bzw. System verweist auf dessen Funktionen (Leistungen für etwas/jemanden). Wird nach dem Wesen des Tourismus gefragt und dieses zu einem zentralen Inhalt wie der Erfahrung und Begutachtung von alltags- bzw. heimatabgewandten (fernen) Räumen gemacht, dann ist dies eine essentielle und inhaltliche Begriffsbestimmung, durch die der Tourismus von nicht-

touristischen Bereichen unterschieden wird. Wenn die Tourismuswissenschaft beispielsweise Reisen als erlebnishafte Erfahrungen einer anderen, alltagsfernen Welt definiert, dann übernimmt sie einen konstruierten Gegenstand, den sie eigentlich erst empirisch erfassen sollte.

Funktionalistische Definitionen des Tourismus kritisieren dies, gehen sie doch nicht davon aus, was der Tourismus ist, sondern was er im individuellen und gesellschaftlichen Kontext leistet. Gerade die funktionalistischen Begriffsbestimmungen bringen die unterschiedlichen Teildisziplinen ins Spiel. So etwa die Philosophie oder Ethnologie, die nach den Leistungen und Wirkungen des Tourismus für das Eigene und Fremde fragen. Die Ökonomie beschäftigt sich mit den tourismusbedingten Wirtschaftseffekten (→ Wirtschaftsfaktor Tourismus, → Tourismusmultiplikator, → touristische Wertschöpfungskette), die Geographie zeigt die Raumwirksamkeit des Tourismus auf (→ Geographie der Freizeit und des Tourismus) und die Psychologie analysiert den Einfluß des Reisens auf die Persönlichkeitsentwicklung (→ Tourismuspsychologie). Diese Beispiele weisen nur grob auf die disziplinären Forschungsfragen hin. In Wirklichkeit umfaßt das Forschungsgebiet dieser und anderer Disziplinen weit mehr Themen (im englischsprachigen Raum ist dies an den spezifischen Journalen wie *Tourism Geographies* oder *Tourism Management* nachzuvollziehen). Unter diesen Umständen ist es schwierig, einen integralen Gegenstandsbereich der Tourismuswissenschaft zu bestimmen. In ihm müßten sich das substantielle und funktionalistische Tourismusverständnis verknüpfen.

In der neueren deutschsprachigen Diskussion, nicht zuletzt angeregt durch anglo-amerikanische Diskurse, scheint die Vielstimmigkeit darüber, was denn das Verbindliche des Tourismus ausmache, wenn nicht behoben, so doch aber zielführender geworden zu sein. Mit Kontingenz und Alterität werden Begriffe benannt, die sowohl dem Tourismus geschichtlich als auch der zunehmenden ‚Touristifizierung' der Sozialwelt gerecht werden (wonach zu guter Letzt der Tourist als Strukturtypus der globalisierten Postmoderne erscheint). Kontingenz meint, daß der Aufenthalt in einem vom Alltag getrennten Raum einen Zugang zu einem die Alltagswelt übersteigenden möglichen anderen Raum eröffnet und somit offenbart – dies sagt Alterität –, daß der vom und im Alltag gefesselte Mensch ganz anders sein könnte, als er/sie tatsächlich ist. Diese Vorstellung bzw. dieses Bild eines Möglichkeitsraumes produziert der Tourismus und damit die Gesellschaft, dessen Bestandteil er ja ist. Bei beiden Begrifflichkeiten geht es um Erfahrungen und Wirkungen, die einem touristischen Raum potentiell innewohnen und ihn daher attraktivieren, d.h., den Menschen veranlassen, temporär zu Migranten und anderswo zeitweilig seßhaft zu werden. Was die Wirkungen betrifft, so hat der Tourismus gleichermaßen Auswirkungen auf den Reisenden und die Bereisten sowie auf den Aufenthalts- und den Alltagsraum der Touristen.

Dieses weite Verständnis von Tourismus macht den Gegenstandsbereich des danach bezeichneten wissenschaftlichen Faches erfaßbar. Demzufolge wird Tourismus als der von Menschen erzeugte Gesamtkomplex von Kontingenz- und Alteritätsvorstellungen aufgefaßt, der sich in Symbolsystemen materialisiert und objektiviert. Einer solchen Begriffsbestimmung zufolge sind nicht nur objektivationale und materiale Ausdrucksformen wie beispielsweise

die Art und Weise des Reiseverhaltens oder die Infrastrukturen im Bereich des Tourismus zu zählen, sondern auch die sozialen, politischen und ökonomischen Institutionen und mentalen Dispositionen, die die Entwicklung dieser Manifestationen überhaupt erst ermöglichen. Ein derartiger Tourismusbegriff ist in der Lage, die Gesamtheit des Tourismus bzw. des Reisens, aber auch die Touristizität zu erfassen. D.h., daß nicht allein der Tourismus im herkömmlichen Verständnis Forschungsobjekt dieser Wissenschaft ist, sondern auch Touristizität als Nicht-Reisen, den alltäglichen Ortwechseln also, mittels deren der Mensch Kontingenz und Alterität erfahren will (so insbesondere in der → Freizeit).

Dieser Tourismusbegriff verdeutlicht einmal mehr, daß sich der Tourismus nicht auf eine Perspektive, eine Dimension oder eine Funktion reduzieren läßt. Problemstellungen wie beispielsweise Reisen in postkoloniale Länder oder Disneyfizierung des Reisens lassen sich weder theoretisch noch methodisch durch disziplinäre Grenzlinien festlegen. Es ist vielmehr nach Formen der Wissenssystematisierung und -integration zu suchen, es sind neue Fragestellungen zu formulieren und neue Diskurse zu führen. Kontingenz und Alterität, deren unterschiedliche Produktions-, Vermittlungs- und Wirkungsmodi, sind dafür die geeigneten Ankerpunkte. Die Tourismuswissenschaft ist für diese Integration das angemessene Forum. Sie ist demzufolge keine Einzelwissenschaft, sondern eine Institution, die das Verhältnis der tourismuszugewandten Disziplinen steuert und somit vermeidet, daß sich Partialtheorien als Theorie des Tourismus verfestigen. Folglich läßt sich die Tourismuswissenschaft auch nicht von einer Theorie her begründen. Ihre transdisziplinäre Aufgabe kann sie nur durch Forschung erfüllen, die sich *nota bene* an keinen spezifischen Methoden festmacht. *(khw)*

*Literatur*
Bauman, Zygmunt 1977: Flaneuere, Spieler und Touristen. Essays zu postmodernen Lebensformen. Hamburg: Hamburg Edition
Bausinger, Hermann; Klaus Beyrer & Gottfried Korff (Hrsg.) 1991: Reiseliteratur. Von der Pilgerfahrt zum modernen Tourismus. München: Beck
Burmeister, Hans-Peter (Hrsg.) 1998: Auf dem Weg zu einer Theorie des Tourismus. Loccum: Evangelische Akademie Loccum
Franklin, Adrian 2003: Tourism. An Introduction. London, Thousand Oaks, New York: Sage

**Tourist**
*tourist*
Nach der Definition der UN und der WTO (1994) Bezeichnung für einen Reisenden, der für eine festgelegte Zeit zwischen zwei Tagen (eine Übernachtung) und maximal einem Jahr (364 Übernachtungen) seinen normalen Wohnort verläßt. Die Reisen können sowohl geschäftlichen Zwecken, dem Besuch von Tagungen und Kongressen, der Freizeitgestaltung (Urlaubs-, Erholungs-, Sport-, → Pilgerreise) oder dem Besuch von Freunden und Bekannten dienen. *(jwm)*

**Tourist Board**
→ Nationale Tourismusorganisation (NTO)

**Touristenattraktion**
→ Reiseführer, → Reiseleiter

**Touristenmenü**
→ Menü

**Touristenpolizei**
*tourist police*
Mit den Touristenzahlen nahmen in vielen Ländern kriminelle Handlungen zu, wobei Täter sowohl Einheimische als auch Touristen selbst sein können. Unabhängig von kriminellen Handlungen können unterschiedliche kulturelle Herkünfte zu Differenzen zwischen Einheimischen und Touristen führen. Sowohl zur Entlastung der allgemeinen Polizei als auch zur zielgerichteten Lösung typischer Probleme von Touristen wurden sogenannte Touristenpolizeien neu geschaffen. Im Kern kümmern sich diese Polizeieinheiten um den Schutz der Touristen. Aber auch im umgekehrten Fall, bei Fehlverhalten von Touristen wie beispielsweise betrunkenem Randalieren, greift die Touristenpolizei ein.

Die konkreten Zuständigkeiten der Touristenpolizeien variieren. Je nach Land gehören dazu

❖ die Kriminalitätsprävention durch Information der Touristen über kriminelle Aktivitäten sowie durch Streifengänge und Anwesenheit in touristischen Problemgebieten,

❖ der Schutz von Sehenswürdigkeiten für Touristen und soweit erforderlich auch vor Touristen,

❖ die Regelung von Unstimmigkeiten zwischen Einheimischen und Touristen, beispielsweise hinsichtlich Bezahlung oder Verhaltensweisen,

❖ die Information von Touristen über Hotels und Sehenswürdigkeiten bis hin zu einer Funktion als Quasi-Reisebegleiter in einigen Ländern.

Um dem Sicherheitsbedürfnis von Touristen Rechnung zu tragen, wurden in vielen Ländern Touristenpolizeien geschaffen, beispielsweise in Thailand, Spanien, Ecuador, Ägypten, Griechenland und Jordanien. Die Beamten besitzen in der Regel Fremdsprachenkenntnisse, werden teilweise interkulturell geschult und arbeiten häufig als eigenständige Polizeieinheit. Stationiert ist die Touristenpolizei an touristischen Brennpunkten, häufig auch in der Hauptstadt der jeweiligen Länder, nicht jedoch in vom Tourismus nur selten frequentierten Gebieten. *(sml)*

**Touristenstraße**
*tourist route*
Kooperation von sehenswerten Tourismusorten, die über eine Straßenverbindung nacheinander angefahren werden können.

Die bekannteste unter den Touristenstraßen ist die Anfang der 1950er Jahre vor allem für zahlungskräftige us-amerikanische Touristen gegründete ‚Romantische Straße', die Würzburg u.a. über Rothenburg ob der Tauber, Nördlingen, Augsburg und Landsberg am Lech mit Füssen verbindet. Über sie sind Ikonen des deutschen Tourismus wie die Würzburger Residenz, die zum Weltkulturerbe (→ Welterbe) gehörende Wieskirche bei Steingaden und Schloß Neuschwanstein miteinander verbunden. Vom Zusammenschluß der Orte entlang dieser Straße und dem gemeinsamen Auftritt in der Öffentlichkeit und vor allem im Ausland profitieren alle Mitglieder. Nach diesem erfolgreichen Vorbild wurden auch die ‚Deutsche Alleenstraße' (von der Insel Rügen bis zum Bodensee) und die ‚Deutsche Fachwerkstraße' gegründet. Allerdings sind sie viel länger als die Romantische Straße und haben daher einige Lücken mit längeren Strecken, die weder Orte mit Fachwerkshäusern noch Alleen aufweisen. Die Fachwerkstraße besteht daher aus einzelnen, nicht miteinander verbundenen und teilweise nahezu parallel verlaufenden Teilstücken, die zwi-

schen Stade an der Elbe und Meersburg am Bodensee verteilt sind.

Teilweise versucht man nach diesem Modell auch touristische Wege entlang alter Handelsstraßen zu etablieren, wie das zum Beispiel in Europa für die Salzstraßen des Mittelalters und die früher von Karawanen genutzten Seidenstraßen innerhalb Asiens und nach Europa der Fall ist. *(jwm)*

**Touristenvisum**
→ Visum

**Touristik**
(a) zusammenfassende Bezeichnung für Reiseveranstalter und Reisebüros;
(b) im Reisebüro (→ Reismittler) wird damit die Abteilung bezeichnet, in der Pauschalreisen vermittelt werden.

**Touristik Union International**
→ TUI

**Touristinformation**
*tourist office*
Informations- und Förderstelle für den Tourismus eines Ortes, die von Städten und Gemeinden zur Unterstützung des örtlichen Tourismus eingerichtet wird. In → Kurorten übernimmt die Kurverwaltung neben ihren kurortspezifischen Aufgaben diese Rolle.

Die ursprüngliche Aufgabe der Touristinformation ist der Betrieb eines zentral gelegenen Schalters als erste Anlaufstelle für ankommende Touristen, an dem alle wichtigen Informationen für sie bereitgehalten und ggfs. Zimmer vermittelt werden. Zu den weiteren Aufgaben von Touristinformationen gehören die Erstellung von Ortsprospekten und Gastgeberverzeichnissen, die Interessenten auf Anfrage auch zugeschickt werden. Im Rahmen des Marketings für den Ort ist sie auch zuständig für touristische Presse- und Öffentlichkeitsarbeit, die Verkaufsförderung, Werbung und ggfs. das Schnüren und den Verkauf von Pauschalen (→ Pauschalreise),  → Dienstleistungen im Rahmen der Organisation und Abwicklung von Tagungen und Kongressen, die Organisation von Veranstaltungen und die Beratung einzelner Tourismusbetriebe vor Ort. Häufig gehören auch Stadtführungen und Reiseleitungen zum Aufgabenbereich. In Orten, in denen → Kurtaxe erhoben wird, können Touristinformationen mit deren Einzug beauftragt werden. Ausgabe und Sammlung von Meldescheinen aus den Beherbergungsbetrieben gehören in einigen Orten auch zu ihren Obliegenheiten. Die Organisation der Klassifizierung (→ Deutsche Klassifizierung für Gästehäuser, Gasthöfe und Pensionen) von → Ferienwohnungen, -häusern und → Privatzimmern nach den Richtlinien des → Deutschen Tourismusverbandes (DTV) ist ebenfalls Bestandteil der Arbeit einer Touristinformation. Nicht nur bei den Gastgeberverzeichnissen und bei der Zimmervermittlung spielt das Internet eine zunehmend wichtige Rolle, indem die Touristinformationen eine entsprechende Plattform für Informationen, Angebote und Buchungen schaffen.

Touristinformationen können in unterschiedlichen Rechtsformen organisiert werden (ausführlich Mundt 2004, S. 146-155). Seit den 1920er Jahren war es üblich, sie im Rahmen der Wirtschaftsförderung als Fremdenverkehrsamt (Regiebetrieb) in der Stadt- oder Gemeindeverwaltung zu führen (Keitz 1997, S. 71). Außerhalb der Verwaltung, aber immer noch unter der vollständigen Kontrolle der Kommune können Touristinformationen auch in einen Eigenbetrieb (wie zum Beispiel die meisten Stadtwerke) überführt werden.

Heute sind viele Touristinformationen in Form einer GmbH aufgestellt. Zum einen kann so frei von administrativen Einschränkungen des öffentlichen Dienstes flexibler handeln, zum anderen kann die örtliche Tourismuswirtschaft als Gesellschafter an der GmbH beteiligt und damit entsprechende Fachkenntnis in die Arbeit der Touristinformation eingebunden werden. Allerdings ist auch hier die Kommune als größter Anteilseigner bestimmend für die Geschäftspolitik, da selbst eine formal privatisierte Touristinformation immer ein Zuschußgeschäft bleibt und das Defizit von der Kommune ausgeglichen wird. Dies deshalb, weil sie mit Werbung und Verkaufsförderung für den Ort kollektive Güter herstellt, von deren Nutznießung auch solche Anbieter im Ort nicht ausgeschlossen werden können, die selbst keinen Beitrag dazu geleistet haben. Eine weitere Möglichkeit der Organisation besteht in einem eingetragenen Verein, wobei dies in der Regel die am wenigsten professionalisierte Form einer Touristinformation darstellt. *(jwm)*

*Literatur*
Keitz, Christine 1997: Reisen als Leitbild. Die Entstehung des modernen Massentourismus in Deutschland. München: dtv
Mundt, Jörn W. 2004: Tourismuspolitik. München, Wien: Oldenbourg

## Touristische Wertschöpfungskette
*tourism supply chain*

### 1   Begriffsbestimmung
Der Begriff Wertschöpfung wird in der Volkswirtschaftlichen Gesamtrechnung verwendet. Ausgangspunkt für die Betrachtung sind die Produktionswerte von Unternehmen, die den Wert der Verkäufe von Waren und → Dienstleistungen aus eigener Produktion darstellen, „vermehrt

um den Wert der Bestandsveränderung an Halb- und Fertigwaren aus eigener Produktion und um den Wert der selbsterstellten Anlagen" (Statistisches Bundesamt 2004, S. 721; die nachfolgend kurz dargestellten Begrifflichkeiten werden im Statistischen Jahrbuch ausführlich erläutert.)

❖ Die Bruttowertschöpfung ergibt sich nach Abzug der Vorleistungen von den Produktionswerten. Unter Vorleistungen werden die Güterwerte bezeichnet, welche ein Unternehmen von einer anderen Wirtschaftseinheit bezieht und letztendlich verbraucht (zum Beispiel Rohstoffe, Bauleistungen zur Instandhaltung, Transportkosten, Benutzungsgebühren).

❖ „Die Nettowertschöpfung (Nettoinlandsprodukt) enthält das in den Wirtschaftsbereichen oder Sektoren entstandene Arbeitnehmerentgelt (zum Beispiel Bruttolöhne und -gehälter, Arbeitgeberbeiträge zur Sozialversicherung, an Lebensversicherungsunternehmen und an Pensionskassen) und den Betriebsüberschuß bzw. die Selbständigeneinkommen" (Statistisches Bundesamt 2004, S. 721).

## 2 Wertschöpfungskette

### 2.1 Tourismus als Querschnittsbranche

Der → Tourismus ist eine klassische Querschnittsbranche. Aus diesem Grund ist der Tourismus in den amtlichen Statistiken auch nicht als separater Wirtschaftszweig ausgewiesen. Angeführt werden dort Branchen wie das → Gastgewerbe, der Einzelhandel oder unterschiedlichste Dienstleistungsunternehmen. Alle diese Branchen sind aber nur zu einem bestimmten Anteil touristisch relevant. Selbst das Gastgewerbe ist nicht vollständig dem Tourismus zuzurechnen. Zwar

ist im Beherbergungsbereich davon auszugehen, daß die touristische Nachfrage gegen 100 Prozent geht, doch spielt in der Gastronomie der Konsum Einheimischer eine nicht zu unterschätzende Rolle, was wiederum nichts mit Tourismus zu tun hat. Deshalb kann selbst das Gastgewerbe nicht vollständig zum Tourismus gezählt werden.

Aus einer Strukturanalyse des touristischen Arbeitsmarktes ist abzuleiten, daß rund zwei Drittel der Beschäftigten im Gastgewerbe als vom Tourismus abhängig zu bezeichnen sind (dwif 1991).

Es profitiert also eine Vielzahl verschiedenster Unternehmen direkt von den Ausgaben der Touristen. Dies zeigt bereits ein erster Blick auf die Ausgabenstruktur der Tages- und Übernachtungsgäste.

### 2.2 Ausgabenstruktur der Übernachtungsgäste

Die Übernachtungsgäste sind auf ihren Reisen aktiv und nutzen nicht nur ihre Unterkunft und besuchen Gastronomiebetriebe. Sie kaufen ein, besuchen kulturelle oder sportliche Veranstaltungen, fahren mit Ausflugsschiffen oder Bergbahnen und nehmen verschiedene Dienstleistungen in Anspruch (zum Beispiel Kurmittel, Stadtführungen). Die Ausgabenstruktur der Übernachtungsgäste in gewerblichen und privaten Quartieren sowie im Bereich Touristikcamping (→ Camping) zeigt, daß der touristische Umsatz bei vielen Unternehmen Nutzen stiftet. Die Ausgabenstruktur läßt sich wie folgt zusammenfassen (dwif 2002):

❖ 35,0 Prozent der Ausgaben entfallen auf Unterkunft,

❖ 33,3 Prozent auf Verpflegung (inkl. Ausgaben für Frühstück, → Halb- und → Vollpension),

❖ 10,3 Prozent auf Einkäufe (inkl. Lebensmittel),

❖ 5,3 Prozent auf den Bereich → Freizeit und Unterhaltung (zum Beispiel Theater, Sportveranstaltung, Kino, Museum, → Freizeitpark, Erlebnisbad),

❖ 2,8 Prozent auf den lokalen Transport (zum Beispiel öffentlicher Personennahverkehr [ÖPNV], Schiffahrt, Bergbahnen, Taxi) und

❖ 13,3 Prozent auf sonstige Dienstleistungen (→ Kurtaxe, Kurmittel inkl. der Leistungen von Versicherungsträgern bei Kuren, Messebesuch, Kongreß-/Tagungsgebühr, Parkgebühr).

**2.3 Ausgabenstruktur bei Tagesreisen**

Bei den Tagesausflüglern und -geschäftsreisenden ist die Situation ähnlich. Je nach Hauptanlaß der Tagesreise (zum Beispiel Veranstaltungsbesuch, Messebesuch, Verwandten-/Bekanntenbesuch) und ausgeübten Aktivitäten (zum Beispiel Skifahren, Einkauf, Badbesuch) profitieren unterschiedliche Anbieter. Von den daraus resultierenden Umsätzen entfallen (dwif 2005):

❖ 32,4 Prozent auf den Besuch von Gastronomiebetrieben,

❖ 8,4 Prozent auf Eintritts-/Nutzungsgebühren für Sport, Unterhaltung etc.,

❖ 47,9 Prozent auf Einkäufe in sonstigen Geschäften,

❖ 6,2 Prozent auf Einkäufe in Lebensmittelgeschäften,

❖ 2,8 Prozent auf Ausgaben für Pauschalarrangements,

❖ 0,8 Prozent auf Benutzung örtlicher Verkehrsmittel und

❖ 1,5 Prozent auf Ausgaben für sonstige Leistungen.

**2.4 Umwegrentabilität durch Vorleistungslieferungen**

Von der touristischen Nachfrage profitiert also eine Vielzahl verschiedener Wirtschaftszweige. Die direkten Effekte

durch die Ausgaben der Touristen liegen auf der Hand und sind leicht nachzuvollziehen. Damit die direkten Profiteure allerdings ihre Leistungsbereitschaft aufrechterhalten können, benötigen sie Zulieferungen in Form von

❖ Waren (zum Beispiel Energie, Rohstoffe, Handel) und

❖ Dienstleistungen (zum Beispiel Handwerker, Werbeagentur, Versicherung, Bank).

Den gesamten Betrag, der nicht zu Löhnen, Gehältern oder Gewinnen wird, geben die direkt vom Tourismus profitierenden Unternehmen für den Bezug derartiger Vorleistungen aus. Immerhin rund 35 Prozent der gesamten Einkommenswirkungen durch die Ausgaben der Touristen am Aufenthaltsort entfallen auf diese indirekten Effekte.

**2.5 Weitere Bausteine der Wertschöpfungskette**

Neben den monetär weitgehend konkret meßbaren Umsätzen durch Touristen und Vorleistungslieferanten gibt es zusätzliche Effekte, die von der Tourismuswirtschaft ausgehen:

❖ Auf der einen Seite existieren Einrichtungen, die sich zumindest zum Teil aus anderen Quellen finanzieren. Zu nennen sind in diesem Zusammenhang beispielsweise → Touristinformationen, → Tourismusverbände, Radwege oder beispielsweise auch der ÖPNV. Derartige Angebote werden zum Teil von öffentlichen Stellen (zum Beispiel Gemeinde, Landkreis, Bundesland) mitfinanziert. Nicht zu vergessen sind auch die Subventionen für bestimmte Projekte (zum Beispiel Bundesmittel, EU-Projekte).

❖ Auf der anderen Seite sind immaterielle Wirkungen in Tourismusorten nicht zu bestreiten. Deren monetäre Bewertung ist allerdings mit größeren Problemen behaftet (z.B.

Imagegewinn, Kundenbindung, Erhöhung des Bekanntheitsgrades, Steigerung des Wohnwertes).

Vergessen werden vielfach auch die steuerlichen Effekte. Zu nennen sind beispielsweise die anfallende Mehrwertsteuer, die Lohn- und Einkommensteuer der im Tourismus beschäftigten Personen oder die Grund- und Gewerbesteuer der touristischen Leistungsträger.

Die Tourismuswirtschaft ist also ein sehr komplexes System mit zahlreichen Profiteueren in praktisch allen Wirtschaftszweigen.

## 3 Berechnungsbeispiel

Die beschriebene Wertschöpfungskette der vom Tourismus profitierenden Unternehmen soll an einem Beispiel näher beschrieben werden. Grundlage ist ein → Hotel, in dem der Nettoumsatz pro Kopf und Tag 100,- € beträgt. Nachfolgend sollen die direkten und indirekten wirtschaftlichen Effekte nachvollzogen werden. Es gilt also, die Frage zu beantworten, wohin dieser Betrag letztendlich fließt.

### 3.1 Direkte Effekte (1. Umsatzstufe)

Umgangssprachlich wird Wertschöpfung mit Einkommen gleichgesetzt. Die direkten Einkommen in einem Unternehmen (hier Hotel) lassen sich aus den Personalkosten (Löhne und Gehälter) und dem Gewinn ermitteln. Die im Rahmen von Branchenbetriebsvergleichen ermittelten Kostenstrukturen für Hotelbetriebe können in diesem Zusammenhang verwendet werden (dwif 2004):

- ❖ Personalkosten: 39 Prozent des Umsatzes = 39,- €
- ❖ Gewinn: 6 Prozent des Umsatzes = 6,- €.

Im Rahmen dieser 1. Umsatzstufe werden also insgesamt 45,- € direkt zu Einkommen. Den Anteil des Nettoumsatzes, der zu Einkommen wird, bezeichnet man auch als Wertschöpfungsquote.

### 3.2 Ausgaben für Vorleistungen

Die aus dem Nettoumsatz des Übernachtungsgastes verbleibenden 55,- € werden für die benötigten Vorleistungen aufgewendet. Diese kommen aus unterschiedlichen Bereichen:

- ❖ Betriebs- und Verwaltungsaufwand: 20 Prozent des Umsatzes = 20,- €
- ❖ Abschreibungen und Instandhaltung: 15 Prozent des Umsatzes = 15,- €
- ❖ Fremdkapitalzinsen: 5 Prozent des Umsatzes = 5,- €
- ❖ Wareneinkauf: 15 Prozent des Umsatzes = 15,- €.

Innerhalb der genannten Kategorien profitieren wiederum zahlreiche Unternehmen. Beispielhaft seien hier die Investitionen in die Substanzerhaltung genannt. Gerade im Bereich des Baugewerbes gibt es viele eigenständige Gewerke, die für verschiedene Arbeiten benötigt werden (zum Beispiel Fliesenleger, Estrichleger, Maler, Trockenbauer, Dachdecker, Sanitär-/Heizungsinstallateur, Gärtner).

### 3.3 Indirekte Effekte (2. Umsatzstufe)

Von diesen Umsätzen der 2. Umsatzstufe wird wiederum nur ein Teil zu Einkommen. Die Wertschöpfungsquote richtet sich nach der jeweiligen Situation in den betroffenen Unternehmen.

- ❖ Zu den Betriebs- und Verwaltungsaufwendungen zählen beispielsweise Werbeagenturen, Versicherungen, Energielieferanten, Steuerberater oder der Handel. Geht man von einer Wertschöpfungsquote in diesem Bereich von rund 40 Prozent aus, verbleiben aus 20,- € Umsatz in diesen Unternehmen Einkommenseffekte von 8,- €.
- ❖ Von den Abschreibungen bzw. der Instandhaltung profitieren das

Bauhaupt- und Nebengewerbe sowie Handwerksbetriebe. Aus 15,- € Umsatz werden bei einer Wertschöpfungsquote von etwa 35 Prozent rund 5,25 € Einkommen.

❖ Für den Kredit werden Fremdkapitalzinsen fällig, die den Banken und Sparkassen zugute kommen. Dort ist die Wertschöpfungsquote mit rund 65 Prozent verhältnismäßig hoch. Von 5,- € verbleiben 3,25 € an Gewinn im Unternehmen oder werden in Form von Personalkosten an die Mitarbeiter ausbezahlt.

❖ Der Wareneinkauf erfolgt über den Groß- und Einzelhandel; Bäcker, Metzger, Brauereien und viele andere Unternehmen mehr liefern die benötigten Produkte an den Hotelier. Bei 15,- € Umsatz und einer Wertschöpfungsquote von 20 Prozent verbleiben Einkommenswirkungen von 3,- €.

Im Rahmen der 2. Umsatzstufe werden also insgesamt 19,50 € indirekt, also bei den Vorleistungslieferanten, zu Einkommen.

### 3.4 Wertschöpfung insgesamt

Aus der Addition der Einkommenswirkungen im Rahmen der 1. und der 2. Umsatzstufe ergibt sich letztendlich die Gesamtwertschöpfung in Höhe von 64,50 €. Dies bedeutet, daß von jedem Gast, der in einem Hotel 100,- € pro Kopf und Tag ausgibt, nahezu zwei Drittel davon zu Einkommen wird. Von diesen Einkommenswirkungen entstehen rund 70 Prozent innerhalb der 1. und 30 Prozent innerhalb der 2. Umsatzstufe. Die Wertschöpfungsquoten unterliegen von Branche zu Branche großen Unterschieden. Im Prinzip können noch weitere Umsatzstufen angeführt werden (→ Tourismus-Multiplikator). Der Bezug zur touristischen Nachfrage geht dabei allerdings immer stärker verloren.

Bei Berechnungen zur wirtschaftlichen Bedeutung des Tourismus werden deshalb in der Regel nur die 1. und 2. Umsatzstufe einbezogen.

### 4 Optimierung der Wertschöpfung

Grundsätzlich läßt sich die Wertschöpfung durch effizienten Einsatz der zur Verfügung stehenden Mittel optimieren. Aus Sicht eines Unternehmens kann es nun durchaus sinnvoll sein, möglichst viele Stufen dieser Wertschöpfung innerhalb seines Unternehmens anzubieten. In einem Hotel wären dies neben der Beherbergung und der Gastronomie beispielsweise ein Erlebnisbadebereich mit Sauna-, → Wellness- und Beautyangebot sowie der Verkauf verschiedener Produkte (zum Beispiel Merchandising, Lebensmittel aus eigener Produktion, Wellnessprodukte). Ein breiteres Angebotsspektrum innerhalb eines Unternehmens anzubieten, hat sicherlich Vor- und Nachteile. Ein Pauschalrezept für die richtige Strategie und Philosophie gibt es nicht; jeder Betrieb muß seinen eigenen Weg finden:

❖ Positiv wirkt sich für den Unternehmer aus, daß er den Gast an sich binden kann. Der Großteil der Ausgaben des Gastes und damit auch der Wertschöpfung verbleibt im eigenen Unternehmen.

❖ Schwierig ist es für ein Unternehmen allerdings, die Kundenbedürfnisse in allen angebotenen Segmenten möglichst optimal zu befriedigen. Eine klare Zielgruppenansprache darf dabei nicht aus den Augen verloren werden. Dies ist einerseits zur Kundenbindung nötig, und andererseits läßt sich damit eine positive Mundpropaganda (Neukundengewinnung) bewerkstelligen. Beides ist für den langfristigen Erfolg eines Unternehmens wichtig. Mit einer Erweiterung der Angebotsbausteine erhöhen sich allerdings auch die Kosten zum Teil enorm.

Bei → Reiseveranstaltern, die ein breites Sortiment an verschiedenen Dienstleistungen anbieten, spricht man auch von vertikal integrierten Unternehmen (→ vertikale Integration). *(bh)*

*Literatur*
dwif 1991: Strukturanalyse des touristischen Arbeitsmarktes. Schriftenreihe des dwif, Heft 42. München: dwif
dwif 2002: Ausgaben der Übernachtungsgäste in Deutschland. Schriftenreihe des dwif, Heft 49. München: dwif
Statistisches Bundesamt 2004: Statistisches Jahrbuch 2004 für die Bundesrepublik Deutschland. Wiesbaden: Statistisches Bundesamt

## Tournant
*substitute*
*tourner* (franz.) = drehen, im Kreis herumlaufen. Französischer Begriff für den Vertretungskoch in größeren → Küchenbrigaden, auch Springer genannt. Der Tournant vertritt einzelne Posten- bzw. Abteilungsköche im Falle von Urlaub, Krankheit oder Freizeit. *(wf)*

## Tour operator
→ Reiseveranstalter

## Tower
→ Kontrollturm

## Trade-off
Der englische Begriff kann ins Deutsche kurz mit Zielkonflikt übersetzt werden. Allgemein werden die in Wechselbeziehung und in gegenseitiger Abhängigkeit befindlichen Elemente bei negativer Abhängigkeit voneinander als Trade-off bezeichnet. Der Begriff ist in vielen Wissenschaften gebräuchlich. Schon die übergeordneten Dimensionen des auch als betriebswirtschaftliches Dreieck bezeichneten Denkmodells

lassen sich als Trade-off-Konstellation definieren: Zeit, Qualität und Kosten erfordern immer wieder einen Ausgleich.

Im Tourismus wäre es als ein Trade-off zu charakterisieren, wenn durch Infrastrukturmaßnahmen im ländlichen Bereich einerseits Arbeitsplätze gefördert würden, andererseits aber die so geschaffene Infrastruktur Umweltprobleme und Überfremdung (→ Sozialverträglichkeit des Tourismus in Destinationen) mit sich bringt, die ohne die Förderung nicht aufgetreten wären. Beispielhaft läßt sich das an Mallorca aufzeigen. Trade-offs können aber auch prozeßhaft definiert werden. So wird – um im touristischen Beispiel zu bleiben – der Ausgleich zwischen Ökonomie und Ökologie auch als Trade-off begriffen. *(hdz)*

## Tragekapazität
*carrying capacity*
Aus der Wildbiologie übernommener Begriff zur Begrenzung der Zahl von Besuchern an einem konkreten Ort. Ursprünglich bezeichnet er die maximale Zahl von Tieren einer bestimmten Spezies, die ein ökologisches System (Biotop) ohne Störung des Gleichgewichtes beherbergen kann. Von Mitarbeitern der Nationalparks in den USA wurde der Begriff dann in den 1960er Jahren auch auf die Zahl der menschlichen Besucher übertragen, welche die Naturräume ohne Störung von Flora und Fauna in abgegrenzten Zeiträumen aufnehmen können. In der Folge wurde der Begriff auch übertragen auf touristische Attraktionspunkte und Orte. Dabei wurde der Begriff durch die Einfügung der Erlebnisqualität der Besucher erweitert. Damit spielt auch die Zahl der Besucher für die Besucher selbst eine wichtige Rolle, denn überfüllte Strände, Skipisten und Museen führen zu einer Beeinträchtigung des gesuchten Erlebnisses.

## DIMENSIONEN

**Ökologische Systeme**
- Flora
- Fauna
- Wasser
- Luft
- Erde

**Bebaute Umwelt**
- Wasserversorgung
- Energieversorgung
- Verkehr / Parken
- Besuchereinrichtungen
- Beherbergung

## PERSPEKTIVEN

**Besucherzufriedenheit**
- Besucherzahlen
- Verhalten
- Dienstleistungsniveau
- Gastfreundlichkeit
- Erwartungen

**Duldsamkeit der Einwohner**
- Privatheit/Zugang
- Einbindung
- Lebensqualität
- Nutznießer
- Besucherverhalten

**Ökonomische Struktur**
- Lebenshaltungskosten
- Ausgaben von Besuchern/Touristen
- Investitionen
- Arbeitskosten
- Technologie

**Politik**
- Ziele
- Möglichkeiten
- Prioritäten
- Rechtssituation
- Grundsätze

**Abbildung:** Modell der Tragekapazität (nach Glasson et al. 1975)

Daraus ergeben sich insgesamt vier Dimensionen der touristischen Tragekapazität (Shelby & Heberlein 1986; cit. n. Wöhler & Saretzki 1999, S. 7 f.):

❖ ökologische Kapazität – sie ergibt sich aus den Belastungen, die ein touristischer Standort für ein Ökosystem bedeutet;

❖ physische Kapazität – sie ist durch die Aufnahmemöglichkeiten eines Ortes, zum Beispiel eines Strandabschnittes, bestimmt, der nur eine begrenzte Zahl von Menschen aufnehmen kann;

❖ Kapazität von Einrichtungen – die Anzahl der Parkplätze vor einem solitär gelegenen Schloß begrenzt zum Beispiel die Anzahl der Besucher;

❖ soziale Kapazität – sie kennzeichnet zum Beispiel die Zahl der Besucher,

die je nachdem, um was für eine Attraktion es sich handelt, die Qualität des touristischen Erlebens beeinflußt.

Dabei gibt es keine fixen Schwellenwerte. So kann die ökologische Tragekapazität eines Ortes zum Beispiel durch den Bau von Kläranlagen oder das Verbot von diesel- oder benzingetriebenen Fahrzeugen erhöht werden. Für unterschiedliche Zielgruppen kann die physische Kapazität unterschiedliche Grenzen aufweisen: Junge Leute wollen möglichst viele gleichaltrige am Strand treffen können und akzeptieren daher höhere Zahlen von entsprechenden Besuchern des gleichen Strandabschnittes als andere. Insofern wird auch die soziale Kapazität eines Ortes unterschiedlich definiert. Die Kapazität von Einrichtungen läßt sich zum Beispiel durch den Bau zusätzlicher Parkplätze (Bau eines Parkhauses) erhöhen.

In einem erweiterten Modell für die Tragekapazität von touristischen Orten werden insgesamt sechs Dimensionen berücksichtigt, welche Einfluß auf die möglichen Besucherzahlen und jeder für sich eine Engpaßfunktion haben (→ Sozialverträglichkeit des Tourismus in Destinationen). Wenn zum Beispiel die ökologische Grenze nach Ausreizen aller möglichen technischen Maßnahmen überschritten ist, dann bestimmt sie die Gesamtkapazität eines Standortes, egal wie groß die Spielräume in den anderen Dimensionen noch wären. Solche klaren Schwellenwerte sind jedoch zum einen nicht die Regel, zum anderen bei den anderen Dimensionen oft nicht ohne weiteres bestimmbar. Es handelt sich bei der touristischen Tragekapazität damit letztlich um ein Verhandlungssystem zwischen den jeweiligen Akteuren, das unter Einbeziehung von wissenschaftlichen Untersuchungen zu politischen Entscheidungen kommt. Allerdings gibt es kaum Ansätze in der Praxis für ein solches differenziertes Aushandlungsmodell. *(jwm)*

*Literatur*
Glasson, John; Kerry Godfrey & Brian Goodey with Helen Absalom & Jan van der Borg 1995: Towards Visitor Impact Management. Visitor Impacts, Carrying Capacity and Management Responses in Europe's Historic Towns and Cities. Aldershot etc.: Avebury
Wöhler, Karlheinz; Anja Saretzki 1999: Umweltverträglicher Tourismus. Grundlagen - Konzeption - Marketing. Limburgerhof: FBV Medienverlag

**Train à Grande Vitesse (TGV)**
→ Hochgeschwindigkeitszüge

**Transaction Fee**
Die Transaction Fee stellt eine besondere Form zur Kalkulation und Abrechnung der Leistungsentlohnung für Reisebüros dar, welche für Unternehmen die Abwicklung (Beratung, Buchung und Ausstellung von Reisedokumenten) von Geschäftsreisen vornehmen.

Im Gegensatz zur → Management Fee wird bei der Transaction Fee keine pauschale Volumenbetrachtung angestellt. Die Entlohnung des Reisebüros wird bei ihr auf einen einzelnen Vorgang bezogen, welcher gemeinsam durch das Unternehmen und das Reisebüro zu definieren ist. In der Regel ist eine Transaktion die Ausstellung eines Flugscheines, einer Bahnfahrkarte und die Buchung eines Hotels oder eines Mietwagens. Der Transaction Fee liegt meist eine → Management Fee zugrunde, welche auf die Anzahl und die Art der budgetierten Transaktionen heruntergebrochen wird.

Der Vorteil der Transaction Fee gegenüber der Management Fee ist eine transparente und zeitnahe Abrechnung. Sie gewann insbesondere durch den Wegfall der von Fluggesellschaften früher gezahlten → Provisionen seit Ende 2004/Anfang 2005 an Bedeutung, da viele Unternehmen sich nun der Notwendigkeit gegenübersehen, die Leistung und die Mehrwerte eines Reisebüros nicht mehr unentgeltlich in Anspruch nehmen zu können. Diese zusätzliche Kostenbelastung kann meist nicht pauschal entrichtet werden, sondern muß auf die verschiedenen Organisationseinheiten der Unternehmen gerecht verteilt werden. *(ce)*

**Trans-Europ-Express (TEE)**
Anfang der 1950er Jahre wurde bei den Bahngesellschaften der ehemaligen Staaten der Europäischen Wirtschaftsgemeinschaft (EWG) die Idee dis-

kutiert, gemeinsam komfortable Schnell-
züge mit hoher Eleganz zu entwickeln,
die ausschließlich Wagen der ersten
Klasse führen sollten. Die 1954 in Den
Haag gegründete Trans-Europ-Express-
Kommission (Gründungsmitglieder waren die Staatsbahnen von Belgien, Bundesrepublik Deutschland, Frankreich,
Italien, Luxemburg, Niederlande und
der Schweiz) setzte diese Idee um und
ließ nach vereinbarten Merkmalen Die-
seltriebwagen bauen, die ausschließlich Wagen der 1. Klasse zogen. Der
Zugbetrieb der weithin sogenannten
TEE-Züge wurde 1957 aufgenommen.
Auf einheitliche Züge konnten sich
die beteiligten Staatsbahnen, zu deren
Kommission später Spanien beitrat,
nicht einigen. Die ursprünglich die-
selbetriebenen TEE-Triebwagen fielen
wegen ihrer Formschönheit auf und wurden später teilweise elektrifiziert. Über
den Bereich des Eisenbahnverkehrs
hinaus wurde der TEE „Rheingold"
(Spielfilm). 1987 wurden die letzten
TEE-Verbindungen eingestellt und sind
heute nur noch Eisenbahnromantik. Es
erfolgte eine Integration in die europäische Zuggattung EuroCity, die sowohl
Wagen der ersten wie auch der zweiten
Klasse führt.

Die TEE-Idee lebt im Jahr 2000 wieder auf. Unter der Bezeichnung TEE
Rail Alliance wurde eine Kooperation
gegründet, die die Zielsetzung verfolgt,
den Bahnverkehr zwischen Österreich,
Schweiz und Deutschland zu harmonisieren. So sollen die Tarife vereinheitlicht und Kundenkarten der nationalen
Bahngesellschaften gegenseitig anerkannt werden. Weder diese Ziele noch
der gemeinsame Triebzug konnten bisher
realisiert werden. (www.tee-classics.ch).
*(hdz)*

*Literatur*
Block, Rüdiger 2004: Die TEE-Triebwagen
der Deutschen Bundesbahn. Freiburg: Ek-
Verlag

**Transfer**
→ Flughafentransfer

**Transit**
*transit*
Durchfahren eines Landes auf dem
Weg von einem Zweit- in ein Drittland.
Beispiel: Fahrten von den Niederlanden
über Deutschland in die Schweiz.
Im Luftverkehr spielt der Transit bei
Umsteigeverbindungen eine wichtige Rolle. Auf den meisten internationalen Flughäfen kann man aus dem
Ausland kommend umsteigen und in ein
Drittland fliegen, ohne durch die Paß-
und Zollkontrolle gehen zu müssen. Wer
zum Beispiel über Singapur, Bangkok
oder Dubai nach Australien fliegt, bleibt
auf diesen Flughäfen im quasi extra-
territorialen Transitbereich. Auf vielen
internationalen → Flughäfen machen
Transitpassagiere einen großen Teil der
Gesamtzahl an Passagieren aus. *(jwm)*

**Transitvisum**
→ Visum

**Transponder**
Zusammengesetzt aus den englischen
Verben *to transmit* (= senden, übertragen)
und *to respond* (= antworten), ist es die
Bezeichnung für ein Gerät an Bord von
Flugzeugen, das nach jedem Auftreffen
eines Radarstrahles (→ RADAR) eine Information (zum Beispiel einen
vierstelligen Zahlenkode, der von der
Flugsicherung über Funk angefordert
und am Gerät eingestellt werden kann)
aussendet (→ Sekundärradar), so daß ein
Flugzeug auf dem Radarschirm eindeutig
identifizierbar ist (Mode A). Transponder
mit Höhenkodierung (Mode C), die

automatisch Signale über ihre aktuelle Flughöhe ausstrahlen, sind Grundlage für → Kollisionswarngeräte.

Mit der Einführung des Mode S werden noch mehr Informationen automatisch an die Bodenstationen übermittelt. Zum Beispiel erhält jedes Luftfahrzeug weltweit seine eigene Identifikation, so daß die Eingabe der vierstelligen Zahlencodes, die auf 4096 Einstellungen begrenzt sind, entfällt. Gleichzeitig wird dem Lotsen automatisch das Rufzeichen des Flugzeuges auf dem Radarschirm dargestellt. Zum anderen wird die Flughöhe bis auf 25 Fuß (= 7,62 m; Mode C: 100 Fuß oder 30,48 m) genau angezeigt. Wenn sich ein → Kollisionswarngerät an Bord befindet, wird im Falle seiner Aktivierung die Ausweichempfehlung *(advisory)* automatisch an die Bodenstelle übermittelt. *(jwm)*

### Transportmittelmethode
→ Tourismus

### Transrapid
→ Hochgeschwindigkeitszüge

### Travel-Delay-Versicherung
*travel-delay-insurance*
Gegenstand der Travel-Delay-Versicherung sind Aufwendungen für Verpflegung und Hotelübernachtung bei Flugverspätung oder Flugannullierung von gebuchten Flügen. Im Versicherungsschutz enthalten ist oftmals auch der Ersatz für Verpflegung und Aufwendungen für notwendige Ersatzkäufe für den persönlichen Reisebedarf, wenn aufgegebenes Reisegepäck am Zielort verspätet ankommt. → Umsteigeversicherung *(hdz)*

### Traveller Cheque
→ Reisescheck

### Travel Monitor
→ World Travel Monitor

### Travelocity
1996 von → Sabre in den USA gegründetes Reisebüro im Internet. 2000 wurde Travelocity, bis dahin eine hundertprozentige Tochter von Sabre Holdings, mit Preview Travel, einem börsennotierten → Internetreisebüro in den USA, verschmolzen. Dadurch reduzierte sich der Anteil von Sabre Holdings an dem fusionierten Unternehmen zunächst auf ca. 70 Prozent. Nach einem Übernahmeangebot für die restlichen Aktien an dem Unternehmen ging das Unternehmen 2002 vollständig in den Besitz von Sabre Holdings über. (www.travelocity.com; www.sabre-holdings.com; www.travelocity.de) *(jwm)*

### Trekking
*trekking*
Der Trekker verzichtet bewußt auf die für den Touristen ganz selbstverständliche touristische Infrastruktur und begibt sich mit seinem Gepäck auf die Reise (zu Fuß, mit dem Fahrrad, Boot, Skiern etc.). Er folgt dabei den natürlichen Pfaden im unwegsamen Gelände, um so intensiv die Natur zu erleben. Trekkingtouren werden heute auch von Veranstaltern organisiert, zum Beispiel als Expedition. Trekking wird nicht nur in fernen Ländern durchgeführt, sondern ist überall auf der Erde möglich, wie das Wanderportal der Schweiz zeigt (www.wanderseite.ch/Trekkings.html). *(hdz)*

### Triebwagen
*railway traction vehicle, power unit*
Eisenbahnwagen mit eigenem Antrieb werden Triebwagen, Triebwagenzüge oder einfach Triebzüge genannt. Sie nehmen Fahrgäste auf, wie im Fall des → InterCity Express der Deutschen Bahn oder können auch im Güterverkehr Fracht aufnehmen. Anders als Lokomotiven (E-Loks, Dieselloks), die als selbstfahrende Zug-

maschinen die Funktion haben, angekuppelte Wagen zu ziehen, handelt es sich beim Triebwagenkonzept immer um ein kombinatorisches Antriebskonzept, das den Motorantrieb mit der Traglast (Personen oder Fracht) verknüpft. Moderne Fernzüge bestehen oft aus einem geschlossenen Wagenkonzept, wie zum Beispiel der InterCity Express. Im Normalbetrieb wird der Zug nicht getrennt. Hier nennt man die vorderen und hinteren Teile des Zuges Triebköpfe. *(hdz)*

**Trinkgeld**

*tip*

In der Regel ein kleinerer Geldbetrag, der freiwillig als Anerkennung für erhaltene Dienstleistungen von Kunden an Dienstleister gegeben wird. In vielen Sprachen (etwa franz.: *le pourboire*; span.: *propina*) wird der Betrag mit dem Trinken verbunden: Der Dienstleister soll sich mit dem Geld ein Getränk kaufen können.

Aus ökonomischer Sicht ist Trinkgeld ein interessantes Phänomen, da die Gabe freiwillig und nach der eigentlichen Transaktion (Tausch Produkt/ Dienstleistung gegen Geld) erfolgt. Hauptgründe für das Geben sind die Erfüllung von sozialen Normen bzw. die Vermeidung von sozialer Mißbilligung, die sichtbare Anerkennung der erhaltenen Dienstleistung und der Versuch, künftige Dienstleistungen positiv zu beeinflussen (Lynn & Grassman 1990, S. 170 ff.).

Lobbyarbeit der Verbände hat im Jahr 2002 zu einer Abschaffung der Trinkgeldbesteuerung geführt (Gesetz zur Steuerfreistellung von Arbeitnehmertrinkgeldern vom 8.8.2002). Während die Thematik in Deutschland wissenschaftlich eher am Rande behandelt wird, existiert im angelsächsischen Bereich eine umfangreiche „Trinkgeld"-Literatur.

Untersucht werden vor allem Trinkgeld beeinflussende Variablen, die dem Dienstleister (z. B. Geschlecht, Verhalten), dem Bedienten (z. B. Geschlecht, Alter) oder der Situation (z. B. Wetter) zuzuordnen sind.

Die Ursprünge des Trinkgeldgebens sind nicht eindeutig. Manche Autoren datieren das Phänomen in die Zeit der Römer und davor, andere sehen den Ursprung im Mittelalter. Viele Arbeiten nennen → Kaffeehäuser und → Pubs im spätmittelalterlichen England als Anfangsimpuls. Um einen bereitwilligen und umgehenden Service zu erhalten, hätten Kunden im voraus Geldstücke in aufgestellte Schüsseln oder Kisten mit der Aufschrift *To insure promptness* bzw. *To insure promptitude* (T.I.P.!) einwerfen müssen. Vereinzelt wird *tip* als Kurzform des englischen Verbs *to tipple* aufgefasst, was „gewohnheitsmäßig trinken" heißt (Azar 2003, S. 10 ff.; Segrave 1998, S. 1 ff.).

International existieren unterschiedliche Trinkgeldkulturen. In manchen Ländern ist es eine einzuhaltende soziale Norm (etwa USA), in anderen Ländern (etwa Neuseeland, Japan) unüblich bzw. sogar unerwünscht. Zur geschichtlichen Entwicklung des Trinkgelds in Deutschland vgl. Zenses 1952. *(wf)*

*Literatur*

Azar, Ofer H. 2003: The history of tipping – from sixteenth-century England to United States in the 1910s, Department of Economics, Northwestern University/ IL, USA

Lynn, Michael; Andrea Grassman 1990: Restaurant Tipping: An examination of three „rational explanations". In: Journal of Economic Psychology, Vol. 11, S. 169-181

Segrave, Kerry 1998: Tipping: an American social history of gratuities. Jefferson, London: McFarland & Company

Zenzes, Maria 1952: Die Lohnformen im deutschen Hotel- und Gaststättengewerbe, in: Walter Thoms (Hrsg.): Handbuch für Fremdenverkehrsbetriebe, Gießen: Dr. Pfanneberg & Co., S. 325-341

**Trockencharter**
*dry charter, aircraft leasing*
Vermietung von Fluggerät an eine Fluggesellschaft. Hierbei wird im Gegensatz zum → Naßcharter nur das Flugzeug ohne Besatzungen und Betriebsmittel vermietet. In der Schiffahrt ist dies ebenfalls üblich und wird dort als *bareboat charter* bezeichnet. *(jwm)*

**Tsunami**
→ Flutwelle

**Türsteher**
→ Doorman

**TUI (Touristik Union International)**

**1 Geschichte**
1968 in Hannover als Holding für mehrere → Reiseveranstalter (Touropa, Hummel, Scharnow und Dr. Tigges) gegründet, hat sich die TUI seitdem zum größten europäischen Reisekonzern entwickelt. Stand die Bezeichnung der Holding zunächst im Hintergrund, steht er seit 1990, als die Namen der ursprünglichen Reiseveranstalter aufgegeben wurden, im Vordergrund. Zunächst mehrheitlich im Besitz von Reisebüros, was ihre Handlungsmöglichkeiten im Vertrieb stark einschränkte, gelang es 1991 nach heftigen Auseinandersetzungen im Gesellschafterkreis, dem Unternehmen eine neue Eignerstruktur zu geben. Die ursprünglich von der Westdeutschen Landesbank angestrebte Mehrheit wurde zugunsten eines Kompromisses zunächst aufgegeben, weil Hapag-Lloyd Flug in diesem Falle befürchten mußte, daß die

WestLB-Beteiligung LTU dann den größten Teil des Flugvolumens der TUI abfliegen würde. So erhielten WestLB und Hapag Lloyd jeweils 30 Prozent der Anteile, die restlichen 40 Prozent teilten sich Quelle und die → Deutsche Bahn. 1997 übernahm die WestLB-Beteiligung Preussag, ein Mischkonzern mit dem Schwerpunkt Stahl und Energie, den gesamten Hapag-Lloyd Konzern (Reederei mit Container- und → Kreuzschiffahrt, Reisebürokette [→ Reisemittler] und → Charterfluggesellschaft) und hatte damit auch die Mehrheit bei der TUI. Im Jahr darauf wurde die TUI in die Hapag Touristik Union (HTU) überführt. Im Jahr 2000 umbenannt in TUI Group, wurde sie 2001 komplett in den Preussag-Konzern integriert. 2002 übernahm die Preussag AG dann den Namen ihrer Tochtergesellschaft und firmiert seitdem unter TUI AG. 2004 hat die WestLB ihre Anteile an der TUI verkauft.

Der weitaus größte Teil der Aktien der Gesellschaft ist im freien Handel an der Börse. Größte Aktionäre mit jeweils um die fünf Prozent sind die spanische Hotelgesellschaft RIU (an der die TUI wiederum maßgeblich beteiligt ist), eine spanische Sparkasse und weitere ausländische Investoren. 2007 fusionierte die TUI das Tourismusgeschäft (mit Ausnahme von Hotelbeteiligungen) mit der britischen First Choice zur TUI Travel plc (*public limited company* = Aktiengesellschaft nach britischem Recht) mit Sitz in London. Die TUI AG hält an diesem Unternehmen 51 Prozent, die Aktionäre der nach Umsatz viel kleineren First Choice 49 Prozent. Der Bereich Schiffahrt, der durch den umstrittenen Kauf der kanadischen Containerschiff-Reederei CP Ships Ende 2005 erheblich ausgeweitet wurde, bleibt in der TUI AG.

International expandierte das Unternehmen nach Großbritannien, wo zunächst 1999 der Reiseveranstalter → Thomas Cook übernommen wurde, der im Jahr darauf aber nach dem Erwerb des britischen Marktführers Thomson Travel aus kartellrechtlichen Gründen an die deutsche C&N (→ Thomas Cook [b]) verkauft werden mußte. In Frankreich wurde 2002 der größte Reiseveranstalter Nouvelles Frontières übernommen. Darüber hinaus existierten schon seit längerem Tochterunternehmen oder Beteiligungen in den Benelux-Ländern, in Österreich und in der Schweiz. Durch die Übernahme von Thomson wurde die TUI mit deren Tochtergesellschaften auch stark in einigen skandinavischen Ländern.

### 2 Konzern

In der → Touristik handelt es sich bei der TUI um einen vertikal integrierten Konzern (→ vertikale Integration). Zu ihm gehören sowohl vorgelagerte als auch nachgelagerte Wertschöpfungsstufen entlang der Dienstleistungskette von → Pauschalreisen. Schon die alte TUI hatte maßgebliche Beteiligungen im vorgelagerten Bereich an Hotels und Zielgebietsagenturen. Die prominenteste Beteiligung ist die an der mallorquinischen Hotelgruppe RIU. Die Robinson Clubs – ursprünglich als Gemeinschaftsunternehmen (*joint venture;* → Kooperation) mit Steigenberger gegründet – und die von Magic Life gehören ebenso dazu wie die französischen Paladien- oder die österreichischen Dorfhotels. Insgesamt gehören 13 Hotelmarken mit 279 Beteiligungshotels in 29 Ländern (Stand 2007) zum Unternehmen. Allerdings muß man hierbei berücksichtigen, daß es ganz unterschiedliche → Betreiberkonzepte gibt und die TUI auch nicht in allen

Fällen Mehrheitsgesellschafter ist.

35 Zielgebietsagenturen in 70 Ländern betreuen die Gäste der TUI an ihren Urlaubsorten. Mit TUIfly, einer → Fluggesellschaft, die Ende 2006 aus der Fusion von Hapag-Lloyd Flug und der erst 2002 gegründeten → Billigfluggesellschaft Hapag-Lloyd Expreß entstand, verfügt das Unternehmen über die nach → Lufthansa und → Air Berlin drittgrößte Fluggesellschaft auf dem deutschen Markt. Mit Thomsonfly und First Choice Airways ist die TUI zudem auf dem britischen Ferienflugmarkt führend. Auch in Frankreich (Corsair), in den Benelux-Staaten und in Skandinavien verfügt die Gruppe über eigene Fluggesellschaften, die insgesamt mehr als 150 Flugzeuge betreiben.

Auf der gleichen Ebene gehört zur TUI eine Reihe Unternehmen in Deutschland und im Ausland. In Großbritannien und Frankreich ist sie wie in Deutschland mit ihren Reiseveranstaltern Marktführer. Insgesamt verfügt die TUI Travel über mehr als 100 Veranstalter. Auf der nachgelagerten Wertschöpfungsstufe Vertrieb sind ca. 3.500 Reisebüros an den Konzern gebunden. Dabei handelt es sich um eine Mischung aus eigenen → Reisebüroketten und Reisebüros im → Franchise oder einer anderen Form von → Kooperation. (www.tui-group.com). *(jwm)*

*Literatur*

Stier, Bernhard; Johannes Laufer 2005: Von der Preussag zur TUI: Wege und Wandlungen eines Unternehmens 1923-2003. Essen: Klartext Verlag

### Tuk-Tuk

*tuk-tuk, auto rickshaw*

Als Tuk-Tuk wird eine Auto- oder Motorrad-Rikscha bezeichnet. Das Gefährt stammt in seiner unmotorisierten Variante aus Japan und ist heute vor allem in Thailand, Indien, Pakistan, Laos u.a. Ländern in Asien als Taxi im Einsatz.

Es bestimmt das Straßenleben und ist ein Wirtschaftsfaktor für sehr viele Einmann-Unternehmen. Sicherheitstechnisch ist das Fahrzeug problematisch, da es offen ist und wenig Schutz bei Unfällen bietet, meistens auch über keinen Sicherheitsgurt verfügt. *(hdz)*

## Turbofan
*turbofan*

Auch Mantelstrom-, Bypass- oder Zweikreistriebwerk genannt. Bei dieser Triebwerksart ist im Einlaß ein großer Fan angebracht, hinter dem die damit eingesaugte Luft in zwei Ströme geteilt wird: den heißen Primär- und den kalten Sekundärkreis. Das Nebenstromverhältnis (*bypass ratio*; Verhältnis von Sekundär- zu Primärluftstrom) liegt je nach Triebwerk zwischen 5:1 und 9:1. Die Luft des Primärkreises wird wie bei einem → Turbojet in mehreren Stufen verdichtet und dann in Brennkammern geleitet, in die Kerosin eingespritzt wird.

Das unter hohem Druck sehr schnell ausströmende heiße Gas treibt in der Regel über einen nachgelagerten Schaufelring mit einer Welle den Fan an, bevor es durch eine Schubdüse weiter beschleunigt nach außen geleitet wird. Die Luft des Sekundärkreises fließt mit annähernd Schallgeschwindigkeit um das innere Triebwerk herum nach hinten und wird entweder noch im Triebwerk oder beim Austritt mit dem heißen Abgasstrahl vermischt. Dadurch wird nicht nur die Leistung gesteigert (ca. 70 Prozent des Schubs werden durch den Sekundärkreislauf erzeugt), sondern im Vergleich zu → Turbojets auch der spezifische Kerosinverbrauch und die Lärmemission erheblich verringert. *(jwm)*

## Turbojet
*turbojet*

Auch Einkreistriebwerk genannt. Die Luft wird Schaufelringen vorn durch den Triebwerkseinlaß eingesaugt, in mehreren Stufen verdichtet und dann in Brennkammern geleitet, in die Kerosin eingespritzt wird. Das unter hohem Druck sehr schnell nach hinten ausströmende heiße Gas treibt in der Regel über einen nachgelagerten Schaufelring mit einer Welle die Einlaßschaufelringe an, bevor es durch eine Schubdüse weiter beschleunigt nach außen geleitet wird. *(jwm)*

## Turboprop
*turboprop, propjet*

Kunstwort aus Turbine und Propeller. Es handelt sich um ein Flugzeug mit Propellerturbinenantrieb. Der Vortrieb erfolgt hier vor allem durch die Übertragung der Triebwerksleistung auf einen Propeller mit Blattverstellung. Die sehr hohe Turbinendrehzahl wird durch ein Getriebe auf eine niedrige Propellerdrehzahl reduziert. Eine geringe zusätzliche Leistung entsteht durch den Abgasschub der Turbine. *(jwm)*

## Turbulenz
*turbulence*

Vertikale Luftbewegungen, die zu unruhigem Flug führen. Die fälschlicherweise oft ‚Luftlöcher‘ genannten Auf- und Abwinde haben verschiedene Entstehungsursachen. Bei An- und Abflug eines Flugzeuges können sie bei starkem horizontalen Bodenwind durch Verwirbelungen an Hügeln, Gebäuden und Bäumen spürbar werden. In Wolken entstehen sie durch die bei der Kondensation des Wassers wieder freigesetzte Lösungswärme. Auch an Luftmassengrenzen und den Grenzflächen zwischen unterschiedlichen Windrichtungen, wie sie oft in verschiedenen Höhen beobachtbar sind, entstehen Turbulenzen (→ Clear Air Turbulence). Zu den stärksten vertikalen Luftbewegungen zählen die in aktiven Gewittern. Auch vorausfliegende Luftfahrzeuge können mit ihren → Wirbelschleppen Auslöser von Turbulenzen sein. *(jwm)*

**Turm**
→ Kontrollturm

**Turn-around-time**
→ Umkehrzeit

**Turndown Service**
→ Abdeckservice

**Turnusreise**
→ Kreuzfahrt

**Type Rating**
→ Musterberechtigung

# U

## Überbuchung

*overbooking*

Insbesondere bei → Linienfluggesellschaften übliche Praxis, auf einem Flug mehr Buchungen zu akzeptieren, als es der Kapazität des eingesetzten Fluggerätes entspricht. Damit wird dem Umstand Rechnung getragen, daß in der Regel nicht alle gebuchten Passagiere einen Flug auch antreten (→ No Shows). Damit soll vermieden werden, daß Passagiere eigentlich ausgebuchter Flüge abgewiesen werden, obwohl sie mitfliegen könnten. Für Fluggäste bedeutet dies eine größere Anzahl von Flugoptionen, und Fluggesellschaften können damit Leerkosten vermeiden.

Wenn allerdings aus der Überbuchung ein Überverkauf wird, weil mehr als die aufgrund von Erfahrungswerten erwarteten Passagiere zum Abflugtermin erscheinen, entstehen der Fluggesellschaft daraus Fehlmengenkosten. Ist nur eine → Beförderungsklasse zum Abflugtermin überbucht, können Passagiere auf andere umgebucht werden. Angenehm für den Passagier ist ein → Upgrading zum Beispiel von der Economy in die Business Class, unangenehm dagegen der umgekehrte Fall des → Downgrading. Im letzteren Fall muß die Fluggesellschaft die Differenz des Flugpreises rückerstatten und tut gut daran, dem Passagier auch eine Entschädigung zu zahlen, der diese Fluggesellschaft sonst in Zukunft sicher meiden wird. Ist keine Beförderung möglich, haben Fluggesellschaften in der EU nach der Verordnung 261/2004 EG betroffene Passagiere für daraus resultierende Verspätungen zu entschädigen (→ Denied Boarding Compensation).

Auch bei Hotels sind Überbuchungen üblich. Dies gilt vor allem für Ferienhotels, die ihre Zimmer über → Allotmentverträge mit → Reiseveranstaltern vermarkten. Da die → Rückfallfrist hier vierzehn Tage und länger sein kann, werden häufig mehr Zimmer vertraglich zugesichert, als es der Kapazität des Hotels entspricht, damit man nicht auf den leeren Betten sitzen bleibt. Nehmen die Veranstalter dann ihre Kontingente voll bzw. in einem höheren Maße als erwartet in Anspruch, kommt es hier ebenfalls zu Problemen des Überverkaufs, für die der Reiseveranstalter dann im Rahmen des → Reiserechts gegenüber dem Kunden geradestehen muß. *(jwm)*

## Überführung

*conveyance*

Bezeichnet im Rahmen der → Auslandsreise-Krankenversicherung den Transport von im Ausland Verstorbenen zum Bestattungsort. Von Fahrzeugüberführung wird in touristischen Zusammenhängen dann gesprochen, wenn unfall- oder pannenbedingt Kraftfahrzeuge aus dem Ausland ins Bestimmungsland transportiert werden. Solche Leistungen werden von der → Verkehrsmittel-Unfallversicherung erbracht. → Technische Assistance *(hdz)*

## Überführungsfahrt

→ Positionierungsfahrt

## Überführungsflug
*ferry flight*
Flug, mit dem ein Flugzeug zu einem
Kunden (zum Beispiel einer Fluggesellschaft) überführt wird. Bei Neu-
flugzeugen findet er in der Regel vom
Hersteller, bei Gebrauchtflugzeugen vom
vorherigen Eigentümer aus zum Kunden
statt. Überführungsflüge sind auch die
Flüge zu und von Wartungsunternehmen.
*(jwm)*

## Übergepäck
*excess luggage, excess baggage*
Gepäckstücke, die nach Anzahl oder
Gewicht die → Freigepäckgrenze für
Flüge übersteigen. Zwar wird das Gepäck
in der Regel mitgenommen (was bei
→ Regionalfluggesellschaften wegen des
kleineren Fluggerätes manchmal technisch nicht möglich ist), aber es ist dafür
ein Aufpreis zu entrichten, der je nach
Fluggesellschaft variiert. *(hdz)*

## Übernachtung mit Frühstück
*bed and breakfast, continental plan*
In der Hotelbranche der Begriff für ein
Leistungspaket, das die Übernachtung
und eine Mahlzeit (Frühstück) pro Person
pro Tag beinhaltet. Brancheninterne Abkürzung: Ü/F.
　Die us-amerikanische Bezeichnung
Continental Plan (CP) spielt darauf an, daß das Leistungspaket neben
der Übernachtung ein kontinentales
Frühstück (→ Frühstücksarten) beinhaltet. *(wf)*

## Übernachtung ohne Frühstück
*European plan, room only*
In der Hotelbranche der Begriff für
ein Leistungsangebot, das nur die
Übernachtung beinhaltet (pro Person
pro Tag).
　Die entsprechende internationale Be-
zeichnung European Plan (EP) wird in

der Branche nicht einheitlich gebraucht.
Während in den USA European Plan
für Übernachtung ohne Frühstück steht,
steht der Begriff in Europa mitunter
für Übernachtung mit kontinentalem
Frühstück (→ Frühstücksarten). Insofern
werden European Plan und → Continental
Plan teilweise synonym gesehen. *(wf)*

## Übernachtungsdichte
*overnight stays per square km*
Maß der → Tourismusdichte, in dem
die Zahl der Übernachtungen in einer
Gebietseinheit auf ihre Fläche bezogen
wird (zum Beispiel Übernachtungen pro
km$^2$).

## Überschallflugzeug
*super sonic transport [SST]*
→ Concorde

## Überschuß vor Fixkosten
*income before fixed charges, IBFC*
Der IBFC errechnet sich nach dem
Schema des → Uniform System of Accounts for the Lodging Industry (USALI)
und ähnelt dem Betriebsergebnis I nach
→ SKR70 (Sonderkontenrahmen für das
Gastgewerbe). Es handelt sich dabei
um den Überschuß vor Pacht, Leasing,
Abschreibung, Management- und Franchisegebühren, Ertragssteuern und Versicherung. *(cf)*

## Überverkauf
→ Überbuchung

## UEC
→ Urban Entertainment Center

## Ü/F
→ Übernachtung mit Frühstück

## Umkehrzeit
*turn around time*
Bodenzeit, die benötigt wird für das
Aus- und Einsteigen der Passagiere,

das Ent- und Beladen von Gepäck und ggf. von Fracht, ggf. die Betankung, die Entsorgung des Abfalls (ggf. auch der Abwässer), die Reinigung der Kabine, die Belieferung mit Getränken, Essen und ggf. Zeitungen, der Flugnach- und Vorbereitung durch die Piloten, der Sichtüberprüfung des Flugzeugs am Boden durch einen Piloten und ggf. dem Ausführen kleinerer Wartungsarbeiten und einem Besatzungswechsel. *(jwm)*

## Umlauf
→ Flugzeugumlauf

## Umsatzpacht
→ Hotelpacht

## Umsteigeversicherung
*transfer insurance*
Neuerdings wird eine Version der → Travel-Delay-Versicherung angeboten, die bei Flugbuchungen mit Umsteigen über einen Flughafen Leistungen enthält, wenn der ursprünglich gebuchte Anschlußflug aufgrund einer Verspätung des Zubringerfluges nicht erreicht werden kann. Die ursprüngliche Buchung bezieht folglich Umsteigezeiten ein. Erstattet werden Kosten der Neubuchung und Kosten einer Hotelübernachtung, wenn der Anschlußflug erst am Folgetag erreicht werden kann (www.viaberlin. com). *(hdz)*

## Umsteigezeit
*connecting time*
Die Zeit, die man auf einem Bahnhof oder Flughafen benötigt, um eine Anschlußverbindung zu erreichen (→ Mindestumsteigezeit).

## Unaccompanied Minor (UM)
Im internationalen Luftverkehr üblicher Begriff zur Kennzeichnung alleinreisender Kinder. Kinder bestimmter Altergruppen können bei vielen → Fluggesellschaften auch ohne Begleitperson (Eltern oder durch Erziehungsberechtigte autorisierte Personen) mitfliegen. Die Altersvoraussetzungen differieren dabei zwischen den Fluggesellschaften.

Bei der → Lufthansa können Kinder unter fünf Jahren nicht alleine fliegen und solche im Alter zwischen fünf und elf Jahren nur in der Obhut des kostenpflichtigen Lufthansa-Betreuungsdienstes oder zusammen mit einer Person, die mindestens zwölf Jahre alt ist. Bei anderen Fluggesellschaften wird zum Beispiel bei internationalen Flügen von maximal sechs Stunden flugplanmäßiger Dauer ein Mindestalter von sechs Jahren vorgeschrieben und Begleitpersonen müssen mindestens fünfzehn Jahre alt sein (Qantas). Die Kinder bekommen in der Regel eine Umhängetasche, in denen die Reisedokumente aufbewahrt werden und die mit den Buchstaben ,UM' in großen Lettern bedruckt ist. *(jwm)*

## Understay
*under* (engl.) = unter; *to stay* (engl.) = bleiben, wohnen, übernachten. Ein Hotelgast, der früher abreist als durch die ursprüngliche Zimmerbuchung vorgesehen. *(wf)*

## Unfall
*accident*
Ein Unfall liegt vor, wenn die versicherte Person durch ein plötzlich von außen auf ihren Körper wirkendes Ereignis unfreiwillig eine Gesundheitsschädigung erleidet. Ebenfalls wird unter den Unfallbegriff subsumiert, wenn durch eine erhöhte Kraftanstrengung ein Gelenk verrenkt oder Muskeln, Sehnen, Bänder oder Kapseln gezerrt oder zerrissen werden. → Reiseunfall-Versicherung; → Gliedertaxe. *(hdz)*

## Uniform System of Accounts for the Lodging Industry (USALI)

Ist ein wirksames und standardisiertes System der Rechnungslegung oder auch ein Betriebsabrechnungssystem, das sich speziell in der Hotellerie (→ Hotel) durchgesetzt hat und das weltweit verwendet wird. Es handelt sich hierbei um eine Art der Teilkostenrechnung, d.h., es werden nur die direkt zurechenbaren Kosten einer Kostenstelle zugeordnet. Schwerpunkt des Systems ist die Erfolgsrechnung, deren Besonderheit in der Strukturierung der Hotelfunktionsbereiche sowie in der Buchung von Einzel- und Gemeinkosten liegt.

USALI ist nach Verantwortungsbereichen (Abteilungen) des Hotels gegliedert. Es wird unterschieden zwischen operativen Abteilungen (Leistungsstellen) und Serviceabteilungen. Die operativen Abteilungen erbringen ertragswirksame Leistungen. Zu diesen Abteilungen zählen die Bereiche Logis, → F&B und sonstige umsatzerzielende Abteilungen. Die Serviceabteilungen verursachen bereichsübergreifende Aufwendungen, die den einzelnen operativen Abteilungen nicht genau zuzuordnen sind.

Im Rahmen von USALI erfolgt eine zeitgemäße Betriebsabrechnung, die den Leistungsstellen direkt zurechenbare Kosten ohne Umlagen von Gemeinkosten zuordnet. Die Gemeinkosten dagegen werden den operativen Abteilungen nicht zugerechnet. Zudem beinhaltet das System einen Kontenrahmen, der festlegt, welche Ertrags- und Kostenarten unter welchen Kosten- und Leistungsstellen summiert werden sollen. Dieser liefert wiederum das Gerüst zur Erstellung des betriebsindividuellen Kontenplans. Durch die Vereinheitlichung der Kontenpläne ist die Vergleichbarkeit der einzelnen Betriebe innerhalb ihrer Branche gegeben.

Der wesentliche Unterschied zwischen USALI und dem Kontenrahmen → SKR 70 nach HGB besteht darin, daß es sich bei der Gewinn- und Verlustrechnung nach SKR 70 um eine Kostenartenrechnung handelt, während USALI eine einfache Kostenstellenrechnung darstellt, womit die Wirtschaftlichkeit einzelner Kostenstellen (Betriebsteile) direkt zu ermitteln ist.

Problematisch bei der Anwendung von USALI ist die Tatsache, daß der Hotelier u. U. die Wirtschaftlichkeit der einzelnen operativen Abteilungen alleine mit Hilfe des Deckungsbeitrages beurteilt, ohne dabei die Kosten der Serviceabteilungen und die anlagebedingten Kosten zu berücksichtigen.

Vorteilhaft bei der Anwendung von USALI ist, daß es sich hierbei um ein Instrument zur Betriebs- und Konkurrenzanalyse handelt, mit dem auch betriebliche Schwachstellen aufgedeckt werden können. Aufgrund der Verwendung eines standardisierten Schemas liefert USALI aussagekräftige Daten, die eine internationale Vergleichbarkeit der Betriebe ermöglichen, die USALI anwenden. Das System eignet sich zudem für alle Betriebsgrößen. Bei Investitionsentscheidungen dient das USALI in der Regel auch als Grundlage für die Ertragsvorschaurechnung und langfristig ausgelegte Gewinn- und Verlustrechnungen *(profit and loss statements)*. *(stg/bvf)*

*Literatur*

Scheefer, Ulrike 2008: Gliederung und Aufgaben des Rechnungswesens in der Hotellerie. In: Karl Heinz Hänssler (Hrsg.): Management in der Hotellerie und Gastronomie. Betriebswirtschaftliche Grundlagen. München, Wien: Oldenbourg, S. 285-300 (7. Aufl.)

## United Nations World Tourism Organisation
→ Welttourismusorganisation

## Universal Time Coordinated (UTC)
Einheitliche Zeit, nach der weltweit der Luftverkehr abgewickelt wird. Sie entspricht der Zeit des Nullmeridians und wurde früher *Greenwich Mean Time* (GMT) genannt.

## Unternehmensbereiche der Deutschen Bahn AG
→ Deutsche Bahn AG (DB AG)

## Unternehmenskultur
*corporate culture*

### 1 Die Grundlagen einer unternehmenskulturellen Perspektive
Die Suche nach erfolgversprechenden Konzepten zur Bewältigung der anstehenden Führungsprobleme hat neben einer Reihe sogenannter „harter" Management-Werkzeuge wie bspw. Geschäftsprozeßstrukturen, Managementinformationssystemen u.a. auch eher als „weich" zu beschreibende Steuerungsmuster hervorgebracht, die stärker auf die „impliziten", „informalen" Aspekte der Führung von Unternehmungen abstellen. Neben Fragestellungen wie → Unternehmensphilosophie, Sinn-Management, Human-Resource-Management oder Wissensmanagement gilt hier insbesondere der Frage nach der kulturellen Prägung von Unternehmungen das Hauptinteresse.

Erste Vorschläge zur Einbeziehung kultureller Aspekte in Führungsfragen wurden bereits im Zuge einer *cross cultural management*-Forschung unterbreitet, welche die Übertragbarkeit insbesondere us-amerikanischen Managementwissens in andere nationale Kulturbereiche (z.B. in latein-amerikanische, arabische oder asiatische Länder) zum Gegenstand hatte. Das Spektrum der zumeist empirisch angelegten Untersuchungen reichte dabei von der These einer völligen Kulturfreiheit der → Managementfunktionen bis hin zu heute vertretenen kulturbedingten Ansätzen (z.B. Hofstede 2001). Die Kultur stellt dann eine externe, unternehmerische Freiheitsgrade einschränkende Determinante im Entscheidungsfeld der Führung dar. Das sozio-kulturelle Umfeld einer Unternehmung wird in seiner einflußnehmenden Wirkung auf den Erfolg einer Unternehmung neben anderen externen Faktoren z.B. technologischer, gesetzlicher oder ökologischer Art erfaßt. Die Umgebungskultur (z.B. die nationale Kultur eines Landes wie Sitten, Gebräuche, religiöse Tabus, Stellung von Mann und Frau in der Gesellschaft u.a. oder auch regional bedingte kulturelle Besonderheiten) ist damit eine Rahmenbedingung, die sowohl von dem Reisenden (z.B. zu erwartende Gastlichkeit oder Ablehnung, eigene Verhaltensmuster vor Ort; Mundt 2006, S. 213 ff.) wie auch von der Führung touristischer Unternehmungen (z.B. bezüglich der Leistungsarten, der Werbung, der Durchsetzbarkeit einer globalen Marktstrategie, der Beurteilung international und damit multikulturell orientierter → Kooperationen usw.) als begrenzender Faktor in ihre Entscheidungen einbezogen werden muß, aber auch selbst Gegenstand des eigentlichen touristischen Leistungsangebotes sein kann (Kultur-Tourismus).

Derartige sozio-kulturelle Einflüsse der Umwelt spiegeln sich zudem in den Verhaltensstrukturen aktueller wie potentieller Unternehmensmitglieder wider und werden, indem spezifische, verschiedenartige kulturelle Elemente durch die Unternehmensmitglieder in die Unternehmung „importiert" werden, somit auch im Innenverhältnis der Unternehmung führungsrelevant, wie die Diskussion um das *Management of Diversity* (Roosevelt & Woodruff 1999) in global aufgestellten Unternehmungen zeigt.

Wie jeder soziale Verband entwickelt auch eine Unternehmung als individuelle Institution – beeinflußt durch ihre jeweilige Umgebungskultur – eine eigenständige, unverwechselbare Wertestruktur. Eine Unternehmung läßt sich somit als eine Sinngemeinschaft verstehen, die sich über die gemeinschaftliche Interpretation eines gemeinsam getragenen Geflechts von Symbolen, Mythen und Ritualen ihre lebensweltliche Realität schafft. Aus Führungsperspektive interessiert dabei insbesondere der Einfluß einer derartigen Werteprägung auf die Zielsetzung und Zielerreichung und die Möglichkeiten, diese Wertestruktur beeinflussen zu können (Simon 2000, S. 178 ff.).

## 2 Dimensionen der unternehmenskulturellen Prägung

Die Kultur einer Unternehmung kann verstanden werden als die unternehmensindividuelle Wissens- und Wertebasis, welche die gemeinsame Sicht der Mitglieder von ihrer Unternehmung ebenso wie von der Umwelt, in der sie agieren, bestimmt und harmonisiert. Sie spannt damit ein unausgesprochenes Interpretationsgeflecht über die Wirklichkeit einer Unternehmung, das dem Einzelnen Orientierung und Sicherheit für sein Verhalten ermöglicht. Dies geschieht insbesondere dadurch, daß:

❖ die Unternehmenskultur einen Selektionsfilter für „sinnvolles" Entscheiden und Handeln liefert. Subjektiv Wichtiges wird von Unwichtigem ge-

trennt, Interpretationsstandards für die Bewertung interner wie externer Ereignisse als „richtig" und verbindlich erklärt,

❖ ein einheitliches, wertekonformes Verhalten und Handeln konsistente Erwartungen über das Verhalten der übrigen Unternehmensmitglieder schafft und

❖ derartig kollektiv geteilte, bewährte Denkmuster für alle Beteiligten eine „mentale Stabilität" erzeugen, die auch in krisenhaften Situationen trägt.

Dieser gelebte „Geist des Hauses" prägt dann in erheblichem Maße den Prozeß der Problemerkennung und Problemlösung auf allen Hierarchiestufen. Damit wird die Unternehmungskultur zum zentralen Bestimmungsfaktor des Managementpotentials und legt die Basis für die „Intelligenz" einer Unternehmung im dynamischen Entwicklungsprozeß (Simon 2000, S. 66).

Bei näherer Betrachtung lassen sich drei unterschiedliche Ebenen (Schein 1984, S. 4) einer Unternehmenskultur feststellen, die sich dem externen Betrachter allerdings unterschiedlich deutlich erschließen (Abbildung 1):

❖ Die kollektiv gepflegten Verhaltensweisen, Sitten und Gebräuche schlagen sich in kulturellen „Artefakten" wie der Architektur der Gebäude, der Büroeinrichtung, den Bekleidungsgewohnheiten der Mitarbeiter, dem gepflegten Sprachstil im Innenverhältnis der Unternehmensmitglieder oder gegenüber dem Gast, bestimmten Ritualen (z.B. „Mitarbeiter des Monats", Stil der Weihnachtsfeier, Begrüßungsgeschenk für neue Kunden, Geburtstagsgruß für Stammgäste) u.ä. nieder. Diese sichtbaren Konkretisierungen

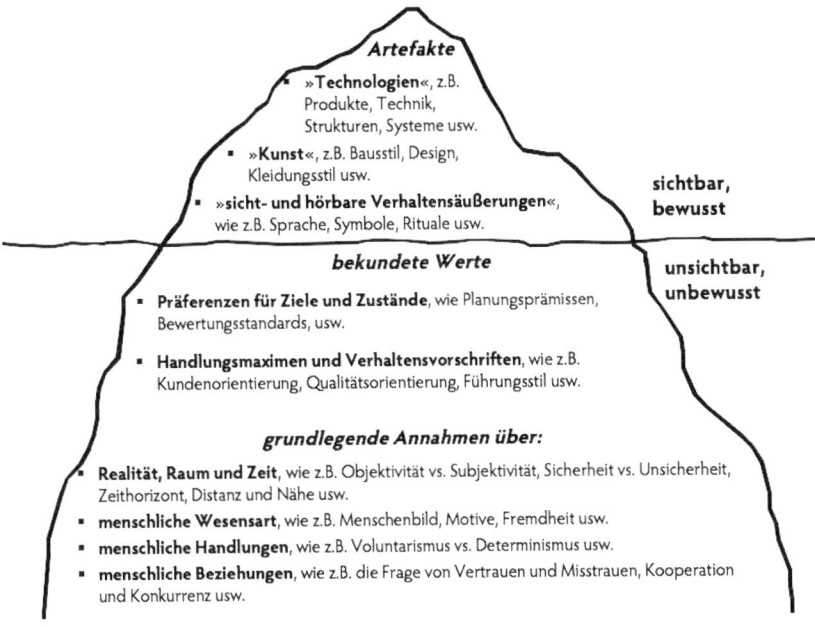

**(Abbildung 1:** Ebenen unternehmenskultureller Prägung
Quelle: Simon 2000, S. 200)

der Unternehmenskultur dürfen jedoch nicht fälschlicherweise mit ihr gleichgesetzt werden, können sogar – wenn die Institution diese Bekundungen nicht verinnerlicht und in tieferliegenden Wertestrukturen verankert hat, sondern lediglich als aufgesetzte Motivations- oder Marketingmaßnahmen mehr oder minder überzeugend wie auf der „Showbühne" realisiert – nicht einmal Bestandteil der tatsächlich gelebten Unternehmenskultur sein.

❖ Werte steuern auf einer darunter liegenden, schon eher unbewußten und damit schwerer analysierbaren Ebene das Verhalten der Unternehmensmitglieder. Sie transformieren die genereller angelegte Tiefenstruktur der originären unternehmenskulturellen Prägung hin

zu gelebten, implizit bekundeten Verhaltenmustern (*The way things are done around here!* [Kilmann, Saxton & Serpa 1985, S. 5]). Hier finden sich grundlegende Einstellungen zum Produkt, zum Kunden, hier ist die Qualitäts- oder Servicementalität verankert, zeigt sich das Menschenbild der Führungskräfte in ihrem gelebten Führungsstil.

❖ Die Kultur im eigentlichen Sinne des Wortes wird erst durch grundlegende, von den Unternehmensmitgliedern nicht mehr hinterfragte und größtenteils ihnen auch nicht mehr bewußten Annahmen („Grundannahmen") über den Sinn und die Realität der Unternehmung gebildet. Dies betrifft bspw. die Risiko- und die Zeitorientierung der Unternehmensmitglieder, ihre Ein-

735

stellung zum aktiven Handeln wie zum gefühlten Bedrohungspotential durch Wandelprozesse, das als gültig unterstellte Menschenbild wie auch bspw. die Einstellung zum Umgang mit Macht (Simon 2000, S. 263 ff.). Diese Tiefenstruktur stellt den eigentlichen Kulturkern dar, alle vorgelagerten Stufen sind somit lediglich als Manifestationen dieses Kerns zu interpretieren.

Wie jede (gesellschaftliche) Kultur weist auch die Unternehmenskultur die Neigung zu einer mehr oder weniger intensiven Subkulturbildung auf (Bleicher 2004, S. 251 ff.; Deal & Kennedy 1982, S. 151). Auf der Basis der Gesamtkultur der Unternehmung entwickeln Teilbereiche wie Abteilungen, Arbeitsgruppen, Funktionsbereiche, Sparten usw. ein eigenständiges, bisweilen stark von der übergreifende Unternehmenskultur abweichendes Werte- und Wissenspotential, bspw. begründet durch

❖ die Art der zu bewältigenden Aufgabe und dem damit einhergehenden Spezialisierungsgrad von Abteilungen,
❖ den spezifischen Kundenkontakt (z.B. Direktvertrieb, Absatzmittler, Franchisesystem [→ Franchise], e-business [→ e-Tourism]o.ä.),
❖ strukturellen Ballast wie Planungs- und Berichtssysteme oder
❖ räumliche Trennung z.B. in Landesniederlassungen oder bei Filialsystemen u.a.

Je nach dem Grad der Differenzierung und den dabei freiwerdenden Fliehkräften, die einen erheblichen Abstimmungsaufwand zwischen den Zielen der Subkultur und den Zielen der Unternehmung erfordern, verursacht dieser mehr oder weniger starke Reibungsverluste und damit eine Verringerung der Effizienz der gesamten

Unternehmung. Andererseits kann sich jedoch ein positives Wettbewerbsklima zwischen den rivalisierenden Subkulturen nutzbringend für die Unternehmung erweisen. Insbesondere aber bietet die Existenz von Subkulturen durch deren „artspezifische" Sensibilität gegenüber – für die Unternehmung als Ganzes – zentralen Fragen ein Reaktionspotential, das unter dynamischen Bedingungen den möglichen Verlust von Handlungsfähigkeit abzupuffern versteht und notwendige Änderungsimpulse für die Unternehmenskultur auszulösen vermag. Diese Leistung ist jedoch nur dann nutzbar, wenn die übergreifende Unternehmenskultur eine gewisse Bandbreite in der Non-Konformität der kulturellen Prägung – und damit die Existenz von Subkulturen – für zulässig erachtet bzw. sogar fördert (Bleicher 2004, S. 244 f.; 261 ff.).

## 3. Die Beziehungen zwischen Unternehmenskultur und Strategie

Ein wesentliches Problem der Führung von Unternehmungen stellt die begrenzte Fähigkeit der Entscheidungsträger dar, Komplexität und Dynamik zu verarbeiten. Dies wird umso deutlicher, je unstrukturierter die Entscheidungssituation sich darstellt, wie dies bspw. bei strategischen Problemstellungen der Fall ist (→ Strategie/Strategisches Management). Der einzelne Entscheidungsträger ist deshalb gezwungen, sich auf der Grundlage seines Werte-, Bildungs- und Erfahrungsschatzes ein individuell geprägtes Modell über die Welt und ihrer Wirkungsbeziehungen zurechtzulegen, das er zur Grundlagen seines Denkens und Handelns erklärt. Neben den definierten Unternehmenszielen und den ethisch-moralischen Leitlinien der → Unternehmensphilosophie der Unternehmung bildet die kulturelle Vorprägung der Unternehmung die

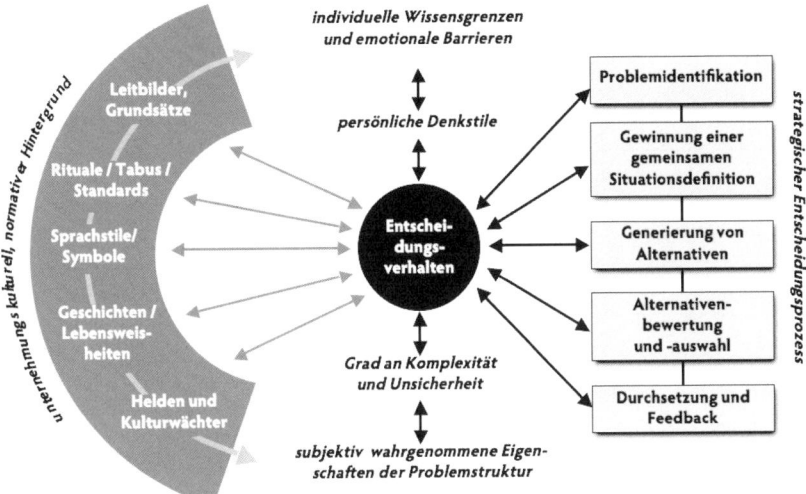

**Abbildung 2:** Der Zusammenhang von Unternehmenskultur und strategischer Entscheidungsfindung (nach Simon 2000, S. 367)

Grundlage einer derartige Entscheidungsfundierung. In ihrer Eigenschaft als werte- und wissensmäßiges Kondensat der zurückgelegten Historie der Unternehmensentwicklung bewirkt sie – auf informalem Wege – eine „Vor"prägung des Entscheidungsverhaltens der Unternehmensmitglieder. Über gelungene und mißlungene Problemlösungen der Vergangenheit steuert sie wesentlich die spezifische Sensitivität und Wahrnehmungskraft der Entscheidungsträger gegenüber aktuellen und potentiellen Chancen und Gefahren ebenso wie den Selektionsmechanismus der Strategiewahl.

Die gelebte Unternehmenskultur wird damit zu einem mehr oder weniger stark ausgebildeten Relevanzfilter, trennt subjektiv als wichtig Empfundenes von Unwichtigem, sie wird zum zentralen Leitfaden einer sich herausbildenden unternehmensspezifischen Wissensbasis (Simon 2002, S. 353). Quasi verzögerungs-

frei können so bewährte Reaktionsmuster auf Forderungen der Umwelt einer Unternehmung zur Verfügung gestellt und damit Komplexität und Dynamik sinntragend verarbeitet werden.

**4    Möglichkeiten und Grenzen der Steuerung unternehmenskultureller Muster**

Der Wert des Führungspotentials, das die Kultur einer Unternehmung zur Problemlösung und damit letztlich zur Sicherung der Handlungs- und Entwicklungsfähigkeit der Unternehmung bereithält, bemißt sich in der Regel nach der Stärke bzw. Schwäche der Unternehmenskultur. Stärke wird dabei überwiegend gleichgesetzt mit einer einheitlichen und intensiven Kulturprägung, die sich in einem prägnanten Wertesystem niederschlägt und über eine Fülle an Symbolen, Ritualen, Geschichten, Kulturträgern („Helden"), Zeremonien transparent wird (vgl. Deal

& Kennedy 1982, S. 8 ff.). Stärke oder Schwäche als Bewertungskriterien sind jedoch keine absolute, intersubjektive und zeitunabhängige Eigenschaften einer Unternehmenskultur, sondern:

❖ bemessen sich z.B. nach der Art der Aufgabenstellung;
❖ nach der Stimmigkeit der Unternehmenskultur an sich sowie
❖ insbesondere gegenüber der bestehenden und intendierten Politik, Strategie und Struktur einer Unternehmung;
❖ werden durch eine Variation des Aufgaben- und Anforderungsspektrums, das von der Unternehmung zu bewältigen ist, relativiert und
❖ schwanken mit der Zusammensetzung der Unternehmensmitglieder im Zeitablauf.

Tradierte Werte- und Wissensbestände zur Problembewältigung verlieren ihre Geltung, neu eingebrachte und erworbene Werte und Erfahrungen verändern den Charakter der Unternehmenskultur, kurz: Nur eine situationsbezogene Betrachtung der Unternehmenskultur kann eine Beurteilung ihrer Kompetenz im Entwicklungsprozeß einer Unternehmung ermöglichen. Alle Versuche, individuelle Unternehmenskulturen auf einige wenige Grundtypen zu reduzieren und zu standardisieren (bekanntestes Beispiel sind hier die vier Branchenkulturen nach Deal & Kennedy [1982, S. 107 ff.]), müssen fehlschlagen.

Die Bedeutung, die der Unternehmenskultur für die strategische Entwicklungsfähigkeit einer Unternehmung damit zukommt, provoziert in der Konsequenz die Frage nach einer angemessenen, also situationsbezogenen Beeinflussung der Kultur durch die Führung. Auch wenn eine Kultur grundsätzlich menschengeschaffen ist, so lassen die bisher dargestellten Rahmenbedingungen

der Kulturbildung – subjektiv, erfahrungsgeleitet, tradiert, informal, unbestimmt usw. – jedoch erkennen, daß die Veränderung einer kulturellen Prägung sich einem rational gesteuerten oder gar beherrschten Gestaltungsprozeß weitgehend entzieht, daß sie vielmehr evolutionär spontanen Charakters ist. Ein anzustrebender Kulturwandel ist damit in herkömmlicher Art und Weise, auch bei noch so gewissenhafter und umfangreicher Diagnose der Ist-Kultur nicht im Detail planbar, wie bspw. zahlreiche an der Kulturdimension gescheiterte Restrukturierungsprojekte gezeigt haben.

Mit der Frage nach dem Wandel einer Unternehmenskultur wird die Führung von Unternehmungen stärker als bei allen bisherigen Fragen zur Strategie- und Strukturplanung in die Pflicht genommen, denn: Die zentrale Größe im Prozeß des Kulturwandels stellt die Vorbildrolle der Führungskräfte, allen voran der obersten Leitung einer Unternehmung, dar. Nur ein im Vorbild gelebtes Wertesystem kann einen evolutorischen Änderungsprozeß in Gang setzten. Die neu zu akzeptierenden Werte müssen anschlußfähig an bisherige Erfahrungswelten sein und als wesentlich und tragend auch für das individuelle Arbeitsumfeld empfunden werden. Nur dann verleihen sie auch im Wandel Sicherheit, vermitteln dem Einzelnen ein Gefühl der sozialen Akzeptanz und Geborgenheit (Bleicher 2004, S. 243 f.).

In dem Maße, in dem die erwünschten Kulturelemente einer Unternehmung ein Klima der Zusammengehörigkeit, des „Wir"-Gefühls zu schaffen in der Lage sind, stimmen sie die individuellen und kollektiven Bedürfnisse und Motive der Mitarbeiter aufeinander ab und erzeugen Loyalitäts- und Identifikationspotentiale, schaffen eine überindividuelle Sinngemeinschaft, an deren allgemein akzeptierten Werten der einzelne wie die Gruppe sein bzw. ihr Verhalten und Denken ausrichten kann und schaffen eine Basis des gegenseitigen Vertrauens: Die Unternehmenskultur wird zum erfolgbestimmenden, sozial integrierenden Orientierungsmuster. *(vs)*

*Literatur*
Bleicher, Knut 2004: Das Konzept Integriertes Management. Frankfurt/M., New York: Campus (7. Aufl.)
Deal, Terrence E.; Allan A. Kennedy 1982: Corporate cultures. The rites and rituals of corporate life. Readings (Mass.): Addison Wesley
Hofstede, Geert 2001: Culture's consequences. Comparing values, behaviors, institutions and organizations across nations. Thousand Oaks-London, New Delhi: Sage (2. Aufl.)
Kilmann, Ralph H.; Mary J. Saxton & Roy Serpa 1985: Introduction: Five key issues in understanding and changing culture. In: Kilmann, Ralph H.; Mary J. Saxton & Roy Serpa (Eds.): Gaining control of the corporate culture, San Francisco, London: Jossey-Bass, S. 1-16
Roosevelt, Thomas R.; Marjori I. Woodruff 1999: Building a house for diversity. How a fable about a giraffe & an elephant offers new strategies for today's workforce. New York et al.: Amacom
Schein, Edgar 1984: Coming to a new awareness of organizational culture. In: Sloan Management Review, Winter, S. 3-16
Simon, Volker 2000: Management, Unternehmungskultur und Problemverhalten. Wiesbaden: DUV/Gabler
Simon, Volker 2002: Führt die Kernkompetenz „Wissen" zu Vertrauenskulturen? In: Knut Bleicher; Jürgen Berthel (Hrsg.): Auf dem Weg in die Wissensgesellschaft. Veränderte Strategien, Strukturen und Kulturen, Frankfurt: FAZ, S. 343-358

## Unternehmensphilosophie

*corporate philosophy, business philosophy, management philosophy*
Die Unternehmensphilosophie ist als die grundlegende, wertegetragene Leitidee des Führungshandelns zu verstehen. Sie beinhaltet in ihrem Kern ein im Führungskreis der Unternehmung konsensiertes Bündel an Normen, Überzeugungen und Werthaltungen, das zunächst das Denken und Handeln dieser Führungskräfte maßgeblich beeinflußt (Ulrich 1984, S. 312) und in der Folge nach dem Willen der Unternehmensleitung das Verhalten aller Unternehmensmitglieder lenken soll.

Eine Unternehmensphilosophie hat somit die Aufgabe, die Sinnfindung im täglichen Führungshandeln zu unterstützen sowie den Mitarbeitern auf allen Ebenen Sinn in ihrem Tun zu vermitteln. Dies wird umso wichtiger, je turbulenter sich das unternehmerische Handlungsfeld zeigt, je kontroverser die Diskussionen um den „richtigen" Weg der Unternehmensführung und Unternehmensentwicklung intern wie auch extern geführt werden (→ Soziale Verantwortung), je deutlicher der Legitimationsdruck der öffentlichen Meinung auf den Entscheidungen der Führungskräfte lastet oder je dominanter einzelne Führungskräfte das Geschick ganzer Unternehmungen bestimmen.

Im Prozeß der Formulierung einer Unternehmensphilosophie gilt es zunächst, die im täglichen Führungshandeln verdeckten Einstellungen der Führungskräfte sichtbar zu machen. Weitgehend unbewußt „importieren" sie aus ihrer privaten wie beruflichen Erfahrungswelt grundlegende, individuelle Werthaltungen in die Unternehmung und werden dort in ihrem Entscheiden, Handeln und Verhalten durch derartige Vorprägungen implizit gesteuert. Mangels notwendiger Eigenreflexion und Kommunikation werden diese leitenden Hintergründe des Führungsverhalten allerdings häufig nicht oder nicht hinreichend deutlich. Die Werthellung durch eine zu formulierende Unternehmensphilosophie macht diesen Wertehintergrund nun transparent. Einmal in den Grundstrukturen geklärt und im Führungskreis der Unternehmung konsensiert, bildet dieses Wertefundament im weiteren die Grundlage für eine absichtsvoll geleitete Verhaltenssteuerung der gesamten Unternehmung. Beispielsweise als Bestandteil eines → Leitbildes explizit formuliert, wird so im Außen- wie Innenverhältnis das zu erwartende ethisch/moralische Fundament der Unternehmensmitglieder kommunizierbar (Wertbekundung).

In ihrem Ergebnis stellt eine Unternehmensphilosophie eine alle Dimensionen der Unternehmung durchdringende Werte-Erhellung, Werte-Bekundung und Werte-Entwicklung dar (Bleicher 2004, S. 99 ff.). Alle Mitarbeiter müssen sich in ihrem Verhalten an diesen, in der Unternehmensphilosophie zum Ausdruck kommenden Werten der Unternehmensleitung messen lassen. Durch eine nicht prinzipiengetreue Umsetzung im täglichen Handeln würde der Nutzen einer Unternehmensphilosophie deutlich geschmälert.

Als generell im Wettbewerb stehende Unternehmensphilosophien haben sich in den letzten Jahren eine eher opportunistisch und eine stärker verpflichtet ausgelegte Werteorientierung herauskristallisiert (Ulrich & Fluri 1995, S. 58 ff.). Für eine opportunistische, dem Einzelinteresse verpflichteten Managementphilosophie gelten dabei folgende Eigenschaften als charakteristisch:

- ❖ eine zentrale Fokussierung auf das Eigentümerinteresse im Sinne eines intensiven → Shareholder Managements,
- ❖ das Ausschöpfen und Ausbeuten aller gegebener Ressourcen zur – häu-

fig kurzfristigen – Optimierung finanzieller Zielsetzungen,
- ❖ eine dominante Orientierung am Kapitalmarkt,
- ❖ ein geringes Maß an Solidarität und Loyalität gegenüber Mitarbeitern und Gesellschaft sowie
- ❖ eine stark individualistische, *top-down* geprägte → Unternehmenskultur.

Demgegenüber stehen Wertemuster einer stärker dem Gemeinwohl verpflichteten Managementphilosophie, die sich charakterisieren läßt durch:

- ❖ eine Nutzenstiftung für alle Bezugsgruppen im Sinne eines → Stakeholder Managements,
- ❖ die Entwicklung und Pflege von Potentialen zur nachhaltigen Sicherung der Überlebens- und Entwicklungsfähigkeit der Unternehmung,
- ❖ eine multidimensionale Zielfunktion, die Leistungs-, Finanz- und Sozialziele harmonisch integriert,
- ❖ ein hohes Maß an Solidarität und Loyalität gegenüber Mitarbeitern und Gesellschaft (→ Soziale Verantwortung) sowie
- ❖ eine von Gemeinschaftsgeist und Vertrauen getragene → Unternehmenskultur.

Gleich, welches Muster in welcher Intensität sich ausprägt: Ist die Unternehmensleitung in der Lage, in einem vorhandenen Sinn„vakuum" ein zukunftstragendes Sinnmodell in Gestalt einer innen wie außen akzeptierten, als fortschrittsfähig eingestuften Unternehmensphilosophie zu implementieren, kann über das Transportieren derartiger intendierter Wertstrukturen die Überlebens- und Entwicklungsfähigkeit einer Unternehmung nachhaltig unterstützt werden. *(vs)*

*Literatur*
Bleicher, Knut 2004: Das Konzept Integriertes Management. Frankfurt/M., New York: Campus (7. Aufl.)
Ulrich, Hans 1984: Management. Bern: Paul Haupt
Ulrich, Peter; Edgar Fluri 1995: Management. Bern, Stuttgart, Wien: Paul Haupt (7. Aufl.)

## Unverzüglich

*without measurable delay*
Unverzüglich bestimmt sich nach einer Definition gem. § 121 BGB als „ohne schuldhaftes Zögern". Der Begriff findet sich in vielen Rechtstexten, wie auch Versicherungsbedingungen. So heißt es zum Beispiel, daß unverzüglich storniert werden muß oder ein Schadenfall unverzüglich anzuzeigen ist. Die abstrakte Anweisung/Regel „Handle unverzüglich!" ist auf Situationen zu beziehen und zu operationalisieren. So handelt derjenige unverzüglich, der nach Bekanntgabe von Diagnose und der Aussage des Arztes, daß es für ihn unzumutbar sei, seine Reise, die in 14 Tagen stattfindet, am darauffolgenden Tag direkt beim Veranstalter storniert. Derjenige, der – in der Hoffnung auf eine Besserung – zuwartet und erst nach sieben Tagen storniert, als ihm selbst fernab jeglicher Hoffnung auf Reisefähigkeit klar wird, daß er die Reise nicht durchführen kann, handelt nicht unverzüglich. Er verzögert durch sein Zuwarten die Anzeige beim → Reiseveranstalter und verursacht möglicherweise sogar höhere → Stornokosten, so daß er evtl. bei der Erstattung durch den → Reiseversicherer einen Abzug von den Stornokosten in Kauf nehmen muß. *(hdz)*

## UNWTO

→ Welttourismusorganisation

## Upgrading

Höherstufung eines Gastes oder Passagiers von einer niedrigeren in eine höhere Zimmer- oder Kabinenkategorie bzw. → Beförderungsklasse. Dies kann gegen Aufzahlung oder ohne zusätzliche Kosten *(complimentary upgrading)* durch den → Leistungsträger erfolgen. Bei dieser zweiten Art handelt es sich um eine Maßnahme der Kundenbindung, indem zum Beispiel Stammkunden, die eine niedrigere Kategorie gebucht haben, in eine höhere umgebucht werden. Dies geschieht auch dann, wenn – wie es häufiger im Linienflugverkehr vorkommt – die Economy Class überbucht wurde und man Passagiere nicht zurückweisen (→ Denied boarding) um auch die damit verbundenen Kosten (→ Denied boarding compensation) nicht tragen möchte. Auch bei Mietwagen wird dem Mieter häufig ein größeres Fahrzeug als das gebuchte angeboten, vor allem dann, wenn das eigentlich reservierte an der Mietstation gerade nicht zur Verfügung steht. *(jwm)*

## Urban Entertainment Center (UEC)

Jüngste Weiterentwicklung des Einzelhandelimmobilientyps *Shopping Center,* das durch thematisch integrierte Freizeit- und Unterhaltungsangebote erweitert wird und eine synergetische Kombination von Unterhaltung, Erlebnis, Handel, Kommunikation und → Gastronomie darstellt. Ein Urban Entertainment Center setzt sich aus einer Vielzahl unterschiedlicher Unterhaltungs- und Erlebnisangebote, wie Multiplex-Kinos, Spiel- und Freizeit-Center, Musical-Theater, Discos, Bowling, → Casino, Beherbergungsstätten etc. zusammen, die durch erlebnisbetonte und thematisierte Handelsanbieter, Merchandising sowie thematisierte Gastronomiekonzepte und → Food Courts komplettiert werden. Dabei erfolgt schwerpunktmäßig eine Flächendominanz der Freizeit-, Unterhaltungs- und Gastronomieangebote, wohingegen Handelsangeboten nur eine zweitrangige Bedeutung zukommt. Im Idealfall sind die Grenzen zwischen den Angebotsbausteinen fließend, so daß sie für den Besucher als Gesamterlebnis wahrgenommen werden. Urban Entertainment Center haben in der Regel keine Fenster oder andere Bezüge zur Außenwelt, so daß der Besucher aus dem Alltag entführt und in eine künstliche Welt versetzt wird.

Durch die Gesamtkonzeption eines Urban Entertainment Centers entsteht ein überregionaler Anziehungspunkt mit Alleinstellungscharakter im Einzugsgebiet und hoher Marktpenetration. Der Begriff „urban" bezeichnet nicht zwingend die innerstädtische Lage, sondern zielt primär auf den konzeptionellen Entwurf einer großstädtischen Atmosphäre ab, die auf der Dichte, Lebendigkeit und wechselseitigen Spannung der diversen Angebotskomponenten dieses Immobilientyps beruht (Besemer 2004, S. 28). Von besonderer Relevanz bei der Konzeption von Urban Entertainment Centern ist die innere Gewichtung der einzelnen Angebotsbausteine sowie die Flexibilität der Betreiber, sich schnellstmöglich an die sich verändernden Rahmenbedingungen, insbesondere an die aktuellen Trends im Freizeit- (→ Freizeit)und Konsumverhalten, anzupassen. Während ein Urban Entertainment Center baulich gesehen eine schlichte und flexibel nutzbare Hülle darstellt, ist die technische Gebäudekonstruktion in der Regel sehr aufwendig. Um ein nachhaltiges emotionales Erlebnis vermitteln zu können, kommen der Innengestaltung und der Atmosphäre eine hohe Bedeutung zu. Die Nutzfläche eines UEC beträgt im Regelfall mindestens 20.000-30.000 qm.

Die Erfolgsprognose dieses Centertypus fällt im Vergleich zum nordamerikanischen Raum bislang eher verhalten aus. Wesentliche Gründe hierfür sind zu geringe Synergie- und Nutzungseffekte zwischen den einzelnen Handels-, Freizeit- und Gastronomieangeboten, freizeitantizyklische Ladenöffnungszeiten, mangelnde Nutzungsflexibilität und geringe Folgeverwendungsfähigkeit der Immobilie, lange Planungs- und Entwicklungsdauer der Nutzungskonzeption bis zur Markteinführung, Schnelllebigkeit und Veränderlichkeit von Trends im Freizeit-, Unterhaltungs- Gastronomiebereich, negative Ausstrahlungs-, Image- und Zielgruppeneffekte sowie die Kapitalintensität und das Investitionsrisiko der Immobilie (Besemer 2004, S. 354). *(sb)*

*Literatur*

Besemer, Simone 2004: Shopping-Center der Zukunft. Planung und Gestaltung. Wiesbaden: DUV Gabler Edition Wissenschaft

## Urlaub
*leave*

Durchgängig freie Zeit, die jedem Arbeitnehmer bei Durchzahlung des Gehaltes zusteht. In Deutschland ist der jährliche Mindesturlaub durch das Mindesturlaubsgesetz für Arbeitnehmer (Bundesurlaubsgesetz, BUrlG) geregelt. Es schreibt 20 Arbeits- bzw. 24 Werktage (= vier Wochen) vor. In den Tarifverträgen zwischen Gewerkschaften und Arbeitgeberorganisationen werden darüber hinausgehende Urlaubsregelungen getroffen, die von den organisierten Unternehmen eingehalten bzw. von der ganzen Branche übernommen werden müssen, wenn sie vom Bundesministerium für Arbeit nach § 5 des Tarifvertragsgesetzes (TVG) für allgemeinverbindlich erklärt werden.

In der Alltagssprache wird ‚Urlaub' oft mit einer → ‚Urlaubsreise' gleichgesetzt. Man kann aber natürlich auch Urlaub nehmen, ohne eine Reise zu machen. Die Urlaubsreisenden sind also nur eine Untermenge der Urlauber. Der Begriff ‚Urlaub' ist abgeleitet vom althochdeutschen *urloup* = die Erlaubnis. Im Mittelhochdeutschen wurde daraus spezifischer die Erlaubnis wegzugehen, die ein Höherstehender einem Unterstellten geben konnte. Daraus hat sich das heutige Verständnis von Urlaub entwickelt.

Die Gewährung von Urlaub ist die objektive Voraussetzung für das Durchführen von Urlaubsreisen. In Deutschland waren die Beamten des Kaiserreiches die ersten, denen nach dem Reichsbeamtengesetz von 1873 einige Tage Urlaub pro Jahr zustanden. Erst nach der Jahrhundertwende kamen auch Kontorberufe mit dem Recht auf bezahlte Urlaubstage dazu. Die überwiegende Mehrheit der arbeitenden Bevölkerung kam jedoch erst nach dem Ende des Ersten Weltkrieges im Rahmen tarifvertraglicher Regelungen in den Genuß einiger Urlaubstage pro Jahr. Nach dem Zweiten Weltkrieg wurden die Urlaubstage so weit ausgedehnt, daß praktisch alle Bevölkerungsgruppen längere Urlaubsreisen machen konnten. Dafür mußten mit steigenden Einkommen in Jahren des ‚Wirtschaftswunders' in den 1950er Jahren aber zunächst auch die subjektiven Voraussetzungen geschaffen werden. Denn ohne die nötigen finanziellen Mittel zur Realisierung von Reisen im Urlaub bleibt die Gewährung von Urlaub in diesem Sinne abstrakt. *(jwm)*

## Urlaub auf dem Bauernhof
*farm tourism, farm holiday*
Bezeichnet jene Tourismusform, bei der den Gästen Zimmer oder → Ferienwohnungen auf einem bewirtschafte-

ten Bauernhof angeboten werden. Als Zielgruppen werden von den meist kleinstrukturierten Betrieben in erster Linie Familien mit Kindern, aber – mit agrarischen Themenangeboten wie zum Beispiel Wein – auch Erwachsene angesprochen. Zum überwiegenden Teil besuchen inländische Gäste die Bauernhöfe. Nach Lane (1999) begünstigen einige Faktoren die Entwicklung des Urlaubs auf dem Bauernhof:

- ❖ leichte Erreichbarkeit von den meist städtischen Herkunftsmärkten
- ❖ schöne Landschaft und reiches kulturelles Erbe
- ❖ kleine und mittlere Bauernhöfe mit Interesse an Diversifikation
- ❖ Höfe im Eigentum der Bauern gut ausgestattete Bauernhäuser mit Raum für die Gäste-Beherbergung
- ❖ lokale/regionale Tourismusorganisationen für Marketing und Infrastruktur
- ❖ Gastfreundschaft bzw. Tradition in der Beherbergung von Gästen.

Traditionell ist der Urlaub auf dem Bauernhof in Mittel-, West und Südeuropa weit verbreitet. In den Ländern Zentral- und Osteuropas wird er verstärkt als Instrument zur Belebung der ländlichen Räume forciert. Dort wird diese Tourismusform jedoch in der Regel als „ländlicher Tourismus" (inkl. Privatzimmer) angeboten, da häufig die traditionellen bäuerlichen Strukturen mit den idealtypischen Bauernhöfen nicht mehr ausreichend vorhanden sind.

Im Tourismus wird dieses Angebot wegen seiner → Authentizität und dem unmittelbaren Kontakt zu Land und Leuten geschätzt, meist wird dieser Bauernhof- oder „ländliche Tourismus" als Alternativ-Angebot zu touristischen Zentren bzw. zum (in der Regel intensiven) Küstentourismus gesehen. Gleichzeitig ist für den (Hotel-)

Tourismus in ländlichen Regionen der Kontakt zu den Bauern wichtig, da diese die Landschaft, die „Kulisse" für die touristischen Aktivitäten, bereitstellen. Urlaub auf dem Bauernhof stellt hier eine wichtige Schnittstelle zwischen Bauern und Touristikern dar.

In der Landwirtschaft stellt Urlaub auf dem Bauernhof in vielen Regionen eine attraktive Möglichkeit für eine Diversifikation bzw. Einkommenskombination dar. Diese betrifft vor allem landschaftlich attraktive Mittelgebirgslagen oder Berggebiete, wo die Einkommensmöglichkeiten aus der reinen landwirtschaftlichen Tätigkeit naturgemäß begrenzt sind. Untersuchungen in traditionellen Urlaub auf dem Bauernhof-Regionen, wie zum Beispiel Österreich, zeigen, daß die entsprechenden Betriebe im Schnitt ca. ein Drittel ihres Betriebseinkommens aus dieser touristischen Tätigkeit erwirtschaften. Gleichzeitig stärkt der Urlaub auf dem Bauernhof die bäuerliche Urproduktion durch die Möglichkeit der Direktvermarktung der eigenen bäuerlichen Produkte an die Gäste.

1991 wurde der Europäische Verband für Bauernhof- und Landtourismus (Eurogites) geschaffen, der auf europäischer Ebene die Interessen der Urlaub auf dem Bauernhof-Anbieter vertritt. (www.eurogites.org) *(em)*

*Literatur*
Lane, Bernard 1999: What is Rural Tourism? In: Bill Bramwell; Bernard Lane (Eds.): Rural Tourism and Sustainable Rural Development. Clevedon: Channel View Publications

## Urlaubsreise
*holiday, vacation*

Private Reise, die im → Urlaub meist zu Erholungszwecken (→ Erholung) gemacht wird. Sie werden nach ihrer Dauer in Kurzreisen und längere Urlaubsreisen unterteilt. Kurzreisen dauern zwischen zwei und vier Tagen (ein bis drei Übernachtungen), längere Urlaubsreisen haben eine Dauer von mindestens fünf Tagen bzw. vier Übernachtungen. Sie sind Hauptgegenstand der jährlichen → Reiseanalyse. *(jwm)*

## Urlaubsreiseintensität
*departure rate for holiday trips*

Anteil von Personen im Alter ab 14 Jahren an der Gesamtbevölkerung gleichen Alters einer Gebietseinheit (in der Regel ein Land), die mindestens eine privat veranlaßte Reise von mindestens fünf Tagen Dauer in einer Periode (ein Jahr) gemacht haben. In manchen Untersuchungen wird, anders als bei der → Reiseanalyse, die Bevölkerung zum Beispiel erst ab 16 Jahren berücksichtigt. Sie kann nur mit Daten, die mit der Wohnortmethode (→ Tourismus) ermittelt wurden, berechnet werden. *(jwm)*

## USALI
→ Uniform System of Accounts for the Lodging Industry

# V

**vacant**
→ Zimmerstatus

**Valet Parking**
*valet* (engl.) = Diener, Hoteldiener.
Unter Valet Parking wird das Parken
von Kundenfahrzeugen verstanden. Die
→ Dienstleistung wird vereinzelt von
→ Hotels, → Restaurants, → Flughäfen,
Golfclubs und Krankenhäusern angeboten. Siehe hierzu auch → Wagenmeister.
*(wf)*

**Varta-Führer**
*Varta Guide*
Ältester deutscher → Hotel- und → Restaurantführer. Erstauflage 1957, seit 1996
im Internet präsent (www.varta-guide.
de). Er genießt hohes Ansehen in der
Fachwelt. Gesellschafter sind neben
anderen die Varta AG (Hannover) und
der Verlag MairDumont (Ostfildern).
Unter den benutzten Piktogrammen
war der Varta-Stern, mit dem Hotels
und Restaurants ausgezeichnet wurden,
lange Zeit das bekannteste Symbol.
Das unternehmensintern entwickelte Sternesystem (1* bis 5*) konzentrierte sich vor allem auf die Ausstattung
und war nicht vergleichbar mit anderen Sterneklassifizierungen. 2007 hat
sich der Varta-Führer entschieden, die
Sterneklassifizierung des → Deutschen
Hotel- und Gaststättenverbands (DE-
HOGA) zu übernehmen (→ Deutsche
Hotelklassifizierung) unter gleichzeitiger Aufgabe des eigenen Klassi-
fizierungssystems (o.V. 2007, S. 19).

Der Varta-Führer sieht seine Aufgabe
ausdrücklich darin, die Kundensicht
einzunehmen. Die Bewertungen werden von fest angestellten Mitarbeitern
(Küchenmeister oder Hotelbetriebswirte
mit langjährigen Erfahrungen in leitenden Positionen des Hotel- und
Gaststättengewerbes) anonym vorgenommen (Varta o.J., o.S.). *(wf)*

*Literatur*
o.V. 2007: Varta übernimmt die offiziellen
Sterne. In: DEHOGA MAGAZIN, Nr.
7, S. 19
VARTA (Hrsg.) o.J.: Der Varta-Führer:
Zahlen und Fakten, unternehmensinternes
Papier, Ostfildern

**VDR**
→ Verband Deutsches Reisemanagement

**VDR-Certified Hotel**
Hotelzertifizierung, die durch den
→ Verband Deutsches Reisemanagement
e.V. (VDR) im Jahr 2001 eingeführt
wurde. Der Verband vertritt durch die
in ihm organisierten Unternehmen
einen jährlichen Umsatz von mehreren Milliarden Euro im Geschäftsreisebereich. Die Zertifizierung soll den
Geschäftsreisenden eine bessere Orientierung bei der Suche und Auswahl von
Hotels geben, die Hotels können ihr
Produkt auf dem Geschäftsreisemarkt
deutlicher positionieren.
Der VDR hat für die Zertifizierung
Prüfkriterien entwickelt, wobei zwischen zehn Muß-Kriterien (wie z.B.
Mobilfunkerreichbarkeit, Internetzu-

gang, Akzeptanz von international gängigen Firmenkreditkarten, TV mit Nachrichtensender) und 50 Kann-Kriterien (z. B. Verfügbarkeit von Besprechungsräumen, Wäscheservice, Weckdienst) unterschieden wird. Während die Muß-Kriterien vollständig zu erfüllen sind, sind bei den Kann-Kriterien grundsätzlich 90 % zu erfüllen. Um den Marktentwicklungen gerecht zu werden, werden die Prüfkriterien fortgeschrieben. Die Zertifizierung erfolgt durch unabhängige Experten (etwa aus VDR-Mitgliedsfirmen), die das Hotel vor Ort auditieren. Die Kosten betragen für jedes Jahr der Zertifizierung pro Hotel 670 Euro netto; darüber hinaus fallen Kosten für die regelmäßige Kriterienüberprüfung von 300 Euro netto an (Drei-Jahres-Rhythmus). Der Zertifizierungsvertrag wird für drei Jahre abgeschlossen. Bis Ende Juli 2007 haben sich 260 Hotels zertifizieren lassen (www.vdr-service.de).

Die Zertifizierung des VDR wird zwiespältig gesehen. Während Befürworter in ihr eine sinnvolle Ergänzung zu bereits bestehenden Klassifizierungen erkennen, können Gegner in der VDR-Initiative keinen Mehrwert feststellen. Insbesondere der → Deutsche Hotel- und Gaststättenverband (DEHOGA) erteilt der Zertifizierung eine Absage. Siehe hierzu auch → Deutsche Hotelklassifizierung. *(wf)*

*Literatur*

o. V. 2001: VDR will mehr Transparenz für Geschäftsreisende erreichen. In: Allgemeine Hotel- und Gaststättenzeitung vom 05. Mai, Nr. 18, S. 4

Pütz-Willems, Maria 2001: An der Hoteltür wird es langsam eng. In: Allgemeine Hotel- und Gaststättenzeitung vom 20. Januar, Nr. 3, S. 3

**Vending machines**

Verkaufsautomaten, die gegen Entgelt ein stark begrenztes Angebot an Getränken und Snacks offerieren. Hierzu zählen vor allem *softdrinks* wie Säfte, Mineralwasser, Tee, heiße Schokolade, Kaffee, aber auch Bier sowie salzige und süße Snacks. Verkaufsmaschinen werden vor allem an öffentlich zugänglichen und stark frequentierten Standorten aufgestellt. *(hdz)*

**Veranstalterreise**

→ Pauschalreise

**Verband Deutsches Reisemanagement (VDR)**

1974 als Verband deutscher Reisestellen gegründet, vertritt der VDR die Interessen der deutschen Wirtschaft, für die → Geschäftsreisen ein wesentlicher Inputfaktor für den Produktionsprozeß sind. Ohne die Schaffung bzw. den Erhalt von entsprechenden Rahmen- und Wettbewerbsbedingungen wäre auch der Wirtschafts- und Messestandort Deutschland gefährdet. Mehr als 500 Unternehmen sind im VDR organisiert. Die Namensänderung war notwendig geworden, nachdem Unternehmen zunehmend keine eigenen Reisestellen mehr unterhalten, sondern ihre Geschäftsreiseetats durch → Firmendienste von meist großen → Reisebüroketten bzw. speziellen Geschäftsreiseanbietern abwickeln lassen. Auch alle wichtigen → Fluggesellschaften, → Hotelketten, Autovermieter, die → Deutsche Bahn und andere Dienstleister des Geschäftsreiseverkehrs sind als Anbieter dem VDR angeschlossen.

Neben der seit einigen Jahren regelmäßig durchgeführten VDR-Geschäftsreiseanalyse sieht der Verband seine Hauptaufgabe darin, den Mitgliedern Möglichkeiten und Wege der Verringerung von Geschäftsreisekosten aufzuzeigen. Mit der Tochtergesellschaft

## Vergnügungsdampfer

VDR Service GmbH steht zudem ein Dienstleister für konkrete Aus-, Weiterbildungs- und Beratungsaufgaben zur Verfügung. Siehe etwa → VDR-Certified Hotel (www.vdr-service.de). *(jwm)*

### Vergnügungsdampfer
*fun ship, pleasure boat*
Bezeichnung für ein Passagierschiff. Der Begriff ist zunächst unspezifisch und wird sowohl für Hochseeschiffe wie für Flußschiffe verwendet und bezieht sich auch auf reine Ausflugsdampfer. Mit der Entwicklung der Hochseekreuzfahrten (→ Kreuzfahrt) in den USA in den letzten Jahrzehnten werden darunter jetzt vor allem die großen *fun ships* verstanden, die mit aufwendigen Shows, Spielcasinos (→ Casino [a]), Einkaufsmöglichkeiten und weiteren Unterhaltungsprogrammen an Bord aufwarten und meist für Kurzkreuzfahrten in der Karibik eingesetzt werden (→ Caribbean Carousel). *(jwm)*

### Vergnügungspark
→ Erlebniswelten, → Freizeitpark

### Verkaufsfahrten
*promotional trips*
Bei Verkaufsfahrten, auch *shopping tours* oder Kaffeefahrten genannt, handelt es sich um Tagesausflüge, manchmal auch längere Reisen, bei denen besonders der Verkauf von Waren (z.B. Teppiche, Haushaltsartikel, Wolldecken) Zweck der Veranstaltung ist. Zielgruppe sind meistens Senioren. Oft sind solche Fahrten wegen unseriöser Praktiken in Verruf geraten. Der Bundesverband Deutscher Vertriebsfirmen e.V. (BDV) vertritt die Interessen der Unternehmen, die Verkaufsfahrten veranstalten. (www.bdv.de) *(hdz)*

## Versicherungsvertragsgesetz (VVG)

### Verkehrsamt
→ Touristinformation

### Verkehrsbüro
→ Touristinformation

### Verkehrsflughafen
→ Flughafen

### Verkehrsfreiheiten
→ Freiheitsrechte

### Verlängerungsnacht
→ Overstay

### Versicherung
→ Reiseversicherungen

### Versicherungsfall
*insured event*
Der Versicherungsfall ist das Ereignis, das einen unter die Versicherung fallenden Schaden verursacht. Der Eintritt des Versicherungsfalles ist die Voraussetzung für die Leistung des Versicherers. Beispiele: Der Diebstahl von Reisegepäck ist in der Reisegepäck-Versicherung ein Versicherungsfall, der Eintritt der unerwarteten schweren Erkrankung bei der versicherten Person ist in der → Reiserücktrittskosten-Versicherung (RRV) ein Versicherungsfall. Die Stornierung der Reise wegen „Unabkömmlichkeit" im Betrieb ist kein Versicherungsfall. Dieses → Risiko ist in den Versicherungsbedingungen der RRV nicht genannt, folglich auch nicht versichert und vom versicherten Kunden selbst zu tragen. *(hdz)*

### Versicherungsvertragsgesetz (VVG)
Das Gesetz über den Versicherungsvertrag, kurz VVG, liegt in seiner letzten Fassung vom 26. März 2007 vor und trat am 1. April 2007 in Kraft. Es handelt sich um ein Bundesgesetz, das aus dem Jahr

1908 stammt. In 194 Einzelparagraphen werden die Rechte und Pflichten von Versicherern und Versicherungsnehmern geregelt. Inzwischen ist in einer Anlage zu § 48b der besondere Status von Fernabsatzverträgen geregelt.

Da die Tourismuswirtschaft in vielen Bereichen in vielfältiger Weise Versicherungsrecht anwendet, empfiehlt es sich für jeden, dieses in Grundzügen zu kennen (www.gesetze-im-internet.de). *(hdz)*

### Vertical Take-off and Landing (VTOL)

Flugzeuge, die senkrecht starten und landen können. Im Moment trifft dies nur für Drehflügler (Hubschrauber) zu. Es gibt jedoch seit den 1960er Jahren Arbeiten an Hybridmodellen mit schwenkbaren Tragflächen und entsprechend großen Propellerdurchmessern, welche die Start- und Landeeigenschaften von Helikoptern mit den Reiseflugeigenschaften von Flächenflugzeugen kombinieren sollen. *(jwm)*

### Vertikale Integration
*vertical integration*

Zusammenschlüsse auf vertikaler Ebene entstehen durch Vereinigung von aufeinanderfolgenden Produktions- bzw. Handelsstufen. In der Industrie spricht man in diesem Zusammenhang von einer „Verlängerung der Werkbank". Die Zusammenschlüsse können rückwärts entlang der Wertschöpfungskette (mit der Stufe, die davor produziert) oder vorwärts (mit der Stufe, die danach produziert) ausgerichtet sein.

Reiseveranstalter, bei denen dies der Fall ist, bezeichnet man als integrierte Reiseveranstalter (→ Reiseveranstalter, integriert). Durch die bestmögliche Ausschöpfung der Wertschöpfungsstufen wird der integrierte Reiseveranstalter zu einem Konzern, der sich eine bessere

Gesamtstellung in der Touristikbranche verschaffen und dadurch bessere Betriebsergebnisse erzielen will.

Der Grad der vertikalen Integration ist um so höher, je mehr dieser Stufen ein Unternehmen innerhalb seiner Grenzen vereinigt und je vollständiger die Lieferbeziehungen innerhalb eines Reisekonzerns sind.

Von einer vollständigen vertikalen Integration spricht man in der Reisebranche in Anlehnung an Porter (1983), wenn alle der folgenden Wertschöpfungsstufen in einen Konzern integriert sind und keine Lieferbeziehungen zu nicht konzerneigenen Unternehmen bestehen:

- ❖ Reisebüro (→ Reisemittler)
- ❖ Veranstalter (→ Reiseveranstalter)
- ❖ → Fluggesellschaft
- ❖ Incoming-Agentur (→ Incoming Reise)
- ❖ Hotelgesellschaft (→ Hotel)
- ❖ Ausflugsagentur.

Mit partieller vertikaler Integration haben wir es zu tun, wenn entweder (a) mindestens zwei, aber nicht alle der genannten Wertschöpfungsstufen integriert sind oder (b) die in einem Konzern zusammengefaßten Unternehmen zwar alle Stufen der Wertschöpfung umfassen, aber Kapazitäten auch an Dritte verkauft und/oder von Dritten außerhalb des Konzerns dazugekauft werden.

Durch die erste Art der partiellen Integration wollen sich die Unternehmen eine bessere Gesamtstellung am Markt verschaffen, aber die hohe Komplexität einer vollständigen vertikalen Integration vermeiden. Bei der zweiten Art geht es darum, sich einerseits strategische (zum Beispiel Sicherung von Hotelkapazitäten) und betriebswirtschaftliche Vorteile (durch Aufsummierung der den einzelnen Wertschöpfungsstufen anfallenden Umsatzrenditen) zu verschaffen, andererseits jedoch das mit den hohen Fixkosten von Hotels und Fluggesellschaften verbundene Auslastungsrisiko gering zu halten. Deshalb werden Kapazitäten auch an Dritte verkauft und/oder von Dritten außerhalb des Konzerns dazugekauft. Das trifft für alle Touristikkonzerne zu.

Von einer Quasi-Integration spricht man, wenn sich Unternehmen wie vertikal integrierte Firmen verhalten, ohne daß eine rechtliche und/oder organisatorische Verflechtung stattgefunden hat. So bewirkt der Abschluß entsprechender Verträge zwischen einzelnen → Reisebürokooperationen und → Reiseveranstaltern eine Quasi-Integration. *(kbo)*

*Literatur*
Porter, Michael E. 1983: Wettbewerbsstrategie. Methoden zur Analyse von Branchen und Konkurrenten. Frankfurt am Main: Campus

## Vertrag
*contract, agreement*
Eine von zwei oder mehreren Personen – den Vertragspartnern – mündlich oder schriftlich getroffene Vereinbarung, die durch Angebot und Annahme zustande kommt, wobei es für die Gültigkeit auf die Verwendung des Begriffes „Vertrag" nicht ankommt. Das Angebot, das meist aufgrund einer Beschreibung der Leistung (Hotelprospekt, Annonce, Offerte etc.) gemacht wird und als Bestellung bzw. Buchung bezeichnet wird, führt nur zu einem Vertragsschluß, wenn es vom potentiellen Vertragspartner (→ Hotel, → Reiseveranstalter, Lieferant) angenommen wird. Die Annahme erfolgt meist ausdrücklich durch Auftragsbestätigung, unter Umständen auch stillschweigend durch Bestätigungshandlungen, wie z.B. die Eintragung einer Hotelreservierung ins Gästebuch oder die Entgegennahme der angebotenen Leistung. → Allgemeine

Geschäftsbedingungen (AGB) werden nur dann Vertragsbestandteil, wenn sie wirksam in den Vertrag einbezogen wurden, d.h., der andere Vertragspartner bereits bei Vertragsschluß die Möglichkeit ihrer Kenntnisnahme hatte und sich ausdrücklich oder stillschweigend mit ihnen einverstanden erklärt hat. Schriftform ist für die Gültigkeit eines Vertrages nicht erforderlich. Sie dient allerdings der Beweisbarkeit der Vereinbarung.

Nach dem lat. Grundsatz *pacta sunt servanda* (dt.: Verträge sind zu erfüllen) kann ein wirksam geschlossener Vertrag ohne Zustimmung des Vertragspartners nicht mehr einseitig aufgehoben werden. Erfüllt ein Vertragspartner seine Verpflichtung aus dem Vertrag nicht, macht er sich in der Regel schadenersatzpflichtig (§ 280 BGB). *(gd)*

## Vertragsfreiheit
*freedom of contract*
Ist die auch als Privatautonomie bezeichnete, verfassungsmäßig geschützte Freiheit einer geschäftsfähigen Person, selbst zu entscheiden, ob und gegebenenfalls mit welchem Vertragspartner (Abschlußfreiheit) und welchen Inhalts (Inhaltsfreiheit) sie einen → Vertrag schließen will, sofern sie nicht gegen zwingende Gesetze des geltenden Rechts oder die guten Sitten verstößt.

Die Abschlußfreiheit als Unterfall der Vertragsfreiheit ist eingeschränkt in Fällen, in denen Kontrahierungszwang (lat. *contrahere*: kontrahieren, einen Vertrag schließen) besteht, insbesondere für staatliche Betriebe und Unternehmen mit Monopolstellung auf dem Markt. Eine Einschränkung der Vertrags- bzw. Abschlußfreiheit kann sich auch durch Antidiskriminierungsgesetze ergeben, so darf z.B. der Vertragsschluß nicht wegen des Geschlechts, der Rasse, der Religion, einer Behinderung oder der sexuellen Identität verweigert werden. Die Inhaltsfreiheit, also die Frage des Vertragsinhaltes, wird durch eine Vielzahl von arbeitsrechtlichen Regelungen (Mutterschutz-, Schwerbehinderten-, Arbeitszeit, Kündigungsschutzgesetz u.v.m.) eingeschränkt. *(gd)*

**VFR**
(a) → Visiting Friends and Relatives
(b) → Visual Flight Rules

**Vielflieger**
*frequent flyer*
Personen, die regelmäßig die Verkehrsdienste einer Fluggesellschaft und/oder die ihrer Allianzpartner (→ Allianzen im Luftverkehr) in Anspruch nehmen und dafür abgestuft nach dem Ausmaß ihrer Nutzung einen Bonus bekommen (→ Vielfliegerprogramme).

**Vielfliegerprogramme**
*frequent flyer programmes – FFP*
Rabattsysteme, die von → Fluggesellschaften zur Kundenbindung genutzt werden. Sie wurden erstmals im Jahre 1981 von American Airlines und United Airlines eingeführt. Heute unterhält fast jede Fluggesellschaft ein FFP.

Vielfliegerprogramme belohnen Passagiere für gekaufte → Flugscheine (a) mit sog. ‚Bonusmeilen‘, die auf ‚Meilenkonten‘ gutgeschrieben werden. Hat ein Passagier eine gewisse Anzahl von Meilen gesammelt, dann kann er diese gegen einen Gratisflug oder Zusatzleistungen wie zum Beispiel ein → Upgrading in eine höhere → Beförderungsklasse eintauschen *(earn and redeem)*. Oft wird die Attraktivität eines Bonusprogramms noch dadurch erhöht, daß Partnergesellschaften (→ Hotels, Autovermieter usw.) ebenfalls Bonusmeilen vergeben bzw. akzeptieren. Mit der *earn-to-burn ratio* wird festgelegt, wie viele Bonusmeilen not-

wendig sind, um in den Genuß einer Prämie zu kommen. Meilen sind eine Verrechnungseinheit und haben nur in Ausnahmefällen etwas mit der tatsächlich zurückgelegten Flugdistanz zu tun.

Häufig bilden Vielfliegerprogramme die Basis für das Customer Relationship Management einer Fluggesellschaft. Indem sich Passagiere auf ihren Flügen registrieren lassen müssen, um Meilen zu sammeln, kann die → Fluggesellschaft die Reisetätigkeit und die Vorlieben ihrer Kunden in einer Datenbank erfassen *(data mining)* und ihnen maßgeschneiderte Flug- und Prämienangebote machen. Dahinter steht die Erfahrung, daß die Pflege und Bindung des vorhandenen Kundenstamms oft erheblich kostengünstiger ist als die Akquisition von Neukunden.

Bonusprogramme sind jedoch mehr als nur die Vergabe von Mengenrabatten auf Basis einer Kundendatenbank: Sie stellen ein wichtiges strategisches Instrument im Wettbewerb der Airlines dar. Passagiere können ihre Bonusmeilen grundsätzlich nur bei Unternehmungen einlösen, die am Vielfliegerprogramm partizipieren. Dadurch wird eine langfristige Bindung zwischen Kunde und Fluggesellschaft hergestellt. Airlines, die nicht an das Bonusprogramm angeschlossen sind, verlieren den Zugang zu am Programm teilnehmenden Passagieren. Vielfliegerprogramme wirken also wie Markteintrittsschranken (Joppien 2003, S. 480).

Die marktresistente Wirkung der Vielfliegerprogramme wird in Bezug auf den Geschäftsreiseverkehr noch verstärkt durch das Entstehen einer sog. *principal-agent*-Beziehungen zwischen Geschäftsreisenden *(agents)* und ihren Arbeitgebern *(principals)*, die die Reisen bezahlen (→ Agenturtheorie). Bei der Wahl eines Fluges entscheiden sich Reisende häufig nicht für das kostengünstigste Angebot, sondern für die Fluggesellschaft, die die meisten Bonusmeilen verspricht und gleichzeitig eine umfangreiche Palette an Prämien bereithält. Geschäftsreisende verhalten sich also grundsätzlich bonusmaximierend und nicht kostenminimierend. Viele kostengünstigere Airlines verlieren dadurch den Marktzugang. Kritiker sprechen hier schlicht von Bestechung.

Bonusprogramme verstärken außerdem die wettbewerbshemmende Wirkung großer Verkehrsnetze, denn die Fluggesellschaft mit dem größten Flug- und damit auch Prämienangebot ist für Vielflieger besonders attraktiv und wird tendentiell bevorzugt ('Platzhirsch-Effekt'). Um diese Wirkung für das gemeinsame Verkehrsnetz mehrerer kooperierender Fluggesellschaften zu nutzen, findet bei → Allianzen im Luftverkehr meistens auch eine Verbindung der Vielfliegerprogramme statt (Joppien 2003, S. 481).

Häufig werden Bonusmeilen nicht eingelöst oder verfallen nach einer bestimmten Zeit. Daher hat es immer wieder Versuche von Passagieren gegeben, Meilen gemeinschaftlich zu nutzen oder über Tauschbörsen und Versteigerungsplattformen zu veräußern. Sollten Fluggesellschaften in Zukunft eine Übertragung von Meilen gestatten, dann könnten sich Vielfliegerprogramme zu regelrechten 'Nebenwährungen' entwickeln.

Mit dem Siegeszug von Internet und Breitband-Mobilfunk bekommen Bonusprogramme zunehmend den Charakter eines alternativen Zahlungssystems. Insbesondere sog. Mikro-Transaktionen werden vermehrt mit webbasierten Komplementärwährungen *(webmiles)* abgewickelt. Die langfristigen Auswirkungen solcherart 'privaten

Geldes' auf das zentralbankgesteuerte Währungssystem *(fiat money system)* sind noch nicht abzusehen. *(jop)*

*Literatur*
Joppien, Martin Günter 2003: Strategisches Airline-Management. Bern, Stuttgart, Wien: Haupt
Lietaer, Bernard A. 2002: Das Geld der Zukunft. München: Riemann (Bertelsmann)

**Vierbettzimmer**
→ Zimmertypen

**Virtueller Reisemittler**
→ Reisemittler (virtuell)

**Virtueller Reiseveranstalter**
→ Reiseveranstalter (virtuell)

**Visagebühren**
*visa fee, visa charge*
Entgelt für das Ausstellen eines → Visums. Sollte wegen Nichtausstellen eines Visums die Reise storniert werden, ist dies in der → Reiserücktrittskosten-Versicherung (RRV) kein versichertes Ereignis.

**Visiting Friends and Relatives (VFR)**
Verwandten- und Bekanntenbesuche als eine Form touristischer Aktivität. Wenn Ausgewanderte ihre Verwandten und Bekannten im jeweiligen Heimatland besuchen, wird dies im Englischen auch als *ethnic tourism* bezeichnet.

**Visual Flight Rules (VFR)**
Sichtflugregeln. International determinierte Regeln, nach denen oberhalb festgelegter Wetterminima Flüge nach dem Prinzip „Sehen und gesehen werden" und meist mit terrestrischer Navigation durchgeführt werden.

## Visum

*visa*

Bezeichnung für einen Sichtvermerk, vor allem in Reisepässen, der für die Einreise in gewisse Länder bei den zuständigen konsularischen Vertretungen in der Regel gegen Entgelt (→ Visagebühren) beantragt werden muß. Man unterscheidet mehrere Arten von Visa:

* Touristenvisum: berechtigt Reisende zum zeitlich begrenzten Aufenthalt für touristische Zwecke; kann als Visum für ein- oder mehrmalige Ein- und Ausreise ausgestellt werden.
* Geschäftsvisum: berechtigt zur Abwicklung von Geschäftstätigkeiten im Zielland. Für die Ausstellung eines Geschäftsvisums ist normalerweise ein Firmenschreiben mit Firmenstempel, die genaue Adresse des Aufenthaltsortes, die geplante Aufenthaltsdauer und eventuell eine Einladung vorzulegen.
* Studentenvisum: berechtigt zum Aufenthalt im Zielland für Studienzwecke.
* Dauervisum: berechtigt zur mehrmaligen Ein- und Ausreise über einen längeren Zeitraum.
* Transitvisum: In manchen Ländern wird gegen Vorlage des Fahr- oder Flugscheins eine Aufenthaltsgenehmigung für eine kurze Zeitdauer zwecks Wechsel des Verkehrsmittels zur Weiterreise in ein anderes Land ausgestellt. → Transitabkommen.
* Arbeitsvisum: berechtigt zu zeitlich begrenzter Erwerbstätigkeit im Zielland.
* Ausreisevisum: manche Staaten beschränken die Ausreise eigener Staatsbürger durch ein solches Visum.

Besonders im Internet (zum Beispiel www.deutsche-anwaltshotline.de), aber auch in Reiseführern finden sich aktuelle Informationen zu Visavorschriften. *(hdz)*

## Vogelgrippe (Geflügelpest)

*avian flu*

In touristischen Zusammenhängen sind → Epidemien von besonderer Bedeutung. Die sog. Vogelgrippe steht hier als Beispiel für die vielfältigen → Epidemieformen. Ihr Auftreten hat zu Beginn des 21. Jahrhunderts in der Bevölkerung wie auch in touristischen Fachkreisen zu vielfältigen Diskussionen geführt, die oft von falschen Annahmen ausgingen.

Die Gefahr eines Auftretens der Vogelgrippe muß auch in Europa weiterhin mit einer gewissen Wahrscheinlichkeit angesehen werden, da das Einschleppen der Viren über Wild- bzw. Zugvögel und ggf. auch über illegalen Handel nicht ausgeschlossen werden kann. Dies betrifft auch das Risiko eines Eindringens der Erreger in Nutzgeflügelbestände (www.rki.de).

Die Vogelgrippe ist eine ansteckende Erkrankung, die vom Influenza-A-Virus ausgelöst wird, das nur Vögel befällt. Das Virus kommt überall auf der Welt vor. Experten gehen davon aus, daß alle Vögel an dieser Infektion erkranken können, wobei jedoch einige Arten resistenter sind als andere. Bislang sind alle hoch pathogenen Ausbrüche von der Gruppe A und den Subtypen H5 und H7 verursacht worden.

Das Influenza-A-Virus kann nicht leicht von Vögeln auf den Menschen übertragen werden. Die Kontamination erfolgt durch die Luft und verursacht nur nach längerem und wiederholtem Kontakt mit den Sekreten oder Fäkalien von infizierten Tieren entweder durch direkten oder indirekten Kontakt (Oberflächen bzw. Hände werden von Fäkalien verunreinigt) eine Erkrankung. In den vergangenen Jahren haben die Geflügelpest und die Vogelgrippe in mehreren Fällen zur Infektion des Menschen geführt, die manchmal sehr heftig verlief, aber es kam zu keiner Übertragung des Virus vom Menschen auf den Menschen. Zentrale Ereignisse waren:

* 1997 – Hongkong, Subtyp H5N1: Der erste Fall einer Infektion beim Menschen, die als Vogelgrippe bezeichnet wurde. Es erkrankten 20 Personen, sieben starben. Die Erkrankung der Menschen fand zeitgleich mit einer Vogelgrippe-Epidemie im Geflügelbestand in Hongkong statt. Das Virus wurde durch den engen Kontakt der Menschen mit den lebenden infizierten Vögeln übertragen. In nur drei Tagen wurden eineinhalb Millionen Vögel getötet, was zum Ende der Epidemie führte.
* 2003 – Niederlande, Subtyp H7N7: 80 Personen wurden infiziert, ein Toter. Alle infizierten Personen hatten auf einer Geflügelfarm gearbeitet.
* 2004 – November 2005 – Asien (acht Länder), Subtyp H5N5: 132 Personen infiziert, 68 Tote. Es stellt sich heraus, daß dieser Subtyp vom Tier auf den Menschen übertragen werden kann. Eine Übertragung des Vogelgrippevirus vom Menschen auf den Menschen ist nicht beobachtet worden.

Bevor eine Pandemie beim Menschen entsteht, zirkuliert das Grippevirus zuerst in der Tierwelt. Eine Pandemie entsteht, wenn die folgenden Bedingungen zutreffen:

* Ein neuer Subtyp des Influenza-Virus entsteht,
* dieses Virus infiziert Menschen,
* dieses Virus verbreitet sich erfolgreich und kontinuierlich von Mensch zu Mensch.

Alle Bedingungen für den Ausbruch einer Pandemie durch den H5N1 Subtyp sind also mit einer Ausnahme gegeben: die erfolgreiche und kontinuierliche Übertragung des Virus vom Menschen auf den Menschen. Das Risiko, daß das H5N1 Virus diese Fähigkeit bekommt, besteht so lange, wie sich Menschen anstecken können. Die Möglichkeit einer Ansteckung bleibt so lange erhalten, wie das Virus sich bei Vögeln ausbreiten kann. (www.who.int; www.euro.who.int) *(hdz)*

**Volkseinkommen**
→ Nationaleinkommen

**Vollcharter**
*full charter*
Anmietung eines ganzen Flugzeuges oder eines ganzen Schiffes, im Gegensatz hierzu → Teilcharter. Bei Flugzeugen ist dies gleichbedeutend mit → Naßcharter. Die unter Vertrag genommenen Kapazitäten können auch teilweise oder ganz weitervermietet werden (→ Subcharter).

**Volles Haus**
*full house*
In → Hotels die Bezeichnung für den Umstand, daß alle Gästezimmer belegt bzw. verkauft sind, in der → Gastronomie die Bezeichnung dafür, daß alle Sitzplätze belegt sind. *(wf)*

**Vollhotel**
*full-service hotel*
Ein Vollhotel ist ein Hotel, welches Beherbergung und Verpflegung anbietet. Die Verpflegungsleistung wird nicht nur Hotelgästen, sondern auch Passanten angeboten, das Dienstleistungsangebot (z. B. Empfangsservice, Veranstaltungsräume, Wäschereinigung) ist erweitert. Oft wird statt von einem Vollhotel auch nur von einem → Hotel gesprochen.

Der Begriff wird als Gegenpol gesehen zu einer → Hotelpension (Beherbergung und ausschließliche Verpflegung von Hotelgästen, eingeschränktes Dienstleistungsangebot) oder einem → Hotel garni (Beherbergung, nur Frühstück, unter Umständen sehr kleines Speisenangebot an Hotelgäste). Zu der Abgrenzung siehe auch die Definitionen der Betriebsarten des → Deutscher Hotel- und Gaststättenverbands (DEHOGA) (www.dehoga.de). *(wf)*

**Vollküche**
*fully fledged kitchen*
Küche, in der der gesamte Prozeß der Speisenzubereitung (Vorbereitung, Garung, Portionierung, Anrichten) stattfindet, teilweise auch Frischkostküche genannt. Die Speisen gelangen von der Vollküche aus direkt zum Konsumenten. Siehe im Gegensatz hierzu die küchenorganisatorische Trennung in → Zentralküche und → Satellitenküche. Zu einer anderen Sichtweise siehe Rohatsch. *(wf)*

*Literatur*
Fröschl, Cornelia 2003: Architektur für die schnelle Küche: Eßkultur im Wandel. Leinfelden-Echterdingen: Verlagsanstalt Alexander Koch
Kohte, Ursula 2003: Gastro Planung & Konzepte. Handbuch für Profis. Prozesse, Berechnungen und architektonische Realisierungen. Stuttgart: Matthaes
Rohatsch, Manfred u.a. 2002: Großküchen: Planung Entwurf Einrichtung. Berlin: Verlag Bauwesen

**Vollpauschalreise**
→ Pauschalreise (touristische Definition)

**Vollpension**
*American Plan, Full American Plan, full board, full pension*
In der Hotelbranche der Begriff für ein Leistungspaket, das die Übernachtung und drei Mahlzeiten pro Person pro Tag beinhaltet (Frühstück, Mittagessen, Abendessen). Brancheninterne Abkürzung: VP.
Die internationalen Abkürzungen AP *(American Plan)* und FAP *(Full American Plan)* für Vollpension sind in betriebsinternen Prozessen in Deutschland inzwischen gängig. Der *American Plan* unterscheidet sich vom *Full American Plan* dadurch, daß bei ersterem die Gäste nur eine begrenzte Auswahlmöglichkeit bei dem Speisenangebot haben (in Form vorgegebener Menüs). Der *Full American Plan* ermöglicht den Gästen in der Regel eine Auswahl aus dem gesamten bzw. aus einem erweiterten Speisenangebot. *(wf)*

**VOR**
→ Funkfeuer

**Vorabend Check-in**
→ Check-in

**Vorauskasse (Vorkasse)**
*cash in advance, pay in advance*
Bezeichnet eine Zahlungsart, die vor allem oft beim Versand von Waren vorkommt, die über Onlineshops oder Internetauktionen gekauft wurden. Die Zahlungsbedingungen legen den Zeitpunkt der Zahlung fest. Neben der Vorauskasse gibt es die Sofortzahlung, die Zielzahlung und den Ratenkauf. Bei der Vorkasse überweist der Käufer dem Anbieter den Kaufpreis vorab, und dieser versendet nach Eingang der Zahlung die Ware. Oftmals ist die Gewährung von Skonti und Rabatten an die Zahlung durch Vorkasse gebunden. Diese Zahlungsart ist insbesondere für den Verkäufer sehr sicher, da die Zahlung vor Übergabe der Ware erfolgt.

In der Hotellerie findet Vorauskasse vor allem bei Buchungen über das Internet, teilweise aber auch bei → Walk-ins Anwendung. Direkt bei der Buchung wird der zukünftige Gast aufgefordert, die Zahlung (meist per Kreditkarte) zu leisten. Eine Stornierung ist an Konditionen, die oft vom Stornierungszeitpunkt abhängen, gebunden. Durch die vorherige Zahlung des Übernachtungspreises steigt die Buchungssicherheit von Seiten des Gastes und damit auch die Planungssicherheit des Hoteliers. *(cf)*

**Voraussichtliche Abflugzeit**
*estimated time of departure (ETD)*
Zeit, zu der ein Flugzeug voraussichtlich starten wird.

**Voraussichtliche Ankunftszeit**
*estimated time of arrival (ETA)*
Zeit, zu der ein Flugzeug voraussichtlich auf einem Flughafen landen wird.

**Vorfeld**
→ Flughafenvorfeld

**Vorfelddienste**
→ Bodendienste

**Vorflügel**
*slats*
Absenkbare Flügelnasen, die den Auftrieb des Flügels erhöhen und damit geringere Start- und Landegeschwindigkeiten ermöglichen (→ Landeklappen). *(jwm)*

**Vorspeise**
→ Hors d'œuvre

**Voucher**
*voucher*
Gutschein, der von → Reiseveranstaltern zur Vorlage bei Leistungsträgern wie → Hotels, → Ferienfluggesellschaften, Reedereien usw. ausgestellt wird und ihnen vor der Reise zur Einlösung der vorausbezahlten Leistungen ausgehändigt wird. Den Leistungsträgern dient er als Beleg (die zweite Bedeutung des englischen Begriffes) zur Abrechnung erbrachter Leistungen gegenüber dem Reiseveranstalter. Die ersten Hotelvoucher wurden 1868 von → Thomas Cook (a) eingeführt. *(jwm)*

**VP**
→ Vollpension

**VPR**
→ Internationaler Verband der Paketer

**VTOL**
→ Vertical Take-off and Landing

**VVG**
→ Versicherungsvertragsgesetz

**Währung**

*currency*

Geldeinheit eines Landes. Hierbei bildet die Währungsordnung die rechtliche Ordnung des Währungswesens eines Landes. Abgesehen von Kompensationsgeschäften und von Geschäften innerhalb der europäischen Währungsunion wird bei internationalen Transaktionen mindestens eine Partei mit einer fremden Währung konfrontiert. Diese muß dann für gewöhnlich in die eigene Währung umgetauscht werden. Die Austauschrelation zweier Währungen bezeichnet man als → Wechselkurs. *(hp)*

**Wagenmeister**

*parking attendant*

Mitarbeiter in einem Hotel, der die Fahrzeuge der Gäste betreut. Dazu gehört das Parken der Fahrzeuge (→ Valet Parking) in der Hotelgarage, auf Anfrage ihr Betanken und Reinigen oder Chauffeurdienste. Die Position des Wagenmeisters findet man in der Regel nur in Hotels des Luxussegments. Teilweise auch Garagenmeister genannt. *(wf)*

**Walk-in**

Gast, der ohne Vorabreservierung in einem Beherbergungsbetrieb ein Zimmer nachfragt.

**Walk-out**

Generell steht der Begriff *walk-out* für das abrupte Verlassen eines Arbeitsplatzes, einer Sitzung oder einer Organisation als Zeichen der Verärgerung oder Mißbilligung. In der Hotelbranche die Bezeichnung für einen Gast, der ohne Rechnungsbegleichung das Hotel verläßt. → Skipper *(wf)*

**Walled Towns Friendship Circle (WTFC)**

Gegründet 1989 in Tenby (Wales) von Peter Osborne als europäische Vereinigung von 152 (2007) Städten, in denen die alten Stadtmauern wichtiges Element des Stadtbildes geblieben sind und zu ihrem Selbstverständnis beitragen. Als Freundeskreis hat die Vereinigung einerseits das historische Erbe der Wälle und die alten Städte, die sie umgeben, propagiert, andererseits hat sie das Trennende der Mauern sowohl in den Städten als auch über die europäischen Grenzen hinweg bekämpft. Eher multilateralen Städtepartnerschaften entsprechend, blieb die Vereinigung jedoch unterfinanziert und – bis auf ihre jährlichen Symposien, die in neun Ländern Europas stattfanden – ohne große Bedeutung. In den 1990er Jahren führte sie mit Unterstützung der University of the West of England ein von der EU finanziertes größeres Projekt durch (siehe dazu Bruce *et al.* 2001). Die Vereinigung leistet auch Beiträge zum LODIS-Projekt zur Stadterneuerung und hat zu einem Netz von Verbindungen zwischen den Mitgliedsstädten geführt.

Unter seinem derzeitigen Präsidenten John Price, einem führenden Mitglied des Stadtrates von Chester (Wales), ist die Vereinigung weiter gewachsen und verfügt über eine standig aktualisierte Webseite (www.walledtowns.com). Mit dem INTERREG III C Programm der Europäischen Union wurde eine finanzielle Basis für die Professionalisierung des Netzwerks zu einer Quelle des Austausches von Erfahrungen und von Informationen über vorbildliche Praxis. 2005 fand die Jahresversammlung in Hertogenbosch in den Niederlanden statt und konnte mit einem INTERREG III C Programm zur Verbesserung des Zugangs von Behinderten zu Denkmälern und historischen Städten (genannt *Archway*) abgestimmt werden, in dem zehn Teilnehmer aus acht Ländern beispielhaft Denkmalsschutz, Verkehr, Tourismus, Raumplanung und das Management des kulturellen Erbes entwickeln und aufeinander abstimmen. *(db)*

*Literatur*
Bruce, David M.; M. J. Jackson & Antonio Serra Cantallops 2001: PREPARe: a model to aid the development of policies for less unsustainable tourism in historic towns. In: Tourism and Hospitality Research: the Surrey Quarterly Review, 3 (1), S. 21-36

**Wallfahrt**
Wallfahrten werden durchgeführt, um ein heiliges Gebot zu erfüllen oder eine heilige Stätte aufzusuchen. Sie entstehen aus der Religion heraus (Sünden loswerden, Läuterung erlangen, etc.). Der Begriff entstammt dem Lateinischen (*peregrinatio religiosa* = zielbezogen in eine bestimmte Richtung fahren, unterwegs sein). Wallfahrten sind in allen Religionen zu finden. Germanen, Griechen, Römer hatten ihre Wallfahrtstätten (heilige Tempel und Haine), zu denen sie Wallfahrten veranstalteten.
Wallfahrer sind nicht allein, sie führen die Wallfahrt mit anderen durch und

treffen auf dem Weg und am Ziel Andere, die sie evtl. vorher nie getroffen hätten. Aus dem Akt der Ergebenheit kann so auch ein soziales Ereignis entstehen. *(hdz)*

**WAP Check-in**
→ Check-in

**Wareneinsatz**
*cost of sales, goods and material employed*
Unter diesem Begriff wird in der Regel die Kennziffer verstanden, welche das Verhältnis zwischen den Lebensmittel- oder Getränkekosten und dem Preis bzw. Umsatz ausdrückt. Anhand dieser Kennziffer kann vor allem im Rahmen eines Branchenvergleiches festgestellt werden, ob die diesbezügliche wirtschaftliche Ist-Situation dem Sollzustand entspricht.
Die alte Kaufmannsregel „im Einkauf liegt der Gewinn" trifft insbesondere auf den Wareneinsatz zu, der von den Einkaufspreisen direkt betroffen ist. Weitere Einflußfaktoren sind beispielsweise Verderb, Schankverlust, Parierverlust, Schälverlust, Bratverlust, Schmorverlust, Schnittverlust, zu niedrige Verkaufspreise sowie Diebstahl.
Als Richtwert (variiert nach Betriebsgröße) kann im Getränkebereich ein Wareneinsatz von maximal 25 Prozent und bei Speisen von maximal 35 Prozent angegeben werden.
Berechnung des Wareneinsatzes für Lebensmittel (in Prozent):

$$\frac{\text{Lebensmittelkosten x 100}}{\text{Speisenumsatz}}$$

Berechnung des Wareneinsatzes für Getränke (in Prozent):

$$\frac{\text{Getränkekosten} \times 100}{\text{Getränkeumsatz}}$$

*(agr)*

**Warmhalteplatte**
→ Rechaud

**Warschauer Abkommen**
→ Montrealer Abkommen

**Warteliste**
*wait list, waiting list, stand by*
Liste mit Passagieren, die noch auf einen
bereits voll gebuchten Flug wollen und
darauf hoffen, daß es Passagiere gibt, die
ihren reservierten Flug nicht in Anspruch
nehmen (→ No show). *(jwm)*

**Warteschlangen**
*waiting queues, waiting lines*
Warteschlangen lassen sich als ein
Ordnungsmechanismus verstehen,
mit dem Unternehmen versuchen,
Ungleichgewichte zwischen Dienst-
leistungsnachfrage und -angebot auszugleichen. Warteschlangen können physischer und abstrakter Natur sein. Zu
den physischen Vertretern zählen die
Einzelschlange *(single queue)* und die
Mehrfachschlange *(multiple queue)*, zu
den abstrakten Vertretern die nummerierte Schlange *(numbered queue)* und die
virtuelle Schlange *(virtual queue)*.
Bei der Einzelschlange wird nur eine
Warteschlange für Kunden gebildet,
die von einem oder mehreren Kundenschaltern bedient werden kann.
Der erste Kunde in der Warteschlange
wird vom jeweils nächsten frei werdenden Mitarbeiter bedient. Bei der
Mehrfachschlange existieren an den verschiedenen Kundenschaltern gleichzeitig
Warteschlangen. Als Sonderausprägung

innerhalb der Mehrfachschlange können Express-Schlangen *(express lines,
fast tracks)* verstanden werden. In dem
Fall existiert eine Schlange, die nur für
die Kunden gedacht ist, die bestimmte Voraussetzungen (besonderer Status
oder Kauf einer begrenzten Anzahl von
Gütern) erfüllen (Groth & Gilliland
2001, S. 81).
Nummerierte Schlangen entstehen
dadurch, daß Kunden an Automaten
Nummern ziehen. Die Schlange ist physisch nicht existent, über Displays werden
die gezogenen Nummern aufgerufen und
den Dienstleistungsschaltern zugewiesen. Virtuelle Schlangen basieren ebenfalls auf einer technologischen Lösung.
Über Computer werden Kunden in eine
„unsichtbare" Warteschlange gereiht.
Das Computersystem weist ihnen ein
Zeitfenster zu, in dem sie bedient werden. Die eigentliche Wartezeit kann von
den Kunden anderweitig genutzt werden
(Dickson, Ford & Laval 2005, S. 63).
Die Warteschlangenkonstellation
führt bei Kunden zu unterschiedlichen
Wahrnehmungen. Wartende in einer
Schlange nehmen vor allem die Personen
als Barriere wahr, die vor ihnen stehen. Die Schlange, die sich hinter dem
Wartenden bildet, wird - da sie keine
Barriere bildet - weniger wahrgenommen. Einzelschlangen geben Kunden im
Vergleich zu Mehrfachschlangen eine
höhere Klarheit und Vorhersehbarkeit
des Prozesses. Sie führen zu einem zwar
langsamen, aber konstanten Fortschritt
und versprechen eine höhere prozedurale
Gerechtigkeit, da sie auf dem System
*first come, first serve* bzw. *first in, first
out* (FIFO) beruhen. Bei einem System
von Mehrfachschlangen haben Kunden
zwar die Möglichkeit der Auswahl,
stehen aber vor einem unlösbaren
Entscheidungsproblem, da sie nicht wissen, wie schnell sich die verschiedenen

Schlangen fortbewegen. Die Wartenden sind von dem jeweiligen Dienstleister am schalterabhängig. (Rafaeli, Barron & Haber 2002, S. 127 ff.) Empfehlungen für die Praxis können nicht eindeutig formuliert werden, einen *one best way* der Schlangenkonfiguration gibt es nicht. Interessant ist, daß aus Kundensicht Schnelligkeit nicht immer das zentrale Kriterium zu sein scheint. Der Gerechtigkeit hingegen kommt ein hoher Stellenwert zu. Insofern ist nachvollziehbar, daß viele Unternehmen im Dienstleistungsbereich auf das Konzept der Einzelschlange umstellen. Um die Gerechtigkeitsproblematik bei Mehrfachschlangen zu reduzieren, ist die Einrichtung von Absperrungen sinnvoll. Sie verhindern unberechtigtes Eindringen und *queue jumping*. Express-Schlangen für VIP-Kunden im Rahmen des → Check-in oder → Check-out sollten aus dem Blickfeld der nicht bevorzugten Gäste genommen werden. Zu den teilweise widersprüchlichen empirischen Ergebnissen Baker & Cameron 1996; Dickson, Ford & Laval 2005; Groth & Gilliland 2001; Hornik 1984; Rafaeli, Barron & Haber 2002. *(wf)*

*Literatur*
Baker, Julie; Michaelle Cameron 1996: The effects of the service environment on affect and consumer perception of waiting time: an integrative review and research propositions. In: Journal of the Academy of Marketing Science, 24 (4), 1996, S. 338-349
Dickson, Duncan; Robert C. Ford & Bruce Laval 2005: Managing real and virtual waits in hospitality and service organizations. In: Cornell Quarterly, 46 (1), 2005, S. 52-68
Groth, Markus; Stephen W. Gilliland 2001: The role of procedural justice in the delivery of services. A study of customers` reactions to waiting. In: Journal of Quality Management, Vol. 6, S. 77-97
Hornik, Jacob 1984: Subjective vs. objective time measures: A note on the perception of time in consumer behavior. In: Journal of Consumer Research, Vol. 11, S. 615-618
Rafaeli, Anat; Greg Barron & Keren Haber 2002: The effects of queue structure on attitudes. In: Journal of Service Research, 5 (2), S. 125-139

## Warteschleife

*holding pattern*
Kreisen von Flugzeugen über einem Navigationspunkt (*navigation fix*; meist ein → Funkfeuer) bei überlastetem Luftraum. In der Regel dauert eine Warteschleife vier Minuten: Jeweils eine Minute für die beiden Halbkreise und jeweils eine Minute für die beiden An- und Abflugstrecken zum bzw. vom Navigationspunkt. *(jwm)*

## Wartezeiten

→ Wartezeitenmanagement

## Wartezeitenmanagement

*queue management*
Wartezeit kann im Rahmen einer Dienstleistung als die Zeitspanne verstanden werden, die zwischen der Bereitschaft eines Kunden liegt, eine Leistung zu empfangen und der dann tatsächlich stattfindenden Leistungserbringung (Taylor 1994, S. 56). Wartezeiten lassen sich unterschiedlich kategorisieren. Gängig ist eine Unterteilung in erwartete (vorherige Einschätzung), tatsächliche (objektive Zeitdauer) und empfundene Wartezeiten (subjektive Wahrnehmung). Stellt man die konkrete Dienstleistung in den Mittelpunkt, lassen sich Wartezeiten unterscheiden, die vor *(pre-process)*, während *(in-process)* und nach *(post-process)* der Dienstleistungserstellung stattfinden (Dubé-Rioux, Schmitt & Leclerc 1989, S. 59).

Aus psychologischer Sicht ist die Wartephase kritisch einzuschätzen, weil sie aus Kundensicht einen Kontrollverlust darstellt und die Abhängigkeit vom Dienstleister verdeutlicht. Da die Nach-

frage nach Dienstleistungen und das Angebot selten im Gleichgewicht sind und
Dienstleistungen nicht auf Vorrat produziert werden können, ist die Entstehung
von Wartezeiten faktisch unumgänglich.
Über ein Wartezeitenmanagement kann
versucht werden, diese möglichst gering
zu halten.

Unter dem Begriff Wartezeitenmanagement läßt sich die Planung, Durchführung
und Kontrolle aller Maßnahmen verstehen, die ein Unternehmen in bezug auf
Wartezeiten einsetzt. Hierbei lassen sich
die zwei Vorgehensweisen *Operations
Management* und *Perceptions Management*
unterscheiden (Katz, Larson & Larson
1991, S. 44). *Operations Management*
setzt bei der faktischen Verkürzung der
tatsächlichen Wartezeit an (z. B. durch
den Mehreinsatz von Mitarbeitern oder
durch Automatisierung von Prozessen),
*Perceptions Management* versucht, die
empfundene Wartezeit zu beeinflussen (z.B. durch die Gestaltung des
Ambientes oder durch die Gestaltung
von → Warteschlangen).

Maister formuliert acht Thesen, die Unternehmen als Basis für die Gestaltung
des *Perceptions Management* nutzen können (Maister 1985, S. 115 ff.; zur empirischen Einschätzung etwa Dubé-Rioux,
Schmitt & Leclerc 1989, Taylor 1994):

❖ Zeit, in der man unbeschäftigt ist,
  wird im Vergleich zu Zeit, in der
  man beschäftigt ist, als länger empfunden.
❖ Auf den Dienstleistungsprozeß zu
  warten, dauert subjektiv länger als
  während des Dienstleistungsprozesses
  zu warten.
❖ Angst läßt Wartezeiten länger erscheinen.
❖ Unsichere Wartezeiten erscheinen
  länger als bekannte und begrenzte
  Wartezeiten.

❖ Unerklärte Wartezeiten dauern länger als erklärte.
❖ Ungerechte Wartezeiten werden länger empfunden als gerechte.
❖ Je wertvoller eine Dienstleistung ist,
  desto länger sind Kunden bereit zu
  warten.
❖ Alleine zu warten, wird im Gegensatz
  zu einem Warten in der Gruppe als
  länger empfunden.

*Perceptions Management* ist in der Realisierung kostengünstiger als *Operations Management* und wird deswegen
in der Praxis bevorzugt eingesetzt. Da
sich die Kerndienstleistungen in vielen Dienstleistungsunternehmen angleichen (→ Commodity) und damit
nahezu austauschbar werden, versuchen Unternehmen, über die optimale
Gestaltung von Randdienstleistungen
– wie etwa Wartezeitenmanagement –
Profil zu gewinnen. Zu einem Modell der
Wartezeitenwahrnehmung siehe Baker
& Cameron 1996. *(wf)*

*Literatur*

Baker, Julie; Michaelle Cameron 1996: The
effects of the service environment on affect
and consumer perception of waiting time: an
integrative review and research propositions.
In: Journal of the Academy of Marketing
Science, 24 (4), S. 338-349

Dubé-Rioux, Laurette; Bernd H. Schmitt &
France Leclerc 1989: Consumers' reactions
to waiting: when delays affect the perception
of service quality. In: Advances in Consumer
Research, Vol. 16, S. 59-63

Katz, Karen L.; Blaire M. Larson & Richard
C. Larson 1991: Prescription for the wai-
ting-in-line blues: Entertain, enlighten, and
engage. In: Sloan Management Review, Vol.
32, S. 44-53

Maister, David H. 1985: The psychology of
waiting lines. In: Czepiel, John A.; Michael
R. Solomon; Carol F. Surprenant (Eds.): The
service encounter: Managing Employee-
Customer Interaction in Service Businesses,
Lexington: Lexington Books, S. 113-123

Taylor, Shirley 1994: Waiting for service: The relationship between delays and evaluations of service. In: Journal of Marketing, Vol. 58, S. 56-69

**Wasserbadwanne**
→ Chafing dish

**Wasserflugzeug**
→ Amphibienflugzeug

**Wasserpark**
→ Freizeitpark

**Web Check-in**
→ Check-in

**Wechsel**
*bill of exchange*
Ein gezogener Wechsel ist die unbedingte schriftliche Anweisung in Form einer Urkunde (Wertpapier) des Ausstellers (Exporteur) an den Bezogenen (Importeur), eine bestimmte Geldsumme an einem bestimmten Tag, an einem festgelegten Ort, an sich selbst (Exporteur) oder einen Dritten (z. B. Lieferanten) zu bezahlen. International ist der Wechsel als Instrument zur Zahlungssicherung beliebt. Dies liegt in erster Linie an seinen gesetzlichen Grundlagen, die in allen Ländern streng und in vielen Ländern nahezu gleich sind.

Denn die Basis für die Wechselgesetze der meisten europäischen und einiger außereuropäischer Länder bilden die Genfer Abkommen von 1930 zur Vereinheitlichung des Wechselrechts. Sie schlugen sich auch im deutschen Wechselgesetz von 1933 nieder, das mehrfach, zuletzt 1994, geändert wurde. Die Gleichartigkeit der Wechselgesetze trifft jedoch nicht auf die anglo-amerikanischen Länder zu. So gilt z. B. in Großbritannien und in der Republik Irland der *Bills of Exchange Act*, der bereits 1882 in Kraft trat und eine völlig andere Systematik

aufweist. Eine Harmonisierung ist über das UN-Wechselrecht (UNICITRAL-Wechsel) geplant, bis dahin müssen weiterhin länderspezifische Unterschiede beachtet werden. Dies gilt natürlich vor allem gegenüber Wechseln aus angloamerikanischen Ländern.

Die acht gesetzlichen Bestandteile eines Wechsels nach deutschem Wechselrecht sind: (1) die Bezeichnung als Wechsel im Text der Urkunde, (2) die unbedingte Anweisung, eine bestimmte Geldsumme zu zahlen, (3) den Namen des Bezogenen, (4.) die Angabe der Verfallzeit, (5) die Angabe des Zahlungsortes, (6) den Namen dessen, an den oder an dessen Order gezahlt werden soll (Wechselnehmer), (7) die Angabe des Ortes und des Tages der Ausstellung, (8) die Unterschrift des Ausstellers (Wechselgeber). Eine Ausnahme bildet der Solawechsel. Er enthält im Gegensatz zum gezogenen Wechsel lediglich sieben wesentliche Bestandteile, denn hier sind Aussteller (8) und Bezogener (3) ein und dieselbe Person. *(hp)*

**Wechselkurs**
*exchange rate*
Der Wechselkurs bezeichnet die Austauschrelation zweier Währungen. Wechselkurse lassen sich entweder unter dem Blickwinkel der Menge an ausländischen Währungseinheiten sehen, die man für eine inländische Währungseinheit erhält, der sog. Mengenkurs.

Oder man kann sie unter dem Blickwinkel des Preises betrachten, den man für eine ausländische Währungseinheit bezahlen muß, der sog. Preiskurs. Bei einem Mengenkurs von z. B. 1,2000 USD/EUR, erhält man die Menge von 1,2000 USD für einen Euro. Umgekehrt ist der Preiskurs definiert. Bei einem Preiskurs von z. B. 0,8333 EUR/USD, zahlt man den Preis von 0,8333 Euro für einen US-Dollar. *(hp)*

## Weckruf

*morning call, wake-up call*
Anruf, der eine Person zu einer bestimmten Uhrzeit aufwecken soll. Die Dienstleistung, die insbesondere in der Hotellerie angeboten wird, erfolgt auf Anfrage. Der Weckruf wird durch Mitarbeiter des Empfangs oder der Telefonzentrale ausgeführt. Ein Weckruf auf automatisierter Basis – etwa über die Programmierung des TV-Geräts – ist ebenfalls möglich. *(wf)*

## Weiche

*railroad switch, trail switch*
Bei der Eisenbahn eine bestimmte Gleiskonstruktion im Oberbau (deshalb auch Eisenbahnweiche), die dazu dient, daß Schienenfahrzeuge ohne Unterbrechung der Fahrt auf ein anderes Gleis wechseln können. Die Steuerung der Weichen erfolgt von einem → Stellwerk über Signaltechnik. Vor der Verwendung im Eisenbahnwesen bezeichnete der deutsche Begriff Weiche eine Ausweichstelle in der Flußschifffahrt. Der Begriff Weiche leitet sich also von ausweichen und nicht von weich ab. *(hdz)*

## Weinkellner

→ Sommelier

## Weintourismus

*wine tourism*
→ Food Tourism

## Wellness

Wellness ist eine aus den englischen Begriffen *well-being* (= Wohlbefinden, Gesundheit) und *fitness* (= Tauglichkeit) zusammengesetzte Wortschöpfung, die andeutet, daß das menschliche Wohlbefinden körperfundiert ist. Da jedoch nicht der Körper Schmerz, Freude, Betroffenheit oder sonstige Gefühlsregungen spürt, sondern es eines Resonanzbodens im Menschen bedarf, der ihm sagt, daß es sich bei ihm um sich selbst handelt, wenn er sich beispielsweise beim Joggen wohlfühlt oder aber Anstrengung empfindet, bezieht sich Wellness auch auf die Seele und den Geist (die Phänomenologie spricht hierbei vom spürbaren Leib). Beide geben dem körperlichen Tun den je subjektiven Sinn. Dementsprechend bezeichnet Wellness den harmonischen Einklang von Körper, Geist und Seele. Damit rückt Wellness in den Status von Gesundheit bzw. genauer: Wellness dient, so wurde es erstmals in den 1960er Jahren in den USA konzipiert, der Gesundheitsvorsorge.

Ganz im Sinne des us-amerikanischen Pragmatismus liegt es in der Selbstverantwortung des Einzelnen, sich im Alltag wellness- bzw. gesundheitsbewußt zu verhalten. Dies ist dann der Fall, wenn man sich körperlich fit hält, sich ausgewogen ernährt, sich geistigen Aktivitäten widmet und mit Streß entspannt umgeht. Diese Wellness- bzw. Gesundheitsarbeit am und im Körper, an Geist und Seele soll nicht der Eigenbefriedigung dienen, sondern zugleich nachsichtig auf das Verhalten gegenüber der Umwelt ausstrahlen. Da einerseits Gesundheit einen sehr hohen Wert besitzt und andererseits aber der Alltag dieser Wellnessprogrammatik zuwider läuft, breitete sich Wellness insbesondere als Tourismusangebot aus, und heute gehört Wellness zum touristischen, also zum alltagsabgewandten Standardrepertoire. Im Zuge einer fortschreitenden Touristizierung des Alltags ist Wellness im Alltagsleben (wieder) angekommen. Wenn nicht vollkommen, so dokumentiert doch die Voranstellung von Wellness bei nahezu allen Waren und körperlichen Betätigungen, daß sich Wellness als Lebensprogramm etabliert hat. *(khw)*

## Wellness Food
→ Functional Food

## Wellness Stars

Gütesiegel, das von der Heilbäder und Kurorte Marketing Baden-Württemberg GmbH (HKM) und der Tourismus-Marketing GmbH Baden-Württemberg (TMBW) 2004 in Baden-Württemberg eingeführt wurde. Die HKM als Herausgeber und Lizenzgeber versucht, durch das Gütesiegel Transparenz und Orientierung für die Nachfrageseite im Wellness-Markt zu erreichen (→ Wellness).

Die Wellness Stars lehnen sich an international verbreitete Sterneklassifizierungen an. Im Vorfeld wurde das Produkt mit dem DEHOGA und dessen Klassifizierungsorganisation abgestimmt. Wie bei der → Deutschen Hotelklassifizierung des Deutschen Hotel- und Gaststättenverbandes (DEHOGA) gibt es ein Spektrum von ein bis fünf Sternen. Diese bilden in Kombination mit einem stilisierten „W" das graphische Logo. Voraussetzung für die Wellness-Klassifizierung eines Hotels ist, daß dieses mindestens drei Sterne der Deutschen Hotelklassifizierung aufweist (Betz 2004, S. 185 ff.).

Das Gütesiegel zielt allerdings nicht nur auf die Wellness-Einrichtungen von Hotels. Klassifizieren lassen können sich ebenso Thermal- und Mineralbäder, öffentliche Bäder, Kliniken und Sanatorien. Die Qualitätsprüfung erfolgt über Fragebogenauswertung und Kontrollbesuche, die durch Mitarbeiter der HKM und der TMBW vor Ort stattfinden. Geprüft werden u.a. Art und Anzahl der Wellness-Angebote, Ausstattung und Zustand der Einrichtungen und Qualifizierung des Personals. Die Klassifizierung gilt drei Jahre. Die Erstklassifizierung kostet 550 Euro zzgl. Mehrwertsteuer, die Lizenzgebühr beträgt 200 Euro zzgl. Mehrwertsteuer pro Jahr (Stand 2006).

Bis Oktober 2006 haben sich in Baden-Württemberg 89 Einrichtungen klassifizieren lassen. Durch die Zusammenarbeit mit Verbänden anderer Bundesländer soll das Gütesiegel bundesweit etabliert werden (www.wellness-stars.de). *(wf)*

*Literatur*

Betz, Klaus Peter 2004: Wellness Stars. In: Bernd Eberle (Hrsg.): Wellness und Gesundheit als Marketingimpuls: Wie Sie den Megatrend für Ihre Produkte nutzen. Frankfurt: Redline Wirtschaft, S. 185-201

## Welterbe
*World Heritage*

Nach der „Internationalen Konvention zum Schutz des Kultur- und Naturerbes der Welt" (World Heritage Convention), die im November 1972 von der Generalversammlung der UNESCO (United Nations Educational, Scientific and Cultural Organisation) in Stockholm angenommen wurde, ist es eine Aufgabe dieser Unterorganisation der Vereinten Nationen (UN), die wichtigsten natürlichen und kulturellen Denkmäler der Erde zu identifizieren und dafür Sorge zu tragen, daß sie auch den nachfolgenden Generationen erhalten bleiben. Insgesamt gibt es in 140 Ländern 851 solcher Denkmäler, von denen mit 660 die meisten als Kulturdenkmäler gelistet sind. Zum Naturerbe zählen 166 Gebiete, und 25 werden beiden Kategorien zugerechnet (wie zum Beispiel der Uluru Kata-Tjuta National Park im Zentrum Australiens). Zum Weltnaturerbe gehören zum Beispiel das Great Barrier Reef an der Nordostküste Australiens, die Serengeti in Tansania und der Yellowstone Nationalpark in den USA.

Bis auf die Grube Messel bei Darmstadt (die bis zu 47 Millionen Jahre alte

## Weltgesundheitsorganisation

Fossilien beherbergt) sind in Deutschland nur Stätten des Weltkulturerbes ausgewiesen. Dazu gehören der Aachener Dom, die Insel Reichenau mit ihren Klosteranlagen und die Innenstädte von Lübeck, Wismar und Stralsund. Österreich ist auf der Liste ausschließlich mit Kulturdenkmälern vertreten, u.a. mit den Innenstädten von Salzburg, Graz und Wien sowie Schloß Schönbrunn. In der Schweiz gibt es auf der Liste neben Kulturdenkmälern wie der Klosteranlage in St. Gallen auch Naturdenkmäler wie das Hochalpengebiet Jungfrau-Aletsch-Bietschhorn mit dem größten Gletscher Europas.

Es liegt auf der Hand, daß die Aufnahme in die Welterbeliste auch von touristischer Bedeutung ist. In Deutschland wurde für die Vermarktung der Verein ‚UNESCO-Welterbestätten Deutschland e.V.' gegründet, in dem u.a. die → Deutsche Zentrale für Tourismus (DZT) und alle jeweiligen Tourismusorganisationen vor Ort vertreten sind (http://whc.unesco.org; www.unesco-welterbe.de). *(jwm)*

## Weltgesundheitsorganisation

*World Health Organization, WHO*
Die Weltgesundheitsorganisation ist als Koordinationsbehörde der Vereinten Nationen (UNO) für das öffentliche Gesundheitswesen auf internationaler Ebene zuständig. Als Sonderorganisation hat sie ihren Sitz in Genf (Schweiz), wurde 1948 gegründet und zählt 193 Mitgliedstaaten. Das deutsche Büro der WHO hat einen Sitz an der TU Berlin und in Bonn (www.euro.who.int/ecehbonn). Die WHO verfolgt als oberste Zielsetzung, allen Völkern zur Erreichung des bestmöglichen Gesundheitszustandes zu verhelfen. Ihre größten Erfolge hat die WHO bei der Bekämpfung von Infektionskrankheiten erzielen können (weltweite Impfprogramme, Welt-

## Welttourismusorganisation (UNWTO)

gesundheitstage, etc.). In Rahmen ihrer Zwecksetzung wurde das Thema Gesundheit und Tourismus immer wieder programmatisch verfolgt, zuletzt im Jahr 2002 auf der WHO-Tagung in Kopenhagen (www.euro.who.int). *(hdz)*

## Weltkulturerbe
→ Welterbe

## Weltnaturerbe
→ Welterbe

## Welttourismusorganisation (UNWTO)

*United Nations World Tourism Organisation (UNWTO)*
Die UNWTO ist die Unterorganisation der 1945 in San Francisco gegründeten Vereinten Nationen mit Sitz in Madrid. Ihr gehören (Stand 2008) 153 Länder und sieben Territorien (zum Beispiel Hongkong, Macao und das belgische Flamen) als assoziierte Mitglieder an. Darüber hinaus sind der Vatikanstaat und Palästina als Beobachter bei der UNWTO registriert. Anders als in den anderen Unterorganisationen der Vereinten Nationen, in denen in der Regel nur staatliche Organisationen vertreten sind, ist auch der private Sektor in der UNWTO repräsentiert. Als Partner *(affiliate members)* sind fast 350 im Tourismus tätige Unternehmen und ihre Verbände, Destinationsagenturen und Bildungseinrichtungen der UNWTO beigetreten.

Sie sind in drei verschiedenen Räten *(councils)* organisiert: dem *Business Council* (der ca. 60 Prozent der Partner-Mitgliedschaften auf sich vereint), dem *Destination* und dem *Education Council*. Mit dieser Organisationsstruktur wird dem Charakter des Tourismus Rechnung getragen, der in der Regel nur durch direkte oder indirekte Zusammenarbeit zwischen öffentlichem und privatem

Sektor realisiert werden kann. Sie reflektiert auch das Selbstverständnis der UNWTO, die sich nicht nur als weltweites Forum für Fragen von Tourismuspolitik, sondern auch als Dokumentationszentrum für Tourismus-Know-how und Ausbildungskonzepte versteht.

Die Ursprünge der UNWTO gehen zurück auf die vor dem Zweiten Weltkrieg gegründete International Union of Official Tourist Propaganda Organisations (IUOTPO). Schon ein Jahr nach Kriegsende fand 1946 in London ein Kongreß der → nationalen Tourismusorganisationen statt, auf dem entschieden wurde, eine Nachfolgeorganisation für die IUOTPO zu gründen. Die konstituierende Sitzung der neuen International Union of Official Travel Organisations (IUOTO) fand 1947 in Den Haag statt, Sitz war bis 1951 London. Seit 1948 hatte die Organisation eine beratende Funktion bei den Vereinten Nationen. Die IUOTO hatte den Status einer privaten, nicht zu Regierungen gehörigen transnationalen Organisation. Zu ihrer besten Zeit waren 109 nationale Tourismusorganisationen Mitglied, und es gab 88 sogenannte assoziierte Mitglieder, die sowohl aus dem öffentlichen als auch aus dem privatwirtschaftlichen Bereich stammten. Von 1951 bis zur Umfirmierung als Welttourismusorganisation (WTO) war der Sitz der Organisation in Genf.

Um eine internationale Vergleichbarkeit des Begriffes → Tourismus und seine statistische Erfassung zu ermöglichen, initiierte die IUOTO die erste von mehreren UN-Konferenzen über Tourismus, die 1963 in Rom stattfand. In entsprechenden Empfehlungen an die Mitgliedsstaaten der Vereinten Nationen wurden darüber hinaus Vorschläge zur Vereinfachung des internationalen Reiseverkehrs ge-

macht. 1967 stimmten die IUOTO-Mitglieder einer Resolution zu, nach der ihre Organisation in eine internationale Regierungsorganisation (inter-governmental organisation) umgewandelt werden sollte. Damit wurde vor allem eine engere Zusammenarbeit mit Organisationen der Vereinten Nationen wie zum Beispiel der Weltgesundheitsorganisation (WHO), der UNESCO und der Weltluftfahrtorganisation (→ International Civil Aviation Organisation, ICAO) ermöglicht werden.

Zwei Jahre später, 1969, faßte dann die Generalversammlung der Vereinten Nationen den Beschluß, daß die transformierte IUOTO eine entscheidende und zentrale Rolle im Welttourismus in Kooperation mit den bereits existierenden UN-Organisationen spielen solle. Diese Resolution wurde bis 1974 von 51 Ländern ratifiziert, deren nationale Tourismusorganisationen Mitglied in der IUOTO waren. Die offizielle Umbenennung in WTO erfolgte daher erst 1975 auf der Gründungskonferenz, die auf Einladung der spanischen Regierung in Madrid stattfand. Nachdem Spanien ein Gebäude am gleichen Ort zur Verfügung stellte, hat die Organisation seit dem 1. Januar 1976 auch ihren Sitz in Madrid. Im selben Jahr wurde die WTO eine der ausführenden Organisationen für die Maßnahmen des United Nations Development Programme (UNDP), und 1977 wurde ein formelles Kooperationsabkommen mit den Vereinten Nationen selbst abgeschlossen. 2003 stimmte die Generalversammlung der Vereinten Nationen dem Vorschlag zu, die WTO in das UN-System aufzunehmen und zu einer Unterorganisation aufzuwerten. Nachdem es immer wieder der Verwechslungen mit der die gleiche Abkürzung verwendenden Welthandelsorganisation (World Trade Organisation, WTO), die 1995 aus dem General Agreement on Tariffs and Trade (GATT) entstanden war, gegeben hat, wurde die ursprüngliche WTO 2005 in UNWTO umbenannt. Gemäß Artikel 25 der Satzung der UNWTO finanziert sich die Organisation mit ihren ca. 110 Beschäftigten aus Mitgliedsbeiträgen, die ca. 90 Prozent des Budgets ausmachen.

Eine wichtige Aufgabe der UNWTO liegt in der Sammlung und Veröffentlichung aller wesentlichen statistischen Daten über den Welttourismus. Die wichtigsten Veröffentlichungen sind das Yearbook of Tourism Statistics, das Compendium of Tourism Statistics und die dreimal jährlich erscheinenden Travel and Tourism Barometer. Darüber hinaus war die UNWTO maßgeblich an der Entwicklung eines Systems von → Satellitenkonten für den Tourismus im Rahmen der Volkswirtschaftlichen Gesamtrechnung beteiligt, das 1999 auf einer Konferenz in Nizza verabschiedet wurde. Es wurde im Jahr 2000 von der Statistikbehörde der Vereinten Nationen bestätigt und in die entsprechenden Empfehlungen für die Mitgliedstaaten aufgenommen.

Neben dem oben bereits erwähnten Engagement in Ausbildungsfragen und entwicklungspolitischen Projekten ist die UNWTO in einer Reihe von Bereichen tätig. Dazu gehören die weltweite Erfassung von Marktentwicklungen und -trends, Fragen der Koordination von touristischen → Dienstleistungen und des → Destinationsmanagements, die Abschätzung von Risiken und das Management von Krisen (→ Sicherheit, → Terrorismus und Tourismus), der Einfluß elektronischer Kommunikations- und Buchungssysteme (→ eTourism; → Computer-Reservierungssysteme; → globales Distributionssystem; → Internet Booking Engine; → Reisemittler, virtuell) und

→ nachhaltiger Tourismus. Mit dem 1999 beschlossenen Global Code of Ethics hat die UNWTO eine – allerdings nicht verpflichtende – Liste mit Grundsätzen aufgestellt, die einen auch für die in ihm Beschäftigten sozial verantwortlichen (→ Soziale Verantwortung), nicht diskriminierenden und nachhaltigen Tourismus ermöglichen sollen. (www.unwto.org) *(jwm)*

**Wet lease**
→ Naßcharter

**Wide body**
→ Großraumflugzeug

**Wiederholer**
→ Repeater

**Wildpark**
→ Freizeitpark

**Willy Scharnow Stiftung für Touristik**
1953 vom Bremer Reiseverkehrskaufmann Willy Scharnow (1897-1985), der mit seinen Scharnow Reisen 1968 zu den Mitbegründern der → TUI gehörte, ins Leben gerufene Einrichtung zur Qualifizierung des Nachwuchses von → Reiseveranstaltern und Reisebüros (→ Reisemittler). In erster Linie sind es auch heute noch Seminarreisen, mit denen Scharnow nach dem Zweiten Weltkrieg jungen Menschen aus der → Touristik die Gelegenheit geben wollte, wichtige internationale → Destinationen selber erfahren zu können. Im einzelnen stellt sich die mit einem Kapital von 6,5 Mio. € ausgestattete Stiftung mit Sitz in Frankfurt am Main die folgenden Aufgaben:

❖ Organisation und Durchführung der landeskundlichen Seminarveranstaltungen und Studienreisen

❖ Bezuschussung von Sprachkursen

767

❖ Gewährung von Stipendien für Auslandspraktika
❖ jährliche Prämierung der Einser-Absolventen der Abschlußprüfung zum Reiseverkehrskaufmann/-frau
❖ jährliche Ausschreibung und Vergabe des Willy Scharnow-Preises für innovative Konzepte in der Aus- und Weiterbildung
❖ Pflege und Ausbau des Historischen Touristischen Archivs beim Willy Scharnow-Institut an der Freien Universität Berlin
❖ bedarfsgerechte Vergabe von Forschungsaufträgen zu Branchenthemen.
(www.willyscharnowstiftung.de/index). *(jwm)*

**Windmesser**
*anemometer*
Gerät, mit dem Windrichtung und -geschwindigkeit gemessen und ggf. aufgezeichnet werden können. Er wird auf Schiffen, in Häfen und auf → Flughäfen verwendet.

**Winglet**
An den Flügelspitzen angebrachte, vertikal ausgerichtete Fläche, die den wegen des Druckausgleichs (Überdruck unter und Unterdruck über der Tragfläche) durch Luftwirbel induzierten Widerstand des Tragflügels und damit den Treibstoffverbrauch verringert.

**Wintersportort**
*winter sports resort*
Meist in alpinen Regionen gelegene Orte mit entsprechender Schneesicherheit, in denen die Ausübung von Wintersportarten, insbesondere Skifahren, aber auch Snowboard-Fahren, Rodeln, Eislaufen, Curling usw. im Vordergrund steht.

**Wirbelschleppe**
*wake turbulence, vortex*
Turbulente Luftströmung, die durch den Druckausgleich (Überdruck unter und Unterdruck über der Tragfläche) an den Flügelspitzen entsteht und sich nach schräg unten hinter dem Flugzeug ausbreitet. Sie kann bei großen Flugzeugen zu so starken → Turbulenzen führen, daß dahinter fliegende kleinere Maschinen (vor allem in den kritischen Phasen von Start und Landung) zum Absturz gebracht werden können. Deshalb muß in den → Flugplänen (b) die Wirbelschleppenkategorie H *(heavy)*, M *(medium)* und L *(light)* für die zeitliche Staffelung der Flugzeuge durch die Flugsicherung angegeben werden. *(jwm)*

**Wirtschaftsfaktor Campingtourismus**
*economic impact of camping tourism*
Zum Campingtourismus (→ Camping) zählen nicht nur die Übernachtungen auf → Campingplätzen, sondern auch die Tages- und Übernachtungsreisen mit dem Reisemobil (→ Caravan). Auf den Campingplätzen wird zwischen Touristik-, Dauerstandplätzen (inkl. Verwandten- und Bekanntenbesuchen) und Mietunterkünften (zum Beispiel Miethütten, Mietmobilheime, Mietcaravans) unterschieden.

Jährlich ist von rund 148,5 Mio. Übernachtungen und Tagesreisen durch Camper in Deutschland auszugehen (DTV 2004). Davon sind knapp 18 Prozent außerhalb von Campingplätzen. Die Bandbreite der durchschnittlichen Tagesausgaben reicht von 14,- € pro Kopf bei Verwandten- und Bekanntenbesuchern auf Dauerstandplätzen bis zu 37,20 € pro Kopf bei Reisemobilisten außerhalb der Campinganlagen.

Aus der Campingnachfrage in Deutschland resultieren jährliche Bruttoumsätze von mehr als 9,5 Mrd. €. Davon entfallen:

- 3,47 Mrd. € auf die Umsätze am Aufenthaltsort, also in den Zielgebieten,
- 3,10 Mrd. € auf Fahrtkosten für den Transfer zwischen Quell- und Zielgebiet sowie
- 2,95 Mrd. € auf Investitionen in die Campingausrüstung.

Nach Abzug der Mehrwertsteuer ergibt sich der Nettoumsatz, aus dem sich Einkommenswirkungen (Löhne, Gehälter, Gewinne) in Höhe von 4,1 Mrd. € ableiten lassen. Davon entfallen rund 55 Prozent auf die 1. Umsatzstufe und 45 Prozent auf die 2. Umsatzstufe. In der 1. Umsatzstufe werden die direkten Einkommenseffekte durch die Ausgaben der Camper ermittelt. In der 2. Umsatzstufe geht es um die Einkommenseffekte bei den Vorleistungslieferanten. Hierzu zählen Warenlieferungen (zum Beispiel vom Bäcker, Metzger, Energieerzeuger), die Inanspruchnahme von Dienstleistungen (zum Beispiel Werbeagentur, Steuerberater, Bank) sowie Neu- und Ersatzinvestitionen in die Substanzerhaltung.

Alles in allem finden durch die Campingnachfrage in Deutschland insgesamt etwa 170.000 Personen Beschäftigung. *(bh)*

*Literatur*
DTV (Deutscher Tourismusverband) 2004: Wirtschaftsfaktor Campingtourismus in Deutschland. Bonn: DTV

## Wirtschaftsfaktor Tourismus
*economic factor tourism*

### 1 Definitorische Abgrenzung
Zum Tourismus zählen laut → Welttourismusorganisation (UNWTO) alle Aktivitäten von Personen, die sich außerhalb ihrer gewohnten Umgebung zu Freizeitzwecken, aus beruflichem Anlaß

oder wegen anderer Bestimmungsgründe aufhalten. Grundsätzlich wird dabei zwischen Tages- und Übernachtungsaufenthalten unterschieden:

- Zur Übernachtungsnachfrage gehören die Nächtigungen in gewerblichen (mehr als acht Betten) und privaten (weniger als neun Betten) Beherbergungsstätten genauso wie die Camper (→ Camping), Freizeitwohnsitzler oder Verwandten- und Bekanntenbesucher (→ Visiting Friends and Relatives), die in den Privatwohnungen übernachten. Hinzu kommen weitere Segmente, über die allerdings kaum Datenmaterial vorliegt (zum Beispiel Bootsliegeplätze, Berghütten).
- Zum Tagesausflug zählt jedes Verlassen des Wohnumfeldes, mit dem keine Übernachtung verbunden ist und das
  - nicht als Fahrt zu Schule, Arbeitsplatz, Berufsausübung vorgenommen wird;
  - nicht als Einkaufsfahrt zur Deckung des täglichen Bedarfes (zum Beispiel Lebensmittel) dient und
  - nicht einer gewissen Routine oder Regelmäßigkeit unterliegt (zum Beispiel Vereinsaktivitäten, Behördengänge, Gottesdienstbesuche).

Das Wohnumfeld ist bei Großstädten mit mehr als 100.000 Einwohnern in der Regel mit dem eigenen Stadtteil und bei kleineren Orten mit der Ortsgrenze gleichzusetzen.

Zum Tagesgeschäftsreiseverkehr (→ Geschäftsreisen) gehören alle Ortsveränderungen zur Wahrnehmung geschäftlicher Aufgaben. Fahrten zum ständigen oder wechselnden Arbeitsplatz (zum Beispiel Montage) fallen ebenso wenig darunter wie Fahrten innerhalb der Arbeitsplatzgemeinde (dwif 1995; alle nachfolgenden Angaben zum Tagestourismus beziehen sich auf die Grundlagenstudie des dwif 2005).

## 2 Methodisches Vorgehen

Grundsätzlich ist zwischen angebots- und nachfrageseitigen Erhebungen zu differenzieren.

❖ Bei der angebotsseitigen Erhebung werden die einzelnen Wirtschaftszweige hinsichtlich ihrer touristischen Relevanz betrachtet. Problematisch sind hierbei insbesondere die geringe Auskunftsbereitschaft der Unternehmer sowie die Schwierigkeiten bei der Identifikation touristischer Umsätze. Vielen Unternehmern fehlen die notwendigen Informationen zur Kenntnis der Kundenstruktur.

❖ Die nachfrageseitigen Erhebungen konzentrieren sich auf die Touristen selbst. Die wirtschaftlichen Effekte lassen sich aus deren Nachfragevolumen und Tagesausgaben ableiten.

Insbesondere bei Berechnungen zur wirtschaftlichen Bedeutung des Tourismus auf regionaler oder örtlicher Ebene ist die nachfrageseitige Erhebung praktikabler.

## 3 Brutto- und Nettoumsätze

Aus der Multiplikation des Nachfrageumfanges mit den durchschnittlichen Tagesausgaben pro Touristen ergeben sich die touristischen Bruttoumsätze. Nach Abzug der Mehrwertsteuer läßt sich der Nettoumsatz ermitteln.

❖ Vom 1. 4. 1998 bis 31. 12. 2006 lag der normale Mehrwertsteuersatz bei 16 Prozent.

❖ Bei ausgewählten Produkten wie Lebensmitteln, Zeitungen, ÖPNV-Nutzung ist nach wie vor die ermäßigte Mehrwertsteuer (7 Prozent) anzusetzen.

❖ Gänzlich von der Mehrwertsteuer befreit sind beispielsweise Übernachtungen in → Jugendherbergen, Privatquartieren oder Kurkliniken sowie Eintritte in Museen, Theater oder Ausstellungen.

Aufgrund des unterschiedlichen Ausgabeverhaltens sollten wichtige Zielgruppen bei der Umsatzermittlung separat betrachtet werden. So kann die Bandbreite bei einem Tagesausflügler von 0,- € bei einem „Naturgenießer auf dem Fahrrad" bis weit über 200,- € bei einem Musicalbesucher, der anschließend einkehrt, reichen. Auch bei den Übernachtungsgästen gibt es gravierende Unterschiede zwischen den Ausgaben der Gäste in den Top-Hotels und auf → Campingplätzen (→ Wirtschaftsfaktor Campingtourismus). Nachfolgend werden die beiden Hauptnachfragegruppen detaillierter dargestellt.

### 3.1 Tagesreisen

Von Deutschland aus wurden im Jahre 2004 insgesamt 3.182 Mio. Tagesreisen in inländische Zielgebiete unternommen (dwif 2005). Mehr als 82 Prozent davon waren Tagesausflüge, knapp 18 Prozent Tagesgeschäftsreisen. Bei durchschnittlichen Tagesausgaben von rund 27,50 € pro Kopf ergaben sich Bruttoumsätze in Höhe von 87,5 Mrd. €.

Nach Abzug der jeweils anzusetzenden Mehrwertsteuer ergaben sich Nettoumsätze in einer Größenordnung von 77,5 Mrd. €. Der durchschnittliche Mehrwertsteuersatz lag also bei knapp 13 Prozent.

### 3.2 Übernachtungsreisen

In den gewerblichen Beherbergungsstätten Deutschlands wurden im Jahr 2004 etwas mehr als 317 Mio. Übernachtungen registriert (Statistisches Bundesamt 2005). In Privatquartieren kommen jährlich etwa 94,6 Mio. Übernachtungen zusammen (dwif 2002). Auf Campingplätzen kommen durch Touristikcamper (inkl. Mieteinheiten aber ohne Dauercamping) weitere gut 43,6 Mio. Übernachtungen hinzu (DTV 2004). Die Bandbreite der Tagesausgaben reichen bei diesen Zielgruppen von 26,90 € pro Touristikcamper über 48,30 € pro Übernachtungsgast in Privatquartieren/ → Ferienwohnungen bis hin zu 93,30 € pro Kopf in gewerblichen Betrieben. Regional schwanken diese Ausgabenwerte erheblich.

Durch alle genannten Nachfragegruppen zusammen werden Bruttoumsätze in Höhe von rund 35,6 Mrd. € erwirtschaftet. Der Nettoumsatz in Höhe von 31,9 Mrd. € ergibt sich aus der Differenz zwischen Bruttoumsatz und Mehrwertsteuer; diese lag im Durchschnitt bei rund 11,6 Prozent.

## 4 Einkommenswirkungen der 1. und 2. Umsatzstufe

### 4.1 Begriffsbestimmung

#### 4.1.1 Allgemeine Erläuterungen

Basis für die Berechnung der Einkommenswirkungen aus der touristischen Nachfrage sind die Nettoumsätze. Die sogenannte Wertschöpfungsquote beziffert den Anteil des Nettoumsatzes, der

* ❖ zu Löhnen oder Gehältern wird, also in Form von Personalkosten an die Mitarbeiter ausbezahlt wird, sowie
* ❖ an Gewinn im Unternehmen verbleibt.

Personalkosten und Gewinne zusammen werden auch als Einkommen oder Wertschöpfung bezeichnet.

Die Wertschöpfungsquoten für unterschiedliche Branchen können anhand unternehmensspezifischer Kostenstrukturen aus Betriebsvergleichen abgeleitet werden (zum Beispiel → Gastgewerbe, Einzelhandel, → Dienstleistungen). Stellvertretend werden an dieser Stelle die

seit vielen Jahren publizierten Betriebsvergleiche für Hotellerie (→ Hotel) und → Gastronomie angeführt (dwif 2004). Für einzelne Branchen bzw. Betriebstypen gibt es eine breite Palette unterschiedlicher Wertschöpfungsquoten. Alleine im Gastgewerbe reicht die Bandbreite beispielsweise von gut 20 Prozent bei Imbißbetrieben bis über 60 Prozent in manchen Kurkliniken oder der Privatvermietung. Im Einzelhandel liegen die Werte niedriger; sie beginnen bei etwa 10 Prozent im Lebensmitteleinzelhandel und gehen bis über 30 Prozent in hochwertigeren Einzelhandelssegmenten. Auch bei den sonstigen Dienstleistungsunternehmen zeigt sich eine sehr große Spannweite. Sie reicht von rund 30 Prozent in einzelnen Sparten im Bereich Verkehr/Transport bis auf zum Teil über 70 Prozent bei Therapieeinrichtungen oder Tourist-Informationen.

#### 4.1.2 Differenzierung 1. und 2. Umsatzstufe

In der 1. Umsatzstufe (direkte Effekte) werden die Einkommenswirkungen berücksichtigt, welche aus den direkten Ausgaben der Touristen entstehen. Dabei ist es unabhängig, in welchen Branchen Geld ausgegeben wird. Entsprechend der Ausgabenstruktur der Touristen und den Gegebenheiten im jeweiligen Untersuchungsgebiet, müssen die entsprechenden Wertschöpfungsquoten angesetzt werden. Fertige ‚Schablonen‘ für pauschale Berechnungen gibt es hier leider nicht.

In der 2. Umsatzstufe (indirekte Effekte; → Tourismus-Multiplikator) werden jene Einkommenseffekte analysiert, die bei den Vorleistungslieferanten der direkten Profiteure entstehen. Hierunter fallen beispielsweise

* ❖ Zulieferungen von Waren (zum Beispiel Brötchenlieferung des Bäckers an die Pension, Fleischlieferung des

Metzgers an das Restaurant, Stromlieferung des Energieerzeugers, Roh-, Hilfs- und Betriebsstoffe vom Handel),

❖ Inanspruchnahme von Dienstleistungen (zum Beispiel Prospektgestaltung durch die Werbeagentur, Steuerberatung durch den Steuerberater, Kreditbereitstellung durch die Bank, Versicherungen) sowie

❖ Investitionen zur Substanzerhaltung (zum Beispiel Neubau eines Hotels, Renovierungsarbeiten des Handwerkers im → Restaurant).

Bei den Berechnungen der Einkommenswirkungen im Rahmen der 2. Umsatzstufe werden zuerst die Umsätze bei den Vorleistungslieferanten ermittelt. Diese ergeben sich aus der Differenz zwischen Nettoumsatz und der Wertschöpfung aus der 1. Umsatzstufe. Jener Betrag der Ausgaben von Touristen, welcher nicht an Mehrwertsteuer anfällt und nicht direkt zu Löhnen, Gehältern und Gewinnen (also Einkommen) wird, fließt also an Vorleistungslieferanten. Davon wird aber wiederum nur ein Teil zu Einkommen.

Bei der Ermittlung der Wertschöpfungsquoten ergeben sich keine Unterschiede zur 1. Umsatzstufe.

### 4.2 Tagesreisen

Entsprechend der Ausgabenstruktur bei den Tagesreisen der Deutschen, ergibt sich eine durchschnittliche Wertschöpfungsquote von 31,9 Prozent. Bezogen auf den Nettoumsatz von 77,5 Mrd. € lassen sich daraus direkte Einkommenseffekte von rund 24,7 Mrd. € ableiten (= 1. Umsatzstufe). Hierbei wird auch von Einkommenswirkungen der 1. Umsatzstufe gesprochen. Auf die Vorleistungslieferanten verteilen sich demnach Umsätze in Höhe von 52,8 Mrd. €. Bei einer Wertschöpfungsquote in Höhe von etwa 30 Prozent innerhalb der 2. Umsatzstufe verbleiben Ein-

kommenswirkungen von 15,8 Mrd. €. Beide Umsatzstufen zusammen bewirken Einkommen in Höhe von 40,5 Mrd. €.

### 4.3 Übernachtungsreisen

Bei den Übernachtungsgästen in Deutschland liegt die Wertschöpfungsquote bei gut 43 Prozent. Bezogen auf deren Nettoumsatz (31,9 Mrd. €) ergeben sich direkte Einkommenswirkungen in Höhe von rund 13,8 Mrd. €. Aus den Ausgaben für Vorleistungslieferungen (gut 18,1 Mrd. €) entstehen in der 2. Umsatzstufe weitere Einkommen in Höhe von gut 5,4 Mrd. €. Direkt und indirekt kommt ein Einkommen von insgesamt 19,2 Mrd. € durch Übernachtungsgäste zustande.

## 5 Beitrag des Tourismus zum Volkseinkommen

### 5.1 Ausgaben am Aufenthaltsort

Das Volkseinkommen beinhaltet das von Inländern empfangene Arbeitnehmerentgelt sowie die Unternehmens- und Vermögenseinkommen. Im Jahr 2004 wurde für Deutschland ein Volkseinkommen von insgesamt 1.570 Mrd. € ausgewiesen (Statistisches Bundesamt 2004). Stellt man diesem Gesamtvolumen nun den touristischen Einkommensbeitrag gegenüber, ergibt sich ein Anteil von insgesamt 3,8 Prozent,

❖ 2,6 Prozent durch Tagesreisen (40,5 Mrd. €) sowie

❖ 1,2 Prozent durch Übernachtungsreisen (19,2 Mrd. €).

Aus den Ausgaben der Tages- und Übernachtungsgäste am Aufenthaltsort entstanden 2004 rund 110 Mrd. € Nettoumsatz. Im Rahmen der 1. und 2. Umsatzstufe läßt sich daraus ein Einkommen von nahezu 60 Mrd. € ableiten. Gemessen am ‚Umsatz pro Beschäftigten' für die wichtigsten Branchen läßt sich aus diesen Rahmendaten ein Äquivalent von rund 2,5 Mio. Beschäftigten, deren

Arbeitsplatz direkt oder indirekt vom Tourismus abhängig ist, ableiten.

## 5.2 Fahrtkosten

Berücksichtigt man darüber hinaus auch die Fahrtkosten der Touristen für den Transfer zwischen Quell- und Zielgebieten, lassen sich überschlägig weitere rund 78 Mrd. € Bruttoumsatz ermitteln. Nach Abzug der Mehrwertsteuer bleiben 68 Mrd. € übrig. Die direkten und indirekten Einkommenswirkungen belaufen sich auf rund 32 Mrd. €, wovon etwas mehr als die Hälfte auf die 1. Umsatzstufe entfällt. Gemessen am gesamten Volkseinkommen in Deutschland ergibt sich daraus ein zusätzlicher Einkommensbeitrag des Tourismus von zwei Prozent.

### 5.3 Touristischer Einkommensbeitrag insgesamt

Alleine durch die Ausgaben der Tages- und Übernachtungsgäste (in gewerblichen und privaten Quartieren sowie auf Touristikstandplätzen) vor Ort und für Fahrtkosten ergibt sich ein Beitrag des Tourismus in Höhe von nahezu sechs Prozent zum Volkseinkommen. Darin sind aber einige Marktsegmente der Tourismuswirtschaft noch gar nicht enthalten (zum Beispiel Verwandten- und Bekanntenbesucher, Dauercamping, Freizeitwohnsitze, Ausgaben für Reisevor- und -nachbereitung sowie im Inland verbleibende Umsätze bei Reisen ins Ausland). Der tatsächliche Beitrag des Tourismus zum Volkseinkommen in Deutschland wird also deutlich über sechs Prozent liegen. *(bh)*

*Literatur*
DTV (Deutscher Tourismusverband) 2004: Wirtschaftsfaktor Campingtourismus in Deutschland. Bonn: DTV
dwif 1995: Tagesreisen der Deutschen. Schriftenreihe des dwif, Heft 46. München: dwif

dwif 2002: Ausgaben der Übernachtungsgäste in Deutschland. Schriftenreihe des dwif, Heft 49. München: dwif
dwif 2004: Betriebsvergleich für die Hotellerie und Gastronomie - Bayern 2002. Sonderreihe des dwif Nr. 71. München: dwif
dwif 2005: Tagesreisen der Deutschen. Schriftenreihe des dwif, Heft 50. München: dwif
Statistisches Bundesamt 2004: Statistisches Jahrbuch 2004 für die Bundesrepublik Deutschland. Wiesbaden: Statistisches Bundesamt

## Wohlbefinden
→ Wellness

## Worldspan

1990 von den us-amerikanischen Fluggesellschaften Delta, Northwest und TWA gegründetes → Globales Distributionssystem (→ Computer-Reservierungssystem, CRS). Es geht zurück auf die beiden Computer-Reservierungssysteme PARS von Trans World Airlines (TWA) und DATAS II von Delta Airlines, deren Terminals ab 1976 bzw. 1982 bei → Reisemittlern installiert wurden. 1986 beteiligte sich Northwest mit 50 Prozent an PARS, bevor dann vier Jahre später Worldspan gegründet wurde. Das Unternehmen entwickelte auch die → Internet Booking Engines (IBE), die hinter den Internetreiseportalen → Expedia (1995) und → Orbitz (2001) stehen. Worldspan wurde 2003 von ihren Besitzern (an die Stelle von TWA war American Airlines getreten, die TWA 2001 übernommen hat) an die Travel Transaction Processing Corp. verkauft, einem Unternehmen, das extra dafür von der Citigroup Venture Capital Equity Partners L.P. und der Teachers' Merchant Bank gegründet wurde. Mittlerweile gehört das Unternehmen zu Travelport, dem auch → Galileo gehört. *(jwm)*

**World Tourism Organisation**
→ Welttourismusorganisation

**World Travel Monitor (WTM)**
Der World Travel Monitor® entstand 1995 durch eigene Erhebungen oder Kooperationen in wichtigen Überseemärkten (in den USA, Kanada, China, Brasilien, Arabien, Japan, Hongkong, Indien, Singapur, Taiwan sowie in anderen asiatischen Ländern) aus dem European Travel Monitor®.

Der European Travel Monitor® (ETM) ist ein touristisches Informationssystem und erhebt seit 1988 kontinuierlich die wichtigsten Daten zum Auslandsreiseverhalten der Europäer (die osteuropäischen Länder sind seit 1990 in die Untersuchung einbezogen). Somit können heute ca. 90 Prozent der internationalen Reiseströme durch den World Travel Monitor erfaßt werden. Der World Travel Monitor ist mit mehr als 500.000 Interviews jährlich in mehr als 50 Ländern die weltweit größte kontinuierliche Untersuchung dieser Art.

Die Untersuchungen entstanden aus dem Umstand, daß es den Entscheidungsträgern im Tourismus bis zu diesem Zeitpunkt nicht möglich war, sich anhand der ihnen vorliegenden Informationen einen Überblick über den gesamten Reisemarkt zu verschaffen. Es wurden zwar verschiedene Erhebungen durchgeführt, doch die Ergebnisse konnten kaum miteinander verglichen werden, da sowohl Methode als auch Befragung und Frequenz in den einzelnen Ländern zu unterschiedlich waren.

Beim European/World Travel Monitor handelt es sich um eine Beteiligungsstudie. Die Auftraggeber sind vor allem nationale Tourist Boards (→ Nationale Tourismusorganisation [NTO]), Ministerien, → Reiseveranstalter, Verkehrsträger, Beratungsunternehmen, das internationale Hotelgewerbe etc. Getragen wird der European/World Travel Monitor von IPK International, Malta. IPK ist durch Repräsentanten in wichtigen Ländern Europas sowie in den USA und Asien vertreten.

Ziel des European/World Travel Monitor ist die laufende Erfassung der quantitativen Daten des weltweiten Reisemarktes. Er erfaßt alle Auslandsreisen mit mindestens einer Übernachtung, unabhängig vom Reiseanlaß. Neben den Urlaubsreisen werden auch die → Geschäftsreisen sowie Verwandten- und Bekanntenbesuche (→ Visiting Friends and Relatives [VFR]) und alle sonstigen Privatreisen regelmäßig erhoben.

Die Erhebung der Daten findet im Rahmen von bevölkerungsrepräsentativen Umfragen statt. In den wichtigen Reisemärkten wird die Befragung mindestens alle zwei Monate durchgeführt. Mit Ausnahme der kleineren Länder, in denen die Erhebung einmal am Ende des Jahres erfolgt, werden somit mindestens sechs Befragungswellen im Jahr durchgeführt. Dies garantiert eine zeitnahe Erfassung der Reisetätigkeit und schließt größere Erinnerungsverluste aus. Die Feldarbeit wird in jedem Land von speziell ausgewählten und regelmäßig überprüften Marktforschungsinstituten durchgeführt. Diese garantieren einen gleichen Qualitätsstandard.

Die Stichproben werden in den einzelnen Ländern für jede Befragungswelle mit Hilfe eines Zufallsauswahlverfahrens neu zusammengestellt, so daß immer wieder neue Personen befragt werden. Jede Welle ist repräsentativ für die Gesamtbevölkerung (ab 15 Jahren), so daß die Ergebnisse jeweils auf die Gesamtbevölkerung hochgerechnet werden können.

In den meisten Ländern mit einer Telefondichte von mehr als 90 Prozent werden die Interviews telephonisch durch CATI *(Computer Assisted Telephone Interviewing)*, in den übrigen Ländern mündlich-persönlich mit CAPI *(Computer Assisted Personal Interviewing)* geführt.

Der Basisfragebogen des European/ World Travel Monitor ist in allen Ländern gleich. Die Interviewer müssen sich bei der Befragung sowohl an die Reihenfolge als auch an den Wortlaut der Fragen halten. Durch den einheitlichen Fragebogen ist es möglich, die in den einzelnen Ländern erhobenen Daten direkt miteinander zu vergleichen. Somit ist sichergestellt, daß sich unterschiedliche Ergebnisse auch tatsächlich auf unterschiedliches Reiseverhalten in den Ländern zurückführen lassen.

Die Institute, mit denen in den einzelnen Ländern zusammengearbeitet wird, haben zum einen Erfahrung in der Durchführung derartiger Umfragen und verfügen zum anderen über das notwendige landesspezifische Know-how. Der Fragebogen kann also an die jeweiligen Eigenarten des Landes angepaßt werden.

Charakteristisch für den European/ World Travel Monitor ist seine Konzentration auf Grundfragen, die bei der touristischen Marktforschung und Marketingplanung im Vordergrund stehen. Im Einzelnen werden standardmäßig Daten zu folgenden Themen erhoben:

- ❖ Zahl der Auslandsreisen
- ❖ Zahl der Übernachtungen
- ❖ Reisedauer
- ❖ Ausgaben pro Reise
- ❖ Ausgaben pro Nacht
- ❖ Marktumsatz
- ❖ Reiseziel
- ❖ Reiseanlaß
- ❖ Geschäftsreiseart
- ❖ Urlaubsart
- ❖ Urlaubsinhalte
- ❖ Reisesaison
- ❖ Unterkunft
- ❖ Verkehrsmittel
- ❖ Reiseorganisation
- ❖ Zeitpunkt der Vorausbuchung
- ❖ Internetnutzung
- ❖ sonstige Informationsquellen für die Reiseplanung
- ❖ Kinderreisen
- ❖ Alter und Geschlecht
- ❖ soziale Schicht
- ❖ Kinder im Haushalt
- ❖ Haushaltsgröße
- ❖ Herkunftsland
- ❖ Herkunftsregion
- ❖ Wohnorttypus.

Die Marktforschungsinstitute, die für die Befragung in den einzelnen Ländern zuständig sind, übermitteln die Daten an die Computerzentrale, die die EDV-Auswertung vornimmt. Die Analyse der Ergebnisse erfolgt durch IPK in München in Zusammenarbeit mit einem internationalen Team von Marktforschern. *(rdf)*

**W-pattern**
→ Zwischenstück, → Charterkette

**WTO**
→ Welttourismusorganisation (UNWTO)

**Yield Management**
→ Ertragsmanagement

**Youth hostel**
→ Jugendherberge

# Z

## Zahlmeister

*purser*

Auf Schiffen wurden vom Zahlmeister eine Reihe wichtiger Aufgaben ausgeführt, so zum Beispiel die Entrichtung der Hafengebühren, die Beschaffung von Proviant (daher wurde er häufig auch Proviantmeister genannt), die Führung von Mannschafts- und ggfs. Passagierlisten (→ Manifest), die Zollabfertigung und die Auszahlung der Heuer. Heute gibt es diese Position meist nur noch auf Kreuzfahrtschiffen (→ Kreuzfahrt), auf denen er eng mit dem → Kreuzfahrtdirektor zusammenarbeitet. Im Luftverkehr bezeichnet man den Leiter des Kabinenservice (→ Flugbegleiter) auf einem Flug als *purser*. *(jwm)*

## Zechprellerei

*bilking*

bezeichnet umgangssprachlich die Tatsache, daß jemand seine Zeche (abgeleitet von der spätmittelhochdeutschen Bedeutung „gemeinsamer Schmaus"), d.h. die offene Rechnung in einem Gastronomiebetrieb, nicht bezahlt. Juristisch handelt es sich um einen → Eingehungsbetrug, sofern die Absicht, nicht zu bezahlen, bereits bei Abschluß des → Vertrages (Bestellung) bestand. Ist sie Folge einer zu langen Wartezeit auf die Rechnung, oder hat sie der Gast schlichtweg vergessen, liegt nach deutschem Recht keine Straftat vor, da es einen Straftatbestand der Zechprellerei

– anders als bspw. im Schweizer Recht
– im deutschen Recht nicht gibt.

Der Gastronom hat neben seinem bestehenden Erfüllungsanspruch einen Schadensersatzanspruch (§ 280 BGB), wenn ihm Mehrkosten für die Geltendmachung seines Zahlungsanspruches entstehen. Entfernt sich ein Gast ohne zu zahlen, hat er das Recht, ihn – notfalls mit Gewalt – festzuhalten (sog. Festnahmerecht nach § 127 StPO). Eine → Mankohaftung der Servicekraft gegenüber dem Chef scheidet aus, wenn sie die Zechprellerei nicht nachweisbar zu verantworten hat (§ 619 a BGB), bspw. wenn der Gast nicht aufgrund einer vorwerfbaren Abwesenheit der Servicekraft, sondern aufgrund personeller Unterbesetzung nicht auf die Rechnung gewartet hat. *(gd)*

## Zeitwert

*current value, time value*

In der → Reisegepäck-Versicherung richtet sich die Höhe der Entschädigung nach dem Zeitwert. Der Zeitwert ist jener Betrag, der allgemein erforderlich ist, um neue Sachen gleicher Art und Güte anzuschaffen, abzüglich eines dem Zustand dieser Sache (Alter, Abnutzung, Gebrauch etc.) entsprechenden Betrags. Die Wertermittlung richtet sich also – anders als bei abzuschreibenden Wirtschaftsgütern in Unternehmen – nach dem Wiederbeschaffungswert. Es wird im konkreten Fall gefragt, was ist dieser Gegenstand, zum Beispiel der

abhanden gekommene Koffer, jetzt zum
Zeitpunkt der Erstattung wert, wenn
er vor x Jahren zum Preis von y gekauft
wurde und einer bestimmten Nutzung
unterlegen hat. *(hdz)*

**Zeltplatz**
→ Campingplatz

**Zentralküche**
*central kitchen*
Auch Produktionsküche oder Hauptküche
genannt. Küche, in der Teilprozesse oder
auch der gesamte Prozeß der Speisenzubereitung (Vorbereitung, Garung, Portionierung, Anrichten) stattfinden. Die
Speisen gelangen von der Zentralküche
nicht zum Konsumenten, sondern in
eine nachgelagerte → Satellitenküche,
wo sie endzubereitet werden. Siehe
im Gegensatz hierzu das Konzept der
→ Vollküche. *(wf)*

*Literatur*
Fröschl, Cornelia 2003: Architektur für die
schnelle Küche: Eßkultur im Wandel.
Leinfelden-Echterdingen: Verlagsanstalt
Alexander Koch
Kohte, Ursula 2003: Gastro Planung &
Konzepte. Handbuch für Profis. Prozesse,
Berechnungen und architektonische Reali-
sierungen. Stuttgart: Matthaes

**Zeppelinflüge**
*airship fligths*
Seit dem Jungfernflug im Jahr 1997
knüpft die Deutsche Zeppelin Reederei
(DZR) mit dem neuen Zeppelin NT an
die Tradition der von Ferdinand Graf von
Zeppelin (8. 7. 1838-8. 3. 1917) begrün-
deten Luftschiffahrt mit Rundflügen
um den Bodensee, weiteren Zielen und
Events an.
   Beim Zeppelin NT handelt es sich um
das zur Zeit größte Luftschiff der Welt
mit einer Länge von 75 m und einem
Volumen von 8.400m³. Anders als seine

legendären Vorfahren aus den 1930er
Jahren, verfügt der Zeppelin NT nur über
eine halbstarre Innenstruktur *(semi-rigid
airship)*, die wesentlich zur Sicherheit
und überlegenen Flugleistungen beiträgt. Hiervon zu unterscheiden sind
die *blimbs (non-rigid airships)*, die nicht
in starrer Bauweise hergestellt werden.
Als Traggas wird beim Zeppelin NT
unbrennbares Helium verwendet. Seine
Kabine bietet Platz für 12 Passagiere.
Das Antriebskonzept, bestehend aus
drei 200-PS-starken Flugmotoren mit
schwenkbaren Propellern, garantiert
eine bisher von anderen Luftschiffen
nicht erreichte Manövrierfähigkeit
und eine Höchstgeschwindigkeit von
125 km/h. Der Arbeitsplatz des Ka-
pitäns ist mit modernster Avionik
(Flugführungselektronik) ausgestattet.
   Neben dem rein touristischen Einsatz
ist der Zeppelin NT als Sympathieträger
eine Werbeplattform. Seine lange Flugdauer von bis zu 24 Stunden und seine besonderen Flugeigenschaften
eröffnen dem Zeppelin auch andere Einsatzgebiete und machen ihn zur
Plattform für TV-Aufnahmen, Über-
wachungsaufgaben, Forschung und Umweltschutz (www.zeppelinflug.de). *(hdz)*

*Literatur*
Meiners, Reinhard u.a. 2007: Von Zeppelin bis
Airbus. Luftfahrt in Nordwestdeutschland
im 20. Jahrhundert. Bielefeld: Delius Kla-
sing
Zeppelin, Graf Ferdinand von: www.stutt-
gart-im-bild.de/html/ferdinand_graf_von_
zeppelin.html (7. 1. 2008)

**Zertifzierung**
→ Certified Conference Hotel
→ VDR-Certified Hotel

**Zimmerarten**
→ Zimmertypen

## Zimmerauslastung
→ Auslastung/Belegung

## Zimmerkategorien
→ Zimmertypen

## Zimmermädchen
*chamber maid, maid*
Stellenbezeichnung für eine Mitarbeiterin in einem Beherbergungsbetrieb, deren zentrale Aufgabe das Aufräumen und Reinigen von Gästezimmern ist. Darüber hinaus umschließt die Aufgabe die Reinigung weiterer betrieblicher Räumlichkeiten (z. B. im administrativen, öffentlichen und Mitarbeiterbereich). Organisatorisch sind Zimmermädchen dem Etagen- bzw. Hausdamenbereich zugeordnet, sie unterstehen der → Hausdame.

In großen Betrieben existiert die Position von Abendzimmermädchen. Sie übernehmen in einer Spätschicht Aufgaben, die tagsüber nicht erledigt werden können (→ Abdeckservice, Reinigung von → Tageszimmern, Zimmerreinigung von spätabreisenden Gästen). Die Reinigung von Gästezimmern und anderen betrieblichen Räumlichleiten stellen in der Beherbergungsbranche einen typischen Outsourcing-Bereich dar. Die Tätigkeiten werden in der Praxis mehrheitlich von weiblichen Mitarbeitern bekleidet. Auch Zimmersteward(ess) genannt (Hanisch 1996, S. 59 ff.; Pfleger 2003, S. 17). *(wf)*

*Literatur*
Hanisch, Horst 1996: Zimmer und Etage: Die Arbeiten von Hausdame und Zimmermädchen in den verschiedenen Bereichen eines Hotels, Stuttgart: Matthaes (3. Aufl.)
Pfleger, Andrea 2003: Housekeeping Management im Hotel. Linz: Trauner

## Zimmer mit Verbindungstür
→ Zimmertypen

## Zimmerpreiskalkulation
*room rate calculation*
Bei der Zimmerpreiskalkulation werden die Zimmerpreise für die Zukunft festgelegt, weshalb die Berechungen auf den Zahlen des Vorjahres basieren sowie Prognosen und Schätzungen beinhalten. Neben der Deckung der Kosten hat sich die Preisbildung immer auch am Gast und an den Mitbewerbern zu orientieren. Daneben spielen Sternekategorie, Zielgruppen und die Ausrichtung des Betriebes eine Rolle. Zur Kalkulation der Beherbergungsleistungen ist die Divisionskalkulation anzuwenden (Hänssler 2008, S. 301 ff.). Dabei werden die Gesamtkosten durch die erbrachte Leistung dividiert. Bei den Kosten muß zwischen fixen, sprungfixen und variablen Kosten ausgegangen werden, wobei einige Kosten auch gemischte Kosten, d.h. teilweise variabel und teilweise fix sind. In der Hotellerie (→ Hotel) sind variable Kosten oftmals nur mit hohem Aufwand zu erfassen, so daß bei den nicht genau erfaßbaren variablen Kosten oft auf Schätzungen zurückgegriffen wird. Da die Branche jedoch ohnehin durch einen sehr hohen Fixkostenanteil gekennzeichnet ist, scheint die Schätzung eines Teils der variablen Kosten unproblematisch.

Die wichtigsten Kosten sind → Wareneinsatz, Personalkosten, Betriebs- und Verwaltungsaufwand, Abschreibungen, Fremd- und Eigenkapitalzinsen, Instandhaltungskosten und der kalkulatorische Unternehmerlohn. Ziel der Preiskalkulation ist es also, auf Basis der prognostizierten Auslastung die fixen und variablen Kosten pro Übernachtung zu berechnen, um die Selbstkosten pro Übernachtung zu erhalten. Wird der geplante Gewinn pro Übernachtung addiert, ergibt sich die Mehrwertsteuerbasis. Wird die

Mehrwertsteuer hinzugerechnet, ergibt dies den Preis pro Übernachtung (Hänssler 2008, S. 305 ff.):

Variable Kosten pro Übernachtung
+ fixe Kosten pro Übernachtung
= Selbstkosten pro Übernachtung
+ Gewinnzuschlag pro Übernachtung
= Mehrwertsteuerbasis
+ Mehrwertsteuer
= **Preis pro Übernachtung**

Der Preis pro Übernachtung ist als notwendiger durchschnittlicher Übernachtungspreis zu verstehen. In der Praxis ist jedoch ein höherer Preis auszuschreiben, da Preisdifferenzierungen notwendig sind. Weitere Möglichkeiten zur Kalkulation sind die → Promille-Regel und die → Hubbart Formel. *(cf)*

*Literatur*
Hänssler, Karl Heinz 2008: Die Analyse der Betriebsergebnisrechnung. In: Ders. (Hrsg.): Management in der Hotellerie und Gastronomie: Betriebswirtschaftliche Grundlagen. München, Wien: Oldenbourg, S. 301-321 (7. Aufl.)

**Zimmerstatus**
*guestroom status*
Der Begriff Zimmerstatus definiert in der Hotellerie den Zustand der Hotelzimmer in Bezug auf Belegung und Sauberkeit. Der Zimmerstatus ist in der täglichen Arbeit von Hotelempfang und Hausdamenbereich von hoher Relevanz. Der Hotelempfang benötigt den aktuellen Status, um über die Zimmer entsprechend verfügen zu können, der Hausdamenbereich benötigt die Informationen als Prioritätenliste für seine Arbeit. Folgende Kennungen sind in der (inter-)nationalen Hotellerie üblich (Hanisch 1996, S. 19 ff.; Pfleger 2003, S. 101 f.; Vallen & Vallen 2005, S. 542 ff.):

❖ Frei *(vacant)*: Das Hotelzimmer ist nicht belegt. Es kann bereits gereinigt sein *(cleaned)* und damit zur Vermietung an den Hotelempfang gemeldet werden *(available for sale; ready for sale; ready to rent)* oder ist noch zu reinigen *(to be cleaned/dirty)*.

❖ Belegt *(occupied)*: Das Hotelzimmer ist belegt. Es kann bereits gereinigt sein *(cleaned)* oder ist noch zu reinigen *(to be cleaned/dirty)*.

❖ Abreise *(check-out)*: Das Zimmer ist belegt, der Gast reist im Laufe des Vormittags ab (übliche → Checkout-Zeiten: 10 bis 12 Uhr).

❖ Bleibe *(stayover)*: Das Zimmer ist belegt, der Gast reist nicht ab.

❖ Frühanreise *(early arrival)*: Der Gast reist am gebuchten Tag an. Entgegen dem üblichen Zeitfenster für Anreisen (ca. 14 bis 18 Uhr) reist er früher an.

❖ Spätanreise *(late arrival)*: Der Gast reist am gebuchten Tag an. Entgegen dem üblichen Zeitfenster für Anreisen (ca. 14 bis 18 Uhr) reist er spät an.

❖ Spätabreise *(late check-out)*: Das Zimmer ist belegt, der Gast möchte das Zimmer an dem Abreisetag länger als üblich nutzen (gängige Check-out-Zeiten: 10 bis 12 Uhr). Eine Rücksprache des Gastes mit dem Hotelempfang ist notwendig. Die längere Verweildauer wird in der Regel nicht in Rechnung gestellt.

❖ Außer Betrieb *(out of order)*: Das Zimmer kann aufgrund eines Mangels (etwa technischer Defekt) nicht angeboten werden. Teilweise fallen auch die Begriffe *out of service* und *out of inventory*. Die unterschiedlichen Kennungen zielen auf das Ausmaß des Mangels, eine trennscharfe Abgrenzung existiert nicht.

Tageszimmer *(day room)*: Das Hotelzimmer wird nur für einige Stunden genutzt, z. B. für eine vertrauliche Besprechung. Die Gäste reisen am selben Tag an und ab. Da sie nicht übernachten, wird in der Regel ein reduzierter Zimmerpreis in Rechnung gestellt. *(wf)*

*Literatur*
Hanisch, Horst 1996: Zimmer und Etage: Die Arbeiten von Hausdame und Zimmermädchen in den verschiedenen Bereichen eines Hotels. Stuttgart: Matthaes (3. Aufl.)
Pfleger, Andrea 2003: Housekeeping Management im Hotel. Linz: Trauner
Vallen, Gary K.; Jerome J. Vallen 2005: Check-In, Check-Out: Managing Hotel Operations. New Jersey: Pearson Prentice Hall (7th ed.)

**Zimmersteward(ess)**
→ Zimmermädchen

**Zimmertypen**
*guestroom types*
In der Hotellerie können Zimmer nach unterschiedlichen Kriterien (etwa Aussichtsmöglichkeiten, Bettenanzahl, Bettengröße, Lage, qualitative Ausstattung, Stockwerk, Zimmeranzahl, Zimmergröße) differenziert werden. In der Praxis dominiert eine Typologie, die sich an Bettenanzahl und Zimmergröße orientiert. So wird normalerweise unterschieden in: Einzelzimmer, Doppelzimmer, Zweibettzimmer, Mehrbettzimmer, Appartement, Studio und Suite (Hanisch 1996, S. 28ff.; Pfleger 2003, S. 142f.; Rettl; Vallen & Vallen 2005, S. 116 ff.):

❖ Einzelzimmer *(Single Room)*: Das Hotelzimmer bietet ein Bett bzw. eine Schlafgelegenheit.
❖ Doppelzimmer *(Double Room)*: Das Hotelzimmer bietet zwei Betten bzw. Schlafgelegenheiten. Die beiden Betten bilden eine Einheit (Doppelbett) oder stehen als Einzelbetten direkt nebeneinander.
❖ Zweibettzimmer *(Twin Room)*: Das Hotelzimmer bietet zwei Betten bzw. Schlafgelegenheiten. Die beiden Betten stehen voneinander getrennt.
❖ Mehrbettzimmer *(Shared Room)*: Das Hotelzimmer bietet mehr als zwei Betten bzw. Schlafgelegenheiten. Hierzu gehören etwa das Dreibettzimmer *(Triple Room)* oder Vierbettzimmer *(Double-Double Room, Quad Room)*.
❖ Appartement *(Apartment)*: Kennzeichnend für ein Appartement ist, daß Wohn- und Schlafsphäre getrennt sind, teilweise nur optisch, teilweise in verschiedene Räumlichkeiten. Eine Kochgelegenheit kann vorhanden sein. Im Vergleich zu Einzel- und Doppelzimmern haben Appartements ein großzügigeres Raumangebot. Der Begriff wird in der Praxis unterschiedlich ausgelegt. Synonymer Begriff: Studio.
❖ Suite *(Suite)*: *suite* (franz.) = Folge, Abfolge, Reihe. Eine Suite bietet zwei oder mehr Zimmer zum Wohnen und Schlafen, Bad, Vorräume, teilweise eine Küche. Die Räumlichkeiten sind – der übertragene Sinn des französischen Begriffs – direkt miteinander verbunden, zum Hotelflur besteht nur ein Zu- bzw. Ausgang. Im Vergleich zu den anderen Zimmertypen zeichnen sich Suiten durch eine sehr hochwertige Ausstattung und ein großzügiges Raumangebot aus. Innerhalb der Suiten wird nach Ausstattung und Größe wiederum unterschieden in eher kleinere Unterkünfte, die auch nur aus einem Raum bestehen können (Juniorsuite, Minisuite) und größere, sehr luxuriös ausgestattete Unterkünfte (Executive Suite, Königssuite, Präsidentensuite).

❖ Zimmer mit Verbindungstür *(Connecting Room)* überlagern die obige Einteilung. Nicht die Anzahl der Betten bzw. Zimmer ist entscheidend, sondern die Lage. Die Hotelzimmer liegen nebeneinander und sind durch eine Tür direkt miteinander verbunden. Der Zimmertyp eignet sich beispielsweise für Familien mit Kindern. Zu den Abgrenzungen vgl. auch www.klassifizierungen.de/definitionen *(wf)*

*Literatur*
Hanisch, Horst 1996: Zimmer und Etage: Die Arbeiten von Hausdame und Zimmermädchen in den verschiedenen Bereichen eines Hotels. Stuttgart: Matthaes (3. Aufl.)
Pfleger, Andrea 2003: Housekeeping Management im Hotel. Linz: Trauner
Vallen, Gary K.; Jerome J. Vallen 2005: Check-In, Check-Out: Managing Hotel Operations. New Jersey: Pearson Prentice Hall (7th ed.)

**Zubringerflug**
*commuter flight*
Flug von einem Flughafen zu einem Drehkreuz (→ Drehkreuzsystem), von dem aus in der Regel der Weiterflug angetreten wird.

**Zubringerfluggesellschaft**
*commuter airline*
Meist kleinere → Fluggesellschaft, die regelmäßige Flüge zwischen Regionalflughäfen und Drehkreuzen (→ Drehkreuzsystem) anbietet. Nicht selten geschieht dies im → Feeder Code Share oder im Rahmen eines Franchise-Vertrages mit einer → Netzfluggesellschaft. *(jwm)*

**Zug**
*train*
Zug ist ein homonymer Begriff mit vielen Bedeutungsvarianten in ganz unterschiedlichen Bereichen. Im Bereich des Bahnwesens ist damit die → Eisenbahn oder ganz kurz → Bahn gemeint. Es kann aber auch ein ganzer Zug mit allen Wagen gemeint sein. Abgeleitete Begriffe, die sich selbst erklären, sind Anschlußzug, Zugführer, Zugpersonal, Zugverbindung, Zugverspätung etc. *(hdz)*

**Zusätzliche Rückreisekosten**
*costs of return journey*
Wenn im Rahmen einer → Reiseabbruch-Versicherung von zusätzlichen Rückreisekosten die Rede ist, sind darunter diejenigen Kosten zu verstehen, die – bezogen auf die versicherte Leistung des ursprünglich gebuchten Reisevertrags – bei außerplanmäßiger Rückreise entstehen. Zu diesen Kosten zählen zum Beispiel die Kosten für Bahn- und Flugtickets. Im günstigsten Fall handelt es sich um Umbuchungskosten. Bei der Berechnung der zusätzlichen Rückreisekosten wird auf die Qualität der gebuchten Leistung abgestellt. Abgrenzung: Kosten für medizinisch begleitete Rücktransporte fallen nicht unter die zusätzlichen Rückreisekosten (→ Auslandsreisekranken-Versicherung). *(hdz)*

**Zuschlagskalkulation**
*proportional calculation, overhead calculation, markup calculation*
Sie wird bei mehrstufigen Produktionsabläufen verwendet. Dabei werden erst die Einzelkosten der Produkte berechnet. Anschließend werden die nicht direkt zurechenbaren Gemeinkosten durch prozentuale Zuschläge aufgeschlagen. In der Gastronomie wird z.B. ein Zuschlag auf die Wareneinsatzkosten bei Gerichten und Getränken angewendet. *(cf)*

**Zweibettzimmer**
→ Zimmertypen

## Zwischenstopp

*stop-over, layover*

Geplanter Zwischenaufenthalt während einer in der Regel längeren Reise, meist mit dem Flugzeug. So kann man zum Beispiel auf der Strecke von Europa nach Australien oder Neuseeland einen Zwischenstopp in einer asiatischen Metropole (wie Bangkok, Singapur oder Kuala Lumpur) einlegen. Er beschränkt sich meist auf eine Übernachtung und kann mit kurzen Programmelementen wie → Besichtigungstouren verbunden werden.

## Zwischenstück

*W-pattern*

Teil einer → Charterkette, bei dem das Flugzeug vom Zielflughafen zunächst nicht zum Ausgangsflughafen, sondern zu einem meist kleineren Flughafen des → Quellandes zurückkehrt, um von dort weitere Passagiere in das Zielgebiet zu befördern, bevor es dann zum Ausgangsflughafen zurückkehrt. Beispiel: Düsseldorf – Split – Nürnberg – Split – Düsseldorf. Split – Nürnberg – Split ist hier das Zwischenstück.

# Autorenindex

| | |
|---|---|
| *hs* | Prof. Dr. Heike Schwadorf |
| *im* | Dr. Imke Meinken |
| *joe* | Dipl.-Betriebsw. (FH) Jochen Oehler |
| *jop* | Dr. Martin Günter Joppien |
| *jwm* | Prof. Dr. Jörn W. Mundt |
| *kbo* | Prof. Karl Born |
| *khh* | Prof. Karl Heinz Hänssler |
| *khw* | Prof. Dr. Karlheinz Wöhler |
| *ld* | Prof. Dr. Larry Dwyer |
| *mf* | Dipl.-Ök. Martina Fuhrmann |
| *ml* | Prof. Dr. Martin Lohmann |
| *ms* | Dr. Marion Schowalter |
| *nsc* | Dr. Nicolai Scherle |
| *pa* | Dr. Peter Aderhold |
| *pjm* | Dipl.-Kfm. Peter J. Maurer |
| *rb* | Prof. Dr. Reinhard Bachleitner |
| *rc* | Prof. Dr. Roland Conrady |
| *rdf* | Dipl.-Volksw. Rolf D. Freitag |
| *rp* | Prof. Dr. Raimund Pfundtner |
| *rs* | Prof. Dr. Richard A. J. Sharpley |
| *sb* | Dr. Simone Besemer |
| *sml* | Prof. Dr. Sven Max Litzcke |
| *sr* | Dipl.-Agraring. Stefan Reuel |
| *sst* | Dr. Marie-Luise Schmeer-Sturm |
| *stg* | Dipl.-Betriebsw. (FH) Stephan Gerhard |
| *stk* | Dipl.-Betriebsw. (BA) Stefan Karrer |
| *sz* | Prof. Dr. Rüdiger Sterzenbach |
| *tb* | Prof. Dr. Thomas Bieger |
| *thb* | Dr. Thomas G. Bauer |
| *ths* | Dipl.-Betriebsw. (BA) Thomas Schlieper |
| *tk* | Prof. Dr. Torsten Kirstges |
| *ukh* | Prof. Dr. U. Karla Henschel |
| *uw* | Prof. Dr. Uwe Weithoener |
| *vs* | Prof. Dr. Volker Simon |
| *wb* | Prof. Dr. Wolfgang Bihler |
| *wf* | Prof. Dr. Wolfgang Fuchs |
| *wg* | Prof. Dr. Wolfgang Günter |
| *wp* | Prof. Dr. Wilhelm Pompl |

# Kurzbiographien der Autoren*

**Aderhold, Peter;** Dr. rer. pol., 1968-1972 Studium der Betriebs- und der Volkswirtschaft an der Freien Universität Berlin, 1973-1976 Promotion an der FU Berlin, in diesem Zeitraum auch Mitarbeiter des Studienkreises für Tourismus in Starnberg. 1976-1992 Lektor/Associate-Professor am Institute for Transport, Tourism and Regional Science der Copenhagen School of Economics und Leiter des Forschungs- und Lehrbereichs Tourismus, seit 1978 freiberuflich in Dänemark tätig als Berater im Bereich Tourismus mit Schwerpunkt Marktforschung/Marketing im Tourismus und Tourismus in Entwicklungsländern und Beratungsaufträgen für eine Reihe europäischer und außereuropäischer Länder, internationale Organisationen und Unternehmen der Touristikbranche. Seit 1976 Mitglied der Planungsgruppe der Reiseanalyse, seit 2001 zusätzlich Geschäftsführer der F.U.R (Forschungsgemeinschaft Urlaub und Reisen). Neuere Buchveröffentlichungen: Urlaubsreisen der Deutschen 2004, Kiel: F.U.R 2004; in Zusammenarbeit mit Prof. Dr. Lohmann und Bente Zahl: RA-Trendstudie 2015, Kiel: F.U.R 2004. *(pa)*

**Ateljevic, Irena;** BSc., MSc., Ph.D., Wirtschaftsstudium in Kroatien an der Hotelfakultät der Universität Rijeka in Opatja (BSc.) und der wirtschaftswissen-schaftlichen Fakultät der Universität Zagreb (MSc.), Promotion in Geographie an der Universität Auckland (Neuseeland). 1998-2002 Lehrtätigkeit an der School of Business and Public Management an der Victoria University in Wellington, im letzten Jahr als Leiterin des dortigen Tourismusstudiengangs, 2002-2005 Senior Lecturer in Tourism an der Auckland University of Technology (beide Neuseeland), seit 2005 Associate Professor für die sozialräumliche Analyse von Tourismus, Freizeit und Umwelt an der Universität in Wageningen (Niederlande). *(at)*

**Bachleitner, Reinhard;** Mag., Dr., Professor für Soziologie und Kulturwissenschaft am Institut für Kultursoziologie der Universität Salzburg. Studium der Soziologie, Geographie, Pädagogik, Psychologie und Sportwissenschaften. Arbeits- und Forschungsgebiete: Körper-, Freizeit-, Kultur- und Tourismussoziologie sowie Methodenaspekte empirischer Sozialforschung. Neuere Buchveröffentlichungen: (zus. mit Otto Penz) Massentourismus und sozialer Wandel. Tourismuseffekte und Tourismusfolgen in den Alpen. München, Wien: Profil 2000; (Hrsg. zusammen mit Jürgen Kagelmann und Max Rieder) Erlebniswelten. Zum Erlebnisboom in der Postmoderne. München, Wien: Profil 2004. *(rb)*

---

* Am Ende stehen jeweils die Kürzel, mit denen die Autoren ihre Beiträge zeichnen.

**Baeyer, Alexander v.;** Dr. phil., derzeit Programmleiter für ‚Mensch-System-Integration' bei der Industrieanlagen-Betriebsgesellschaft (IABG). Studium der Philosophie u. Sozialwissenschaften, Promotion 1969, Veröffentlichungen zu Themen des Qualitätsmanagements, der Pädagogik und der Ergonomie. *(avb)*

**Bastian, Harald;** Dipl.-Soz., 1972-1978 Studium der Soziologie, BWL und Politologie an der Hochschule für Wirtschaft und Politik (Hamburg), anschließend an der Universität Hamburg. Von 1979 bis 1996 Tätigkeit in Konzerngesellschaften der TUI AG (Hannover) in verschiedenen Funktionen und Positionen. 1996 erfolgte die Berufung zum Professor an der Hochschule Harz (FH) in Wernigerode. Schwerpunkte der Lehre und Forschung sind Reiseveranstalter-Management sowie Unternehmensführung/Organisation. Neuere Veröffentlichungen: Kundenorientierung im Touristikmanagement (Hrsg.), München, Wien: Oldenbourg (2. Aufl. 2000); Der integrierte Touristikkonzern (Hrsg. zus. mit Karl Born), München, Wien: Oldenbourg (2004). *(hb)*

**Bauer, Thomas G.;** Ph.D., M.Bus.; studierte Betriebswirtschaft an der FH Landshut (Diplom 1979) und Tourismusbetriebswirtschaft an der FH München (Diplom 1980). Nach ausgedehnten Reisen arbeitete er einige Jahre an der Victoria University of Technology in Melbourne (Australien). Master in Business (M.Bus.) 1991 an der Victoria University, 1998 Promotion an der Monash University in Melbourne mit einer Arbeit über Tourismus in der Antarktis. Er ist Assistant Professor an der Hong Kong Polytechnic University, Hong Kong (China). Beratertätigkeit u.a. für die Welt-Tourismus-Organisation (UNWTO) in Asien und Afrika. Mitgründer und -besitzer der Dundee Park Academy in Mission Beach (Queensland, Australien; www.dundeeparkacademy.com). Neuere Buchveröffentlichung: Hrsg. (zusammen mit Bob McKercher) Sex and Tourism: Journeys of Romance, Love and Lust. Binghamton, New York: The Haworth Hospitality Press 2003. *(thb)*

**Besemer, Simone;** Dr. rer. oec., Dipl.-Kommunikationswirtin. 1992 bis 1997 Studium der Gesellschafts- und Wirtschaftskommunikation an der Universität der Künste Berlin (UdK) und der State University of New York (SUNY). 1997 bis 2005 wissenschaftliche Mitarbeiterin am Lehrstuhl für Marketing der Universität des Saarlandes und zugleich Projektmitarbeiterin am Institut für Konsum- und Verhaltensforschung in Saarbrücken. 2005 Auszeichnung der Promotionsschrift „Planung und Gestaltung von Shopping-Centern" mit dem Otto Beisheim Förderpreis. Seit 2005 Leiterin Marketing & Öffentlichkeitsarbeit an der Berufsakademie Ravensburg - University of Cooperative Education in Ravensburg. Zahlreiche Vorträge und Publikationen zu den Bereichen: Werbung, Konsumentenverhalten, Visual Merchandising, POS-Kommunikation, Shopping-Center, Multi-Level-Marketing. Neuere Buchveröffentlichung: Shopping-Center der Zukunft. Planung und Gestaltung, Wiesbaden: Gabler 2007 (2. Aufl.). *(sb)*

**Bieger, Thomas;** Prof. Dr. rer. pol., geschäftsführender Direktor des Instituts für öffentliche Dienstleistungen und Tourismus der Universität St. Gallen. Studium der

Betriebswirtschaftslehre an der Universität Basel, Lizentiat 1984. 1987 Promotion in Volkswirtschaft und Regionalökonomie. Mitarbeit am Institut für angewandte Wirtschaftsforschung der Universität Basel 1985-1987. Von 1985 bis 1991 Dozent und ab 1998 Mitglied der Schulleitung der Höheren Wirtschafts- und Verwaltungsschule (HWV, heute Fachhochschule für Wirtschaft) Luzern, dort 1988 Aufbau der Höheren Fachschule für Tourismus, Fachvorstand Marketing, und Konzeption des Instituts für Tourismuswirtschaft. 1991 Restrukturierung und Führung der Mittelschule Samedan mit Internat als privatrechtliche AG. Aufbau und Angliederung der Höheren Fachschule für Tourismus Graubünden und des Instituts für Tourismusmanagement Graubünden. Seit 2005 Prorektor der Universität St. Gallen (Schweiz). Aktuelle Buchpublikation: Tourismuslehre. Ein Grundriß. Bern etc.: Haupt 2006 (2. Aufl.) *(tb)*

**Bihler, Wolfgang;** Prof. Dr. oec., Dipl.-Hdl., Dipl.-Betriebswirt (BA). 1990-1993 Studium der Betriebswirtschaftslehre an der Berufsakademie Ravensburg, Studiengang Industrie. 1993-1998 Studium der Wirtschaftspädagogik an den Universitäten Hohenheim und Montreal. 1998-2003 Finance Manager und Leiter Programmcontrolling bei Airbus im Bereich der Flugzeugkabine. 2003-2006 Corporate Controlling der DaimlerChrysler AG: Entwicklung und Durchführung von Weiterbildungsveranstaltungen für Fach- und Führungskräfte des Ressorts Finanzen & Controlling. Berufsbegleitende Promotion auf dem Gebiet des Bildungscontrollings. Seit September 2006 Professor für Betriebswirtschaftslehre an der Berufsakademie Ravensburg mit den Schwerpunkten Finanz- und Rechnungswesen sowie Controlling. *(wb)*

**Born, Karl;** Dipl.-Betriebswirt. Nach einer Lehre als Industriekaufmann 1965-1968 Studium der Betriebswirtschaftslehre an der Wirtschaftsakademie Mannheim. 1969-1987 Leiter der Kostenrechnung bei Condor Flugdienst, seit 1973-1981 Leiter Controlling, seit 1981-1987 Leiter Verkauf. 1987 Wechsel zur TUI als Direktor Flugverkehr, ab 1992 Mitglied des Vorstandes der TUI. 1997-2000 Vorstand der TUI Group für Europa Mitte und Vorsitzender der Geschäftsführung TUI Deutschland. Seit 2000 Professor Betriebswirtschaftslehre/Touristikmanagement an der Hochschule Harz in Wernigerode und Lehrbeauftragter an der Privaten Fachhochschule Göttingen. Neuere Veröffentlichung: Der integrierte Touristikkonzern (Hrsg. zus. mit Harald Bastian), München, Wien: Oldenbourg (2004). *(kbo)*

**Brehm, Carsten R.;** Dr. rer. pol., Dipl.-Kfm.; 1992-1997 Studium an der Universität Gießen. 1998 bis 2003 wissenschaftlicher Mitarbeiter und Promotion an der Universität Gießen am Lehrstuhl für Unternehmensführung und Organisation. 2000 Gründer und Gesellschafter der Unternehmensberatung eic-partner - excellence in change GmbH & Co KG, Gießen, und Tätigkeit als Unternehmensberater und Honorardozent. Seit 2006 Professor für Personal, Organisation und Unternehmensführung an der Berufsakademie Ravensburg im Studienbereich Wirtschaft. Veröffentlichungen zum Change-, Projekt- und Programmanagement. Neuere Buchveröffentlichung: Organisatorische Flexibilität der Unternehmung – Bausteine eines erfolgreichen Wandels, Wiesbaden: DUV 2003. *(cb)*

**Bruce, David;** M.A. (Hons, St Andrews) in Geschichte und politischer Ökonomie, M.Phil (Edinburgh) in Stadt- und Regionalplanung. Bis 1983 arbeitete er für die National Bus Company im Bereich Unternehmensentwicklung und Verkehrsplanung, später im Marketing. Seit 1983 Principal Lecturer an der Bristol Business School (University of the West of England) in Bristol. *(db)*

**Buer, Christian;** Dr. oec. HSG, lic. oec. HSG, 1987-1992 Studium der Betriebswirtschaft (Vertiefung Tourismus und Verkehrswirtschaft) an der Hochschule St. Gallen. 1992-1998 Projektleiter bei Steigenberger Consulting in Frankfurt am Main, 1997 Promotion zum Dr. oec. in St. Gallen, 1998-2000 Group Director Marketing Services & Development beim Joint Venture von Arabella und Sheraton in München, 2000-2004 Projektbetreuung (u.a. ‚Adlon Hotel‘, Berlin, ‚Grand Hotel Heiligendamm‘; ‚Renaissance Hotel‘, Atlanta, USA) bei der FUNDUS Hotelentwicklungs- und Verwaltungs-GmbH, Köln. Seit 2004 Professor für Betriebswirtschaft an der Fachhochschule Heilbronn. Veröffentlichung u.a.: Gestaltung von ganzheitlichen Managementsystemen im Hotel, Bern: Haupt 1997. *(chb)*

**Conrady, Roland;** Dr. rer. pol., Dipl.-Kfm., 1979-1985 Studium der Wirtschafts-wissenschaften an den Universitäten Dortmund und Köln. 1986-1990 Promotion am Marketingseminar der Universität zu Köln, 1990-1998 verschiedene Managementfunktionen bei der Deutschen Lufthansa AG, 1998-2002 Professor für Luftverkehr an der Fachhochschule Heilbronn, seit 2002 Professor für Touristik und Verkehrswesen an der Fachhochschule Worms, seit 2004 Dekan des Fachbereichs Touristik/Verkehrswesen an der Fachhochschule Worms. Conrady berät zudem namhafte Unternehmen der Reise- und Tourismusbranche zu Strategie- Marketing-/Vertriebs- und E-Business-Themen. Neuere Veröffentlichungen: Luftverkehr (zus. m. Rüdiger Sterzenbach), München, Wien: Oldenbourg 2003 (3. Aufl.); Online-Marketing Strategien (Hrsg. zus. m. anderen), Neuwied, Kriftel: Luchterhand (2002); Online-Marketing Instrumente (Hrsg. zus. m. anderen), Neuwied, Kriftel: Luchterhand (2002). *(rc)*

**Dahringer, Bernd;** Ass. jur., 1975-1980 Jurastudium an der Universität Tübingen, Erstes Staatsexamen. 1981-1984 Referendariat am Landgericht Ravensburg, Zweites Staatsexamen. 1985 Zulassung als Rechtsanwalt, im gleichen Jahr Geschäftsführer beim DEHOGA Hotel- und Gaststättenverband Baden-Württemberg e.V. Seit 1984 Dozent an der Berufsakademie Ravensburg im Studiengang Hotel- und Gastronomiemanagement. Seit 1990 Referent an mehreren Bildungseinrichtungen mit Schwerpunkt Wirtschafts- und Arbeitsrecht. *(bd)*

**Donhauser, Gerti;** Rechtsanwältin. 1983-1985 Studium am Sprachen- und Dol-metscher-Institut München (Spanisch und Englisch), 1985-1991 Studium der Rechtswissenschaften an den Universitäten Konstanz und Genf (Schweiz). 1988 Mitarbeit in einer internationalen Kanzlei in Marbella (Spanien). 1992-1995 Referendariat beim Landgericht Ravensburg mit Wahlstation am Generalkonsulat Barcelona (Spanien). Seit 1995 Rechtsanwältin in Ravensburg und Grünkraut, seit 2000 auch Dozentin für Recht und Spanisch an der Berufsakademie Ravensburg, u.a. im Studiengang Hotel- und Gastronomiemanagement. *(gd)*

**Dwyer, Larry;** B. Comm. (Hons) 1969, B.A. (Hons) in Philosophie 1973 (beide University of New South Wales in Sydney [Australien]), Ph.D. in Philosophie 1980 (University on Western Ontario, Kanada), seit 2003 Qantas Professor for Travel and Tourism Economics an der University of New South Wales (UNSW) in Sydney. 1969 Marketing Analyst bei Esso Standard Oil; 1970-1974 Tutor in Wirtschaftswissenschaften an der UNSW; 1975-1978 Lecturer in Philosophie an der University of Western Ontario, Kanada; 1980-1984 verschiedene Positionen an der School of Economics der UNSW; 1985-2000 Lecturer und Associate Professor an der Fakultät für Wirtschaft und Technik der University of Western Sydney in Port Arthur; 2001-2003 Professor für Tourismusmanagement an der UNSW. Viele weitere Aktivitäten, darunter Mitglied des Herausgebergremiums einer Reihe internationaler wissenschaftlicher Zeitschriften und (seit 2004) Mitglied der Industry Implementation Advisory Group des australischen Tourismusministers. Neuere Buchveröffentlichungen: (Hrsg. zus. mit Peter Forsythe) International Handbook of Tourism Economics, London: Edward Elgar Publications 2005. *(ld)*

**Elsässer, Christian;** Diplom-Betriebswirt (BA). 1992-1995 Studium der Betriebswirtschaftslehre an der Berufsakademie Ravensburg, Berufserfahrung im Umfeld einer international tätigen Business Travel Management Gesellschaft mit Dienstsitzen in Friedrichshafen/Ravensburg, Nürnberg, Hamburg und Zürich. 1995-1996 Projektassistent der Geschäftsführung, 1996-1997 Filialleiter einer Privatreisenfiliale in Ravensburg, 1997-1999 Account Manager, 1999-2002 Travel Management Consultant. Seit 2003 Vertriebsleiter (Senior Account Manager) für Bestandskundenbetreuung für Nord- und Ostdeutschland bei einer international tätigen Travel-Management Company mit Dienstsitz in Hamburg. *(ce)*

**Embacher, Hans;** Mag. rer. soc. oec., MSc; 1980-1985 Studium der Betriebswirtschaftslehre, Dolmetscher- und Übersetzerwissenschaften an der Universität Innsbruck. 1985-1986 Postgraduierten-Studium (tourism marketing) an der University of Surrey in Großbritannien. 1986-1990 Mitarbeiter der Edinger Tourismusberatung, Innsbruck. Seit 1991 Geschäftsführer des Bundesverbandes Urlaub am Bauernhof in Österreich, seit 1999 Lektorat für Tourismus an der Universität Linz, seit 2001 Mitglied des Marketingbeirates der Österreich Werbung, seit 2004 Vizepräsident von Eurogites, dem Europäischen Verband für Bauernhof- und Landtourismus. *(em)*

**Finger-Bénoit, Claus;** M.A., Diplom-Soziologe, Animateur der ersten Stunde, studierte 1960-1968 Anglistik, Geographie und Soziologie in Kiel, Berlin und Köln. Seit 1968 als Reiseverkehrskaufmann in der touristischen Praxis (Personalentwicklung, Ausbildung und Training) tätig; Stationen waren Deutscher Studenten-Reisedienst, Bonn, TUI („twen tours"), Hannover, und Robinson Clubs, Frankfurt, bis 1988. Formte und aktivierte in den 1970er und 1980er Jahren die Animation in den Robinson Clubs. Heute ist er Leiter von „animation consult" und des Instituts für Animation und Kommunikation in Frankfurt am Main. Er arbeitet international in vielen Tourismusprojekten – im Alpenraum, in den Mittelmeerländern und weltweit als Experte im Rahmen von EU-geförderten Maßnahmen (zum Beispiel in Rumänien, Süd-Pazifik, Namibia/Südafrika). Wichtigste Buchveröffentlichung: Animation im Urlaub, München, Wien: Oldenbourg 2003 (zus. mit Brigitte Gayler). *(cfb)*

**Freitag, Rolf D.;** Diplom-Volkswirt, Studium der Volkswirtschaft an den Universitäten Berlin und München. 1968-1969 wissenschaftlicher Assistent an der Ludwig-Maximilians Universität München. 1970 Gründung der IPK International (Geschäftsführer), das Unternehmen ist auf Fragen der strategischen Tourismusplanung spezialisiert. Seit 1988 untersucht das Unternehmen mit seinem Europäischen Reisemonitor das Reiseverhalten von Menschen in Europa; seit 1995 wird die Untersuchung im Auftrag von IPK International auch in außereuropäischen Ländern durchgeführt. *(rdf)*

**Freyberg, Burkhard v.;** Dipl.-Kfm., Dr.; Seit Anfang 2004 als Berater und Projektleiter bei der TREUGAST Solutions Group tätig. Seit Oktober 2005 ist er zudem wissenschaftlicher Leiter des neu geschaffenen TREUGAST Institute of Applied Hospitality Sciences. Nach Abschluß seiner Ausbildung zum Hotelfachmann im Bayerischen Hof in München Studium der Wirtschaftswissenschaften an der Ludwig-Maximilians-Universität und der Harvard University. Promotion an der Universität Regensburg. Tätigkeiten als freier Berater in unterschiedlichen Unternehmen im Ausland sowie zuletzt als stellvertretender Leiter Konzerncontrolling in einem mittelständischen Automobilzulieferunternehmen. *(bvf)*

**Fuchs, Wolfgang;** Dr. rer. pol., Dipl.-Kfm. Ausbildung zum Hotelfachmann in einem deutschen Hotelkonzern, Auslandsaufenthalte in Großbritannien, Frankreich und Südafrika. 1986-1992 Studium der Betriebswirtschaftslehre an der Universität Mannheim, anschließend Promotionsstudium an der Universität Lüneburg und Dozent bei verschiedenen Fachhochschulen und Unternehmensberatungen. Seit 2000 Professor im Ausbildungsbereich Wirtschaft der Berufsakademie Ravensburg (University of Cooperative Education), seit 2001 Studiengangsleiter Tourismusbetriebswirtschaft II (Hotel- und Gastronomiemanagement). Mitglied in der Kommission zur Vergabe des Innovationspreises der Intergastra – Fachmesse für die Hotellerie und Gastronomie. Neuere Veröffentlichung: Das kulinaristische Themenfeld Gastronomie. In: Alois Wierlacher & Regina Bendix (Hrsg.): Kulinaristik. Forschung – Lehre – Praxis. Berlin etc.: LIT 2008. *(wf)*

**Führich, Ernst;** Dr. jur. utr., 1970-1975 Studium der Rechtswissenschaften an der Universität Würzburg, 1975-1978 Rechtsreferendar im Oberlandesgerichtsbezirk Bamberg. 1977 Promotion, 1978 zweites juristisches Staatsexamen. 1978-1980 Richter an verschiedenen Bayerischen Gerichten. 1980-1986 Staatsanwalt beim Landgericht Kempten. Seit 1986 Professor für Wirtschaftsprivat-, Arbeits- und Reiserecht an der FH Kempten; zusätzlich Lehraufträge an verschiedenen Hochschulen. Neuere Veröffentlichungen: Reiserecht, Handbuch des Reisevertrags-, Reiseversicherungs- und Individualreiserechts, Heidelberg: C.F. Müller 2005 (5. Aufl.); Wirtschaftsprivatrecht, München: Vahlen 2006 (8. Aufl.); Reiserecht von A-Z, München: Beck-Rechtsberater im dtv 2006 (3. Aufl.); Basiswissen Reiserecht – Grundriß des Reisevertrags- und Individualreiserechts, München: Vahlen 2007. *(ef)*

**Fuhrmann, Martina;** Dipl.-Ökonomin, 1985-1991 Studium der Wirtschaftswissenschaften an der Leibniz Universität Hannover. 1992-1996 Personalreferentin

(Personalentwicklung und Personalbetreuung) Otto Versand Hamburg. 1996-2001 Personalreferentin bei der TUI Group Hannover, seit 2001 Personalleiterin von ROBINSON Club GmbH Hannover. Seit 2001 ehrenamtliche Richterin am Arbeitsgericht Hannover. *(mf)*

**Funke, Caroline;** Dr. rer. soc. oec., Mag. rer. soc. oec. 1996-2002 Studium der Handelswissenschaften an der Wirtschaftsuniversität Wien und dem Instituto Tecnológico Autónomo de México. 2003-2005 Doktoratsstudium der Sozial- und Wirtschaftswissenschaften an der Wirtschaftsuniversität Wien. Seit 2005 stellvertretende Leiterin des TREUGAST Institute of Applied Hospitality Sciences. *(cf)*

**Gerhard, Stephan;** Diplom-Betriebswirt (FH), Geschäftsführer der Treugast Unternehmensberatungsgesellschaft mbH, München. 1974-1977 Ausbildung zum Hotelkaufmann, 1977-1979 stellvertretender Direktor im Tagungshotel des DEURA. 1979-1982 Studium der Betriebswirtschaft, daneben Teilzeit-Geschäftsführung eines Nachtbetriebes mit Diskothek, Club und Restaurant. 1982-1985 Juniorberater/Berater bei bbg consulting GmbH, 1985-1988 Geschäftsführender Gesellschafter K&P Consulting GmbH München (Juniorpartner), seit 1988 geschäftsführender Gesellschafter der TREUGAST Solutions Group in München. *(stg)*

**Graham, Anne;** Ph.D. (Luftverkehr und Tourismus), MSc. (Tourismus) BSc. (Mathematik), Senior Lecturer an der Westminster Universität in London. Sie hat sich auf Fragen der Wirtschaftlichkeit, des Managements und der Regulierung von Flughäfen spezialisiert. Vor ihrem Eintritt in die Universität arbeitete sie bis 1984 in einem Verkehrsberatungsunternehmen. In ihrer Lehre vertritt sie ein weites Spektrum von Flughafenthemen und hat viele wissenschaftliche Zeitschriftenartikel geschrieben und Vorträge auf Konferenzen gehalten. Wichtigste Veröffentlichung: Managing Airports: An International Perspective. Oxford: Butterworth-Heinemann (2. Aufl. 2003). *(ag)*

**Gruner, Axel;** Dr. rer. soc. oec.; Studium an der Hamburger Universität für Wirtschaft und Politik. Die Promotion erfolgte in Kooperation mit der Steigenberger Hotels AG sowie der Choice Hotels Germany GmbH am Zentrum für Tourismus und Dienstleistungswirtschaft der Leopold-Franzens-Universität Innsbruck (Österreich). Langjährige Erfahrung in der internationalen Hotellerie (u.a. Maritim Golf- & Sporthotel, Timmendorfer Strand; Hotel Europe, Killarney [Irland]; Hyatt Regency Grand Cayman [British West Indies]; Brenner's Parkhotel, Baden-Baden) sowie als Unternehmensberater und Dozent. Seit 2004 Professor für Hospitality Management an der Fakultät für Tourismus der FH München. Herausgeber des Management-Lexikon Hotellerie und Gastronomie, Frankfurt am Main: DFV 2008. *(agr)*

**Günter, Wolfgang;** Dr. phil., Prof., Studium von Pädagogik, Geschichte und Sprachen an den Universitäten Bonn, Freiburg und Kiel, Fachleiter Geschichte am Seminar für Schulpädagogik an der Pädagogischen Hochschule Freiburg. Forschungsschwerpunkte: Europäische Geschichte, Geschichtsdidaktik und Reisepädagogik. Letzte Buchveröffentlichung: Handbuch für Studienreiseleiter, München, Wien: Oldenbourg 2003 (3. Aufl.). *(wg)*

**Günther, Armin;** PD, Dr. rer. pol., Dipl.-Psych. 1978-1986 Studium der Psychologie und Philosophie an der Universität Hamburg. 1986-1989 Mitarbeiter in der Forschungsgruppe „Motivationspsychologie" (Leitung Prof. Heckhausen) am Max-Planck-Institut für psychologische Forschung in München. 1986-2002 wissenschaftlicher Mitarbeiter an der wirtschafts- und sozialwissenschaftlichen Fakultät der Universität Augsburg. 2002-2006 Lehrstuhlvertretung an der Universität Augsburg; seit 2006 an der katholischen Universität Eichstätt, Lehrstuhl für Kulturgeographie. *(arg)*

**Hänssler, Karl Heinz;** Dipl. Hdl., Prof., 1971-1975 Studium der Betriebswirtschafts-lehre und Wirtschaftspädagogik an der Universität Mannheim. 1976-1977 Referendariat für das Höhere Lehramt an Kaufmännischen Schulen, 1977-1983 Lehrtätigkeit an Kaufmännischen Schulen (Oberstudienrat), 1983-1986 Dozent an der Berufs-akademie Ravensburg. 1986 Ernennung zum Professor als Fachleiter für Hotel- und Gastronomiemanagement an der Berufsakademie Ravensburg. Seit 2006 Direktor der Berufsakademie Ravensburg. Mitgliedschaften: Kuratorium der Deutschen Akademie für Kulinaristik, Aufsichtsrat der Internationalen Bodensee-Tourismus GmbH (IBT), Vorsitzender der Kommission zur Vergabe des Innovationspreises der Intergastra-Fachmesse für die Hotellerie und Gastronomie, Aufsichtsrat der Tourist Information Konstanz GmbH, Beirat der Tourismusakademie Baden Württemberg. Preisträger des Eckart Witzigmann Förderpreises für Nachwuchsförderung 2004. Neuere Veröffentlichung: Management in der Hotellerie und Gastronomie (Hrsg.), München, Wien: Oldenbourg (7. Aufl. 2008). *(khh)*

**Harrer, Bernhard;** Dr. oec. publ., Diplom-Geograph (wirtschafts- und sozialwis-senschaftliche Richtung). Studium der Geographie, Raumforschung, Raumordnung und Landesplanung sowie der Volkswirtschaftslehre an der Ludwig-Maximilians-Universität und an der Technischen Universität in München. Stipendiat einer Stiftung mit dem Zweck zur Förderung von Wissenschaft und Forschung. Promotion an der Betriebswirtschaftlichen Fakultät. Nach Ablegung der Diplomhauptprüfung wissenschaftlicher Assistent am Lehrstuhl für Didaktik der Geographie der Universität München. Seit Sommer 1989 Mitarbeiter beim Deutschen Wirt-schaftswissenschaftlichen Institut für Fremdenverkehr e.V. an der Universität München; Tätigkeit als Projektleiter. Seit 1.1.2003 Prokurist bei der dwif-Consulting GmbH. Nebentätigkeiten als Leiter und Betreuer von Seminaren, Redakteur, Referent und Autor. Zahlreiche Publikationen zu verschiedenen Themenschwerpunkten. Lehrbeauftragter an der Berufsakademie Ravensburg, an der Fachhochschule Kempten und an der Freien Universität Berlin. *(bh)*

**Henschel, U. Karla;** Dr. habil. oec., Dipl.-Ök.. Nach Abitur und anschließender Lehre als Kellner Studium der Wirtschaftswissenschaften mit der Vertiefungsrichtung Gaststätten- und Hotelwesen an der Universität Leipzig, anschließend For-schungsstudium. 1972 Promotion und 1981 Habilitation. 1972-1992 Tätigkeit als Assistentin, Oberassistentin, Dozentin und außerordentliche Professorin auf dem Fachgebiet Ökonomie des Gaststätten- und Hotelwesens an der Handelshochschule Leipzig und von 1992-1996 auf dem Gebiet Betriebswirtschaftslehre des Tourismus im Studienprogramm der Handelshochschule an der Universität Leipzig. Seit 1996 Professorin für Tourismus-Management/BWL, insbesondere Hotelmanagement und Kongreßwesen an der Hochschule Harz (FH) in Wernigerode. *(ukh)*

**Hirschfelder, Gunther;** Privatdozent, Dr. phil. habil., M.A. 1980-1988 Studium der Geschichte, Volkskunde, Politik und Landwirtschaft an der Universität Bonn. 1992 Promotion an der Universität Trier, 2000 Habilitation an der Universität Bonn. 1995-1999 Assistent am Institut für geschichtliche Landeskunde der Rheinlande der Universität Bonn, 1999-2000 Vertreter der Professur für Kulturanthropologie/Volkskunde an der Universität Mainz, seit 2000 Professurvertreter für Kulturanthropologie/Volkskunde an der Universität Bonn, seit 2006 Direktor des Steinbeis-Instituts der Deutschen Akademie für Kulinaristik. Daneben publizistische und journalistische Tätigkeiten mit den Schwerpunkten Alltagskultur und Ernährung. *(ghf)*

**Hüning, Gabriele;** Realschullehrerin. 1966-1971 Studium der Anglistik und Geographie an den Universitäten Marburg und Bonn. 1971-1972 Lehrerin an der Friedrich Ebert-Realschule in Oberhausen (Rhld.), 1974-2008 an der Ernst-Immel-Realschule in Marl (Westfalen). *(gh)*

**Hummel, Florian M.;** BA (Hons) in Travel Management (University of Brighton), MSc in Air Transport Management (Cranfield University). Nach Tätigkeiten bei einem Flughafenbetreiber und einer internationalen Autovermietung unterrichtet er Tourismusmanagement an der Angell Akademie Freiburg und ist Geschäftsführer und Studienleiter der Angell Business School Freiburg. *(fmh)*

**Jaeschke, Arndt Moritz;** Dipl.-Betriebswirt (BA). 1993-1996 Studium der Tourismusbetriebswirtschaftslehre in der Fachrichtung Hotellerie und Gastronomie an der Berufsakademie Ravensburg. 1997-1998 Projektleiter am Steinbeis-Transferzentrum Tourismus und Hotellerie in Ravensburg. 1997-2000 Mitarbeiter der Velomax Hallenbetriebs GmbH, Berlin, zuerst als Assistent der Geschäftsleitung im Bereich Hallengastronomie, später als Projektleiter für Veranstaltungen. Seit 2000 Mitarbeiter des Kultur- und Kongreßzentrums Jahrhunderthalle Frankfurt, zuerst als Projektleiter, seit 2004 als stellvertretender Geschäftsführer und Prokurist. Seit 2002 nebenberuflicher Dozent an der Berufsakademie Ravensburg. Mitautor des von Karl Heinz Hänssler herausgegebenen Buches Management in der Hotellerie und Gastronomie, München, Wien: Oldenbourg 2008 (7. Aufl.). *(amj)*

**Joppien, Martin Günter;** Dr. rer. pol., Dipl.-Volksw. (lic. rer. pol.). 1985-1989 Studium der Volkswirtschaftslehre an der Universität Fribourg (Schweiz). 1989-1991 Ausbildung zum Verkehrsflugzeugführer an der Verkehrsfliegerschule der Deutschen Lufthansa AG. Seit 1992 Pilot bei der Deutschen Lufthansa AG. 1998 Trainee-Programm Pro Team Cockpit für Nachwuchsführungskräfte der Lufthansa. 1998-1999 Arbeit in verschiedenen Projekten innerhalb des Lufthansa-Konzerns. 1999-2001 Vorstandsassistent des Vorstands Finanzen und Personal der Lufthansa Cargo AG. 2002 Promotion zum Dr. rer. pol. an der Universität Bern. Autor des Buches Strategisches Airline-Management, Bern: Haupt (2. Aufl. 2006). *(jop)*

**Kagelmann, Hans Jürgen;** Dipl.-Psych., Dr. phil., 1968-1974 Studium der Psychologie und Soziologie an der Universität Regensburg, 1982 Promotion in Freiburg. Berufliche Tätigkeit als Lektor, Programmleiter, Verlagsleiter und Verleger in verschiedenen Verlagen. Seit 1993 Dozent für Tourismuspsychologie an der Ludwig-Maximilians-Universität in München. Markt- und Meinungsforschung sowie Beratung für touristische Unternehmen („Erlebnis + Trend"). Forschungsschwerpunkte: Erlebniswelten, Reisemotive und touristische Medien, insbesondere Reiseführer. *(hjk)*

**Karrer, Stefan;** Diplom-Betriebswirt (BA), Studium der Tourismusbetriebswirtschaft mit Schwerpunkt Hotelmanagement an der Berufsakademie Ravensburg. Seit Anfang 2004 Assistent der Geschäftsführung bei der TREUGAST Unternehmensberatungsgesellschaft mbH mit Sitz in München und Berlin. Berufserfahrung im ArabellaSheraton Grand Hotel in München sowie bei der ArabellaSheraton Hotelmanagement GmbH in München. Vor Beginn seines Studiums absolvierte er ein einjähriges Management Training bei Marriott International im Renaissance Riverside Hotel in Saigon, Vietnam. *(stk)*

**Kirstges, Torsten;** Dipl.-Kfm., Dr. rer. pol., 1984-1988 Studium der Betriebswirtschaft an der Universität Mannheim; 1984-2001 Gründung, Aufbau und Leitung eines mittelständischen Tourismusunternehmens, dort auch praktische Reiseleitererfahrung; Wissenschaftlicher Mitarbeiter von 1988 bis 1992 und Promotion am Institut für Marketing der Universität Mannheim bei Prof. Dr. Hans Raffée und Prof. Dr. Erwin Dichtl; diverse Lehraufträge an Berufsakademien und Fachhochschulen; seit 1992 Professor für Allgemeine Betriebswirtschaftslehre und Tourismuswirtschaft, speziell für das Management der Reiseveranstalter und Reisemittler, an der Fachhochschule in Wilhelmshaven; diverse Forschungsprojekte und Publikationen, speziell zum Themenbereich „Tourismus und Marketing" sowie „sanfter Tourismus". (www. Kirstges.de). *(tk)*

**Litzcke, Sven-Max;** Dr. rer. nat., Dipl.-Psych., Dipl.-Verwaltwiss. (FH). 1986-1994 Studium der Verwaltungswissenschaften, der Psychologie und der Kriminologie an der FH Bund in Köln und an der Universität Freiburg. 1994-1999 wirtschafts- und organisationspsychologische Tätigkeit in Industrie und öffentlichem Dienst. 1999-2004 Professor für Psychologie, Kommunikation und Führung an der FH Bund in Brühl bei Köln. 2005-2007 Professor für Sozialwissenschaften an der Niedersächsischen Fachhochschule für Verwaltung und Rechtspflege – Hochschule für den öffentlichen Dienst – in Hildesheim, seit 2007 Professor für Personal- und Wirtschaftspsychologie an der Fachhochschule Hannover. *(sml)*

**Lohmann, Martin;** Dipl.-Psych., Dr. phil., Studium der Psychologie in Düsseldorf, Kiel und Würzburg. 1978-1980 Studienreiseleiter in Spanien und Frankreich; 1981-1984 wiss. Mitarbeiter am Institut für Psychologie III der Universität Würzburg. 1984-1991 Forschungsreferent des Studienkreises für Tourismus (StfT) in Starnberg. Seit 1991 wissenschaftlicher Leiter und Geschäftsführer des Instituts für Tourismus- und Bäderforschung in Nordeuropa (N.I.T.) in Kiel, seit 2001 zudem Professor für Wirtschaftspsychologie (insbesondere Konsumentenverhalten) im Fachbereich

Wirtschaftspsychologie der Universität Lüneburg. Neuere Buchveröffentlichungen (zusammen mit Peter Adelhold und Bente Zahl: Urlaubsreisetrends 2015 – Die RA-Trandstudie. Kiel: Forschungsgemeinschaft Urlaub und Reisen (F.U.R). *(ml)*

**Mahnke, Gesine Corinna;** Dipl.-Psych., Managementtrainerin. Studium der Psychologie und der Theaterwissenschaft in Freiburg und München. Seit 2000 als festangestellte Personalentwicklerin und Trainerin bei Studiosus Reisen München verantwortlich für die Reiseleiter-Weiterbildung. Seit 2001 nebenberufliche Tätigkeit als Trainerin für Kommunikation, Konfliktmanagement, Teamentwicklung, Führungskräfteentwicklung und Selbstmanagement. Lehrtrainerin für interkulturelle Kommunikation. *(gcm)*

**Maurer, Peter J.;** Dipl.-Kfm., 1974-1979 Studium der Betriebswirtschaftslehre an der Universität Köln; Deutsche Lufthansa AG, Konzernbereich Human Ressources, konzeptionelle Gestaltung und Training des Fachgebietes „Luftverkehrsmanagement", konzeptionelle Fragen der Aus- und Weiterbildung. Nebenberuflicher Dozent an Hochschulen und Berufsakademien mit Schwerpunkt Luftverkehrsmanagement. Veröffentlichung u. a. Luftverkehrsmanagement, München, Wien: Oldenbourg (4. Aufl. 2006). *(pjm)*

**Meinken, Imke;** Dipl.-Psych., Dr. phil.; Studium der Psychologie an der Christian-Albrechts-Universität in Kiel bis 1993. 1993-1995 Freie Mitarbeiterin im Institut für Tourismus- und Bäderforschung in Nordeuropa (N.I.T.) in Kiel, 1995-1998 Wissenschaftliche Mitarbeiterin am Lehrstuhl für Psychologie der Ludwig-Maximilians-Universität München; 1998 Promotion in Kiel. Seit 1999 wissenschaftliche Mitarbeiterin im Institut für Tourismus- und Bäderforschung in Nordeuropa (N.I.T.) in Kiel. *(im)*

**Mundt, Jörn W.;** Dipl.-Psych., Dr. rer. soc.; 1968-1973 Studium der Psychologie und der Soziologie an der Universität Konstanz. 1969-1979 Mitarbeiter am Zentrum I Bildungsforschung der Universität Konstanz, ab 1975 als Projektleiter. 1979-1987 wiss. Mitarbeiter und ab 1981 Akademischer Rat am Lehrstuhl für Soziologie der TU München. 1986-1988 freier Luftfahrtjournalist und Europa-Korrespondent eines chinesischen Technik- und Wirtschaftsmagazins. 1988-1991 Projektreferent beim Studienkreis für Tourismus (StfT), Starnberg. Seit 1991 Professor im Studienbereich Wirtschaft der Berufsakademie Ravensburg und Leiter des Studiengangs Tourismusbetriebswirtschaft I (Reiseverkehrsmanagement). Neuere Buchveröffentlichungen: Tourismuspolitik (2004); Tourismus (3. Aufl. 2006); Reiseveranstaltung. Lehr- und Handbuch (Hrsg., 6. Aufl. 2007). Alle Bücher sind im Oldenbourg Verlag, München, erschienen. *(jwm)*

**Oehler, Jochen;** Diplom-Betriebswirt (FH). 1980-1982 Ausbildung zum Textileinzelhandelskaufmann bei E. Breuninger in Stuttgart. 1985-1987 Mitarbeiter und Filialleiter im sportswear-Einzelhandel. 1987-1991 Studium der Betriebswirtschaft an der Hochschule für Wirtschaft und Gestaltung in Pforzheim. 1991 Volontariat zum Redakteur. 1992-1999 Pressesprecher und Leiter Training und Weiterbildung

Best Western Hotels Deutschland sowie in Personalunion 1997-1999 Geschäftsführer Best Western Hotels Poland. Seit 1999 Geschäftsführer progros Einkaufsgesellschaft. Zusätzliche Tätigkeiten als Fachautor, Referent und Trainer im Bereich Supply Management für die Hotellerie. *(joe)*

**Pechlaner, Harald;** Dr. rer. soc. oec., 1985-1990 Studium der Wirtschaftswissenschaften an den Universitäten Verona und Innsbruck. 1990-1993 wiss. Mitarbeiter am Institut für Unternehmungsführung der Universität Innsbruck, Promotion 1993 an der Sozial- und Wirtschaftswissenschaftlichen Fakultät der Universität Innsbruck. 1993-1998 Leiter der Abteilung Tourismus der Autonomen Provinz Bozen-Südtirol und Direktor der Südtirol Tourismus Werbung. 1998-2002 wiss. Mitarbeiter am Institut für Unternehmensführung, Tourismus und Dienstleistungswirtschaft der Universität Innsbruck, 2002 Habilitation im Fach Betriebswirtschaft, 2002-2003 Gastprofessor für Tourismus an der Freien Universität Bozen, seit Oktober 2003 Inhaber des Stiftungslehrstuhls für Tourismus der Katholischen Universität Eichstätt-Ingolstadt. Zudem wissenschaftlicher Leiter des Instituts für Regionalentwicklung und Standortmanagement der Europäischen Akademie Bozen sowie Lehrgangsleiter des MBA-Programms „Tourismus- und Freizeitmanagement" an der Universität Salzburg. *(hpl)*

**Pforr, Christof;** Ph.D. (Politikwissenschaft). Studium der Politikwissenschaft und Geographie an der Eberhard Karls Universität in Tübingen. 1996-2000 Dozent an der Northern Territory University in Darwin (Australien). 2000-2001 Mitarbeiter am Forschungszentrum für Nachhaltigen Tourismus (Cooperative Research Centre for Sustainable Tourism) und Dozent an der University of Canberra (Australien). Von 2001-2003 Dozent und Leiter des Cooperative Research Centre for Sustainable Tourism an der Edith Cowan University in Perth. Seit 2003 Senior Lecturer und Research Director an der Curtin University of Technology in Perth (Australien). *(cp)*

**Pfundtner, Raimund;** Dr. phil., M.A.; Studium der Politikwissenschaft, neueste Geschichte und neuere deutsche Literaturwissenschaft an der Albert-Ludwig-Universität Freiburg i. Br., Abschluß 1972. Referent des Rektors der Universität Dortmund, Tätigkeit in der Erwachsenenbildung; von 1979-1981 persönlicher Referent des Gründungsrektors der Fernuniversität Hagen, danach wissenschaftlicher Mitarbeiter. Habilitation 1998; heute apl. Professor interkulturelle Erziehungswissenschaft an der Fernuniversität Hagen. *(rp)*

**Pompl, Wilhelm;** Dipl.-Soz., Dr. rer. pol.; 1965-1970 Studium der Soziologie und der Betriebswirtschaftslehre an den Universitäten München, Bochum, Berlin und Wien. 1970-1973 TUI in Hannover und Mombasa, 1973-1978 Bayerischer Jugendring München, seit 1979 Professor für Tourismusbetriebswirtschaft an der Fachhochschule Heilbronn, Vorlesungstätigkeit an mehreren europäischen Universitäten. Neuere Buchveröffentlichungen u.a.: zus. mit Manfred G. Lieb (Hrsg.): Internationales Tourismusmanagement, München: Vahlen 2002, Luftverkehr. Eine ökonomische und politische Einführung, Berlin etc: Springer, 5. Aufl. 2007. *(wp)*

**Putnoki, Hans;** Dr. rer. pol., Dipl.- Kfm. Studium der Betriebswirtschaftslehre an der Universität Siegen. Anschließend Promotion am Lehrstuhl für Finanzwissenschaft an der Universität Bamberg und an der Bundeswehrhochschule München. Volkswirt Makroökonomik in der Kreditanstalt für Wiederaufbau (KfW) in Frankfurt am Main. Seit 1994 Professor für Finanzierung und Volkswirtschaftslehre an der Berufsakademie Ravensburg. Buchveröffentlichungen u.a. Große Ökonomen und ihre Theorien. Ein chronologischer Überblick, Weinheim: Wiley-VCH 2007 (zus. mit Bodo Hilgers). *(hp)*

**Reuel, Stefan;** Diplom-Agraringenieur. 1986-1993 Studium der Agrar- und Milchwissenschaften an der TU München-Weihenstephan. 1992-1998 Fachlicher Mitarbeiter im Bereich der Materialwirtschaft bei der LSG – Lufthansa Service GmbH München. Seit 1999 als Referent in der Zentralen Personalentwicklungs- und Ausbildungsabteilung der LSG Sky Chefs Deutschland GmbH in Neu Isenburg, zuständig für den Fortbildungs- und Trainingsbereich sowie die Entwicklung des akademischen Nachwuchsprogramms und die Betreuung der Studierenden, seit 2007 Referent Managementtraining bei der Lufthansa Technical Training. Seit 2005 Lehrauftrag für den Studiengang Tourismus - Hotel- und Gastronomiemanagement an der Berufsakademie Ravensburg. *(sr)*

**Scherle, Nicolai;** Dr., Dipl.-Geogr.; 1993-1999 Studium der Geographie, Geschichte und Journalistik an der Katholischen Universität Eichstätt-Ingolstadt und an der University of London. Seit 2000 wissenschaftlicher Mitarbeiter am Lehrstuhl für Kulturgeographie der Katholischen Universität Eichstätt-Ingolstadt. Durchführung eines interdisziplinären Forschungsprojekts zu interkulturellen Unternehmenskooperationen im Tourismussektor. Mitglied des Bayerischen Forschungsverbundes Area-Studies (FORAREA) sowie der Royal Geographical Society, London. Forschungsschwerpunkte: touristische Akteure und Medien, Internationalisierung der Tourismuswirtschaft und interkulturelle Kommunikation. *(nsc)*

**Schlieper, Thomas;** Hotelkaufmann, Diplom-Betriebswirt (BA); Prokurist der TREUGAST Solutions! Group, München/Berlin. Seit 1983 tätig als Unternehmensberater in der Hotellerie und Gastronomie. Seit 1997 zudem Geschäftsführer Freiburg Private City Hotels, Freiburg, und seit 1984 Lehrbeauftragter an der Berufsakademie Ravensburg. *(ths)*

**Schmeer-Sturm, Marie-Louise;** Dr. phil., Reisepädagogin, Lehramtsstudium für Grund- und Hauptschulen und Studium der Pädagogik und Kunstgeschichte, seit 1976 Tätigkeit als Gästeführerin in München und als Studienreiseleiterin, 1984-1991 wissenschaftliche Mitarbeiterin am Institut für Pädagogik an der Münchner Universität, anschließend Geschäftsführerin von ,Reisen und Bildung GmbH' und Vortragstätigkeit an Institutionen der Erwachsenenbildung. Buchveröffentlichungen u.a. Reiseleitung, München, Wien: Oldenbourg 2001. *(sst)*

**Schowalter, Marion;** Dipl.-Psych., Dr. phil., Studium der Psychologie von 1991-1997 an der Universität Heidelberg, 1997-2000 Dissertation im Graduiertenkolleg „Klinische Emotionsforschung" der Deutschen Forschungsgemeinschaft (DFG),

1997-2000 Ausbildung zur Psychologischen Psychotherapeutin. Seit 2001 wissenschaftliche Mitarbeiterin am Institut für Psychotherapie und Medizinische Psychologie der Universität Würzburg und u.a. psychologische Leitung der Seminare gegen Flugangst (www.flugangst-coaching.de). *(ms)*

**Schrand, Axel;** Dipl.-Soz., Dipl.-Betriebsw. (FH); Ausbildung und Berufstätigkeit als Reisebürokaufmann, Studium der Betriebs- und Tourismuswirtschaft an der Fachhochschule München, danach Studium der Soziologie, Psychologie und Politologie an der Universität München. Autor zahlreicher tourismuswissenschaftlicher Publikationen. Dozent für Tourismuslehre und Touristik-Marketing an der Hochschule München, der katholischen Universität Eichstätt und an der Berufsakademie Ravensburg. *(axs)*

**Schwadorf, Heike;** Prof. Dr. rer. soc., Dipl.-Hdl., Dipl.-Betriebswirtin (BA). Studium der Betriebswirtschaftslehre an der Berufsakademie Heidenheim, Studienrichtung Bank; Tätigkeit im Firmenkundengeschäft. Studium der Wirtschaftspädagogik an der Universität Hohenheim und Mitarbeit im Forschungsprojekt „Einflußfaktoren auf den Berufsausbildungserfolg in der dualen kaufmännischen Erstausbildung" am Institut für Berufs- und Wirtschaftspädagogik der Universität Hohenheim. Wissenschaftliche Mitarbeiterin am Institut für Berufs- und Wirtschaftspädagogik der Universität Hohenheim. Promotion über berufliche Handlungskompetenz in der dualen kaufmännischen Erstausbildung. Selbstständige Unternehmensberaterin für Kompetenz- und Finanzmanagement in der Hotellerie und im Medienbereich. Seit 2000-2004 nebenberufliche Dozentin an den Berufsakademien Stuttgart, Heidenheim und Ravensburg. Seit 2004 Professorin für Betriebswirtschaftslehre an der Berufsakademie Ravensburg mit den Schwerpunkten Investition und Finanzierung sowie Organisation. Seit 2007 Studiengangsleiter des Studiengangs Tourismusbetriebswirtschaft IV (Hotel- und Gastronomiemanagement). *(hs)*

**Sharpley, Richard A. J.;** MSc, Ph.D. 1990-1991 Masters-Studium in Tourismus an der Strathclyde University in Glasgow. 1992-1998 Teilzeit-Promotion an der Lancaster University in Bailrigg. Seit 1991 Forschung und Lehre im Tourismus mit einem Schwerpunkt in Tourismus-Soziologie, ländlichem Tourismus und Tourismus und Entwicklung, vor allem auf Inseln. 2005-2007 Professor und Leiter des Fachbereichs Tourismus an der Universität Lincoln in England, seit 2007 Professor für Tourismus an der University of Central Lancashire. Neuere Buchveröffentlichungen: Tourism, Tourists and Society, Huntingdon: ELM Publications 2003 (3. Aufl.); Tourism and Development. Concepts and Issues, (Hrsg. zus. mit David J. Telfer), Clevedon etc: Channel View Publications 2002. *(rs)*

**Simon, Volker;** Prof. Dr. rer. pol., Dipl.-Kfm. Studium der Betriebswirtschaftslehre an der Universität Gießen, Promotion an der Universität Potsdam. Mitarbeiter am Lehrstuhl für Organisation und Führung, Personalwirtschaft der Universität Gießen. Forschungsmitarbeiter an der Hochschule St. Gallen, verschiedene Beratungsprojekte in Wirtschaft und Verwaltung sowie Weiterbildungsseminare für Führungskräfte verschiedener Branchen. Von 1994-2000 vollamtlicher Dozent, seit 2000 Professor im Studienbereich Wirtschaft der Berufsakademie Ravensburg – University of Cooperative Education mit den Schwerpunkten Integrierte Führung, Controlling und Informationsmanagement. Seit 2007 komm. Leitung des Studiengangs Tourismusbetriebswirtschaft V (Freizeitwirtschaft) an der Berufsakademie Ravensburg. Verschiedene Lehraufträge an Universitäten und Hochschulen in Deutschland und der Schweiz. *(vs)*

**Steinecke, Albrecht;** Dr. phil., M. A. 1969-1974 Studium der Geographie, Soziologie und Literaturwissenschaft an der Christian-Albrechts-Universität Kiel und am Trinity College Dublin. 1977 Promotion, anschließend Wissenschaftlicher Mitarbeiter an der Technischen Universität Berlin und an der Universität Bielefeld sowie Lehrbeauftragter an der Freien Universität Berlin und an der Universität Trier. 1987 Habilitation an der Technischen Universität Berlin. 1991-1992 Arbeitsbereichsleiter am Institut für Entwicklungsplanung und Strukturforschung GmbH an der Universität Hannover. 1992-1997 Geschäftsführer des Europäischen Tourismus Instituts GmbH an der Universität Trier. Seit dem Wintersemester 1997/98 Professor für Wirtschafts- und Fremdenverkehrsgeographie an der Universität Paderborn. Neuere Veröffentlichungen: u.a. „Erlebnis- und Konsumwelten" (Hrsg., 2000) und „Geographie der Freizeit und des Tourismus" (Hrsg. zus. mit Christoph Becker und Hans Hopfinger, 2004), jeweils erschienen im Oldenbourg Verlag; „Tourismus – eine geographische Einführung". Braunschweig: Westermann Verlag 2006. *(as)*

**Sterzenbach, Rüdiger;** Dr. rer. pol.; 1967-1971 Studium der Volkswirtschaftslehre an der Universität Marburg, 1971-1972 Mitarbeiter am Forschungsinstitut für Wirtschaftspolitik an der Universität Mainz.1972-1973 Wissenschaftlicher Berater des Bundesverbandes der Jugendorganisation einer Partei. 1973-1976 Geschäftsführer eines Verkehrsunternehmens. Seit 1977 Professor für Volkswirtschaftslehre und Betriebswirtschaftslehre des Personenverkehrs an der Fachhochschule Heilbronn. Neuere Veröffentlichungen: ÖPNV-Marketing, München: Huß Verlag (2. Aufl. 2001); Luftverkehr (zus. m. Roland Conrady), München, Wien: Oldenbourg (3. Aufl. 2003). *(sz)*

**Thomas, Alexander;** Dr. phil., Dipl.-Psych. Studium der Psychologie, Soziologie und Politikwissenschaft an den Universitäten Köln, Bonn und Münster. Diplom in Psychologie 1968 und Promotion in Psychologie 1970 an der Universität Münster. 1974-1979 Professor für Psychologie an der Freien Universität Berlin, seit 1979 Professor für Psychologie mit den Arbeitsgebieten Sozialpsychologie und Angewandte Psychologie (Organisationspsychologie) an der Universität Regensburg. Mitbegründer des dortigen ‚Instituts für Kooperationsmanagement (IKO)'. Neuere Buchveröffentlichungen u.a.: (Hrsg.) Kulturvergleichende Psychologie. Göttingen: Hogrefe 2003 (2. Aufl.); (Hrsg.) Psychologie interkulturellen Handelns. Göttingen: Hogrefe 2003 (2. Aufl.); (Hrsg. zus. mit Eva-Ulrike Kinast, und Sylvia Schroll-Machl): Handbuch Interkulturelle Kommunikation und Kooperation. Band 1: Grundlagen und Praxisfelder. Göttingen: Vandenhoeck & Ruprecht 2003; (Hrsg. zus. mit Stefan Kammhuber und Sylvia Schroll-Machl): Handbuch Interkulturelle Kommunikation und Kooperation. Band 2: Länder, Kulturen und interkulturelle Berufstätigkeit. Göttingen: Vandenhoeck & Ruprecht 2003. *(ath)*

**Weithoener, Uwe;** Dr. rer. pol., Dipl.-Ökonom. 1974/75-1979 Studium der Wirtschaftswissenschaften an den Universitäten Bielefeld und Hannover. 1979-1984 wissenschaftlicher Mitarbeiter am Institut für Unternehmensplanung, Abteilung Produktionswirtschaft, der Universität Hannover. 1984 Promotion. 1984-1989 Dozent und Leiter der Abteilung für Wirtschaftsinformatik bei einem privaten Bildungsträger. 1990-1993 Projektleiter bei der TUI Software GmbH in Hannover. Seit 1993/94 Professor für Wirtschaftsinformatik im Studiengang Tourismuswirtschaft an der Fachhochschule Oldenburg/Ostfriesland in Wilhelmshaven und nebenberuflich IT-Berater für Tourismusunternehmen. Kontakt: www.u-weithoener.de. *(uw)*

**Widmann, Fabian;** Dipl.-Geograph, Institut für öffentliche Dienstleistungen und Tourismus an der Universität St. Gallen (Schweiz). *(fw)*

**Wöhler, Karlheinz;** Prof. Dr.; Professor für „Empirische und angewandte Tourismuswissenschaft" an der Universität Lüneburg. Zahlreiche Publikationen auf den Gebieten Tourismusmarketing, ‚Touristifikation' von Räumen, ‚Eventisierung' und ‚Kulturalisierung' des Tourismus sowie nachhaltigen Tourismus. Er war geschäftsführender Herausgeber des „Tourismus Journal. Zeitschrift für tourismuswissenschaftliche Forschung und Praxis" und ist Herausgeber sowie Mitherausgeber von Buchreihen und Zeitschriften. *(khw)*

**Zollondz, Hans-Dieter;** Dipl.-Soz., 1974-1980 Studium der Soziologie an der Ludwig Maximilians Universität München. 1976-1986 wissenschaftliche Tätigkeit im Bereich der Arbeitsmarkt- und Berufsforschung. Seit 1986 Leiter Schulung der ELVIA Reiseversicherung (Allianz Group) und nebenberuflicher Dozent an Universitäten, Fachhochschulen und Berufsakademien mit Schwerpunkt Qualitätsmanagement und Marketing. Neuere Buchveröffentlichungen: Lexikon Qualitätsmanagement (Hrsg., 2. Aufl. 2008), Grundlagen Qualitätsmanagement (2. Aufl. 2006), beide Bücher sind im Oldenbourg Verlag erschienen; Beitrag Qualitätsmanagement. In: Betriebswirtschaftslehre für Bachelor (2007), erschienen bei Orelfüssli (UTB). Grundlagen Marketing. Von der Vermarktungsidee zum Vermarktungskonzept und Marketing-Mix. Die sieben P des Marketing, beide Bücher sind 2008 in der Reihe Pocket-Business im Cornelsen Verlag, Berlin in 3. bzw. 4. Auflage erschienen. *(hdz)*

◆◆◆

# Das Standardwerk der Hotellerie

Karl Heinz Hänssler
**Management in der Hotellerie und Gastronomie**
Betriebswirtschaftliche Grundlagen
7., überarb. und akt. Aufl. 2008. X, 496 S., gb.
€ 34,80
ISBN 978-3-486-58420-2

Sie wünschen sich zufriedene Gäste und wirtschaftlichen Erfolg? Als Hotelier oder Gastwirt haben Sie täglich eine Vielzahl von einzelnen Entscheidungen zu treffen, die erst in der Summe den Erfolg oder Misserfolg ausmachen. Mit betriebswirtschaftlichem Hintergrundwissen verschaffen Sie sich einen Background, der es Ihnen ermöglicht, Einzelentscheidungen im Zusammenhang zu bewerten und damit Ihren Erfolg zu planen. Namhafte Experten aus Theorie und Praxis geben in dem jetzt bereits in der 7. Auflage erschienenen Standardwerk von Karl Heinz Hänssler den notwendigen Überblick und bieten konkrete Hilfe für viele Fragen der täglichen Arbeit.

Das Buch richtet sich an Studierende, Hoteliers und Gastwirte mittelständischer Betriebe sowie an Mitarbeiter in Verkehrsämtern.

**Aus dem Inhalt:**
**Konstitutive Entscheidungen.**
**Leistungen und Leistungserstellung in der**
**Hotellerie. Personalwesen in der Hotellerie.**
**Hotel-Marketing.**
**Hotelrechnungswesen.**
**Wirtschaftliche Regelungen.**

Prof. Karl Heinz Hänssler ist seit 2006 Direktor der Berufsakademie Ravensburg.

Oldenbourg

# Klimawandel:
# Reisen ohne schlechtes Gewissen

Hansruedi Müller
**Tourismus und Ökologie**
Wechselwirkungen und Handlungsfelder
3., überarbeitete Auflage 2007. XV, 245 Seiten,
gebunden € 32,80, ISBN 978-3-486-58336-6

Lehr- und Handbücher zu Tourismus, Verkehr und
Freizeit

Es geht in diesem Buch darum, dass die erlangte
Reisefreiheit als populärste Form von Glück auch
unseren Enkelkindern erhalten bleibt, und darum,
den Tourismus als Grundlage des Wohlstandes
und der kulturellen Identität vieler Regionen auch
unseren Enkelkindern mit Stolz zu vererben. Im
Vordergrund steht die Generationenverträglich-
keit, das heißt, dass mit dem heutigen Handeln
nicht Optionen zukünftiger Generationen maßgeblich eingeschränkt werden dürfen. Dies aber
wird nur möglich sein, wenn wir unsere natürliche
Umwelt lebenswert und erlebnisvoll bewahren.
Voraussetzung dazu ist ein ökologischer Kurs-
wechsel.

Dieses Buch umfasst das heutige, für den Tourismus relevante Wissen über die ökologischen Zusammenhänge und leitet daraus generelle
Verhaltensgrundsätze für eine auf Nachhaltigkeit
ausgerichtete touristische Entwicklung ab.

Prof. Dr. Hansruedi Müller, 1947,
lehrt „Theorie und Politik von
Freizeit und Tourismus" an der
Universität Bern und leitet das
Forschungsinstitut für Freizeit
und Tourismus (FIF) seit 1989.

Oldenbourg

# Umfassend. Aktuell. Fundiert.

Axel Noack
**Business Essentials:**
**Fachwörterbuch Deutsch-Englisch Englisch-Deutsch**
2007. VII, 811 Seiten, gebunden
€ 59,80
ISBN 978-3-486-58261-1

Das Wörterbuch gibt dem Nutzer das Fachvokabular des modernen, internationalen Geschäftslebens in einer besonders anwenderfreundlichen Weise an die Hand.

Der englisch-deutsche Teil umfasst die 11.000 wichtigsten Wörter und Begriffe des angloamerikanischen Sprachgebrauchs.

Der deutsch-englische Teil enthält entsprechend 14.000 aktuelle Fachbegriffe mit ihren Übersetzungen.

Im dritten Teil werden 3.000 Abkürzungen aus dem internationalen Wirtschaftsgeschehen mit ihren verschiedenen Bedeutungen aufgeführt.

**Das Lexikon richtet sich an Studierende der Wirtschaftswissenschaften sowie alle Fach- und Führungskräfte, die Wirtschaftsenglisch für Ihren Beruf benötigen. Für ausländische Studenten bietet es einen Einstieg in das hiesige Wirtschaftsleben.**

Prof. Dr. Axel Noack lehrt an der Fachhochschule Stralsund BWL, insbes. International Marketing.

Oldenbourg

# Marketing –
# anschaulich und kompakt

Peter Runia, Frank Wahl, Olaf Geyer,
Christian Thewißen
**Marketing**
Eine prozess- und praxisorientierte Einführung
2., überarbeitete und erweiterte Auflage 2007.
XX, 314 Seiten, gebunden
€ 29,80, ISBN 978-3-486-58441-7

Dieses bei Studierenden beliebte Lehrbuch führt
praxisorientiert in das Marketing ein. Im Fokus
steht dabei das (klassische) Konsumgütermarke-
ting.

In Teil I (Grundlagen des Marketings) werden Ba-
sisbegriffe und Entwicklungen der Marketingtheo-
rie und -praxis aufgezeigt. Teil II (Marketing-
analyse) stellt die Notwendigkeit einer ausführlichen Analyse von Unternehmen, Markt und Umwelt als Basis für Marketingkonzepte dar. In Teil III
(Strategisches Marketing) wird die Ziel- und Stra-
tegieebene des Marketing erläutert, welche einen
grundlegenden Handlungsrahmen für das operative Marketing schafft. Teil IV (Operatives Marketing) thematisiert ausführlich den klassischen
Marketing-Mix, d. h. das Zusammenspiel konkreter
Maßnahmen der Produkt-, Kontrahierungs-, Distri-
butions- und Kommunikationspolitik. Abschließend werden in Teil V (Marketingplanung und
-kontrolle) die diversen Ebenen in Form von Mar-
ketingkonzepten oder Marketingplänen zusammengeführt und auch auf die Bedeutung der
Marketingkontrolle hingewiesen.

Im Gegensatz zu so genannten Klassikerlehrbü-
chern mit zu hohem Umfang ist dieses Marketing-
buch leicht anwendbar, klar strukturiert und stellt
den relevanten Lerninhalt kompakt dar.

Oldenbourg